GOLDMANN

Margaret George, geboren in Nashville, Tennessee, lebt mit ihrem Mann und ihrer Tochter in Madison, Wisconsin. Sie hat fünfzehn Jahre an ihrem Roman um König Heinrich VIII. von England gearbeitet.

Über ihren Helden sagt sie:

»Ich habe mich mit Heinrich VIII. beschäftigt, weil ich wissen wollte, was hinter der Karikatur steckte. Ich bin nicht angetreten, um ihn zu verherrlichen oder zu verteufeln, und ich habe mich nicht an einer bestimmten Forschungsrichtung orientiert. Meine Sicht seines Lebens ist das Ergebnis meiner Untersuchungen. In den vielen Jahren der Lektüre und des Forschens, in denen ich sozusagen mit dem König lebte, entstand allmählich ein komplexes Bild des Mannes und seiner Zeit, das mir auch gefühlsmäßig richtig schien – wie ein Foto, das sich langsam entwickelt, auf dem zuerst nur Schatten, dann Konturen, Farben, Dimensionen aus der Schwärze hervortreten.«

Margaret George

HEINRICH VIII.

MEIN LEBEN

Mit Anmerkungen des Hofnarren Will Somers.

Roman

Aus dem Amerikanischen
von Rainer Schmidt

GOLDMANN VERLAG

Ungekürzte Ausgabe

Titel der Originalausgabe:
The Autobiography of Henry VIII.
With Notes by his Fool Will Somers

Umschlagbild: Heinrich VIII.
Gemälde von Hans Holbein dem Jüngeren (1540, Ausschnitt)

Umwelthinweis:
Alle bedruckten Materialien dieses Taschenbuches
sind chlorfrei und umweltschonend.

Der Goldmann Verlag
ist ein Unternehmen der Verlagsgruppe Bertelsmann

Genehmigte Taschenbuchausgabe 11/91

Lizenzausgabe mit Genehmigung des Franz Schneekluth Verlags
Umschlagentwurf: Design Team, München
Umschlagfoto: Archiv für Kunst und Geschichte, Berlin
Druck: Presse-Druck Augsburg
Verlagsnummer: 9746
MV · Herstellung: Sebastian Strohmaier/sc
Made in Germany
ISBN 3-442-09746-0

5 7 9 10 8 6

Für Allison und Paul

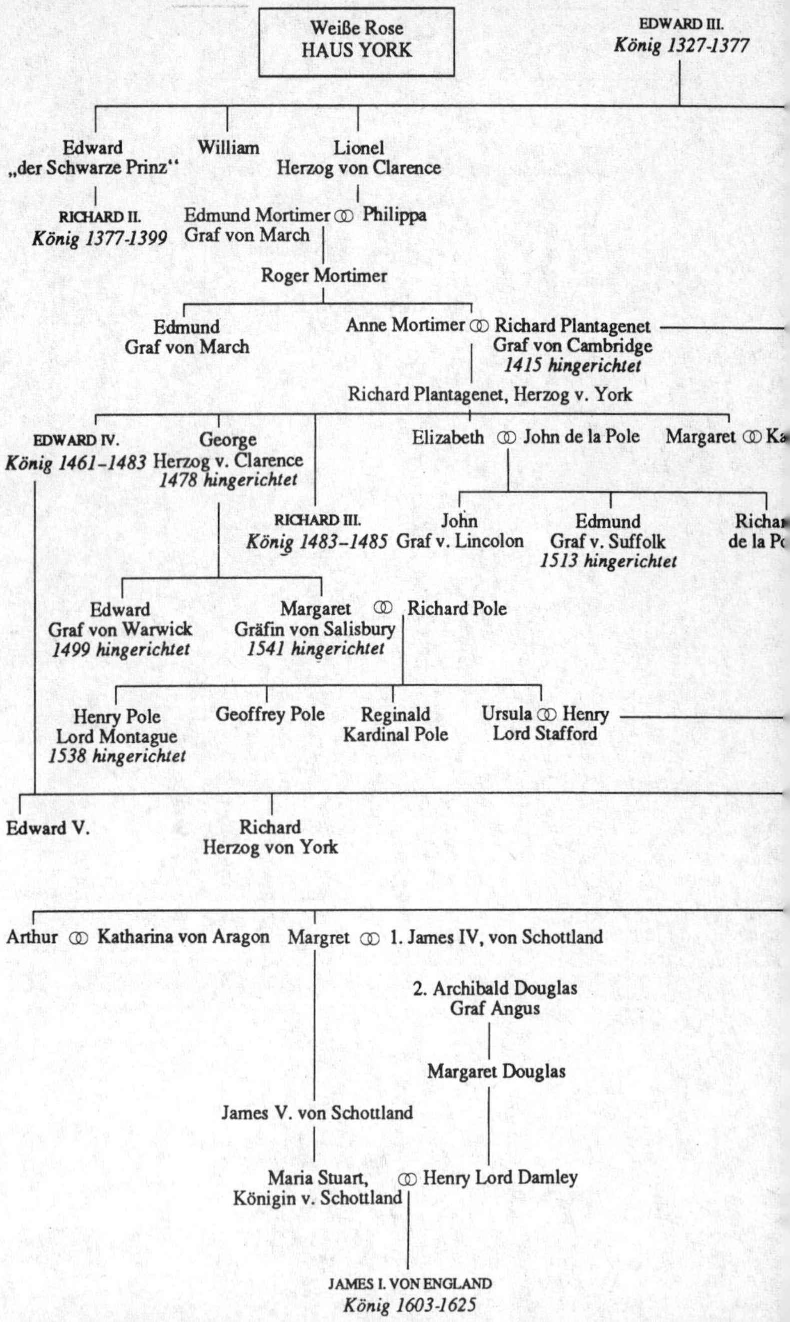
Weiße Rose
HAUS YORK
EDWARD III.
König 1327-1377
Edward
„der Schwarze Prinz"
William
Lionel
Herzog von Clarence
RICHARD II.
König 1377-1399
Edmund Mortimer ⚭ Philippa
Graf von March
Roger Mortimer
Edmund
Graf von March
Anne Mortimer ⚭ Richard Plantagenet
Graf von Cambridge
1415 hingerichtet
Richard Plantagenet, Herzog v. York
EDWARD IV.
König 1461–1483
George
Herzog v. Clarence
1478 hingerichtet
Elizabeth ⚭ John de la Pole
Margaret ⚭ Ka
RICHARD III.
König 1483–1485
John
Graf v. Lincolon
Edmund
Graf v. Suffolk
1513 hingerichtet
Richa
de la Po
Edward
Graf von Warwick
1499 hingerichtet
Margaret ⚭ Richard Pole
Gräfin von Salisbury
1541 hingerichtet
Henry Pole
Lord Montague
1538 hingerichtet
Geoffrey Pole
Reginald
Kardinal Pole
Ursula ⚭ Henry
Lord Stafford
Edward V.
Richard
Herzog von York
Arthur ⚭ Katharina von Aragon
Margret ⚭ 1. James IV, von Schottland
2. Archibald Douglas
Graf Angus
Margaret Douglas
James V. von Schottland
Maria Stuart,
Königin v. Schottland
⚭ Henry Lord Damley
JAMES I. VON ENGLAND
König 1603-1625

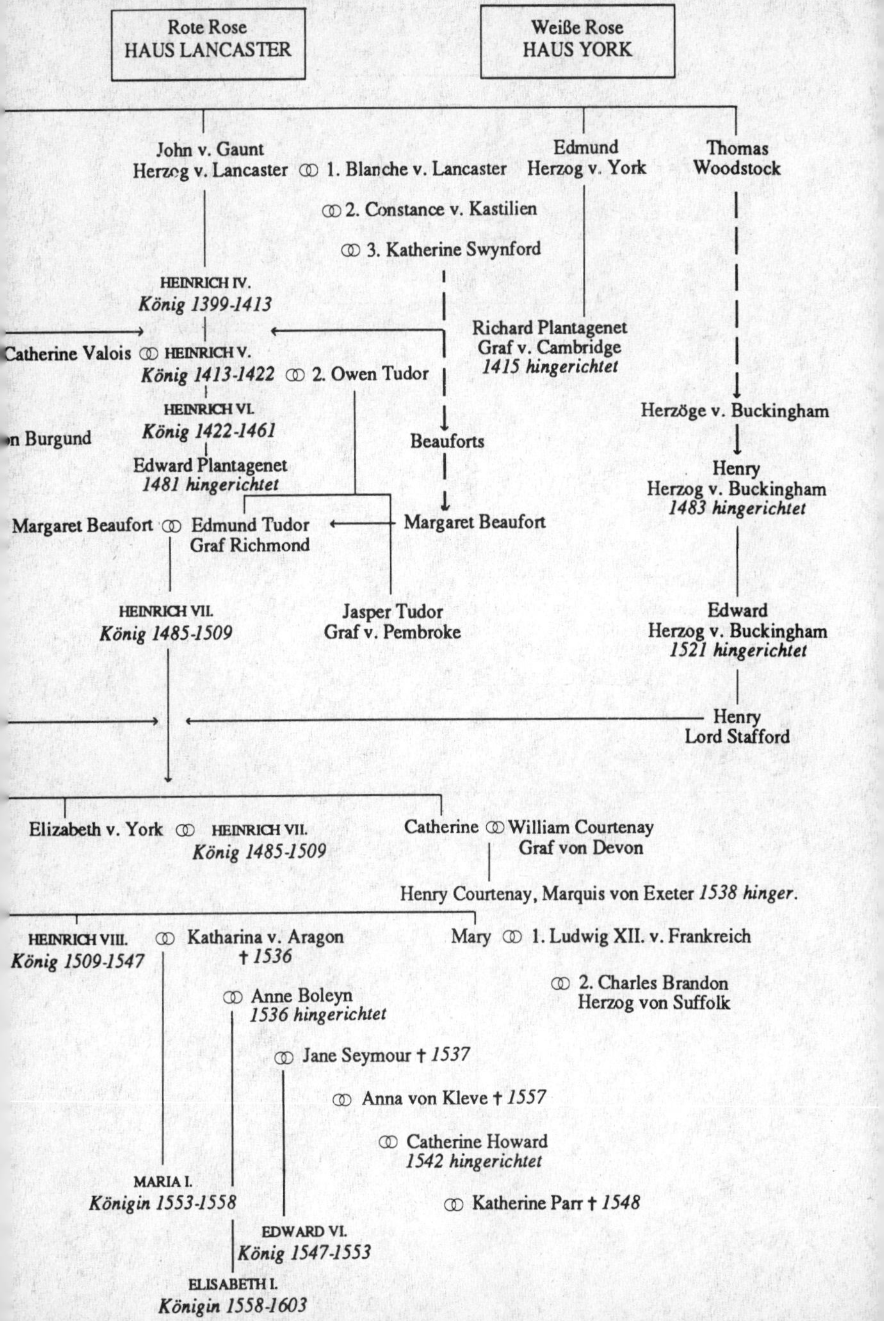
Rote Rose
HAUS LANCASTER
Weiße Rose
HAUS YORK
John v. Gaunt
Herzog v. Lancaster
ꝏ 1. Blanche v. Lancaster
ꝏ 2. Constance v. Kastilien
ꝏ 3. Katherine Swynford
Edmund
Herzog v. York
Thomas
Woodstock
HEINRICH IV.
König 1399-1413
Catherine Valois ꝏ HEINRICH V.
König 1413-1422 ꝏ 2. Owen Tudor
Richard Plantagenet
Graf v. Cambridge
1415 hingerichtet
Herzöge v. Buckingham
HEINRICH VI.
König 1422-1461
n Burgund
Beauforts
Edward Plantagenet
1481 hingerichtet
Henry
Herzog v. Buckingham
1483 hingerichtet
Margaret Beaufort ꝏ Edmund Tudor
Graf Richmond
Margaret Beaufort
HEINRICH VII.
König 1485-1509
Jasper Tudor
Graf v. Pembroke
Edward
Herzog v. Buckingham
1521 hingerichtet
Henry
Lord Stafford
Elizabeth v. York ꝏ HEINRICH VII.
König 1485-1509
Catherine ꝏ William Courtenay
Graf von Devon
Henry Courtenay, Marquis von Exeter 1538 hinger.
HEINRICH VIII.
König 1509-1547
ꝏ Katharina v. Aragon
† 1536
Mary ꝏ 1. Ludwig XII. v. Frankreich
ꝏ 2. Charles Brandon
Herzog von Suffolk
ꝏ Anne Boleyn
1536 hingerichtet
ꝏ Jane Seymour † 1537
ꝏ Anna von Kleve † 1557
ꝏ Catherine Howard
1542 hingerichtet
ꝏ Katherine Parr † 1548
MARIA I.
Königin 1553-1558
EDWARD VI.
König 1547-1553
ELISABETH I.
Königin 1558-1603

Shetland-Ins.
Orkney-Ins.
Hebriden
Inverness
Aberdeen
SCHOTTLAND
Perth
St. Andrews
Stirling
Edinburgh
Dunbar
Douglas
Flodden
Ulster
IRLAND
Connaught
Man
Northumberland
Drogheda
Dublin
York
Munster
Cork
ENGLAND
Wales
Coventry
Leicester
Norfolk
Fotheringhay
Stratford
Norwich
Gloucester
Cambridge
Suffolk
Oxford
Essex
London
Somerset
Southampton
Kent
Cornwall
Plymouth
Portsmouth
Dover
Sussex
Wight
Calais
Brügge
Antwerpen
Boulogne
Brüssel
FRANKREICH

PROLOG

Will Somers an Catherine Carey Knollys

Kent, England, den 10. April 1557

Meine liebe Catherine:

Ich sterbe. Besser gesagt, ich bin ein Sterbender – es gibt da einen kleinen (wiewohl nicht tröstlichen) Unterschied. Nämlich diesen: Wer stirbt, kann keine Briefe mehr schreiben, derweil ein Sterbender es kann und manchmal auch tut. Wie dieser Brief beweist. Liebe Catherine, verschont mich mit Beteuerungen des Gegenteils. Ihr habt mich seit vielen Jahren nicht gesehen (wie viele sind es, seit Ihr nach Basel ins Exil gingt?); Ihr würdet mich heute nicht wiedererkennen. Ich bin nicht sicher, daß ich selbst mich erkenne, wann immer ich so schlecht beraten bin, tatsächlich in einen Spiegel zu schauen – was zeigt, daß die Eitelkeit zum mindesten so lange lebt wie wir. Sie ist die erste Eigenschaft, die wir haben, und die letzte, die schließlich dahingeht. Und ich, der ich meinen Unterhalt bei Hofe damit verdient habe, die Eitelkeit anderer zu verspotten – ich schaue in den Spiegel, wie alle anderen auch. Und ich sehe einen fremden alten Mann, der entschieden unappetitlich aussieht.

Aber ich war schon fünfundzwanzig, als der alte König Harry (damals selber ein junger Mann) mich in seinen Haushalt aufnahm. Er ist nun seit zehn Jahren tot, und das ist der Grund, weshalb ich Euch schreibe. Laßt uns unverzüglich zur Sache kommen. Ihr wißt, ich war nie sentimental. (Ich glaube, dies schätzte Harry an mir mehr als alles andere, so unverbesserlich sentimental, wie er selber war.) Ich habe ein kleines Vermächtnis für Euch. Es ist von Eurem Vater. Ich kannte ihn ziemlich gut, besser noch als Ihr selbst. Er war ein prachtvoller Mann, der heute schmerzlich vermißt wird, selbst von seinen Feinden, möchte ich meinen.

Ich führe ein stilles Leben auf dem Lande, in Kent. Das ist weit genug weg von London, um einigen Schutz vor falschen Bezichtigungen zu bieten, aber nicht so weit, daß man nicht hören könnte. wie andere unter falsche Anklage gestellt werden. In Smithfield wird wieder verbrannt; wie Du höchstwahrscheinlich selbst vernommen hast, hat man Cranmer und Ridley und Latimer geröstet. Wie sehr muß Maria Cranmer gehaßt haben in all den Jahren! Bedenke nur, wie oft sie bei irgendeiner religiösen Feier neben ihm stehen mußte... bei Edwards Taufe etwa, wo sie sogar Geschenke bringen mußte! Der liebe Cranmer – Heinrichs willfähriger Kirchenmann. Wenn es jemals einen Menschen gab, der als Kandidat für das Märtyrertum nicht in Frage kam, dann war er es. Ich habe immer angenommen, der Mann habe überhaupt kein Gewissen. Jetzt sehe ich, daß dies ein Irrtum war. Hast du gehört, wie er zuerst seinen Protestantismus widerrief, auf eine typisch cranmerianische Weise, und dann – oh, wie wunderbar! – seinen Widerruf? Es hätte spaßig sein können, wäre es nicht so tödlich.

Aber freilich, Ihr und die anderen Eurer... Überzeugung... spürten das schon früh und waren klug genug, England zu verlassen. Ich will Euch eine Frage stellen, und ich weiß sehr wohl, daß Ihr sie nicht beantworten werdet – nicht auf Papier, wenn Ihr noch hofft, irgendwann wieder hierher zurückzukehren. Wie protestantisch seid Ihr wirklich? Ihr wißt, der alte König betrachtete sich überhaupt nie als Protestanten, sondern als Katholiken, der sich mit dem Papst zerstritten hatte und sich nun weigerte, ihn anzuerkennen. Ein hübscher Kunstgriff, aber Harry kam eben manchmal auf wunderliche Einfälle. Sein Sohn Edward dann, dieser frömmelnde kleine Pinsel, der war Protestant. Aber keiner von der wilden Sorte, dieser Anabaptisten-Abart. Gehört Ihr zu dieser Sorte? Wenn ja, wird es für Euch in England keinen Platz geben. Nicht einmal Elisabeth wird Euch willkommen heißen, sollte sie jemals Königin werden. Das solltet Ihr wissen und Eure Hoffnung nicht an Dinge heften, die kaum jemals eintreffen werden. Eines Tages dürft Ihr heimkehren. Aber nicht, wenn Ihr Anabaptistin oder etwas Derartiges geworden seid.

England wird nie wieder katholisch sein. Dafür hat Königin Maria gesorgt, mit ihren Verfolgungen um des »Wahren Glaubens« willen und mit ihrer Spanien-Besessenheit. Harry hat niemanden je für etwas anderes bestraft als für Illoyalität gegen den König. Solange man den Gefolgschaftseid unterschrieb, konnte man glauben, was man wollte – vorausgesetzt, man benahm sich dabei wie ein Gentleman und rannte nicht in schwitziger Inbrunst umher, in diesem wie in jenem Fall. Thomas More wurde nicht enthauptet, weil er katholisch war (obgleich die Katholiken dem Volk dies gern einreden möchten, was ihnen auch fast schon gelungen ist), sondern weil er den Eid verweigerte. Der Rest seines Haushalts hat ihn geleistet. Aber More sehnte sich geradezu nach Märtyrertum und unternahm... heroische?... Anstrengungen, es zu erlangen. Er zwang den König buchstäblich dazu, ihn zu töten. Und bekam auf diese Weise die sogenannte »Himmelskrone«, nach der es ihn gelüstete, wie es den alten Harry nach Anne Boleyn gelüstet hatte. Harry fand den Gegenstand seiner Gelüste dann weniger genießbar, als er es sich gedacht hatte; hoffen wir, daß More nicht eine ähnliche Enttäuschung widerfuhr, als ihm sein Verlangen erfüllt worden war.

Ich vergaß. Ich darf solche Späße bei Euch nicht machen. Ihr glaubt ja ebenfalls an jenen Ort. Gläubige sind alle gleich. Sie suchen – wie war Mores Buch gleich betitelt? – *Utopia*. Das bedeutet »Nirgendwo«, wißt Ihr.

Wie gesagt, ich führe hier ein stilles Leben im Haushalt meiner Schwester in Kent, zusammen mit meiner Nichte und ihrem Gemahl. Sie haben ein kleines Häuschen, und Edward ist... ich zögere, es niederzuschreiben... Totengräber und Grabsteinmetz. Der Tod schafft ihm ein gutes Leben. (Wie *mir* Bemerkungen dieser Art.) Aber er pflegt seinen Garten, wie andere es auch tun (wir hatten wundervolle Rosen dieses Jahr), er spielt mit den Kindern, genießt seine Mahlzeiten. Nichts an ihm gemahnt auch nur im mindesten an den Tod; aber vielleicht braucht man eine solche Natur, um diesen Beruf zu verkraften. Obgleich ich ja denke, daß das Dasein eines Narren in gleichem Maße mit dem Tod verbunden ist. Jedenfalls sorgt so einer für einen Duft, der den des Todes überdeckt.

Ich kam vor Edwards Krönung hierher. Der Knaben-König und seine frommen Berater hatten keinen Bedarf an einem Narren, und so hätte ich herumgestanden wie ein loses Segel, das im Winde flattert. Königin Marias Hof ist aber auch nicht der Ort, an dem man Späße macht.

Erinnert Ihr Euch noch, Catherine, an jenen Sommer, als Ihr und ich und Eure ganze Familie, die Boleyns, und der König zusammen in Hever waren? Euch und Euren Bruder Heinrich hatte man dort hingebracht, damit Ihr Eure Großeltern Boleyn besuchtet. Hever ist entzückend im Sommer. Es war immer so grün, so kühl. Und in den Gärten wuchsen wahrhaftig die besten Moschusrosen von ganz England. (Erinnert Ihr Euch zufällig noch, wie der Gärtner Eurer Großeltern hieß? Ich wohne jetzt nicht weit von Hever, und vielleicht könnte ich mir von ihm einen Rat holen... vorausgesetzt, er lebt noch.) Und von London aus war es ein bequemer Tagesritt. Wißt Ihr noch, wie der König immer oben auf dem Hügel stand, von dem aus man Hever zum erstenmal sehen konnte, und in sein Jagdhorn stieß? Ihr pflegtet auf diesen Klang zu warten und ihm dann entgegenzulaufen. Und er brachte Euch immer etwas mit. Ihr wart das erste Boleyn-Enkelkind.

Erinnert Ihr Euch an Euren Onkel George in diesem Sommer? Er gab sich solche Mühe, ein Ritter ohne Furcht und Tadel zu sein. Er übte das Umherreiten in der Rüstung, ritt Turniere gegen Bäume und verliebte sich in das schlampige Mädchen aus dem »Weißen Hirschen«. Sie schenkte ihre Gunst jedem, der diese Schänke besuchte – bis auf George, glaube ich. Sie wußte nämlich, daß dann der Strom der Sonette versiegen würde, in denen er ihre Reinheit und Schönheit in den höchsten Tönen pries, und über die sie so gern lachte.

Eure Mutter Maria und ihr Mann waren natürlich ebenfalls da. Ich fand immer, Eure Mutter war Eurer Schwester Anne an Schönheit mehr als ebenbürtig. Aber ihre Schönheit war von anderer Art. Sie war wie Sonne und Honig; jene war wie die dunkle Seite des Mondes. Wir alle waren dort in jenem Sommer, bevor alles eine so schreckliche Wendung nahm. Die Flut ist wahrlich gekommen, und heute ragt jene kurze Zeitspanne wie ein tapferes Eiland über die schlammige, weite Fläche ringsum.

Ich schweife ab. Nein, schlimmer: Ich werde romantisch und sentimental, etwas, das ich bei anderen verabscheue und mir selbst nicht durchgehen lassen werde. Nun also zurück zum Wichtigen: zu der Erbschaft. Sagt mir, wie ich sie unversehrt über den Kanal und in Eure Hände bringen kann. Sie ist leider von recht unhandlichem Format: zu groß, als daß ein einzelner sie erfolgreich bei sich verbergen könnte, und zu klein, um sich selbst vor der Zerstörung zu schützen. Im Gegenteil, sie ist nur allzu leicht vernichtet, und durch mancherlei – durch die See, durch Feuer, Luft, gar durch Nachlässigkeit.

Ich bitte Euch, sputet Euch, mir zu antworten. Ich bin entschieden weniger erpicht darauf, Gestalt und Disposition meines Schöpfers aus erster Hand kennenzulernen, als Ihr und andere Eurer Sekte; aber ich fürchte, daß man mir schon in allernächster Zukunft die Ehre eines himmlischen Zwiegesprächs erweisen wird. Die Gottheit ist notorisch launenhaft, was die Objekte ihrer Zuneigung angeht.

Stets der Eure
Will Somers

Catherine Carey Knollys an Will Somers:

11. Juni 1557 zu Basel

Mein liebster Will:

Ich bitte Euch, vergebt mir, daß es so lange gedauert hat, bis diese Antwort in Eure Hände kam. Boten, die ganz unverhohlen Dinge aus England hierher zu uns ins Exil bringen, sind heutzutage rar; dafür trägt die Königin Sorge. Diesem Kurier aber vertraue ich, und gleichermaßen vertraue ich darauf, daß Ihr so diskret sein werdet, diesen Brief zu vernichten, wenn Ihr ihn gelesen habt.

Die Kunde von Eurer schlechten Gesundheit betrübt mich. Aber als König Heinrichs Lieblingsnarr neigtet Ihr in Euren Reden schon immer zur Übertreibung, und so bitte ich Gott, daß es auch diesmal nur eine weitere Probe Eurer Kunst sein möge. Francis und ich beten jeden Abend für Euch. Nicht in der götzendienerischen Messe – denn die ist nicht bloß unnütz, sie ist Schlimmeres: eine Travestie (oh, wenn die Königin dies läse!) –, sondern in unserer stillen Andacht. Es geht uns nicht schlecht hier in Basel. Wir haben genug Kleidung, um nicht zu frieren, genug zu essen, um bei Kräften zu bleiben, ohne fett zu werden, und mehr wäre eine Beleidigung Gottes, denn viele seiner armen Geschöpfe leiden körperliche Not. Aber wir sind reich an dem einzigen, was sich zu haben lohnt: an der Freiheit, unserem Gewissen zu folgen. Ihr in England habt sie nicht mehr. Die Papisten nehmen sie euch fort. Wir beten täglich darum, daß diese Tyrannei von euren Schultern genommen werde und daß Moses sich erhebe und euch aus der geistlichen Knechtschaft führe.

Doch nun zu der Erbschaft. Ich bin neugierig. Mein Vater starb 1528, als ich gerade sechs war. Weshalb solltet Ihr dreißig Jahre gewartet haben, um sie weiterzugeben? Skurrilität oder Verrat kann es nicht gewesen sein, was Euch dazu bewogen hat. Und da ist noch etwas, das mich verwirrt. Ihr sprecht von seinen »Feinden«. Er hatte keine Feinde. William Carey war ein guter Freund des Königs und ein gutherziger Mensch. Das weiß ich nicht nur von meiner Mutter, sondern auch von anderen. Er war hochgeachtet bei Hofe, und als er an der Pest starb, trauerten viele. Ich bin dankbar, daß Ihr jetzt daran denkt, aber wenn ich es früher bekommen hätte... Nein, ich mache Euch keine Vorwürfe. Aber ich hätte meinen Vater besser kennengelernt, und früher dazu. Es ist gut, seinem Vater zu begegnen, ehe man selbst erwachsen ist.

Ja, ich erinnere mich an Hever im Sommer. Auch an meinen Onkel George und an Euch und an den König. Als Kind fand ich ihn schön und engelhaft. Gewiß war er von prächtiger Gestalt (dafür hatte der Teufel gesorgt), und es umgab ihn etwas Majestätisches, möchte ich sagen. Nicht jeder König hat dies; Edward hatte es jedenfalls nie, und was die derzeitige Königin angeht...

Leider kann ich mich nicht mehr entsinnen, wie der Name des Gärtners lautete. Fing er nicht mit J an? Aber ich erinnere mich sehr wohl an den Garten, an den hinter dem Wassergraben. Überall waren Blumenbeete, und er – wie hieß er nur? – hatte alles so angelegt, daß dort immer etwas in Blüte stand, von Mitte März bis Mitte November. Und zwar in großen Mengen, so daß das kleine Landhaus zu Hever stets angefüllt war mit Massen von Schnittblumen. Seltsam, daß Ihr von Moschusrosen sprecht; meine Lieblingsblumen waren die Malven mit ihren großen, schweren Blütenglocken.

Was Ihr über Cranmer zu berichten hattet, hat mich betrübt gemacht. Er war also doch einer von uns. Auch ich hatte ihn stets nur für die Kreatur dessen gehalten, der jeweils gerade an der Macht war. Ich bin sicher, er hat seine Krone empfangen und ist (mit den Worten des armen, irregeleiteten Thomas More zu sprechen) »glücklich im Himmel«. Mag sein, daß More auch dort ist, aber dann trotz seiner falsch eingegangenen Allianz, nicht ihretwegen. Hätte er seinen Mantel nach dem Wind gehängt und bis heute überlebt, dann wäre er, daran zweifle ich nicht, einer der Richter gewesen, die Cranmer verurteilt haben. More war ein bösartiger Gegner aller sogenannten Abtrünnigen; wir halten sein Andenken nicht in Ehren. Sein Tod hat die Reihen unserer Verfolger um einen vermindert. Natürlich sind noch viele da, aber die Zeit ist unser Freund, und wir werden siegreich bleiben.

Dies ist für Euch schwer zu verstehen, denn Ihr gehört zur »alten Ordnung«, und Vorsicht war stets Eure Parole. Aber wie sagte Gamaliel, der pharisäische Rechtsanwalt, angesichts der ersten Christenverfolgung? »Denn ist dieser Rat, dies Werk, von Menschenhand, so wird es zunichte werden; ist es aber von Gott, so könnt ihr es nicht stürzen, ihr möchtet sonst als Widersacher Gottes gefunden werden.« So steht es geschrieben im fünften Kapitel der Apostelgeschichte. Wenn Euch keine Übersetzung der Heiligen Schrift zugänglich ist (denn ich glaube, die Königin hat sie allesamt vernichten lassen), so kann ich dafür Sorge tragen, daß man Euch eine bringt. Ein vertrauter Freund hat sein Geschäft in London, und er sorgt dafür, daß wir dies und das bekommen. Mein Bote hier wird ihm Euren Namen nennen, und dann können wir unseren Austausch treiben. Ich glaube allerdings, daß die Erbschaft, als was sie sich auch immer erweisen mag, niemals so wertvoll sein kann wie die Schrift.

Stets Eure Dienerin in Christo

Catherine Carey Knollys

Will Somers an Catherine Knollys:

21. Juli 1557, Kent

Süße Catherine:

Eure Gebete müssen eine heilsame Wirkung gehabt haben, denn ich bin halbwegs genesen. Gott hat unser Zusammentreffen offenbar auf einen beiden Seiten genehmeren Zeitpunkt verschoben. Wie Ihr wißt, meide ich die Sprechzimmer der Ärzte wie die der Priester. In mehr als vierzig Jahren hat sich keiner an mir zu schaffen gemacht. Darauf führe ich zurück, daß ich noch lebe. Noch nie hat mich einer zur Ader gelassen, noch nie mich einer mit Salben aus zermahlenen Perlen bestrichen (wie Harry es so über die Maßen liebte), noch auch hätte es mich je gekümmert, welchen Ornat der derzeitige Hohepriester gerade trug. Ich will Euch nicht beleidigen, Catherine. Aber ich glaube an nichts, außer an das schnelle Vergehen aller Dinge. Auch die Religion hat ihre Moden. Gestern waren es fünf Messen täglich – ja, bei Harry war es üblich! – und Wallfahrten zu Unserer Lieben Frau von Walsingham; dann waren es Bibeln und Predigten; jetzt sind es wieder Messen, unter Hinzufügung von Scheiterhaufen allerdings, und als nächstes – wer weiß? Betet Ihr nur immerzu zu diesem Genfer Gott, den Ihr nach Eurem Bilde erschaffen habt. Er ist vorläufig mächtig. Vielleicht gibt es ja etwas, das Bestand hat, über die jeweiligen Moden der Anbetung hinaus und jenseits von ihnen. Ich weiß es nicht. Meine Aufgabe war es immer – und immer nur –, die Blicke der Menschen abzulenken vom Wandel, vom Verlust, von der Auflösung – sie zu unterhalten, während hinter ihnen die Kulissen umgebaut wurden.

Catherine: Schickt mir keine Heilige Schrift, und auch keine Übersetzungen. Ich wünsche dergleichen nicht zu empfangen, und ich wünsche nicht damit in Verbindung gebracht zu werden. Ist Euch nicht klar, in welche Gefahr es mich brächte? Und das wegen nichts. Ich habe sie bereits gelesen (ja, ich mußte es, damit ich in der Öffentlichkeit mit König Harry mein Geplänkel treiben und, wenn wir allein waren und Cranmer oder seine letzte Königin gerade nicht zur Verfügung standen, für sie einspringen konnte bei seinem liebsten Zeitvertreib: einer robusten theologischen Diskussion.) Ich bin unbekehrt geblieben, und ich habe ein einzigartig geringes Interesse daran, mich bekehren zu lassen. Da es aber außergewöhnlich schwierig ist, diese Schriften einzuschmuggeln, mögt Ihr jemand anderem den Lohn solcher Mühen zuteil werden lassen.

Ich will indessen mit Eurem Freund über den Transport Eures Erbes reden. Die Geheimniskrämerei muß ein Ende haben; ich will es Euch nun offen sagen. Es ist ein Tagebuch. Euer Vater hat es geschrieben. Es ist äußerst wertvoll, und es gibt viele, die es gern vernichten würden; sie wissen, daß es existiert, haben ihre Bemühungen bislang aber darauf beschränkt, sich danach zu erkundigen: beim Herzog von Norfolk, bei den Hinterbliebenen der Familie Seymour, und sogar bei Bessie Blounts Witwer, Lord Clinton. Früher oder später werden sie mit ihrer Schnüffelei den Weg zu mir nach Kent gefunden haben.

So, nun habe ich alles gesagt, bis auf eines. Nicht William Carey, Euer vorgeblicher Vater, hat das Tagebuch geschrieben, sondern Euer wahrer Vater: der König.

Catherine Knollys an Will Somers:

30. September 1557, Basel

Will:

Der König war nicht – ist nicht! – mein Vater. Wie könnt Ihr es wagen, derart zu lügen und meine Mutter zu beleidigen, meinen Vater, mich selbst? Ihr wühlt also all die Lügen aus längst vergangenen Zeiten wieder hervor? Und ich hielt Euch für meinen Freund. Ich wünsche dieses Tagebuch nicht zu sehen. Behaltet es für Euch, ebenso wie alle die anderen irregeleiteten Abscheulichkeiten Eurer Gedanken! Kein Wunder, daß der König Euch so schätzte. Ihr wart vom gleichen Schlag: niederen Sinnes und voller Lüge. Ihr werdet mein Leben nicht besudeln mit Euren unwürdigen Lügen und Unterstellungen. Christus hat uns aufgetragen, zu verzeihen, aber Er hat uns auch gesagt, wir sollen den Staub von unseren Füßen schütteln, wo Lügner, Ketzer und ihresgleichen hausen. Ebenso schüttele ich nun Euch von mir ab.

Will Somers an Catherine Knollys:

14. November 1557, Kent

Catherine, meine Liebe:

Versagt Euch, diesen Brief in Fetzen zu reißen, statt ihn zu lesen. Ich kann Euch Euren Ausbruch nicht verdenken. Er war großartig. Ein Paradigma von empörter Empfindsamkeit, Moral und so weiter. (Würdig des alten Königs selbst! Ah, was für Erinnerungen werden da wach!) Aber nun gebt es zu: Der König war Euer Vater. Das habt Ihr immer gewußt. Ihr sprecht davon, daß Euer Vater entehrt werde. Wollt Ihr den König entehren, indem Ihr Euch weigert, zuzugeben, daß es so ist, wie es ist? Das war vielleicht die oberste unter seinen Tugenden (ja, meine Gnädigste, er hatte Tugenden) und Eigenschaften: Er erkannte die

Dinge immer als das, was sie waren, nicht als das, wofür man sie im allgemeinen hielt. Habt Ihr das nicht von ihm geerbt? Oder seid Ihr wie Eure Halbschwester, Königin Maria (auch ich finde Eure Verwandtschaft mit ihr bedauerlich): Blind und von einzigartiger Unfähigkeit, etwas zu erkennen, und ragte es auch riesenhaft vor ihrem matten Aug' empor. Eure andere Halbschwester, Elisabeth, ist anders; und ich nahm an, Ihr wäret es auch. Ich dachte, es sei das Boleyn-Blut im Verein mit dem der Tudors, das Euch zu einer unvergleichlich festen, klaren Sicht der Dinge verhelfe, ungetrübt von spanischem Unfug. Aber wie ich sehe, habe ich mich geirrt. Ihr seid ebenso voreingenommen und dumm und erfüllt von religiösem Eifer wie die spanische Königin. König Harry ist also wirklich tot. Seine langersehnten Kinder haben dafür gesorgt.

Catherine Knollys an Will Somers:

5. Januar 1558, Basel

Will:

Euren Beleidigungen muß Antwort werden. Ihr sprecht davon, daß ich den König, meinen Vater, entehre. Wäre er mein Vater, hätte er dann nicht *mich* entehrt, indem er mich niemals als sein eigen anerkannte? (Heinrich Fitzroy hat er anerkannt, *ihn* zum Herzog von Richmond gemacht – den Sprößling dieser Hure Bessie Blount!) Warum also sollte ich *ihn* anerkennen oder ehren? Erst verführte er meine Mutter vor ihrer Ehe, und jetzt sagt Ihr mir, daß er nachher ihren Gemahl zum Hahnrei machte. Nicht Ehre verdient er, sondern Verachtung. Er war ein böser Mensch und verbreitete Entsetzen, wohin er auch kam. Ein einziges Mal nur tat er etwas Gutes, und da war es bloß ein Nebenerzeugnis des Bösen: Seine Gelüste nach meiner Tante Anne Boleyn waren ihm Anlaß, mit dem Papst zu brechen. (So bediente der Herr sich eines Sünders für seine Zwecke. Aber das ist ein Verdienst des Herrn, nicht des Königs.) Ich spucke auf den verblichenen König und auf sein Andenken! Und was nun meine Base angeht, die Prinzessin Elisabeth (die Tochter meiner Mutter Schwester, weiter nichts), so bete ich, sie möge... doch nein, es ist zu gefährlich, dies niederzuschreiben, mag der Bote oder der Empfänger noch so vertrauenswürdig sein.

Geht Eurer Wege, Will. Ich will von Euch nichts weiter hören.

Will Somers an Catherine Knollys:

15. März 1558 zu Kent

Catherine:

Habt noch einmal ein wenig Geduld mit mir. In Euren wunderbar verworrenen Brief fand ich eine wesentliche Frage; der Rest war pures Gepolter. Ihr fragtet: *Wäre* er mein Vater, hätte er dann nicht *mich* entehrt, indem er mich niemals als sein eigen anerkannte?

Ihr kennt die Antwort: Er war um den Verstand gebracht worden von dieser Hexe (und nun muß ich Euch schon wieder beleidigen) Anne Boleyn. Sie versuchte, den Herzog von Richmond zu vergiften. Hätte sie denn Hand auch an Euch legen sollen? Jawohl, Eure Tante war eine Hexe. Mit Eurer Mutter war es anders. Ihr Zauber war ehrlich, und ihre Gedanken und Taten waren es auch. Dafür mußte sie leiden, während es Eurer Hexentante glänzend erging. Ehrlich ist man selten ungestraft, und wie Ihr wißt, war Eure Mutter im Leben nicht auf Rosen gebettet. *Er* hätte Euch anerkannt, und vielleicht auch Euren Bruder (obgleich er sich da seiner Vaterschaft nicht so sicher war), hätte die Hexe ihn nicht daran gehindert. Sie war eifersüchtig, höchst eifersüchtig auf Eure liebreizende Mutter, obschon sie dem König, weiß Gott, selber reichlich Grund zur Eifersucht gab. Die Bewunderung der ganzen Welt war der Hexe nicht genug; sie mußte auch die Dienste sämtlicher Männer bei Hofe für sich in Anspruch nehmen. Nun, wie sie selbst sagte, als dem König die irdischen Ehrungen für sie ausgegangen waren, schenkte er ihr die

Krone des Märtyrertums. Ha! Nicht alle, die er tötete, sind Märtyrer. Sie versuchte, sich mit Thomas Becket in eine Reihe zu stellen, ja, selbst mit Thomas More, aber es sollte nicht sein. Sie ist gescheitert in ihrem Streben nach posthumer Ehre und Verherrlichung.

Und nun nehmt dieses Tagebuch und macht Euren Frieden mit Euch selbst. Wenn Ihr es nicht könnt, verwahrt es für Eure... Verwandte, die Prinzessin Elisabeth, bis zu jenem Tag, da sie... doch auch ich darf mehr nicht sagen. Es ist gefährlich, und selbst für meinen runzligen alten Hals ist das Gefühl eines Stricks nicht eben verlockend. Ich kann es ihr jetzt nicht in die Hände legen, wenngleich sie, wie Ihr deutlich gemacht habt, offenbar als zweite in Frage kommt. Sie ist von Spionen umgeben und wird dauernd bewacht. Maria möchte sie wieder in den Tower werfen und dafür sorgen, daß sie nie mehr zum Vorschein kommt.

Wie ich in den Besitz des Tagebuchs gelangte, das trug sich so zu: Als Harry, der König, mich das erstemal sah, war ich, wie Ihr wißt (oder auch nicht; wie kommen wir dazu, stets anzunehmen, unsere private Geschichte sei von allgemeiner Bedeutung und bei jedermann bekannt?), mit meinem Herrn, einem Wollhändler zu Calais, zufällig bei Hofe. Ich war kein Narr damals – nur ein junger Mann, der sich eine Stunde in den Gängen zu vertreiben hatte. Ich vergnügte mich, wie ich es zu tun gewohnt war, wenn die reizvollere Beschäftigung mit Sherry oder Wein mir verwehrt war: Ich redete. Der König hörte mich, der Rest, wie das gemeine Volk sagt, ist Geschichte. (Wessen Geschichte?) Er nahm mich in seine Dienste, gab mir eine Schellenkappe, band mich an sich auf mehr Arten, als mir damals bewußt war. Wir wurden zusammen alt; aber hier muß ich niederschreiben, was der junge Harry war: das Auge der Sonne, das uns alle blendete... ja, sogar mich, den zynischen Will. Wir waren Brüder; und als er im Sterben lag in jener stickigen Kammer zu Whitehall, da war ich der einzige, der ihn als jungen Mann gekannt hatte.

Aber ich schweife ab. Ich sprach vom Tagebuch. Als ich 1525 zu Harry kam (kurz bevor die Hexe ihn in ihren Bann schlug), führte er eine Art Journal mit rohen Notizen. Als er später – nachdem Catherine Howard, seine fünfte sogenannte Königin, in

Ungnade gefallen war – so krank darniederlag, begann er mit einem persönlichen Tagebuch, um sich die Zeit zu vertreiben und um sich abzulenken, von den Schmerzen in seinem Bein, die ihn tagaus, tagein plagten, und auch von der wachsenden Zwietracht rings um ihn her. O ja, Tochter – er merkte, daß ihm die Zügel entglitten. Er wußte, daß sich ringsumher Parteien bildeten, die nur darauf warteten, daß er sterbe. Und so schlug er um sich – in der Öffentlichkeit, und insgeheim schrieb er alles auf.

Gegen Ende konnte er alles nur noch in groben Zügen notieren; später wollte er (der ewige Optimist) diese Notizen dann ausarbeiten. (Ja, nur einen Monat vor seinem Tode bestellte er für seine Gärten Obstbäume, die frühestens in zehn Jahren Frucht tragen würden. Welche Ironie: Wie ich hörte, haben sie voriges Jahr geblüht, und Maria hat sie umhauen lassen. Wenn *sie* unfruchtbar sein muß, dann hat der königliche Garten zwangsläufig die königliche Person nachzuahmen.) Er hat sie nie ausgearbeitet, und er wird es nun auch nicht mehr tun. Ich habe sie, wie alles andere, mit eigenen Aufzeichnungen und Erläuterungen versehen. Ich zögerte zunächst, das Tagebuch zu entstellen, aber als ich es las, war es, als hörte ich Harry wieder reden, und es war stets meine Art, ihn zu unterbrechen. Alte Gewohnheiten sind hartnäckig, wie Ihr seht. Aber so gut ich ihn auch kannte, das Tagebuch zeigte mir doch auch einen unbekannten Heinrich – was vermutlich nur beweist, daß wir allesamt Fremde sind, sogar für uns selbst.

Aber ich wollte erklären, wie ich in den Besitz des Tagebuches gelangt bin. Die Antwort ist einfach: Ich habe es gestohlen. *Sie* hätten es vernichtet. Sie haben auch sonst alles vernichtet, wenn es nur entfernt mit dem König zu tun hatte, oder mit den alten Zeiten: erst die Reformatoren, nun die Papisten. Die Reformatoren zerschlugen die Scheiben in sämtlichen Kirchen, und die Papisten gehen, wie ich höre, in ihrer Bestialität noch einen Schritt weiter, so daß selbst ich zögere, es niederzuschreiben. Die Agenten der Königin haben Harrys Leichnam – ihren eigenen Vater! – aus dem Grab genommen, verbrannt und in die Themse geworfen! Oh, diese Ungeheuer!

Dieses Tagebuch ist daher das letzte, was auf Erden von ihm

übrig ist. Werdet Ihr eine ebenso unnatürliche Tochter sein wie die Königin und es auch noch verbrennen? Wenn Ihr seine Tochter nicht seid (wie Ihr behauptet), dann seid ihm ein besseres Kind als sein eigen Fleisch und Blut.

Wie humorlos dies doch ist. Humor ist ja in der Tat das Zivilisierteste, was wir haben. Er glättet alle scharfen Kanten und macht den Rest erträglich. Harry wußte das. Vielleicht sollte ich selber einen Narren einstellen, denn offensichtlich habe ich selber meinen Beruf hinter mir gelassen.

Der Segen Eures rätselhaften Gottes sei mit Euch.

Will

Beigefügt ist das Tagebuch.
Zu einer Anmerkung fühle ich mich genötigt: Bessie Blount war keine Hure.

DAS TAGEBUCH

I

Gestern fragte mich irgendein Narr, was meine erste Erinnerung sei, und erwartete, daß ich beglückt in irgendwelche sentimentalen Kindheitsanekdoten verfiele, wie es wunderliche alte Männer angeblich so gern tun. Er war ganz überrascht, als ich ihn hinauswarf.

Aber der Schaden war angerichtet, und aus meinem Kopf war dieser Einfall nicht so leicht hinauszuwerfen. Was war meine früheste Erinnerung? Was immer es war, sie war nicht angenehm. Dessen war ich sicher.

War ich sechs Jahre alt? Nein, ich erinnere mich an die Geburt meiner Schwester Maria, und da war ich fünf. Vier also? Da starb meine andere Schwester, Elisabeth, und daran, schrecklich genug, erinnere ich mich auch. Drei? Vielleicht. Ja. Ich war drei, als ich zum erstenmal Jubelrufe hörte – und die Worte »nur ein zweitgeborener Sohn«.

Der Tag war schön – ein heißer, stiller Sommertag. Ich sollte mich mit Vater zur Westminster Hall begeben, um dort Ehren und Titel entgegenzunehmen. Er hatte das Ritual mit mir geprobt, bis ich es vollkommen beherrschte: Ich wußte, wie ich mich zu verneigen, wann ich mich auf den Boden zu werfen und wie ich vor ihm rückwärts den Raum zu verlassen hatte. Das mußte ich tun, weil er König war und weil ich mich in seiner Gegenwart befinden würde.

»Man wendet einem König niemals den Rücken zu«, erklärte er.

»Auch wenn du mein Vater bist?«

»Auch dann«, antwortete er ernst. »Ich bin immer noch dein König. Und ich mache dich heute zum Ritter des Bath-Ordens, und du mußt gekleidet sein wie ein Einsiedler. Und dann kommst du noch einmal in die Halle, in Festgewändern diesmal, und wirst Herzog von York.« Er lachte sein trockenes kleines Lachen – wie das Rascheln von Blättern, die über einen gepflasterten Hof wehten. »Das wird sie zum Schweigen bringen und ihnen zeigen, daß die Tudors sich York einverleibt haben! Der einzig wahre Herzog von York wird mein Sohn sein. Sollen es nur alle sehen!« Plötzlich senkte er die Stimme und sprach leise weiter. »Du wirst vor dem gesamten Adel des Reiches stehen. Du darfst nichts falsch machen, und du darfst auch keine Angst haben.«

Ich sah in seine kalten grauen Augen. Sie hatten die Farbe des Novemberhimmels. »Ich habe keine Angst«, sagte ich, und ich wußte, ich sprach die Wahrheit.

Scharen von Menschen kamen, um uns zu sehen, als wir durch Cheapside nach Westminster ritten. Ich hatte mein eigenes Pony, ein weißes, und ich ritt gleich hinter Vater mit seinem großen, schabrackenverhängten Fuchs. Selbst zu Pferde war ich kaum größer als die Wand von Menschen zu beiden Seiten. Deutlich konnte ich einzelne Gesichter sehen, ihre Mienen erkennen. Sie waren glücklich und riefen uns immer wieder ihren Segen zu, als wir vorüberzogen.

Die Zeremonie machte mir Spaß. Es heißt, daß Kinder für Zeremonien nichts übrig haben, aber mir machte sie Spaß. (Eine Vorliebe, die ich bis heute nicht verloren habe. Hat auch sie damals ihren Anfang genommen?) Es gefiel mir, sämtliche Blicke in Westminster Hall auf mir zu wissen, als ich sie der Länge nach durchschritt, Vater entgegen. Die Einsiedlerkutte war rauh und kratzte, aber ich wagte nicht, mir mein Unbehagen anmerken zu lassen. Vater thronte auf einer Estrade auf einem dunklen, holzgeschnitzten Sessel aus königlichem Besitz. Er war mir fern und hatte nichts Menschliches – wahrhaft ein König. Ich trat ihm ein wenig zitternd entgegen, und er erhob sich und nahm ein langes Schwert und schlug mich zum Ritter und zum Mitglied des Bath-Ordens. Als er das Schwert wieder hob, streifte es leicht meinen Hals, und ich fühlte überrascht, wie kalt der Stahl war, selbst an diesem hochsommerlichen Tag.

Dann ging ich langsam rückwärts hinaus in den Vorraum, wo Thomas Boleyn, einer von Vaters Leibjunkern, auf mich wartete, um mir beim Anlegen der schweren roten Zeremoniengewänder zu helfen, die eigens für diesen Tag angefertigt worden waren. Sodann begab ich mich zurück in die Halle, wiederholte das Ganze und ward so zum Herzog von York.

Danach sollte ich geehrt werden; Sämtliche Edlen und hochrangigen Prälaten sollten kommen und sich vor mir verneigen und mich so als den höchsten Adeligen von England anerkennen – nach dem König und meinem älteren Bruder Arthur. Heute weiß ich es, aber damals verstand ich nicht, was es bedeutete. Der Titel »Herzog von York« war bei Thronprätendenten beliebt, und so gedachte Vater seinen Edlen einen Gefolgschaftseid abzunehmen, indem er ausschloß, daß sie spätere Prätendenten anerkannten – denn zwei Herzöge von York kann es schließlich nicht geben. (Ebenso wenig wie es zwei Köpfe von Johannes dem Täufer geben kann, wenngleich manche Papisten beharrlich beide verehren.)

Aber damals verstand ich davon nichts. Ich war erst drei Jahre alt. Es war das erstemal, daß man mich zu etwas auserkoren hatte, was nur mich betraf, und ich hungerte nach solcher Aufmerksamkeit. Ich stellte mir vor, daß sich nun alle Erwachsenen um mich drängen und mit mir reden würden.

Es kam ganz anders. Ihre »Anerkennung« bestand in einem kurzen Blick in meine Richtung, einem leichten Neigen des Kopfes. Ich fühlte mich ganz verloren in diesem Wald von Beinen (so kam es mir vor; ich reichte einem erwachsenen Mann ja kaum bis an die Hüften), die sich bald zu kleinen Gruppen von drei oder vier Männern fügten. Ich sah mich nach meiner Mutter, der Königin, um, doch ich konnte sie nirgends entdecken. Aber sie hatte doch versprochen, zu kommen...

Eine blökende Fanfare verkündete, daß an dem großen Tisch entlang der Westwand der Halle nun die Speisen aufgetragen würden. Eine lange weiße Leinendecke lag auf dem Tisch, und alle Platten waren aus Gold. Sie glänzten in dem matten Licht und bildeten so einen Gegensatz zu den Farben der Speisen, die darauf angerichtet waren. Mundschenke begannen umherzugehen; sie trugen große goldene Krüge. Als sie zu mir kamen, wollte ich auch etwas, und darüber mußte jeder außer mir lachen. Der Mundschenk erhob Einwände, aber ich blieb hartnäckig. So gab er mir einen kleinen ziselierten Silberbecher und füllte ihn mit Rotwein, und ich leerte den Becher auf einen Zug. Die Leute lachten, und dies erregte die Aufmerksamkeit meines Vaters. Er funkelte mich an, als hätte ich eine schwere Sünde begangen.

Bald war mir schwindelig, und die schweren Samtgewänder ließen mich in der stickigen Luft der überfüllten Halle schwitzen. Das Stimmengedröhn über mir war unangenehm, und noch immer war die Königin nicht gekommen, und es hatte sich niemand um mich gekümmert. Zu gern wäre ich nach Eltham zurückgekehrt und hätte diese langweilige Feier verlassen. Wenn das ein Fest war, so hatte ich genug davon, und ich würde Arthur sein Recht, an derlei teilzunehmen, nicht neiden.

Ich sah, daß Vater ein wenig abseits stand und mit einem seiner Kabinettsherren redete – mit Erzbischof Morton, glaube ich. Kühn vom Wein (ich zögerte sonst zumeist eher, Vater anzusprechen) beschloß ich, ihn zu fragen, ob ich nicht gehen und unverzüglich nach Eltham zurückkehren dürfe. Es gelang mir, mich unauffällig an Trauben von schwatzenden Adeligen und Höflingen vorbeizudrücken und mich ihm zu nähern. Meine so geringe Körpergröße bewirkte, daß niemand mich sah, als ich mich in der Nähe des Königs im Hintergrund hielt und, halb in den Falten der Wandbehänge verborgen, darauf wartete, daß er sein Gespräch beendete. Man unterbricht den König nämlich nicht, selbst wenn man des Königs Sohn ist.

Einzelne Worte wehten zu mir herüber. *Die Königin... krank...*

Wurde meine Mutter etwa durch eine Krankheit am Kommen gehindert? Ich schob mich näher heran und spitzte die Ohren.

»Aber sie muß diesen Schmerz begraben«, sagte Morton eben. »Doch jeder Prätendent reißt die Wunde von neuem auf...«

»Deshalb war es notwendig, dies heute zu tun. Es mußte ein Ende gemacht werden mit all diesen falschen Herzögen von York. Wenn sie nur sehen könnten, wie es Ihre Gnaden schmerzt. Jeder von ihnen... Sie weiß, sie sind Lügner, Prätendenten, und doch war mir, als habe sie Lambert Simnels Gesicht allzu lange betrachtet.

Sie wünscht es sich, versteht Ihr; sie wünscht sich, ihr Bruder Richard wäre noch am Leben.« Der König sprach mit leiser Stimme; er klang unglücklich. »Deshalb konnte sie nicht kommen und dabei zusehen, wie Heinrich seinen Titel verliehen bekommt. Sie könnte es nicht ertragen. Sie hat ihren Bruder geliebt.«

»Aber ihren Sohn liebt sie auch.« Es war eine Frage, als Feststellung verkleidet.

Der König zuckte die Achseln. »Wie eine Mutter ihren Sohn eben liebt.«

»Nicht mehr?« Morton klang jetzt eifrig.

»Wenn sie ihn liebt, dann um der Erinnerungen willen, die er in ihr wachruft – an ihren Vater Edward. Heinrich hat Ähnlichkeit mit ihm; das ist Euch sicher nicht entgangen.« Vater nahm noch einen Schluck Wein aus seinem schweren Becher, so daß ich sein Gesicht nicht sehen konnte.

»Recht edel sieht er aus, der Prinz.« Morton nickte, so daß sein Kinn fast seinen Pelzkragen berührte.

»Er sieht gut aus, das will ich nicht bestreiten. Auch Edward sah gut aus. Wißt Ihr noch, wie das Weib auf dem Marktplatz schrie: ›Meiner Treu, für dein hübsches Lärvchen sollst zwanzig Pfund bekommen!‹ Der hübsche Edward. ›Die Sonne in ihrer Pracht‹, so nannte er sich selbst.«

»Während wir doch alle wissen, wie es hätte heißen müssen. ›Der König in Mistress Shores Bett‹«, kicherte Morton. »Oder war es Eleanor Butler?«

»Kommt es darauf an? Er war immer in irgend jemandes Bett. Entsinnt Ihr Euch nicht jener Spottballade, in der er sich ›lümmelt in liederlichem Lotterbett‹? Es war gerissen von Elisabeth Woodville, seine Wollust auszubeuten. Ich will die Königinmutter nicht herabsetzen, aber sie war ein verdrießliches altes Biest. Ich fürchtete schon, sie werde niemals sterben. Doch jetzt sind wir schon seit zwei Jahren von ihr befreit. Gelobt sei der Herr!«

»Aber Heinrich ... ist er nicht ...« Morton interessierte sich offensichtlich mehr für die Lebenden als für die Toten.

Der König blickte in die Runde, um sich zu vergewissern, daß niemand sonst zuhörte. Ich drückte mich tiefer in die Vorhangfalte und wünschte, ich wäre unsichtbar. »Nur ein zweitgeborener

Sohn. Gebe Gott, daß er nie gebraucht werde. Sollte er jemals König werden ...«, er hielt inne, und dann senkte er die Stimme zu einem Flüstern und sprach das Unaussprechliche aus: »Das Haus Tudor würde es nicht überstehen. Ebenso wie das Haus York diesen Edward nicht überlebt hat. Er sah gut aus und war ein großartiger Soldat – das muß man ihm lassen –, aber im Grunde war er dumm und ohne Empfinden. Und Heinrich ist genauso. Einen Edward könnte England überleben, aber niemals zwei von seiner Sorte.«

»So weit wird es niemals kommen«, entgegnete Morton geschmeidig. »Wir haben Arthur, und der wird ein großer König werden. Er trägt bereits alle Merkmale der Größe in sich. So gelehrt. So stattlich. So weise – weit über den Stand eines Achtjährigen hinaus.«

»Arthur der Zweite«, murmelte Vater, und seine Augen blickten verträumt. »Ja, das wird ein großer Tag werden. Und Heinrich wird vielleicht eines Tages Erzbischof von Canterbury. Ja, die Kirche ist ein guter Platz für ihn. Auch wenn ihn das Zölibatsgelübde vielleicht ein wenig hart ankommen wird. Euch nicht auch, Morton?« Er lächelte kalt im Eingeständnis der Komplizenschaft. Morton hatte viele Bastarde.

»Aber Euer Gnaden ...« Morton wandte in gespielter Bescheidenheit das Gesicht ab und hätte mich fast entdeckt.

Mein Herz pochte. Ich preßte mich in die Vorhänge. Sie durften nicht wissen, daß ich neben ihnen stand und alles gehört hatte. Ich hätte gern geweint – ja, ich fühlte schon, wie die Tränen aufwärts und in meine Augen drängten –, aber dazu war ich nicht empfindsam genug. Das hatte der König gesagt.

Statt dessen verließ ich, als ich nicht mehr zitterte und jede Andeutung von Tränen niedergekämpft hatte, mein Versteck, wanderte unter den versammelten Edlen umher und sprach kühn mit jedem, der mir begegnete. Dies gab später Anlaß zu mancherlei Bemerkung.

Ich darf nicht heucheln. Ein Prinz zu sein, war manchmal gut. Nicht in materiellem Sinn, wie die Leute es sich denken. Die Söhne des Adels lebten in größerem Luxus als wir; wir standen am unteren Ende der königlichen »Hauswirtschaft« und lebten und schliefen in spartanischen Unterkünften, wie gute Soldaten. Gewiß, wir wohnten in Schlössern, und dieses Wort beschwört Vorstellungen von Luxus und Schönheit herauf – was ich mir zu einem Teil als Verdienst anrechnen muß, denn ich habe in meiner eigenen Regierungszeit hart dafür gearbeitet, es wahr werden zu lassen –, aber in meiner Kindheit war das anders. Die Schlösser waren Überbleibsel aus einer früheren Ära – romantisch vielleicht, und durchtränkt von Geschichte (hier wurden Edwards Söhne ermordet; hier legte Edward II. seine Krone ab), aber sie waren entschieden unbehaglich: Dunkel und kalt.

Besonders abenteuerlich war es auch nicht. Vater ging nicht oft auf Reisen, und wenn er es tat, ließ er uns zu Hause. Die ersten zehn Jahre meines Lebens verbrachte ich fast ausschließlich innerhalb der Palastmauern von Eltham. Einen Blick auf irgend etwas außerhalb Gelegenes zu werfen, war uns praktisch verboten. Vorgeblich geschah dies zu unserem Schutz. Aber es war, als hausten wir in einem Kloster. Kein Mönch führte ein so karges, so eingeschränktes, so langweiliges Leben wie ich in diesen ersten zehn Jahren.

Und das war nur recht so, da Vater ja beschlossen hatte, daß ich Priester werden müsse, wenn ich groß wäre. Arthur würde König sein. Ich, der zweitgeborene Sohn, mußte Kirchenmann werden und meine Kräfte in Gottes Dienst stellen, statt sie darauf zu verwenden, die Stellung meines Bruders zu erobern. Und so erhielt ich, kaum daß ich vier Jahre alt war, meine kirchliche Ausbildung von einer Anzahl Priestern mit traurigen Augen.

Aber dennoch, es war gut, ein Prinz zu sein. Die Gründe dafür sind schwer faßlich, und es ist mir fast unmöglich, sie zu Papier zu bringen. Um die Geschichte zu vervollständigen, soll es geschehen. Ein Prinz sein, das bedeutete – etwas Besonderes sein. Wissen, daß man, las man etwa die Geschichte von Edward dem Bekenner oder Richard Löwenherz, durch mystische Blutsbande mit ihnen verknüpft war. Das war alles. Aber es war genug. Genug für mich, während ich endlose lateinische Gebete auswendig lernte. Ich hatte das Blut von Königen in mir! Sicher, es war verborgen unter schäbigen Gewändern, und ich würde es niemals weitergeben, aber es war nichtsdestoweniger da – wie ein Feuer, an dem ich mich wärmen konnte.

II

Es hätte niemals auf diese Weise beginnen dürfen. Diese durcheinandergewürfelten Gedanken können nicht einmal als passable Sammlung von Eindrücken gelten, und schon gar nicht als Memoiren. Ich muß die Dinge in eine vernünftige Ordnung bringen. Wolsey hat mich das gelehrt: Alles braucht seine Ordnung. Habe ich das so rasch vergessen?

Ich habe damit (mit diesen Aufzeichnungen, meine ich) vor einigen Wochen begonnen, und zwar in dem vergeblichen Bestreben, mir Linderung zu verschaffen, derweil ich einen neuerlichen Anfall von Schmerzen in meinem verfluchten Bein zu erleiden hatte. Vielleicht hat diese Pein mich so sehr abgelenkt, daß ich außerstande war, meine Gedanken zu ordnen. Aber jetzt sind die Schmerzen vorbei. Wenn ich dies nun tun soll, muß ich es richtig tun. Ich habe von »Vater« gesprochen, vom »König« und von »Arthur«, ohne ein einziges Mal zu erwähnen, wie der König hieß. Oder zu welcher Herrscherfamilie er gehörte. Oder in welche Zeit. Unverzeihlich!

Der König war Heinrich VII. aus dem Hause Tudor. Aber ich darf gar nicht so großartig vom »Hause Tudor« sprechen, denn bevor Vater König wurde, war es überhaupt kein Königshaus. Die Tudors waren eine walisische Familie und (seien wir ehrlich) walisische Abenteurer noch dazu, die sich vor allem mit romantischen Abenteuern im Bett und in der Schlacht voranzubringen trachteten.

Mir ist sehr wohl bekannt, daß Vaters Genealogen die Tudors bis in die Morgendämmerung der britischen Geschichte zurückverfolgt haben und uns in direkter Linie von Cadwaller abstammen lassen. Aber den ersten Schritt zu unserer heutigen Größe unternahm Owen Tudor, der Gewandmeister der Königin Katharina, der Witwe Heinrichs V. (Heinrich V. war Englands mächtigster Soldatenkönig; er hatte einen großen Teil Frankreichs erobert. Das war etwa siebzig Jahre vor meiner Geburt. Jeder gemeine Engländer weiß das heute; aber wird das immer so sein?) Heinrich und die Tochter des französischen Königs heirateten aus politischen Gründen und hatten einen Sohn, Heinrich VI., der im Alter von neun Monaten zum König von England *und* Frankreich ausgerufen wurde. Aber nachdem Heinrich V. so plötzlich verstorben war, saß seine einundzwanzigjährige französische Witwe allein in England.

Owens Aufgaben führten dazu, daß er ständig in ihrer Gesellschaft war. Er war hübsch; sie war einsam; sie heirateten, heimlich. Ja, Katharina (die Tochter eines Königs, Frau eines anderen, Mutter gar eines dritten) verunreinigte – sagen manche – ihr königliches Blut mit dem eines walisischen Buben. Sie hatten zwei Söhne, Edward und Jasper, Halbbrüder Heinrichs VI.

Aber Katharina starb, als sie die Mitte der Dreißig erreicht hatte, und Owen ward nicht länger geduldet. Der Protektorenrat Heinrichs VI. ließ »einen gewissen Owen Tudor, welcher da lebte mit besagter Königin Katharina«, vor sich rufen, da er »so anmaßend gewesen, durch Heirat mit der Königin sein Blut mit dem herrschaftlichen Geschlecht der Könige zu vermischen«. Owen weigerte sich erst, zu erscheinen; später aber kam er doch und wurde zu Newgate eingekerkert, von wo er zweimal entkam. Er war schwer zu fassen und mit allen Wassern gewaschen. Nach seiner zweiten Flucht begab er sich zurück nach Wales.

Als Heinrich VI. mündig wurde und sich seines Protektoren entledigte, behandelte er die beiden Söhne Owens freundlich. Edmund ernannte er zum Earl von Richmond, Jasper zum Earl von Pembroke. Und Heinrich VI. – dieser arme, verrückte, liebe Mensch – fand in Lancaster sogar eine standesgemäße Braut für seinen Halbbruder Edmund: Margaret Beaufort.

Diese historischen Begebenheiten wiederzugeben, das ist, als ziehe man einen Faden auf: Man will eigentlich nur einen kleinen Teil berichten, doch dann kommt noch einer dazu, und noch einer, denn alle sind Teil desselben Gewandes – Tudor, Lancaster, York, Plantagenet.

Und so muß ich tun, was ich befürchtet habe: Ich muß zurück bis zu Edward III., dem unschuldigen Ursprung all der späteren Sorgen. Ich sage unschuldig, denn welcher König wünschte sich nicht Söhne im Überfluß? Und doch rührt Edwards Kummer wie der nachfolgender Generationen just aus seiner Fruchtbarkeit.

Edward, geboren fast zweihundert Jahre vor mir, hatte sechs Söhne. Ein Segen? Man sollte es meinen. In Wahrheit aber waren sie ein Fluch, dessen Echo bis zum heutigen Tage nachhallt. Den Ältesten, Edward, nannte man den »Schwarzen Prinzen«. (Warum, das weiß ich nicht; aber ich glaube, der Grund waren die Livreen, die sein Gefolge zu tragen pflegte. Er war ein großer Soldat.) Er starb noch vor seinem Vater, und so kam sein Sohn, Edwards Enkel, als Richard II. auf den Thron.

Die anderen Söhne Edwards waren William, der jung starb, Lionel, Herzog von Clarence, von dem letztlich das Haus York abstammt, John von Gaunt, der Herzog von Lancaster und Urahn des so benannten Hauses, Edmund, Herzog von York (Edmunds und Clarences Erben heirateten später und vereinten so ihre Ansprüche), und schließlich Thomas von Woodstock, Ahnherr des Herzogs von Buckingham.

Folgendes trug sich nun zu: Heinrich, der Sohn des John von Gaunt, stürzte seinen Vetter Richard II. und ließ sich als Heinrich IV. krönen. Sein Sohn war Heinrich V.; er heiratete Königin Katharina Valois, die hernach Owen Tudor heiratete.

Das findet Ihr verwirrend? Ich versichere Euch, in meiner Jugend war dieses verworrene Ahnengeflecht ebenso bekannt wie heute vielleicht die Worte einer populären Ballade oder die Reihenfolge der Fünf Schmerzensreichen Mysterien Christi. Es überschattete unser ganzes Leben und zwang uns, eine Rolle auf der einen oder anderen Seite zu übernehmen, eine Rolle, die auf geradem Wege zu Glück und Wohlstand führte... oder in den Tod.

Aber der Sohn Heinrichs V., der zu Paris als Heinrich VI. zum König von England und Frankreich gekrönt wurde, vermochte sich sein Erbe nicht zu bewahren. Als er älter wurde, zeigte sich, daß er unfähig und halb verrückt war.

Wenn der König aber schwach ist, finden sich andere, die sich für stark halten. Und so wurde die Sache der Yorkisten geboren.

Einer Legende zufolge begannen die Kriege, als Richard Plantagenet (der spätere Herzog von York) sich mit seinen Gefährten und Rivalen Somerset, Warwick und Suffolk in Temple Gardens traf. Richard brach eine weiße Rose von einem Strauch, um damit die Abstammung von Lionel, dem dritten Sohne Edwards III., zu versinnbildlichen, und forderte jeden, der seines Sinnes sei, auf, sich ihm anzuschließen; Warwick, ein Sproß der mächtigen Familie Neville aus dem Norden, nahm gleichfalls eine weiße Rose. Somerset und Suffolk pflückten eine rote und stellten sich damit hinter John von Gaunt, den Herzog von Lancaster und vierten Sohn, und dessen Ansprüche. Sodann prophezeiten sie, daß diese Kluft wachsen und schließlich das ganze Reich durchtrennen werde.

Das ist eine hübsche Geschichte; ob sie stimmt oder nicht, das weiß ich nicht. Es stimmt allerdings, daß innerhalb weniger Jahre Hunderte von Menschen im Kampf für die Weiße oder die Rote Rose ihr Leben ließen.

Heinrich VI. wurde schließlich abgesetzt, und zwar von Edward IV., dem wackeren Sohn der Yorkisten. Er schlug drei Feldschlachten und verlor keine: ein militärisches Genie.

Die Linien aller drei Familien waren, wie ich schon sagte, miteinander verflochten. Es ist schwierig für mich, von den Grausamkeiten zu berichten, die sie einander zufügten, denn ihrer aller Blut fließt heute in meinen Adern.

Ja, Edward IV. war ein großer Streiter, und darauf bin ich stolz, denn er war mein Großvater. Mein Urgroßvater indessen kämpfte gegen ihn, unterstützt von meinem Großonkel Jasper Tudor. Sie wurden vernichtet, und Owen geriet 1461, nach der Schlacht von Mortimer's Cross, in Gefangenschaft, und er wurde – auf Edwards Befehl – auf dem Marktplatz von Hereford hingerichtet. Bis der Scharfrichter erschien, um seines Amtes zu walten, glaubte Owen nicht, daß er tatsächlich sterben werde. Der Henker riß ihm den Kragen vom Wams, und da erst wußte er es. Er sah sich um und sprach: »Auf dem Block soll nun liegen der Kopf, der zu liegen pflegte in Königin Katharinas Schoße.« Später kam eine Verrückte und nahm seinen Kopf weg und stellte rings um ihn herum hundert brennende Kerzen auf.

Ich erzähle dies, damit man, wenn ich berichte, wie Owens ältester Sohn Edmund sich mit Margaret Beaufort, der dreizehnjährigen Erbin der Ansprüche des Hauses Lancaster, verheiratete, nicht auf den Gedanken kommt, sie hätten etwa ein ruhiges Leben geführt. Überall um sie herum tobten die Kämpfe. Edmund entkam all diesen Sorgen, indem er im Alter von sechsundzwanzig Jahren verschied und seine Frau gesegneten Leibes zurückließ. Das Kind war mein Vater, und es kam zur Welt, als seine Mutter gerade vierzehn Jahre alt war. Das war am 28. Januar 1457.

WILL SOMERS:

Bei diesem Datum überlief es mich eisig. Es war ebenfalls ein 28. Januar, als Heinrich VIII. starb. Im Jahr 1547 – die Ziffern also nur umgestellt – es ist wie eine Parenthese: Der Vater geboren, der Sohn gestorben... doch ich glaube nicht an solche Sachen. Das überlasse ich den Walisern und ihresgleichen.

HEINRICH VIII.:

Sie taufte ihn Heinrich – ein königlicher Name des Hauses Lancaster. Doch zu jener Zeit war er keineswegs ein bedeutender Erbe, sondern nur eine Randfigur in dem alles in allem verworrenen Gewebe. Dies, obwohl er der Enkel einer Königin (väterlicherseits) und der Ururenkel eines Königs (auf mütterlicher Seite) war. Aber die Schlachten tobten weiter, und alle, die einen höheren Anspruch auf den Thron anmelden konnten, kamen dabei um (der einzige Sohn Heinrichs VI. nämlich, Edward, sowie Richard, Herzog von York), und jede Schlacht brachte Heinrich Tudor dem Thron ein Stückchen näher. In der Schlacht von Tewkesbury im Jahr 1471 wurden alle männlichen Mitglieder des Hauses Lancaster getötet, bis auf Heinrich Tudor. Er floh mit seinem Onkel Jasper in die Bretagne.

Heinrich VI. ward noch im selben Jahr im Tower vom Leben zum Tode befördert. Das besorgten die Yorkisten. Es war ein Gnadenakt: Heinrich VI. war vielleicht ein Heiliger, aber zum König war er nicht geschaffen. Dies beweist sein Gedicht:

Königreiche sind nur Bürden,
Staat ist ohne festen Halt.
Reichtum ist die Würgerfalle
Und wird nimmer alt.

Ein Yorkistenschwert erlöste ihn von den Sorgen, die sein Königtum ihm bereitete, und ich kann nur sagen, sie haben ihm einen guten Dienst erwiesen.

Aber die Geschichte meines Vaters ist ebenso lang; Historien dieser Art sind nicht simpel. Vater ging ins Exil; er reiste über den Kanal in die Bretagne, wo der gute Herzog Francis ihn willkommen hieß – gegen eine Gebühr. Edward IV. setzte ihm nach, versuchte, ihn entführen und ermorden zu lassen. Vater überlistete – *Edward war ein Trottel* – und überlebte ihn; er saß in der Bretagne und sah zu, wie Edwards grausamer Bruder Richard sich des Thrones bemächtigte und Edwards Söhne, Edward V. und Richard, Herzog von York, beseitigte. Es heißt, er habe sie im Schlaf erstikken lassen und irgendwo im Tower verscharrt.

Viele litten bald unter Richards Herrschaft und fielen von ihm ab; sie kamen zu Vater in die Bretagne, bis er einen Exilhof um sich geschart hatte. In England herrschte derweilen solche Unzufriedenheit, daß rebellische Untertanen Vater aufforderten, zu kommen und Anspruch auf den Thron zu erheben.

Das erstemal versuchte er es 1484; doch das Schicksal war gegen ihn, und Richard nahm seinen wichtigsten Gefolgsmann, den Herzog von Buckingham, gefangen und ließ ihn hinrichten. Im nächsten Jahr war die Zeit von neuem reif, und Vater wagte nicht, noch länger zu warten, sollte seine Anhängerschaft nicht von ihm abfallen. So stach er in See und landete in Wales mit einer Armee von nur zweitausend Mann, während Richard III., wie man wußte, zehntausend befehligte.

Was trieb ihn dazu? Die Geschichte kenne ich gut, aber ich kenne auch Vater: vorsichtig bis zur Tatenlosigkeit, mißtrauisch, langsam in seinen Entschlüssen. Trotzdem riskierte er mit achtundzwanzig Jahren alles – auch sein Leben – für ein anscheinend hoffnungsloses Unterfangen. Zweitausend Mann gegen zehntausend.

In Wales wurde er überschwenglich empfangen, und die Leute strömten ihm in Scharen zu; bald waren seine Truppen auf fünftausend Mann angewachsen, aber immer noch nur halb so groß wie Richards Streitmacht. Dennoch stürmte er voran durch augustgelbe Felder, bis sie wenige Meilen vor Leicester auf einem Feld namens Bosworth zusammentrafen.

Ein wilder Kampf entbrannte, und schließlich zogen sich einige von Richards Mannen zurück. Ohne sie aber war die Schlacht verloren. Richard wurde erschlagen und von seinen eigenen abgefallenen Anhängern dutzendfach zerhauen, als er versuchte, Vater selbst anzugreifen.

Man erzählt, in der Hitze des Gefechtes sei Richard die Krone vom Kopf geflogen und in einem Ginsterbusch gelandet; Vater habe sie dort aufgehoben und sich selbst auf den Kopf gesetzt, und ringsumher habe man »König Heinrich! König Heinrich!« gerufen. Ich bezweifle, daß es so war, aber es ist eine Geschichte von der Art, wie man sie gern glaubt. Die Leute mögen simple Geschichten, und sie pflegen auch das Profunde in eine schlichte, beruhigende Form zu biegen. Es gefällt ihnen, zu glauben, man werde König durch ein Zeichen, nicht durch etwas so Undurchschaubares und Verwirrendes wie eine Schlacht.

Tatsächlich war es ganz und gar nicht so simpel. Trotz Schlacht und Krone im von Gotteshand plazierten Busch blieb so mancher Aufsässige, der einfach nicht bereit war, Heinrich Tudor als König zu akzeptieren. Wohl wahr, in seinen Adern strömte königliches Blut, und er hatte die Tochter des letzten Yorkistenkönigs zur Frau genommen, aber so leicht waren hartgesottene Yorkisten nicht zu besänftigen. Sie wollten einen echten Yorkisten auf dem Thron sehen oder gar keinen. Und so begann verräterisches Treiben.

Yorkisten waren keine mehr da, aber die Verräter versuchten, die erstickten Söhne Edwards IV. wiederauferstehen zu lassen (die Brüder meiner Mutter). Den Ältesten, Edward, zu »entdecken«, das wagten sie nicht, so kühn waren nicht einmal sie. So fiel ihre Wahl auf Richard, den jüngeren der beiden. Und jede dieser verräterischen Sippschaften fand bereitwillige blondhaarige Knaben in hinreichender Zahl, die willens waren, sich als diesen ausgeben zu lassen.

Der erste war Lambert Simnel. Die Iren krönten ihn als Richard IV. Vater nahm es belustigt hin. Nachdem er den Aufstand 1487 in der Schlacht von Stoke niedergeschlagen hatte, ernannte er den vormaligen »König« zum Koch in der königlichen Küche. Die Arbeit an den heißen Herden ließ dessen königliche Haltung rasch dahinschmelzen.

Mit dem nächsten, Perkin Warbeck, ging es weniger amüsant. Die Schotten riefen ihn zum König aus und gaben ihm wohl auch ein adeliges Mädchen zum Weibe. Vater ließ ihn hinrichten.

Und doch war der Aufstände kein Ende. Wie aus einem nie versiegenden Quell strömten Verräter und Unzufriedene. Was Vater auch tat, es gab immer irgendwo welche, denen es nicht recht war und die sich zu seinem Umsturz verschworen.

Es ließ ihn schließlich bitter werden. Jetzt sehe ich es, und ich verstehe es auch. *Sie* hatten ihm seine Jugend genommen (»Seit ich fünf Jahre alt war, bin ich entweder auf der Flucht oder in Gefangenschaft gewesen«, hat er einmal gesagt), und selbst als man hätte meinen sollen, daß er sich sein Anrecht auf Frieden nun erworben habe, ließen sie ihn nicht in Ruhe. Sie waren entschlossen, ihn vom Thron zu vertreiben oder ins Grab zu schicken.

Vater heiratete die Tochter seines Erzfeindes. Er haßte Edward IV., aber er hatte in der Kathedrale von Rennes in einem heiligen Eid geschworen, daß er sich, sollte seine Invasion in England erfolgreich verlaufen, mit Elisabeth, Edwards Tochter, vermählen werde.

Warum? Einfach weil sie den Anspruch der Yorkisten als Erbin vertrat, wie er den der Lancasterianer. Er hatte sie nie gesehen, und er wußte auch nichts über sie. Sie hätte bucklig oder scheel oder pockennarbig sein können. Aber die Heirat mit ihr bedeutete das Ende der Kriege. Alles andere scherte ihn nicht.

Wie gesagt, er verachtete Edward IV. Und warum auch nicht? Edward hatte versucht, ihn meucheln zu lassen. Edward hatte seinen Großvater Owen ermordet. Und doch wollte er seine Tochter heiraten... Er hatte die Zeiten durchschaut. Man ermordete Menschen, und es war, als pflege man seinen Garten: Man beschnitt zarte Sprößlinge oder hieb einen ganzen Stamm um, je nachdem, welche Pflanze man für die kommende Wachstumszeit als Bedrohung ansah.

Ich habe all dem ein Ende gemacht. Heute wird in England niemand mehr verstohlen getötet. Es gibt keine Kopfkissenmorde mehr, keine Giftmischereien, keine mitternächtlichen Messerstiche. Ich zähle es zu den großen Erfolgen meiner Regentschaft, daß es mit dieser Barbarei für immer vorbei ist.

Aber ich sprach von Vaters Heirat. Elisabeth, Edwards Tochter, wurde aus ihrer Zuflucht herbeigebracht (sie und ihre Mutter hatten sich vor den Rasereien Richards III. versteckt) und ihm als Teil der Siegesbeute übergeben.

Und so vermählte Elisabeth von York sich mit Heinrich Tudor. Königliche Künstler schufen ein spezielles Emblem für sie: die sogenannte Tudor-Rose, die das Rot von Lancaster und das Weiß von York in sich vereinigt. Nicht einmal ein Jahr später hatten sie ihren ersehnten Erben: Arthur. So tauften sie ihn, um alle von »Ansprüchen« besetzten Namen zu meiden (Heinrich für das Haus Lancaster, Edward und Richard für York) und sich auf den legendären König Arthur zurückzubesinnen. Das würde niemanden beleidigen, und es versprach manches Gute.

Es folgten andere Kinder. Nach Arthur kam Margaret (nach der Königinmutter). Dann ich (es war ungefährlich, dem dritten Kind einen Partisanennamen wie Heinrich zu geben). Nach mir kam Elisabeth. Dann Maria. Dann Edmund. Dann... nein, ich weiß ihren Namen nicht mehr, wenn sie überhaupt einen hatte. Sie lebte nur zwei Tage.

Vater war neunundzwanzig, als er heiratete. Mit vierzig hatte er noch vier lebende Kinder – zwei Prinzen und zwei Prinzessinnen –, und damit schien das Überleben seiner neuen Dynastie gesichert zu sein.

Ich habe gehört, mein Vater sei stattlich und beliebt gewesen, als er den Thron bestieg. Die Leute sahen in ihm einen Abenteurer, und Rauhbeine und Helden haben die Engländer schon immer geliebt. Sie jubelten ihm zu. Aber im Laufe der Jahre ließ der Jubel nach, er war wohl doch nicht, was sie erwartet hatten. Er war nicht gutmütig wie Edward, noch war er rauh und offenherzig, wie ein Soldatenkönig es zu sein hatte. Ja, im Grunde dachte er überhaupt nicht wie ein Engländer, denn den größten Teil seines Lebens hatte er außerhalb des Landes verbracht – oder in Wales, was genauso schlimm war. Er war mißtrauisch gegen die Menschen, und diese fühlten es und entzogen ihm schließlich ihre Zuneigung.

Ich beschreibe Vater hier, wie ein Historiker es täte, der versucht, festzustellen, wie Vater aussah und wie er regierte. Als Kind sah und verstand ich natürlich von all dem nichts. Vater war ein großer, dünner Mann, den ich nur selten sah, und niemals allein. Manchmal erschien er dort, wo wir – die vier Kinder – wohnten, und stattete uns unangemeldet seinen Besuch ab. Wir haßten diese Besuche. Er ging dann umher wie ein General, der seine Truppen inspizierte, und stellte uns Aufgaben in Latein oder Rechnen. Meistens war seine Mutter, Margaret Beaufort, bei ihm, eine winzige Frau, die stets schwarz gekleidet war und ein spitzes Gesicht hatte. Mit acht Jahren war ich so groß wie sie und konnte ihr geradewegs in die Augen schauen; aber ich mochte ihre Augen nicht. Sie waren glänzend und schwarz. Sie war es, die immer die spitzesten Fragen stellte, und die Antworten empfand sie dann als höchst unbefriedigend, denn sie bildete sich ein, eine Gelehrte zu sein, und hatte sogar ihren Mann für eine Weile verlassen, um in einen Konvent zu ziehen, wo sie den lieben langen Tag lesen konnte.

Sie war es auch, die unsere Lehrer auswählte und für unsere Erziehung zuständig war. Die besten Lehrer bekam natürlich Arthur; die zweitrangigen standen uns zu Diensten. Den einen oder anderen teilte ich gelegentlich mit Arthur. Bernard André unterrichtete uns beide in Geschichte, und Giles D'Ewes lehrte uns Französisch. Und John Skelton, der *poeta laureatus*, war erst Arthurs Lehrer und wurde später der meine.

Skelton war ein liederlicher Priester, und wir beide faßten sofort Zuneigung zueinander. Er schrieb grobe Satiren und hatte eine Geliebte; ich fand ihn wundervoll. Bis dahin hatte ich angenommen, ein Gelehrter müsse so sein wie meine Großmutter Beaufort. Das Schwarz, der Konvent, die Bücher – das alles war in meiner Vorstellung miteinander verknüpft. Skelton zerhieb diesen Knoten. Später, unter meiner eigenen Regentschaft, wurde die Gelehrsamkeit völlig von den Konventen und Klöstern befreit. (Und zwar nicht bloß, weil ich die Klöster schließen ließ!)

Wir studierten Latein, natürlich, aber auch Französisch, Italienisch, Mathematik, Geschichte, Dichtkunst. Mich versah man mit einem besonders umfangreichen Pensum an Heiliger Schrift, Theologie und Kirchengeschichte, da ich ja bereits für die Kirche vorgesehen war. Nun, man kann nie genug lernen. Ich machte mir dieses Wissen später gründlich zunutze, wenn auch auf eine Weise, die meine fromme Großmutter und ihre erlesenen Lehrer mit Entsetzen erfüllt hätte.

Unser Leben: Ein unaufhörlicher Umzug. Vater hatte – besser gesagt, die Krone hatte – acht Schlösser, und mit jeder neuen Jahreszeit zog der königliche Haushalt um. Aber wir, die Königskinder, wohnten selten im selben Schloß wie der König und die Königin. Sie zogen es vor, uns auf dem Lande leben zu lassen, oder doch so nah wie möglich an freien Gefilden und in sauberer Luft. Eltham Palace war ein ideales Anwesen. Es war klein und lag inmitten grüner Felder, aber nur drei Meilen von Greenwich und der Themse entfernt. Es war für Edward IV., meinen hübschen Großvater, erbaut worden, ganz aus Stein, mit einem stillen Wassergraben und einem gepflegten Schloßgarten. Das Haus war zu klein für den gesamten Hofstaat, aber wunderbar geeignet für die königlichen Kinder und für unseren kleinen Haushalt mit Köchen, Kinderschwestern und Wachen.

Denn wir wurden bewacht. Unser hübscher kleiner, ummauerter Garten hätte ebenso gut im fernsten Schottland liegen können, statt zehn Meilen vor London. Niemand durfte uns ohne Vaters Erlaubnis besuchen; zu genau entsann er sich des Schicksals, das den Prinzen der Yorkisten widerfahren war. Wir entsannen uns nicht, und wir fanden diese Einschränkungen ärgerlich.

Ich war sicher, daß ich mich gegen jeden Meuchelmörder würde verteidigen können. Ich übte den Umgang mit Schwert und Bogen und merkte bald, wie stark und geschickt ich für einen Knaben meines Alters war. Fast sehnte ich mich danach, daß ein finsterer Agent einen Anschlag auf mich verüben möge, damit ich mich meinem Vater beweisen und so seine Bewunderung erringen könnte. Doch es fand sich kein folgsamer Mörder, der mir meinen kindlichen Wunsch erfüllt hätte.

Wir sollten uns in frischer Luft bewegen. Wie gesagt, schon früh hatte ich meine Gewandtheit in Leibesdingen entdeckt. Ich ritt mühelos und gut, von Anfang an. Ich prahle nicht; wenn ich alles aufzeichnen soll, muß ich von meinen Talenten ebenso ehrlich berichten wie von meinen Schwächen. Es ist so: Ich war begabt in allen Dingen des Körpers. Ich hatte mehr als Kraft, ich besaß auch angeborene Geschicklichkeit. Alles fiel mir leicht, im Feld und auch zu Pferde. Mit siebzehn zählte ich zu den gewandtesten Männern Englands – mit dem Langbogen, dem Schwert und der Lanze, im Turnier, beim Ringen und selbst in diesem wunderlichen neuen Sport, im Tennis.

Ich weiß, eine solche Behauptung betrachtet man mit Argwohn. Sie haben ihn gewinnen lassen, wird man sagen. Den Prinzen oder den König läßt man immer gewinnen. Aus eben diesem Grunde nahm ich, so oft es ging, inkognito an Wettkämpfen teil. Selbstverständlich haben mir meine Feinde auch das verdreht und behauptet, nur kindische Lust an der Verkleidung habe mich dazu veranlaßt. Doch nein. Auch ich wollte mich erproben, und aus einem Wettkampf, den ich etwa gesteuert wähnte, gewann ich keine Befriedigung. Herr im Himmel! Hat ein Prinz vielleicht keine Ehre? Würde ein Prinz Gefallen daran finden, daß man ihn gewinnen »ließe«? Weshalb nehmen die Leute an, ein Prinz habe weniger Ehrgefühl und weniger Kenntnis von sich, als sie selbst? Ein athletischer Wettstreit ist vor allem eine Prüfung – eine kurze, saubere Prüfung. Sogar dies wollen sie mir noch streitig machen und mir meine Erfolge auf dem Feld meiner Jugend verfinstern.

Aber ich schweife ab. Die Rede war von unseren zahmen kleinen Übungen auf dem Schloßgelände, nicht von späteren Turnieren und Wettkämpfen, an denen ich teilnahm. Arthur waren körperliche Ertüchtigungsübungen verhaßt, und er suchte ihnen aus dem Weg zu gehen. Margaret und ich waren einander körperlich am ähnlichsten; sie war vor allen anderen meine Gefährtin beim Klettern auf den Bäumen und beim Schwimmen im Schloßgraben. Sie war drei Jahre älter als ich und ganz und gar furchtlos – ich sollte wohl sogar sagen, bedenkenlos. Sie überlegte nicht einen Augenblick lang, ehe sie sich über einen Zaun stürzte oder ihr Pony zum Sprung antrieb oder eine wilde Beere verkostete. Die Leute haben mich bezichtigt, furchtlos und bedenkenlos zu sein, aber das bin ich nicht, und ich war es auch nie. Schon früh habe ich dies über mich gelernt, indem ich Margaret zusah. (Und später, als Königin von Schottland, benahm sie sich, wie sie sich als Kind in den Mauern von Eltham benommen hatte. Unbeherrscht, und letztendlich verheerend.)

So ähnlich Margaret und ich einander körperlich waren, so glichen Maria und ich einander im Geiste. Wir waren ganz einfach aus demselben Holz geschnitzt und verstanden einander instinktiv.

Keiner von uns war wie Arthur, und er war nicht wie einer von uns... erhaben, einsam und ernst.

III

Zum Hofe kamen wir Weihnachten, Ostern und Pfingsten. Ich pflegte die Monate dazwischen zu zählen. Weihnachten war mir am liebsten, und die langen Monate dazwischen (sechs oder sieben, je nachdem, wie früh Pfingsten kam) schienen nicht enden zu wollen.

Margaret und ich, wir sehnten uns natürlich am meisten danach, zum Hof zu kommen. Margaret, weil sie dann neue Kleider bekam, verwöhnt wurde und mit Geschenken und Leckereien bedacht wurde. Und ich? Aus den gleichen Gründen, ja. Aber vor allem, weil ich dann die Königin, meine Mutter, zu sehen bekam. Und vielleicht, vielleicht... ich brachte den Gedanken nie zu Ende, und ich kann es nicht einmal jetzt.

In dem Winter, als ich sieben Jahre alt war, entschied der König, das Weihnachtsfest in Sheen Manor zu feiern. Ich war dort noch nie gewesen, oder ich konnte mich doch nicht erinnern. Es war eines der älteren Schlösser, stromaufwärts an der Themse gelegen.

Es war schon früh Winter geworden in diesem Jahr; Anfang Dezember war der Boden schon seit zwei Wochen gefroren und mit einer dünnen Schneeschicht bedeckt.

Auf der Reise von Eltham nach Sheen kamen wir nur langsam voran; wir brauchten den ganzen Tag, um die sechzehn Meilen zurückzulegen. Diejenigen unter uns, die zu Pferde waren, konnten nicht galoppieren, denn sie mußten mit zwölf schweren Karren Schritt halten, die unsere Habe beförderten. Erst am späten Nachmittag erreichten wir den großen Wald von Richmond. Hier war königliches Jagdrevier, und es gab Hirsche und Rehe und Wildschweine. Aber das laute Gerumpel unserer Karren verscheuchte das Wild, und ich bekam nichts zu sehen, als wir hindurchzogen.

Und dann hatten wir den Wald hinter uns und blickten auf die Themse hinunter, eine kleinere, seichtere Themse als die zu Greenwich, gelb überflutet von den schrägen Strahlen der untergehenden Sonne, und längs des Wassers erhoben sich die Ziegeltürme von Sheen Manor.

Trotzdem dauerte es noch eine ganze Weile, bis wir das Haus erreicht hatten. Die mächtigen Karren mußten beim Abstieg gebremst werden und schwankten so noch langsamer voran. Ich schaute zu Margaret hinüber.

»Wollen wir galoppieren?« fragte sie, wie ich es vorhergesehen hatte.

»Ja«, sagte ich und gab meinem Pferd die Sporen, ohne mich umzusehen, und zusammen sprengten wir in wildem Galopp zum Schloß hinunter. Margaret quiekte und lachte so laut, daß sie alles Rufen hinter uns übertönte.

Als wir das Schloßtor erreichten, waren die anderen noch eine ganze Meile weit hinter uns. Von dem schnellen Ritt zu sehr in Anspruch genommen, hatten wir gar nicht bemerkt, daß die Rufe nicht nur von unserer Reisegruppe, sondern auch vom Schloß kamen. Jetzt aber, als wir vor dem Tor haltmachten, vernahmen wir das erregte Geschrei einer großen Menschenmenge, und dann plötzlich war es still. Und niemand kam, das Tor für uns zu öffnen.

Margaret zog ein Gesicht, stieg ab und band ihr Pferd an. »Dann müssen wir eben selbst einen Weg hinein finden«, erklärte sie und wandte sich einem kleinen Dienstboteneingang zu. Verstimmt stieg ich gleichfalls vom Pferd und folgte ihr. Sie lehnte sich mit der Schulter an die alte Pforte und stemmte sich dagegen, doch nichts rührte sich. Sie beäugte das Holz und machte sich daran, die Tür zu überklettern. Plötzlich wurde sie geöffnet, und Margaret stürzte zu Boden.

Ein zornig aussehender junger Mann stand da und funkelte sie an. »Und wer bist du?« fragte er. Er war riesengroß; zumindest kam es mir so vor.

»Ich bin Prinzessin Margaret«, antwortete sie steif und raffte sich auf; sie war der Länge nach in den Schlamm gefallen, und der Rock war ihr über den Hintern hochgerutscht.

Er machte ein ungläubiges Gesicht.

»Und ich bin Prinz Heinrich«, fügte ich hinzu, in der Hoffnung, ihn zu überzeugen, daß wir zusammengehörten und wahrhaftig seien, wer wir zu sein behaupteten. Er kam zur Pforte heraus und entdeckte jetzt den nahenden Rest unserer Gruppe. Einigermaßen überrascht sah er unsere Behauptung bestätigt.

»Also gut«, befand er. »Dann bringe ich euch jetzt zum König.«

Margaret hastete ihm nach, aber ich blieb stehen, wo ich war. »Und wer bist du?« fragte ich.

Er drehte sich um. Ich erwartete, daß er wütend sein werde, aber er zeigte sich belustigt. »Ich bin Charles Brandon«, antwortete er, als müßte ich ihn kennen. »Zu Euren Diensten, mein Prinz.« Grinsend verneigte er sich; dieser große Knaben-Mann, damals doppelt so alt wie ich, unterwarf sich mir. Für mein unschuldiges Ich war dies damals keine abgenutzte Hofphrase, sondern ein persönliches Dienstgelübde, ein Band zwischen ihm und mir. Ich streckte die Hand aus, und er nahm sie.

Es war ein Händedruck, der unser Leben lang Bestand haben sollte.

Er drängte sich durch die Menge, die dicht an dicht stand. Alle reckten die Hälse, um etwas zu sehen, das uns zunächst verborgen war. Dann aber sahen auch wir es: vier Mastiffs, die an Stricken in die Höhe gezogen wurden. Sie wurden gehängt! Sie tanzten und zuckten in ihren Schlingen, sie winselten und würgten dann, wanden sich und krallten in hilfloser Raserei mit den Pfoten nach den Stricken. Kurz darauf baumelten sie schlaff herunter, und die Zungen hingen ihnen aus den Schnauzen. Sie drehten sich langsam, und niemand unternahm Anstalten, sie abzuschneiden.

Dann sah ich, weshalb. Der König erschien. Er trat vor die Hunde und hob die Hände, Schweigen gebietend. Er trug einen grauen, mit altem Pelz besetzten Mantel, und seine Stimme klang hoch und dünn.

»So seht ihr: Verräterische Hunde dürfen sich nicht gegen einen König erheben.« Bei jedem Wort formte sein Atem eine sichtbare Wolke in der kalten, unbewegten Luft.

Er trat zurück und betrachtete die Hunde, und dann wandte er sich zum Gehen. Da schob sich jemand an seine Seite und flüsterte ihm etwas zu. »Ah!« sagte er. »Meine Kinder kommen. Wir müssen sie begrüßen.« Er machte eine Gebärde, und die Menge wandte sich gehorsam dem Haupttor zu.

Margaret und Brandon und ich blieben stehen. Das Gedränge löste sich auf, und wir sahen, was unter den Hunden auf der Erde lag: der Leichnam eines Löwen. Er war verstümmelt und blutig.

»Was ist das?« rief Margaret. »Wieso ist der Löwe tot? Warum hat man die Hunde gehängt?« Sie schien nur Neugier, keine Übelkeit zu verspüren. Ich selbst empfand großen Abscheu.

»Der König hat die Hunde auf den Löwen gehetzt. Er wollte damit vorführen, wie der König der Tiere alle Feinde vernichten kann. Nun, die Hunde behielten die Oberhand. Sie töteten den Löwen. Da mußte der König die Hunde als Verräter bestrafen lassen. Nur so konnte er seine Lektion aufrechterhalten.« Brandon wählte seine Worte mit Umsicht, aber sein Tonfall verriet mir, daß er den König nicht mochte. Gleich gefiel er mir noch besser.

»Aber der König...« begann ich vorsichtig.

»Ist sehr besorgt um seinen Thron«, erwiderte Brandon unvorsichtig. »Er hat soeben Kunde von einem neuen Aufstand erhalten. In Cornwall diesmal.« Er schaute sich um, ob auch niemand zuhörte. »Es ist das drittemal...« Er ließ den Satz unvollendet. Vielleicht ahnte er auch, daß Margaret ihn mit einem Schwall von Fragen überschütten würde.

Aber sie hatte den Kopf der Menschenmenge zugewandt, deren Lärmen jetzt Arthurs Ankunft im Schloß begleitete. Die Torflügel schwenkten auf, und Arthur ritt herein, an seinen Sattel geklammert. Er zog den Kopf zwischen die Schultern, als er die eifrigen Gesichter der vielen Menschen erblickte. Wie auf ein Stichwort erhob sich ein machtvoller Ruf. Der König trat vor und umarmte Arthur; fast hätte er ihn vom Pferd gezogen. Für einen Augenblick umschlangen sie einander; dann wandte sich der König den Leuten zu.

»Jetzt wird mein Fest erst wirklich beginnen«, verkündete er. »Jetzt, da mein Sohn hier ist! Mein *Erbe*!« ergänzte er vielsagend.

Er merkte gar nicht, daß Margaret und ich schon da waren. Ein paar Minuten später gelang es uns, unbemerkt in den Schutz unserer Gruppe zurückzuschlüpfen, und wir hatten nichts Schlimmeres zu erdulden als ein Zungenschnalzen von unserer Kinderschwester, Anne Luke.

Als wir den Hof durchquerten, sah ich, wie der tote Löwe fortgeschleift wurde.

Man wies uns unser Quartier zu, und die Bediensteten unseres Haushalts machten sich daran, die Möbel, die wir mitgebracht hatten, auszupacken und zusammenzusetzen. Bald wurden silberne Krüge mit warmem Wasser herbeigebracht, damit wir uns waschen konnten. Die Festlichkeiten sollten an diesem Abend mit einem Bankett in der großen Halle beginnen.

Dann teilte Schwester Luke uns mit, daß Maria und ich nicht dabeisein durften.

Daß Maria im Kindergemach bleiben mußte, sah ich ein – sie war erst zwei! Aber ich war sieben; mir mußte man doch erlauben, zu kommen. Das ganze Jahr über hatte ich angenommen, wenn die Weihnachtsfeierlichkeiten begännen, würde ich daran teilnehmen. War ich an meinem Geburtstag im letzten Sommer etwa nicht in ein vernünftiges Alter gekommen?

Die Enttäuschung war so niederschmetternd, daß ich anfing, zu heulen und meine Kleider auf den Boden zu werfen. Es war das erstemal, daß ich einen offenen Wutanfall bekam, und jedermann blieb stehen und starrte mich an. Gut so! Jetzt würden sie schon sehen, daß ich jemand war, von dem sie Notiz zu nehmen hatten!

Anne Luke kam herbeigeeilt. »Lord Heinrich! Hört auf! Diese Vorstellung« – sie mußte sich ducken, denn ich schleuderte nun blindlings einen Schuh durch den Raum – »paßt überhaupt nicht zu Euch!« Sie versuchte, meine Arme festzuhalten, aber ich drosch auf sie ein. »So etwas ist eines Prinzen unwürdig!«

Dies hatte die gewünschte Wirkung. Ich hielt inne und blieb stehen, atemlos, aber immer noch erbost. »Ich will zum Bankett gehen«, erklärte ich kalt. »Ich bin alt genug, und ich finde es unfreundlich vom König, mich dieses Jahr nicht dabeisein zu lassen.«

»Ein Prinz, der alt genug ist, um an förmlichen Banketten teilzunehmen, wirft nicht seine Kleider auf den Boden und kreischt nicht wie ein Affe.« Als sie sicher war, mich wieder unter Kontrolle zu haben, erhob sie sich schwerfällig von den Knien.

Jetzt wußte ich, was ich zu tun hatte. »Schwester Luke, bitte«, sagte ich zuckersüß. »Ich möchte so gern hingehen. Ich habe das ganze Jahr darauf gewartet. Voriges Jahr hat er's mir versprochen« – das war frei erfunden, aber vielleicht half es ja – »und jetzt läßt er mich wieder im Kindergemach warten.«

»Vielleicht hat Seine Majestät ja vernommen, was Ihr und Margaret heute nachmittag getan habt«, sagte sie düster. »Einfach vorauszureiten.«

»Aber Margaret darf doch auch zum Bankett«, gab ich scharfsinnig zu bedenken.

Sie seufzte. »Ach, Heinrich. Ihr seid mir einer.« Sie sah mich an und lächelte, und ich wußte, ich würde meinen Willen bekommen. »Ich werde mit dem Lord Kämmerer sprechen und ihn fragen, ob Seine Majestät es sich nicht überlegen will.«

Glücklich begann ich meine verstreuten Kleider einzusammeln, und überlegte mir schon, was ich anziehen würde. So also machte man das: Erst ein Tobsuchtsanfall, und dann lächelnde Huld. Es war eine leichte Lektion, und ich war nie begriffsstutzig gewesen.

Am Abend um sieben wurden Arthur und Margaret und ich zum Bankett in die Große Halle eskortiert. Draußen im Gang sah ich eine Schar Musikanten beim Üben. Sie spielten manchen schrägen Ton und sahen entschuldigend herüber, als wir vorbeigingen.

Vater ließ uns Kinder alle auch in Musik unterrichten. Man erwartete von uns, daß wir ein Instrument spielen konnten. Dies war ein Quell mancher Mühen für Arthur und Margaret. Ich hingegen wußte mit der Laute ebenso mühelos umzugehen wie mit Pferden, und ich liebte den Unterricht. Ich wollte das Spinett spielen lernen, die Flöte, die Orgel – doch mein Lehrer ermahnte mich, zu warten und ein Instrument nach dem anderen zu erlernen. Also wartete ich, aber ungeduldig.

Ich hatte erwartet, daß die Musikanten des Königs gut ausgebildet sein würden, und nun war ich von Enttäuschung erfüllt. Sie spielten kaum besser als ich.

WILL:

Dies ist irreführend, denn Heinrich war außergewöhnlich talentiert. Höchstwahrscheinlich spielte er mit sieben Jahren besser als ein nachlässiger erwachsener Musiker.

HEINRICH VIII.:

Als wir in die Halle kamen, strahlte dort alles in gelbem Licht. Mir kam es vor wie tausend Kerzen, die da auf den langen Tischen längs der Wände brannten. Alle Tische waren mit weißem Linnen gedeckt, und goldene Teller und Becher blinkten im Kerzenlicht.

Kaum waren wir eingetreten, da erschien ein Mann neben uns, der sich verbeugte und etwas zu Arthur sagte. Arthur nickte, und der Mann – prächtig gekleidet in burgunderrotem Samt – geleitete ihn auf die königliche Estrade, wo er bei König und Königin seinen Platz einnahm.

Beinahe im selben Augenblick tauchte ein zweiter Mann auf, der mich und Margaret anredete. Er war etwas jünger als der andere und hatte ein rundes Gesicht. »Euer Gnaden sollen am ersten Tisch neben dem des Königs sitzen. So könnt Ihr den Narren und all die Schauspieler gut sehen.« Er wandte sich ab und führte uns zwischen den hereinströmenden Leuten hindurch; ich fand, es sah aus wie ein Wald aus Samtmänteln. Er geleitete uns zu unseren Plätzen, verbeugte sich und ging.

»Wer war das?« fragte ich Margaret. Sie war schon ein paarmal bei höfischen Festen zugegen gewesen, und ich hoffte, sie werde Bescheid wissen.

»Der Graf von Surrey, Thomas Howard. Er *war* Herzog von Norfolk.« Als ich sie verständnislos ansah. erklärte sie: »Du weißt doch! Er ist das Oberhaupt der Familie Howard. *Die* haben Richard III. unterstützt. Deshalb ist er jetzt Graf, und nicht mehr Herzog. Er muß seine Loyalität zeigen, indem er die Kinder des Königs zu ihren Plätzen eskortiert!« Sie lachte boshaft. »Wenn er uns oft genug zu Tische führt, wird er vielleicht eines Tages wieder Herzog. Das hofft er wenigstens.«

»Die Howards...« begann ich, aber sie fiel mir ins Wort.

»Sind eine große und mächtige Familie. Sie sind überall.«

Das waren sie in der Tat. Später sollte ich mich daran erinnern, daß ich diesen Namen bis zu jenem Bankett nie gehört hatte. Die Howards. Als König heiratete ich zwei, drei ließ ich hinrichten, und mit einer vermählte ich meinen Sohn. Aber an diesem Abend waren sie alle noch nicht auf der Welt, und ich war ein siebenjähriger Zweitgeborener, der den Tag erwartete, da er die kirchlichen Gelübde ablegen sollte. Hätte ich gewußt, was kommen würde, vielleicht hätte ich Thomas Howard an diesem Abend getötet, um all dem zuvorzukommen. Oder er mich. Aber statt dessen wandte er mir den Rücken zu und verschwand in der Menge, um sich eigenen Angelegenheiten zu widmen, und ich zog auf meinem Stuhl ein Bein unter mich, um besser auf den Tisch langen zu können, und die Sache nahm ihren Lauf wie Wasser, das einen Berg hinunterrann.

Ein plötzlicher Fanfarenstoß von Hörnern und Posaunen (leicht aus dem Takt geraten) übertönte das Stimmengewirr der Versammlung. Sofort verstummten alle. Die Musikanten stimmten einen langsamen Prozessionsmarsch an, und der König, die Königin und die Königinmutter kamen hereingeschritten, gefolgt von Erzbischof Warham, den Lordkanzler, Bischof Fox, dem Geheimsiegelbewahrer, und Bischof Ruthal, dem Sekretär. Den Abschluß bildete Thomas Wolsey, der Priester, der als Königlicher Almosenier diente. Vermutlich hatte er wenig zu tun, denn der König war ein Knauser und gab keine Almosen.

Sie war hier! Mein Herz tat einen Satz, und ich konnte den Blick nicht von ihr wenden: die Königin, meine Mutter. Von frühester Kindheit an hatte man mich gelehrt, die Jungfräuliche Mutter und Himmelskönigin zu verehren. Figuren, die sie darstellten, standen im Kinderzimmer, und jeden Abend sandte ich ihr meine Gebete. Aber ein Bildnis gab es, das mir lieber war als alle anderen: eine elfenbeinerne Figur in der Kapelle. Sie war schlank und schön und unendlich barmherzig, und sie lächelte traurig und wie von ferne.

Wann immer ich meine Mutter sah, hatte sie solche Ähnlichkeit mit der Elfenbeinfigur, daß meine himmlische und meine irdische Mutter in meiner Vorstellung eins wurden, und ich betete sie an.

Und jetzt, da sie langsam hereinkam und ich ihr entgegenstarrte, da war es, als sähe ich Maria leibhaftig. Ich beugte mich vor und merkte, wie mir vor lauter Aufregung schwindlig wurde.

Sie ging an der Seite des Königs, aber ihr Blick war starr geradeaus gerichtet. Sie sah ihn nicht an, sie berührte ihn nicht, sie sprach nicht, sondern schritt nur voran, ätherisch und unerreichbar. Ihr Mantel war blau, und ihr goldenes Haar war fast verborgen unter der juwelenbesetzten Haube. Sie erreichte die Estrade, und Arthur stand neben ihr; sie streckte die Hand aus und berührte sein Gesicht und lächelte, und sie wechselten einige Worte.

Ich konnte mich nicht erinnern, daß sie mich je so berührt hatte, und die Zahl der Gelegenheiten, da sie vertraulich mit mir gesprochen hatte, war geringer als die meiner Lebensjahre. Sie hatte mich mühelos zur Welt gebracht und ebenso mühelos vergessen. Aber diesmal vielleicht, wenn wir zur Bescherung unter uns wären... vielleicht würde sie dann mit mir sprechen, wie sie eben mit Arthur gesprochen hatte.

Der König ergriff das Wort. Seine Stimme war dünn und flach. Er hieß den Hof auf Sheen willkommen. Er hieß seinen Sohn und Erben, Arthur – an dieser Stelle mußte Arthur sich erheben, damit alle ihn sehen konnten –, zum Gelage willkommen. Er sagte kein Wort von Margaret und mir.

Diener brachten uns verwässerten Wein, und die Speisen wurden aufgetragen: Hirschbraten, Krebse, Krabben, Austern, Hammel, Schweinebraten, Seeaal, Karpfen, Neunaugen, Schwan, Kranich, Rebhühner, Tauben, Wachteln, Gänse, Enten, Kaninchen, Fruchtkompott, Lamm, weiße Brötchen und so fort, bis ich den Überblick vollends verlor. Nach den Neunaugen konnte ich sowieso nichts mehr essen und lehnte die weiteren Gänge ab.

»Du sollst auch nicht mehr als einen Bissen von jedem Gang nehmen«, belehrte Margaret mich. »Das ist hier etwas anderes als das Essen im Kinderzimmer! Du hast dir den Bauch mit Krabben vollgestopft, und jetzt ist kein Platz mehr für irgend etwas anderes!«

»Das wußte ich ja nicht«, murmelte ich. Ich war schläfrig vom Wein (obgleich er mit Wasser verdünnt war); außerdem war es spät, und ich hatte einen vollen Bauch. Die flackernden Kerzen vor mir und rechts und links auf dem Tisch hatten eine wunderliche Wirkung auf mich; ich hatte Mühe, wachzubleiben und aufrecht zu sitzen. Den prachtvollen Nachtisch, den man hereinschaffte, sah ich kaum – eine überzuckerte Nachbildung von Sheen Manor –, und keinesfalls wollte ich etwas davon essen. Meine einzige Sorge war, daß ich nicht seitwärts herunterrutschte, unter den Tisch fiel und dort einschlief.

Dann wurden die Tafeln abgetragen, und Narren und Schauspieler kamen herein und vollführten einen scheinbar endlosen Auftritt. Ich konnte ihren Darbietungen nicht folgen und betete nur, daß sie zu Ende sein möchten, ehe ich zu meiner Schmach zusammenbräche und damit bewiese, daß Vater recht gehabt hatte: Daß ich noch zu klein war, um an einem Bankett teilzunehmen.

WILL:

Eine freimütige Äußerung über Narren und die Art, wie das Publikum ihre Darbietungen wahrnimmt. Es war immer schon ein Fehler, uns nach einem Bankett auftreten zu lassen; mit vollen Bäuchen sind die Leute unfähig, etwas Geistiges zu sich zu nehmen. Nach dem Essen will man nicht lachen, sondern schlafen. Ich bin seit jeher der Auffassung, daß es anstelle des römischen Vomitoriums (wo sie ihren vollgestopften Magen entleeren konnten) ein Dormitorium geben müsse, wo die Leute schlafen und verdauen können. Vielleicht könnten königliche Architekten diese Idee ja in ihre Pläne einbeziehen. Es müßte natürlich unmittelbar neben der großen Halle liegen.

HEINRICH VIII.:

Endlich war es vorüber. Die Possenreißer zogen purzelbaumschlagend ab und warfen Papierrosen und Straßperlen über die Zuschauer hin. Der König erhob sich und bedeutete Arthur, desgleichen zu tun. Niemand in der Halle durfte sich rühren, bis die königliche Familie die Estrade verlassen hatte, und ich fragte mich, was Margaret und ich wohl tun mußten, als ich sah, wie der König, die Königin und Arthur hinausgingen. Plötzlich wandte sich der

König um und bedeutete Margaret und mir mit feierlichem Kopfnicken, mit ihnen zu kommen. Er hatte also die ganze Zeit gewußt, daß wir da waren.

Sie nahmen keine Notiz von uns, als wir hinter ihnen hertrotteten. Der König war in ein Gespräch mit Warham vertieft, und die Königin ging allein und gedankenverloren vor uns. Hinter ihr, rabengleich, kam Margaret Beaufort, ganz in Schwarz; sie spitzte die Ohren, um die private Unterredung des Königs zu belauschen. Neben mir ging meine Schwester Margaret und beschwerte sich über ihre engen Schuhe und die späte Stunde und den gebratenen Schwan, der ihr nun Verdauungsbeschwerden machte.

Die Gemächer des Königs lagen der Großen Halle entgegengesetzt auf der anderen Seite des Schlosses, was für die Küche Anlaß zu manchem Gemurre bot. Aber als wir sie schließlich erreichten, verspürte ich so etwas wie Enttäuschung; sie waren alt und schäbig, und nicht einmal geräumig oder gut ausgestattet wie die Kindergemächer auf Eltham. Die Decke war fleckig vom Ruß schlecht brennender Talgkerzen, der Steinboden rissig und uneben. Und es war kalt, trotz des Feuers. Von überall her zog es, so daß die Fakkeln flackerten. Unversehens war ich hellwach und fror.

Aber der König wirkte abgelenkt und schien gar nicht zu merken, wie ungemütlich diese Umgebung war. Er winkte Ruthal und Fox zu sich und besprach sich eine Weile mit ihnen; dann wandte er sich von ihnen ab und erklärte in angespanntem Ton: »Nun müssen wir fröhlich sein! Es ist Weihnacht!« Er lächelte der Königin zu, doch es sah eher aus wie ein nervöses Mundzucken.

Sie erhob sich, ein schlankes weißes Standbild. »Meine Kinder!« sagte sie und streckte die Hände aus. »Ohne Kinder gibt es keine Festtage.« Sie wandte sich an Arthur, der neben ihr stand. »Mein Erstgeborener«, sagte sie zärtlich und zerzauste ihm das Haar. Dann ging ihr Blick durch das Gemach. »Und Margaret.« Margaret ging grinsend zu ihr hinüber. »Und Heinrich.« Langsam näherte ich mich ihr. »Ah, Heinrich! Wie bist du gewachsen. Und was hat André mir nicht von deinen Fortschritten im Unterricht erzählt.« Es klang warmherzig, aber die Worte waren unpersönlich. Sie hätte jeden von uns so anreden können. Einen Augenblick lang haßte ich sie.

»Danke, Majestät«, sagte ich und wartete darauf, daß sie noch etwas anderes sagte. Aber es kam nichts mehr.

Der König sank in einen alten, durchhängenden Ledersessel. Er ließ sich Wein bringen und trank zwei Becher davon, ehe er ein Wort sagte. Es war eine trübsinnige Feier. Allmählich bereute ich, daß ich nicht im Kindergemach geblieben war.

Plötzlich stemmte er sich aus seinem Sessel hoch. »Jultid ist«, fuhr er fort, als habe er vorher vergessen, dies noch zu sagen. »Und ich bin dankbar, meine Familie hier bei mir zu haben. Wir werden nun Geschenke austauschen – besser gesagt, wir werden unseren Kindern ihre Geschenke überreichen.« Er machte eine Handbewegung, und ein Lakai brachte ein Tablett mit eingewickelten Geschenken herein. »Für Arthur.« Bei Aufruf des Namens hatten wir vorzutreten und unsere Gaben entgegenzunehmen. Arthur empfing das unhandliche Bündel, schlang die Arme darum und kehrte an seinen Platz zurück.

»Nein, nein!« rief der König schroff. »Aufmachen!«

Gehorsam machte Arthur sich daran, die Umhüllung aufzureißen. Etwas Gefaltetes, Weiches war darunter. Es war weiß. Es war – ich sah es schon! – ein samtener Mantel. Mit Hermelinbesatz. Er fiel Arthur über die Knie. Arthur mußte ihn aufschütteln, und dazu war es nötig, daß er aufstand.

Der König schwieg erwartungsvoll. »Danke, Vater«, sagte Arthur. »Danke, Mutter.«

»Nun?« Der König strahlte. »Zieh ihn an!«

Arthur schlüpfte hinein, und es entstand eine gräßliche Pause. Der Mantel war viel zu groß und hing grotesk an ihm herunter, so daß er aussah wie ein Zwerg.

Der König sah es und wedelte mit der Hand. »Er ist für deine Hochzeit«, erklärte er gereizt. »Ist natürlich noch ein bißchen groß.«

»Natürlich«, murmelten die Kammerdiener, die zugegen waren.

Arthur zog den Mantel aus und faltete ihn wieder zusammen.

Margaret bekam ein Perlendiadem. »Ebenfalls für deine Hochzeit«, erläuterte die Königin. »Lange wird es nicht mehr dauern«, fügte sie sanft hinzu. »In zwei oder drei Jahren... «

»Ja.« Margaret vollführte einen ungelenken Knicks und stapfte zu ihrem Platz zurück. Dort ließ sie sich niederplumpsen; und so angespannt umklammerte sie den zierlichen Kopfschmuck mit ihren klebrigen Händen, daß sie ihn fast verbogen hätte.

»Und für Heinrich...« Ich stand auf, als sie meinen Namen riefen, und ging auf die Königin zu, die mir ihre Hand entgegenstreckte. »Dies ist für *deine* Hochzeit.« Sie reichte mir ein dünnes Päckchen und bedeutete mir mit einem Kopfnicken, ich solle es auswickeln. Ich gehorchte und fand ein erlesen illustriertes Brevier. Überrascht sah ich zu ihr auf.

»Für deine Hochzeit mit der Kirche«, erklärte sie. »Jetzt, da dein Unterricht schon so weit gediehen ist, kannst du vielleicht schon Gebrauch davon machen.«

Ich war enttäuscht, ohne zu wissen, warum. Aber was hatte ich erwartet? »Danke, Majestät«, sagte ich und kehrte zu meinem Platz zurück.

Mit solcher bemühten Fröhlichkeit ging es weiter. Der König verbrachte viel Zeit im Gespräch mit seiner Mutter, und die Königin verließ nicht ein einziges Mal ihren zierlich geschnitzten Sessel, um mit einem von uns zu reden; statt dessen nestelte sie mit den Fingern an den Verschlüssen ihres Kleides und lauschte dem eindringlichen Gewisper Margaret Beaumonts an ihrer Seite.

Gelegentlich konnte auch ich das eine oder andere Wort aufschnappen. *Die Cornier. Armee. Tower. Niederlage.*

Und noch immer hatte niemand den Löwen oder die Hunde erwähnt. Darüber wunderte ich mich am meisten, und ich verstand es nicht, aber ich verstand damals so wenig.

Zum Beispiel verstand ich nicht, weshalb der König, der bekannt für seinen Geiz war, ein so üppiges Bankett veranstaltet hatte. Ich verstand nicht, wieso er, seinen Worten vom Fröhlichsein zum Trotz, so offensichtlich düster gestimmt war. Ich verstand nicht, was die Cornier mit all dem zu tun haben sollten.

Ich versuchte, auf all diese Fragen im Geiste eine Antwort zu finden, und schaute dabei pflichtbewußt in mein Brevier, um meiner Mutter einen Gefallen zu tun, als ein Bote hereinstürzte. Er schaute wild umher und sprudelte dann, so daß wir alle es hören konnten, hervor: »Euer Gnaden – die Cornier zählen an fünfzehntausend! Sie sind schon zu Winchester! Und Warbeck ist gekrönt!«

Der König saß da, und sein Gesicht war wie eine Maske. Einen Augenblick lang hörte man nichts als sein schweres Atmen. Dann bewegten sich seine Lippen, und er sagte ein einziges Wort. »Wieder!«

»Die Verräter!« spie die Mutter des Königs. »Bestrafe sie!«

Der König wandte sich ihr mit unbewegter Miene zu. »Alle, Madam?« fragte er leise.

Ich sah, wie ihr Gesichtsausdruck sich veränderte. Ich wußte damals nicht, daß der Bruder ihres Gemahls, Sir William Stanley, soeben zum Prätendenten übergelaufen war.

Sie hielt seinem Blick stand – Stahl gegen Stahl. »Alle«, sagte sie.

Dann ging der Bote zu ihnen, und aufgestört begann man, sich murmelnd zu beraten. Ich beobachtete das Antlitz der Königin; es war blaß geworden, aber sonst zeigte es keine Regung. Unvermittelt erhob sie sich und kam herüber zu Arthur, Margaret und mir.

»Es ist spät«, sagte sie. »Ihr müßt zu Bett gehen. Ich werde Mistress Luke rufen lassen.« Es war offenkundig, daß sie uns loswerden wollte, just als mir am meisten daran lag, zu bleiben.

Schwester Luke erschien zu meiner Enttäuschung unverzüglich und führte uns hinaus. Mit übersprudelnder Neugier erkundigte sie sich fröhlich nach dem Bankett und nach unseren Geschenken. Auf dem Rückweg in unsere Gemächer spürte ich die Kälte stärker noch als in der Kammer des Königs. Sie sickerte durch den offenen Gang wie Wasser durch ein Sieb.

Die Fackeln an der Wand warfen lange Schatten vor uns her. Sie waren weit heruntergebrannt; es mußte schon sehr spät sein. Wo sie schon an den Fassungen glimmten, qualmten sie stark.

Tatsächlich schien mir der ganze Gang dunstig von Rauch zu sein, der vor uns immer dichter wurde. Als wir in einen anderen Korridor einbogen, war die Kälte plötzlich verschwunden. So nahm ich es wahr – es war nicht ungewöhnlich warm, aber eben auch nicht mehr kalt. Ich fing an, mir den Mantel auszuziehen. Ich erinnere mich noch heute, wie der abgetragene Samtstoff sich anfühlte, als ich die Spange aufriß und merkte, wie die schwere Last mir von den Schultern glitt. Und beinahe gleichzeitig hörte ich zum erstenmal den Ruf »Feuer!« – so daß ich noch heute, wenn ich meinen Mantel in dieser Weise anfasse, wieder diesen furchtbaren Klang vernehme...

Und dann konnten wir es auch sehen – wir sahen die Flammen in der Großen Halle. Sie waren drinnen, fraßen gierig, wie wir es wenige Stunden zuvor getan hatten, verzehrten alles. Schon leckten einige, in ungeduldiger Erwartung des nächsten Ganges, zum Dach empor. Noch hatte niemand Alarm gegeben, noch strömten die Leute nicht auf dem Hof zusammen. Es war, als hielten die Flammen ihr eigenes, privates Gelage ab.

Schwester Luke kreischte, drehte sich um und flüchtete zu den königlichen Gemächern zurück, und wir hasteten hinter ihr drein. Unterwegs kamen wir an zwei schlafenden Wachen vorbei; sie rüttelte sie wach und schrie etwas von Feuer. Dann hatten wir die Kammer des Königs erreicht, und Schwester Luke stand da und brachte in ihrer Angst nur noch unzusammenhängendes Gestammel hervor. Der König redete immer noch mit dem Boten, und wütend über die Störung blickte er auf. Aber als Schwester Luke die schwere Tür aufriß, quoll eine schwarze Rauchwolke herein. »Euer Gnaden, Euer Gnaden...« plapperte sie und streckte dabei die Hand aus.

Der König stürzte zum Fenster und spähte hinaus. Die Flammen waren sich über dem Dach begegnet und hatten sich vereinigt. Während wir noch entsetzt hinüberschauten, begann das Dach sich aufzuwölben und brach dann langsam ein, als sei es aus schmelzendem Zuckerwerk. In diesem Augenblick drehte sich der Wind, und eine mächtige Hitzewelle schlug uns ins Gesicht.

Jetzt rührte sich der König. »Hinaus!« rief er, und seine Stimme klang nicht mehr dünn, sondern befehlsgewohnt. »Hinaus!« Wir liefen alle zusammen in den Korridor hinaus, der inzwischen von dichtem Rauch erfüllt war. Funken flogen umher, als wir eine private Treppe hinuntereilten, die außerhalb der Schloßmauern endete. Die Wachen folgten uns. Der König drehte sich nach ihnen um. »Schlagt Alarm! Holt alle heraus! Und nicht in den Hof! Zum Fluß!« Er wandte sich an uns. »Ja, zum Fluß!« Er stieß uns weiter, hinunter zu dem Pfad, der zum Landungssteg führte.

Inzwischen war das ganze Schloß eine Fackel. Es war trocken gewesen, und das Gebäude war fast vollständig aus Holz. Flammen schossen aus dem Dach, und als wir zum Fluß hinunterrannten, hörten wir ein mächtiges Stöhnen: Das Dach der Halle stürzte vollends ein. Ich wandte den Kopf, um es zu sehen. Funken sprühten in weitem Bogen himmelwärts, und eine dicke Rauchwolke wälzte sich hinterdrein. Dann stieß Arthur, der hinter mir rannte, mich zu Boden.

»Nicht stehenbleiben und gaffen!« schrie er. »Steh auf!« Ich rappelte mich hoch und behielt von jetzt an den Fluß im Auge, in dem sich das seltsame rote Licht hinter uns widerspiegelte. Wo das Wasser nicht gefroren war, tanzten die Flammen – ja, der Fluß selbst schien zu brennen.

Am Ufer blieb der König stehen. »Hier sind wir in Sicherheit«, sagte er. Schweigend drängten wir uns zusammen und sahen zu, wie Sheen Manor niederbrannte.

»*Sic transit gloria mundi*«, erklärte Margaret Beaufort und bekreuzigte sich. Dann blickte sie mich mit ihren stechenden schwarzen Augen an, und müßig, wie es in solchen Momenten zu geschehen pflegt, sah ich, daß sich die Flammen winzig darin spiegelten. »Darüber kannst du eines Tages predigen, Heinrich. Eine Lektion über die Vergänglichkeit alles Irdischen.« Ihre Rede wurde mit jedem Wort blühender. Ganz offensichtlich handelte es sich um eine Predigt, die sie nun selbst an Ort und Stelle zu halten wünschte. »Es war Gottes Werk, die Strafe für unsere Eitelkeit.«

»Es war das Werk der Cornier«, widersprach Vater. »*Oder ihrer Freunde.*« Er hob einen Stein auf und schleuderte ihn wütend über den Fluß hinaus. Er schlug auf dem Eis auf, rutschte ein paar Schritte weit und glitt dann lautlos ins kalte Wasser. Das Wasser kräuselte sich, und jede kleine Welle hatte einen roten Rand.

»Jetzt müssen wir in den Tower ziehen. Dann wird es aussehen, als hätten wir dort Zuflucht nehmen *müssen*. Sie haben es gut geplant.«

Plötzlich begriff ich alles. Ich verstand all die Kleinigkeiten, die mich ratlos gemacht hatten: Vater hatte das Bankett veranstaltet, um dem Hof und den einflußreichen Adeligen zu zeigen, was für ein reicher und mächtiger König er sei, wie fest und sicher er im Sattel sitze. Er hatte seine Kinder nach Sheen kommen lassen und Arthur an seine Seite gesetzt, hatte nach dem Gelage auch mich und Margaret vorgeführt, um den Zusammenhalt seiner Familie zu demonstrieren und die Phalanx seiner Erben zur Schau zu stellen.

Er hatte die Hunde gehängt, weil allenthalben Verrat lauerte – als Warnung an potentielle Verräter: Von ihm sei keine Gnade zu erwarten. Auf den Anschein kam es an, mehr als auf die Wirklichkeit. Die Menschen glaubten nur, was ihre Augen sahen, und wenn dies mit Berechnung gefälscht oder inszeniert war, so zählte dies nicht.

Und ich verstand das Eigentliche: Der Feind hatte seine eigenen Mittel, und er vermochte binnen eines Augenblicks alles ringsumher niederzureißen, so daß einem nichts blieb, als zu fluchen und Steine in den Fluß zu werfen. *Alle Feinde mußte man vernichten. Und man mußte stets auf der Hut sein.*

Und das Furchtbarste von allem: Vaters Thron war nicht sicher. Diese Tatsache ward mir mit kalten Nägeln in die Seele gehämmert. Morgen, oder in der nächsten Woche, oder im nächsten Jahr, wäre er vielleicht nicht mehr König...

»O Heinrich, warum?« weinte Arthur, und noch immer preßte er seinen weißen, hermelinbesetzten Mantel an sich. Dann beantwortete er seine Frage selbst. »Vermutlich war es ein unvorsichtiger Koch.« Er rieb sich mit der Hand über die Nase und schniefte. »Wenn ich König bin, werde ich die Küchen sicherer machen.«

Da fing ich auch an zu weinen – nicht um das brennende Schloß, sondern um Arthur, den armen, törichten Arthur...

»Ja«, sagte ich. »Mach die Küchen sicherer. Das ist gut.«

Sheen Manor brannte bis auf die Grundmauern nieder. Wir zogen uns in den sicheren Tower zurück, und Vaters Truppen besiegten die Cornier schließlich, allerdings erst, als sie London erreicht hatten. Jenseits der Themse, in Blackheath, wurde eine große Schlacht geschlagen; von einem Fenster hoch oben im Tower konnten wir das Gewimmel der Männer und die Rauchwolken von den Kanonen sehen. Auch kleine, hingestreckte Gestalten konnten wir erkennen, die sich nicht mehr rührten und die schließlich, als der Tag sich dem Ende zuneigte, diejenigen, die sich noch bewegten, an Zahl übertrafen.

Der Prätendent Warbeck wurde gefaßt und im Festungsteil des Towers eingesperrt, und wir kamen beinahe im selben Augenblick hinaus, als er hereinkam. Die simple Frage, auf welcher Seite der Mauern man sich befand, bestimmte alles andere. Vater war wieder König und konnte frei und nach seinem Belieben umhergehen, und Warbeck war in lichtlosem Gemäuer gefangen.

Vater machte großartige Pläne zum Wiederaufbau von Sheen Manor, in modernem Stil mit vielen Glasfenstern. Zur Erinnerung an seinen letzten Triumph änderte er den Namen zu Richmond Palace. (Er war Graf von Richmond gewesen, bevor er König wurde.) Er ließ sich das neue Schloß ganz gegen seine Gewohnheit viel Geld kosten, und so wurde es auch überraschend prächtig.

Überdies begann er, Pläne für Arthurs längst beschlossene Vermählung mit Prinzessin Katharina von Aragon zu schmieden. Er war entschlossen, Arthur so schnell wie möglich im Ehebett unterzubringen.

IV

Arthur war sozusagen gleich an dem Brunnen verlobt worden, an dem er auf den Namen Arthur getauft worden war, »zu Ehren des britischen Volkes«. Und wie konnte man die Ehre des britischen Volkes besser deutlich machen als durch die Kreuzung mit einem anderen Königshaus? Vaters Ziele waren wie immer hoch gesteckt. (In letzter Zeit erst ist mir klargeworden, daß er einen ausgezeichneten Spieler abgegeben hätte. Wie schade – und welch ein Verlust für seine Börse! –, daß er grundsätzlich nicht spielte.) Es war naheliegend, daß die Wahl auf Spanien fiel; unseren Erbfeind Frankreich wollte Vater bei der Suche nach einer Braut lieber nicht behelligen. Wenn Spanien seiner Prinzessin erlaubte, in das Haus Tudor einzuheiraten, würde es uns damit als legitimes Herrscherhaus anerkennen. Es wäre eine von Vaters Schauveranstaltungen wie die mit den verräterischen Hunden. Er würde der Welt damit sagen: Seht nur, seht, ich bin ein wahrer König. Denn die alten, etablierten Königshäuser würden niemals einen Ehevertrag mit einem Perkin Warbeck oder seinesgleichen unterzeichnen. Und wären dieser Verbindung erst Söhne entsprossen, wären damit alle unausgesprochenen Vorbehalte gegen den Wert des Tudorblutes widerlegt. Arthurs und Katharinas Kinder würden an jedem Hofe Europas willkommen sein.

Ich glaube, zu jener Zeit hielt sich noch hartnäckig das Empfinden, England sei kein zivilisiertes Land. Man sah in uns rückständige, entlegene Barbaren – das letztere wegen unserer schrecklichen Dynastiekriege, die seit Menschengedenken tobten. Wir waren zwar keine richtigen Wilden wie die Schotten oder die Iren, aber ein integraler Bestandteil des restlichen Europa waren wir auch noch nicht.

Es erreichte uns alles so spät. Als ich zehn war, also um das Jahr 1500, waren Glasfenster in gewöhnlichen Häusern beinahe etwas Unerhörtes. Ein schlichter, gemeiner Engländer benutzte niemals eine Gabel (noch hätte er jemals eine zu Gesicht bekommen), trug nichts anderes als Wolle, aß nichts als die traditionellen »drei B«, nämlich Bier, Brot und Beef. Auf den Steinfußböden lagen keine Teppiche, sondern nur schmutziges Binsenreisig, und die Leute spuckten und warfen ihre Abfälle hinein. Sogar der König speiste an einer abnehmbaren Tafel, die auf Holzböcken stand, und nur eine Frau im Kindbett konnte ein Kopfkissen beanspruchen. Und dies, als italienische Fürsten in offenen, sonnendurchfluteten Villen wohnten, an intarsienverzierten Marmortischen arbeiteten und eine Vielfalt von feinen Speisen zu sich nahmen.

Die Renaissance, die »neue Gelehrsamkeit« – dies waren fremde Wörter für uns, und alles Fremde war uns verdächtig. Unsere großen Lords versuchten immer noch, ihre eigenen Gefolgschaftsheere zu erhalten, als die Fürsten Europas schon längst begonnen hatten, alle militärische Macht in ihren Händen zu konzentrieren. Die Musik, selbst bei Hofe, bestand aus einer kleinen Schar schlechter Musikanten, die altmodische Stücke auf altmodischen Instrumenten spielten. Das Parlament wurde nur einberufen, wenn Geld für den König gesammelt werden mußte, und oft genug weigerte das Volk sich, zu zahlen. Unter europäischen Botschaftern galt die Entsendung hierher als Verbannung in ein Exil, wo sie Entbehrungen zu erdulden und ein Leben unter rätselhaften und ungebärdigen Menschen zu führen hatten. Sie beteten darum, diese Zeit zu überstehen und irgendwann zum Lohn an einen »richtigen« Hof entsandt zu werden.

Freilich, das gemeine Volk kam stets auf die Straße und gaffte, wenn der englische König von einem Palast in den anderen zog. Für das Volk waren wir groß. Sie kannten nichts Besseres, im Gegensatz zu den Ausländern; die aber machten sich lustig über den König und über unseren schäbigen, plumpen, altmodischen Prunk.

Mit zehn wußte ich das alles natürlich noch nicht, aber ich spürte es. Ich sah, wie die Spanier zögerten, ihre Tochter tatsächlich herzuschicken, den unterzeichneten Verträgen zum Trotz, in denen sie es versprochen hatten. Ich sah, daß der König von Frankreich oder der Kaiser des Heiligen Römischen Reiches niemals mit Vater zusammentrafen, weder an seinen Hof kamen, noch ihn je einluden, den ihren zu besuchen. Ich sah, daß die Botschafter, die zu uns entsandt wurden, alt waren und sich schlecht kleideten, und daß manche Länder überhaupt keinen Botschafter zu uns schickten.

Wenn Arthur erst König wäre, würde das anders werden, hoffte ich. Ich wünschte mir, daß in ihm der alte Arthur wieder auferstände – als mächtiger König, voller Ehre und Kraft und einer Art Glanz, durch den sich alles ändern würde. Und während ich mich verzweifelt bemühte, mich zu einem Kirchenmann heranzubilden, stellte ich mir vor, wie seine Regentschaft auch der Kirche ein neues Goldenes Zeitalter brachte. Unter Arthur würden die Klöster als Stätten der Gelehrsamkeit erblühen, die Priester sich wieder dem Erlöser zuwenden... und so fort. Ja, ich gab mir große Mühe, mich zu einem Geistlichen zurechtzuschleifen. Es war immer meine Überzeugung, man müsse sich, ganz gleich, zu welchem Stande man berufen ist, ihm mit ganzem Herzen widmen. Obschon andere das fromme Leben für mich auserwählt hatten, glaubte ich doch, daß es mir so bestimmt sei. War nicht auch der Prophet Samuel dem Herrn versprochen worden, noch ehe er geboren war? Gott hatte mich auserkoren: Gott mußte etwas Besonderes für mich zu tun haben. Und so war es auch, wenngleich nicht so, wie ich es mir anfangs gedacht hatte. Habe ich als König nicht Gottes Werk verrichtet? Den *wahren* Glauben verteidigt und die Englische Kirche vor den Irrtümern des Papismus bewahrt? Und hätte ich das tun können, hätte ich das *Rüstzeug* dazu gehabt, wenn ich meine Kindheit nicht in heiligem Studium verbracht hätte? Nichts ist vergeudet, nichts ist sinnlos. Gott lenkt alles. *Alles*, sage ich.

WILL:

Hat man je solchen Unfug gehört? Harry war immer so langweilig, wenn er sich in eine seiner religiösen Schwafeleien verstieg. Das hier ist ein ausgezeichnetes Beispiel. Schlimmer noch, daß er all das auch selbst glaubte.

Heinrich VIII.:

Ich hätte Arthur hassen müssen, doch ich tat es nicht. Sogar der Neid war mir verboten: Wenn Arthur König werden sollte, so war es Gottes Wille, und mit Gott durfte ich nicht hadern. Jakob hatte es getan, aber das war lange her, und er hatte die gerechte Strafe dafür empfangen. Das lernte ich, als ich die Genesis studierte.

Arthur wurde als ein beispielhafter Prinz gepriesen: Hübsch, brillant und vielversprechend. Man bewunderte seine Anmut, sein Aussehen, seine Gelehrsamkeit. Seine Kränklichkeit, die quälende Schüchternheit, das Fehlen jeglicher körperlichen Tüchtigkeit (bei dem Sohn eines Königs, der seine Krone in der Schlacht errungen hatte!), dies alles ignorierte man. Ein zukünftiger König ist stets eine Wundergestalt, ein Phänomen, die Reinkarnation Alexanders des Großen.

Und als die Jahre vergingen und ich größer und stärker wurde als Arthur und ihn im Studium einholte (insgeheim bat er mich immer, die lateinischen Übersetzungen für ihn anzufertigen), da wurde dies höflich übersehen, und mich übersah man gleich mit.

Nur Arthur selbst zuckte nicht vor mir zurück. Er hatte mich gern, und in gewisser Weise beneidete er mich. Er hielt mich für frei.

»Du hast solches Glück, Heinrich«, sagte er einmal leise, als der König uns besucht hatte – um Arthur zu loben und uns anderen flüchtig zuzunicken. »Dich sehen sie nicht. Was du tust, ist ihnen gleichgültig.«

Und das nennt er ein Glück, dachte ich säuerlich.

»Du kannst machen, was du willst«, fuhr er fort. »Du kannst werden, was du willst, tun, wozu dich die Laune ankommt.«

»Nein«, widersprach ich endlich. »*Du* bist es, der das alles kann. Denn was immer du tust, finden sie richtig. Was immer ich tue, finden sie falsch.«

»Aber verstehst du denn nicht? Das ist gerade die Freiheit – etwas Falsches tun können! Wie wünschte ich mir...« Plötzlich verlegen, brach er ab und wechselte das Thema, an jenem Tag im Vorfrühling, als er fünfzehn war und ich zehn. »Du sollst mir helfen, Heinrich«, stieß er unversehens hervor.

»Wie denn?« Ich war verblüfft ob dieser unerwarteten, freimütigen Bitte.

»Du bist ein so guter – ein so begabter Reiter«, sagte er schließlich. »Du weißt, ich... ich habe Pferde nie gemocht. Und jetzt werde ich mit Vater zu Katharina reiten müssen, meiner Verlobten.«

»Du wirst noch zwanzig, bevor es soweit ist«, spottete ich; wie alle Welt, wußte auch ich, daß die Verlobung mit Katharina wieder einmal in eine Sackgasse geraten war.

»Nein. Sie wird noch diesen Herbst herkommen. Und gleich darauf sollen wir heiraten. Ich weiß, die Spanier halten große Stükke auf die Reitkunst. Katharinas eigene Mutter ritt in die Schlacht, als sie gesegneten Leibes war! Ich ... nun, ich ...«

»Du willst nicht vor Katharinas Augen vom Pferd fallen«, vollendete ich für ihn. »Aber, Arthur, du reitest seit Jahren, hattest unzählige Lehrer. Was könnte ich tun, was sie nicht vermochten?« Du haßt Pferde und hast kein Gefühl für sie, dachte ich bei mir, und das kann kein Lehrer jemals wettmachen.

»Ich weiß es nicht«, sagte er kläglich. »Wenn wenigstens ...«

»Ich werde versuchen, dir zu helfen«, sagte ich. »Aber wenn du kein guter Reiter bist, warum meidest du Pferde nicht einfach, wenn Katharina dabei ist? Tu etwas anderes. Singe. Tanze.«

»Ich kann nicht singen, und ich bin ein täppischer Tänzer«, antwortete er mit finsterer Miene. »*Du* kannst singen, und du kannst tanzen, aber ich kann es nicht.«

»Dann sprich Gedichte.«

»Ich hasse Gedichte.«

Was kannst du eigentlich? fragte ich bei mir. »Dann brauchst du andere, die sich zum Narren machen, indem sie singen und tanzen und Gedichte aufsagen, und du selbst mußt erheitert zuschauen.«

»Und da ist noch etwas! Die – die Hochzeitsnacht!« Seine Stimme klang höher als gewöhnlich.

»Oh. *Das*«, sagte ich nonchalant und versuchte, weise auszusehen.

Er lächelte matt. »Zumindest dafür kann ich deine Hilfe nicht erbitten«, versuchte er zu scherzen. Es war ein Scherz, der mich buchstäblich jahrelang heimsuchen sollte.

Und so sollte es endlich geschehen. Arthur sollte unverzüglich heiraten, und die spanische Prinzessin war bereits auf dem Weg nach England. Die Reise würde mindestens zwei Monate dauern. Aber sie kam! Und es würde eine königliche Hochzeit geben, mit lauter Festlichkeiten, nachdem sich jahrelang nichts dergleichen ereignet hatte. Vater würde sich gezwungen sehen, Geld auszugeben, denn die Augen Europas würden sich auf den englischen Hof richten, man würde zuschauen und sein Urteil fällen. Große Bankette mußten stattfinden; verschlungene allegorische Bögen und Statuen und Schaugerüste waren zur Feier der Hochzeit in den Straßen aufzustellen, und in den öffentlichen Wasserleitungen mußte von früh bis spät roter und weißer Wein fließen. (Mein Beichtvater hatte mich schon ermahnt, weil der flitterhafte Pomp dieser Welt, wie er es nannte, eine ungebührliche Faszination auf mich ausübe.) Und was mir das Wichtigste war: Ich würde neue Kleider bekommen.

Vaters Geiz war mir verhaßt. Ich haßte meine mottenzerfressenen Mäntel und Hemden, deren verschlissene Ärmel auf halbem Wege vor meinen Handgelenken zu Ende waren. Ich war inzwischen genauso groß wie Arthur, und dennoch steckte man mich in Kleider, die einem viel Kleineren gepaßt hätten. Wenn ich mich bückte, zwängten mir die Hosen den Hintern ein, und wenn ich mich streckte, spannten die Schultern.

»Ganz der Großvater«, sagte Schwester Luke immer. Sie merkte nicht, wie ich zusammenzuckte. »Er war größer als die meisten, und Ihr werdet es auch sein. Er maß sechs Fuß und vier Zoll.«

»Und er war hübsch.« Eine Bemerkung, die ich mir nicht verkneifen konnte.

»Ja«, sagte sie schnippisch. »Vielleicht hübscher, als gut für ihn war.«

»Man kann überhaupt nicht hübsch genug sein«, neckte ich sie.

»Nein? Aber er war es. Und bei einem Priester ist hübsches Aussehen sowieso verschwendet. Wenn Ihr zu hübsch seid, beunruhigt das die Leute. Niemand wird bei Euch beichten wollen.«

»Aber was *ich* dann alles zu beichten habe!« Ich lachte.

»Heinrich!« schnaubte sie. »Ihr dürft Eure Schlechtigkeit nicht schon im voraus planen.«

»Ihr habt recht, Mistress Luke. Ich werde nur spontan sündigen.«

Ich genoß den Ausdruck in ihrem Gesicht, als sie raschelnd davoneilte. In Wahrheit wußte ich kaum, was für Sünden ich höchstwahrscheinlich begehen würde; einige der Dienstmädchen bei Hofe aber wußten es anscheinend: Ich hatte bemerkt, daß sie mich mit merkwürdigen Blicken betrachteten.

Katharina landete nicht, wie man es erwartet hatte, in Dover. Ein Sturm trieb ihr Schiff vom Kurs ab, und die Spanier waren genötigt, in Plymouth vor Anker zu gehen – von London aus ein weiter Weg, naß und schlammig.

Gleichwohl verlangte das Protokoll, daß Vater sich hinbegab und sie offiziell in England willkommen hieß. Arthur konnte ihn nicht begleiten; das war klar. Er war seit kurzem an einem qualvollen Husten erkrankt und mußte im Hause und in der Nähe des Feuers bleiben, um sich zu bewahren, was er an Kräften besaß, wenn er den bevorstehenden Strapazen der Hochzeit standhalten sollte. So kam es, daß man mir befahl, Katharina mit Vater entgegenzureiten und sie in ihr neues Heim zu geleiten.

Es war im Spätherbst, neblig und kalt. Die Blätter waren schon von den Bäumen gefallen, und das Land war braun und trostlos, von Bodennebel verschleiert. Es versprach ein langer, klammer Ritt zu werden. Aber das kümmerte mich nicht; ich war froh, den Palastmauern zu entkommen. Mit großen Augen glotzte ich auf alles, was wir unterwegs sahen: Jubelnde Menschenmengen, schlammige Dorfstraßen, die großen, weiten, gelben Felder, die dunklen Wälder.

Wir brauchten mehrere Tage, um den Ort zu erreichen, an dem die Spanier gelandet waren. Es war eine klägliche kleine Ansammlung von Zelten; der Regen troff von den Kanten des stolz in der Mitte ragenden, des königlichen Zeltes. Die königliche Standarte hing naß und erbärmlich an ihrer Fahnenstange.

Es wurde Abend; es nahte das Ende eines Tages, da man bis auf die Knochen fror, während die Kälte einen umhüllte und das Frösteln unter den Mantel drang. Ich freute mich darauf, bald in einem warmen, trockenen Zelt Zuflucht nehmen zu können. So stieg ich ab und stapfte hinter Vater durch den Schlamm, als dieser auf den Zelteingang zuschritt.

Und sogleich abgewiesen wurde. Der König – abgewiesen! Er lachte ungläubig. Wie es schien, war es spanische Sitte, daß die Braut vor der Hochzeit von keinem Mann, der nicht zur Familie gehörte, gesehen werden durfte.

Vater blieb stocksteif stehen. Dann erklärte er in trügerisch ruhigem Ton: »Ich bin der König in diesem Land, und in England gibt es kein solches Gesetz. Spanisches Gesetz aber hat hier keine Macht.«

Er ging neuerlich auf die Zeltklappe zu und schob den protestierenden Wächter beiseite. »Halten die Spanier mich für einen Narren?« knurrte er. »Ich soll meinen Erben einem Weibe vermählen, das ich nie gesehen habe? Das vielleicht pockennarbig oder verkrüppelt ist? Ich will sie selbst sehen!«

Der letzte der Wächter unternahm einen halbherzigen Versuch, ihn aufzuhalten, aber Vater drängte an ihm vorbei und stürmte in das Zelt. Ich folgte ihm.

Wir waren in einen Harem geraten. Es war offensichtlich ein Weiberzelt; Frauenkleider und Toilettengegenstände lagen überall verstreut, und mehrere Zofen standen voller Unbehagen vor uns. Wir kamen uns riesig und schlammbespritzt und täppisch vor, umgeben von Tüchern und Kissen und Parfümflaschen.

Jetzt entstand Unruhe in dem von Schleiern verhangenen inneren Teil des Zeltes: Die Prinzessin erfuhr soeben, daß wir in ihr Privatquartier eingedrungen waren. Bestimmt würde sie gleich herauskommen und uns züchtigen. Ich sah sie schon vor mir: dünn und fahrig und schmallippig – die vollkommene Braut für Arthur.

Ihre Stimme hörte ich, bevor ich sie sah; sie war leise und voller Liebreiz, nicht mäkelnd und zänkisch. Dann erschien sie, in einen Hausmantel gehüllt, das Haar noch unfrisiert und ohne jeden Schmuck; es fiel ihr in dichten, goldbraunen Wellen über die Schultern.

Sie war schön – wie eine Jungfrau im *Morte d'Arthur*, wie die schöne Elaine, die liebliche Enid. Oder wie Andromeda, die, an den Felsen gekettet, ihren Retter Perseus erwartete wie in jener Sage, die ich gehorsam übersetzt hatte. All die Heldinnen der Literatur erwachten für mich zum Leben, als ich Katharina anstarrte.

Was soll ich sagen? Ich liebte sie, dort, in diesem Augenblick. Zweifellos wird man nun sagen, ich sei nur ein Knabe gewesen, ein zehnjähriger Knabe, ich hätte noch nicht einmal mit ihr gesprochen, und es sei mir daher unmöglich, sie zu lieben. Aber ich tat es. Ich tat es! Ich liebte sie mit einer jähen Woge der Hingabe, die mich völlig überraschte. Ich starrte sie an, und ein zweites unbekanntes Gefühl packte mich: eine tiefe Eifersucht gegen Arthur, der sie für sich haben würde.

Und jetzt mußte die Verlobungsfeier vorbereitet werden. Ich sollte Arthur vertreten und an seiner Statt bei der Zeremonie zugegen sein, in der sie einander versprochen wurden, und ich glaubte, ich würde es nicht ertragen.

Aber ich ertrug es. Am nächsten Morgen standen wir Seite an Seite und sagten vor einem Priester in ihrem Zelt öde lateinische Gelöbnisse auf. Katharina war zwar schon fünfzehn, aber sie war nicht größer als ich. Wenn ich den Kopf nur ein wenig drehte, konnte ich ihr geradewegs in die Augen sehen.

Ich merkte, daß sie mich ständig anschaute, und es bereitete mir Unbehagen. Aber dann erkannte ich ihren Gesichtsausdruck, und ich begriff, was sie da sah. Getäuscht durch meine frühe Größe und meine breite Brust, betrachtete sie den Zweitgeborenen und sah, was bis dahin noch keiner gesehen hatte: einen Mann. Sie sah mich als Mann, und sie war die erste, die das tat. Und auch dafür liebte ich sie.

Aber sie gehörte Arthur. Sie würde seine Gemahlin werden, und er würde König sein. Ich nahm es hin, ohne es in Frage zu stellen – wenigstens glaubte ich es. Können geheime Wünsche – so geheim, daß man selber sie nicht kennt – Wahrheit werden? Ich stelle diese Frage, aber ich will die Antwort nicht wissen.

Die Hochzeit wurde für den vierzehnten November angesetzt, und man erwartete, daß Arthur innerhalb eines Jahres einen Erben hervorbringe. Der König sagt es nie, aber ich hörte die Witze und Bemerkungen der Diener (sie pflegten vor mir kein Blatt vor den Mund zu nehmen, als wäre ich schon ein Priester). Sie alle wollten bis zum Weihnachtsfest des folgenden Jahres ein Kind sehen – ja, sie glaubten, ein Anrecht darauf zu haben.

Für jemanden, der die Last einer so gewaltigen Verantwortung zu tragen hatte, zeigte Arthur auffallend wenig Begeisterung. Je näher der Tag der Hochzeit kam, desto lustloser wurde er. Er schrumpfte; er schwand dahin; es war klar: Er wollte nicht heiraten. Eines Tages kam er zu mir in meine Kammer, vorgeblich, weil ich ihm bei der Anprobe seiner neuen Kleider helfen sollte, in Wahrheit aber, um zu weinen und mir zu gestehen, daß er es nicht wollte – nichts von alldem.

»Ich will nicht vor Tausenden von Menschen diese Hochzeitszeremonie über mich ergehen lassen«, erklärte er mit zitternder Stimme, als er vor dem halbhohen Spiegel stand und nachdenklich sein Bild betrachtete, in den weißen Samtmantel gehüllt, in den er jetzt endlich, nach drei Jahren, hineingewachsen war.

»Nun, aber du mußt, und fertig.« Ich riß ihm den gefiederten Hut vom Kopf, stülpte ihn mir selbst über und schnitt im Spiegel Gesichter. »Denk an das, was danach kommt.« Davon verstand ich etwas – auf eine wirre Art und Weise.

»Aber genau daran möchte ich *nicht* denken«, bekannte er leise.

»Dann laß es bleiben. Vielleicht ist es auch besser so.« Ich drehte mich hierhin und dahin und schaute, wie mir der Hut stand. Die aufgerollte Krempe gefiel mir nicht.

»Du weißt nicht...« Er brach ab und murmelte dann: »Gar nichts weißt du.«

Plötzlich war ich zornig. »Ich weiß, daß du Angst hast. *Wovor*, darauf kommt es nicht an. Und wenn andere sehen, daß du Angst hast, dann ist das schlecht für dich. Man darf es nicht merken, Arthur. Du darfst es dir nicht anmerken lassen.«

»Hast du denn nie Angst? Nein, ich glaube, du nicht...«

Ich mußte ihm den Rücken zuwenden, denn sonst hätte ich ihm geantwortet: *Ja. Ich habe oft Angst*. Aber ich hatte schon früh gelernt, meine Angst zu tarnen, sie niederzukämpfen. Was sie in meinem Innern anrichtete, das konnte ich nicht beeinflussen. Aber ich war froh, daß Arthur glaubte, ich hätte niemals Angst. Es bedeutete, daß andere nicht merkten, was ich wirklich empfand.

Mit geübter Lässigkeit warf ich den Hut zu Arthur hinüber; ich zielte nach seinem Kopf und traf ihn haargenau: Der Hut landete mitten auf seinem Schopf. Ich hörte mich lachen, und ich hörte, wie er einstimmte.

Er glaubte, ich sei glücklich. Das genügte mir: Ein kleiner Triumph inmitten seines allgemeinen Sieges. Er schmeckte mir süß wie Honig, fast so gut wie ein körperreicher Wein. Für dessen Genuß ich noch zu klein war... so, wie ich zu klein war, um Prinzessin Katharina zu lieben.

Der vierzehnte November war ein klarer, warmer Tag – er fiel in den St.-Martins-Sommer, die letzte Sonnenfrist vor dem tristen Winter. Das warme Wetter würde die Menschen massenhaft herbeiströmen lassen, dachte ich und merkte überrascht, wie erfahren es mich wirken ließ. Tatsächlich war ich vor den Londoner Massen nicht mehr erschienen, seit ich sieben Jahre zuvor Herzog von York geworden war.

Ich mußte Katharina von ihrer Behausung im Westminster Palace ostwärts nach London und in die St.-Pauls-Kirche eskortieren, wo sie Arthur heiraten würde. Sie durfte ihn erst sehen, wenn sie einander in der Kathedrale begegneten; alles andere hätte Unglück gebracht. So kam es, daß ich durch London reiten und die Jubelrufe hören sollte, die für Arthur gedacht waren.

Ich hatte für diese Gelegenheit einen neuen weißen Samtanzug bekommen. Katharina und ich würden auf Schimmeln reiten, und sie würde in Weiß und Silberbrokat gewandet sein, wie es einer jungfräulichen Braut zukam. Zusammen wären wir ein weißer

Fleck auf der Straße, selbst für einen Kurzsichtigen noch hundert Schritt weit sichtbar.

Als sie auf dem prächtigen weißen Roß herausgeführt wurde und wir uns im Hof begegneten, hob ich den Arm und ergriff ihre Hand. Sie war noch schöner als in meiner Erinnerung, und auf ihren bleichen Wangen leuchteten zwei rote Flecken. Aufregung oder Angst? Ich umfaßte ihre Hand, und sie verstärkte den Druck der ihren. Ihre Finger waren kalt. Also war es Angst.

Dann schwenkten die Palasttore auf. Vor uns erstreckte sich ein Meer von Menschen; manche warteten schon seit Tagesanbruch. Sie brachen in Jubel aus, als wir hinausritten, und warfen uns Herbstblumen entgegen. Ich sah, daß Katharina den Kopf einzog, aber mich erfüllte ein Glücksgefühl, und ich verspürte eine merkwürdige Regung in den Lenden. Ich liebte diese Blicke, die Menschen, die Jubelrufe, und von mir aus hätte dieser Ritt bis in alle Ewigkeit dauern können. Ich war dankbar, daß der Weg bis St. Paul so weit war.

London hatte mehr als hunderttausend Einwohner, behaupteten Vaters stets sorgfältige Zensusbeamte. Ich glaube, an diesem Tag waren sie alle auf der Straße, um uns zu sehen. Wahrhaftig, eine solche Menge von Menschen hatte ich mir nie vorgestellt. Und sie jubelten alle...

Die Straße nach St. Paul führte über den Strand, einen unbefestigten Fahrweg entlang der Themse. Zu unserer Rechten standen die großen Häuser des Adels und der hochrangigen Prälaten. Lange, schmale Gärten führten hinunter zum Fluß und zu den Wassertoren, hinter denen Bootsstege lagen. Auf der anderen Seite des Flusses, zu Lambeth, konnte ich deutlich den Palast des Erzbischofs von Canterbury sehen; die verwitterten Ziegel schimmerten rosig in der Mittagssonne. Er stand für sich, aber nicht weit davon entfernt sah ich verstreut liegende Häuser und Läden. Southwark hieß diese Gegend, und ich wußte (von Skelton), daß hier im Schatten des erzbischöflichen Palastes und der Residenzen anderer Bischöfe zahlreiche Schänken und Herbergen, Vergnügungsgärten und Freudenhäuser gediehen. Ja, das Haus des Bischofs von Winchester stand so nah bei einem der größeren Lotterhäuser, daß die Frauen dort den Spitznamen »Winchester-Gänse« trugen. Offenbar war das Südufer des Flusses noch unentschlossen, ob es seiner wahren Natur nach heilig oder profan war.

Schließlich näherten wir uns Ludgate, und unvermittelt waren wir mitten in der Stadt. Es war nur noch ein kurzes Stück den Ludgate Hill hinauf bis zur St.-Pauls-Kirche. Vor dem Eingang zur Kathedrale hatte man einen erhöhten Holzsteg errichtet und mit einem weißen Teppich bedeckt, der sich über den ganzen Weg durch den breiten Mittelgang bis zum Altar erstreckte, wo ich Katharina an Arthur übergeben sollte.

Drinnen war es halb dunkel, und nach dem hellen Sonnenschein draußen konnte ich kaum etwas erkennen. Die Kathedrale erschien mir wie eine weite Höhle, und irgendwo in weiter Ferne sah ich einen goldenen Schimmer und flackernde Lichter. Das mußte der Altar sein. Ich faßte nach Katharinas Hand; sie war kalt wie die einer Toten. Ich sah ihr in die Augen und entdeckte dort nichts als Angst. Das Gesicht unter dem weißen Schleier des Kopfputzes war bleich.

Ich sehnte mich danach, mit ihr sprechen zu dürfen, ihre Angst zu lindern, aber sie sprach nur wenige Worte Englisch; um mein Spanisch war es nicht besser bestellt, und das war nicht genug. Ich nahm ihre Hand in beide Hände und lächelte. Just als sie das Lächeln erwiderte, verkündete ein silberner Fanfarenstoß den Beginn der Prozession. Wir mußten zum Altar schreiten, und ich mußte sie in Arthurs Hände geben. Er wartete, ebenfalls weiß gekleidet, eine fahle Motte in der Weite des großen Kirchenschiffs.

Das Hochzeitsbankett, das der Trauung folgte, war prachtvoll. Gewaltige Tische durchzogen die Halle zu Westminster in ihrer ganzen Länge und bogen sich unter goldenen Tellern und außergewöhnlichen Speisen – dreistöckige Burgen, Fasane, vergoldete Schwäne, Nachbildungen von Seen, lauter Schöpfungen der gewandten königlichen Tortenkünstler. Der spanische Botschafter begutachtete alles mit kritischem Blick. Ich sah ihn auf und ab wandeln und dabei so tun, als sei er mit der Auswahl seiner Speisen beschäftigt; in Wirklichkeit handelte es sich um eine umfassende Bestandsaufnahme für seinen Bericht an Ferdinand. Einmal sah er mir in die Augen und lächelte. Was ich über ihn dachte, brauchte ihn nicht zu bekümmern, denn ich war unbedeutend, ja, nicht vorhanden – wie er glaubte. Der französische Botschafter und der kaiserliche prägten sich ebenfalls alles genau ein. Ich sah, wie Vater sie von der königlichen Estrade herunter beobachtete. Er sah mit Befriedigung, daß all die Ausgaben ihm in den Berichten der Diplomaten zugute kommen würden.

Als der Hochzeitsschmaus zu Ende war, trugen Bedienstete die Teller ab und schleppten die Tafeln hinaus, um Platz zum Tanzen zu schaffen.

Ich hatte zwar keine formelle Ausbildung darin empfangen, aber ich liebte das Tanzen, und in der Abgeschiedenheit meiner Kammer hatte ich mir so manches davon selbst beibringen können. Jetzt hatte ich Gelegenheit, meine Fertigkeiten mit wirklichen Musikanten und wirklichen Partnerinnen zu erproben, und ich betete zum Himmel, daß ich mich nicht lächerlich machen würde.

Meine Gebete wurden erhört; die Schritte, die ich mich selbst gelehrt hatte, kamen mir gut zupaß, und wenngleich ich mit Hilfe meiner Partnerinnen von Augenblick zu Augenblick dazulernte, stellte ich doch fest, daß ich vieles schon konnte. Ich tanzte eine Pavane, eine Basse Danse, gar einen Burgunder, einen schwierigen Tanzschritt. Bald mußte ich mich meiner Jacke entledigen, weil mir so heiß wurde. Ich schleuderte sie in eine Ecke und hörte zu meiner Überraschung Jubelrufe.

»Junger Lord Heinrich!« rief jemand. »Tanzt weiter!«

Und das tat ich, bis der Schweiß in Strömen an mir herunterlief und ich keuchend nach Atem rang. Erschöpft bahnte ich mir meinen Weg in eine Ecke und lehnte mich dort an die Wand. Ich fühlte, wie der Schweiß mir über das Gesicht und über den Rücken rieselte und mein Hemd durchfeuchtete.

»Willst du deine Zukunft wissen?« wisperte mir plötzlich eine Stimme ins Ohr. Ich drehte mich um und erblickte eine gutgekleidete Frau neben mir. Aber ein seltsamer Ausdruck lag in ihrem Blick, und sie beugte sich verschwörerisch zu mir herüber. »Ich hab' hier nichts verloren. Wenn sie mich finden, muß ich raus. Aber ich komme zu allen königlichen Hochzeiten. Beim König war ich« – mit einer Kopfbewegung deutete sie auf Vater – »und beim armen Richard; und bei Edward... aye, nicht bei dem, denn der hat sie ja heimlich geheiratet – wenn er sie überhaupt geheiratet hat, die Hexe!«

Sie sprach von meiner anderen Großmutter, Elisabeth Woodville. Ich blieb starr sitzen und sagte kein Wort.

»Du bist also nicht neugierig?« fragte sie, als hätte ich sie gekränkt. Langsam raffte sie sich auf und schickte sich an, woanders hinzugehen. Aber noch während sie aufstand, erkannte sie einer von der königlichen Garde.

»Dieses Weib!« brachte er hervor und kam hastig herüber. »Sie ist eine walisische Hellseherin! Eine Hexe!« Er packte sie, schob sie zur Tür und stieß sie hinaus. Dann schaute er mit schuldbewußtem Kopfschütteln zu mir herüber. »Sie schwärmen herum wie die Fliegen! Ich kann sie nicht alle draußen halten!«

In dieser Nacht ging Arthur mit Katharina in sein Bett. Ich lag allein in meinem und dachte daran, daß die Waliserin meine Großmutter als Hexe bezeichnet hatte, denn ich wollte nicht daran denken, was Arthur jetzt tat – oder nicht tat. Eine seltsame Vorstellung, daß in kommenden Jahren Dutzende von Gelehrten eben diese Frage erörtern sollten.

V

Am nächsten Morgen ließ Arthur sich von den Höflingen in seinem Schlafgemach bedienen. Er verlangte becherweise Wein und prahlte unablässig, daß die Ehe doch eine harte Arbeit sei, die Durst mache, und so fort. Er wiederholte es den ganzen Tag; es war auch das erste, was er zu mir sagte, als er endlich aus seinen Gemächern kam und mich sah. Er versuchte sich gar an einem mannhaften Feixen.

Arthur und Katharina waren über die Weihnachtstage die ganze Zeit bei Hofe, und ich stellte fest, daß ich es nicht ertragen konnte, in ihrer Gesellschaft zu sein. Ich schmollte und suchte die Festlichkeiten zu meiden. Dies entsprach so wenig meiner Art, daß die Königin mich schließlich in meinem geheimen, einsamen Versteck besuchte, in einer leeren Kammer hoch oben unter dem Dach des Palastes. Ich hatte geglaubt, es wisse niemand, daß ich dort hinaufstieg, aber offenbar hatte sie es doch bemerkt.

Es war kalt dort; niemand zündete je ein Feuer an. Aber ich hörte gedämpft die Musik und das Lachen aus der Großen Halle unter mir. Ein neuer Mummenschanz, ein neues Tanzvergnügen. Ich hielt mir die Ohren zu und schaute durch das kleine, spinnwebverhangene Fenster hinaus; die Dezembersonne sandte ihre schrägen Strahlen über das Palastgeländer und weit darüber hinaus. Alles war braun und golden und still. Ich sah die Schiffe auf der Themse; sie lagen dort vor Anker und warteten. Warteten...

Ich wünschte, ich könnte ein Seemann sein und auf einem dieser Schiffe hausen; immer auf dem Wasser leben, in der ganzen Welt umhersegeln. Ein Prinz zu sein – ein Prinz von der Art, wie ich es sein mußte – war, damit verglichen, langweilig. Ich würde... ich würde zunächst einmal zu den Docks hinuntergehen und die Schiffe kennenlernen. Heimlich würde ich gehen! So konnte Vater nichts dagegen sagen. Ich würde mich verkleiden... und dann, wenn ich erst ein erfahrener Seemann wäre, dann würde ich davonsegeln, mein Leben hier vergessen, verschwinden, ein Vagabundenprinz werden – große Abenteuer erleben! Nie würden sie erfahren, was aus mir geworden war. Nur ich würde wissen, wer ich wirklich war. Ich würde Ungeheuern begegnen, Seeschlachten sehen, und –

»Heinrich?« Eine leise Stimme unterbrach meine Gedanken.

Schuldbewußt drehte ich mich um und sah die Königin.

»Heinrich, was tust du hier ganz allein?«

»Ich mache Pläne für meine Zukunft.«

»Das hat dein Vater bereits getan.«

Ja. Er hatte sich einfallen lassen, mich zum Priester zu machen. Nun, sie würden Meßgewand und Albe und Zingulum jemand anderem anpassen müssen. Ich jedenfalls würde zur See fahren!

»Du brauchst dir nicht den Kopf zu zerbrechen über das, was aus dir werden soll«, sagte sie und glaubte, mich damit zu beruhigen. »Und du darfst dich nicht vor den Festlichkeiten verstecken.«

»Die Festlichkeiten langweilen mich«, erklärte ich großartig. »Und die Kostüme für den Mummenschanz hatten Mottenlöcher!« Irgendwie hatte gerade dies mich in Verlegenheit versetzt. Ich wußte, der spanische Botschafter hatte es gesehen und über uns gelacht.

Sie nickte. »Ja, ich weiß. Sie sind so alt...«

»Warum kauft er dann keine neuen?« platzte ich heraus. »Wieso nicht?«

Sie überging die Frage und alles, was sich dahinter verbarg. »Bald wird man tanzen. Bitte komm. Du bist ein so begabter Tänzer.«

»Ein begabter Tänzer!« wiederholte ich mürrisch. »Das Tanzen werde ich vergessen müssen – es sei denn, Arthur erlaubte dem Klerus, im Ornat zu tanzen. Glaubt Ihr, Seine Heiligkeit erteilt uns einen solchen Dispens?« Es war hoffnungslos; für mich kam nur die See in Frage, das war klar.

Plötzlich beugte sich die Königin zu mir nieder und berührte leicht mein Gesicht. »Lieber Heinrich«, sagte sie. »Mir hat es auch mißfallen. So sehr.«

Also wußte sie, verstand sie es. Sie war die älteste gewesen, aber eben nur eine Tochter. Unfähig, aus eigenem Recht Königin zu werden. Unfähig. Und sie hatte gewartet. Immer gewartet – darauf, daß man ihr eine zweitrangige Rolle zuwies.

Ich nickte. Und gehorsam folgte ich ihr hinunter in die Große Halle.

In der Halle war es heiß und voll; alle trugen Kleider aus Satin, aus juwelenbesetzten Brokaten und prachtvoll gefärbtem Samt. Ich war mir meiner schlichten Kleidung nur allzu bewußt. Für Hochzeit und Weihnachtsfeierlichkeiten hatte man mir nur drei neue Anzüge bewilligt, und längst war ich in allen dreien aufgetreten.

Arthur und Katharina saßen am Ende der Halle. Arthur war aufgeputzt wie ein von Edelsteinen funkelndes Götzenbild; zerbrechlich und puppenhaft sah er aus in seinem übergroßen Sessel. Immer wieder warf er nervöse Blicke auf Katharina. Er und seine neue Gemahlin sollten London gleich nach den Feiertagen verlassen und in eine kalte, gräßliche Burg an der walisischen Grenze ziehen, um dort König und Königin zu spielen, damit sie diesen Beruf erlernten. Das war allein Vaters Idee gewesen; er war davon überzeugt, daß man Arthur abhärten, ihn stählen müsse.

Arthur aber wollte offensichtlich nicht gestählt werden. Dennoch fügte er sich, weil es seine Pflicht war. Arthur tat immer, was seine Pflicht war. Anscheinend hatte er das Gefühl, ein König zeichne sich dadurch aus, ja, es sei geradezu das Wesen des Königtums.

Die Sänger nahmen ihre Plätze auf der steinernen Galerie ein. Es waren fünfzehn – doppelt so viele wie gewöhnlich. Ihr Leiter verkündete, sie seien besonders geehrt durch die Anwesenheit eines venezianischen Lautenspielers und eines Schalmeienbläsers aus Flandern. Beifälliges Gemurmel erhob sich, und er fügte hinzu, daß auch ein französischer Musikant, wohlbewandert in französischen Hoftänzen, sowie ein weiterer, am spanischen Hofe ausgebildeter Künstler aufspielen würden.

Zu Anfang spielten sie englische Tänze, und fast alle Lords und

Ladies und die ganze Hofgesellschaft tanzten, denn die Schritte waren ihnen vertraut. Sie kannten die Pavane, die Branle und die Allemande.

Arthur tanzte nicht. Er saß einfach da, still und ernst, in seinem mächtigen Sessel, und mit Bedacht ignorierte er Katharinas Rastlosigkeit und ihre im Takt wippenden Füße. Sie sehnte sich danach, zu tanzen – das verriet ihr Körper mit jeder Faser.

Plötzlich war ich entschlossen, diese Sehnsucht in ihr und auch in mir selbst zu stillen. Wir beide waren Gefangene unserer Stellung: sie verheiratet mit einem Mann, der sich weigerte, zu tanzen, und ich ein zukünftiger Priester. Es war beschlossene Sache, daß wir den Rest unseres Lebens ohne Tanz würden verbringen müssen. Vielleicht, aber ein bißchen Zeit hatten wir noch...

Ich bahnte mir meinen Weg zu ihr hinüber, verneigte mich tief vor der Estrade und bedeutete ihr, sie möge mich zu einer Burgunde begleiten. Sie nickte zögernd; ich streckte die Hand aus, und zusammen begaben wir uns in die Mitte der Halle.

Ich fühlte mich wie trunken. Ich hatte getan, was ich tun wollte, und das vor aller Augen! Welche Seligkeit... Es war ein Gefühl, das ich nie mehr vergessen, das ich von diesem Tag an stets aufs neue suchen sollte.

Ich sah Katharina an. Sie lächelte, froh über ihre Rettung. Und da war noch etwas anderes in ihrem Blick... sie fand mich angenehm, fühlte sich von mir angezogen. Ich spürte, daß sie mich annahm, daß sie mich mochte, und es war wie der Schein der Sommersonne.

Sie war eine glänzende Tänzerin und kannte viele verzwickte Schritte, die uns in England unbekannt waren. Ich hatte Mühe, mitzuhalten. Ihr Taktgefühl, ihr Gleichgewicht, ihr Sinn für die Musik waren erstaunlich. Nach und nach traten alle anderen zurück und sahen zu, wie wir eine Galliarde tanzten, eine Danse du Roi, einen Quatre Branle und einen spanischen Tanz aus der Alhambra, den sie mir zeigte. Als die Musik aufhörte, war Katharina atemlos, und ihr Gesicht war gerötet. Die Zuschauer schwiegen einen Augenblick lang verlegen, doch dann begannen sie uns zuzujubeln.

Allein auf der Estrade saß Arthur mit finsterem Blick wie ein blasses, wütendes Kind.

VI

Vier Monate später war Arthur tot – er starb an der Schwindsucht in jenem zugigen walisischen Schloß –, und Katharina war Witwe.

Und ich war unversehens der Thronerbe – das einzige, was zwischen der jungen Tudor-Dynastie und der Vergessenheit stand.

Ich war allein in meiner Kammer, als die Nachricht kam. Einer der Pagen brachte mir eine kurze Notiz des Königs; er bat mich, gleich zu ihm zu kommen.

»Unverzüglich?« fragte ich verwirrt. Der König ließ mich sonst niemals rufen, und schon gar nicht mitten am Tage, wenn ich bei meinen Studien zu sitzen hatte.

»Ja, Euer Gnaden«, antwortete der Page, und seine Stimme klang verändert. So hörbar verändert, daß sogar ein Zehnjähriger es merken mußte. Ich sah zu ihm hinüber und merkte, daß er mich anstarrte.

Und so war es auf dem ganzen Weg. Überall glotzten die Leute mich an. Ich wußte plötzlich, daß etwas Furchtbares bevorstand. Würde man mich nun in ein abgelegenes Kloster schicken, vorgeblich zum Studieren?

Ich erreichte die königlichen Gemächer und zog die schwere Holztür auf. Drinnen war es finster und trostlos wie immer. Vater mit seinem verqueren Sinn für Kargheit gab niemals genug Holz aufs Feuer, es sei denn, er erwartete einen hochrangigen Gast. Normalerweise war es in seinen Gemächern so kalt, daß die Bediensteten hinter den Wandschirmen verderbliche Lebensmittel aufzubewahren pflegten. Butter, so hörte ich, hielt sich hier besonders gut.

Ich erkannte eine schattenhafte Gestalt im Halbdunkel, die mir den Rücken zugewandt hatte. Der König. Er drehte sich um und sah mich.

»Heinrich!« Er kam mir entgegen und streckte die Hände aus. Ich bemerkte, daß die Finger vor Kälte ein wenig blau waren. Seine Mundwinkel waren abwärts gekrümmt, als zögen unsichtbare Gewichte die Haut seines Antlitzes nach unten.

»Arthur ist tot. Dein Bruder ist gestorben.« Mit schmalen Lippen spie er mir die Worte entgegen, als wäre ich dafür verantwortlich.

»Wann?« Etwas anderes fiel mir nicht ein.

»Vor drei Tagen. Der Bote kam eben aus Ludlow. Es war – eine Erkältung. Auszehrung. Was weiß ich.« Er schüttelte den Kopf, und seine Hände machten hilflose Gesten.

»Ihr habt ihn dort hingeschickt.« Ich hörte meine eigene Stimme; es war die eines Fremden. »Ihr habt ihn nach Wales geschickt, in diese gräßliche Burg.«

Er sah niedergeschlagen und alt aus – ein eingefallener Beutel aus Leder. »Damit er lernt, König zu sein…« protestierte er matt.

»Damit er starb. Es mußte so kommen. Er war nie kräftig. Er konnte an diesem Ort nicht überleben. Und er wollte nicht dorthin.«

Arthur ist tot… Arthur ist tot… Die Worte hämmerten in meinem Schädel wie Regentropfen, die gegen ein Fenster prasselten.

»Ja. Ich habe ihn nach Wales geschickt.« Eis überzog die grauen Augen des Königs. »Und damit, so scheint es, habe ich dich zum König gemacht.«

Bis zu diesen Worten war mir die volle Bedeutung des Geschehenen nicht klargeworden. Arthur war tot: Ich würde König werden.

»Das ist Gottes Werk«, sagte ich wie von selbst, und ohne nachzudenken. Es war das, was Priester immer sagten, wenn eine Katastrophe geschehen war.

Vaters Augen quollen aus den Höhlen, und er trat einen Schritt auf mich zu und hob die Hand, als wolle er mich schlagen. »Wie kannst du es wagen, zu behaupten, Gott wolle, daß du König wirst?« wisperte er.

»Ich wollte doch nur...« begann ich, doch ein Backenstreich schnitt mir das Wort ab.

»Arthur ist tot, und du lebst!« schrie er »Ich hasse Gott! Ich hasse Ihn! Ich verfluche Ihn!«

Fast rechnete ich damit, daß nun der Teufel in der kalten Kammer erscheinen und den König fortschleppen würde. Die Priester hatten mir erzählt, dies widerfahre jedem, der Gott beschimpfte oder verfluchte. Aber es geschah nichts. Auch daran sollte ich mich später erinnern...

Plötzlich stürzte die Königin – ich hatte sie im Dunkel des Gemachs noch gar nicht gesehen – zu uns herüber. »Aufhören!« befahl sie. »Wie könnt ihr es wagen, über Arthurs Grab zu streiten und einander zu beleidigen?« Ihr Gesicht war naß, das Haar hing schlaff herunter, aber ihre Stimme war hart und kraftvoll.

»*Er* hat *mich* beleidigt! Und Gott«, fügte ich fromm hinzu.

Ich glaubte, sie werde nun den König schelten, aber statt dessen wandte sie sich gegen mich. Alle wenden sie sich gegen mich, dachte ich erbost, und plötzlich war ich dessen müde...

»Du wirst König werden, Heinrich. Fühlst du dich nun sicher, hast du Wohlgefallen an dir selbst, da du der Thronerbe bist? Aber nichts könnte verhindern, daß du ebenfalls in die Grube fährst. Thronerbe zu sein, ist kein Schutz. Es hebt dich hervor unter allen anderen.« Sie kam näher und schaute mir zornig in die Augen. Ihre eigenen hatten fast die Farbe des Zwielichts; ein Teil meiner selbst bemerkte es und prägte es sich ein. »Jetzt wird der Tod auch *dich* haben wollen. Es gelüstet ihn nach Erben. Sie sind seine Lieblingsspeise. Jetzt hat er dich in seinem Mastgehege. Ist das dein Triumph?« Mit wenigen Worten gelang es ihr, solche Furcht in mir zu wecken, daß die Geschichte meiner Regentschaft widerhallen sollte von meinen Versuchen, sie zu vertreiben.

Dann wandte sie sich an den König, dem sie sich immer ehrerbietig gefügt und vor dem sie immer geschwiegen hatte. »Ihr seid wahnsinnig vor Schmerz«, sagte sie trocken. »Ihr meint nicht, was Ihr da sagt. Es ist nicht Eure Absicht, Heinrich zu beleidigen, Euren einzigen Sohn. Ihr meint es nicht so.«

Er nickte dumpf.

Als zweitgeborener Sohn und zukünftiger Priester hatte ich die Kammer des Königs betreten; als Thronerbe und künftiger König verließ ich sie. Wollte ich sagen, daß von jetzt an alles anders war, würde ich sagen, was jeder Dummkopf weiß. Man würde annehmen, ich spräche von Äußerlichkeiten: von den Kleidern, die ich trug, von meinem Quartier, von meinem Studium. Die größte Veränderung aber war eine unmittelbare, und sie war bereits geschehen.

Als ich die Kammer verließ, hielt einer der Wachsoldaten mir die Tür auf und verbeugte sich. Er war sehr groß; ich reichte ihm kaum bis zur Schulter. Als er sich aufrichtete, sah ich, daß sein Blick mich auf eine höchst beunruhigende Weise fixierte. Es war ein kurzer Augenblick – aber in diesem Augenblick sah ich Neugier – und Angst. Er hatte Angst vor mir, dieser große, starke Mann, Angst vor dem, als der ich mich vielleicht erweisen würde. Denn er kannte mich nicht, und ich war sein zukünftiger König.

Niemand bei Hofe kannte mich. Ich sollte diesem Blick wieder und wieder begegnen. Wer ist er? Müssen wir ihn fürchten? Schließlich machte ich es mir zur Gewohnheit, niemandem mehr geradewegs in die Augen zu schauen, um dort nicht wieder diese mit Furcht gepaarte Wachsamkeit zu sehen. Es war weder gut noch beruhigend, zu wissen, daß ich durch meine bloße Existenz das geordnete Muster im Leben anderer bedrohte.

Sie kannten Vater gut und hatten Arthur daher fünfzehn Jahre lang beobachtet, sich an ihn gewöhnt. Heinrich aber war der unbekannte, der versteckte...

Der Mann lächelte falsch. »Euer Gnaden«, sagte er.

Das Lächeln war schlimmer als der Ausdruck in seinem Blick, wenngleich das eine zum anderen gehörte. Ich machte eine steife kleine Handbewegung und wandte mich ab.

Niemand würde je wieder aufrichtig und offen zu mir sein. Das war die große Veränderung in meinem Leben.

Natürlich gab es noch andere Veränderungen. Ich mußte jetzt am Hofe und beim König wohnen; ich mußte meinen geistlichen

Lehrer gegen einen Botschafter im Ruhestand austauschen. Es gab auch angenehme Veränderungen: Ich durfte mich jetzt im Tanzen üben und bekam sogar einen französischen Tanzmeister, der mir vorzuführen hatte, was gerade Mode war am Hofe dort, wo alles elegant und vollkommen war (wenn man ihn reden hörte). Ich hatte eigene Sänger und einen neuen Musiklehrer, der mich in musikalischer Theorie und Komposition unterwies und sogar eine italienische Orgel kommen ließ, auf der ich spielen konnte. Da ich mich nun ständig am Hofe aufhielt, lernte ich auch andere Jungen meines Alters kennen, Aristokratensöhne, und so hatte ich zum erstenmal in meinem Leben Freunde.

Was mir nicht gefiel: Ich durfte mich keinen »gefährlichen« Beschäftigungen mehr hingeben – Jagden etwa oder auch Turnieren –, denn meine Person war nunmehr auch gegen das unwahrscheinlichste Mißgeschick zu schützen. Infolgedessen mußte ich im Haus bleiben und meinen Freunden beim Spielen zusehen, und draußen mußte ich abseits stehen, was noch schlimmer war.

Ich mußte in einem Zimmer wohnen, welches dem des Königs benachbart war, so daß ich nirgends hingehen und niemand zu mir kommen konnte, ohne zuvor seine Gemächer zu durchqueren. Auf diese Weise isolierte er mich ebenso wirkungsvoll wie eine der Maiden im *Morte d'Arthur*, die von ihrem Vater im Turm gefangengehalten werden. Der einzige Unterschied bestand darin, daß mich, solange mein Vater lebte, niemand retten, ja, nicht einmal besuchen konnte.

Und wie lange würde mein Vater noch leben? Er war erst fünfundvierzig und schien ganz gesund zu sein. Er konnte leicht noch zwanzig Jahre leben und mich in dem Kämmerchen neben dem seinen gefangenhalten. Wie sollte ich das ertragen?

Nach Arthurs Tod zog er sich für mehrere Monate zurück und interessierte sich kaum für seine Umgebung. Er rief wohl gelegentlich seinen Lautenspieler, damit er ihm aufspiele. Der Lautenspieler war nicht sehr gut, und seine Musik tat meinen Ohren weh. Einmal ging ich hinein und erbot mich, an seiner Statt für meinen Vater zu musizieren. Lustlos stimmte er zu, und ich spielte einige Stücke, die ich selbst geschrieben hatte. Ich sah, daß er im Grunde nicht zuhörte, und so stand ich schließlich auf und kehrte in meine Kammer zurück. Er starrte weiter aus dem Fenster und ließ nicht erkennen, daß er mein Gehen bemerkt hatte.

Törichterweise war ich enttäuscht. Ich hatte es noch nicht gelernt.

Aber andere Dinge lernte ich auf Vaters Geheiß. Jeden Tag kam der alte Botschafter, um mich zu unterrichten. Er hieß Stephen Farr, und er hatte für Richard III., Edward IV. und für Vater mehr als zwanzig Jahre lang als Gesandter in den Niederlanden, in Frankreich, in Spanien, beim Papst und beim Kaiser gedient. Er hatte ein rundes Antlitz von hochroter Farbe, das sein Alter Lügen strafte, obgleich er fast siebzig gewesen sein muß. Als ich einmal davon anfing, sagte er: »Das ist mein Geheimnis, wißt Ihr. Dick sein. Die Leute haben Vertrauen zu den Dicken. Den Schlanken traut man zu, daß sie heucheln. Sagt mir, Euer Gnaden: Wen würdet Ihr eher des Verrats oder einer Verschwörung verdächtigen – einen dicken Mann mit einem glatten Gesicht oder einen dünnen mit einem Gesicht wie ein verschrumpelter Apfel. Hätte Bruder Tuck böse sein können? Oder, umgekehrt, kann man sich einen dicken Sheriff von Nottingham denken? Selbstverständlich nicht. Ich bitte Euch, beschäftigt nur dicke Botschafter.«

Ich lachte.

»Es ist kein Scherz, Euer Gnaden, das versichere ich Euch. Die Menschen legen großes Gewicht auf den äußeren Schein. Und erste Eindrücke und Gefühle sind nie ganz auszulöschen. Die Welt ist voll von Leuten, die über die merkwürdige Begabung verfügen, sich auf der Stelle ein Bild von den Dingen zu machen. Wer neidisch ist, nennt so etwas 'vorschnell geurteilt'. Aber das ist es gar nicht. Ich habe gehört« – er stand auf und kam zu mir herüber, einen spielerischen Ausdruck im Gesicht –, »daß Euer Gnaden ein kundiger Bogenschütze sein sollen. Daß Ihr den Langbogen mit großer Treffsicherheit zu benutzen wißt. Sagt – an Euren besten Tagen, geht da nicht gleich Euer erster Pfeil ins Ziel?«

Ich nickte. Und an schlechten Tagen war es genau umgekehrt.

»Mit den Menschen ist es das gleiche. Die mit dem besten Urteilsvermögen treffen immer ins Schwarze. Und zwar von Anfang an.«

»Was hat das mit mir zu tun?« Ich brannte darauf, im Unterricht fortzufahren und ihn mit den vielen Fakten zu beeindrucken, die ich mir seit dem letztenmal um seinetwillen eingeprägt hatte.

»Alles. Zunächst einmal müßt Ihr diese unheimliche Begabung in Euch selbst entwickeln, wie Ihr auch Eure Fertigkeiten im Reiten oder in der Musik entwickelt habt. Und zweitens müßt Ihr mit dieser Fertigkeit spielen, trefft Ihr sie bei anderen an.«

»Wie denn?« Wie sollte ich den Eindruck verändern, den ich auf Fremde machte? Wenn mir das nicht einmal bei meinem Vater gelang?

Er hatte sich abgewandt und war zum Fenster gegangen. Er kam mir alt und müde vor. Sein Mantelsaum strich raschelnd über das Reisig am Boden. Am Fenster blieb er stehen, und seine Schultern hoben sich in einem Seufzer. Es war ihm nicht zu verdenken. Der Novemberregen hatte eingesetzt, und die Tropfen prasselten gegen die kleinen Glasscheiben. Sein Rücken war rund; ich hatte vergessen, wie alt er war.

Plötzlich fuhr er herum und war wie neugeboren. Sein Gang war verändert, beinahe beschwingt, und er hielt den Kopf hoch erhoben. Als ich ihn so sah, vergaß ich den November und dachte an Sommer und Sonne.

»Habt Ihr gesehen?« Er blieb vor mir stehen. »Es liegt alles in der Haltung, im Auftreten. Schauspieler wissen das. Ein anderes Gewand, eine gebeugte Haltung, und aus dem Jüngling wird ein Greis, aus dem Bettler ein König. Es ist einfach: Wollt Ihr König sein, benehmt Euch wie ein König.«

Er setzte sich neben mich und warf einen Blick zur Tür. »Und jetzt, fürchte ich, wird gleich der König hereinkommen und sehen, daß wir ein wenig im Rückstand sind.« Er schien verlegen über das, was er da gerade gesagt hatte; offenbar sollte ich es so schnell wie möglich wieder vergessen.

»Habt Ihr gelernt, was ich Euch aufgetragen hatte?« erkundigte er sich.

»Jawohl«, antwortete ich. Ich schaute hinüber zum Kamin. Gern hätte ich noch ein Scheit aufs Feuer gelegt, denn meine Finger waren eiskalt. Aber es war kein Holz mehr da. Vater gewährte uns bis zum Neujahrstag nur sechs Scheite pro Tag, ganz gleich, wie scheußlich das Wetter sein mochte. Ich blies mir in die Hände. »Zuerst Frankreich. Es gibt sechzehn Millionen Franzosen. Sie sind das mächtigste Land in Europa. Noch zu der Zeit, da mein Vater im Exil lebte, war die Bretagne ein unabhängiges Herzogtum. Aber als König Charles VIII. im Jahre 1491 Anne von der Bretagne heiratete, wurde sie ein Teil Frankreichs. Die Franzosen sind unsere Feinde. Unser großer König Heinrich V. eroberte fast ganz Frankreich...«

»Nicht ganz Frankreich, Euer Gnaden«, mahnte Farr.

»Dann fast die Hälfte«, räumte ich ein. »Und sein Sohn wurde in Paris zum König von Frankreich gekrönt! Und ich werde dieses Land zurückerobern!«

Er lächelte nachsichtig. »Und wie viele Engländer leben im Reich?«

»Drei Millionen. Dreieinhalb Millionen!«

»Und sechzehn Millionen in Frankreich, Euer Gnaden.«

»Was kümmern mich Zahlen? Ein Engländer ist zwanzig Franzosen wert! Ihnen graut vor uns. Ja, französische Mütter ängstigen doch ihre Kinder, indem sie mit *les Anglais* drohen!«

»Und englische Mütter schrecken ihre Kinder mit dem Butzemann.«

»Wir haben immer noch Calais«, beharrte ich.

»Wie lange noch? Es ist ein unnatürlicher Vorposten.«

»Es ist ein Teil von England. Nein, ich gedenke zu erfüllen, was mir Vermächtnis ist! Ich werde Frankreich zurückgewinnen.«

»Habt Ihr wieder diesen Froissart geschmökert, Euer Gnaden?«

»Nein!« sagte ich, aber das war gelogen, und er wußte es. Ich liebte diese Geschichten von Rittern und ihren Damen und vom Kriegshandwerk, die ich spätabends las, nicht selten, wenn ich eigentlich längst schlafen sollte. »Nun ja ... vielleicht ein bißchen.«

»Ein bißchen ist schon zuviel. Stopft Euch nicht den Kopf mit solchem Zeug voll. Es ist albern und, was noch schlimmer ist, gefährlich. Jeder englische König, der heutzutage versuchen wollte, Frankreich zurückzuerobern, würde sein Leben und das Staatsvermögen aufs Spiel setzen – und sich der Lächerlichkeit anheimgeben. Das erste und das zweite kann er vielleicht riskieren. Das dritte aber niemals. Nun denn, habt Ihr Euch die Landkarte Europas eingeprägt?«

»Ja. Die Franzosen haben die Bretagne geschluckt und sich an Burgund gemästet. Und Maximilian, der Kaiser...«

»Wovon?«

»Der Kaiser des Heiligen Römischen Reiches.«

»Welches weder heilig noch römisch, noch ein Reich ist«, ergänzte er beglückt.

»Nein. Es ist lediglich ein zusammengewürfelter Haufen deutscher Fürstentümer unter einem Joch mit den Niederlanden.«

»Aber Maximilian hat zwanzig Millionen nominelle Untertanen.«

»Geeint durch nichts«, plapperte ich wie ein Papagei.

»Genau.« Er war zufrieden. »Und Spanien?«

»Ferdinand und Isabella haben die Mauren vertrieben, und Spanien ist wieder christlich. Sie haben acht Millionen Untertanen.«

»Sehr gut, Prinz Heinrich. Ich glaube gar, Ihr habt gelernt – neben Eurer Froissart-Lektüre.« Er streckte die Hand aus und knuffte mich scherzhaft. »Als nächstes besprechen wir die Pläne Ferdinands und die Geschichte des Papsttums. Papst Julius spielt eine wichtige Rolle in all dem, wißt Ihr. Anscheinend will er höchstselbst demonstrieren, was Christus meinte, als er sprach: ›Nicht den Frieden zu bringen, bin ich gekommen, sondern das Schwert.‹ Lest weiter in den Aufzeichnungen, die ich Euch gegeben habe, und lest auch alle Briefe in der roten Tasche. Sie enthalten die Korrespondenz, die ich in den Jahren in Frankreich führte.« Steif stand er auf. Er tat, als wären wir am Ende der Lektion angelangt, aber ich merkte, daß es ihm in Wahrheit nur zu ungemütlich wurde. Das Feuer war fast erloschen, und wir konnten unseren Atem sehen.

»Ich vergaß«, sagte er. »Morgen ist St. Martin. Es findet also kein Unterricht statt.«

Das war eine Enttäuschung. Mir schien, daß alles, was wir anfingen, durch eine beständige Folge von Heiligenfesten unterbrochen wurde. Es gab mehr als hundert davon im Jahr. Wieso konnte man die Heiligen nicht einfach ehren, indem man zur Messe ging? Wieso verlangten sie, daß auch noch alle aufhörten zu arbeiten?

»Und, Euer Gnaden – bitte sagt der Königin, wie glücklich mich die Neuigkeit macht, und daß ich um eine gute Entbindung und einen hübschen neuen Prinzen bete.«

Er verneigte sich und hastete hinaus, zurück in eine normale Wärme und zu den Menschen. Aber das machte nichts; ich hätte ihn nicht fragen können, wenn er geblieben wäre. Niemals würde ich meinen Lehrer fragen, weshalb er etwas wußte, was ich nicht wußte. Der König hatte mir nichts davon erzählt, und die Königin auch nicht. Warum nicht?

Ich ging zum Fenster. Der Regen war zu Graupel geworden; es prasselte gegen Mauern und Fenster. Das Fenster war schlecht eingepaßt; feine Schneeregenstäubchen fanden ungehindert den Weg herein.

Das Fenster blickte nicht auf den Palastgarten hinaus, sondern auf die Abwassergräben und Latrinen. Ich haßte all diese häßlichen, verstreuten Anhängsel des Palastes, vor allem die offenen, stinkenden Abzugsgräben. Wenn ich König wäre, würde ich sie abdecken lassen. Wenn ich König wäre...

Der peitschende Graupel hatte die Hütten bereits bedeckt und machte sie weiß und glatt. Aber nicht hübsch. Sie waren nicht hübscher als ein Skelett, und das war auch weiß und glatt.

Ein heftiges Frösteln trieb mich vom Fenster zum erlöschenden Feuer.

VII

Es stimmte, was Stephen Farr gesagt hatte. Die Königin, meine Mutter, war schwanger. An Lichtmeß, im Februar 1503, kam sie nieder, aber sie ward nicht von einem Thronerben, sondern von einer toten Tochter entbunden. Sie selbst starb neun Tage später an ihrem siebenunddreißigsten Geburtstag.

Noch heute muß ich eilends über diese Fakten hinweggehen, sie einfach konstatieren, weil ich sonst stocke und – tobe? Weine? Ich weiß es nicht. Beides, vielleicht.

Die Staatstrauer dauerte viele Tage, derweil die Bildschnitzer hastig an der gebräuchlichen Begräbnisstatue arbeiteten, die oben auf dem Trauerwagen stehen würde. Sie mußte ihr aufs Haar ähnlich sein, so daß es aussähe, als wäre sie noch am Leben, in ihre Gewänder und Pelze gekleidet, wenn der Leichenzug sich durch die Londoner Straßen vom Tower, wo sie gestorben war, nach Westminster schlängelte, wo man sie bestatten würde. Das Volk mußte seine gute Königin noch einmal sehen, mußte dieses letzte Bild im Gedächtnis behalten. Auch der letzte Eindruck war wichtig. Das wollte ich Farr gern sagen.

Aber ich würde sie nicht wiedersehen. Nie, nie, nie mehr... Und als ich das hölzerne Bildnis sah, da haßte ich es, weil es so lebendig wirkte und es doch nicht war. Sie hatten gute Arbeit geleistet, die Bildschnitzer. Zumal da sie von einer Totenmaske hatten arbeiten müssen, nicht nach dem Leben. Aber sie war ja auch erst siebenunddreißig Jahre alt gewesen und hatte nicht daran gedacht, für ihr Begräbnisbild Modell zu sitzen. Nein, das doch nicht.

Ich hörte den König weinen, spät in der Nacht. Aber er kam nie zu mir in meine Kammer, versuchte nie, seinen Schmerz mit mir zu teilen. Noch nahm er den meinen zur Kenntnis, abgesehen von der kurzen Mitteilung, daß wir alle an den Bestattungsfeierlichkeiten teilzunehmen hätten.

Der Tag der Beerdigung war kalt und neblig. Die Sonne kam nicht zum Vorschein, aber sie färbte den Nebel blau, als wolle sie uns in ewigem Zwielicht ertränken. Fackeln loderten in den Straßen Londons, obgleich es Mittag war, als die Leichenprozession sich unter gedämpftem Trommelklang vom Tower nach Westminster schlängelte. Zuerst kam die dreihundertköpfige Garde, dann der Leichenwagen, ein geschlossenes Gefährt, an die zwanzig Fuß hoch, ganz in Schwarz und von acht schwarzen Pferden gezogen; obenauf stand das (in meinen Augen) abscheuliche Bildnis der Königin, lächelnd in ihren königlichen Gewändern. Es folgten siebenunddreißig junge Frauen, eine für jedes Jahr ihres Lebens. Ihre Kleider waren weiß wie der Nebel, und sie trugen weiße Kerzen. Danach kamen der König, und Margaret, und Maria, und ich.

Mit der Prozession war die Prüfung nicht zu Ende. In Westminster angelangt, hatte ich noch ein Requiem und eine Lobrede zu erdulden. Der Leichenwagen wurde bis ans Ende des Kirchenschiffs gefahren, wo er den nächsten, den furchtbaren Teil erwartete: die Beerdigung.

Ich glaube, Warham zelebrierte die Messe; ich erinnere mich nicht. Aber dann erhob sich ein junger Mann, um die Lobrede zu halten. Jemand, den ich noch nie gesehen hatte.

»Ich habe eine Elegie auf die Königin verfaßt«, sagte er. »Mit Eurer huldvollen Erlaubnis möchte ich sie verlesen.« Die Stimme des Mannes war seltsam betörend, doch zugleich auch sanft.

Der König nickte knapp. Der Mann begann. Er hatte seine Worte gesetzt, als nehme die Königin selbst von uns allen Abschied. Das hatte mir den größten Schmerz bereitet: Sie hatte nichts gesagt, mir nicht Lebewohl gewünscht. Jetzt versuchte dieser Mann, ihr Versäumnis nachzuholen – als habe er davon gewußt. Aber wie konnte er es wissen?

Adieu! Mein lieber Gatte, edler Herr!
Die treue Lieb, die beiden uns gewährt
Im Ehebund, im friedevollen Haus,
In deine Hände leg ich sie zurück,
Daß uns're Kinder du mit ihr besegnest.
Vordem warst du nur Vater, jetzt mußt du auch
Der Mutter Teil verströmen, da, weh! ich nun hier lieg.
Adieu! Lord Henry, lieber Sohn, adieu –
Daß Gott dir Ansehn mehren mög' und Güter...

Seine Stimme, seine bloße Anwesenheit erfüllte mich mit außergewöhnlichem Frieden. Es waren nicht die Worte an sich; es war eher ein großes, ergreifendes Mitgefühl. Etwas, das ich vielleicht zum erstenmal fühlte.

»Wer ist das?« Ich lehnte mich zu Margaret hinüber, die immer wußte, wie einer hieß und was er war.

»Thomas More«, flüsterte sie. »Der Rechtsanwalt.«

Als ich mich an diesem Abend zum Schlafengehen bereitmachte, war ich so müde wie nie zuvor. Es war schon seit Stunden dunkel; als wir die Abtei verlassen hatten, war das matte Tageslicht längst vergangen.

Auf meinem Nachttisch stand ein Becher Glühwein. Ich lächelte. Schwester Luke hatte wohl dafür gesorgt, hatte an mich gedacht, obwohl ich längst nicht mehr in ihrer Obhut war. Ich nahm den Becher in die Hand. Der Inhalt war noch warm. Er schmeckte nach Honig und Wein und noch etwas anderem...

Ich schlief. Aber es war kein Schlaf wie sonst. Ich träumte, ich stände am Ende des Gartens zu Eltham. Und die Königin kam auf mich zu und sah aus wie beim letztenmal, da ich sie gesehen hatte – lachend und gesund. Sie streckte mir die Hände entgegen.

»Ach, Heinrich!« sagte sie. »Ich bin so glücklich, daß du König sein wirst!« Sie beugte sich vor und küßte mich. Ich konnte ihr Rosenwasserparfüm riechen. »Ein so hübscher König! Genau wie mein Vater! Und du wirst eine Tochter bekommen und sie Elisabeth nennen, genau wie er.«

Ich stand auf, und wie es in Träumen wundersamerweise zu geschehen pflegt, war ich größer als sie, und älter; sie aber blieb unverändert. »Bleibt bei mir«, sagte ich.

Aber sie verblich oder wich zurück – ich konnte es nicht sagen. Meine Stimme bekam einen verzweifelten Klang. »Bitte!«

Aber sie war bereits zu etwas anderem zerflossen – zu einer fremden Frau mit einem blassen, ovalen Gesicht. Ich hatte Angst vor ihr. Die Frau aber flüsterte: »Wollt Ihr König sein, benehmt Euch wie ein König!« Und sie lachte hysterisch. Dann verblaßte auch sie.

Ich erwachte mit pochendem Herzen. Einen Augenblick lang glaubte ich, es müsse noch jemand in der Kammer sein. Ich riß die Bettvorhänge auf.

Da war nichts als sechs Vierecke aus Mondlicht, ein genaues Abbild der Scheiben meines Fensters. Doch es war mir so real vorgekommen...

Ich legte mich wieder hin. War meine Mutter mir wirklich erschienen? Nein. Sie war tot. Tot. Man hatte sie heute nachmittag in ihr Grab gelegt. Später würde Vater ein Denkmal an der Stelle errichten. Das hatte er gesagt.

Niemand war da, der mich hören oder hindern konnte, und ich weinte – zum letztenmal als Kind.

VIII

Wie passend war es daher, daß die nächste Veränderung in meinem Leben etwas mit dem Erwachen meiner Mannbarkeit zu tun hatte.

Wir hatten Greenwich verlassen und waren zurück in Vaters neues Prunkstück gezogen, nach Richmond, wo er die nächsten paar Wochen zu verbringen gedachte, um auf besseres Wetter zu warten und die Reichsgeschäfte zu führen. Jedesmal, wenn ich hinkam, fiel mir etwas anderes auf. Jetzt sah ich, daß er den Steinfußboden mit blankpolierten Holzdielen hatte belegen lassen. Das war eine beträchtliche Verbesserung. Und die neugetäfelten Holzwände waren dem altmodischen blanken Mauerwerk weit überlegen. Es würde angenehm sein, hier auf den Frühling zu warten.

Aber noch umschloß Eis die kahlen Äste der Bäume, als Vater mich in sein »Arbeitsgelaß«, wie er es nannte, kommen ließ. Es war ein kleiner, getäfelter Raum neben seinem Schlafgemach mit einem eigenen Kamin, der aber wie gewöhnlich so kärglich mit Holz gespeist wurde, daß er seinen Zweck kaum erfüllen konnte. Ich zog immer einen Rock an, wenn ich die Nachricht erhielt, daß der König mich sprechen wolle.

Er blickte kaum auf, als er mich hereinkommen hörte. Er beugte sich über einige Papiere, die auf dem flachen, zernarbten Tisch, der ihm als Pult diente, säuberlich ausgebreitet waren. Ich hatte stumm dazustehen, bis er meine Anwesenheit zur Kenntnis zu nehmen geruhte.

Schließlich tat er dies, indem er murmelte: »Wieder eine Bittschrift namens der verfluchten Vagabunden!« Er schüttelte den Kopf und wandte sich unvermittelt an mich. »Und was sagst *du* dazu? Genauer gefragt: Was *weißt* du davon?«

»Wovon, Sire?«

»Von den Armengesetzen!«

»Von welchen?« Es gab so viele.

Er hob die Hand und deutete auf sein Ohr.

»Das gegen Quacksalber und Wahrsager? Bei ihrem zweiten Vergehen wird ihnen ein Ohr abgeschnitten. Beim dritten verlieren sie auch das andere.« Ich mußte an die Waliserin auf Arthurs Hochzeitsfeier denken; ich fragte mich, ob sie ihre Ohren noch hatte.

»Aber was ist, wenn der... Wahrsager ein Geistlicher ist und behauptet, seine Offenbarungen seien ihm von Gott eingegeben? Was ist dann?«

»Es käme ganz darauf an, welchen Inhalts seine Offenbarungen wären.« Ich hatte es sarkastisch gemeint, aber der König nickte zustimmend.

»Du überraschst mich«, stellte er schnippisch fest. »Ich hätte gedacht...«

Das Erscheinen eines Beamten aus einer der benachbarten Städte unterbrach ihn. Wenn Vater am Hofe war, hielt er dienstags so etwas wie eine Sprechstunde ab, und heute war Dienstag.

Der Mann kam herein und schleppte etwas hinter sich her. Es war ein großes, zerrissenes Netz. Kummervoll hielt er es in die Höhe. Offenbar erwartete er, daß der König bei dem Anblick nach Luft schnappe. Der aber grunzte nur.

»Nun?«

»Euer Gnaden, seht nur, in welchem Zustand dieses Krähennetz ist!«

»Es taugt nicht dazu, etwas zu fangen, das kleiner ist als ein Bussard. Habt ihr viel Kummer mit Bussarden bei euch daheim?«

»Wir brauchen neue Krähennetze, Euer Gnaden. Wenn wir dieses Jahr aussäen...«

»Dann kauft euch welche«, sagte er knapp.

»Das können wir nicht! Nach dem Gesetz muß jede Stadt brauchbare Krähennetze schaffen, um damit Raben, Krähen und Dohlen zu fangen. Aber wir können es nicht, wegen der Steuern, die erhoben wurden – und wir können uns auch nicht leisten, dem Krähenfänger seinen gewohnten Lohn zu geben, und so...«

»Beim Blute Gottes!« Der König sprang auf und sah sich vorwurfsvoll um. »Wer hat diesen Bettler hereingelassen?«

Der Mann sank inmitten seines Krähennetzes auf die Knie.

»Jawohl, Bettler!« donnerte der König. Es erstaunte mich, wie laut er sprechen konnte, wenn er wollte. »Wo ist dein Erlaubnisschein? Deine Bettellizenz? Du brauchst nämlich eine, denn du bettelst außerhalb deiner Stadtgrenzen. Erwartest du etwa, daß ich für eure verfluchten Krähennetze aufkomme? Die Steuern wurden von allen meinen Untertanen erhoben! Beim Blute Gottes, jahrelang habe ich euch Schonung gewährt!«

Der Mann raffte sein ausgebreitetes Netz zusammen wie eine Frau, die vor dem nahenden Gewitter ihre Wäsche einsammelt. »Jawohl, Euer Gnaden...«

Der König schleuderte ihm eine Münze entgegen. »Die ist für deinen Almosenkasten!«

Als er gegangen war, fragte der König mich ruhig: »Und wie ist das Gesetz über die Almosen?«

»Gibt einer ein Almosen, und gibt er es nicht in den Almosenkasten, den das Gesetz vorschreibt, so soll er eine Buße zahlen, die das Zehnfache seines Almosens beträgt.«

Er strahlte, wie Mutter es immer getan hatte, wenn ich ein unregelmäßiges lateinisches Verbum erfolgreich konjugiert hatte. »Du kennst also das Gesetz. Und wirst du es anwenden? Ohne den Unfug über die Armen und das Goldene Zeitalter, wo wir alle gleich sein und auf dem Dorfanger zusammen tanzen werden, geschmückt mit Krähennetzen?« Er wandte den Blick ab. »Das ist nur natürlich, wenn man jung ist... ich hatte auch solche Ideen, als ich – wie alt bist du?«

»Elf, Sire.«

»Elf.« Er schien weit weg zu sein. »Als ich elf war, war ich gefangen bei den Yorkisten. Zwei Jahre später war alles anders, und der arme, blöde Heinrich VI. – mein Onkel, entsinne dich – saß wieder auf dem Thron. Mein anderer Onkel, Jasper Tudor, Heinrichs Halbbruder, nahm mich mit zu ihm nach London. Und als der verrückte König meiner ansichtig ward, sagte er so, daß alle Umstehenden es hören konnten: 'Gewiß ist er derjenige, vor dem wir wie auch unsere Gegner uns werden beugen und in dessen Hand wir die Herrschaft legen müssen.' Heinrich war ein Heiliger, aber er war schwachsinnig. Eine Prophezeiung? Hätte man *ihn* bestrafen müssen?«

»Es kommt offenbar ebenso auf den Stand des Propheten wie auf den Inhalt seiner Offenbarung an. Ich ergänze, was ich vorhin gesagt habe.«

Er hustete. Es war kein höfliches Husten, sondern ein echtes. Wieso weigerte er sich, seine Räume ordentlich zu heizen?

»Ich bitte dich, mich zu entschuldigen.« Er begab sich in den Alkoven, der an sein Arbeitsgelaß angrenzte. Auch eine der Neuerungen in Richmond Palace: Er hatte sich ein abgeschlossenes Kämmerchen bauen lassen und darin eine prachtvolle Vorrichtung untergebracht, auf der er sich erleichtern konnte. Es war dies ein mächtiger, thronähnlicher Sessel, ganz mit Samt gepolstert. Daneben stand ein großer Zinntopf, ein königliches Exemplar jener Geschirre, die man in allen Schlafkammern finden konnte und die jeden Morgen geleert werden mußten. (Der französische Ausdruck lautet *vase de nuit*.) Diesem wandte er sich nun zu und machte sich daran, sich scheinbar endlos dort hinein zu entleeren, und die ganze Zeit über führte er die Unterhaltung in majestätischem Ton weiter.

WILL:

Als Heinrich König wurde, versuchte er, seinen Vater in allem in den Schatten zu stellen, besonders aber auf diesem Gebiet. Er ließ sich für seinen eigenen Gebrauch einen wahrhaft himmlischen »Privatstuhl« (wie er es nannte) konstruieren. Er war so prächtig geschmückt, so mit Edelsteinen übersät und mit Gänsedaunen gepolstert, daß es ein schwindelerregendes Erlebnis gewesen sein muß, ihn zu benutzen. Wie Harry sich darauf beschränken konnte, sich nur einmal am Tag dorthin zurückzuziehen (es sei denn natürlich, er hätte unter Verdauungsbeschwerden gelitten), ist nur eines der vielen Rätsel, die er mir aufgab. Ich hätte dafür zu sorgen gewußt, daß ich den halben Tag darauf hätte sitzen können.

Trotzdem pflegte Harry – jetzt, da ich darüber nachdenke – einen ungewöhnlich keuschen Umgang mit diesem Thema. Er erlaubte mir nicht, mich jemals auf diese Körperfunktionen zu beziehen (für einen Narren eine wahrhaft verkrüppelnde Einschränkung), noch auch je die guten alten Wörter »pissen« und »furzen« zu benutzen, oder – wie er zu sagen pflegte – »das Wort, das sich auf ›beißen‹ reimt«.

HEINRICH VIII.:

»Ich habe dich aber nicht rufen lassen, um mit dir über Krähennetze oder über den verrückten Heinrich VI. zu plaudern, sondern über die Ehe«, erklärte der König; ich konnte ihn kaum verstehen, so groß war das Geprassel, mit dem er seinem körperlichen Bedürfnis Erleichterung verschaffte.

Dann drehte er sich um, und ich trat zurück und vergaß nicht, respektvoll den Blick abzuwenden. »Die Ehe!« wiederholte er und ordnete seine Gewänder. »Ich muß in letzter Zeit viel daran denken.«

Er lächelte dieses schmallippige, selbstgefällige Lächeln, das er immer zur Schau trug, wenn er sich für besonders gerissen hielt. »Margaret wird für mich tun, was meine Armee nicht vermag.«

Er hatte soeben die Vermählung meiner Schwester Margaret mit König James IV. von Schottland in die Wege geleitet. Sie würde den Stuart heiraten, einen Mann in mittleren Jahren wohl, aber noch rüstig, und in dieses barbarische, kalte Land ziehen, ob es (oder er) ihr nun gefiel oder nicht. Das Ergebnis wäre eine Art Union zwischen England und Schottland.

Er ging zu seinem Tisch und nahm einen Brief zur Hand. »Ich habe hier einen... interessanten Vorschlag empfangen. Von Ferdinand und Isabella. Du sollst Katharina heiraten, ihre Tochter.«

Und ich versuche jetzt, mich an meine erste Empfindung zu erinnern. Es war Entsetzen, ein Zurückzucken. Dann Freude. »Arthurs Witwe?«

»Gibt es noch eine andere Katharina, deren Eltern Ferdinand und Isabella heißen? Eben dieselbe.«

»Aber sie ist ... sie war ...«

»Der Papst kann euch Dispens erteilen. Das ist kein Hindernis. Würde es dir gefallen? Würde es dir gefallen, Junge?«

»Ja«, hauchte ich. Ich wagte nicht, mir vorzustellen, wie sehr.

»Mir gefällt es auch. Die Allianz mit Spanien fortzuführen. Die Mitgift zu behalten.« Er warf mir einen Blick zu. »Ein Weib wärmt dir das Bett, aber Geld erleichtert dein Herz. Und das Weib fürs Bett kannst du dir damit außerdem kaufen.«

Er widerte mich an. Und er entehrte meine Mutter, die er nun gewiß nicht gekauft hatte. »Vielleicht«, war alles, was ich mich zu sagen getraute.

»Dann werde ich die Verlobung in die Wege leiten. Und nun solltest du mich dem Gejammer weiterer Krähennetzburschen überlassen.« Verdrossen wandte er sich wieder seinem Schreibtisch zu und bedeutete seiner Wache, daß er bereit war, den nächsten Beschwerdeführer zu empfangen.

Ich war froh, ihm zu entrinnen. Ich hatte Hunger, und ich wußte, Vater aß immer erst spätnachmittags. Als ich in meiner Kammer war, bestellte ich mir Brot und Käse und Ale. Während ich darauf wartete, daß man es mir bringe, wanderte ich rastlos auf und ab und dachte über Vaters Vorschlag nach. Ich nahm meine Laute zur Hand, doch ich konnte ihr keine gute Musik entlocken. Ich schaute aus dem Fenster in den verschneiten Obstgarten des Palastes hinaus. Die Bäume standen wie verschlungene schwarze Linien über der weißen Schneefläche.

Ich hörte ein leises Geräusch und drehte mich um; ein Diener brachte ein mit Speisen beladenes Tablett. Ich nahm es entgegen, setzte mich an meinen kleinen Arbeitstisch und aß. Der Käse war außergewöhnlich gut, golden und mürbe und nicht so hart, wie der Käse in letzter Zeit sonst gewesen war. Das Ale war dunkel und kalt. Ich vertilgte alles. Soviel ich auch aß, ich wurde anscheinend niemals dicker, nur größer. Ich war dauernd hungrig, und nachts hatte ich manchmal das Gefühl, alle Knochen täten mir weh. Linacre, einer der Leibärzte des Königs, meinte, das komme vom schnellen Wachsen. Die Knochen, erklärte er, schmerzten, weil sie gestreckt würden. Im letzten Jahr war ich fast fünf Zoll größer geworden. Den König überragte ich inzwischen; fast hatte ich die Sechs-Fuß-Marke erreicht.

Meine liebste Tageszeit nahte: der Spätnachmittag, wenn die

Knaben und Jünglinge bei Hofe sich in dem geschlossenen Übungsraum der Großen Halle (gleichfalls eine Neuerung) zu allerlei Kampfspielen versammelten. Da keine Gefahr dabei war, erlaubte der König mir widerwillig, daran teilzunehmen.

Von November bis März waren die Knaben bei Hofe ans Haus gefesselt. Nur bei diesen Übungen konnten sie ihrem Ungestüm Luft schaffen, und so verliefen sie wüst, lärmend und undiszipliniert. Ich war der Jüngste; die meisten anderen waren zwischen vierzehn und neunzehn Jahre alt. Wegen meiner Größe und natürlichen Gewandtheit war ich indessen weniger durch mein Alter benachteiligt, als vielmehr durch das, was ich war. Zunächst waren sie mir mit Wachsamkeit begegnet, mit Befangenheit, doch dies legte sich, als wir uns besser kennenlernten – wie es bei jungen Leuten meistens der Fall ist. Ich war ihr künftiger König, aber ich glaube, darüber sahen sie hinweg, wenn wir (ein besseres Wort fällt mir nicht ein) spielten. Ich habe jedenfalls nie etwas anderes dabei verspürt als den üblichen Drang des Jüngsten, sich vor seinen älteren Gefährten zu beweisen.

WILL:

Du vielleicht nicht, Harry, aber ich kann dir versichern, die anderen haben sehr wohl noch mehr gespürt. Dieser Teil des Tagebuches hat mich traurig gemacht. Ich hatte nicht gewußt, wie naiv Harry gewesen war, oder mit welcher Verzweiflung ein König danach trachten kann, sich einzureden, den anderen sei seine Stellung nicht bewußt. Oder wie früh diese Selbsttäuschung zwangsläufig einsetzen muß. Jedenfalls waren sich die anderen durchaus im klaren darüber, daß sie ihre Ringkämpfe und Scheingefechte mit dem zukünftigen König austrugen. Beim Blute Gottes, sie verwandten ja die nächsten zwanzig Jahre darauf, diese Winternachmittage ihrer Kindheit als Grundlage für ihr Fortkommen zu nutzen!

HEINRICH VIII.:

Wir waren ein rundes Dutzend. Der älteste war Charles Brandon, der Jüngling, der mir in Sheen zum erstenmal begegnet war.

Er war neunzehn, aber der Altersunterschied zwischen uns war keine gar so große Kluft. Im Gegensatz zu den anderen war er nicht mit seinem Vater bei Hofe. Sein Vater war tot – er war in der nämlichen Schlacht zu Bosworth gefallen, in der Vater seine Krone errungen hatte; Richard selbst hatte ihn zu seinem Gegner erwählt, weil er den Drachenwimpel der Tudors getragen hatte. Da der König den Toten nicht mehr belohnen konnte, ehrte er statt dessen seinen Sohn und holte ihn zu sich an den Hof. Daher waren wir durch familiäre Bande ebenso miteinander verbunden wie durch persönliche Sympathie.

Nicholas Carew war sechzehn. Er war sehr hübsch und hatte viel für Kleider übrig; es sei sehr wichtig, behauptete er, *au courant* in der französischen *mode* zu sein. Er war verlobt mit der Schwester seines besten Freundes und Gefährten, Francis Bryan, eines ebenso glühenden Anhängers französischer Schneiderkunst. Unablässig erörterten sie ihre Garderoben und die Frage, welche Sorte Federn schließlich den Pelzbesatz an den Mützen verdrängen würde. Mit dem Herzen waren sie mehr im Bankettsaal als auf dem Spielplatz; vielleicht war dies der Grund dafür, daß Francis Bryan später bei einem Turnier ein Auge verlor; er rannte einfach schnurstracks in eine Lanze. Danach ließ er sich dann eine juwelenbesetzte Augenklappe anfertigen.

Edward Neville, ebenfalls sechzehn, gehörte zu einer der mächtigsten Familien des Nordens; sein Vergnügen an den Spielen im Freien war robuster als das Bryans oder Careys. Zwischen Neville und mir bestand eine außergewöhnliche körperliche Ähnlichkeit; aus mittlerer Entfernung war es schwierig, uns auseinanderzuhalten. Dies gab in späteren Jahren Anlaß zu dem absurden Gerücht, er sei mein unehelicher Sohn. Eine interessante Vorstellung, wenn man bedachte, daß er ungefähr fünf Jahre älter war als ich.

Henry Guildford, William Compton – sie waren fünfzehn und hatten nichts weiter im Kopf, als Geschichten über Schlachten zu lesen und von der Invasion Frankreichs zu träumen. Und Thomas Wyatt, Sohn eines königlichen Ratgebers, war noch jünger als ich und kam nur zum Zuschauen. Er war aus Kent und hatte wie ich die ersten Jahre seines Lebens auf dem Lande verbracht. Schon in diesem Alter schrieb er gern Gedichte, wenn er mir auch nie eines davon zeigte.

WILL:

Wofür man dankbar sein sollte. Als Pastor in Kent vertrieb Wyatt sich später unter anderem die Zeit damit, der Liebhaber seiner Nachbarin Anne Boleyn zu sein... vielleicht als erster? Eine bezeichnende Ehre, das. Nachher schrieb er dann eine Reihe indiskreter Gedichte über sie, aber er war klug genug, Harry auch diese nicht zu zeigen.

HEINRICH VIII.:

Als ich an diesem Nachmittag die Treppe zur Halle hinunterkam, waren die meisten meiner Freunde schon da und zogen ihre gepolsterten Wämse an. Also gedachten sie, an diesem Nachmittag die Schwerter zu schwingen und vielleicht auch ein wenig Ringkampf zu üben.

Bryan und Carew kamen hinter mir herein; sie schleppten etwas Großes, Schwarzes, das sie mit lautem Geschepper hinstellten. »Schaut!« riefen sie. »Das ist die neue italienische Rüstung!«

Rasch eilten alle herbei, um die Neuigkeit zu besehen. Alle außer Brandon. Er blieb einfach stehen und verschränkte die starken Arme. »Woher habt ihr die?« fragte er.

»Wir haben sie gestohlen«, sagte Carew.

»Nein«, verbesserte Bryan. »Wir haben sie geborgt. Von einem Ritter, der mit einer Petition zum König kam. Er hat sie in der Wachstube gelassen, als er zur Audienz ging.«

»Bringt sie zurück«, sagte Brandon.

»Gleich«, antworteten sie im Chor. »Wir wollten sie euch nur zeigen. Schaut euch die Verzierungen an...«

»Ich habe gesagt, ihr sollt sie zurückbringen!« brüllte Brandon.

Carew hob hilfesuchend den Blick zu mir, wie ich es befürchtet hatte. Aber es hatte ja geschehen müssen, früher oder später...

»Ja. Bringt sie zurück«, murmelte ich. Es war mir zuwider, daß man mich in diese Lage drängte.

»Nur wenn du versprichst, selbst eine Rüstungsschmiede einzurichten, wenn du König bist. So etwas sollte es in England schließlich auch geben.«

»Oh, macht, daß ihr fortkommt!« sagte ich verlegen. Sie hoben das stählerne Wams auf und schleppten es widerwillig die Treppe hinauf.

Später, als wir zusahen, wie sich Compton und Bryan einander auf den Binsenmatten zum Ringkampf gegenüberstanden, beugte ich mich zu Brandon hinüber. »Danke«, flüsterte ich, »daß du es ihnen gesagt hast. Ich habe es nicht gewagt.«

Er zuckte die Achseln. »Trotzdem haben sie sich an dich gewandt. Ihr solltet Euch daran gewöhnen, Euer Gnaden.«

Ein dumpfes Dröhnen. Compton war zu Boden geschleudert worden, und Bryan beugte sich über ihn. Neville und ein anderer Junge nahmen ihre Plätze ein. Der Geruch von Schweiß und Anstrengung hing in der Luft der Halle und mischte sich mit den Essensdünsten vom Abend zuvor.

Es wurde schon dunkel. Eben war jemand hereingekommen, um die Fackeln anzuzünden. Bald würden wir aufhören müssen, und ich müßte zurück in meine einsame Kammer.

Ich sah die anderen um mich her an. Sie waren gut gewachsen und gesund und – junge Männer. Einige waren verlobt, einer war schon verheiratet, und die meisten hatten schon Frauen gehabt. Sie sprachen manchmal davon – beiläufig, was bedeutete, daß es nicht einmal mehr neu für sie war. Es war wie mit der Erstkommunion: Man freut sich darauf und denkt hinterher noch lange daran. Aber wenn sie erst zum alltäglichen Leben gehört, sagt man leichthin: »Ich habe meinen Schöpfer empfangen.« Genau so sprachen Bryan und Compton und Carew von Frauen.

WILL:

Wie gut es zu Harry paßt, auf ein religiöses Bild für den Geschlechtsakt zu verfallen! Die Erstkommunion, wahrhaftig!

HEINRICH VIII.:

Und so behielt ich meine Gedanken an Katharina für mich. Ich sollte mich verloben. Davon wollte ich noch niemandem etwas erzählen. Und ich fragte mich: Wann würde ich heiraten?

Drei Monate später wurden wir einander offiziell versprochen, und die Hochzeit wurde für meinen vierzehnten Geburtstag festgesetzt.

Die Verlobungsfeier wurde in der Residenz des Bischofs von Salisbury in der Fleet Street gehalten. Es war Juni, ein besonders kühler und regnerischer Juni. Für die Blumen war es gut gewesen, behaupteten die Gärtner, und tatsächlich blühten die Pflanzen noch außergewöhnlich lange.

Vater und ich und die Rechtsanwälte sollten mit Katharina und den spanischen Anwälten erst im Hause des Bischofs zusammentreffen. So ritten wir auf getrennten Wegen durch London, damit es nicht den Anschein hatte, als seien wir bereits allzu vertraut.

Tatsächlich hatte ich Katharina nicht mehr gesehen, seit sie mit Arthur den Hof verlassen hatte und nach Ludlow gezogen war. Sie war selbst an dem Fieber erkrankt, das Arthur dahingerafft hatte, und sie war nicht einmal bei der Beerdigung gewesen und hatte geraume Zeit auch nicht nach London zurückkehren können. Als sie dann doch gekommen war, hatte sie ein Haus an der Themse bezogen, am breiten, offenen Strand zwischen der Stadtmitte und Westminster. Es hieß Durham House, und sie lebte dort, umgeben von ihrem spanischen Haushalt, sprach Spanisch, trug spanische Kleider und aß spanische Speisen. Eine Zeitlang hatten alle abgewartet, ob sie nicht vielleicht ein Kind von Arthur unter dem Herzen trage, doch dies erwies sich bald als ein Wunschgedanke des Königs. Arthur war wirklich tot.

Und nun sollte ich seine Hinterlassenschaften übernehmen. An jenem regnerischen Junitag, etwas mehr als ein Jahr nach seinem Tod, brach ich auf, um Anspruch auf die erste zu erheben.

Mit der königlichen Barke fuhren wir zum Blackfriars-Kloster, wo eine steinerne Treppe zum Ufer hinaufführte. Oben erwarteten uns Pferde, und wir ritten einen schlammigen Weg hinauf, der vom Fluß weg zur Fleet Street führte, auch sie nur ein schlammiger kleiner Pfad, der den Strand mit den Straßen von London verband. Wir sahen nur wenige Menschen, denn wir befanden uns noch außerhalb der eigentlichen Stadt. Es war kein schöner Weg, und dann begann es auch noch zu nieseln, nur um das Maß des Unbehagens vollzumachen.

Im Hause des Bischofs in einer düsteren kleinen Straße geleitete man uns in einen kleinen Raum, in dem Katharina und ihre Begleiter uns erwarteten. Es stank nach nasser Wolle und nach zu vielen Leibern, die sich auf zu engem Raum zusammendrängten. Die Zahl der als Experten und Zeugen benötigten Rechtsgelehrten ließ vermuten, daß die Advokatenkammern der Umgebung völlig verwaist standen. Und sie schnatterten alle auf einmal darauf los, wie eine große Horde Affen.

Katharina steckte irgendwo mitten zwischen ihnen; es dauerte eine Weile, bis ich sie zu sehen bekam. Als der Lärm des gelehrten Geredes und das Kratzen der Federn auf Pergament verstummt waren, führte man sie hinaus und forderte uns auf, Seite an Seite Aufstellung zu nehmen.

Sie ist so klein, war mein erster Gedanke. Sie war nicht gewachsen, ich hingegen schon.

Sie ist so schön, dachte ich dann.

Katharina war jetzt siebzehn und auf dem Gipfel ihrer Schönheit angelangt. So wenige Menschen sahen sie damals, daß ihre Schönheit nicht zur Legende geworden, nicht in allgemeiner Erinnerung geblieben ist. Ihre Jugend hatte sie in beinahe klösterlicher Abgeschiedenheit verbracht, und als sie daraus hervorkam, war ein Teil bereits vergangen. Aber damals... oh, damals!

Seite an Seite standen wir da, steif und verlegen. Der Anwalt des Königs drückte dem Bischof von der einen Seite ein Papier in die Hand, der spanische Anwalt von der anderen. Dann sprachen wir die Gelübde nach, ohne einander nur einmal anzusehen, lange Gelübde in lateinischer Sprache. Und wir schrieben unsere Namen auf mehrere Dokumente.

Als dies geschehen war, wurden wir von unseren jeweiligen Anwälten sogleich auseinandergezerrt. Wir durften anscheinend erst miteinander sprechen, wenn wir uns in zwei Jahren im gemeinsamen Bett wiederfänden. Durch verschiedene Türen, wie wir gekommen waren, verließen wir die Residenz des Bischofs.

Vater sagte nichts, bis wir unversehrt auf der breiten, plumpen Barke saßen und über die Themse zurück nach Greenwich fuhren. Das Wasser war eine glatte, häßlich graubraune Fläche, in der sich der bedeckte Himmel spiegelte. Hier und da schwamm ein Stück Abfall vorüber. Die Leute, die längs des Ufers wohnten, betrachteten den Fluß anscheinend als ihre private Kloake, trotz einer Verordnung gegen das »Werfen von Verdorbenem, welches vergiftet das Wasser in London und ringsum«. Ich sah einen toten Hund, der sich langsam drehte und versank. Wenn ich König wäre, würde ich dafür sorgen, daß gegen diesen Mißbrauch des Flusses Maßnahmen ergriffen würden.

»Dir ist klar«, sagte Vater mit leiser Stimme, damit die Bootsleute ihn nicht hören konnten, »daß du die Prinzessin nicht sehen und daß du auch sonst keinen Verkehr mit ihr haben darfst. Laß sie in ihrem spanischen Haus bei ihren Spaniern.«

»Aber sollte ich ihr denn keine Pfänder schicken, ihr schreiben...«

»Du Narr!« Erzürnt preßte er die Lippen zusammen. »Hältst du dich etwa für einen Freier? *Pfänder*!« Er spie das Wort aus. »Nichts wirst du tun. Nichts. Laß sie in Ruhe.«

»Aber... warum?«

»Weil diese Verlobung nur auf dem Papier steht. Ich bezweifle, daß es je zu einer Hochzeit kommen wird.«

»Aber warum dann diese Zeremonie? Wozu die Vereinbarungen?«

»Das hat nichts zu sagen. Was eine Zeremonie verknüpft, kann eine andere auflösen. *Das* wirst du doch wissen? Man könnte fast sagen, es ist die oberste Regel der Königsherrschaft. Die Zeremonie sollte uns den Spaniern gegenüber lediglich Zeit verschaffen; sie sollte unsere guten Absichten zeigen.«

»Die aber weder gut noch ehrlich, noch freundlich sind.« Wieder trieb ein totes Tier vorbei, kreisend in Schaum. Es stank. Alles kam mir verdorben vor: der Fluß, Vater, ich selbst. Nur die Prinzessin nicht.

»Die Spanier betrügen uns mit der Mitgift. Es hat in dieser Angelegenheit manche Lüge und Irreführung gegeben. Ich glaube nicht, daß sie sich zufriedenstellend beilegen läßt. Deshalb denke ich, daß eine Vermählung zwischen dir und der Prinzessin nicht in Frage kommt.«

»Hat die Prinzessin... Kenntnis... von diesem Betrug?«

»Sie weiß nichts davon. Sie tut, was man ihr sagt. Wie du es auch mußt.«

Ich umklammerte die holzgeschnitzte Reling so heftig, daß mir die Hände weh taten.

Ich wollte nicht tun, was man mir sagte.

IX

Schließlich blieb mir aber nichts anderes übrig. Ich konnte Katharina keine Botschaft schicken, wenn sich niemand bereit fand, sie zu überbringen, und kein königlicher Bediensteter würde dies gegen den ausdrücklichen Wunsch des Königs übernehmen. Ich muß gestehen, diese Loyalität beeindruckte mich. Man diente Vater gut.

Mein vierzehnter Geburtstag kam heran, aber Hochzeitsvorbereitungen wurden nicht getroffen. Statt dessen sollte eine magere Feier zu Ehren meiner nun erreichten Mannbarkeit gehalten werden. (Im diplomatischen und amtlichen Sprachgebrauch galt man mit vierzehn als Mann; man konnte Dokumente unterzeichnen und eine Frau nehmen und eigenes Vermögen besitzen.)

Aber ein »Mann« wäre ich erst an meinem eigentlichen Geburtstag, am achtundzwanzigsten Juni. Am siebenundzwanzigsten war ich noch ein Kind, und wie ein Kind konnte man mich behandeln.

An diesem Abend ließ Vater mich rufen und befahl mir herrisch, mich anzuziehen und mich für einen Ritt nach London bereit zu machen. Er weigerte sich, mir zu eröffnen, wohin es gehen sollte und weshalb wir abends reiten mußten.

Es war noch dämmrig, als wir aufbrachen; im Juni dauert die Dämmerung lange, und es würde erst gegen zehn ganz dunkel sein. Als wir über die Brücke ritten, herrschte dort ein regerer Verkehr als zur Mittagszeit. Zweistöckige Häuser standen rechts und links, und als sich die Dunkelheit herabsenkte, machten die Leute die Hauptstraße dazwischen zu ihrem Spielplatz. Sie saßen zusammen auf Bänken, und die Kinder spielten oder angelten von der Brücke aus. Und alle schienen einander zu kennen. Das war für mich das

Merkwürdigste. So viele waren hier, eine so große Zahl von Familien, und doch waren alle so vertraut miteinander.

Am Hofe war es anders. Gewiß, es gab dort viele Familien, und oft war der Ehemann beispielsweise Diener in den königlichen Gemächern, die Frau diente der Königin als Kammerzofe, und die Kinder waren Pagen und Ehrenjungfern. Sie hatten das Recht, am Hofe zu wohnen, und taten dies auch zumeist, so daß der Palast wohl an die zweihundert Familien beherbergte. Aber es war keine enge Gemeinschaft, und nie gab es solche Kameradschaft, wie ich sie an diesem Juni-Abend bei den Bewohnern der Brücke sah.

So ging es durch gewundene Straßen in das Herz der Stadt London. Die Häuser standen dicht an dicht, und jedes mußte wohl zwanzig Menschen behausen, nach den Scharen zu schätzen, die nun auf die Straße strömten. Sie feierten das Ende des Arbeitstages und ergötzten sich für wenige Stunden im schwindenden violetten Licht.

Als wir nach Westen abbogen, an der Pauls-Kathedrale vorbeiritten und die Stadt durch das Tor namens Ludgate verließen, wußte ich plötzlich, wohin wir unterwegs waren. Wir überquerten die kleine Brücke über den stinkend und träge dahinfließenden Fleet River, und bald darauf waren wir da: Am Hause des Bischofs von Salisbury.

Es war inzwischen fast dunkel. Vater stieg ab und forderte mich auf, es ihm nachzutun. Als wir Seite an Seite vor des Bischofs Tür standen, packte er mich beim Arm und sagte schroff: »Nun wirst du dem Bischof sagen, daß du gekommen bist, um feierlich Einspruch gegen deine Verlobung mit Prinzessin Katharina zu erheben. Du wirst Papiere unterschreiben, in denen es heißt, daß dein Gewissen dich plage. Verstehst du?«

»Ja«, antwortete ich dumpf. Vater wollte sich also beide Wege offenhalten: eine offizielle Verlobung, ein heimlicher Widerruf. Der Mitgift-Streit war nicht beigelegt. Das hatte ich von Brandon gehört. Vor ihm sprachen die Leute offen, und er wiederum erzählte mir, was ich wissen mußte.

Vater gab mir einen Stoß und bedeutete mir, ich solle klopfen. Der Bischof öffnete sofort; offensichtlich war alles längst abgesprochen.

»Der Prinz leidet arge Gewissenspein durch die Verlobung mit der Witwe seines Bruders«, erklärte Vater. »Er ist gekommen, sein Gewissen zu beruhigen.«

Der Bischof gab mitfühlendes Gemurmel von sich und führte uns ins Haus. Die Papiere lagen schon ausgebreitet auf seinem Arbeitstisch, säuberlich beschrieben, mit viel Platz am unteren Rand, wo ich unterschreiben sollte.

»Es quält ihn«, sagte Vater. Er spielte seine Rolle gut.

»Ah«, sagte der Bischof. »Und was bereitet Euch Kummer, mein Sohn?«

Vater hatte dies nicht mit mir geprobt. Ich wußte nichts zu sagen, außer der Wahrheit. »Der Gedanke an die Prinzessin im Bette meines Bruders quält mich! Ich kann ihn nicht ertragen!«

Ja, das stimmte. Sie und Arthur – diese Vorstellung war mir widerlich. Ich wollte sie ganz für mich haben, für mich allein. Aber sie hatte das Lager mit ihm geteilt...

»Weil es blutschänderisch wäre«, ergänzte der Bischof. »Die Nacktheit deines Bruders zu entblößen, wie die Schrift sagt.«

»Nein...« Es ging weniger darum, wollte ich ihm sagen, daß Arthur mein Bruder war, als vielmehr darum, daß er *ein Mann* war – gewesen war. Bei jedem anderen hätte ich genauso empfunden.

»Er hat ein lebhaftes Interesse an der Schrift«, erklärte Vater hastig. »Er hat sie schließlich studiert, zur Vorbereitung auf das Priesteramt. Da wäre es ja sonderbar, nicht wahr, wenn er sie nicht auf das strengste auslegen wollte...«

»Ja. Es ist ein Frevel, beim Weibe des Bruders zu liegen.« Der Bischof lächelte – eine wunderliche Reaktion auf den angeblichen Frevel. »Wir werden Euer Gewissen beruhigen, mein Prinz.« Er straffte sich stolz und rasselte einige Worte herunter, die ich nachsprechen sollte.

»... verabscheue... frevelhafte... Vereinigung mit der Hinterbliebenen unseres geliebten Bruders...«

Dann reichte er mir eine Feder und wies auf die Dokumente, die meiner harrten. Rasch unterschrieb ich sie alle. Die Feder taugte nichts; sie verkleckerte die Tinte und bohrte sich ins Pergament.

»Und damit ist mein Gewissen rein?« fragte ich. Es war eine Travestie, und ich hatte mich versündigt.

»Wahrlich«, sagte der Bischof.

»So einfach«, sagte ich. »So einfach. Man sollte doch meinen, es wäre schwieriger. Bei einer so gewichtigen Angelegenheit.«

»Je gewichtiger die Angelegenheit, desto einfacher ist es oft, sie aus der Welt zu schaffen«, erläuterte er.

»Komm«, sagte Vater; er fürchtete, ich könnte noch mehr Unerfreuliches sagen. »Es ist vorüber.«

WILL:

Wenngleich Heinrich vorgibt, für dieses verschlagene Ränkespiel Verachtung zu hegen, muß ein Teil seiner selbst es doch ernstgenommen haben. Ich habe den Verdacht, daß ihm an diesem Abend die ersten »Skrupel« ins Gewissen gepflanzt wurden, die dann eine völlig natürliche sexuelle Eifersucht auf seinen Vorgänger in etwas Tiefes und Religiöses ummünzten. Heinrich war ein Anhänger von Ritualen, und abergläubisch dazu. Nachdem er die Dokumente einmal unterschrieben hatte, mußte er auch daran glauben. Nichts versetzte ihn so in Panik wie der Hinweis, er habe das Mißfallen des Allmächtigen erregt. Tatsächlich sah er Gottes Hand in allen Dingen, und er war stets bemüht, auf gutem Fuß mit Ihm zu stehen. Er betrachtete sein Verhältnis zu Gott als eine besondere Partnerschaft, und wenn er seinen Teil tat, würde Gott auf alle Fälle das Seine tun. Erinnert Euch an seine Bemerkung (*erinnern* könnt Ihr Euch freilich nicht, denn Ihr wart ja noch nicht auf der Welt), die oftmals zitiert wurde: »Zwischen Gott und meinem Gewissen herrscht völlige Übereinstimmung.« Mit weniger wollte Harry sich nie zufrieden geben.

HEINRICH VIII.:

Kurz danach ward Katharina durch einen neuerlichen Streit um die Mitgift genötigt, ihren eigenen Haushalt in Durham House aufzulösen und an den Hof zu ziehen, wo sie, wie sich zeigte, von den milden Gaben meines Vaters leben mußte. Weder ihr Vater Ferdinand, König von Spanien, noch ihr Schwiegervater, der König von England, hatten Lust, die Kosten für ihren Haushalt zu tragen, und bei Hofe konnte sie billig leben, wenn erst all ihre Bediensteten entlassen wären. Kurz, sie sollte allein leben, ohne Geld, ohne Freunde, und von Vaters Almosen. Sie durfte nicht »hervorkommen« und sich unter die anderen am Hofe mischen, sondern mußte für sich bleiben, allein und abgeschieden. Vater schärfte mir ein, ich dürfe unter keinen Umständen versuchen, sie zu sehen, mich mit ihr zu treffen oder ihr Briefe zu schreiben. Dies trotz der Tatsache, daß ich, soweit sie wußte, immer noch mit ihr verlobt war. (Das Geheimnis meiner Reise nach London am Vorabend meines vierzehnten Geburtstages war gut bewahrt worden.)

Gleichwohl aber erreichte mich die Kunde von ihrer bemitleidenswerten Lage. Sie hatte überhaupt kein Geld bis auf das, was Vater ihr zuteilte, und er war nun kaum für seine Großzügigkeit berühmt. Wenn er schon seinen rechtmäßigen Sohn und Erben mit abgetragenen Kleidern und einer kalten, armselig eingerichteten Kammer abspeiste, was würde er dann erst für ein Mädchen tun, das zu nichts weiter taugte als dazu, ihn an den Sohn zu erinnern, den er verloren hatte, und an seine gescheiterten Pläne?

Sie hatte seit ihrer Ankunft aus Spanien keine neuen Kleider mehr bekommen, und die alten waren inzwischen viele Male geflickt und gewendet worden. Der Fisch, den sie auf den Teller bekam, war faul, so daß sie oft daran erkrankte. Und einen merkwürdigen Beichtvater hatte sie gefunden, einen Fra Diego, von dem sie immer abhängiger wurde. Es hieß sogar, er sei ihr Liebhaber, und er gebe ihr am Tage Bußen auf, damit sie die unaussprechlichen Dinge sühne, die sie während der Nacht miteinander trieben; sie aber tue alles, was er wolle, so vollständig habe er sie in seiner Macht.

Ich habe den widerwärtigeren unter diesen Gerüchten niemals Glauben geschenkt, aber die Tatsache, daß sie überhaupt die Runde machten, hatte immerhin etwas zu bedeuten. Ich hatte Angst um Katharina, denn ich wußte, so schwer mein eigenes Los war, ihres mußte noch um einhundertmal schwerer sein. Ich war doch wenigstens in meinem Heimatland, konnte meine eigene Sprache sprechen und mit meinen Freunden und meinem Vater zusammensein (so abscheulich er vielleicht manchmal war, er war doch mein

Vater). Ich war hier ihr einziger Freund, ihr einziger Beschützer. Ich mußte ihr helfen.

Jetzt, da sie am Hofe lebte, in einem benachbarten Flügel, nur ein Stockwerk weit entfernt von den königlichen Gemächern, war es viel leichter, ihr eine Nachricht zukommen zu lassen. Ich hatte inzwischen Freunde, und die Freunde hatten Freunde... Ich war nicht mehr auf die Diener des Königs angewiesen.

Wo sollten wir uns treffen? Darüber dachte ich lange nach. In der Öffentlichkeit durfte es nicht sein. Am besten wäre ein Ort gewesen, der weit weg vom Palast gelegen hätte, in einem Wald oder auf freiem Feld, doch das erforderte zuviel Unterstützung, von Knechten und Pferden und nicht zuletzt vom Wetter. Nein, es mußte ein geheimer Ort sein, wo niemand uns sehen würde und wo, wenn man uns doch sähe, keiner von uns beiden kompromittiert werden oder Argwohn erregen würde.

Die königliche Kapelle würde nachmittags verlassen sein. Nach dem Mittag konnte keine Messe mehr gelesen werden, und für die Vesper wäre es noch zu früh. Kein Priester nahm um diese Zeit die Beichte ab, wenn man es nicht eigens vereinbarte. Aber Katharina war als religiös bekannt...

Ich schickte ihr eine Nachricht, in der ich sie bat, um drei Uhr nachmittags in die königliche Kapelle zu kommen, wo ich sie im Beichtstuhl erwarten würde, um ihr bei der Gewissenserforschung zu helfen. Ich unterschrieb mit »T. Wolsey, Königlicher Almosenier«.

Kurz vor drei kam ich in die Kapelle. Sie war klein, wie solche Kapellen es eben sind, aber reich geschmückt. Eine Statue der hl. Margaret stand dort, mit einer juwelenbesetzten Krone und einem Mantel aus purem Gold. Auch der Kelch, die Patene und das Ciborium auf dem Altar waren fein aus Gold geschmiedet.

Der Geruch von Weihrauch verwehte nie ganz aus der geschlossenen kleinen Kapelle. Wenn man die Tür schloß, fiel von außen kein Licht herein; die einzige Beleuchtung kam dann von den Kerzen, die vor den Standbildern brannten. Sie funkelten und flackerten und warfen seltsame Schatten über die holzgeschnitzten Gesichter über ihnen.

Ich hatte noch ein wenig Zeit. Hastig kniete ich vor Unserer Lieben Frau nieder und zündete ihr eine Kerze an, und ich bat sie, ihre schützende Hand über mich zu halten. Dann schlüpfte ich in den Beichtstuhl, setzte mich dort auf den Schemel und zog mir eine Kapuze ins Gesicht.

Ich brauchte nicht lange zu warten. Kaum hatte die Uhr im Hof dreimal geschlagen, betrat jemand die Kapelle. Ein Lichtstrahl fiel herein; dann schloß die Tür sich leise. Stoffgeraschel verriet mir, wo die Person sich befand, die jetzt herankam und den Beichtstuhl an der Büßerseite betrat. Ich hielt den Kopf gesenkt, um mein Gesicht zu verbergen. Ich hörte, wie sie neben mir auf die Kniebank sank. Ein kurzes Zögern, dann holte sie leise Atem und begann: »Segne mich, Vater, denn ich habe gesündigt. Meine letzte Beichte war...«

»Halt, Kate! Ich will nicht Eure Beichte hören!« rief ich erschrocken. Ich zog mir die Kapuze vom Kopf und offenbarte mein Gesicht.

Sie starrte mich entsetzt an; ich sah ihr blasses Gesicht und das große, offene O ihres Mundes. »Heinrich!« wisperte sie. »Ein Sakrileg...«

»Es ist nicht meine Absicht, das Sakrament zu verunehren. Aber ach, Katharina, ich mußte Euch sehen!« Ich streckte die Hand aus und griff nach der ihren. »Drei Jahre! Drei Jahre hat man mir verboten, Euch zu sehen, mit Euch zu sprechen, Euch...«

»Ich... weiß.« Ihre Stimme war leise, und sie sprach mit starkem Akzent. Womöglich hatte sie kaum ein Wort verstanden.

»Und Ihr seid doch meine Verlobte! Ich bin – ich bin verantwortlich für Euch!« Wie ich auf diesen Gedanken verfallen war, kann ich nicht sagen – Vater hatte mich jedenfalls nicht darauf gebracht. Wahrscheinlich hatte ich es aus den Rittergeschichten, die ich immer noch verschlang. »Es betrübt mich, daß Ihr allein seid und solchen Mangel leidet.«

Sie fuhr auf. »Und wer sagt das?« Spanischer Stolz – das erstemal, daß ich ihn erlebte.

»Es ist überall bekannt. Alle sagen...«

»Ich brauche kein Mitleid!«

»Natürlich nicht. Aber Liebe, meine teuerste Katharina...« Meine andere Hand tastete nach der ihren. »Ich liebe Euch!«

Sie machte ein beunruhigtes Gesicht, und sie hatte Grund dazu. »Wir müssen zurück«, war alles, was sie schließlich sagte.

»Niemand wird uns hier finden. Nicht innerhalb der nächsten Stunde«, beharrte ich. »Oh, bleibt doch ein wenig. Sprecht mit mir – sagt mir, was Ihr treibt, wie Ihr Eure Zeit verbringt.«

Sie beugte sich vor; unsere Gesichter waren in der engen, warmen Dunkelheit nur wenige Zoll weit voneinander entfernt. »Ich – ich bete. Und lese. Und sticke. Und schreibe an den König, meinen Vater. Und« – jetzt sprach sie so leise, daß ich Mühe hatte, noch etwas zu hören – »ich denke an Euch, mein Lord.«

Ich war so aufgeregt, daß ich mir kaum versagen konnte, sie zu umarmen. »Ist das wahr? Und ich denke an Euch, meine Lady.« Wenn ich nur meine Laute gehabt hätte und irgendwo anders gewesen wäre, ich hätte ihr vorsingen, ihr von meiner Liebe singen können. Ich hatte bereits mehrere Balladen entsprechenden Inhalts komponiert und gründlich eingeübt. »Ich werde Euch heiraten, Kate«, versprach ich, ohne daß ich die geringste Befugnis dazu gehabt hätte. »Das schwöre ich! Sobald es möglich ist.«

»Ihr habt versprochen, mich an Eurem vierzehnten Geburtstag zu heiraten. Das war vor einem Jahr«, sagte sie langsam.

»Ich...« Ich konnte ihr nichts von der widerwärtigen »Abschwörung« erzählen, die ich unterschrieben hatte – die zu unterschreiben man mich gezwungen hatte. »Ich weiß«, sagte ich. »Aber ich habe es immer noch vor, und zwar bald. Der König...«

»Der König will nicht, daß Ihr mich heiratet. Das ist klar. Ich bin zwanzig Jahre alt und kein Kind mehr – wie vielleicht mancher andere.«

Das erschien mir wie eine unnötige Grausamkeit gegen den einzigen, der für sie eintreten und sie beschützen wollte. »Für mein Alter kann ich nichts, meine Lady. Es stand mir nicht frei, den Tag meiner Geburt selbst auszusuchen. Aber ich bin nicht mehr so jung, wie Ihr und andere vielleicht denken.« Mit diesen kryptischen Worten (ich hatte damals und habe heute keine Ahnung, was ich damit eigentlich zum Ausdruck bringen wollte) drückte ich ihr noch einmal die Hand. »Ihr werdet sehen!« Und dann flüsterte ich: »Wir sollten jetzt gehen. Bald werden die Priester kommen.«

Hastig erhob sie sich und raffte ihre Röcke zusammen. Ein sanfter Duft nach Zitronen wehte durch den schalen Weihrauchdunst zu mir herüber. Dann war sie fort.

Einen Augenblick später stieg ich aus dem Beichtstuhl, hochzufrieden mit meiner erfolgreichen Intrige. Ich wußte nun, daß ich Katharina liebte und daß ich sie heiraten mußte. Überdies war ich davon überzeugt, daß die zotigen Gerüchte über Fra Diego gelogen waren. Allzu entsetzt war sie ob der Vorstellung gewesen, *ich* könnte durch mein unschuldiges Stelldichein den Beichtstuhl entweihen. Sie war offenkundig eine tiefreligiöse, fromme Frau.

WILL:

Und es wäre besser für Harry gewesen, wenn sie nicht so »religiös« und »fromm« gewesen wäre. Hätte sie sich nur mit diesem widerwärtigen Frater vergnügt (der übrigens später wegen krasser Unmoral aus London deportiert wurde – man stelle sich vor: aus London!), es hätte ihm bei Harrys Scheidungskampagne einen Grafen-Titel einbringen können. Aber nein, Katharina war reinen Herzens. Wie Harry es geschafft hat, ihr Kinder zu machen, das ist eines der Geheimnisse des Ehestandes. Vielleicht haben die Katholiken ja recht, wenn sie die Ehe zum Sakrament erklären. Sakramente verleihen einem das »Recht, zu tun, was nötig ist«, nicht wahr?

Es ist interessant, festzustellen, wie Heinrich schon in diesem zarten Alter die Kirche für seine Zwecke nutzbar macht. Ich zweifle nicht daran, daß er sich, hätte sie zugestimmt, hochvergnügt mit ihr im Schatten des Altars gepaart hätte.

X

Heinrich VIII.:

Jetzt hatte ich eine Mission: Ich mußte die gefangene Prinzessin aus ihrem Turm befreien, wie es jedem ordentlichen Ritter oblag. Und daß ich verliebt war (wie durch die Erregung deutlich wurde, die mich jedesmal durchströmte, wenn ich an sie dachte), ließ dies nur um so zwingender erscheinen.

Vater schickte sich an, auf eine seiner allsommerlichen »Staatsreisen« zu gehen; während er fort wäre, würde ich ein paar Wochen lang meine Freiheit genießen können. Einst hatte ich mich danach gesehnt, ihn begleiten zu dürfen, und war gekränkt gewesen, als er es mir untersagt hatte; jetzt wünschte ich mir, er wäre schon fort.

Wenn man bedenkt, daß Vater sich ungern unters Volk begab, daß er es verabscheute, angestarrt zu werden, und daß es ihn mit Unbehagen erfüllte, wenn er nicht alles rings um sich her fest im Griff hatte, dann ist es erstaunlich, wie oft er sich auf solche Reisen durchs Land begab. Er betrachtete sie als eine Notwendigkeit, und außerdem gefiel es ihm, auf Kosten anderer zu leben.

Vorgeblich hatten diese Reisen den Sinn, dem Monarchen die Möglichkeit zu geben, dem Alltagstrott im Schloß und den Staatsgeschäften für eine Weile zu entrinnen und einfach im Lande umherzustreifen. Tatsächlich aber dienten sie dazu, den König sein Land und seine Untertanen besichtigen zu lassen und – was noch wichtiger ist – dem Volk Gelegenheit zu geben, *ihn* zu sehen. Es war nötig, daß man die Leute daran erinnerte, wer ihr König war, und daß man ihn in seiner prächtigsten Gestalt vorführte. Wohin die Reise den König auch führte, überall strömte das Volk zusammen und säumte den Straßenrand, um einen Blick auf ihn zu erhaschen. Mütter hoben ihre Kinder in die Höhe, damit sie ihn sahen. Manchmal stolperte wohl auch ein Mann herbei, der an Skrofulose litt, und bat den König, ihn zu berühren, denn das gemeine Volk glaubte, so sei diese Krankheit zu heilen.

Der König reiste nicht etwa ziellos durch die Gegend, genoß die Reize der Landschaft oder lagerte am unberührten Ufer eines Flusses, um sich an gesunder, einfacher ländlicher Speise zu laben. Dies war die Pose, die er einnahm. In Wirklichkeit wurde die Route schon während der Wintermonate sorgfältig geplant, damit all die reichen Grundbesitzer und Edelleute in ihrer Nähe die nötigen Vorbereitungen zur Aufnahme und Bewirtung des Monarchen und seines Gefolges treffen konnten. Der König reiste ja nicht allein; er nahm den größten Teil seines Hofstaats mit, und schon deshalb kam ein schlichtes Bauernmahl in grüner Au nicht in Frage. Unglaubliche Mengen von Lebensmitteln waren erforderlich, und wer das Unglück hatte, die königliche Reisegesellschaft zwei Jahre hintereinander zu beherbergen, mußte sich im ungünstigen Fall hoch verschulden.

Es gab noch einen, einen dunkleren Grund für Vaters Reisen: Er wollte sich der Loyalität der mächtigen Adelsfamilien versichern und sich davon überzeugen, daß sie das gesetzliche Verbot livrierten Gefolges beachteten. Man konnte niemals sicher sein. Edward IV. hatte die Auflösung der Privatheere befohlen, welche die Lords unterhielten. Sie waren aus naheliegenden Gründen eine Bedrohung für ihn. Einmal war er auf einer Reise beim Grafen von Oxford abgestiegen, einem der getreuesten Parteigänger des Hauses Lancaster. Der Graf hatte sein Gefolgschaftsheer in Uniform antreten lassen, um den König mit einer großen Loyalitätsdemonstration zu begrüßen. Edward sagte nichts, bis er abreiste. »Ich danke Euch für die gute Bewirtung«, erklärte er dann. »Aber ich kann nicht zulassen, daß vor meinen Augen gegen meine Gesetze verstoßen wird.« Und der Graf mußte zehntausend Pfund Strafe zahlen – eine weit höhere Summe als heute, da der Wert des Geldes so erschreckend verfällt.

Am ersten August wurde in der königlichen Kapelle nach altem Brauch die Erntedankmesse gefeiert; ein Laib Brot, gebacken aus dem ersten Korn des Jahres, wurde zum Altar gebracht. Am Nachmittag brach der König auf und begann seine Reise. Erst gegen Ende September, zu Michaelis, würde er zurückkehren, wenn das Jahr sich allmählich dem Winter zuneigte. An Michaelis gab es immer Gänsebraten, ein herzhaftes Herbstgericht.

Ich saß an einem der oberen Fenster und schaute zu, wie sich die königliche Reisegesellschaft unten im Hof versammelte. Es war heiß und stickig; der Herbst und Michaelis schienen in weiter Ferne zu liegen. Die Freiheit ließ mich schwindlig werden. Alle gingen mit auf die Reise. Ich sah Fox und Ruthal und Thomas Howard und Thomas Lovell und auch Vaters zwei Finanzminister, Empson und Dudley. An seine Finanzen mußte der König denken, wenn schon nicht auf dem Land im Sonnenschein, dann wenigstens spät am Abend.

Nur Erzbischof Warham blieb zurück, und meine Großmutter Beaufort. Die Edelleute und höfischen Würdenträger, die den König nicht begleiteten, kehrten auf ihre eigenen Güter zurück, denn in Abwesenheit des Königs würden am Hofe keine Geschäfte stattfinden. Die Geschäfte folgten ihm, und der Hof war, wo immer er sich gerade aufhielt.

Aber auch dort würden die Geschäfte nicht zahlreich sein; die ganze Welt, so schien es, erlag in diesen goldenen Augustwochen dem Müßiggang.

Golden waren sie für mich. Ich verbrachte sie beinahe ohne Unterlaß mit sportlichem Treiben und beteiligte mich zu Pferde und zu Fuß an den verbotenen Turnieren meiner Gefährten, und immer wieder setzte ich meine eigene Unversehrtheit aufs Spiel. Warum? Ich weiß es nicht, nicht einmal heute. Aber ich suchte die Gefahr, wie ein Mann in der Wüste das Wasser sucht. Vielleicht, weil sie mir so lange verwehrt gewesen war. Vielleicht, weil ich mich selbst erproben, weil ich sehen wollte, wann meine Tapferkeit zerbräche und Angst an ihre Stelle träte. Vielleicht liegen die Dinge aber auch einfacher. »Junges Volk muß seinen Spaß haben«, so schrieb ich selbst einmal, und dies war eben eine Art Spaß für mich, ritterlich und todesmutig...

Wenn ich an diese Wettkämpfe denke, so muß ich glauben, daß

die Vorsehung mich damals schonte und mir eine strenge Bestrafung ersparte. Es war in jenem Sommer des Jahres 1506, daß Bryan sein Auge einbüßte, und einer meiner Kameraden starb an den Folgen eines Schlages auf den Kopf, den er beim Turnier davongetragen hatte. Das Seltsame ist, daß er unmittelbar nach seinem Unfall durchaus wohlauf zu sein schien. Aber in der Nacht starb er plötzlich. Einer von Linacres Gehilfen (Linacre selbst war mit dem König unterwegs) verriet mir, daß es bei Kopfverletzungen oft so kommt. Es blutet im Innern des Schädels, wo man es nicht sehen und nicht zum Stillstand bringen kann.

Wir waren erschüttert, erschrocken – und jung, und schon nach wenigen Tagen sprengten wir wieder stürmisch aufeinander los. So töten wir einander in der Erinnerung ebenso schnell und natürlich wie in der Wirklichkeit.

Des Abends speisten wir zusammen, und dann spielten wir Laute und plauderten über unsere künftigen Eroberungen in Frankreich, wo wir Waffenbrüder sein würden. Wir hatten es gut in dieser Zeit; es war eine Pause zwischen dem, was gewesen war, und dem, was kommen würde.

Wenn ich spätabends allein in meiner Kammer war, hatte ich keine Lust zum Schlafen. Jetzt, da ich nicht mehr eingesperrt war, genoß ich die Einsamkeit, nachdem ich den ganzen Tag in der Gesellschaft meiner lärmenden Kameraden verbracht hatte.

Meine Kammer zu Greenwich hatte zwei Fenster; das eine blickte nach Osten, das andere nach Süden. Das östliche hatte eine Fensterbank, und hier saß ich oft noch gegen Mitternacht. Im Osten war der Himmel immer am dunkelsten. Mitte August war die Zeit der langen Dämmerungen vorüber, und es wurde schneller dunkel. Die Sterne waren jetzt ungewöhnlich klar zu sehen. Ich versuchte, einzelne zu erkennen, denn ich hatte Astronomie studiert. Eine große Zahl von Sternbildern kannte ich schon. Der Himmel und die Sterne faszinierten mich. Ich war beeindruckt von der Möglichkeit, Eklipsen und andere Phänomene mathematisch vorherzubestimmen. Ich wollte lernen, wie man das machte. Schon jetzt wußte man, daß der drittnächste Vollmond teilweise verfinstert sein würde. Woher?

Ich wollte alles lernen, alles erfahren; ich wollte mich recken und strecken, bis ich das Ende meiner selbst erreichte und... nein, ich wußte nicht, was ich da finden würde.

Das kleine Fenster, an dem ich saß, stand offen. Ein heißer Windstoß fuhr herein, und es rumorte in der Ferne. Weit hinten flackerte es hell am Himmel. Es würde ein Gewitter geben. Die Kerzen und Fackeln in meiner Kammer flackerten.

Der Wind kam von Westen. Ohne darüber nachzudenken, fühlte ich mich eins mit diesem Wind, mit dem heißen, suchenden Wind. Ich griff nach meiner Laute, und Melodie und Worte kamen gleich hervor, als seien sie immer schon dagewesen.

O, Westwind! West!
Wann bläsest du?
Ein Regen, das wär nett!
Gott, läg mir doch mein Schatz im Arm
Und ich in meinem Bett!

Der Sommer ging zu Ende, und der König kehrte zurück. Schon wenige Stunden nach seiner Ankunft ließ er mich zu sich rufen. Jemand hatte ihm von den Turnieren erzählt. Wenn ich damit nicht gerechnet hatte, so war es mein Fehler. Bei Hofe gibt es keine Geheimnisse.

Ich wappnete mich für sein Verhör, indem ich hastig drei Becher Rotwein hintereinander trank. (Eine der Neuerungen, die ich in Vaters Abwesenheit eingeführt hatte, war die, daß stets für einen reichlichen Vorrat an unverdünntem Wein in meiner Kammer zu sorgen sei.)

Vater traf ich an seinem Lieblingsaufenthalt: in seinem Arbeitsgelaß. (Man nannte es allenthalben nur sein »Rechenstübchen«, denn hier erledigte er den größten Teil seiner finanziellen Verwaltungsarbeit.) Als ich eintrat, kämpfte er mit einem großen Berg von zerknülltem Papier und beugte das Haupt über eine beträchtliche Kugel aus diesem Material. Zum erstenmal fiel mir auf, wie grau sein Haar war. Er trug seinen gewohnten Hut nicht, und im Fakkelschein glänzte sein Scheitel silbern. Vielleicht erschien er deshalb niemals ohne irgendeine Kopfbedeckung in der Öffentlichkeit.

»Zum Teufel mit diesem Affen!« Er deutete auf die kleine Kreatur, die jetzt frech neben dem königlichen Siegel hockte. »Er hat mein Tagebuch vernichtet!« Seine Stimme klang gequält. »Es ist dahin!«

Offensichtlich hatte der Affe sich bemüßigt gesehen, aus den Privatpapieren des Königs ein Nest zu bauen, indem er das Papier erst zerfetzt und dann plattgetrampelt hatte.

»Vielleicht solltet Ihr ihn in die königliche Menagerie sperren, Sir«, schlug ich vor. *Was Ihr bereits vor sechs Monaten hättet tun sollen.* Ich hatte das Tier schon immer gehaßt; es ließ sich in der Verrichtung seiner natürlichen Notdurft nicht wie ein Hund dressieren, verstand sich aber auch nicht darauf, in dieser Sache den Menschen nachzuahmen.

»Ja«, sagte er kurz angebunden. »Aber es ist zu spät. Er hat bereits vernichtet, was mir das Teuerste war.«

In diesem Augenblick fing die Kreatur an, kreischend an den Wandteppichen hinaufzuklettern. Es war klar, daß der Affe woanders hingehörte: Wenn nicht tatsächlich auf den Grund der Themse (wohin man ihn geschafft hätte, wäre es nach mir gegangen), dann jedenfalls in die königliche Menagerie im Tower, wo auch all die anderen seltsamen (und unwillkommenen) Bestien landeten, die manch ein irregeleiteter Wohlmeinender dem König geschenkt hatte. Es gab dort Löwen (deren Symbolismus längst überstrapaziert war), große Schildkröten (zum Zeichen der Beharrlichkeit), wilde Eber (irgendein Adelsemblem), Kamele (ich glaube, ein Symbol der Weisheit) und sogar einen Elefanten (Gedächtnis?).

»Das tut mir leid, Vater.«

»Es gibt anderes, was dir leid tun sollte.« Jäh ließ er das zerknüllte Papier fallen. »Dein Benehmen in meiner Abwesenheit zum Beispiel. Hast du gedacht, es bliebe mir verborgen?«

»Nein, Sire.«

»Warum also? Warum hast du es getan?«

»Ich weiß nicht. Ich mußte.«

Er schnaubte. »Du bist ein Narr. Einer deiner Kameraden ist tot. Überdies hat man mir berichtet, daß...« Er brach plötzlich ab, denn ein wütender Hustenanfall schüttelte ihn. So schlimm hatte ich es noch nie gehört. Als er wieder zu Atem gekommen war, fuhr er fort. »Daß du dich heimlich mit Prinzessin Katharina getroffen hast, und zwar gegen meinen ausdrücklichen Wunsch. Nein, ich werde dir nicht erst Gelegenheit geben, es zu leugnen! Du bist ein mutwilliger, perverser Knabe! Niemals wird aus dir ein König, niemals, niemals, niemals...« Er war den Tränen nahe. Und dann senkte er das Haupt und weinte wirklich.

Ich überließ ihn seinem Gram, von meinem eigenen überwältigt. Hatte er recht mit dem, was er sagte? *Niemals wird aus dir ein König, niemals, niemals, niemals...* Die Worte brannten in mir, sie fraßen an mir. Er hatte schon viele Könige gesehen, und er wußte Bescheid.

XI

Im Laufe des Herbstes verschlimmerte sich der Husten des Königs. Er trat nicht mehr sporadisch auf, sondern wurde zu einem festen Bestandteil seines Lebens, ob er wachte oder schlief. Im November war das erstemal Blut in seinem Auswurf: ein Wegweiser zum Tod.

Was empfand er, als er es sah? Von allem, was Gott uns antut, ist es das Grausamste, wenn er uns den sicheren Tod zeigt. Ich bete darum, daß solche Eindeutigkeit mir erspart bleibe, wenn meine Zeit kommt.

Der König plagte sich weiter. Und überlebte diesen Winter und den nächsten.

Und so wurde ich kein fünfzehnjähriger König. Und auch kein sechzehnjähriger König. Dafür danke ich dem Herrn jeden Abend.

Ich war noch nicht bereit, König zu sein. Ich war viel zu jung. Würde ich jetzt König, wäre es unvermeidlich, daß ich einen Protektor bekäme, jemanden, der vorläufig an meiner Statt die Regierungsgeschäfte führte. Und wie sollte ich diesen Protektor wieder loswerden, wenn ich erwachsen wäre? Protektoren bemächtigten sich nicht selten des Thrones. Um ein Beispiel zu finden, brauchte man nur bis zu Richard III. zurückzugehen.

Schon in den Grenzen meines eigenen Reiches hätte ich es mit Männern zu tun, die viele Jahre älter wären als ich, mit Männern, die mich nach außen hin unterstützten, aber in Wahrheit nur auf ihren eigenen Vorteil bedacht waren. Und stets gab es Prätendenten und Unruhestifter. Ich hatte mehrere Vettern, die Yorkisten waren; einer vor allem, der Herzog von Suffolk, Edmund de la Pole, der Sohn der Schwester Edwards IV., stilisierte sich zur »Weißen Rose« und wartete grinsend in Frankreich, um irgendwann etwas gegen mich zu unternehmen. Im Ausland müßte ich Herrschern gegenübertreten, die fast dreimal so alt waren wie ich: Ferdinand, dem spanischen König; Maximilian, dem Kaiser des Heiligen Römischen Reiches; Ludwig XII, dem König von Frankreich; Papst Julius. Ich wäre ein Jüngling inmitten einer Rotte von Veteranen im Heucheln und Intrigieren.

Vater hatte fleißig alle Verstrickungen auf dem Kontinent vermieden, aber das konnte nicht mehr lange so weitergehen, zumal da die Franzosen im Verein mit Margaret von Burgund (der Schwester Edwards IV., bekannt als »Tante aller Prätendenten«) beharrlich yorkistische Phantasien aufheizte und allen Zuflucht gewährte, die irgendeinen Anspruch auf den englischen Thron geltend machten. Vater hatte drei Feldschlachten schlagen und gewinnen müssen, um seine Krone zu verteidigen, und mir würde höchstwahrscheinlich auch nichts anderes übrigbleiben. Wie würde es mir aber auf dem Schlachtfeld ergehen? Im streng umschriebenen Bereich eines Turnierplatzes gab ich vielleicht eine gute Figur ab, aber mit einer richtigen Schlacht verhielt es sich doch anders. Richard III. war tapfer und ein guter Streiter gewesen, hieß es... aber er war dutzendfach zerhackt worden, und nach dem Kampf hatte man seine nackte Leiche auf eine alte Mähre gebunden. Sein Kopf hatte herabgebaumelt und war beim Überqueren einer Brücke gegen das Mauerwerk geschlagen und zerschmettert worden, aber das machte nichts, denn er war ja tot...

Es würde Kampf geben, und irgendwann eine Prüfung, in der sich erweisen müßte, ob ich zum König taugte. Und davor graute mir. Ja, ich kann es nicht verschweigen: Ich wollte diese Prüfung nicht, und ich betete darum, daß sie zu anderer Zeit einen anderen Mann treffen möge. Ich hatte Angst. Als die Zeit heranrückte, wollte ich nicht mehr König werden, so sehr fürchtete ich mich vor dem Scheitern. Als ich etwas jünger gewesen war, hatte ich unverdrossen angenommen, Gott habe mich zum Königtum auserkoren und werde mich in all meinem Tun beschützen. Jetzt aber wußte ich, daß es so einfach nicht war. Hatte Er Saul beschützt? Oder Heinrich VI.? Viele hatte er nur zum König gemacht, um sie dann stürzen zu lassen und damit irgend etwas von Seinem unergründlichen Ratschluß zu illustrieren. Er benutzte uns, wie wir uns Rinder oder Bohnenranken zunutze machen. Und kein Mensch konnte wissen, wozu er dabei dienen sollte. Ein gestürzter König, ein törichter König: Gute Beispiele und Teil des geheimnisvollen Kreislaufs.

In dem Jahr, als ich siebzehn wurde, gab es bei Hofe nur zwei wesentliche Fragen: Wann würde der König sterben, und wie würde er sterben? Würde er friedlich im Schlaf verscheiden, oder würde er monate-, vielleicht jahrelang dahinsiechen, infolge beständiger Schmerzen grausam und vom Wesentlichen abgelenkt? Würde er vom Krankenbett aus die Staatsgeschäfte weiterführen, oder würde er dazu nicht mehr fähig sein und das Reich auf unbestimmte Zeit de facto herrscherlos treiben lassen?

Und Prinz Heinrich? Wer würde für ihn regieren? Der König hatte noch keinen Protektor ernannt, obwohl der Prinz nun gewiß nicht selbst die Herrschaft würde übernehmen können. Dies waren die Befürchtungen.

Äußerlich ging alles seinen gewohnten Gang. Vater fuhr fort, mit Botschaftern zusammenzutreffen, Verträge zu erörtern und um den genauen Gehalt dieses oder jenes Satzes zu feilschen, als kümmere es ihn noch, was in fünf Jahren dabei herauskommen könne. Alle paar Minuten unterbrach er sich, um Blut zu husten, ebenso natürlich, wie andere Leute sich räusperten. Zu diesem Zweck verwahrte er eine Anzahl sauberer Leintücher bei sich. Morgens brachte man ihm einen Stapel frisch gefaltete weiße Tücher an sein Bett, und wenn er sich abends zurückzog, trug man einen Haufen blutig zusammengeknüllte hinaus.

Vater ließ seinen Geheimen Rat an seinem Bett zusammenkommen; bei einigen dieser Zusammenkünfte war ich zugegen. Sie waren langweilig und drehten sich aussschließlich ums Geld: Wie man es bekam, wie man es verlieh, wie man es sicherte. Empson und Dudley, seine Finanzminister, waren skrupellose Blutsauger. Offenbar galt die Hauptsorge eines Königs (der er sich in jedem Augenblick des Wachseins zu widmen hatte) der Jagd nach dem Geld. Es kam mir schmutzig vor. Hatte Alexander der Große sich um solche Dinge bekümmert? Hatte Cäsar um Calpurnias Mitgift zanken müssen?

Denn Katharinas Mitgift war noch immer nicht zu Vaters Zufriedenheit ausbezahlt worden. Immerfort überschüttete er Ferdinands Gesandten mit Vorwürfen, er drohte, Katharina zurückzuschicken und mich mit einer französischen Prinzessin zu vermählen, und so weiter. Ich glaube, eigentlich machte es ihm großen Spaß, wie anderen Männern etwa die Bärenhatz. Und es lenkte ihn von den blutigen Leintüchern ab.

Alle anderen am Hofe aber dachten kaum noch an etwas anderes. Es war täglich eine Frage von großer Bedeutung: Wie viele hatte er heute benutzt, und wieviel Blut war daran? War es dick oder dünn? Hell oder dunkel? Gar schwarz? Der Wäscheknecht und die Waschweiber kassierten hübsche Sümmchen für solche Informationen.

Um die Weihnachtsfeiertage ging Vaters langsamer, qualvoller Totentanz immer noch weiter, derweil die Zuschauer, als wären sie dazu übereingekommen, so taten, als bemerkten sie es nicht. Es war Verrat, sich den Tod des Königs »vorzustellen«, aber zugleich menschenunmöglich, es zu vermeiden.

Er spielte weiter sein politisches Schach und benutzte seine beiden noch unverheirateten Kinder als Bauern und Hilfstruppe. In einer makabren (vielleicht auch nur der Selbsttäuschung dienenden) Geste schloß er sich selbst neben Maria und mir in die Eheverhandlungen ein. Noch kurz vor Neujahr legte er letzte Hand an seine großartige Dreifach-Allianz, ein verwirrendes Durcheinander von Ehen, mit denen die Habsburger und die Tudors zu einem prachtvollen Familiengebäude zusammengefügt werden sollten. Er selbst sollte dabei der Bräutigam Margarets von Savoyen werden, der niederländischen Regentin; ich sollte eine Tochter des Herzogs Albert von Bayern heiraten; die dreizehnjährige Maria schließlich sollte mit dem neunjährigen Charles vermählt werden, König Ferdinands und Maximilians Enkel und höchstwahrscheinlich künftiger Kaiser des Heiligen Römischen Reiches. (Der Kaiser des Heiligen Römischen Reiches muß zwar gewählt werden, aber die Wahlmänner scheinen für die Verdienste eines Kandidaten, der nicht dem Hause Habsburg entstammt, in einzigartiger Weise blind zu sein. Es handelt sich da ebenso wenig um eine Wahl wie bei den Päpsten; es ist ein Geschäft.)

WILL:

Und den Zuschlag erhält der Meistbietende, wie Heinrich und Wolsey aus erster Hand erfuhren, als sie versuchten, 1517 die römische Kaiserkrone für Heinrich und 1522 das Amt des Papstes für Wolsey zu kaufen. Diese Posten sind nicht billig, und Heinrich und sein eingebildeter, aufgeblasener Esel von einem Kanzler waren einfach nicht bereit, den vollen Marktpreis aufzubringen. Heinrich legte manchmal eine perverse Sparsamkeit an den Tag – vielleicht eine sentimentale Geste zum Gedenken an seinen Vater?

HEINRICH VIII.:

Beglückt über diesen Erfolg, zog der König sich auf sein Sterbebett zurück. Das war kurz nach dem Neujahrstag von 1509, und er kam nie wieder hervor. Richmond war der Ort, den er sich für seinen Tod erwählte.

Dennoch mußte der äußere Schein gewahrt bleiben. Der König lag nicht im Sterben; er war lediglich indisponiert; er war nicht schwach, sondern nur müde; es ging nicht mit ihm zu Ende, sondern er ruhte sich aus. Jeden Tag ließ er nach mir schicken, und dann saß ich stundenlang an seiner Seite, aber er weigerte sich störrisch, mir irgend etwas von Bedeutung anzuvertrauen. Er mußte seine Rolle weiterspielen, wie ich die meine.

Wenn ich seine Kammer betrat, durfte ich mit keinem Wort sein einziges luxuriöses Zugeständnis ans Sterben erwähnen: Das Holz türmte sich im Kamin, und es war über die Maßen warm im Raum. Noch durfte ich schnuppern oder sonstwie auf das schwere Parfüm und Räucherwerk anspielen, mit dem der Geruch von Krankheit und Tod übertüncht wurde. Der Rosenduft war erstickend, beinahe übelkeiterregend, aber ich gewöhnte mich schließlich daran – in gewisser Weise. Ich hatte stets wachsam und munter zu sein und mußte mich so blind und fühllos zeigen, wie ich nach Vaters damaligen Worten war.

Trotz der prächtigen, großen Fenster mit den Hunderten von klaren kleinen Scheiben, die wie Edelsteine in den Rahmen gefaßt waren, hatte er befohlen, die Vorhänge zu schließen, damit kein überflüssiges Licht eindringen konnte. Von seiner Bettstatt aus hätte Vater einen Blick auf Felder und Himmel gehabt, aber darauf verzichtete er. Statt dessen lag er auf dem Rücken auf einem langen Sofa, umgeben von Kissen und den allgegenwärtigen kleinen Leintüchern. Dann plauderte er müßig oder sagte gar nichts, sondern starrte nur betrübt auf das Kruzifix auf dem kleinen Altar am anderen Ende des Zimmers. Er war sehr fromm, wie alle aus dem Hause Lancaster – wenn auch nicht in verrücktem Maß wie sein Halbonkel Heinrich VI.

»Gestern habe ich gesehen, daß du eine Gabel zum Essen benutzt«, sagte er plötzlich. Seine Stimme war so leise, daß ich Mühe hatte, ihn zu verstehen.

»Ja«, sagte ich. Alle jüngeren Männer und Frauen bei Hofe benutzten mittlerweile Gabeln.

»Französische Art«, sagte er verträumt. »Die Franzosen können schlau sein. Einen kleinen Dreizack bei Tisch zu benutzen – ja – das ist schlau. Der König von Frankreich hat mir einmal freies Geleit gewährt. Wußtest du das?«

»Nein, Sire.« Warum reden die Alten immer so ziellos? Selbstverständlich schwor ich mir in diesem Augenblick, es niemals zu tun.

»König Richard bestach den Herzog der Bretagne, als ich im Exil war. Besser gesagt, den Kämmerer des Herzogs, Peter Landois. Zum Austausch für mein Leben versprach er Landois die Einkünfte nicht nur meiner Grafschaft zu Richmond, sondern auch die all meiner Nachfolger. Ha!« Er lachte kurz auf und hatte dann einen Hustenanfall, der mit einem schrecklichen Gurgeln und einem durchtränkten Leintuch endete. Er zitterte und bebte.

»Laßt mich hier noch eine Decke herlegen«, sagte ich hastig und zog etwas heran, das zusammengefaltet zu seinen Füßen gelegen hatte. Erst als ich es ausgebreitet hatte, erkannte ich es wieder: das Löwenfell von jenem greulichen Schauspiel, das vor so langer Zeit stattgefunden. Der Schwanz hing an der Seite vom Sofa herunter, und der haarige Quast hatte wunderliche Ähnlichkeit mit einer Zierfranse.

»Besser. So ist es besser«, wisperte er. »Der König von Frankreich – er sagte, ich würde dort in Sicherheit sein. Und das war ich auch. Das war ich auch. Zuerst mußte ich Landois entrinnen, aber das war leicht. Ich verkleidete mich einfach als Diener meines eigenen Dieners. Im Wald wechselte ich das Gewand. Und dann ritten wir, so schnell es ging, der französischen Grenze zu. Die Bretagne gehörte damals nicht zu Frankreich, weißt du«, fügte er hinzu.

»Ich weiß.« Ich schaute ihn an und bemühte mich, irgendwo in ihm den walisischen Abenteurer zu sehen. Aber da war nur ein alter Mann, der fröstelnd unter seinen Decken in einem überheizten Zimmer lag.

»Manchmal sind die Franzosen unsere Freunde, manchmal unsere Feinde. Sie haben mir Zuflucht gewährt, aber als ich dann König wurde, gewährten sie auch dem Herzog von Suffolk Zuflucht. Edmund de la Pole.«

»Der Weißen Rose«, ergänzte ich verbittert. »Dem Liebling der Yorkisten.«

»Sie gewährten ihm nicht nur Zuflucht, sondern erkannten ihn als den rechtmäßigen König von England an und ehrten ihn entsprechend! Oh, es war eine muntere Zeit für ihn, dort am französischen Hof. Aber schließlich konnte ich die verlogenen Franzosen zwingen, ihn auszuliefern. Und jetzt ist er im Tower. Solange er lebt, bist du in Gefahr.«

»Obwohl wir ihn gefangenhalten?«

»Du wirst ihn hinrichten lassen müssen«, stellte er nüchtern fest. »Sein Leben ist ein Luxus, den du dir nicht leisten kannst.«

Ich war fassungslos. Ich konnte mir nicht vorstellen, wie ich jemanden hinrichten lassen sollte, bloß weil es ihn gab oder weil er das falsche (oder das richtige?) Blut in seinen Adern hatte. »Das kann ich nicht!« rief ich entsetzt. »Er hat doch nichts getan!«

»Er existiert. Das genügt.«

»Nein!«

»Er ist ins Ausland geflohen und hat sich an einem fremden Hof als rechtmäßiger König von England ehren lassen. Seine Absichten sind verräterisch.«

»Absichten sind keine Taten.«

»Heinrich! Im Namen des Herrn, es ist von entscheidender Bedeutung, daß du begreifst: Er ist dein Feind. Es kann in einem Land nur einen einzigen König geben, und wenn deine Feinde dich zaudernd oder weichherzig sehen, dann wirst du den Weg gehen, den der arme, irre Heinrich VI. gegangen ist. Sie sind skrupellos; du mußt es auch sein. Außer dir steht nichts zwischen Frieden und Anarchie. Dein Leben ist das einzige, was ein neues Chaos in Schach hält. Bewahre dieses Leben. Es ist deine Pflicht als Gottes auserwähltes Werkzeug!«

»Indem ich ein unschuldiges Leben vernichte?«

»Er ist nicht unschuldig! Er ist schuldig – ein verdorbener, abscheulicher Verräter!« Er geriet in solche Erregung, daß er sich aufrichtete und mit matter Faust auf das Löwenfell einschlug. »Es kommt nicht darauf an, was du von Finanzen verstehst oder nicht; da kannst du dich auf meine Finanzminister Empson und Dudley verlassen. Und was die Arbeit des Geheimen Rats angeht, so kann Bischof Fox, der Geheimsiegelbewahrer, dir sagen, was du wissen willst, und dir Anleitung geben. Aber was den Schutz des Thrones betrifft, so kannst du auf niemanden zählen außer auf dich selbst.« Er sank zurück, erschöpft von der Anstrengung. »Ein König sein, das heißt, ein unnatürlicher Mensch sein. Du mußt hart sein, wenn andere milde sind, und milde, wo andere sich hart zeigen. Und...«

Ich wartete, aber es kam nichts mehr. Im trüben Licht sah ich, daß er ruhig atmete. Er war eingeschlafen.

Ich eilte hinaus. Als ich in das taghelle Nachbarzimmer kam, in dem die Luft nicht von Rauch und Parfümwolken stickig war, wurde mir fast schwindelig. Einige Diener warteten hier, gewissermaßen im Vorzimmer der Sterbekammer. Stets stand ein Priester bereit, sollte er benötigt werden; heute war es Thomas Wolsey, der Almosenier des Königs (dessen Namen ich mir angeeignet hatte, um Katharina in den Beichtstuhl zu locken). Er saß still auf einer kleinen Bank am Fenster und las. Als ich vorbeiging, nickte er mir würdevoll zu.

Ich kehrte in mein eigenes Gemach zurück, immer noch erschüttert von dem, was Vater mir befohlen hatte. Meinen Vetter de la Pole hinrichten... Ich ging zu meinem Arbeitstisch, um mein

Schreibzeug hervorzuholen. Ich fand ein Stück Papier, auf dem ich einmal einen lateinischen Brief verfaßt hatte. Ich tauchte die Feder in die Tinte und schrieb zum erstenmal: *Heinrich Rex*. Meine Hand zitterte, und ich machte einen Klecks. Ich versuchte es noch einmal, und dann noch einmal. Beim drittenmal war das Zögern verschwunden, und ich kleckste nicht mehr. *Heinrich Rex*.

Der Winter ging vorüber; zeitig kündigte sich der Frühling an. Ende März war der Himmel blau, und leuchtend gelbe wilde Blumen blühten an den Ufern der Themse. Aber in der Sterbekammer war kein Frühling; die geschlossenen Vorhänge versperrten ihm resolut den Weg. Als die Apfelbäume im Obstgarten unter den Fenstern erblühten, konnte Vater es nicht sehen oder riechen.

Als er schwächer wurde, wimmelten immer mehr Bedienstete um ihn her, und wir hatten nicht mehr so oft Gelegenheit zu vertraulichem Gespräch. Vater hatte zu lange gewartet, statt mir beizeiten zu sagen, was er mir hätte sagen müssen. Jetzt waren wir beide im Netz des höfischen Rituals verfangen, das bis in die Sterbekammer hineinreichte und jede Vertraulichkeit zwischen uns wirkungsvoll erstickte. Aber zugleich erwartete man doch, daß ich beständig zugegen sei, von der frühen Morgenstunde an, da Wolsey die Messe zelebrierte, bis zum Abend, da die Kammerdiener den König mit einer ausgeklügelten Folge von Maßnahmen für die Nachtruhe vorbereiteten (sie wälzten sich zum Beispiel auf der Matratze, um verborgene Messer ausfindig zu machen, und besprengten die Decken mit Weihwasser) und schließlich verstohlen den täglichen Haufen der blutgetränkten Leintücher entfernten. Am Ende kam Wolsey herein, um das Nachtgebet zu sprechen, und dann war mein Tag vorüber.

Eines Nachts konnte ich ihn erst nach Mitternacht verlassen; er litt Schmerzen und konnte nicht schlafen, bis sein Arzt ihm einen Mohnsirup verabreichte, der ihm Linderung verschaffte. Statt mich nun in meine Kammer zurückzuziehen, fühlte ich ein starkes Bedürfnis nach kühler frischer Luft. So stieg ich die kleine Treppe zu der Pforte hinunter, die nach draußen führte, und gelangte in den Obstgarten des Schlosses. Die Bäume standen in voller Blüte, und ein aufgequollener Mond – es war beinahe Vollmond – überstrahlte sie. Sie sahen aus wie geisterhafte Jungfern in Reih und Glied, liebreizend und jung. Unten strömte die Themse, reißend mit dem frischen Wasser des Frühlings; sie funkelte im Mondlicht, als sie vorüberrauschte.

Es war das erstemal seit dem Morgengrauen, daß ich allein war, und ich fühlte ein Schaudern der Erleichterung. Tag für Tag in dieser Totenkammer...

Langsam spazierte ich durch den dunklen Obstgarten. Die Schatten waren sonderbar hart, und das Mondlicht schimmerte fast blau. Mein eigener Schatten war lang, und lautlos bewegte er sich zwischen den verschlungenen, reglosen Schemen der Bäume.

»... bald tot. Lange kann's nicht mehr dauern.«

Ich hielt inne, als ich unverhofft Stimmen hörte. Unnatürlich klar und hart klangen sie durch die Nachtluft.

»Wie alt ist er eigentlich?«

»Nicht so alt. Zweiundfünfzig, glaube ich.«

Die Stimmen näherten sich. Sie gehörten zwei Bootsleuten, die eben ihren Kahn am Steg festgemacht hatten und nun zum Schloß heraufkamen.

»Er war kein schlechter König.«

»Nicht, wenn man sich an Richard erinnert.«

»Dazu hat kaum jemand Lust.« Beide lachten.

»Wie ist der neue König?«

Einen Augenblick lang war es still. »Er ist ein Bürschchen. Es heißt, ihn kümmert nichts als Sport.«

»Und Weiber?«

»Nein, Weiber nicht. Noch nicht! Er ist ja erst siebzehn.«

»Alt genug, wenn einer in diese Richtung neigt.«

»Aye, aber das tut er nicht.«

Jetzt hatten sie mich fast erreicht. Wenn sie sich umdrehten, würden sie mich sehen. Aber sie drehten sich nicht um, sondern stapften weiter auf den Dienstboteneingang des Schlosses zu.

»Was glaubst du, wie lange dauert's noch?«

Der andere gab ein Geräusch von sich, das Unwissen oder Gleichgültigkeit zu bedeuten hatte.

Mein Herz pochte. In diesem Augenblick beschloß ich, es nie wieder geschehen zu lassen, daß ich heimlich zuhörte, wie jemand über mich sprach. Sie hatten nichts Wichtiges gesagt, und doch hatte es mich bestürzt. Die Art, wie sie beiläufig über Vaters Leben und über meinen Charakter geredet hatten... als kennten sie uns, als hätten sie ein Besitzrecht an uns.

WILL:

Es war ein Entschluß, dessen Einhaltung Heinrich offenbar beispiellose Mühe bereitete – die Gespräche anderer nicht zu belauschen. Zu meinem Glück, denn just diese Neigung führte zu unserer ersten Begegnung.

HEINRICH VIII.:

Für sie war Vaters Hinscheiden kaum von Bedeutung, denn sie nahmen nicht an, daß sich damit eine neue Zeit des Blutvergießens und des Umsturzes ankündigte.

Aber für mich? Ich wollte nicht, daß er starb und mich verließ... mich allein ließ. Ich liebte ihn. Ich haßte ihn. Bis zu diesem Augenblick hatte ich nicht gewußt, wie sehr ich auf sein Dasein angewiesen war, darauf, daß er im Bug des Schiffes stand, mit dem ich fuhr, geschützt vor dem Gischt und allen anderen Beschwernissen der Reise. Wenn er nicht mehr da wäre, würde das alles über mich hereinbrechen.

Die Männer waren vorüber. Ich richtete mich auf und ging weiter. Ich erinnere mich noch heute an den seltsamen, feuchten Geruch des beginnenden Frühlings, den Dunst von leicht muffiger Erde. Und an die völlige Stille zwischen den blühenden Ästen. Im harten, kalten Licht sahen sie aus wie gemeißelt, als wären sie aus einem Marmor, den nichts zerschmettern könnte.

Ich hob die Hand und schüttelte einen der Äste, und ich erwartete, daß ein Regen von Blütenblättern auf mich herabrieseln werde. Aber es geschah nichts; die Blüten hatten sich gerade erst geöffnet und saßen noch ganz fest. Es war noch zu früh zum Herabfallen. Wenn die Zeit aber käme, würden sie überreichlich herniederregnen und ihren Ast mit einer Leichtigkeit loslassen, um die ich sie beneidete.

Ich war siebzehn, und man würde mich losrütteln, und ich würde irgendwo hinfallen, aber ich fürchtete, ich würde es nicht mit Leichtigkeit oder Anmut tun.

Angst hatte ich nicht mehr. Sie war vergangen, und Resignation war an ihre Stelle getreten. Was sein mußte, mußte sein. In meiner kirchlichen Ausbildung hatte ich gehört, daß der große heilige Augustinus Gott gebeten hatte, ihn rein zu machen, »aber erst später«. Gott hatte ihm diese Bitte erfüllt und ihn erst spät in seinem Leben heilig werden lassen. Meine Bitte hatte Gott nicht erhört. Ich sollte König werden, bevor ich dazu bereit war. Nun wartete ich darauf wie ein Verurteilter auf den Hieb des Henkers.

Aber als der Hieb kam, der mich von meiner Vergangenheit trennte, kam er sanft und von hinten.

Früh am nächsten Morgen ging ich wieder in Vaters Privatgemach, und am übernächsten, und am darauffolgenden. In Wahrheit war es kein Privatgemach mehr; es wimmelte von all denen, deren Aufgabe es war, sich um einen sterbenden Monarchen zu kümmern. Linacre und zwei weitere Ärzte mußten beständig an Vaters Seite bleiben; an der anderen Seite hatten zwei Priester ihren Platz, der eine, um die letzte Beichte abzunehmen, der andere, um die Letzte Ölung zu gewähren, derweil ein dritter vor dem Altar am anderen Ende des Raumes die Messe las. Rechtsanwälte harrten in der Nähe, um den König bei der üblichen Generalamnestie für alle Sträflinge im Reich, die nicht wegen eines Kapitalverbrechens verurteilt waren, zu beraten. Krankenschwestern und Diener kamen und gingen in stetem Strom wie Ameisenkolonnen mit Speisen und Arzneien und Leintüchern. Auch sein florentinischer Bildhauer Torrigiano kam, um sich mit ihm über das Grabmonument zu beraten, das Vater für seine Gruft in Westminster Abbey, wo man schon seit einigen Jahren an seiner privaten Grabkapelle baute, in Auftrag gegeben hatte. Vater war gründlich bis zum Ende.

Vieles blieb ungesagt zwischen uns; zweifellos hatte er auf seine gewohnt ordentliche Art vorgehabt, es bis zum Schluß aufzubewahren. Da er aber noch nie gestorben war, wußte er nicht, daß er dann keine Zeit mehr dazu haben würde und daß wir nicht mehr ungestört sein könnten. So, nun standen Maria und ich (Margaret hatte ja sechs Jahre zuvor den schottischen König James IV. geheiratet und lebte nun im hohen Norden) hilflos und deplaziert herum. Der König schaute Maria oft und lange an, und ich glaube, er sah ihre Mutter in ihr. Maria war jetzt dreizehn, ein schlankes, hübsches Mädchen.

Am vierten Tag verschlechterte sich sein Zustand, und er bekam kaum noch Luft. Er lag rücklings auf einem großen Berg von Kissen, die in ihrer Anhäufung das gespenstische Abbild eines Thrones boten, und er war weißer als das gebleichte Linnen, das ihn umgab. Wolken von rosenduftendem Rauch entstiegen einem Räucherfaß neben ihm, aber das machte ihn nun nicht mehr husten. Ich selbst konnte nur mit Mühe ein Würgen unterdrücken, so beißend war der Geruch.

Er bedeutete mir, daß er mir etwas zu sagen wünsche, und ich beugte mich über ihn. »Was ich vergaß«, wisperte er. Sein Atem roch faulig. »Versprich mir, gegen die Ungläubigen zu kämpfen.« Eine Pause. »Keine Freunde. Du darfst keine Freunde haben.«

Als ich nicht antwortete, sprach er langsam weiter. »Du weißt, wie es mit de la Pole steht. Du kennst die Gefahr. Aber auch Freunde können eine Tür sein, durch die der Verrat ins Haus kommt. Habe keine Freunde. Ein König hat keine Freunde.«

Ich hatte großes Mitleid mit ihm. Sein seltsames Vagabundenleben hatte ihm jede Möglichkeit verwehrt, normale Knabenfreundschaften zu schließen und Bande zu knüpfen, die ein Leben überdauern. Ich war zutiefst dankbar dafür, Freunde wie Carew, Neville und Henry Courtenay zu haben, und ich fühlte mich gesegnet, denn sie waren mir kostbar. Ich erinnere mich an diesen Gedanken; lebhaft und beharrlich stand er mir vor Augen. (Wie ehrlich bin ich, daß ich ihn hier wiedergebe, angesichts ihres späteren Verrats. Um wieviel klüger könnte ich mich darstellen!)

»Ich will kein Einsiedler sein«, war alles, was ich sagte.

»Dann willst du nicht König sein«, erwiderte er leise. »Und ich sehe jetzt, daß du höchst ungeeignet für irgend etwas anderes bist. Du hattest recht – es ist Gottes Werk. Und du mußt...« Ein Hustenanfall unterbrach ihn, so heftig, daß ihm das Blut aus dem Mund flog und auf den Boden spritzte. »Einen Priester...« wisperte er, als es vorüber war. »Wolsey.«

Eilends verließ ich seine Bettkante und machte mich auf die Suche nach Wolsey. In der zwielichtigen Kammer, um so trüber wegen der Rauchwolken, die sie erfüllten, konnte ich ihn nirgends sehen. Stand er vor dem Altar? Ich lief hin, aber ich fand ihn nicht. Er mußte im Vorzimmer sein. Ich hastete zu der schweren Tür, stieß sie auf und blieb keuchend auf der anderen Seite stehen. Wolsey saß auf einer Bank und las ruhig in einem Psalter. Selbst in diesem konfusen Augenblick fiel mir seine beinahe unnatürliche Gefaßtheit auf.

»Mein Va...« Ich korrigierte mich. »Der König ruft nach Euch.«

Wolsey erhob sich, und zusammen betraten wir das Privatgemach.

»Geht zu ihm!« Fast hätte ich ihn zu Vaters Bett hingestoßen. Aber er näherte sich ihm nicht. Statt dessen fiel er neben mir auf die Knie.

»Hoheit«, sagte er.

Ich schaute mich um. Niemand sah Vater an; alle hatten sich mir zugewandt. Wolsey hatte es bemerkt, ich aber war blind gewesen.

»Der König ist tot.« Linacre kam mir langsam entgegen. Ich sah Vater reglos auf seinen Kissen liegen. Der Mund stand ihm offen.

»Lang lebe der König!« rief jemand aus dem hinteren Teil des Gemachs in obszöner Lautstärke. Dann riß ein anderer die geschlossenen Samtvorhänge auseinander und öffnete die Fenster. Sonne und Wind fluteten herein und zerstreuten die Qualmwolken in der Krankenstube.

»Lang lebe der König!« Andere nahmen den Ruf auf, und bald hallte die Kammer davon wider, während Vater vergessen dalag und nichts mehr hörte.

Meine Schwester Maria kam zu mir. Ich streckte die Hand nach ihr aus und wollte ihr den Arm um die Schultern legen; wir waren nun Waisen, und ich wollte diesen seltsamen Schmerz mit ihr teilen. Aber auch sie fiel in Demut vor mir auf die Knie.

»Hoheit«, sagte sie, und sie ergriff meine Hand und küßte sie.

»Maria! Du darfst nicht...«

»Ihr seid mein König, und ich schulde Euch meinen ganzen Gehorsam.« Sie wandte ihr glänzendes junges Gesicht zu mir auf.

Zitternd entzog ich ihr meine Hand. Ich drängte mich an Wolsey vorbei und strebte verwirrt einer fast unbekannten Tür im Vorraum zu, die geradewegs in den Obstgarten hinausführte, in dem ich noch wenige Nächte zuvor gestanden hatte. Dort wollte ich hin, als gäbe es dort irgendeinen magischen Trost für mich.

Ich drückte die schwere, mit Nägeln beschlagene Tür auf und trat hinaus, geblendet vom grellen Aprilgrün. Die Bäume standen in voller Blüte, und die zarten Blütenblätter saßen jetzt schon lose; der Wind trieb sie vor sich her und überschüttete mich mit ihnen. Und sofort stand mir alles klar, scharf und fern vor Augen, als schaute ich durch ein Prisma. Aus weiter Ferne hörte ich den Herold am Schloßtor, wie er mich ausrief: »Heinrich VIII., durch Gottes Gnade König von England und Frankreich und Lord von Irland.« Seine Stimme schwebte in der blütenduftenden Luft wie ein körperloser Geist.

Nach einer Weile aber verging dieses Gefühl der Entrückung, und ich stand in einem Palastgarten, den ich seit meiner Kindheit kannte. Der Obstgarten selbst hatte nichts auch nur annähernd Übernatürliches an sich, aber daß an diesem Nachmittag Magie zugegen war, läßt sich nicht bestreiten: Es ist immer ein Element der Magie im Spiel, wenn ein König gemacht wird.

XII

Ich stand lange so da und genoß die Illusion von Einsamkeit, bis Stimmen in meine Gedanken einbrachen – die Stimmen einer großen Schar von Arbeitern und Bediensteten, die auf den Obstgarten zuströmten und mich einkesselten.

Schmerzlich überrascht drehte ich mich um, und ein Ruf erhob sich: »Lang lebe der König!« Ein großer, rotgesichtiger Gärtner war es, der diese Worte rief. Er hob die Hände. »Lang lebe König Harry!«

Ich zuckte innerlich zusammen ob dieser Vertraulichkeit. Sahen sie in mir denn immer noch nur den kleinen Harry? Darin lag nichts Majestätisches, nichts Furchterregendes. Ein Spielball...

»Hübscher Hal!« rief ein altes Weib. Wieder erschauerte ich, und ich mußte daran denken, was eine andere Frau von Edwards hübschem Antlitz gesagt hatte.

Sie sollten verschwinden, sie sollten aufhören, mich zu verspotten. Ich ging ihnen entgegen, aber ich wollte nur an ihnen vorbei und zurück in den Palast schlüpfen. Wie hatten sie mich so rasch gefunden?

Als ich näher kam, brachen sie in wilden Jubel aus. Und dann veränderte sich etwas in mir: Ich fürchtete sie nicht, sondern streckte ihnen die Hände entgegen. Eine Stimme, die nicht mir gehörte (wenngleich sie aus meinem Munde kam), sagte: »Ich danke euch. Ich habe nur einen Wunsch: Solange ich König bin, möget ihr immer so glücklich sein, wie ihr es heute seid.« Die Worte sprudelten ungerufen aus mir hervor. »Wein!« rief ich, ohne jemanden anzusprechen; irgendwie wußte ich, daß der Befehl schon ausgeführt werden würde. »Wein für alle!«

Dies veranlaßte sie zu neuerlichem Jubel und lenkte sie ab, so daß ich mich in den Palast zurückziehen konnte. Dankbar schloß ich die Tür hinter mir. Noch immer konnte ich draußen ihre Jubelrufe hören.

Aber auf der anderen Seite der Tür wartete schon wieder eine Menschenmenge – Pagen, Speisenaufträger und Bratspießdreher diesmal. Augenblicklich sanken sie auf die Knie, gelobten mir Loyalität und grüßten mich als ihren gesegneten König. Verlegen dankte ich ihnen und setzte meinen Weg in die Gemächer meines Vaters fort. Und überall in den Korridoren war es das gleiche: Reihen von Menschen, die auf die Knie fielen. Wie hatte es sich so schnell herumsprechen können? (Damals wußte ich noch nicht, daß Neuigkeiten innerhalb der Palastmauern schneller von einem Ort zum anderen gelangen als der geflügelte Gott – manche sagen gar, etwas spricht sich herum, schon ehe es geschehen ist. Aber ich hatte nur einen Gedanken: Werde ich nie wieder allein sein?)

Endlich (nach einer Ewigkeit, wie mir schien) erreichte ich die Wachstube, den äußersten Raum der königlichen Gemächer. Ich zog die schwere Tür auf und erwartete, dahinter selige Einsamkeit zu finden. Und ich wurde nicht enttäuscht: Der weitläufige Raum, mit verblichenen Gobelins und altmodischen Rüstungen ausstaffiert, schien leer zu sein. Hier pflegten die Leute auf eine Audienz beim König zu warten. Mir kam der Gedanke, daß Vater den Raum wahrscheinlich mit Absicht so trist und unbehaglich wie möglich eingerichtet hatte, um die meisten Bittsteller schon zu entmutigen, noch bevor sie an die Reihe kämen. Selbst jetzt, gegen Ende April, war es kalt hier.

Am hinteren Ende befand sich die Tür zum Audienzsaal, zum Thronsaal. Als ich darauf zuschritt, bemerkte ich eine Bewegung; ein Priester löste sich aus dem Schatten und ging ebenfalls auf die Tür zu. Es war Wolsey.

»Euer Gnaden«, sagte er. »Ich stehe bereit, Euch zu helfen. Als Almosenier des verstorbenen Königs bin ich wohlvertraut...«

Schon also stürzten sich die Vorteilssucher auf mich. »Ich bin selbst wohlvertraut mit dem verstorbenen König«, fiel ich ihm ins Wort.

»Ihr mißversteht mich, Euer Gnaden. Ich sprach von den... betrüblichen Pflichten, die durch das Hinscheiden des Königs entstehen. Die Totenmesse, die Trauerfeiern, das Begräbnis...«

»Vater hat bereits für alles Vorkehrungen getroffen.« Ich zog am Türgriff, doch irgendwie gelang es ihm, mir in den Weg zu treten.

»Freilich, was die letzten Einzelheiten angeht.« Er blieb beharrlich. Er war über die Maßen beharrlich, dieser Wolsey. »Das prachtvolle Grabmal, das er bei Torrigiano in Auftrag gegeben hat, die hinreißende Kapelle in der Abbey, die fast fertig ist. Aber die persönlichen Dinge, Unseligkeiten wie die Einbalsamierung, die Aufbahrung, die Totenmaske...«

»Nichtigkeiten«, sagte ich und versuchte wieder, mich von ihm zu lösen.

»Scheußlichkeiten«, widersprach er entschieden. »Häßliche Dinge, derweil Ihr doch in Gedanken mit anderem beschäftigt sein solltet. Ihr habt Euch jetzt um vieles zu kümmern, nicht wahr? Wo aber ist der Sohn, welcher freudig das Begräbnis seines Vaters beaufsichtigte? Und freudig müßt Ihr sein, Euer Gnaden: Ihr müßt frohlocken, wie es auch das Königreich tut. Keine Düsternis, denn sonst erinnertet Ihr das Volk an...« Taktvoll brach er ab; es war ein wohlgeübtes Verstummen. Dennoch hatte er einen entscheidenden Punkt berührt.

»So übernehmt es denn!« rief ich hilflos.

Er verbeugte sich in gelassenem Gehorsam, und ich riß die Tür auf und gelangte endlich in den Audienzsaal, wo ich allein war.

Ich überquerte die weite Fläche; alles war seltsam schlicht, trotz der Estrade mit dem geschnitzten Thronsessel. Dieser war so gestellt, daß ein Bittsteller den ganzen Saal durchqueren mußte, ehe er dem König ins Angesicht schauen konnte. Es tat zweifellos seine Wirkung, aber der überwiegende Eindruck, den dieser Saal vermittelte, war der von grauer Trostlosigkeit, und daran konnte auch die Gegenwart des Königs nichts ändern.

Von hier aus gelangte ich als nächstes in Vaters Privatgemächer, dorthin also, wo er eigentlich lebte. Aber er war tot, erinnerte ich mich...

Die große Kammer, die erst kürzlich in ein Sterbezimmer verwandelt worden war, hatte sich schon wieder verändert. Die

Rauchfässer waren fort, und die Vorhänge waren offen. Und das Bett war leer.

»Wohin habt ihr ihn gebracht?« rief ich.

»Der Ruf der Maria Magdalena«, sagte eine Stimme hinter mir. Ich fuhr herum und erblickte Wolsey. Wieder Wolsey. Er mußte mir gefolgt sein. »'Sie haben meinen Herrn fortgenommen, und ich weiß nicht, wohin sie ihn gelegt haben.'«

»Sucht Ihr mich mit Euren Kenntnissen der Heiligen Schrift zu beeindrucken?« fragte ich sanft. »Derlei weiß aber jeder Priester, und auch ich. Ich will wissen, wohin man ihn gebracht hat.«

Wolsey schaute mich vergebungheischend an. »Es gab einiges, das unverzüglich zu erledigen war. Ich bedaure, aber ich habe meinem Auftrag vorweggehandelt. Man hat ihn fortgebracht, um ihm die Totenmaske abzunehmen und ihn dann auszuweiden und einzubalsamieren.«

»Aha.« Es war widerlich. Ich sah mich um und fühlte einen starken Wunsch nach Wein. Dann wurde mir ein Becher in die Hand gedrückt, und mein Wunsch war erfüllt. Schon wieder Wolsey. Ich trank in tiefen Zügen und hoffte, dies werde das seltsame Gefühl von Trägheit und Entrückung vertreiben, das mich offenbar umfaßt hielt.

Wolsey verschwand, aber an seiner Stelle erschien ein junger, rothaariger Page. Es war Magie. Fast hätte ich gelacht. Das alles war Magie. Ich nahm noch einen Schluck Wein. Ambrosia. Ich war jetzt unsterblich, wie ein Gott. Nein, nicht unsterblich, korrigierte ich mich. Könige sterben. Doch sind sie Götter, solange sie leben...

Ich sah mich um. Dies war nicht mehr Vaters Gemach, sondern meines. Mit etwas unsicherem Schritt ging ich auf die Tür zum Arbeitsgelaß des Königs zu. Hier hatte Vater viel Zeit verbracht, hierher hatte er mich oft rufen lassen. (Der Ausdruck »Privatgemächer« war irreführend. Es gab hier nichts Privates; es war der Ort, wo alle, die dem König persönlich zu Diensten waren, zusammentrafen: Kammerherren und Kammerdiener, Türhüter, Pagen, Speisenträger, Barbiere und so fort. Über diese hinaus indessen war der Zutritt nur auserwählten Personen gestattet. So war das Gelaß in Wirklichkeit die erste wirklich private Kammer in einer Reihe von Privatgemächern.) Ich stieß die Tür auf und schaute in den kahlen, spärlich eingerichteten Raum hinein, und ich dachte daran, wie oft ich hier gedemütigt worden war. Der verhaßte Affe schnatterte und sprang noch immer umher; selbst jetzt durfte er sich noch frei bewegen.

»Nimm diese Kreatur fort«, sagte ich zu dem Pagen. (Mit Bedauern notiere ich dies als meinen zweiten königlichen Befehl.) Ich streckte die Hand nach dem Tier aus, packte es am Schlafitt und drückte es dem Jungen in die Arme. »Schafft ihn weg. Mir ist es gleich, wohin.«

Der Junge nahm das Tier in die Arme und trug es hinaus. Wie einfach das ging! Ich staunte. Etwas, das ich jahrelang hatte ertragen müssen, war plötzlich fort, hinweggefegt mit einem Wort und einer Geste. Ich lachte entzückt. Dann schaute ich mich im Zimmer um und plante weitere Veränderungen. Es war kalt? Man würde ein Feuer anzünden. War der Schreibtisch alt und fehlten ihm Schubladen? Ein neuer aus Italien würde gebracht werden, mit seltenen Hölzern eingelegt. Es war überhaupt ein altmodischer Raum? Zimmerleute würden ihn neu täfeln, Bildhauer ihn neu verzieren und Maler ihn vergolden.

Von hier aus ging ich weiter in die Schlafkammer – das erste ganz und gar private königliche Gemach, zu dem sogar mir der Zutritt verwehrt gewesen war: der Raum, in dem der König sich zur Nachtruhe zurückgezogen hatte. Viele Monate hatte Vater hier nicht mehr geschlafen, aber sein großes Bett (elf Fuß an jeder Seite) kauerte noch immer breit in der Mitte der Kammer, einem normannischen Turmbau gleich. Langsam ging ich herum. Die Bettvorhänge waren mottenzerfressen und schäbig. Ich hob die Hand und schlug leicht gegen eine Falte, und eine mächtige Staubwolke erhob sich, daß ich fast erstickte. Und da – ich weiß nicht, was über mich kam – begann ich, wie von Sinnen auf die Vorhänge einzuprügeln und zu schlagen und einen Staubsturm zu entfesseln. Und ich war den Tränen nahe... warum, das weiß ich nicht.

Tränen und Staub vertrieben mich von dem Bett, und da fiel mein Blick auf Vaters private Gebetsnische. Ich ließ mich auf seine Kniebank sinken und bemühte mich, den Blick auf das Kruzifix zu heften, aber immer wieder kehrten meine Augen zu dem Gemälde der Jungfrau Maria zurück, die meiner Mutter so ähnlich war. Ich betete, daß ich ein guter König werden und dieses Amtes würdig sein möge. Worum noch? Ich fürchte, es war ein Hilferuf, ein Entsetzensschrei, was da meiner Seele entstieg. Aber ich vertraute darauf, daß Gott mich hören würde...

Blindlings wandte ich mich ab und fiel quer über das Bett. Die Anstrengung, der Tag, Wolseys Wein – dies alles gewann die Oberhand. Ich versank in tiefen Schlummer.

Und erwachte irgendwann in furchtbarer, leerer Mitternacht. Ich wußte es; nicht der Ausrufer oder das Schlagen der Uhr verriet es mir, sondern ein Gefühl tief in meinem Innern. Wir *kennen* diese Zeit, kennen sie tief in uns selbst...

Ich lag auf dem Bett, nicht zugedeckt, noch immer in meinen Tageskleidern. Es war kalt; mir war kalt. Ich zitterte. Aber ich fühlte mich anders als früher, bis mir einfiel: *Ich bin König*. Und beinahe im selben Augenblick kam mir ein Sprichwort aus dem Orient, das ich von Skelton gehört hatte, in den Sinn: *Jugend, Reichtum im Überfluß, hohe Geburt und Unerfahrenheit: Jedes von diesen ist ein Quell des Untergangs. Welches also ist das Schicksal desjenigen, in dem sich alle vier vereinen?*

Ich hatte Angst. Meine Jugend war es schließlich, die mich rettete: Sie ließ mich wieder einschlafen.

»Euer Gnaden.« Ich hörte die Stimme, fühlte, wie jemand mich wachrüttelte. Ich öffnete die Augen und erblickte Brandon.

Ich setzte mich auf und wunderte mich: Weshalb war ich bekleidet auf diesem fremden Bett? Dann wußte ich es.

Brandon stand vor mir und strahlte. »Sie warten.«

Ich schlief noch halb, und man sah es meinem Gesicht an.

»Das Volk. Es wartet!« Er deutete zum Fenster.

Ich rollte mich vom Bett und trat langsam ans Fenster. Draußen sah ich Menschen, nichts als Menschen.

»Sie wollen Euch einmal sehen«, sagte er. »Manche warten schon die ganze Nacht.«

Ich wollte das Fenster öffnen, aber er sagte: »Nein. Sie erwarten Euer Erscheinen, wenn Ihr zum Tower reitet.«

Ich hörte Stimmen, gedämpft und leise; offenbar erteilte man draußen nun noch anderen die Erlaubnis, einzutreten. Ein schlanker Page stürzte herein.

»Euer Hoheit«, begann er und beugte das Knie, »ich möchte Euch...« Ein wahrer Strom von weiteren Dienern brach herein; man brachte Tabletts mit Speisen sowie Kleider. Einer verbeugte sich tief und fing dann an, sich an den Knöpfen meines Rockes zu schaffen zu machen. Ich stieß ihn von mir.

»Aber Euer Gnaden«, protestierte er. »Ich bin der Gewandmeister. Und es ist meine Pflicht, den König zu kleiden.« Mit stolzer Gebärde zu seinem Helfer fuhr er fort: »Wir haben das Wams bereits vor dem Feuer erwärmt, gemäß dem Protokoll des verstorbenen...«

»Genug!« rief ich. »So macht schon!« Und ich sah mich gezwungen, die Bekleidungszeremonie über mich ergehen zu lassen, in deren Verlauf zwei Männer knüpfend und knöpfend und ziehend und drückend an mir hantierten. (Hatte mein Urgroßvater Tudor wahrhaftig solche Aufgaben gehabt?)

Endlich war alles fertig, und ich konnte sie hinauswerfen. Brandon und ich waren für einen Augenblick allein.

»Was muß jetzt geschehen?« fragte ich ihn. »Vater hat es für sich behalten.«

»Ihr müßt zum Tower reiten«, erläuterte er. »Um sozusagen feierlich die Herrschaft zu übernehmen. In alten Zeiten wurde ein König unverzüglich gekrönt, wenn der alte gestorben war. Heutzutage geht es ja friedlicher und zivilisierter zu« – ein leises Lächeln spielte um seine Lippen – »und so gibt es ein Interim. Der alte König muß geziemend bestattet werden, und man muß ihm noch einmal die Ehre erweisen. Aber das Volk verlangt noch immer, den neuen König unverzüglich sehen zu können. Die Leute sind ungeduldig, und sie können nicht einen ganzen Monat warten, bis Euer Vater beerdigt wird. Deshalb der Ritt zum Tower.« Er grinste. »Das ist ein gutes Omen. Seit Generationen ist kein Regent mehr zum Tower geritten. Ihr seid der erste seit fast hundert Jahren, der in Frieden und ohne Proteste gekrönt wird.«

Der Schlaf war immer noch nicht ganz von mir gewichen. »Welches Datum haben wir?« fragte ich.

»Heute ist St. Georg«, antwortete eine Stimme, die ich schon kannte – Wolsey. »Das Fest des englischen Schutzpatrons. Ein gutes Omen.«

Omen. Die hatte ich jetzt schon satt. Ich funkelte Wolsey an. »Jeder Frühlingstag wäre eines«, versetzte ich. »Und was meinen Ritt nach London anbelangt...«

»Es ist alles bereit, Euer Gnaden. Die Pferde sind gesattelt, und diejenigen, die Euch begleiten werden, sind angekleidet und warten.«

Plötzlich haßte ich ihn, haßte seine selbstgefällige Allwissenheit. »Und wer ist das?« fragte ich. »Ich habe Euch – und auch sonst niemandem! – irgendwelche Anweisungen gegeben.«

»Es sind die, die Euch lieben«, antwortete er sanft. »Eure liebsten Freunde und Eure Schwester. Sie werden mit Euch zum Tower reiten und dort bei Euch bleiben. Keine Ratsherren, keine Alten heute. Dies ist ein Tag für die Jugend.« Er lächelte bescheiden, als sei er damit auch selbst ausgeschlossen.

»Du auch«, sagte ich zu Brandon. »Du mußt auch mitkommen.«

Es war ein schöner, warmer Tag; der Sommer reifte schon heran und stärkte mein Blut. Ich trat hinaus in den Schloßhof. Viele Menschen erwarteten mich dort, meine Freunde, meine Anhänger und alle, die mir Glück wünschen wollten. Als ich erschien, erhob sich ein mächtiger Schrei, ein ohrenbetäubendes Donnerbrüllen. Sie schrien sich heiser, und ihre kräftigen Stimmen stiegen in die Frühlingsluft hinauf.

Und plötzlich war alles hinweggefegt – das Zögern, die Hilflosigkeit, die Angst... vom warmen Wind verweht und vergessen. Ich war König, und ich war froh darüber. Alles würde gut werden; ich spürte es, wie ein Versprechen...

Ich bestieg meinen großen Braunen, ein Pferd, das ich im Turnier geritten hatte und gut kannte, und lenkte ihn auf das Schloßtor zu. Als die Flügel aufschwangen, sah ich wie vom Donner gerührt die unglaublich gewaltige Menge gemeinen Volkes, das sich um das Palastgelände drängte und die Straße nach London säumte, soweit das Auge reichte, in sechs, sieben Reihen hintereinander. Als sie mich erblickten, brachen sie in lauten Jubel aus. Und ich fühlte ihre Gegenwart als etwas Gutes und Freundliches, das ich nicht zu fürchten brauchte. Sie riefen nach mir, segneten mich, feuerten mich an. Ohne nachzudenken, riß ich mir die Mütze vom Kopf und hob die Arme, und sie jubelten nur noch lauter. Ich aber fühlte mich gewärmt, von der Sonne über mir und von ihrem Beifall ringsum.

Auf dem ganzen Wege war es so: Jubelnde Menschen, die in dichtgedrängten Reihen am Flußufer standen, während die Sonne an Kraft zunahm und sich glitzernd im Wasser spiegelte. Wir waren eins in diesem Augenblick, sie und ich; ein mystisches Band formte sich zwischen uns, und wir frohlockten in diesem unübertrefflichen Wohlgefühl: Es war der Anfang der Dinge.

Es wurde Abend, bis wir den Tower erreichten, so langsam kamen wir voran. Die Mauern von London glühten rosig in der untergehenden Sonne. Als wir die Brücke überquerten, sah ich noch mehr Menschen; sie lehnten aus den Fenstern ihrer hohen Häuser und versuchten, einen Blick auf mich zu erhaschen. Sie hatten keine Zeit gehabt, sich auf diese unangekündigte königliche Prozession vorzubereiten, aber sie hatten die schmale Gasse doch mit dikken Girlanden aus Obstblüten behängt, die in der frischen Abendbrise schaukelten, daß ein Regen von Blüten auf uns herniederging, Blüten von Äpfeln, Kirschen und Birnen...

Fackeln brannten in der Dämmerung des Aprilabends, und ihr mächtiges Lodern verwandelte die wirbelnden Blütenblätter in Gold.

Und jetzt verschwimmt alles, wie der Lichtschein dieser Fakkeln. Der Tower, Fanfarenklänge. Wieder bin ich dort, und ich bin siebzehn...

Die Königliche Garde in den Farben der Tudors, Aprilgrün und Weiß, geleitet mich in den Tower. Vor dem White Tower steige ich vom Pferd; ich werfe meinen Mantel ab, rufe nach Wein. Dann überwältigt mich die Müdigkeit. Die Magie ist verflogen; meine Beine schmerzen, meine Augen brennen...

Die anderen folgen mir hinein: Brandon, Neville, Carew, Compton. Jemand bringt Wein in großen Bechern. Neville nimmt zwei vom Tablett und reicht mir einen davon in vertrauter, sorgloser Geste, wie es seine Art ist; dann will er mir auf die Schulter klopfen, hält plötzlich inne, erstarrt in der vertraulichen Gebärde: Die alten Freunde sind jetzt König und Untertan. In seinen blauen Augen, die den meinen so ähnlich sind, steht Bestürzung.

»Eure Hoheit«, sagte er leise, und seine Hand (wiederum, ganz wie die meine) sinkt kraftlos herunter.

Er wartet darauf, daß ich ihn errette, daß ich ihm diesen seltsamen Augenblick des Übergangs erleichtere. Ich kann es nicht. Und dann, wunderbarerweise, kann ich es doch.

»Ich danke Euch«, antworte ich ganz natürlich, und es ist, als wäre ich immer schon König gewesen. Was andere erst nach Jahren lernen, kann ich in diesem Augenblick. Ich kann es nicht anders erläutern, als indem ich sage, in diesem Augenblick wurde ich König, und es gab kein Zurück. Dies war meine wahre Krönung: das andere nur eine Besiegelung, eine Bestätigung dessen, was schon stattgefunden hatte.

In diesem Augenblick wußte ich auch, was mein Ziel war: Ich wollte ein vollkommener König werden, wollte Heinrich V. und König Arthur an Größe und Ritterlichkeit übertreffen.

Ich kehrte dann nach Richmond zurück und verweilte dort bis zu Vaters Bestattung, die Anfang Mai vorgenommen wurde. Ja, man sagte mir, ich müsse mich tatsächlich verborgen halten, aus einem Grunde, der ebenso schmeichelhaft wie beunruhigend war: Die Menschen hatten mir so sehr zugejubelt, waren so überglücklich über meine Thronfolge gewesen, daß jeder weitere öffentliche Auftritt meinerseits dem Gedenken des verstorbenen Königs und seinem Begräbnis abträglich gewesen wäre. Ich war baß erstaunt.

WILL:

War Heinrich wirklich so naiv, wie er sich hier darstellt? Er berichtet, wie das Volk ihn begrüßte, gibt aber vor, darüber gestaunt zu haben, daß dies in argem Kontrast zum Gedenken seines Vaters gestanden hätte. Aber man darf seine Jugend nicht vergessen. Er war ja erst siebzehn und seiner selbst noch nicht sicher, allem Jubel zum Trotz. Wir, die wir ihn erst später kennenlernten, müssen dies berücksichtigen. Ich jedenfalls glaube ihm.

Gleichwohl muß ich gestehen, daß seine Selbstzweifel und seine Unschlüssigkeit wohlverborgen blieben. (Ein Triumph seines königlichen Willens?) Ich sah ihn an jenem Tag in London; ich stand auf der Brücke, in der großen, namenlosen Menge.

Er ritt auf einem gigantischen, mit einer prachtvollen Schabracke behängten Roß, und er kam uns vor wie ein großer, goldener Gott – breitschultrig, schön und ganz und gar gelassen. Er sah aus wie ein König, und er ritt unter das Volk mit dem Eifer eines Knaben (der er freilich noch war), unbefangen und voll natürlicher Anmut. Die Menschen liebten ihn augenblicklich, und er liebte sie wieder: Eine gegenseitige Anziehung, wie sie selten vorkommt. Sie liebten seine Schönheit, seine Kleidung, seine üppige Pracht und Farbigkeit. Jung Harry, aufgewachsen in Kälte, Düsternis und Trostlosigkeit, sollte für den Rest seines Lebens Licht, Wärme und leuchtende Farben suchen. Das spürten die Menschen. Und sie jubelten.

HEINRICH VIII.:

In dieser trüben Interimszeit waren zahlreiche Einzelheiten zu besorgen, Einzelheiten, die vom Begräbnis des alten Königs bis zur Krönung des neuen reichten. Alles mußte gleichzeitig geplant werden: Es mußte eine Trauerprozession und eine Krönungsprozession geben, einen Trauerschmaus und ein Krönungsgelage, Trauermusik und Krönungsmusik. Dies bedeutete zwangsläufig, daß die Kuchen in den königlichen Öfen Seite an Seite backen und daß die Musiker beiderlei Musik in einem Zuge üben mußten. Während der Hof in Staatstrauer schwarzgekleidet einherging, wurde bereits für die Krönungsgewänder Maß genommen.

Was waren meine Pflichten? Wie alle anderen mußte ich mir die Kleider für die Krönungsfeierlichkeiten anmessen lassen. Wie niemand sonst hatte ich aber auch andere, dringende Angelegenheiten zu erledigen. Wenn ich ein richtiger König sein wollte, mußte ich die Zügel der Macht ergreifen, die Vaters Händen entglitten waren.

Ich mußte mit dem Geheimen Staatsrat zusammentreffen, mußte lernen, wie dort verfahren wurde. Ich, der ich immer auf einen Platz in einer dunklen Ecke verwiesen worden war, wenn der Rat getagt hatte, mußte nun den Vorsitz führen. Vater hatte mir einen intakten Rat hinterlassen. In gewisser Hinsicht erleichterte mir dies meine Aufgabe; in anderer aber erschwerte es sie geradezu, denn sie alle waren Vaters Gefolgsleute, und jeder war enttäuscht, weil er nicht zu meinem Protektor ernannt worden war, und überließ mir deshalb nur widerstrebend irgendwelche Macht.

Die neun Ratsherren waren allesamt gebildete Männer. Sieben waren auch ehrlich; zwei waren es nicht: Empson und Dudley, Vaters Finanzminister. Allen Abschottungsversuchen des Rates zum Trotz gelang es niederen Bediensteten der Krone doch, mir Informationen über die Skrupellosigkeit zu Ohren kommen zu lassen, mit der sie Geld einzutreiben und »dem Gesetz Geltung zu verschaffen« pflegten, und wie sie im ganzen Land verabscheut wurden, vom Adel wie von den Armen. Sie waren es, die Vaters Ruf beim Volke in den letzten Jahren seiner Regentschaft so sehr geschädigt hatten.

Ich ließ sie verhaften und von der Generalamnestie ausnehmen. Ich ließ die Schuldscheine, die sie für ihre ausbeuterischen Darlehen entgegengenommen hatten, für ungültig erklären. Sie waren Verräter, denn ihre Opfer waren »durch ungebührliche Mittel gewisser Angehöriger des Rates unseres besagten verstorbenen Herrn Vater dazu getrieben gegen alles Recht, gegen die Vernunft und ihr Gewissen, was aber Bürde und Gefahr für die Seele unseres besagten verstorbenen Herrn Vater im Gefolg führte«, wie es in meiner Proklamation hieß.

Sie hatten die unsterbliche Seele meines Vaters in Gefahr gebracht: Dafür hatten sie den Tod verdient. Sie wurden hingerichtet, wie es ihrer Bosheit zukam.

WILL:

Der weichherzige Jüngling, der solchen Abscheu vor »politischen« Hinrichtungen empfand, konnte also angesichts »moralischer« Verbrechen in Empörung geraten? Für einen Titel richtete er niemanden hin, aber für eine Seele...

HEINRICH VIII.:

Unter den sieben verbliebenen Ratsherren waren drei Kirchenmänner: Erzbischof Warham, der Kanzler; Bischof Fox, der Geheimsiegelbewahrer; Bischof Ruthal, der Staatssekretär. Die übrigen waren Laien: Thomas Howard, Graf von Surrey, der Premier; George Talbot, Graf von Shrewsbury, der Haushofmeister; Charles Somerset, Lord Herbert von Raglan, der Lord Kämmerer; Sir Thomas Lovell, Schatzkanzler und Garnisonskommandant des Tower.

Sie kamen täglich eine halbe Stunde vor Mittag zusammen, ungeachtet der Menge der zu erledigenden Angelegenheiten. Ihre Konferenzen waren außergewöhnlich langweilig; die erste, an der ich teilnahm, mündete in einer stundenlangen Debatte über die Frage, ob die Kosten für den Sarg des verstorbenen Königs aus der königlichen Privatschatulle oder aus den allgemeinen Haushaltsaufwendungen beglichen werden sollten.

Aber Geld war wichtig; das begriff ich durchaus. Was ich noch nicht begriffen hatte, war der Umfang des Vermögens, das ich geerbt hatte, denn die Ratsherren versuchten, diese Information im dunkeln zu halten, und taten, was sie konnten, sie vor dem »Jüngling« zu verbergen. Schließlich war es Wolsey, der die genauen Zahlen beschaffte und sie mir, in seiner säuberlichen Handschrift aufgeführt, vorlegte.

Ich las die Zahlen und bemühte mich, eine ausdruckslose Miene zu bewahren. Es war eine herkulische Aufgabe – denn die Zahlen waren so groß, daß sie schlicht unglaublich waren.

»Und die sind korrekt?« fragte ich Wolsey in gleichmütigem Ton.

»Allerdings«, antwortete er. »Ich habe sie aus drei verschiedenen Quellen, und jede davon ist unbedingt vertrauenswürdig. Und ich habe sie selbst viermal überprüft.«

»Aha.« Ich legte das kleine, gefährliche Stück Papier aus der Hand. Darauf stand, daß ich reich war, reicher, als je ein König von

England gewesen war – reicher höchstwahrscheinlich als irgendein König auf der Welt. (Mit Ausnahme des Sultans der Ungläubigen, über dessen Finanzen auch Wolsey nichts wußte.) Ich war wie betäubt. »Danke«, sagte ich schließlich.

Ich merkte es kaum, als Wolsey sich abwandte und hinausging.

Reich. Ich war reich. Nein, halt: Die Krone war reich. Was immer der König begehrte, er konnte es haben. Eine Armee? Bitte sehr, und ausgerüstet mit den modernsten Waffen. Neue Schlösser? So viele ich wollte. Und Menschen... Ich konnte sie kaufen, sie benutzen, um meinen Hof damit zu schmücken, wie ich mir etwa Juwelen auswählte.

Wann immer ich also an die ersten, friedlichen Tage meiner Regentschaft zurückdenke, sehe ich nur eine einzige Farbe: Gold. Glänzendes Gold, mattes Gold, poliertes Gold, glitzerndes Gold. Goldener Stoff, goldene Ringe, goldene Trompeten.

Ich schlug an Vaters Schatztruhen, wie Moses in der Wüste an den Felsen geschlagen hatte, und ein funkelnder Strom von Gold sprudelte hervor. Die Krone besaß schwindelerregende Reichtümer, wie Wolsey mir schon angedeutet hatte. Solche Reichtümer, daß ich jeden Untertan, der eine Schuld bestreiten, einen Schadenersatz verlangen oder nur einfach eine Beschwerde erheben wollte, auffordern konnte, sich zu melden.

Wir waren überwältigt von der Wirkung dieses Aufrufs. Hunderte von Menschen kamen, und ich mußte zusätzliche Anwälte bestellen, um ihrer Ansprüche Herr zu werden; die meisten davon hatten übrigens ihren Ursprung in den grausamen Blutsaugereien der Herren Empson und Dudley.

In der Mehrzahl der Fälle wurde zugunsten der Anspruchsteller entschieden, und die Krone zahlte. So floß ein Teil des Goldes unmittelbar zurück in die Hände gemeiner Leute, die es auch dringend nötig hatten.

Es floß aber auch an eine andere Gruppe, die allzu lange mittelos gelebt hatte: An Musikanten und Wissenschaftler und Bildhauer und Maler. (Ich begriff nicht, weshalb diejenigen, die sich entschlossen hatten, dem Ruf der Musen zu folgen, damit traditionsmäßig auch die Armut zu ihrem Los machen mußten, während jeder Wollhändler feines Essen und ein gutes Leben hatte. An meinem Hofe würde es damit ganz anders werden.) Und so kamen sie – aus Italien, aus Spanien (wo die Neue Aufklärung arg unterdrückt wurde), aus den Niederlanden und aus den deutschen Herzogtümern. Erasmus. John Colet. Richard Pace. Juan Luis Vives. Mein Hof sollte ein erregendes Zentrum der Gelehrsamkeit werden, eine Akademie, die dem Geist gewidmet war, nach Art der Griechen. (Ich selbst hatte schon begonnen, das Griechische zu studieren, auf daß ich ihre Werke in der Urfassung lesen könnte.)

WILL:

Und er hatte Erfolg. Heinrichs VII. harterworbener Reichtum finanzierte die »Akademie der Gelehrsamkeit« Heinrichs VIII., und schon bald schwärmten hungrige, hochgeistige Künstler in eifrigen Horden nach England und luden ihre Freunde in Briefen ein, ihnen nachzufolgen. (Mittellose Gelehrte erkannten ihren Vorteil, wenn sie ihn sahen; in Jahren der Entbehrungen hatten sie den Wert des Geldes zu schätzen gelernt.) Jung Harrys Hof war der Traum eines jeden Intellektuellen. Hier ist ein Beispiel dafür, wie ein Gelehrter (Mountjoy) einen anderen (Erasmus) nach England lockte:

Könntest du nur sehen, wie alle hier frohlocken, weil sie einen so wundervollen Fürsten haben, und wie sie nichts weiter wünschen, als daß ihm ein langes Leben beschieden sei, du würdest dich vor lauter Freude nicht zu lassen wissen. Der Wucherzehnt ist abgeschafft, und Freigebigkeit verstreut Reichtümer mit großzügiger Hand, doch unser König hat sein Herz nicht an Gold oder Edelsteine gehängt, sondern an Tugend, Ruhm und Unsterblichkeit. Noch neulich sagte er zu mir: »Ich wünschte, ich besäße mehr Gelehrsamkeit.« »Nicht Gelehrsamkeit ist es, was wir von einem König erwarten«, gab ich ihm zur Antwort, »sondern daß er die Gelehrten fördere.« »Aber gewiß«, pflichtete er mir bei, »denn ohne sie vermöchten wir ja kaum zu leben.« Könnte ein Fürst etwas Herrlicheres sagen?

Erasmus kam. Und er fand andere, die gleichen Sinnes waren wie er: Linacre, John Leland und Richard Whitford, aber auch Pace und Colet. Und den jungen Thomas More, der bereits an seinem Buch »Utopia« schrieb und eifrig danach trachtete, sich nicht umgarnen zu lassen von dem betörenden königlichen Netz, das Heinrich da knüpfte. Es bestand zu gleichen Teilen aus Gold und Bezauberung – eine mörderische Mischung, mit der er früher oder später jeden einfing, dem er dieses Netz überstülpte. Nicht, daß es Harry an Intellekt oder Talent gefehlt hätte. Er war begabt; darin lag die Gefahr, und daher kam die Verwirrung in seinem eigenen Geist und in den Köpfen der anderen. Er dürstete tatsächlich auf eine kindliche Weise sein ganzes Leben lang nach Wissen. Er verstand sich auf Schiffe und war ein guter Seemann; in den französischen Küstengewässern etwa kannte er sich besser aus als die Behörden. Ein gemeiner Soldat aus Harrys verheerendem Frankreich-Krieg schrieb in sein Tagebuch: »Er war gelehrt in allen Künsten und hatte die Gabe vieler Zungen. Er war ein vollkommener Theologe, ein guter Philosoph und ein starker Kämpfer, ein Juwelier, ein Erbauer vollendeter Festungen und ergötzlicher Paläste, und es fand sich wohl kein Beruf, von dem des Königs bis zu dem des Kärrners, von dem er nicht hätte ein ehrlich Maß an Kenntnis gehabt.«

Seine Passion für die Theologie mag wohl das Maß seiner tatsächlichen Beherrschung dieser Wissenschaft überstiegen haben, aber sie genügte immerhin, Eindruck auf den Papst selbst wie auch auf viele gelehrte Bischöfe zu machen. Vor allem aber sein außergewöhnliches Talent als Musiker ist nicht zu bestreiten. Er komponierte Werke jeglicher Art: Messen und Motetten, Volkslieder und Instrumentalstücke. Noch heute werden sie regelmäßig aufgeführt; seine Motetten »O Herr und Schöpfer aller Dinge« und »Quam pulchra es« hört man sogar in den Messen der Königin Maria.

Gerade zwei Tage ist es her, da hörte ich auf dem Markt zu Cobham ein hübsches junges Ding »Greensleeves« singen. Ich fragte sie, woher dieses Lied komme. »Weiß nicht«, antwortete sie. »'s ist aber eine recht bekannte Melodei.« Harry hat das Liedchen geschrieben, und das gemeine Volk singt es noch immer. Wäre er nicht König gewesen, hätte er von seiner Musik leben können, dessen bin ich gewiß.

Da dies aber nicht sein sollte, sammelte er die besten Musikanten und Sänger des Reiches um sich, siedelte sie bei Hofe an und machte aus ihnen »des Königs musicam«. Sie gehörten zu seinem Hofstaat, und ihr Dirigent war Robert Fayrefax. Sie spielten ausgezeichnet, und in keinem Lande, an keinem Hofe gab es etwas nur annähernd Vergleichbares. Die Franzosen (angeblich führend in solchen Dingen) hatten ein Orchester, das ein gräßlicher Abklatsch davon war; die Musikanten hielten den Takt nicht, die Sänger wußten keinen Ton zu treffen, und der »Musikmeister« konnte nicht einmal Noten lesen und war überdies chronisch betrunken – zumeist während der Aufführungen.

HEINRICH VIII.:

Es gab andere, geringfügigere Aufgaben, etwa die Reinigung und Neugestaltung der königlichen Gemächer nach meinem eigenen Geschmack. Ich bestellte Teppiche aus der Türkei, Glas aus Venedig, Marmor und Intarsientische aus Italien und Email aus Frankreich. (Dies trotz der Tatsache, daß die Ungläubigen beständig im Krieg mit allen Staaten der Christenheit lagen, daß Venedig belagert wurde und die Franzosen uns feindlich gesonnen waren. Es ist sonderbar, daß Kaufleute niemals in den Krieg ziehen, aber er stört sie nur insofern, als er ihre Handelsstraßen unsicher macht.) Vaters rohgezimmertes Mobiliar und die Reisigfußböden würden verschwinden, sobald Kamele und Schiffe Ersatz herbeigeschafft hätten.

Der Audienzsaal vor allem erforderte viel Arbeit. *Wollt Ihr König sein, benehmt Euch wie ein König*, hatte Farr gesagt. Ich wußte jetzt, daß dazu die entsprechende Ausstaffierung unentbehrlich war. Ein Audienzsaal sollte den Betrachter blenden, und es nützt nichts, sich selbst gar prächtig zu gewanden, wenn der Baldachin über dem Kopf fadenscheinig oder von Motten zerfressen ist.

WILL:

Wenn er es mit Bedacht darauf anlegte, den Betrachter zu überwältigen, so gelang es ihm. Ich erinnere mich noch gut daran, wie ich ihn das erstemal in vollem Staat unter seinem Prunkbaldachin zu sehen bekam. Es war, als sei er überhaupt kein irdischer Mensch, sondern ein völlig anderes Wesen. Und so muß es bei einem König auch sein.

Wir beide vergessen, daß König ein Beruf ist, genau wie Tischler oder Pflasterer oder Rechtsgelehrter. Die amtliche Auffassung ist mir bekannt: Könige sind anders, sie entstammen einer gottgewählten Rasse. Aber Harrys Urgroßvater war Gewandmeister. Woher kam das königliche Blut in ihm? Zu welchem wundersamen Zeitpunkt erschien es plötzlich? Nein, Catherine (da Ihr in religiösen Fragen radikal seid, seid Ihr es vielleicht auch in anderen Dingen?), es erschien in seinen Nachkommen erst, als sie Könige sein mußten. »Wollt Ihr König sein, benehmt Euch wie ein König.« Das ist einfach, aber so einfach nun auch wieder nicht. Die Wahrheit ist, daß nur wenige Menschen sich überzeugend benehmen können wie ein König, so sehr sie sich auch bemühen. Harry konnte es; er war ein Genie, ein Meister darin, die Phantasie und die Loyalität anderer gefangenzunehmen und zu behalten. Von Anfang an ahnte er, welche Macht im äußerlichen Eindruck lag, und er sparte keine Mühe, wenn es darum ging, seinen größten Trumpf auszuspielen: sein blendendes Aussehen. Erinnert Ihr Euch an jenen geistreichen venezianischen Botschafter, Giustinian? Vier Jahre lang war er an Heinrichs Hof, und dann schrieb er ein Buch mit dem durchaus angemessenen Titel »Vier Jahre am Hofe Heinrichs VIII.« Er erinnert sich an eine von Heinrichs »Audienzen«:

»Seine Finger waren eine Anhäufung von juwelenbesetzten Ringen, und um den Hals trug er ein goldenes Geschmeide, an dem ein Diamant von der Größe einer Walnuß hing. Er empfing die venezianischen Gesandten unter einem Baldachin aus Goldbrokat, gekleidet in ein Wams aus weißem und karmesinrotem Satin und einen purpurnen Samtmantel, der innen mit weißem Satin ausgeschlagen war.«

König zu sein, heißt, ungewöhnlich, außergewöhnlich zu sein: *Weil wir es so haben wollen*; wir verlangen es, wie wir von unseren Tischlern verlangen, daß sie leichtgängige Schubladen bauen. Manches in Harrys Verhalten bleibt unverständlich, wenn man es beurteilt, wie man das Verhalten eines gewöhnlichen Menschen beurteilt. Bei einem König erscheint es in einem anderen Licht. Und um so mehr bei jemandem, der bewußt versucht, ein idealer König zu sein, ein unübertrefflicher König.

Und es darf da kein Schwanken geben, keine Halbherzigkeiten. König muß man in jedem Augenblick sein, auf dem Abtritt wie in der Staatsaudienz. Es gibt keine Ausnahme; die Maske der Royalität muß den gewöhnlichen Menschen nach und nach durchdringen, wie Zuckersirup den natürlichen Geschmack kandierter Früchte und Blüten ersetzt. Äußerlich scheint alles beim alten zu bleiben, aber die innere Substanz ändert sich völlig.

Harry trug die Bürde des Königseins mühelos und voll prächtiger Überzeugung. Welchen Preis er dafür als Mensch zu zahlen hatte, wird deutlich, wenn man sein Tagebuch weiterliest.

HEINRICH VIII.:

Manchmal kam ich mir vor wie der römische Hauptmann im Evangelium, der zu Unserem Herrn sagte: »Auch ich habe Soldaten unter mir, und sage ich zu diesem: Gehe, so geht er, und zu jenem: Komm, so kommt er, und zu meinem Knecht: Tue dies, so tut er es.« Es stieg mir zu Kopfe, dieses Gefühl, wie dieser Centurio meine Befehle erteilen zu können, denen die Menschen gehorchten.

Aber ich merkte bald, daß dies zwei Seiten hat. Ja, ich konnte Männern und Frauen Befehle erteilen. Aber anders als bei dem Centurio in der Schrift war bei mir, wie ich herausfand, jede Unternehmung von einem Ritual umgeben, das mich einkerkerte und meine Bewegungen verlangsamte, bis sie zäh waren wie in einem Traum. War ich vielleicht hungrig und forderte auch nur etwas so Einfaches wie Brot und Ale, so berührte dies den Stolz und die Privilegien von etwa zehn Personen, die alle aufeinander eifersüchtig waren. Der Bote durfte das Tablett nicht tragen, denn dies war

Aufgabe des haushofmeisterlichen Speisenträgers, der aber wiederum das Privatgemach nicht betreten durfte, sondern das Tablett einem Hofbeamten übergeben mußte, der es seinerseits weiterreichte an den... Man erkennt das Problem. Statt jemandem zu befehlen: Geh, oder: Komm, verzichtete ich auf so manches, statt mich diesem schwerfälligen Ritual zu unterwerfen.

Warum unterwarf ich mich ihm überhaupt? Weil ich den wahren Zweck dieses Systems rasch erkannte: Es schirmte mich vor den endlosen Forderungen Vorteilssuchender und Bittsteller ab. Die lange Befehlskette zwischen mir und meinen Bediensteten umspann mich mit einem engmaschigen Netz, und wenn ich nicht hinauskonnte, so konnte auch keiner herein.

Denn wann immer ich die königlichen Gemächer verließ, überfielen mich Schwärme von Leuten, die etwas von mir wollten. Eine Bestallung für einen Vetter. Eine günstige Entscheidung, bitte sehr, vom Anwalt des Hofes, der einen Fall zu begutachten hatte. Freilich, sie bedrängten mich nicht körperlich; sie waren feinfühliger und in Seide gewandet, und sie hielten die vorgeschriebenen paar Zoll Abstand, und sie schrien auch nicht, sondern trugen ihre Bitten flüsternd vor. Aber ist es ein Wunder, daß ich Gelegenheit brauchte, allein zu sein – zur Beiz, zur Jagd, zum Reiten? Manchmal fühlte ich mich wie ein Amboß, zu dem alle kamen, um ihre Wünsche zu schmieden, und mir dröhnte der Kopf.

In diesem Zusammenhang gab es noch eine Konferenz, über die ich im Bilde sein und an der ich zumindest gelegentlich teilnehmen mußte: den sogenannten Rat vom Grünen Tisch des Lord Haushofmeisters. Die Bediensteten des Haushofmeisters waren zuständig für alle leiblichen Annehmlichkeiten bei Hofe. Er führte die Aufsicht über rund fünfundzwanzig Abteilungen wie Backhaus und Speisekammern, Küchen und Wäscherei, die alle ihr eigenes Personal hatten. Die Unterteilung zwischen ihnen war altehrwürdig und infolgedessen völlig unlogisch. So war etwa der »Hühnerhof« für die Beschaffung von Lammfleisch verantwortlich, obgleich die Zuständigkeit für Fleisch, auch für Hammelfleisch, bei der »Vorratsmeisterei« lag. Der Haushofmeister beaufsichtigte (falls dies der richtige Ausdruck ist, denn mir kamen sie ganz und gar unbeaufsichtigt vor) zweihundertzwanzig Bedienstete. (In

Friedenszeiten gebot er über einen Etat wie niemand sonst im ganzen Reich.) Dennoch unternahm er es allwöchentlich, mit seinem Schatzmeister und seinem Buchprüfer Rechnungsbücher und Inventarlisten durchzusehen, und dabei saßen sie an einem Tisch, der mit einem grünen Friestuch bedeckt war – daher der informelle Name »Rat vom Grünen Tisch«.

Ich nahm dreimal an diesen Sitzungen teil. Eine widmete sich dem folgenden Problem: Ließ sich der beste Weizen nun in Kent oder in Dorset beschaffen? (Eine interessante Frage, zweifellos, aber doch wohl keine, die die Anwesenheit des Königs erfordert hätte.) In der zweiten entwickelte man einen verzwickten Plan zum Einsammeln und Wiederverwerten von Kerzenstummeln. Bei der dritten wurde erörtert, wie Gänsefedern am besten zu nutzen seien. (Anscheinend gab es nach jedem Schloßbankett besagte Federn im Überfluß.) Danach ging ich nicht mehr hin, sondern schickte statt dessen Wolsey.

Aber nun zu tiefergehenden Dingen: Es fehlte mir noch etwas, wonach ich mich sehnte. Eine Frau. Ja, ich würde eine Königin haben. Wen aber anders als Katharina, der ich mich schon vor so vielen Jahren versprochen hatte? Ich kümmerte mich nicht um die nebulösen Eheverträge, die Vater entworfen hatte: Mit seinem Tod waren sie null und nichtig. (Zumal da er sich in einigen der Verhandlungen selbst als Bräutigam ausgelobt hatte.) Ich wollte Katharina oder keine.

Aber ich mußte mich beeilen, wie es schien. Als den Spaniern Vaters Heiratspläne mit Habsburg zu Ohren gekommen waren, hatten sie die Hoffnung auf eine Ehe zwischen uns fahrenlassen, und der spanische Gesandte hatte Katharinas Habe bereits zum größten Teil aus England wegschaffen lassen; ihre eigene Abreise würde nicht mehr lange auf sich warten lassen. Sie, die gelobt hatte, sie werde lieber in England sterben, als unvermählt nach Spanien zurückkehren, stand im Begriff, ihr Gelübde zu vergessen.

Aber wenn sie bereit war, ihren Schwur zu brechen, so war ich es um so weniger. Sie war mit mir verlobt, und ich war an sie gebunden. So ließ ich sie tags darauf in die Privatgemächer rufen.

Sie kam über die Maßen pünktlich. Enttäuschung regte sich leise in mir, als ich sie erblickte, wie sie, klein und ärmlich gekleidet, durch den weiten Saal auf mich zukam. Sie sah viel älter aus und weniger hübsch, als ich sie in Erinnerung hatte. Aber ich hatte sie seit fast sechs Jahren nicht mehr im hellen Licht gesehen, und unterdessen war ich vom Knaben zum Manne herangewachsen. Gleichviel, dies war meine Verlobte...

»Katharina«, sagte ich. Ich ging ihr entgegen und streckte meine Hände aus. Ich überragte sie wie ein Turm. Sie war... gedrungen. Nein, *petite*, verbesserte ich mich. »Meine Gemahlin.«

Sie machte ein verwirrtes Gesicht. »Nein. Ihr sollt eine Habsburgerin heiraten. De Puebla hat begonnen, meine Mitgift nach Brügge zu transferieren.«

»Zum Teufel mit der Mitgift!« versetzte ich. »Ich habe ein Vermögen geerbt, wie es keinem englischen König je hinterlassen ward. Ich brauche Eure Mitgift nicht; ich will sie gar nicht. Sie stinkt nach Verhandlungen, nach Ränken, nach Lügen und Gefeilsche. Ich will Euch, Katharina, nicht Eure Mitgift.«

Sie starrte mich nur an. Eine jähe Befürchtung packte mich: Vielleicht verstand sie noch immer nur wenig Englisch? Ich ging auf sie zu, und sie wich zurück.

»Bitte, Katharina«, sagte ich. »Ich möchte, daß Ihr meine Gemahlin werdet.«

Sie blieb stehen. »Also gut«, sagte sie, und sie kam mir vor, als sei sie vierzig Jahre alt, kalt und würdevoll. Dann stürzte sie mir entgegen und streckte die Arme aus. »Heinrich!« rief sie und schaute zu mir auf. Tränen glänzten in ihren Augen. »Ich wollte ... aber ich dachte« – sie blinzelte ihre Tränen fort – »ich dachte, es sollte niemals sein.«

»Doch, Katharina. Es soll sein.« Ich sprach mit all der blinden Zuversicht der Jugend. »Auch wenn alle dagegen sind, werden wir heiraten! Und zwar bald, damit wir zusammen gekrönt werden können.«

»Wann?«

»Gleich nach dem Begräbnis meines Vaters. Wir werden im stillen heiraten und für ein paar Tage aufs Land gehen und allein sein.«

»Eine heimliche Trauung!«

Ich lachte. »Ihr versteht mich sehr gut. Jawohl, eine heimliche

Trauung. Alle werden sie fassungslos dastehen, all die, welche uns davon abraten und nur von Verträgen, Allianzen, Mitgiften und Dispensen reden. Wir sind jung, und wir lieben einander. Auf nichts anderes kommt es an.«

»Nein«, pflichtete sie mir bei. »Auf nichts anderes kommt es an.«

Ich beugte mich vor und küßte sie. Ihr Mund war fest und süß. »Ich bin jetzt König«, sagte ich. »Wir haben nichts mehr zu fürchten.«

XIII

Katharina und ich heirateten Mitte Juni, nur zwei Wochen vor der Krönung. Es war eine private Feier, eine schlichte Messe in der Kapelle der Gehorsamen Brüder zu Greenwich (wo ich auch getauft worden bin). Erzbischof Warham traute uns. Nur die Familie war zugegen.

WILL:

Ein kurioses Faktum: Heinrich feierte niemals eine so prachtvolle, öffentliche Hochzeit wie die seines Bruders Arthur, obwohl er öffentliche Feste sonst so sehr genoß. Wann oder wo seine Hochzeit mit Anne Boleyn, Jane Seymour oder Catherine Howard stattfand, ist den meisten Menschen bis heute ein Geheimnis.

HEINRICH VIII.:

Es war das drittemal, daß ich an Katharinas Seite stand und in der einen oder anderen Form ein Ehegelübde ablegte. Beim erstenmal war ich zehn gewesen, beim zweiten zwölf, und jetzt war ich siebzehn.

Ich muß mir große Mühe geben, mich dieses Tages zu erinnern, denn das, was später kam, überschattet ihn ganz. Ich war stolz und beharrte darauf, daß Katharina mein Hochzeitsgeschenk trage, eine Kette aus riesigen Perlen, jede so groß wie eine Murmel. Damals wußte ich nicht, daß Perlen ein Symbol für Tränen sind und daß das Volk behauptet, für jede Perle, die eine Braut trägt, wird ihr Gemahl ihr einen Grund zum Weinen geben. Aber ich hätte es nicht geglaubt. Als wir auf die Veranda der Kirche hinaustraten, fielen silbrige Tropfen vom Himmel: ein Sonnenschauer. Noch ein Omen, das in dieselbe Richtung wies... Eine Träne wirst du vergießen für jeden Regentropfen, der an deinem Hochzeitstag fällt. Aber für uns war es, als würden wir mit Weihwasser besprengt: Ein Glückwunsch und ein Segen besonderer Art. Lachend faßten wir einander bei den Händen und liefen über den Hof zum Greenwich Palace, wo das private Hochzeitsessen sein sollte.

Die arme Katharina hatte keine Familie in England, aber das machte nichts, dachte ich, denn von nun an würde *ich* ihre Familie sein. Meine Großmutter Beaufort war, wenngleich leidend, zugegen, und mein elfjähriger Vetter, Henry Courtenay, Graf von Devon. Mein Quasi-Onkel war gekommen, Arthur Plantagenet, ein leiblicher Sohn Edwards IV. und eine seiner Mätressen; er war ungefähr neun Jahre älter als ich. Andere Familienmitglieder glänzten durch Abwesenheit: Mein Vetter Edmund de la Pole, der Herzog von Suffolk, war immer noch im Tower gefangen, und sein Bruder Richard hatte sich nach Frankreich geflüchtet. Es war eine kleine Tafel.

Aber es ging heiter zu. Großmutter Beauforts Erleichterung stand ihr fast ins Gesicht geschrieben: Ihr Enkel war unangefochten König und hatte sich ein Weib genommen, und die Zukunft der Familie stand nicht länger auf dem Spiel. Jetzt konnte sie sterben, und das tat sie auch drei Wochen später.

Als ich neben Katharina saß, starrte ich sie unwillkürlich dauernd an. Ich konnte nicht fassen, daß sie mein sein sollte. Auch sie konnte den Blick nicht von mir wenden – von dem zehnjährigen Knaben, der ihr Freund gewesen: Nun kein Knabe mehr, sondern ein König.

Aber während ich sie anschaute (die ganze Zeit spielte die Musik, und eine endlose Folge von Speisen wurde aufgetragen), wuchs meine sorgenvolle Unruhe mit jedem Augenblick. Ich wünschte, das Bankett wäre vorüber, und zugleich betete ich, er möge ewig dauern.

Soll ich es bekennen? Ich war noch jungfräulich. Anders als meine Kameraden vom Turnierplatz hatte ich noch nie ein Weib gehabt. Wie hätte es auch geschehen sollen, bewacht und abgesondert, wie ich gelebt hatte, beständig unter den Augen des Königs? Oh, es hatte die üblichen Einladungen von Dienstmägden gegeben. Aber es hatte mich nicht nach ihnen verlangt – vielleicht gerade, weil sie sich so großzügig angeboten hatten. Vielleicht aber auch, weil ich mich nicht getraut hatte, ihnen meinen jungfräulichen Zustand zu offenbaren; ich hatte angenommen, er werde offenkundig sein, und dann werde man in Küche und Wäscherei über mich lachen. Anfangs also war ich einfach zu jung und zu furchtsam gewesen, und nachher, welche Ironie, zu alt.

Und jetzt mußte ich mit Katharina ins Bett gehen. Der junge König, gepriesen als ein zweiter Hektor, ein neuer Lancelot und dergleichen mehr, war nicht minder unerfahren als sein älterer, kränklicher Bruder vor ihm. Und es war dieselbe Frau. Ich mußte daran denken, wie ich ihn damals mit der fröhlichen Ahnungslosigkeit eines Zehnjährigen für seine Schüchternheit und sein mangelndes Selbstvertrauen verachtet hatte.

Wir waren allein im Schlafgemach. Das ganze erniedrigende Hofritual, mit dem »das Paar zu Bett gebracht« wurde, war ordnungsgemäß absolviert worden. Unsere Freunde und Diener waren eigens erschienen, um uns feierlich zu entkleiden (jeweils hinter einem Wandschirm verborgen), und die meinen hatten mich umdrängt, obszöne Späße gemacht und Hinweise gegeben. Ich hatte unaufhörlich Wein getrunken. Brandon zwinkerte und bedeckte meinen Becher mit der flachen Hand und sagte: »Genug davon, Euer Gnaden. Ihr kennt das Sprichwort: 'Schau nicht zu tief ins Glas, darin der Wein so rot, sonst beißt er dich am End wie eine Natter und bringt dir arge Not.'« Hastig stellte ich den Weinbecher ab, und alle lachten laut.

Hinter dem anderen Schirm war Katharinas spanische Zofe und liebe Freundin, Maria de Salinas, damit beschäftigt, sie bereitzumachen. Dann führte man uns hinter unseren Wandschirmen hervor (wie Lämmer zur Schlachtbank, kam es mir unwillkürlich in den Sinn; unsere weißen Gewänder verstärkten dieses Bild nur) und geleitete uns zu dem großen Bett mit den neuen Samtvorhängen. Wir erklommen die hölzernen Stufen zu beiden Seiten und stiegen hinein, verlegen und ungelenk. Maria und Brandon zogen die Decke über uns, und die ganze Gesellschaft trat zurück und betrachtete uns zufrieden.

Carew nickte und brüllte dann: »Wir haben es gesehen!« Dabei schwenkte er sein Schwert. Er war betrunken.

Schließlich waren sie fort, und ich wandte mich Katharina zu. Wir hatten absurde Ähnlichkeit mit zwei Puppen, die, von Kissen gestützt und mit festlich bestickten Nachtgewändern angetan, aufrecht im Bett saßen. Unter den Decken steckte irgend etwas besonders Kratziges. Ich schob die Hand hinein und zog es heraus. Es war ein Zweiglein.

»Das sind Betonien aus Spanien«, erklärte Katharina. »Sie geben den Laken einen süßen Duft.« Langsam hob sie die Hände und begann, die Nadeln aus ihrem Haar zu ziehen, so daß es schwer herabfiel und ihre Schultern umfloß wie dicker Honig.

Unwillkürlich streckte ich daraufhin die Hände aus und berührte ihr Haar. Es war kühl und glatt, wie neuer Satin. Und ihre Schultern darunter waren warm und ebenfalls glatt, und mir schien, daß hier alles Süße versammelt war, das ich je gekannt hatte, magisch vereint in einem einzigen Geschöpf.

Ich beugte mich zu ihr und küßte sie. Ihre Lippen waren warm und voll. Sie preßte mich hungrig an sich, und ich fühlte ihre Brüste durch das dünne Nachthemd. Sie hatte außergewöhnlich große Brüste für ein so kleines, schmächtiges Mädchen, dachte ich irgendwo außerhalb meiner selbst; ein Teil meiner selbst nahm solche Dinge immer noch zur Kenntnis, aber im ganzen war ich jetzt außer Rand und Band und konnte vor lauter Erregung nicht mehr zusammenhängend denken. Alle Schüchternheit war vergessen, und mein Verlangen erhob sich zu voller Lebensgröße. Ungeduldig zerrte ich an den Bändern ihres Nachtgewandes. Eines zerriß. Sie umklammerte es mit krauser Stirn. »Mein Lord...« hob sie an.

»Ich schenke dir neue!« sagte ich schroff. »So zieh es doch aus!«

»Zuerst müßt Ihr die Kerze auslöschen.«

»Nein. Ich will dich sehen! Deine Schönheit sehen«, fügte ich unbeholfen hinzu.

»Keine Kerzen«, beharrte sie. »Kein Licht. Bitte... Heinrich.« Sie sprach meinen Namen mit großem Zögern aus.

Ich schlug auf die Kerze, und sie erlosch. Dann warf ich mein eigenes Nachthemd ab und begann, an dem ihren zu zerren. Ich war so voller Hast und Ungeduld – aber gibt es irgendwo auf der Welt ein Verlangen, das überwältigender wäre als das eines siebzehnjährigen Knaben?

Sie schob meine Hände von sich, entledigte sich mit großer Sorgfalt ihres Nachthemdes und ließ es zierlich zu Boden wehen. Dann drehte sie sich unverhofft im Bette um und schmiegte sich an mich. »Ach, Heinrich...« murmelte sie, und sie schob ihre Arme um mich und an meinem Rücken herauf. Dabei küßte sie mich unablässig, seufzte und machte kleine Geräusche. War ich gestorben und geradewegs in ein heidnisches Paradies gelangt?

Am Ende ging alles so leicht. Ja, es erschien wie vorgeschrieben: Es *gab* überhaupt nichts anderes, das man hätte tun können, um dieses Verlangen wirkungsvoll zu stillen.

Katharina war anscheinend noch Jungfrau. Aber es ist freilich schwierig für eine Jungfrau, sich einer anderen in dieser Frage sicher zu sein. Als Jahre später die Auseinandersetzung darüber tobte, bewahrte ich daher diplomatisches Stillschweigen, auf daß ich mich nicht selbst verrate.

XIV

WILL:

In ganz England wurde allgemein gefeiert, ungefähr ein halbes Jahr lang – vom Tod des alten Heinrich im April, bis die Herbstwinde wehten. Es war ein großes Frohlocken unter den Menschen, von den gemeinsten (zu denen ich in jenen Tagen zählte) bis (wie ich annehme) zu den Höchsten im Lande. Es war eine Stimmung, die damals alles andere durchdrang, heute indessen nur schwer zu beschreiben ist: ein Gefühl von Jubel und überschwenglichem Verständnis. Die Leute waren bereit, Jung Harry (wie sie ihn nannten) in ihre Arme zu schließen, ihm alles zu erlauben und dann zu verzeihen. Fast sehnten sie sich danach, daß er endlich sündige, auf daß sie ihm zeigen könnten, wie sehr sie ihn akzeptierten.

Aber er sündigte nicht. Er benahm sich gut, als befolge er einen privaten Kodex mit dem Titel »Die Ehre eines Prinzen«. Er war nicht nur jung und schön und reich, sondern ging auch fünfmal täglich zur Messe, hatte sein Jugendversprechen, die spanische Prinzessin zu ehelichen, wahrgemacht, und er hatte den düsteren Hof seines Vaters in ein glitzerndes Gebäude von Weisheit, Witz und Begabung verwandelt. Die Menschen warteten gespannt darauf, was für eine Krönung er ihnen bieten werde. Und er enttäuschte sie nicht.

HEINRICH VIII.:

Ich beschloß, daß unsere Krönung am Mittsommertag stattfinden sollte. Am Mittsommertag des Jahres 1509. Noch heute vermag ich diese Worte nicht niederzuschreiben, ohne daß sich aus dem trockenen Laub der Erinnerungen eines alten Mannes der Duft eines grünen Sommers erhebt. Eines Hochsommers, der fast vierzig Jahre zurückliegt und in einigen wenigen welken Herzen doch noch erhalten ist wie gepreßte Blüten...

Aber an jenem Tag waren es Tausende und Abertausende, die sahen, wie der junge Heinrich und seine Katharina durch die gewundenen Londoner Straßen zur Krönung in die Westminster Abbey zogen. Kreischend reckten sie uns die Hände entgegen. Ich sehe sie noch vor mir, diese Gesichter, gesund (vielleicht ein wenig gerötet von dem Wein, den ich der Bevölkerung hatte ausschenken lassen?) und voller Freude. Sie wollten mich, und ich wollte sie, und beide glaubten wir in diesem Augenblick, wir würden ewig leben.

Als wir die Abbey erreicht hatten, stieg ich vom Pferd, derweil Katharinas Hofdamen ihr aus der Sänfte halfen. Sie trug das Gewand einer jungfräulichen Braut, ganz in Weiß, und ihr goldbraunes Haar fiel lose herab. Ich streckte die Hand aus und nahm die ihre. Vor uns lag ein großer, weißer Teppich, den wir überqueren mußten, um in die Kirche zu gelangen. Tausend Menschen säumten unseren Weg.

Plötzlich erschien mir das alles sehr vertraut. Schon einmal hatte ich Katharina über einen solchen Teppich und in eine große Kirche geführt. Einen Augenblick lang fröstelte mich, als sei ein Rabe über die Sonne geflogen. Dann war es vorbei, und ich wandte mich ihr zu und wisperte: »Erinnerst du dich, wie du schon einmal bei einem Staatsakt an meiner Seite gingst?«

Sie sah zu mir auf (damals hatte sie zu mir herübergeschaut. »Ja, mein Lord. Ihr wart erst zehn. Aber schon damals spürte ich, Ihr wart ... Ihr mußtet...«

Sie verstummte, denn wir waren vor dem Portal der Abbey angelangt, und Erzbischof Warham erwartete uns. In diesem Augenblick erhob sich hinter uns ein mächtiger Aufschrei. Ich drehte mich um und sah, wie die Menschen sich auf den weißen Teppich stürzten und mit Messern und Scheren darüber herfielen. Sie wollten Stücke herausschneiden und zur Erinnerung an den Tag, da König Heinrich VIII. gekrönt worden war, verwahren und an

Kinder und Kindeskinder weitergeben. (Wo mögen diese Teppichstücke jetzt wohl sein, frage ich mich.) Es war ein alter Brauch, so erfuhr ich. Dennoch, der Anblick all dieser blitzenden Messer...

In der Kirche schritten Katharina und ich langsam durch das weite Mittelschiff; zu beiden Seiten hatte man Plattformen mit Sitzen aufgebaut, wo die großen Lords und die Adelsfamilien an der Zeremonie teilnehmen konnten. Beim Hochaltar angekommen, trennten wir uns, und ich begab mich zu dem uralten, narbenbedeckten Holzthron, der seit Jahrhunderten bei der Krönung benutzt wurde. Ich weiß noch, daß mir durch den Kopf ging, wie grob geschnitzt er war, wie rauh das Holz. Dann nahm ich darauf Platz, und er schmiegte sich an mich, als sei er für mich gemacht.

Der Erzbischof wandte sich der Menge zu und fragte mit klarer, weithin hallender Stimme, ob man mich zum König haben wolle. Dreimal hintereinander antworteten die Menschen »Aye«, das letztemal so laut, daß es vom hohen Deckengewölbe widerhallte. Ich fragte mich (es ist seltsam, was für Gedanken einem in solchen Augenblicken in den Sinn kommen), ob es wohl bis zu meiner Familie durchdringen mochte, die in ihrer privaten Kapelle hinter dem Hochaltar schlummerte – zu Vater und Mutter, zu meinen verstorbenen Geschwistern Elisabeth und Edmund und dem letzten Baby, die alle dort bestattet lagen.

Doch heute war der Tag der Lebenden. Warham salbte mich, und das Öl war warm und duftete angenehm. Und nachdem ich meinen Schwur getan, setzte er mir die schwere, juwelenbesetzte Krone auf den Kopf, und ich betete, daß ich mich ihrer würdig erweisen, daß ich sie bewahren und verteidigen möge. Als er die Messe las, gelobte ich bei meiner unsterblichen Seele, nur Gutes für England zu tun und ihm zu dienen als guter, makelloser Ritter.

Manche Theoretiker behaupten, eine Krönung sei nichts weiter als eine Zeremonie. Aber mich veränderte sie, auf eine feinsinnige, unabänderliche Weise: Ich vergaß das Gelübde niemals.

Doch schon kurz danach, als ich auf die zwei Monate seit meiner Thronbesteigung zurückblickte, sah ich überrascht, wie viele Veränderungen sich bereits in mein Wesen geschlichen hatten. Noch im April war ich ein verängstigter Siebzehnjähriger gewesen; jetzt (nach meinem achtzehnten Geburtstag hielt ich mich für sehr viel älter) war ich ein gekrönter König. Und nichts Unglückseliges hatte sich ereignet, keine der Katastrophen, die ich befürchtet hatte, war über mich hereingebrochen: Niemand hatte mir mein Anrecht auf die Krone streitig gemacht (obwohl ich Vaters Rat, de la Pole hinzurichten, nicht beherzigt hatte; er lebte immer noch gesund und munter im Tower). Ich hatte den Vorsitz im Geheimen Staatsrat und im Rat vom Grünen Tisch übernommen. Ich hatte geheiratet. Als Katharina mir einen Monat nach der Krönung mitteilte, daß sie schwanger sei, lachte ich laut. Es war so einfach, dieses Königsein. Wovor hatte ich Angst gehabt?

Und all diese Tage durchschimmert noch eine andere Art von Gold: Das Goldhaar meiner Katharina. Ihr Haar, wenn wir uns im Tanze drehten; ihr Haar, wie es wehte, wenn wir über weite Felder und sonnendurchstrahlte Wälder ritten; ihr Haar, wie es im Bett über die Kissen fiel, über ihre Schultern und meine Arme. Ich hatte nie geglaubt, daß ein Sterblicher so glücklich sein könnte; ich verspürte eine so wunschlose Seligkeit, daß es mir sündhaft erschien – und das war es in der Tat.

XV

Und dann war es zu Ende – unvermittelt wie jeder Traum. Es endete an dem Tag, da Wolsey (der für sich die *de facto*-Position des Boten zwischen mir und dem Geheimen Staatsrat geschaffen hatte) zu mir kam und mir mitteilte, »der französische Emissär« sei gekommen.

Was für ein französischer Emissär? So fragte ich mich. Vielleicht hatte Ludwig XII. irgendein Unglück ereilt. Ich muß gestehen, halb hoffte ich, die alte Spinne sei tot.

In den letzten paar Jahren hatten sich die Franzosen plötzlich auf eine aggressive Politik verlegt. In den fast hundert Jahren seit jenem glorreichen Tag, da unser Heinrich V. Frankreich praktisch erobert hatte, waren sie genesen wie ein Todkranker, der die Pest doch noch besiegt. Zunächst hatten sie ein wenig neue Kraft gewonnen und ihre Streitkräfte gesammelt; dann hatten sie uns zurückgedrängt, uns erst aus der Normandie, dann aus Aquitanien vertrieben, bis wir uns in Calais und einem kleinen Gebiet ringsum hatten festsetzen können. Dann hatten sie begonnen, das umliegende Territorium zu verschlingen: Burgund, die Bretagne. Ihr Appetit aber war dabei immer gieriger geworden, eben wie bei jemandem, der von der Pest genas. Nicht zufrieden mit der Rückeroberung ihrer eigenen Gebiete, verlangten sie nun nach weiteren: nach Italien vor allem. Ungeachtet des Umstandes, daß sie im Vertrag von Cambrai, den sie zusammen mit dem Kaiser, den Spaniern und dem Papst unterzeichnet hatten, »universalen Frieden« gelobt hatten, fielen sie in Norditalien ein und bedrohten bald auch Venedig.

England war ebenfalls formell an den Frieden mit Frankreich gebunden, und zwar durch einen Vertrag zwischen Vater und Ludwig. Aber mit Vaters Tod war dieser Vertrag nichtig geworden, und ich war nicht sicher, ob ich ihn erneuern wollte. Der Papst in seiner Bedrängnis hatte Hilferufe ausgesandt, als er gesehen hatte, wie die Franzosen in Italien eingedrungen waren; und ich hatte nicht vergessen, daß Ludwig seinerzeit Edmund de la Pole in allen Ehren bei Hofe empfangen hatte und dem jüngeren der de la Poles, Richard, Asyl gewährte. Ludwigs Tod würde also manches Problem lösen, wenigstens aber dem gefräßigen Appetit des französischen Staates ein Weilchen Einhalt gebieten.

Ich zog mich an (besser gesagt, ich legte meine »Audienzgewänder« an, was die Handreichungen eines guten Halbdutzends von Männern erforderte) und begab mich in den Audienzsaal. Wolsey hatte in aller Eile den Geheimen Staatsrat hinzugerufen, und sie erwarteten mich nun, als ich meinen Platz auf dem Audienzthron einnahm.

Der französische Abgesandte wurde hereingeführt – eine parfümierte, geckenhafte Kreatur. Er wollte sich in langatmigen Begrüßungsformeln ergehen, doch ich schnitt ihm das Wort ab, denn seine riechende Person erregte meinen Unwillen. Er stank schlimmer als der Rosenrauch in der Sterbekammer meines Vaters. Ich verlangte sein Anliegen zu erfahren, und schließlich offenbarte er es mir. Er bringe mir einen Brief von Ludwig, die Antwort auf einen, den ich angeblich selbst geschrieben hätte, um darin meinen Bruder, den Allerchristlichsten König von Frankreich, zu bitten, mit mir in Frieden zu leben. Er reichte mir den Brief. Er stank ebenfalls – infolge der Nähe zu seinem Überbringer?

Ich entrollte den Brief und überlas ihn schnell, und ich merkte, wie mein Gesicht rot wurde, wie es das in Augenblicken der Belastung zu meiner Verlegenheit zu tun pflegt.

»Was?« sagte ich langsam. »Der König von Frankreich, der es nicht wagt, mir ins Antlitz zu schauen – geschweige denn, gegen mich Krieg zu führen! – behauptet, ich *bäte* ihn um Frieden?«

Die Anmerkung, er »wage nicht, mir ins Gesicht zu schauen«, war zugegebenermaßen ein wenig überzogen, aber ich war auch wie vom Donner gerührt. Jemand hatte einen kriecherischen, würdelosen Brief in meinem Namen geschrieben, meine Unterschrift gefälscht und das Königliche Siegel benutzt!

»Wer von Euch ist das gewesen?« Erbost funkelte ich die Ratsmitglieder an, die zu beiden Seiten der Estrade angetreten waren.

War es Warham, mein Lordkanzler? Betrübt schaute er zu mir auf, ein trauriger alter Hund.

Ruthal, der Staatssekretär? Ich starrte ihm in die brombeerschwarzen Augen, doch es war nichts in ihnen zu erkennen.

Fox, der Geheimsiegelbewahrer? Er lächelte selbstgefällig im Schutze seines Priestergewandes – wie er glaubte.

Wie stand es mit den übrigen? Howard, Talbot, Somerset, Lovell? Sanft lächelnd erwiderten sie meinen Blick. Keiner von ihnen verfügte über die Mittel, so etwas zu tun. Es mußte einer der Priester gewesen sein.

Ich wandte mich ab und ging zur Tür; ich zitterte vor Wut und wagte deshalb nicht, noch etwas zu sagen.

»Euer Gnaden!« rief Fox mit klarer, herrischer Stimme. »Der Abgesandte erwartet Eure Antwort.«

Ich fuhr herum. »Dann gebt sie ihm!« Meine Stimme hallte durch den weiten Saal, der mit seinen flämischen Gobelins und seinen Goldverzierungen in neuer Pracht erstrahlte. »Ihr, die Ihr so geschickt seid im Abfassen königlicher Verlautbarungen – Ihr mögt fortfahren.« Und ich verließ den Saal. Hinter mir hörte ich Stimmengewirr, erzürnt und ratlos.

Hatte ich sie in Bedrängnis, in Verlegenheit gebracht? Von mir aus. Am liebsten hätte ich Fox umgebracht, ihm den ledrigen Hals zusammengepreßt und ihn dann auf den Hof hinausgeworfen, wo die Hunde über ihn herfallen sollten. Aber ich hatte mich gezwungen, es bei Worten bewenden zu lassen. Zumindest könnte der französische Stutzer seinem Ludwig nicht berichten, daß der englische König gegen einen seiner eigenen Minister handgreiflich geworden sei.

Draußen lehnte ich mich gegen die Tür und atmete tief. Jetzt war mir alles klar. Vater gedachte, mittels seiner drei getreuen Ratsherren noch aus dem Grabe heraus zu regieren. Deshalb hatte er keinen Protektor ernannt: So war es sicherer und unauffälliger. So konnte er nun mit heiterer Gelassenheit unter seinem prächtigen Grabmonument ruhen – »eine reichere Behausung im Tode als im Leben«, wie man scherzhaft bei Hofe gesagt hatte –, in dem glücklichen Bewußtsein, daß sein eigensinniger Sohn, zu dem er kein Vertrauen gehabt hatte, niemals wirklich regieren würde.

Dumm und ohne Empfinden... Hielt er mich für so dumm, daß ich keine Einwände dagegen haben würde, wenn jemand meine Unterschrift fälschte oder das Königliche Siegel benutzte? Das war Verrat. Glaubte er, ich sei empfindungslos selbst gegen Verrat?

In der Zurückgezogenheit meiner Gemächer schenkte ich mir einen großen Becher Wein ein. (Für den Augenblick war ich befreit von den unwillkommenen Handreichungen meiner Dienerschaft.) Zorn und Demütigung kämpften in mir um die Oberhand, und eine kalte Härte würde am Ende alle beide verdrängen. Am Ende war es doch nicht Fox, den ich zu bestrafen wünschte. Er war nur seinen Befehlen gefolgt und dem König treu geblieben, dem er vor langer Zeit Gehorsam geschworen hatte. Mochte der Himmel *mir* einmal einen solchen Diener schicken!

Ich ging zu Vaters Bett. Ich hatte die tristen Vorhänge abnehmen, die Strohmatratze durch eine mit Daunen gefüllte ersetzen und weich gewebte Wolldecken darüberlegen lassen. Ich hatte sein Geld ausgegeben, seine Möbel zerstört, seine Heiratsvereinbarungen mißachtet, seine Mitgiftverhandlungen zunichte werden lassen und Holz in seine kalten Kamine gelegt. Das alles hatte ich getan, und doch hatte ich seine Anwesenheit nicht aus meinem Leben tilgen können. Er war immer noch König im Reich und in seinem Rat.

Ich warf mich ausgestreckt auf das Bett. Was für ein Narr war ich nur gewesen! (Hatte Vater etwa recht gehabt? Mein Herz krampfte sich zusammen bei diesem Gedanken.) Ich hatte gedacht, es sei einfach, ein König zu sein? Aber so war es geplant gewesen, um mich einzulullen...

Ich brauchte meine eigenen Männer. Wenigstens einen einzigen. Jemanden, der kein abgestandenes Relikt aus Vaters Regierung war, sondern der ganz und gar mir gehörte. Aber wer sollte das sein? Versonnen starrte ich an die geschnitzte Unterseite des hölzernen Baldachins und sah Cherubim und Gruppen von Liebespaaren und Jagdpartien. Aber es fiel mir nichts ein.

»Euer Gnaden?« Die Tür hatte sich lautlos geöffnet. Erbost richtete ich mich auf. Ich hatte nicht erlaubt...

Es war Wolsey. Er hatte irgendeine Schriftrolle mitgebracht.

»Nicht jetzt«, murrte ich und winkte ab. Ich wünschte jetzt keine Zahlen zu lesen. »Ich habe ausdrücklich die Anweisung gegeben, mich nicht zu stören!« Also nicht einmal in meinem eigenen Privatgemach gehorchte man mir.

Er verbeugte sich. »Das weiß ich. Aber ich konnte Euren Kammerdiener überreden...«

Wolsey. Ja. Wolsey war mein Mann. *Ich konnte Euren Kammerdiener überreden*. Der scharfsinnige Wolsey mit der goldenen Zunge. Weshalb war er mir nicht gleich eingefallen? Weil ich ein wenig Angst vor ihm hatte, Angst vor dieser ehrfurchtgebietenden Tüchtigkeit, dieser unerschöpflichen Energie, gepaart mit einem unermüdlichen und amoralischen Verstand. Aber ich brauchte ihn; das mußte ich mir eingestehen. Ich brauchte ihn verzweifelt.

Alles dies ging mir durch den Kopf, als ich grunzte: »Was wollt Ihr?«

»Ich bringe Euch eine Niederschrift dessen, was nach Eurem Weggang geschah.« Er lächelte. »Es war durchaus erheiternd. Ich wünschte, Ihr hättet auf irgendeine Weise miterleben können, wie fassungslos dieser Franzose dastand. Fox erklärte...«

Aber ich hörte kaum zu, denn ich musterte ihn kritisch. Wie schlau von ihm, mir diese Niederschrift zu bringen. Und seine Schmeichelei war subtil. Er pries nicht etwa mein Aussehen, meine Gewandtheit, verglich mich nicht mit Herkules oder dergleichen. Statt dessen stieß er ins Herz der Dinge vor; er wußte, wo ich am schwächsten war, und suchte mich dort zu stützen. Ja, Wolsey...

Wolsey zog kurz darauf auf meinen ausdrücklichen Befehl hin in den Geheimen Staatsrat ein. Fox und Ruthal und Warham teilte ich freundlich mit, daß ihnen ein weiterer Geistlicher in ihren Reihen vielleicht willkommen sei, da sie nun den Laien im Rat nicht länger an Zahl unterlegen wären. Sie schienen erfreut zu sein. Die Narren.

Obwohl diese Dinge mich sehr beschäftigten, wollte ich Katharina darüber nicht vernachlässigen. Ich sorgte dafür, daß sie Unterhaltung hatte, um ihr die Tage nicht sauer werden zu lassen. Dabei bemühte ich mich vor allem, gute Musikanten aufzutreiben, die immer einige Monate lang bei Hofe spielten.

Nach einem langwierigen Briefwechsel gelang es mir schließlich, Bruder Denis Memmo, den Organisten der Markuskirche zu Venedig, zu gewinnen. Es erforderte eine Menge Gold (wie alles, so begriff ich) und überdies sein diskretes Ausscheiden aus dem Priesteramt und die neuerliche Weihe als königlicher Priester in meinem Dienst. Aber es war geschehen, und er war nach England gekommen und hatte aus Venedig eine prachtvolle Orgel mitgebracht. Ich brannte darauf, sie genauer zu untersuchen, denn mich interessierte die Kunst und die Wissenschaft des Orgelbaus sowie die Frage, wie sich die Konstruktion des Instruments auf seinen Klang auswirkte. Nun wurde die herrliche Orgel in Greenwich Palace aufgebaut, und Memmo sollte für den gesamten Hof spielen.

Wolsey (er war inzwischen auch für solche geringfügigen Details zuständig, nicht nur für gewichtige Angelegenheiten) hatte sämtliche Stühle aus den Privatgemächern des Palastes zusammentragen lassen, auf daß jedermann bequem sitzen könne. Längs der einen Wand hatte er einen Tisch mit leichten Erfrischungen aufstellen lassen, und er hatte befohlen, überall frische Kerzen anzubringen – große, gute Kerzen, die jedenfalls das ganze Konzert überdauern und keinen stinkenden Qualm hervorbringen würden, der Memmos Instrument beschädigen könnte.

Katharina und ich betraten den Saal als erste und setzten uns vorn auf die großen königlichen Stühle. Es war inzwischen November geworden, und Katharinas Kleider hatten weitergemacht werden müssen. Auch ihre Bewegungen waren anders, und das erfüllte mich mit Stolz. Mein Erbe lag dort unter diesen grünseidenen Falten und wuchs seiner Geburt entgegen.

Memmos Spiel war schwindelerregend. Er spielte fast drei Stunden lang, und im höfischen Publikum rührte sich niemand. Alle waren verzaubert.

Nachher, obgleich es kurz vor Mitternacht war, sammelten wir uns an den langen Tischen, auf denen die Speisen angerichtet waren: Krabbengelees und Eiercremes und Pfannküchlein auf feinen weißen Brötchen. Die Gerichte waren noch saftig und frisch: Wolsey hatte sie ausgewählt. Alle redeten durcheinander, und Memmo war von Bewunderern umlagert. Das freute mich. Das wohlvorbereitete Essen freute mich ebenfalls. Ich mußte Wolsey loben.

Just in diesem Augenblick erschien Wolsey in einer kleinen Seitentür, als hätte ich ihn gerufen. Er blieb unauffällig in der Ecke stehen und begutachtete sein Werk. Ein anderer Mann erblickte ihn und ging zu ihm hinüber, und sie sprachen eine ganze Weile miteinander. Ich war neugierig, wer das sein mochte, und näherte mich den beiden. Wolsey hörte dem anderen Mann gebannt zu, aber als er merkte, daß ich herankam, unterbrach er das Gespräch.

»Euer Gnaden.« Er verneigte sich.

»Habt Ihr Memmos Konzert gehört, Thomas?« fragte ich ihn. »Es war köstlich! Ich hoffe, Ihr habt nicht nur die Stühle aufstellen lassen und für die Speisen gesorgt – die im übrigen vortrefflich waren –, ohne auch zu bleiben und der Musik zu lauschen.«

»Ich habe sie gehört«, antwortete Wolsey.

»Thomas hört *alles*«, bemerkte sein Gefährte. Ich sah ihn an: Ein Mann mit unauffälligen Zügen, aber mit einem offenen Gebaren. Gut gekleidet, aber so geschmackvoll, daß man nichts besonders in Erinnerung behielt.

»Wie auch *dieser* Thomas«, sagte Wolsey. »Euer Gnaden, darf ich Euch Thomas More vorstellen? Ein Rechtsanwalt aus London, von dem ich mich gelegentlich beraten lasse, wenn es darum geht, dieses neue Gericht zu konstruieren, das der Rat im Schloß tagen zu lassen gedenkt.« Er schwieg einen Augenblick lang. »Ihr erinnert Euch. Um Belästigungen und Verzögerungen durch lokale Gerichtshöfe aus dem Weg zu gehen.«

»Ah ja.« Ich hatte ihnen für diese Zwecke einen alten Raum zugewiesen, dessen Decke mit einer verblichenen Himmelskarte bemalt war. Sie hatten darauf scherzhaft vom Sternenkammergericht gesprochen.

More lächelte. »Ich fürchte, der Künstler, der dieses Dekengemälde anfertigte, hatte das wirkliche Firmament noch nie gesehen. Die Sterne stimmen alle nicht. Castor steht bei ihm im Löwen.

Und im Orion fehlt Rigel völlig. Trotzdem ist es ein hübsches Bild.«

»Ihr versteht etwas von Astronomie?« Es war offensichtlich.

»Meine Kenntnisse sind kläglich, Euer Gnaden...«

»Unfug!« Ich wurde immer aufgeregter. »Ihr müßt mit mir aufs Schloßdach kommen. Heute nacht!«

Jawohl, heute nacht. Katharina war müde und wünschte sich gleich zurückzuziehen; das hatte sie mir gesagt.

»Euer Gnaden, es ist spät »

»Spät genug, daß Wega gleich erscheinen wird! Dies ist vor dem Winter die letzte Woche, da er überhaupt noch aufgeht. Und ich kann ihn nicht finden. Gestern nacht habe ich es versucht, doch ohne Erfolg. Ich habe ein neues Astrolabium...«

»Seine Gnaden ist ein begeisterter Sternenbeobachter«, erklärte Wolsey. »Er hat nach Padua und Rom geschickt und dort neue Sternkarten und Tabellen bestellt, doch ihre Ankunft läßt auf sich warten.«

»Vielleicht schicke ich Euch noch persönlich, sie zu holen, Wolsey! Habt Ihr gewußt« – ich verspürte plötzlich ein großes Verlangen, mich More anzuvertrauen und mit ihm zu scherzen –, »daß Wolsey einmal eine Botschaft meines Vaters an Kaiser Maximilian nach Flandern beförderte und in nur vier Tagen wieder zurück war? 's ist wahr. Als mein Vater seiner ansichtig ward, schalt er ihn, weil er noch nicht aufgebrochen sei, und Wolsey konnte antworten: 'Euer Gnaden, ich war schon dort und bin zurück.'«

»Ja, davon habe ich schon gehört«, sagte More ruhig. »Wolsey vermag das scheinbar Unmögliche.«

»Aber Ihr müßt heute nacht mit mir aufs Dach kommen!« beharrte ich und schaute hinüber zu der Menge, die sich noch an den Tischen drängte. »In einer Stunde, wenn all diese Leute zu Bett gegangen sind.«

Und nun stand ich auf dem flachen Dach über den königlichen Gemächern und wartete ungeduldig auf More. Ich hatte hier mein Observatorium eingerichtet, mit einem Astrolabium, einem Torquetum und einem Solarquadranten sowie einem Tisch für meine Karten und Bücher. Das Dach bot einen freien Blick auf das Himmelsgewölbe, denn das Schloß stand auf einer Anhöhe, weit über den Bäumen der Umgebung, und die diffusen, störenden Lichter Londons leuchteten fünf Meilen weiter flußaufwärts.

Ich atmete tief. Es war kalt und klar, eine frische Herbstnacht. Eine ideale Zeit, wenn man die Sterne beobachten wollte – vielleicht die beste des Jahres.

Kurz vor eins erschien More. Er schaute sich um und sah überrascht, in welchem Ausmaß mein Dach für das Studium der Astronomie ausgerüstet war.

»Ich danke Euch, daß Ihr gekommen seid, Thomas«, sagte ich, und deutete stolz auf meine Gerätschaften. »Mit Bologna oder Padua ist es nicht zu vergleichen, das weiß ich, aber mit der Zeit...«

»Euer Gnaden haben Ausgezeichnetes vollbracht, indem Ihr allein dies zusammentrugt.« Er ging hinüber zu meinem Tisch mit den Karten und dem Astrolabium und betrachtete alles.

»Ausgezeichnet«, erklärte er.

»Ich habe versucht, Auriga zu messen«, sagte ich.

»Da müßt Ihr erst Capella anpeilen. Fünf Grad weiter...«

Die Zeit verging im Fluge, als More mir Dinge am Himmel zeigte, die ich noch nicht gesehen hatte, und mir mathematische Formeln verriet, mit denen sich die genaue Zeit bis zum Höchststand eines Sternes ermitteln ließ. Wir unterhielten uns angeregt und merkten gar nicht, wie darüber der Himmel im Osten heller wurde. Er verwandte geraume Zeit darauf, genau zu berechnen, wo Aldebaran sich befinden müßte, und stellte dann das Torquetum entsprechend ein, ihn zu finden. Als er tatsächlich dort stand, lachten und jauchzten wir beide.

»Eine unvergleichliche Schar von messingnen Dienern«, befand More.

»Ihr wißt gut damit umzugehen«, erwiderte ich. »Wie viele habt Ihr selbst?«

Er lächelte und hob langsam einen Finger vor die Augen.

»Ihr sollt auch so etwas bekommen! Ich werde sogleich eines in Auftrag geben, und zum Frühjahr...«

»Nein, Euer Gnaden.«

Das ließ mich jäh innehalten. »Warum nicht?«

»Ich ziehe es vor, keine Geschenke anzunehmen.«

»Aber es würde Euch helfen...«

»Lieber nicht.« Seine Stimme war ruhig, und etwas in ihrem Tonfall erinnerte mich... eine schmerzliche Erinnerung... »Mein guter Lord Heinrich...«

Adieu, Lord Heinrich... Ja, das war es. »Ihr habt die Elegie an meine Mutter vorgetragen«, sagte ich langsam und bevor er zu Ende gesprochen hatte.

»Jawohl, Euer Gnaden.« Es war dieselbe Stimme. Weshalb hatte ich sie nicht gleich erkannt? Aber fast sieben Jahre waren vergangen, seit ich sie gehört hatte...

»Und Ihr habt sie auch verfaßt.«

»Ja, Euer Gnaden.«

»Sie war – bewegend.« Ich wartete auf eine Antwort, aber er nickte nur ernst mit dem Kopf. In der Dämmerung war sein Gesicht zu erkennen, aber in seinen Zügen war nichts zu lesen. »Sie hat mir viel bedeutet.« Wieder neigte er den Kopf. »Thomas – kommt an den Hof! Tretet in meine Dienste! Ich brauche Männer wie Euch. Ich möchte meinen Hof mit lauter Thomas Mores bevölkern.«

»Dann kann es doch nicht darauf ankommen, ob einer mehr oder weniger zugegen ist.«

Ich hatte in meiner Erregung das Falsche gesagt. »Das meinte ich nicht. Ich wollte sagen, Eure Anwesenheit wäre mir viel wert.«

»Ich kann nicht, Euer Gnaden.«

»Warum nicht?« brach es aus mir hervor. Alle anderen waren doch gekommen, sogar vom Kontinent, und More war ein Engländer, dessen Familie schon seit den Tagen meines Vaters in der Umgebung des Hofes lebte. »Warum nicht?« Es war ein qualvoller Aufschrei.

»Ich möchte nicht, Euer Gnaden. Verzeiht mir.« Sein Gesicht war traurig, und er sprach langsam.

»Ich gebe Euch...«

»Sagt mir nicht, was Ihr mir geben wollt«, unterbrach er mich. »Denn dann müßte ich antworten: 'Weiche von mir, Satan!' Nicht eben die rechten Worte, wenn man zu seinem König spricht.« Er lächelte, doch dann sah er mein verblüfftes Gesicht. »Gewiß ist Euch die Geschichte von der Versuchung Christi doch geläufig?«

»Ja, aber...«

»Lest sie in Griechisch«, riet er. »Da ist sie viel klarer als im Lateinischen.« Er verbeugte sich und ließ mich im grauen Licht des frühen Morgens auf dem Dach stehen. Erst später fiel mir ein, daß ich ihm nicht die Erlaubnis gegeben hatte, sich zu entfernen.

Am nächsten Tag um die Mittagszeit wurde mir ein wunderschönes Exemplar des Neuen Testamentes in griechischer Sprache überbracht; dabei lag eine Notiz von More: »Was hier geschrieben steht, hat mir Trost wie Unruhe geschenkt, aber ich glaube, es ist wahr.«

Ungeduldig blätterte ich, bis ich die Stelle im Evangelium des hl. Markus gefunden hatte. Zwei Stunden lang plagte ich mich, um sie genau zu übersetzen; meine Kenntnisse des Griechischen waren dieser Aufgabe nur knapp gewachsen. Es hieß: »Wiederum führte aber der Teufel ihn auf einen sehr hohen Berg und zeigte ihm alle Königreiche dieser Welt in ihrer ganzen Pracht; und er sagte zu ihm: Alles das will ich dir geben, wenn du niederfällst und mich anbetest. Jesus aber sagte zu ihm: Hebe dich von hinnen, Satan.«

Ich übersetzte Wort für Wort und geriet dabei in immer größere Glut. More sah also einen Teufel in mir, welcher verlangte, daß alle Welt ihn anbete? Ich hatte nichts weiter getan, als ihn zu bitten, als Rechtsanwalt an den Hof zu kommen und mir gelegentlich Gesellschaft zu leisten. Was war daran böse? Ich wollte ihm ein Astrolabium schenken – ein einfaches Ding, das ihm bei seinem geliebten Studium der Astronomie nützlich sein würde. Eine unsterbliche Seele war wohl kaum der Gegenwert. Und unausgesprochen (aber die Stelle, die er ausgesucht hatte, machte es deutlich) sah er sich als Christus. Ich der Teufel, er Christus?

Zitternd schob ich den griechischen Text von mir. More hatte mich zutiefst beunruhigt, wie es zweifellos auch in seiner Absicht gelegen hatte. Aber weniger um mich selbst war mir bang, als vielmehr um ihn: Ich befürchtete, er sei im Geiste gestört und von Sinnen.

XVI

Ich beschloß, More zu vergessen. Was tat es schon, wenn er es vorzog, nicht an den Hof zu kommen, und sich statt dessen lieber mit seinen gelehrten Freunden in seinem Haus zu Chelsea traf? Die einzigen, bei denen es wirklich etwas bedeutet hätte, wenn sie sich mit Vorbedacht geweigert hätten, an den Hof zu kommen, wären die großen Adeligen gewesen – der Herzog von Buckingham etwa, oder der Graf von Northumberland oder der Graf von Surrey. Aber die kamen, allesamt, und schworen mir Gefolgschaftstreue. (Ich »domestizierte« sie, wie Wolsey es nannte. Wolsey wußte immer das treffende Wort.)

Aber selbst wenn ich gewollt hätte (und ich wollte es ganz bestimmt nicht!), hätte ich mir nicht lange über More den Kopf zerbrechen können, denn sehr viel wichtigere Ereignisse nahmen ihren Lauf. Die Franzosen setzten ihre kriegerischen Unternehmungen fort und stellten Maximilians und Ferdinands Geduld auf eine harte Probe, denn beide sahen sich durch ihre Ehre an den Vertrag von Cambrai gebunden. Der Papst hingegen hatte Ludwig öffentlich gebrandmarkt und mich, Maximilian und Ferdinand um Beistand angerufen. Er hatte Ludwig exkommuniziert und ganz Frankreich mit einem Interdikt belegt: Es gab dort keine Messen mehr, keine Taufen, keine Trauungen und keine Beerdigungen. Ein furchtbarer Zustand, aber die sogenannte Allerchristlichste Majestät war offenbar nicht über Gebühr beunruhigt und offenbarte sich damit unzweifelhaft als Abtrünniger. Denn wer konnte ohne die Sakramente leben?

Mußte ich Frankreich den Krieg erklären? Hatte ich eigentlich noch eine Wahl? Die Ehre erforderte, daß ich es tat. Aber die Armee...

Anders als andere Staaten hatte England kein stehendes Heer; immer wenn ein Krieg zu führen war, mußte eines ausgehoben werden. Eine uralte Verordnung verlangte, daß jeder gesunde Mann einsatzbereite Kriegswaffen verwahrte und bereit war, dem Ruf zur Fahne unverzüglich zu folgen – kurz, es gab eine nationale Miliz. Tatsächlich aber verfügten nur wenige Haushalte über die erforderlichen Waffen, und dort, wo es sie gab, waren sie nicht selten veraltet oder in schlechtem Zustand.

Ich erließ deshalb eine Proklamation (eine der ersten, die für die allgemeine Bevölkerung von Bedeutung war) und befahl, daß jedermann sich an das Gesetz halte und die entsprechenden Waffen anschaffe. Manch einer murrte über die Kosten, die ihm dadurch entstanden.

WILL:

Eine merkwürdige Eigenheit Englands, die von Ausländern häufig kommentiert wurde: Während die Könige anderer Länder die Zahl der Waffen zu begrenzen trachteten und dafür sorgten, daß gemeine Bürger sie nicht in die Hände bekamen, bestanden die englischen Herrscher geradezu darauf, daß das Volk bewaffnet war. Zum Teil aus Sparsamkeit: Ein stehendes Heer ist erschreckend kostspielig. Vor allem aber war es eine Vertrauenssache. Harry hatte kein Heer, und nur eine Handvoll gerüsteter Leibgardisten schützte ihn vor einem voll bewaffneten Volk. Gleichwohl wurden seine Erlasse widerspruchslos befolgt, und er scheute sich niemals, unbewaffnet unter die Leute zu gehen, nicht einmal, als seine Unbeliebtheit ihren Höhepunkt erreicht hatte.

HEINRICH VIII.:

Wir sprachen vom Frieden, aber wir rüsteten zum Krieg. So, das lernte ich bald, war es Brauch. Aber die heilige Weihnachtszeit unterbrach diese schmutzigen Geschäfte, denn die ganze Welt hielt inne und beging die Geburt des Erlösers.

Will:

Ich bin sicher, damals hätte er es so nicht ausgedrückt. Sein Titel »Oberstes Haupt der Kirche in England« ist ihm später ein wenig zu Kopfe gestiegen und hat ihn zu dem Versuch veranlaßt, in der Rückschau päpstliche Verlautbarungen nachzuahmen. Damals (wohlgemerkt, er war ja erst achtzehn!) verkündete er zweifellos nur: »Es ist Weihnacht und Zeit zum Feiern.«

Heinrich VIII.:

Ich bestimmte, daß die Festlichkeiten an meinem Hofe mit großer Pracht zu gestalten seien, denn die Weihnachtsfeiern waren aus verschiedenen Gründen wichtig. Sie ließen die Menschen bei Hofe zusammenwachsen wie eine große Familie und vertrieben alle Zwistigkeiten, wenn auch nur für eine Weile. Wer hier nur Pomp und Gepränge sah, erkannte nicht den wahren Zweck: Wir brauchten Ruhe und Erholung von unserer Arbeit. Und alle Welt ruhte aus. Die Straßen waren nahezu unpassierbar, und sogar die Themse gefror stromauf bis London, so daß der normale Handelsverkehr zum Erliegen kam. Kahl und hartgefroren lagen auch die Felder, und das gemeine Volk vergnügte sich derweilen. Sollten wir es nicht genauso machen?

Das Wetter war uns freundlich gesonnen, und es wurde im Dezember eine Zeitlang etwas wärmer; so konnte man den Julklotz schlagen und das Feuerholz trocknen, und Familien, die weiter entfernt wohnten, hatten Gelegenheit, zu den Festlichkeiten an den Hof zu kommen. Der Festmeister konnte seine spektakuläre Prunkmaschine (lauter *papier maché* und Farbe und Illusion auf einem großen Karren) im Freien zusammenbauen.

Und dann, es war Mitte Dezember, änderte sich das Wetter wie auf königlichen Befehl, und es ward Winter. Der Schnee wehte vom Norden heran, trieb uns in die Stuben und machte uns dankbar für Feuer und Fackeln.

Natürlich geschah dies nicht auf königlichen Befehl, aber es war doch alles so, wie ich es veranlaßt hätte, von Kleinigkeiten wie dem Wetter bis zu wichtigen Dingen – etwa, daß ich einen Diener wie

Wolsey bei der Hand hatte – und endlich bis zu meinem Weibe Katharina, die mir in jeder Weise wohlgefällig war und nun auch in ihrer Schwangerschaft so mächtig wurde, daß ich es mit Beifall sah. Ich weiß noch, wie ich mich in meinem Arbeitsgelaß ans Fenster lehnte (durch welches der Nordwind pfiff, denn der Rahmen war schlecht eingepaßt) und dem Herrn für all diese Segnungen dankte.

Warham zelebrierte am Weihnachtstag das Hochamt in der königlichen Kapelle, und der ganze Hofstaat war zugegen: die königliche Familie und ihr Gefolge auf der Empore, der Rest des Haushalts unten.

Danach begannen die weltlichen Feiern. Es gab Mummenschanz und Schauspielerei, und auch drei Narren tollten umher. Bei einem großen Bankett wurden an die achtzig verschiedenen Speisen aufgetragen (darunter auch gebackene Neunaugen, mein Leibgericht). Später dann ein Tanzvergnügen in der Großen Halle.

Vermummt, wie es die Sitte verlangte, tanzte ich mit mancher Dame zum lebhaften Saitenklang der Stockfiedel und zu den dumpfen Tönen des hölzernen Xylophons. Nur eine erkühnte sich, zu raten, wer ich wohl sei: Lady Boleyn, die Frau des Thomas Boleyn, eines meiner Kammerherren. Sie war ein eitles, langweiliges Weib, dauernd zu Techtelmechteln aufgelegt, und sie hielt sich für bezaubernd. Es begann damit, daß sie rundheraus verkündete, es sei der König, mit dem sie tanze; sie erkenne ihn an seiner Kraft, seiner Männlichkeit und seiner tänzerischen Gewandtheit. (Ein gerissener Schachzug. Wäre ich nicht der König – und die Chance, daß ich es war, hielt sich in Grenzen –, dann würde es mir, so bildete sie sich ein, schmeicheln, derlei zu vernehmen; hätte sie aber zufällig recht, dann würde der König ihren Scharfsinn bewundern.) Ich ließ sie im dunkeln, und sie schwatzte endlos von ihren Stiefkindern, die es allesamt verdienten, in den Adelsstand erhoben und (jetzt kam es) mit einer Position bei Hofe ausgestattet zu werden. Mary, George und Anne. (Verflucht diese Namen, alle miteinander! Hätte ich sie doch nie gehört!) Ich entwand mich ihr, sobald ich konnte.

WILL:

Ich bin sicher, er hat Mary nicht absichtlich in diesen Wunsch miteingeschlossen; und keinesfalls hätte er die Kinder verwünscht, die dafür sorgten, daß er sich der Umschlingung der Boleyns nicht entwinden konnte. Wären die Töchter nur ebenso wenig ansprechend gewesen wie die Mutter! Übrigens, hiermit sollte dem alten Gerücht, er habe auch mit Lady Boleyn selbst getändelt, endgültig der Garaus gemacht worden sein. Woher es kommt, kann ich mir beim besten Willen nicht denken; mancher, der ihm übelwill, ist wohl entschlossen, den König so darzustellen, als sei seine Geilheit an Größe und Wahllosigkeit der des Jupiter selbst gleichgekommen.

HEINRICH VIII.:

Es wurde nun Zeit für das musikalische Zwischenspiel. Zur Überraschung aller ergriff ich meine Laute und schritt in die Mitte der Halle.

»Ich habe ein Lied für diese Festtage geschrieben«, verkündete ich. Es entsprach nicht ganz der Wahrheit; eigentlich hatte ich es nur für mich geschrieben, um mir darüber klarzuwerden, was ich mir vom Leben erhoffte. Alle starrten mich an, aber ich schlug einfach in die Saiten und fürchtete mich nicht. Kühn begann ich zu singen:

Zeitvertreib in guter Runde
Lieb ich bis an meinen Tod.
Brumm' wer will! Zu keiner Stunde,
So's Gott gefällt, kommt mein Verbot.
Tafelkränze,
Jagd, Lieder, Tänze
Mein Herz begehrt!
Regsames Leben
Soll mich erheben!
Wer ist's, der's mir wehrt?
Junger Geist muß fabulieren,

Tafelfreuden auch dazu!
Freundesrunde allzumal
Macht vergessen Traum und Qual.
Denn Müßiggang
Ist der Anfang
Von Lastern viel.
Wer kann denn sagen:
Das Vergeuden von Tagen
Sei wie ein Spiel?
Freundschaft, in der Würde liegt,
Ist Tugend – und das Laster flieht.
Freunde sind mal gut, mal schlecht,
Doch jedes Menschen Wahl ist recht.
Das Beste such' ich,
Dem Übel fluch' ich.
Mein Sinnen soll sein:
Tugend begehren,
Lastern wehren.
Ich begehr mein.

Was ich gesungen hatte, galt für mich; gleichwohl umbrandete mich wilder Applaus, als ich geendet hatte. Offenbar hatte ich auch die heimlichen Empfindungen anderer berührt – wie jeder Künstler es ja tun muß. Ich war tiefbewegt.

WILL:

Leider habe ich den Verdacht, daß außer dir niemand tiefbewegt war, wenngleich dein Publikum dir gebannt und aufmerksam zuhörte. Wie tapfer und wie schön mußt du ihnen erschienen sein, als du so unverhofft ganz allein in ihrer Mitte standest. Wahrscheinlich war es das, was sie rührte, und nicht dein banales Lied.

Übrigens, Catherine, fühle ich mich gedrängt, Euch wegen Heinrichs häßlichen Bemerkungen über Eure Familie um Vergebung zu bitten. Ihr wißt, er hat nicht immer so empfunden, und niemals hat er diese Feindseligkeit auf seine Kinder übertragen.

HEINRICH VIII.:

Am Neujahrstag 1510 versammelte sich alles – vom Herzog von Buckingham, dem höchsten Edelmann im Lande, bis zum gemeinsten Küchenjungen – in der Großen Halle zur förmlichen Bescherung. Bis dahin war dies nicht gebräuchlich gewesen; ich aber hatte die Absicht, daraus den Höhepunkt der Weihnachtsfeierlichkeiten am Hofe zu machen. Dank Wolsey und seinem unermüdlichen Wirken hatte der König ein persönliches Geschenk für jeden: ein besticktes Taschentuch für den eitlen Gehilfen des Gewandmeisters; ein Fläschchen spanischen *oporto* für den Koch, der dafür eine Vorliebe hatte; einen gesegneten Rosenkranz für den jüngsten Priester der königlichen Kapelle. Für andere, die mir näherstanden, hatte ich die Geschenke selbst ausgesucht. Wolsey bekam einen dicken Wollteppich aus der Türkei, bei dessen Beschaffung weder Kosten noch Mühen gescheut worden waren (ich wußte ja, wie wählerisch er war); für Katharina hatte ich eine juwelenbesetzte Heilige Schrift (da ich auch hier wußte, wie fromm sie war, wenn es mir auch noch unwesentlich erschien); Warham und Fox und Ruthal bekamen reichverzierte Meßbücher. Und dann – eine kleine private List – schenkte ich More ein Astrolabium. Er trat vor, nahm das Paket feierlich in Empfang und kehrte an seinen Platz zurück. Die Etikette verbot, daß er es hier öffnete. Triumphierend stellte ich mir vor, wie er es daheim in Chelsea auspackte.

Jetzt wurde der Spieß umgedreht, und alle mußten mir etwas schenken. More kam rasch heran und reichte mir ein schmales Päckchen: sein *Utopia*.

»Soeben vollendet, Euer Gnaden«, sagte er mit einer tiefen Verbeugung. »Ich glaube, Ihr werdet es« – zweifellos hätte er zu gern »lehrreich« gesagt, aber das wagte er nicht – »amüsant finden.« Gott weiß, was ihn dieses Wort kostete, mit dem er sein großes Werk in höfischer Artigkeit herabwürdigte.

Wolsey überreichte mir ein Gemälde, das der große Leonardo in seinem Auftrag angefertigt hatte; Memmo hatte einen jungen Lautenspieler aus der hier ansässigen venezianischen Kolonie herbeigeschafft, der uns aufspielte; von Ruthal... ich weiß es nicht mehr.

Immer mehr Menschen traten vor und brachten mir ihre Gaben, bis sie mich knietief umgaben. Gerade als es eigentlich hätte zu Ende sein müssen, öffnete sich die Tür, und zwei Franzosen traten ein (man erkannte sie als solche an der übertriebenen Kleidung: Ihre Röcke waren an so vielen Stellen geschlitzt, daß sie praktisch nicht mehr vorhanden waren). Sie schleppten so etwas wie eine große Truhe mit Tragegriffen an beiden Seiten.

Jedermann in der Großen Halle wandte sich ihnen zu, als sie die Treppe herunterkamen, ihre Bürde fürsorglich zwischen sich. Ihre abnorm hohen Absätze klapperten auf dem Steinboden.

Langsam näherten sie sich, bis sie nur noch fünf Schritt von mir entfernt waren. Dann stellten sie ihre sargähnliche Traglast nieder und zogen das verhüllende Tuch zurück. Es war eine Pastete von einer so ungeheuren Größe, wie sie noch keiner der Anwesenden je gesehen hatte.

»Seine Allerchristlichste Majestät, König Ludwig von Frankreich, sendet Euch diese Fleischpastete als Neujahrsgabe. Sie ist aus einem riesigen Eber gemacht, den Seine Majestät selbst erlegte.« Sie verbeugten sich.

Ich betrachtete die gewaltige Pastete, die wie ein Schreibtisch vor mir stand. Die Teighülle war kunstvoll mit den verschiedensten Verzierungen geschmückt und schön goldbraun gebacken.

»Ein Schwert«, sagte ich, und man gab mir eines. Ich schnitt die Oberseite des hübschen Backwerks auf, und ein übelriechender Dunst stieg mir entgegen: Das Innere war völlig verdorben. Das Eberfleisch war verwest, die Füllung ein grüner Schleim.

Ich wich zurück. »Sie ist verrottet«, stellte ich fest.

»Wie die französischen Manieren«, ergänzte Wolsey, und seine Stimme klang laut durch die Stille.

Wir wandten uns den grinsenden Franzosen zu. »Sagt Eurem Herrn unseren Dank«, trug ich ihnen auf. »Aber Aas ist nicht nach meinem Geschmack. Mein Appetit geht mehr nach frischen Dingen aus Frankreich. Nach meinem Titel etwa, und nach meinem Erbe. Bringt diesen faulenden Brei zurück zu Ludwig, mit unseren besten Empfehlungen.«

Sie verzogen angeekelt die Gesichter, und ich konnte es ihnen nicht verdenken.

»Ja, dergleichen gehört auf französischen Boden«, sagte ich. »Sorgt dafür, daß es wieder dahin zurückkehrt, wo es herkommt.«

Ich haßte Ludwig. Eine derart gezielte Beleidigung bedurfte einer Antwort! Aber ich wollte, ich durfte Katharina nicht aufregen. Ich mußte darüber lachen, mußte geringschätzig über die Beleidigung hinweggehen. Einstweilen.

XVII

Diese Nacht war der Zeitpunkt, da ich mit meinem Gefolge »impromptu« in die Gemächer der Königin eindringen sollte. (Heute mag es in Vergessenheit geraten sein, aber die Königin hatte damals ihre eigenen Gemächer, ganz und gar getrennt von den meinen. Diese Tradition gab es, wie man mir sagte, nur in England, und sie hatte im Laufe der Jahrhunderte dem Ehebruch auf beiden Seiten Vorschub geleistet. Ich vermerke diese Sitte hier nur, weil ich absehen kann, daß sie bald der Vergangenheit anheimfallen wird. Wäre nur Anne Boleyn nicht von mir getrennt gewesen... oder Catherine Howard...)

Wir waren zwölf, in Kostümen von grüner Farbe, ganz in Sammet und mit silbernen Masken. Wir sollten in Katharinas Gemach einfallen, unversehens und unter lautem Trompetenschall, und so tun, als wären wir Robin Hood und seine Mannen, die nun die schönen Jungfrauen entführten. Nach spielerischem Kampfe würden wir sodann im Fackelschein tanzen. Natürlich war dafür gesorgt, daß elf von Katharinas Hofdamen zugegen waren, damit die Zahl ausgeglichen war.

Wir warteten vor den Gemächern der Königin und stießen dann, wie auf ein Stichwort, die Tür auf. Die Frauen kreischten. Katharina ließ einen Schmuckkasten fallen, ein aus Elfenbein geschnitztes Stück, und er zerbarst am Boden. Sie riß die Hände vor den Mund. Offenbar war sie im Begriff gewesen, schlafenzugehen; sie trug einen weinroten Schlafrock über ihrem Nachtgewand. Ihr bernsteinfarbenes Haar war gekämmt und schimmerte im Fackelschein. Ich fand, sie sei außergewöhnlich schön, dem angeschwollenen Leib zum Trotz.

»Ah!« sagte ich. »Die Königin ergibt sich mir.« Ich streckte die

Hände aus (Katharina erkannte zweifellos die Ringe an meinen Fingern) und nickte den Musikanten zu. »Spielt eine Pavane, wenn's recht ist.« Ich nahm Katharina bei der Hand, und wir begannen zu tanzen.

»Ich weiß, daß Ihr es seid, mein Lord«, flüsterte sie, als wir einander bei einem Tanzschritt nahekamen.

»Wirklich?« Ich genoß das Spiel. »Seid Ihr sicher?«

»Ja«, sagte sie, und ihr samtener Mantel streifte den meinen. »Ich erkenne Eure Hände, Eure Berührung, unter zehntausend.«

Ich lächelte unverbindlich. Die Legenden von Königen und Prinzen, die verkleidet umhergingen, hatten mich immer fasziniert – die römischen Kaiser etwa, und Heinrich V., ehe er den Thron bestieg. Es konnte gefährlich sein (und wäre es nur, weil man etwas zu hören bekäme, was man nicht hören sollte), aber ich brannte darauf, es auch einmal zu tun.

Plötzlich erbleichte Katharina, und sie taumelte gegen mich. Ihre Hände krampften sich in ihren Leib. Die Musik spielte beharrlich weiter, aber sie stand wie angewurzelt. Dann schrie sie auf und sackte zu Boden.

Wir alle erstarrten. Nur Wolsey (Wolsey, stets zugegen, war auch jetzt erschienen, um sich zu vergewissern, daß das mitternächtliche Fest ordnungsgemäß vorbereitet sei) wußte, was zu tun war.

»Einen Arzt«, sagte er leise zu einem Pagen, der neben ihm stand. Mit ruhiger Stimme erteilte er seine Befehle. »Bringt Ihre Gnaden in die Wöchnerinnenstube. Noch nicht bereit? Dann legt sie in ihr Bett.« Die eben noch »munteren Mannen« hoben Katharina auf und schafften sie in ihr Schlafgemach. Hofdamen, Ärzte, Zofen – alle strömten in der Kammer der Königin zusammen und brachten reine Tücher und Arzneien und Instrumente, und Katharina schrie unter den uralten Qualen der Geburt.

Als der Morgen graute, war alles vorüber: Das Kind war geboren, ein scheußliches, halbfertiges Ding, dreieinhalb Monate vor der Zeit. Tot. Im blauen Licht der Frühe schafften sie es fort und verscharrten es irgendwo – ich weiß nicht, wo. Es hatte keine Seele und bedurfte nicht der kirchlichen Sakramente.

Allein im bläulichen Schimmer, begab ich mich zu Katharina. Sie lag weiß und schweißfleckig auf einem Sofa, während die Zofen das blutgetränkte Linnen von ihrem Bett abzogen und ein frisches brachten. Sie umklammerte ein Kruzifix und sah halb tot aus, wie sie so dalag mit offenem Mund. Ein schrecklicher Gedanke ging mir durch den Sinn: Wie häßlich sind die Frauen im Kindbett. Dies war nicht meine Katharina, sondern ein Weib von fünfzig Jahren, eine hartgesichtige Fremde.

Ich kniete neben ihr nieder, aber sie schlummerte tief und rührte sich nicht. Schließlich erhob ich mich und ging hinaus. Ich hatte nicht geschlafen und war dennoch nicht müde – im Gegenteil: Ich fühlte mich unnatürlich wach und gespannt. Mit steifen Beinen trat ich hinaus in Katharinas Audienzgemach, wo noch die Fackeln vom Tanz brannten. Ich löschte sie und setzte dann meinen rastlosen Gang in meine eigenen Gemächer fort. Es war ein häßlicher Morgen, der graute. Graupel prasselte gegen die Fenster. Es war kalt in den Korridoren.

Noch vor kurzem war die Kälte mir willkommen gewesen. Ich hatte eine kalte Weihnacht gewollt, und ich hatte sie bekommen. Was immer ich wollte, ich brauchte es nur zu befehlen. So jedenfalls hatte es ausgesehen.

Aber was ich am meisten gewollt, was mir mehr als alles andere am Herzen gelegen hatte, war verloren.

XVIII

WILL:

Ja, anscheinend hatte er die magische Kraft, das Schicksal zu regieren, verloren, die ihm wie zum Spott für eine Weile verliehen gewesen war. Die nächsten zwanzig Jahre sollte er darauf verwenden, sie wiederzugewinnen – Jahre, in denen alles geschah, während doch nichts geschah. Sie waren schmerzhaft für ihn, ohne ihn zu berühren oder im Wesen zu verändern. Danach war er verwirrt und lebte in jenem Zustand zwischen Zorn und Kränkung: Später dann war er auf Gnade und Ungnade in der Hand der Hexe.

HEINRICH VIII.:

Auch dem Glück konnte ich nicht befehlen, zurückzukehren; noch wochenlang danach, weit ins neue Jahr hinein, wollte meine Trauer nicht vergehen. Katharina und ich brüteten über unserem Verlust, und wir verschmolzen miteinander im gemeinsamen Schmerz. Wir ließen besondere Messen lesen und steigerten unsere Frömmigkeit. Zu niemandem sonst konnte ich über meine Gefühle in dieser Angelegenheit sprechen; zu sehr berührte sie mich im Kern meiner königlichen Person. Aber Katharina, Katharina, selber eine Königin, verstand mich...

Als sie schließlich genesen war, stellte ich fest, daß gerade die Nähe zwischen uns, das im Herzen empfundene Mitgefühl, bewirkte, daß ich ihr anders begegnete, als wir ins Ehebett zurückkehrten. Wie kommt es, so fragte ich mich (und ich frage es mich noch), daß Freundschaft anscheinend die Begierde erdrückt, sie unter einem Kissen der Vertrautheit erstickt? Denn das Begehren ist nichts Intimes; es ersprießt aus Fremdheit und Geheimnis und braucht diese, wenn es überleben soll. Katharina, meine geheimnisvolle Prinzessin aus Spanien, war jetzt meine Freundin im Schmerz... aber gleichwohl erkannte ich sie, wie ein Mann sein Weib erkennen soll, denn so steht es in der Heiligen Schrift.

Es war Wolsey, den ich bat, besondere Messen für Katharinas und meine privaten Anliegen zu lesen. Wolsey hatte sich im Staatsrat inzwischen als ein Mann erwiesen, auf den ich zählen konnte. Es war politisch klug gewesen, ihn zu ernennen; er hatte unverzüglich und aus eigener Initiative damit begonnen, einigen der Pläne, die Fox, Warham und Ruthal verfolgten, entgegenzuwirken. Wolsey war feinfühlig; ich wußte das zu schätzen, als er keinerlei Neugier hinsichtlich meiner Bitte um zusätzliche Messen an den Tag legte. Wolsey war diskret, und er war ehrlich. Ich hatte einen wertvollen Diener gewonnen. Nun mußte ich lernen, ihn möglichst vorteilhaft zu nutzen – vorteilhaft für uns beide.

Er belieferte mich in stetem Strom mit Zusammenfassungen und Memoranden über die sich stets wandelnde Politik des Auslands. Es war, als erstelle er alle halbe Stunde einen neuen Bericht. Ich war so vertieft in einen Stapel davon (und in eine zusammengefaßte Liste des Palastinventars), daß ich nicht bemerkte, wie Katharina eines Morgens gegen Ende Mai in mein Arbeitszimmer kam. Freilich war ihr Schritt auch federleicht. Sie stand hinter mir, ehe ich überhaupt merkte, daß sie zugegen war.

»Was studiert mein Geliebter so aufmerksam?« fragte sie leise.

»Unseren Besitz«, antwortete ich. »Wußtest du zum Beispiel, daß du – oder wir« – ich legte einen Finger auf das Papier und las, was darüber stand – »ein Dutzend bemalte Kacheln besitzen?«

»Nein. Aber es würde mir sehr gefallen, sie angebracht zu sehen. Ich vermisse die Kacheln von daheim – so hell und sauber. Anders als das dunkle Holz hier.«

»Wo bringt man sie denn an?« fragte ich neugierig.

»Auf den Fußböden. An den Wänden. Überall, wo Ihr Gemälde habt, Wandbehänge oder Holz. Es gab sie in mancherlei Rot und Orange und Gelb.«

»Dann werde ich den Boden unseres Privatgemachs zu Greenwich damit belegen lasen. Und auf eine neue Kachel soll man das Datum schreiben, zur Erinnerung an das erste Jahr unserer Ehe – und unserer Regentschaft.« Eben war mir das Datum in den Sinn gekommen; schon bald würde sich die Krönung das erstemal jähren. »Du hast mich sehr glücklich gemacht, meine Katharina.«

Warum empfand ich dann Trauer, noch als ich es sagte? Ich wollte, daß wir in alle Ewigkeit jungverheiratet blieben und niemals einfach Mann und Frau würden, aber das Ende des ersten Ehejahres war auch das Ende des Brautstandes, wie jedermann wußte.

»Ist das wahr? Aber auch ich habe etwas für Euch.« Sie nahm mein Gesicht in ihre beiden winzigen Hände. »Ich bekomme ein Kind. Unsere Gebete sind erhört worden.«

Ich muß ausgesehen haben, wie mir zumute war, denn sie küßte mich, lange und süß – noch immer eher wie eine Braut denn wie eine Ehefrau.

Der Mittsommertag und mein neunzehnter Geburtstag und das Ende unseres ersten Ehejahres – das alles kam im Juni. Ich konnte auf die vergangenen zwölf Monate zurückblicken und mich erstaunt fragen, wie es mir gelungen war, so gut zurechtzukommen – in Anbetracht dessen, daß ich anfangs ja weder vom Regieren noch von der Ehe etwas verstanden hatte. Durch die Gnade Gottes und durch meine eigene Entschlossenheit hatte ich vermocht, vom Prinzen zum König zu werden, und inzwischen schien alles von allein zu laufen. Bald würde ich mich auf das einzige Gebiet vorwagen, das ich noch nicht berührt hatte: Ich würde im Ausland Krieg führen und unmittelbar mit den europäischen Regenten zu tun haben. Der Krieg war der Beruf aller Könige und das *sine qua non* aller großen Könige.

Im Laufe des langen Sommers – bis in den November hinein dauerte das warme Wetter an – studierte ich die Situation auf dem Kontinent wie einer, der die Schritte eines komplizierten Tanzes beobachtet und auf den Takt wartet, bei dem er den Tanzboden betreten wird.

Anscheinend belagerte König Ludwig XII. von Frankreich Papst Julius in Bologna und bedrängte den Stellvertreter Christi dort mit gewalttätiger Hand; zu Pisa berief er ein schismatisches Konzil ein und bestritt so die päpstliche Autorität. Ferdinand von Spanien und Maximilian, der Kaiser des Heiligen Römischen Reiches, forderten ihn in feierlichem Ernst auf, von all dem abzulassen oder aber sich der gerechten Bestrafung zu stellen. Ihre Allianz nannten sie die Heilige Liga, und wer hätte ihren feierlichen Ernst in Zweifel ziehen können? Wer überdies hätte daran gezweifelt, daß England als christliches Reich sich durch sein Gewissen genötigt sehen würde, dieser Liga beizutreten?

Am Wollen fehlte es nicht: Ich wollte den Krieg, und meine Untertanen würden ihn verlangen. An Gelegenheit fehlte es nicht: Sobald man uns aufforderte, der Liga beizutreten, würden wir es tun. An Mitteln fehlte es auch nicht: Der Krieg würde sich mühelos aus dem königlichen Schatz finanzieren lassen, ohne daß ich mich um das Parlament würde scheren müssen.

»Aber, Euer Gnaden«, hatte Wolsey, der meine Pläne anscheinend kannte, noch bevor ich sie zur Sprache gebracht hatte, eingewandt, »es wäre vielleicht doch das beste, ein Parlament einzuberufen und Euer eigenes Geld zu sparen. Man wird Euch alles gewähren, solange Ihr neu seid. Später wird es nicht mehr so einfach sein.«

»Aber es wäre knauserig, so zu verfahren«, widersprach ich. »Es riecht nach meinem Vater, und ich würde es niemals tun.«

»Euer Vater war in finanziellen Dingen klug. Niemals hätte er sein eigenes Geld ausgegeben, wenn ihm fremdes zur Verfügung gewesen wäre. Eine ausgezeichnete Maxime.«

»Die Maxime eines alten Mannes! Nicht die eines wahren Ritters!« Die Vorstellung, vor das Parlament zu treten, mit der Mütze in der Hand, dort um Geld zu bitten, um Erlaubnis, als wäre ich ein Kind – nein, niemals! »Ich hoffe, ich werde kein Parlament einberufen müssen, solange ich lebe!« Unversehens dachte ich laut. »Ja, so reich sein, daß ich niemals auf diese Weise Geld beschaffen muß – das wünsche ich mir!«

»Dann werdet Ihr andere Mittel finden müssen, Euer Gnaden«, sagte Wolsey. »Wohl bitte ich Gott, Er möge Euch lange über uns herrschen lassen, aber sechzig Jahre kann Euer Schatz kaum überdauern! Nein, da müßt Ihr schon eine andere Quelle anzapfen. Dann, sage ich, schlage ich gern drei Kreuze hinter dem Parlament.«

Mein Sohn Heinrich kam am Neujahrstag des Jahres 1511 zur Welt. Er war kräftig und gesund, und sein erster Schrei war nicht kläglich quäkend wie sonst bei einem Neugeborenen, sondern laut und fordernd. Er kam in die Welt wie Herkules.

»Schwer, Euer Gnaden«, warnte Dr. Linacre, als er ihn in meine wartenden Arme legte. »Sehr schwer. Er muß ganz aus Muskeln bestehen.«

Ja, das Bündel war schwer und fest. Ich fühlte die Kraft seiner strampelnden Beinchen.

»Lob sei dem Herrn!« rief ich und hielt ihn in die Höhe. »Jetzt ist die Zukunft sicher!« Ich trug meinen Thronfolger in meinen Händen.

Als ich zu Katharina hineinkam, die bereits gebadet auf frischem Linnen ruhte, hätte ich am liebsten vor Freude gebrüllt. »Liebste«, rief ich, »du hast England alles gegeben, was es sich von dir gewünscht hat!« Da lag sie, mit strahlendem Antlitz, und das bernsteinfarbene Haar fiel ihr über die Schultern – eine Madonna, eine Madonna, die ich anbetete. Ich fiel neben ihr auf die Knie und küßte ihr die Hand. »Danke«, sagte ich, »für das großartige Geschenk, das du mir und unserem Land gemacht hast.«

»Und auch mir«, fügte sie hinzu.

Gern hätte ich sie da aufgehoben und aus dem Bett gezogen, gern wäre ich mit ihr in der Kammer umhergetanzt.

»Er muß Heinrich heißen«, erklärte sie. »Er ist groß und stark wie Ihr.«

Ich hatte nicht vorgehabt, ihn auf den Namen Heinrich zu taufen; Edward sollte er heißen, nach dem kleinen Bruder meiner Mutter, dem König.

»Heinrich«, wiederholte sie störrisch. »Heinrich muß es sein.«

»Wenn es dir soviel bedeutet, dann soll es sein.« Solange es nicht Alfonso oder Felipe oder sonst ein ausländisch klingender Name aus Spanien war... »Sobald du kannst, werden wir das ganze Reich einladen, mit uns zu feiern. Es wird Turniere geben, Bankette, Wein aus öffentlichen Brunnen... und auch das gemeine Volk darf kommen. In den Palast«, verkündete ich, einem plötzlichen Impuls folgend. »Er ist ja auch sein Prinz!«

Die Ärzte und die Zofen der Königin machten verblüffte Gesichter, und sogar Katharina schüttelte den Kopf.

»Wir sind nicht in Spanien, Geliebte. Hier in England muß der König sich zu seinen Untertanen begeben und ihnen erlauben, zu ihm zu kommen«, beharrte ich.

»Es gefällt Euch, mit ihnen zu spielen«, sagte sie, halb im Ernst, halb mit einem Lächeln. Sogleich fragte ich mich, in welchem Sinne sie das Wort »spielen« wohl meinte. Aber ich ließ es hingehen.

»In sechs Wochen«, versprach ich. »Nach der Taufe.«

Sechs Wochen später war Prinz Heinrich erstaunlich gewachsen; er paßte nicht mehr in das Taufgewand, das Katharina so sorgsam bestickt hatte. Es war für ein durchschnittlich großes Kind genäht, nicht für diesen rundlichen kleinen Riesen. Hastig setzte man zusätzliche Stoffstreifen an die Ärmel und in die Seiten.

Die Taufe, vollzogen durch Erzbischof Warham, war funkelnd und prächtig. Katharina ließ ihrer spanischen Vorliebe für üppige Festlichkeiten die Zügel schießen; sie beharrte auf den Unmengen von Kerzen, auf dem doppelt langen Umhang von Goldbrokat, den ich tragen sollte, und auf den farbigen Freudenfeuern, die später entfacht werden sollten. Vor einhundert Zeugen wurde der junge Prinz Heinrich zu einem Glied am Leibe Christi. Er weinte, als ihm das Wasser über den Kopf gegossen ward – ein gutes Zeichen, denn es bedeutete, daß der Teufel aus ihm vertrieben wurde. Beifälliges Raunen lief durch das Kirchenschiff. *Dies* für den Gehörnten.

Ich beobachtete das Kind mit einer so tiefen Erregung, daß ich mich fast ruhig fühlte. Mein schöner, schöner Sohn – kein schmächtiger Arthur: Ihm war es bestimmt, der größte und stärkste König zu werden, den England je gehabt hatte. Edward III., hieß es, war ein Riese gewesen, und daß mein Großvater sechs Fuß und vier Zoll gemessen hatte, bezeugten Männer, die noch lebten. Aber Heinrich IX. würde ein Sonnengott sein, ein Helios für England.

Trompeten ertönten mit silbernem Klang, und die Prozession bewegte sich langsam durch das weite Gewölbe der Kirche und hinaus ins Freie; einer juwelenbesetzten, trägen Schlange gleich. Draußen auf dem Platz rollte sie sich zu einem Kreis und wartete – wartete auf Einlaß in die Große Halle des Westminster Palace, wo das Taufbankett aufgetragen wurde.

Habe ich irgendwann angedeutet, Westminster sei ein altmodischer Palast? Es stimmt, aber die Große Halle dort ist ein Schatz, den ich eifersüchtig bewachen muß, auf daß die Zeit ihn mir nicht raube. Ihre Dimensionen sind gewaltig: Ritter zu Pferde könnten dort ein Turnier bestreiten. Am meisten fesselt das Dach, wie es sich ohne Unterbrechung darüberspannt: Stichbalken ziehen sich wie in anmutig geschwungenem Tanz darunter hin und verschmähen Stützpfeiler jeglicher Art. 1395 wurde die Halle erbaut, gerade rechtzeitig zum Hochzeitsschmaus für Richard II. und Isabella von Frankreich. Sie war königlich in ihrer Art, und bis heute ist sie an Größe unübertroffen geblieben. Dieses Wunderwerk begrüßte uns nun, und die Tische waren für einhundert Gäste gedeckt. Auf dem hellweißen Linnen sahen die Reihen der goldenen Platten aus wie glänzende Münzen auf einem verschneiten Feld.

Auf der Estrade sollten nicht nur die Königin und ich sitzen, sondern auch meine Blutsverwandten. Auch diejenigen, die nicht bei Hofe lebten, waren gekommen, um bei der Taufe ihres königlichen Vetters zugegen zu sein.

Gewisse Leute – und ich weiß, von wem ich spreche – behaupten, ich hätte jeden, der nur einen Tropfen königlichen Blutes in seinen Adern gehabt hätte, »umgebracht« – aus lauter Angst vor Rivalen, die etwa den Thron für sich hätten beanspruchen können. Ich kann diesen Unfug entlarven als das, was er ist, indem ich die Liste derer vorstelle, die ich einlud, bei diesem Festgelage mit mir an der königlichen Tafel zu sitzen. Da war Heinrich Courtenay, mein erster Vetter, der Sohn der Catherine Plantagenet, meiner

Tante mütterlicherseits. Da war Margaret Plantagenet Pole, eine Cousine meiner Mutter, und ihre Söhne Reginald, Heinrich und Geoffrey, meine Vettern zweiten Grades. Da waren meine Vettern zweiten Grades aus dem Hause St. Leger, und die Vettern von Stafford, und Heinrich Bourchier, Graf von Essex, ein noch entfernterer Verwandter. Ich war glücklich, und ich wollte mein Glück mit der ganzen Familie teilen, wie jeder normale Mensch.

Die Prälaten hatten ihren eigenen Tisch, ganz rechts außen. Der Erzbischof von Canterbury saß am Kopf, und neben ihm die anderen hohen Bischöfe, Ruthal von Durham und Fox von Winchester. Der Rest des langen Tisches gehörte der beinahe vollständig versammelten Konvokation, dem »Parlament« der Kirche. Wolsey saß nicht an diesem Tisch. Sein Rang war zu niedrig, denn damals war er ja nur Almosenier und bescheidener Canonicus zu Windsor.

Am langen Tisch in der Mitte hatten die Edelleute des Reiches und ihre Damen Platz genommen. Es gab jetzt nur noch einen Herzog in England (abgesehen von dem Herzog von Suffolk im Kerker), nämlich den Herzog von Buckingham, Edward Stafford. Früher hatte es natürlich mehr gegeben, aber im Kampf für oder gegen Richard III. hatten sie den Titel oder das Leben oder beides verloren. Thomas Howard, der Herzog von Norfolk, hatte in der Schlacht von Bosworth Field gegen meinen Vater gekämpft und verloren. Daraufhin war er auf den Stand eines Grafen zurückgestuft worden. Seine Gefolgsleute verbreiteten die Legende, er sei nach der Schlacht zu meinem Vater gegangen und habe zu ihm gesagt: »Richard war König, und so kämpfte ich für ihn. Wollte das Parlament einen Pfahl zum König machen, so kämpfte ich auch für ihn, wie es meine Pflicht gebietet.« Aber das ist absurd, denn das Parlament macht überhaupt niemanden zum König. Überdies ist es eine Beleidigung für einen König, ihn mit einem taubstummen Pfahl zu vergleichen, und Howard war zu klug, als daß er dergleichen geäußert hätte. Jetzt hielt ich ihn im Zwinger seines Grafentitels, bis der Tag käme, da er sich sein Herzogtum durch eine edle Tat zurückeroberte.

Aber die Reihen der Grafen und niederen Marquis waren gleichfalls dünn geworden. Die Kriege hatten auch sie dezimiert. Bei meiner Krönung war eine Anzahl von Männern zu Rittern des Bath-Ordens geschlagen worden, und auch diese saßen nun am Tisch des Adels. Aber eigentlich, so fand ich, war die Aufnahme in den Ritterstand nur auf eine einzige angemessene Weise zu erwerben, nämlich durch Mut und Tüchtigkeit auf dem Schlachtfeld, und so würde es vorläufig keine neuen Ritter geben.

Am dritten Tisch, zur Linken, saßen diejenigen, die Katharina oder mir aus irgendwelchen Herzensgründen lieb und wert waren. Da war Lady Willoughby, die eigentlich Maria de Salinas hieß – Katharinas treue Kindheitsfreundin aus Spanien, die inzwischen mit einem alten Soldaten verheiratet war; Lord Mountjoy, Katharinas Kämmerer, und Edward Baynton, ihr Hofmeister. An diesem Tisch befanden sich auch meine Turniergefährten Charles Brandon, Edward Neville und Nicholas Carew sowie Thomas More und Wolsey. Eine kuriose Mischung, und doch vertrugen sie sich bestens miteinander; zumindest hatte es von dort, wo ich saß, diesen Anschein.

Katharina saß zu meiner Rechten, meine Schwester Maria zur Linken. Wohin ich mich auch wandte, ich sah in ein reizendes Gesicht, und beide waren doch grundverschieden voneinander. Katharinas war rund und honigfarben und hatte lachende, haselnußbraune Augen; Marias war lang und schmal, die Haut war wie von Elfenbein, und die Augen hatten die Farbe des kalten Aprilhimmels.

»Ach, Liebste!« Ich griff nach Katharinas Hand und fühlte ihre Erregung. Die sechs Wochen waren vergangen, die Taufzeremonie vorüber... »Danke. Ich danke dir für dieses wunderbare Geschenk, das du mir gemacht hast. Einen Sohn.«

Sie erwiderte den Druck meiner Hand. »Nicht ich«, antwortete sie lachend. Sie hatte damals eine hübsche Art zu lachen – wie spanische Glocken, dachte ich, sagte es ihr aber nie; heute frage ich mich, warum nicht. »Gott hat ihn uns beiden geschenkt.«

»Nein. Du. *Du*.« Ich schob meine Finger unter ihren Gürtel, vor fremden Blicken verborgen durch das linnene Tischtuch; ich wußte ja, wie kitzlig sie war, und ich wollte dieses süße kleine Lachen noch einmal hören. »*Du* hast ihn mir geschenkt.«

Sie lachte, und ich zog meine Finger zurück. »Wie Ihr meint«, stimmte sie zu.

Ich wandte mich an Maria. »Ich hoffe, es war dein Ernst, als du als Patin gelobtest, 'zu widersagen dem Teufel und all seinen Werken wie auch dem eitlen Prunk und Gepränge dieser Welt'. Wie steht es damit?« Ich wollte sie jetzt ebenfalls necken, meine Lieblingsschwester. Maria war vierzehn, und die Kindheit lag hinter ihr. Sie sah sich selbst als eine Prinzessin aus alten Chroniken und wartete darauf, daß ein Sir Galahad sie umwerbe und gewinne. Hübsch genug war sie. Aber wie kann eine Prinzessin geloben, »dem eitlen Prunk und Gepränge dieser Welt zu widersagen«? Eben dafür sind Prinzessinnen doch auf der Welt.

»Das eine gehört nicht notwendigerweise zum anderen«, gab sie mir zur Antwort. »Was den Teil mit dem Prunk und dem Gepränge angeht, so war es mein Ernst.«

Ich war verblüfft. »Ich hätte erwartet, daß du gerade darüber stolperst.«

»Nein. Der Teufel ist es, der mich reizt, fürchte ich. Da ist etwas in mir, das sehnt sich... nicht unbedingt nach dem Bösen, nein, aber... wohl nach einigen Verlockungen des Bösen.« Sie errötete; o ja! Es war der Ruf des Teufels in ihrem Blut, wovon sie da sprach. Ein Verlangen, das unsere keusche Mutter nie gekannt hatte – der Gegenpol zur seligen Jungfrau in ihrem Ehebett mit dem heiligmäßigen Joseph....

»Wir müssen dich bald verheiraten.« Ich nickte.

»Nein! *Ich* muß ihn mir erwählen; es darf nicht irgend jemand sein, denn sonst ginge es mir nur noch schlimmer...«

»Ich werde eine kluge Wahl treffen«, versprach ich.

»Aber ich...« Ihre Stimme hob sich in ihrer Bedrängnis.

»Aber, aber.« Ich tätschelte ihr die Hand und erhob mich, um die Gesellschaft willkommen zu heißen und den Erzbischof zu bitten, den Segen auf unser Festmahl herabzurufen.

Wir speisten, wie man so sagt, königlich; ich will niemanden mit einer Aufzählung der Gänge langweilen. Danach sollte getanzt werden, und dann hatte ich das gemeine Volk eingeladen, in die Große Halle zu kommen und die Maskerade zu sehen. Die Vorstellung, die Leute in den Palast kommen zu lassen, hatte Katharinas Mißfallen erregt, und sie hatte versucht, es mir auszureden.

»Es kommt ihnen nicht zu, die privaten Bezirke von Königen zu betreten«, hatte sie protestiert.

»Unfug«, hatte ich gesagt. »Das ist spanische Auffassung.« Ich hatte nicht vergessen, wie man vor langer Zeit auf wunderliche Weise versucht hatte, Vater daran zu hindern, Katharina zu sehen. »Mag sein, daß deine Eltern die Mauren aus Spanien vertrieben haben, aber Spanien befindet sich nach wie vor in der Gewalt des Orients mit seinen Schleiern zwischen diesem und jenem: gemeines Volk hier, Jungfrauen da, und so fort.«

»Aber es muß solche Schleier geben«, hatte sie beharrt. »Und Grenzen.«

»Aye. Aber ein wenig Vertraulichkeit reißt noch keine Grenzen nieder. Solange die wesentliche Grenze nicht überschritten wird, mögen alle anderen immerhin fallen.«

Katharina und ich führten den Tanz an und suchten uns immer neue Partner, bis die ganze Gesellschaft mittanzte. Stolz führte ich sie hinaus, stolz sah ich, wie man sie als meine Gemahlin und Mutter meines Kindes betrachtete... Gott, wie seltsam ist es, diese Worte niederzuschreiben! Denn wir wurden Feinde... aber damals – wie liebte ich sie da!

Wir tanzten, trennten uns, fanden andere Partner. Ich holte meine Schwester Maria. Sie war eine überragende Tänzerin. Aber kaum hatte ich ihre Hand ergriffen, versuchte sie, unser Gespräch fortzusetzen: das Gespräch über ihren Gemahl.

»Ohne Liebe zu heiraten, das wäre mein Tod«, erklärte sie.

»Du wirst lernen, ihn zu lieben, wer immer er ist. Denn er wird königlichen Geblüts sein, und das Sakrament der Ehe gibt der Liebe Segen.«

Jetzt schwoll die Musik an. Ich hoffte, das Gespräch sei damit beendet.

»Du bist kein Priester, so sehr du dich auch bemühst, wie einer zu reden«, höhnte sie. »Deine Rede überzeugt mich nicht. Denkst du, Gott hätte dir die Gnade gewährt, Katharina zu lieben, wenn sie alt und unfruchtbar wäre?«

Ein stampfender Trommelwirbel vermochte nicht, ihre Worte zu übertönen.

»Ja, wenn es Sein Wille gewesen wäre, daß ich es tue«, antwortete ich.

Sie lachte; es war eher ein kurzes, spöttisches Hüsteln. Die Musik wechselte, und wir wechselten unsere Partner. Sie erwählte sich Charles Brandon, ich wählte Maria de Salinas.

Wie anmutig die Spanier tanzten! Maria war groß und schlank, anders als meine kleine Katharina, aber sie war geschmeidig wie eine Klinge aus dem ruhmreichen Toledo-Stahl.

»Bei Eurem englischen Namen würde man nicht vermuten, daß sich dahinter eine Señorita verbirgt. Bis man mit ihr tanzt«, sagte ich.

»Wir lieben das Tanzen«, gab sie zu. Ihr Akzent war fast verschwunden, anders als bei Katharina; nur in einer gewissen Kadenz, die ihren Sätzen eignete, war er noch zu ahnen.

»Seid Ihr glücklich hier?« fragte ich sie plötzlich. »Fühlt Ihr Euch hier zu Hause? Wünscht Ihr Euch manchmal, Ihr wäret heimgekehrt wie die anderen?«

»Nein. Nur manchmal kommt mich eine Sehnsucht an, wie es jedem Menschen widerfährt, eine Sehnsucht nach dem, was ich zurückließ und woran ich mich nur unvollkommen erinnern kann. Die Brüchigkeit meiner Erinnerungen... Ich würde sie gern eines Tages wieder erneuern.«

Eine unmögliche Seereise. Ein unerfüllbarer Wunsch. »Bis dahin seid Ihr Lady Willoughby und eine Zierde für Euren Gatten«, sagte ich aufgeblasen, und ich spürte schon da, wie aufgeblasen es klang.

Tempowechsel: Zeit, sich neuerlich zu trennen. Diesmal wählte ich eine junge Maid, blond und sanft. Sie tanzte nicht gut.

»Seid Ihr neu am Hofe?« fragte ich. Viele waren zu den Festlichkeiten gekommen, Geschwister und Verwandte derer, die hier wohnten.

»Ja, Euer Gnaden. Ich bin auf Einladung meines Onkels Lord Mountjoy hier.« Sie deutete mit einem Kopfnicken zu dem Mann hinüber, der gerade mit Katharina tanzte. Er war ihr Kämmerer.

»Ah ja. Aus Yorkshire«, sagte ich.

»Lincolnshire, Euer Gnaden.« Sie stolperte und stieß mich an. Ihr Körper fühlte sich zart an.

»Ihr tanzt wohl nicht in Lincolnshire?«

Mein Scherz ging fehl. Sie wollte sich mir entziehen, weil sie dachte, ich hätte sie gescholten. Aber ich hielt sie fest. »Ich will es Euch lehren«, sagte ich. »Hier bei Hofe tanzen wir alle. Ihr werdet es lernen müssen, wenn Ihr bleibt, Mistress – wie ist Euer Name?«

»Bessie Blount«, murmelte sie. Noch immer versuchte sie, sich mir zu entziehen, und dann stolperte sie wiederum über ihre Füße. In ihrer Verlegenheit stellte sie das Tanzen vollends ein. Ich hielt sie im Arm und tanzte ihre Schritte mit, wie ein Kind, das mit seiner Puppe tanzt. Sie war auch ebenso schlaff und reglos wie eine Puppe. »Ich werde nicht bleiben«, wisperte sie.

»Unfug«, widersprach ich. »Verschwendet Eure Schönheit nicht in Yorkshire. Wir brauchen Euch hier.«

»In Lincolnshire, Eure Gnaden.«

Der Takt wechselte, die Trommel dröhnte. Hastig huschte sie davon, nicht zu einem neuen Partner, sondern ins Schattendunkel.

Als die ganze Gesellschaft (mit Ausnahme der Alten und Gebrechlichen) endlich am Tanze teilnahm, gingen wir zu anderen Schritten und anderen Rhythmen über. Der französische Gesandte war bald überredet, uns »la Volta« vorzuführen, wie er sie erst im Sommer zuvor am Hofe Ludwigs XII. gelernt hatte. Dort tanzte jeder außer Ludwig selbst, der zu alt und gebrechlich war und seine Knie nicht mehr biegen konnte.

Während die Gesellschaft sich im Tanz vergaß, schlüpfte ich hinaus, um die Vorbereitungen für den Mummenschanz zu begutachten, der folgen sollte. Auf dem Weg durch den hohen Durchgang zwischen der Großen Halle und dem Vorsaal sah ich die gewaltige Menschenmenge, die draußen darauf wartete, eingelassen zu werden, wie es ihr versprochen war. Dahinter, auf den Bergen rings um die Stadt, loderten die Freudenfeuer rosig, gelb und rot und befahlen selbst dem Himmel, mit uns zu frohlocken.

»Euer Gnaden.«

Rasch wandte ich mich um und erblickte Don Luis Caroz, den spanischen Gesandten.

»Auf ein Wort, *por favor*.«

»Wohlan.« Ich lächelte zum Zeichen der Erlaubnis, fortzufahren.

»Ich habe noch nicht Gelegenheit gehabt, Euch persönlich Glück zu wünschen. Dies ist auch für Spanien ein großer Tag.«

»Spaniens Töchter sind liebreich«, sagte ich, »und schenken Ferdinand prächtige Enkel.« Katharinas ältere Schwester Juana hatte schon einen zehnjährigen Sohn, Karl, der als heller Knabe galt und wahrscheinlich eines Tages Kaiser des Heiligen Römischen Reiches werden würde. Das heißt, sofern er nicht den Wahnsinn seiner Mutter geerbt hatte: Juana war nämlich weit und breit bekannt als *Juana la loca*.

»*Sí, sí*« Jetzt konnte er sich seiner eigentlichen Absicht zuwenden und mich aushorchen. »Euer Gnaden, habt Ihr nun endlich festgelegt, wie viele Bogenschützen Ihr König Ferdinand nach Guienne und nach Nordafrika zum Kampf gegen die Mauren schikken werdet? Er ist begierig, es nun zu erfahren, denn es ist sein Wunsch, daß sein geliebter Schwiegersohn an seinen glorreichen Eroberungen teilhabe.«

»Hmmm. Ja. Ich glaube, ich hatte versprochen« – ein Blick aus dem Fenster auf die tanzenden Freudenfeuer und die glückliche Menge –, »fünfzehnhundert Mann zu schicken. Mit Langbogen selbstverständlich.« Es gab keine Grenzen mehr; ich konnte jetzt tun, was ich wollte, und ich würde es tun. Etwas sang in meinem Herzen, etwas, das noch nie dort gewesen war. »Aber ich glaube, dreitausend wären nützlicher. Und zwar« – na los doch, sag es, denn du willst es doch – »außerdem mit den neuen Kanonen. Die können wir dann im Felde erproben.«

»Oh! Euer Gnaden!«

Hatte ich Vater nicht auf seinem Totenbett versprochen, gegen die Ungläubigen zu kämpfen? Durfte ich weniger tun, nachdem Gott mir seine Gunst nun so deutlich erwiesen hatte? »Es ist mir eine Ehre, gegen die Feinde Christi zu Felde ziehen zu dürfen«, versicherte ich ihm.

Die Massen draußen bewegten sich wie die Schuppen einer Schlange. Schlange. Ich mußte mich um das Maskenspiel kümmern. Mit einem Kopfnicken bedeutete ich Caroz, daß die Unterredung beendet sei. Aber er starrte mich immer noch an, mit weit aufgerissenen Augen, fast wie gebannt. »Euer Gnaden...« sagte er. »Euer Mantel... er ist prachtvoll. Er blendet mich!«

Es war ein kreisrunder Umhang aus Goldbrokat, fast zehn Pfund schwer. Belustigt stellte ich mir vor, wie der kleine Spanier darin aussehen würde. Gewöhnliche Menschen denken immer nur an den Glanz des Goldes, niemals an sein Gewicht. »Er gehört Euch«, sagte ich; ich öffnete die Spange und legte ihm den Mantel um die Schultern. Beinahe wären ihm die Knie eingeknickt, sowohl unter der Last als auch vor Erstaunen. Oh, sein Gesicht!

Bevor er ein Wort sagen konnte, war ich an ihm vorbei und öffnete die Tür zum Vorsaal, der als Probenraum diente; die Schauspieler waren schon kostümiert und sprachen ihre Texte.

»Weiter, nur weiter!« befahl ich; ich konnte es kaum erwarten, zu sehen, wie sie meinen Einfall darstellten: die Geschichte des kleinen Herkules, wie er die Schlangen erwürgt, die Juno in ihrer Eifersucht an seine Wiege entsandte, um ihn zu vernichten. Für die Rolle des kraftvollen Säuglings hatte ich ein großes Kind gebraucht; Sir John Seymours sechsjähriger Sohn Edward trug jetzt ein Säuglingshemd und übte das Erwürgen der »Schlangen« – lange Schläuche von buntem Samt, in denen lebende Frettchen steckten, damit sie sich von allein bewegen und winden konnten.

»Ich hasse den Knaben!« verkündete Juno und deutete auf die Wiege. »Jupiter hat gesündigt, und dieses Kind ist die Frucht seiner Sünde. Es muß sterben!«

Selbstverständlich ging das Kind aus dem Kampf mit den Schlangen siegreich hervor, und die glückliche Conclusio ward von »Britannia« verkündet: »So muß jeder untergehen, der des Königssohnes Feind ist und ihm zu schaden trachtet. Eifersucht, Neid und Bosheit haben keinen Bestand vor dem Willen der Götter, denn deren Schutz verleiht dem Prinzen übernatürliche Kraft.« Sodann versammelte sich die ganze Compagnie um die Wiege, hob die Arme, und es begann ein verschlungener Kontertanz. Ich als Jupiter würde schließlich in ihrer Mitte auftauchen und das ganze Maskenspiel zu einem glücklichen Ende bringen.

Danach würden wir alle vortreten, die Bühne verlassen und uns Katharina präsentieren. Denn sie war es, die ich mit all dem ehren wollte – sie, die Göttin, die einen Erben zur Welt gebracht hatte. Und wenn man sagen sollte, es zieme sich nicht für einen König, sich irgend jemandem zu »präsentieren«, wer immer es sei... nun, ich würde tun, was ich wollte.

Inzwischen hatte man Befehl gegeben, das Volk in die Halle zu lassen. Ich konnte die Leute hören; der Lärm hallte wider, schwoll zu einem Tosen an.

»Laßt uns beginnen!« rief ich, und man schob die mit Rädern versehene Bühne hinaus in die Halle.

Das Spiel war unvergleichlich! Die Kostüme verschlugen allen die Sprache, vor allem aber die »Schlangen«. Im Licht der flackernden Fackeln erschienen sie echt: böse, juwelengleiche Kreaturen, die passenden Werkzeuge für eine eifersüchtige Göttin. Als es zu Ende war und wir vor dem gewaltigen Publikum standen, fühlte ich mich überwältigt. Worte, von denen ich nicht gewußt hatte, daß ich sie in meinem Inneren barg, brachen aus mir hervor.

»Morgen reite ich gegen jeden Ritter im Reich«, rief ich. »Hier zu Westminster, auf dem Turnierplatz, fordere ich euch heraus. Kommt und tretet eurem König entgegen!« Vor mir ein Strand voller Kiesel, und jeder Kiesel ein Mensch. Ein hübscher Strand. »Ihr alle hier... ich lade euch ein, wie kein König sein Volk je einlud: Kommt und nehmt euch das Gold von meinem Leibe.«

Ich breitete die Arme aus und bot mich ihnen dar: Es drängte mich dazu, mich ihnen zu opfern. Sie drängten nach vorn, all diese Menschen. Ich war umhüllt von ihren warmen Leibern, ihrem Atem, ihrer Kraft – denn ihre Zahl machte sie stärker als jedes Tier. Als erstes rissen sie mir die goldenen Lettern von meinem Kostüm – die Hs und die Ks, die ich an meinem Rock hatte befestigen lassen. Eine jede war aus purem Gold gegossen. Dann kam der Rock selbst. Dann faßten sie mich an und zerrten an meinen Leibgewändern. Das Anfassen war furchtbar, aber zugleich ließ es eine seltsame Erregung in mir aufsteigen. Es war, als würde ich von hundert Händen liebkost – oder als krieche ein Schwarm von Insekten über mich hinweg.

Sie rissen mir alles vom Leibe, in einer regellosen, ungebärdigen Parodie des Rituals, das meine Kammerdiener allabendlich in meinem Schlafgemach vollzogen. Man ließ mir nur die leinenen Unterkleider, das Hemd und die Hose, beide halbwegs durchsichtig. Ich war nackt vor aller Augen. Mein Leib war dem Königreich zur

Schau gestellt. Einen Augenblick lang stand ich so da, König und Opfer. Dann fielen sie über die anderen her, über Neville, Carew und Thomas Knyvett, und entkleideten sie in gleicher Weise.

Plötzlich wurde es häßlich. Das Volk verwandelte sich in eine Bestie, eine Bestie mit Reißzähnen, die jetzt auch die anderen Schauspieler anfiel und entblößte, und dann stand mein hübscher kleiner Vetter Heinrich Courtenay nackt vor ihnen. Das war genug. Ich gab meine Befehle. Die bewaffnete Garde drängte sie zurück, zur Halle hinaus und in die gemeine Nacht zurück. Für sie war es vorüber.

Katharina war starr vor Zorn, als ich wieder zu ihr kam. »Ihr habt dieses Fest zu einem Gespött gemacht«, sagte sie. »Ihr habt Euren Sohn entehrt. Ich schäme mich, Euch zum Gemahl zu haben.«

Ich lachte. Ich wußte, daß es sie ihren empörten Worten zum Trotz nach mir verlangte und daß sie Gefallen an mir hatte. Meine Kühnheit berührte etwas, das tief verborgen in ihrer spanischen Natur lag. »Dann will ich mich bekleiden«, erklärte ich, »und meinen Leib fortan verhüllen für alle Zeit.«

In der Abgeschiedenheit der Ankleidekammer zog ich frische Gewänder an. Sie hatten mich wirklich bis auf die Unterhose ausgezogen! Ich mußte kichern, als ich mir vorstellte, wie sie am nächsten Morgen daständen und sich fragten, was sie nun anfangen sollten mit einem Fetzen von des Königs Wams oder seinem Ärmel.

WILL:

Es war schwer zu sagen, was die Phantasie der Leute stärker anregte: die Vorstellung, sich an dem Golde zu bereichern, oder zu sehen, wie der König und seine Kammerherren in aller Öffentlichkeit ausgezogen wurden.

»Er hat sich von ihnen anfassen lassen!« sagte meine Mutter ungläubig. »Und er hatte nichts dagegen, nein, er forderte sie sogar dazu auf!«

»Nur seiner Frau wegen ließ er sie dann zurückdrängen«, warf mein Vater ein. Diese Erörterung fand beim Abendessen statt, während sie ihre Schüssel mit einem stark riechenden Kanincheneintopf füllten – stark riechend, weil das Kaninchen eigentlich schon vor einer Weile hätte verzehrt werden müssen. Mein Vater schob sich ein großes Stück in den Mund. »Harry selber hätte sich splitternackt ausziehen lassen«, behauptete er – ein wenig undeutlich, weil er kaute.

Meine Mutter brach einen Brocken Brot von einem altbackenen Laib und tunkte ihn in den Kaninchensaft. »Wir hätten auch einen goldenen Buchstaben bekommen können«, sagte sie wehmütig. »Es hätte unser Leben verändert.«

»Nur für ein Jahr«, versetzte Vater. »Und was dann? Wieder zurück zu verfaultem Kanincheneintopf?« Er zog eine Grimasse, während er auf einem verdorbenen Bissen herumkaute.

Keiner von beiden scherte sich um die Tatsache, daß der König in einem solchen Reichtum lebte, daß der Verlust goldener Lettern ihm nichts bedeutete. Im Gegenteil, sie waren stolz darauf, einen so reichen König zu haben. Sie sahen keinen Zusammenhang zwischen ihrer ärmlichen Kost und den aufwendigen Kostümen bei Hofe, die der Festmeister dort entworfen hatte.

Und das war auch gut, trotz jener derzeit von einigen vertretenen Idee, man brauche nur den Königlichen Schatz unter dem Volke zu verteilen, und ein jeder könne sich bis zum Ende seiner Tage von den köstlichsten Speisen ernähren.

Aber ich schweife ab. Ich spreche jetzt als Mann, aber damals war ich noch ein Kind, und die Geschichte von den goldenen Lettern des Königs versetzte mich wie jeden anderen in ehrfürchtiges Staunen. An diesem Abend lag ich im Bett und stellte mir vor, ich sei der junge Prinz. Was für ein Leben hätte ich dann? Ich würde unter weichen Decken ruhen (dachte ich und rieb mich dabei an der kratzend rauhen Wolle) und niemals Schulaufgaben machen müssen und Pferde und Falken haben – kurz, alles, was ein unwissender Zehnjähriger sich ausdenkt, wenn er sich das vollkommene Leben eines anderen Kindes vorstellt.

Während der nächsten Woche dachte ich unaufhörlich an den jungen Prinzen Heinrich. Wenn ich aufwachte, war mein erster Gedanke: »Jetzt weckt ihn seine Kinderzofe und kleidet ihn in feinstes Linnen.« Wenn ich zum Spielen hinausging, dachte ich: »Jetzt machen sie Zimmer voller Spielzeug für ihn bereit.«

Tatsächlich irrte ich mich gar nicht so sehr. Gleich bei seiner Geburt hatte der kleine Prinz sein eigenes Personal bekommen. Er hatte einen Siegelbeamten, eine Leibgarde und drei Kapläne, aber auch einen Vorschneider, einen Mundschenk und einen Bäcker – zu seiner Unterhaltung. In Westminster hatte man sogar einen Raum als spätere Ratskammer für ihn reserviert.

Ich spielte vor unserem Hause auf der schlammigen Hauptstraße, als meine Phantasiewelt in Trümmer ging.

»Der Prinz ist tot«, sagte Rob und wischte sich im rauhen Wind die Nase. Rob war ein zu groß geratener Junge, der drei Häuser weiter wohnte. Ich weiß noch, daß seine Nasenspitze leuchtend rot war, und Flecken glühten auf seinen Wangen.

»Was?« Ich vergaß, gegen den lederbespannten Ball zu treten.

»Ich sagte, er ist tot. Der neue Prinz.« Rob nutzte mein Innehalten und riß den Ball an sich.

»Was?« Ich beendete das Spiel und lief ihm nach, und immer wieder fragte ich: »Was?«

»Er ist tot, habe ich gesagt. Was ist denn? Bist du taub?« Rob blieb im Schlamm stehen und spreizte entschlossen die Beine. Er funkelte mich an. Ich sah, daß er Frostbeulen an den Händen hatte. Aus den Hautfalten an seinen Fingergelenken quoll es rot.

»Warum?«

»Warum?« Er tat meine Frage mit der Geringschätzung ab, die sie verdiente. »Weil Gott es so wollte. Dummkopf!« Er schleuderte mir den Ball in die Magengrube, daß es mir den Atem verschlug.

Es war eine gute Antwort – just die, welche auch den König heimsuchte, wie ich Jahre später erfahren sollte.

Der König gab seinem Sohn ein Begräbnis, bei dem es an nichts fehlte. Die Kerzen allein auf dem Leichenwagen wogen tausend Pfund. Prinz Heinrich, zweiundfünfzig Tage alt, wurde in der Westminster Abbey zur Ruhe gebettet – dort, wo nur neun Tage zuvor die Mauern von den Rufen des nahen Festturniers widergehallt hatten.

XIX

HEINRICH VIII.:

Am nächsten Morgen war in meinen Gedanken kein Platz für das Volk oder für die Frage, was es wohl mit den Fetzen meiner Kleider anfangen würde, und es kümmerte mich auch nicht. Am nächsten Morgen mußte ich die Bestattungsvorbereitungen treffen, denn Prinz Heinrich war in seiner Wiege gestorben, als das Schauspiel noch im Gange war. Mein Herkules hatte die Schlangen nicht überwinden können (wer hatte sie gesandt? – denn an Juno glauben wir nicht), und sie hatten ihm die Kehle zugeschnürt.

Wenn er noch lebte, wäre er heute fünfunddreißig.

Hier nahm das Zerwürfnis zwischen Katharina und mir seinen Anfang. Ihre Trauer nahm die Form der Unterwerfung an; sie beugte sich dem Willen Gottes und widmete sich fortan der Erfüllung seiner Gebote, indem sie ein Leben des Gebets und der Huldigung führte. Sie trat in den Dritten Orden des hl. Franziskus ein, eine Franziskanergemeinschaft für solche, die noch »in der Welt« lebten; aber auch dort pflegte man unter seiner gewöhnlichen Kleidung ein rauhes Gewand zu tragen, und rigoroses Fasten und stundenlange Gebete gehörten ebenfalls dazu. Körperlich blieben die Anhänger dieser Bruderschaft weiter »in der Welt«, aber im Geiste lebten sie schon anderswo.

Ich hingegen wandte mich nach außen. Ich schaute in den einwärts gekehrten Trichter spiritueller Exerzitien, in den Katharina sich gestürzt hatte, und fühlte Schrecken und Abscheu. Ich verstand mich auf Taten – klare, präzise, zwangsläufige Taten – und darin mußte ich mich verlieren... oder finden, und nur damit konnte ich Gottes Huld zurückgewinnen. Ich war in meinen Taten nicht vollkommen genug gewesen, war nicht höchstselbst gegen die Feinde Christi (und Englands) zu Felde gezogen.

Wolsey half mir, war da, als ich ihn am nötigsten brauchte. Wenn er auch Priester war, so verstand er sich doch am besten auf die Tat: auf die Welt der Menschen, nicht auf die des Geistes. Und was war die Welt der Menschen, die sich uns darbot wie eine Schachtel Zuckerwerk mit aufgeklapptem Deckel?

Die Heilige Liga – die päpstliche Allianz gegen die Franzosen – wartete darauf, England in ihren Reihen zu begrüßen. Seine Heiligkeit hatte ein Dokument verfaßt, in dem er mich als rechtmäßigen König von Frankreich anerkannte, sobald ich Paris erobert hätte. Maximilian, der Kaiser des Heiligen Römischen Reiches, stand bereit, um mir im Felde Unterstützung zu geben.

Ich würde meinen Platz auf der Bühne des Kontinents einnehmen und Englands alten Traum von der Eroberung ganz Frankreichs zu verwirklichen trachten. Vielleicht war es das, was Gott in Wahrheit von mir verlangte; vielleicht hatte ich hier vor Ihm versagt. Als König hatte ich bestimmte Aufgaben zu erfüllen, wie sie auch einem Ritter aus Arthurs Tafelrunde gestellt wurden, und sich ihnen zu entziehen, bedeutete Schmach. England hatte dicht davorgestanden, Frankreich zu erobern, und einst hatte es große Teile des französischen Territoriums besessen. Heinrich der VI. war sogar in Paris zum König von Frankreich gekrönt worden. Aber das war 1431, vor fast hundert Jahren. Seither hatten die Franzosen all ihre Kräfte gesammelt und uns Stückchen für Stückchen zurückgedrängt, während wir Engländer im eigenen Land gegeneinander kämpften, bis wir in Frankreich nichts mehr hatten als das kleine Calais und ein erbärmliches Gebiet ringsherum, das etwa neun Meilen tief ins Land reichte und zwölf Meilen breit war.

Vielleicht würde Gott mir Sein Antlitz wieder zuwenden, wenn ich Frankreich eroberte. Davon war ich mehr und mehr überzeugt.

Meine Ratgeber und der Geheime Rat waren im großen und ganzen nicht davon überzeugt. Von meinem Verlangen, mich mit Gott zu versöhnen, wußten sie nichts; aber sie waren gegen einen Krieg mit Frankreich. Vater hatte sie verwöhnt, indem er jede Verwicklung mit dem Ausland vermieden hatte, und daran hatten sie sich wie an jedes Privileg gewöhnt. Es waren schließlich Vaters hinterbliebene Ratsherren gewesen, die hinter meinem Rücken den Friedensvertrag mit Frankreich erneuert hatten. Diese Kleriker – Ruthal, Fox und Warham – fuhren fort, meine Bestrebungen zu hintertreiben und endlose Predigten über die Nutzlosigkeit, die Kostspieligkeit, die Verderbtheit des Krieges zu halten. Die Adelsvertreter im Rat – Howard, Graf von Surrey, und de Vere, Graf von Oxford und Lord Hochadmiral, dessen *raison d'tre* das Kriegführen war – sprachen dafür. Aber die Kirche nicht, und die Intellektuellen (die ich so gehätschelt hatte, um meinen Hof mit humanistischem Glanz zu versehen!) ebenfalls nicht. Erasmus, Vives, Colet – sie schwatzten und schrieben Unfug wie: »Noch jeder, der von Ehrgeiz oder Haß getrieben in den Krieg zog, kämpfte unter dem Banner des Teufels.«

Verdrossen bat ich Wolsey einmal, er möge exakt feststellen, was es kosten würde, eine Streitmacht von dreißigtausend Mann aufzustellen und auszurüsten, damit ich fortan handfeste Zahlen ins Feld führen könnte. Ich gab Wolsey keinen Einblick in Musterrollen oder Korrespondenzen. Inzwischen wußte ich, er war so fleißig und erfindungsreich, daß er,. abgesehen von einer unbestimmt zum Ausdruck gebrachten Bitte, keine weiteren Anweisungen von mir benötigte.

Indessen, als die Tage vergingen, ohne daß ich ihn zu Gesicht bekam, und es erforderlich wurde, daß ich mich mit ihm eines Gerüchtes wegen beriet, welches besagte, daß der wüste Papst Julius auf den Tod erkrankt sei, da erkundigte ich mich nach seinem Aufenthaltsort. Zu jener Zeit wohnte er mit nur einem Diener und einem Sekretär in einer kleinen Suite von Kammern im Schloß, der königlichen Kapelle benachbart. Ich unternahm etwas Ungewöhnliches und begab mich selbst in seine Gemächer. Aber Jonathan, sein Diener, teilte mir mit, sein Herr habe sich »in ein Gasthaus in Kent verfügt, woselbst er für einige Zeit mit sich zu Rate zu gehen« gedenke. Ich ließ den Blick durch die schlichte, karg eingerichtete Kammer schweifen. Seine Tische waren leer: Er hatte alle seine Papiere mitgenommen.

»Und wo ist das?«

»Bei Meister Lark, Euer Gnaden. Er hat ein Gasthaus namens...« Mit angestrengt verzogenem Gesicht wühlte er in seinem Gedächtnis. »Es heißt 'Larks Morgen'. In der Nähe von Chilham.«

Lark. Lark. Die Lerche – wo hatte ich diesen Namen schon gehört. »Morgen der Lerche« – ein guter Name für ein Gasthaus. Ich würde es finden. Bei Gott, das gäbe einen hübschen Morgenritt, wie ich einen gebrauchen konnte. Sollte ich Katharina einladen? Ein gemeinsamer Galopp durch die feuchte Märzluft – doch nein, dies war die Stunde ihres Gebets. Gleichwohl, fragen konnte ich immerhin. Vielleicht würde sie ja...? Nein. Wohl nicht.

So benutzen wir unsere vorgebliche »Kenntnis« anderer, um in ihrem Namen zu sprechen, und verurteilen sie dann für die Worte, die wir ihnen selbst in den stummen Mund gelegt haben.

Ich hatte Katharina im Geiste gefragt und eine Absage erhalten, und so stand es mir nun frei, allein zu reiten.

Ich genoß diesen Ritt. Im Galopp ging es über kahle, frostharte Felder und stumpfe braune Erde. Der März ist ein häßlicher Monat, häßlicher noch als der November, sein lebloses Gegenstück. Ich war froh, als ich »Larks Morgen« erreicht hatte (leicht zu finden, an der Hauptstraße nach Dover) und mich drinnen am Feuer wärmen und mir heißes Ale in den Bauch rinnen lassen konnte.

Die Tochter des Wirtes (sie war zu jung und zu hübsch, als daß sie seine Frau hätte sein können) schien mir in ungewöhnliche Aufregung zu geraten, als sie mich erkannte. An das Aufsehen, das meine Gegenwart erregte, hatte ich mich inzwischen gewöhnt (seltsam, wie leicht man sich daran gewöhnt, für einen Gott gehalten zu werden), aber sie hatte offenbar mehr Angst als Ehrfurcht vor mir. Das wunderte mich, und ich achtete darauf, in sanftem Ton mit ihr zu sprechen, um ihr die Angst zu nehmen.

»Ich suche Thomas Wolsey, einen meiner Almoseniers. Sag mir, ist er in der Nähe?«

Sie lächelte – besser gesagt, ihre Lippen zuckten.

»Vater Wolsey«, sagte ich. »Ein Priester.«

»Aye. Er hat im Nachbargehöft Quartier bezogen.«

In einem Gehöft? Was war in ihn gefahren? »Ich danke dir.«

Die windschiefe Kate lag etwa fünfzig Schritt weit hinter dem Gasthaus, durch eine Hecke verborgen. Das war ein Glück, denn sie war ein solcher Schandfleck, daß sie dem Wirt sonst die Gäste vertrieben hätte.

Draußen spielten zwei kleine Jungen. Wie immer, wenn ich männliche Kinder sah, stiegen Schmerz und (ja, ich gebe es zu) Zorn in mir auf. Ich wandte mich ab und zwang mich, den Blick von ihnen zu wenden.

Ich stieß die lose in ihren Angeln hängende Tür auf. Sogleich erkannte ich den charakteristischen, schweren Geruch von Metall. Eine schwarzgewandete Gestalt bewegte sich drinnen und brachte den konzentrierten Dunst, die Essenz des Krieges an sich, in Wallung.

»Wolsey!«

Fast hätte er einen Satz gemacht – das einzige Mal, daß ich ihn je überrascht gesehen hatte.

»Euer Gnaden!« So ruckartig fuhr er herum, daß die Falten seines Gewandes ihn wie Schaum umwirbelten.

»Was tut Ihr hier?« Meine Stimme klang schärfer als beabsichtigt. Ich ließ die Tür vollends nach innen schwingen und erblickte Stapel von Schilden, Helmen, Lanzen, Kettenhemden, Schwertern und Pistolen auf dem Lehmboden.

»Ich prüfe die Ausrüstung, Euer Gnaden. Ich habe hier ein Muster für jedes Stück, das uns zur Verfügung steht, dazu die Preise und die Lieferzeiten« – er griff nach einem Stoß Papier und begann, darin zu blättern – »Herstellungsdauer und Verfügbarkeit. Bevor wir Aufträge erteilen können, ist es erforderlich, daß wir die Qualität aus erster Hand begutachten. Die Gießerei zu Nürnberg etwa... ihre Schilde kommen mir arg dünn vor, Euer Gnaden.« Er nahm einen oval geformten Schild von einem Stapel. »Drückt einmal auf diese Stelle. Seht Ihr? Er läßt sich allzu leicht einbeulen.

Man muß allerdings auch die Lieferfristen berücksichtigen, im Gegensatz zu Mailand etwa, von wo die Ware unter Umständen ein Jahr braucht, bis sie uns erreicht.« Die Fakten sprudelten aus ihm hervor, und seine Stimme vibrierte vor Erregung.

»Wie... wie habt Ihr das alles beschaffen können?« Ich hatte ihm den Auftrag am Dienstag erteilt, und jetzt war Freitag.

»Euer Gnaden! Ich betrachte es als eine Ehre, jeden Auftrag gründlich und schnell zu erledigen.«

Mit Gründlichkeit und Schnelligkeit war sein Handeln hier kaum zu umschreiben. Monomanie kam der Sache schon näher.

»Ja. Ich verstehe. Nun, und habt Ihr die Zahlen?«

»Natürlich.«

Natürlich. Ich hob eine Braue.

»Der Grundaufwand für Waffen, einschließlich der Feuerwaffen, beträgt fünfundzwanzigtausend Pfund. Dazu kommen die Kosten für das Auftakeln und Ausrüsten der sieben Kriegsschiffe, über die Euer Gnaden verfügen. Und Ihr erwähntet ein Großschiff, das darüber hinaus in Auftrag gegeben werden soll?«

»Aye. Das mächtigste Schiff seit den Tagen des alten Rom.« Im Geiste hatte ich es schon entworfen – ein Tausend-Tonnen-Schlachtschiff. »Ich habe meine Pläne beim Schiffbaumeister zu Plymouth hinterlassen...«

»Ich habe sie hier.« Er deutete auf eine lederne Mappe, die auf seinem wackligen Tisch lag. Ich nahm es nicht befriedigt, sondern mit Verdruß zur Kenntnis.

»Der Bau würde zwei Jahre in Anspruch nehmen«, stellte er fest. »Was nun die weitere Ausrüstung betrifft: Wagen, Zelte, Proviant, Pferde – oh, das macht mir Kopfschmerzen. Unmöglich zu sagen. Nehmt zehntausend Pfund, oder auch das Zweifache. Aber! ich habe etwas Außergewöhnliches entdeckt! Ich weiß, wie sehr Euer Gnaden die Artillerie lieben, vor allem Kanonen... Habe ich recht?«

»Ja.« Ich war auf der Hut.

»*Regardez*!« Er zog ein Blatt mit Zeichnungen von riesigen Kanonen hervor – Bombarden, wie man sie benutzte, um Stadtmauern zusammenzuschießen. »Es gibt eine Waffenschmiede in den Niederlanden, die bereit ist, ein volles Dutzend davon zu gießen –

wunderbare Kreaturen, eine jede nach einem anderen Apostel benannt! Hier zum Beispiel ist der Evangelist Johannes!« Er streckte mir die Zeichnung entgegen.

»Und der Preis?« Ich achtete darauf, daß ich ruhig sprach, aber in mir war das Feuer der Kriegslust jetzt entfacht. Die Kanone mit ihrem Zubehör und ihren Verzierungen war für mich so erregend wie eine Frau.

»Eintausenddreihundertvierundvierzig Pfund und zehn Schilling pro Geschütz, dazu zwölf Pfund pro Lafette.«

»Das macht zusammen...«

»Sechzehntausendzweihundertachtundsiebzig Pfund.«

Unerhört. Mehr als alle anderen normalen Kanonen zusammen. Aber ich mußte sie haben, keine Frage. Ich begehrte sie.

»Wie lang ist die Lieferfrist?«

»Sie sind bereit, sie zu gießen«, erklärte er triumphierend. »Im Juni können sie in Calais angeliefert werden.«

»Gut gemacht, Wolsey. Gut gemacht. Aber was kostet nun alles zusammen, unter Berücksichtigung all dessen?«

»Einundsechzigtausendzweihundertachtundsiebzig Pfund.«

Mehr als das Zehnfache der gesamten Staatsausgaben des vergangenen Jahres! Es verschlug mir die Sprache.

Er las in meinem Gesicht und sagte entschuldigend: »Wir werden das Parlament fragen müssen.«

»Nein! Das werde ich nicht tun! Ich bettle nicht bei meinen Untertanen, als wäre ich ein Knabe! Ich werde alles aus dem königlichen Schatz bezahlen!«

Er ließ es tatsächlich zu, daß eine Empfindung über sein sonst unergründliches Gesicht huschte. Es war verdrossene Ungeduld. »Euer Gnaden, das Parlament würde Euch die Mittel für den Krieg bereitwillig gewähren. Warum wollt Ihr nicht lieber das Geld des Volkes ausgeben, statt Eures eigenen?«

»Weil es dann nicht mein Krieg wäre. Ich will dabei Schutzherr und Held zugleich sein!« So, jetzt hatte ich es ausgesprochen, was ich zutiefst wünschte – und ich war selbst überrascht.

Er breitete die Hände aus, als wolle er sagen: *Da haben wir es. Nun, dagegen läßt sich nichts machen.* »Wie Ihr wünscht.« Mit welcher Anmut er sich geschlagen gab.

»Verzeiht, wenn ich einen schmerzlichen Punkt berühre«, sagte er. »Aber Dekan Colet hat wieder eine pazifistische Predigt gehalten, letzten Sonntag zu Greenwich.«

»Ich habe ihn... überzeugt.« Fast hätte ich gesagt, »zum Schweigen gebracht«.

»Eine Erleichterung für uns alle.« Er lächelte.

»Papst Julius ist krank. Was meint Ihr? Ob er sterben wird? Und wenn, was bedeutet das für unseren Krieg?«

»Meine Informanten sagen, es sei keine ernste Krankheit, sondern nur eine diplomatische. Er wird davon genesen. Er ist entschlossen, Frankreich aus Italien zu vertreiben. Ludwigs jüngste Triumphe dort – sie lagen zu dicht vor seiner Haustür. Nein, die Heilige Liga wird weiterbestehen.«

»England, Spanien, das Heilige Römische Reich, Venedig, der Papst – *alle* gegen Frankreich!« rief ich begeistert.

»Und England die einzige Eiche«, ergänzte er. »Eine Eiche in einem Meer von Schilf.«

Verblüfft hörte ich, wie geringschätzig Wolsey von meinen Verbündeten sprach. Dieser Mann, der hier allerlei Gerät sammelte und erprobte, mußte doch gewiß einen Grund dafür haben. »Ich bitte Euch, sprecht nicht in Rätseln.«

Er zierte sich mit viel Aufhebens, aber dann redete er doch. »Ferdinand, der spanische König – wie zuverlässig ist er? Er hat England zu diesem Schwindel von einem Feldzug gegen die Ungläubigen verleitet, der dann nie zustande kam.«

Das stimmte. Meine Bogenschützen hatten in Guienne gesessen und waren dort verrottet, derweil Ferdinand beschlossen hatte, lieber Navarra anzugreifen.

»Es ist nur die Königin Katharina, die Euch ihrem Vater zugeneigt macht. Aber sind die Pflichten eines Schwiegersohns immer die gleichen wie die eines Königs?« Seine Worte hingen zwischen uns in der Luft. »Und Maximilian, der Kaiser – er ist als Lügner bekannt. Er ist sogar stolz auf seine Lügen. Ja, als Ludwig ihn bezichtigte, er habe ihn zweimal getäuscht, gackerte er: 'Er lügt. Ich täuschte ihn dreimal!' Und was Venedig angeht, so hat es nicht einmal eine Armee. Was für eine Meute. Ihr seid da der einzige wahre Ritter!«

»Aber wenn ein ehrlicher Ritter dem Lauf der Wahrheit folgt, was tut es da, wenn seine Bundesgenossen nichts taugen? Gott wird ihn lenken!« Das war mein Glaube; um die Wahrheit zu sagen, ich glaube es noch heute.

»Wir haben die Pflicht, unsere Mittel klug gegen Satan einzusetzen«, stimmte er zu. »Aber diese Allianz... wie sollt Ihr obsiegen, ohne echte Unterstützung? Ein falscher Verbündeter ist schlimmer als ein Feind.«

Doch ich glaubte an meine Verbündeten. Und ich war mir des Umstandes nicht bewußt, daß Wolsey eine so starke Neigung zu den Franzosen hatte. Die Franzosen waren zivilisiert und Meister des Stils, ganz wie Wolsey, der Metzgersohn. Wir sind stets eine Überraschung für unsere Eltern.

Ich wechselte das Thema. »Es droht Gefahr von den Schotten. Sie kümmern sich nicht um die Gesetze der Ehre oder der Ritterlichkeit. Kann sein, daß sie uns angreifen, während wir in Frankreich gebunden sind.«

»Sie sind schließlich Verbündete der Franzosen. ›Die alte Allianz‹ nennen sie es. Wenngleich ich Mühe habe, mir zwei ungleichere Partner vorzustellen!« Die lärmenden Schotten und die gezierten Franzosen. Lachhaft. »Laßt einen fähigen Soldaten hier, der sie im Zaume hält.«

»Howard«, sagte ich. »Thomas Howard, der Graf von Surrey. Er stammt aus dem Norden; er kennt sich dort gut aus.«

In diesem Augenblick kamen zwei hüpfende Schatten herein.

»Vater! Vater!« riefen sie.

Wie reizend. Die kleinen Burschen unterhielten eine liebevolle Beziehung zu dem hier zu Gast weilenden Priester.

»Mutter ist nicht wohl«, jammerten sie.

»Ich habe zu tun.« Wolseys Stimme war hart.

»Sie war letzte Woche krank, und Ihr wart nicht bei uns!«

Wolsey war wirklich ihr Vater. Der Priester hatte Söhne!

»Ich verstehe«, sagte ich. »Jetzt weiß ich, was Ihr im Larks Morgen zu schaffen habt! Wir sprechen uns später.« Ich zitterte vor Wut und Enttäuschung über diesen Verrat. »In London.«

»Nein, Euer Gnaden! Ich wage nicht, Euch zu verlassen!« In seinem Gesicht zeigte sich Entsetzen. »Es ist wahr, ich habe mit Larks schöner Tochter gesündigt! Ich habe sie geliebt – aber schaut her, ich werde sie nicht behalten! Wenn mir Eure Liebe gehört, brauche ich keine andere! Ich bitte Euch, schenkt mir diese Liebe, und mein Blick wird niemals von Euch weichen! Niemals, niemals mehr!«

»Gebt sie auf, Wolsey«, sagte ich. »Oder rechnet niemals mehr mit einer Gunst aus meiner Hand.«

Ich schob Wolseys Familie, die warmen, mich umklammernden Knaben, beiseite.

»Ich gebe sie ja auf!« rief er. »Nimmermehr will ich ihr Gesicht sehen! Gewährt mir nur Eure Liebe; mehr will, mehr brauche ich nicht...« Fast hätte er sich an meinen Mantel gekrallt.

»Seht zu, daß Ihr es tut.« Die hübsche Joan Lark stand in der Tür des Gasthauses; Trauer und Furcht waren ihr ins Gesicht geschrieben. Jetzt verstand ich auch, weshalb mein Anblick sie in solche Aufregung versetzt hatte. Alles war klar. Ich haßte sie, haßte Wolsey und haßte ihre kräftigen Söhne.

»Das sind Bastarde!« rief ich und deutete auf die Kinder. »Schlimmer noch als Bastarde, sie sind Sprößlinge eines Priesters, der seine Gelübde gebrochen hat. Die widerwärtigste aller Schändlichkeiten!«

Ein Priester, der seinen Schwur verraten hatte: verflucht vor Gott und den Menschen. Wolsey war selbst ein schwankendes Rohr im Wind. »Ich lasse Euch in Gottes Hand!« rief ich. »Er allein weiß, was mit Euch geschehen muß!«

Auf dem Rückweg nach London, als ich über dieselben (und doch so veränderten!) stumpfen braunen Felder ritt, ging mir wie ein Refrain immer wieder das eine durch den Kopf: Wolsey hatte geliebt! Wolsey hatte eine Leidenschaft. Wolsey hatte Söhne. Dieser elende Priester! Gott hatte einem sündigen Priester gesunde Söhne geschenkt und sie mir noch unter die Nase geschoben! Warum war Er so grausam? Weshalb quälte Er mich so?

XX

Frankreich. Ich stand in Frankreich, umgeben von meiner großen Armee. Wir belagerten Tournai, ein hübsches Juwel von einer ummauerten Stadt, nicht weit von Calais.

Ja, hier stand ich, und zwar, weil ich es so wollte. Gewiß hatte es Verzögerungen gegeben, Hindernisse, die jeden minder Entschlossenen zum Aufgeben gebracht hätten. Aber ich hatte sie überwunden: Überwunden hatte ich die Probleme, die damit verbunden waren, vierzigtausend Mann auszuheben, zu rüsten und zu transportieren – die größte Armee, die je auf dem Kontinent gelandet war; überwunden hatte ich das Zaudern derer, die »Vorsicht« predigten und mich warnten: »Bringt Euch nicht in Gefahr; England darf seinen König nicht verlieren, zumal da es noch keinen...«

Keinen Erben gibt. Ich hatte meine Befürchtungen überwunden und Katharina, die wieder (Lob sei dem Herrn!) schwanger war, als Königin-Regentin allein gelassen, obgleich die Schotten hinter unserem Rücken ihre Streitkräfte zusammenzogen.

Überwunden hatte ich auch meinen angeborenen Widerwillen gegen die Hinrichtung des Verräters Edmund de la Pole; es war zu gefährlich, ihn in England zurückzulassen, wo Verschwörer bereitstanden, ihn freizulassen und ihn zum König auszurufen. Also endete er auf dem Schafott, bevor wir die Segel setzten.

WILL:

Ich stelle fest, daß Heinrich sich mit dieser Tatsache nicht weiter aufhält, sondern sie knapp verzeichnet, als sei sie nicht weiter von Bedeutung. Als es damals geschah, sprach das Volk von einem »Frühjahrsputz im Tower«.

Überwunden hatte ich sogar die Scheu und das Fehlen irgendwelcher festen Pläne bei meinen »ergebenen Verbündeten«. Ferdinand war noch nicht zu mir gestoßen, und Maximilian war eben erst aufgetaucht, ohne Truppen, und hatte sich erboten, als Soldat unter meinem Kommando zu dienen, während wir Tournai belagerten.

Der Kaiser des Heiligen Römischen Reiches war ein merkwürdiger kleiner Mann mit rötlich goldenem Haar und einem Kinn, das vorstand wie ein Sims. Er machte einen so liebenswürdigen Eindruck, daß kein Mensch jemals seine Gedanken oder Motive in Frage stellte. Aber dieser Mann beherrschte die Niederlande, Deutschland, Österreich und gar manchen in Italien und Frankreich verstreuten Landstrich! Nun trottete er in meinem Kielwasser einher, als ich die Kanonen und ihre Positionen inspizierte, half beim Laden und Abfeuern der Bombarden (unser Schwefel aus Italien war jedenfalls von überragender Qualität, dank dem Papst, und gab hübsche Explosionen), und abends speiste er mit mir in meinem zusammenlegbaren Holzhaus (welches mit allen Annehmlichkeiten meiner heimischen Privatgemächer ausgestattet war, einschließlich meines großen Bettes). Auch erleichterte er sich in meiner privaten Stuhlkammer, die in einem diskreten Anbau am Hause untergebracht war. Nach dem Essen breiteten wir im Flackerschein der Kerzen auf unserem massiven formellen Speisetisch die Karten aus und erörterten unsere Strategie.

»Tournai wird hübsch aussehen, wenn es erst wie Thérouanne dem Erdboden gleichgemacht ist«, schmunzelte Maximilian. Thérouanne hatte ich dreiundzwanzig Tage lang belagert, und als es sich schließlich ergeben hatte, da hatte ich jedermann vor die Mauern kommen und die Stadt zerstören lassen.

»Ich werde es nicht dem Erdboden gleichmachen«, widersprach ich. »Ich gedenke es in den Bezirk Calais einzugliedern und es englisch werden zu lassen. Ja« – ein neuer Einfall war mir gekommen –, »wir werden Vertreter ins Parlament entsenden!«

»Euer Gnaden!« sagte Wolsey lachend. »das würde aber bedeuten, daß Ihr hier eine Garnison anlegt. Sonst kommen sie nie ins Parlament – sie sind Franzosen!«

»Nun, *parlament* ist ein französisches Wort«, erklärte Brandon, der sich um Munterkeit bemühte. »Es bedeutet: Laßt uns reden. Und das ist alles, was das Parlament tut: reden, reden, reden!«

»Aye, aye!« Die übrige Gesellschaft lachte, denn jeder wollte an der Heiterkeit teilhaben.

»Thomas More spricht von einem schweigenden Parlament«, berichtete Wolsey. »Er hat vor, ein solches zu leiten.«

»More redet viel, und meistens töricht.«, warf Edward Neville ein. Sir Edward Neville: Nur vier Stunden zuvor hatte ich ihn wegen seiner Tapferkeit im Felde zum Ritter geschlagen.

Es hatte sich in diesem Feldzug gar mancher tapfer gezeigt. Es war erstaunlich, wie überaus tapfer ein gewöhnlicher Mensch sein konnte, wenn er dem Feind gegenüberstand.

Am ersten Abend unseres Marsches regnete es in Strömen, und wir versanken im Schlamm. Um drei Uhr morgens ritt ich in voller Rüstung um das Lager, um meinen Männern Mut und Zuversicht zu geben. »Ja, Kameraden, nun haben wir am Anfang wohl zu leiden gehabt, doch jetzt verspricht sich unser Geschick zu bessern, so Gott will.«

Plötzlich klopfte es an der Tür. Ein schottischer Herold stand draußen; er war gekommen, um England den Krieg zu erklären! »Mein König«, schloß er, »fordert Euer Gnaden auf, in Euer Reich heimzukehren und Euch zu verteidigen.« Er trug Abzeichen und Mütze seines Klans und schien überhaupt nicht zu merken, daß sein König, James IV., sich nichtswürdig benahm, wenn er ausgerechnet diesen Augenblick für seinen Angriff wählte.

»Ihr habt einen weiten Weg zurückgelegt, um diese feige Aufforderung zu übermitteln«, sagte ich schließlich. »Schlecht ziemt es sich für einen Schotten, den König von England zu fordern. Richtet ihm aus, es wird niemals ein Schotte uns zur Rückkehr bewegen! Wir sehen Euren Herrn als das, was er ist. Wir haben ihn nie als aufrechten Mann geschätzt, und nun sehen wir, daß wir recht hatten. Sagt daher Eurem Herrn, ich habe den Grafen von Surrey in meinem Reich zurückgelassen, und der wird ihm und all seiner Macht widerstehen.« Und dann kam mir noch ein Gedanke in den Sinn, den Gott selbst mir eingegeben hatte. »Dies noch meldet Eurem Herrn: Mir gehört Schottland, und er ist mein Vasall und erhebt sich gegen mich. Mit Gottes Hilfe werde ich ihn aus seinem Reich vertreiben. Das sagt ihm.«

Die Miene des Schotten verfinsterte sich. Ich wandte mich derweil an meinen Wappenherold. »Bringt ihn in Euer Zelt und bewirtet ihn wohl.« Die ritterlichen Artigkeiten durften nicht unterbleiben.

Kaum war er draußen, fragte Wolsey schon: »Kann Howard sie aufhalten? Dies haben wir befürchtet!«

»Gott wird sie aufhalten«, antwortete ich. Seltsam, daß ich auf Gott vertraute, während Wolsey auf die Details schaute. Er hatte den Frankreichfeldzug ausgerüstet: Er hatte dafür gesorgt, daß Talgfässer da waren, um die Bogensehnen geschmeidig zu halten; er hatte Waagen und Gewichte beschafft, um Salpeter, Schwefel und Holzkohle im richtigen Verhältnis abzuwiegen und zu Schießpulver für die Geschütze zu vermischen; er hatte Essig bestellt, zum Kühlen der Kanonen im Gefecht, Ledereimer zum Transportieren des Schießpulvers, und so fort. Gott war kein Zeugmeister.

Freilich, auch andere Geistliche kämpften. Fox und Ruthal trugen Kriegsrüstungen und befehligten jeder hundert Mann, und Papst Julius führte seine Truppen persönlich an. Aber ich bin sicher, Christus war ihrer aller Vorreiter. Wolsey ritt allein vor seinen zweihundert Mann.

»Gott gibt seinen Segen all unserem Tun«, sagte Sir John Seymour, einer meiner Waffengefährten. Standfest, zuverlässig, nüchtern. Ein echter Engländer.

Tournai fiel schon nach acht Tagen Belagerung. Jeder der »Zwölf Apostel« (denn ich hatte sie bestellt, und sie waren prachtvoll) kam nur einmal täglich dazu, gegen die Stadtmauern zu feuern, bevor die weiße Fahne wehte und eine feierliche Übergabe in die Wege geleitet wurde. Tournai ergab sich uns, und wir zogen im Triumph und mit einer großartigen Prozession dort ein. Das Volk erhob großes Getöse und nannte mich »Alexander«. Meine Mannen, die hinter mir ritten, wurden mit Blumen und Bändern überschüttet.

An diesem Tag behielt ich die Rüstung noch lange nach Sonnenuntergang an, und ich beging die Feierlichkeiten in ihrer starren Umhüllung, ihrer spartanischen Umarmung. Immer wenn ich mich vorbeugen wollte, erinnerte mich ihre Steifheit daran, daß ich ein Krieger und ein Eroberer war. Und ich trug sie noch, als der Brief von Katharina eintraf. Ich erinnere mich daran, weil ich den eisernen Handschuh abstreifen mußte, um die wächsernen Siegel zu brechen und das Pergament zu entfalten. Es war schon dunkel; ich mußte befehlen, daß man weitere Kerzen entzünde, weil ich sonst nichts hätte lesen können.

An diesem Tag war ich unverletzlich. Ich wußte, die Nachricht konnte nur gut sein. Daher las ich ganz ohne Überraschung, ja, sogar ohne Jubel, daß Thomas Howard am neunten September zu Flodden Field mit James IV. zusammengetroffen war und die Hochländer samt ihren Anführern in einem Hagel von Kugeln und Pfeilen vernichtet hatte. James IV. und sein Sohn, der Bastard Alexander, waren einen Schritt weit vor der englischen Standarte niedergemacht worden. Die Bischöfe von den Inseln und von Caithness, die Äbte von Inchaffney und Kilwinning (ob sie auch an Christus gedacht hatten?), die Grafen von Montrose, Crawford, Argyle und Lennox wie auch der größte Teil des schottischen Adels, waren massakriert worden.

Zwölftausend Schotten waren auf dem schlammigen, grausamen Schlachtfeld von Flodden gefallen. Sie waren dezimiert. Schottland war für eine ganze Generation vernichtet.

»Ihr sollt sehen, Euer Gnaden«, schrieb Katharina, »wie ich mein Versprechen halte. Ich sende Euch, zum Tausch gegen Euer Banner, den Rock eines Königs.« Ich öffnete den Beutel, der beigefügt war: Ein königlicher Rock steckte darin, von Goldbrokat, durchtränkt und steif vom Blute eines Königs. Er war zerrissen und zerschnitten von Streitäxten und Schwertern. Als ich ihn vor mir in die Höhe hob, fühlte ich Angst und keine Freude. Ich ließ ihn zu Boden fallen.

»Schottland und sein König sind zugrunde gegangen«, teilte ich den ringsumher wartenden Kämpfern mit, meinen Gefährten und treuverschworenen Soldaten: Brandon, Neville, Carew, Bryan, Seymour, Boleyn, Courtenay.

Sie brachen in Jubel aus. »Ein glorreicher Tag!« brüllte Brandon.

»Mächtig ist unser König, und er vernichtet seine Feinde!« schrie der junge Courtenay.

Ich aber trat zur Tür meines »Hauses« hinaus und schaute auf die flache Ebene Frankreichs, und der Wind wehte mir ins Gesicht. Wann immer ich mich an diesen Augenblick entsinnen will, an diesen hochgemuten Augenblick des militärischen Triumphes, brauche ich nur die Augen zu schließen und ein Fenster zu öffnen und mir den Wind gleichmäßig und kalt über Lippen und Wangen wehen zu lassen. Ich tue es manchmal in Augenblicken der Unsicherheit. Dann bin ich wieder jung und mächtig.

WILL:

Katharina glaubte, sie bereite ihm eine Freude, indem sie ihm den blutigen Rock des Schottenkönigs zum Tausch gegen den gefangenen Duc de Longeville sandte. Als ob dies ein ausgeglichener Tausch gewesen wäre!

Katharina war Heinrich äußerst ergeben; Katharina war äußerst kompetent und loyal; Katharina war äußerst dumm in entscheidenden Dingen.

HEINRICH VIII.:

Wir landeten in Dover fast auf den Tag genau vier Monate, nachdem wir gen Frankreich in See gestochen waren. Damals hatte ich aufgeregt darauf gewartet, Frankreich zu erblicken – ich, der ich nicht einmal England gesehen hatte, abgesehen von der Gegend um London – um dort gegen eine große Übermacht zu kämpfen. Frankreich hatte sich als schönes Land, ich mich als Soldat erwiesen. Und jetzt war ein Teil des schönen Frankreich meine Kriegsbeute.

Längs der Straße von Dover nach London warteten meine Untertanen. Sie wollten uns sehen, uns berühren, uns ihre Grüße zurufen. Wir hatten unsere Sache gut gemacht, und damit hatten wir in den Engländern einen Nerv berührt und eine Sehnsucht in ihnen geweckt. Und im nächsten Jahr würden wir diese Sehnsucht wiederum befriedigen, denn wir würden wiederum in Frankreich einfallen, diesmal indessen nach gründlicher Absprache mit Ferdinand und Maximilian. Der Feldzug dieses Jahres war erst der Anfang gewesen.

WILL:

Hier habe ich Heinrich VIII. auch wiedergesehen. Ich stand inmitten der Scharen von Menschen an eben jener Straße von Dover nach London und brannte darauf, einen Blick auf ihn, auf den Knaben-König, zu werfen. Stundenlang, so kam es mir vor, stand ich da und wartete auf die Andeutung einer Bewegung auf der Straße. *Der König kommt. Nein, es wird noch eine Stunde dauern, bis er kommt*. Es war unabsehbar, doch ich wagte nicht, mich zu entfernen. Endlich – fast Mittag war es, und wir standen seit dem Morgengrauen und warteten – tauchte er auf. Stolz saß er auf einem mächtigen weißen Roß. Er war ganz in Gold gekleidet, ja, er selbst war aus Gold: sein Haar, seine Augen, seine leuchtende Haut. Frisch sah er aus, und voller Anmut war er, ganz wie ein Ritter, der soeben zu Jerusalem eingesegnet worden war. Was immer es sein mag, das in solchen Augenblicken in der Brust zum Leben erwacht und anschwillt – mein Stolz ward berührt, und Ekstase überkam mich, als ich ihn gewahrte, als wäre ich selbst ein König, im ehrfürchtigen Staunen darüber, daß wir einen solchen König hatten.

HEINRICH VIII.:

Katharina erwartete mich im Palast von Richmond. Als ich in London eintraf, war ich so erpicht darauf, sie zu sehen, daß ich mir nicht die Mühe machte, meine von der Reise beschmutzten Kleider zu wechseln, die ich am Leibe hatte, seit wir in Calais an Bord meines Kriegsschiffes gegangen waren. Statt dessen wechselte ich nur das Pferd, auf daß ich mit dem schnellsten Hengst zu ihr galoppieren könnte, den die königlichen Stallungen aufzubieten hatten. Ich war ihr die ganze Zeit über treu gewesen, selbst während jener Zeit in Lille, zwischen der Belagerung von Thérouanne und derjenigen von Tournai, wo wir unseren ersten Sieg gefeiert hatten und es gar manche belgische Dame danach gelüstet hatte, dem Soldaten-König »comfort« zu spenden...

Ich war Katharina niemals untreu gewesen. Ich hielt es nicht für recht. Ich hatte mich ihr verlobt, und dieses Verlöbnis würde ich halten. Mein Vater war meiner Mutter ebenfalls niemals untreu gewesen. Ich hätte es nicht ertragen, wenn er sie so beleidigt hätte.

Die Türme von Richmond Palace ragten fahl und beschwörend in den bleichen Herbsthimmel. Darinnen, darinnen war mein Weib. Künftige Mutter, Siegerin von Flodden Field... oh, ich war wahrlich gesegnet.

Durch die Korridore (Menschen drängten von allen Seiten, wollten mich für sich) eilte ich wie im Fluge den königlichen Gemächern zu. Und dort stand sie, in der Tür, wie ein Schulkind, nicht wie eine Königstochter Spaniens. Ihr Haar blinkte golden im düsteren Licht. Dann Umarmung, Umarmung, und ich fühlte sie warm in meinen Armen.

»O Heinrich«, wisperte sie dicht an meinem Ohr.

»Die Schlüssel von Tournai.« Ich hatte sie an meinem Körper getragen. Jetzt bot ich sie ihr kniend dar.

Sie nahm sie entgegen, umfaßte sie. »Ich wußte, Ihr würdet eine Stadt gewinnen. So oft habe ich als Kind meinen Vater oder meine Mutter mit solchen Schlüsseln heimkehren sehen, Schlüsseln, die sie den Händen der Mohren entwunden...«

So. Sie verglich mich mit ihren Erinnerungen. Ferdinand und Isabella, wie sie die Mauren aus Spanien vertrieben, sie zurückdrängten, Stadt um Stadt. Konnte ihr Gemahl in solchem Vergleich bestehen?

Wir durchquerten die königlichen Gemächer. In ihre Kammer würden wir gehen, da es in der des Königs noch dunkel und still und unaufgeräumt war. »Die Mohren sind wieder in Afrika, wo ihr Platz ist«, stellte ich fest.

»Ja.« Ihr Antlitz glänzte. »Und die Schotten sind wieder in den Bergen, wo ihr Platz ist.«

In ihrem Gemach standen wir lange Zeit still da und küßten uns. Ihre Lippen, so süß!

»Du hast maurischen Honig auf deine Lippen gestrichen«, sagte ich leise.

»Ich tue nichts Maurisches!« Sie wich zurück.

»Aber gewiß hatten die Mauren auch manches Gute nach Spanien zu bringen...«

»Nein. Nichts.« Jetzt waren ihre Lippen, so weich, zu einer harten kleinen Linie geworden. »Es kommt nichts Gutes aus den weichen Betten des Orients.«

»Gleichwohl hast du deine Kindheit im 'weichen maurischen Orient' verbracht«, neckte ich sie. »Hast im Kalifenpalast zu Granada dem Spiel der Springbrunnen zugeschaut. Komm, laß mich sehen.« Ich legte ihr die Hand auf den Bauch.

Er war flach. Völlig flach, und so hart, wie ihr Mund es gewesen war, als sie abschätzig von den Mauren gesprochen hatte.

»Er ist gestorben«, sagte sie leise. »Unser Sohn. Er kam zur Welt in der Nacht, da ich gehört hatte, daß die Schotten ihre Truppen massieren. Zwischen Mitternacht und Morgengrauen. Warham hat ihn getauft«, fügte sie hinzu. »Seine Seele ist gerettet.«

»Aber nicht sein Leib«, sagte ich mechanisch. »Du sagst – 'er'?«

»Ein Sohn«, sagte sie. »Ein kleiner Sohn, noch nicht so weit geformt, daß er hätte überleben können. Aber weit genug, um getauft zu werden! Seine Seele ist im Paradies.«

»Jetzt sprichst du wie eine Maurin.«

Mein Sohn. Tot.

»Die Schotten waren es«, sagte ich. »Sie haben ihn ermordet. Wären sie nicht gewesen und ihr niederträchtiger Überfall, dann hättest du nicht vor der Zeit entbunden.« Ich löste mich von ihr. »Sie sind gestraft. Ihr König ist tot.«

Ein König der Gegenwart für einen König der Zukunft. Waren sie wirklich gestraft?

Ich trat wieder auf sie zu und umschloß sie mit meinen Armen. »Wir machen einen neuen König.«

Ich führte sie in ihr Schlafgemach. Aber es war nicht die Pflicht, die mich rief, sondern das Verlangen, denn Katharina war reif und schön wie nie: Eine Königin, die ihr Reich verteidigt hatte, eine Mutter, die ihren Sohn betrauerte, eine Tochter des Orients, die exotische Freuden zu bereiten wußte, ganz gleich, wie sehr ihr katholisches Gewissen sie verdammen mochte.

XXI

In Anerkennung ihrer Dienste auf dem Schlachtfeld gab ich Thomas Howard sein verlorenes Herzogtum Norfolk zurück, und Charles Brandon machte ich zum neuen Herzog von Suffolk.

WILL:

Ein Titel, beiläufig, den Edmund de la Pole erst kürzlich hinterlassen hatte.

HEINRICH VIII.:

Auch Wolsey mußte eine Anerkennung erfahren. Gott hatte in den letzten Monaten manche Position in der Kirche frei werden lassen, als habe er vorausgeahnt, daß wir ihrer bedürfen würden. Ich sammelte sie ein, band sie zu einem Bouquet und schenkte sie Wolsey: Bischof von Lincoln, Bischof von Tournai und Erzbischof von York. In einer kurzen Zeremonie wurde er vom Stand eines einfachen Priesters auf den eines mächtigen Prälaten katapultiert (just wie eine Kanonenkugel aus den Kriegsmaschinen, die er zu beschaffen geholfen hatte).

»Für einen Mann, der kürzlich noch ein bloßer Priester war, verfolgt Ihr hochgesteckte Ziele.« Ich lächelte. »Das gefällt mir.«

»Was sonst könnte ich anstreben?« Er versuchte, unschuldige Miene zu machen.

»Was sonst, fürwahr. Und wozu, meint Ihr, soll dieser Palast Euch dienen, den Ihr da plant?«

Wolsey hatte soeben einen Pachtvertrag über ein Stück Land an der Themse, ein gutes Stück stromaufwärts hinter dem Spital der Johanniter erworben. Er hatte sich mit Maurern und Zimmerleuten beraten und war schon zweimal tapfer über vereiste Reitpfade dorthin geritten, um das Gelände zu begutachten.

»Hampton? Das ist kein Palast; 's ist allenfalls ein Herrenhaus. Ein Erzbischof braucht schließlich eine Wohnung, die seinem Amte ziemt.«

»Dazu dient York Place.«

»Das ist alt und feucht.«

»Das sind meine Schlösser auch. Also, mein Freund und Minister, verfolgt Ihr doch großartige Ziele. Gefiele Euch... ein Kardinalshut?«

»Ja.« Kein Widerstreben, kein Zögern. »Kardinal Wolsey. Das ist mehr als Canterbury. Ein Kardinal wäre Euch ein würdiger Repräsentant und Minister. Als König verdient Ihr keinen geringeren Mann in Eurem Dienst.«

Wie er seine Schmeicheleien bei der Hand hatte. »O ja. Ich bin es mir wirklich schuldig, Euch zum Kardinal zu machen. Wollen sehen. Es gibt einen neuen Papst. Was für ein Mann ist er? Wie bitten wir ihn am besten um diese kleine Gunst?« Ich hielt inne, fuhr dann fort. »Wir schmeicheln Leo. Er wird uns den Kardinalshut senden, keine Angst. Nächstes Jahr um diese Zeit... Ich werde König von Frankreich sein, und Ihr Kardinal Wolsey.«

Und ich wäre Vater, so Gott wollte. Die Königin war wieder schwanger, und nun, beim viertenmal, würden wir gewiß bekommen, was unser – und Englands – tief empfundener Wunsch war. Und was wir dringend brauchten.

Die Pläne waren fertig. Meine Welt war geordnet wie ein Schachbrett, mit neuen Elfenbeinfiguren frisch bestückt. Wie das Brett – die Quadrate und Herzogtümer Europas – vor mir schimmerte! An meiner Seite standen Ferdinand, Maximilian und Leo, der neue Papst. An vielen Fronten zugleich würden wir Frankreich angreifen, und abstimmen würden wir unsere Angriffe durch die schnellsten Boten der ganzen Christenheit (auch wenn sie arabische Rösser reiten würden). Katharina und ich brachten Stunden damit zu, uns die Schlachten vorzustellen, in denen Ferdinand und ich als Waffengefährten kämpfen würden; zu gern hätte sie mit mir das Meer überquert, um an unserer Seite zu streiten. Nur das Kind, das sie trug, hinderte sie daran.

»Die Schotten sind untergegangen, und so könnte ich mitkommen«, sagte sie sehnsuchtsvoll. »Aber um nichts auf der Welt würde ich das Kind in Gefahr bringen.« Zärtlich betastete sie ihren Bauch.

»Auch ich nicht, Geliebte.«

»Es beglückt mich zutiefst, daß Ihr meinem Vater endlich begegnen werdet.« Es stimmte: Gesehen hatte ich Ferdinand bisher nur durch Katharinas hingebungsvolle Augen. »Und auch, daß der Name, den Ihr erwähltet – oder, besser gesagt, mir zu erwählen erlaubtet –, ein Name aus meiner Familie ist: Philipp Karl.«

Die Männer in ihrer Familie schienen mir mit Kraft und Langlebigkeit gesegnet zu sein; vielleicht war hinsichtlich der unglückseligen Heinrichs, Richards und Edwards in der meinen ein gewisser Aberglaube in mir erwacht. Jedenfalls kam es mir damals wie ein eher geringfügiges Zugeständnis vor. Wenn Katharina nur glücklich war, damit das Kind in Frieden wachsen konnte.

»Aye. Ja.«

Ihre hingebungsvoller Eifer für Ferdinand wie für Jesus kam ihrem Eifer für die irdischen Bedürfnisse ihres Gemahls nicht selten in die Quere. Mehr und mehr, stellte ich fest, erwachten diese Bedürfnisse zu eigenem Leben, pulsierten in mir, verlangten Gehör. Sie kümmerten sich wenig um Katharinas Skrupel, noch auch um die meinen. Ich war dreiundzwanzig Jahre alt und ein Mann. Katharinas Ehrenmaiden, ihre Hofdamen, allen voran die verheiratete Schwester des Herzogs von Buckingham, schienen den Dämon in mir hervorzurufen. Satin, der sich über Brüste spannte, weckte ihn in mir.

Der Klang einer Laute in Katharinas äußerem Gemach lockte ihn hervor, wie die Flöte eines Schlangenbeschwörers die Kobra ruft. Da draußen waren die Damen, die Zofen, sie spielten ihre Lieder, vertrieben sich die Zeit, angetan mit Samt und Seide. Wie ein

Schlafwandler fühlte ich mich fortgezogen. Wie ein Schlafwandler schaute ich nur zu; alles, was je geschah, geschah in meinem eigenen Kopf.

Der üble Brief lag da wie ein toter Fisch, und er stank nach Verwesung, Schleim und Fäulnis. Ferdinand hatte ein falsches Spiel mit mir getrieben, hatte mich die ganze Zeit über hintergangen. Zur selben Stunde, als ich siegreich in Tournai eingezogen war, hatte er einen geheimen Friedensvertrag mit den Franzosen unterzeichnet. Sein speichelleckender Lakai Maximilian hatte es ihm sogleich nachgetan.

Den ganzen langen Winter über, während mit peinlichster Sorgfalt Pläne geschmiedet, Munition geordert, Vorräte aufgefüllt worden waren (scharf umrissene Bilder dieser Dinge tanzten in meinem Hirn!), und während mein Flaggschiff Gestalt angenommen hatte, Planke um Planke, Bohle um Bohle, unter hohen Kosten und mit großer Hast, auf daß es im Juni vom Stapel laufen könne...

Sogar das Parlament hatte ich einberufen, hatte mich so weit gedemütigt, daß ich sie um Geld gebeten hatte...

Da hatte Ferdinand mich schon verraten und im Stich gelassen, und er überließ es mir, den Krieg entweder abzublasen und mich vor der ganzen Welt zum Narren zu machen oder allein gegen die Franzosen zu kämpfen.

Dieser Judas!

Das Blut stieg mir zu Kopfe, als all diese Bilder (das Parlament, das Flaggschiff, Ferdinand, wie er den Geheimvertrag unterzeichnete; Katharina, seine Tochter und getreue Parteigängerin, die ihr Loblied auf ihn sang) aufeinanderprallten. Mir war, als müsse ich zerplatzen, doch Worte konnten meiner Wut nicht Ausdruck geben. Speichel sammelte sich in meinem Mund, daß ich fast daran erstickte.

Ich raffte den Brief an mich und stürzte in Katharinas Gemächer, rasend wie ein haschischkauender Ungläubiger. Sie war, wie gewöhnlich, »beim Gebet«. Ich stieß ihren schweifwedelnden kleinen Lieblingspfaffen beiseite, den Fra Diego (ein Spanier!) – ja, ich packte ihn bei seinem Kreuz auf der Brust, schleuderte ihn von mir und riß die Tür zu ihrer Kapelle auf.

Sie hatte mir den Rücken zugewandt, gekleidet in goldfarbenen Samt. Mit wenigen Schritten war ich bei ihr, und ich packte sie und riß sie von den Knien.

»Nun, Madam, was sagt Ihr dazu?« Ich hielt ihr den anstößigen Brief dicht unter die Nase. »Du wußtest es die ganze Zeit! Du hast mich mit ihm gemeinsam betrogen! Du bist seine Kreatur, du verschlagene kleine... Ausländerin!«

Sie ergriff den Brief und überflog ihn. »Ich wußte nichts davon«, sagte sie ruhig.

»Lügnerin! Lügnerin!« Wie konnte sie es wagen, mich zu belügen? Hielt sie mich für so dumm? Galt ich ihr als Trottel? Vielleicht war ich einer gewesen, aber damit war es jetzt vorbei. Gott, wie ich sie haßte! Sie war nie etwas anderes gewesen als eine spanische Spionin in meinem Bett.

»Ich weiß jetzt, was du bist! Was du die ganze Zeit getrieben hast! Eine Agentin für Spanien, hier eingeschleust, auf daß ich Wachs in Ferdinands Händen werde, eine Vase – ein Vasall, ha ha! – darein er pissen kann! Und weiter hat er auch nichts getan – von jener Episode mit den Bogenschützen im Jahre 1512 bis zu seinem abgesagten Besuch im letzten Sommer, und nun dies. Sag mir, was sind seine jüngsten Anweisungen an dich? Was sollst du weiter tun, meine süße Spionin? Denn Anweisungen schickt er dir, das weiß ich. Ich weiß, hier ist ein Brief, irgendwo ...« Ich stürmte aus der winzigen Kapelle hinüber in ihr Arbeitszimmer, wo ihr Pult und einige verschlossene Kästen standen. »Ja, er ist hier.« Ich untersuchte das kleine runde Holzkästchen, das mir am nächsten bei der Hand war; natürlich war es verschlossen. Ich zerschlug es, aber darin fand ich nur Tinten und Petschafte.

»Aber freilich, hier würdest du ihn nie verwahren. Er ist versteckt. Nein, nicht einmal das. Du bist zu schlau. Du hast ihn auswendig gelernt und dann vernichtet. Es ist alles hier drin.« Ich nahm ihren Schädel zwischen beide Hände. »Wenn ich ihn auch zerbreche, wird der Brief dann herausspringen?« Ich drückte kräftig zu.

»Ihr benehmt Euch wie ein Wahnsinniger«, stellte sie in kraftvollem, unerschrockenem Ton fest. Mut – sie hatte diesen spanischen Mut. »Wie ein Wahnsinniger, nicht wie ein König.«

»Welches sind deine Anweisungen?« Es war die Parodie eines Flüsterns, mit der ich ihr diese Frage beharrlich noch einmal stellte, dicht an ihrem Ohr. »Ich will es wissen.« Ich drehte ihr Gesicht zu mir herum. »Solltest du mir noch mehr Geld abschmeicheln, für eines der Anliegen deines Vaters? Solltest du mich allein in den Krieg schicken, um England zu schwächen, damit andere uns vereinnahmen können? Eine reife Frucht, die dem nächstbesten in den Schoß fällt... dazu würde er uns gern machen, nicht wahr?«

»Es gibt keine solchen Anweisungen, und meine ganze Loyalität gehört niemandem außer Euch. Wenn Ferdinand Euch betrogen hat, so hat er auch mich betrogen. Fortan entsage ich ihm.« Ihre Stimme war von Trauer erfüllt. Sehr überzeugend. »Es schmerzt mich, daß mein Vater so wenig für mich empfindet, daß er so mit meinem Gemahl verfährt.«

Vater! Sie trauerte seinetwegen, nicht um mich.

»Nun, du hast ihn verloren! Hast du verstanden? Schwöre mir bei diesem Kreuz« – mit einem Schritt war ich im Nachbargemach und riß es dem bangen Priester vom Halse –, »daß du dich von ihm lossagst. Ohne Vorbehalte, ohne Bedingungen. Sonst werde ich mich von dir scheiden lassen!«

Ungläubig sah sie mich an.

»Jawohl, ich lasse mich scheiden! Entweder bist du mein Weib und loyal nur gegen mich, oder du bist seine Tochter. Was er getan hat, erweist, daß du nicht beides sein und zugleich deine Ehre behalten kannst. Schwöre!«

Sie umklammerte das Kreuz. »Ich schwöre, daß ich meinem obersten Herrn und König ein loyales und getreues Weib bin und immer sein werde.«

»Das ist nur die Hälfte! Sage dich von ihm los!«

Sie umfaßte das Kreuz so heftig, daß ihre Fingerknöchel aussahen wie tönerne Murmeln. »Ich – sage mich los – von meinem leiblichen Vater, Ferdinand.« Mit jedem Wort schien sie zusammenzuschrumpfen.

»So. Nun ist es geschehen. Und wenn du einen falschen Schwur getan« – ich nahm ihr das Kreuz aus der schlaffen, schweißfeuchten Hand –, »dann hast du dich selbst verdammt.«

»Ihr wißt... daß es keine Scheidung gibt.« Ihre Stimme klang dünn.

»O doch, die gibt es.«

»Annullierung, ja. Aber die Scheidung hat Unser Herr verboten.«

»Im idealen Sinne, ja. Er hat auch gesagt: 'Seid vollkommen.' Bring mir einen Sohn, und es wird keine Scheidung geben.« Dann fiel mir noch etwas ein. »Ich halte es für das beste, wenn du alles durchtrennst, was dir an Verbindungen zu deinem früheren Leben geblieben ist. Es wird keinen 'Philipp Karl' in der Familie der Tudors geben. Ich werde einen guten englischen Namen auswählen.«

Ich wandte mich ab und ließ sie in ihrem Arbeitszimmer stehen, und die Tränen strömten ihr über das Gesicht. Aber statt einer hilflosen, verängstigten Frau sah ich nur ein Werkzeug des bösen Ferdinand, eine Natter, die ich an meinem Busen genährt, gekrönt und in meinem eigenen Hause gehegt hatte.

In diesem Zustand blieb ich fast den ganzen Abend lang. Die Zeit der Vesper, da ich Katharina zur Andacht aufzusuchen pflegte, kam und ging. Ich wußte, sie würde auf mich warten. Aber ich brachte es nicht über mich, zu ihr zu gehen. Ich erwartete, daß sie mir eine Botschaft senden werde. Aber das tat sie nicht. Gut. Der bloße Anblick ihrer Handschrift hätte meine Wut neuerlich entflammt, denn ich hätte mir sogleich vorgestellt, wie diese Schrift ihre heimlichen, verräterischen Briefe formte.

Aber als die Stunden vergingen und ich mich bereit machte, zu Bett zu gehen, kam ich mir allmählich töricht vor. Nicht wegen meiner Anschuldigungen, denn es stimmte: Katharina war die ganze Zeit über auf Ferdinands Seite gewesen – ja, eine Zeitlang war sie sogar bevollmächtigt gewesen, als seine Gesandte an meinem Hofe aufzutreten! –, sondern um meiner wilden, nackten Gefühle willen, die mich völlig beherrscht hatten, wo es doch umgekehrt hätte sein müssen. Ich hatte geschrien, ich hatte fast geschäumt, und ich hatte den Priester körperlich angegriffen. War ich ein Knabe oder ein Mann? Scham durchflutete mich.

Ich erklomm die Stufen zu meinem großen Bett. Noch immer keine Nachricht von Katharina, keine Bitte an mich, zurückzukehren und ihr zu vergeben. Sie beging einen Fehler. Aber ich dachte gelassen darüber nach; meine Wut war abgekühlt.

Ich machte es mir auf den Matratzen bequem. Süße Ruhe überkam mich. Ich war erschöpft von meinen Gefühlswallungen.

Scheidung. Wie kam ich auf dieses Wort? Für Christen gab es dergleichen nicht; da hatte Katharina recht. Christus hatte sich klar geäußert, als sie ihn – wer waren »sie«? – zur Scheidung befragt hatten. »Sie« – das mußten die Pharisäer gewesen sein. Es waren immer die Pharisäer gewesen, oder? Aber andererseits, es gab eine Ausnahme, eine Art Bedingung, welche die Ehescheidung erlaubte. Es war etwas, das der hl. Paulus erwähnt hatte. Ich beschloß, Wolsey danach zu fragen, wenn ich ihn am nächsten Morgen sähe. Er war schließlich ein Priester, wenn auch kein Theologe.

Nach der Messe ging ich geradenwegs zu Wolseys Gemächern im Schloß; ich fand den Erzbischof bereits an seinem Pult bei der Arbeit. Der Erzbischof war, wie ich bemerkte, selbst nicht in der Messe gewesen.

»Lest dies.« Ich warf ihm den anstößigen spanischen Brief auf den überquellenden Schreibtisch; er rollte wie ein Holzklotz von einem Stapel Kontobücher herunter und kam vor Wolseys Händen zur Ruhe.

Mit seinen runden Fingern strich er das Pergament glatt, und hatte den Brief schneller gelesen, als ich dies niederschreiben kann.

»Schändlich!« flüsterte er. »Er wird enden im tiefsten Kreise der Hölle, wo seine Verräterkumpane schmoren: Judas, Brutus und Cassius. Satan wird ihn in seine Arme schließen.«

»Ja, ja.« Wo er schließlich landen würde, berührte mich jetzt nicht so sehr wie der Umstand, daß ich wußte, wer ihn zur Zeit in seine Arme schloß: die ganze Welt, wie es schien. »Ich werde meine Rache bekommen. Und das nicht erst im Jenseits. Was haltet Ihr davon, ihn zu übertrumpfen?«

»Was – Ihr wollt gegen ihn kämpfen? Und gegen Frankreich?«

»Ich sagte übertrumpfen, nicht kämpfen.« Ein Plan nahm in meinem Kopf Gestalt an, ein überaus phantastischer Plan. »Ich werde Ferdinand in seiner Doppelzüngigkeit übertreffen.«

»Unmöglich.«

»Ich glänze in allem, was ich mir vornehme«, beharrte ich. »Und wäre es Doppelzüngigkeit. Hört zu« – die Gedanken gebaren schon Worte – »Ferdinand hat einen geheimen Pakt mit Frankreich geschlossen? Ich werde mich in einer öffentlichen Feier mit Frankreich verbrüdern!«

»Mit Eurem Erbfeind, den Ihr bis gestern haßtet?«

»Heute hasse ich Ferdinand mehr; sein Feind ist somit im Handumdrehen mein Freund.«

»Euer Gnaden, das kommt so plötzlich, daß es niemand glauben wird.«

»Was *fait accompli* ist, kann man glauben. Was durch eine Ehe besiegelt ist, kann man glauben. Sagt mir – unter welchen Bedingungen ist eine Scheidung erlaubt?«

»Wessen Scheidung?«

»Jedermanns Scheidung.«

»Jedermanns Scheidung gibt es nicht. Es gibt nur spezielle Ausnahmen in der verbindlichen Natur der Ehe.«

»Der Ehe mit einer Verräterin?«

»Ich nehme an... Verrat gegen den Gemahl kann man nur begehen, indem man Ehebruch begeht. Es sei denn, der Gemahl wäre ein regierender Monarch; dann wären andere Formen des Verrats zugleich auch ehelicher Verrat. Aber da der schuldige Teil dann wegen Verrats hingerichtet werden würde, wäre der verbleibende Ehegemahl somit verwitwet, nicht geschieden. Dieser Tod – der verdiente Tod – beendet die Ehe ebenso, wie es der natürliche Tod täte.«

»Kurz und gut, es ginge schneller, wenn man sein Gespons wegen Verrats hinrichten ließe und in einem halben Tag zum Witwer würde, statt in Rom um die Scheidung nachzusuchen und ein halbes Jahr zu warten?« Ich sprach natürlich nur theoretisch.

Wolsey erhob sich hinter seinem Pult und kam auf mich zu. Er wurde allmählich füllig – eine Folge der offiziellen Bankette und Zerstreuungen, an denen er jetzt häufig teilzunehmen hatte. »Ihr denkt doch gewiß nicht an – Euch? Ihr könnt Euch nicht von der Königin scheiden lassen, weil ihr Vater Euch betrogen hat. Auch wenn Ihr, weiß Gott, gewiß eine französische Prinzessin an Eurem Arm und an Eurem Hof verdient habt.«

Dieser Ausbruch von Offenheit schockierte mich ebenso wie ihn mein Vorschlag, eine Wende zu vollziehen.

»Aber Wolsey – Ihr mögt die Königin nicht?«

Er zerfloß in Erklärungen. »Doch, Euer Gnaden, ich schätze und bewundere sie; ich wollte nur sagen... daß ein anmutiges französisches Mädchen eine Zierde für den Hof, ein Juwel an Eurem Arm wäre. Eines, das tanzt und an den Maskeraden teilnimmt, eines, das ...»

»Ja. Ich verstehe schon.« Katharina war im Lauf des vergangenen Jahres um so viel ernsthafter geworden. Gleichwohl, Wolsey konnte ja nicht wissen, daß es da noch eine verborgene maurische Seite gab... »Frankreich mit seiner kuriosen Kombination aus Eleganz und Dekadenz... das würde ich gern in einer Frau erproben.« Ich hatte noch nie eine Frau außer Katharina erprobt. »Aber ich bin verheiratet, und eine Scheidung kommt für mich nicht in Frage. Ihr habt ja recht: Ferdinands Verrat überträgt sich nicht auf seine Tochter. Ihr ›Verrat‹ besteht nur darin, daß sie versäumt hat, dem biblischen Gebot zu folgen und Mutter und Vater zu verlassen. Ihr Herz ist noch in Spanien. Aber ihr Körper ist hier und war treu.«

»Überdies bekommt sie ein Kind.«

»Ja.« Aber selbst das erschien mir mit Makel behaftet.

»Indessen gibt es andere Wege, sich Frankreich zu nähern.« Er führte mich zurück zu diesem Thema. Er wirkte eifrig, und seine Augen glänzten.

»Die gibt es in der Tat. Und andere Ehen. Meine Schwester Maria – und der König von Frankreich!«

Ein Ruck ging durch seinen ganzen Körper und war noch in seinem Gesicht erkennbar. »Euer Gnaden!« Er leckte sich die Lippen. »Ein genialer Einfall!«

»Er ist mir eben gekommen, in diesem Augenblick. Gott hat ihn mir gesandt.« Das glaubte ich wirklich.

»Wir werden Marias Verlobung mit Karl von Burgund auflösen«, erklärte er.

Sie würde entzückt sein. Der Gedanke an die Heirat mit dem vier Jahre jüngeren Habsburger Knaben, Katharinas Neffen, war ihr verhaßt gewesen. Dann aber hatte sie sich doch dafür begeistert, und nun schleppte sie sein Bildnis mit sich herum und versuchte, es unter Seufzern zu betrachten. Mit Freuden würde sie diese Bemühungen beenden und Königin von Frankreich werden.

»Königin von Frankreich? Indem ich einen verrottenden Wüstling mit falschen Zähnen heirate? Nein, nein, *nein*!« Sie trat mit dem Fuß nach dem Geschenk Seiner Hoheit: Einer Venus-Statue, über deren Schulter Amor schwebte. »*Nein*!« Die Statue kippte um, und dem Marmor-Amor brach die Nase ab.

»Meine liebe Schwester«, erläuterte ich, »er ist immerhin ein König.«

»Er ist widerlich.«

»Königin von Frankreich! Denke darüber nach, meine Liebe, denke gut darüber nach. In Liedern und Versen wird man dich feiern, und du wirst die erste Dame von ganz Europa sein. Du wirst tun können, was dir gefällt, wirst köstliche Kleider tragen, mit Juwelen überhäuft werden.«

»Und in der Nacht?« Ihre Augen wurden schmal. »In der Nacht bezahle ich den Preis dafür.«

»Was bedeutet schon eine Viertelstunde der Plackerei gegen zwölf Stunden voller Macht und Luxus?« Ich nahm mir eine Kirsche aus einer gefüllten Silberschale. Bei Gott, wenn es sich mit leichter Hand nicht machen ließe, dann würde ich mich gezwungen sehen, gegen meine liebste Schwester Gewalt anzuwenden.

»Wann bist du so hart geworden?« erkundigte sie sich leise. »Das ist nicht mein Bruder, der da spricht, nicht der Heinrich, den ich kenne, sondern ein anderer Mann.«

Damit berührte sie einen wunden Punkt. In letzter Zeit spürte ich, wie diese Härte in mir wuchs, wie sie Form annahm und in mir aufstieg wie ein Felsen, der aus einem See heraufstieg und das süße, stille Wasser ringsumher verdrängte. Das erstemal war es geschehen, als mir das Wort »Scheidung« ungebeten über die Lippen geschlüpft war, als ich mich, wenn auch nur für kurze Zeit, gegen Katharina gewandt hatte. Ich hatte nicht gewußt, daß ich ein so fremdartiges Wesen in meinem Herzen verbarg; inzwischen jedoch erschien es mir gar nicht mehr fremdartig, sondern eher wie ein Teil meiner selbst. Ein König mußte hart sein – manchmal.

»Ja, das weichherzige Knäblein, das du kanntest, gibt es nicht mehr. An seiner Stelle steht ein König«, antwortete ich. »Ein Knabe sieht nur, was er will, und hofft, daß seine Wünsche Wahrheit werden. Ein König aber sieht, was ist und wie er das Beste daraus macht.«

»Und für dich ist es das beste, wenn deine Schwester Königin von Frankreich wird.«

»Auch für dich ist es das beste. Du wirst sehen. Überdies« – sprudelte es aus mir hervor –, »er kann nicht mehr lange leben. Eine kleine Investition wird dir später großen Ertrag einbringen. Du bist jung. Du hast Jahrzehnte, die Juwelen und die Titel zu genießen, ohne daß Ludwigs verhaßte Gegenwart dich dabei störte.«

Sie zeigte Abscheu, keine Freude. »Daß ich dich so sprechen höre, ist mir ein größerer Verlust, als Ludwig meine Jungfräulichkeit opfern zu müssen. Du bist Heinrich nicht mehr.«

»Oh, ihn gibt es noch.« Sprich leichthin, und wage dich nicht mit ihr auf dieses dünne Eis. Die Ehe mit Frankreich muß unter Dach und Fach.

»Ja, und er wird hervorgeholt, wann immer sein Charme benötigt wird. Denn der junge Heinrich, mein Bruder Heinrich, ist ein gewinnender Mann. Was hat dich nur so werden lassen? War es Wolsey? Berechnende, ehrgeizige Priester ...«

Immer wollte jeder Wolsey für alles verantwortlich machen. Er war ein nützlicher Sündenbock. Aber der »charmante« Heinrich war immer noch gut zu gebrauchen, um den »neuen« Heinrich und sein Tun zu tarnen.

Ich seufzte. »Wolsey tut nichts aus eigenem Antrieb«, sagte ich ehrlich. »Er hat keine Macht, die ich ihm nicht gewähre. Er ist ganz und gar meine Kreatur.«

»Woher kommt dann dieser fremde Heinrich? Dieser Heinrich, der sich mit weltlichen Höflingen bei Spiel und Mummenschanz und auf der Jagd vergnügt, der wüste Verse schreibt und die Gemächer der Königin wie auch die Gelehrten meidet, mit denen er einst Verkehr pflegte?«

»Mein kleines Nönnchen«, spottete ich. »Ich bin ein Mann, und ich genieße, was auch andere Männer genießen.« Immerhin mußte der Tag erst noch kommen, da ich mich in einem anderen Bett als dem der Königin wiederfände. Eine verbreitete Bezeichnung für den Ehebruch war »Seitensprung«. Nun, große Sprünge hatte ich wahrlich noch nicht gemacht. »Und was meine ›weltlichen Höflinge‹ angeht, so stellte ich fest, daß du gern mit dem Herzog von Suffolk tanzt.«

»Das tun alle Frauen«, versetzte sie.

»Aye. Er ist ein Frauenheld; er weiß ihnen zu gefallen. Mit dreien war er schon mehr oder weniger verheiratet und ist doch immer noch Junggeselle. Ein hübscher Trick.« Ich beneidete ihn.

Maria zuckte mit den Achseln. »Soll ich auch weltlich werden. Deinem Beispiel folgen?«

»Von mir aus, und lieber früher als später. Solange du deine Schönheit noch hast und damit einen vernünftigen Handel schließen kannst – anders als deine Schwester.«

Die arme Margaret, einst schottische Königin, und jetzt ein grobes Weib mit fallendem Marktwert, lechzend nach einem Mann. Kaum hatte sie James IV. posthum seinen Sohn geboren, hatte sie sich den großspurigen Archibald Douglas, den Grafen von Angus, zum Liebhaber gemacht.

Maria richtete sich auf, schlank und golden. Eine wertvolle Figur auf meinem Schachbrett. »Ich werde König Ludwig heiraten«, erklärte sie, und dabei sprach sie jedes Wort so sorgsam aus, als wähle sie es von einem Tablett unter vielen anderen aus. »Ich werde eine große Anzahl von Damen mitnehmen, aus denen mein Hofstaat bestehen soll. Und wenn Ludwig stirbt, werde ich die Juwelen behalten, die er mir geschenkt hat.« Sie schwieg einen Augenblick lang. »Von dir aber verlange ich eines.«

»Sprich.« Natürlich würde ich ihr alles bewilligen, ich würde ihr zur Hochzeit schenken, was sie wollte. Ich würde sogar mein neues Flaggschiff auf ihren Namen taufen, statt auf den meinen.

»Wenn Ludwig stirbt, wird es mir freistehen, zu heiraten, wen ich will. Du darfst mich dies eine Mal vermählen. Danach vermähle ich mich selbst.«

Nein. Sie war zu wertvoll für mich und für England. »Nein.«

»Dann heirate ich Ludwig nicht. Dann gehe ich lieber in ein Kloster.«

»Das würdest du tun, statt dich zu fügen?« Sie war eine Tudor – stur und rücksichtslos. »Ich würde niemals zulassen, daß du dir dies antust. Also gut, ich will dir deinen Wunsch gewähren.« Wenn sie erst Witwe wäre, würde sie sich vernünftiger zeigen. Wir wurden mit der Zeit alle vernünftiger. Dann kam mir ein plötzlicher Verdacht. »Du hast nicht schon ein Auge auf jemanden geworfen?«

Sie lächelte wie von ferne. »Ich habe ein Auge auf viele geworfen«, antwortete sie. »Wie wohl ein jedes junge Mädchen.«

Als wir auseinandergegangen waren, mußte ich unwillkürlich über das nachdenken, was sie gesagt hatte. Es stimmte schon: Die Gesellschaft, die ich suchte, war eine andere geworden. Anstelle von Erasmus und dem Dekan John Colet wollte ich Edward Guildford und Edward Poyntz um mich haben, derbe Höflinge alle beide. An Katharinas statt war Wolsey mein politischer Vertrauter. Ich wollte nicht allein sein und beten oder sinnen oder Musik komponieren. Ich wollte Lärm und Heiterkeit und Ablenkung; ich wollte Macht, nicht Ritterlichkeit.

Aber nicht mit ganzem Herzen wollte ich all das. Der erste Heinrich, derjenige, der ein »wahrer Ritter« hatte sein wollen – er existierte nach wie vor an der Seite des zweiten und behielt ihn voller Unbehagen im Auge.

XXII

König Ludwig heiratete Maria durch einen Stellvertreter in England, so daß sie schon als Königin in Frankreich eintreffen würde. Der elegante Louis d'Orleans, Duc de Longueville, der während des Frankreich-Feldzuges in Gefangenschaft geraten war, sollte an Ludwigs Stelle die Ehegelübde sprechen. Eigentlich war de Longueville eine Geisel, aber tatsächlich agierte er als französischer Diplomat, und an ihn sandte König Ludwig auch sein Hochzeitsgeschenk für Maria: eine Halskette mit einer riesigen, birnenförmigen Perle, die so einzigartig war, daß sie einen eigenen Namen hatte: Spiegel von Neapel. Ich nahm mir vor, sie von ehrlichen englischen Juwelieren schätzen zu lassen, ehe Maria nach Frankreich abreiste.

Die Hochzeitsfeier sollte in Greenwich stattfinden, unter dem Vorsitz des Erzbischofs Warham und in Anwesenheit des gesamten Reichsadels. Ich hatte den Versammlungssaal in den königlichen Gemächern mit Goldbrokat und Seide auskleiden lassen, so daß er funkelte wie eine goldene Höhle, eine Schatzkammer aus alten Sagen.

Unten an der Landungsbrücke des Schlosses waren sogar die Bootsstege mit goldenem Stoff umwickelt, und ich sah die prachtvoll ausgestatteten Barken der Hochzeitsgäste, die dort vertäut waren und munter auf dem Wasser dümpelten.

»Komm, Katharina«, sagte ich zu meinem Weib. »Es ist Zeit.« Ich bot ihr meinen Arm. Katharina nahm ihn, wortlos und steif. So stand es jetzt zwischen uns.

In meinem äußeren Gemach wartete Wolsey, prächtig funkelnd in seinem feierlichen Ornat. Während der Feier sollte er Ludwigs Anerkennung als Förderer der Sache Frankreichs entgegennehmen. Katharina nickte ihm steif zu. So stand es jetzt zwischen den beiden.

Maria war eine reizende Braut. Wer hörte, wie sie de Longueville mit singender Stimme die hastig erlernten französischen Eidesformeln vortrug und Liebe und Treue gelobte, hätte niemals geglaubt, daß sie jemals etwas anderes gewollt haben könnte. Die Ringe wurden getauscht, der Brautkuß gewechselt, die Dokumente unterzeichnet. Und jetzt sollte die Ehe durch den Stellvertreter »vollzogen« werden.

Dies war mein Einfall gewesen. Eine Stellvertreter-Ehe hätte man bestreiten können wie einen Vorvertrag oder eine Verlobung. Aber wenn der Stellvertreter sie vollzogen hatte, wäre es etwas anderes.

»Eine absurde Idee«, hatte Katharina naserümpfend befunden. »Mündliche Vereinbarungen mit den entsprechenden Zeugen oder unterzeichnete Dokumente, mehr brauchen ehrbare Männer nicht.«

»Wie mein Vater und dein Vater? Es gab mündliche Vereinbarungen und eine öffentliche Verlobung. Und hat man sich daran gehalten? Weshalb mußtest du deine Aussteuer verkaufen, um etwas zu essen zu haben? Und du glaubst immer noch an die Ehre, mein Entlein?«

»Ich glaube an *Eure* Ehre«, antwortete sie.

Wolsey hingegen hatte das Geniale meines Einfalls gleich erkannt.

»Schon das Einzigartige, das Neue daran, wird die Ehe in den Augen der Welt besiegeln«, meinte er. »Es wird auf seine Art mehr Vollzug sein, als wenn es auf gewöhnliche Art geschähe.«

»Ganz recht.«

Ich hatte mitten in der Versammlungshalle ein großes Prachtbett aufstellen lassen. Es hatte einen Baldachin, aber keine Bettvorhänge hinderten die Sicht, keine Decken aus Pelz oder Wolle waren aufgelegt, die den Blick auf die erforderlichen Unternehmungen versperrt hätten.

Die ganze Gesellschaft versammelte sich um das Bett, während Maria sich zurückzog und sich in ein Nachtgewand kleidete. Katharina und ihre Zofen warteten, bis sie, in einen prächtigen Schlafrock gehüllt, wieder zum Vorschein kam, und gaben ihr dann majestätischen Schritts das Geleit zum Bett, wo sie sie rücklings auf das seidene Laken legten und ihr Haar glätteten.

Dann erschien der Duc de Longueville am Fußende des Bettes; er trug eine rote Hose und Stiefel, die man ihm nun feierlich auszog und säuberlich Seite an Seite aufstellte. Unterstützt von Wolsey und Brandon stieg er seitlich auf das Bett, legte sich neben Maria nieder und berührte ihren Fuß mit seinem nackten Bein. In dieser Stellung verharrte er, während die Zuschauer ihn aufmerksam betrachteten. Erzbischof Warham spähte über sie hin und verkündete feierlich: »Die Ehe ist vollzogen!« Sodann brachen die Zeugen in Jubel aus und überschütteten Maria und de Longueville mit einem Regen von Blumen.

De Longueville setzte sich auf und begann zu scherzen. »Schneller ging's als bei einem Fünfzehnjährigen, und dabei bin ich doch eines Alters mit Seiner Hoheit! Wäre dies alles, was man dabei fühlt, so fände sich kaum ein Mann, der zu solchem Behuf vom Felde nach Hause eilte!«

Maria erhob sich errötend (wie es einer sittsamen Braut zukam) vom ehelichen Lager und kleidete sich zum drittenmal um, in ein Ballkleid diesmal, denn Bankett und Ball sollten gleich folgen. Die Gäste strömten in Scharen zum Bankettsaal, derweil Wolsey, Katharina, de Longueville und ich zurückblieben und auf Maria warteten.

»Gut gemacht«, sagte ich. »Du hast mitgeholfen, eine Königin zu schaffen. Es wird das Bankett zweier Königinnen werden – der Königin von England und der Königin von Frankreich.« Ich hoffte, Katharina damit zu schmeicheln; ich hatte den spanischen Botschafter von all diesen Feierlichkeiten absichtlich ausgeschlossen, was sie erbost hatte.

»Wäre Eure andere Schwester nur auch hier; dann wären es drei Königinnen«, war ihre belanglose Antwort; wenn sie entschlossen war, sich unnahbar zu zeigen, dann sollte es so sein. Ich wandte mich an de Longueville.

»Ihr seid nun ein freier Mann. König Ludwig hat das Lösegeld für Euch gezahlt.« Und ein fettes Sümmchen war es gewesen; ich hatte es sogleich in meine Privatschatulle fließen lassen. »Wenngleich ich sagen muß, daß Ihr Eure ›Gefangenschaft‹ in französischem Stil verbracht habt.«

Er lächelte und beantwortete dann meine unausgesprochene Frage. »Ja. Mistress Popincourt geht mit mir. Ich werde sie in meinen Gemächern im Louvre unterbringen.« De Longueville hatte sich – natürlich – während seines kurzen Aufenthalts bei uns mit einer Geliebten versehen. Ich kam zu dem Schluß, es sei höchste Zeit, daß ich es gleichfalls tat.

Maria trat zu uns, blendend schön in einem Kleid aus königsblauer Seide.

Wolsey verneigte sich tief. »Ihr strahlt wie die Engel auf den Gemälden der italienischen Meister«, murmelte er. »Ganz blau und golden.«

»Meine Königin.« De Longueville verbeugte sich.

Maria machte ein erschrockenes Gesicht. Die Verwandlung der Tudor- Prinzessin in die französische Königin war schnell gegangen, und sie war vollkommen.

Katharina ging zu ihr und gab ihr einen Kuß auf die Wange. »Nun sind wir Schwesterköniginnen«, sagte sie.

Zu fünft betraten wir den Bankettsaal, wo uns die ganze Gesellschaft erwartete: Glühende Farbflecke vor dem sahnigweißen Stein der Halle. Das Kerzenlicht schimmerte vergrößert auf den Vergoldungen allenthalben.

Maria wurde wieder und wieder gefeiert. Ich führte den ersten Tanz mit ihr an: Bruder König und Schwester Königin. Ich wußte, wir boten einen atemberaubenden Anblick; die Jugend und die Kraft und die Farben ließen uns übermenschlich erscheinen. Tatsächlich war mir an jenem Abend, als sei ich mehr als ein gewöhnliches Menschenwesen, jedenfalls mehr als das, was ich sonst war mit all meinen Grenzen und Empfindsamkeiten.

Katharina tanzte nur die getragene Basse Danse und die Pavane, jene einleitenden Tänze, bei denen die ganze Gesellschaft ihre Garderoben zur Schau trug. Sie war jetzt im achten Monat, und alles war gut verlaufen. Ich sorgte dafür, daß ihr Thronsessel mit zusätzlichen Samtkissen gepolstert war und daß sie eine Fußbank für ihre geschwollenen Füße hatte.

Somit stand es mir frei, zu tanzen, mit wem es mir beliebte, und es waren viele Frauen da, die mir gefielen. Katharinas Hofdamen, vor allem die Ehrenjungfern, waren jung und unverheiratet. Ja, es wurde Zeit, daß ich mir eine Geliebte suchte. Zu lange hatte ich gesäumt, mich eines königlichen Vorrechts zu bedienen. Eines königlichen Vorrechts? Ich schaute zu Brandon hinüber, der seine Partnerin anlächelte und aussah wie Bacchus. Es war das Vorrecht eines Mannes. Es bedurfte keiner Rechtfertigung durch den Rang.

Da war die reizende kleine Kate aus Kent, eine Nichte Edward Bayntons. Sie war leicht wie ein Gazeschleier, bunt wie ein Schmetterling und ebenso unbedeutend. Da war Margery, ein Mädchen aus dem Hause Howard mit rabenschwarzem Haar, eine Verwandte des Herzogs von Norfolk, mit einem großen Busen und wurstförmigen Fingern. Da war Jocelyn, eine entfernte Cousine, mit mir verwandt über das Haus Bourchier in Essex. Aber sie war ein dünnes Geschöpf von eindringlicher Art, und überdies war es nicht gut, sich mit der Verwandtschaft einzulassen.

Da stand eine Persephone, nicht weit von Lord Mountjoy entfernt.

Mein Herz wurde still, als ich sie gewahrte. Ich schwöre, mein erster Gedanke war der an Persephone, wie ich sie mir vorgestellt hatte, seit ich die Sage das erstemal gehört – eine liebreizende Nymphe mit rotgoldenem Haar und rosigen Wangen und einem weißen, schlichten Kleid. Sie pflückte Blumen und spielte selig am Ufer des Flusses... und entfachte, ohne es zu wissen, die Wollust im lauernden Gotte der Unterwelt.

Wir tanzten. Sie tanzte wie ein begabtes Kind, voller Fröhlichkeit und Hingabe. Hingabe... ja, danach sehnte ich mich: nach Hingabe bei meiner Bettgefährtin. Ich wußte, so würde sie sein: Sie würde unbefangen geben und nehmen. So brennend gelüstete es mich nach ihr, daß jeder Muskel meines Körpers bebte. Jetzt, jetzt, jetzt gleich mußte es sein, nicht einmal eine Stunde könnte ich noch warten... aber ich mußte warten, mußte die Tänze ertragen, die noch kamen, und die anderen Partnerinnen, und die Reden, und die Verabschiedungen, und das langwierige Löschen dieser Unmassen von Kerzen...

»Mistress, Ihr tanzt gut«, sagte ich leise. »Vielleicht hättet Ihr Lust, wieder mit mir zu tanzen – ungestört?« Wie absurd! Ich kannte die vorschriftsmäßige Methode nicht, wußte nicht, was man zu sagen hatte. Brandon wußte das alles; er war ein geübter Lüstling. Ich war unwissend wie ein Kind.

Sie sah mich spöttisch an. »Wann immer Ihr mich rufen laßt.«

»Das kann schon heute nacht geschehen.« War das deutlich genug? Hätte Brandon auch so gesprochen?

»Ich muß mit meinem Onkel gehen«, sagte sie zögernd. Da wußte ich plötzlich: Sie war ebenso ungeübt in den Regeln dieser Kunst wie ich. War ihr denn nicht klar, daß ich der Herr ihres Onkels war?

»Wer ist Euer Onkel?«

»Lord Mountjoy, William Blount.«

Katharinas Kämmerer! Und befreundet mit Erasmus und den anderen humanistischen Gelehrten! Unpassender hätte meine Wahl nicht ausfallen können. Aber sie war so reizend. Wie sollte ich ihr nun nicht mehr nachstellen?

»Oh, Mountjoy.« Ich wedelte großartig wegwerfend mit der Hand. »Und wie ist Euer Name?« Aber ehe sie antworten konnte, hatte ich ihn mir im stillen schon gesagt.

»Bessie Blount, Euer Gnaden.«

»Ihr habt zu tanzen gelernt«, sagte ich leise. »Und Gefallen am Hof habt Ihr auch gefunden. Ich bin froh, daß Ihr Eure Schönheit nun doch nicht in Lincolnshire versteckt.«

»Ich auch, Euer Gnaden. Obgleich ich... bis jetzt nicht sicher war, daß ich recht getan habe, hier zu bleiben.«

So einfach war alles zu regeln. Und uns beiden war bewußt, was erbeten und was gewährt worden war, und wir beide spürten, welches gewaltige Versprechen über uns schwebte.

Oh, würde dieser Ball denn niemals enden?

Dabei wußte ich nicht einmal, wohin wir gehen sollten. Ein gewitzter Libertin hätte stets Gemächer zur Hand gehabt und wäre so aus dem Stegreif zu jeder Tändelei bereit gewesen. Ich hatte nichts dergleichen. Die königlichen Gemächer waren alles andere als privat. Um in mein Schlafgemach zu gelangen, würden wir unterwegs die Aufmerksamkeit von mindestens zwanzig Bediensteten auf uns lenken. Mit meinem rechtmäßigen Weibe war dies nie ein Problem gewesen. Jetzt aber brachte es mich unversehens in arge Verlegenheit.

Wir fanden einen Platz in einer kleinen Kammer hinter der Musikantengalerie, wo die Instrumente gelagert wurden und wo die Kapellen oft übten. Ein Ruhebett gab es hier, und Schemel, Kerzen und Fackeln. Ich entzündete eine Kerze und damit eine Fackel. Wir sahen uns umgeben von Violen, Trompeten, Trommeln und Tamburinen, und die runden, polierten Flächen all dieser Instrumente spiegelten den tanzenden Lichtschein wider.

»Bessie«, begann ich. »Ich bin ...« Freundlich wollte ich sein, warmherzig, beruhigend. Aber die Lust überwältigte mich, und als ich sie anrührte, konnte ich mich nicht länger beherrschen. Ich bedeckte ihr Gesicht mit meinen Küssen, wühlte meine Hände in ihr dichtes Haar und riß die Bänder heraus, so daß es frei über ihre Schultern fiel und sogar ihr Antlitz verhüllte und nur noch ihre geöffneten Lippen entblößt waren, die ich fast verschlang. Im Fieberrausch der Erregung zog ich sie aus, und ratlos betrachtete ich die Verschlüsse an ihren Kleidern (denn Katharina hatte ich nie ausgezogen; das taten ihre Ehrenjungfern) und versuchte, nichts zu beschädigen. Sie mußte mir zeigen, wie man sie löste, denn sonst hätte ich sie aufgerissen.

Als wir nebeneinander auf dem Ruhebett der Musikanten lagen, wandte sie sich der Fackel zu, so daß das bernsteinfarbene Licht ihren Körper und ihr liebreizendes Antlitz überflutete. »Bessie... Bessie...« Ich wollte meine Not im Zaume halten, sie wenigstens noch ein Weilchen hinziehen, doch sie war stärker als ich, und ich zog sie unter mich in jenem uralten Akt der Unterwerfung, zermalmte sie unter mir, drang in ihren Leib – o Gott, sie war Jungfrau! –, der Schweiß brach mir aus jeder Pore, und wie ein Rasender trieb ich mich wieder und wieder in sie hinein (und hörte dumpf ihr Schreien an meinem Ohr), bis ich in ihr zerbarst.

In Spiralen schwebte ich durch eine mächtige Dunkelheit herab, im Kreis herum und wieder herum, und landete sanft.

Sie weinte, rang nach Atem, krallte sich in meine Schultern.

»Jesus, Bessie...« Ich ließ sie los, zog sie an mich, umarmte sie. Sie schnappte nach Luft und weinte unablässig. »Es tut mir leid, verzeih mir, verzeih mir...« Die rasende Bestie war fort, und ein schuldbewußter Mann blieb zurück, den Schaden zu reparieren. Ich tröstete sie und haßte mich. Endlich hörte sie auf zu weinen und beruhigte sich. Ich begann von neuem, sie um Verzeihung zu bitten. Sie aber legte mir einen zitternden Finger auf die Lippen.

»Es ist geschehen«, sagte sie langsam. »Und ich bin froh darum.«

Jetzt erst begriff ich wahrhaft, wie wenig ich von den Weibern wußte. »Ich habe mich benommen wie eine Bestie und deine... deine Ehre verletzt.« An Jungfräulichkeit hatte ich vorher überhaupt nicht gedacht.

»Wenn es mit jemandem, nach dessen Körper es mich verlangte, so mühsam war, dann denkt doch nur, wie schwierig es erst gewesen wäre, hätte es jemand getan, der mir gleichgültig ist.«

»Aber du hättest dich nicht... so... mit jemandem befunden, den du... nicht willst.«

Sie schüttelte den Kopf. »Was, glaubt Ihr, ist die Ehe für eine Frau?«

Maria. Maria und Ludwig. Gott, wie sollte der Spiegel von Neapel dafür eine Entschädigung sein?

»Aber jetzt... wenn du jetzt in dein Ehebett kommst... Ich habe dich beraubt.«

»Ich werde mich verstellen.«

»Aber du kannst dich nicht verstellen – wenn es nicht so ist!«

»Ich habe gehört... es sei leicht, sich zu verstellen, und die Männer geben sich damit zufrieden.«

Ich war bedeckt von Schweiß, das Ruhebett war von ihrer Defloration besudelt, ich war zutiefst beschämt – und doch (oh, das Schändlichste von allem!), ihre Worte und der Gedanke daran, wie sie dereinst im Bette eines anderen läge, ließen meine Lust von neuem entbrennen.

Da aber streckte sie die Hand aus und berührte meine Wange. »Wir müssen gehen. Aber – oh – laßt uns noch einige Augenblicke hier verweilen...« Sie wollte nicht entfliehen? Sie verachtete mich nicht? Wahrlich, ich wußte nichts von Frauen – und auch nichts von meiner eigenen Natur.

Der Morgen graute, als wir die Musikantenkammer schließlich verließen, die steinerne Treppe hinunterschlichen und uns durch den stillen Bankettsaal stahlen, wo noch immer die Blumen verstreut auf dem Boden lagen.

XXIII

Von dieser Nacht an war ich ein anderer: Ich war ein Liebhaber, der bei Tag und bei Nacht zu Bessies nacktem Leibe hastete, um zu sehen, wie viele verschiedene Arten es gab, sich zu paaren. Es brauchte mir nur irgend etwas in den Sinn zu kommen, und wenige Stunden später probierten wir es schon aus. Je mehr mein Kopf erdachte, desto schneller verdoppelten und verdreifachten sich die Ideen; so bringt die Lust gleich Heerscharen der Lust hervor.

Ich verlor keine Zeit und ließ mir sogleich eine Anzahl von Räumen für meine Zwecke herrichten. Sie mußten völlig abseits der königlichen Gemächer liegen, fern von all meinen wachsamen Bediensteten. (Bessies Vater, Sir John Blount, diente mir als Leibjunker; er war einer von denen, die mir die Kleider anlegten und auszogen. Ich fühlte, daß es unschicklich gewesen wäre, ihn am Leibe des Mannes, dem er diente, die Kußspuren sehen und den Weibsgeruch seiner eigenen Tochter riechen zu lassen.) Meine *amour*-Gemächer lagen nicht weit von Wolseys Suite, und sie bestanden aus einem kleinen Speiseraum, einer Ankleidekammer und einem Schlafgemach. Mein Schlosser versah die Eingangstür mit einem Schloß, für das es nur zwei Schlüssel gab, einen für mich und einen für Bessie.

Bessies Dienst begann um die Zeit des Mittagsmahls, dessen formelle drei Gänge in Katharinas privatem Speisezimmer serviert wurden, und dauerte bis zur Vesperzeit um fünf Uhr; bis dahin hatte sie Katharina Gesellschaft zu leisten, sie mit Musik zu unterhalten und ihr vorzulesen. Um diese Zeit gab es mancherlei Handarbeit zu verfertigen: Neue Kleider für das Kind waren zu bestikken, dessen Geburt nun dicht bevorstand. Katharina hatte sich geweigert, irgend etwas von Prinz Heinrich zu benutzen; in ihrer Trauer hatte sie alles fortgeräumt.

Täglich ging ich mit Katharina zur Vesperandacht; ich kniete dann neben ihr und sah mit Stolz auf das Kind, das sie im Leibe trug. Ich war fähig, für sie zu beten, ihr liebevoll die Hand zu drükken, Zärtlichkeit für sie zu empfinden... und mir gleichzeitig vorzustellen, wie Bessie sich für unser Stelldichein rüstete, wie sie den Wein erwärmte, sich das Haar zu dem verschlungenen Knoten schürzte, den ich zu lösen so liebte, und wie sie sich Parfüm in die Beugen von Ellbogen und Knien tupfte... oh, ich war verflucht, ich war böse, und doch begehrte ich das alles. Nie war mir wohler als in dem Augenblick, da ich mich von Katharinas Kapelle geradewegs zu Bessies Gemächern begab, auf daß den Worten des Gebets aus meinem Munde unverzüglich Worte der Fleischeslust folgten.

Es gab keine Überleitung, keine höfliche Begrüßung. Mit unschicklicher Hast beeilten wir uns, aneinander Befriedigung zu finden, Bessie ebenso wie ich. Nach nur zwei oder drei Begegnungen hatten wir uns beide verändert, und aus täppischen, befangenen jungen Menschen waren schamlose Lüstlinge geworden.

Soll ich hier berichten, wie wir uns vergnügten? Soll ich mich quälen, indem ich mich an Großtaten erinnere, die niemals mehr zu wiederholen ich erhoffen kann? Wir verbargen Süßigkeiten an unseren traulichsten Orten, die (so schrieb es die Regel vor) nur mit der Zunge, niemals mit den Fingern hervorgeholt werden durften... Wir beobachteten uns im Spiegel, sahen zu, wie Heinrich und Bessie hundertfach sich paarten, im Fenster dort im Spiegel dort im Fenster dort im Spiegel... Wir trugen Masken, und ich war ein Wilder und sie Diana... Ich drang in sie ein, und wir drehten die Sanduhr um und zählten, wie viele Male wir zum Höhepunkt gelangten, zusammen und auch jeder für sich... Und einmal bedeckte ich ihren nackten Körper mit Katharinas Juwelen, und dies, seltsam, kam mir vor wie das Höchstmaß des Ehebruchs...

Wenn all das vorüber war, pflegten wir eine leichte Erfrischung zu uns zu nehmen, die uns ein Diener mit trüben Augen brachte, und dann trennten wir uns beinahe wortlos, nur um unser Tun am nächsten Tag oder wenigstens so bald wie möglich zu wiederholen.

Am Abend las ich empfangene Botschaften, besprach mich mit Wolsey und spielte mit meinen Gefährten und den Bediensteten der königlichen Gemächer, unter ihnen auch Bessies Vater. Ich fühlte mich vollständig und vermindert zugleich, als führte ich nur ein halbes Leben und gleichzeitig ein weiteres, anderes halbes dazu. Ich liebte und verabscheute meine Sünde, sah sie mit Genuß und mit Ekel. Meine Spielverluste steigerten sich; ich konnte den Karten keine rechte Aufmerksamkeit zukommen lassen, noch hielt ich meine Neigung im Zaum, den Einsatz ins Uferlose wachsen zu lassen. Keines dieser alltäglichen Dinge schien noch Bedeutung zu haben.

Maria war mit einem vollständigen Hofstaat nach Frankreich abgereist, versehen mit prachtvoller Aussteuer und großem Gefolge. Sogar Kinder waren zu Pagen und Ehrenjungfern ernannt worden. Die beiden Seymour-Knaben, neun und sechs Jahre alt, und Thomas Boleyns zwei Töchter, die zehn und sieben waren, befanden sich an Bord eines der vierzehn »Großschiffe« in Marias Flottille.

Es war eines Abends spät, in Wolseys Gemächern, als ich ihn zum erstenmal las, den Namen. Diesen Namen. Ich hatte die Liste flüchtig überflogen.

Nan de Boleine.

»Wer ist das?« murmelte ich. Ich war erschöpft vom Nachmittag mit Bessie, und ich brauchte Schlaf.

»Die kleine Boleyn.«

»Weshalb zum Teufel diese affektierte Schreibweise? Ich hätte den Namen nicht erkannt.«

»›Boleyn‹ ist eine affektierte Schreibweise«, erläuterte Wolsey. »Der Familienname lautet ursprünglich ›Bullen‹. Aber ›Boleyn‹ oder ›Boleine‹ sieht vornehmer aus.«

»Wie Wolsey für ›Wulcy‹?« grunzte ich. »Diese ganze Namensänderei ist frivol. Ich mag das nicht. Also sind nun beide Töchter Boleyns fort? Und Seymours beide Söhne? Es wird bald keine jungen Leute mehr geben, die hier aufwachsen und an unserem Hofe dienen können.«

»Den Eltern war sehr daran gelegen, daß ihre Kinder sich französische Manieren aneignen.«

Gott, wie das schwärte! Wie lange würde die Welt noch auf Frankreich schauen, wenn es um Eleganz und Stil ging? Ich war entschlossen, diese Stellung mit meinem Hofe zu erobern. »König Ludwigs Hof ist so lebhaft wie ein Grashüpfer im November«, schnaubte ich. »Nichts werden sie da lernen.«

»Sie werden am Schattenhof lernen, dem ein gewisser Franz Valois vorsteht, der Duc d'Angoulême. Wenn Maria ihrem Ludwig keinen Erben schenkt, wird Franz der nächste König von Frankreich sein. Er hält bereits Hof und übt sich darin. Von ihm werden die kleinen Boleyns und Seymours lernen, nicht von Ludwig.«

»Aber Franz' Gemahlin, Ludwigs Tochter Claude, ist ebenso eine Heilige wie Katharina, heißt es.« Die Müdigkeit ließ meine Zunge unvorsichtig werden. »Da kann es kaum stilvoll zugehen.«

»Madame Claude wird ignoriert. Seine Geliebte ist es, die den Ton angibt.«

Öffentlich? Seine Mätresse führte in der Öffentlichkeit den Vorsitz? »Was ist das für ein Kerl, dieser Franz aus dem Hause Valois?«

»Er hat viel Ähnlichkeit mit Euch, Eure Majestät.« Diese Anrede hatte Wolsey kürzlich für mich eingeführt; er meinte, »Euer Gnaden« teilte ich mit Herzögen, Erzbischöfen und Bischöfen, aber ein Monarch brauche eine eigene Anrede. Mir gefiel es. »Athletisch, gebildet, ein Mann mit Kultur.« Er schwieg kurz. »Es heißt, sein Ruf sei überdies mit dem Makel der unersättlichen Wollust behaftet.«

»Schon? Wie alt ist er denn?«

»Zwanzig, Eure Majestät.«

»Und seine... Aufmerksamkeiten sind stets willkommen?«

»Nicht allgemein, Eure Majestät. Er ist aber über die Maßen hartnäckig, sagt man, und er läßt nicht nach, wenn er sich eine zur Beute ausersehen hat. Als der Bürgermeister der Stadt Marseille ihm die Schlüssel der Stadt überreichte, fand er Gefallen an der Tochter des Bürgermeisters; diese aber, ein ehrliches Weib, fühlte sich von seinem Aussehen und seinem Benehmen abgestoßen und wies ihn ab. Er versuchte, sie zu zwingen. Ihr Abscheu aber war so groß, daß sie ihr Gesicht über Schwefelsäuredünste hielt und so ihre Haut ruinierte. Erst als sie entstellt war, ließ Franz von ihr ab!«

»Eine tragische Erlösung«, befand ich. »Denn nun ist sie entstellt für alle Zeit.« Ich betete, daß Maria einen Sohn bekommen und Frankreich ein solcher Herrscher erspart bleiben möge.

Ich warf einen Blick auf Wolseys mit Papieren überhäuftes Pult neben dem Feuer. »Und wie steht es mit Eurem Lustschloß?« fragte ich. Der Tisch war nämlich Dokumenten vorbehalten, die mit Hampton Court in Zusammenhang standen.

»Sehr gut. Eben werden Abflußrohre und Wasserleitungen gelegt. Mein Wasser wird aus den Quellen von Coombe Hill kommen, bei Kingston unter der Themse hindurchgeführt werden und auf meinem Grund wieder zutage treten. Das ist eine Strecke von dreieinhalb Meilen. Ich wäre entzückt, wenn Ihr im nächsten Frühling einmal kommen könntet, um Euch die Bauarbeiten anzusehen. Wir könnten bei Richmond übersetzen, in Teddington die Pferde wechseln, und dann ist es nur noch ein Galopp durch den Wald.«

»Es hat keinen Sinn, zweimal über die Themse zu setzen. Die Straße von Kingston nach Richmond ist doch sicher, oder etwa nicht?«

Sein Gesicht nahm einen merkwürdigen Ausdruck an. »Ich reise nicht durch Kingston.«

»Warum nicht? Es ist jedenfalls der kürzeste Landweg.«

Er stand auf und tat, als müsse er die Holzscheiter im Kamin aufstochern. »Ich kann es nicht sagen. Ich weiß nur, daß Kingston böse Ahnungen in mir weckt. Das fühle ich.«

»Ist es der Ort? Der Name? Was hätte Kingston?«

Er schüttelte den Kopf. Ich bemerkte, daß er den Ansatz eines Doppelkinns zeigte. Er war eigentlich kein junger Mann. Er hatte seinen Aufstieg zur Macht schon früh begonnen, aber mehrmals mit dem falschen Bein. »Ich weiß es nicht. ›Kingston‹. Gibt es in Eurem Leben nichts dergleichen?«

»Eine Vorahnung? Nein. Einen Gegenstand oder einen Ort, der Gutes oder Böses mir zu künden schiene, gibt es nicht. Die Zukunft ist mir verschleiert.«

»Ihr habt Glück, Eure Majestät.« Es war das erstemal, daß ich den Ausdruck echter Melancholie in seinem Antlitz wahrnahm.

Katharinas Stunde nahte, und alles war bereit. Sie und ihre Hofdamen waren mit den Vorbereitungen für das Kind zum Ende gekommen, und in Richmond Palace sollte das Wochenbett stehen. Ich hatte die besten Ärzte beschafft, die ich hatte finden können; sogar einen Araber hatte ich als Berater in Dienst genommen – denn gewisse Gegenden in Nordafrika waren als erstklassige Zentren der Medizin berühmt, und Al-Ashkar hatte dort studiert. Man besaß dort, hieß es, Manuskripte von Galen und anderen griechischen Heilkundigen, und hatte Zugang zu einem Wissen, welches uns verschlossen war. Das Wissen aber, das ich benötigte, war kein esoterisches, sondern ein höchst fundamentales: Wie man nämlich einen lebenden Sohn zur Welt brachte.

Mitte September, am Vorabend von Christi Kreuzerhöhung, setzten die Wehen ein, und man geleitete sie in die Wochenstube, die bereits mit allen pharmazeutischen Hilfsmitteln und chirurgischen Instrumenten ausgerüstet worden war, die der medizinischen Wissenschaft bekannt waren. Dort legte sie sich auf goldlackgetränktes Linnen (der Saft des Goldlack linderte bekanntlich den Geburtsschmerz); mit der Rechten umklammerte sie Dr. Linacres Hand, mit der Linken die des Dr. de la Sa, ihres spanischen Arztes, und tapfer ertrug sie jede Wehe, und ihre Lippen bewegten sich beständig im Gebet. Als man ihr ein Betäubungsmittel bot, wies sie es zurück und hielt statt dessen den Blick starr auf das Kruzifix an der gegenüberliegenden Wand gerichtet.

Während alledem wartete ich in der äußeren Kammer, und Brandon hielt mit mir die Wacht. Ich war stumm wie Katharina und betete ebenso eindringlich wie sie. Meine Gebete begannen mit geziemenden, steifen Sätzen. *O Herr, allmächtiger Gott, gewähre mir, ich bitte Dich, einen Sohn für mein Reich.* Aber als Stunde um Stunde verstrich und Linacre kopfschüttelnd herauskam, verwandelten sie sich in wilde, stumme Schreie. *Hilf ihr, hilf mir, schenke uns ein Kind, ich flehe Dich an, bitte, ich werde alles tun, jede Tat vollbringen, ich gehe auf einen Kreuzzug, ich will Dir dieses Kind weihen wie Samuel, hier bin ich, Herr, schicke mir...*

»Es ist vorüber.« Linacre ließ die Tür weit aufschwingen. Ich sprang auf.

»Ein Sohn«, sagte er. »Er lebt.« Er winkte mir, ihm zu folgen.

Katharina lag auf dem Rücken wie ein Leichnam auf der Bahre. Sie rührte sich nicht. War sie... hatte sie... ?

De la Sa massierte ihr den Leib, der immer noch gedehnt und aufgeschwollen war. Ein mächtiger Schwall von schwärzlichem Blut schoß jedesmal, wenn er drückte, zwischen ihren Beinen hervor und wurde in einer Silberschale aufgefangen. Das Blut war klumpig von Geronnenem. Katharina stöhnte und regte sich.

»Das Kind.« Linacre streckte die Hand aus, und ich löste meinen Blick von dem grotesken Grauen auf dem Bett, von meinem schmerzgequälten, verwundeten Weib. Maria de Salinas Willoughby badete das Kind und wusch Schleim und Blut von ihm ab.

Er war so winzig. Winzig wie ein Kätzchen. Zu klein zum Leben, das wußte ich im selben Augenblick.

»Wir hielten es für das beste, ihn sogleich taufen zu lassen«, sagte Linacre. »Deshalb haben wir nach einem Priester gesandt.«

Ich nickte im Bewußtsein dessen, was er da zugab. Tauft ihn rasch, bevor er stirbt. Keine Zeremonie. Der nächstbeste Priester genügt.

Ein junger Geistlicher erschien von draußen; er war aus der königlichen Kapelle herbeigeeilt, wo er niedere Dienste zu verrichten hatte. Er rückte noch seine Gewänder zurecht und trug einen Behälter mit Weihwasser bei sich.

»Beginnt«, befahl ich. Maria hatte das Kind unterdessen abgetrocknet und in eine Decke gehüllt.

»Sein... Kleid«, protestierte Katharina matt.

»Sie meint das Taufkleid, das sie für ihn genäht hat«, erläuterte Maria.

»Wir haben keine Zeit.« Ich sprach die Worte und fühlte nichts dabei. Taub wie eine Hand, die kaltes Metall umfaßt.

»Das Kleid...«

»Es ist hier, Euer Gnaden; ich kümmere mich darum«, sagte Maria zärtlich begütigend zu Katharina. Sie zog ihm das zarte Ding über den Kopf, ohne es auch nur zurechtzuzupfen – nur um Katharinas Wunsch zu erfüllen.

»Paten?« fragte der Priester.

»Ihr, Maria, und Ihr, Brandon.« Kam es darauf an? Jeder andere hätte es auch sein können. Es wären keine Pflichten damit verbunden, wenn das Kind erst älter würde.

»Name?«

»William«, sagte ich. Ein guter englischer Name.

»Ich taufe dich, William, im Namen des Vaters und des Sohnes und des Heiligen Geistes.« Wasser rieselte über die weiche Stirn.

Schnell jetzt; wickelt ihn warm ein, haltet ihn neben das Kohlenbecken, gebt ihm warme Milch. Ein Wunder, wenn er überlebt. Herr Jesus, ich bitte Dich um ein Wunder.

Prinz William starb sieben Stunden später. Als Katharinas Milch kam, war das Kind schon seit zwei Tagen unter der Erde, und sein kleines Taufkleid war sein Totenhemd.

WILL:

Die Nachricht erreichte uns in jenem Winter: Unser König hatte wieder einen Sohn verloren. Die Menschen fingen jetzt zum erstenmal an, sich Sorgen zu machen und zu beten. Ihr König war seit fünf Jahren verheiratet und noch immer kinderlos.

HEINRICH VIII.:

Ich ging zu Katharina, und wir trösteten einander. Ich bemühte mich, all die furchtbaren Zweifel hinter mir zu lassen. Ich nahm mir vor, nie wieder mit ihr zu streiten oder ihr Schmerz zuzufügen. Ich bereute zutiefst, daß ich die Grausamkeiten ausgesprochen hatte, die ich ausgesprochen hatte – vor allem, daß mir das böse Wort »Scheidung« über die Lippen gekommen war wie ein Fluch.

Katharina empfing von neuem. Es war eine glückliche Weihnacht für uns in England und auch, so hoffte ich, für Königin Maria und König Ludwig von Frankreich.

XXIV

Die letzten paar Monate hatte ich mich mit zutiefst privaten Sorgen und Hoffnungen beschäftigt. Aber das alles endete am Neujahrstag, als staatsmännische Angelegenheiten meine ganze Aufmerksamkeit erforderten. Denn an diesem ominösen ersten Tag des Jahres 1515 starb König Ludwig. Alle meine sorgsam entworfenen Pläne wurden durch den letzten Hauch eines einzelnen Mannes zum Einsturz gebracht. Franz war jetzt König Franz I. von Frankreich und meine Schwester nicht mehr Königin, sondern Königswitwe und unter dem neuen Regenten politisch so nutzlos wie ein Schweinebauer im Land der Türken.

Nach französischer Sitte brachte man sie unverzüglich in den Palais de Cluny in der Nähe von Paris. Dort mußte sie bleiben, bewacht von Nonnen und zum Zeichen der königlichen Trauer ganz in Weiß verschleiert, bis ihre Monatsregel einsetzte und Franz sicher sein konnte, daß sie keinen Erben im Leibe trug, der ihm den Thron streitig machen könnte. Sie sollte unter dem Namen »La Reine Blanche«, die weiße Königin, bekannt werden, damit man sie von Königin Claude, der regierenden Königin, unterscheiden konnte.

»Sie halten sie gefangen«, sagte ich grollend zu Wolsey. »Ich will sie – und die Juwelen ihrer Mitgift, und die Hochzeitsjuwelen von Ludwig – aus Frankreich zurückholen. Ich mißtraue ihren Absichten.«

»Sie werden sie nicht freilassen, solange sie nicht sicher sind, daß sie nicht schwanger ist. Das wagt Franz nicht.«

»Es gefällt mir nicht! Und warum haben wir keine Nachricht von ihr persönlich? All unsere Korrespondenz läuft über den französischen Gesandten.«

»Ich stimme Euch zu... Es sollte ein Engländer zugegen sein.«

Ich ging hin und her auf dem weichen türkischen Teppich, den Wolsey mir zu Weihnachten geschenkt hatte. Er hatte darauf bestanden, daß ich ihn auf dem Fußboden ausbreitete, obgleich er aus Seide war. Es gab mir ein Gefühl von Luxus und Macht, auf Seide zu wandeln. »Ihr müßt gehen. Als mein Vertreter. Gebt als Vorwand an, daß wir Franz als König anerkennen wollen. Aber schafft Maria und die Juwelen heraus.«

»Meine Anwesenheit würde Franz argwöhnisch werden lassen; er würde etwas Wichtiges vermuten. Entsendet lieber den Herzog von Suffolk. Er ist als Freund der Königswitwe bekannt, und auch als Genosse Eurer Majestät, und, mit Verlaub... er ist nicht aus dem Holz, aus dem man Intriganten schnitzt.« Er erinnerte mich höflich daran, daß Charles Brandon nicht eben ein Mann von Witz und Bildung oder wenigstens besonderer Intelligenz war.

»Eine ausgezeichnete List«, gab ich zu. »Denn er ist tapfer und loyal. Man kann sich darauf verlassen, daß er tut, was man ihm aufträgt.«

»Solange er nicht zu denken braucht, Eure Majestät, sondern nur kühn sein muß.«

Als Brandon unterwegs nach Dover war und Anstalten traf, sich einzuschiffen und den winterlichen Kanal zu überqueren, traf ein Bote ein und überbrachte einen Brief, der aus dem Konvent herausgeschmuggelt worden war. Maria wurde von Franz überfallen und belästigt; er besuchte sie täglich unter dem Vorwand, ihr Trost zu spenden, machte ihr in Wahrheit aber Anträge, faßte sie an und unternahm allerlei Versuche, sie zu umwerben. Er pflegte den Nonnen zu befehlen, sie allein zu lassen und die Türen abzuschließen; dann versuchte er, sie zu verführen, und wenn ihm das nicht gelang, zwang er sie, mit ihm das Lager zu teilen.

Ich bebte vor Wut bei der Vorstellung, wie dieser Libertin Hand an meine Schwester legte – an seine Stiefmutter! Der Himmel selbst verdammte solchen uralten Frevel. Der »erste Edelmann Frankreichs«, wie er sich selber nannte, war eine perverse Bestie.

Wäre Maria doch schwanger, auf daß Frankreich von seiner üblen Regentschaft befreit wäre! Brandon sollte nur bald als ihr Beschützer erscheinen und sie aus dem Kerker befreien, in den Franz sie gesperrt hatte!

»Bete zu Gott, Katharina«, sagte ich, nachdem ich ihr Marias Lage geschildert hatte. »Ich weiß, er erhört deine Gebete.«

»Nicht immer«, antwortete sie. »Aber beten will ich gleichwohl.«

Gott erhörte ihre Gebete, aber auf eine verheerende Weise. Denn Brandon rettete Maria, indem er sie selber heiratete, und zwar mit Franz' Billigung.

»Verräter!« schrie ich, als ich seinen Brief gelesen. »Verräter!«

Zum zehnten Mal las ich seine Worte:

Mein Herr, es begab sich so, daß ich nach meiner Ankunft zu Paris gar mancherlei hörte, was große Furcht in mir erweckte, und nicht anders erging es der Königin; und die Königin gab keine Ruhe, bis ich mich bereit gefunden, sie zu heiraten. Und so will ich Euch ehrlich sagen, daß ich sie von Herzen gern geheiratet und ihr auch beigewohnt, und ich befürchte nun, daß sie wohl möchte gesegneten Leibes sein.

Jetzt kannte ich sie auswendig. Kein Grund mehr, das abscheuliche Dokument zu behalten. Ich schleuderte es ins Feuer, wo es sich rasch zusammenrollte, schwärzte und verging.

»Er hat mir meine Schwester geraubt!«

»Ich finde, es war recht... vornehm, was er getan hat«, wandte Katharina schüchtern ein, denn sie hatte gelernt, mir in meiner Wut nicht zu widersprechen.

»In Spanien mag derlei vielleicht als vornehm gelten. In England nennt man es tollkühn und gefährlich.«

»Er hat eine Prinzessin aus der Not gerettet, als ihre Ehre bedroht war.«

»Er hat mich eines wertvollen Besitzes beraubt, der mir in manchen Eheverhandlungen hätte als Pfand dienen können! Jetzt habe ich niemanden, den ich als Köder für einen Vertrag nutzen könnte, niemanden, denn wir sind ja kinderlos, und... «

»Könnt Ihr Euch nicht für sie und ihr Glück freuen? Heinrich, einstmals hättet Ihr es getan. Oh, denkt doch an den Knaben, der schrieb:

Die Liebe schenkte Gott allein,
Drum kann nichts Falsches in ihr sein.
Ohn' Makel lebt sie zwischen beiden.
Warum dann sollten wir sie meiden?

»Dieser Knabe ist tot.« Wann war er gestorben? Als ich gelernt hatte, König zu sein?

»Er hat mich gerettet. Als ich eine Prinzessin in fremdem Land war.«

Oh, nun würde sie wieder damit anfangen. Ich erkannte es an dem abwesenden Ausdruck in ihrem Blick. Wie langweilig das war. »Nun, heute bist du Königin, und es ist längst vorbei.« Ungeduldig sah ich mich nach einer Ausflucht um.

»Ich will Wolsey beauftragen, sich eine Strafe für sie auszudenken. Er soll eine Bußzahlung festsetzen. Jawohl, das ist es.« Hastig verließ ich sie.

Wolsey tat genau das. Er schlug vor, Brandon für den Verlust von Marias ständiger Witwenrente aus Frankreich haftbar zu machen, indem er sie selbst zahlte: Das waren etwa vierundzwanzigtausend Pfund. Wenn er sich damit einverstanden erklärte, dürften sie nach England zurückkehren, und ich würde kassieren.

WILL:

Letzten Endes bewirkte dies, daß Brandon jegliche Gelegenheit genommen war, sich um eine Machtposition bei Hofe zu bewerben. Mit dem gewaltigen Bußgeld war sichergestellt, daß der Herzog von Suffolk sich nicht mehr leisten konnte, am Hofe zu leben; er und Maria mußten fortan in Westhorpe Manor in Suffolk wohnen, wo das Leben billiger war. Aus Heinrichs Augen, aus Heinrichs Sinn. Das hoffte Wolsey zumindest.

In der Zwischenzeit vergnügte ich mich mit Bessie. Brandons Satz, »daß ich sie von Herzen gern geheiratet und ihr auch beigewohnt, und ich befürchte nun, daß sie wohl möchte gesegneten Leibes sein«, plagte mich, verspottete mich. Er, der so viel von Frauen verstand – der sie zu umwerben, zu gewinnen und zu Bette zu führen wußte –, wußte Geheimnisse, die ich nicht kannte. Wo immer seine männliche Schönheit liegen mochte, sie genügte, um eine königliche Prinzessin zu erringen. Hatte ich dergleichen auch? Was war es? Ich wußte es nicht, und das war es, was mich um den Verstand brachte. Es war mir verschlossen, eine Macht, derer ich nicht sicher war. Und wiederum, hatten wir nicht beide den gleichen Körper, die gleichen Gliedmaßen? Waren wir nicht beide Männer, und gab es nicht hier wie da nur wenige Dinge (weit weniger, als mancher Lüstling zugeben würde), die wir beide mit diesen hier wie da vorhandenen Körperteilen anstellen konnten? Ich plagte mich, jeden Aspekt des Fleisches mit Bessie zu erkunden, als wollte ich jenes letzte, flüchtige Ding ergreifen: die Sinnlichkeit selbst. Dennoch, am Ende enthüllte mein Körper mir nichts, was ich nicht schon gewußt hätte.

Nachher kehrte ich dann in mein äußeres Gemach zurück, wo meine Bediensteten und Freunde zusammenkamen. Es war bekannt, daß das äußere Gemach des Königs ein Ort war, wo man sich die Zeit vertrieb, wo man würfelte und sang und schwatzte und modische Kleider miteinander verglich. Ich gesellte mich zu den anderen, wurde einer von ihnen oder bildete es mir doch ein. Ich befahl, mehr Holz aufs Feuer zu legen, mehr Fackeln zu entzünden, stärkeren Wein zu bringen, und dann leuchtete es warm und rötlich im Zimmer, und wir holten die Karten hervor und spielten Primero. Im gelben Feuerschein und dem angenehmen Nachempfinden vom Mißbrauch meiner Schamteile fühlte ich mich dann wie ein Mann unter Männern.

Übersättigt zog ich mich schließlich zurück, und ich verlangte, daß Bessies Vater mir dabei behilflich sei, meine Obergewänder abzulegen. Die Berührung seiner Hände, seiner dienenden Hände, war wie ein perverser Triumph für mich, den ich genoß, in all seinen schmutzigen Verästelungen.

Ich schlief dann traumlos.

Mitten im Frühjahr gebar Katharina wiederum einen halbgeformten, toten Sohn. Al-Ashkar schätzte das Alter des Fötus auf fünfeinhalb, Linacre auf sechseinhalb Monate. Wo war der Unterschied? Das Leben hatte er weit verfehlt.

Sobald die Ärzte es gestatteten, nahm ich den ehelichen Verkehr mit ihr wieder auf. Mehr war es jetzt nicht mehr. Eine Pflicht, eine politische Notwendigkeit, wie das Unterzeichnen von Staatsakten in meinem Arbeitszimmer. Die Säfte strömten immer noch, so unpersönlich und prompt wie die Tinte, mit der ich die Dokumente unterschrieb: *Henricus Rex*. Die Essenz meiner Person. Auf das Pergament, in meine Königin.

Meine Leidenschaft – beinahe ebenso unpersönlich – ergoß ich in Bessie.

Maria kehrte zurück nach England, und in Dover sollte sie feierlich begrüßt werden. Ich sorgte dafür, daß ich nicht zugegen war; dort zu sein, hätte bedeutet, daß ich ihrem Tun meine Billigung gegeben hätte, und dazu würde ich mich niemals bereit finden. Brandon, der (von mir berufene!) Herzog von Suffolk, war jetzt ihr Beschützer. Mochte er für sie sorgen.

Wir verständigten uns aussschließlich über Wolsey. Brandon konnte sich ohne Wolseys Genehmigung nicht an mich wenden, und Maria auch nicht. Sie wollte ich sehen, und daher richtete ich es ein, daß wir einander in London auf der königlichen Barke begegneten. Man sollte uns zusammen auf der Themse auf und ab rudern; dort könnten wir ein letztes Mal miteinander sprechen, bevor ich sie Brandon für alle Zeit überließe.

Die Frau, die sich dem Landungssteg näherte, war größer und

schöner, als ich sie in Erinnerung hatte. Sie trug einen Mantel aus tiefblauem Samt, der um Hals und Schultern gerafft war und sich dann fließend ausbreitete wie der Mantel der Heiligen Jungfrau. Aber sie war keine Jungfrau. Sogar ihr Gang war verändert.

Die Ruderknechte salutierten vor ihr. »Eure Majestät.«

Ich begrüßte sie, bemerkte aber spitz: »Königin nicht mehr, ihr Leute. Sie ist Herzogin.«

»Ich bleibe Prinzessin, was immer der Titel meines Gemahls sei«, versetzte sie, und ein Lächeln maskierte ihre Entschlossenheit.

»Wollen wir nach unten gehen?« Ich nahm ihre Hand und führte sie unter Deck, wo uns die königliche Empfangskajüte erwartete, mit allerlei Annehmlichkeiten ausgestattet – deren geringste es nicht war, daß wir vor den Ohren über uns abgeschirmt waren.

Wir ließen uns auf seidenen Polstern nieder: zwei Fremde.

»Du bist also deinem Herzen gefolgt«, stellte ich schließlich fest; ich wußte nicht, was ich sonst hätte sagen sollen. »Wie du es angedroht hast.«

»Ich liebe ihn!« rief sie aus. »Ich liebe ihn, ich liebe ihn, ich habe ihn schon als Kind geliebt!«

Die Ruder draußen tauchten mit schlürfendem Geräusch ins Wasser und hoben sich wieder.

»Siehst du denn nicht, was er ist? Ein Schürzenjäger, jemand, der sämtliche Schliche kennt und genau weiß, wie man ein ahnungsloses Herz gewinnt.«

»Ach ja?« Ihr Gesicht nahm einen überlegenen, triumphierenden Ausdruck an. »Und was hat er gewonnen, indem er mich heiratete? Die Verbannung vom Hofe und den Verlust deiner Gunst.«

»Gewonnen hat er Englands schönstes Juwel.«

»Und deine höchste Trumpfkarte. Wer ist hier berechnend, Bruder?«

Ich mußte es zugeben. Ja, ich war schlimmer als Brandon. Er hatte Maria gesehen und sich in sie verliebt, und er hatte meinen Zorn und die Verbannung vom Hofe riskiert. Ich hatte darin nur den Verlust einer Trumpfkarte gesehen. Wann war ich so geworden? Ich haßte mich.

Aber ich war ein Realist. Ein König, der kein Realist war, betrog sein Volk.

Ein leuchtender Schaumbogen, Gischt: Die Themse schwoll an uns vorüber. Ich sah York Place an Backbord. An den Stufen, die von Wolseys Residenz zum Wasser herunterführten, flatterten Fahnen fröhlich im Wind und luden jeden Würdenträger ein, zu landen und hier festzumachen.

»Bist du schwanger?« fragte ich unvermittelt.

»Ja.« Ihre Stimme veränderte sich. »Es muß beim ersten Mal passiert sein. Als er zu mir in die kleine Kammer in Cluny kam, wo ich gefangengehalten wurde.«

Erspare mir den Bericht; ich will nichts davon hören; nein, es ist nicht das Hören, es ist die Vorstellung, und ich kann sie doch nicht unterdrücken... *Jesus, erlöse mich, quäle mich nicht länger...* Es ist eine unerträgliche Qual, daß ich versuche, mir vorzustellen, was außerhalb meiner Vorstellungskraft liegt und was ich mehr als alles andere ersehne. Die Tür, die sich für mich nicht öffnen kann.

»Ich wünsche dir Glück.« Ich nahm ihre Hände. »Ich wünsche einem von uns Tudors Glück. Nur einem, damit ich das Gefühl haben kann, daß einer entkommen ist. Wir sind keine glückliche Familie, alles in allem.«

Mutter. Arthur. Margaret. Und jetzt auch ich selbst, Heinrich VIII. von England, kinderlos.

»Das Leben insgesamt ist nicht glücklich. Nur mancher Augenblick ist es. Dies ist mein Augenblick. Er wird vorübergehen.«

Also durfte ich ihn ihr nicht länger mißgönnen.

»Deiner wird kommen«, sagte sie.

Sie war gütig, und sie liebte mich, aber sie verstand mich nicht. »Aye.« Ich nickte.

»Und vorübergehen, wie der meine.«

»Vergiß das Vorübergehen!« rief ich verdrossen. »Wenn du an das Vorübergehen denkst, tötest du, was lebendig ist! Hör auf damit, ich befehle es dir!«

Sie lachte. »Als mein König?«

»Als dein König.«

»Du kannst nicht befehlen, was sich nicht beherrschen läßt«, antwortete sie. »Weißt du das nicht?«

Jetzt waren wir auf der Höhe von Blackfriars, dem großen, weitverzweigten Kloster der Dominikaner. Bald würde die London Bridge mit ihren neunzehn Pfeilern vor uns aufragen, und wir würden durch das reißende, wirbelnde, weiße Wasser schießen.

»Nein. Ich versuche immer, zu befehlen und zu beherrschen. Das ist meine Pflicht.«

»Armer Heinrich.« Sie lachte, und dann kam es: das gewaltige Beben der Barke, als das Wasser sie packte, von ihr Besitz ergriff, sie zwischen den Pfeilern der Brücke stromab wallen ließ. Obwohl die Tür fest verschlossen war, sickerten rings am Rahmen Rinnsale herein und tröpfelten über die teppichbedeckten Stufen herab.

Dann, ganz plötzlich, war es ruhig. Gespenstisch ruhig. Wir waren auf dem Teil des Flusses angelangt, der jenseits der Brücke lag und wo die Themse plötzlich zu einem heiteren Gewässer für jedermann wurde. Kähne und Ruderboote durchpflügten das Wasser, Schänken, Docks und Werften säumten das nördliche Ufer. Dahinter ragte grimmig der weiße, rechteckige Klotz des Tower empor.

Greenwich Palace erstreckte sich am Südufer, und Möwen kreisten darüber. Es war ein Meerespalast, einer, der eher mit fremden Orten und Fluten verbunden zu sein schien als mit London.

Wir waren fast da. Ich sah die Landungsbrücke, und der Bootsmann stand bereit, uns willkommen zu heißen und die Barke zu vertäuen.

»Maria, dieser Franz«, sagte ich plötzlich, »wie ist er?«

»Ein Teufel«, sagte sie. »Mit lächelndem Gesicht und langem Rüssel. ›Le Roi Grand Nez‹ nennen sie ihn.«

»Wie groß ist er? Ist er so groß wie ich?«

»Ja. Er hat etwa deine Größe.«

Unwahrscheinlich. Ich war ungewöhnlich groß.

»Und hat er... wie sind seine Beine?« Ich wollte wissen, wie ist sein Körper – ist er stark und muskulös, schwach und dürr, fett und weich? Ist sein Körper so gut wie meiner?

»Ich habe mir den Genuß ihres Anblicks versagt«, erwiderte sie.

»Aber gewiß kannst du doch sagen...«

»Juwelenbesetzte Gewänder und gut geschnittene Kleider verhüllen körperliche Mängel«, sagte sie. »Dazu sind sie da.«

Sie warfen die Landungsleinen aus. Es war keine Zeit mehr für eine Antwort, eine ehrliche Antwort.

»War er ein Mann?« rief ich.

Sie sah mich verblüfft an.

Die Barke stieß dumpf gegen gepolsterte Pfähle. Wir waren da.

»Alle Männer sind Männer«, antwortete sie. »Mehr oder weniger.«

XXV

Der Herzog und die Herzogin von Suffolk gingen, und Wolseys Kardinalshut kam. Der Hut, verliehen von Leo X., traf in Dover ein, in einem fürstlichen Kasten verwahrt und von einer gesegneten Goldrose begleitet, die mir wegen meiner Treue zum Geschenk gemacht wurde. Wolsey veranlaßte, daß er mit aller gebührenden Ehrerbietung nach London übermittelt wurde, wo der Abt der Westminster Abbey ihn willkommen hieß. Sodann wurde der Hut auf den Hochaltar der Paulskathedrale gelegt und schließlich – in einem dramatischen Schauspiel, dazu angetan, das Auge zu blenden – auf Wolseys Haupt gesetzt, wo er vor dem altersgrauen Mauergestein scharlachrot leuchtete. Der Gesang des Chores umrahmte den Augenblick mit göttlicher Billigung.

»Ihr seht, was für eine Schlange Ihr an Eurem Busen genährt habt«, bemerkte Katharina, die steif an meiner Seite stand. »Er glitzert und schillert just wie die Kreatur aus dem Garten Eden.«

Eine prachtvolle Metapher. Wolseys Seidengewand schillerte in der Tat im flackernden Kerzenlicht. Aber er war zu rundlich, als daß er für eine Schlange hätte gelten können. Das sagte ich auch mit leiser Stimme, übertönt vom Choralgesang.

»Dann eben wie ein Dämon«, sagte Katharina. »Wenn Satan auch selbst von schlanker Gestalt ist, so müssen doch einige seiner niederen Dämonen gefräßig sein. Genau wie ihre Gegenstücke auf der Erde.«

»Ach, Katharina.« Sie haßte Wolsey mit solcher Unvernunft und machte ihn verantwortlich für alle Veränderungen in mir, während er sie in Wirklichkeit nur ermöglicht hatte; ihren Ursprung hatten sie doch in mir.

»Wie lange werdet Ihr noch warten, bevor Ihr ihn zum Lordkanzler ernennt? Wird es ein Weihnachtsgeschenk werden?«

Zum Teufel mit ihrem Scharfblick! Tatsächlich hatte ich für den Dezember eine Feier geplant, um die Verleihung des Kardinalshutes durch schickliche zwei Monate von der Ernennung zum Kanzler zu trennen. Erzbischof Warham war alt und wollte sich zur Ruhe setzen. Aber was entscheidender war: Ich hörte in politischen Fragen nicht mehr auf ihn und zog seine Meinung nicht länger in Betracht, und deshalb war er in seinem Amte nutzlos geworden.

»Es ist kein Geschenk. Er hat es verdient.«

Katharina antwortete nicht; sie bedachte mich nur mit einem vernichtenden Blick voller Verachtung. Ich wollte deshalb aber nicht mit ihr zanken. Ich hielt das Versprechen, das ich mir selbst gegeben hatte: niemals wieder mit ihr zu streiten, sie zu verletzen oder in Aufruhr zu stürzen. Ihre neuerliche Schwangerschaft mußte ungestört verlaufen, selbst wenn es bedeutete, das verbitterte und von unlogischem Groll erfüllte Gefäß, in welchem die Leibesfrucht ruhte, zu verhätscheln und verzärteln.

Mein neuer Lordkanzler hatte vieles zu besprechen in jenem Februar 1516. Die Weihnachtsfeierlichkeiten waren vorbei und vergessen. Erzbischof Warham hatte sein Amt mit Anstand aufgegeben und sich nach Canterbury zurückgezogen, um dort seinen geistlichen Pflichten nachzugehen, und Wolsey hatte den Mantel des höchsten politischen Amtes im Reich angelegt und bekleidete zugleich den höchsten kirchlichen Rang als einziger Kardinal Englands.

Ob er je bereute, daß er Joan Lark und seine Söhne verloren hatte? Oder hatte sich das Opfer gelohnt? Nur drei Jahre hatten von jenem Morgen am Gasthaus »Larks Morgen« bis zum heutigen vergehen müssen, nachdem seine Entscheidung einmal gefallen war. Er war so taktvoll, es niemals zur Sprache zu bringen. Er war ein Mann der Gegenwart. Die walisische Sehnsucht nach dem Unnennbaren wohnte ihm nicht inne. Ich beneidete ihn deshalb.

»König Franz hat sich erwiesen«, erklärte er unverblümt an diesem rauhen Februarmorgen, als wir uns an seinem riesigen italienischen Arbeitstisch niederließen.

Ich wußte, was er meinte. Er meinte, Königin Claude sei schwanger. Franz hatte sich also in alarmierender Weise erfolgreich gezeigt, im Felde wie als Kinderzeuger. Innerhalb weniger Monate nach seiner Thronbesteigung war er ins Feld gezogen und hatte seine Truppen bei Marignano in Italien in die Schlacht geführt, und er hatte einen überwältigenden Sieg über die päpstliche Streitmacht errungen. Franz wollte Norditalien zu Frankeich holen, und er stand im Begriff, dies auch zu tun.

»Vielleicht stirbt es.« Ich verfluchte es in diesem Augenblick.

»Nichts von dem, was Franz tut, scheint zu sterben oder auch nur nicht zu gedeihen. Wahrlich, er scheint ein außergewöhnliches Glück auf seiner Seite zu haben.« Wolsey ärgerte sich darüber. Gegen Strategien konnte man etwas tun, gegen Glück nicht.

»Und alle Welt redet von nichts anderem als seinem elenden Hof! Sein Stil, sein *ballet de cour*, seine Baupläne für *châteaux*.«

»Der Reiz des Neuen, Eure Majestät.« Wolsey schnupperte zierlich an der silbernen Parfümkugel, die er seit einer Weile mit sich herumzutragen pflegte. »Er ist der neueste König in Europa. Es wird vergehen.«

»Ah, aber er ist *nicht* der neueste König!« Ich zog den vielsagenden Brief hervor, der erst am Morgen eingetroffen war, und reichte ihn Wolsey.

Seine Augen fielen darüber her. »Ferdinand ist tot.« Er bekreuzigte sich mechanisch. »Karl von Burgund ist König von Spanien.«

»Ja. Ein sechzehnjähriger Habsburger ist jetzt der neueste – und der jüngste – König in Europa.«

»Das macht Euch zu einem alten Fuchs unter ihnen.« Wolsey lächelte. »Es ist gut, daß wir Ferdinand los sind. Er war nutzlos für uns, und eigentlich nutzlos für jedermann. Ein neuer König in Spanien, ein Knaben-König... was für Möglichkeiten sich da bieten!«

»Zur Manipulation?«

»Wie gut wir einander verstehen.«

»Deshalb seid Ihr, wo Ihr seid.« Und es sollte ihm klar sein, daß ich es war, der ihn dorthin gebracht hatte, nicht er selbst. Ohne mich vermochte er nichts, war er nichts. »Nicht alle Knaben-Könige lassen sich manipulieren. Das Alter ist nicht unbedingt ein Maßstab für die Unschuld.«

»Wie ich höre, ist dieser aber weltfremd und wunderlich.«

»Tatsächlich ist er nur unbekannt. Wie ich es war, als ich den Thron bestieg.«

»Wir werden es uns angelegen sein lassen, seine Natur zu ergründen, Kenntnisse über ihn zu sammeln. Ich habe einige Verbindungen zum burgundischen Hof, verläßliche Zeugen... wenn man sie gut genug bezahlt.«

Rückblickend muß ich einfach lachen, wenn ich an Wolseys primitive Spitzelmethoden denke; damals aber galten sie als raffiniert. Noch hatte das Genie Cromwell sich nicht mit dieser Kunst befaßt.

»Und dann ist da die Königin«, fuhr er fort. »Sie kann Verbindung zu ihrem Neffen aufnehmen, und seine Antworten können uns einen Eindruck von »

»Nein!« rief ich. »Katharina darf nicht erfahren, daß ihr Vater tot ist!«

»Aber es ist eine Tatsache, die morgen alle Welt weiß.«

»Morgen habe ich sie in die Wochenkammer eingemauert und jede Verbindung zum Hofe unterbunden, wie die Sitte es erfordert. Sie steht zu nah vor der Niederkunft. Ich lasse nicht zu, unter keinen Umständen, daß sie wieder in Aufregung versetzt wird! Ferdinand wird mich nicht mein Kind kosten – wie er mich schon die Loyalität und Zuneigung meines Weibes gekostet hat! Er soll nur verrotten und mir mein Kind lassen!«

Wolsey erhob sich, und seine Gewänder schillerten. Karmesinroter Satin ist ein Stoff von unvergleichlicher Schönheit. »Eure Majestät, die Königin ist jetzt zum...?« Er stellte die Frage mit großem Zartgefühl.

»Zum sechsten Mal schwanger«, rief ich, und meine Stimme wurde höher. »Aber sie ist jetzt so dicht vor dem Ende, und zufrieden und gesund ist sie auch. Betet für mich, Wolsey! Stellt mir keine Fragen wie eine politische Kreatur, sondern betet für mich wie ein Kardinal!« Oder weißt du nicht mehr, wie das geht? fragte ich mich im stillen. Ob Wolsey jemals betete? Ob er je gebetet hatte?

Oder hatte er überhaupt nie eine Berufung zum Priestertum gefühlt, sondern nur einen brennenden Ehrgeiz, der ihn trieb, jedes verfügbare Mittel zu nutzen?

»Betet für mich, und für mein Kind!« Ich wischte all seine Papiere von der glänzenden Platte seines Intarsienschreibtisches. »Das ist Eure Aufgabe, Eure einzige Aufgabe!«

Am achtzehnten Februar 1518 ward Katharina ins Wochenbett gelegt und nach kurzen Wehen von einer schönen Tochter entbunden.

Ich umarmte sie beide, durchflutet von Glück. »Wir taufen sie Maria«, sagte ich. Nach meiner Schwester, dachte ich. Mochte sie so schön und so beliebt werden wie meine Schwester Maria Tudor Brandon.

»Nach der Heiligen Jungfrau«, wisperte Katharina.

Draußen vor der Tür erwartete der ganze Hof die frohe Kunde. Ich riß die beiden hohen Flügel auf und stellte mich mit gespreizten Beinen in die Öffnung.

»Wir haben eine schöne Prinzessin!« rief ich. »Und wenn es diesmal ein Mädchen ist – nun, durch die Gnade Gottes werden Knaben folgen!«

Unser Jubel stieg zur vergoldeten Decke hinauf.

Dann kam der venezianische Gesandte, Giustinian, mit trauriger Miene herbeigeschlurft.

»Es betrübt mich, Euer Gnaden, daß Ihr nach all Euren bisherigen Verlusten nun ein Mädchen bekommen solltet.« Er wirkte niedergeschlagen. »Vielleicht liegt es nicht in Gottes Absicht, Euch einen männlichen Erben zu schenken«, flüsterte er dicht an meinem Ohr.

Dieser Narr! »Bin ich nicht ein Mann wie die anderen?« rief ich.

Es war, als habe er mich nicht gehört. »Bin ich nicht ein Mann wie die anderen?« schrie ich vor den Augen des Hofstaats, und es war, als könne ich nicht wieder aufhören.

WILL:

Aye, das war die Frage, die Heinrich immmer wieder plagte: Bin ich nicht ein Mann wie die anderen? Jahre später sprach George Boleyn in seinem Prozeß buchstäblich sein eigenes Todesurteil, indem er eine Aussage des Inhalts verlas, daß er und seine Schwester Anne über Heinrichs mangelnde Kraft und Männlichkeit gelacht hätten. »Nicht Potenz noch Manneskraft hat er in sich« – dies waren, glaube ich, seine Worte. Freilich war das zwanzig Jahre nach Heinrichs Ausbruch vor Giustinian, aber ich glaube, er war in dieser Hinsicht immer unsicher.

Und warum auch nicht? Seine erste Braut bevorzugte am Ende ihren Rosenkranz und ihren Beichtvater. Die zweite machte sich über seine Potenz lustig und betrog ihn mit seinen Höflingen. Die dritte besänftigte ihn, starb indessen nach kurzer Zeit. Seine vierte war ihm so zuwider, daß er nichts zustande brachte – gleichwohl aber war es erniedrigend, die öffentliche Auflösung der Ehe auf Grund der Nichtvollziehung zu beantragen. Die fünfte machte ihn im großen Stil zum Hahnrei und zum Gespött der Öffentlichkeit, und die sechste – da war er zu krank, als daß er andere Dienste als den der Krankenschwester von ihr hätte in Anspruch nehmen können, aber selbst von ihr berichtete man, sie habe auf sein Angebot erwidert: »Sire, 's war besser, Eure Geliebte zu sein, denn Euer Eheweib.«

Da seht Ihr den oft vermählten Monarchen: Früh steht er auf am Morgen. Aber wie steht's mit dem Zubettgehen spät am Abend? War er »ein Mann wie die anderen«? Oder war er es nicht?

In seiner Jugend war er geil, das steht fest. Bessie Blount und Mary Boleyn (ich bitte um Vergebung, liebe Catherine) konnten Zeugnis davon ablegen. Aber ach, diese Fräulein können wir nicht mehr befragen, und überhaupt gibt es keine lebenden Zeuginnen mehr für Harrys Potenz... oder ihr Abhandensein.

Das ganze Thema war jedenfalls eines, das viel Aufruhr verursacht hat; soviel steht fest.

Ich erwähne dies nur, weil man allgemein annimmt, der König sei ein Satyr gewesen. Es ist eine prickelnde Vorstellung für den Durchschnittsmann, sechs Frauen zu haben. Er denkt aber nur an die Bettfreuden der Ehe, niemals an die unausweichlichen, tristen Konsequenzen: Langeweile, Nörgelei, Enttäuschung und rechtliche Verstrickungen. Deshalb halten sich die meisten Könige Mätressen: Das ist jedenfalls leichter und weniger strapaziös. Aber Harrys Gewissen erlaubte ihm nicht, das traditionelle *droit de signeur* auszuüben, von Ausnahmen einmal abgesehen.

XXVI

Heinrich VIII.:

Katharina und ich waren vereint im Glück über diese Tochter. Sie ließ uns noch einmal alles das miteinander teilen, was wir eins gemeinsam gehabt hatten: Unsere Liebe zur Musik, zur Gelehrsamkeit, zu stiller Kameradschaft. Die kleine Prinzessin Maria war altklug und fand schon früh Vergnügen an der Welt um sie herum. Es war eine freudenreiche Beschäftigung, den richtigen Lehrer für sie zu finden, die geeigneten Musikinstrumente auszuwählen, über ihre ersten Schritte und über ihr Lachen zu frohlocken. Denn sie war ein fröhliches, gewinnendes Kind, das niemals weinte. Und als Eltern lebten Katharina und ich in Frieden miteinander.

Im nächsten Jahr wurde sie wiederum schwanger, erlitt aber schon nach kurzer Zeit eine Fehlgeburt, obwohl wir in diesem Sommer vorsichtshalber keine Staatsreise durch die Grafschaften unternahmen.

Wolsey und ich hatten mehr als genug mit der Politik zu tun – mit Franz' Gestelze und aggressivem Gehabe auf der europäischen Bühne und mit dem behutsamen Übergang der spanischen Regierungsmacht auf den jungen Karl, der weiterhin ein Rätsel blieb, sorgsam gehütet und gepflegt durch seinen Großvater Maximilian. Jenseits des Mittelmeers hatte ein arroganter und brillanter neuer Sultan der Türkei namens Suleiman seine Regentschaft damit begonnen, daß er alle umliegenden Gebiete mit erschreckender Leichtigkeit erobert hatte. Die päpstlichen Lande, auf halbem Wege zwischen Franz' und Suleimans ehrgeizigen Pfaden, wurden von einem zunehmend zittrigen und bedrohten Papst Leo regiert.

Es war Wolsey, der (ich muß es zugeben, muß ihm seine Staatskunst zugute halten, denn als Staatsmann zeigte er seine Größe) den Vorschlag machte, England solle sich für ein universales Friedensabkommen einsetzen, unter dem sich alle Christen brüderlich im Kampf gegen die Ungläubigen vereinigen und Europa vor allen militärischen Plänen der Türkei beschützen sollten.

Dieser Vertrag würde selbstverständlich in London unter meiner Schirmherrschaft unterzeichnet werden, und Wolsey würde dabei als päpstlicher Gesandter auftreten.

Papst Leo nahm den Vorschlag eifrig auf, und indem wir Tournai als Köder einsetzten, lockten wir die Franzosen nach England und zur Unterzeichnung des Vertrages. Wir würden uns nicht nur friedlich vereinigen, sondern einen mächtigen Kreuzzug planen und durchführen, einen Kreuzzug gegen die Türken.

Die Welt stand still, als Gesandte, Botschafter, Lords und Prälaten aus allen Ländern der Christenheit – aus England, Frankreich, dem Kaiserreich, den Papstlanden, aus Spanien, Dänemark, Schottland, Portugal, Ungarn, aus den Städten Italiens, des Schweizer Bundes und der Hanse – sich in London versammelten und den Vertrag unterzeichneten. Vor dem Hochaltar von St. Paul las Wolsey ein Pontifikalamt, und der allgemeine Frieden im Christentum ward ausgerufen. Kardinal Wolsey, Lordkanzler von England und päpstlicher Legat, war anerkannt als »Architekt des universalen Friedens«. Sein Gesicht glänzte in glorreichem Triumph.

Zwischen England und Frankreich gab es ein paar Privatangelegenheiten zu regeln. Eine betraf Tournai. Mit meinem Plan, es als Teil Englands zu behalten, hatte es keinen guten Verlauf genommen; er hatte sich als ein furchtbar kostspieliges Unterfangen erwiesen, und sämtliche Versuche, die Einwohner von ihren französischen Perversionen zu kurieren, waren ganz und gar fruchtlos geblieben. So erklärte ich mich bereit, Tournai für sechshunderttausend Kronen an Frankreich zurückzuverkaufen – weniger, als es mich gekostet hatte, die Stadt zu erobern und mit einer Garnison zu belegen, aber ich bereue niemals, Geld für eine Idee ausgegeben zu haben, wenn sie einmal vielversprechend erschien.

Die andere betraf Franz und mich selbst. Offenbar brannte der französische König ebenso vor Neugier, mich zu sehen, wie ich erpicht darauf war, ihn zu Gesicht zu bekommen. Wir kamen überein, diese Neugier zu befriedigen.: Wir würden uns im folgenden Sommer mit vollem Gefolge an einem Ort in der Nähe von Calais treffen, der unter dem Namen »Goldenes Tal« bekannt war.

Als die letzten Diplomaten sich verabschiedeten und ihre Schiffe sich durch die anschwellenden Herbststürme ihren Weg über den Kanal bahnten, sah ich mich vor einem persönlichen Dilemma von höchst delikater Natur.

Bessie war schwanger.

Sie hatte gewartet, bis die Vertragsunterzeichnung unter Dach und Fach war, ehe sie mir die Neuigkeit offenbarte. Während der Festlichkeiten hatte ich sie nicht gesehen; sittsam hatte ich Katharina an meiner Seite behalten, wie es der Geschmack, das Protokoll und die Achtung vor ihr verlangten. Das Lager hatte ich mit Katharina indessen nicht geteilt, denn sie war von neuem schwanger.

Ich hatte mich darauf gefreut, Bessie und ihre unvergleichlichen Zärtlichkeiten zu genießen; unwilkürlich hatte ich daran gedacht, als ich bei dem ausgedehnten und langweiligen Bankett gesessen hatte, das Wolsey in York Place veranstaltet hatte – schmeichlerische Chronisten hatten behauptet, es habe »alles übertroffen, was selbst Kleopatra oder Kaligula vollbracht« hätten, wo doch der wahre Geist dieser beiden bocksgeilen Gestalten in meinem Kopfe hauste, nicht an Wolseys Tafel.

Wie Bessie und ich einander in meiner Phantasie benutzten, derweil der venezianische Botschafter mir endlos öde mit den adriatischen Handelsrouten in den Ohren lag!

Und jetzt, als ich im Begriff war, tatsächlich nach ihr zu greifen, und mein im voraus geformtes Verlangen sich von neuem erhob...

»Eure Majestät, ich bekomme ein Kind.« Wie ruhig ihr diese vier niederschmetternden Worte über die Lippen kamen.

Ich ließ ihren Arm los.

»Ja«, sagte sie. »Im Juni wird es soweit sein.«

In sieben Monaten. Sie sah mich voller Hoffnung (im zwiefachen Wortsinn) an, wartete auf meine beglückte Antwort. *Wie wundervoll. Ich mache dich zur Herzogin von X. Welche Freude. Bitte mich, um was du willst; es wird dir gewährt werden. Du brauchst eigene Ländereien, Ehren, die Anerkennung als* Maitresse en titre, *meine Liebe, meine Sehnsucht, du meine Schönheit.*

»Du mußt den Hof verlassen«, sagte ich.

»Ja.« Und?

»Ich werde – ich werde einen Ort finden, an den du gehen kannst. In der Nähe, so daß ich auf dich achtgeben kann, bis das Kind geboren ist. Vielleicht ein Kloster in Essex.«

Ihr Gesichtsausdruck veränderte sich. »Aber...«

»Du mußt den Dienst der Königin auf der Stelle verlassen. Es wäre ein Skandal, wenn du weiter als ihre Ehrenjungfer erscheinen wolltest. Es würde uns alle drei entehren.«

»Und mein Vater?« rief sie. »Gewiß sollte doch auch er Euren Dienst verlassen? Entehrt es ihn vielleicht nicht, weiter der Kammerdiener eines – eines Mannes zu sein, der seine Tochter verführt hat?«

»So wirst du jetzt scheinheilig? Am Anfang hast du anders gesungen. O nein, da konntest du meine Bedenken als übertrieben gewissenhaft abtun, als altmodisch.«

»Ich habe auch eine Ehre! Nicht nur Ihr und die Königin habt darauf ein Recht. Ich habe eine Ehre, und mein Vater hat eine Ehre, und daß ich nun so leichthin behandelt werde...«

Wie lästig dies war, wie unangenehm. Warum hatte jedes Vergnügen einen ranzigen Nachgeschmack?

»Aber Bessie. Es war Spaß, darin waren wir uns einig. Wir haben Freude aneinander gehabt, aber nun ist es an der Zeit, die Grenzen der Schicklichkeit zu beachten, damit wir keinen Skandal erregen, der uns beiden schaden möchte. Und dem Kind.«

»Ich habe Euch geliebt! Ich habe Euch geliebt, und jetzt behandelt Ihr mich wie eine Bürde, wie ein Problem, das gelöst werden muß.«

Da war es, das gefürchtete Wort: Liebe. Ich wollte nicht geliebt werden; das war die Bürde. Unerwünschte Liebe war die größte Bürde von allen.

»Nicht du bist die Bürde…« begann ich, aber es war zu schwierig und verzwickt, als daß ich es hätte erklären können, und am Ende könnte ich doch nicht sagen, was allein sie hören wollte.

»Und wenn das Kind zur Welt gekommen ist, was dann?«

»Wolsey wird einen Mann für dich finden. Keine Angst, du wirst gut verheiratet werden.«

»Wolsey!«

»Du siehst, du wirst nicht 'entehrt' sein. Du wirst so heiratsfähig sein, als wärest du die ganze Zeit am Hofe keusch geblieben.«

»Ihr überlaßt Wolsey sogar etwas… so Persönliches?«

»Es ist nichts Persönliches, Bessie.«

Eben das war so tragisch für sie und so peinlich für mich.

Daß sie Widerstand leistete, war ausgeschlossen. Ich würde einige Anweisungen erteilen, und am nächsten Morgen würde sie nicht mehr dasein.

Als ich in dieser Nacht allein in meinem Bett lag, fragte ich mich voller Entsetzen und Angst vor dem, was da in mir war, weshalb ich nichts für sie empfand. Drei Jahre lang hatten wir unsere Körper miteinander vereinigt, hatten gelacht, gesungen und zärtliche Worte gewechselt. Ihr Tun war echt gewesen, aber meines offensichtlich nicht.

Gegen Mitternacht versank ich in einen ruhelosen Schlaf. Mir träumte, ich wanderte durch ein Mohnfeld, und jede Blüte hatte, wenn man tief in ihre rote Mitte schaute, das Gesicht einer Frau. Kein Gesicht war wie das andere, und die Blumen waren doch alle gleich. Wenn ich sie pflückte und zu einem Strauß band, ließen sie in den silbernen Vasen, in die ich sie stellte, bald die Köpfe hängen, und über Nacht waren sie stets verwelkt. Ihr Duft war verlockend, aber er weckte keine Sucht in mir. Das wunderte mich, denn die Araber verwandten Mohnsamen als Medizin, von der es hieß, sie erwecke eine starke Sucht.

Die Morgensonne vertrieb die letzten Fetzen dieses seltsamen Traumes, aber der nahende Tag schmeckte bereits schal.

XXVII

Katharina wünschte, daß unser Kind zu Greenwich geboren werde. Maria war dort zur Welt gekommen, und Katharina wollte dieselbe Kammer, dieselben Bediensteten – alles sollte wieder genauso sein. Ein guter Christ soll nicht abergläubisch sein, aber ich sah über Katharinas »Verfehlung« hinweg, wenn man es überhaupt so nennen kann, denn ich beging sie ebenfalls. Alles wollte ich günstig stimmen, denn ich wußte ja nicht, aus welcher Ecke die Feindseligkeit kam.

»Ich bin hier geboren«, erzählte ich der kleinen Maria, als wir uns einen Vormittag im April damit vertrieben, im Schloßgarten zu spazieren. Sie und ich gingen vor Katharina her, die den Weg in seiner ganzen Breite für sich allein brauchte, so dick war sie inzwischen. Und das nicht nur wegen des Kindes. Sie war auch selbst höchst umfänglich geworden.

Maria sah zu mir auf. Sie liebte es, meine Stimme zu hören; das merkte ich. »Ja, ich bin hier geboren, und du bist hier auch geboren. Deine Mutter und ich haben hier geheiratet! Es ist ein besonderer Ort.«

Der Himmel über uns war gleißend blau, und ich roch den nahen Frühling in der Luft, eine eigentümliche Mischung aus Süße und Tod. Wir wandelten längs der Flußmauer, wo die Themse die Steine liebkoste.

Maria deutete zu den Möwen hinauf. »Vögel!«

Wie gut sie sprach! Wie aufmerksam sie war!

»Ja. Seevögel«, sagte ich. »Du findest sie überall, wo es ein großes Wasser gibt.« Ich schaute hinaus zu den Booten, die allenthalben dümpelten, und mein Blick verharrte vor allem bei der königlichen Landungsbrücke, wo mein langerwartetes Flaggschiff vertäut lag.

»Auf dem Wasser liegt Englands Größe«, sagte ich. »Es umgibt uns auf allen Seiten und schützt uns vor unseren Feinden, aber zugleich erlaubt es uns, es zu meistern und dienstbar zu machen. Wenn wir Schiffe haben, um auf ihm zu reiten, wie man auf Pferden reitet, so werden wir weit kommen.«

Maria deutete auf die *Henri, Grace à Dieu*. »Gucken.«

»Nein.« Katharina schüttelte den Kopf.

»Laß dem Kind sein Vergnügen«, sagte ich.

»Ihr meint wohl, Euer Vergnügen.« Aber sie ließ sich erweichen.

So führte ich unsere Tochter auf dem großen Schiff herum, das den Spitznamen *Great Harry* führte. Der Duft jeder Planke, das Knarren jedes Taues brachte etwas in mir zum Singen. Ich sehnte mich fort von hier, weit weg, auf die offene See...

Maria befühlte die Knotenleinen des Kapitäns. »Damit kann man messen, wie schnell ein Schiff fährt«, erklärte ich, und ich bog ihre dicken kleinen Fäustchen auf, damit sie die Leine fallen ließ. »Aber wir dürfen sie nicht durcheinanderbringen.«

Sie begann zu wimmern, dann zu weinen. Katharina, die auf der Landungsbrücke wartete, schaute herauf. Mit den Ohren einer Mutter hatte sie Marias fernes Jammern gehört.

Sie nahm die Kleine bei der Hand, als wir über die Planke von Bord gingen, und nötigte sie, gehorsam an der Wassermauer entlangzugehen, die das Schloßgelände vom Marschland ringsumher und vom Flusse selbst trennte – denn Greenwich war zwar ein Seepalast, doch geschützt vor dem Wüten des Wassers.

Anfang Mai begab Katharina sich in die Wochenstube, und Maria und ich begleiteten sie in großer Aufregung. Ich hatte nie gedacht, daß die Gegenwart eines Kindes alle Ereignisse so sehr verändern würde. Was früher eine Staatsangelegenheit, eine öffentliche Zeremonie gewesen war, wurde jetzt zu einem Bestandteil unserer Familiengeschichte. Als Katharina sich zurückzog und die großen Türflügel sich hinter ihr schlossen, bestand Maria darauf, noch ein letztes Mal dagegenzudrücken.

»Beten gehen«, sagte sie.

Hatte Katharina es ihr zugeflüstert, ehe sie hineingegangen war? Oder war es Marias eigenem Herzen entsprungen?

»Gut. Wir werden am allerbesten Ort beten, den es gibt.«

Ich begab mich mit ihr in die Kirche der Gehorsamen Brüder, in die kleine Kapelle dieses Ordens, in der Katharina und ich getraut worden waren, dem Greenwich Palace benachbart.

Noch nie war ich außerhalb einer Zeremonie dort gewesen, und der Unterschied ist gewaltig. Diesmal kam ich als Privatmann, ohne Gefolge. Die Dunkelheit war das erste, was mir auffiel. Da jetzt keine Feier von hoher Bedeutung stattfand, war das Innere der Kapelle nicht erleuchtet, und trotz der Mittagsstunde war sie von Düsternis erfüllt. Nur die Fenster glühten.

Maria hörte auf zu plappern und blieb stocksteif im Mittelgang stehen. Das magische Licht hatte sie erfaßt und sie ehrfurchtsvoll verstummen lassen, und so war es ja auch gedacht.

Ich nahm ihre Hand und spürte kein Widerstreben, sondern Fügsamkeit und Entgegenkommen. Vor der Hostie auf dem Altar knieten wir Seite an Seite nieder. Ich erwartete, daß Maria zappeln, klagen, fortstreben werde. Aber sie war starr vor entzücktem Gehorsam. Zusammen beteten wir, daß Katharina unversehrt entbinden möge und mir ein Erbe geschenkt werde. Dann schlüpfte Maria davon, und ich betete still weiter und flehte um einen Sohn. Das rote und blaue Licht, von farbigem Glas zerbrochen und zu einem erhabenen Ganzen zusammengefügt, schien in der Kapelle zu pulsieren. Solches Licht hatte ich nicht einmal an meinem Hochzeitstag gesehen; die künstliche Helle von Kerzen und Fackeln hatte es verdeckt.

Ich erwartete, Maria in tiefem Schlummer unter einer Kniebank oder draußen bei stillem Spiel zu finden. Aber sie kniete auf den abgewetzten Steinen vor der Statue der hl. Anna und blickte mit großen Augen starr geradeaus.

Katharina blieb tagelang in der Wochenstube. Also erreichte die Schwangerschaft ihre volle Dauer. Das an sich war schon ein gutes Zeichen. Von ihren acht Schwangerschaften hatten nur drei die volle Dauer erreicht. Und die letzten Monate waren eine glückliche Zeit für sie gewesen. Sie hatte keinerlei gesundheitliche Beeinträchtigung erfahren – keine Wassersucht, kein Herzrasen, keine geschwollenen Hände und Füße. Es hatte keine Zwietracht zwischen uns gegeben. Ferdinands Tod hatte sie vollends mein werden lassen, und tief in ihrem Herzen war sie dessen froh. Das glaubte ich wenigstens.

Ihre Wehen begannen genau am vorherbestimmten Tag. Es war ein schöner, sonniger Junitag, ganz wie derjenige (so sagte man), an dem ich zur Welt gekommen war. Alles nahm seinen Gang so, wie es sein sollte, und die regelmäßigen Verlautbarungen der Ärzte waren beruhigend. *Die Königin erträgt die Geburtswehen wohl... Die Königin hat mit dem beschwerlichsten Teil begonnen... Die Königin glaubt, daß die Entbindung bevorsteht...*

Dann Schweigen. Kein Arzt erschien in der Tür der Kammer. Kein Schreien, weder von der Mutter noch vom Kinde. Nur die Zeit verstrich, und der lange Sommertag näherte sich seinem Ende. Die Sonne ging unter, Zwielicht senkte sich herab, blaugrauer Dunst legte sich über Fluß und Palast.

Dann ein gellender Schrei, der durch sämtliche Türen drang. Katharinas Schrei.

Und immer noch keine Nachricht, und niemand öffnete die äußere Tür der Kammer. Ich mußte hinein, auch wenn es verboten war. Ich faßte nach dem Türgriff und spürte, daß er von der anderen Seite bewegt wurde. Ich stürzte hinein.

Linacre erwartete mich. Seine Miene verriet nichts; sie war kühl und milde wie alter Schnee im Februar.

Ich war erleichtert. Also lebte Katharina, denn wäre sie tot gewesen, hätte er nicht so ausdruckslos dreingeschaut.

»Eure Majestät.« Er machte eine Gebärde. »Die Königin wünscht Euch bei sich zu haben.«

Ich folgte ihm durch eine Reihe von Zimmern (allesamt mit Vorhängen verschlossen, um giftige Lüfte abzuhalten, und daher finster und stickig) in das letzte, finsterste von allen: das Geburtsgemach.

Katharina lag auf dem großen Bett; Dienerinnen rieben sie mit Schwämmen ab und kämmten ihr das schweißnasse Haar. Noch immer huschten die Ärzte umher, klapperten mit ihren Instrumenten und sammelten Schüsseln und blutgetränkte Leintücher ein. Es herrschte ein Treiben wie auf einem Bankett.

»Heinrich.« Katharina winkte mir. Ich kam und nahm ihre Hand. Sie war so schlaff, klamm und heiß, daß sie sich anfühlte wie ein zusammengerollter Waschlappen.

»Was ist geschehen?« Ich mußte es wissen. Was immer es war, ich mußte es wissen. Katharina lebte; mindestens dessen konnte ich sicher sein.

»Tot.« Mehr war nicht nötig. Das eine Wort sagte alles.

»Ein Sohn?«

Sie schüttelte den Kopf. »Eine Tochter.«

Dann war es nicht ganz so schlimm, kein ganz eindeutiges Zeichen.

»Ich bin betrübt.« Aber auch erleichtert. Der Himmel hatte doch kein klares Wort gesprochen. Ein klares Zeichen – das hatte ich mehr gefürchtet als irgend etwas anderes. »Darf ich sie sehen?«

Katharina wollte mich aufhalten, aber ich achtete ihrer matten Gesten nicht, sondern wandte mich dem kleinen Bündel zu, das am Fußende des Bettes lag. Das Gesicht war verhüllt zum Zeichen des Todes.

Behutsam zog ich die Decke beiseite, um ihr Antlitz nur einmal zu sehen und sie mein werden zu lassen, ehe ich sie für alle Zeit der Erde überantwortete.

Es war kein menschliches Antlitz, was ich enthüllte, sondern das eines Monstrums. Es hatte nur ein einziges Auge. Keine Nase, sondern nur ein klaffendes, großes Loch. Pilzartige, aufgequollene Lippen über einem Mund mit Zähnen.

»Jesus!« Ich fuhr zurück.

Katharina streckte die Hände nach mir aus, klammerte sich an mich. Darum also hatte sie geschrien, als sie es erblickt hatte.

»Was hast du da hervorgebracht?« Ich schäme mich, aber dies waren die ersten Worte, die ich zu ihr sprach, als wäre dieses Monstrum ihr eigenes Werk gewesen.

Sie schloß die Augen. »Nicht ich. Ich wußte nicht, was ich da in mir barg.«

»Ich weiß. Verzeih mir.« Wenn ich nur daran dachte, wie oft wir voller Zärtlichkeit auf ihren geschwollenen Leib geschaut hatten... derweil darinnen dieses Grauen herangewachsen war. »Ich sprach in Trauer – und Torheit.« Ich warf einen Blick auf den Klumpen. »Gott sei Dank, nun ist es draußen, und tot.« Es mußte irgendwo verscharrt werden, weit weg von geweihter Erde. Tief im Boden, wo es verwesen würde und nie mehr auferstehen könnte.

Ich winkte William Butts, Linacres jungem Assistenten. »Ruft einen Priester.« Nur ein Priester sollte dieses Ding in seine Hände nehmen. Butts nickte und wollte das Bündel aufheben.

»Halt!« rief ich. »Nicht anrühren! Laßt es da auf den Laken liegen, und die Laken soll man hernach verbrennen.« Und anstelle einer Einsegnungsfeier mußten Katharina und ich rituell gereinigt und gesegnet werden.

Der Priester kam, murmelte ein paar Worte, nahm die tote Mißgeburt mit spitzen Fingern auf und steckte sie in einen Sack. Er würde wissen, was damit zu geschehen hatte. Ich maßte mir nicht an, es ihm zu sagen; ich wollte auch gar nicht wissen, wo es liegen würde.

Ich bestand darauf, daß sogleich ein zweiter Priester komme, der Katharina und mich unverzüglich läutern und segnen solle. Es geschah, und unterdessen ward das Bett von seinen besudelten Laken befreit; ich mußte Katharina in den Armen halten. Aber ich wagte nicht, die Kammer zu verlassen, ehe es nicht geschehen war. Ich zitterte vor Angst – Abscheu – böser Ahnung.

Ich trug die kraftlose Katharina den ganzen Weg durch den langgestreckten Flügel des Palastes zu unseren eigenen Gemächern, wo ihr Bett, mit frischgebleichtem Linnen bezogen, ihrer harrte, wo die Fenster offenstanden und die gesunde Sommerluft hereinströmen konnte. Hinaus aus dieser stinkenden Kammer voll Gift und Tod, hinaus ins Tageslicht der Normalität. Sie widersprach nicht, ließ sich einfach von mir tragen wie ein schläfriges Kind, das längst ins Bett gehörte.

Als ich aus ihren Gemächern kam, erwartete mich ein Novize aus der Priorei St. Lawrence in der Wachstube. Seine sanften Augen über der schwarzen Kapuzenkutte suchten die meinen.

»Der Prior schickt mich und läßt Euch sagen... man hat Mistress Blount zu Bett gebracht. Die Niederkunft steht bevor.« Er wartete; er wußte nicht, wie ich die Neuigkeit aufnehmen würde.

»Dann muß ich kommen.« Ich hörte mich sprechen wie jemanden in einem Traum. Das Geschehen trug jetzt alle Züge eines Traumes. Ich wurde auf die Probe gestellt, und ich wußte nicht mehr, was Gott von mir wollte. Aber ich wußte, daß ich alles sehen mußte, was mir bestimmt war. Ich mußte Bessie zur Seite stehen, selbst wenn mich dort noch Schlimmeres erwartete. Die Menschlichkeit erforderte, daß ich es mit Bessie ertrug.

»Führt mich hin«, sagte ich.

Der junge Novize – sein Name sei Richard, sagte er – und ich fuhren von Greenwich aus über die Themse geradewegs zum Tower. Dort beschaffte ich frische Pferde aus den königlichen Stallungen, und dann wollten wir durch die Nacht zur Priorei reiten, die etwa dreißig Meilen weit außerhalb von London lag.

Zuerst mußten wir die Stadt durchqueren, die jetzt schlafend in der bläulichen Dunkelheit des Mittsommers lag. Ob hier noch jemand die uralten Mittsommerrituale vollzog, mit denen man die Zukunft vorhersagte? Einen Kuchen backen, bestimmte Blüten über das Bett streuen, dann stumm rückwärts gehen... In den Häusern schien es still zu sein. Die Menschen dort – mir anvertraut – ruhten wohlbehalten. O Gott, könnte ich ihnen nur die Sicherheit geben, die sie mehr als jede andere brauchten: einen unumstrittenen Thronerben.

Wir ritten zu dem Bishopsgate genannten Tor hinaus und ließen die Stadtmauern hinter uns. Gleich darauf waren wir auf dem Lande. Es war noch immer die dunkelste Stunde der Nacht, selbst in der Mittsommernacht. Ich sah nicht, was vor mir lag. Allein Richard, der mich voranwinkte, führte mich. Er kannte diese Straße gut. Es war ein ausgetretener Weg zwischen dem Kloster von St. Lawrence und dem Hause Wolseys, seinem Beschützer und Patron.

Schon früh graute der Morgen am Himmel im Osten, zu unserer Rechten, und wir ritten noch immer. Auf dem ganzen Weg hatte ich mich stumm bemüht, das Bild des bösartigen Kindes, das meine wahre Frau mir geboren, aus meinen Gedanken zu verbannen. Die Dunkelheit war für derlei nicht der rechte Ort. Am hellen Tag daran zu denken, das würde ich ertragen können, doch nicht zu einer anderen Zeit. Der Fluch war begraben und drohte nicht mehr.

Die Sonne ging auf. Das Land ringsumher war frisch. Die Sonnenstrahlen leckten über die Saatfurchen der Äcker, als gelte es, Kinder zu ermuntern. Es war, als verspreche das intensive Grün eine bevorstehende Explosion der Fruchtbarkeit und der späteren Reife. Eine grüne Göttin herrschte über diese Felder.

»Hier.« Der Novize Richard zügelte sein Pferd und wies geradewegs in die aufgehende Sonne.

Erst sah ich nichts. Dann aber nahmen honiggelbe Steine vor meinen Augen Gestalt an und wuchsen zu einem großen Gebäude.

Wir galoppierten den Weg hinauf, geblendet von der aufgehenden, rotgoldenen Sonne.

Der fette Mönch in dem großen Torhaus blinzelte einmal, als er mich sah; dann erkannte er mich.

»Eure Majestät.« Er raffte seine Kutte auf und kam hastig zum Tor herunter, wo er sich verbeugte. »Die liebe Dame ist in der Residenz des Herrn Prior.«

Die liebe Dame: Ein euphemistischer Name für Bessie.

Schweigend deutete Richard zu einem kleinen Haus hinüber. Es stand abseits der übrigen Klostergebäude und war nicht mit ihnen verbunden.

»Ich danke Euch«, sagte ich. Ich mochte Richard; er schien mir verständig und von menschlicher Liebe erfüllt zu sein – im Unterschied zur göttlichen, die oft nicht versteht. Ich schob die Hand in meine Börse, um ihn für die zwölfstündige Reise zu entlohnen. Er wehrte ab.

»Ich bitte Euch – macht Unserer Lieben Frau ein Geschenk in meinem Namen.« Seine Augen bohrten sich in die meinen.

Unserer Lieben Frau. Die liebe Dame. Der Name selbst war lebendig von gefühlvoller Hingabe.

»Wenn Euch das lieber ist«, sagte ich.

Ich begab mich in die Behausung des Priors, wo Bessie war. Wolsey hatte all das so eingerichtet. Er war es auch gewesen, der dieses Kloster einem anderen vorgezogen hatte. Ich nahm an, daß er seine Gründe dafür hatte. Nach welchen Eigenschaften wählte man ein Kloster aus? Nach seiner Weltlichkeit? Seiner Barmherzigkeit? Seiner Behaglichkeit? Seiner Anonymität?

Der Prior verkörperte alle vier. Wieder spendete mein Verstand Wolsey Beifall, während mein Herz ihn als einen Schandfleck auf der Priesterschaft verdammte.

Der Prior, der von unserer Ankunft in Kenntnis gesetzt worden war, zeigte sich aufmerksam und diskret.

Er war jung. Das überraschte mich. Er hieß Pater Bernard (nach dem hl. Bernhard von Clairvaux?). Er verbeugte sich und sagte: »Als Mistress Blount zu uns kam – hergesandt von Kardinal Wolsey, der eine mildtätige Natur und auch ein gütiges Herz hat –, beschlossen wir, sie als vornehmen Gast in unserem eigenen Hause unterzubringen. Denn, wahrlich, wer kann sich zum Richter schwingen über einen anderen? Der Wirt zu Bethlehem hat es uns gezeigt: Jeder Gast ist ein göttlicher Gast.«

Seine Schmeichelei schnürte mir die Kehle zu, und überdies war mein Herz gebrochen.

»Wo ist sie?« Mehr brachte ich nicht hervor.

»In den Gemächern dort oben.« Er deutete zur Decke. »Über den meinen«, fügte er hinzu.

Ich erklomm die steinerne Treppe in dem alten Hause. Sie war mit Teppichen ausgelegt, und ich sah, daß nur feinste Bienenwachskerzen in den Haltern staken. Sie brannten nicht, und sie waren neu: Das bedeutete, daß sie die halb heruntergebrannten Stümpfe wegwarfen und nicht weiter verwendeten. Doch als ich oben auf dem Absatz angelangt war, vergaß ich all diese Dinge, denn ein Novize kam mir in banger Sorge entgegen.

»Eure Majestät!« Er fiel auf die Knie.

»Auf, auf.« Ich winkte ihm, sich zu erheben. »Die Dame?« Warum sollte ich den Euphemismus nicht auch verwenden, wie es alle anderen taten?

»In den Wehen. Aber es ist noch nicht zu Ende, Sire; es ist gerade die erste.«

Ja. Die erste dauerte immer länger.

Der Novize entfernte sich; ein lauernder Priester trat an seine Stelle.

»Hebammen und Spitalbrüder sind bei ihr«, erklärte er. Schon seine Worte ließen mich sicher sein, daß sie es mißbilligten. »Sie glauben, es wird bald soweit sein.«

Also schön. Ich wandte ihm den Rücken zu und bedeutete ihm so, er möge mich allein lassen. Ich schaute über das Anwesen von St. Lawrence hin und freute mich an der Ordnung, der Einfachheit, der Nützlichkeit. Dies war es, was ich für mein Reich ersehnte.

Ich erwog, in die Kirche zu gehen, die sich klobig vor mir erhob – ein großes, graues Gebäude. Aber ich fürchtete, dann das Ende der Wehen zu versäumen, und außerdem... Ich war zu verwirrt und kann es auch jetzt noch nicht klar fassen und niederschreiben. Aber ich hatte das Gefühl, es wäre, obgleich ich gereinigt worden war, eine Anmaßung gewesen, jetzt vor den Altar des Herrn zu treten...

»Eure Majestät!« Ein junger Novize kam an die Kammertür. »Mistress Blount hat einen schönen Sohn zur Welt gebracht!«

Einen Sohn.

»Sie ruft nach Euch.« Er lächelte. Ich sah keine Mißbilligung. (War er zu jung? Noch selber zu nah am Quell der Versuchung?)

»Ich komme.«

Ich folgte dem Jüngling durch die Tür des Warteraumes, durch das Empfangszimmer des Priors und in die innere Gästekammer. Trotz meiner Geistesabwesenheit fiel mir auf, wie üppig alles eingerichtet war.

Eine Hebamme, begleitet von einer Krankenschwester, kam auf mich zu und hielt die Arme in die Höhe wie ein Priester, der die Hostie erhebt.

»Euer Sohn«, sagten die beiden fast einstimmig. Sie hielten mir ein Bündel entgegen. Ich spähte hinein.

Es war sein Gesicht. Prinz Heinrichs Gesicht. Es sah haargenau so aus.

Jesus! Ich wollte mich bekreuzigen. das tote Kind war wieder zum Leben erweckt worden, in einem anderen Knaben, einem, der niemals den Thron würde erben können – während das Kind der Königin als verfluchtes Ding zur Welt gekommen war.

»Heinrich«, murmelte ich ergeben.

»Heinrich!« jubelten alle, die zuschauten.

Das gewickelte Bündel fühlte sich ebenso schwer und kräftig an wie jenes andere. Gott hatte ihn mir zurückgegeben. Aber nicht durch Katharina.

Jetzt zitterte ich. Ich konnte nicht darüber nachdenken. Ich wußte nicht, was es zu bedeuten hatte.

Die Hebamme bedeutete mir, ihr zu folgen. »Dort in der Kammer, Majestät, da wartet sie.« Wie zartfühlend sie sich ausdrückte.

Im Nachbarzimmer fand ich Bessie – gebadet, parfümiert, frisiert harrte sie meiner Aufwartung. Kurioserweise kam sie mir nicht schön, sondern unecht vor. Nach einer Geburt soll ein Weib nicht aussehen wie eine parfümierte Kurtisane.

»Bessie«, sagte ich und kam an ihre Seite. Die Morgensonne strömte durch die Fenster zur Rechten ins Zimmer herein. Stäubchen tanzten in ihrem Licht. Die Fenster standen weit offen, und der vielfältig vermischte, zu Kopfe steigende Duft aus dem Kräutergarten des Spitalbruders wogte in die Kammer. Mir war, als mache dieser Geruch mich benommen. Denn unversehens fühlte ich mich von überwältigender Schläfrigkeit erfaßt.

»Wir haben einen Sohn«, sagte sie.

»Ja. Wir haben einen Sohn. Ich habe ihn gesehen.« In meinem Kopf drehte sich alles durcheinander. »Er ist... vollkommen.« Ein dummes Wort. Ein Wort, das alles sagte.

»Er sieht aus wie Ihr.« Sie lächelte, berührte meine Hand. All diese schmutzige Leidenschaft, zur Schönheit erblüht in einem Kinde. Durch Gottes Gnade? Ich wußte es nicht. Mein Kopf drehte sich.

»Wir nennen ihn Heinrich«, sagte ich.

»Und sein Nachname?« drängte sie sanft.

»Fitzroy. Der traditionelle Name für den ›Sohn eines Königs‹.« Sie lächelte. »Denn so etwas ist schon öfter vorgekommen.« Sie hörte auf zu lächeln.

Der Säugling war gebadet, gewickelt und in die Wiege gelegt worden. Lange stand ich da und sah auf ihn hinunter. Seine Ähnlichkeit mit meinem verlorenen Prinzen Heinrich war beunruhigend.

Meine Gemahlin hatte ein Monstrum geboren. Meine Geliebte einen gesunden Sohn.

Es war klar: Gott sandte mir eine Botschaft. Sie war so laut, daß nicht einmal ich darüber hinweggehen konnte.

Ich verbrachte den Rest dieses langen Sommertages im Kloster. Bessie entschlummerte; sie schlief den Schlaf der Jugend und der Gesundheit, ungestört von Gewissensqualen, erschöpft von natürlicher Körperlichkeit.

Die Priorei war eine hübsche kleine Gemeinde. Sie schmiegte sich in die leicht welligen Hügel von Essex, inmitten von grünen Anhöhen. Alles erschien mir geordnet und über das Alltägliche erhaben. Ich wanderte durch die Ställe, durch das Kräutergärtlein der Küche, den größeren Gemüsegarten. Alles war in vortrefflicher Ordnung, als könne jeden Augenblick der Herr erscheinen und eine Haushaltsinventur verlangen. Indem er die Angeln des Tores zwischen dem Kräuter- und dem Küchengarten polierte, hieß ein unbekannter Bruder Gott selbst willkommen – denn wer wußte, wann Er kommen würde?

Aber zugleich war die Behausung des Priors so ausgestattet, daß sie den Eindruck von Luxus vermittelte. Der Prior würde behaupten, dies diene dem Kloster zu Ehren. Aber ehrte man damit Christus? Würde Christus über ein Daunenbett verfügen – für den Fall, daß Gäste kämen? Gleichwohl würden ihm Gäste gewiß willkommen sein. Und wir sind geheißen, uns für sie bereitzuhalten. Was aber verlangt Er von uns – ein Daunenbett oder eine Strohschütte?

Heinrich Fitzroy wurde in der Kapelle der Priorei getauft – ein zierliches Ding mit Steinmetzarbeiten, die wie Klöppelspitze aussahen –, und Bessie und ich waren dabei zugegen. Wolsey war Pate, und Bessies Schwester Katherine sowie eine Nonne aus dem nahe gelegenen Konvent von Chelmsford waren die Patinnen. Sein

Taufkleid kam von der Familie Blount, genäht und gestickt von einer Frau auf den von ihren Ahnen ererbten Ländereien in Lincolnshire. Sie würden Heinrich Fitzroy zu einer Familienlegende machen. Das war gut so, denn ich konnte ihm wenig bieten. Da war es gut, daß sie ihm viel zu bieten hatten.

Ich stand vor Bessie und hielt sie umschlungen.

»Wir haben einen Sohn«, sagte ich. »Das verbindet uns für alle Zeit.«

»Nicht, wie ich es mir wünsche, in unseren Herzen. Ach, Heinrich,ich...«

Ich hielt ihr die Hand vor den Mund. Da ich ihr mein Herz nicht geben konnte, wollte ich das ihre nicht haben. Dergleichen konnte man mir nicht anvertrauen.

»Bessie, du hast mein Bestes bekommen.«

Ich berührte ihr Haar – ihr wunderbares, volles Haar.

Ich hatte die Wahrheit gesagt. Sie hatte mein Bestes bekommen, und es war ein trauriges, krummes Ding, mein Bestes. Aber wir hatten einen Sohn.

XXVIII

Wolsey und ich saßen in einem privaten Zimmer in York Place. Obwohl es Juli war und die sommerlichen Geräusche von der Themse durch das offene Fenster zu hören (und die Gerüche zu riechen) waren, machte Wolsey keinerlei Zugeständnis an die Jahreszeit. Der karmesinrote Satin seines Gewandes war granatfarben verfärbt, wo der Schweiß hindurchgedrungen war, aber nur der spanische Fächer, dessen er sich bediente, wies darauf hin, daß ihm warm sei. Es war ein großer Fächer, wie man ihn bei spanischen Tänzen benutzte; Katharina hatte ihn einmal zum Geschenk gemacht, um so zu tun, als sei sie ihm wohlgesonnen.

»Franz hat verloren«, sagte er. »Das Geld hat nicht gereicht.« Er deutete auf den Brief, der diese Neuigkeit enthielt.

»Gut.« Jedes Goldstück, das in Franz' Schatulle fehlte, machte mich froh. »Es war töricht von ihm, es in dieser Weise hinauszuwerfen.« Maximilian war gestorben und hatte das Amt des Heiligen Römischen Kaisers unbesetzt hinterlassen. Franz hatte versucht, die Stimmen der deutschen Kurfürsten zu kaufen, aber Karl hatte ihn überboten. Jetzt war Karl Kaiser des Heiligen Römischen Reiches und König von Spanien. Niemand war überrascht – außer Franz.

»Der Habsburger Knabe steht fest mit einem Fuß in Spanien und mit dem anderen in Deutschland«, sagte Wolsey leise.

»So kann er auf ganz Frankreich pissen.« Ich lachte über meinen Schuljungenscherz.

Wolsey lächelte nachsichtig. »Ja.«

»Was hat es eigentlich auf sich mit diesem verrückten Mönch?« fragte ich unvermittelt, denn ich sah, daß Wolsey nicht auf der Hut war. So etwas machte mir Spaß, aus Gründen, die ich gar nicht erst erforschen möchte.

»Der Deutsche? Luther?«

»Ja, der. Ich würde gern einmal seine ›Fünfundneunzig Thesen‹ lesen, die er zu Wittenberg an die Kirchentür genagelt haben soll. Beschafft mir doch eine Kopie davon. Ihr wißt, ich habe Vergnügen an der Theologie.« Mehr als Wolsey selbst, möchte ich behaupten.

»Jawohl, Eure Majestät. Er hat damit einigen Aufruhr in Deutschland verursacht. Die Kirche dort war – nun, ziemlich korrupt. Und Papst Leo – wirklich, es war töricht von ihm, daß er versucht hat, Geld für seine neue Basilika zu sammeln, indem er Ablässe verkaufte. Ich weiß wohl, es schien ganz einfach zu sein, aber es war doch allzu durchsichtig. Zumal da das ganze Projekt einer neuen Peterskirche fragwürdig war. Viele aufrechten Leute sehen die Notwendigkeit dazu ganz und gar nicht ein. Das alles war überhaupt Papst Julius' Idee. Und dann starb Julius und ließ Leo in der Tinte sitzen!«

»Wie rücksichtslos. Der einzige Ausweg für Leo besteht darin, daß er auch stirbt. Aber die Kirche könnte in der Tat eine Reformation vertragen...« Gegen meinen Willen erinnerte ich mich an die Priorei von St. Lawrence mit ihren fetten, weltlichen, manierierten Mönchen. Da war kein Luther unter ihnen. Da gab es keine gequälten Seelen. »Die Priorei von St. Lawrence, die Ihr fördert, ist ein Beispiel dafür.«

Er fächelte sich mit raschen Bewegungen Kühle zu, und das parfümierte Holz verströmte seinen Duft. »War es dort nicht zu Eurer Zufriedenheit? War es unsauber? War die Unterkunft nicht bequem?« fragte er beunruhigt.

»Doch, doch. Aber es schmeckte dort mehr nach dem Palast des Herodes denn nach der Herberge zu Bethlehem.«

»Ich gedenke es bald zu schließen«, sagte er hastig, »und mit dem Ertrag das College zu gründen, das ich zu Oxford geplant habe.«

»Ach ja. Cardinal's College. Die reichen Mönche weichen also armen Gelehrten. Gut. Und... Mistress Blount? Habt Ihr...?« Ich ließ meine Frage im Raume schweben.

»Sie wurde vor zwei Wochen verheiratet. Ich mußte sie einem meiner Mündel anvermählen, aus Lincolnshire. Ich habe mir Zeit genommen, Eure Majestät, und mich umgesehen, aber ich mußte mich schließlich begnügen. Das Vermögen ist stattlich.« Er zuckte entschuldigend die Achseln.

»Wer war es denn?«

»Gilbert Tailboys.« Er schwieg einen Augenblick lang. »Der Sohn des verrückten Lord Kyme.«

»Lord Kyme wurde vor zwei Jahren für wahnsinnig erklärt! Ich erinnere mich an das Gerichtsverfahren!«

»Ja. Sein Vermögen ging deshalb auf seinen Sohn Gilbert über, obgleich Lord Kyme immer noch am Leben ist.«

»Ist es – dieser Wahnsinn – was für eine Art ist es?«

»Ich glaube nicht, daß er erblich ist.«

Aber er war es vielleicht doch. In seiner Jugend war Lord Kyme auch völlig normal erschienen. Beim Heiligen Blute, wozu hatte ich Bessie da verurteilt? Zur Ehe mit einem Mann, der jederzeit den Verstand verlieren konnte?

»Es war nicht leicht, sie zu verheiraten, Eure Majestät. Es konnte nur jemand sein, dessen Hintergrund ein wenig zweifelhaft war.«

Wie der ihre. Meinetwegen.

»Wo sind sie jetzt?«

»In Lincolnshire. Dort wohnen sie auf Skelyngthorpe Castle, am Rande des großen Waldes vom Kyme.«

Begraben in der Wildnis des Nordens, und der einzige Gefährte ein Mann mit beginnendem Irrsinn.

Bessie, verzeih mir.

Nein, sie konnte mir nicht verzeihen. Ich würde es auch nicht tun, hätte jemand mir solches Unrecht zugefügt.

»Wo ist mein Sohn?«

Wiederum das unbehagliche Eingeständnis, daß etwas schiefgegangen sei. »Bei seiner Mutter.«

»Aber...« Ich hatte befohlen, er solle als Mündel in Wolseys Obhut bleiben.

»Sie hat um ihn gebettelt, Eure Majestät. Also erlaubte ich ihr, ihn bei sich zu behalten, bis er entwöhnt ist. Dann wird er zu mir kommen. Ich habe sie ein Dokument dieses Inhalts unterschreiben lassen«, versicherte er mir.

»Es wird unmöglich sein, ihn zurückzuholen.«

»Schwierig, aber nicht unmöglich. Der Vorteil solcher Entfernung vom Hofe liegt darin, daß niemand von seiner Existenz erfahren muß – es sei denn, Ihr wolltet, daß es bekannt wird.«

»Ja.« Das stimmte. Weshalb vor Katharinas Nase mit ihm prahlen? Sein Dasein wäre nichts als eine beständige Qual für uns beide, während er Bessie vielleicht ein wenig Freude bringen könnte.

Ich wünschte nicht länger über dieses schmerzliche Thema zu sprechen. Es war abgeschlossen für alle Zeit.

»Das Zusammentreffen mit Franz«, sagte ich.

Wolsey verstand immer, was ich meinte. »Ihr werdet es kaum glauben, aber gestern kam ein Brief, in dem man mich bittet, auch für den Treffpunkt in Frankreich die nötigen Vorkehrungen zu treffen.« Er reichte mir den Brief.

Was für ein seltsamer Kerl war dieser Franz doch!

»Dann tut es.« Die ganze Angelegenheit war allmählich außer Rand und Band geraten. Eine schlichte Begegnung zwischen uns beiden hatte sich zu einer Affäre aufgebläht, bei welcher der gesamte englische Hof mit dem gesamten französischen Hof zusammentreffen würde. So etwas war noch nie geschehen, weder in alten Zeiten noch heutzutage. Meine Höflinge waren ob dieser Idee teils von wilder Begeisterung erfüllt, teils auch zeigten sie sich abweisend. Gleichgültig war es keinem. Wolsey war einer von den begeisterten.

»Ich nehme an, da Leonardo da Vinci gestorben ist und Franz seine Dienste für den Entwurf der Zelte nicht, wie gehofft, hat in Anspruch nehmen können...« Wolsey unternahm den Versuch, eine bescheidene Miene zu zeigen.

»Er hat sich für die zweitbeste Möglichkeit entschieden«, versicherte ich ihm.

Ausnahmsweise schien Wolsey keinen Sarkasmus zu vermuten. »Ich gedenke mein Bestes für ihn zu tun.«

Plötzlich fiel mir etwas ein, das mir großes Vergnügen bereitete: Es hieß, Franz habe ein unbedeutendes Gemälde von Leonardo gekauft, nur um ihn günstig zu stimmen und nach Frankreich zu locken. Ha! Jetzt hatte er kein Geld und keinen Leonardo, und er saß auf dem düsteren Bildnis des halbwegs lächelnden Weibes, das nach jedermanns Auffassung häßlich war.

»Und ich trage das Zeichen meiner guten Absicht im Antlitz«, stellte ich fest und befingerte dabei meinen neuen Bart. Franz hatte vorgeschlagen, wir sollten uns bis zu unserem Zusammentreffen zum Beweis unseres Vertrauens nicht mehr rasieren. Ich war nicht sicher, daß ich mir mit Bart gefiel. Auf jeden Fall veränderte er mein Gesicht.

WILL:

Katharina, wie sich zeigte, haßte den Bart, und sie flehte ihn an, sich zu rasieren, »ihr zuliebe«. Immer noch bemüht, ihr jede Aufregung zu ersparen, immer noch halb auf einen Erben hoffend, gab Heinrich nach und nahm den Bart ab. Dies führte zu einer diplomatischen Krise, denn Franz nahm daran Anstoß, und Heinrichs Gesandte mußten ihm die Umstände erläutern. Franz' »liebe Mutter« Louise beeilte sich, zu versichern, daß die »Liebe der Männer sich nicht in ihren Bärten, sondern in ihren Herzen« zeige, und der Zwischenfall war bereinigt.

Hernach, mit einiger Verspätung, ließ Heinrich sich den Bart kurz vor seiner Abreise wieder wachsen. So war er nicht so lang, daß Katharina Anstoß hätte nehmen können, aber doch lang genug, daß er als Zeichen des guten Willens gegen Franz gelten konnte. Mit derart gewichtigen Erwägungen müssen sich Diplomaten beschäftigen.

HEINRICH VIII.:

Juni 1520. Ich stand auf dem Kastelldeck der *Great Harry* im günstigsten Wind, den Gott je einem Sterblichen gesandt hatte. Wir glitten über den Kanal – nein, wir flogen. Die großen Segel, so bemalt, daß sie aussahen wie Brokat (*trompe l'œil*, sagen die Franzosen – oh, sie haben ein Wort für alles!), blähten sich und taten ihre Pflicht. Wir waren auf dem Weg nach Calais, um die große Begegnung zwischen dem englischen und dem französischen Hof Wirklichkeit werden zu lassen. Es hatte sich noch alles gefügt, trotz der tiefen Vorbehalte auf beiden Seiten.

Nicht zuletzt – vielleicht vor allem? – Katharina, die nun die Stufen zum Vorderkastell heraufkam und an meine Seite trat. Ich bemerkte, wie langsam, wie schmerzlich ihre Bewegungen waren; eine Arthritis ließ ihr seit zwei Jahren das Treppensteigen schwer werden.

»Schau nur, sieh! Dort ist Calais!« Ich hatte es auch erst einmal gesehen, aber ich zeigte es ihr mit dem Behagen der Autorität.

Vor uns lag Frankreich mit seiner hügeligen Küste und den prächtigen Landungsufern. Hinter uns, gleichermaßen sichtbar ragten die hohen weißen Klippen von England.

»Es sieht so harmlos aus«, sagte sie.

»Es ist harmlos. Denn das Land, das du siehst, ist England: der Bezirk Calais.«

Wie kam es, daß sogar meine Frau, die Königin, vergaß, daß ich König auch über einen Teil von Frankreich war?

Die Pläne waren bis in die letzten Einzelheiten vervollkommnet worden. Ich und mein gesamtes Gefolge sollten im Bezirk Calais an Land gehen, und dann würden Franz und ich sowie beider Hofstaat an der Grenze zwischen den beiden Herrschaftsbereichen zusammentreffen. Später sollte ein jeder der anderen in seinem eigenen Land, auf eigenem Territorium, bewirten. Auf beiden Seiten waren eigens dazu Städte errichtet worden – nicht für die Dauer und so prachtvoll, wie eine Stadt es nur sein kann, wenn es auf Dauerhaftigkeit nicht ankommt: Es gab dort Paläste aus Papiermaché, mit Seide ausgekleideten Bankethallen und Leitungen, die roten und weißen Wein für die Zuschauer spendeten.

Jetzt nahmen wir Kurs auf den Hafen, den großen, umschlossenen Hafen von Calais. Ich konnte schon die Menschen erkennen, die oben auf den Landungsbrücken standen und heftig winkten.

WILL:

Während alledem wuchs ich auf. Als Katharinas letzte Schwangerschaft zu Ende ging und Bessie ihren Bankert zur Welt brachte, war ich fast erwachsen, bereit, meinen Weg in der Welt zu machen, wie es Generationen von Achtzehnjährigen vor mir getan hatten. Mein Vater hatte mich zu einem Händler am Wollmarkt zu Calais in die Lehre gegeben – ein lukrativer Standort, auf halbem Wege zwischen England, das Rohwolle lieferte, und Flandern, wo feine Wollstoffe hergestellt wurden. Nicht, daß er mich brennend interessiert hätte, aber der Wollhandel behagte mir doch besser als Vaters schmierige Welt der Färber und Gerber, und so bildete ich mir ein, ich sei zufrieden.

Ich lebte in Calais, einer seltsamen Stadt; hier wohnten Franzosen, Engländer und Flamen, die aber alle nur eines im Sinn hatten: Geschäfte. Neben einem Dukaten bedeutete Nationalstolz ihnen wenig. Als die französisch-englische *entente cordiale* ausgerufen wurde, sprach man in den Tavernen nicht über die Aussichten für den Frieden, sondern über die Aussichten für den Profit. Jedermann sah großen Profit in dem bevorstehenden Treffen.

Der König und sein Hofstaat mußten zwangsläufig in Calais landen und Quartier beziehen. Das an sich war schon etwas wert, wie alle Händler in genüßlicher Übereinstimmung meinten. Freilich, sie würden dann in die Märchenschlösser aus Holz und Papiermaché umziehen, die aus dem Boden gestampft werden sollten, aber allein der Bau dieser Paläste erforderte ja schon, daß Materialien und Lebensmittel aus der Umgebung angeliefert würden.

Die Prophezeiungen erwiesen sich als zutreffend. Der Bau des »zeitweiligen« Palastes und der Banketthalle begann mehrere Monate im voraus, und mindestens zweitausend Arbeiter waren dabei beschäftigt – Maurer, Zimmerleute, Glaser, Maler –, die alle von der Stadt mit Werkzeug ausgestattet und mit Essen versorgt werden mußten.

Zu jener Zeit arbeitete ich sechs Tage in der Woche für meinen Herrn, wog seine einkommende Wolle und trug seine Profite in die Tabellen ein; sonntags aber hatte ich frei, und so spazierte ich zu dem Gelände, wo der »zeitweilige« Palast erbaut wurde. Nicht, daß es ein weiter Weg gewesen wäre: Von Calais bis Guines waren es nur fünf Meilen. (Überhaupt reichte der Bezirk Calais, wo er am tiefsten war, nur zwölf Meilen weit ins französische Festland hinein.)

Der Bauplatz war leicht gefunden; man hatte große Massen von Erde bewegt, und allenthalben waren Scharen von Bauarbeitern zu sehen. Ich fand einen von ihnen bei der Rast unter einem schattigen Baum, wo er seine Brotzeit zu sich nahm.

»Wenn es in diesem Ding, das ihr hier baut, nur Quartier für drei Personen gibt – für den König, die Königin und den Kardinal«, sagte ich, »wo soll dann der übrige Hofstaat untergebracht werden?«

»Das war ein Problem«, antwortete er, erpicht auf einen Schwatz. »Am Ende beschloß man, eine Stadt von Zelten zu errichten. Vierhundert Stück kommen dort auf dieses Feld.« Er deutete nach Calais hinüber. »'s wird ein schöner Anblick sein«, meinte er. »All die Wimpel.«

»Und wo wirst du sein? Wirst du es auch sehen?«

»Das werde ich nicht dürfen«, erklärte er stolz. »Es ziemt sich nicht für mich, dabeizusein.«

»Und wenn du hier fertig bist... ?«

»Dann arbeite ich mit der Schaufel. Der Hügel dort wird abgetragen. Seht Ihr, der französische König und der englische müssen sich genau in der Mitte zwischen Guines und Ardres treffen, und dort in der Mitte steht dieser Hügel im Weg. Deshalb muß er woanders hin.«

»Und wenn nun die Könige statt dessen woanders hingingen?« konnte ich mir nicht verkneifen zu fragen. Ich war jung, das darf man nicht vergessen.

»Die Könige woanders hin?« Er sah mich verdutzt an.

Ich fühlte eine rauhe Hand auf meiner Schulter, und als ich mich umsah, schaute ich in das erzürnte Gesicht des Baumeisters. Er gab mir einen Stoß. »Hör auf, mit meinen Arbeitern zu schwätzen!« Jäh tat er einen Schritt nach vorn und packte den Mann bei der Schulter. »Wonach hat er dich gefragt? Nach Maßen, Entwürfen, Geheimnissen?«

»Er hat nach dem Hügel gefragt«, antwortete der Mann langsam.

»Verfluchter Franzose!« Der Baumeister sah sich mit wildem

Blick um, ob er nichts fände, um es nach mir zu werfen, und er bemächtigte sich eines großen Lehmklumpens, den er zu mir herüberschleuderte. »Geh und sag Franz, er kann nicht darauf hoffen, uns zu übertreffen! Geh und sag das deinem Herrn!«

Ich würde hier nicht mehr erfahren, und ich hatte auch genug gesehen. Ich ging und wanderte weiter in Richtung Ardres, der ersten Stadt außerhalb des Bezirks von Calais. Von einer Anhöhe aus sah ich, wie ein ebensolches Heer von Arbeitern wie das vorige mit der Errichtung ganz ähnlicher Bauten für den französischen König beschäftigt war. Ich knüpfte mein Tuch auf, nahm Brot und Käse und einen weichen Apfel vom vorigen Jahr heraus und fing an zu essen. Dabei hob ich an, über sie zu lachen, doch aus irgendeinem Grunde gelang es mir nicht recht. Als Kind hatte ich mir gelobt, mir alle meine Fragen stets zu beantworten und vor mir selbst niemals etwas zu verheimlichen. Sind sie nicht töricht? Sind sie nicht einfältig? Der französische König wird kommen, und der englische König wird kommen, und dann werden sie wieder gehen. In zehn Jahren werden sie sich nicht einmal mehr an das Glas in den Palastfenstern erinnern. Aber weshalb sollte ich mir darüber den Kopf zerbrechen?

Weil es Verschwendung ist, gab ich mir zur Antwort. Und weil niemand glücklich darüber sein sollte, einem anderen zu dienen, ohne jemals auf Anerkennung hoffen zu können. Weil alles nur eine Zeitlang Bestand hat, und weil diese Erinnerung an die Flüchtigkeit aller Dinge mich betrübt.

Ein Hufschmied in meinem Heimatdorf, der in dem Rufe stand, ein Dummkopf zu sein, hatte einmal darüber spekuliert, weshalb die Stute meines Vaters so unverhofft ein neues Eisen verloren hatte. (Ich hatte den Auftrag gehabt, darüber Beschwerde zu führen, da Vater nachlässige Arbeit vermutete.) »Nun ja«, hatte der Schmied langsam gesagt, »einen Grund gibt's immer. Und dann gibt's noch den *eigentlichen* Grund.«

Ich fand viele Gründe für meine Verdrossenheit und Empörung über den Bau der königlichen Enklaven. Aber der eigentliche Grund war: Ich wollte auch dabeisein, und das durfte ich nicht.

Es hieße alles zu versimpeln, wenn man behaupten wollte, daß ich an diesem Tag begann, mich von solchen Dingen zu lösen;

aber gewiß fing ich an, ein wenig Distanz zwischen mich und diese Welt zu bringen. Jeder möchte gern das Gefühl haben, in irgendeiner unbedeutenden Hinsicht etwas Besonderes zu sein, und so sah ich mich gern als erhabenen Beobachter, der auf einer Mauer saß und die Parade menschlicher Torheit – bei Majestäten wie beim gemeinen Volk – unter sich vorüberziehen sah. Am Ende war ich davon überzeugt, daß ich mir diese Haltung aus freien Stücken erwählt hätte.

Im Juni war der Tag da. Der König kam, und wir mußten ihn begrüßen – alle bis auf den letzten Einwohner von Calais.

Ich war im Hafen, wie mein Herr es mir befohlen hatte. Gehorsam hatte ich ihm geholfen, den Laden aufzuräumen und geziemend mit Girlanden in den grünweißen Farben der Tudors, mit Flaggen und mit Spruchbändern zur Feier des königlichen Besuches zu schmücken. Drei Tage lang waren Straßenkehrer damit befaßt gewesen, die Hauptstraßen von Müll und Abfällen zu reinigen (man hoffte nur, der König werde nicht darauf verfallen, etwa irgendwelche Nebenstraßen zu begehen). Die Bevölkerung brannte darauf, den König wieder und seine Königin zum erstenmal zu sehen. Tief im Herzen aller glomm die (vergebliche) Hoffnung, die freundschaftliche Begegnung zwischen dem französischen und dem englischen König werde dem eigentümlichen Status der Stadt Calais ein Ende machen und die Widersprüchlichkeiten in unserem Alltagsleben verschwinden lassen.

Heinrichs Schiff lief in den Hafen ein – eine mächtige Festung mit goldenen Segeln. Alle glotzten wir es an. Eine Schar Seeleute und Hafenarbeiter vertäute es. Dann erschien der König an Deck.

Es war das drittemal, daß ich ihn zu Gesicht bekam. Zweimal hatte ich ihn schon gesehen: einmal, als er von seinem Frankreich-Feldzug zurückgekehrt war, und davor bei seinem Ritt zum Tower.

Er ist nicht mehr derselbe, war mein erster Gedanke. Die Gestalt an Deck in ihrer majestätischen Schwere war nicht die des knabenhaften Soldatenkönigs, den ich sieben Jahre zuvor zu Pferde hatte vorüberziehen sehen. Er war unbewegt in einer Weise, wie es jener andere niemals hätte sein können – starr wie eine in Stein gehauene Figur.

Aber er ist jetzt auch dreißig, sagte ich mir. *Dreißig, und seit fast fünfzehn Jahren König*. Die Zeit verändert die Menschen...

Er stieg herab und schritt über eine Planke auf das Dock. Seine Kleidung ließ einem vor Neid das Herz zerspringen – wunderschöne, kostbare Sachen aus Gold und Samt und Satin. Er war so stattlich und schön wie selten ein Sterblicher. Sein Anblick erfüllte mich mit Ehrfurcht; es war ein Augenblick, da ich menschliche Vollkommenheit gewahrte – Vollkommenheit, die zwangsläufig verfallen mußte. Er hob die Arme, und alles verstummte. Er redete zu uns, erzählte von dem bevorstehenden Treffen der Monarchen. Es war das erstemal, daß ich ihn sprechen hörte. Er hatte eine ausgezeichnete Stimme, sanft und doch weithin hallend. *Was für ein Mann*, dachte ich.

Dann erschien Königin Katharina an Deck. Sie trug so viele Juwelen, daß das Glitzern der Sonne darin ihr Gesicht verbarg. Sie hob die Hand und winkte den Zuschauern. Dann wandte sie sich um und stieg langsam über die Rampe zu ihrem Gemahl hinunter.

Sie war gedrungen und alt, und ein unterdrückter Aufschrei ging durch die Menge. Eine schöne junge Königin hatte man erwartet, jemanden wie Heinrichs Schwester Maria, und statt dessen kam da dieses... spanische Schlachtschiff. In der Tat gemahnte sie an eine Fregatte, mit ihren steifen Brokatröcken, dem sonderbaren, kastenförmigen Kopfputz (gebräuchlich im Spanien ihrer Jugend, also ungefähr dreißig Jahre zuvor) und ihren langsamen, bedächtigen Bewegungen. Fast erwartete man, daß gleich ein Windstoß ihre Röcke blähen und sie vor sich hertreiben werde.

Als sie neben ihrem Gemahl stand, wandte sie sich ihm nicht zu und nahm auch sonst in keiner Weise Notiz von ihm. Statt dessen hob sie auf majestätische Art die Hand (was wir erwartungsgemäß mit Jubel zu beantworten hatten) und wandte den Kopf in die Sonne.

Und das war ein Fehler. Das Sonnenlicht auf ihrem alten Gesicht im Verein mit dem häßlichen Kopfputz verschlug den Zuschauern die Sprache. *Sie ist so alt*, dachten wir alle. (Später wurde berichtet, Franz habe bemerkt: »Der König von England ist jung und schön, aber seine Gemahlin ist alt und ungestalt« – eine Bemerkung, die Heinrich seinem »lieben königlichen Bruder« niemals verziehen hat.) Man kann wohl verstehen, daß Franz verblüfft war, denn der Kontrast fiel uns allen auf. Auf der einen Seite Heinrich, schön und strotzend von körperlicher Kraft, auf der anderen Seite eine von Gicht und Beschwerden zerrüttete Frau.

HEINRICH VIII.:

Katharina und ich zogen, von freudigem Jubel begrüßt, durch die Straßen. Es dämmerte, als wir uns auf den Weg machten, und das Tageslicht reichte aus, um einzelne Gesichter in der Menge erkennen zu können; als die Prozession aber zu Ende ging, hatte man Fackeln angezündet.

Wir bezogen das Stadthaus eines reichen Wollhändlers, dem König leihweise zur Verfügung gestellt, und dort trafen wir Anstalten, zu Bett zu gehen. Dann aber erschien Wolsey. Ich verließ Katharina (zweifellos war ihr die Gelegenheit willkommen, ihre private Andacht zu halten) und begab mich ins Erdgeschoß zu einer Besprechung mit dem Kardinal.

Er trug niedere Festkleidung – solche, die den Betrachter beeindrucken, zugleich aber dem Träger einige Bewegungsfreiheit und Bequemlichkeit gewähren sollte. Er sah fetter aus als sonst, dachte ich verachtungsvoll. Damals war ich noch schlank, und meine Muskeln waren hart, und ich konnte mir nicht vorstellen, wieso ein Mann je zulassen sollte, daß er fett wurde.

Er war überschwenglicher Laune. Zwei Könige standen im Begriff, eine Bühne zu betreten, die er errichtet, Sätze zu sagen, die er erdacht, Verträge zu unterzeichnen, die er verfaßt hatte. Jetzt konnte er es kaum erwarten, daß wir mit dem ersten Akt seines ausgeklügelten Schauspiels begannen.

Mit mir verhält es sich aber so: Wenn jemand danach strebt, mich zu beeindrucken, bin ich entschlossen, ungerührt zu bleiben; so aber jemand es offensichtlich nicht tut, fühle ich mich oft davon angezogen.

WILL:

Und du warst stets besonders unfähig, den Unterschied zu erkennen, und hieltest so Anne Boleyns vorgetäuschte Gleichgültigkeit für echt. Wie gut sie deine wahre Natur erkannte und für sich auszunutzen verstand.

HEINRICH VIII.:

»Es ist alles bereit. Die Protokolle, bis zum letzten Heben einer Augenbraue, sind hier.« Er wies auf eine Ledertasche, die von Papier überquoll.

»Ich glaube, ich kenne das alles schon auswendig«, sagte ich. Nur um es ihm zu zeigen, rührte ich die Papiere in der Tasche nicht an. »Morgen reite ich hinaus bis an die Grenze von Calais, wo man den Hügel versetzt hat. Mein Hofstaat wird hinter mir sein. Franz wird mir entgegenkommen, und wir werden uns genau auf halber Strecke treffen und umarmen, und dann werden, präzise aufgeteilt, die Ehrenfeiern und Festlichkeiten beginnen, bald in Guines, bald in Ardres.« Er machte ein betrübtes Gesicht.

»Ah, mein lieber Kardinal«, tröstete ich ihn. »Es wird ganz bestimmt Probleme und Verzögerungen geben. Nichts wird so fehlerlos vonstatten gehen, wie es auf dem Pergament steht. Und dann verlasse ich mich auf Euch.« Wann eigentlich hatten sich die Gewichte verschoben, war er von meinem Trost abhängig geworden? Wann hatte er aufgehört, mich mit seiner Fürsorge zu umhegen, wann hatte dies sich umgekehrt? »Morgen früh machen wir uns auf den Weg. Unsere englische Gruppe ist noch immer gespalten«, bekannte ich. »Die Hälfte wäre lieber nicht hier.«

»Sie mißtrauen Frankreich aus tiefstem Herzen.« Er machte eine Geste der Hilflosigkeit. »Aber diejenigen, die gesagt haben, wenn sie wüßten, daß sie auch nur einen Tropfen französischen Blutes in sich hätten, würden sich die Adern öffnen und ihn hinausfließen lassen...« Er schüttelte den Kopf.

»Dramatische Worte«, sagte ich. Hatte er dafür kein Verständnis? »Wir werden bereit sein, meine Königin und ich. Wenn die Sonne aufgeht.«

Widerstrebend verabschiedete er sich. Er hatte noch etwas auf dem Herzen, das war klar. Aber ich wollte nicht mehr mit ihm sprechen. Also mußte er gehen. Ich hörte seine Schritte draußen, als er sich zu seinem silbern aufgezäumten Maulesel begab – einem Symbol der Demut. Ich mußte lächeln.

Aber das Lächeln verging, als ich das leere Zimmer durchquerte. Das Feuer flackerte noch immer im Kamin in der Ecke. Ich hatte kein Verlangen danach, zu Katharina hinaufzugehen, obwohl ich sehr müde war. Ich wollte allein sein.

Ich setzte mich auf einen kleinen Stuhl und starrte in die ersterbenden Flammen. Sie warfen geisterhafte Schatten durch das Zimmer, unter denen mein eigener nicht der geringste war. In einer seltsamen Anwandlung beneidete ich den Wollhändler, dem dieses Haus gehörte. Ich stellte mir vor, daß er ein glückliches Leben führte: Mit einem Geschäft, das ihm Freude machte, einer Frau, sieben Kindern. Er hatte es besser als ein König mit einem unfruchtbaren Weib und einem wachsenden Gefühl der Verzweiflung. Ja, ich verzweifelte... aber woran? Es gab nichts Handfestes, woran ich hätte verzweifeln können. Doch ehe solche Gedanken mich weiter beunruhigen konnten, stand ich auf und ging hinaus, und über eine lange Treppe gelangte ich nach oben, wo mich das Schlafgemach erwartete.

WILL:

Er hatte keinen Grund, den Wollhändler zu beneiden; ich kannte ihn gut. Er hatte ständig Schulden, und seine Frau war ihm nicht treu. (Nur drei der sieben Kinder waren von ihm!) Aber wir sind immer neidisch auf andere und vergleichen unseren Schatten mit ihrer Sonnenseite.

HEINRICH VIII.:

Ich schlief nicht in dieser Nacht. Statt dessen las ich noch einmal den Plan meiner Zusammenkunft mit Franz und probte alles in Gedanken. Als der Tag dämmerte, überkam mich die Schläfrigkeit, und ich versank in jenen seltsamen Halbschlummer, in den man im

Morgengrauen an einem ungewohnten Ort verfällt: Es ist ein Schlaf, aus dem man wunderlich entnervt erwacht und nach dem man sich elender fühlt, als hätte man gar nicht geschlafen. So begann ich den Tag mit einem geänderten Gefühl meiner selbst.

Wir sollten, die ganze Gesellschaft aus England, an einen Ort mit dem großartigen Namen »Tal des Goldenen Tuches« reiten und dort die Franzosen treffen. Schon zu Zeiten der Römer hatte das Tal »Vallis Aurea« geheißen; offenbar hatte es lange auf ein großes Ereignis gewartet, nach welchem es weit im voraus benannt worden war. Jetzt würden wir den Namen Wirklichkeit werden lassen.

Als die frühe Morgensonne über den dichtgedrängten Dächern von Calais erstrahlte, fand sie uns bereits in Scharen auf der Straße, hochgemute fünftausend an der Zahl. Alle trugen Pelze, Gold und Edelsteine, denn wir kamen nicht als Soldaten, sondern um uns in unserem ganzen Prunk zu zeigen. Ich gab das Zeichen, und wir brachen auf, und die Hufe von fünftausend Pferden trappelten mit großem Getöse über das Kopfsteinpflaster der Straßen.

Gegen Mittag umrundeten wir eine kleine Anhöhe, die uns den Blick auf Guines versperrt hatte. Vor uns breitete sich eine Stadt von Zelten aus – eine Stadt, die größer war als jede in England mit Ausnahme von London, Bristol und York. Sogar städtische Straßen hatten sie nachgebaut, in denen die Bewohner je nach ihrer Zugehörigkeit untergebracht waren. Fünf solche Straßen schnitten sich durch die Zeltstadt und endeten an einem großen, kreisrunden Platz, auf dem ein Springbrunnen angelegt worden war.

Den Leuten rings um mich her verschlug es den Atem. Keiner von ihnen hatte etwas Derartiges erwartet. Sogar Katharina lächelte. Dann trug der Wind mir jemandes Worte ans Ohr: »Das ist das Werk des Kardinals.«

Am Rande der Zeltstadt erhob sich ein kleiner, aber vollkommener Palast. Die Reihen seiner Fenster warfen das Sonnenlicht zurück wie eine lange Kette von Spiegeln.

»Schau, wo wir wohnen werden«, sagte ich zu Katharina.

Sie wandte sich zu mir um; die Sonne strahlte hinter ihr, so daß ich nur ihre schwarzen Umrisse sehen konnte. Sie nickte. Dann sah ich ihre Zähne, und sie sagte: »Wolseys Stadt.« Mehr nicht.

Verärgert trieb ich mein Pferd davon, weg von ihr.

Das königliche Quartier in dem sogenannten Scheinpalast war üppig. Arabische Teppiche bedeckten die Böden, und zierlich geschnitzte Eichenmöbel boten allen erdenklichen Komfort. Ein großes Bankettgebäude war nebenan errichtet worden, ausgerüstet mit einer Küche und allem, was für ein richtiges Fest notwendig war.

Wir bezogen unser Quartier und machten uns für die Begegnung mit Franz bereit. Aufwendige Kleidung mußte angelegt werden; da wir beiden Monarchen zum erstenmal zusammentrafen, war es unerläßlich, daß wir einander in schneidermeisterlicher Pracht übertrafen.

Wenngleich Frankreich der Quell aller Mode war, hatten meine Schneider und ich doch beschlossen, nicht den allerneuesten französischen Stil nachzuäffen (den Franz ohnehin mindestens an Buntheit noch in den Schatten stellen würde), sondern uns unserer englischen Schnitte zu bedienen. Ich sollte einen pelzbesetzten Mantel aus Goldbrokat über einem scharlachroten Wams tragen, und mein Schimmel sollte mit Schabracken aus dem gleichen Goldstoff behängt werden.

»Das ist schlicht, Euer Gnaden«, sagte mein Oberschneider. »Aber Schlichtheit ist das Auffallendste auf Erden.«

WILL:

Und so war es auch, wenn man einmal das große Gemälde betrachtet, das zum Anlaß des historischen Zusammentreffens in Auftrag gegeben wurde. Heinrich in seinem goldenen und scharlachroten Gewand sticht – ja, springt – aus dem Hintergrund von einhundert Menschen hervor und zieht den Blick des Betrachters magnetisch auf sich.

HEINRICH VIII.:

Wir saßen zu Pferde und hielten uns bereit, als die Fanfare gellte. Wir sollten das französische Signal abwarten, das unser eigener Herold wiederholen würde. Dann würden die beiden gewaltigen

Höflingsheere im sorgsam bemessenen Takt der Trommeln voranschreiten. Der Eindruck einer Attacke – ja, schon die bloße Andeutung einer solchen – war unter allen Umständen zu vermeiden.

Dann kam es – ein blechernes Tröten, zwei Meilen weit entfernt, das unser eigener Trompeter aufnahm und wiederholte. Wir setzten uns in Bewegung, und das Knarren von Tausenden von Sätteln erfüllte die Luft.

Mir war, als ritten wir so eine ganze Strecke, ohne etwas zu sehen. Es war nirgends eine Spur von den Franzosen. Die platte Ebene erstreckte sich endlos, grün und leer nach allen Seiten. Katharina ritt neben mir; aufrecht saß sie hoch oben auf ihrem importierten spanischen Sattel. Sie schaute weder nach links noch nach rechts, sondern blickte starr geradeaus. Alle meine Versuche, ihrem Blick zu begegnen, waren vergeblich. Sie hing ihren eigenen Gedanken und Befürchtungen nach und überließ mich den meinen.

In der Ferne blinkte etwas in der Sonne – ein französischer Schild? Ja! Jetzt sah ich noch einen, und noch einen, bis das ganze Feld davon funkelte. Sie zogen in das Tal ein wie die lose verbundenen Glieder einer Halskette, und ein jeder fing für einen Augenblick die Sonne ein.

Die Leute formierten sich zu tadellosen Reihen. Dann wichen sie zurück und öffneten eine breite Lücke in der Mitte. Eine glitzernde Gestalt erschien weit hinten in dieser Lücke – gleich Moses, wie er durch das Rote Meer schritt.

Franz kam näher; sein mächtiger Hengst setzte sorgsam seine Hufe, derweil es ihn scheinbar nicht bekümmerte, was sein Pferd tat. Einmal blieb es stehen, um irgendeinen Leckerbissen entgegenzunehmen, mit dem ein Kind es fütterte, und der Reiter beugte sich vor und tätschelte ihm den Hals. Das alles, während ein anderer König wartete!

Zorn – und Kränkung – erwachten in mir.

Gelassen lenkte der Reiter sein Pferd wieder in die vorgeschriebene Richtung (ob er vielleicht gleich absteigen und ein Picknick halten würde?); er wandte sich mir zu und ritt langsam weiter. Ich tat desgleichen. Niemand sonst rührte sich.

Franz und ich bewegten uns Stückchen um Stückchen auf einander zu, und Tausende von Augenpaaren sahen uns. Ich beobachtete ihn eingehend, als er näher kam. Jetzt lagen nur noch zehn Fuß zwischen uns, und ich konnte jede Einzelheit seines Gewandes erkennen – es war überladen mit Spitzen und Geschmeide und alles in allem viel zu grell. Steif musterten wir einander. Dann stieg er plötzlich, in einer überraschend fließenden Bewegung, vom Pferd. Gerade hatte er noch im Sattel gesessen, im nächsten Augenblick kam er mir mit großen Schritten entgegen und streckte die Arme aus. Da stieg auch ich ab, trat vor und umarmte ihn so herzlich, wie man einen Fremden eben zu umarmen vermag. Ich spürte unerwartet viel Kraft in seinen Armen. Dann wichen wir beide zurück und schauten einander zum ersten Mal wirklich ins Gesicht.

Er ist nicht schön, war mein erster Gedanke. Ich entdeckte manchen Makel an ihm, und jeder davon, ich muß es zugeben, war mir willkommen. Seine Nase war kräftig und lang, was ihm ein leicht frettchenhaftes Aussehen verlieh. Aber er war groß – vielleicht ebenso groß wie ich.

»Bruder!« sagte er und küßte mich auf die Wange.

»*Frère*!« erwiderte ich und küßte ihn auf die seine.

Wir lösten uns und hielten einander mit ausgestreckten Armen, und Franz lächelte. »Ich bin glücklich, Euch zu begrüßen!« sagte er in wunderlich ausgesprochenem Englisch.

»Wir wollen uns alle umarmen!« rief er dann wild. »Wir wollen ein großes Fest der Liebe feiern!«

Nicht lange, und alle Höflinge waren abgestiegen und mischten sich untereinander, wenngleich sie kaum ein Fest der Liebe feierten. Aber sie sprachen miteinander, was an sich schon erstaunlich war.

»Ihr werdet heute abend mit mir dinieren!« sagte Franz mit leiser Stimme. Sein Französisch klang sehr viel angenehmer als sein Englisch. Dann wandte er sich um und deutete voller Stolz auf die Menge. »Wenn unsere Vorfahren dies nur hätten sehen können – dies und unsere Freundschaft!« Mit kalten, juwelenbesteckten Fingern drückte er meine Hand.

Am Abend, auf der großen königlichen Estrade in der eigens errichteten Banketthalle zu Ardres, sah ich Franz, der neben mir saß, herablassend an. Er war ein Knabe, ein übereifriges Kind. Er hatte etwas an sich, das nicht königlich war. Es war schade, daß Ludwig versäumt hatte, mit Maria einen Sohn zu zeugen. Denn wahre, königliche Majestät ist vorhanden, wenn ein Kind seinen ersten Atemzug tut, und Franz besaß sie nicht, diese geheimnisvolle Substanz.

Trotzdem trug er die Krone Frankreichs.

Wieder und wieder merkte ich, daß ich ihn beobachtete, seine Hose betrachtete, seine Mütze, seine Miene.

Der König von Frankreich.

Seine Allerchristlichste Majestät.

War er es, der in Marignano gekämpft, der Mailand erobert und zwanzigtausend Schweizer Söldner tot im Felde zurückgelassen hatte?

Neben ihm auf der Estrade saß Königin Claude, und ihr Leib wölbte sich über dem acht Monate alten Kind. Zwei Söhne hatte sie Franz bereits geschenkt.

Zu meiner Rechten saß Katharina, biß sich tapfer auf die Lippen und ertrug die Schmerzen in ihren Gelenken.

»Ah! Die Überraschung!« rief Franz, als die Bediensteten Platten hereintrugen, auf denen sich gelblichgrüne Hügel pyramidenförmig türmten. Der oberste Speisenträger trug steifbeinig ein goldenes Tablett mit den kunstvoll arrangierten Früchten zu uns her. Er kniete nieder und bot es uns dar.

»La Reine Claude!« verkündete Franz, pflückte die oberste Frucht von der Spitze der Pyramide und legte sie mir feierlich auf den Teller. »Eine königliche Frucht, gezüchtet von unseren eigenen Gärtnern im Garten des Palastes zu Blois, die meiner geliebten Königin für alle Zeit zur Ehre gereichen wird«, verkündete er. Man legte mir ein zierliches Besteck vor, Messer und Gabel mit perlmutternem Griff, und stellte mir auch ein Krüglein mit schaumiger Sahne hin, mit der ich die Frucht beträufeln sollte.

Sie war saftig – süß und frisch, mit einem Hauch von Säure, der ihr gerade die rechte Würze verlieh.

»Just wie meine Königin«, antwortete Franz, als ich ihm dies sagte – auf französisch. Sein Englisch war schlecht, und so bedienten wir uns in der Konversation des Französischen. »Ihr müßt auch für Eure liebreizende Königin eine Frucht oder eine Blume züchten lassen«, schlug er vor.

Blanke Falschzüngigkeit, wie seine späteren ungalanten Bemerkungen über Katharina deutlich werden ließen.

Wir waren umgeben von unseren Höflingen, die absichtlich bunt durcheinandergemischt zusammen an den langen Tafeln saßen. Nachher würden sie auch zusammen tanzen, die Herren und die Damen. Auf und ab schien man munter zu plaudern.

»Ich höre, Ihr seid ein bewundernswerter Tänzer«, sagte Franz. »Es muß ein englisches Talent sein. Denn Eure liebreizenden Damen, die im Kielwasser der überstürzten Abreise der Königswitwe an meinem Hofe geblieben sind... ah, sie tanzen, als sei es ihre Profession!«

Ein paar unwichtige Leute waren in Frankreich geblieben, als Maria mit Brandon geflohen war. Aber was scherte das mich? Ich brauchte sie nicht.

»Welche Tanzschritte bevorzugt Ihr?« bedrängte er mich. »Ich werde meinen Musikanten die entsprechenden Anweisungen geben.«

»Ich kann alles tanzen. Es ist ohne Bedeutung, womit wir beginnen.«

»Ein Monarch ohne Bescheidenheit!« rief er aus. »Wie erfrischend!«

Während die Tafeln aufgehoben wurden, sammelten sich die Musikanten am hinteren Ende der Halle. Es waren weniger als bei einem englischen Ensemble, aber ich erwartete, daß sie dennoch gute Musik machen würden.

Katharina und ich sollten den ersten Tanz eröffnen, nach einem Alhambra- Rhythmus, der in Spanien getanzt wurde. Sie kannte diese Melodien noch aus ihrer Kindheit und wußte noch immer sich nach ihnen zu drehen und zu schreiten.

Die Gesellschaft applaudierte pflichtschuldig. Dann führte Franz mit seiner Königin einen langsamen, würdevollen Tanz vor.

Nunmehr konnten Claude und Katharina sich zur Ruhe setzen; Franz und ich hatten unseren Gemahlinnen die Ehre gegeben und durften jetzt mit anderen tanzen.

Franz führte eine Frau zu mir. Ich hatte sie in der Gesellschaft der Franzosen gesehen und sprach sie deshalb sogleich auf französisch an. Franz korrigierte mich.

»Sie ist eine der Euren, *mon frère*.« Mit leichter Hand berührte er ihre nackten Schultern. »Eine Engländerin. Mary Boleyn.«

Die Lady verneigte sich. Sie trug ein maigrünes Kleid, wie ich mich erinnere, daß um Schultern und Brüste gerafft war. Ihr Haar war von jener Honigfarbe, die mich stets in Erregung versetzte, ob sie mir in einem Stoff begegnete, in einem Haarschopf oder in der Sonne, wenn sie in ein Zimmer strahlte. Es war meine Schwäche. Woher wußte Franz das?

Ich tanzte mit ihr. »Eine Engländerin, die ausgerechnet am französischen Hofe Zuflucht genommen hat?« fragte ich leise. Sie folgte mir in jeder Bewegung, wie keine Engländerin dies je getan hatte. Es war zugleich aufreizend und verführerisch. »Wie viele von Euch sind hier?«

»Nicht viele«, antwortete sie. »Meine Schwester Anne ist darunter.«

Ich sah in die Runde, um meiner Neugier Ausdruck zu geben. In Frankreich, das hatte ich schon gemerkt, war alles indirekt, sogar die Fragen.

»Sie ist zu jung, um hier zu sein. Sie steckt ihr Haar noch nicht hoch. Ein wildes Geschöpf, sagte unser Vater.«

»Vielleicht wird Frankreich sie bändigen.«

»Das hofft auch mein Vater. Tatsächlich aber bändigt Frankreich die Keckheit nicht, es macht sie nur raffiniert.«

Was das bedeutete, war klar. Ich nahm das Angebot an. »Wenn wir nach England zurückkehren, würde es uns gefallen, Euch zugegen zu wissen«, sagte ich.

Ein Satz. So viel einfacher als die ungeübte Zappelei mit Bessie.

»Wenn Ihr es wünscht«, sagte sie und sah mich an. Sie berührte mich nicht.

Das ließ mich nur noch mehr entbrennen. Sie war eine geschickte Kurtisane.

Denn eine Kurtisane war sie. Inzwischen erkannte ich eine, wenn ich sie sah. Diese hier war von Franz auf Hochglanz poliert worden. Ob er sie wohl genossen hatte? Was hatte er sie gelehrt?

Ich hatte nach der Affäre mit Bessie den Entschluß gefaßt, mich nicht mehr mit Weibern einzulassen. Aber mit einer erfahrenen Kurtisane? Das war doch gewiß etwas anderes.

Und die Wahrheit war, daß der Zölibat eine verdrießliche Sache war. Die eheliche Pflicht hatte mit all dem nichts zu tun; sie war nicht einmal ein Bruch des Zölibats. Mit Katharina tat ich pflichtschuldig, was ich tun sollte. Aber die Unruhe in meinem Blut stillte das nicht. Möglich, daß es dieser Mary gelänge.

Es war lange nach Mitternacht in der englischen Zeltstadt, die den Palast zu Guines umgab. Einige der Zelte im weiten Rund glommen geisterhaft, rastenden Glühwürmchen gleich: So sah es aus, wenn Kerzenlicht durch Goldbrokat schimmerte. Während ich noch hinausblickte, wurden hier und dort die Lichter ausgelöscht und versanken in der Nacht.

Einer jähen Eingebung folgend, stieg ich ab und winkte meinen Kammerdiener, der auf mich gewartet hatte, um mich in meine Gemächer zu begleiten, er möge sich zurückziehen. Ich wollte allein durch die Nachtluft wandeln.

Gibt es etwas, das so sanft und einlullend wäre wie eine Juninacht in Frankreich? Die Luft selbst hatte etwas Wollüstiges, aber in einem liebreizenden Sinn, wie man es wohl bei einer überreifen Jungfrau finden mag. Oder bei einer Frucht, die um ein weniges zu lange am Baum gehangen hat und nun einen eigentümlichen Geruch verströmt, der die Wespen herbeilockt. Ich atmete tief ein; ich mußte gestehen, daß wir solche Nächte in England nicht hatten.

Fackeln erhellten die unmittelbare Umgebung des Schlosses. Ich begab mich zum Rande des Lichtkreises, in die Dunkelheit an der Grenze zwischen dem königlichen Bezirk und dem der Höflinge. Eine warme Brise faßte meinen Hut und wehte ihn mir vom Kopfe. Ich wollte ihm nachsetzen, doch er kullerte davon, weiter in die Dunkelheit, und mit den zierlichen weißen Federn am Rande sah er aus wie ein verspielter Irrwisch, als er so dahinhüpfte. Was ich sah, war etwas Schwarzes, weiß umrändert, und es erinnerte mich an etwas, an etwas Unangenehmes – aber was? Etwas, das in der Mitte dunkel war und dann weiß, zurückweichend, meiner spottend... Ich durchforschte die Bilder meiner Erinnerung, aber ich fand nichts, was mich so hätte beunruhigen können.

Die Brise schwoll zu einem Wind und zerrte an meinem Mantel wie eine ungeduldige Geliebte. Ich dachte an Franz und an unsere Begegnung. Was die körperliche Erscheinung anging, so hatte der Franzose meinen Erwartungen entsprochen, in seinem Benehmen aber nicht. Er schien sich über alles lustig zu machen, und offenbar bereitete es ihm Vergnügen, andere mit seinem unorthodoxen Verhalten zu verblüffen. Die Würde eines Königs strahlte er nicht aus, all seinen Titeln und militärischen Erfolgen zum Trotz.

Militärische Erfolge... Krieg. Ich hatte hier gekämpft, gegen Frankreich. Unser Erbfeind. Der französische Wind war sanft, und die Äpfel waren süß, vor allem hier in dieser Gegend. Es wäre reizvoll, dieses Land zu besitzen...

Ich schlief wie betäubt, und vielleicht war ich es auch: Von der Nachtluft, oder von jener Erscheinung? Am nächsten Morgen jedenfalls schlief ich weit über die Zeit hinaus, da die Sonne viereckige Lichtflecke auf den tiefrot und blau gemusterten Seidenteppich neben meiner Bettstatt malte. Plötzlich wurden unter dem Geklapper der Ringe die schweren Samtvorhänge an meinem Bett beiseite gerissen, und das Gesicht König Franz' starrte zu mir herein, ein sardonisches Lächeln auf den Lippen.

»Ich bin gekommen, Euer Kammerdiener zu sein. Es ist mein Wunsch, Euch zu bedienen.« Er machte eine tiefe Verbeugung.

Wo waren meine eigenen Bediensteten? Wie hatte Franz Zutritt zu meinem Gemach gefunden? Wie konnte er es wagen, hier einzudringen, wo er mich verwundbar sah wie nirgends sonst? Hätte ich es nicht schon getan, so hätte ich in diesem Augenblick begonnen, Franz zu hassen.

Ich stieg aus dem hohen königlichen Bett und trat dem Eindringling entgegen. Lächelnd stand er da, voll bekleidet, die Hände in die Hüften gestemmt. Er wußte, daß mich der Drang erfüllen mußte, mich des Nachtgeschirrs zu bedienen, aber er blieb wie angewurzelt stehen, wo er stand. Ebenso entschlossen war ich, meinem Drang in seiner Gegenwart nicht nachzugeben.

»Weshalb seid Ihr hier? Meine Wachen...«

»Haben dem König von Frankreich mit Freuden Zutritt gewährt«, beendete er meinen Satz.

Ich schaute mich um. Wo waren meine Kleider? Mein Gewandmeister war offenbar zusammen mit den übrigen Kammerdienern fortgeschickt worden. So ging ich hinüber in die Garderobenkammer, wo zahlreiche Gewänder hingen und mehr noch in den Koffern harrten.

»Da Ihr mein Kammerdiener sein wollt«, sagte ich zu Franz, »erwählt mir ein Gewand.« Sollte der Narr seine lächerliche Mission nur ausführen!

Franz trat an die lange, mit Pflöckchen besetzte Stange. An jedem Pflöckchen hing ein Kleidungsstück. Vor jedem davon stellte er sich gekünstelt in Positur. Schließlich wählte er ein weinrotes Wams und einen dazu passenden Rock.

»Um Eure beneidenswerte Gesichtsfarbe zu betonen«, erklärte er grinsend, als handelte es sich dabei um eine gewitzte Beobachtung.

So schnell wie möglich zog ich an, was er mir darreichte. Ich habe festgestellt, daß man einem anderen gegenüber niemals so sehr im Vorteil ist wie dann, wenn er einem nackt oder in einem Zustande gegenübersteht, da er eigentlich niemanden empfangen könnte. Franz stand die ganze Zeit da und starrte mich an, ein hämisches Grinsen auf dem Wieselgesicht. Er schwatzte über alles mögliche, nur nicht über das, was vor allem auf der Hand lag: den Grund für seinen beispiellosen Besuch.

Während ich meinen Barbier erwartete, der täglich meinen kurzen Bart zu schneiden und zu waschen hatte, fragte ich ihn. »Weshalb seid Ihr gekommen?«

»Um Euch besser kennenzulernen, *mon frère*. Euch persönlich.«

Was für ein Lügner er war! Ich war im Begriff, ihm das zu sagen, als Penny, der Barbier, wie gewohnt mit seinen Schüsseln voll duftenden heißen Wassers, mit Handtüchern, Kämmen, Scheren und Rasiermessern, hereinkam. Ich machte es mir in einem Sessel bequem und überließ mich seinem Hantieren.

Ein großes weißes Tuch ward mir um die Schultern gelegt, und dann zückte Penny seine silberne Schere und begann, mir den Bart zu schneiden. Franz blieb weiterhin stehen und schaute zu. Wollte er nie mehr gehen? Zorn erhob sich in mir.

»Ihr benutzt noch immer Scheren von dieser Art?« erkundigte Franz sich mit gespielter Ungläubigkeit. »In Frankreich haben wir eine neue Sorte. Ich bin sicher, Ihr würdet sie auch bevorzugen, wenn Ihr nur einmal Gelegenheit zum Vergleich hättet.«

Wahrlich, ich haßte den Mann. Aber ich bin nicht so begabt zu schlagfertigen Repliken wie Wolsey und mein Narr Will.

WILL:

Mit Wolsey in einem Topf! Ein Kompliment oder eine Beleidigung?

HEINRICH VIII.:

» Die hier ist gut genug«, war alles, was mir einfiel. »Mein Bart und ich kennen einander gut.«

»Aber eine allzu lange Bekanntschaft kann zur... Gleichgültigkeit führen, ist es nicht so? Wie in der Ehe?«

Pennys Schere wirbelte nahe meiner Kehle. Ich wagte nicht, mich auch nur einen Zollbreit zu bewegen. »In der Euren?« versetzte ich.

»Ich bin kaum fünf Jahre verheiratet«, erwiderte er achselzukkend. »Und habe schon drei Kinder...«

»Das dritte ist noch nicht auf der Welt«, fuhr ich dazwischen.

»Aber es wird bald kommen«, sagte Franz verträumt. »Ich hoffe, es wird ein Mädchen. Gern hätte ich eine Tochter, zwei Söhne habe ich ja schon.«

»Dann müßt Ihr nur danach trachten, Eure Tochter ebenso hingebungsvoll zu lieben wie Eure Mutter. Die Sohnesliebe ist ein hehres Ding, und Gottes Segen ruht darauf.« Alle Welt wußte, daß Franz und seine Mutter eine unnatürliche Beziehung pflegten, zumindest eine, wie sie zwischen Mutter und Sohn nicht üblich war. Es hieß, er unternehme niemals etwas ohne ihren Rat, und täglich ziehe er sich bis zur Mittagsstunde mit ihr zu »Beratungen« zurück. Sie wiederum nannte ihn »*Mon roi, mon seigneur, mon César, et mon fils*«.

Für einen winzigen Augenblick veränderte sich seine selbstgefällige Miene. Dann lächelte er. »In der Tat«, sagte er. »Ich glaube, ich werde sie nach meiner geliebten Mutter taufen. Ich wüßte keine größere Ehre.«

Offensichtlich nicht, dachte ich bei mir. Schade, daß du mère nicht gleich selbst heiraten kannst. Er war wirklich widerwärtig.

WILL:

Hätte Heinrich sich nicht vielleicht auch mit seiner Mutter zur Beratung zurückgezogen, wenn sie noch gelebt hätte? Wie eng sind Eifersucht und Abscheu miteinander verknüpft? Warum hat noch kein Gelehrter dies erforscht? Ich persönlich finde diese Frage fesselnder als die öden Debatten über die wahre Natur der Eucharistie, wie sie heute toben.

HEINRICH VIII.:

Als Penny fertig war, erhob ich mich von meinem ledernen Sessel und nahm das Tuch herunter. »Ich habe mich jetzt um Geschäfte zu bekümmern«, erklärte ich vielsagend.

Aber Franz blieb weiter vor mir stehen und grinste absurd. Mußte ich ein Schild malen und es vor seinen halbgeschlossenen Augen hin und her schwenken? »Ich danke Euch für Eure Hilfe«, sagte ich. »Doch jetzt ruft uns die Pflicht in verschiedene Richtungen.«

Er verbeugte sich. »Fürwahr. Doch wir sehen uns wieder – am Nachmittag, zum ersten Tjost.«

Das Protokoll schrieb vor, daß ich ihn durch meine Privatgemächer geleitete. Widerwillig gesellte ich mich zu ihm, und zusammen verließen wir mein Schlafgemach, durchquerten die innere Kammer und gelangten in das große Privatgemach. Mindestens ein Dutzend Bedienstete sah uns erwartungsvoll entgegen.

»*Bon jour*«, sagte Franz und lüftete seine gefiederte Haube.

Das Gemach maß etwa zwanzig Fuß im Durchmesser. Wir hatten vielleicht die Hälfte hinter uns gebracht, als Franz unvermittelt stehenblieb. Er legte einen Finger an die Wange und hob die linke Braue. Dann riß er seine Kopfbedeckung herunter und schleuderte sie in die Ecke.

»Ringt mit mir, mein Bruder!« rief er.

Ich war darauf nicht vorbereitet. Ehe ich auch nur meine Haltung ändern konnte, stürzte er sich auf mich, versetzte mir gegen alle Regeln einen Stoß und warf mich auf den Rücken.

Eine Reihe verblüffter Höflinge starrte mich in meiner Schmach an. Jetzt wußte ich, weshalb Franz so enganliegende Kleider für mich ausgesucht hatte – sie behinderten mich höchst wirkungsvoll in meinen Bewegungen.

Er trat zurück, und ein heuchlerischer Ausdruck von Betroffenheit legte sich auf sein Gesicht. *»O! O! Sacre bleu!«* Und er gab eine Kette weiterer, ähnlich klingender französischer Schwachheiten von sich.

Aber er bot mir weder seine Hand, noch half er mir beim Aufstehen. Statt dessen zog er sich in eine sichere Entfernung zurück und gab sich Mühe, überrascht auszusehen.

Ich kam wieder auf die Beine. »Ist es in Frankreich nicht üblich, einem Gegner Gelegenheit zu geben, sich auf einen Wettkampf vorzubereiten?«

»Man muß stets auf das Unerwartete gefaßt sein, *cher frère*.« Er verdrehte die Augen zur bemalten Decke und hob die Schultern. »Das Leben warnt uns nur selten, wenn es sich anschickt, uns einen Schlag zu versetzen. Ich habe das Leben imitiert, nichts weiter.«

Ich streifte den hinderlichen Rock ab. Dann laß uns kämpfen, fern von den Augen der Öffentlichkeit und dem Protokoll zum Trotz, das solche Kämpfe zwischen Monarchen untersagt!

»So imitiert nun einen Athleten – wenn Ihr könnt! –, und laßt uns richtig ringen«, forderte ich ihn heraus.

Ich näherte mich ihm. Noch jetzt beben meine Muskeln, da ich diesen Augenblick in der Erinnerung durchlebe und wieder spüre, wie sehr es mich danach verlangte, ihn zu packen.

»Ich wiederhole niemals einen Akt«, versetzte er obenhin und wich zurück. »Vor allem nicht, wenn er erfolgreich war.«

»Es ist Euch lieber, einen Fehler zweimal zu begehen?« Ich näherte mich weiter.

Er schaute zu Boden. »Wie schmutzig der Boden ist.« Er zog die Stirne kraus.

»Das ist französischer Schmutz«, sagte ich. »Es scheint, er liegt hier überall.«

»Wie schade, daß es Euch in meinem Reiche nicht gefällt. Und welch ein Glück, daß Ihr nie wieder einen Fuß auf seinen Boden setzen müßt. Das Schicksal ist gütig.«

»Welch ein Glück auch, daß wir 'Brüder' sind und daß Ihr Euch mit Euren falschen Titeln in vollkommener Sicherheit wiegen könnt.«

Wieder hob er diese Braue. »Es möchte sein, daß Edmund de la Poles jüngerer Bruder Richard die gleichen Worte zu Euch sagen würde.« Er lächelte. »Zum Glück sind solche Worte harmlos und erheiternd für uns beide.« Er verneigte sich wieder. *»A bientôt, mon frère!«*

De la Pole! Wie konnte er es wagen, den Namen dieses Verräters auszusprechen, der sogar jetzt noch irgendwo in Frankreich darauf lauerte, als »rechtmäßiger« König von England anerkannt zu werden? Und Franz beschützte ihn, behielt ihn in der Hinterhand!

Ich schleuderte den weinroten Samtrock weit in eine Ecke und das Wams hinterher (beides durch des Franzosen Tücke beschmutzt vom Staub des Bodens!).

»Gebt das einem französischen Bettler außerhalb des Bezirks!« befahl ich einem Pagen. Als er sich zum Gehen wandte, fügte ich hinzu: »Seht zu, daß Ihr es dem kränksten Krüppel von allen schenkt.«

Franz lächelte bewundernd. »Wie es der Herr selbst getan hätte.« Sein Gang war noch beschwingter, als er hinausging.

Ein interessanter Gedanke. Was hätte Christus mit Franz getan? Mir schien, die Welt unseres Erlösers war klar aufgeteilt: Seine Jünger auf der einen, seine Feinde auf der anderen Seite. Wie aber stand es mit jemandem, der freundlich sprach, Ihn aber haßte in seinem Herzen? Gab es dafür ein Beispiel in der Heiligen Schrift? Es mußte eines geben. Ich nahm mir vor, es zu suchen. Vorläufig aber betete ich um Tapferkeit im Umgang mit einem Mann, von dem ich nun wußte, daß er von allen auf Erden Seiner Satanischen Majestät am nächsten verwandt war.

WILL:

Heinrich war immer geneigt, zu übertreiben und die Dinge mit Begriffen des Schlachtfeldes zu belegen. Franz war nicht der Antichrist; er war bloß ein liederlicher Franzose, der das Leben als einen kosmischen Witz betrachtete. Zweifellos hätte es ihm geschmeichelt, wenn er gewußt hätte, welch vorzügliche Ehre Heinrich ihm erwies, indem er ihm einen so hohen Rang in der Hierarchie der Dämonen zuwies.

XXIX

Während wir, Franz und ich, einander begegneten und uns gegenseitig musterten, in den grünen Gefilden Frankreichs, da wetterte Bischof John Fisher von Rochester gegen diese Begegnung und geißelte uns beide.

Obwohl er, zu Katharinas Gefolge zählend, selbst dabeigewesen war, hielt er eine flammende Predigt über die Eitelkeit des ganzen Unterfangens; zwar war einiges von dem, was er vorbrachte, durchaus gültig (nämlich, daß alles Vergnügen sich irgendwann in Überdruß und Langeweile verwandelt; daß der Mensch geborgten Leibschmucks von anderen Tieren bedarf, sich zu kleiden und zu putzen; daß nichts am Ende unseren Erwartungen entspricht), aber es galt gleichermaßen auch für das Leben an sich und überhaupt, eingerechnet den Umstand, daß der Mensch als Mensch geboren ist. Mit seinem letzten Argument, daß nämlich Regen und Hagel und »ein seltsam Geschehen vom Himmel herab« die hübschen Scheinpaläste in Trümmer gelegt hatten, faßte er die ganze Begegnung treffend zusammen. Die *entente cordiale* war ohne Substanz und verwehte im ersten Hauch der realen Politik.

Das änderte indessen nichts daran, daß ich mich über Bischof Fisher ärgerte, diesen naseweisen Nörgler. Seine Einmischungen waren mir immer schon verdrießlich gewesen. Meine Großmutter Beaufort und er hatten zusammengehangen »wie Pech und Schwefel«, wie man so zu sagen pflegt. Auf ihrem Sterbebett hatte sie mir befohlen, »Bischof Fisher in allen Dingen zu gehorchen«. Ha! Die Tage des Gehorchens waren für mich vorbei, wenngleich sie davon nichts ahnen konnte. Ich kümmerte mich nicht um den rechthaberischen alten Theologen, und seinen Rat suchte ich schon gar nicht.

Aber diese öffentlichen Predigten über meine Außenpolitik... das mußte ein Ende haben. Ich gab Befehle.

Allenthalben stritt der Klerus nun in der Öffentlichkeit, verkündete dies, verdammte jenes. Der deutsche Mönch, Martin Luther, hatte sogar drei theologische Traktate drucken lassen: *Von der Freiheit eines Christenmenschen, An den christlichen Adel deutscher Nation: von des christlichen Standes Besserung* sowie *Von der babylonischen Gefangenschaft der Kirche.* Die letzte Schrift war ein direkter Angriff gegen die Kirche im allgemeinen und den Papst im besonderen; er behauptete, die Prophezeiungen aus dem siebzehnten Kapitel der Offenbarung seien nunmehr eingetroffen («Und es kam einer von den sieben Engeln mit den sieben Schalen, und er sprach zu mir und sagte: Komm, ich will dir zeigen das Gericht über die große Hure, die da sitzt an vielen Wassern... Und auf ihrer Stirne stand geschrieben das Geheimnis des Namens BABYLON DIE GROSSE, DIE MUTTER DER BUHLERINNEN UND DER GREUEL DER ERDE. Und ich sah das Weib trunken vom Blute der Heiligen und vom Blute der Zeugen Jesu... Und der Engel sprach zu mir: Ich will dir das Geheimnis des Weibes sagen... Die sieben Köpfe sind sieben Berge, auf denen das Weib sitzt... Und das Weib, das du sahst, ist die große Stadt, die Herrschaft hat über die Könige der Erde.«). Gemeint war offensichtlich die Stadt Rom auf ihren sieben Hügeln und mit ihr der Papst, dem alle Könige Gefolgschaft schuldeten.

Papst Leo hatte ihm die Exkommunikation angedroht, wofern er nicht binnen sechzig Tagen widerrufe. Luthers Antwort hatte darin bestanden, daß er die päpstliche Bulle vor einer jubelnden Menge verbrannte.

Jubel – denn das Volk in Deutschland, in den Niederlanden und in Flandern hatte Luthers Protest mit Freuden aufgenommen. Es war, als hätten sich die Menschen schon lange von der Kirche abgewandt, als hätten sie seit einer Generation nur auf einen Führer gewartet, der für sie spreche. Er hatte sie nicht bekehrt, er hatte sie entdeckt.

Karl, der neue Kaiser des Heiligen Römischen Reiches, gab sofort einen Erlaß heraus, um das Lutheranertum in den Niederlanden zu unterdrücken. Die Humanisten (die er irrtümlich bezichtigte, mit ihren intellektuellen Sticheleien gegen die Kirche die Saat für das Lutheranertum gelegt zu haben) wurden von den Fakultäten der Universitäten verjagt. Luther selbst wurde zu einer Anhörung vor seine Oberen zitiert. Er legte seine Auffassungen dar und sagte dann: »Hier stehe ich. Ich kann nicht anders. Gott helfe mir. Amen.«

Das Schlachtfeld war abgesteckt, und ich sah mich unter Luthers Gegnern.

Warum stellte ich mich auf die Seite des Papstes? Manche behaupten, ich hätte mich nur bei ihm einschmeicheln wollen, um mir dann später die Maske vom Gesicht zu reißen und Flagge zu zeigen – besser gesagt, zu zeigen, daß mir keine Flagge etwas galt. In den Augen dieser Kritiker habe ich keinerlei religiöse Überzeugung; ich benutze die Religion nur zur Verfolgung meiner eigenen Ziele. Eine nicht minder beleidigende Deutung meines Handelns besagt, ich sei so wankelmütig, daß ich mich je nach der Laune des Augenblicks bald auf diese, bald auf jene Seite schlage.

Wahr ist (zur Enttäuschung derer, die mich kritisieren und schmähen wollen) weder das eine noch das andere. Ich hielt Luthers Ansichten für ketzerisch und gefährlich. Insgesamt genommen, führten sie in die Anarchie. Überdies waren sie eine Rebellion gegen Christus selbst, denn es war ja klar, daß Er die Kirche eingesetzt hatte.

Meine Überzeugung war, daß die Kirche geläutert, aber nicht aufgelöst werden müsse. Und das ist es, was ich mit der Kirche in England auch getan habe. Es ist einfach! Warum machen die Leute das Einfache so kompliziert?

Was nun meine Unterstützung für das Papsttum angeht: Meine eigene große Frage hatte mir noch nicht die Augen geöffnet. Was ich 1521 schrieb, schrieb ich in Aufrichtigkeit und im Rahmen der geistlichen Kenntnisse, die ich damals besaß. Mehr verlangt Gott von keinem Menschen. Daß einer später im Geiste reift, darf man nicht gegen ihn ins Feld führen.

Eine von Luthers ketzerischen Behauptungen besagte, es gebe keine sieben Sakramente; die Kirche habe (aus geheimnisvollen, eigennützigen Gründen) fünf davon erfunden. Diese fünf aber seien die Ehe, die Priesterweihe, das Bußsakrament, das Sakrament der Letzten Ölung und das der Firmung. So bleibe nur die Taufe und die Eucharistie. Nach Luthers Interpretation war die Ehe ein juristischer Kontrakt; die Priesterweihe, meinte er, sei unnötig, da Priester keine besondere Macht besäßen; die Beichte sei etwas, das man vor Gott abzulegen habe, nicht vor einem Priester; die Letzte Ölung sei ein alberner Aberglaube, die Firmung eine überflüssige Wiederholung der Taufe. Christus habe nichts von all dem ausgeübt: Folglich habe er auch nicht gemeint, daß es zur Erlösung beitrage.

Ich glaubte – nein, ich wußte –, daß Luther ganz und gar unrecht hatte. Jedes dieser Sakramente versah uns mit göttlicher Gnade; ich hatte gefühlt, wie sie über mich kam, als ich sie empfangen hatte. Und ich fühlte mich berufen, ihm zu widersprechen, schriftlich, auf daß er nicht noch mehr Seelen in die ewige Verdammnis führe.

Ich würde sämtliche Lehren Christi in diesen Fragen zusammentragen, und auch die Lehren aller Theologen und Kirchenväter von den Anfängen bis heute.

Die Aufgabe erwies sich als ungeheuer. Mehr als vier Stunden täglich saß ich vor dieser Arbeit und plagte mich. Sie erforderte atemberaubende Kenntnisse der Theologie, wie ich bald herausfinden sollte. Ich hatte mir etwas auf meine Kenntnisse über Theologen und frühe Kirchenväter zugute gehalten, aber den genauen Text nach einem winzigen philosophischen Beweis durchzukämmen, war eine herkulische Arbeit. Nach und nach fühlte ich mich wie einer, der unter Toten lebte und sich nur noch mit den obskuren Ansichten von Männern befaßte, die längst zu Staub geworden waren, und dabei die Lebenden und ihre bestürzend selbstsüchtigen Sorgen vergaß. Was war Wirklichkeit? Allmählich wußte ich es nicht mehr, und je länger ich zwischen zwei disparaten Welten hin und her pendelte, desto mehr verlor ich die Orientierung.

In vieler Hinsicht empfand ich Behagen und Ruhe in der Welt des Geistes, auch wenn es der Geist von Toten war, denn ihre Gedanken, geläutert und wohlbewahrt, waren unvergänglich. Es wäre ein leichtes gewesen, mich dort für alle Zeit zu verlieren; es war eine Verlockung, ein Sirenenruf...

Dies war meine Arbeit bei Tag. In der Nacht hatte ich ganz anderes zu tun.

Wie ich schon gesagt habe, brachte ich Sir Thomas Boleyns Tochter Mary aus Frankreich mit, wo sie offensichtlich bei Franz in Diensten gestanden hatte – mit niederen Aufgaben betraut, denn eine feste Mätresse hatte er bereits: Jeanne la Coq, die Gattin eines Rechtsanwalts. In Richmond Palace richtete ich einige Räume zu einer französischen Suite her (wo Vater seine Garderobe aufbewahrt hatte!). »Ich will Frankreich weiter erforschen«, sagte ich, »und auch jene Aspekte des Lebens erfahren, in denen Frankreich angeblich unübertrefflich ist.« Mary mußte alles bereithalten, was notwendig war, um ihre Triumphe mit Franz zu wiederholen. Sie würde sie wiederholen, ich würde sie in den Schatten stellen. Ja, so weit trieb ich meine Rivalität mit ihm...

Die Gobelins an den Wänden dieser Gemächer zeigten nicht biblische, sondern klassische Szenen. Meine Tischler kopierten französisches Mobiliar, und es wurden solche Spiegel und Kerzenhalter angebracht, wie sie von der französischen Mode bevorzugt wurden. Wenn man über die Schwelle in die »Pays de Gaul«-Suite kam, war es, als habe man den Kanal überquert.

Mary erwartete mich dienstags und donnerstags abends, zu unserer vereinbarten Stunde. Das an sich war schon französisch. Die Vereinbarung. Denn die Franzosen rühmten sich ihrer Logik und Rationalität, und sie beschränkten ihre Liebesspiele auf zuvor vereinbarte Zusammenkünfte. Man sollte denken, daß diese Sitte das Vergnügen beeinträchtigte, aber indem sie das Vergnügen von der Leidenschaft trennte, erhöhte und erhellte sie es zugleich.

Alle ihre Stellungen hatten sie in einen Katalog geschrieben und mit Namen versehen wie Ballettschritte. Wie pastellen, wie künstlerisch sie alle klangen, wie weit entfernt von allem, was mit Schweiß zu tun hatte, mit Stöhnen und mit Angst.

In Frankreich, so schien es, hatte man die uralte, natürliche Art der Paarung gänzlich aufgegeben. Alles geschah von hinten oder von der Seite. Den Augenblick des Höhepunkts hatten sie in Poesie verwandelt: *la petite mort*, der kleine Tod. Nicht, wie es im Englischen hieß, der Augenblick der Wahrheit, der großen Pein.

Mary führte mich leichthin durch all diese Übungen. »Die Position für einen König, der erschöpft ist nach einem Tag voller Ratssitzungen«, flüsterte sie und demonstrierte dabei eine gewisse Methode.

»War das seine Lieblingsstellung?« Diese Frau mit Franz zu teilen, exakt die gleichen Akte in exakt demselben Körper zu vollziehen, erfüllte mich mit bebender Erregung. »Hat er dies getan – und dies – und dies – wenn er aus seinen Sitzungen kam?«

Kundig schwamm Mary unter mir und brachte sich gleich mehrmals hintereinander zum *petite mort*, als wolle sie so einer Antwort aus dem Wege gehen. Auch das war eine französische Mode: Keine *amoureuse*, die dieses Namens würdig war, begnügte sich mit einem einzigen *petite mort*. Nein, es mußten mehrere hintereinander sein, je mehr, desto besser.

»Was ist mit Franz?« wisperte ich beharrlich.

»Es war nie... er war nie...« murmelte sie pflichtbewußt. »Er war kleiner als Ihr.«

Solche Übungen und Schmeicheleien waren nur der Beginn ihres kunstreichen Repertoires. Es kam noch manches andere, welches aufzuzeichnen die Schicklichkeit mir verbietet – sogar hier.

Aber indem ich das Vergnügen an seine entlegensten Grenzen trieb, erschöpfte ich es auch. Es verwandelte sich in Überdruß. (So hatte Bischof Fisher es in seiner berühmten Predigt vorhergesagt: »Zum ersten, die Freuden und Vergnügungen des Lebens, mögen sie auch noch so groß sein, haben Überdruß und Ekel in ihrem Gefolge. Keine Speise gibt es, keinen Trank, und wäre er auch köstlich, lieblich und erquickend, daran sich Mann oder Weib auf lange Zeit laben möchte, ohne am Ende dessen müde zu sein...«)

Während alledem mühte ich mich durch das Dickicht der Theologie und suchte meine *Assertio Septem Sacramentorum* zu vollenden. Und ich entdeckte eine kuriose Ähnlichkeit zwischen diesen beiden Unternehmungen, insofern als die Vervollkommnung in ihrem Gegenstand schließlich alle Lebendigkeit abtötet. Die theologische Haarspalterei und die überfeinerte Technik der Liebeskunst sind Vettern, die ihr jeweiliges Opfer ausbluten lassen.

XXX

Endlich war das Buch fertig. Es war zweihundertfünfzig Seiten stark und ganz in Latein geschrieben. Ich war zufrieden. Erst jetzt zeigte ich es auch anderen, konfrontierte sie gleichsam mit einem *fait accompli.* (Man beachte, wie französisch ich geworden war: Ich dachte in französischen Floskeln auch außerhalb der Bezirke meiner Lust.) Thomas More und Wolsey und John Longland, dem Bischof von Lincoln, meinem Beichtvater, sowie Edward Lee, dem Canonicus von Lincoln, gab ich Abschriften. Und Wolsey, Longland und Lee sandten die ihren fast ohne Kritik und Korrekturen zurück, wohl aber mit Begleitbriefen voller Lobesworte.

Nur Mores Exemplar blieb aus. Drei Wochen, nachdem die anderen ihres zurückgeschickt hatten, hatte er es immer noch. Da wußte ich, daß er es wirklich las und daß er etwas daran auszusetzen hatte.

Kürzlich war es gelungen, More aus seinem privaten Dasein als Anwalt in London fortzulocken. In einer Verhandlung des Sternenkammergerichtes hatte er ein päpstliches Schiff verteidigt, das aufgebracht worden war, weil es nach dem Seerecht der Krone zugefallen war. Seine Verteidigung war so brillant gewesen, daß Wolsey, der die Sache der Krone vertreten hatte, sich unverzüglich darangemacht hatte, Mores Talente für seine eigenen Zwecke einzuspannen. Er bewog More, zunächst als Petitionsmeister in den Dienst des Hofes zu treten; dies bedeutete, daß er Bittschriften, die mir am Hofe oder auf den Staatsreisen gebracht wurden, entgegenzunehmen hatte. Ich hatte ihn dann zum Mitglied des Geheimen Staatsrates ernannt und ihm zu verstehen gegeben, daß er sich dem englischen Aufgebot auf dem »Feld des Goldenen Tuches« anzuschließen habe. Nach und nach war er so in das Leben am Hofe hineingezogen worden.

Als More das Manuskript schließlich zurückbrachte, bat er mich um eine Unterredung. Ich hätte ihn im Audienzsaal, auf meinem Thron sitzend, empfangen können. Aber ich zog es vor, von Mann zu Mann mit ihm zu sprechen, nicht als König und Untertan. Er sollte in mein Arbeitszimmer kommen, und es sollte dort ein warmes, freundliches Kaminfeuer brennen, nicht die Fackeln des Protokolls.

Er war älter geworden. Aber das war natürlich. Ein paar Jahre waren ins Land gegangen, seit ich ihm, kindisch auftrumpfend, das Astrolabium geschenkt hatte. Er war erwachsen gewesen, als meine Mutter gestorben war. Jetzt waren wir beide Männer, und die Dinge lagen anders. Ich brauchte ihm keine Geschenke mehr zu machen, um ihm zu beweisen, daß ich sein König und Meister war.

Er brachte das Manuskript in einer Schachtel.

»Ich hoffe, es gibt keine Änderungen«, sagte ich, »denn die Abschriften, die ich Seiner Heiligkeit präsentieren möchte, werden bereits angefertigt – von Mönchen natürlich. Die verstehen sich auf die Kalligraphie.«

»Nicht mehr so sehr«, murmelte er, und er überreichte mir die Schachtel. »Ich sehe nur einen einzigen Mangel. Ihr legt zuviel Gewicht auf die Autorität des Papstes. Vielleicht sollte man mit weniger Wucht davon sprechen.«

War das alles? Erleichterung überkam mich in Wellen.

»Luther hat sie so erbost attackiert, daß ich mich genötigt sah, ihr eine neue Stütze zu verleihen.«

»Ihr betont die Würde des Amtes im Übermaß«, sagte er. »Papst Leo wird unter dieser Bürde ins Wanken geraten, wenn er es liest. Er ist nicht der Mann, der sie zu tragen vermag. Noch, denke ich, vermag es sonst irgendein Mensch auf Erden, wie Ihr sie hier schildert.«

»Aber wie findet Ihr die Schrift im ganzen?« Die Frage brach aus mir hervor.

»Ich finde« – er legte eine Pause ein –, »sie ist ein bewundernswertes Werk der Gelehrsamkeit. Ihr habt bei der Suche nach Zitaten ohne Zweifel größte Sorgfalt bewiesen...«

»Das Denken! Ich meine das Denken, die Analyse, die Deduktionen! Was ist damit?«

More wich zurück wie vor einem körperlichen Angriff. »Es ist jedenfalls überzeugend... und gründlich.«

Aber das sollte es natürlich auch sein – überzeugend, gründlich.

Plötzlich hatte ich keine Lust mehr, die Frage weiter zu verfolgen. »Bewundernswert« hatte er gesagt, »Sorgfalt«, »überzeugend«, »gründlich«. Widerstrebende Komplimente. Nicht eben die überschwenglichsten Akkoladen. Was er meinte, war »kompetent, aber nicht bewegend«.

Er hatte nichts Geniales darin gefunden.

Und was machte das? War er denn kompetent (wieder dieses Wort), dies zu beurteilen?

»Danke, daß Ihr Euch die Zeit genommen habt, es zu lesen«, sagte ich. »Ich werde Eure Vorschläge berücksichtigen.«

Im Kopf, aber nicht mehr im Manuskript, denn just in diesem Augenblick wurde es von den folgsamen Mönchen bereits auf feinstes Pergament kopiert.

»Es war uns eine Freude, in diesem vergangenen Sommer Eure Gesellschaft zu genießen«, sagte ich. »Eine Freude war uns auch Eure Bereitschaft, die diplomatische Mission nach Calais zu übernehmen, wo Ihr über die Rückgabe von Tournai verhandeltet.«

Er lächelte. Oder doch nicht? In seinem Gesicht schien für das Lächeln keine Vorkehrung getroffen zu sein; alles an seinen Zügen war ernst.

»Endlich befindet Ihr Euch also auch in unserer Mitte.«

»Ja. Auch ich bin überrascht.«

»Ihr werdet noch lernen, Euch hier heimisch zu fühlen«, sagte ich. »Denn hierher gehört Ihr in Wahrheit. Die brillantesten Geister des Reiches sollten im Dienst des Souveräns stehen, denn das Denken ist ein höherer Tribut als jeder Rubin. Und einer, den ein loyaler Untertan seinem König mit Freude entrichten sollte.«

More verbeugte sich stumm.

So hatte ich es nicht zum Ausdruck bringen wollen. Vor dem Kamin hatte ich mit ihm sitzen wollen, Vertrauen beweisen, Vertrauen gewinnen, Kameradschaft pflegen. Aber er zeigte keine Wärme, trotz aller Liebenswürdigkeit. Liebenswürdigkeit kann als wirkungsvolle Tarnung für absolute Kälte dienen. Ich spürte seine Kälte stärker als die Hitze des Feuers.

»Mein Geist steht zu Eurer Verfügung«, sagte er.

Das war nicht das, was ich gemeint hatte; es war so ganz und gar nicht meine Absicht gewesen. Er hatte es nur in dieser Weise gedeutet und meinen guten Willen in etwas Finsteres, Gespenstisches verkehrt.

Ach, sollte er doch gehen! Weshalb lag mir so viel daran, was er dachte und was er fühlte?

Er war wie alle anderen.

WILL:

Das Buch – ein großartiges Prunkexemplar, in Gold gebunden und mit Innenblättern von Pergament – wurde zu Leo X. gesandt. Man berichtete, der Papst habe sogleich fünf Seiten davon gelesen und dann erklärt, er »hätte niemals gedacht, daß ein solches Buch möchte kommen von der Gnade des Königs, der unbedingt sich auch um andere Dinge zu bekümmern hat, derweil solche, die sich ihr Lebtag nur mit der Wissenschaft beschäftigen, dergleichen nicht hervorzubringen wissen«.

Der Papst, dankbar für die uneingeschränkte Unterstützung des Königs, verlieh Heinrich einen langersehnten Titel: *Defensor Fidei* – Verteidiger des Glaubens. Von nun an würde Heinrich sich neben den anderen, mit theologischen Würden überhäuften, Monarchen nicht mehr nackt vorkommen.

Das kleine Buch hatte erstaunlich großen Erfolg. Zahlreiche Übersetzungen wurden gedruckt, in Rom, Frankfurt, Köln, Paris und Würzburg, unter anderem, und sie verkauften sich ebenso schnell, wie sie aus den Druckpressen kamen. Insgesamt zwanzig Ausgaben wurden produziert, bevor der Appetit des Kontinents gestillt war. Um diese Zeit stürzte sich dann auch Luther ins Gemenge und schleuderte Schmähungen gegen den königlichen Verfasser. Heinrich versagte es sich, selbst zu antworten; er wies More an, das Werk zu verteidigen.

Meine theologischen Pfeile hatten ins Schwarze getroffen. Das erkannte ich an der Vehemenz, mit welcher der angestochene Luther antwortete. Der »geistliche« Mönch zog in seinem Pamphlet *Martin Luthers Antwort deutsch auf das Buch König Heinrichs von Engeland* mit einer ganzen Salve der gemeinsten Beleidigungen gegen mich vom Leder. Er nannte mich »König von Engelland durch Gottes Ungnade« und erklärte sodann: Dürfe »ein könig von Engelland seyn lügen unverschampt auß speyen, ßo thar ich sie yhm frölich widder yn seynen Halß stossen, denn damit lestert er alle meyne Christliche lere und schmiert seynen dreck an die krone meyns königs der ehren, nemlich Christi, des lere ich habe, darumb sols yhn nicht wundern, ob ich den dreck von meynes hern krone auff seyne krone schmier, unnd sage für aller wellt, das der könig von Engelland eyn lügener ist und eyn unbidder man«.

»Nun«, sagte ich zu More, nachdem ich ihn hatte rufen lassen, »Ihr seht, auf welcher Höhe Luthers Geist steht: ein wenig unterhalb des Gürtels.« More blätterte lustlos in dem Pamphlet. Aber sogar in seinen ausdruckslosen Augen zeigte sich Überraschung (und Geringschätzigkeit), als er den Satz vom »Dreck schmieren« las.

»Ich wünsche, daß Ihr ihm antwortet«, erklärte ich. »Auf die gleiche Weise.« Er wollte Einwände erheben, und so schnitt ich ihm das Wort ab. »Es ist unter der Würde eines Königs, in diesem Tenor zu schreiben; auch der Papst könnte es nicht. Aber ein Untertan kann unter einem Pseudonym schreiben. Wie Ihr Euer *Utopia* geschrieben habt.«

»Warum ich, Eure Majestät?« Er war offenbar schmerzlich berührt. »Wenn Ihr nichts weiter wünscht als einen Austausch von Exkrementen, so finden sich andere, die besser geeignet wären. Ich benutze solche Kategorien nicht, noch denke ich in ihnen. Es wird mich große Mühe kosten, zu vollbringen, was andere mit Leichtigkeit vermöchten. Ich bitte Euch, laßt mich Euch auf andere Weise dienen.«

»Nein. Denn ich brauche jemanden, der Luther auf allen Ebenen zu antworten versteht, nicht bloß auf der skatologischen. Nehmt

Euch einen Seemann, der Euch bei den Schmähungen zur Hand gehen soll; aber um der Argumentation Substanz zu geben, ist Euer Geist vonnöten.«

Er zappelte ein Weilchen. Ich hatte schon früher bemerkt, daß er dazu neigte, die Haut rings um seine Daumennägel abzuzupfen. Es war eine Tätigkeit, die sich unter den weiten Anwaltsgewändern verbergen ließ und die man ausüben konnte, derweil man sich eine unbewegte Miene bewahrte. Seine Daumen waren oft wund und blutig.

»Ihr müßt doch eine verborgene Seite haben«, sagte ich. »Eine, die zu gern einmal die Wände des Abtritts bekritzeln würde. Laßt ihr doch die Zügel schießen.«

»Ich versuche, diese irdische Seite im Zaume zu halten, mein Lord, statt ihr die Zügel schießen zu lassen.«

»Laßt sie nur ein einziges Mal galoppieren.«

Und mit einem Lächeln besiegelte ich den Befehl.

More erfüllte ihn zufriedenstellend. In seiner *Antwort an Luther* von »William Rosse« erklärte er, Luther gehöre »mit Kot überschwemmt«. Er nannte ihn »kotiger als ein Schwein und törichter als ein Esel«, einen »speichelleckenden Possenreißer, der einst ein Mönch und dann ein Zuhälter« gewesen sei und nichts im Munde führe als »Ärsche, Kot und Dung« und nur dazu tauge, »mit seinem Vorderteil das Hinterteil einer pissenden Maultierstute abzulecken«. Sodann forderte er seine Leser auf, »all den Spülicht und die Scheiße, die er in seiner verdammungswürdigen Verkommenheit hervorgekotzet, zurückzuwerfen in Luthers Scheiß-Maul, wahrlich den Scheiß-Tümpel aller Scheiße, und über seinem Haupte zu entleeren alle Sickergruben und Kotwannen«. Luther, wie erwartet, explodierte vor Wut.

»Ich bin erfreut«, sagte ich zu More. »Ich werde Euch eine entsprechende Belohnung zukommen lassen.« Die Wahrheit war, daß er nur wenig Originalität an den Tag gelegt hatte; er hatte einfach die Wörter »Scheiße« und »Kot« bis zum Überdruß verwendet. »Das Bild von der pissenden Maulstierstute war bestrickend«, lobte ich. Als einziges.

»So gebt William Rosse ein Stipendium, das ihm ermöglicht, seine Stallungen ausmisten zu lassen, solange er lebt«, sagte More. »Nur bringt meinen Namen und mein Haus keinesfalls damit in Verbindung.«

»Nun seid Ihr ihn einmal losgeworden«, sagte ich. »Diesen Dämon. Die weltliche, physische Seite Eures Wesens.«

»Vielleicht bin ich Euch dafür dankbar«, antwortete er betrübt.

» Skurril, Eure Majestät«, bemerkte Wolsey mit einem Blick auf die *Antwort an Luther* auf meinem Schreibtisch.

»In der Tat. Es ist mir ein wenig peinlich, einen solchen Kerl zum Verteidiger zu haben – wer immer er sein mag.«

Wolsey schnupperte an seiner Parfümkugel.

»Der Gestank von literarischer Scheiße läßt sich mit Zimt und Nelkenduft nicht überdecken«, sagte ich. »Schade.«

»Ja, und davon gibt es jetzt beinahe soviel wie von der gemeinen Sorte, da ja jedermann einen Federkiel und, wie es scheint, auch Zugang zu einer Druckpresse hat.« Wieder schnupperte er an seiner Kugel. »Ich bin dankbar, daß Ihr Euer Werk Papst Leo geschenkt habt, nicht dem – Holländer. Und dankbar auch dafür, daß der gute Papst Leo diese Pamphlet-Kriege und Kot-Schlachten nicht mehr erleben mußte.«

Ich biß mir auf die Lippen, um ein Lächeln zu unterdrücken. »Ihr habt nichts übrig für Papst Adrian?«

Die Wahrheit war, daß Wolsey sich ernsthafte Hoffnungen auf die Papstkrone gemacht hatte, als Leo unverhofft dahingeschieden war. Er hatte versucht, die Stimmen des Kaisers in der Kurie zu kaufen. Aber statt dessen war Adrian gewählt worden, der Bischof von Tortosa, Karls Lehrer aus Kindertagen. Nach allem, was man hörte, war der Mann heiligmäßig, gelehrt und so langsam wie eine Schildkröte.

»Ich kenne ihn nicht.«

Er hatte mir nicht erzählt, daß er versucht hatte, den Konklave zu bestechen. Die Bespitzelung war zu einem festen Bestandteil unseres Umgangs miteinander geworden. Ob er wohl wußte, daß ich More beauftragt hatte, die *Antwort auf Luther* zu schreiben? Hoffentlich nicht.

Nun aber zu dringlichen Geschäften: Ich hatte mich gezwungen gesehen, das Parlament einzuberufen, weil ich die Mittel für einen möglichen Krieg aufbringen mußte.

Jawohl, Franz hatte den Vertrag des Universalen Friedens gebrochen, indem er in Navarra einmarschiert war und es dem Kaiser abgerungen hatte. Jetzt rüstete der Kaiser zum Krieg und forderte alle, die 1518 den Vertrag des Universalen Friedens unterzeichnet hatten, dazu auf, den Aggressor Frankreich zu bestrafen, wie es im Vertrag vorgesehen war.

»Was für Steuern gedenkt Ihr zu verlangen?«

»Vier Schilling vom Pfund, Eure Majestät.«

»Aber das sind zwanzig Prozent Steuern! Niemals werden sie sich dazu bereit finden!«

»Die Ehre des Reiches verlangt es.«

Hatte er so sehr das Gefühl für das Mögliche und das Vernünftige verloren? »Das ist unvernünftig. Man soll nie etwas verlangen, was sich so leicht zurückweisen läßt. Damit setzt man schlechte Exempel in die Welt.«

Er schüttelte den Kopf. Sein Doppelkinn schwang in der Bewegung mit. »Sie werden es nicht zurückweisen«, intonierte er in einem Ton, der für die Messen geeignet gewesen wäre, die er nicht mehr las.

Habe ich in diesem Augenblick angefangen, Zweifel an der Heiligkeit, der Weisheit des päpstlichen Amtes zu hegen? Wenn Wolsey ernsthaft als Kandidat in Betracht gekommen war – oh, es war nur gut, daß ich mein Buch geschrieben hatte, als mein Glaube noch ungetrübt gewesen war.

Der Handel mit dem Parlament nahm einen schlechten Verlauf. Wolsey stellte den Steuerantrag und legte dar, welch vornehme Berufung der Krieg gegen König Franz, den Vertragsbrecher, sei. Er sprach beredt wie immer. Er hätte die Vögel überreden können, von den Baumeswipfeln herabzukommen. Jedes Argument, daß ihm etwa vorgehalten worden wäre, hätte er mit Leichtigkeit entkräftet.

Aber More, der im Parlament den Vorsitz führte, wußte die einzige Entgegnung, die Wolsey nicht widerlegen konnte: Schweigen. Er behauptete, es sei ein uraltes Privileg des Unterhauses, ein »wundersam hartnäckig Schweigen« zu bewahren, wann immer Fremde zugegen waren. Dies komme Wolsey sicher entgegen, »insofern als mein Lord Kardinal uns noch kürzlich die Leichtfertigkeit unserer Zungen zum Vorwurf gemacht hat«.

Es war ein verblüffendes Mittel. Wolsey blieb nichts anderes übrig, als sich geschlagen zu geben und das Parlament zu verlassen. In der nächsten Sitzung sprach ein Mitglied seines eigenen Haushalts, der zugleich einen Sitz im Unterhaus innehatte, mit leiser Stimme von dem Unverstand, der darin liege, Geld für einen Krieg auf dem Kontinent auszugeben, wenn es besser darauf verwendet werden könne, die Schotten in unserem Rücken zu unterwerfen »und damit unseren König auch zum Herrn über Schottland zu machen«.

Am Ende gewährte man mir eine Steuer von einem Schilling pro Pfund.

»Wer war der Bursche, der vorschlug, Schottland in die Krone einzugliedern?« fragte ich Wolsey, als es geschehen war und sein Stolz von der Verletzung genesen war.

»Thomas Cromwell«, antwortete er. »Ein Jüngling aus meinem Haushalt. Er redet, wo er besser schwiege.« Also entschuldigte Wolsey sich für ihn.

»Ich dächte doch, Ihr würdet das Schweigen fortan nicht mehr als eine Tugend preisen!« Die Wunde war noch offen, und Salz war bei der Hand. »Sein Vorschlag ist durchaus... verdienstvoll.« Mit More war es etwas anderes. Wollte er mit seiner Widersetzlichkeit seine Integrität unter Beweis stellen?

»Cromwell ist ein Mann, der nur fragt, was erreichbar ist, nicht aber, was erlaubt oder was herkömmlich wäre. König von Schottland... ich wette, er sieht die Krone bereits auf Eurem Haupt.«

»Ich ließe mich durchaus überzeugen.« Ich merkte, wie sich meine Mundwinkel zum Faksimile eines Lächelns aufwärts krümmten – ein Trick, den ich kürzlich gelernt hatte, um Ungeduld oder Langeweile zu verbergen.

Am Ende mußten wir doch in den Krieg ziehen, und das Parlament mußte ihn finanzieren. Zu unserem Unglück finanzierte das Parlament ihn aber nur in einem gewissen Maß, und dies war nicht das Maß des Erforderlichen. Der Krieg zog sich über drei Jahre hin, aber das Parlament genehmigte nur eines. Die Folge war, daß wir unser Geld ausgaben, Verluste erlitten – aber am Ende vom Sieg und dem damit verbundenen Ruhm ausgeschlossen waren. Denn Franz unterlag in der Schlacht bei Pavia und wurde schließlich von Karl gefangengenommen. Die französische Armee wurde vernichtet. Richard de la Pole, Edmunds jüngerer Bruder, die selbsternannte »Weiße Rose von York« und der von Franz ernannte »König von England«, der an der Seite seines Beschützers und Herrn kämpfte, fiel auf dem Schlachtfeld.

»Jetzt sind wir aller Prätendenten ledig!« rief ich, als man mir die Nachricht brachte. Ich frohlockte. Aber es war ein Sieg aus zweiter Hand.

Im ersten Sturm des Krieges hatten wir große Wirkung erzielt. Ich hatte Brandon von seinen Ländereien in Suffolk zurückgerufen, wo er gefaulenzt hatte, und ihm den Befehl über die Invasionstruppen gegeben. Er kam mit seiner Armee bis auf vierzig Meilen an Paris heran. Dann aber gingen Geld und Sommer zur Neige. Der Schnee fiel und hüllte sie ein, und dann kam das Eis. Sie konnten nicht überwintern; es war unmöglich, ein Heer von fünfundzwanzigtausend Mann unter winterlichen Bedingungen im Felde zu unterhalten. (Wenn man bedenkt, daß der Krieg dem Trompetenstoß der Jahreszeiten zu folgen hat!) Ich flehte das Parlament an, die Mittel zu bewilligen, die nötig waren, damit sie im Frühjahr dort weiterkämpfen konnten, wo sie aufgehört hatten. Das Parlament weigerte sich.

Und so wurde die Gelegenheit zur Eroberung Frankreichs weggeworfen, weil ein paar genügsame Schafzüchter aus York und Bierbrauer aus Kent es selbstgefällig so bestimmten.

Alle englischen Bürger hatten den Befehl zur Rückkehr erhalten, ehe der Krieg ausgebrochen war. Das betraf auch die wenigen, die sich noch am französischen Hof aufhielten, etwa die Seymour-Söhne und Anne, Mary Boleyns Schwester. Es ging nicht an, daß loyale Bürger in der Hand des Feindes blieben, wo sie eingekerkert oder als Geiseln gehalten werden könnten. Sogar die Weinimporteure aus Bordeaux beeilten sich, heimzukehren, und ihre Frachtschiffe brachten sie gleich mit.

WILL:

Und so kam Anne Boleyn – die »Schwarze Nan«, wie man sie bereits nannte – wieder nach England. Die Hexe kehrte heim...

HEINRICH VIII.:

Der Gang zum Parlament war an sich schon erniedrigend gewesen (aber notwendig, denn ich wollte den Königlichen Schatz nicht zur Gänze plündern), aber von ihm eine Ablehnung im Empfang zu nehmen, war es zweifach. Daheim vor meine Bürger zu treten und zu gestehen, daß ich außerstande sei, sie im Auslande zu beschützen, lief auf das Eingeständnis der Impotenz hinaus.

Wenngleich ich mich über dieses schwere Leiden nicht beklagen konnte, lagen doch andere Aspekte meines Lebens, die mit diesem delikaten Element zu tun hatten, einigermaßen im argen. Ich sah die liebreizende Mary Boleyn noch immer an jedem Dienstag und jedem Donnerstag (diese Stunde war für uns inzwischen unantastbar!), aber Mary hatte sich verändert.

Sie wurde nacheinander launisch, matt und schließlich weinerlich. Kurz, es machte nicht länger Spaß, mich mit ihr zu vergnügen. Das sagte ich ihr auch, wie ein Käufer, der sich über schlechte Waren beschwert.

»Launen und Tränen schicken sich für eine Ehefrau, aber nicht für eine Geliebte«, murrte ich eines Abends, als sie unser Stelldichein schon wieder verdorben hatte. Meine Lenden sehnten sich schmerzlich nach Erleichterung, und alles, was mir geboten wurde, war ein Zank – um nichts.

»Ach! Ich übe mich darin«, erwiderte sie verbittert. »Es ist ja eine Fertigkeit, die ich bald beherrschen muß.«

Jetzt hatte ich es begriffen. »Du sollst heiraten?«

»Ja«, sagte sie finster.

»Wer ist es?« Die vorgeschriebene Frage.

»William Carey. Er bedient Euch bei Tische.«

Carey. Ich versuchte, mich seiner zu erinnern, aber ich konnte kein Gesicht mit dem Namen verbinden. Das an sich war schon schlecht. Es bedeutete, daß er nicht bemerkenswert war.

»Mein Vater hat ihn erwählt. Besser gesagt, er hat ihn bezahlt! Er will mich vermählt wissen, zumal da er Anzeichen dafür sieht – oder zu sehen glaubt –, daß ich schwanger sei.«

»Oh.« Ich war plötzlich traurig. Ich würde Mary vermissen, und ich verabscheute den Gedanken, daß ich ein Kind haben könnte, ein Kind, das mein und doch nicht mein wäre...

»Deshalb hat er den Kerl dafür bezahlt, daß er mich zu einer achtbaren Frau macht. Mein Vater möchte bei Hofe emporkommen; da würde es nicht angehen, daß er einen Bankert zum Enkel hätte. Oder daß man ihn als Kuppler des Königs sähe.« Sie lachte erbost.

»Wann soll sie stattfinden? Die Hochzeit?«

»Nächste Woche. Am Sonntag.«

Heute war Donnerstag. Es war also das letzte Mal für uns...

»Vielleicht wird die Ehe nicht so... scheußlich sein, wie du befürchtest«, tröstete ich sie.

»William Carey ist ein lieber Mann.«

»Dann hast du Glück.«

»Lieb – und nachsichtig.«

Plötzlich verstand ich. Meine erste Empfindung war Abscheu. Dann, gleich darauf, Erleichterung.

»Dann habe ich Glück.«

WILL:

Und noch im selben Jahr, Catherine, kamt Ihr zur Welt, nicht wahr? Was sagt Ihr nun?

HEINRICH VIII.:

Nach dem grauenhaften, verfluchten Kinde, das Katharina zur Welt gebracht hatte, kam keines mehr. Es war, als habe ihr Schoß sich mit der Hervorbringung dieses Monstrums selbst verflucht.

Zum Zeitpunkt dieser widerwärtigen Geburt war Katharina dreiunddreißig Jahre alt gewesen. Jetzt war sie vierzig. Obwohl ich noch immer meine ehelichen Pflichten mit ihr vollzog, empfing sie niemals wieder.

Wie flüchtig ist doch die Zeit der Fruchtbarkeit bei einem Weibe. Bei Katharina war sie vorüber. Ich hatte sie das erstemal zu Gesicht bekommen, als sie gerade dabei war, dieses Fenster zu öffnen. Jetzt hielt ich ihre Hand, als sie es wieder schloß. Allzulang war die Zeit nicht gewesen.

XXXI

Ich war dreißig, als ich Leo X. meine *Assertio Septem Sacramentorum* zueignete und er mir den Titel »Verteidiger des Glaubens« verlieh. Es war ein anrührender Augenblick für mich gewesen, und ich war glücklich, wann immer ich mich seiner entsann.

Aber dieses Glück war wie ein Juwel auf schwarzem Samt. Es gab wenig anderes in meinem Leben, das mir Gottes Gunst gezeigt hätte, und nach und nach begann ich mich zu fragen, ob der Papst tatsächlich ein Vertrauter des göttlichen Geistes war. Statt mir Trost zu spenden, bewirkte der Beifall des Papstes eher, daß mir die Integrität des Papsttums an sich fragwürdig wurde.

Denn es gab kaum einen Zweifel daran, daß Gott mir den Rükken zugewandt hatte. Ich hatte keinen Erben, und die Ärzte bestätigten nun, was ich längst befürchtete: Katharina würde keine Kinder mehr bekommen können. Mein Geld war verbraucht, und Frankreich hatte sich meinem Zugriff dennoch um Haaresbreite entziehen können. Die Schotten hatten 1513 eine Tracht Prügel bezogen, aber sie sammelten sich wieder – beim Heiligen Blute, war ihnen und ihren Belästigungen denn kein Ende zu machen? Vor meiner eigenen Vision von Englands Größe waren Wolken aufgezogen. Wohin ich auch schaute, jeder Plan, jeder Wunsch, den ich in mir genährt hatte, war gründlich zunichte gemacht worden. Offensichtlich wollte Gott nicht, daß es mir – und insofern auch meinem Reich – wohl erging, bis ich irgendeinen unbekannten Frevel gegen ihn getilgt hatte.

Aber welchen? Mir fiel nichts ein, das greulich genug gewesen wäre, mich dermaßen in Ungnade fallen zu lassen. Ich hatte die Ehe gebrochen, und das hatte ich gebeichtet. Aber (falls dies nicht unerbietig klingt) die Ehebrecher im Alten Testament schien Gott doch mit Wohlwollen zu betrachten. Jakob und Abraham und David hatten »Mägde« gehabt, mit denen sie das Lager geteilt und sogar Kinder gezeugt hatten. Ich habe nie recht begriffen, weshalb Gott erbost darüber war, daß David sich Bathseba »nahm«, es aber offensichtlich billigte, daß er sich im Alter von Abischaj »trösten« ließ. Mein eigenes, innerstes Unglück rührte aus dem Wissen, daß ich mich meinem Schöpfer irgendwie entfremdet hatte. Ich begann zu erforschen, für welche unbeabsichtigte Tat ich zur Verantwortung gezogen wurde.

Außerdem mußte ich mich den Problemen stellen, die meiner Situation innewohnten, sollte es sich erweisen, daß sie nicht zu beheben waren. Ich hatte eine Tochter, Maria, die jetzt neun Jahre alt war. Sie war mir eine Freude! Als Schülerin war sie hervorragend, und sie machte gute Fortschritte im Lateinischen wie auch im Spanischen (Katharina sprach es mit ihr) und im Französischen. Das beste aber war: Sie liebte die Musik und zeigte sich darin überaus vielversprechend. Sie war ein sanftes und liebevolles Kind.

WILL:

Welches zu einer verbitterten, rachsüchtigen Frau heranwuchs, unter der wir jetzt alle zu leiden haben. Wann mag sie sich so verändert haben?

HEINRICH VIII.:

Aber mochte ich sie noch so sehr lieben, ich war doch gezwungen, die Angelegenheit kühlen Herzens zu betrachten. Sie war ein Weib, und wenn sie heiratete, würde sie ihrem Manne untertan sein. Wenn Maria heiratete, wäre England selbst ihre Mitgift!

Nein! Das würde ich nicht zulassen! England ein Anhängsel des Heiligen Römischen Reiches oder Frankreichs? Der bloße Gedanke schnürte mir die Kehle zu. Und wenn sie einen geringeren Fürsten heiratete – jemanden aus einem deutschen Herzogtum oder einem italienischen Kleinstaat? Was würde der von der Regierung eines großen Reiches verstehen? Versuchen würde er sich daran vielleicht gleichwohl und damit unheilbaren Schaden über England bringen.

Und sollte Maria sterben (die Vorstellung schmerzte mich, aber ich mußte die Möglichkeit in Betracht ziehen), wer wäre dann der nächste in der Erbfolge?

Mein dreizehnjähriger Neffe, James V. von Schottland? Der kleine Jamie. Ich traute keinem Schotten.

Meine andere Schwester, Maria, hatte jetzt einen Sohn und zwei Töchter. Aber deren Vater war ein Bürgerlicher gewesen, und dies würde unweigerlich Zweifel wecken und andere Bewerber und Anspruchsteller auf den Plan rufen.

Diese Bewerber würden zwangsläufig entfernte Verwandte des Königshauses sein. Aber Entfernung, das hatte ich zu meiner Überraschung und zu meiner Betrübnis in der Affäre Buckingham feststellen müssen, war kein Hindernis für königliche Ambitionen. Es brauchte nur der Ururgroßvater eines Mannes eine Krone getragen zu haben, und schon konnte er sich ohne Mühe vorstellen, wie sie auf seinem eigenen Haupte saß.

So hatte es auch Edward Stafford empfunden, der Herzog von Buckingham, ein Nachkomme des sechsten und jüngsten Sohnes Edwards III., mit dem ich überdies einen Urgroßvater gemeinsam hatte: John Beaufort, einen Sproß des vierten Sohnes Edwards III., John von Gaunt.

Aber dazu kam noch viel mehr. Er befragte einen weissagenden Mönch, und der prophezeite ihm, er werde »alles bekommen«. Buckingham erklärte daraufhin: »Sollte dem König ein Unheil widerfahren, wäre ich in der Reihe des Blutes der Krone am nächsten.« Noch eisiger aber überlief es mich, als er behauptete, Gott strafe mich (wofür?), »indem er nicht leidet, daß des Königs Sache gedeihe, wie sich erweist durch den Tod seiner Söhne«.

Nachdem er verhaftet, vor Gericht gestellt und des Verrates für schuldig befunden worden war, offenbarte er das ganze Ausmaß seiner Heimtücke. Er bat mich um eine Audienz und nahm sich vor, dabei einen Dolch im Gewand zu verbergen. Er wollte ergeben vor mir niederknien, dann aber unversehens aufspringen und mich erstechen, »wie sein Vater es mit Richard III. tun wollte«. Der Verräter erhielt keine Gelegenheit, seinen niederträchtigen Plan in die Tat umzusetzen.

WILL:

Buckingham war ziemlich dumm, wie so viele aus dem alten Adel. Er hatte offenbar das Gefühl, seine Titel und seine Abstammung verliehen ihm eine Art Immunität – ein kurioser Einfall angesichts dessen, daß die Erinnerung an drei ermordete Könige, nämlich Heinrich VI., Edward V. und Richard III., noch lebendig war.

HEINRICH VIII.:

Ich hatte noch mehr Vettern, und je weiter man den Stammbaum durchforstete, desto entfernter und zahlreicher wurden sie. Potentielle Anspruchsteller gab es in Massen, das wußte ich.

Maria allein konnte ich den Thron nicht hinterlassen. Nur ein einziges Mal hatte eine Frau in England regiert: Matilda, im Jahr 1135. Ihr Cousin Stephen (der auf die gleiche Weise mit Matilda verwandt war wie James V. mit Maria) entrang ihr die Krone nach einem blutigen Bürgerkrieg. Das durfte ich nicht zulassen.

Wenn ich nur einen Sohn hätte!

Aber ich hatte ja einen Sohn! Bessies Sohn wuchs und gedieh. Ich hatte einen lebenden Sohn. Wie war es möglich, daß ich ihn übersehen hatte?

Weil er unehelich war. Ich hatte ihn als meinen Sohn anerkannt; aber er war nicht im Ehebett gezeugt, und das schloß ihn von der Thronfolge aus.

Ich schritt in meiner Kammer auf und ab. Ich weiß noch, daß die Sonne hereinschien und Muster auf den Boden malte, die ich durchbrach, als ich wieder und wieder durch die warmen, goldenen Strahlen wanderte. War es wirklich unmöglich, daß er König wurde, so fragte ich mich. Gab es keinen Präzedenzfall?

Margaret Beaufort war die Nachfahrin eines Bastards von John von Gaunt gewesen. Man munkelte, daß Owen Tudor Königin Catherine niemals ordnungsgemäß geheiratet habe. Aber diese Beispiele mißfielen mir, denn sie untergruben meinen eigenen Anspruch auf den Thron. Da war natürlich noch Wilhelm der Eroberer gewesen, bekannt als »der Bastard«. Es gab auch einigen Zweifel daran, daß Edward III. wirklich der Sohn Edwards II. gewesen war. Die meisten nahmen an, sein Vater sei Mortimer gewesen, der Liebhaber der Königin Isabella. Richard III. hatte behauptet, sein Bruder Edward IV. sei der Sohn eines Liebhabers, gezeugt, während der gute Herzog von York in Frankreich Krieg geführt hatte.

Aber es waren unbefriedigende Beispiele, die zu meinem Fall nichts beitrugen. Nein, so ging es nicht.

Mein Sohn war mein Sohn! Das wußte jeder. Zu meinem legitimen Sproß konnte ich ihn nicht machen. Aber ich konnte ihm Titel verleihen, ihn adeln, ihn erziehen und auf den Thron vorbereiten und ihn in meinem Vermächtnis zu meinem Erben ernennen. Er war erst sechs Jahre alt, und es war noch früh genug, dem Volk Gelegenheit zu geben, ihn kennen und lieben zu lernen, und wenn die Zeit dann käme...

Stocksteif blieb ich stehen. Die Lösung hatte die ganze Zeit vor mir geschwebt. Keine vollkommene Lösung, aber eine Lösung immerhin. Ich würde ihn zum Herzog von Richmond ernennen. Das war ein halb königlicher Titel. Ich würde den Jungen an den Hof holen. Er durfte nicht länger auf dem Lande versteckt bleiben.

Katharina würde unglücklich sein. Aber sie mußte begreifen, daß Maria nur so vor dem Eigennutz derer bewahrt werden konnte, die es nach ihrem Thron gelüstete. Unsere Tochter verdiente ein besseres Schicksal.

WILL:

Das sie aber, ach, nicht bekam. Was Heinrich am meisten befürchtete, ist eingetreten. Der spanische König Philipp II. sah in Maria nur die Gelegenheit, England zu einem Anhängsel Spaniens zu machen. Er heiratete sie und tat, als sei es aus Liebe; als sie sich weigerte, ihm den ganzen englischen Staatsschatz und die Flotte zur Verfügung zu stellen, verließ er sie und kehrte nach Spanien zurück. Sie weint und trauert täglich um ihn. Sie ist die unglücklichste aller Frauen.

XXXII

HEINRICH VIII.:

Es würde eine formelle Investiturzeremonie stattfinden. Außer meinem Sohn würde ich noch andere in den Adelsstand erheben: Mein Vetter Henry Courtenay würde Marquis von Exeter werden, und mein Neffe Henry Brandon, Charles' und Marias neunjähriger Sohn, Graf von Lincoln. Henry Lord Clifford würde ich zum Grafen von Cumberland ernennen; Sir Robert Radcliffe würde Viscount Fitzwalter werden, und Sir Thomas Boleyn wollte ich zum Viscount Rochford machen. (Manche lachen hinter vorgehaltener Hand über die letzte Ernennung; sie vermuten, sie gehe auf Mary Boleyns Konto. Aber das ist einfach nicht wahr – Sir Thomas hatte mir in vielen heiklen diplomatischen Missionen treue Dienste geleistet.)

WILL:

So geschickt er als Diplomat auch gewesen sein mag – als Beauftragter, der im Vatikan vor Klemens die Annullierung deiner Ehe vertreten sollte, war er wohl kaum der richtige Mann! Heinrich legte zuzeiten ein ganz bemerkenswertes Maß an Blindheit an den Tag. Thomas Boleyn war dafür ein hervorragendes Beispiel. Der Mann war ganz offensichtlich ein Sykophant, der für einen hohen Titel bereitwillig seine Kinder verkaufte.

HEINRICH VIII.:

Die Zeremonie fand im Juni 1525 in Wolseys prächtigem Palast statt, in Hampton Court. Ja, der Palast war nun endlich fertig und thronte zwanzig Meilen stromaufwärts von London – gut sechs Stunden zu rudern – am Ufer des Flusses. Die Themse war hier ein freundlicher, kleinerer Wasserlauf, dessen Pegel sich mit Ebbe und Flut nur noch wenig senkte und hob. Ringsumher war alles grün: Wiesen, Bäume, blühende Büsche. Die Luft war klar und rein... wie im Garten Eden?

Man erhaschte dann und wann einen Blick auf die Schloßmauern, wenn man sich mit dem Schiff näherte. Sie waren aus sattrotem Backstein und glühten in der frühen Morgensonne. Das Schloß selbst stand in einiger Entfernung vom Landungssteg. Erst wenn man von Bord gegangen und den steilen Weg an die Uferböschung hinaufgestiegen war, sah man sich durch den Anblick des zierreichen, symmetrischen Gebäudes, umgeben von einem breiten, funkelnden Wassergraben, belohnt. Der Graben diente nur zur Zierde; Hampton Court hätte keiner Belagerung standgehalten. Es war ein Lustschloß, erbaut um seiner Schönheit und Behaglichkeit willen, zum Entzücken aller Sinne, und es ließ alle älteren Schlösser, so opulent sie auch ausgestattet sein mochten, trist aussehen.

WILL:

Die Franzosen hatten freilich inzwischen begonnen, jene luftigen, luxuriösen Schlösser zu bauen, die als Chateaux bekannt sind. Sie hatten nichts übrig für die beengten, klammen Festungen vergangener Zeiten, in denen es Bequemlichkeit und Schönheit nur um den Preis der Sicherheit gab. Katharina hatte recht mit ihrem Argwohn: Wolsey war mehr französisch als englisch.

HEINRICH VIII.:

Ich hatte mich nie sonderlich für Bauten interessiert, was im Lichte des Umstandes, daß ich Schiffe entwarf, eigentlich sonderbar ist. Aber als ich die breite, einladende – und jawohl, verwundbare – Straße nach Hampton Court hinaufging, fühlte ich, wie etwas in mir zu hüpfen begann. Ich wollte – nein, ich brauchte einen neuen Palast, einen, den ich selbst entwerfen könnte... und er sollte zu Lande sein, was *Great Harry* auf dem Meer war. Und im nächsten Augenblick war auch der Name geboren: Nonsuch – »Nichts dergleichen«.

Und noch während ich mir überlegte, welche Form mein Nonsuch wohl annehmen könnte, wurde ich schon wieder abgelenkt durch das, was ich ringsumher sah und hörte. Wolseys Gefolge kam heraus; scharlachrot und golden gemusterte Kostüme funkelten schmerzhaft hell im klaren Licht der frühen Morgensonne. Die Leute bildeten eine menschliche Hecke – eine sauber getrimmte Hecke –, die wir durchschreiten mußten; sie waren alle beinahe gleich groß. (Ich wußte, daß Wolsey seine prunkvollen Bediensteten nach der Größe auswählte, seine Ratgeber hingegen nach ihrem Witz und ungeachtet ihres Aussehens. Eine bewundernswerte Trennung von Eigenschaften.) Trompeter folgten; ihre silbernen Instrumente blitzten in der Sonne. Sie bliesen eine Fanfare. Ich zügelte mein Pferd und wartete.

Ich brauchte nicht lange zu warten. Wolsey verstand sich meisterlich auf das Abpassen des rechten Zeitpunkts, und ich hörte das Knirschen von Kies unter den Hufen seines Maulesels, lange bevor er das äußere Portal, ein großes Torhaus, erreichte.

Dann erschien er, und sein rotes Satingewand strahlte, wenn das möglich war, noch heller in der Sonne als die silbernen Trompeten. Es gelang ihm stets, sich auf die eine oder andere Weise einen großartigen Auftritt zu verschaffen. Aber das half nichts. Er war fett und alt. Die endlosen Bahnen von rotem Satin betonten diese Tatsache nur: es war, als wollte man eine plumpe Rübe mit schillernden Bändern umwickeln.

WILL:

Als Heinrich selber fett und alt war, wendete er diesen Umstand zu seinem eigenen Vorteil. Schichten über Schichten von goldbesticktem Samt, funkelnd von Edelsteinen, ließen seine Schultern drei Fuß breit werden, ein mächtiges Joch der Stärke; seine immer noch schlanken Waden offenbarte er derweilen in eng anliegenden Hosen. Aye, Heinrich verstand sich zu zeigen und selbst körperliche Mängel noch in einen atemberaubend triumphalen Anblick zu verwandeln.

Er stieg ab – das heißt, er rutschte wie ein plumper Mehlsack von seinem Reittier und kam – watschelte – langsam auf mich zu.

»Eure Majestät«, sagte er und verbeugte sich so tief, wie seine Leibesfülle es nur gestattete. »Hampton Court ist Euer.« Er richtete sich auf und lächelte, und ich lächelte zurück. Alles verlief protokollgemäß. Ich winkte meinem Gefolge. Aber bevor ich noch etwas tun konnte, hielt Wolsey beide Hände in die Höhe – groß und weiß, wie Fischbäuche.

»Nein, Eure Majestät. Was ich sagte, meinte ich wörtlich. Hampton Court ist Euer.« Er wühlte in seinem Mantelbausch, und die ganze Zeit über blinkte die Morgensonne in den Falten seines Satingewandes. Endlich hörte er auf zu wühlen und zog eine Pergamentrolle hervor.

»Es gehört Euch, Eure Majestät.« Er trat herzu und legte mir die Rolle mit weit ausholender Gebärde in die ausgestreckte Hand.

Es war eine Besitzurkunde über Hampton Court. Beigefügt war, unterzeichnet und bezeugt von zwei Rechtsanwälten, die Erklärung, daß er seinem Souverän das Schloß zum Geschenk mache.

Ich sah mich um. Alles das – ein Geschenk? Die Sonne beschien, kräftiger schon, die neuen Ziegelmauern, und sie fingen an, sich zu erwärmen. Brandrot standen sie vor dem klaren Junihimmel. Im Inneren der Anlage standen weitere Gebäude, zwei Stockwerke hoch um zwei Innenhöfe gruppiert. Wolseys Prunkstück. Wie konnte er es verschenken?

Ich sah mich in Verlegenheit. Lehnte ich es ab, beleidigte ich Wolsey. Nahm ich es an, fügte ich ihm einen großen Schmerz zu.

Ich hob den Kopf und versuchte, in den gleißend blauen Himmel zu schauen und nachzudenken. Aber mit diesem Kopfheben kam ich nicht über die Reihe fein verzierter Schornsteine hinaus, die auf der anderen Seite des Hofes lockend in die Höhe ragten. *Ich wollte dieses Schloß haben*!

»Dank Euch, Wolsey«, hörte ich mich sagen. »Wir nehmen Euer Geschenk an und sind Euch zu großem Dank verpflichtet.«

Seine Miene änderte sich nicht und verriet auch keinerlei Empfindung: In diesem Augenblick wuchs meine Bewunderung für ihn jäh auf das Zehnfache. Ein unübertrefflicher Meister der Verstellung!

WILL:

Ein überaus schlechtes Vorbild für Heinrich, und um so schlimmer, da er so etwas bewunderte. Zu der Zeit, da ihm Hampton Court zum Geschenk gemacht wurde, war sein Gesicht noch wie ein Spiegel: An dem, was sich dort abbildete, konnte jedermann erkennen, was in seinem Kopf vorging. Innerhalb weniger Jahre aber wurde er zu einem Mann, der sagte: »Dreie mögen zu Rate gehen, wenn zwei von ihnen nicht dabei sind. Und wenn ich dächte, daß meine Mütze weiß, was ich denke, würfe ich sie ins Feuer.« Gegen Ende seines Lebens war er imstande, einen behaglichen Abend mit seiner Gemahlin zu verbringen und dabei zu wissen, daß er soeben für den nächsten Tag einen Haftbefehl gegen sie unterschrieben hatte. Wolsey erteilte ihm den ersten Unterricht in der Kunst der Täuschung, der List und der Verstellung – und wie in allen Dingen stellte Heinrich seinen Lehrer auch hier bald in den Schatten.

HEINRICH VIII.:

Ich schob das Dokument in meinen Gürtel. »Laßt uns weitergehen«, sagte ich, als wäre nichts Ungewöhnliches geschehen, als hätte ich kein Herzklopfen, als jagte nicht ein aufgeregter Gedanke den anderen bei der Vorstellung, daß Hampton Court nun mir gehören sollte.

»Selbstverständlich.« Er verneigte sich wiederum. Dann erklomm er seinen Maulesel und ritt uns vorauf in den Innenhof.

Ich brannte darauf, zu sehen, was hinter dem großen Torhaus lag. Ich wurde nicht enttäuscht: Das makellos grüne Rasengeviert im Innenhof war zu allen Seiten von wunderschön ausgeführten zweistöckigen Bauten umgeben, alle aus rotem Backstein, alle mit großen Fenstern. Aus den oberen Fenstern hatte man wahrscheinlich einen Blick auf die Wiesen ringsum und auf die Themse. Und wenn die Sonne sich spät nachmittags neigte...

Ich merkte, daß ich angehalten hatte, und ich trieb mein Pferd voran. Wolsey hatte bereits die eigens errichtete Plattform auf der anderen Seite des Hofes bestiegen, wo die Investitur stattfinden sollte. Die Zuschauer würden davor auf dem Rasen stehen. *Und ihn wahrscheinlich zertrampeln*, war mein erster, wütender Gedanke. Ich konnte es nicht ertragen, daß irgend etwas die Vollkommenheit meines neuen Besitzes stören sollte.

Wir stiegen auf die Plattform, Katharina und ich. So schmerzhaft es auch für sie war, ihre Anwesenheit war notwendig, damit deutlich wurde, daß das Verfahren ihre Billigung hatte. Ohne diese konnten Abweichler jederzeit geltend machen, die Königin sei nicht einverstanden gewesen, und dies zum Vorwand nehmen, sich um sie zu scharen und einen Krieg zu entfachen. Katharina wußte das, Katharina verstand es; und als Mutter sah Katharina auch, daß ich nur versuchte, die Gefahr abzuwenden, die ihrem eigenen Kind drohte.

WILL:

Katharina liebte dich, du blinder Tor – sie war die einzige unter deinen Ehefrauen, die es tat! Sie wäre nackt dahergekommen, wenn du es ihr befohlen hättest!

HEINRICH VIII.:

Die Plattform war geschmackvoll mit Wolseys türkischen Teppichen bedeckt, unter denen das rohe Bauholz verborgen war. Ein Staatssessel war auch da, auf dem ich sitzen konnte, während ich die Würden verlieh. Wolsey hatte an alles gedacht. Aber war das nicht schließlich der Grund, weshalb ich *ihn* in seinen hohen Rang erhoben hatte?

Alles war versammelt. Es war fast Mittag, und die Sonne stand hoch am Himmel. Es war vorbei mit der süßen Wärme des Morgens. Die Sonne brannte heiß auf uns herab. Sehnsüchtig schaute ich hinüber auf das kleine Fleckchen von kühlem grünen Gras in einer schattigen Ecke des Hofes. Wo blieb mein Sohn?

Wieder ertönten die Fanfaren, und dann kam er durch einen Torbogen aus einem anderen Innenhof und kletterte allein auf die Plattform.

Er war in Samt gekleidet, und sein sechsjähriges Gesicht war so ernst. Die ganze Zeit war sein Blick starr auf mich gerichtet, und als er näher kam, sah ich, daß seine ganze Stirn mit Schweißperlen bedeckt war. Der schwere Samt... ja, er war erhitzt. Und er hatte Angst. Wie ich damals, vor vielen Jahren, in der Schwüle von Westminster geschwitzt hatte, als ich auf meinen Vater zugegangen war. Ich fühlte es plötzlich alles wieder, fühlte das Schwert auf meinen Schultern, fühlte meine Angst, als ich meinem Vater in die ausdruckslosen Augen schaute...

Aber ich war nicht wie mein Vater! Gewiß konnte er doch keine Angst vor mir haben! Und ein so hübscher Knabe. Das Herz wollte mir brechen, als ich ihn sah – er hatte alles, was ich mir für meinen Sohn ersehnt hatte, sogar das rote Haar der Tudors!

Ich ernannte ihn zum Grafen von Nottingham und Somerset und zum Herzog von Richmond, während Katharina rastlos neben mir saß und unsere eigene Tochter, Maria, ihn mit unverhohlener Neugier anstarrte. Dann nahm er seinen Platz auf der Plattform neben den beiden einzigen anderen Herzögen im Reich ein – neben Howard und Brandon. Fitzroy stand im Rang nun über ihnen beiden, denn Herzog von Richmond war ein halb königlicher Titel. Meine Schwester Maria, Brandons Gemahlin, streckte die Hand aus und legte sie ihm auf die schmale Schulter. Sie war immer noch schön, und sie hatte jenen zufriedenen Ausdruck im Gesicht, den man trägt, wenn man sich geliebt weiß und seinerseits den Liebenden liebt. Sie war also glücklich mit Brandon. Gut.

In der vordersten Reihe des Hofstaates gewahrte ich Bessie Blount Tailboys, die den Triumph ihres Sohnes – unseres Sohnes – mitansah. Sie war immer noch hübsch, und ihr dichtes lockiges Blondhaar betonte noch ihre gesunde Gesichtsfarbe. Ich sah sie an und lächelte. Sie erwiderte das Lächeln. Da war nichts zwischen uns, gar nichts. Wie hatten wir diesen Sohn bekommen? Ein Wunder!

Jetzt mußten die anderen kommen. Henry Brandon, mein neun Jahre alter Neffe, der Graf von Lincoln werden sollte. Er war groß und derb und täppisch, wie sein Vater. Ich warf noch einmal einen Blick auf meinen Sohn, der so still dastand, abseits der anderen, mit so ernster Miene... nein, Henry Brandon war anders, auch wenn sie Vettern sein mochten.

Dann kam Henry Courtenay, mein erster Cousin. Er war Graf von Devon, und ich erhob ihn nun zum Marquis von Exeter. Gewiß, die Loyalität seiner Familie hatte einmal zu gewissen Zweifeln Anlaß geboten. Aber er war ohne Arg und auf meine Freundschaft bedacht gewesen. Ich erinnere mich seiner klaren blauen Augen; sie blickten gerade in die meinen, als ich die Worte sprach, die seinen Status änderten. Sie hatten die Farbe eines verblichenen blauen Gewandes und waren ganz ohne Bosheit. Ich sollte mich Jahre später an sie erinnern, und sie sollten mich im Schlaf verfolgen, wenn ich erst herausgefunden hätte, daß er ein Verräter war. In meinen Träumen schauten sie mich immer an, und zugleich brannte die Sonne auf meinen Kopf hernieder und ließ mir den Schweiß in kleinen Rinnsalen über das Gesicht rinnen. Seine Miene war rein, und man hätte glauben können, er stehe in Ultima Thule, so kühl erschien er.

Ich wollte es jetzt hinter mich bringen. Mir war heiß und unbehaglich, und ich hatte Hunger. Ich muß gestehen, ich freute mich außerdem auf das üppige Bankett, das Wolsey ohne Zweifel vorbereitet haben würde. Seine Bankette waren legendär, und jedesmal versuchte er, sich neuerlich zu übertreffen. Das wichtigste aber war, daß es drinnen kühl sein würde. Die Sonne glühte wie eine Fackel über uns.

Es waren nicht mehr viele. Henry Lord Clifford wurde Graf von Cumberland. Sir Thomas Manner, Lord Roos, wurde Graf von Rutland. Die niedersten waren die letzten: Robert Radcliffe wurde Viscount Fitzwalter, und Sir Thomas Boleyn wurde Viscount Rochford. Als Sir Thomas vortrat, war mir nur bewußt, daß ich zutiefst erleichtert war, weil die Zeremonie sich nun dem Ende zuneigte. Als er herankam, warf ich einen kurzen Blick auf seine Familie, die auf der Plattform versammelt war.

Und dann sah ich sie. Ich sah Anne.

Sie stand ein wenig abseits von ihrer Mutter und ihrer Schwester Mary. Sie trug ein Kleid aus gelbem Satin, und ihr schwarzes Haar fiel ihr über das Mieder – dick und glänzend und (irgendwie wußte ich es) mit einem ganz eigenen Duft. Ihr Gesicht war länglich und bleich überschattet, ihre Gestalt schlank.

Sie war nicht schön. All die offiziellen Gesandtschaftsdepeschen, all die ratlosen Briefe, in denen sie später beschrieben wurde, gehen darin einig. Sie besaß nichts von der Schönheit, die ich bei Hofdamen mittlerweile erwartete, nichts von der hübschen, runden Leichtigkeit, die einem die Stunden versüßte. Sie war wild und dunkel und fremdartig, und als ich mir ihrer zum erstenmal bewußt wurde, starrte sie mich an. Als ich streng zurückschaute, schlug sie die Augen nicht nieder, wie es jeder brave Untertan gelernt hat. Nein, sie fuhr fort, mich anzustarren, und eine seltsame Boshaftigkeit lag in ihrem Blick. Ich verspürte sinnlose Angst, und dann noch etwas anderes...

Gezwungenermaßen richtete ich meine Aufmerksamkeit auf die zeremoniellen Worte und Handlungen, die ihren Vater Thomas zu einem Viscount machten, und dann war es vorüber, und wir konnten uns in Wolseys Große Halle verfügen, um das Festbankett einzunehmen.

Katharina sagte kein Wort und hielt den Blick gesenkt. Mir war klar, daß es erniedrigend für sie gewesen war – aber man mußte den Tatsachen ins Auge sehen. Ich streckte die Hand aus und berührte sie bei der Schulter. Sie wich zurück, als habe ein Aussätziger sie angefaßt. Maria umtanzte uns, erpicht darauf, zum Festbankett zu kommen. Ihr war der Herzog von Richmond gleichgültig, so oder so.

Wolsey ging voran und führte die ganze Gesellschaft in die Große Halle. Er stieß höchst eigenhändig die Tür auf, trat dann zurück und erwartete die Ausrufe des Staunens.

Er wurde nicht enttäuscht. Die Tische, die etwa dreihundert Personen Platz boten, waren mit feinstem Linnen und goldenem Geschirr gedeckt. Ein besonderer Tisch, abseits der anderen, war für den König, die Königin und diejenigen bereitet, die an diesem Tage durch die Erhebung in einen höheren Stand geehrt wurden. Taktvoll hatte er meinen Sohn auf die eine Seite, Katharina und Maria aber auf die andere Seite plaziert.

Ich freute mich darauf, meinen Sohn neben mir zu haben, so daß ich mit ihm reden und ihn besser kennenlernen könnte. Bessie war auf einen Platz am »gewöhnlichen« Tisch verwiesen. Die Situation war delikat. Sie war zwar die Mutter des höchsten Ehrengastes, aber sie war eben nicht meine Gemahlin – ja, sie war sogar die eines anderen. Wolsey hatte sich an das vorgeschriebene Protokoll gehalten.

Heinrich Fitzroy war gewitzt, aber ein wenig scheu. Er beantwortete meine Fragen, schien aber selbst eher schweigsam zu sein, anders als mein Neffe Brandon, der laut redete (ohne daß er etwas zu sagen gehabt hätte) und sich allerlei Speisen nahm, ehe man sie ihm auf die geziemende Weise darreichen konnte.

Stimmengesumm erfüllte die Halle. Es herrschte zwar eine segensreiche Kühle hier im Halbdunkel, aber der Lärm war doch arg störend. Ich schaute mich um. Aus einem Gespräch mit Katharina brauchte ich mich dazu nicht erst zu lösen, da sie nicht mit mir zu sprechen beliebte, sondern lieber gesenkten Blicks zierlich auf ihrem Teller herumstocherte. Die Zeremonie hatte sie verletzt und verwirrt. Das wußte ich wohl, aber was hätte ich tun können?

Zum Schutz gegen die Mittagshitze waren alle Fensterläden der Halle geschlossen, und dies rief ein seltsames, zeitloses Empfinden hervor, wie man es nur selten verspürt... manchmal beim Aufwachen vielleicht, wenn man denkt: »Welcher Tag ist heute? Wo bin ich? Wie alt bin ich?« Es war Juni, aber es war kühl; es war Mittag, aber es war dunkel; ich war verheiratet, aber mein Sohn an meiner Seite war nicht der Sohn meiner Frau; und ich liebte Thomas Boleyns Tochter.

Ja. Ich wußte schon da, daß ich sie liebte, daß ich sie besitzen mußte. Wie merkwürdig, wenn man bedenkt, daß ich noch nie auch nur ein Wort mit ihr gesprochen hatte. Wie seltsam, wenn man bedenkt (obgleich ich es damals nicht bedachte), daß ich ein vorsichtiger Mann bin und selten eine Entscheidung treffe, die ich nicht vorher lange erwogen habe. Am Ende zu handeln, fällt mir jedesmal schwer. Aber ich wußte ohne jeden Zweifel, daß ich Anne Boleyn liebte, daß ich sie besitzen mußte und daß ich sonst würde sterben müssen.

Wie hatte ich mich über die Liebe und über Liebende lustig gemacht! Ich kannte nichts davon. Ich kannte die Achtung und die

Höflichkeit, die ich Katharina entgegenbrachte, das zärtliche Gelächter und die flüchtige Lust mit Bessie und die Ehrfurcht, die ich vor meiner Mutter empfunden hatte. Aber diesen Wahnsinn kannte ich nicht.

Ich mußte sie sehen. Wo war sie? Irgendwo hier in der Halle! An welchem Tisch? Die Tafeln mußten aufgehoben werden.

Ich stand auf und äußerte etwas Entsprechendes. Wolsey erhob Einwände: Das Zuckerwerk sei noch nicht serviert. Und dann solle es Spiele geben, und...

»Nicht am Mittag«, erklärte ich. »Das ziemt sich nicht.« Ich starrte über die Menge hin. Wo war sie? »Ich wünsche zu tanzen.« Ja, tanzen. Dabei würde ich ihr begegnen!

»Eure Majestät... meine Spielleute habe ich fortgeschickt; wir haben keine Musikanten hier...«

Wolsey war nicht vorbereitet. Ich lachte. Ich lachte so laut, daß alle ringsumher mich anstarrten. »Dann wollen wir uns ohne Musik untereinandermischen!« schlug ich vor. Kam es darauf an? Ich mußte sie finden, und dazu brauchte ich keine Musik.

»Aber ich...«

»Hebt die Tafeln auf, Wolsey. Wenn wir weiter speisen, sind wir nachher nur träge, wenn wir wieder in die Hitze hinausgehen.« Ich hoffte, es möge einigermaßen vernünftig klingen.

»Ja, ja, natürlich.« Er hastete davon, zu tun, was ich geboten.

Gleich wurde die Halle ausgeräumt, und die Gäste begannen, sich untereinanderzumischen und zu plaudern – nicht zuletzt über das seltsame Benehmen des Königs, der zuerst seinen Bastard ehrte und dann das Festbankett abbrechen ließ.

Nirgends war eine Spur von ihr. Keine Spur von einem leuchtendgelben Kleid unter all den Festgästen, und ich suchte angestrengt nach Gelb: Ich sah eine gelbe Börse oder eine Schärpe oder ein Halsband noch auf hundert Fuß Entfernung. Es tanzte gelb vor meinen Augen wie ein höhnischer Schwarm von Schmetterlingen. Aber niemand mit langem schwarzem Haar in einem gelben Kleid.

Ich war wütend; ich langweilte mich; ich wollte weg. Überdies war mir, als müsse ich in der Großen Halle ersticken; sie war zu niedrig und daher bedrückend. Die Fenster ließen nicht genug

Licht herein. Es sollte doch kein Beichtstuhl, sondern ein Ort des Frohsinns sein!

Ich brauchte Licht und Luft! Was hatte Wolsey geritten, daß er eine solche Schachtel gebaut hatte? Sollte es ihn an seine priesterliche Vergangenheit erinnern? Ich drängte zu einem Seitenausgang und stieß die Tür auf. Die Hitze wälzte sich herein wie ein Lebewesen. Draußen war es so heiß wie im Heiligen Land. Die Luft selber war schwer, und es war schlimmer als im Inneren der Großen Halle.

Da erblickte ich sie im Garten. Ich sah ein gelbes Kleid und darin ein schlankes junges Mädchen; ich sah, daß sie die Hand eines hochaufgeschossenen, schlaksigen Jünglings hielt, und ich sah, wie sie – sie! – sich vorbeugte, um ihn zu küssen. Sie standen vor dem Blumengarten, und überall um sie her waren gelbe Blumen. Das gelbe Kleid, gelbe Blumen, die gelbe Sonne – sogar der Löwenzahn zu meinen Füßen war gelb! Ich schlug die Tür zu.

Wolsey kam herbei, einen vergilbten Brief in der Hand. »Ich dachte, Ihr würdet vielleicht gern lesen...«

Ich schlug ihm den Brief aus der Hand. »Nein!«

Er war entsetzt. »Aber es ist die Geschichte des Landes von Hampton Court, als es noch Johanniter-Tempelhof hieß und den Rittern vom Orden des heiligen Johannes von Jerusalem gehörte...«

Der arme Wolsey! Er hatte ein großartiges Opfer gebracht, und ich trampelte darauf herum. Ich hob den Brief auf. »Später vielleicht.« Ich öffnete die Tür wieder, und wieder wogte die schwüle Luft eines fremden Landes herein. Der Blumengarten, vielleicht zwanzig Schritt weit entfernt, schimmerte in Licht und Hitze. Die gelbgekleidete Gestalt war noch da; der hochgewachsene Knabe ließ sich nicht mehr von ihr küssen, sondern umarmte sie jetzt. Sie standen ganz still; nur die Luft um sie herum tanzte.

»Wer ist das?« fragte ich, als sähe ich sie zum erstenmal.

»Anne Boleyn, Eure Majestät«, sagte er. »Und Henry Percy. Der junge Percy ist der Erbe des Grafen von Northumberland. Ein braver Bursche; er steht in meinem Dienst. Sein Vater hat ihn zu mir geschickt, damit er bei mir etwas lernt. Er und Boleyns Tochter – Verzeihung, Sire, ich meine, Viscounts Rochfords Tochter –

sind verlobt. Besser gesagt, die Verlobung soll verkündet werden, wenn Percys Vater in den Süden kommt. Ihr wißt ja, wie mühsam diese Reisen für die Grenzlandbewohner...«

»Ich verbiete es!« hörte ich mich sagen.

Wolsey starrte mich an.

»Ich sagte, ich verbiete diese Heirat! Sie kann nicht stattfinden!«

»Aber, Eure Majestät, sie haben doch schon – »

»Das ist mir gleich!« Ah, wie sehr sollte ich mir nur zehn Jahre später wünschen, ich hätte ihn diesen Satz zu Ende sprechen lassen! »Ich habe gesagt, ich werde diese Hochzeit nicht zulassen! Sie ist... unpassend.«

»Aber Eure Majestät... was soll ich Percy sagen?«

Sie standen noch immer im Garten und umarmten einander. Er spielte jetzt mit ihrem Haar. Ein Grinsen breitete sich auf seinem törichten Gesicht aus. Oder war es kein Grinsen? In der aufsteigenden Hitze war es nicht deutlich zu erkennen.

»Ihr, der Ihr keine Mühe habt, Königen und Kaisern und Päpsten zu sagen, was sie tun sollen?« Ich fing wieder an zu lachen, zu laut. »Ihr steht sprachlos vor einem... einem...« Ich bemühte mich, das Bild, das der verhaßte Percy in mir hervorrief, in Worte zu kleiden. »Vor einem albernen, langbeinigen Vogel – vor einem Storch?« Ich schlug die Tür zu und sperrte das Schauspiel und die Hitze aus. Wolsey war bestürzt.

»Ein Knabe? Ihr fürchtet Euch, einem Knaben entgegenzutreten?« verhöhnte ich ihn. »Und Ihr wolltet Papst werden?«

»Jawohl, Eure Majestät. Ich werde es ihm sagen.«

Jetzt war ich wieder vom Gedränge der Menschen umgeben. Drinnen war es unbehaglich, draußen qualvoll. Es war klar, ich mußte fort. Die Banketthalle war wie eine Schraubzwinge, die sich um mich schloß. Ohne nachzudenken, sagte ich: »Ich werde das Ganze abreißen und die Große Halle neu bauen lassen.« Wolseys Miene wurde noch unglücklicher. Offenbar war mit seinem Plan, mich zu beeindrucken, etwas schiefgegangen.

Aufgebracht und ganz außer mir, zog ich die Besitzurkunde über Hampton Court hervor. »Ich danke Euch für Euer Geschenk«, sagte ich. »Aber Ihr mögt hier wohnen bleiben, solange Ihr lebt. Es ist immer noch Euer.«

Er sah aus wie ein schreckenslahmes Kalb, das kurz vor der Schlachtbank plötzlich verschont worden ist. (Wieso fielen mir an diesem Tag nur Bilder aus dem Tierreich ein?) Er hatte seine Geste vollbracht, und sie war gebührend aufgenommen worden, und doch brauchte er den Preis nicht zu zahlen.

»Danke, Eure Majestät.« Er verbeugte sich tief.

»Beendet diese Verlobung«, befahl ich und drängte mich an ihm vorbei.

Als ich zum Fluß hinunterritt, wo die königliche Barke wartete, sah ich voller Unmut die gelben Ringelblumen, die den Innenhof säumten. Und als ich an Bord war, verhöhnten mich gelbe Butterblumen an der Uferböschung bis London; weit offen blühten sie strahlend in der frischen Sommersonne.

Ein Monat verging. Ich hörte in der Angelegenheit nichts von Wolsey, und ich bekam weder den neuen Viscount Rochford noch seine Tochter zu Gesicht. Es war Hochsommer, eine Zeit, die ich sonst auf Sport und athletische Übungen zu verwenden pflegte; jetzt aber sah ich mich außerstande, mich in das eine oder das andere zu vertiefen. Statt dessen versank ich in düsterer Selbstbespiegelung.

Ich dachte: Ich bin jetzt fünfunddreißig Jahre alt. Mein Vater hatte in meinem Alter um eine Krone gekämpft und sie errungen. Er hatte den Kriegen ein Ende gemacht. Er hatte einen Sohn und eine Tochter hervorgebracht. Er hatte Aufstände erstickt und Prätendenten den Garaus gemacht. Was hatte ich geleistet? Nichts, was die Nachwelt zur Kenntnis nehmen würde. Wenn spätere Historiker meine Geschichte schrieben, würden sie nichts weiter sagen als: »Er folgte auf seinen Vater, Heinrich VII....«

Ich war eingesperrt und hilflos, und gegen meinen Willen trieb ich voran. Freilich, ich konnte Bankette, sogar Armeen befehligen, und wenn ich es wollte, wurden Männer von diesem auf jenen Posten versetzt – aber die Tatsache blieb, daß ich im wahrsten Sinne des Wortes ein Gefangener war. Gefangen in meiner Ehe, in meiner Kinderlosigkeit, in dem, was ich tun und was ich nicht tun durfte. Hätte Vater sich für mich geschämt? Was hätte er in meiner Lage getan? Es war unglaublich, aber ich hätte gern mit ihm sprechen, mich mit ihm beraten können.

Im Wechsel mit diesen trüben Stimmungen empfand ich brennende Sehnsucht danach, Mistress Boleyn wiederzusehen. Wieder und wieder stellte ich mir vor, wie ich sie auf der Plattform gesehen hatte (denn ich hatte keine Lust, daran zu denken, wie sie mit Percy im Garten gestanden hatte), bis das Bild der Erinnerung in meinem Kopf zu verblassen begann wie ein Gewand, das zu lange zum Trocknen in der Sonne gelegen hatte. Ich hatte so oft an sie gedacht, daß ich ihr Bild nicht mehr heraufbeschwören konnte.

Es war klar, daß ich sie wiedersehen mußte. Wozu? Diese Frage stellte ich mir nicht. Um ein neues Bild zu gewinnen, auf daß es wiederum verblasse? Nein. Das wußte ich. Wenn ich sie wiedersähe, dann nicht, um einen kurzen Blick auf sie zu werfen, sondern um – ja, was?

Ich schickte nach Wolsey. Seine diskreten diplomatischen Berichte flossen in stetem Strom in mein Arbeitszimmer, aber von dem privaten Auftrag, den ich ihm erteilt hatte, fand sich keine Erwähnung. Ob er versäumt hatte, ihn auszuführen?

Er erschien pünktlich. Wie stets, war er makellos gekämmt und gekleidet und parfümiert. Bis er zu mir in mein innerstes Gemach vorgedrungen war, hatte er sich seiner allgegenwärtigen Diener, deren er ebenso viele hatte wie ich, entledigt und war allein.

»Eure Majestät.« Er verbeugte sich tief, wie stets. Dann richtete er sich auf und harrte meiner Fragen – über Franz, über Karl, über den Papst.

»Henry Percy...« begann ich und war plötzlich verlegen. Wolsey brauchte nicht zu wissen, wie wichtig es mir war. »Die unglückselige Affäre zwischen dem Sohn des Grafen von Northumberland und der Tochter des Viscount Rochford – ich hoffe, sie ist beendet. Ich hatte Euch beauftragt, dafür zu sorgen.«

Er kam näher – überraschend flink für seine massige Gestalt – und winkte mich zu sich heran.

»Ja. Es ist aus«, antwortete er vertraulich. »Es war allerdings ein ziemlich stürmisches Ende. Ich rief den jungen Percy zu mir und sagte ihm, wie unschicklich es sei, daß er sich mit einem törichten Mädchen wie der Mistress Boleyn eingelassen habe...«

Inzwischen war er schwer atmend an meiner Seite angelangt. Zuckte ich etwa zusammen, als er Anne als »törichtes Mädchen« bezeichnete? Ich spürte, daß sein Blick auf mir lag.

»... ohne daß ihr Vater seine Erlaubnis dazu gegeben habe. Ja, ich sagte« – und hier richtete er sich zu voller Höhe auf und blähte sich wie eine Schweinsblase – »›ich weiß, Euer Vater wird höchst unwillig sein, denn er hat eine andere und sehr viel passendere Verlobung für Euch vorgesehen.‹ Da wurde der Knabe bleich und blickte hilflos um sich wie ein Kind... Eure Majestät, ist Euch nicht wohl?« In fürsorglicher Hast beugte er sich über mich, als ich mich, wenn auch zittrig, in den nächsten Sessel fallen ließ.

»Doch«, erwiderte ich knapp. »Fahret fort.«

»Ah. Ich mußte ihn beschämen, ehe er sich einverstanden fand. Ihm drohen gar. Er behauptete, er und die Lady Boleyn wären – wie sagte er gleich? – ›in dieser Sache vor so vielen ehrbaren Zeugen so weit gegangen, daß ich nun nicht weiß, wie mich zurückziehen, ohne meinem Gewissen große Last aufzubürden‹. Also sagte ich...«

Hatte er sie besessen? Wollte er dies damit sagen? Ich umklammerte die scharfkantigen Armlehnen, bis sich ein hölzerner Grat in meinen Finger zu schneiden drohte.

»...Du wirst ja wohl wissen, daß der König und ich eine derart unbedeutende Angelegenheit werden zu bewältigen wissen. Wir, die wir mit dem Kaiser verhandelt und den Vertrag von...«

»Ja, Wolsey. Wie ging es weiter?«

Er machte ein enttäuschtes Gesicht, daß er sich einer weiteren Gelegenheit beraubt sah, seine diplomatischen Triumphe aufzuzählen. Aber ich konnte ihm befehlen, während der arme Percy gezwungen gewesen war, ihm zuzuhören. Einen Augenblick lang hatte ich Mitleid mit dem Jungen.

»Er weinte. Er sagte, er liebe sie. Eine verdrießliche Angelegenheit, Eure Majestät. Er blieb entschlossen dabei, daß er das Mädchen liebe und daß er sie trotz allem heiraten werde. Ich sah mich gezwungen, nach seinem Vater zu schicken. Aha!« Er gluckste und rieb sich die Wange. »Das wirkte! Sein Vater kam von Northumberland herunter und züchtigte ihn in meiner Gegenwart. Ich entsinne mich nicht all seiner Worte, aber es lief darauf hinaus, daß er ihn zu enterben drohte, sollte er diese Mesalliance nicht aufgeben. Er nannte ihn einen ›stolzen, anmaßenden, hochnäsigen, lasterhaften Taugenichts‹, der sich ›vergeudet‹ habe... und so fort.«

»Und wo ist er jetzt?«

»Sein Vater hat ihn aus meinem Dienst genommen.« Wolsey zuckte die Achseln, ging, ohne daß ich es ihm erlaubt hätte, quer durch das Zimmer und nahm sich eine von den Birnen, die sich in einer Silberschale türmten. Kauend wandte er sich wieder zu mir um und sah mich mit selbstzufriedenem Lächeln an. Birnensaft tropfte ihm rechts am Munde herunter.

»Mistress Boleyn«, sagte er undeutlich, da er die überreife Birne zu schlürfen hatte, »war einigermaßen erzürnt, wie ich hörte. Sie gab mehrere unschickliche Wutanfälle zum besten, nachdem Percy entfernt worden war. Ich befahl ihr daher, den Hof zu verlassen.« Zierlich legte er den entblößten Birnenstiel auf eine silberne Schale. »Ich habe sie heimgeschickt. Nach Hever.«

Anne war fort! Anne war nicht mehr am Hofe!

»Aha«, sagte ich.

»Sie wünschte mir Böses«, erzählte Wolsey. »Sie verfluchte mich und erklärte, wenn es je in ihrer Macht stünde, werde sie sich an mir rächen.« Er lachte. »So ein Kind! Wenn es je in ihrer Macht stünde...« Besorgt brach er ab. »Eure Majestät? Findet Ihr es nicht erheiternd, daß ein solches Kind sagt...?«

»Doch, doch!« kläffte ich. »Sehr erheiternd!« Was für ein Weib war das? Denn ein Kind war sie nicht, das wußte ich. Ich stemmte mich aus meinem Sessel hoch. »Sehr erheiternd«, wiederholte ich; ich wußte nichts Besseres zu sagen. Plötzlich war es wichtig, daß Wolsey nichts wußte, nichts argwöhnte... »Ihr habt Eure Sache gut gemacht. Ich danke Euch. Und nun zu den Depeschen von den venezianischen Handelshäusern...«

Als er fort war, ging ich im Zimmer auf und ab. Anne war zu Hever. Hever lag im Jagdrevier, einen Tagesritt weit von London. Ich würde hinreiten. Morgen? Nein, ich brauchte mehr Zeit, um mich darauf vorzubereiten. Übermorgen also.

Aus Ehrerbietung hatte Wolsey es unterlassen, mir etwas zu erzählen, was ich viel später erfahren sollte. Anne hatte nicht nur den Kardinal verflucht, sondern auch mich. Sie haßte uns beide gleichermaßen.

XXXIII

Wenn ich sonst auf die Jagd ging, nahm ich immer mehrere Bedienstete mit. Heute indessen beschloß ich, mich mit einem einzigen, mit William Compton, sowie einem Roßknecht für jeden von uns zu begnügen und auf das übliche Gefolge zu verzichten. So sehr war ich darum besorgt, alles wohlgerichtet zu sehen, daß ich den Ställen schon einen ganzen Tag im voraus Bescheid geben ließ, welche Pferde und welche Ausrüstung ich wünschte.

Lange vor dem Morgengrauen war ich wach. Ich lag im Bett, sah zu, wie der Himmel heller wurde, und dankte Gott, daß es ein klarer Tag werden würde. Als ich so dalag, hatte ich nur einen bewußten Gedanken: Heute sehe ich sie. Heute spreche ich mit ihr. Heute hole ich sie an den Hof.

Ich legte mir meine Worte nicht zurecht, und ich übte sie nicht. Ich hatte immer schon die Gabe besessen, zu wissen, was ich sagen sollte, wenn der Augenblick kam, und wahrscheinlich wäre eine eingeübte Rede durchaus unangemessen gewesen. Ich konnte mir vorstellen, welches Gesicht sie machen würde, wenn ich ihr sagte, sie solle an den Hof zurückkehren. Wie glücklich sie sein würde! Und dann, wenn sie erst hier wäre, würde sie meine Mätresse werden. Mir vorzustellen, wie sich das schwarze Haar rings um ihren Kopf auf einem Kissen ausbreitete, zu wissen, daß ich mein Gesicht darin vergraben könnte... Heilige Mutter Gottes, wollte die Stunde des Aufstehens denn überhaupt nicht kommen? Ich wagte nicht, aufzustehen, aus Angst, ich könnte Henry Norris wecken, den Diener, der auf einer Matratze am Fußende meines Bettes schlummerte. Ich war ein Gefangener in meinem eigenen Bett.

Endlich regte sich draußen etwas. Die Kammerdiener kamen herein, um das Feuer anzuzünden, wie sie es immer um sechs Uhr taten. Dann erschienen die Gewandknappen und legten mir meine gut gewärmten Kleider für den Tag zurecht. Norris rührte sich auf seinem Lager und taumelte verschlafen zur Tür. Der Tag hatte begonnen.

Um acht hatte ich gefrühstückt und saß im Sattel, begleitet von Compton und zwei Knechten. Aber es würde Mittag werden, ehe wir Hever erreichten. Und unterwegs mußte ich anhalten und so tun, als wollte ich jagen, was eine weitere Verzögerung mit sich bringen würde.

Es war Juli, aber der Tag versprach verhältnismäßig kühl und klar zu werden. Am Himmel war keine einzige Wolke zu sehen. Ein sanfter Wind wellte das hohe Gras und ließ die Blätter an den großen Eichen zittern.

Wie grün es war! Die überreichlichen Regenfälle der letzten zwei Wochen hatten alles, was wuchs, erfrischt und erquickt und uns einen zweiten Frühling beschert.

Endlich stand ich auf der Anhöhe oberhalb der Burg Hever und schaute darauf hinunter. Man sagte Burg, aber es war keine, sondern nur ein befestigtes Herrenhaus, und ein kleines dazu. Es war von einem zehn Fuß breiten Wassergraben umgeben, den ein rinnender Bach speiste, funkelnd im Sonnenschein. Ich sah nirgends einen Menschen. Waren sie etwa nicht da? Ich betete, es möge nicht so sein. Aber je näher ich dem Herrenhause kam, desto mutloser wurde ich. Es sah verlassen aus. Ich hatte den ganzen Weg hierher umsonst gemacht. Aber hätte ich meine Besuchsabsicht vorher kundgetan, dann hätte man sich darauf vorbereitet, mich zu bewirten, ein Bankett und allerlei Formalitäten, die ich doch zu vermeiden wünschte, wären die Folge gewesen.

Die Zugbrücke war herabgelassen. Wir ritten in den leeren, kopfsteingepflasterten Hof ein.

Ich musterte die Fensterreihen zu drei Seiten des Innenhofes. Keinerlei Bewegung war dahinter zu sehen.

Eine große, grau und bernsteinfarben gefleckte Katze erschien in einer Seitentür und trottete gemächlich über den Hof. Wir standen ratlos da; unsere Pferde stampften und tänzelten vor und zurück, und ihre Hufe klapperten laut auf dem Pflaster. Noch immer zeigte sich niemand.

»Compton«, sagte ich schließlich, »seht nach, ob Viscount Rochford daheim ist.« Ich wußte indessen, daß er sich, wäre er daheim gewesen, längst gezeigt und uns überschwenglich willkommen geheißen hätte. William stieg ab und klopfte an die schartige Mitteltür. Der Klopfer hallte klagend durch das Haus, aber niemand öffnete die Tür. Er drehte sich mit hilfloser Gebärde zu mir um und wollte schon zu seinem Pferd zurückkommen, als die Tür sich doch noch knarrend öffnete. Eine alte Frau spähte heraus. Compton fuhr herum.

»Seine Majestät, der König, ist gekommen, Viscount Rochford zu sehen«, verkündete er großartig.

Die Frau machte ein verwirrtes Gesicht. »Aber... er wußte nicht... «

Ich trieb mein Pferd voran. »Natürlich nicht«, sagte ich. »Es war ein mutwilliger Einfall. Ich war in der Nähe auf der Jagd, und es gelüstete mich, den Viscount zu besuchen. Ist dein Herr nicht da?«

»Nein. Er – er – ist nach Groombridge geritten, um die Katen seiner Pächter zu besehen. Am späten Nachmittag, sagte er, wolle er zurück sein.«

Ich warf einen Blick zur Sonne. Sie stand halbhoch am Himmel. »Wir werden ihn erwarten«, sagte ich.

Die Frau geriet offenbar in eine noch größere Aufregung. »Aber Euer Gnaden, wir haben nichts...«

»Ich brauche nichts«, unterbrach ich sie. »Nichts außer einem Plätzchen zum Rasten und vielleicht einem Schluck Ale, ehe ich nach London zurückkehre.«

Sie trat beiseite und ließ uns in die steinkühle Dunkelheit des Hauses treten. »Die Große Halle ist hier...« Sie führte uns in ein großes Zimmer, kaum eine Halle. »Ich werde Erfrischungen holen«, erklärte sie und hastete davon.

Der Raum war spärlich möbliert; vorzügliche flandrische Gobelins bedeckten die Wände, der lange eichene Speisetisch war kunstreich geschnitzt, und neben dem großen Kamin stand eine Schubladenkommode der modischen Art.

Meine Männer standen unbeholfen herum. Es gab nirgends einen Stuhl, auf den man sich hätte setzen können, und der Fußboden war blanker Stein. Da es Juli war, brannte kein Feuer im Kamin, und so war ihnen auch der übliche Zeitvertreib verwehrt, sich einfach davorzustellen.

Nach kurzer Zeit kehrte die Alte mit einem Tablett zurück, auf dem ein goldener Krug und vier Becher standen. Sie stellte es auf den Tisch, füllte die Becher und reichte sie uns. Dann schaute sie sich bedrückt um: Sollte sie nun gehen oder bleiben? Es wäre gewiß ein Verstoß gegen die Etikette, den König ohne Bedienung stehenzulassen, aber ein noch schlimmerer, wenn eine Küchenmagd es unternähme, ihn zu empfangen und zu unterhalten. Hufschlag im Hof bereitete ihrem Dilemma ein Ende: Boleyn war zurück. Gleich darauf kam er ins Haus gestürzt; er hatte das königliche Zaumzeug an dem draußen angebundenen Pferd erkannt und beeilte sich, vor mir zu erscheinen.

»Ah, Eure Majestät! Wenn ich nur gewußt hätte...« hob er an und traf sogleich Anstalten, eine Kette von Artigkeiten abzuspulen.

»Wenn Ihr es gewußt hättet, wäret Ihr ein Zauberer, und einen solchen wollte ich nicht an meinem Hofe haben. Tatsächlich verhält es sich so, daß ich es selbst nicht vorher wußte. Wie sollte es dann möglich sein, daß Ihr es wußtet?«

Er strahlte, sah sich aber dann voller Unbehagen um, ob etwa irgendwo grobe Unordnung herrsche. »Es ehrt mich, daß Ihr geruhtet, ohne Anmeldung herzukommen. Es bedeutet, daß Ihr Euch hier zu Hause fühlt, und ich hoffe, es wird stets so bleiben.«

Zu Hause? Aber zu Hause ist man nicht nervös; man schwitzt nicht oder läuft umher und späht zum Fenster hinaus. Nein, in Hever Castle war ich nicht zu Hause, und ich würde es auch niemals sein.

Ich lächelte. »Ich danke Euch. Ich war auf der Jagd, seht Ihr, und ...« Um Nachsicht bittend, deutete ich auf mein Jagdgewand.

Er zappelte ein wenig und verfiel dann darauf, sich zu vergewissern, ob noch Ale im Krug sei.

»Das Ale ist köstlich«, sagte ich und enthob ihn so der Mühe, sich danach zu erkundigen.

»Wollt Ihr noch ein wenig? Um Euch für den Heimweg zu stärken? Nicht, daß ich wünschte, Ihr würdet Euch auf den Heimweg machen; es wäre mir eine Ehre, wenn Ihr über Nacht bleiben wolltet, denn das wäre ...« Er war ziemlich komisch in seinem kopflosen Bestreben, mich zu bewirten und mir zu schmeicheln.

»Nein, Thomas«, beruhigte ich ihn. »Ich muß morgen in aller Frühe in London sein.«

Sein Sohn George kam herein, ganz in Samt gekleidet. Stocksteif blieb er stehen und starrte mich an.

Er war ein hübscher Bursche von etwa zwanzig Jahren, ganz nach höfischer Mode gekleidet. Ich hatte gehört, daß er komponiere und recht talentiert die Laute spiele. Das sagte ich auch und forderte ihn auf, mir eine seiner Kompositionen vorzuspielen, eine Bitte, die ihn anscheinend in Verlegenheit stürzte. Aber er gehorchte; er verschwand und kehrte einige Augenblicke später zurück, in der Hand eine Laute, die mit Perlmuttintarsien verziert war. Er sang ein Lied, eine klagende Melodie in Moll, die von verlorener Liebe handelte. Es war recht gut. Ich sagte es ihm und meinte es ehrlich. Er zeigte mir sein Instrument; es sei, erzählte er, in Italien gebaut, und ich betrachtete es gebührend.

Dann erschien Lady Boleyn und weitere Angehörige des Haushalts; sie begannen ein geschäftiges Treiben und entfachten auch ein Feuer im Kamin, denn es würde nun bald dunkel werden, und die Nächte in den alten Steinburgen sind auch im Juli klamm und kalt. Aber wo war Anne? Aus irgendeinem Grunde brachte ich es nicht über mich, nach ihr zu fragen.

Die Sonne ging unter, aber das Tageslicht verweilte noch, wie es das im Hochsommer tut. Boleyn redete unaufhörlich auf mich ein und trottete hinter mir her wie ein gelehriges Hündchen. Ich hörte nicht zu und gab gelegentlich eine unverbindliche Antwort. Und noch immer keine Spur von Anne, und bald würden wir uns verabschieden oder ein ausgedehntes, endloses Abendessen erdulden müssen, das man uns zu Ehren auftragen würde.

Ich wandelte an der einen Seite der Halle an den kleinen bleiverglasten Fenstern vorbei, die den Blick auf den ordentlichen Garten und den Hof der Boleyns eröffneten. Der Bach, der den Burggraben speiste, plätscherte durch den Garten, gesäumt von

Trauerweiden. Der Wind regte sich, wie er es am frühen Abend gelegentlich tut, und ließ die Äste schwanken. Die Bäume waren so grün, daß sie fast leuchteten, und ihre Zweige so dünn und peitschenartig, daß sie sich wie lebende Wesen zu schlängeln schienen.

In diesem Augenblick sah ich sie; sie stand weiter hinten an einer der Weiden: eine schmale Gestalt mit langen, schwarzen Haaren, die im Wind wehten und flatterten wie die Zweige um sie herum. Anne.

Sie trug ein grünes Kleid, hellgrün, und es blähte sich im Wind und ließ sie schwanken wie ein Blumenstengel. Sie hob die Hand und legte sie an einen Ast, und es war die anmutigste Bewegung, die ich je gesehen hatte.

Ich merkte, daß ich stehengeblieben war und zum Fenster hinausstarrte. Thomas räusperte sich neben mir.

»Meine Tochter Anne«, sagte er. »Sie lebt wieder daheim bei uns, denn der Kardinal hat sie vom Hof fortgeschickt. Es war höchst ungerecht – «

»Bestimmt.« Ich drehte mich um und schob mich an ihm vorbei. »Ich will selbst einmal mit Eurer Tochter sprechen.« Die Tür, die in den Garten hinausführte, hatte ich schon entdeckt. Jetzt würde ich mich ihrer bedienen.

»Ich bitte Euch, begleitet mich nicht«, sagte ich zu Thomas, der mir auf dem Fuße folgte. »Ich will allein gehen.«

Bevor er Einspruch erheben konnte, war ich im Garten, und ich warf die Tür hinter mir zu.

Sie mußte mich kommen hören, aber sie drehte sich nicht um. Sie kehrte mir den Rücken zu, bis ich kaum zwei Schritt weit von ihr entfernt war. Der Wind war kräftiger geworden; er packte ihre Röcke und ließ sie mächtig wirbeln. Sie trug keine Haube, kein Kopftuch. War ihr nicht kalt? Sie stand immer noch regungslos da; nur das außergewöhnliche Haar umflatterte ihren Kopf.

»Mistress Boleyn«, sagte ich laut, und sie drehte sich um.

Was hatte ich erwartet? Ich wußte, sie war nicht wie ihre Schwester Mary, aber auf diese dunkle Erscheinung war ich denn doch nicht vorbereitet.

Sie sah mich an mit weit offenen Augen, mit großen schwarzen Augen, mit Kinderaugen. »Eure Majestät«, brachte sie hervor, und dann fiel sie auf die Knie wie ein herabsinkender Schmetterlingsflügel. Einen Augenblick lang sah ich nur ihren schwarzen Kopf und den schimmernden Scheitel in der Mitte. Als sie sich wieder erhob, griff der Wind ihr ins Haar, und ihr Gesicht verschwand für einen Moment wie der blasse Frühlingsmond, wenn schnell treibende Wolken über ihn hinwegziehen.

Dann schaute sie mich an. Sie war groß, und ihr prachtvolles Haar umhüllte sie wie ein Mantel.

Ich wußte nicht, was ich sagen sollte, aber ich mußte doch etwas sagen. »Wollt Ihr nicht zu uns hereinkommen?« Die ersten Worte, die ich zu ihr sprach.

Ihr Blick hielt kühn dem meinen stand. »Mir gefällt es bei Sonnenuntergang im Garten besser. Der Wind erwacht, und die Wolken reißen auf ...«

»Eine Malerin«, bemerkte ich rasch, ohne zu fühlen, wie scharf es klang. »Aber auch Künstler brauchen Gesellschaft.«

»Ja. Ich habe gehört, in London gibt es bestimmte Viertel, in denen sie... mit ihresgleichen zusammenkommen und ihre Gesellschaft genießen. Wie gern wäre ich einmal dabei!« Ihre Stimme klang wild.

Ich erinnerte mich meiner eigenen Sehnsucht, fortzulaufen und zur See zu gehen. Wir glichen einander... unsere Seelen waren verwandt...

»Sie treiben unzüchtige, kühne Dinge dort, Lady.« Ich stellte sie auf die Probe. Was würde sie mir zur Antwort geben?

»Das erschreckt mich nicht. Ich könnte ja mittun oder nicht, wie es mir beliebt.«

Sie sah mich an, und ihr Blick brannte sich in meine Augen. Ein bleiches Gesicht, von schwarzem Haar umgeben... mich schauderte, und ich fühlte ein unheimliches Prickeln im Nacken und an den Unterarmen...

»Wollt Ihr denn eine Zigeunerin sein und mit den Ausgestoßenen leben? Denn diese ›Künstler‹ gelten als Verdammte.«

»Nein. Die Verdammten sind hier, zu Hever, in einem riesigen Gefängnis, auf Geheiß des Kardinals. Er hat mich hierher geschickt, weil ich es gewagt habe, einen Mann zu lieben, der schon verlobt war!«

»Ihr seid hier zu Hause.«

Sie sah sich nach den warmen, goldenen Mauern von Hever um. »Ich war hier nie zu Hause.«

»Dann kommt an den Hof zurück«, sagte ich. »Kommt zurück und dient der Königin. Als Ehrenjungfer.« Ich beförderte sie, ohne mich zu besinnen. »Und Euer Bruder George«, fügte ich hinzu, »mag als Kammerherr in mein Schlafgemach kommen. Ihr solltet zusammen kommen.«

Sie lächelte, und ihr Gesicht leuchtete auf wie ein Blatt, durch welches die Sonne scheint. »Wirklich?«

»Wirklich«, bekräftigte ich feierlich.

Sie lachte, und sie war nicht mehr ein geisterhaftes Wesen mit wirbelndem Hexenhaar, sondern das Weib, das ich mein Leben lang zu lieben gewünscht hatte. Es war erschreckend einfach.

»Werdet Ihr kommen?« fragte ich verwirrt.

»Aye«, antwortete sie.

Ich streckte meine Hand aus, und sie nahm sie, und zusammen gingen wir zurück zum Hause ihres Vaters.

Es war sonderbar, in die Halle zurückzukehren und jedermann genauso dastehen zu sehen wie zuvor, während ich durch und durch verwandelt war. Ich ließ Mistress Boleyns Hand los, als ihr Vater uns besorgt entgegeneilte.

»Ich wünsche, daß Mistress Anne an den Hof zurückkehrt«, verkündete ich, ehe er seinen redseligen Mund öffnen konnte. »Und George ebenfalls.«

»Aber der Kardinal ...« begann er und zog dabei die Stirn kraus.

»Zum Teufel mit dem Kardinal!« rief ich – so laut, daß alle sich nach mir umdrehten. Ich senkte die Stimme. »*Ich* bin der König, nicht der Kardinal. Wenn ich sage, Mistress Anne und Master George sollen an den Hof kommen, dann hat der Kardinal damit nichts zu schaffen. Und wenn ich sage, der Kardinal soll sich in seine Erzdiözese nach York verfügen, dann reist er nach York, und zwar schnurstracks.« Ich zitterte vor Wut. Regierte hier etwa der Kardinal?

Aber ich wußte, was er gemeint hatte. Er fürchtete und verehrte den Kardinal mehr als seinen König. Wie viele Leute im Reich mochten genauso empfinden?

Es war schon dunkel, als wir uns auf den langen Heimritt nach London begaben. Erst geraume Zeit nach Mitternacht würden wir Westminster erreichen. Kaum konnte der Viscount uns nicht mehr sehen, wickelten meine Gefährten, die ihm eben noch versichert hatten, sie seien nicht im mindesten hungrig, ihre in Linnen gewickelten Proviantpakete aus, die die königlichen Köche ihnen am Morgen bereitet hatten. Sie aßen mit Heißhunger, während wir ritten.

Ich hätte auch hungrig sein müssen, aber ich war es nicht. Der Mond, er stand im letzten Viertel, ging erst auf, als wir schon die Außenbezirke von London erreicht hatten. Nicht einmal jetzt war ich hungrig oder müde, sondern erfüllt von seltsamer Energie und Zielstrebigkeit. Der aufgehende Mond beleuchtete die schlafende Stadt, und als ich sie aus dieser Entfernung sah, war mir, als könne es keine schönere Stadt, keinen glücklicheren Herrscher, kein gesegneteres Land geben.

Anne kam an den Hof!

Und wenn sie erst da wäre, würde sie meine Mätresse werden – nein, meine Geliebte, denn »Mätresse« war allzu genau umschrieben, allzu eng begrenzt. Meine Geliebte, meine Vertraute, meine Seelengefährtin. Ja, meine Seelengefährtin. Meine Seele war allzu lange allein gewesen, und sie brauchte diese Begleiterin auf ihrem Wege. Zusammen wären wir ein Ganzes. Vereint würden wir, Irrsterne nicht länger, lodernd durch den Himmel ziehen...

Wie kann ich es erklären? Etwas in ihr zog mich an; ich wußte: ruhte ich an ihrer Brust, würde ich alles wissen, was ich im Leben wissen wollte, und die verschlossene Tür würde sich mir auftun...

Im Grunde ist es unerklärlich. Etwas, das tief in Anne ruhte, rief etwas in der Tiefe meines Inneren. Und sein Ruf war machtvoll – nein, unwiderstehlich.

XXXIV

Noch zwei Wochen, und ich würde mich auf Staatsreise durch die Grafschaften des Reiches begeben müssen. Und wenn ich zurückkehrte, würde Anne auf mich warten, denn bis dahin würde sie sich bei Hofe eingerichtet haben. Dies zu wissen, ließ mir jeden Tag der Reise (die mir sonst immer solche Freude machte) nur zu einem Tag werden, der mich näher an mein Ziel brachte, näher zu meiner Sehnsucht...

Aber als ich zurückgekehrt war und Katharina wie gewohnt meine Aufwartung machte, sah ich unter ihren Damen keine Spur von Anne.

»Ich hatte deinem Gefolge eine neue Ehrenjungfer zugewiesen«, sagte ich, als wir endlich allein waren. »Mistress Anne Boleyn.«

Katharina fuhr herum und sah mich an. »Ja. Nachdem die andere ...«

»Sie ist nicht wie ihre Schwester«, erklärte ich rasch – allzu rasch.

Katharina, ganz in Schwarz gekleidet, hob die Augen zum Himmel. »Gott sei Dank dafür.«

»Mistress Anne ist keusch und eifrig darauf bedacht, zu lernen.«

»Die Dame scheint Euch wohlvertraut. Soll sie Eure nächste Mätresse sein?« weinte Katharina. Sie zitterte im Mittagslicht am ganzen Leibe. Ein Teil meiner selbst wollte sie in den Arm nehmen und sie trösten, ein anderer aber sah sie mit Abscheu.

»Ich wollte dir kein Ungemach schaffen«, sagte ich. »Ich wollte mich nur erkundigen, ob sie ...«

»Ich gestatte es nicht!« kreischte sie und kam auf mich zu – langsam, in Anbetracht ihrer Leibesfülle und der zurückzulegenden Entfernung. »Erst diese Kreatur Blount, dann das Boleyn-Mädchen – und das alles bei Hofe, unverhohlen und vor meinen Augen ...«

»Selbstverständlich nicht!« Ich schob sie mit einer Hand von mir und nahm allen Mut zusammen, den ich in mir hatte. »Weib, du vergißt dich. Ich habe keine Mätresse, und zwar seit gut drei Jahren nicht mehr. Ich habe kein Verlangen nach Mätressen – und hätte ich es, dann wäre es gewiß nicht Boleyns dürres Töchterlein, frisch vom französischen Hofe!«

Katharina richtete sich auf. »Natürlich nicht«, pflichtete sie mir bei.

Sie ist wahrhaft königlich, dachte ich bei mir und bewunderte Katharina. »Mistress Anne ist nicht das, was die Phantasie eines Mannes anregen könnte«, erklärte ich abschätzig.

Und doch regte sie die meine an. Kaum hatte ich die inneren Gemächer der Königin verlassen, hielt ich Ausschau nach Anne. Ein Schwarm hübscher junger Zofen wimmelte umher, aber sie war nicht unter ihnen. Mit gekünsteltem Lächeln bahnte ich mir meinen Weg zur äußeren Tür, und die ganze Zeit über fragte ich mich, wo Anne sein mochte.

Es schien, daß sie sich vor mir verbarg, wenn sie überhaupt zum Hof gekommen war; Katharina hatte es geschickt vermocht, mir meine Frage nicht zu beantworten. Immer wenn ich Katharina besuchte, war Anne nicht da. Wenn Katharina zu irgendwelchen zeremoniellen Anlässen mit ihrem Staat erschien, war Anne nicht dabei. Ich war der Verzweiflung nahe, aber ein zweitesmal konnte ich mich nicht nach ihr erkundigen.

Die nächsten Wochen waren eine Qual für mich. Ich war so besessen von Anne, daß ich kaum in der Lage war, mich den notwendigen Pflichten eines Königs zu widmen, etwa an dem Tage, da ich eine Abordnung von Händlern vom Wollmarkt zu Calais zu bewirten hatte.

Ich hatte keine Lust, die Händler aus Calais zu empfangen. Der Sinn stand mir nicht nach Geselligkeit. Am liebsten hätte ich die religiöse Freiheit in Anspruch genommen und wäre Einsiedler geworden. Es hätte mir nichts ausgemacht, meine feinen Gewänder und die Wohnung im Schloß aufzugeben. Ein Einsiedler zu sein, ganz allein und niemandem als Gott verantwortlich, kam mir wie ein Luxus vor – ein größerer Luxus als Paläste und Gewänder und königliche Pflichten.

Aber eine solche Ausflucht war mir verwehrt. Ich war König. Deshalb mußte ich stets allen zur Verfügung stehen. Ein gewöhnlicher Mensch durfte Einsiedler werden, aber ich – niemals.

Und ein Einsiedler brannte niemals, wie ich es tat. Ich brannte darauf, Anne zu sehen. Und ich brannte vor Verlangen, allerlei zu ändern, mich selbst zu ändern, mein ganzes Leben zu ändern.

Die Händler von Calais kamen zur Audienz in meinen Empfangssaal. Sie redeten nur von Wollquoten und Devisenkursen und langweilten mich ganz ungemein. Als der Lärm auf ein unerträgliches Maß anschwoll, bat ich, mich für einige Augenblicke in meine inneren Gemächer zurückziehen zu dürfen.

Als ich dort weilte, drangen Stimmen von draußen an mein Ohr. Ein öffentlicher Gang grenzte an die Empfangsgemächer, und ich hatte die Erlaubnis gegeben, daß die Bediensteten der Wollhändler sich dort aufhielten.

»Nein, aber Seine Majestät muß unsere Interessen in Calais schützen«, sagte eine Stimme mit hohem und unangenehmem Klang.

»Seine Majestät versteht nichts vom Handel oder vom Finanzwesen«, erwiderte eine andere; diese klang sanft und kundig. »Der Kardinal kümmert sich um all das. Da bewirbt man sich besser um eine Stellung bei ihm, oder?«

»Der Kardinal ist nicht der König«, versetzte eine dritte Stimme, tief und sarkastisch, »auch wenn er sich gern dafür hält. Manches im Leben birgt Überraschungen, und ich glaube, dem großen Kardinal steht demnächst eine ins Haus.«

»Der Kardinal ist niemals überrascht«, wandte die zweite Stimme ein.

»Der Kardinal ist intelligent«, räumte die dritte Stimme ein. »Aber Intelligenz ist nicht... wie soll ich es sagen? Es gibt noch eine Intelligenz jenseits der gewöhnlichen Intelligenz. Damit meine ich die Fähigkeit, vorauszusehen, wie die Dinge sich entwickeln werden, sie zu sehen, wie sie sind, und zu wissen, welchen Verlauf sie nehmen werden. Dem Kardinal ermangelt es in betrüblichem Ausmaß an dieser Fähigkeit. Er sieht das Unmittelbare, aber darüber hinaus sieht er nichts.«

Ich muß bekennen, daß ich inzwischen die Ohren spitzte, um dieses außergewöhnliche Gespräch mitanzuhören. Man darf nicht vergessen, daß seit mehr als fünfzehn Jahren niemand mehr gewagt hatte, mir gegenüber offen zu sprechen. »Aber damit geht es ihm immer noch gut genug.«

»Vorläufig«, sagte die dritte Stimme. »Aber ich prophezeie euch, daß es nicht von Dauer sein kann.«

»Wieso nicht?« fragte die zweite Stimme.

»Du weißt ja gar nichts!« warf die erste Stimme nörgelnd ein. »Sitzt doch weit hinten in Calais! Bist das erstemal bei Hofe, nicht wahr?«

»Aye«, sagte die tiefe dritte Stimme.

»Dann kennst du nichts außer stinkender Wolle und einer gelegentlichen königlichen Visite. Diese Leute aber sind anders. Sie denken anders, benehmen sich anders ...«

»Was für Leute, Rob?« fragte die dunkle Stimme.

»Die Leute bei Hofe, du Narr!«

»Dann bist du selbst ein Narr. Sie sind wie du.« Eine Pause trat ein. »Jawohl, auch der König. Er mag aussehen wie Apollo, der zur Erde herabgestiegen ist, er mag Reichtümer besitzen, welche die deinen in den Schatten stellen – aber er ist nur ein Mensch. Mit vielen Sorgen, Sorgen, welche die deinen in den Schatten stellen. Überdies muß er sich des Nachttopfes bedienen, wenn er aufsteht.«

Darüber lachten sie alle.

Sie stellten sich also vor, wie ich mich des Nachttopfes bediente? Der Gedanke war beleidigend. Ich drückte mich dichter an die Tür, um besser hören zu können.

»Wir alle benutzen Nachttöpfe«, sagte die erste, unangenehme Stimme. »Wenn nicht, sind wir tot. Was beweist das?«

»Nichts. Du hast recht, Nicholas«, der erste hieß also Nicholas, »der Nachttopf ist etwas, das wir alle brauchen. Zweifellos mußte sogar Unser Herr sich erleichtern, als er auf Erden weilte. Das hat ihn nicht davon abgehalten, Seine frohe Botschaft zu verkünden.«

Wieder die dritte Stimme. Wer war dieser Mann? Ich war entschlossen, ihn kennenzulernen. Zu behaupten, daß Unser Erlöser...! Aber Er war ganz Mensch geworden; hatte die Kirche es nicht so entschieden? Und dann mußte Er auch – hastig verschloß ich mein Herz vor einem solchen Gedanken. Und stürmte wieder hinaus in den Audienzsaal.

Die Abgesandten hatten ihr Schwatzen eingestellt und harrten erwartungsvoll meines Erscheinens.

Ich ließ mich auf dem großen Audienzthron nieder und bedeutete ihnen mit einem Kopfnicken, fortzufahren. Das taten sie, als wären sie niemals unterbrochen worden.

»Euer Gnaden, die Waagen, die man in Calais verwendet ...« begann einer von ihnen.

»Ich vermute, Ihr gedenkt, die alte Methode des Wiegens per Schaf durch die modernere zu ersetzen, bei der das reine Wollvolumen gewogen wird«, sagte ein anderer.

»Und wer hat die erfunden?« fragte ich. »Die Franzosen?«

Einer der Männer trat vor und verbeugte sich vergebungheischend. »Aye«, sagte er. »Aber die Franzosen haben eine neue Art des Wollwiegens vervollkommnet ...«

Immer die Franzosen! Sollte ich denn niemals frei von ihnen sein?

»Ich bevorzuge die Methode, die England das meiste Geld bringt«, sagte ich. »Ich überlasse es Euch, Gentlemen, die wirksamste zu ermitteln.«

Sie präsentierten noch mehrere andere Petitionen, und ich erwog sie alle mit der gebührenden Ausführlichkeit. Dann war das gnädige Ende der Audienz gekommen. Eilends öffneten sie die Tür zum Korridor, um ihre Diener hereinzulassen, denn diese bedeutenden Kaufleute waren unter keinen Umständen in der Lage, ihre Bücher und Mäntel selber zu tragen. Eine große Schar strömte herein.

Welcher war der mit der tiefen Stimme? Wie sollte ich ihn aus dem Gewimmel herausfinden. Nicht einmal hatte er den Namen seines Herrn ausgesprochen – ein vorsichtiger Bursche, das. Ich bewunderte ihn um so mehr.

Die ganze Gesellschaft war dabei, ihre Habe einzusammeln und den Bediensteten Anweisungen zu erteilen. Ich begann, unter ihnen einherzugehen. Dies rief immer wieder ein Verstummen der Konversation und allerlei Verbeugungen hervor, das genaue Gegenteil dessen, was ich beabsichtigte. Kaum war ich in Hörweite eines Mannes angelangt, drehte er sich um, lächelte und stand da wie ein verängstigtes Kaninchen. Beim Blute des Herrn! Und da sollen Könige wissen, was ihre Untertanen denken?

Ich hörte keine Stimmen, denn sie verstummten alle, sobald ich in ihre Nähe kam. Aber als die Gesellschaft sich anschickte, zu gehen (für mich wurde es Zeit für eine weitere königliche Audienz), vernahm ich in der Nähe der Tür einen Satz – und einen Tonfall –, der mich an das geheimnisvolle Erlauschte gemahnte. Ich näherte mich dem Kaufmann und seinem Gehilfen, die beide damit beschäftigt waren, ihre Mäntel anzulegen und ihre Päckchen aufzunehmen.

»Ich bitte um Entschuldigung«, sagte ich. Beide starrten mich erschrocken an. Ich wandte mich unmittelbar an den Gehilfen. »Warst du soeben draußen auf dem Korridor?«

»Ja«, antwortete er, ohne zu zögern.

»Sprachst du mit deinen Kameraden über den Kardinal? Und erwähntest den Umstand, daß vielleicht sogar der König sich des Nachtgeschirrs bediene?«

Der Mann war klein, und sein Blick war ernst. Er zuckte nicht mit der Wimper. »Aye.« Er sah mir kühn ins Gesicht.

»Du darfst nicht glauben, daß ich lausche«, erklärte ich hochfahrend, »aber eure Stimmen waren deutlich zu hören ...« Ich brach ab. Weshalb entschuldigte ich mich bei diesem Burschen? »Deine Stimme klang angenehm. Deine Worte waren verständig. Und du hattest eine besondere Art von Humor. Ich brauche einen Narren. Ich lade dich ein, in dieser Eigenschaft an meinen Hof zu kommen.«

Er blieb unbewegt. Schließlich antwortete er: »Herr, ich bin nicht geübt darin, formelle Possen zu reißen. Auch würden die meisten meiner Bemerkungen den Zuhörern bei Hofe nicht erträglich sein.«

»Nein. Denen sind zotige Anspielungen lieber als scharfsinnige Kommentare. Aber bei Hofe ist Platz für beides. Ich beschaffe einen gemeinen Kerl – »

Er grinste. »Mit der Zote bin ich rascher bei der Hand als mit dem Scharfsinn.«

»Dann wirst du kommen?« fragte ich. »Einer wie du ist hier dringend vonnöten.«

»Seit Königin Katharina so fromm geworden ist?«

Er hatte recht, aber er überschritt seine Grenzen. »Hüte deine Zunge!« hörte ich mich sagen.

»Wenn ich meine Zunge hüten soll, welchen Sinn hätte es dann, daß ich ein Narr werde?«

Die ganze Zeit über glotzte der Herr dieses Mannes, als könne er den Wortwechsel nicht fassen.

»Wenn wir unter uns sind, magst du sagen, was du willst«, erklärte ich. »Aber in der Öffentlichkeit gibt es bestimmte Themen, die nicht erwähnt werden dürfen.«

WILL:

So kam ich in König Heinrichs Dienst. Es war reiner Zufall, wie es die größten Ereignisse in unserem Leben sind. Ich kann Euch versichern, ich ahnte nicht, daß der König meine Reden hörte, als ich mir mit einigen dummen Gefährten die Zeit der Audienz vertrieb, und ich wußte auch gar nicht mehr, was ich gesagt hatte.

Aber ich erinnere mich, daß ich den König an diesem Tag gesehen hatte. Er wirkte bedrückt und geistesabwesend, ganz anders als das junge Wesen, das ich viele Jahre zuvor auf der Straße nach Dover gesehen hatte, anders auch als die gottähnliche Gestalt, die ich in Calais aus der Ferne geschaut hatte. Dieser Mann war älter, und ihn plagten viele Sorgen und Neider. Warum ich einwilligte, in seinen Dienst zu treten, wußte ich damals nicht. Gewiß verlangte es mich nicht danach, ein Kostüm zu tragen und vernagelte Höflinge zu unterhalten. Aber der König zog mich an. Und er brauchte mich, das spürte ich. (Eitelkeit?)

Er erlaubte nicht mehr, daß ich noch einmal mit meinem Herrn nach Calais zurückkehrte; er bestand darauf, daß man mir meine Habe herübersenden könne. Tatsächlich besaß ich ja kaum etwas. Von diesem Augenblick an sollte ich ein Teil des Hofes werden.

Ich erkannte rasch, daß man am Hofe niemals frei sein konnte. Wie ein Komposthaufen war diese Masse von schwärender Menschlichkeit immerzu heiß, immerzu von üblen Dünsten erfüllt und in buntem Zerfall begriffen.

Und obendrauf hockte der König selbst und versuchte, diesen gärenden Haufen zu überblicken. Sein »Haushalt« war auch seine Regierung, die stets bei der Hand sein mußte. Ich staunte über sein Gedächtnis, über seine beinahe übernatürliche Erinnerung an unzählige Einzelheiten. Er vergaß mich nie, nicht einmal im dicksten Gewimmel und auch nicht über seinen stets drängenden Pflichten.

HEINRICH VIII.:

Will lernte es nie, sich an dieses Gebot zu halten, und deshalb wurde er schließlich mein privater Narr. Er und der Hof waren als Partner einfach ungeeignet, wie die folgenden Ereignisse bewiesen. Aber sein Witz und seine Beobachtungsgabe waren für mich von unbezahlbarem Wert, und so gefiel es mir, ihn um mich zu haben.

XXXV

Wolsey sollte ein großes Festbankett für über einhundert Gäste veranstalten, um irgend etwas zu feiern – ich weiß nicht mehr, was. Verstohlen beförderte er die Gästeliste in mein Gemach, und ich fügte ihr mehrere Namen hinzu, darunter auch den der Mistress Anne, und schmuggelte sie dann zu ihm zurück, denn offiziell sollte ich von diesem Vorgang nichts wissen.

Würde sie kommen? Würde Wolsey die Einladung korrekt abfassen? Und wenn er es täte, würde sie sie annehmen? Ich hatte endlich dafür gesorgt, daß sie zum Hof zurückkehrte. Aber vielleicht lebte sie zu zurückgezogen... oder sie fragte sich, weshalb sie auf einem Fest des verhaßten Kardinals dabeisein sollte? Beim Blute des Herrn! Gab es denn keinen Ort auf der Welt, wo ich sie sehen könnte, ohne darauf angewiesen zu sein, daß andere mir dazu Gelegenheit gaben?

Die Etikette erforderte, daß ich zu diesem Anlaß eine Verkleidung anlegte (da ich mich vorgeblich nicht unter den Gästen befände), und ich entschied mich, als Schäfer zu erscheinen. Da ich aber nicht ohne Gefolge kommen konnte, brauchte ich Schäferkameraden. So erwählte ich mir welche: den lieben Brandon, meinen Cousin Courtenay, William Compton, Edward Neville und Annes Vater, Thomas Boleyn.

Es war Ende Oktober, aber immer noch mild. Die kleine Ruderpartie die Themse hinauf würde vergnüglich werden, zumal da bald ein fetter Vollmond aufgehen würde. Meine Gefährten und ich würden nach York Place rudern und warten, bis das Fest in Gang gekommen war, ehe wir dort erschienen.

Die Ruderblätter tauchten mit beruhigendem Glucksen in das mondbeschienene Wasser. Wasser wirkte stets besänftigend auf mich. Sie würde dort sein; ich wußte es. Der Herr mochte geben, daß sie da sei!

Nicht lange, und wir erreichten York Place; es lag ja nicht weit entfernt vom Herzen Londons. Jetzt, da Hampton Court offiziell mir gehörte, zögerte Wolsey, mich dort zu bewirten, wenngleich er immer noch dort wohnte.

Die Landungsbrücke war mit spätblühenden Blumen bekränzt, und der Steg war unauffällig beleuchtet. Ringsum herrschte großer Aufruhr. Meine Begleiter waren ungebärdig; sie schlugen und knufften einander lärmend, so daß sie unfehlbar auf uns aufmerksam machen würden. Ich fuhr sie in scharfem Ton an, und sie verstummten. Still folgten sie mir auf dem Weg.

Vor dem Palast hielten wir inne. Jedes Fenster leuchtete gelb vom Licht der Fackeln und Kerzen, die drinnen brannten. Eben winkte ich meinen Leuten, als ein ohrenbetäubendes Donnern und Dröhnen unsere Stimmen übertönte. Dem Lärm folgte mehrmaliges lautes Klatschen auf der Themse. Kleine Geschütze.

»Man begrüßt uns«, sagte ich. »Wie freundlich, wo wir doch alle Ausländer sind.« Ich sah mich in der Runde meiner Gefährten um; das Licht, das aus den Palastfenstern fiel, beschien matt ihre Gesichter. »Ihr alle sprecht französisch, nicht wahr?« Sie nickten – nicht ganz einmütig. »Das ist ein Glück, denn wir sind verirrte französische Schäfer. Kommt, meine Freunde.« Ich ging vorauf zu der großen, mit Nägeln beschlagenen Tür des Kardinalspalastes und schlug mit der Faust dagegen. Unverzüglich öffnete ein Diener; er starrte uns an und tat, als sei er durch unsere Kostüme und unsere Gegenwart wie vom Donner gerührt.

»Wo ist Euer Herr?« verlangte ich in meinem besten Französisch zu wissen. Jemand hastete herbei und übersetzte meine Frage. Der Diener verbeugte sich und bedeutete uns, ihm zu folgen.

Die Große Halle war hell erleuchtet, heller, als es von außen den Anschein gehabt hatte. Vor uns erstreckten sich lange Tafeln, bereit für das Bankett. Ein frühherbstliches Feuer knisterte in dem gewaltigen Kamin, und Stimmengewirr war allenthalben zu vernehmen – Stimmengewirr, das verstummte, als wir in der Tür erschienen.

Ein Diener kam herbei und erkundigte sich nach unserem Begehr. Ich spielte meine Rolle und antwortete auf französisch. Er wandte sich mit hilfloser Gebärde zu seinem Herrn um; Wolsey saß, prachtvoll angetan mit rotem Satin, unter seinem Staatsbaldachin. Als er unser ansichtig ward, stemmte er sich aus seinem großen, geschnitzten Sessel hoch und watschelte auf uns zu.

»Fremde!« rief er aus. »Wie seid Ihr hergekommen?«

Ich antwortete in französischer Sprache, woraufhin er die Hände hob, als ob er mich nicht verstehe.

»Es sind Franzosen! Französische Schäfer!« setzte er spitz hinzu. »Doch auch wenn wir gegen ihren König Feindseligkeit empfinden, müssen wir sie willkommen heißen.« Er wies uns zu einem der langen Tische.

Unterdessen hatte ich die Gäste längst gemustert. War *sie* hier? Ich konnte sie nicht entdecken.

Ich nahm meinen Platz ein und verspeiste alles, was mir vorgesetzt wurde; das Bankett wurde später als »prachtvoll und glänzend« beschrieben. Das war es vermutlich auch, bei all dem silbernen und goldenen Geschirr und den üppigen Speisen. Aber ich nahm nichts davon wahr, so ungeduldig wartete ich darauf, zu sehen, ob *sie* zugegen sei. Was kümmerten mich Speisen oder Teller oder Leckereien? Die hatte ich fünfzehn Jahre lang genossen!

Nach dem Essen sollten Glücksspiele stattfinden, mit Würfeln, Brett und Karten. Wir waren genötigt, von Tisch zu Tisch zu gehen und gegen alle Gäste zu spielen, auf Wolseys Kosten. Er hatte Schüsseln über Schüsseln voller Dukaten aufstellen lassen. An jedem Spieltisch suchte ich nach Mistress Anne, aber sie war nicht zu sehen.

Schließlich ließ Wolsey eine Fanfare blasen. »Ich wollte mich soeben wieder auf meinen Staatssessel verfügen«, verkündete er und schürzte die schillernden Falten seines Satingewandes. »Doch nun sehe ich, daß hier jemand zugegen ist, der höher steht als ich, jemand, der ein größeres Anrecht auf diesen Stuhl hat. So bitte ich denjenigen unter Euch, der ihn erkennt, ihn mir zu zeigen, auf daß ich ihm diese Ehre erweisen kann.«

Was für ein albernes Spiel! Ich hatte dergleichen satt. Ich hatte manches satt, um die Wahrheit zu sagen.

»Sir«, sagte Henry Courtenay – stets der eifrige Höfling – »wir gestehen, daß sich eine solche edle Persönlichkeit unter uns befindet. Wenn Ihr erkennt, wer es ist, so wird er sich mit Freuden offenbaren und Euren Platz einnehmen.«

Jetzt huschten Wolseys schlaue Augen hin und her. Die kleineren der Männer in den Schäferkostümen konnte er sogleich eliminieren. Übrig blieben ich, Edward Neville und Charles Brandon. Brandon war breiter und kräftiger als ich; insofern konnte Wolsey uns beide unterscheiden. Neville war barhäuptig (wenn auch maskiert); er hielt seine Mütze in der Hand, und sein dichtes, rotgoldenes Haar schimmerte im Fackelschein und zog Wolseys Blick auf sich.

Der füllige Kardinal trat auf Neville zu. »Mir deucht, der Gentleman im schwarzen Mantel sollte wohl derjenige sein«, verkündete er und bot Neville seinen Sessel an.

Neville zögerte; er wußte nicht recht, wie es nun weitergehen sollte. Ich errettete ihn, indem ich mir die Maske vom Gesicht zog und lachte. Die ganze Gesellschaft fiel in mein Lachen ein.

Der Kardinal drehte sich bestürzt um. »Eure Majestät«, sagte er leise. »Ich sehe, ich habe mich von Euch täuschen lassen.«

Jahre später behauptete er, dieser Augenblick sei ein Omen gewesen.

Aber wenn wir zurückblicken, erscheint uns alles wie ein Omen. Ich könnte sagen, es sei ein Omen gewesen, daß Katharinas Fahrt nach England sich immer wieder verzögerte, oder daß mich von jener weißgesichtigen Frau träumte... das alles waren Omen. Aber wenn wir so denken, wird das ganze Leben ein gewaltiges Omen, und wir erstarren vor lauter Angst.

Wie auch immer, das Fest mußte seinen Fortgang nehmen. Nach der ersten Verlegenheit gelang es Wolsey, seine Betretenheit zu überspielen, und er gab das Zeichen zum Fortfahren.

Es sollte jetzt ein Maskenball stattfinden, und die Musikanten versammelten sich auf der Galerie. Zu zwölft sollten wir unsere Partnerinnen durch eine verschlungene Runde führen. Es stand uns frei, dazu unbekannte Damen zu erwählen.

Wo war Mistress Anne? Ich suchte die Gesellschaft ab und sah sie noch immer nirgends. Wolsey hatte fürsorglich die Anweisung gegeben, einige Fackeln auszulöschen, und so lagen nun alle Gesichter im Schatten, und von den Gästen sah man nur feinfrisierte Köpfe und schimmernden Satin. Sie standen in Zweier- und Dreierreihen an den Wänden, und es war unmöglich, hinter der vordersten Reihe noch ein einzelnes Gesicht zu erkennen.

Mistress Carew stand ganz vorn und lächelte. Sie verstand zu tanzen; vermutlich taugte sie so gut wie die nächstbeste andere. Ich ging auf sie zu und war im Begriff, sie aufzufordern, als ich Anne unvermittelt erblickte. Zuerst war es nur eine Reihe von Perlen, die wie ein übernatürlicher Heiligenschein schimmerten. Dann erkannte ich ihr Antlitz in dem Perlenkreis.

Sie stand im Hintergrund, ein wenig abseits der anderen, als wolle sie vermeiden, daß jemand sie zu seiner Partnerin erkor. In ihrer Nähe brannte keine Fackel, die sie beleuchtet hätte. Man sah sie überhaupt nur, weil die hellen Perlen ihren Kopf umkränzten.

Ich drängte mich zu ihr hindurch – zu jedermanns Überraschung, nicht zuletzt zu ihrer eigenen. Sie starrte mich an, als ich auf sie zukam.

»Eure Majestät.« Sie senkte den Kopf. Ich nahm sie bei der Hand, und zusammen schritten wir in die Mitte der Tanzfläche.

Hier, wo das Licht heller war, sah ich, daß die auffällige Perlenkrone eine kleine Samthaube als Besatz zierte. Ich machte ihr ein Kompliment deshalb, und sie antwortete, es sei jetzt die Mode in Frankreich. Ihre Stimme hatte einen dunklen Klang – ganz anders als die modischen hohen Stimmen unserer Hofdamen. Auch ihr Kleid war anders; es war mit langen, vollen Ärmeln versehen, welche die Hände fast zur Gänze bedeckten. Sie hatte es selbst entworfen. Damals fand ich es bezaubernd. Heute weiß ich, warum es so sein mußte – um ihr Hexenzeichen zu verbergen! Aber als ich ihre Hand zum Tanz ergriff, bemerkte ich den kleinen sechsten Finger nicht, so geschickt wußte sie ihn unter den anderen zu verbergen...

Sie tanzte gut – besser als unsere Engländerinnen. Als ich sie deshalb lobte, zuckte sie mit den Achseln und schrieb auch dieses Verdienst Frankreich zu.

»Ich habe es dort gelernt. In Frankreich tanzt jeder gut. Dort fand man, ich sei in dieser Kunst noch nicht sehr weit gediehen.«

»Frankreich.« Ich lachte. »Wo alles unecht ist, wo die Künstlichkeit zu einer Kunstform erhoben wird. Weil sie dort im Kern ganz hohl sind, müssen sie das Äußerliche feiern.«

»Ihr seid zu hart gegen Frankreich«, sagte sie. »Zu schnell damit bei der Hand, seine wahren Freuden abzutun – unter ihnen die Fähigkeit, den Schein zu schätzen.«

»Ein höfliches Wort für ›Täuschung‹.«

Sie lachte. »Das eben ist der Unterschied zwischen einem Engländer und einem Franzosen!«

»Der französische König ist das beste Beispiel«, grollte ich. Was hatte sie wohl von Franz gehalten?

»Ganz recht! Und er ist entzückend!«

Franz? Entzückend?

»Das fand zumindest Eure Schwester«, versetzte ich tadelnd.

Sie zog sich ein wenig zurück. »Ja, ich glaube, das fand sie.« Sie schwieg einen Augenblick lang. »Und sie hatte gewiß Gelegenheit zum Vergleich.«

»Die könntet Ihr auch bekommen«, sagte ich. »Allerdings müßtet Ihr auf unserer Seite des Kanals beginnen.« So, jetzt hatte ich es gesagt. Ihre Gegenwart, ihre Nähe ließ mich entflammen. Ich mußte sie haben. »Es sei denn... Ihr wüßtet bereits, wie Franz...?« Ich mußte es sofort wissen; es war wichtig, daß ich es sofort erfuhr. Denn das wollte ich nicht – ich würde es nicht ertragen...

»Nein. Ich weiß nichts. Nur das, was Mary mir gesagt hat.«

Sie hatte geredet? Sie hatte alles erzählt? Da war ich dankbar, daß ich nach ihrem ersten Ehejahr keine Beziehung mehr zu ihr unterhalten hatte. Ein Weib, das Einzelheiten weitertrug? Abscheulich, abscheulich!

»Ich bin ganz und gar ungelehrt in diesen Dingen, Euer Gnaden«, sagte sie. »Ich brauche einen Lehrer.«

Keine Trauer um den verlorenen Percy, dem sie sich doch versprochen hatte? Selbst in diesem Augenblick entsetzte mich ihre Treulosigkeit. Aber da ich den Nutzen davon hatte, verharrte ich nicht weiter dabei. Statt dessen ließ ich mir sogleich Ausreden dafür einfallen. *Da hast du's*, dachte ich bei mir. *Es beweist nur, daß sie ihn nie wirklich geliebt hat.*

»Ich könnte Euer Lehrer sein«, erklärte ich kühn.

»Wann?« Ihre Antwort war nicht minder kühn.

»Morgen. Ihr trefft mich« – oh, wo sollten wir uns treffen? – »auf der Musikantengalerie über der Großen Halle.« Wann pflegte Katharina sie zu entlassen? »Um vier Uhr nachmittags.« Eine beliebte Zeit für solche Tändeleien.

In diesem Augenblick war das Musikstück zu Ende. Anne löste rasch ihre Hand aus der meinen, nickte und war verschwunden. »Ich danke Euer Gnaden«, sagte sie noch leichthin, ehe sie davonhuschte. Einen unangenehmen Augenblick lang erinnerten mich ihre Bewegungen an eine behende, dunkle Schlange, die ich einmal im Garten zu Eltham an der Mauer gesehen hatte...

Morgen würde es beginnen. Morgen...

Ringsum warteten die Höflinge, silberne Masken vor den Gesichtern. Wir würden tanzen – jawohl, die ganze Nacht wollten wir tanzen. Wolsey sollte neue Fackeln bringen!

Die Musikantengalerie, von der aus man über die Große Halle hinausblicken konnte, lag im Schatten. Hier war man völlig ungestört. Durch eine Fensterreihe, die sich der Länge nach durch die Halle zog, barst das Licht herein, aber zur Galerie strahlte es nicht herauf. Nicht, daß Anne auch vom grellsten Tageslicht irgend etwas zu fürchten gehabt hätte. Sie war jung und völlig makellos.

Ich hatte noch nicht entschieden, was ich mit ihr anfangen wollte. Ich würde sie zu meiner Mätresse machen, ja, natürlich, das wußte ich schon. Aber nach dem Beischlaf... seltsam, aber ich dachte mehr um ihretwillen als meinetwegen an den Beischlaf. Ich brauchte ihn nicht mehr, um sie an mich zu binden, denn das war geschehen, als ich sie in Hampton Court das erstemal gesehen hatte. Das seltsame Band war in jenem Augenblick geknüpft worden. Der Beischlaf war für sie. Frauen nahmen alles so buchstäblich. Wenn es nicht eine körperliche Verbindung gäbe, würde sie sich nicht an mich gebunden fühlen.

Ich wartete. Die Gemächer (leer seit Mary Boleyns Verschwinden aus meinem Leben) waren bereit. Ich hatte befohlen, sie zu schrubben, zu lüften und frischzumachen und das Bett mit feinsten

Laken und Brüsseler Spitzen zu beziehen. Keine halbe Stunde, und ich würde Anne dorthin führen... und in weniger als einer Stunde würden wir unser gemeinsames Leben beginnen. Was immer das bedeutete, wohin es auch führen mochte...

Ich wartete. Ich sah zu, wie die großen Vierecke, die die Fenster auf den Fußboden der Halle malten, ihre Form veränderten, während die Sonne sank. Schließlich waren sie zu langen, dünnen Streifen geworden, und dann verblaßten sie, und Zwielicht erfüllte die Halle.

Anne kam nicht. Sie hatte unsere Verabredung gebrochen.

Vielleicht hatte Katharina sie gehindert. Vielleicht hatte Katharina sie unerwartet für irgendeine Zeremonie benötigt. Vielleicht hatte Katharina sie sogar liebgewonnen und wollte jetzt nur noch mit ihr plaudern und ihre Gesellschaft genießen.

Anne war so gewinnend, daß dies am wahrscheinlichsten war.

Ich wollte die schmale Steintreppe hinuntersteigen, als ein Page sich zögernd näherte. »Eine Botschaft«, sagte er und drückte sie mir in die Hand. Dann verbeugte er sich und hastete davon.

Ich faltete das Papier auseinander.

»Euer Gnaden«, las ich, »ich konnte unsere Verabredung nicht einhalten. Ich fürchtete um meine Ehre. *Nan de Boleine*.«

Sie fürchtete um ihre Ehre? Sie fürchtete mich? Sie verhöhnte mich, das war es! Sie hatte doch schon zugegeben, daß sie sich den Künstlern in ihren Höhlen hingeben würde! Aber nicht einem König! Bewahre! Jedem Hans Pinselklecks würde sie sich schenken, aber nicht dem König Heinrich!

Einen Ort und eine Zeit mit mir zu verabreden und mich dann warten zu lassen! Statt ihrer einen Pagen zu schicken! Als sei es unter ihrer Würde, sich ihren unangenehmen Angelegenheiten selbst zu widmen. Und die unangenehme Angelegenheit war – ich. Der König!

Innerhalb von zwei Wochen hatte ich Anne vom Hof entfernt und zurück nach Hever geschickt. Das war leicht getan: Ich schrieb einen Befehl, unterzeichnete ihn, bestreute ihn mit Sand, besiegelte ihn. Als König hatte ich die Macht, Menschen umherzubewegen, wie es mir beliebte, sie aus einer Stellung in die andere zu versetzen. Aber wie es schien, hatte ich keine Macht über mein Weib, über meine Tochter, über die Geliebte meiner Träume. Weiber! Sie regieren uns, im verborgenen von mir aus, aber sie regieren uns nichtsdestoweniger.

XXXVI

Anfangs, als der Herbst im Winter versank, fehlte sie mir. Was immer mich am Anfang zu ihr hingezogen haben mochte, es rief mich noch. Und noch wußte ich nicht, was es war...

Aber es sollte nicht sein. Was immer es sein mochte, vielleicht sollte ich es ja niemals zu schmecken bekommen. Und wozu auch? Ich war schließlich verheiratet, und mein Weib hieß Katharina.

Es gab manche diplomatische Angelegenheit zu regeln; vor allem mußte ein passender Gemahl für Prinzessin Maria gefunden werden. »Passend« bedeutete natürlich, daß die Ehe politisch vorteilhaft sein mußte.

O Gott, ich war schon wie mein Vater!

Anfang 1527 war der »passende Gemahl« für Maria gefunden. Es war ein französischer Prinz. Auf keinen Fall wollten wir uns ja mit dem Kaiser verbünden; er war schon zu stark, nachdem er Franz so vernichtend geschlagen. Schon jetzt versetzten seine ungebärdigen Truppen Rom – und den Papst – in Angst und Schrekken, da sie plündernd und brennend ihren Sieg »feierten«. Ließen wir ihm seinen Willen, würde er vielleicht zu einem neuen Julius Cäsar werden. Julius Cäsar aber gehörte in die Geschichte; es war nicht gut, wenn er einem geradewegs ins Antlitz schaute. (Und einen verschluckte. England war einmal römisch gewesen – und einmal war genug.)

Gabriel de Grammont, Bischof von Tarbes, kam nach England, um die Verbindung auszuhandeln. Grammont sah aus wie eine dicke, aufgeschwollene Kröte. Er begann damit, daß er Wolsey und mir einen ausführlichen Vorschlag vorlas. Wir saßen draußen vor dem Springbrunnen im Innenhof von Hampton Court. Die junge Frühlingssonne unternahm matte Versuche, uns zu wärmen, und es gelang ihr recht gut, denn die Mauern ringsum hielten den draußen wehenden Wind ab.

»... müssen wir uns indessen vom rechtmäßigen Stande der Prinzessin Maria überzeugen«, schloß Grammont.

Nach einigem Hüsteln und Räuspern sagte Wolsey: »Ich bitte Euch, erhellt uns Eure Bedenken ein wenig.« Dann sah er mich an und schnitt eine Grimasse, als wolle er sagen. »Ah! Diese Legalisten!«

»Es sind die folgenden.« Die Kröte richtete sich zu voller Höhe auf und blähte die Brust. »Papst Julius hat einen Dispens für die Ehe zwischen Prinz Heinrich und der Witwe seines Bruders Arthur erteilt, der Prinzessin Katharina, die dem Prinzen Arthur rechtmäßig angetraut war. Nun haben wir es also mit einem Fall zu tun, daß ein Bruder seines Bruders Witwe heiratet – was aber in der Heiligen Schrift ausdrücklich verboten wird! Leviticus, Kapitel achtzehn, Vers sechzehn: ›Du sollst nicht Verkehr pflegen mit dem Weibe deines Bruders; denn es ist das Fleisch deines Bruders.‹ Leviticus, Kapitel zwanzig, Vers einundzwanzig: ›Und wenn ein Mann das Weib seines Bruders zur Frau nimmt, so ist er unrein: Er hat seines Bruders Blöße enthüllt und soll kinderlos bleiben.‹«

Er atmete durch dicke Lippen aus. »Die Frage ist: Hatte der Papst das Recht, einen solchen Dispens zu erteilen? Es gibt in der gesamten Kirchengeschichte nur noch einen einzigen Fall, in dem ein solcher Dispens erteilt wurde. Da erheben sich Zweifel. Ist Prinzessin Maria ein eheliches Kind? Oder ist die Ehe ihrer Eltern – so ehrlich und fromm sie auch sind – keine Ehe? Mein Herr wünscht solche Fragen aus der Welt zu schaffen, ehe er sich mit einem solchen Hause verbindet.«

Der Dispens... ja, vor langer Zeit, bei jenem vorgeschützten »Widerruf«, zu dem man mich gezwungen hatte... der Dispens war die Grundlage gewesen. Aber wie hatten die Einwände gelautet? Ich wußte es nicht mehr.

»Es ist nur ein einziges Mal vorgekommen, daß eine solche Ehe geschlossen wurde?« fragte ich überrascht. Ich hatte immer geglaubt, es sei nichts Ungewöhnliches.

»Fürwahr«, quakte die Kröte.

»Aber der Papst hat den erforderlichen Dispens gegeben«, warf Wolsey sanft ein. »Die Angelegenheit ist folglich erledigt.«

»Nein, nein! Es gibt gewisse Situationen, biblische Beschränkungen, von denen kein Dispens möglich ist«, beharrte de Grammont.

»Ah, aber Christus hat gesagt: ›Was du auf Erden binden wirst, soll gebunden sein im Himmel, und was du auf Erden lösen wirst, soll gelöset sein im Himmel.‹ Christus verlieh Petrus – dem ersten Papst – all diese Macht! Das Alte Testament ist für Christen nicht verbindlich.«

»Da irrt Ihr! Es ist ...«

Es erheiterte mich, zu erleben, wie ein Bischof und ein Kardinal sich theologisch auf die Hörner nahmen. Es erheiterte mich, ja... aber gleich einer schwarzen Hand, die mich bei der Kehle packte, nahmen mir diese Worte den Atem: ›*Und wenn ein Mann das Weib seines Bruders zur Frau nimmt, so ist er unrein: Er hat seines Bruders Blöße enthüllt und soll kinderlos bleiben*.‹ Und plötzlich war es nicht mehr erheiternd: Plötzlich wußte ich, was Gott mir in all den Jahren hatte sagen wollen.

Ich hatte mich darüber beklagt, daß ich die Handschrift Seiner Botschaft nicht lesen könne, und dabei hatte es die ganze Zeit im Buche Leviticus gestanden, geschrieben von Moses, und darauf gewartet, daß ich es nachläse.

Ich empfand Übelkeit. Trotz der klaren, freien Luft fühlte ich mich beengt, und ich konnte nicht atmen. Jäh stand ich auf und schob mich vom Tisch zurück. Die beiden runden Prälaten starrten mich an.

»Fahrt nur fort, fahrt nur fort«, murmelte ich. »Beendet Eure Debatte. Ich möchte nur ein wenig Luft schnappen – werde am Flußufer spazierengehen – nein, begleitet mich nicht!«

»Eure Majestät!« rief Wolsey. »Es werden neue Gärten angelegt. Zweitausend Morgen groß. Vielleicht habt Ihr Lust, Euch die Arbeit dort anzuschauen?«

»Nein, nein.« Ich winkte ab. Ich hatte keinen Sinn für etwas so Weltliches wie die Pläne einer Gartenanlage.

Katharina... die Ehe... es war ein blutschänderischer Frevel in den Augen Gottes. Darum war Kind um Kind zugrunde gegan-

gen. Acht Kinder, und nur eines hatte überlebt – ein zierliches Mädchen.

Ich überquerte die Brücke und schlug den Pfad am Flußufer ein.

Ein Leben in Sünde... ein Frevel vor Gott...

Ich weiß nicht, wie lange ich so dahinwandelte, besessen von diesen Gedanken. Aber unversehens fand ich mich in dem an der Themse gelegenen Dorfe Sunbury wieder, ohne mich zu erinnern, wie ich dorthin gelangt war. Die kleinen Häuser dösten in der Sonne des Spätnachmittags, beschützt (so dachten sie) von ihrem König. *Von ihrem König, der eine schwere Sünde begangen hatte und dafür bestraft wurde.*

Ich machte kehrt. Zumindest aber wußte ich jetzt, was faul war; ich konnte den Fehler beheben und alles wieder in Ordnung bringen.

Erst auf dem Rückweg, als die untergehende Sonne mir in den Rücken schien, dämmerte mir auch der Rest.

Meine Ehe mit Katharina war keine Ehe. Ich war nicht mit ihr verheiratet, war es nie gewesen. Es war unmöglich, daß ich mit ihr verheiratet sei. Gott hatte es verboten.

Ich war daher Junggeselle.

Wir schickten den braven Bischof von Tarbes zurück nach Frankreich und trugen ihm auf, sich dort mit den Theologen weiter zu beraten. Aber das war eine leere Geste, denn ich wußte, er würde nichts herausfinden können, was es mir ermöglichen würde, wieder zu jenem Zustand der Unwissenheit und Naivität zurückzukehren, in dem er mich gefunden hatte. Ich war besorgt, aber ich teilte meine Gedanken niemandem mit, nicht einmal Wolsey. Und auf keinen Fall Katharina! Katharina mußte ich meiden, vor allem ihr Bett. Ich durfte mich nicht noch einmal in dieser Weise beflecken.

Von nun an quälten mich Gedanken an Anne. Ich sehnte mich danach, sie wiederzusehen, sehnte mich mit einer Inbrunst, die an Raserei grenzte. Ihre einjährige Abwesenheit hatte diese Sehnsucht nicht gelindert.

Nachts konnte ich nicht schlafen. Mein Kopf war voll von ihr. Ich wollte sie besitzen; ich mußte sie besitzen, sie erobern. Und die Erkenntnis, daß ich keine Gemahlin hatte, daß ich Junggeselle war, verwandelte alle meine Phantasien und machte mich wieder jung.

Aber diese Besessenheit! Diese Raserei! Irgendwie mußte es mir gelingen, die sonderbare Qual im Herzen und in der Seele zu meistern.

WILL:

Heinrich benahm sich wirklich wie ein Verrückter. Er schwankte zwischen Euphorie und dumpfem Brüten. Viel Zeit verwandte er darauf, Listen anzufertigen und sich mit Theologen zu beraten. Wohl gluckste er auch dann und wann und sagte drauf »Aha!« zu niemandem. Er hörte mir niemals zu, wollte mich aber immer bei sich haben. Und er verbarg sich stur vor Katharina.

Meistens verbrannte er seine Listen, aber die eine hier ließ er unvorsichtig auf seinem Pult liegen.

Tugenden	Fehler
Gewandte Tänzerin	*Kaufmannsfamilie*
Kleidet sich vorzüglich	*Schwester ist eine Dirne*
Weiß angeblich schön die Laute zu schlagen	*Ungebildet in der Scholastik wie in der Neuen Gelehrsamkeit*
Prächtiges Haar	*Scharfe Zunge*
Königliche Haltung	*Liebt (vielleicht) einen anderen Mann.*

Da wußte ich es: Er war verzehrt von der Liebeskrankheit, und diese Krankheit macht gewöhnliche Menschen anmaßend und läßt Könige zu Eseln werden. Wenigstens aber ist sie niemals von Dauer.

HEINRICH VIII.:

Ich mußte sie sehen! Ich mußte sie haben! Ich war besessen von ihr. Ihr Hexenzauber wirkte stärker als meine alltäglichen Gegenmittel.

Ich würde ihr einen Brief schreiben und mich offenbaren. In einer schlaflosen Nacht, in den Stunden vor dem Morgengrauen, ersann ich die nötigen Worte. Als ich aber aufstand und sie niederschrieb, merkte ich, daß sie nicht genau das wiedergaben, was ich sagen wollte. (Weshalb unterscheiden sich gedachte Worte so sehr von geschriebenen?) Ich mußte noch einmal von vorn beginnen. Aber welchen Ton wollte ich anschlagen, was wollte ich ihr sagen? Meine Verwirrung ließ all meine Mühen fruchtlos bleiben.

Und dann, eines Abends, zog ich mich – ich, der ich meine Briefe stets so sorgfältig abgefaßt hatte, der ich sie im Kopf entworfen, dann niedergeschrieben, dann überarbeitet und schließlich weggeworfen hatte – ich zog mich nach einem Bankett in meine Gemächer zurück. Ich hatte dem Weine allzu sehr zugesprochen – kurz gesagt, ich war ein wenig betrunken. Ich begab mich geradewegs zu meinem Schreibtisch und schrieb, ohne nachzudenken, das folgende:

Meine Geliebte und Freundin,

Ich und mein Herz geben uns in Eure Hände und versichern Euch, daß uns die Pein der Trennung schon jetzt zu groß ist, da wir doch nicht wissen, ob es uns gelungen ist oder nicht, einen Platz in Eurem Herzen und in Eurer Zuneigung zu finden, was mich jedenfalls eine ganze Weile gehindert, Euch meine Geliebte zu nennen.

Aber wenn es Euch gefällt, die Pflichten einer treuen und loyalen Mätresse und Freundin zu erfüllen und Euch mit Leib und Seele mir zu geben, der ich war und werde sein Euer allertreuester Diener (so Ihr es mir nicht hartherzig verbietet), verspreche ich Euch: Nicht nur will ich Euch so heißen, sondern sollt Ihr auch sein meine einzige Mätresse, und will ich andere aus meinem Herzen und meiner Liebe verstoßen und nur noch Euch dienen.

So es Euch nicht belieben möchte, mir zu schreiben, laßt mich einen Ort wissen, da ich Eure Antwort aus Eurem Munde hören kann, und ich werde diesen Ort mit frohem Herzen aufsuchen. Genug für heute, denn ich will Euch nicht verdrießen.

Geschrieben von der Hand dessen, der bereit ist zu bleiben Euer

H.R.

Ich hatte meine Gefühle genau beschrieben und dabei nach all den Qualen und Ränken große Erleichterung verspürt. Mit sonderbarem Ungestüm versiegelte ich den Brief, ohne ihn auch nur noch einmal zu lesen, und dann rief ich einen verschlafenen Laufburschen und schickte ihn gleich ab. Ich fiel auf mein Bett und versank in den Schlaf der Erschöpfung.

Vergebens wartete ich auf eine Antwort – eifrig zunächst und voller Zaghaftigkeit. Dann ungeduldig. Dann, als nach vierzehn Tagen kein Zweifel mehr daran bestehen konnte, daß sie nicht einmal zu antworten geruhte, wütend.

Sie glaubte also, sie könne einen königlichen Brief einfach ignorieren? Wie sie unser Stelldichein ignoriert hatte?

Dieses Biest! Ich war der König; ich konnte ihr befehlen, zu tun, was mir beliebte! Begriff sie das nicht? Die Zeit der Behutsamkeit war vorüber. Ich würde ihr zeigen, wie ohnmächtig sie in Wirklichkeit war.

Ich sandte ihr einen knappen Befehl und verlangte, sich unverzüglich zu einer Audienz beim König an den Hof zu begeben.

Jetzt stand ich bereit, sie in meinen Gemächern zu empfangen.

XXXVII

Es war gegen Ende April und für die Jahreszeit sehr warm. Ich hatte alle Fenster weit geöffnet (obwohl die Bienen schwärmten), um die sanfte Nachmittagsbrise hereinzulassen. Leider waren meine Gemächer nach Westen gelegen, und so fanden nicht nur die Lüfte Einlaß, sondern auch die heißen, schrägen Strahlen der Sonne. Es war stickig. Schwitzte ich deshalb so sehr?

Bevor sie käme, hatte ich mich in dem welligen, aus Metall gehämmerten Spiegel in meiner Kammer kritisch begutachtet. Ich war jetzt fast sechsunddreißig Jahre alt – in einem Alter, da die meisten Männer anfingen, fett zu werden, oder, schlimmer noch, starben. Ich aber war immer noch von gleicher Gestalt und Größe wie zwölf Jahre zuvor – mein Schneider hatte es mir bestätigt. Mein Leibesumfang betrug fünfunddreißig Zoll, und meine Brust maß zweiundvierzig. Keine Veränderung nach beinahe einer Generation! Stolz und aufrecht hatte ich mich dem Spiegel genähert, seitwärts war ich ihm entgegengetänzelt wie ein Taschendieb, der sich einer fetten Börse nahte. Ich hatte zwinkern und eine straffe Haltung einnehmen wollen. Aber als mein Gesicht in dem unsteten Spiegelbild Konturen annahm und nach und nach klar wurde, sah ich, daß zwar mein Körper unverändert geblieben war, nicht aber mein Gesicht, und vor allem nicht die Augen. Sie blickten mir starr entgegen, und sie waren hart und von einem Strahlenkranz von Fältchen umgeben.

Ich war nicht mehr jung.

Dies niederzuschreiben, ist elementar. Es zum erstenmal zu spüren, ist verheerend.

Ich war nicht mehr jung.

Aber ich war doch immer jung gewesen! Ich war Arthurs jüngerer Bruder gewesen; ich war der jüngste König der Christenheit gewesen; ich war Katharinas junger Gemahl gewesen.

Die alt-jungen Augen starrten mir entgegen. Das Licht hinter mir betonte noch die Falten in meinem Gesicht.

Arthur ist tot, sagten die Falten. *Franz und Karl sind jünger als du. Und du bist nicht Katharinas Gemahl, sondern du möchtest der eines Mädchens sein, das zwanzig Jahre jünger ist als du.*

Du bist alt. Nein, nicht alt – aber eben nicht mehr jung.

Nicht mehr jung? Aber mein ganzes Leben gründete darauf, daß ich jung war!

Die harten Augen starrten mich an. *Das Alter liegt in den Augen*, sagte Will immer. *An den Augen erkenne ich immer, wie alt einer ist.* Und dies waren nicht die Augen eines jungen Mannes.

Wann ist es denn verschwunden? jammerte ich bei mir – die uralte Klage. Nein, ich bin noch nicht bereit – nein, ich habe noch so viel zu tun – nein, ich kann nicht gealtert sein!

Vielleicht täuschte ja das Licht! Ich drehte mich andersherum. Da war es noch schlimmer. Ich lief zu den Fenstern und schloß die Läden. Jeder Trottel wußte doch, daß Licht von hinten wenig schmeichelhaft wirkt. (Weshalb hatte ich es dann nicht zu bedenken brauchen, als ich meinen Körper studierte?)

Es nützte nichts. Schön, die Falten wirkten nicht mehr so hart. Aber der Ausdruck in diesen Augen – zynisch, wachsam –, der war immer noch da. Kein Zwanzigjähriger hatte solche Augen.

Und in einem solchen Zustand sollte ich Mistress Anne empfangen.

Und was sollte ich ihr sagen? All das, was ich ihr sagen wollte, konnte ich nicht sagen. Warum hatte ich sie herbefohlen?

Eine Viertelstunde lang wanderte ich auf und ab. Auf und ab. Auf und ab. Heißer und heißer wurde es in der Kammer. Kurios, denn die Sonne ging doch unter. Törichterweise ging mir eine Redensart im Kopf herum: *Geht der Tag zur Ruh, nimmt die Hitze zu.*

Ich schenkte mir einen Becher verdünnten Weines ein und stürzte ihn herunter. Es gab keinen Zusammenhang zwischen der ungewöhnlichen Wärme in der Kammer und dieser Redensart. Was ging in meinem Kopf vor? Abgelenkt, zusammenhanglos – ich konnte nicht denken. Am besten, ich konzentrierte mich auf Kleinigkeiten. Der goldene Schimmer auf der kugeligen Oberfläche der Blumenvase. Und die Blumen darin: früh erblühte Apfelknospen, die über Nacht verwelken würden.

»Eure Majestät, Mistress Boleyn ist hier.« Die Apfelblüten waren aus meinem Kopf verbannt. Mistress Boleyn war hier.

Es dauerte einige Minuten, bis sie all die Zimmer durchschritten hatte, die zwischen uns lagen.

Sie erschien in der Tür zu meiner Kammer. Ein Wächter versperrte ihr den Weg. Ich sah sie dastehen, eine kleine Gestalt in Gelb – jawohl, wieder in Gelb –, die aussah wie ein Kind. Ich winkte dem Wächter, sie durchzulassen.

Sie war kleiner, als ich sie in Erinnerung hatte. Und schöner. Als ich auf sie zukam, lächelte sie – dieses seltsame, bezaubernde Lächeln. Sie schob sich an dem Wächter vorbei, kam zu mir und versank in einem Knicks. Dann erhob sie sich wieder.

»Ihr habt mich rufen lassen?« Ihre Stimme klang ehrlich ratlos – oder es gelang ihr doch, sie so klingen zu lassen.

»Ja.« Ich wandte mich um und winkte ihr, mir außer Hörweite der Wache zu folgen. Der Mann stand da und starrte uns aufreizend an, die Beine unnatürlich gespreizt. Offenbar glaubte er, es lasse auf ein gewisses Maß an Soldatentum schließen, wenn er in dieser angestrengten Pose dastand.

Ich war anscheinend entschlossen, mich auf solche irrelevanten Einzelheiten zu konzentrieren, sie zu analysieren und zu kommentieren – in meinen Gedanken zumindest. Wieso brachte ich jetzt, da Mistress Boleyn endlich, nachdem ich monatelang von ihr phantasiert hatte, hier zugegen war, dieses perverse Interesse dafür auf, wie ein namenloser Gardesoldat seine Füße postierte?

Ich wandte mich nach ihr um. Sie schaute zu mir auf. Bloß ein Mädchen, war mein flüchtiger Gedanke. Das Gesicht faltenlos, die Augen ohne Ausdruck und... leer? Dann: eine Göttin. Über jedes Maß der Vorstellung hinaus schön. Und diese Augen waren nicht leer, sondern sie verbargen namenlose Freuden.

»Sire?« Wieder neigte sie den Kopf und zeigte mir den glatten Scheitel in ihrem Haar, das so schwarz war wie eine Rabenschwinge. Als sie wieder aufblickte, zeigte ihr Antlitz noch immer diesen ratlosen, verwirrten Ausdruck.

Genug davon! war der erste Gedanke, der mir durch den Kopf schoß. Vorsicht! war der zweite. Infolgedessen war das, was ich schließlich sagte, eine verworrene Mischung aus beidem.

»Wir sind erfreut darüber, daß Ihr zum Hofe zurückgekehrt seid. Wir brauchen Euch hier.«

»Ist es das königliche ›Wir‹ oder ein einfacher Plural?«

Ihre Kühnheit überstieg jedes erträgliche Maß! Ich starrte sie einen Augenblick lang an. Dann gab ich eine ehrliche Antwort. Warum auch nicht? »Das königliche ›Wir‹. Ich brauche Euch hier. Paßt Euch das besser?«

Sie zog es vor, diese unmittelbare Frage zu übergehen, ein Vorrecht, das derjenige, der weniger liebt, stets in Anspruch nimmt. »Wozu könntet Ihr mich brauchen, Euer Gnaden?«

Das Mädchen – nein, sie war kein Mädchen, das spürte ich jetzt, sie war etwas anderes, etwas, das ich nicht kannte – sie sah in mir nicht den König, sondern den Mann. Jemanden, dem man widersprechen, den man tadeln konnte, wie es vor langer Zeit andere mit mir getan hatten. Es war ein vertrautes Gefühl – und ein verletzendes.

»Ich will, daß du meine Frau wirst«, hörte ich mich zu dieser Fremden sagen. Aber das war es, was ich die ganze Zeit hatte sagen wollen.

Und dann erscholl das Gelächter – schrill, häßlich. Und sie kehrte mir den Rücken zu: Gelber Samt umhüllte die schmalen Schultern und Hüften.

Der strammstehende Gardesoldat starrte uns jammervoll an und stieß mannhaft mit seinem Spieß auf den Boden, wie um uns daran zu erinnern, daß er noch zugegen sei und uns vor allem Übel beschütze. Dieser Narr!

»Hinaus!« schrie ich ihn an. Er hastete davon.

Ich wandte mich zurück zu Anne und sah, daß sie mich wieder ansah, noch immer mit einem seltsam verschmitzten Lächeln auf dem Gesicht.

»Eure Frau?« fragte sie. »Ihr habt schon eine Frau. Königin Katharina.«

»Sie ist nicht meine Frau! Nicht meine rechtmäßige Frau! Wir haben gesündigt...« Und ehe ich mich versah, brach die ganze Geschichte meiner wachsenden Schuld aus mir hervor, und ich offenbarte mich selbst und alle meine Gedanken diesem sonderbaren Mädchen, das mir mehr Mitgefühl und zugleich mehr Hohn entgegenzubringen schien als irgend jemand sonst.

»... und deshalb«, endete ich, »irrte der Papst, als er uns den Dispens zur Ehe gewährte. Folglich sind wir nicht verheiratet, und vor den Augen Gottes waren wir es auch nie. Und der jetzige Papst wird das anerkennen.«

Sie schien mich nicht gehört zu haben. Besser gesagt, sie schien mir nicht zu glauben. Ihr längliches Gesicht starrte mir entgegen, als rezitierte ich den Text irgendeines obskuren Gesetzes aus der Zeit Heinrichs I., das für sie weder von Bedeutung noch von Interesse war.

Schließlich bewegten sich ihre Lippen, und sie sprach. »Wann?« Ein einfaches, verheerendes Wort.

»Sofort«, antwortete ich. »Binnen Jahresfrist, höchstens. Der Fall ist klar. Ich habe nur gezögert, weil ... weil ich nicht wußte, wie du darüber dachtest.«

»Wie ich dachte?«

»Jawohl, mein Fräulein! Wie du dachtest! Du denkst nämlich etwas, das weiß ich!« Ich hörte, wie ich explodierte, und war doch unfähig, mich zu beherrschen. »Halte mich nicht für einen Dummkopf!« Jählings war ich so wütend, daß ich zitterte – wütend über ihre Koketterie, ihr Ausweichen, ihre vorgebliche Naivität, ihr berechnendes Benehmen. Ich war der *König*! »All die Monate« – unversehens sprudelte es aus mir hervor, alles, was ich mir gelobt hatte, nicht auszusprechen, was ich mir selbst gegenüber kaum zu gestehen gewagt hatte – »habe ich dich geliebt, habe ich mich danach gesehnt, mit dir zu schlafen! Statt dessen hast du mit mir gespielt, mich gefoltert, mir auf all meine Bitten nur töricht erwidert.« Meine Stimme war bedrohlich laut geworden (konnten die Diener im Nachbarzimmer mich vielleicht hören?), und sie sah mich mit einem besorgten Blick an, der mich rasend machte. »Nun, und jetzt frage ich dich zum ersten und letzten Male: Willst du meine Frau werden? Willst du Königin sein?«

So. Jetzt hatte ich es ausgesprochen. Es war, als wären die Worte von allein gekommen.

»Euer Gnaden«, antwortete sie langsam. »Eure Frau kann ich nicht sein, denn Ihr habt schon eine Königin. Und Eure Mätresse will ich nicht sein.«

»Ich habe keine Frau!« schrie ich. »Ich sage dir, ich habe keine Frau!«

Sie antwortete nicht.

»Offenbar glaubst du mir nicht! Du denkst also, ich lüge.« Ich tat einen Schritt auf sie zu, und ich merkte, daß sie nicht nur nicht zurückwich, sondern sich mir sogar entgegenlehnte, als wolle sie, daß ich sie berührte. Ich packte sie und zerdrückte die aufgeblähten Samtärmel, um den langen, schlanken Arm darunter zu fühlen. »Wie auch immer, dies ist keine Antwort auf meine Frage. Wenn der Papst mich zum Junggesellen erklärt – was ich bin, und was er tun wird –, wirst du mich dann heiraten oder nicht?«

Sie sah zu mir auf. »Ja. Ich werde Euch heiraten. Wenn der Papst es Euch erlaubt und Ihr frei seid.«

Ich merkte plötzlich, daß ich noch immer ihren Arm schmerzhaft umklammert hielt. Ich ließ ihn los und sah, daß meine Finger feuchte Druckspuren auf dem Samt hinterlassen hatten. Verdorben. Ich würde ihr ein neues Kleid schicken müssen.

»Binnen Jahresfrist«, sagte ich zuversichtlich.

»Wirklich?« fragte sie. In ihrer Stimme klang Zweifel, aber auch ein wärmerer Ton, als ich ihn je vernommen hatte.

»Wirklich«, bekräftigte ich. Sie lächelte. Damit schien alles gesagt zu sein. Also erlaubte ich ihr, sich zurückzuziehen – zwei Fremde, die sich verabschiedeten.

Als sie gegangen war, merkte ich, daß ich zitterte. Sie heiraten? Aber ich haßte sie! Schnell trat ich den Funken dieses Gedankens aus.

Innerhalb weniger Stunden sonnte ich mich in jener wundersamen Wärme, die man nur selten im Leben verspürt – wenn einem ein Herzenswunsch erfüllt worden ist. Die Frau, die ich liebte, würde die meine sein.

Wie sollte ich mich nun an den Papst wenden? Daß er meine Ehe annullieren würde, daran zweifelte ich nicht. Er hatte es bei anderen unter weniger klaren Umständen auch getan. Meine mutwillige Schwester Margaret hatte es sogar vermocht, die Aufhebung ihrer Ehe mit ihrem zweiten Gatten, dem Grafen von Angus, zu erlangen – mit der Begründung, daß ihr erster Mann drei Jahre nach der Schlacht von Flodden durchaus noch habe am Leben sein können.

Ich kannte meinen Fall in all seinen Verzweigungen, denn ich hatte manche schlaflose Stunde damit zugebracht, darüber nachzudenken. Die Bibelstellen waren klar, und wären sie es nicht gewesen, so wäre der Tod all meiner Söhne Beweis genug. Gott hatte mir nicht erlauben wollen, meinen Frevel zu vergessen.

Die Nacht war ebenso heiß, wie der Tag es gewesen war. Ruhelos schritt ich in meiner Kammer auf und ab. Warme Luft wehte in Böen aus dem Obstgarten zu mir herein. Anne. Anne. Wo war Anne. Mit wem sprach sie in diesem Augenblick?

Was kümmerte mich das? schalt ich mich streng. Bald würde sie meine Frau sein. Im nächsten Jahr um diese Zeit würden wir hier in dieser Kammer miteinander allein sein.

Der Papst. Er war der Schlüssel zu allem. Er mußte mir die Annullierung unverzüglich gewähren. Wolsey. Wolsey würde dafür sorgen. Ich mußte nach Wolsey schicken.

Wolsey war bestürzt – nein, entsetzt. Bei ihm zeigte sich das Entsetzen in diplomatischer Weise als leises Unbehagen.

»Euer Gnaden, die Königin ...«

»Die Prinzessin-Witwe«, korrigierte ich. »Arthurs Witwe. Der korrekte Titel ist Prinzessin-Witwe.«

»... Prinzessin Katharina« – behende hatte er einen korrekten und gleichwohl nicht beleidigenden Titel gefunden – »ist die Tochter eines toten Königs. Was noch wichtiger ist: Sie ist die Tante eines lebenden Kaisers. Eines frommen Kaisers, der ohne Zweifel Anstoß an der Implikation nehmen wird, seine Tante lebe in Sünde.«

Genau das, was ich wollte! Wolsey war immer so praktisch. Kein scheinheiliges Geschwätz über Moral, kein verdunkelndes Problematisieren. Wolsey konnte ich vertrauen.

»Tatsachen sind oft nicht angenehm. Luthern ist er doch wacker genug entgegengetreten.«

»Zwei unangenehme Tatsachen zur selben Zeit...« Mit delikater Gebärde deutete er auf eine Schale mit Früchten. Ich nickte. Er wählte einen Apfel vom vorigen Jahr – er war weich, aber um diese Jahreszeit gab es nichts anderes. »... sind mehr, als die meisten Menschen verkraften können.« Er biß in den Apfel und machte ein betrübtes Gesicht, als er entdeckte, wie weich das Fruchtfleisch war. Rasch legte er ihn in eine Schale.

»Wer Kaiser sein will, muß es lernen. Wie Ihr es gelernt habt. Wie es jeder lernen muß, der Papst werden will.« Bei diesen Worten erhellte sich seine Miene. Er machte sich immer noch Hoffnungen auf die Papstkrone. Ah, wenn der Papst Wolsey geheißen hätte, wäre dieses ganze Gespräch unnötig gewesen. Aber Wünschen half nichts. Ein unehelicher Vetter Leos X. aus dem Hause der Medici war dem glücklosen Adrian im Jahr 1523 als Papst Klemens VII. im Amte gefolgt.

»Aber Päpste sind auch nur Menschen.«

»Und müssen sterben.« Ich lächelte.

»Und haben Sorgen. Irdische«, ergänzte er streng.

»Jetzt redet Ihr wie ein Lutheraner«, spottete ich. »Der Papst ein Mensch? Beherrscht von irdischen Problemen?«

Wolsey war an diesem Morgen nicht in der rechten Stimmung für solches Geplänkel. Ich seltsamerweise schon; ich fühlte mich beschwingt und war zu Scherzen aufgelegt.

Ich würde alles bekommen. So etwas kann einen Menschen fröhlich stimmen.

»Euer Gnaden, dies ist kein Anlaß für Heiterkeit. Eure Gemahlin zu verstoßen, wird nicht leicht werden. Wenn Euer Gnaden mir vergeben wollen: Es wäre einfacher gewesen, bevor Karl Kaiser wurde... Nein, aber damals war ihr Vater... nein, er war tot. 1518 ...«

»Wir leben heute!« schrie ich. Was war los mit Wolsey? Wären wir im Garten Eden gewesen, hätten die Dinge auch anders ausgesehen – und? »Heute! Im Jahr 1527! Und ich lebe seit beinahe zwanzig Jahren in Sünde! Ich will dem ein Ende machen, und statt dessen faselt Ihr lauter Unsinn.«

Er war jetzt so erschrocken, wie ich ihn noch nie gesehen hatte. Und was er dann tat, ließ mich vermuten, er habe vollends den Verstand verloren: Er fiel auf die Knie.

»Euer Gnaden, ich flehe Euch an ...« Tränen rannen ihm plötzlich über beide Wangen. Theatertränen: Wolsey konnte auf Kommando weinen. »... verfolgt diese Angelegenheit nicht weiter. Es liegt große Trübsal darin ...«

Wie konnte er es wagen, sich anzumaßen, mich überreden zu wollen? Ich schaute hinunter auf die massige Gestalt, die drollig vor mir auf den Knien schwankte und den Fußboden meines Gemaches mit falschen Tränen benetzte.

»Auf!«

Seine Tränen versiegten augenblicklich, als er sah, daß sein Publikum nicht gerührt war. Langsam und schwerfällig kam er wieder auf die Beine.

»Ihr seid Kardinal und päpstlicher Legat«, sagte ich. »Wohlbewandert im kanonischen Recht und in kirchlichen Verfahrensfragen. Wie sollten wir den Fall angehen?« Ich zog es vor, den inszenierten Ausbruch als eine Peinlichkeit für uns beide zu übergehen.

Er tat es ebenfalls. »Euer Gnaden, ich denke, vielleicht sollte ein kleines Kirchengericht hier in England... den fraglichen Fall... untersuchen und dann dem Heiligen Vater in aller Stille einen Bericht über die unvermeidlichen Ergebnisse unterbreiten. Auf diese Weise kann die Sache, sozusagen, im Hause erledigt werden. Unnötig, den Vatikan deshalb zu bemühen.«

Sogar als er weinend auf den Knien gelegen hatte, war er in Gedanken nicht untätig geblieben. Rastete sein verschlagener Verstand denn nie?

»Ausgezeichnet«, befand ich.

»Ich selbst werde in diesem Gericht den Vorsitz übernehmen. Um den rechten Schein zu wahren, brauchen wir freilich noch jemanden. Was ist mit Warham? Er ist immerhin Erzbischof von Canterbury.«

»Ausgezeichnet«, wiederholte ich. Dies war mein erster – und folgenschwerster – Schritt auf dem Wege, für den ich mich entschieden hatte. Der erste Schritt ist immer der schwerste. Danach wird alles so viel leichter.

Wolsey brachte den Fall meiner besorgniserregenden Eheverhältnisse vor ein »geheimes« Untersuchungsgericht. Er und Warham würden die Fakten studieren und dann erklären, die Ehe sei in der Tat ungültig. Diese Erklärung würde man sodann an Papst Klemens übermitteln, und dieser würde routinemäßig die Annullierung der Ehe aussprechen. So simpel, so einfach. Warum verlief dann nichts davon so, wie wir es geplant hatten?

Das Gericht kam Ende Mai 1527 in Westminster zusammen. Wolsey als *legatus a latere*, Vertreter des Papstes, und Erzbischof Warham als Assessor, führten den Vorsitz in dem Tribunal, und Richard Wolman war mein Rechtsanwalt. Ich hegte hochfliegende Hoffnungen, die sich nicht bewahrheiteten. Ihre sogenannten »Untersuchungsergebnisse« besagten, daß die Umstände meiner Heirat in der Tat zweifelhaft seien, und das Ganze müsse daher an bedeutsamere Geister, vorzugsweise in Rom, verwiesen werden. Der Papst müsse den Fall gründlich prüfen und unabhängig zu einer Entscheidung gelangen. Mit anderen Worten, der Fall mußte nun an die Öffentlichkeit.

WILL:

Da war er schon, ohne daß Heinrich es wußte. Gerüchte von »des Königs großer Sache« (wie die Annullierung euphemistisch genannt wurde) machten unter dem gemeinen Volk allenthalben die Runde. Jeder Fährmann, jede Dirne schien zu wissen, daß der König von seiner Frau befreit werden wollte. Jeder außer derjenigen, die von dieser Sache am meisten betroffen war – Königin Katharina selbst.

HEINRICH VIII.:

Als Will, mein Narr, mir mit schamrotem Gesicht einen großen Londoner Bilderbogen brachte, auf dem mein Ehebett und das Gerichtsverfahren dargestellt war, packte mich Entsetzen. Dann begriff ich: Wenn das gemeine Volk Bescheid wußte, mußte auch Katharina davon gehört haben! Ich würde mit ihr darüber sprechen müssen – was um so peinlicher war, als ich sie seit vierzehn Tagen nicht mehr gesehen hatte. Sie widmete sich in wachsendem Maße ihren mildtätigen Werken und ihren privaten Andachten, wobei ich sie natürlich nicht zu stören wünschte. Überdies war ich, wie ich gestehen muß, so sehr mit meinen Gedanken bei Anne gewesen, daß ich fast nicht zu mir kam.

Katharina mitzuteilen, daß sie nie meine Frau gewesen war, würde sie arg verletzen, und in eine fromme Natur wie sie würde ein großer Schrecken fahren. Ich stärkte mich mit einem großen Becher Wein, ehe ich mich auf den Weg in ihre Gemächer machte.

Im Korridor war es unnatürlich leer. Sonst trieben sich hier stets Scharen von Bediensteten herum, die ihre neuesten Samtwämse zur Schau trugen. Heute war keine Menschenseele zu sehen. Waren sie alle auf der Jagd? Ich befühlte meinen Nacken; er war schon feucht vom Schweiß. Ich wünschte mir, ich wäre ebenfalls auf der Jagd; ich wünschte mir, ich wäre irgendwo – nur nicht hier. Der Gardesoldat öffnete mir die Tür zu den äußeren Gemächern der Königin.

Dort ging ich auf und ab. Ich wollte sie sehen. Ich wollte sie nicht sehen. Endlich winkte man mir. Demütig trottete ich hinter Katharinas Zofe drein. Im Hinterkopf erinnerte ich mich daran, daß diese Person einer Königin diente, die in Wirklichkeit keine Königin war. Ich hatte sie in den Glauben versetzt, sie sei eine, wie ich es ja auch selbst geglaubt hatte.

Ich stand Katharina gegenüber. Sie war bei ihrer Andacht gewesen und offensichtlich verärgert über die Störung. Nach der Messe pflegte sie immer eine Stunde kniend auf dem Steinfußboden zu verbringen und sich mit ihrem Schöpfer zu besprechen.

»Ja, mein König?« fragte sie, als sie mir entgegenkam. Sie raffte ihre weiten Röcke mit beiden Händen zusammen. Sie kleidete sich noch immer nach der Mode Spaniens, wie sie ausgesehen hatte, als sie dort weggegangen war. Einen flüchtigen Augenblick lang dachte ich an Anne und ihre modischen Kleider, doch dann schob ich das Bild beiseite.

»Ich muß also jetzt um eine Audienz bei meiner Katharina einkommen?« Ich lachte. Aber weshalb versuchte ich, zu scherzen?

»Ihr wißt, zu welcher Stunde ich meine Andacht ...« begann sie.

»Stets zur selben, Madam«, versetzte ich.

Sie starrte mich erzürnt an. Ich starrte sie erstaunt an. Wie hatten wir uns so verändern können? Zwei Fremde, denen davor graute, einander gegenüberzutreten. Sie verlagerte ihr Gewicht von einem Fuß auf den anderen, und ihre Miene spiegelte Unbehagen. Mir fiel ein, daß sie sich ja angewöhnt hatte, das rauhe Gewand des Dritten Ordens des hl. Franziskus unter ihrer Alltagskleidung zu tragen. Vielleicht juckte es sie.

»Katharina«, sagte ich, »ich bin gekommen, um eine Frage von großer Bedeutung mit dir zu erörtern.« So, dachte ich, sollte ich es vielleicht beginnen.

Sie kam langsam auf mich zu. Ich bemerkte, daß sie immer noch tagsüber Satin trug. »Ja?«

»Ja.« Und dann verstummte ich. Wie sollte ich ihr dieses Thema eröffnen? Sie stand ja vor mir wie eine Armee. »Der Bischof von Tarbes war, wie du weißt, kürzlich hier, um über die Möglichkeit einer Verlobung der Prinzessin Maria mit einem französischen Prinzen zu sprechen. Er erwähnte dabei gewisse Hinderungsgründe ... mögliche ...«

Die ganze Zeit über hatte sie mich angestarrt, und ihre großen Augen waren schon ein wenig größer geworden.

»Hinderungsgründe?«

»Unsere Ehe. Da du zuerst mit meinem Bruder verheiratet warst, sind wir anscheinend nach der Auffassung zahlreicher Gelehrter niemals rechtmäßig vermählt gewesen, und es besteht daher Zweifel an Marias Ehelichkeit ...«

Bevor ich weitersprechen konnte, begann sie zu schreien und die Arme gleich Windmühlenflügeln kreisen zu lassen. »Wie kann irgend jemand es wagen, den Dispens des Heiligen Vaters in Zweifel zu ziehen? Euer Vater wie der meine haben ihn guten Glaubens angenommen. Sie haben beide ...«

Ihr Vater und meiner? Wie lange war das schon her! Sie waren einmal von so großer Bedeutung in unserer Welt gewesen; heute hatte sie jeder vergessen, nur Katharina nicht.

»... ihre Zustimmung gegeben! Nein, ihren Segen! Und sie waren heiligmäßige Männer!«

Heiligmäßig? Ferdinand jedenfalls nicht, und was meinen Vater anging... wer hatte ihn denn wirklich gekannt? Sie beide waren durch äußerlichen Gehorsam an den Papst gebunden gewesen, aus Gründen des politischen Scheins. War das alles?

»Das waren sie vielleicht.« Mochte sie diesen Trost behalten. »Aber selbst, wer gute Absichten hat, begeht Irrtümer. Und es ist eine Tatsache, daß Gott selbst vor langer Zeit das Urteil über unsere Ehe gefällt hat. So schmerzlich es auch sein mag ...«

»Gott?« Sie richtete sich an diesem Wort auf.

»Ja. Alle unsere Kinder sind gestorben. Wir sind ohne Nachkommen. Noch nie zuvor hat ein englischer König so dringend einen Erben gebraucht; noch nie zuvor sind einem sämtliche Söhne gestorben; noch nie hat ein König das Weib seines Bruders gefreit.«

»Wir haben Prinzessin Maria. Sie lebt.«

»Eine Tochter. Eine Tochter kann den Thron nicht behalten. Wenn sie heiratet – und königlich heiratet, wie es geschehen muß –, wird England unter fremdes Zepter geraten. Wenn sie es vorzieht, nicht zu heiraten, wird das Haus Tudor mit ihr untergehen, und es gibt einen Bürgerkrieg. Die Häuser Lancaster und York haben viele Vettern. Welches Resultat ist dir lieber, gutes Weib?«

»Gott will, daß es so sei. Was immer Er getan hat, war Sein Wille. Wir müssen uns darein fügen.«

Begriff das Weib denn nicht? »Nein! *Wir* sind es, die gegen Seinen Willen und Sein Gesetz verstoßen haben! *Wir* sind es, die sich vergangen haben! Und *wir* sind es, die nun bestraft werden!«

Sie begann, ihren Rosenkranz zu befingern. Nichts von dem, was ich gesagt hatte, erreichte sein Ziel. Ohnehin war ich ein Feigling. Ich hätte geradewegs zur Sache kommen sollen.

»Katharina«, sagte ich und trat auf sie zu. »Ich habe mich mit gelehrten Kirchenmännern über unsere Ehe beraten. Sie haben die Heilige Schrift durchforscht und sind zu dem Schluß gekommen, daß sie zweifelhaft ist. Es kann sein, daß wir seit achtzehn Jahren in Sünde leben. Bis diese Frage geklärt ist, sollten wir getrennt und in Keuschheit leben: Ich als Junggeselle, du als Königinwitwe. Du magst dir eine beliebige königliche Residenz auswählen, und ich werde ...«

Sie starrte mich an, und ihre Augen hielten mich fest wie zwei eiserne Nieten.

»Nicht Euer Weib?« Nur diese drei Worte, mit leiser Stimme.

»Ich weiß es noch nicht«, antwortete ich. »Die Kirchenmänner müssen das entscheiden. Bis dahin aber gebietet mein Gewissen, daß ...«

Sie brach in Tränen aus – in Tränen und in langes, klagendes Weinen. Hastig suchte ich sie zu trösten. Nur eine Formalität... ich liebte sie immer noch... ich wollte, daß sie meine Frau bleibe...

Die Tränen flossen weiter. Ich wußte nicht mehr, was ich dachte, was ich wollte. Ich floh aus ihren Gemächern, suchte nach einem stillen Zufluchtsort.

Die Tränen. Warum mußte es immer Tränen geben? Und warum war ich geflohen?

Die nächsten Monate kosteten mich große Kraft. Ich war nicht verheiratet, aber ich war auch kein Junggeselle. Meine erste Frau war verzweifelt, meine zukünftige Frau war ungeduldig und erbost. Wolsey hatte versagt. Sein brillanter Plan mit dem »geheimen Tribunal« in England war fehlgeschlagen. Schlimmer als das: Er hatte ganz England – nein, ganz Europa – auf meine Lage aufmerksam gemacht, ohne mich der Lösung näherzubringen.

Und wie sollte ich unterdessen leben? Mit Katharina? Im Zölibat? Anne blieb steinhart: Sie würde nur als meine Gemahlin das Lager mit mir teilen.

Also lebte ich zölibatär. Jetzt verstehe ich diejenigen, die behaupten, dieser Zustand erhöhe das Bewußtsein und die Selbstbeherrschung. In den sechs Jahren meines Zölibats – sechs Jahre! – wurde ich ein anderer. Entschlossener, stärker gegen mich selbst. Man bekommt das seltsame Gefühl, über sich selbst zu herrschen – und infolgedessen auch über andere. Ich war endlich ein wahrer König.

XXXVIII

Täglich wandelten Anne und ich durch den Garten, vor allem durch den Laubengang, an dem sie besonderen Gefallen gefunden hatte. Sie liebte es, durch den rankenumschlossenen Tunnel zu spazieren, unter dem Dunkel des grünen Blätterdaches, wo die Sonnenstrahlen, die hereindrangen, ein grünes Zwielicht schufen.

Wenn sie an meiner Seite war, konnte ich kaum dem Drang widerstehen, sie in meine Arme zu nehmen und ihr onyxglänzendes Haar zu berühren. Aber ich beherrschte mich, wie es meine Pflicht war.

Um der Schicklichkeit willen bestand Anne darauf, daß wir unseren früheren Stand nach außen hin bewahrten, ich als Katharinas Ehegemahl, sie als unvermählte, heiratsfähige Jungfer. Für sie war diese Anordnung ergötzlicher als für mich. Zur »Tarnung« war sie genötigt, sich mit Freiern und Höflingen zu umgeben, derweil mein Platz an der Seite der äußerlich ruhigen, aber innerlich siedenden Katharina war.

Katharina war unterdessen in ihren Gemächern angelegentlich damit beschäftigt, geheime Briefe an ihren Neffen, den Kaiser Karl, zu schreiben und ihn um Hilfe zu bitten – Briefe, die ich abfangen und für meine Akten vollständig abschreiben ließ. Es war tollkühn, wie sie versuchte, ihre Ehe zu schützen: Sie rief eine ausländische Macht um Hilfe an! Sie behauptete, durch und durch englisch zu sein, aber ihre Taten straften solche Worte Lügen. Sie bildete sich ein, der Kaiser könne sich in englische Angelegenheiten einmischen, und ich würde vor seinem Diktat in die Knie gehen.

Ich selbst begab mich ebenfalls auf manchen Holzweg. Ich bedrängte den Papst, mir zu bestätigen, daß meine Ehe tatsächlich ungültig sei. Überdies wurden zahlreiche Agenten nach Rom entsandt, die einen besonderen Dispens erwirken sollten, damit der Fall in England, statt in Rom, verhandelt werden könnte. Sie scheiterten alle. Papst Klemens hatte nicht die Absicht, seine Autorität zu delegieren. Er beharrte darauf, daß die Entscheidung nur in Rom getroffen werden könne.

Und so vergingen Monate, während ich wartete, und ich sah Anne vor mir wie eine Flamme, umgeben von hübschen jungen Freiern... und einer vor allem fiel mir auf: Thomas Wyatt, ihr Cousin.

Ich mochte den jungen Wyatt sonst recht gern. Er war ein Poet, und ein guter dazu. Überdies war er begabt auf dem Gebiete der Diplomatie und der Musik. Aber er war verheiratet, und insofern stand es ihm nicht zu, sich um die Gunst einer Dame zu bewerben, schon gar nicht um die seiner Base. Sie waren in Kent zusammen aufgewachsen, versicherte Anne mir. Aber mir gefiel nicht, wie sie sich zusammen benahmen und wie sie einander anschauten. Es war unschicklich.

Ich erinnere mich gut (erinnere mich gut? Ich kann die Erinnerung nicht aus meinen Gedanken verbannen!) an einen schönen Tag im Mai (ein Jahr war seit Wolseys törichtem »Tribunal« vergangen, und ich war von der Erfüllung meiner Herzenssehnsucht so weit entfernt wie eh und je), als viele Angehörige des Hofes sich zum Mai-Kegeln versammelt hatten. Eine Anzahl hölzerner Kegel wurden auf kurzgeschnittenem Rasen aufgestellt, und alle wetteiferten darin, eine schwere Kugel so zu werfen, daß sie auf der richtigen Bahn dahinholperte und die sorgfältig aufgestellten Kegel umwarf. Katharina saß wie eine Schachfigur auf einem holzgeschnitzten Sessel und beobachtete uns alle, und sogar Brandon und Wolsey hatten sich von diesem Fest herbeilocken lassen. Brandon hatte nie die volle Strafe für sein »Vergehen« bezahlt und ging Wolsey deshalb für gewöhnlich aus dem Weg. An diesem Tage aber herrschte eitel Frieden und Freude. Besonders glücklich war ich darüber, daß meine Schwester Maria erschienen war.

Das Kegelspiel nahm einen lebhaften Verlauf. Brandon war immer noch so stark wie früher, wenn auch nicht mehr so zielsicher.

Zumeist lief seine Kugel mit großer Wucht vom Spielfeld. Brandon lachte darüber immer wieder. Ihn kümmerte es nicht, ob er gewann oder nicht.

Wyatt war ein guter Spieler; geschickt schleuderte er die Kugel gegen die größte Gruppe von Kegeln. Immer wenn es ihm gelang, sie zu treffen, lachte er leichthin, um zu zeigen, wie wenig es ihm bedeute. In der letzten Runde warf er mehr Kegel um als irgend jemand vor ihm.

Das Ziel des Spieles war es, nicht nur eine bestimmte Anzahl der aufgestellten Kegel zu Fall zu bringen, sondern die Kugel überdies so zwischen ihnen hindurchzutreiben, daß sie noch ein gutes Stück weit über den Rasen rollte. Wyatt warf die seine über eine stattliche Strecke. Beim letzten Wurf blieben die Kugeln liegen, wo sie hinrollten.

Als seine Kugel auf das Ziel zuflog, vernahm ich ein entzücktes Lachen. Ich drehte mich um. Anne hatte sich zu uns gesellt. Sie hüpfte und klatschte in die Hände, als Wyatt sich verbeugte, und sah ganz hingerissen aus. Er seinerseits kam schlendernd auf sie zu und küßte ihr in spöttischer Weise die ausgestreckte Hand. Sie kicherte.

Ich umfaßte die Holzkugel, die ich in der Hand hielt, so fest wie möglich und schleuderte sie gegen die Kegel. Sie flog mitten hindurch und ließ die Kegel auseinanderstieben wie einen Schwarm Enten. Dann rollte und rollte sie über den Rasen, bis sie Wyatts erreicht hatte.

»Aha! Es ist die meine!« rief ich und deutete mit dem kleinen Finger zu den Kugeln in der Ferne; an dem Finger aber stak der Ring, den Anne mir zum Zeichen des Verlöbnisses geschenkt hatte. Wyatt mußte ihn erkennen.

Spöttisch lächelnd stolzierte er herbei. Plötzlich haßte ich die Art, wie er ging. »Mit Eurer Erlaubnis, Euer Gnaden«, sagte er, »will ich nachmessen, um die Entfernung festzustellen.« Dabei ließ er eine lange Kette kreisen, an der etwas befestigt war. Erst konnte ich nicht erkennen, was es war, aber dann sah ich: Es war ein Medaillon von Anne; ich hatte es schon oft an ihrem Halse gesehen. Spöttisch straffte er die Kette zwischen beiden Händen und ging langsam auf die Kugeln zu.

Ich sah Anne wutentbrannt an. Sie erwiderte meinen Blick, aber ihre Haltung zeigte nur Verlegenheit. Keine Scham, keine Bitte um Vergebung.

»Ich sehe, man betrügt mich.« Ich wandte mich ab und ging auf das Schloß zu. Ich hätte nicht so offen zeigen dürfen, wie verletzt ich war, aber ich war wie vom Donner gerührt.

Wyatt ging weiter; er hatte mir den Rücken zugewandt und wußte nichts von meinem Zorn. Der Rest der versammelten Damen und Höflinge starrte stumm hinter mir drein; so sagte man mir später zumindest. Aber Katharina stemmte sich aus ihrem Sessel hoch und folgte mir über den frisch geschnittenen Rasen.

»Mein Lord«, sagte sie.

Ich drehte mich um und sah überrascht, daß sie mir nachgekommen war. Sie stand im frischen Maisonnenschein, schwer angetan mit ihrem bevorzugten Kostüm und einem altmodischen Kopfputz – einer hölzernen Haube, die ihren Kopf umschloß und mit feinem Zierstoff überzogen war. Die Haube war so gewichtig, daß sie schon nach ein paar Dutzend hastig zurückgelegten Schritten ins Schwitzen geraten war.

»Ja?«

»Hört auf damit! Hört sofort auf!« Sie bebte. Ich schwieg. Ich sah die Schweißperlen auf ihrer Stirn. »Ich ertrage es nicht, Euch vor aller Welt so beschämt zu sehen. Und das wegen...« Sie sprach nicht zu Ende, aber mit einer Kopfbewegung wies sie zu Anne hinüber, die sich nicht einmal nach mir umgewandt hatte. »Vor allen Leuten. Und ich muß dabei zusehen.«

Jäh wandte ich mich gegen sie, als wäre sie der Grund für alles gewesen, nur weil sie die Wunde noch tiefer machte. »Dann hört auf, zuzusehen, Madam! Hört auf, mir nachzulaufen!«

Entsetzt sah sie mich an, und sie blieb betrübt und wie angewurzelt stehen, als ich davonstapfte und in meinem Privatgemach Zuflucht suchte.

Dort war es wenigstens kühl. Und leer. Alle Diener waren entlassen und in die warme Maisonne hinausgeschickt worden. Endlich konnte ich mir meinen Wein selbst einschenken, ohne irgendeinen tolpatschigen Dummkopf darum bitten zu müssen. Man durfte ja die Gefühle eines Dieners nicht verletzen. Nein, niemals. Deshalb mußte man eine gute halbe Stunde auf eine Handreichung warten, die man selbst in einer halben Minute ausführen konnte.

Der Wein war gut. Ich goß mir noch einen Becher voll ein und bückte mich dann, um mir die Stiefel auszuziehen. Ich schleuderte sie beide mit Schwung gegen die Wand. Der eine traf auf einen Wandbehang, und eine mächtige Staubwolke erhob sich. Wozu waren die Scheuermägde nütze? Dreck. Nachlässigkeit. Das alles widerte mich an.

»Eure Majestät, Margaret von Savoyen wäre nicht erfreut, wenn sie sähe, wie Ihr mit ihrem Geschenk umgeht.«

Ich fuhr herum und erblickte Wolseys Wanst. Er hatte offenbar die erste Gelegenheit beim Schopfe ergriffen, sich in den Schatten zurückzuziehen. An der Art und Weise, wie er meinen Weinkrug beäugte, erkannte ich, daß er auf die Einladung wartete, sich einen Becher einzuschenken. Statt dessen grunzte ich nur: »Sie sieht es aber nicht.« Mehr sagte ich nicht.

»Dennoch ...« Er scharwenzelte um den Weinkrug herum. Plötzlich widerte er mich ebenfalls an.

»Nehmt Euch, soviel Ihr wollt. Sauft es nur aus.«

Einer weiteren Einladung bedurfte es für ihn nicht. Bald war der Krug leer. Er rülpste – diskret, wie er glaubte, aber das war es nicht. Dann wandte er sich zu mir und sah mich mit der gleichen betrübten Miene an, die auch Katharina an den Tag gelegt hatte.

»Euer Gnaden«, begann er kummervoll. »Es schmerzt mich, Euch so unglücklich zu sehen.«

»Dann tut etwas dagegen! Macht meinem Unglück ein Ende!« Ich hatte nicht schreien wollen, aber jetzt tat ich es doch. »Es liegt in Eurer Macht!«

Er zerfurchte seine Stirn auf eine Weise, die darstellen sollte, daß er gründlich nachdenke. Damit beeindruckte er diejenigen, die in den Räten saßen, aber ich war daran gewöhnt und wußte, daß es ihm nur dazu diente, Zeit zu gewinnen.

»Ihr seid Kardinal! Ihr seid päpstlicher Gesandter! Ihr vertretet den Papst in England! Tut etwas!«

Noch immer stand er mit gefurchter Stirn da.

»Oder, bei Gott, ich werde ihm selbst ein Ende bereiten! Ganz gleich, mit welchen Mitteln! Mich kümmert es nicht!« Und als ich es sagte, wußte ich, daß ich es so meinte.

An diesem Abend wartete ich in meinen Gemächern. Würde Anne mir eine Nachricht senden? Würde sie Abbitte leisten, mir versichern, daß Wyatt ihr nichts bedeute?

Nein. Sie tat es nicht.

XXXIX

Aber von diesem Tag an wurde manches anders. Wolsey gelang es endlich doch, Seiner Heiligkeit die Erlaubnis für ein Verfahren auf englischem Boden abzutrotzen; die einzige Bedingung war, daß neben ihm ein zweiter päpstlicher Legat daran teilzunehmen hatte. Dieser Legat sollte der Kardinal Campeggio sein, der dazu den weiten Weg von Rom herauf machen mußte. Die Reise würde Monate dauern, zumal da er alt war und die Gicht ihn plagte, aber endlich war doch greifbar geworden, was ich mir mehr als alles andere wünschte. Mein Fall war so klar, daß das Urteil im voraus feststand, und dann würde ich der Fesseln ledig sein, die mir von Tag zu Tag verdrießlicher wurden.

Katharina umhegte mich immer mehr mit ihrer Fürsorglichkeit; sie benahm sich mehr wie eine Mutter denn wie eine Ehefrau. Anne frönte weiter ihren Launen und versicherte mich stets aufs neue, es handele sich dabei um notwendige Täuschungsmanöver.

»Wenn der Kardinal wüßte, daß wir verlobt sind, würde er Eure Sache nicht mit solcher Gewissenhaftigkeit vertreten«, sagte sie. »Er will Euch lieber mit einer französischen Prinzessin vermählen, Renée, glaube ich.« Ihre Stimme glitt leicht über den Namen hin. »Die spanische Allianz ist ihm seit langem verhaßt.« Aus irgendeinem seltsamen Grunde erinnere ich mich, daß sie bei diesen Worten mit schlanken Fingern über die Kerben der Schnitzereien an ihrer Stuhllehne strich. Diese Berührung war so anmutig, daß ich sie beobachtete, wie ich wohl einen Schwan beobachtet hätte, der über einen Teich glitt. Schön, elegant. Wie alles, was sie tat.

»Wir sollen also den Kardinal hinters Licht führen? Das ist nicht so leicht«, warnte ich sie.

Sie lächelte. »Leichter, als Ihr glaubt.«

Ein wunderlicher Ausdruck trat in ihre Augen, und plötzlich empfand ich Unbehagen. Dann verschwand der Ausdruck, und sie war wieder das schöne Mädchen, das ich liebte.

»Alles wird gut werden«, versicherte ich ihr. »Nur noch wenige Wochen, und alles ist vorüber. Endlich. Und dann werden wir heiraten.« Ich ging zu ihr und nahm ihre Hand.

Sie erwiderte die Berührung und sah zu mir auf. »Manchmal denke ich, daß ich es nicht erwarten kann, Eure Gemahlin zu werden.«

War dies der glücklichste Augenblick meines Lebens? War dies der Gipfel und alles andere nur noch Abstieg?

Inzwischen wußte das ganze Reich von meinem ehelichen Dilemma und erwartete die Ankunft des päpstlichen Legaten ebenso eifrig wie ich selbst. Es war zu Beginn des Frühjahrs 1529. Es hatte fast zwei Jahre gedauert und unzählige Gesandte und Missionen erfordert, um die päpstliche Erlaubnis für ein Verfahren auf englischem Boden zu erlangen.

Als Campeggio, der päpstliche Legat, in London eintraf, berichtete er mir zufrieden, daß Klemens selbst Katharina den Rat gegeben habe, den politisch ratsamen Weg einzuschlagen und in ein Kloster zu gehen, wie es auch die fromme Jeanne de Valois getan hatte, um König Ludwig um der Thronfolge willen freizugeben. Seine Heiligkeit würde jedermann aus seiner irdischen Ehe entlassen, wenn er dafür eine himmlische einginge.

Ich war überglücklich. Diese Lösung würde allen gefallen. Katharina stand ja bereits an der Grenze zum religiösen Leben, nachdem sie die Gelübde des Dritten Ordens des hl. Franziskus abgelegt hatte; sie zeigte einen starken Hang dazu, denn sie verbrachte ebenso viel Zeit in Andacht und im Gebet wie jede Nonne. Klemens würde damit ein zeitraubendes und peinliches Verfahren erspart bleiben. Ich würde von der möglichen Mißbilligung meiner Untertanen verschont bleiben, die Prinzessin Katharina liebten und schon jetzt gegen Anne murrten, weil sie bürgerlicher Herkunft war.

Ein paar Tage später schleppte sich Campeggio, begleitet von Wolsey, zu Katharina und unterbreitete ihr fröhlich seinen Vorschlag. Katharina lehnte ab; sie verspüre keine »Berufung« zum Klosterleben, erklärte sie, aber sie werde dennoch einwilligen, wenn ich gleich ihr das klösterliche Gelübde ablegte und fortan als Mönch lebte.

Das Weib ärgerte mich! Sie war entschlossen, meiner zu spotten und mir bei jeder Wendung neue Steine in den Weg zu legen. In dieser Zeit begann ich sie zu hassen. Ich haßte sie für ihren selbstgefälligen spanischen Hochmut gegen mich. Sie war eine spanische Prinzessin, ich bloß der Sproß eines emporgekommenen walisischen Abenteurers. So sah sie mich. Und sie glaubte, gelassen über Mächte verfügen zu können, die mir nicht zu Gebote standen: über den Kaiser, ihren Neffen, und über den Papst, der dessen Gefangener war. Soll der kleine Heinrich in seinem kleinen Königreich doch tun, was er wollte, schien sie belustigt zu denken. Am Ende werde ich mit den Fingern schnalzen und ihn zur Räson bringen.

Also gut. Ich würde ihr in der Arena entgegentreten – in der Arena des päpstlichen Gerichtes.

Es war das erstemal, daß ein solches Gericht in England abgehalten wurde. Ein regierender König und seine Königin würden auf eigenem Boden vor den Agenten einer fremden Macht erscheinen und zu bestimmten Vorwürfen Stellung nehmen.

Das Gericht sollte zu Blackfriars, im Kloster der Dominikaner, zusammentreten; Wolsey und Campeggio saßen in vollem Ornat gleich unterhalb meines Thrones. Zehn Fuß tiefer stand Katharinas Thron, aber Katharina hatte geschworen, überhaupt nicht zu erscheinen, denn sie betrachte jede Entscheidung, die außerhalb Roms getroffen würde, als ungültig, auch wenn der Heilige Vater persönlich die Erlaubnis dazu erteilt habe! Was für ein törichtes und störrisches Weib sie doch war!

Aber am Tag der Eröffnung folgte sie dem Ruf des Gerichtsdieners: »Katharina, Königin von England, erscheint vor dem Gericht!«

Ah, dachte ich; jetzt hat sie die Rechtmäßigkeit und den Ernst des Falles begriffen. Jetzt endlich hat sie verstanden.

Sie kam langsam herein und schritt ihrem Sessel entgegen. Dann aber, statt sich zu setzen, wandte sie sich jäh nach rechts, ging an den erstaunten Kardinälen vorbei und stieg die Stufen zu meinem Thron herauf. Als sie keine fünf Fuß weit von mir entfernt war, kniete sie plötzlich nieder.

Ich fühlte, wie mir im ganzen Gesicht der Schweiß ausbrach. War dieses Weib verrückt geworden?

»Sire«, hob sie an, und sie schaute zu mir auf und versuchte, unsere Blicke miteinander zu verschmelzen. »Ich bitte Euch um all der Liebe willen, die zwischen uns gewesen ist, mir Recht und Gerechtigkeit widerfahren zu lassen. Habt Erbarmen und Mitleid mit mir, denn ich bin nur ein armes Weib und eine Fremde, die nicht in diesem Reich geboren ward. Ich fliehe zu Euch, denn in Eurer Hand liegt das Recht in diesem Reiche ...«

Sie hatte tatsächlich den Verstand verloren! Alles starrte herüber, halb auf mich, halb auf sie. So etwas hatte man bei Gericht noch nie erlebt. Ich selbst starrte sie ebenfalls an. Noch immer hatte sie den Blick zu mir erhoben. Ich sah sie an; das junge Mädchen, das ich einmal geliebt, war kaum wiederzuerkennen. An ihrer Statt sah ich eine Feindin, die entschlossen war, mich nach ihrem Willen zu beugen und einen Narren aus mir zu machen.

Und sie fuhr fort. »Ich rufe Gott und alle Welt zum Zeugen, daß ich Euch stets ein treues, demütiges und gehorsames Weib gewesen bin und immer nach Eurem Willen und Wohlgefallen gehandelt habe. Ich habe alle geliebt, die auch Ihr liebtet, nur um Euretwillen, und seien es auch meine Feinde gewesen. Zwanzig Jahre lang war ich Euch eine treue Ehefrau, und ich habe Euch viele Kinder geschenkt, wenngleich es dem Herrn gefallen hat, sie alle wieder zu sich zu nehmen...« Sie hielt inne, denn dies war schmerzlich für uns beide. Es tat mir so weh wie ihr. Dann hob sie den Blick wieder zu mir und fuhr das schwerste Geschütz ihres wohleingeübten Zeugnisses wider mich auf.

»Und als Ihr mich das erstemal besaßet – und ich rufe Gott als meinen Zeugen an –, da war ich eine reine Jungfrau, die noch kein Mann je berührt. Und ob dies die Wahrheit ist oder nicht, stelle ich Eurem Gewissen anheim.«

Wieder schwieg sie und sah mich an, und ihre Augen brannten sich in die meinen. Wie konnte sie mir das antun? Meine Unerfahrenheit bloßstellen vor all diesen Zeugen? Sie, die sie nicht Jungfrau gewesen war, mußte sich meines Zustandes bewußt gewesen sein. Jetzt trachtete sie mich zu demütigen!

Ich schwieg – eine gnädige Erwiderung –, bis sie die Augen niederschlug und den Rest ihrer Rede vortrug. Es war töricht und bedeutungslos. Am Ende raffte sie sich auf, blickte mich noch einmal an – haßerfüllt diesmal –, wandte sich ab und verließ den Gerichtssaal. Auch dies ein unerhörtes Benehmen!

»Madam!« rief der Gerichtsdiener. »Ihr seid noch einmal aufgerufen!« Dreimal wiederholte er seinen Ruf.

»Das kümmert mich nicht«, erwiderte sie darauf. »Dieses Gericht ist nicht unbefangen gegen mich. Meines Bleibens ist nicht länger.« Und sie verschwand.

Alle starrten ihr nach, als ihre kurze Gestalt von den Schatten des Korridors verschluckt wurde.

Es war unvorstellbar, daß so etwas vor einem normalen Gerichtshof geschehen sollte. Zu erscheinen und wieder zu verschwinden! Sich zu weigern, den zugewiesenen Platz einzunehmen, und sich dann vor dem Mitbeklagten zu verteidigen!

Und mich überdies zum Narren zu machen! Das war ihr oberster Beweggrund gewesen. Denn welche Antwort hatte sie von mir erwartet?

Man stellte fest, daß sie der Ladung nicht gefolgt sei, und das Verfahren nahm seinen Fortgang. Es war über die Maßen langweilig. Viele alte Männer berichteten von den Großtaten, die sie als Fünfzehnjährige vollbracht hätten (um so die Behauptung zu untermauern, Arthur sei durchaus zu dem Erforderlichen in der Lage gewesen), und man suchte ausgiebig nach einem Zeugen, der den unwiderlegbaren Nachweis dessen hätte erbringen können, daß Arthur und Katharina die Ehe vollzogen hatten; aber natürlich fand sich kein solcher Zeuge, denn es hatte ja niemand unter dem Bett gelegen. Tag um Tag zog sich das Verfahren hin, und Katharinas Platz blieb leer.

Katharinas Anwälte – Warham, der Erzbischof von Canterbury, der sich in der ganzen Sache unschlüssig gezeigt hatte, Bischof Fisher (wieder er!), Bischof Standish von St. Asaph, Bischof Tunstall von London, Ridley, der Bischof von Bath und Wells, und George Athequa, Katharinas spanischer Beichtvater – äußerten sich verworren. Was sie sagten, hatte weder Hand noch Fuß. Die meinen hingegen redeten überzeugend. Aber es nützte alles nichts: Am Ende, als das Urteil zu sprechen war, erhob Campeggio sich und verkündete, dies sei ein römisches Gericht, und in Rom seien wegen der Hitze sämtliche Gerichtsverfahren bis Oktober ausgesetzt, und deshalb sei auch diese Verhandlung nun vertagt.

Als er diese Erklärung mit seiner zittrigen Stimme verlas, war es still. Dann ging ein Raunen durch den Saal. Es war klar: Die Verhandlung war ohne Urteilsspruch geschlossen, der Fall nach Rom zurückverwiesen.

Dann sprang Brandon auf und schlug mit seiner großen Faust auf den Tisch. »In England scheint die Sonne nicht mehr, seit die Kardinäle unter uns sind!« brüllte er. Die ganze Versammlung brach in erbostes Lärmen aus. Ich war bleich vor Wut.

XL

WILL:

Der arme, unschlüssige Papst hatte Campeggio zahlreiche Instruktionen mit auf den Weg nach England gegeben, aber die wichtigste war: Tue nichts. Verzögere das Verfahren so lange wie möglich. Dann verweise den Fall nach Rom zurück. Campeggio hatte nur seine Anweisungen befolgt, die in diesem Fall um so zwingender waren, da Franz nur einen Monat zuvor in seinem letzten, verzweifelten Versuch, Norditalien zurückzuerobern, vernichtend geschlagen worden war. Der Kaiser hatte seine Streitmacht bei Landriano dezimiert, und nachdem aller Staub sich gelegt hatte, waren Kaiser und Papst im Vertrag von Lissabon zu einer Einigung gelangt. Die kaiserlichen Truppen waren aus Rom abgezogen und hatten den Papst freigelassen. Die Kardinäle der Kurie kehrten in Scharen nach Rom zurück; nicht lange, und die Signatur – wie auch wenige Tage später das ganze Konsistorium – entschied, Katharinas Fall (immer Katharinas Fall, niemals Heinrichs Fall) nach Rom zurückzuverweisen. Campeggio hatte gar keine Wahl gehabt.

Aber Wolsey war fassungslos. Dies untergrub all seine Macht. Der Papst, sein geistliches Oberhaupt, hatte ihn verraten. Sein anderes Oberhaupt, der König, fühlte sich verraten. Und zwischen ihnen beiden würde er zermahlen werden wie Korn in einer Mühle.

HEINRICH VIII.:

Und so glaubten sie, sie hätten gewonnen. Sie – Katharina, der Kaiser, Papst Klemens – glaubten, sie könnten sich ins Fäustchen lachen und das Problem König Heinrichs VIII. und seines Gewissens – für sie nie ein sonderlich gewichtiges – vom Tisch fegen. Sie irrten sich. Irrten sich gründlich. Aber was sollte ich tun?

Mit dem Papst war ich fertig. Er hatte mich im Stich gelassen – nein, verraten. Niemals würde ich vor seinem Gericht in Rom erscheinen.

Mit Wolsey war ich ebenfalls fertig. Wolsey hatte mich im Stich gelassen. Wolsey mußte längst Bescheid gewußt haben – er hatte schließlich die päpstlichen Anweisungen gesehen!

Wolsey – der Herr über alle Fakten, der wußte, welche Kräutertinktur zur Behandlung der päpstlichen Hämorrhoiden Anwendung fand, aber auch, welcher Kardinal in der Kurie über die besten familiären Beziehungen verfügte – hatte sich in dieser, meiner größten, Sorge als nutzlos erwiesen. Er war am Ende eben doch nur ein prunkvoll ausstaffierter Verwalter und Beschaffer, aber kein Mann mit Visionen oder Ideen oder wenigstens Verstand. Er hatte gerade dazu getaugt, mir in meinen sonnigen Tagen dienstbar zu sein.

Ich war über ihn hinausgewachsen. Ich brachte selber Besseres zuwege.

Und ich würde Besseres zuwege bringen. Ich würde mir Wolsey vom Halse schaffen und dann fortschreiten... wohin der Weg mich auch führen mochte.

Campeggio sollte England wieder verlassen und kam daher bei mir um die Erlaubnis zur Abreise ein. Ich wohnte zu dieser Zeit in Grafton, auf einem Landschloß, und konnte nur mit großer Mühe für Campeggio Quartier schaffen. Wolsey, der ihn begleitete, fand zu seiner Bestürzung keinen Platz mehr. Ich wünschte im Augenblick nicht mit ihm zu sprechen, aber ich war dazu gezwungen. Manch einer im Staatsrat und unter meinen sonstigen Ratgebern bedrängte mich, ich solle ihn entlassen, ihn gar wegen Hochverrats vor Gericht stellen. Als juristischen Vorwand machten sie geltend, er habe sich des Vergehens »Prämunire« schuldig gemacht, indem er gegen ein altes Gesetz verstoßen habe, welches die päpstliche Rechtsprechung in England ohne die vorher erteilte königliche Erlaubnis verbiete. Der wahre Grund aber war der, daß sie ihn haßten.

Als Wolsey vor mir erschien, zeigte er sich ehrerbietig und erschüttert – ein Wolsey, den ich noch nie gesehen hatte. Er leckte mir die Hand wie ein Hündchen, umwieselte mich und wedelte mit dem Schwanz, um mir zu gefallen. Es ekelte mich an und betrübte mich. Ich wollte nicht Zeuge dieser Erniedrigung sein.

»Eure Majestät... Seine Heiligkeit... ich wußte ja nicht... aber ich kann alles wieder gutmachen...« Nein, solche Sätze wollte ich von Wolsey nicht hören. Nicht vom stolzen Wolsey.

Ich gab ihm die Erlaubnis, sich zurückzuziehen. Es ist seltsam, wenn ich daran denke, daß ich ihn nie wiedersah. Als Anne und ich tags darauf von der Jagd zurückkehrten, waren er und Campeggio abgereist. Ich wußte, welche Richtung Wolsey einschlagen würde, und so sandte ich Henry Norris zu Pferde aus, daß er ihn einhole und ihm zum Zeichen dafür, daß unsere Freundschaft fortbestehe, einen Ring schenke.

Es kam offenbar zu einer peinlichen Szene. Der stolze Wolsey sprang von seinem Maulesel und warf sich im Schlamm auf die Knie, und er packte den Ring (und Norris' Hand) und bedeckte ihn mit wilden Küssen, und dabei rutschte er die ganze Zeit im knietiefen Morast herum. Es war eine schmerzliche Vorstellung für mich.

Aber in Amt und Würden behalten konnte ich ihn nicht. Er hatte in meiner »großen Sache« versagt, und nur meine Milde bewahrte ihn vor seinen Feinden, die nach seinem Kopf schrien. Politisch war er mir nicht mehr von Nutzen. Es war mein Wunsch und mein Befehl, daß er sich in seine Erzdiözese York zurückziehe und dort seine geistlichen Pflichten ausübe, und zwar für den Rest seines Lebens, still und ohne mich weiter zu belästigen.

Dazu indes erwies Wolsey sich als einzigartig unfähig. Er konnte es nicht ertragen, von aller Macht abgeschnitten zu sein. Er glaubte immer noch, für die Hochgestellten wertvoll zu sein – wenn nicht für mich, dann vielleicht für den Kaiser oder den Papst, die ihn für das, was er wußte, womöglich gut bezahlen würden. Wir fingen seine Briefe ab, in denen er sich mit just diesem Angebot zu verkaufen suchte. Sein italienischer Arzt, Agnosisti, hatte als Kurier gedient. Ein täppisches Unterfangen – aber Wolsey war verzweifelt.

Das Herz war mir schwer. Ich hatte keine Wahl. Wolsey hatte sich in die Hände seiner Feinde bei Hofe und im Parlament gegeben, die schon längst nach seiner Vernichtung schrien; ihnen war die bloße Verbannung nicht genug. Er hatte eindeutig Verrat begangen. Und die Strafe für Verrat ist der Tod.

Noch monatelang konnte ich sie abwehren, aber schließlich mußte ich doch meinen Namen unter das mächtige Pergament setzen, in welchem seine Verhaftung wegen Hochverrats befohlen wurde. Es gab keine andere Möglichkeit.

Um diese Zeit befand Wolsey sich bereits hoch im Norden, etwa einen Tagesmarsch weit von York und seiner Diözese dort entfernt. York aber war der Sitz der Percys.

Und so fügte es Gott, daß Henry Percy (Annes storchenähnlicher Verehrer), als oberster Lord in diesem Bezirk, als einziger befugt war, Wolsey zu verhaften.

Ich war natürlich nicht dabei. Aber Zeugen schilderten mir die herzerweichende Szene: Wie sie Wolsey in seinen Empfangsgemächern überraschen, wie verwirrt er ist, als er ihrer ansichtig wird – er ist im Hemd und fast barfuß. Im Kamin brennt kein Feuer, es ist kein Holz da. Aber er richtet sich auf, ganz wie früher, und heißt sie willkommen, als wären sie in Hampton Court. Sie sind ihm fremd. Aber dann erblickt er Percy im Hintergrund, und sein müdes Gesicht leuchtet auf. Ein Freund. Ein bekanntes Gesicht. Sein müder Kopf hat vergessen, daß er sich den Jungen zum Feind gemacht hat, vor ungefähr fünf Jahren.

Er tritt vor, um Percy in die Arme zu schließen, einen Freund aus seinem Gefolge von damals. Er entschuldigt sich wortreich für die Ärmlichkeit seiner Umgebung, wie er es auch in seinen großartigen Palästen zu tun pflegte. Dann wendet er sich mit mitteilsamer Gebärde an Percy, und während er plappert, folgt Percy ihm nervös umher. »Ich gedenke, im nächsten Mai sämtliche Firmungen in der Diözese York vorzunehmen«, erzählt er – der leeren Luft. »Und alle Trauungen. Im Sommer finden viele statt. Und ich will mein einfaches Leben auf dem Lande genießen.«

»Mein Lord«, sagte Percy, so leise, daß Wolsey es fast nicht hört und daher weiterschwatzt. »Mein Lord«, wiederholt Percy und legt ihm eine Hand auf die Schulter. »Ich verhafte Euch wegen Hochverrats.« Seine Stimme ist ein Krächzen.

Wolsey fährt herum. Sie starren einander an – der gezüchtigte Knabe und der gestürzte Kardinal. Rache sollte süß sein, aber sie ist es nicht. Wartet man zu lange, schmeckt sie ranzig.

Wolsey erreicht London nicht mehr. Ehe er noch sein kleines Haus in Cahill verläßt, klagt er über Leibschmerzen (die er selbst hervorrief? Vor der Verhaftung litt er nicht daran). Am Ende des ersten Reisetages ist er schwer erkrankt, und seine Bewacher müssen die Mönche in der Abtei von Leicester bitten, ihn bei sich ruhen zu lassen.

Als er im Kloster ist, gibt er eine großartige Vorstellung und sagt seinen eigenen Tod voraus. »Um die achte Stunde des achten Tages«, prophezeit er, nachdem er vorher verkündet hat: »Ich bin gekommen, meine Gebeine unter Euch zur Ruhe zu betten.« Die braven Brüder sind von alldem sehr beeindruckt. (Aber wie sollte er die genaue Stunde wissen, wenn er nicht ein Tränklein genommen hatte, dessen Wirkungszeit er kannte?)

Man legt ihn auf eine einfache Matratze in einer Steinzelle. Daraufhin ruft er nach seinem Kammerdiener George Cavendish und nach einem Mönch, und dann spricht er seine letzten Worte: »Hätte ich meinem Gott nur halb so eifrig gedient, wie ich meinem König diente, Er hätte mich nicht noch im Alter nackt in die Hand meiner Feinde gegeben.« Dann (so sagt man) wandte er das Gesicht zur Wand und starb.

Als ich es hörte, war ich froh. Wolsey hatte den Wölfen bei Hofe ein Schnippchen geschlagen. Nun würde – nein, konnte! – kein Hochverratsprozeß mehr stattfinden. Gift hatte er genommen? Um so edler und tapferer war er gewesen!

Und am Ende hatte er Gott angerufen und war in einer Steinzelle in der Abtei zu Leicester gestorben, statt im Hause des Priors von St. Lawrence. Hatte er beizeiten bereut? Wohin war seine Seele entschwebt?

Ich war allein. Wolsey war nicht mehr da. Mein Vater war nicht mehr da. Katharina war nicht mehr da – als meine Beraterin wenigstens. Ich stand allein. Und es gab viel zu tun.

Vor mir lag die Straße nach Rom. Ich wußte es wohl: Ich konnte sie nehmen, aber es würde eine zeitraubende, kostspielige und demütigende Reise werden. Und das Urteil war gleichwohl unsicher.

Eine schmalere Seitenstraße zweigte ab. Sie führte fort von Rom, fort von Wolsey, fort von allem, was ich kannte. Wohin sie führte, das sah ich nicht, aber auf ihr zu reisen, konnte nicht weniger zeitraubend und unsicher sein. Gleichwohl lockte sie mich. Ich würde diese Straße gehen, ganz gleich, wer versuchen würde, mich daran zu hindern. Sie würde nicht in Rom enden, sondern... ja, wo? Bei mir?

XLI

Ich brauchte dringend Rat. Ich hatte keine Richtschnur, keinen Plan. Ich lehnte es ab, nach Rom zu reisen und vor einem Gericht zu erscheinen. Aber ohne die Entscheidung des Papstes war ich hilflos.

Annes Schadenfreude über Wolseys Sturz (sie und ihre Freunde feierten seinen Tod mit einem Maskenspiel, das den Titel »Kardinal Wolseys Fahrt zur Hölle« trug) war voreilig. Tatsächlich war damit niemandem geholfen – außer ihm selbst.

Anne, entschlossen, Katharina in allem zu ersetzen, auch in ihrer früheren Funktion als meine Beraterin, versuchte, mich auf eine Möglichkeit hinzuweisen, die »große Sache« zu einer Lösung zu bringen. Sie erwähnte, daß der Kaplan ihres Haushalts, Thomas Cranmer – der auch ein Gelehrter und Theologe in Cambridge war –, den Vorschlag gemacht habe, die kitzlige Frage den großen Universitäten Europas vorzulegen und die Theologen dort über all die damit verbundenen spitzfindigen Aspekte abstimmen zu lassen. Wenn ich eine vernehmliche Mehrheit auf meiner Seite hätte, würde Seine Heiligkeit bestimmt auf mich hören.

Wer war dieser gewitzte Mann? Wer immer er sein mochte, er verstand sich offenbar auf sein Geschäft. Ich äußerte den Wunsch, ihn kennenzulernen; er zierte sich, aber ich bestand darauf, daß er an den Hof komme.

Cranmer taugte nicht für den Hof; das sah ich auf den ersten Blick. Er trug den verschlissenen Mantel des Universitätstheologen, und sein Haarschopf war ganz struppig. Aber er schien mir von sanftmütiger Natur zu sein und sich weder von Prunk noch von Armut schrecken zu lassen. Ich mochte ihn sofort.

Offenbar verstand er, welches verzwickte Problem mir auf der Seele lastete. Zusammen entschieden wir, welche Universitäten um ihre Meinung gebeten werden sollten: Oxford und Cambridge in England, Orleans, Bourges, Paris und Toulouse in Frankreich, Ferrara, Bologna und Pavia in Italien und auch die deutschen und die spanischen Universitäten.

Ich gab ihm die Erlaubnis, sich der besten Männer für diese Aufgabe zu versichern und sämtliche Kosten der Privatschatulle anzulasten – dem Kämmerer des Königs. Er lächelte zögernd und ging rückwärts hinaus.

Vorläufig aber war das Weihnachtsfest zu ertragen. Anne hatte ihre Gemächer rechts von den meinen, und Katharina wohnte links. Das Protokoll verlangte, daß Katharina und ich bei den Weihnachtsfestlichkeiten am Hofe den Vorsitz führten, obgleich das ganze Königreich wußte, daß wir uns einander entfremdet hatten.

Katharina selbst tat so, als sei alles in Ordnung. Warten war das, was sie am besten konnte. Sie hatte in Spanien gewartet, während sich die Verhandlungen über ihre Vermählung mit Prinz Arthur sich über fast zehn Jahre hingezogen hatten. Sie hatte noch einmal sieben Jahre in England gewartet, während die nötigen Vereinbarungen für die unsere getroffen worden waren. Deshalb bedeutete ihr die Zeit, die vergangen war, seit unsere »große Sache« zur Debatte stand, gar nichts.

Es machte ihr immer Vergnügen, bei den Weihnachtsfeierlichkeiten zu präsidieren. Sie plante jede Einzelheit; sogar, welche Küchenmagd welche Parfümkugel bekommen sollte. Die Leute wußten es zu schätzen, denn sie erkannten daran, daß die gute Königin Katharina an sie gedacht hatte.

Die gute Königin Katharina. Dieser Name stieß mir übel auf. Immer wenn sie erschien – und in letzter Zeit immer mehr – jubelte das Volk ihr zu und rief den Segen des Himmels vielsagend auf *Königin* Katharina herab. Je öfter dies geschah, desto öfter erschien sie. Sie hatte sich angewöhnt, winkend auf Balkone hinauszutreten und den Schloßhof (öffentliches Gelände und stets voller Menschen) mehrmals täglich zu überqueren. Wenn sie über den Platz ging, pflegte sie zu lächeln und fröhlich zu winken und wohl auch

Münzen und andere Kleinigkeiten in die Menge zu werfen, nur um zu hören, wie das Volk ihr zujubelte und mich schmähte. Ich verbat es ihr. Sie war darob sehr verstimmt.

Aber an diesem Weihnachtsfest – die ganzen zwölf Tage lang – waren wir freundlich und liebenswürdig zueinander und ignorierten die breite Kluft zwischen uns.

Anne blieb verborgen, denn bei den Feierlichkeiten spielte sie keine Rolle, und die Zeiten, da sie als schlichte Ehrenjungfer auftreten konnte, waren längst vorüber. So blieb sie in ihren Gemächern, wanderte auf und ab und brütete. Wenn ich sie abends besuchte, traf ich sie in übler Laune an. Eines Abends, es war an Dreikönig, kam ich zu ihr und sah sie erzürnt.

Alle Kerzen waren ausgelöscht, bis auf eine einzige, die in einer Laterne flackerte. Anne trug ihr Nachtgewand – aus rubinrotem Samt –, und ihr schwarzes Haar floß ihr offen über die Schultern. In dem geisterhaften Licht sah sie halb übernatürlich, halb wahnsinnig aus.

Als ich eintrat, stürzte sie mir entgegen – ein schwarzrotes Gespenst. Ein Teufel. »Seid Ihr fertig?« Sie kreischte fast. In ihren schwarzen Augen spiegelte sich wunderlich züngelnder Feuerschein.

»Aye«, sagte ich.

»Während ich hier sitze, allein! Ich konnte die Musik hören ...« Jäh wandte sie sich ab.

»Musik hast du schon oft gehört. Und du wirst sie wieder hören.« Ich hatte Kopfschmerzen, und ich war müde. Ich war gekommen, um mich trösten, nicht, um mir eine Gardinenpredigt halten zu lassen.

»Wann?« Sie wirbelte herum und sah mich an. »Wie viele Jahre muß ich es noch ertragen, daß man mich zu Weihnachten einsperrt wie eine Gefangene? Ihr laßt mich allein ...«

Mein Kopf schmerzte. Der helle Feuerschein, ehedem so verlockend, kam mir jetzt feindselig vor. Ich raffte mich auf. »Verzeiht, mein Fräulein«, sagte ich. »Es war nicht meine Absicht, Euch zu stören. Ebensowenig habe ich Lust, gescholten zu werden. Gute Nacht.« Ehe sie weiter protestieren konnte, wandte ich mich ab und schloß die Tür hinter mir.

Ohne nachzudenken, suchte ich Katharinas Gesellschaft. Die beruhigende, gütige Katharina.

Sie ließ sich das Haar von einer Ehrenzofe bürsten, als ich eintrat. Es war lang und an den Spitzen noch immer von der Farbe des Honigs. Aber der Rest hatte die Farbe von Themseschlamm.

Sie lächelte, als sie mich gewahrte, und dann streckte sie die Hand aus und führte mich zu einem gepolsterten Sessel. Sie setzte sich so dicht zu mir, wie es ging, und beugte sich vor. Ihre Augen glänzten.

»Ich bin so glücklich, daß Ihr gekommen seid, mich zu besuchen!« sagte sie. Ich lächelte.

Ein Feuer brannte gleichmäßig im Kamin. Als ich mich davorstellte, hörte ich das seltsam saugende Geräusch des Wintersturms, der draußen tobte. Die Fenster klapperten. Wie wunderbar, drinnen zu sein, wo es warm war.

Das Feuer war heiß. Ich fühlte es noch auf zehn Fuß Entfernung und streckte die Hände aus, um sie zu wärmen. Katharina kam an meine Seite und hielt ebenfalls die Hände gegen das Feuer, obgleich sie kaum kalt sein konnten.

Sie lächelte strahlend. Im Zwielicht des Feuers sah ich das junge Mädchen, das sie einst gewesen. Und dann begann auch sie, mich zu schelten. »Ihr kommt mich nie besuchen... Ihr speist nicht mit mir... Ihr laßt mich hier sitzen, vernachlässigt und vergessen, einsam wie im Fegefeuer...«

Sie streckte die Hand aus und erfaßte meinen Arm, und ihre Finger gruben sich so schmerzhaft in mein Fleisch, daß mein einziger Gedanke war, mich aus ihrem Griff zu befreien.

Sie redete und redete, über all meine Versäumnisse und über die Verletzungen ihrer Person, bis ich glaubte, ihre Zunge müsse sich festfressen. Aber das tat sie nicht. Schließlich packte mich der Zorn.

»Es ist deine eigene Schuld, wenn du dich vernachlässigt und unbehaglich fühlst!« schrie ich und senkte dann meine Stimme. »Du bist die Herrin in deinem eigenen Haushalt, und du kannst gehen, wohin du willst, und tun, was dir beliebt.«

»Aber nicht ohne meinen Gemahl«, erwiderte sie in falscher Unterwürfigkeit.

»Du hast keinen Gemahl mehr!« brach es aus mir hervor. »Dein Gemahl ist tot, und er ist es seit fast dreißig Jahren! Ich bin nicht dein Gemahl. Gelehrte Doctores der Kirche haben mich dessen versichert!«

Katharina straffte sich. »Doctores! Sie sind dumme Kreaturen. Ihr kennt die Wahrheit selbst.«

Ja, ich kannte sie. Gott hatte mir die Wahrheit gezeigt.

»Der Papst wird entscheiden«, erklärte sie zuversichtlich. »Er wird wissen, was Gottes Wille ist.«

Gottes Wille. Was wußte Klemens von Gottes Willen? Den kannten die Theologen besser als er. »Die gelehrten Theologen aller Universitäten werden den Fall studieren und eine Entscheidung treffen. Und wenn der Papst dann nicht in meinem Sinne urteilt, dann werde ich den Papst zum Ketzer erklären und ihm nicht länger gehorchen.«

Es knackte im Feuer. Hatte ich das wirklich sagen wollen? Katharina starrte mich an. Wie auch immer, ich hatte es gesagt. Ich verabschiedete mich und ging zurück zu Anne.

Ich erzählte ihr, was eben geschehen war, welche schrecklichen Worte ich gesprochen hatte, und was sie bedeuteten. Aber ihr Interesse galt allein Katharina, nicht meiner Herausforderung an den Heiligen Stuhl.

Sie stand in ihrem samtenen Nachtgewand an der Tür zu ihrem inneren Gemach und lachte. »Ihr solltet so klug sein, mit Katharina nicht zu streiten«, sagte sie, als sie wieder zu Atem gekommen war. »Noch nicht ein einziges Mal habt Ihr einen Streit mit ihr gewonnen.«

Da wollte ich auffahren, aber sie ließ mich schweigen. Sie hob an, etwas zu sagen, doch dann bewölkte sich ihre Miene, und sie schien den Tränen nahe zu sein. »Eines Tages wird Katharina Euch mit ihren Argumenten so sehr überzeugen, daß Ihr zu ihr zurückkehrt«, sagte sie betrübt.

Ich wollte widersprechen, aber wieder schnitt sie mir das Wort ab. Ihre Augen schwammen in Tränen, und ihr langes Fuchsgesicht bebte.

»Ich habe alles für Euch aufgegeben«, stellte sie fest. »Und jetzt weiß ich, daß Ihr am Ende zu Katharina zurückkehren werdet. Ihr müßt es. Und bis dahin« – sie hielt die Tür geschickt halb geschlossen, so daß ich mich nicht hineindrängen und sie in meine Arme schließen konnte – »ist jede Gelegenheit zu einer ehrbaren Vermählung, die ich vielleicht einmal hatte, dahin, da ich nun einmal als des Königs Großhure bekannt bin! Meine Jugend ist vertan! Mir bleibt nichts weiter übrig, als... Ich kann nicht sagen, was aus mir noch werden wird!« Schluchzend warf sie die Tür ins Schloß.

Verdattert stand ich da. Und ich beneidete die Mönche, die von den Fallstricken der Weiber nichts zu fürchten haben. Wäre ich Erzbischof von Canterbury geworden ...

Aber das war ich nicht. Wir müssen uns abfinden mit dem, was wir sind.

Wenn ich dem Papst den Gehorsam aufkündigte, wer würde dann seinen Platz in meinem Leben einnehmen? Es war ja das Amt selbst, das ich in Zweifel zog, nicht nur Klemens. Wann hatte sich das Gewicht so verlagert?

Ich hatte es zu Katharina gesagt, und plötzlich war es auch meine Überzeugung: Ich würde dem Papst nicht gehorchen, ganz gleich, zu welchem Urteil er käme. Ich glaubte nicht mehr an seine geistliche Autorität.

Wann war es dazu gekommen? Ich wußte es nicht... wußte nur, ich war im tiefsten Herzen sicher, daß der Papst nicht der Stellvertreter Christi war; das ganze Amt des Heiligen Vaters war von Menschen gemacht und hatte nicht mehr Gewicht als die Prunkwagen von Papiermaché, die wir an Weihnachten benutzen. Ich hatte mich bemüht, dem Papst wohlgefällig zu sein, wie ich mich in allem bemüht hatte, ein »vollkommener« König zu sein.

Was für ein Narr war ich gewesen! Vor dem Papsttum zu zittern und um seine Erlaubnis zu betteln! Ein dreimal verrückter Narr – aber nun nicht mehr, nicht mehr!

Man darf nicht denken, England sei nun die ganze Zeit ohne Lordkanzler gewesen. England würde vielleicht ohne Papst auskommen, aber nicht ohne einen Lordkanzler. Da mir aber die

Erinnerung an ihn immer noch schmerzlich ist, habe ich den Bericht über die Auswahl von Wolseys Amtsnachfolger hinausgeschoben.

Unmittelbar nach Wolseys Sturz drängten sich viele danach, Lordkanzler zu werden. Es belustigte mich, wie viele sich für geeignet hielten, dieses Amt auszufüllen, und es in Wirklichkeit nicht waren.

Der Herzog von Norfolk. Er hatte das Ansehen seines Standes und des alten Familiennamens, aber er war seltsam phantasielos und viel zu konservativ, als daß er meinen Bedürfnissen in jenen Tagen entsprochen hätte.

Der Herzog von Suffolk. Brandon, mein lieber Freund und Schwager. Er war ein gewitzter und unermüdlicher Soldat, aber kein Staatsmann. Er war nicht der richtige.

Da waren die Kleriker: der schlaue Gardiner, der alte Warham, der donnerbrausende Fisher, der glattzüngige Tunstall. Aber ich wollte keine Kirchenmänner mehr; ich gewöhnte es mir ab, mich darauf zu verlassen, daß Prälaten für mich arbeiteten. Ich wollte einen Gelehrten, einen Staatsmann, einen Laien.

Wen anders als Thomas More?

Ja, More. Ich beschloß, mich sofort mit ihm zu treffen. Ich würde ihn in seinem Hause in Chelsea besuchen, in welches ich niemals eingeladen worden war. Also gut. Ich würde mich selbst einladen.

Chelsea war ein kleines Dorf, drei Meilen weit von London gelegen. Die Bootsfahrt dorthin dauerte eine gute Stunde. More zog es vor, dort zu leben, um dem Londoner Wirrwarr, wie er es nannte, zu entgehen.

Die königliche Barke kam um eine Biegung des Flusses. Vor uns lag nichts als freies Feld und Waldland. Wir hatten London hinter uns gelassen. Die Sonne am Himmel ließ mich schwitzen und verwandelte den Fluß in eine glitzernde Fläche.

Wir näherten uns Mores Anlegestelle. Sie war für kleine Boote gedacht, und unsere große Barke konnte dort nicht festmachen. Ich würde auf dem Fluß vor Anker gehen. So geschah es auch, aber noch als wir Anker warfen, erhob sich am Ufer ein großer Trubel. Die königliche Barke war etwas, das jedermanns Aufmerksamkeit auf sich zog. Jeder Landmann im Umkreis von einer Meile hatte seinen Pflug Pflug sein lassen und war hergekommen, um die Barke zu begaffen. Infolgedessen war das Ufer von Menschen gesäumt – kaum die rechte Voraussetzung für mein unauffälliges Erscheinen.

Ein kleines Ruderboot diente dazu, mich zum Landungssteg zu bringen. Ich hoffte, Sir Thomas behaglich daheim anzutreffen. Es war von höchster Bedeutung, daß er sich entspannt fühlte. Ich kletterte also aus dem kleinen Boot und ging den Steg entlang. Das Boot legte hinter mir wieder ab.

Der Steg erschien mir sehr lang. Vor mir lag Mores Heim, ein gutes Stück weit abseits des Flusses. Ein ausgedehnter, abschüssiger Rasen reichte bis zum Ufer hinunter. Das Gras war von so tiefem Grün, daß es fast zu leuchten schien. Lag es daran, daß die riesigen Eichen ringsumher es mit ihrem Schatten vor der Nachmittagssonne schützten?

Endlich stand ich auf dem kurzgeschnittenen Rasenteppich. Eine kleine Herde Ziegen in der Nähe blickte auf, und ihre gelben Schlitzaugen musterten mich abschätzend. Bald aber verloren sie das Interesse und fuhren fort, am Grase zu knabbern.

Es war niemand zu sehen. Das Haus stand verschlafen und scheinbar leer in der Spätnachmittagssonne. An der Seite war eine Reihe Bienenkörbe zu sehen, und kaum hörbar drang das träge Gesumm der Bienen an mein Ohr.

Ich seufzte. So hatte ich den ganzen Weg umsonst gemacht. Dennoch empfand ich so etwas wie Triumph darüber, daß ich nun endlich Mores Privathaus gesehen hatte.

Hinter mir polterte es auf den Planken, als die Bootsleute und meine wenigen Bediensteten mir den Steg hinauf folgten. Sie plauderten, einige sangen sogar. Sie würden nicht mehr so fröhlich sein, wenn sie erführen, daß wir umkehren und nach London zurückfahren mußten. Vielleicht sollten wir uns alle für ein halbes Stündchen auf dem Rasen niederlassen und den Schwänen und Booten auf der Themse zuschauen. Es war ein bezaubernder Anblick.

Plötzlich kam jemand aus dem Haus geschlendert. Es war eine Dienstmagd. Sie erblickte uns, drehte sich um und flüchtete wieder hinein. Einen Augenblick später kamen mehrere andere zum Vorschein, und Gesichter erschienen in den Fenstern. Drinnen hörte ich Lärm.

Eine große Holztür befand sich in der Mitte des Hauses an der Rückseite. Sie flog jetzt auf, und eine kleine, dicke Frau kam uns entgegengehastet. Sie hatte ihre Röcke geschürzt, um schneller laufen zu können. Andere Leute folgten ihr ein wenig langsamer.

»Euer Gnaden, Euer Gnaden«, keuchte sie, als sie näherkam. Jetzt erkannte ich Lady Alice, Mores Gemahlin. »Wir sind ... wir sind ...«

»Wir sind geehrt«, vollendete eine vertraute, mir sehr liebe Stimme. More. Er schob Alice beiseite und lächelte mir gelassen entgegen. »Wir hatten noch nie das Vergnü...«

»Ich hatte noch nie eine Einladung«, hörte ich mich sagen und war beschämt. Wieso fühlte ich mich bei More immer genauso wie in den finsteren Tagen, da Arthur der Lieblingssohn gewesen war? Immer auf der Suche nach Anerkennung, immer in dem Gefühl, geringgeschätzt zu werden.

More hatte einen seltsamen Ausdruck im Gesicht.

»Also habe ich beschlossen, mich selbst einzuladen«, endete ich lahm.

»Ihr seid herzlich willkommen«, antwortete er mit seiner seltsam beruhigenden, vollen Stimme. Aber ich wußte, ich war es nicht.

Ich streckte die Hand aus und wies mit wilder Gebärde auf das Haus. »Schön, Thomas«, sagte ich. »So friedlich.«

Er hob eine Braue. Offensichtlich hielt er mich für einen Narren. Er war nicht der einzige, dachte ich, ihm beipflichtend, und ich wünschte mich hundert Meilen weit weg.

»Der Hochsommer ist die friedlichste Zeit.« Du bist kein Narr, schien seine Stimme mir zu sagen. Du bist ein Mensch, und du wirst geliebt. Ah, das war die Gefahr, die in More lag! Bei ihm fühlte man sich immer wie ein Mensch und trotzdem geliebt. »Steht still und lauscht.«

Eine leichte Brise raschelte im Laub; die Bienen summten; das Wasser des Flusses gluckerte leise in der Ferne. Aber mehr noch als Geräusche trank ich Bewegungen und Licht in mich hinein. Die bunten Malven rings um das Haus, die leise nickten; das Schweben der Bienen, die bei den goldfarbenen, aus Stroh gewobenen Bienenkörben ein und aus flogen; die Lichtflecken, die im Geäst der Bäume spielten. Und der Duft: Die Luft schien hier leichter zu sein, erfüllt von zarten Gerüchen aus fernen Wiesen und nahen Gärten. Blumen, gemähtes Gras, fruchtbare Erde – all das vermischte sich zu einem Elixier, das mir den Kopf klärte.

»Aye«, sagte ich, wie mir schien, nach langer Zeit. »Aye.«

Lady Alice gestikulierte; sie wirkte beunruhigt. »Euer Gnaden... wenn Ihr ein einfaches Mahl mit uns teilen wollt. Ihr und Eure – Eure Begleitung ...« Unsicher warf sie einen Blick auf mein Gefolge. »Ihr müßt wissen, wir sind nicht darauf vorbereitet ...«

More brachte sie mit einem Blick zum Schweigen.

»Wir sind nicht gekommen, um zu speisen«, sagte ich. »Wer denkt im Sommer ans Essen?«

»Bring Ale heraus, Alice«, wies More sie an. »Die Bootsleute sind gewiß durstig, nachdem sie den weiten Weg von London heraufgerudert sind. Noch dazu gegen den Tidenstrom.«

Sie machten dankbare Gesichter, und er wandte sich zu mir. Der Blick seiner graugrünen Augen schien mich brennend zu durchbohren.

»Wollen wir ein wenig spazierengehen, während sie die nötigen Anstalten trifft?« Seine liebkosende Stimme sprach einen Befehl aus. Ich gehorchte.

Er führte mich in die Richtung des Rosengartens, der wiederum an einen Obstgarten grenzte. Die Sonne stand hinter uns, und wir warfen lange Schatten. Mir fiel ein, wie ich es als Kind immer vermieden hatte, auf meinen Schatten zu treten. Es brachte Unglück. Aus Versehen trat ich jetzt immer wieder darauf, so sehr ich mich auch bemühte, es zu vermeiden.

More zeigte mir verschiedene Rosensorten, die er mit großer Mühe herangezüchtet hatte. Dann sagte er schlicht: »Ihr seid wegen anderer Dinge hier.«

»Ja«, sagte ich. »Ich möchte, daß Ihr Lordkanzler werdet. An Wolseys Statt.« Wenn er schlicht und geradeheraus sprach, warum sollte ich es nicht auch tun?

Ich hatte Aufregung oder Ungläubigkeit erwartet. Statt dessen aber lachte er, ein lautes, schallendes Lachen. »Ich?« sagte er, als er aufgehört hatte. »An Wolseys Statt? Aber ich bin kein Kirchenmann.«

»Ich will keinen Kirchenmann! Ihr seid ein Christ – mehr als die meisten Kirchenmänner!«

»Seid Ihr Euch denn ganz und gar sicher, daß Ihr einen Christen haben wollt, Euer Gnaden?«

Wollte er mich verspotten? »Ja!«

Statt zu antworten, ging er weiter zwischen den Reihen der sauber gestutzten Rosenbüsche dahin, die Hände auf dem Rücken gefaltet. Am Ende einer Reihe roter Rosen drehte er sich unvermittelt um. »Ich kann nicht«, sagte er leise. »Verzeiht mir.«

Die Rosen ringsumher umgaben ihn wie ein blumiger, blutiger Rahmen.

»Weshalb nicht?« wollte ich wissen.

»Die ›große Sache‹ Eurer Majestät ...«

Ich winkte ab. »Der Lordkanzler hat nichts ...«

Er schnitt mir das Wort ab. »Der vorige Lordkanzler hatte sehr viel mit dieser Frage zu tun.«

»Weil er Kardinal war und die Vollmacht hatte, in der Legatenverhandlung den Vorsitz zu führen. Inzwischen ist die Sache darüber hinaus gediehen, und ... «

»Und zu einer politischen Angelegenheit geworden, mit der Euer Lordkanzler mehr denn je zu tun hätte, sei er nun Priester oder Laie. Ich kann nicht ...«

»Thomas«, sagte ich plötzlich, »welches ist Eure Meinung zu dieser Sache?«

Er wandte sich ab und inspizierte übergründlich eine halb erblühte Rose. Ich wartete. Schließlich konnte er die Antwort nicht länger hinauszögern. »Ich glaube...« Seine sonst so sichere Stimme war leise geworden. »Ich glaube, daß Königin Katharina Eure wahre Gemahlin ist. Und sollte sie es nicht sein, so hat, glaube ich, nur der Papst die Macht, dies zu verkünden.«

Ich fühlte, wie kalter Zorn mir im Halse heraufstieg und in meinen Kopf hinaufkroch, wo er mein Denken beeinträchtigen und verzerren würde. Ich kämpfte ihn nieder.

»Also deshalb lehnt Ihr es ab, Kanzler zu werden.« Überrascht – und erfreut – hörte ich, wie leidenschaftslos meine Stimme klang.

»Zum Teil.« Er lächelte. »Ich kann Euer Gnaden kein Diener sein, wenn ich nicht alles mit ganzem Herzen angreife.«

Wir hatten den Rosengarten jetzt hinter uns gelassen und näherten uns dem Obstgarten. Eine verwitterte Ziegelmauer umschloß ihn. More öffnete die hölzerne Pforte und ließ mich eintreten.

Reihe um Reihe erstreckten sich beschnittene, gepfropfte Bäume vor mir, jede ungefähr fünf Schritt weit von der nächsten entfernt. Säuberlich und gleichmäßig spreizten sie die Äste, so daß sie aussahen wie runde Zelte.

»Pflaumen«, sagte More mit einer Gebärde nach der äußersten linken Reihe. »Kirschen.« Die nächste. »Äpfel.« Die Reihe vor uns. »Birnen.« Die letzte vor der Mauer auf der anderen Seite.

More ging durch die Lücke zwischen den Apfel- und den Birnbäumen. In diesem Stadium sahen die Früchte alle mehr oder minder gleich aus. More bewahrte ein aufreizendes Schweigen, während ich ihm folgte.

»Gott hat sein Urteil darüber gesprochen! Er hat mich verflucht!« Gegen meinen Willen hob sich meine Stimme, wurde zu einem schmerzlichen Aufschrei. More blieb stehen und drehte sich um. Gleichwohl verstummte ich nicht. »Ich habe gesündigt! Und diese Sünde muß getilgt werden! England wird sonst sterben! *Sterben*!«

Mit spöttischem Gesicht kam More auf mich zu. Aber ich sah ihn nicht mehr, und auch den goldenen Sommernachmittag sah ich nicht mehr. Ich sah nur noch schwarze Verzweiflung. Ohne es zu merken, sank ich am Fuße eines Kirschbaumes zu Boden. Ja, England würde sterben. Noch mehr Kriege in seinem Innern würde es nicht überstehen.

Eine Hand auf meiner Schulter. More beugte sich über mich. »Euer Gnaden?«

»Mein Gewissen sagt mir, daß es die Wahrheit ist«, brachte ich schließlich hervor. »Und wenn die ganze Welt es mir bestreitet, so weiß ich doch, es ist die Wahrheit!«

Ich stand auf, beschämt über meinen Ausbruch. Ich warf More einen Blick zu. Er starrte mich an, und zwar mit einem Ausdruck, wie ich ihn noch nie gesehen hatte. Überrascht, erstaunt, aber auch mehr als das.

»Dann will ich Euer Kanzler werden«, sagte er leise. »Vorausgesetzt, Ihr habt ebenso viel Achtung auch vor meinem Gewissen.«

Das Abendessen verlief heiter. Es war ein »Picknick«, wie Lady Alice es nannte, weil es so einfach war. Lange Tafeln wurden auf dem Rasen aufgestellt und mit weißen Leintüchern gedeckt, die im Wind der Dämmerung leise flatterten. Schlichte Holzteller und irdene Krüge wurden aufgetragen. Man brachte große Berge von wilden Erdbeeren und Kannen mit frischer Sahne. Karaffen mit Maiwein, mit Waldmeister gewürzt, machten die Runde.

Mores Kinder sangen und spielten die Laute. Die Dienerschaft gesellte sich zu uns und tanzte mit meinen Bootsleuten. Margaret More, Thomas' älteste und liebste Tochter, saß Hand in Hand mit Will Roper, ihrem Freier. More lachte. Ich lachte. Und während die Schatten auf dem unnatürlich grünen Rasen immer länger wurden, war mir, als wäre ich noch nie so glücklich gewesen. Alles würde gut werden.

XLII

Als ich wieder in London war, verflog diese Stimmung. Es gab viel zu tun, und ich mußte es in Angriff nehmen, denn von allein würde es nie zustande kommen. Und in Angriff nahm ich es, wie ich nun berichten werde.

Die Universitäten gaben ihr Urteil ab, und es war (überwiegend) zu meinen Gunsten ausgefallen (dank meiner in Gold gemünzten Überredungskunst). Aber der Papst blieb unbeeindruckt. (Nicht, daß es mich noch gekümmert hätte, was er dachte.) Mein Plan war von Anfang an zu naiv gewesen. Cranmer war eben nicht der richtige Mann, um mir in meiner »großen Sache« zu helfen.

More, Cranmer, Wolsey – sie alle waren in dem, was mir am wichtigsten war, nicht zu gebrauchen. Der Gedanke an Wolsey betrübte mich. Obgleich schon so viel Zeit verstrichen war, mußte ich mich noch immer mit seinem Erbe befassen. Der vortreffliche Kardinal hatte seine Bücher in Unordnung hinterlassen. Aber es wurde jetzt Zeit, sie zu schließen. Wolsey war seit über einem Jahr tot.

Beeindruckt hatte ich entdeckt, daß es unter seinen ehemaligen Bediensteten einen gab, der noch immer Zugang zu Wolseys Finanzen hatte und sich auch darin auskannte. Als die anderen sich in Sicherheit gebracht hatten, war dieser Cromwell dageblieben, hatte im Namen seines verstorbenen Herrn agiert und loyal danach getrachtet, diesen Namen von aller Schmach reinzuwaschen. Meine Faszination wuchs, als ich erfuhr, daß dieser Mann derselbe war, der 1522 im Parlament darauf hingewiesen hatte, daß Schottland nah bei der Hand, Europa aber weit entfernt sei.

Ich ließ ihn kommen.

Zunächst nahm ich nichts weiter wahr als einen lebhaften kleinen Mann. Er hatte einen abgeflachten Schädel – rundum fast wie eine Schachtel geformt – und schmale Äuglein. Ein Mensch, den man bald vergaß – bis auf die Augen.

Er wußte in Wolseys finanziellen Angelegenheiten bis auf die letzte Kupfermünze im Haushalt genau Bescheid, und dies diente mir als Vorwand, ihn zu befragen. Aber man bespricht nicht nur Zahlen. Man plaudert. Und darauf verstand ich mich. Meister Cromwell hatte manche interessante Geschichte zu erzählen. Am Anfang handelten sie von anderen, am Ende von ihm.

Dieser Cromwell, Sohn eines Hufschmieds aus Putney, hatte verborgene Jahre im Ausland verbracht, zuerst als Landsknecht in den italienischen Kriegen, dann als Kaufmann auf dem Markt von Antwerpen, und dabei hatte er genügend Kenntnisse in allgemeinem Recht erworben, um die Zulassung als Rechtsanwalt zu erlangen. Er schien mir zu den seltensten aller Geschöpfe zu gehören: Er war ein absolut amoralischer Mensch, aber asketisch in seinen Wünschen und Bedürfnissen. Somit wäre er in einzigartiger Weise gefeit vor den üblichen Verlockungen – Seiden, Weiber, feinen Speisen –, die seinen Herrn, den Kardinal, in ihren Bann geschlagen hatten. War dies der Mann, den ich suchte, damit er mir bei der Bewältigung meiner »großen Sache« helfe? Ich erwähnte das »delikate« Problem andeutungsweise. Er nickte.

Ein paar Tage später schickte er mir die Nachricht, er habe einige »Vorschläge« für meine »große Sache«. So tanzte ein Euphemismus mit dem anderen.

Ich ließ Cromwell mitteilen, er solle persönlich zu mir kommen und die Einzelheiten seines Plans mit mir erörtern. Dazu war er nur allzu gern bereit.

Pünktlich nach der Frühmesse erschien er in meinem Arbeitszimmer, sein dunkles, glattes Haar naß und gekämmt, die Mütze in der Hand. Ich hatte noch nicht gefrühstückt und ihn so zeitig auch noch nicht erwartet. Ein Tablett mit geräuchertem Aal, Bier und Käse stand auf meinem Tisch und erwartete mich. Ich beäugte es hungrig. Gleichwohl wandte ich mich Cromwell zu und hieß ihn willkommen.

»Eure schriftlichen Vorschläge waren höchst interessant«, begann ich, und ich nahm die Blätter von meinem Pult und schwenkte sie in der Hand. »Ich habe eingehend darüber nachgedacht.« Wenn ich darauf eine Antwort erwartet hatte, so bekam ich keine; er stand nur da und hörte aufmerksam zu. »Ich möchte, daß Ihr mir Euren Plan ausführlicher erläutert«, fuhr ich fort. »Es ist gar zu mühselig, wollte man alles zu Papier bringen.«

Er lächelte, denn er wußte, was ich meinte. Dann sah er sich fragend im Zimmer um.

»Es ist niemand hier, Cromwell«, sagte ich. »Ihr mögt frei heraus sprechen.« Zum Beweis meiner Worte – und weil ich beschwingter Laune war (in letzter Zeit unterlagen meine Stimmungen erschreckenden Schwankungen; oft war ich nach dem Frühstück von Euphorie erfüllt und versank dann bis zum Nachmittag in tiefer Düsternis, ganz gegen meine Art) – ging ich zu einem Wandteppich und schlug dagegen. Nichts als Staub kam daraus hervor.

Ich setzte mich auf einen kleinen Schemel; Cromwell nahm daraufhin ebenfalls Platz und zog seinen Schemel dicht zu mir heran.

»Folgendermaßen, Euer Gnaden. Ich habe die Frage ausführlich studiert. Meiner bescheidenen Meinung nach geht es in dieser Angelegenheit um sehr viel mehr als nur um Eure Ehe. Die Ehe war lediglich Gottes Werkzeug, Euch die Augen für andere Ideen zu öffnen, Euch dazu zu bringen, das bisher Undenkbare zu erwägen.«

»Nämlich?« fragte ich. Er griff zu Schmeicheleien, wie so viele vor ihm. Es langweilte mich. Der Duft von Bier und Aal wehte herüber. Er sollte zur Sache kommen!

»Nämlich, daß einige Eurer Untertanen nur zur Hälfte Eure Untertanen sind, Euer Gnaden.« Er hielt inne und hob bedeutsam eine Braue. Es sollte mein Interesse fesseln, aber es war bloß albern. Ich runzelte die Stirn, und hastig fuhr er fort. »Der Klerus. Er leistet dem Papst ein Gehorsamsgelübde. Wie soll er Euch da loyal untertan sein? ›Man kann nicht zwei Herren dienen‹, wie unser Herr ...«

»Ja, ja.« Ich fiel ihm ins Wort. »Aber das war immer so. Das himmlische und das irdische Königreich sind zweierlei.«

»Wirklich, Euer Gnaden? Wenn ein Untertan in Todespein beschließt, einem ausländischen Herrscher vor seinem König zu gehorchen – was ist daran himmlisch? Ist es nicht Verrat?« Eine Pause. »Haben Euer Gnaden nicht die Verantwortung für alle Eure Untertanen? Hat Gott sie nicht in Eure Hände gegeben, auf daß Ihr sie beschützet? In alten Zeiten gab es keine Päpste, sondern nur christliche Fürsten, denen es oblag, den Wahren Glauben ...«

Und er legte mir seine außergewöhnliche Theorie dar: Daß der Regent eines jeglichen Reiches von Gott bevollmächtigt sei, seine Untertanen an Leib und Seele zu beschützen; daß er in beiden Sphären die höchste Autorität im Lande sei; daß der Klerus ihm Gefolgschaftstreue schulde, nicht dem Bischof von Rom, der nichts als ein Usurpator sei. Wenn ich seine Macht wieder an mich zöge, erneuerte ich damit lediglich die alte, richtige und gottgewollte Ordnung der Dinge.

»Es ist, wie Gott es will«, schloß Cromwell. »Er ist unzufrieden mit dem Zustand, der heute herrscht. Es ist eine Verdrehung der Wahrheit. Darum haben sich Propheten wie Wycliffe und Hus und Luther erhoben. Darum ist Rom erniedrigt worden und der Papst zu einem zitternden Gefangenen des Kaisers geschrumpft. Das alles sind Zeichen. Zeichen dafür, daß Ihr handeln und die rechtmäßige Ordnung der Dinge wiederherstellen müßt. Wo nicht, werden die Strafen härter werden. Denkt, was in Israel geschah, als Ahab ...«

»Ja, ja.« Ich konnte dem Hunger nicht länger widerstehen und griff nach einem Becher Bier. »Eine interessante Theorie«, sagte ich schließlich. »Worte. Wolsey war auch voller Worte. Was ist mit Taten?«

Ich war neugierig, zu erfahren, ob er sich auch darüber Gedanken gemacht hatte. Und ich wurde nicht enttäuscht. Cromwell beugte sich eifrig nach vorn, und in seinen Eidechsenaugen spiegelte sich das Licht der Morgensonne.

»Das Volk stöhnt unter der Last dieser monströsen Bürde«, sagte er.

Ich mußte ihn von seiner extravaganten Redeweise kurieren. Konnte denn kein Mensch außer Anne in schlichten Worten zu mir sprechen?

»Aber es kann sich nicht aus eigener Kraft davon befreien. Nur einer vermag die Fesseln zu lösen. Der König.«

Ich grunzte. »Wie?«

»Das Volk wird Euch nachfolgen, wie die Kinder Israels Moses nachgefolgt sind.«

Dieses letzte Bildnis war endgültig zuviel. Wieso sollte ich mir nicht gestatten, mich am Aale gütlich zu tun? Dieser Möchtegern-Rhetor verdiente keinen Respekt. Ich beugte mich hinüber und nahm mir ein schmackhaft aussehendes Stück. »Bitte sprecht unverblümt«, sagte ich schließlich.

Er grinste – etwas, das in meiner Gegenwart seit Jahren niemand mehr getan hatte. Die kriecherischen Übertreibungen fielen von ihm ab wie ein schwerer Mantel, und seine Stimme tat einen Satz. »Der Klerus ist unfähig, sich zu befreien. Das Volk kann es nur mit einem allgemeinen Aufstand wie in Deutschland, und daran ist uns zu allerletzt gelegen. Nein. Der Aufstand, der Bruch, muß von oben eingeleitet werden. Und dies vor allem: *Es darf nicht aussehen wie ein Aufstand.* Menschen – auch abtrünnige Menschen – haben gern das Gefühl, daß eine Ordnung ewig sei. Noch wenn wir sie zerschlagen, müssen wir ihre äußere Struktur erhalten.«

Seine Augen tanzten. Er sah aus wie von Sinnen, wie berauscht. Ich nahm mir noch etwas Aal, als könnte es das unbehagliche Gefühl in meinem Kopf lindern, wenn ich etwas im Mund hätte.

»Die Kirche muß intakt bleiben«, fuhr er fort. »Sie muß äußerlich so aussehen wie in der Vergangenheit. Nichts von weißgekälkten Wänden und zertrümmerten Statuen. Alles wird sein wie immer, mit einer Ausnahme: Der König, nicht der Papst, ist das Oberhaupt der Kirche von England. Der Aufstand wird von oben gelenkt und durchgeführt werden, nicht von unten. Und das Volk wird folgen wie eine Schafherde, wie es dies ja immer tut.« Er lehnte sich zurück und faltete triumphierend die Hände vor dem Bauch.

»Ein hübsches Bild. Und wie soll es verwirklicht werden?«

»Durch das Parlament. Das Parlament wird Euch bevollmächtigen. Und dann könnt Ihr tun, was Euch beliebt. Gewährt Euch die Annullierung Eurer Ehe ...«

»Das Parlament besteht aus Menschen. Nicht alle Menschen heißen es gut, daß ich mich von Katharina trenne. Genau gesagt«, gestand ich mürrisch, »die meisten tun es nicht. Die Prinzeß-Witwe genießt in der Öffentlichkeit große Sympathie.«

»Aber jedem ohne Ausnahme sind die Privilegien des Klerus ein Dorn im Auge. Hier müßt Ihr den Keil ansetzen, der Euch von Rom trennt. Zum Angriff gegen den Klerus sind sie leicht zu verführen. Wenn es erst so weit gekommen ist, werdet Ihr die Macht haben, zu tun, was Ihr wollt. Vorausgesetzt, Ihr laßt sie bis zum Schluß im dunkeln.«

Ich starrte ihn nur an; es war weniger sein Vorschlag, als vielmehr die genüßliche Weise, in der er ihn unterbreitete. Mein Schweigen deutete er als Zustimmung, und so fuhr er fort.

»Unterdessen könnt Ihr die Kirche zur Unterwerfung zwingen. Attackiert sie wegen irgendeines vorgeblichen Vergehens, laßt sie eine Buße zahlen und Euch damit als Oberhaupt anerkennen. Damit wird der Klerus einen Präzedenzfall setzen und sich selbst in eine heikle Lage bringen... Und wenn das alles erreicht ist, könnt Ihr beginnen, die Klöster aufzulösen!« schloß er mit schwungvoller Geste.

Ein Ausdruck der Bestürzung mußte mir übers Gesicht gehuscht sein, denn Cromwell nahm seine Rede eilig wieder auf. »Ausländische Körperschaften, Euer Gnaden! Ihre Einnahmen lassen sie aus England abfließen; sie saugen es aus, wie ein Egel einem Kranken das Blut aus dem Leibe saugt! Und nachlässig sind sie! Ihre Unmoral! Reiche Huren werden Äbtissinnen, und die Mönche haben Gören in allen Dörfern der Nachbarschaft. Ihre Wollust ist sprichwörtlich geworden! Schon in den Tagen John von Gaunts schrieb Chaucer über ihre Unmoral. Sie sind für das Reich nicht gut, denn sie berauben es seiner Mittel, und für Christus ist es nicht gut, solche Stellvertreter zu haben!«

Ich mußte an das luxuriöse Kloster von St. Lawrence denken, wo die Mätresse und der Bastard des Königs Unterschlupf gefunden hatten... Aber ich dachte auch an die friedlichen, aus honiggelbem Stein erbauten Klöster überall im Lande und an die Mönche, die ihre Zeit damit zubrachten, das Land zu beackern, Manuskripte zu studieren, Schafe zu züchten, Wolle zu spinnen und Reisenden, Pilgern und Vagabunden Schutz zu gewähren. Ohne sie ...

»Nein«, sagte ich. »Nein. Sie tun Gutes.«

»Sie sind Treibhäuser der Verkommenheit«, zischte Cromwell. »Auf jeden guten und frommen Mönch kommen zehne, die ihre Zeit in trunkener Völlerei verbringen. Es ist kein Zufall, daß der beste Wein aus den Klöstern kommt! Ihr bildet Euch ein, sie verbrächten ihre Nächte in kahlen Zellen, wo sie beten und fasten und sich geißeln! Aber das tat nur der Lordkanzler. Nein, die Mönche... ich sage Euch, die wälzen sich im Bett mit einer Dorfmagd, und Christus am Kruzifix schaut auf sie herab!«

Er sprach immer hitziger. Was hatte er mit seiner Bemerkung über den Lordkanzler gemeint? Ich griff nach meinem Bierbecher, aber ich hatte keine Lust, ihm auch einen anzubieten. Er schien immer näher an mich heranzurücken. Ich mochte es nicht, wenn Leute mir zu nahe kamen. Ich schob meinen Schemel zurück.

Er seufzte und schien sich zu entspannen. »Ich sehe schon, Ihr glaubt mir nicht. Ihr denkt an die gütigen Mönche und Nonnen, von denen Ihr in den Geschichten gehört habt. Aber erlaubt mir nur, diese ›Häuser der Religion‹ einmal durchforsten zu lassen. Mehr erbitte ich nicht. Die Ergebnisse mögt Ihr dann selbst beurteilen.« Seine Stimme hatte einen häßlichen, winselnden Klang angenommen.

»Später.« Ich wollte jetzt nichts mehr davon hören. Es tat mir weh. »Das Parlament.« Ich wandte mich einem angenehmeren Thema zu. »Wie, meint Ihr, sollte es zu diesem Zwecke eingespannt werden?«

Er hatte an alles gedacht. Das Parlament würde den Klerus attackieren und Gesetze erlassen, die die Kirche entmachten würden, und dabei würde es glauben, es beschneide lediglich die verhaßten klerikalen Privilegien und das separate kanonische Recht, welches den Geistlichen ermöglichte, eigene Gerichte zu halten und sich so dem Zugriff des allgemeinen Rechts zu entziehen.

Unterdessen würde der Klerus seine Macht in meine Hände legen, bis sich schließlich die gesamte Kirche dem König unterworfen hätte. Der niedere Klerus würde seine Rechtsprivilegien aufgeben, der höhere den König als obersten Richter anerkennen. Dies alles würde Stück für Stück vonstatten gehen, und erst am Ende würden sich alle Stücke zu einem Ganzen zusammenfügen, und dann hätte ich mir die Macht in meinem eigenen Reich gesichert. Mit der päpstlichen Jurisdiktion in England wäre es vorbei. Und ich wäre absoluter Herrscher. Und ich wäre Katharinas ledig. Und reich.

Wie Cromwell beim Hinausgehen leutselig feststellte, als mache er eine Bemerkung über das Wetter: »Die Einkünfte der Kirche in England sind zweieinhalbmal so groß wie die der Krone. Es wäre zu schade, ginge das alles nach Rom.« Er verbeugte sich und war verschwunden.

Ich starrte ihm nach. Oberhaupt der Kirche sollte ich werden? Die uralte Struktur zerschlagen?

Die Sonne strahlte zu den südlichen Fenstern herein, kräftig mittlerweile, denn es ging gegen Mittag. Was Cromwell da vorschlug, war eine Revolution. Alles in England sollte sich ändern, und dabei sollte ich mich befreien.

Es war hell im Zimmer. Ich dachte daran, wie eifrig ich die Möbel für diese Räume ausgewählt hatte, vor mehr als zwanzig Jahren. Froh hatte ich Vaters verschrammtes, altmodisches Mobiliar gegen die neue, blankpolierte italienische Mode ausgetauscht, seine mottenzerfressenen Wandbehänge heruntergerissen und neue bestellt.

Aber die alte Ordnung der Dinge niederreißen? Ein Königreich umgestalten? Das Chaos. Der Staub. Der schmerzhafte Übergang, die Zeit, da alles bloßläge, des Alten entkleidet und noch nicht mit dem Neuen umhüllt. Aber wenn das Alte verrottet war? Wenn Gott bestimmt hatte, daß es abgerissen werde wie das alte Rom? Verrottet, verfallen, ein Gebäude, das sich selbst nicht länger trug?

Ein Betstuhl stand in einer Ecke meiner Kammer, in einer dunklen Ecke. In einer Nische darüber schimmerte die Elfenbeinstatue der Heiligen Jungfrau, und vor ihr flackerte eine Votivkerze, obgleich es heller Mittag war. Ich ging dorthin, als wüßte ich nicht, wohin ich mich sonst wenden sollte.

Die Jungfrau sah mich an, und einen winzigen Augenblick lang sah ich das Antlitz meiner Mutter. Gleich verwandelte es sich wieder in glattes Elfenbein. Ich betete und bat um Anleitung. Aber ich fühlte nichts, hörte keine Stimme in mir. Ohne Anleitung konnte ich nichts tun. Diese Entscheidung war zu folgenschwer.

Ich erhob mich von der Kniebank und begab mich in mein Privatgemach. Ich wollte mich hinlegen, ein Weilchen nachdenken, vielleicht schlafen.

Es war niemand zugegen, und dafür war ich dankbar. Meine Diener nahmen nicht an, daß ich mittags ruhen würde; zweifellos erwarteten sie mich in diesem Augenblick im äußeren Gemach zum Mittagsmahl. Ich schloß leise die Tür, und da fiel etwas mit leisem Poltern zu Boden. Es war Wolseys Medaillon, eines, das er in Italien hatte anfertigen lassen und das eine römische Szene zeigte. Es war aus Ton gebrannt, und als es herunterfiel, zerbrach es. Behutsam sammelte ich die Scherben auf. War dies das Zeichen, das ich gesucht hatte? Oder hatte bloß ein Nagel in der Wand sich gelockert und den Fall verursacht?

Ich schlief in dieser Nacht unruhig und wachte immer wieder auf. Durch meine Träume kreisten die Gestalten von Mönchen und Nonnen. Einige schauten mich vorwurfsvoll an. Andere widmeten sich weiter friedfertig ihren Bienenkörben und Webstühlen und Pflügen, und manchmal standen sie auf dem Kopf. Dann erschien mir der Papst; bald sah er aus wie Wolsey, bald wie mein Vater. Als Vater die päpstliche Tiara auf dem Haupte trug, sah er mich anklagend an. »Wofür hast du alles ausgegeben? Und was hast du mit meinem Reich getan? Hast du ihm einen Erben geschenkt? Hast du neue, gerechte Gesetze geschaffen? Nein, das bezweifle ich ...« Aber noch während er redete, verschwand die Vision gnädig aus meinem Traum.

Ich erwachte – hatte ich überhaupt geschlafen? – im fahlen Licht vor dem Morgengrauen, und ich sann über meine Träume nach. Vater... Wolsey... der Papst. Mein Leben lang war ich diesem oder jenem ein pflichtbewußter Sohn gewesen, hatte mein innerstes Sehnen und Trachten ihnen anvertraut. Hatte versucht, ihnen zu gefallen, und es doch nie vermocht. Hatte mein Ziel nie ganz erreicht, auf die eine oder andere Weise. Hatte es dann wiederum versucht, nur um mir behutsam sagen zu lassen... *nur dies und jenes ist nicht recht gelungen*.

Damit war es jetzt zu Ende. Jetzt würde ich, endlich, anfangen, mein eigener Herr zu sein. Nieder mit diesem hartnäckigen Trio von Neinsagern!

XLIII

Ich ließ die Konvokation unverzüglich zusammentreten. Das war wichtig für meinen Plan, denn ich wollte die Kirchenmänner überraschen, solange sie nicht ahnten, was ihnen bevorstand. Als all die hochrangigen Kleriker (die Konvokation war ein Gremium, das die Kirche insgesamt repräsentierte) versammelt waren, hörten sie starr vor Entsetzen, daß sie angeklagt seien, Verrat durch »Praemunire« begangen zu haben, indem sie ohne vorherige königliche Erlaubnis päpstliche Bullen nach England gebracht hätten. Nur durch die Zahlung einer Buße in Höhe von einhunderttausend Pfund könnten sie hoffen, Vergebung zu erlangen... durch eine solche Buße sowie durch ein unschuldiges Dokument, in welchem sie ihr übles Vergehen beklagten und eingeständen, unterzeichnet von ihnen allen und gerichtet an den König, der beiläufig als Oberstes Haupt der Kirche in England zu betiteln sei. Ein so einfaches Verfahren, nicht wahr? Um so viel einfacher als die endlosen Ränke und Komplotte, die Wolsey ersonnen hatte, um Klemens beizukommen. All die Gesandten an all den Höfen bedeuteten nichts im Vergleich zu einem Stück Pergament mit diesen sechs verheerenden Wörtern.

Die Konvokation sträubte sich; sie bat; sie suchte sich herauszureden. Aber am Ende kapitulierte sie, zahlte und unterzeichnete das Dokument. Das höchste kirchliche Gremium des Landes hatte damit den König zu seinem Oberhaupt erklärt.

Neugierig wartete ich auf Papst Klemens' Reaktion. Dies mußte die störrische, aber willensschwache Kreatur doch gewiß elektrisieren. Jetzt mußte er begreifen, daß ich gesonnen war, auf dem eingeschlagenen Weg fortzuschreiten und mich selbst und mein Land vollends von Rom zu befreien. Wie einfach wäre es nun für ihn, ein Pergament zu unterzeichnen, mit dem er mich von Katharina befreite und England und seine süßen Abgaben für die Kirche bewahrte – fast so einfach, wie es für die Konvokation gewesen war, das Dokument zu unterschreiben.

Aber nein. Der widerspenstige Bock weigerte sich. Er sprach Warnungen aus und forderte mich auf, in meinem Handeln innezuhalten, da mir sonst die Exkommunikation drohe. Er verbot jedermann, zugunsten der Annullierung zu sprechen, solange der Fall nicht »entschieden« sei – vermutlich in Rom. Begriff dieser Narr nicht, daß eine Entscheidung aus Rom für mich nicht verbindlich sein würde? Und wenn es wirklich sein Wunsch gewesen wäre, die Angelegenheit unparteiisch zu behandeln, dann hätte er jegliche Erörterung des Falles untersagt, nicht bloß die, wo jemand sich zugunsten einer Annullierung aussprach.

»Und wenn der Papst zehntausendfach den Kirchenbann ausspräche, ich gäbe keinen Pfifferling darum!« brüllte ich, als ich von seiner jüngsten Drohung hörte.

Cromwell und Anne waren dabei zugegen. Anne machte ein schadenfrohes Gesicht; in letzter Zeit hatte sie meine Standhaftigkeit in dieser Sache in Zweifel gezogen. Sie glaubte, ich würde wankend. (Das glaubten sie alle. Der alte Heinrich wäre es auch geworden, aber nicht der neue.)

Sie klatschte in die Hände. »Ah, gut!«

Cromwell verzog nur spöttisch das Gesicht. »Jetzt wird in Rom ein munteres Treiben anheben«, meinte er.

»Der Papst mag auf seiner Seite tun, wie ihm beliebt – und dann wird er sehen, was ich auf der meinen tue!«

Was ich auf meiner Seite zu tun gedachte, war, die Kirche von England von ihrem Quell in Rom abzutrennen; das Parlament sollte mir als Werkzeug der Zerstörung dienen. Ich berief das Parlament ein und hetzte es auf die Kirche.

Die Parlamentarier zeigten sich willig – nein, sie waren hitzig wie Jagdhunde auf der Fährte eines angeschossenen Hirsches. Die Kirche war verwundet, und sie wollten sie zur Strecke bringen.

Die erste Attacke bestand in der Drohung, die alljährlichen Zahlungen der Kirche an Rom, die Annaten, abzuschaffen. Dies war der verwundbarste Punkt im päpstlichen Fell. Der Papst unternahm nichts. Das Parlament machte die Drohung wahr und schaffte die Annaten ab. Der erste Speer hatte sein Ziel erreicht.

Als zweites kam ein Gesetz, das jegliche Berufung auf Rom untersagte, da der König die höchste Autorität und oberste Instanz in seinem Lande sei.

Die dritte Maßnahme war das Verbot an die Konvokation, sich ohne königliche Zustimmung zusammenzufinden oder Verfügungen zu erlassen; zudem wurde dem König gestattet, eine Kommission zur Reform des kanonischen Rechts einzuberufen.

Papst Klemens blökte und tobte, aber er tat nichts.

Als viertes erging ein Gesetz, welches den König ermächtigte, alle Bischöfe zu ernennen. Und ein weiteres, für Klemens von entscheidender Bedeutung, folgte jenem dicht auf den Fersen: Nicht länger würde England Steuern (bekannt als »Peterspfennig«) an Rom zahlen.

Im Grunde sind es nur zwei Dinge, die uns bewegen: die Liebe und die Habgier. Um dieser beiden willen werden wir unser Leben aufs Spiel setzen, wo nichts anderes uns dazu wird bringen können. Dieser Tritt in seinen verehrungswürdigen Geldsack würde Klemens doch gewiß zur Vernunft kommen lassen.

Aber nein. Er war entweder ein Narr oder ein wirklich guter Mensch. Da ich aber sehr wohl wußte, daß er letzteres nicht war, mußte er zwangsläufig das erstere sein.

Das letzte Gesetz regelte die Anklage wegen Ketzerei. Nicht mehr die Kirche hatte darüber zu befinden, sondern Laien mußten derlei nun zur Anzeige bringen und beurteilen. Diese Maßnahme fand beim Volke ungeheuren Beifall und schaffte der Kirche arges Unbehagen.

Als das Parlament sein Werk getan, hatte die Kirche in England nur noch wenig Macht. Ich war ihr Oberstes Haupt; ihre leitenden Gremien konnten ohne meine Einwilligung nicht zusammenkommen und nicht einmal Bischöfe ernennen; sämtliche Abgabenzahlungen an Rom waren eingestellt. Der Papst hatte die Inseluntertanen verloren, die St. Augustin im sechsten Jahrhundert gewonnen hatte.

Man darf nicht denken, dies alles sei rasch vonstatten gegangen, oder es habe sich nichts anderes zugetragen, während das Parlament tagte. Tatsächlich war ich ja noch immer in das verstrickt, was die Franzosen so charmant als *ménage à trois* bezeichnen. Offiziell war ich noch Katharinas Ehegemahl. Wir traten weiter als König und Königin auf, erschienen auf allen Festen und Empfängen zusammen. Am anderen Ende des Palastes wohnte Anne, die offiziell noch immer als Katharinas Kammerfrau diente. Es war ein unerträglicher und gleichwohl drolliger Zustand. Die letzte Ironie lag darin, daß diese *ménage à trois* sich in einem wesentlichen Aspekt von allen anderen unterschied: Ich schlief mit keiner der beiden Frauen.

Und ich war an allen Fronten in Bedrängnis. Mancher bei Hofe, der mich anfangs unterstützt hatte, wurde wankend. Das Volk hörte nicht auf, der »guten Königin Katharina«, wann immer sie ausging, zuzujubeln und Anne zu schmähen.

Anne und ich besuchten oft die Kapelle der Gehorsamen Franziskaner, die neben dem Palast in Greenwich stand. Für gewöhnlich erscholl hier von der Kanzel eine Predigt, die nachdenklich stimmte, und die Messe war stets ehrfurchterweckend. Als wir aber eines stürmischen Februartags zur Messe kamen, wurde ich sogar hier attackiert.

Es war kalt und klamm in dem Kirchlein; die Kohlenbecken hinderten nicht, daß der Frost hereinsickerte. Ich sah, daß Anne hin und wieder leicht erzitterte. Sie war so dünn, daß selbst die Pelze, die sie beständig trug, wenig dazu taten, ihr andauerndes Frösteln und Beben zu mildern. Seit Weihnachten war sie mehrere Male krank gewesen.

Der Pater begann mit seiner Predigt. Aber statt uns eine interessante theologische Prämisse zu eröffnen, erhob er ein Gebrüll.

»Erinnert ihr euch der Geschichte vom König Ahab?« schrie er. »König Ahab war König von Israel. Aber er fiel ab von Gott und wandte sich falschen Götzen zu. Ja, ein König von Israel betete den Baal an! So böse er aber war, an seiner Seite war jemand von ärgerer Verderbtheit: sein Weib Jezabel. Sie drängte ihn zu noch größeren Freveltaten.

Elias der Prophet suchte ihn zu warnen. Aber Ahab war die Kreatur Jezabels, nicht die des Herrn! Und es begab sich, daß es ihn nach einem Weinberg gelüstete, der nahe seinem Palaste gelegen war. Der aber gehörte einem Manne namens Naboth. Er machte sich erbötig, dem Naboth seinen Weinberg abzukaufen, doch Naboth wollte nicht.

König Ahab war es nicht gewohnt, daß ihm jemand etwas abschlug, und es verdroß ihn sehr. Mürrisch kehrte er nach Hause zurück. Jezabel fragte ihn, was ihn betrübe, und als er es ihr erzählte, da lächelte das böse Weib und sprach: ›Komm, iß und faß dir ein Herz; ich werde dir Naboths Weinberg zum Geschenk machen.‹«

Hier legte der Pater eine Pause ein und äugte wild umher, gleich einer Eule auf ihrem Baumstumpf, die nach Mäusen späht.

»Und was tat sie? Sie ließ ein Fest feiern, bei welchem der Naboth den Ehrenplatz einnehmen sollte – und dann sollten zwei gedungene Lügner hereinkommen und den Naboth öffentlich bezichtigen, er habe Gott und den König verflucht. Die Menschen glaubten dies, und sie schleiften ihn zur Stadt hinaus und steinigten ihn. Und so machte Jezabel ihrem Gemahl den Weinberg zum ›Geschenk‹.«

Die Gemeinde war still und sog jedes der Worte in sich auf.

»Elias aber ging zum König und sagte: ›So spricht der Herr: Wo die Hunde das Blut des Naboth aufleckten, da sollen sie auflecken dein Blut. Und Jezabel werden die Hunde fressen am Fuße des Berges von Jesreel.‹«

Jetzt hörte man trotz der dicken Mauern den Wind draußen pfeifen, so still war es in der Kapelle geworden.

»Heute aber ist es in diesem Lande genauso. Ein König hat Gott und Seinem wahren Stellvertreter den Rücken zugewandt, und er hurt mit falschen Götzen! Ein König, der so sehr nach dem Gelde giert, daß er nicht nur den Naboth beraubt, sondern sogar Gott selbst! Ein König, der betört ist von seiner Jezabel, einem Weibe, das seinen Untergang herbeiführen wird und den der Kirche.

Ich aber sage dir, was Elias dem Ahab sagte. *Die Hunde werden dein Blut lecken*!«

Anne war bleich. Ein Gemurmel erhob sich in der Gemeinde. Der Pater aber starrte mich unheilvoll an. Er erwartete, mich schuldbewußt hinausstapfen zu sehen. Ich gedachte ihn zu enttäuschen und blieb ruhig auf dem königlichen Betstuhl sitzen.

Später, in ihren Gemächern, brach Anne schluchzend zusammen. Sie warf sich mir an den Hals und bat mich in einer Weise, wie ich sie noch nie erlebt hatte, ich möge sie in meine Arme nehmen.

»Aber, aber, mein Herz«, mahnte ich. »Wenn du Königin sein willst, mußt du lernen, Haltung zu bewahren. Du darfst dich nicht von jeder Kleinigkeit, die irgendein Narr sagt, derart aus der Fassung bringen lassen. Er war doch nur ein selbsternannter Prophet. Nächste Woche werde ich jemanden von derselben Kanzel antworten lassen; du wirst schon sehen. Weine nicht mehr, mein Herz. Schau, ich habe dir etwas mitgebracht ...«

»Es ist mehr ... mehr als ... ich wollte es Euch nicht sagen – Ihr würdet Euch Sorgen machen ... aber ich muß ...«

Sie stammelte. Offenbar hatten die Zitate aus der Heiligen Schrift sie bestürzt. Behutsam nahm ich sie bei der Hand und führte sie zum Kamin, und dort setzten wir uns. Ich goß uns Wein ein und reichte ihr einen Becher. Sie nahm ihn mit zitternden Händen.

»Wie kannst du irgend etwas geben auf das, was er da geredet hat? Er ist ein Fanatiker, der uns in Angst und Schrecken versetzen wollte. Genau wie diese absurde ›Heilige Jungfrau von Kent‹ mit all ihren ›Prophezeiungen‹, die über Land wandert und unseren Untergang vorhersagt.«

»Sie hassen mich«, sagte sie. »Sie hassen mich, sie hassen mich – oh, es war furchtbar!«

»Nicht gar so furchtbar. Ich habe schon Schlimmeres gehört.«

»Nein. Nicht die Predigt. Der... Zwischenfall. Sie haben versucht, mich zu töten.«

»Wer?«

»Eine Meute von Weibern. Vorige Woche. Ich war allein in einem der kleinen königlichen Flußhäuser beim Tower, um dort zu Abend zu speisen. Da kam einer der Hausdiener und sagte, es nahe sich eine Meute von sieben- oder achttausend Weibern, mit Knüppeln und Steinen bewaffnet. Wenn ich ginge, wollten sie sich auf mich stürzen und mich töten! Ich schaute aus dem Fenster und sah sie kommen. Es stimmte! Ich hastete zu meinen Bootsleuten und konnte über die Themse setzen, just bevor sie das Haus erreicht hatten. Sie erhoben ein lautes Geheul und warfen mir Steine nach, und sie kreischten und verfluchten mich!« Sie erschauerte. »Alle verfluchen mich. So viele Flüche – wie kann ich hoffen, ihnen allen zu entrinnen?«

»Warum hast du mir nichts davon erzählt?«

»Weil... ich wollte Eure Sorgen nicht noch vermehren. Und weil ich, so wunderlich es erscheint, nicht glauben konnte, daß es wirklich geschehen ist, bis ich Euch davon erzählt habe. Jetzt erst ist es Wirklichkeit.«

»Eine Horde verrückter Weiber, nichts weiter. Das Königreich ist voll davon. Bedenke, von zehn Menschen ist einer wahrscheinlich halb verrückt, und in England gibt es mehr als drei Millionen. Das ergibt eine Menge Verrückte. Es hat nichts zu bedeuten«, beruhigte ich uns beide. »Es hat nichts zu bedeuten.«

XLIV

Aber natürlich bedeutete es doch etwas. Es stimmte, was sie da sagte. Das Volk liebte sie nicht. Zum Teil lag es daran, daß sie gegen Katharina noch immer so loyal waren, zum Teil auch, weil es ihnen mißfiel, daß der König sich mit einer Untertanin vermählen wollte. Mein Großvater, Edward IV., hatte es getan und damit mancherlei Unwillen erregt, und dabei hatte er nicht einmal eine andere Gemahlin verstoßen, um es zu tun. Aber meine Liebe und meine Entschlossenheit waren so groß, daß ich mich davon nicht abschrecken ließ.

Unterdessen wurde die *ménage à trois* von Tag zu Tag unerträglicher. Auf Jagdausflügen und Staatsreisen mußte ich mich von Katharina begleiten lassen, und Anne mußte zurückbleiben. Aber in York Place – Wolseys ehemaligem Londoner Palast – lebten Anne und ich ohne Katharina, denn da es sich um eine klerikale Residenz handelte, gab es hier keine Königinnengemächer. Hier konnten Anne und ich so tun, als wäre sie mein Weib und meine Königin, und sie konnte an meiner Seite bei Banketten und höfischen Veranstaltungen den Vorsitz führen. Aber am nächsten Tag wäre es damit wieder vorbei. Irgendein Diplomatenempfang machte es immer wieder notwendig, daß ich nach Westminster und zur schwerfälligen Katharina zurückkehrte.

Dieser verdrießliche Zustand erreichte seinen Höhepunkt im Sommer 1531. Vier Jahre waren inzwischen vergangen, seit Wolsey sein »geheimes« Tribunal einberufen hatte, um meinen Fall zu verhandeln, und zwei seit jenem unglückseligen Legatengericht mit Wolsey und Campeggio. Ich hatte soeben meinen vierzigsten Geburtstag begangen, was mich noch melancholischer als sonst stimmte: Mit achtzehn hatte ich mein erstes Kind gezeugt, und nun war ich vierzig und noch immer ohne rechtmäßigen Erben.

Die Sommermonate sollten in Windsor zugebracht werden. Katharina war anscheinend entschlossen, mir wie ein Hund auf dem Fuße zu folgen. Ging ich allein in den Garten, so war sie hinter mir – eine unförmige schwarze Gestalt im hellen Sonnenschein. Spazierte ich bei einem plötzlichen Gewitter auf der Galerie, während der Regen lanzengleich auf die Malven und Rosenbüsche unter den Fenstern herniederprasselte, so konnte ich sicher sein, daß sie aus irgendeiner Tür treten und wie ein verlorener Schatten hinter mir dreinwandeln würde.

Aber sie versuchte nicht nur, sich an mich zu hängen wie die klebrige Substanz, welche die Glaser verwenden, um ihre Scheiben in den bleiernen Fassungen zu halten, sondern sie bemühte sich auch, Anne von mir fernzuhalten, indem sie sie zwang, stundenlang mit ihr Karten zu spielen. Solange Anne mit den Karten in der Hand bei Katharina sitzen mußte, konnte sie nicht mit mir am Fluß oder im Garten spazierengehen. Die ganze Zeit über bewahrte Katharina sich äußerlich eine honigsüße Freundlichkeit; die ganze Zeit über schrieb sie verräterische Briefe an Papst und Kaiser. Nur ein einziges Mal offenbarte sie Anne ihre wahren Gefühle. Am Ende eines ihrer endlosen Kartenspiele hatte Anne zufällig einen König.

»Ihr habt Glück, Lady Anne«, sagte Katharina. »Ihr habt einen König in der Hand. Aber Ihr seid nicht wie die anderen. Ihr wollt alles – oder gar nichts.«

So konnte es nicht weitergehen. Ich ertrug es nicht länger. Der bloße Anblick Katharinas ließ mich zittern vor unterdrückter Wut. Ich wußte, ich mußte fort von hier, und der einzige Weg, zu entfliehen, lag einfach darin – zu entfliehen.

Ich trug Anne auf, sie solle sich bereit machen; früh am nächsten Morgen würden wir zu einem Jagdausflug und einer Landreise aufbrechen.

In dieser Nacht verspürte ich ein maßloses Gefühl von Freiheit und Fröhlichkeit. Eines nach dem anderen durchschnitt ich die Bande, die mich an eine tote Vergangenheit fesselten und mich hilflos und zornig machten – wie Wolsey, der Papst, Katharina. Eifrig packte ich für die Reise.

WILL:

Man hat Heinrich der Feigheit bezichtigt, weil er die Gewohnheit hatte, seine Opfer niemals wiederzusehen, wenn er einmal entschlossen war, sich ihrer zu entledigen. Im Morgengrauen schlich er sich aus Windsor Castle davon, ohne Katharina Lebewohl zu sagen; er vermied es, Wolsey am Ende noch einmal gegenüberzutreten; er entfernte sich verstohlen vom Mai-Turnier, als Anne ein Taschentuch für jemanden fallenließ, den er für ihren Liebhaber hielt, und sah sie niemals wieder; er weigerte sich, Catherine Howard oder Cromwell noch einmal zu empfangen, nachdem er von ihren »Verbrechen« erfahren hatte.

Aber wie ich ihn kenne, glaube ich, daß es eher Klugheit war, was ihn so handeln ließ. Katharina und Wolsey erklärten wiederholt, wenn sie nur eine Stunde lang in seiner Gegenwart hätten sein dürfen, wäre es ihnen gelungen, ihn zu einer Sinnesänderung zu bewegen. Nun, und das wußte er; deshalb zog er es vor, sich zu absentieren, auf daß er nicht nachgebe. Im Grunde war er ziemlich sentimental und leicht zu bewegen. Dennoch wußte er, was er tun mußte, so schmerzlich es auch sein mochte, und davon wollte er sich nicht abbringen lassen.

HEINRICH VIII.:

Wir hatten Juli, und schon im Morgengrauen war es warm. Mir war, als hätte ich Stunden gebraucht, um mich anzukleiden, und als ich nun im Hof stand, bereit, mir die Pferde vorführen zu lassen, wartete ich darauf, daß der Himmel sich erhellte – und daß Anne erschien. Endlich kam sie, gekleidet in ein graues Jagdkleid mit Haube. Sie schenkte mir ein Lächeln und dann ein Gähnen. Anders als ich, hatte sie gut geschlafen.

Unsere kleine Schar – nur ich selbst, Anne, ihr Bruder George, ihr Vetter Francis Bryan und fünf Roßknechte – verließ den gepflasterten Hof, als der Himmel im Osten hell wurde. Das Trappeln der Pferdehufe klang unnatürlich laut in meinen Ohren. Vermutlich befürchtete ich tief in meinem Innern, Katharina könnte es hören.

Als das Schloß weit hinter uns lag, atmete ich leichter. Inzwischen war die Sonne aufgegangen, und ihre Strahlen verhießen uns einen schönen Hochsommertag. Anne ritt an meiner Seite, wie ich es mir seit vier Jahren auf jeder meiner Sommerreisen gewünscht hatte. Die anderen hielten sich diskret zurück.

Als wir unter den grünen Zweigen, schwer jetzt von der vollen Last des Laubes, dahinritten, schaute ich zu ihr hinüber und sah mit Staunen, wie gut ihr das graue Kleid stand. Es gab keine Farbe, die nicht zu ihr paßte – ungewöhnlich bei einer Frau.

Als unsere Pferde auf schmalem Pfad einander näher kamen, neigte ich mich zu ihr.

»Wir kehren nicht mehr zurück«, sagte ich.

Sie schaute verwirrt, dann beunruhigt drein. Ich merkte, daß sie an ihre Habe dachte, an ihre Kleider, ihren Schmuck, ihre Bücher, die alle noch in ihren Gemächern zu Windsor lagen.

»Deine Sachen können wir später kommen lassen. Ich habe gewiß mehr zurückgelassen als du!« Dann änderte sich mein Ton. »Jawohl, ich habe mehr zurückgelassen als du. Ich habe Katharina zurückgelassen. Für immer.«

Sie starrte mich ungläubig an. Bedenkenlos redete ich weiter. »Ich werde sie nie wiedersehen! Ich hasse sie! Sie hat getan, was in ihrer Macht stand, um meinen Untergang herbeizuführen. Und trotzdem posiert sie noch immer als mein fürsorglich Weib. Nein, ich werde sie niemals wiedersehen!«

Anne lächelte. »Und wo kehren wir heute abend ein, mein Geliebter?«

»In Deerfield. Im königlichen Jagdschloß.«

Deerfield war ein ziemlich baufälliges, altersschwaches Gebäude; mein Großvater Edward hatte es sehr geliebt. Mir gefiel es, weil es ganz anders war als die üblichen Schlösser. Es gab dort nur zehn Zimmer, allesamt mit rohem Dielenfußboden und niedriger Balkendecke. Die Böden waren abschüssig, weil die alten Tragbalken darunter sich durchbogen. Ein großer Raum mit einem steinernen

Kamin im Erdgeschoß diente als Tafelsaal und als Aufwärmzimmer, aber er war auch ein Ort, wo man sich einfach zusammenfinden und plaudern konnte.

Wenn ich dort war, hatte ich stets die Illusion, ein gewöhnlicher Mann zu sein, ein Mann, der auf die Jagd ging, durch den Wald streifte, ein einfaches Abendessen von Hirschfleisch zu sich nahm und dann vor dem Feuer saß, einen Becher Wein vor sich, die Geliebte neben sich. An diesem Abend war ich ein solcher Mann – und mehr.

Anne war schön, als der Feuerschein auf ihrem Gesicht spielte. Ich saß neben ihr und sah sie nur an, voller Staunen darüber, daß ein solches Geschöpf existieren konnte. Ich dachte an die gemütliche Schlafkammer oben, und an das breite, wenngleich harte, Bett darin. Konnte sie sich mir jetzt nicht hingeben? Ich hatte Katharina doch verstoßen.

Wir waren allein. Ich streckte die Hände nach ihr aus und küßte sie – zärtlich erst, dann drängender. Bald war ich so erregt, daß ich mich kaum noch zu halten wußte. Ich nestelte an den Bändern ihres Mieders und war überrascht, als sie reglos zuließ, daß ich es aufschnürte, ihre Brüste liebkoste und mit meinen Küssen bedeckte. Das Feuer warf seltsame Schatten über ihr Gesicht und ihren Leib, aber das verstärkte nur meine Empfindungen. Endlich raffte ich mich auf und zog auch sie auf die Beine. Wortlos erklommen wir die schartige alte Holzstiege. Als wir meine Kammertür erreicht hatten, war ich in solche Raserei geraten, daß ich sie eingetreten hätte, wäre es notwendig gewesen, um hineinzugelangen. Aber das war nicht notwendig; sie ließ sich leicht öffnen, denn ich hatte sie nicht verschlossen. Aber als ich Anne bei der Hand nahm, um sie hineinzuführen, spürte ich Widerstand. Sie stemmte sich entschlossen gegen die Schwelle.

»Nein – ich darf nicht«, sagte sie.

Mir war, als müsse ich zerplatzen. »Beim Blute Gottes! Komm hinein!«

»Nein. Und wenn ich es tue, so bin ich verloren.« Sanft zog sie mich zu sich hinaus und schaute mich die ganze Zeit flehentlich an. »Ich sehne mich so nach dir«, sagte sie. »Aber ich kann nicht. Unser Kind muß rechtmäßig zur Welt kommen. Wenn nicht, ist alles umsonst gewesen, und ich bin tatsächlich, was die Leute sagen – des Königs Großhure.«

Ehe ich noch etwas erwidern konnte, entschlüpfte sie meinem Griff und rannte den Korridor hinunter in ihre eigene Kammer.

Wieder verbrachte ich eine schlaflose Nacht.

Nichtsdestominder vergingen die Tage angenehm. Wir jagten vom Sonnenaufgang bis zum Sonnenuntergang, und abends gab es ein feines Jägermahl, Lautenschlag und Spiele vor dem Feuer.

Dann traf der erwartete Brief von Katharina ein. Es war wieder einer ihrer abscheuerregenden Versuche, mir Honig um den Bart zu schmieren. Sie bedaure, daß man sie nicht rechtzeitig geweckt habe, so daß sie mir nicht habe Lebewohl sagen können. Es werde sie freuen, zu hören, daß ich wohlauf sei.

Nie war mir wohler gewesen als nun, da sie mir aus den Augen war! Verhaßte Bestie! Ich setzte mich nieder und schrieb unverzüglich und mit schneller Hand eine Erwiderung – ihr liege, so versetzte ich, wenig an meinem Seelenfrieden oder an meiner Gesundheit, denn sie habe es ja darauf abgesehen, mir das eine wie das andere zu ruinieren. Tatsächlich aber habe beides eine beträchtliche Besserung erfahren, seit ich ihr entkommen sei. Ich schickte den Brief ab, ohne ihn auch nur noch einmal zu überlesen. Ich hatte endlich genug von ihren kindischen Spielen.

Die nächste Woche verging friedlich; dann kam eine weitere Botschaft. Darin tadelte sie mich und erklärte, ich sei es ihr schuldig, ihr von Angesicht zu Angesicht Lebewohl zu sagen.

Weshalb? Damit sie mich mit Vorwürfen überhäufen könnte? Ich wartete ab, bis ich Deerfield verlassen hatte und in der Nähe von London war; dann berief ich eine Sitzung des Staatsrates ein. Es war jetzt, soweit es mich anging, keine Privatangelegenheit mehr, sondern eine Staatsaffäre. Jedermann sollte wissen, was ich tat und warum ich es tat. Gemeinsam mit dem Rat entwarf ich einen formellen Brief an die Prinzeß-Witwe und erklärte darin, daß ihr Ungehorsam mir so sehr mißfallen habe, daß ich sie nicht mehr zu sehen wünschte.

Als die Staatsreise einen Monat später zu Ende ging, sandte der Rat ihr einen weiteren Brief und teilte ihr mit, daß ich nach Windsor zurückkehrte und wünschte, sie möge vorher in Wolseys altes Haus, The More, umziehen. Dort angelangt, solle sie sich dann einen Wohnsitz für die Dauer erwählen und sich dorthin zurückziehen.

Es war geschafft. Es war geschafft. Ich wollte es mir selbst kaum glauben. Warum war das, was ich fühlte, dann eine Mischung aus Euphorie und Verzweiflung?

Die Nachricht von meiner Trennung von Katharina sprach sich rasch herum und wurde nicht überall gut aufgenommen. Unglücklicherweise fiel sie mit den Maßnahmen des Parlaments zur Neuordnung der Kirche zusammen, die jetzt begannen. Alles Althergebrachte wurde entfernt, schienen die Menschen zu denken, und nirgends gab es einen sicheren Hafen.

Am 15. Mai des Jahres 1532 erkannte die Konvokation mich als Oberstes Haupt der Kirche von England an. Am 16. Mai trat More von seinem Amt als Lordkanzler zurück.

Er kam zu mir und überbrachte mir sein Amtssiegel, jenes, das Wolsey so widerstrebend abgegeben hatte.

Ich weilte, ich weiß es noch, in meinem innersten Privatgemach und las. Ich ließ More eintreten – etwas, das ich nur selten jemandem erlaubte, nicht aus Stolz, sondern weil es der einzige Zufluchtsort war, den ich kannte, und wären Fremde darin herumgestapft, so wäre es auch damit vorbei gewesen. Aber bei More war es etwas anderes.

»Thomas«, sagte ich und ging ihm entgegen, um ihn zu begrüßen. »Welch glückliche Fügung, daß Ihr gerade jetzt zu mir kommt!« Es stimmte; ich fühlte mich in letzter Zeit traurig, und Thomas More hatte stets eine beruhigende Wirkung auf mich gehabt. Dann aber sah ich den schmerzlichen Ausdruck in seinem Gesicht. Und ich sah, daß er etwas in der Hand hielt. Doch nicht etwa ein Geschenk – von Thomas?

»Euer Gnaden«, begann er, »es schmerzt mich ...«

Da wußte ich es. Ich wußte es, noch bevor er auch nur angefangen hatte, auszuwickeln, was er da mitgebracht hatte. Er wollte mich verlassen.

»Nein, Thomas!« Ich schnitt ihm das Wort ab, als könnte ich es damit aus der Wirklichkeit verbannen. »Das dürft Ihr nicht! Ich brauche Euch!«

»Euer Gnaden brauchen keinen, der nicht guten Gewissens Eure Politik unterstützen kann. Ich fürchte, die Erfordernisse der Situation lasten nunmehr so schwer auf meiner Seele, daß ich guten Gewissens nicht fortfahren kann, Euch zu dienen.«

Thomas durfte mich nicht verlassen. »Warum nicht?« flehte ich.

»Die Entscheidung der Konvokation, sich der Anklage des Praemunire zu unterwerfen und als ›Oberstes Haupt der Kirche von England‹ anzuerkennen, läßt mir keine andere Wahl.« Mit ruhigen grauen Augen sah er mir ins Gesicht.

»Damit hat doch der Kanzler nichts zu tun!«

»Der Kanzler hat mit allem zu tun, Euer Gnaden. Ich bin Euer oberster Minister. Wenn ich Eure Maßnahmen nicht mit ganzem Herzen unterstützen kann, wie soll ich Euch dann noch von Nutzen sein?«

»Von unschätzbarem Nutzen seid Ihr mir. Das Volk achtet Euch. Der Adel achtet Euch. Das Ausland achtet Euch. Niemand in England genießt größeres Ansehen.«

»Mit anderen Worten, Ihr braucht mich als Galionsfigur, die all Eurem Handeln die Aura der Heiligkeit verleiht. Euer Gnaden, ich liebe Euch wohl, aber nicht einmal Euch kann ich mein Gewissen opfern. Es ist das einzige Juwel, das ich besitze. Ihr wißt ja« – er lachte – »ich habe nie Bestechungsgelder genommen. Ich habe das Petitionsgericht so arm verlassen, wie ich ihm beigetreten bin, und das Kanzleramt, so wage ich zu behaupten, verlasse ich noch ein wenig ärmer, denn ich habe unglaubliche Summen für Bootsfahrten von hier nach Chelsea ausgegeben.«

Ich wußte nichts zu antworten. Alles, was er gesagt hatte, war die Wahrheit. Ich wollte in der Tat, daß er mir für den Weg, den ich einschlug, den Stempel seiner Billigung verlieh. Solange More an meiner Seite war, konnte man mir alles verzeihen. Ich war zutiefst beschämt.

»Thomas, ich möchte, daß Ihr bleibt«, sagte ich schlicht.

»Euer Gnaden, ich kann nicht«, antwortete er nicht minder schlicht.

Und damit war es zu Ende. Er überreichte mir das Großsiegel und seinen goldenen Kragen, schenkte mir ein wehmütiges Lächeln und zog sich zurück.

Thomas, fort! Der klarste Kopf, die vernünftigste Stimme, der profundeste Geist unter allen, die ich kannte. Ließ mich denn jeder im Stich? Mußte ich allein kämpfen? Und kämpfte ich? Es gab Zeiten, da wußte ich es selbst nicht. Ich wußte nur, daß ich nicht aufhören durfte.

XLV

Noch mußte ich mich Katharinas entledigen; irgendwie mußte die Angelegenheit beigelegt werden. Sie hatte meinen Befehl mißachtet und sich keinen Ort gesucht, da sie sich »ehrenvoll zur Ruhe setzen« könnte; statt dessen war sie halsstarrig in »The More« geblieben, in den Mauern Londons.

Nun gut. Dann würde ich die Entscheidung für sie treffen und einen Wohnsitz aussuchen, und sie würde sich dahin verfügen. Ich erwählte Ampthill in Bedfordshire, ein Landhaus, das etwa vierzig Meilen weit nördlich von London gelegen war.

Ich schickte ihr eine Deputation von dreißig Ratsherren, die ihr die folgenden Befehle zu überbringen hatte: Begebt Euch binnen zweier Wochen nach Ampthill; vermindert die Zahl Eurer Haushaltsbediensteten um zwei Drittel; unterlaßt es, Euch als Königin darzustellen; erkennt mich an als das Oberste Haupt der Kirche von England.

Wie ich es erwartet hatte, weigerte sie sich, den beiden letzten Befehlen nachzukommen. Sie erklärte, sie werde gern jeden aus ihren Diensten entlassen, der sich weigere, sie als Königin anzuerkennen, aber ihr Gewissen werde es ihr niemals gestatten, sich ihrem »Gemahl« als Oberstem Haupt der Kirche zu unterwerfen.

Oh! Dieses Weib! Dieses störrische, verhaßte Weib! Sich an etwas zu klammern, das es nicht gab – wie abstoßend lächerlich!

Und Maria... sie zeigte sich durch und durch als Tochter ihrer Mutter, nicht als meine, was ihr Benehmen gegen mich anging. Sie mißachtete mich und war grob, und sie redete beständig von ihrer Mutter und dem Unrecht, das ich ihr angetan hätte, sowie von der Kirche und dem Unrecht, das ich ihr angetan hätte. In Wahrheit wußte ich nicht, was ich mit meiner Tochter anfangen sollte, denn ich liebte sie wirklich, aber ich wußte, daß sie jetzt bedingungslos gegen mich war. Betrübt schickte ich das sechzehnjährige Mädchen mit einem eigenen Haushalt nach Schloß Beaulieu in Essex.

Ich mußte den skeptischen Fragen, die im Reiche aufkeimten, rasch ein Ende bereiten. Was würde sie wirksamer zum Verstummen bringen als die Vermählung mit Anne, vollzogen durch Warham, den Erzbischof von Canterbury? Als höchster Prälat des Landes war er für das Volk fast so etwas wie ein Papst. Überdies hatte er mich ja auch mit Katharina »verheiratet«. Wenn er nun meine Hochzeit mit Anne zelebrierte, würde dies deutlicher als irgend etwas anderes besagen, daß die erste Ehe in der Tat nichtig war. Ich würde darauf bestehen, daß er es tat.

Aber zu meinem Erstaunen weigerte er sich. Mehr noch, er tadelte mich und meine »geilen Gelüste« und vertrat in der Frage der Trennung vom Papst einen streng moralistischen Standpunkt. Empört ließ ich ihn stehen.

Als ich allein in meinen Gemächern war, schritt ich auf und ab. Die Lage schien hoffnungslos wie eh und je. More hatte mich verlassen. Die höchste kirchliche Autorität sah sich außerstande, mich mit Anne zu vermählen. Der Papst hörte nicht auf, gegen mich zu wettern. Nur Anne und das Parlament waren auf meiner Seite.

Aber just als es schien, als ob alles in Ewigkeit so bleiben müsse, wie es war, änderte sich alles – so plötzlich, wie ein Sommerschauer heraufzieht.

Gott griff ein, und Warham starb. Gewiß, er war ein alter Mann, hoch in den Achtzig, aber ich hatte doch daran gezweifelt, daß ich ihn je loswerden würde. Seit meiner frühesten Kindheit war er dagewesen und mir immer vorgekommen wie das Amt an sich, nicht wie ein Mensch: gottgegeben und ewig.

Es war August 1532, als Warham starb. Jetzt konnte ich mir einen neuen Erzbischof suchen, einen, der meinen Wünschen gegenüber gefügiger war. Und wen sollte ich für diese Ehre erwählen? Ich wußte die Antwort schon: Thomas Cranmer.

Cranmer war verblüfft, als ich ihn von meiner Entscheidung in Kenntnis setzte. Er sei nur ein einfacher Priester, protestierte er. Ein Bischof müsse doch sicher ...

Ich erinnerte ihn daran, daß Thomas à Becket noch weniger, nämlich nur ein Diakon, gewesen sei.

»Aber, Euer Gnaden«, stammelte er. »Er war wahrhaft ein heiliger Mann, während ich ... ich ...«

»Ihr seid auch ein heiliger Mann. Daran zweifle ich nicht, Thomas. Seht doch! Beide heißet Ihr Thomas! Ist das nicht ein Omen?«

Er stand noch immer da wie ein begossener Pudel. Noch nie hatte ein Kandidat für das Amt des Erzbischofs von Canterbury die Nachricht von seiner Beförderung mit weniger Begeisterung aufgenommen.

»Ich werde die Bullen des Papstes – ich meine, des Bischofs von Rom – zu Eurer Ernennung in aller gebührenden Eile auf den Weg bringen. Nächstes Jahr um diese Zeit werdet Ihr schon wohlbewandert sein in Euren Aufgaben als Primas von ganz England!«

Noch einmal hob er seinen jammervollen Blick zu mir. Ich war entzückt über diese Entscheidung, und er war niedergeschlagen!

»Jawohl, Euer Gnaden«, brachte er schließlich hervor. »Danke, Euer Gnaden.«

Jetzt wußte ich, in welche Richtung mein Weg führte; klar lag er vor mir. Wäre Cranmer erst – mit dem gebührenden Einverständnis des eingeschüchterten (und demnächst überflüssigen) Papstes versehen – mein Erzbischof, dann wäre meine Kirche in England wahrhaft rechtmäßig. Frei vom Papst und doch sanktioniert durch ihn, würde Cranmer, der legitime Erzbischof, mich mit Anne vermählen und meine sogenannte Ehe mit Katharina für null und nichtig erklären.

Anne frohlockte. Endlich, endlich, nachdem wir über fünf Jahre gewartet hatten, schien das Ende in Sicht zu sein. Die päpstlichen Bullen dürften nicht lange auf sich warten lassen. Bis dahin aber hätte ich noch eine Freude für sie: Franz und ich würden in Calais zusammentreffen, und sie sollte mich begleiten, als wäre sie schon meine Königin. Franz hatte sich mir und meiner Sache gegenüber in letzter Zeit aufgeschlossen gezeigt – vermutlich, weil ich mich damit gegen den Kaiser gestellt hatte –, und er war darauf erpicht, mich zu sehen und mancherlei mit mir zu erörtern.

Zum erstenmal seit 1520 würde ich wieder den Kanal überqueren und Franz zu sehen bekommen; zwölf lange Jahre waren inzwischen vergangen. Seither hatten wir beide unsere erste Königin verloren und eine neue gewonnen. Auch manches andere hatten wir verloren, vermutete ich, aber ich hatte keine Lust, darüber weiter zu spekulieren.

Anne sollte mein Weib und meine Königin werden, und so war es nur angemessen, daß sie anfinge, auch die königlichen Juwelen zu tragen, die sich noch immer in Katharinas Besitz befanden.

Ich sandte einen Boten und wies sie an, den Schmuck herauszugeben, und Katharina gab mir die Antwort, die ich hätte erwarten können. Sie verlangte eine schriftliche Botschaft von meiner eigenen Hand, denn nichts Geringeres könne sie davon überzeugen, »daß ihr Gemahl in der Tat so sehr das Gefühl für das Schickliche verloren, daß er den Schmuck von ihr verlange«. Jedenfalls werde sie die Juwelen »nicht zu einem so frevlerischen Behufe« wie dem aushändigen, »eine Person zu putzen, die ein Skandal der Christenheit ist und Schmach und Schande über den König bringt«.

Weshalb blieb sie so hartnäckig dabei, mich zu drangsalieren? Ihre Handlungen bereiteten mir immer nur Ärger und Verdruß (ohne mir jemals bedrohlich zu werden). Sie benahm sich kleinlich und lächerlich.

Es gab Leute, die darauf spekulierten, daß Anne und ich in Frankreich heiraten würden. Aber nein. Die Ehe mußte auf englischem Boden von einem englischen Priester geschlossen werden, denn nur so würde sie unanfechtbar sein.

Als ich Franz erblickte, war mein erster Gedanke, er sei alt geworden. Dann wurde mir klar, daß er zweifellos über mich das gleiche dachte. Wir standen beide da und starrten einander an. Diesmal gab es kein Feld von Goldenem Tuch, sondern nur ein einfaches königliches Landhaus am Rande des Bezirks Calais.

Franz war dicker geworden, und sein Kostüm noch bunter. Seine jugendliche Munterkeit hatte sich zu einer Art rastlosem Zynismus verhärtet. Der Aufenthalt in einem spanischen Kerker nach der Niederlage gegen Karl hatte wenig mehr bewirkt, als ihn noch entschlossener werden zu lassen, seine Zeit auf Jagd und Müßiggang zu verwenden. Er war schon achtunddreißig und noch immer kein Staatsmann, und solche Sorgen schienen ihm auch fremd zu sein. Ich fühlte mich fünfzig Jahre älter als er. Die letzten fünf Jahre hatten dies bewirkt. Als Jüngling, noch unter Wolseys Anleitung, hatte ich sie begonnen, und ich hatte sie – sehr zu meiner eigenen Verwunderung – als eigenes Wesen beendet. In gewisser Weise, konnte man sagen, stand ich blinzelnd am Rande der neuen Welt, über die ich blickte und an die ich noch nicht gewöhnt war.

Es war nicht so gegangen, wie ich es mir gewünscht hatte. Man machte viel Aufhebens von dem Umstand, daß ich Anne mitgebracht hatte – meine Königin, und doch noch nicht meine Königin. Franz' neue Gemahlin, die eine Schwester des Kaisers war (er hatte sie heiraten müssen, um die Freiheit zu erlangen), weigerte sich natürlich, sie zu empfangen. Franz' eigene Schwester Marguérite weigerte sich ebenfalls. Dies verletzte Anne, denn sie hatte Marguérite während ihrer Kindheit in Frankreich gedient.

Schließlich hatte Franz recht lahm die Herzogin von Vendôme angeboten, eine Dame von – wie soll ich sagen? – leicht bemakeltem Ruf. Dies beleidigte Anne mehr als alle anderen Zurückweisungen. Am Ende traf sie mit niemandem zusammen, sondern blieb, mit Katharinas Juwelen behängt, allein in Calais, während ich außerhalb der Stadt unter vier Augen mit Franz konferierte.

Wir hatten viel zu besprechen. Hauptsächlich ging es um den Papst und um Karl, grauenvolle Plagen für uns beide. Franz schlug vor, in Frankreich ein päpstliches Konzil über meine Ehe abhalten zu lassen. Er versprach, Seiner Heiligkeit mitzuteilen, daß ich mich jedem Beschluß dieses Konzils fügen würde. Ich selber betrachtete diese Möglichkeit mit Skepsis, aber ich konnte nicht einmal vor mir selbst mit Sicherheit sagen, wie ich empfinden würde, wenn der Papst mir noch zu einem so späten Zeitpunkt die Nichtigkeitserklärung gewähren würde.

Wir zogen uns nach Calais zurück, wo ich Anne still und niedergeschlagen vorfand. Es war nicht spurlos an ihr vorübergegangen, daß sie sich beinahe in Frankreich aufhielt, wo sie ihre frühe Kindheit verbracht hatte, und doch keinen Fuß in das Land setzen durfte. Ihre Schwester hatte sich in das Bett des französischen Königs gelegt und dort warme Aufnahme gefunden. Anne hatte sich sowohl Franz als auch mir verweigert, und zum Lohn dafür beschimpfte man sie als »glotzäugige Hure« und wollte sie in Frankreich von einer Hure empfangen lassen – vermutlich einer gesellschaftlichen Standesgenossin?

Als ich in Calais die königlichen Gemächer betrat, sah ich mich einem seltsamen Anblick gegenüber. Anne saß schlafend in einem Sessel. Ihr Kopf war zurückgeneigt, der Mund geöffnet, eine Stellung, die große Leidenschaft verkörperte – nur war sie eben offensichtlich entschlummert. An ihrem Hals funkelten Katharinas Juwelen. Als ich näher kam, sah ich, daß sie sie alle angelegt hatte: Ohrringe, Armbänder, Halsketten. Es war, als habe sie beschlossen, alles zu tragen, um so der Ächtung zu trotzen – um gleichsam zu sagen: Ich trage die Juwelen nichtsdestoweniger. Und wenn ich sie auch allein tragen muß.

Ich stand da und schaute sie an. Arme Anne. Im Schlaf sah sie so jung aus – wie das Mädchen, in das ich mich verliebt hatte. Sie hatte ihre Jugend für mich aufgegeben, hatte öffentliche Verleumdungen ertragen, war zu einer Frau herangewachsen und hatte darauf gewartet, daß ich etwas unternahm. Und nun hatte dieser erniedrigende Ausflug nach Frankreich – der ihr Triumph hatte werden sollen – für sie wiederum in der Schmach geendet. Wie ein halsstarriges Kind hatte sie die Juwelen der ehemaligen Königin angelegt und war dann eingeschlafen.

Ich trat herzu; sie war über die Maßen schön im Zwielicht der einzelnen großen Kerze, die auf dem nahen Tisch stand. Die tanzende Kerzenflamme flackerte in den Facetten der Edelsteine an ihrem Hals.

»Anne.« Ich berührte sie. Sie regte sich nicht.

»Anne.« Diesmal rüttelte ich sie sanft. Langsam öffnete sie die Augen und sah mich an. Sie schien verwirrt zu sein.

»Oh«, brachte sie schließlich hervor, und schaute dann an ihrem Staat hinab. Offensichtlich hatte sie die Absicht gehabt, dies alles zu tragen, solange sie allein wäre, und rechtzeitig abzulegen, ehe ich zurückkäme. Jetzt war sie verlegen.

»So übst du dich darin, Königin zu sein«, hörte ich mich sagen. »Das schadet nicht.«

Sie schüttelte den Kopf und bemühte sich, in die Welt zurückzukehren. »Ich – ich bin eingeschlafen...« murmelte sie.

»Das sehe ich.« Ich lachte. Sie lachte nicht. Statt dessen zwang sie sich, aufzustehen, und fing an, rhythmisch im Zimmer auf und ab zu gehen, und die ganze Zeit verzwirbelte sie ein Stückchen Spitze zwischen den Fingern. Lange Zeit sprach sie kein Wort. Sie sah aus wie eine Irre. Schließlich unterbrach ich ihr nervöses Hinundhergehen, wie man es wohl bei einer Schlafwandlerin tut.

»Anne, was ist dir?« fragte ich so sanft, wie ich es nur vermochte. Aber sie fuhr fort, mich blicklos anzustarren. Ihre Augen waren offen, aber ohne Verstand.

»Anne«, beharrte ich, »du mußt mir sagen, was dich so peinigt.«

Sie sah mich betrübt an, als wisse sie es wohl, sträube sich aber, es mir zu erzählen. Den gleichen Blick hatte ich in Marias Augen gesehen, wenn sie als Sieben- oder Achtjährige etwas Verbotenes getan hatte.

»Es ... es ist ... nur, daß ich traurig bin.« Sie berührte die Juwelen. »Ich fasse sie so gern an. Sie sind königlich. Und wenn ich allein bin, kann ich so tun, als glaubte ich alles, was Ihr mir versprochen habt – daß ich Eure Frau sein werde, daß man mich eines Tages in Frankreich ehren wird, und daß der französische König selbst, nicht seine Hure, mich empfangen wird.«

Sie kam auf mich zu und nahm mein Gesicht zwischen ihre Hände. »Ach, Heinrich. Der König von England ist mein einziger Freund.«

»Und du wirst Königin von England sein«, versicherte ich ihr. »Und dann wirst du viele Freunde haben. So viele, daß du nicht mehr wissen wirst, wer wirklich dein Freund ist.«

Sie lachte – ein halb ersticktes Lachen. »Jeder, der Macht hat, sagt so etwas. Aber ich möchte doch meinen, ich werde immer wissen, wer meine Freunde sind.«

»Dann glaubst du wohl, wer Macht bekommt, wird dafür mit Blindheit geschlagen?«

Sie wirbelte herum. »In der Tat. Denn niemand wird Euch die Wahrheit sagen. Alle suchen nur ihren eigenen Vorteil, alle kommen wie die Pferde zum Trog, um zu saufen. Und vorher lecken sie Euch die Hände.«

Ich verzog schmerzlich berührt das Gesicht. »Anne. Sei ein wenig freundlich.«

»Niemals! Denn sie waren nicht freundlich zu mir!«

»Ich war es.«

»Manchmal.« Sie begann, von neuem auf und ab zu gehen. »Aber wie jeder Mensch wollt Ihr beides: Tand und Liebesgaben für mich, und feierliche Auftritte mit Katharina. Zwei Frauen. Es wundert mich, daß Ihr nicht zum Türken werdet und Euch noch zwei nehmt. Das islamische Recht gestattet vier, glaube ich.«

Ich merkte, daß Zorn in mir aufstieg. »Bei Unserer Lieben Frau, Anne! Du treibst es zu weit!«

Endlich blieb sie stehen. Im Schein des Feuers sah sie aus wie eine Statue; die Falten ihres Kleides wirkten wie gemeißelte Linien. Dann sprach sie wieder. »Zu weit? Ihr, der Ihr Weiber habt seit über zwanzig Jahren? Weiber aller Sorten – von der frommen Katharina bis zu meiner verlotterten Schwester Mary? Und ich immer noch Jungfrau?« Sie bewegte sich, kam näher. »Den Jüngling, den ich liebte, habt Ihr fortgeschickt, noch ehe ich zwanzig war. Und was habt Ihr mir dafür geboten? Nichts. Nichts als Warten – und Schmach.«

»Ich biete dir mich selbst – und den Thron.«

»In welcher Reihenfolge?« Ihr Gelächter tönte harsch. Ich haßte dieses Lachen. Dann drehte sie sich wieder um; ich sah ihr Gesicht im Feuerschein und vergaß alles andere.

»Ich kann dich nicht zur Königin machen, bevor wir nicht verheiratet sind«, sagte ich. »Cranmer wird uns vermählen. Aber solange er nicht durch den Papst ermächtigt ist, bedeuten seine Worte und Handlungen nichts. Im Gegenteil, sie würden unsere Sache besudeln. Es dauert nur noch ein Weilchen. Wir müssen Geduld haben.«

»Geduld!« kreischte sie und durchquerte schnellen Schritts das Zimmer. Fieberhaft riß sie Koffer und Truhen auf und zerrte Gewänder hervor. »All das Zeug habe ich nähen lassen, seit ich am Hofe bin! Und jetzt ist es längst passé! Wie lange noch? Wie lange noch?«

»Nur noch ein paar Monate, mein Herz.« Ich hoffte, sie damit zu besänftigen.

»Ein paar Monate! Ein paar Jahre! Ein paar Jahrzehnte!« Häßlich sah sie aus; ihr Mund war verzerrt.

»Dies ist unziemlich«, mahnte ich. »Eine Königin benimmt sich nicht so.«

Sie hielt inne und straffte sich. »Ja. Eine Königin muß geduldig sein und lange leiden können. Wie Katharina. Wartet zehn Jahre auf die Verlobung. Wartet nochmals sieben Jahre auf die Hochzeit. Wartet wiederum sechs Jahre, während der König mit seiner Geliebten spielt... der letzten in einer langen Liste.«

»Anne – du bist ungerecht. Du weißt, daß die anderen ...«

»Euch nichts bedeuteten? Weshalb habt Ihr Euch dann mit ihnen abgegeben?«

»Das kann ich nicht ...«

»Beantworten? Nein, Ihr wollt es nicht beantworten!«

Sie warf das lange, schwere Haar in den Nacken und starrte mich höhnisch an. Der Zorn übermannte mich, machte mich zu seinem Sklaven.

»Ich beantworte, was mir beliebt!« Ich hob die Hände und packte sie bei den Schultern. Sie waren mager; ich fühlte die Knochen unter dem Fleisch. Ich erwartete, daß sie zusammenzucke, doch sie tat es nicht.

»Für dich habe ich mein Königreich aufs Spiel gesetzt! Habe mich der herrschenden Ordnung aller Dinge auf dieser Welt entfremdet, mir den Papst zum Feind gemacht, den Kaiser und meine geliebte Tochter – was kann ich noch tun, um dir zu beweisen, daß du in meinem Leben das Höchste bist?« Noch immer lag dieser hochmütige, selbstgefällige Ausdruck in ihrem Gesicht; er trieb mich zur Raserei. »Du hingegen, du machst mir nicht das einfachste Geschenk – das Geschenk, das jede Kuhmagd ihrem Herzliebsten gewährt. Und die ganze Zeit trägst du die königlichen Juwelen!«

Ich griff nach dem Geschmeide und riß es ihr mit einer geschickten Bewegung vom Hals. Ich scherte mich nicht um den Verschluß, und so riß die Schnur; ich hörte, wie ein paar Steine über den Boden klapperten. Annes Hände fuhren zu ihrem Hals; schon bildete sich ein schmaler roter Striemen, wo ich die Kette zerrissen hatte. Sie war empört; ihre Blicke verfolgten die losen Edelsteine, die über den Teppich hüpften. Schon merkte sie sich die Stellen, wo sie wohl landen würden.

»Solch mutwillige Zerstörungslust verrät Unreife«, stellte sie fest und sammelte hastig die Perlen und Rubine ein. Gleich darauf stand sie wieder aufrecht, beide Hände zum Überquellen mit Edelsteinen gefüllt. Ich packte ihre Hände und bog sie auf, so daß Gemmen und Perlen von neuem zu Boden prasselten.

»Solche Hast verrät Habgier«, versetzte ich.

Sie starrte mich an. Sie war so schön wie eh und je, aber irgendwie haßte und begehrte ich sie jetzt zugleich.

»Du wirst mich nicht länger hinhalten«, hörte ich mich sagen, und plötzlich war es die Wahrheit. Ich nahm sie und küßte sie. Sie widerstrebte einen Augenblick lang, doch jäh warf sie mir hungrig die Arme um den Hals.

Noch niemals hatte sie mich so entbrennen lassen. Ich wußte, diese Nacht – diese trostlose Oktobernacht in Frankreich – war die Nacht, nach der ich mich sechs Jahre – ach was, mein Leben lang gesehnt hatte.

Meine Küsse bedeckten ihr Gesicht, ihr Haar, ihren Hals, ihre Brüste. Ich fühlte, wie sie erbebte. Ich trug sie hinüber zu den Kissen und feinen Pelzen, die vor dem Feuer an der Wand aufgehäuft lagen. Und sogleich war sie ganz mein.

Ich hatte keinen Gedanken mehr; mein Verstand war gestorben, und an seiner Statt war ein mächtiger Quell von Gefühlen. Ich wußte, daß ich sie liebte; ich wußte, daß ich über ein halbes Jahrzehnt auf sie gewartet hatte; ich wußte, daß sie heute hier war und sich mir hingab. Darüber hinaus wußte ich nichts.

Sie war passiv und doch nicht passiv – fügsam, aber gegenwärtig. Auch sie wußte, was kam, und konnte sich doch nicht dagegen wehren. Sie empfing es, wie sie mich empfing.

Die Vereinigung auf den Kissen vor dem Feuer war wie eine Flamme, ein Beben der Seele. Und noch während es geschah, hörte ich in irgendeinem entlegenen Winkel meiner selbst eine innere

Stimme, die sagte: *Du wirst nie wieder derselbe sein. Es ist alles dahin.* Aber in diesem Augenblick war mir, als sei nun erst alles da. Ich brach hinauf ins Licht, in die Freiheit, die Euphorie.

Nachher... es gibt immer ein Nachher. Dieses aber war überraschend sanft. Als ich zur Erde zurückkehrte, fühlte ich Anne neben mir, Anne, die mir in die Augen sah. Ihre Augen wirkten anders als die, die ich noch wenige Minuten zuvor gesehen hatte. Sie streichelte mein Gesicht. Ihr nackter Leib war halb von Pelzen bedeckt, die vor dem Feuer lagen. Nur ihr Antlitz war noch wie vorher, zu beiden Seiten gerahmt von langem Haar, das ihre Brüste notdürftig deckte.

»Anne ... ich habe ...«

»Sschh.« Sanft legte sie mir die Fingerspitzen auf die Lippen, um mich zum Schweigen zu bringen, und dann lehnte sie sich herüber und küßte mich. »Sag nichts.«

Welch ein Geschenk – die Erlaubnis, nichts zu sagen! Meine Gefühle für mich behalten zu dürfen...

Lange lagen wir so beieinander, wortlos, bis es kühl wurde und das Feuer fast heruntergebrannt war. Ich raffte mich auf, um ein neues Holzscheit zu holen. Sie streckte eine schmetterlingsgleiche Hand aus und hielt mich fest.

»Nicht«, sagte sie. »Laß es verlöschen. Es ist spät.«

Wortlos kleidete ich mich an und ging. Ich konnte nichts sagen, und es gab auch keine Worte, die ich hätte sagen wollen, nicht einmal zu mir selbst.

XLVI

Die nächsten paar Tage in Frankreich waren mit trivialen Amtsgeschäften ausgefüllt. Ich kümmerte mich um alles, doch ich war kaum mit den Gedanken dabei. Ich konnte mich nicht dazu bringen, die drei Stunden in Annes Gemach zu vergessen; gleichwohl aber umkreiste ich sie in meinem Geiste, als wären sie etwas zu Entsetzliches und Heiliges, als daß ich es hätte anrühren dürfen. Anne selbst sah ich überhaupt nicht. Selbst auf der Rückfahrt nach Calais blieb sie in ihrer Kajüte unter Deck und sandte mir auch keine Botschaft.

Als wir wieder in England waren, bekam ich Anne mehrere Tage lang nicht zu Gesicht. Sie hatte sich in ihre Gemächer im Palast zurückgezogen und schien jegliche Gesellschaft wie eine Nonne zu meiden. Ich nahm an, daß sie wegen ihres Verhaltens bei unserem Aufenthalt in Frankreich beschämt und verlegen sei, und so besuchte ich sie schließlich, um ihr zu versichern, daß sie nichts zu befürchten habe.

Sie war schöner denn je, als sie die Tür öffnete und mich anstarrte. Ich hatte ihr Gesicht fast vergessen, so wüst vermischte es sich mit meinen Phantasien. Auf irgendeine wahnwitzige Weise wünschte ich, ich würde sie nie wiedersehen, doch gleichzeitig sehnte ich mich nach ihr.

Sie schaute mich an wie einen Fremden. »Ja?« fragte sie höflich.

»Ich möchte allein mit dir sprechen.«

Es war früh am Morgen. Sie wußte, ich wollte wirklich nur mit ihr sprechen, nichts weiter.

Ich betrat ihre Gemächer. Hier zu Richmond waren sie recht

karg ausgestattet. Ihre schönsten Sachen standen in York Place, ihrer Lieblingsresidenz.

»Ich weiß kaum, wie ich beginnen soll«, begann ich.

»Beginnt mit dem Anfang«, schlug sie vor und lehnte sich entspannt an das Kaminsims. Sie war nicht nervös; ihr graute eben doch nicht vor dieser Begegnung.

»Ja. Mit dem Anfang«, wiederholte ich. »Es ist schwierig...«

»Zwischen zweien, deren Herzen in Eintracht schwingen, sollte gar nichts schwierig sein.« Leichthin nahm sie mir die Worte aus dem Mund.

Ich räusperte mich. Nichts hätte weniger zutreffend sein können. Aber Anne war jung.

»Ich möchte, daß du verstehst«, hob ich von neuem an. »Unser Beisammensein... in Frankreich...«

Jetzt drehte sie sich um; ihr grüner Rock wogte für einen Augenblick wie Meerwasser und kam wieder zur Ruhe. »Nein. Ich verstehe nichts. Nur, daß ich mich töricht benommen habe.«

Ich stürzte zu ihr hin (töricht, wie ich selber war) und faßte sie bei den Schultern. »Meine liebe Anne, ich habe bereits mit den Plänen zu einer großen Feier und einer Messe begonnen – einer der höchsten Adelstitel im Lande soll dir verliehen werden. Du wirst Marquise von Pembroke. Nicht Markgräfin – Marquise!«

Sie sah mich erschrocken an. Alle Farbe wich aus ihrem Gesicht, und sie war noch blasser als zuvor.

»Dann gehörst du zum Adel aus eigenem Recht«, fuhr ich fort. »Der Titel wird dir gehören und für immer in deiner Familie bleiben. Es gibt in England nur noch eine einzige Frau von gleichem Rang, und die ist es nur kraft des Titels ihres Gemahls – die Marquise von Exeter. Du aber teilst den Titel mit niemandem, und es ist ein halb königlicher. Mein Onkel, Jasper Tudor, war Graf von Pembroke.«

Wenn ich erwartet hatte, daß sie sich beeindruckt oder dankbar zeigen würde, so sah ich mich getäuscht. Sie sah nur betrübt aus. »Heißt das, damit soll ich mich begnügen? Ich werde niemals Königin?«

»Aber nein! Diese Zeremonie soll nur dazu dienen, dem Papst Sand in die Augen zu streuen. Denn er wird denken wie du. Und indem er es denkt, wird er die Bulle unterzeichnen, mit der Cranmer – jawohl, dein Cranmer! – zum Erzbischof von Canterbury ernannt wird. Ist das erreicht, sind wir frei! Cranmer ist im Sinne Roms ordnungsgemäß geweiht, so daß die Konservativen zufriedengestellt sind; Cranmer wird meine Ehe mit Katharina für null und nichtig erklären; Cranmer wird uns verheiraten. Es ist eine List, meine Liebe, nichts weiter!«

Sie stand und sann ein Weilchen. Hinter dem hübschen (wiewohl in letzter Zeit ein wenig angespannten) Gesicht wohnte ein harter, geschmeidig arbeitender Verstand – dem Wolseys ebenbürtig. Fast konnte ich sehen, was sie dachte: *Ich habe mich ihm hingegeben. Ich kann bereits schwanger sein. Wenn es, all seinen Versprechungen zum Trotz, niemals dazu kommt, daß ich Königin werde, was dann?*

»Und meine Nachkommen?« fragte sie kühl.

»Im Adelsbrief steht, daß jeder männliche Sproß deines Leibes den Titel erben soll. Es steht dort ausdrücklich nicht, daß es ›jeder eheliche männliche Sproß‹ sei.«

»Warum nur jeder männliche Sproß? Wenn ich den Titel aus eigenem Recht tragen kann, wieso dann nicht auch meine Tochter?«

»Anne – gerade der Umstand, daß eine Tochter in gleichem Maße erbberechtigt ist wie ein Sohn, hat mich doch in meine gegenwärtige Lage gebracht! Begreifst du denn nicht – ?«

Mit einem Lächeln und einer knappen Frage fiel sie mir ins Wort. »Und wann soll die Zeremonie stattfinden?«

»In einigen Wochen. In Windsor. Gib nur schon Kleider für dich in Auftrag, Geliebte. Man soll sie der Privatschatulle in Rechnung stellen.«

Besänftigt kam sie zu mir und küßte mich. Nur wenige Augenblicke später hatten wir den ganzen Weg zu den königlichen Gemächern und in meine Schlafkammer zurückgelegt.

Auf Annes »Erhebung«, wie man es nannte, ließ ich eine reguläre Sonntagsmesse in der St.-Georgs-Kapelle zu Windsor folgen. Es war eine spektakuläre Kirche, hell und funkelnd im neuen Stil erbaut, und ich fand, sie gebe die gebührende Kulisse für das beispiellose Vorhaben, das ich plante.

Um die Wahrheit zu sagen, es war nur das erste unter vielen beispiellosen Vorhaben, die ich noch in die Tat umsetzen wollte, und ich war neugierig, zu sehen, wie man diesen ersten Vorstoß aufnehmen würde. Würde das Volk »murren« oder nicht? Würden die Leute sich dem Unvermeidlichen beugen und ihre Mißbilligung hinter heuchlerischen Masken verbergen? Oder würden sie öffentlich Kritik anmelden?

Ich hob die Kniende auf und überreichte ihr ihren Adelsbrief, auf daß sie ihn selbst verlese. Sie tat es mit überraschend lauter, klarer Stimme, als wolle sie die Herzöge von Norfolk und Suffolk, die Botschafter Frankreichs und Italiens, die Geistlichen oder sonst einen Anwesenden herausfordern, etwas daran auszusetzen. So war sie immer: rücksichtslos, trotzig und ganz und gar auf sich selbst bauend. Das war es ja, was ich an ihr liebte, und das war es auch, was ich schließlich haßte.

Sie las zu Ende. Ich trat zu ihr hinunter und legte ihr den hermelinbesetzten, karmesinroten Mantel des Adels um die Schultern. Dann setzte ich ihr das Diadem auf den glänzenden Schopf und gab ihr den Adelsbrief. Sie dankte mir anmutig – und so distanziert, daß man uns für Fremde hätte halten können –, und dann erklangen wieder die Fanfaren, und sie wandte sich um und verließ die Kapelle.

Ich schaute in die Runde und suchte die Mienen der Versammelten zu deuten. Unbehaglich war ihnen zumute: Daß nichts sich regte, niemand sich unwillkürlich rührte, verriet sie *en masse*. Verflucht sollen sie sein! dachte ich, doch dann besann ich mich. Was hatte ich erwartet? Mir selbst war der erste Tag, da ich ein Paar neue Schuhe tragen mußte, auch zuwider. Nie paßten sie tadellos. Aber eine Woche später war es, als sei man damit geboren. Genauso würde es den Leuten mit Anne gehen!

Später am Nachmittag besuchte ich Anne in ihren Gemächern in York Place.

Sie war inzwischen einfach gekleidet; sie trug ein leichtes Gewand und keinen Schmuck. Die Krone ruhte auf einem kleinen

Tisch, und der rote Mantel war über einen Stuhl drapiert, als wolle sie beides nur ungern forträumen.

Beifällig schaute ich mich um. Die Räume waren exquisit und geschmackvoll möbliert. In meinen anderen Schlössern würde sie dies ebenfalls besorgen – der herbe spanische Einfluß sollte verschwinden. Genüßlich stellte ich mir vor, wie sie Katharinas private Beicht- und Bußkapelle ausräumen und statt dessen eine sonnige Fensterbank einbauen lassen würde, wo man die Laute schlagen könnte.

Sie erhob sich, um mich zu begrüßen, und ihr Gesicht war voller Freude. Wir umarmten uns wie ein Liebespaar; vorbei war es mit dem sittsamen Betragen, das wir noch wenige Stunden zuvor an den Tag gelegt hatten.

»Als Marquise siehst du nicht anders aus«, stellte ich fest.

»Ah, aber ich fühle mich anders!« versetzte sie, und sie entwand sich meinen Armen und hüpfte fast zu ihrem Diadem. Sie setzte es sich aufs Haupt, ein wenig schief, und kicherte. Ich ging zu ihr und nahm es ihr ab.

»Eine Krone wird dir besser stehen.« Ich fuhr ihr mit beiden Händen durch das schwere, glänzende Haar, am Nacken hinauf und über den Kopf. »Aber die übliche St.-Edwards-Krone eignet sich für dich nicht. Dein Kopf und dein Hals werden das Gewicht nicht tragen können. Ich muß eine besondere, leichtere Krone für dich machen lassen.«

Sie sah zu mir auf. »Ist mein Hals nicht stark genug?«

»Die Krone ist äußerst schwer. Nein, du sollst eine eigene bekommen. Die, die wir haben, kann nur tragen, wer einen Stiernakken hat.«

»Wie Ihr und Katharina?« Sie lachte. Wirklich, an diesem Nachmittag benahm sie sich wie ein Schulmädchen. Sie kam mir jünger vor als Prinzessin Maria.

»Ja. Nicht schlanke Weiden und Narzissen wie du.«

Sie warf den Kopf in den Nacken und lachte. »Dann laßt mir eine machen, Geliebter.« Sie faßte mich bei den Händen und lehnte sich zurück, so daß ihr herrliches Haar flatterte und glänzte, und dann zog sie mich hinter sich her in ihr Privatgemach.

Sie lachte; ich lachte; nie war ich glücklicher gewesen, noch hatte ich sie jemals mehr geliebt. Ich glaube, wir zeugten Elisabeth an diesem schlaftrunkenen und doch beseligten Nachmittag.

Neujahrstag 1533. Meine Füße schmerzten, weil ich den ganzen Tag in vollem Staat gestanden hatte, um in der neuen Großen Halle von Hampton Court die königlichen Gaben zu verteilen und zu empfangen. Der Himmel draußen war von merkwürdig flachem Weiß, während drinnen alles rot und golden und blau war – Feuer und Samt und Wein. Ich überreichte manches spektakuläre Geschenk – Cromwell hatte alles ausgesucht, denn ich hatte weder Interesse noch Zeit, mich damit zu beschäftigen –, und ich erhielt dafür zahlreiche nutzlose und schmeichlerische Aufmerksamkeiten.

Als ich mich in meine Gemächer zurückzog, war ich froh, das alles hinter mir zu haben. Ich rief nach Anne, und sie war einen Augenblick später da – so wenigstens kam es mir vor.

»Ein glückliches neues Jahr, meine Liebe.« Ich gab ihr mein Geschenk – noch ein Juwel. Ich rechnete damit, daß all die Edelsteine sie inzwischen langweilten, aber diesen hier, einen Saphir aus Jerusalem, nahm sie mit gedämpftem Entzücken entgegen.

»Ich habe ihn nicht in einen Ring oder eine Brosche fassen lassen«, erklärte ich. »Der Stein selbst wurde von einem Kreuzritter, der an der Seite Richard Löwenherz' kämpfte, nach England gebracht. Seit mehr als dreihundert Jahren lag er in derselben Truhe, eingewickelt in die Umhüllung, in der er aus dem Heiligen Land kam. Irgendwie hatte ich das Gefühl, ich sollte mir an dieser Umhüllung nicht zu schaffen machen.« Würde sie das verstehen?

Sie berührte das steife Tuch behutsam. »Nichts würde besserzu ihm passen.« Sie faltete es an den alten Knickstellen zusammen. »Er gehört hierher.« Sie schob ihn sorgfältig in den samtenen Beutel zurück.

In ihren Augen glänzte ein eigentümliches Licht, das ich noch nie gesehen hatte. »Und jetzt habe ich auch ein Geschenk für Euch an diesem Neujahrstag. Euer Juwel aus dem Heiligen Land soll ihm zum Segen gereichen – und ich werde es hüten wie einen Schatz immerdar.«

Sie stand vor mir, aber ihre Hände waren leer.

»Was ist es denn?« fragte ich.

»Es ist... ich bekomme ein Kind.« Ihre Stimme war leise, und die vier Wörter, die mir mehr bedeuteten als alle Juwelen, die von allen Kreuzzügen zurückgebracht wurden, hingen in der Luft. Ich konnte nicht sprechen, so erfüllt war ich von Ekstase. Jawohl, Ekstase.

»Anne.«

»Im Spätsommer.«

Noch immer brachte ich nichts außer ihrem Namen hervor.

Es sollte alles geschehen; alles sollte Wirklichkeit werden.

Als ich in dieser Nacht im Bette lag, schwankte ich zwischen schwindelndem Frohlocken und öden praktischen Erwägungen – wie ein Mann, der die Pocken hat, zwischen Schwitzen und Frösteln pendelt. Anne bekam ein Kind, mein Kind, den Erben, den ich so lange ersehnt hatte...

Praktische Erwägungen: Bevor das Kind zur Welt käme, mußte ich mit Anne verheiratet sein, und die Ehe mußte allen juristischen Donnerkeilen widerstehen können, die man etwa gegen sie schleuderte. Und es wäre schön – nicht notwendig, aber schön –, wenn Anne zuvor offiziell gekrönt werden könnte. Zeremonien hatten an und in sich Gewicht, und eine Königskrönung würde viel dazu beitragen, Katharina in den Augen des Volkes durch eine neue Königin zu ersetzen. Katharina aus dem Blick des Volkes zu entfernen, war die größte Herausforderung für mich.

Nun... als erstes mußte ich mich um die rechtliche Seite kümmern. Ohne die rechtlich einwandfreie Vermählung mit Anne konnte alles andere nicht folgen. Ich mußte Sorge tragen, daß die Bulle aus Rom, die Cranmer im Amte als Erzbischof bestätigte, beschleunigt zugestellt werde. Um dies zu bewirken, mußte ich Rom beruhigen und versöhnen – indem ich scheinbar das Interesse an Anne verlor und statt ihrer den päpstlichen Nuntius, Del Brugio, umwarb. Klemens mußte das Gefühl bekommen, daß die Erlaubnis, Cranmer zum Erzbischof von Canterbury zu ernennen, eine

Winzigkeit sei, wo es darum ging, einen König bei Laune zu halten, ein geringer Preis, wenn dafür garantiert wäre, daß er unter den päpstlichen Fittichen blieb.

Es war notwendig, daß Anne bei diesem Plan mitarbeitete. Sie mußte so tun, als sei sie verstoßen und bereit, den Hof zu verlassen. Ich war sicher, sie würde mit Vergnügen an einer solchen Maskerade teilhaben.

Sie war beleidigt.

»Mich in meinen Gemächern verborgen halten? Weinen, wo meine Zofen es sehen? Niemals!«

»Anne, dies ist eine notwendige List.«

»Um dem Papst von neuem ›Sand in die Augen zu streuen‹, wie Ihr schon im Herbst sagtet?«

»Aye.«

»Nichts da!« rief sie aus. »Wann immer es etwas gibt, das Ihr tun wollt, kleidet Ihr es in päpstliche Gewänder. Glaubt Ihr denn, ich sei so töricht, daß ich nicht selber sehe, was Ihr fühlt?«

»Anne...« Geduldig erläuterte ich ihr, in welcher verzwickten juristischen Klemme wir waren, und schloß: »Und auf diese Weise kann das Kind ehelich zur Welt kommen.«

»Das Kind! Das Kind! Ist das alles, was ich von nun an hören soll? Was ist mit Anne? Was ist mit der armen, elenden Anne?«

Sie riß sich los und rannte in ihr inneres Gemach, um sich dort demonstrativ zu übergeben. Ich merkte, daß ich die Fäuste ballte und löste. Ich konnte den Papst bekämpfen und manipulieren, das Parlament, sogar das Volk. Aber dazu brauchte ich Anne als Verbündete, nicht als weitere Gegnerin.

Sie kam wieder heraus, zittrig, aber gefaßt.

»Ich glaube, wir müssen heiraten, sobald es geht«, sagte sie leise und kam zu mir. Die konzentrierte Rosenessenz, mit der sie ihren Hals bespritzt hatte, half, den Geruch nach Erbrochenem zu überdecken. »Wir dürfen nicht auf Cranmer warten. Er kann nachher alles in die rechte Ordnung bringen... wenn es geschehen ist. Das ist es ja, was Erzbischöfe und Päpste tun: Sie bringen die Dinge in die rechte Ordnung, wenn sie geschehen sind. Trauen kann uns jeder beliebige.«

»Aber eine prachtvolle öffentliche Zeremonie – wünschst du dir so etwas nicht? Sehnen sich nicht alle adeligen Damen danach?«

»Gewöhnliche adelige Damen, ja. Aber ich – ich, die ich die Liebe des Königs mein eigen nenne – brauche nichts weiter. Ich will nur in Wahrheit Eure Frau sein vor den Augen Gottes.«

Ja. Eine Trauung, vollzogen durch irgendeinen Priester und vor den erforderlichen Zeugen, wäre genauso gut wie eine Zeremonie in einer Kathedrale. Und barg vielleicht noch mehr Magie – denn sie wäre wahrhaft unser. Ich fühlte, wie das Blut mir zu Kopfe stieg. Ganz genauso hatte sich mein Großvater Edward am Vorabend des Mai mit seiner geliebten Elizabeth vermählt...

Geheime Trauungsfeiern – welch ein Luxus für einen König! Anne öffnete mir Tür um Tür zu immer neuen verbotenen Dingen...

XLVII

Es war gegen Ende Januar, die Zeit, da die Kälte in alle Mauern kriecht; Bridewell Palace war da keine Ausnahme. Die Sonne ging erst nach acht Uhr auf, und morgens um fünf war es noch finstere Nacht. Eine Unmenge von Kerzen flackerten in der zugigen Luft eines einsamen, unmöblierten Zimmers in den oberen Regionen des Schlosses. Das Fenster war noch ein schwarzes Viereck, gegen das der Schneeregen prasselte. Kaplan Edward Lee stand da und schaute verdattert, schlaftrunken und unbehaglich drein. Die Zeugen waren gleichfalls da, und sie sahen kaum anders aus.

Ich trug ein besticktes, moosgrünes Wams und einen neuen, fuchspelzgefütterten Mantel. Die anderen hatten angezogen, was gerade bei der Hand gewesen war, als sie den Befehl erhalten hatten, in diese Dachstube zu kommen. Niemand war im voraus in Kenntnis gesetzt worden, denn ich hatte befürchtet, das Geheimnis könnte sonst ans Licht kommen, und womöglich würde dann jemand versuchen, die Trauungszeremonie zu verhindern.

Unvermittelt erschien Anne. Obgleich sie zweifellos ebenso schlaftrunken war wie alle anderen, strahlte sie in ihrem hellblauen und einem pelzgefütterten Mantel. Ich streckte die Hand aus, ergriff die ihre und zog sie sanft an meine Seite.

»Ihr mögt nun die Hochzeitsmesse lesen«, sagte ich zu Kaplan Lee.

»Aber, Euer Gnaden, ich habe keine Erlaubnis und keine Anweisungen von Seiner Heiligkeit.«

»Die sind eingetroffen«, log ich. »Seid nur beruhigt: Seine Heiligkeit ist einverstanden.«

Mit sorgenvoller Miene begann er die uralte Zeremonie. Ich hielt Annes Hand, und in meinem Kopf drehte sich alles – Anne war endlich meine Frau! Keine Fanfaren, keine Kostüme, keine hohe Geistlichkeit, die das Ritual vollzog. Kein Bankett und kein Turnier hernach. Statt dessen ein großes, graues Geheimnis. Draußen sang der Winterwind, und die Schloßen flogen, und Anne hatte nicht einmal ein Brautkleid. Die Kerzenflammen wehten im Luftzug, der den Weg durch die feinen Risse im Putz gefunden hatte. Es war mörderisch kalt; als wir die Ringe tauschten, waren meine Hände taub.

Und dann, nachher, kein Fanfarenschall. Die Zuschauer trotteten stumm wie Schatten hinaus und verschwanden in der grauen Luft des frühen Morgens.

Anne und ich blieben allein zurück. Wir schauten einander an.

»Nun, Weib«, sagte ich schließlich; es sollte leicht und scherzhaft klingen, aber das alles verflog, als ich sie sah: Ihre Jugend, ihre Schönheit, ihr Leben – und alles war mein. »Oh, Anne.« Ich umarmte sie. Endlich lebte ich. Das Warten hatte lange gedauert, doch nun war alles gut, alles ging seiner Bestimmung entgegen in dieser einen Umarmung, Fleisch an Fleisch, als ich meine wahre Gemahlin an mich drückte.

Die nächsten Tage vergingen wie in einem phantastischen Traum. Ich war auf der Erde, und doch war ich es nicht. Am Tag unterschrieb ich Dokumente, und ich kleidete und benahm mich wie ein König. In der Nacht aber war ich Annes Gemahl, ihr heimlicher Gemahl.

Der Januar ging zu Ende, der Februar brach an. Immer noch ließ der Papst auf sich warten. Keine Kunde kam aus Rom. Mit weiterem Drängen konnte ich mich leicht verraten. Also mußte ich warten – und eben dies konnte ich so schlecht.

Mitte Februar. Lange Eiszapfen hingen an den Dachkanten, und der Schnee reichte bis über den Stiefelrand. Aber die Sonne ging nicht mehr so früh unter, und am Fall der Schatten sah ich, daß der Frühling nicht mehr fern war. Der Aschermittwoch nahte, und wenn erst die Fastenzeit begonnen hätte...

Am Sonntag vor Aschermittwoch lud ich zu einem kleinen Mahl. Hirschbraten wollte ich servieren, Wein und alles das, was in den nächsten vierzig Tagen verboten sein würde. Ich bat nur solche dazu, die ich wirklich sehen wollte: Brandon, Carew, Neville... nein, das stimmt nicht. Die Wahrheit ist: Brandon, Carew und Neville waren die einzigen unter meinen Gästen, die ich wirklich sehen wollte, aber es waren doch noch andere da: Cromwell, Annes Vater und ihr Bruder, seine Frau Jane... Die Boleyns mußte ich um Annes willen herzubitten, und Cromwell, damit er seinen Spitzeln eine Ruhepause gönnen konnte. Anne saß bei ihrer Familie, wie es sich für eine unvermählte Jungfrau geziemte, und sie hielt die Augen sittsam gesenkt. Es erfüllte mich mit wollüstigem Vergnügen, diese Rolle zu spielen; es entfachte mein Verlangen mehr, als wären wir allein gewesen.

Der Kerzenschein erreichte sie fast nicht; ihr Gesicht lag großenteils im Schatten – zutreffender gesagt, der ganze Raum lag großenteils im Schatten. In einem großen Schrank an der einen Wand glänzte all das Silbergeschirr, das der venezianische Doge mir geschenkt hatte, auf byzantinische Art wunderschön gearbeitet. Wie das Kerzenlicht sich darin fing; wie gut sie dort ihr Handwerk verstanden...

»Ist das nicht eine herrliche Aussteuer?« fragte ich leise die alte Herzoginwitwe von Norfolk, die neben mir saß. »Das Silbergeschirr – ist Anne nicht prachtvoll ausgestattet?«

Sie starrte mich an wie ein entrüsteter Habicht.

»Wie konntet Ihr so etwas sagen?« schalt Anne mich am Tag darauf, als meine sorglose Bemerkung schon weithin die Runde gemacht hatte. Wie alles, was der Wein uns sagen läßt, verlor sie bei Tageslicht sehr an Glanz.

»Es lag am Wein«, erwiderte ich; ich hatte es satt, mich zu entschuldigen und für alles eine Erklärung abzugeben.

»Der Heiligen Jungfrau sei's gedankt, daß es in den nächsten vierzig Tagen nur wenig Wein geben wird!«

»Wenn diese Fastenzeit zu Ende geht, wirst du längst in aller Öffentlichkeit als mein Weib und meine Königin an meiner Seite wandeln.« Und plötzlich wurde daraus ein Gelübde. »Am Abend des Osterfestes wirst du mit mir zur Messe gehen, geschmückt mit allen Titeln und königlichen Juwelen, die ich dir geben kann!«

»Am Abend des Osterfestes?«

»Aye. Also zähle du die vierzig Tage dieser Fastenzeit, bete um eine gesunde Niederkunft und darum, daß wir lange herrschen mögen. Denn so soll es geschehen – das verspreche ich dir.«

Drei Tage später, Aschermittwoch. Die Kälte kroch durch jede Ritze. Asche auf meiner Stirn. *Gedenke, Mensch, Staub bist du, und zum Staub sollst du zurückkehren*. Staub. Ich sprach die Worte mit dem Mund, versuchte zu beten, als wäre es wahr, aber ich war nicht Staub in dieser Fastenzeit des Jahres 1533. Ich war aus Luft, ich war aus Federn, ich war gesegnet – ich war König von England, und Anne war meine Frau.

Der zweiundzwanzigste Februar. Anne kam früh am Morgen aus der Kapelle und traf im Schloßhof zufällig auf eine Schar von Höflingen. Unter ihnen entdeckte sie Thomas Wyatt.

»Tom!« rief sie aus und lief ihm mit ausgestreckten Händen entgegen. Ihre Stimme schallte laut und klar durch die kalte Winterluft. »Ach, Tom! In letzter Zeit habe ich solches Verlangen, Äpfel zu essen. Äpfel, Tom! Und dabei sind keine zu finden! Weißt du, was das bedeutet?« Wild blickte sie umher. »Der König sagt, es bedeutet, daß ich ein Kind bekomme! Aber ich sage ihm: ›Nein! Nein, das kann nicht sein!‹« Und dann fing sie an zu lachen, wandte sich ab und eilte davon, und die Höflinge blieben verlegen und sprachlos stehen. Ihre Sprachlosigkeit war indessen nicht von langer Dauer, denn bald hatte die Geschichte am Hofe die Runde gemacht und kam auch mir zu Ohren.

»Anne! Was meintest du damit?« Jetzt war es an mir, ihr Vorwürfe zu machen.

»Gar nichts«, antwortete sie lustlos. Sie saß am Fenster und zupfte müßig die Saiten ihrer Laute. Alles, selbst die Strahlen der trüben Wintersonne, die zum Fenster hereinfielen, schien entnervt von einem sonderbaren, spätwinterlichen Überdruß. »Ich weiß nicht, was über mich kam.«

Ihre halbherzige Ausrede genügte mir als Entschuldigung. Es fehlte mir an Energie, die Sache weiter zu verfolgen.

»Ohne Zweifel.« Ich schaute hinaus über den Flickenteppich der Felder; sie waren grau von abgestorbenem Gras und altem Schnee. Wie lange noch? Wie lange sollte ich auf eine Nachricht aus Rom warten? Die Straßen vom Süden herauf waren frei.

»Fluch über Klemens!« spie ich.

Anne spielte weiter auf ihrer Laute.

»Fluch über Katharina!« fügte ich hinzu, um das Maß voll zu machen. »Ich habe jetzt noch einmal eine Abordnung zu ihr geschickt und sie aufgefordert, sich jeglichen Anspruchs darauf, meine Ehefrau zu sein, zu begeben. Aber sie bleibt starrsinnig. Wie ein Papagei wiederholt sie immmer nur: ›Ich wurde rechtmäßig mit Prinz Heinrich vermählt. Der Dispens des Papstes war gültig. Ich war Heinrichs Weib, ich bin Heinrichs Weib, und Heinrichs Weib werde ich bleiben, bis ich sterbe.‹«

»Bis sie stirbt?« Anne legte ihre Laute nieder. »Dann sperrt sie irgendwo in einen Käfig, wo sie ihr Lied ungehört weitersingen mag – bis zu jenem Tag.«

Aye. Ich schaute hinaus auf die trostlosen Felder. Irgendwohin mit ihr, wo es das ganze Jahr über so war. Sollte sie ihr albernes Lied den Sümpfen vorsingen!

Buckden war (nach den Maßstäben Edwards III.) ein »behagliches« Backsteinschloß, das den Bischöfen von Lincoln gehörte; es lag unmittelbar an der Grenze des Moorlandes, jener weiten grauen Sümpfe, die das Land an der Ostküste Englands bedecken, das alte East-Anglia – historisch, geheimnisvoll, ungesund.

Sogleich erteilte ich meine Befehle. Die Prinzeß-Witwe würde sich geradenwegs nach Buckden verfügen.

Sollte sie da im Sumpf verrotten!

Keine fünf Tage, und ein Bote kam aus Ampthill, der meldete, daß Katharina gegen den Umzug nach Buckden protestiere und sich weigere, sich anders denn als Königin anreden zu lassen. Für ihre Bediensteten habe sie überdies ganz neue Livreen in Auftrag gegeben, auf denen goldene Ks und Hs ineinander verschlungen waren. Als ich vor Wut in lautes Gebrüll ausbrach, überreichte man mir einen Brief von des Weibes eigener Hand. Er war adressiert mit dem vertrauten, dicken schwarzen Gekritzel – als klopfe jemand mit dem Stab auf den Boden, um meine Aufmerksamkeit zu erheischen.

Ich riß das Sendschreiben auf. Ihr Ton war vollkommen darin eingefangen; es war, als stehe sie vor mir. Natürlich stand nichts Neues darin; es waren die üblichen Vorwürfe, gefolgt von den üblichen Beteuerungen ewiger Liebe und Ergebenheit und Treue. Bah! Wann würde sie anfangen, mich zu hassen? Ich freute mich auf diesen Tag.

Wieso haßte sie mich nicht schon längst? Sie hatte allen Grund dazu. Jede normale Frau hätte es getan. Aber nicht Katharina von Aragon, die Tochter Ferdinands und Isabellas, Katharina von Spanien, Katharina die Stolze. Ich stand unter ihr. Das machte es so schwierig, in menschlichen Kategorien gegen sie zu streiten.

Ich ließ mich auf ein Kissen fallen und nahm meine kleine Harfe zur Hand. Musik. Ich brauchte die Musik.

Weniger als eine halbe Stunde hatte ich allein sein können, als Henry Norris, mein vertrautester Kammerdiener, hereinkam. »Euer Gnaden«, sagte er besorgt, »da ist ein Bote von Seiner Heiligkeit.«

Ich sprang auf. Die langerwarteten päpstlichen Bullen für Cranmer!

Norris las in meinem Gesicht. »Nein! Er bringt keine guten Nachrichten. Klemens hat ihm befohlen, Euch die Weisung in die Hände zu legen, Katharina wieder zu Euch zu nehmen und Euch von Anne zu trennen – bei Strafe der Exkommunikation.«

»Exkommunikation!«

»Aye.« Cromwell stand hinter Norris in der Tür. Ich winkte ihm, einzutreten. Woher Cromwell und Norris den Inhalt des »privaten« päpstlichen Schreibens kannten, darüber zerbrach ich mir nicht den Kopf.

»Weiß der päpstliche Bote, daß ich weiß, daß er hier ist?«

»Selbstverständlich nicht!« Cromwell war empört. »Das ist ja der springende Punkt. Wenn Ihr dabei helft, können wir dafür sorgen, daß er Euch die päpstliche Weisung niemals selbst in die Hände legen kann. Dann aber braucht er sich ebensowenig wie Ihr darum zu bekümmern, was daraus geworden ist. Klemens wird erleichtert sein – er hat klar gesprochen, ohne daß ihn jemand gehört hätte.«

»Sehr hübsch.«

Cromwell gestattete sich ein feines Lächeln.

Ich schickte nach Anne. Ich brauchte sie als Spiegel.

Anne kam sogleich. Sie war süß wie Honig, ja – so leicht und lindernd wie das schmelzende Gebräu aus Honig und Kampfer, daß die Zofe meiner Kindertage mir langsam in die Kehle hatte rinnen lassen, wenn sie entzündet gewesen war. »Wie geht es meinem Geliebten heute?« erkundigte sie sich.

»Nicht gut«, grunzte ich, und ich berichtete ihr, was sich bisher zugetragen. Sie lachte über Katharinas Brief und vor allem über die Neuigkeit, daß sie Livreen in Auftrag gegeben hatte, auf denen unsere Initialen zu Liebesknoten ineinander verknüpft waren. Dann aber brach ihr Lachen jäh ab, und ihre Miene verdunkelte sich schmerzlich.

»Armes, verlassenes Weib«, sagte sie langsam. »'s ist unerträglich schwer, jemanden weiter zu lieben, der nichts mehr davon wissen will.« Ich sah sie scharf an, aber sie schien mit sich selbst zu sprechen. »Die Iren wissen von einem Dreiklang. *Drei Dinge gibt's, die schlimmer sind als Trauer: Aufs Sterben zu warten und nicht zu sterben; zu gefallen zu suchen und nicht zu gefallen; zu warten auf jemanden, der nimmer kommt.*«

»Du bist der Grund, weshalb ich zu ihr nicht mehr komme. Kannst du jetzt Mitleid mit ihr haben?« Ich war erstaunt.

»Ja und nein. Nein, denn ich würde es nicht ungeschehen machen. Ja, denn eines Tages werde ich vielleicht an ihrer Stelle sein.«

Der Gedanke war absurd. Anne, fett und fünfzigjährig ihre Tage im Gebet verbringend, einem Mann nachrufend, der sie ignorierte? Niemals. Eher würde Anne sterben.

»Genug von diesem Gerede«, sagte ich, und ich berichtete von der päpstlichen Weisung.

»Und nun spielen wir Versteck mit ihm?« fragte sie entzückt.

»Ein Spiel, auf das du dich meisterlich verstehst. Und jetzt wirst du mich deine Künste lehren, meine Liebe.«

Ich freute mich darauf, zu sehen, wie sie jemand anderen in die Lage brachte, in der sie mich so viele Jahre lang gefangengehalten hatte – so daß ich ihre Überlegenheit bewundern und zu meinem Vorteil nutzen konnte, statt mich davon quälen zu lassen.

Der Abend dämmerte. Bald brachte Norris unser Essen und frisches Feuerholz für den Kamin. Mir war behaglich und sicher zumute. Anne lächelte über Norris, der diskret seinen Aufgaben nachging. Seine Anwesenheit störte nicht, und doch gelang es ihm, uns bewußt bleiben zu lassen, daß er zugegen war, damit wir vor ihm nichts Vertrauliches beredeten.

Das Feuer knisterte; seine Hitze drang mir in die Adern. Ich fühlte mich innen und außen warm, und, so diskret und tüchtig er zweifellos auch sein mochte, ich war doch froh, als Norris unser Geschirr abgeräumt, ein oder zwei duftende Holzscheiter aufs Feuer gelegt und sich ausdrücklich für die Nacht zurückgezogen hatte.

Ich führte Anne zu meinem Bett, wo ein anderer aufmerksamer Diener das frische Linnen für uns glattgestrichen hatte.

»Ach, mein Weib«, sagte ich und ließ mich in ihre Arme sinken. »Wie ich dich liebe!« Ich drückte ihr meine Hand auf den Bauch, und ein Gefühl der Vollständigkeit erfüllte mich.

Weshalb gelang es mir dann nicht, ihr beizuwohnen? Wieso wurde er plötzlich weich wie die Brüste einer Jungfer? Es war unverständlich. In meinen Lenden pochte es, aber er war schlaff.

Ich wand mich los, bedeckte mich in qualvoller Verlegenheit. Aber Anne wußte es; natürlich wußte sie es. Spräche sie nur ein Wort, es würde für alle Zeit zwischen uns schweben.

»Geh!« sagte ich. »Geh rasch.«

Allein in meiner Kammer, setzte ich mich vor den Kamin und starrte ins Feuer. Die tanzenden, duftenden Flammen verspotteten mich.

Mein Blick fiel auf Katharinas Brief, der noch immer auf dem Deckel der Truhe lag. Ich nahm ihn und warf ihn ins Feuer. Dabei konnte ich ein bitteres Lachen nicht unterdrücken. Nicht immer wissen wir, wonach wir uns sehnen.

Am nächsten Morgen, im hellen Sonnenschein, erschien es mir wie ein einzigartiges Ereignis, ohne Dauer oder Bedeutung. Ich pfiff mir eins, während Norris mich ankleidete, und machte ihm gar ein Kompliment für das süß duftende Feuer, das er für uns entfacht hatte.

»Ich hoffe, es hat zu Euren Freuden beigetragen«, antwortete er bescheiden.

Ich brachte ein breites Lächeln zustande, das sich echt anfühlte. »In der Tat!«

Er machte ein zufriedenes Gesicht.

»Ich nehme an, der päpstliche Bote hat eine fruchtlose Nacht verbracht?« Ich war froh, mich diesem Gegenstand zuwenden zu können.

»Aye.«

»Wo ist er jetzt?«

»Er frühstückt mit dem Herzog von Suffolk.«

Ha! Das ließ mich schmunzeln. Charles Brandon haßte den Papst beinahe so sehr wie ich, obgleich er viel weniger Grund dazu hatte. Rom hatte ihm äußerst zuvorkommend die Aufhebung zweier früherer Ehen gewährt und mir damit zu Beginn meiner Unterhandlungen ein ermutigendes Beispiel gezeigt.

»Ich glaube, Brandon glaubt – zumindest wird er Klemens' Gesandten diese Auskunft geben –, ich sei auf der Jagd im New Forest, zwei oder drei Tagereisen von hier entfernt. Er muß sehen, daß er mich dort findet.«

»Ich werde ihn daran erinnern.« Norris zeigte keinerlei Überraschung angesichts dieser Anweisung. Schon in diesem Augenblick fragte ich mich, wie er sich solche Kunstfertigkeit hatte beibringen können. Er verbeugte sich und ging, um Brandon meine Botschaft zu überbringen.

Hoffentlich würde das päpstliche Schoßhündchen seinen erfolglosen Jagdausflug genießen. Vielleicht würde ja ein wilder Eber sich gefällig zeigen und ihm zu etwas Beute verhelfen, wenn auch von anderer Art als der gewünschten.

Dieses Wild hier mußte sich derweilen zu einem neuen Tag rüsten, dachte ich und stemmte mich hoch; es mußte sich mit Saucen und Garnierungen anrichten, um den Betrachtern genießbar zu erscheinen.

Noch ehe ich mit dieser über die Maßen langwierigen Aufgabe zurande gekommen war, bat Cromwell, mich sprechen zu dürfen. Erfreut schickte ich Barbier und Parfümeur fort – den letzteren besonders gern. Er hatte mir soeben verschiedene neue Düfte angeboten, die mich erfreuen und »das träge Winterblut in Wallung bringen« sollten, aber sie hatten mich nur an das erinnert, was letzte Nacht nicht in Wallung geraten war. Jetzt hingen die aufdringlichen Gerüche in der Luft, schwer und vorwurfsvoll. Brummend wandte ich mich Cromwell zu, um ihn zu begrüßen.

»Euer Gnaden!« Ein Grinsen lag auf seinem Gesicht, aber es sah so seltsam aus, daß ich spürte, es hatte nichts Gutes zu bedeuten.

»Was gibt es?« Ich bemühte mich, meiner Stimme nicht anmerken zu lassen, wie erschrocken ich war.

»Euer Gnaden, ich habe hier – die Dokumente.« Er streckte die Arme aus und ließ zwei mächtige Dokumente herniederrollen wie Baumstämme an einem Berghang. Ich sah die päpstlichen Siegel baumeln.

»Gott im Himmel! Ich werde sie nicht annehmen! Sagt, man habe Euch keinen Zugang zu meinen Gemächern gewährt. Narr, der Ihr seid!«

Lachend schüttelte er den Kopf und kam auf mich zu; er durchschritt die widerlichen »Winterblut«-Parfümwolken wie Moses das Rote Meer. »Nein, Eure Majestät – all Eure Gebete sind erhört.« Seine Stimme klang sanft.

»Die Bullen«, wisperte ich. »Die Bullen!«

»Ja.« Ehrerbietig überreichte er sie mir. »Um Mitternacht trafen sie mit dem Schiff in Dover ein. Der Bote ist geradewegs hergeritten.«

Ich entrollte sie rasch und breitete sie aus. Es stimmte. Papst

Klemens hatte Thomas Cranmers Ernennung zum Erzbischof von Canterbury akzeptiert und genehmigt.

»Crum!« Der Spitzname entstand in diesem Augenblick frohlockender Komplizenschaft.

»Ich gratuliere, Eure Majestät.« Wieder dieses unheimliche Grinsen. »Das bedeutet, Ihr habt gesiegt.«

Ich starrte auf das Pergament, auf die lateinischen Worte, auf die gewichtige Unterschrift. *Ich hatte gesiegt.* Sechs Jahre waren seit der ersten »Untersuchung« meines Ehefalles vergangen. Das langersehnte Pergament fühlte sich plötzlich so leicht, so erreichbar an. Sechs Jahre. Ein geringerer Mann hätte sich abweisen, sich einschüchtern lassen, er hätte seine Kosten gezählt. Aber ein geringerer Mann hätte im März 1533 auch nicht das Pergament in Händen gehalten, das Heinrich VIII. von England jetzt in seinen Händen hielt.

Nie wieder würde ich einen anderen Menschen um seine Billigung oder Erlaubnis bitten müssen, wenn ich etwas tun oder lassen wollte.

»Ja. Ich habe gesiegt.«

»Und was fühlt Ihr jetzt?«

»Ich fühle, daß es richtig ist.«

Während der andere päpstliche Kurier sich über schlammige Straßen zu dem in der Gegend von Winchester gelegenen New Forest plagte, bewirtete ich seinen erfolgreicheren Landsmann in Greenwich. Mit den besten Weinen trank ich auf Klemens' Wohl, und ich erkundigte mich fürsorglich nach seiner Gesundheit, lobte seine Tapferkeit während der Kerkerhaft und so fort. Dann setzte ich den Boten auf das nächste verfügbare Schiff und schickte ihn zurück auf den Kontinent. Cranmer bereitete ich unterdessen auf die Weihe zum Erzbischof vor.

»Und es muß bald geschehen«, erklärte ich. »Bevor Klemens es sich anders überlegen kann. Ich begreife jetzt, weshalb er mir die Weisung geschickt hat, mich von Anne zu trennen und Katharina wieder aufzunehmen. Sie sollte Hand in Hand mit dem Dokument gehen, das Euch zum Erzbischof macht. Ich sollte das eine nicht bekommen, ohne das andere zu schlucken – wie ein Kind, das ein Abführmittel in einem Kuchen bekommt. Und er hat sie separat übersandt, um vor Räubern oder Unfällen sicher zu sein. Ein Fehler! Gott war offenbar auf unserer Seite, denn er sorgte dafür, daß seine Boten in England nicht zusammentrafen.«

»Ich glaubte, es sei Cromwell gewesen, der dafür sorgte, daß sie einander nicht begegneten«, erwiderte Cranmer ruhig.

Ich tat seinen Einwand ab. »Aber es muß Gottes Wille gewesen sein, denn sonst hätte er nie zugelassen, daß es sich so leicht bewerkstelligen ließ. Ihr werdet jedenfalls in St. Stephen geweiht werden, hier in Westminster. Doch zuvor, mein lieber Thomas, müssen wir erörtern, was ich nun zu tun gedenke. Zweifellos fandet Ihr meine Absichten verwirrend. Welchen Eindruck hatte man auf dem Kontinent?« Cranmer war im Januar in diplomatischer Mission beim Kaiser gewesen.

Cranmers klare blaue Augen zeigten keine Regung. »Man hatte überhaupt keinen. Ich bitte um Vergebung, Euer Gnaden, aber Eure ›Große Sache‹ war dort nicht in aller Munde, wie es anscheinend hier der Fall ist.«

»Unfug! Selbstverständlich ist sie von größtem Interesse und hoher Bedeutung für den Kaiser! Ich glaube wohl, Ihr wart mehr mit Eurer eigenen ›großen Sache‹ befaßt, als Ihr in Deutschland weiltet. War es nicht so? Nun, Ihr könnt Ihr Lebewohl sagen. Ein verheirateter Erzbischof! Spricht sich das herum, haben wir unseren Ruf verspielt.«

Immer noch sah Cranmer mich an, ohne mit der Wimper zu zukken. Wirklich, manchmal ärgerte er mich.

»Behaltet sie als Mätresse. Mätressen erlaubt die Wahre Kirche. Ehefrauen nicht.«

»Kommt Euch das nicht heuchlerisch vor, Euer Gnaden?« Wieder so eine ruhige Frage.

Jetzt verlor ich all meine Geduld. »Beim Blute Gottes! Seid Ihr ein Reformator? Habt Ihr die Absicht, Euch gegen mich zu wenden, wenn Ihr erst im Amt seid? Wollt Ihr ein protestantischer Becket werden? Denn wenn Ihr solche Absichten hegt, mein lieber Thomas, dann laßt Euch warnen: Es wird Euch nicht gelingen.

Verrat werde ich nicht hinnehmen. Also sprecht jetzt, und erklärt Euch. Übt Euch nicht selbst in der Heuchelei, die Euch bei anderen so unerträglich ist.«

Er schwieg lange – zu lange. Dann: »Ich bin Euer Mann.«

»Gut.« Der erstickende Duft hing noch immer in der Luft. Ich wollte ihm entfliehen. »Kommt, wir wollen uns drüben hinsetzen, ins Licht der Morgensonne.« Ich führte ihn zu einer hellen Fensterbank. »Die Sache ist kompliziert«, begann ich.

»Sprecht nicht herablassend mit mir, Euer Gnaden«, sagte er.

Er hatte recht; ich hatte es getan. Ich begann von neuem. »Unser Ziel ist es, daß Ihr den Papst als höchste geistliche Autorität in England ersetzt. So kann eine Entscheidung, die Ihr fällt, nicht über Euren Kopf hinweg zur Revision an den Papst verwiesen werden. Um dies zu erreichen, müssen wir gewisse Bindungen zu Rom auflösen. Das Parlament ist eben dabei, es zu tun.«

»Wie? Kraft welcher Autorität?«

»Kraft seiner eigenen Autorität. Kraft welcher Autorität hat Rom denn seine Rechtsprechung zuvor auf England ausgedehnt? Kraft der eigenen. Jawohl! Dieses ganze engverwobene Gebäude der Kirche, das Ihr in England sehen könnt – die Kathedralen, die Abteien, die Pfarrkirchen, die predigenden Wanderbrüder, die Klöster – das alles ruht auf dem dürftigen Fundament solcher Autorität. Weil Rom es so sagt! Das Parlament aber wird dies jetzt untersuchen und dann zurückweisen.«

»Anhand welcher spezifischen Gesetze?«

Ah! Immer rascher begriff er jetzt die juristischen und kanonischen Feinheiten des Falles. Gut. Sollte er sich darin verlieren. Ich lächelte. »Es sind zwei.« Er machte ein überraschtes Gesicht. »Nur zwei. Erstens: Das Gesetz zum Verbot von Revisionsappellen an Rom. Zweitens: Ein Gesetz, welches die Ernennung und Weihe von Bischöfen ohne die vorherige Erlaubnis aus Rom vorsieht. Einen Namen dafür habe ich noch nicht – mir wird hoffentlich etwas Harmloses einfallen.«

»Ich verstehe. Dann hat Rom nicht mehr die Befugnis, den englischen Klerus zu benennen, noch die, später über sein Handeln zu bestimmen. Rom wird impotent sein.«

Wieso mußte er dieses Wort benutzen? »So ist es.«

»Weshalb sollte das Parlament sich bereit finden, solche Gesetze zu erlassen?« fragte er milde.

»Weil ich es eingelullt habe. Es hält die Gesetze für so harmlos wie ihre Bezeichnungen. Ich habe mir alle erdenkliche Mühe gegeben, ein Bild von mir zu malen, das mich Hand in Hand mit Klemens zeigt. Würde ein so loyaler Sohn irgend etwas tun, was seinem geistlichen Vater schaden könnte? Selbstverständlich nicht. Diese Gesetze sind Nichtigkeiten, glaubt das Parlament. Wessen Name unter der Ernennungsurkunde eines Bischofs steht... welches Gericht über einen Revisionsantrag verhandelt... das ist doch dem Volk gleichgültig.«

Er erhob sich langsam von der Fensterbank und rieb sich die Stirn. »Ihr begeht einen Fehler«, sagte er in tiefer Betrübnis.

Jetzt mußte ich mir noch eine »Warnung« anhören. Allmählich fand ich mich damit ab, daß derlei zu den Berufsrisiken eines Königs gehörte. Ich seufzte und wartete.

»Wenn Ihr das Parlament in dieser Weise benutzt, gebt Ihr ihm damit eine Macht, die Euch später reuen wird. Wenn es die Macht hat, ein Recht zu übertragen, dann wird es auch die Macht haben, dieses Recht wieder fortzunehmen. Sollte es sich später einmal dazu entschließen, und habt Ihr dann den Papst nach Eurem eigenen Willen aller moralischen, kirchlichen und juristischen Autorität in England entkleidet, an wen wollt Ihr Euch dann um Unterstützung wenden? Ihr macht das Parlament zum König in England. Davor fürchte ich mich, Euer Gnaden. Ihr entledigt Euch der Herrschaft eines fernen, inkonsequenten, aber moralisch fundierten Partners und ersetzt ihn durch einen säkularen in Eurer unmittelbaren Nähe.«

War das alles? »Mit dem Parlament weiß ich umzugehen«, erwiderte ich geringschätzig. »Es ist ein Kind in meinen Händen.«

»Aber Kinder werden erwachsen, Euer Gnaden. Und wenn Euer Sohn noch ein Kind ist, wird das Parlament sein älterer Bruder sein. Wer wird dann regieren?«

»Ich habe nicht die Absicht, das Parlament ins Kraut schießen zu lassen. Ich werde es zurückstutzen, wenn der Bruch mit Rom vollzogen ist.«

»Gestutzte Hecken wachsen schneller nach, wie Euch jeder

Schloßgärtner bestätigen wird. Und wenn menschliche Wesen einmal die Macht geschmeckt haben, vergessen sie das nicht so bald.« Er sah mich seltsam an, als wolle er noch etwas hinzufügen, besinne sich dann aber.

»Etwas anderes steht mir im Augenblick nicht zu Gebote. Soll ich ganz darauf verzichten und nach eigenem Gutdünken herrschen – wie Nero? Himmel, welch ein reizvoller Gedanke!« Ich lächelte. »Aber ich fürchte, das Volk würde das niemals hinnehmen. Und ich arbeite und lebe mit dem, was ist, nicht mit dem, was sein könnte, sollte oder müßte.«

Ich schaute aus dem Fenster auf die schlammige Themse, die sich dort vorüberwälzte, trostlos und märzdüster.

»Gleichwohl weiß ich Eure Warnung zu würdigen.« Ich streckte die Hand aus und klopfte ihm auf die Schulter. »Ich glaube wahrhaftig, Ihr habt doch so etwas wie politischen Instinkt, Thomas. Ich bin erleichtert!«

Er lächelte matt.

»Und nun zu angenehmeren Dingen. Eure Weihe. Es wird eine hübsche Feier geben...«

Und es gab eine. Hübscher aber, für mich wenigstens, war eine einfache Zeremonie in einem privaten Gemach in Westminster, die ihr voraufging. Dort nämlich gelobte Thomas Cranmer in Anwesenheit meiner selbst sowie einiger verschwiegener Zeugen feierlich, daß er nicht gedenke, das Gehorsamsgelübde gegen den Papst zu halten, wenn dies bedeute, daß er gegen die Gesetze des Landes, den Willen des Königs oder das göttliche Recht verstoße. Das erste und zweite schuf ich, und das dritte unterlag zweifellos der königlichen Interpretation.

Der Übergang hatte begonnen.

XLVIII

Die Karwoche war angebrochen, und der neue Erzbischof bereitete sich darauf vor, sie meiner Anweisung gemäß auf großartige Weise zu feiern.

»Muß denn alles sein, Euer Gnaden?« Cranmer sah mich so verzweifelt an, wie er es nur wagte. In der Tat, er neigte doch der Reformation zu und wagte bloß nicht, es offen zu zeigen.

»Aye.«

»Sogar...?«

»Sogar zu Kreuze kriechen werden wir am Karfreitag. Ich selbst werde die Bußprozession führen.«

Cranmer versuchte zu lächeln.

»›Zu Kreuze kriechen‹?« Anne lachte. »Ein so verstaubter Brauch! Geliebter, Ihr werdet Euch die Knie aufschürfen.«

»Das ist meine Absicht. Es ist notwendig, daß ich die alten Formen und sogar die ›verstaubten Bräuche‹ bewahre, um das Volk zu beruhigen und ihm zu zeigen, daß der Bruch mit Rom nicht bedeutet, daß wir uns vom Wahren Glauben abgewendet haben. Und nach dem Karfreitag ist Ostern.«

»Und Eure neue Königin wird in öffentlicher Parade vorgestellt.«

Wir standen an einem großen Fenster im Königsgemach zu Westminster; wir waren hergekommen, um hier die Karwoche zu verbringen. Unten beim Portal der Abteikirche gingen junge Priester wie Ameisen ein und aus; sie schleppten Bündel von Weidenzweigen für den bevorstehenden Palmsonntag.

»Ja. Es ist eine Zeit der Freude für uns; auf diesen Tag haben wir uns gewiß mehr als vierzig Tage lang vorbereitet.«

Sie lachte, und die junge Aprilsonne schien ihr ins Gesicht. Sie war voller Jugend und Hoffnung, und ich fühlte, wie mein Herz zu singen begann. »Wir werden nicht warten, bis Ostern die Sonne aufgeht. Nein, du wirst mit mir in die erste Ostermesse gehen – um Mitternacht in der Osternacht.«

Ihre Augen tanzten. »Mein neues Kleid ist von Silberbrokat. Bei Fackelschein wird es am schönsten aussehen!«

»Du wirst aussehen wie eine Feenkönigin«, sagte ich.

Den Palmsonntag sollte der ganze Hof zusammen begehen. Ich hatte keinen Zweifel daran gelassen, daß dies mein Wunsch sei, und wenngleich niemand wissen konnte, weshalb es mir wichtig war, verstand es sich doch, daß alle sich fügten. Ein paar hundert Höflinge versammelten sich kurz vor dem Hochamt, das in der benachbarten Abteikirche gefeiert werden sollte, in der Großen Halle von Westminster Palace. Triste Farben herrschten vor; ihre besten und neuesten Gewänder hoben sich alle für die Osternacht auf. Oh, wie die Farben lodern würden in dieser Nacht!

Anne war in Gesellschaft der Damen; offiziell war sie noch immer nur eine Hofdame im Dienste einer Königin, die nicht mehr Königin, sondern nur noch Prinzeß-Witwe von Wales war und auch nicht mehr am Hofe lebte. So wahren wir den Schein, auch wenn er absurd ist und niemanden mehr zu täuschen vermag, denn uns ist er gleichwohl liebgeworden.

So stand sie da, Anne, die heimliche Königin, umgeben von ihren eigenen Zofen, die meinen Kammerherren kokette Blicke zuwarfen. Diese waren im allgemeinen junge, bevorzugte Männer aus führenden Familien. Norris, der mich persönlich bediente, war der älteste unter ihnen; er war fast so alt wie ich. Die anderen waren jung – Francis Weston zum Beispiel, der gerade zweiundzwanzig Jahre alt war.

Ich dachte zurück an all die prächtigen jungen Männer, die sich in meinen Gemächern gedrängt hatten, als ich König geworden war. Wo waren sie heute? William Compton, Edward Guildford, Edward Poyntz – alle tot. Diejenigen, die noch da waren, wie Carew und Neville, waren alternde Knaben, stämmig und mit Doppelkinnen, die trotzdem immer noch nicht mehr im Kopf hatten als zwanzig Jahre zuvor.

Flüchtig fragte ich mich, wie Weston wohl in zwanzig Jahren aussehen würde. Er war so hübsch, daß er beinahe weibisch aussah, und solche Männer alterten nicht gut; mit vierzig sahen sie aus wie allzu erfahrene Kurtisanen, deren beste Erfahrungen hinter ihnen lagen. Er wäre gut beraten, rasch – und vorteilhaft – zu heiraten. Und schon in diesem Augenblick bemerkte ich, wie fürsorglich Anne ihn behandelte. Es war eines jener Dinge, die man wahrnimmt, ohne daß sie einem bewußt werden – wie etwa den Umstand, daß ein bestimmter Baum seine Blätter verloren hat.

Jetzt erschien Cranmer vor uns, majestätisch in seinen glitzernden neuen Gewändern zum Ausweis des episkopalen Standes. Er hob die Hände und erteilte uns allen seinen Segen.

Ein Priester wandelte auf und ab und besprengte uns mit Weihwasser aus einem silbernen Gefäß. Hinter ihm gingen zwei Diener in schimmernden, purpurroten Bußgewändern, die jedem »Pilger« einen Weidenzweig überreichten.

Cranmer segnete sie. »Wie die Menschen vor langer Zeit Unseren Herrn zu Jerusalem willkommen hießen, indem sie ihm mit Palmwedeln zujubelten, so wollen auch wir tun in unserem Leben. Bewahrt und benutzt diese bescheidenen Zweiglein zur Ehre Gottes, auf daß sie euch auf eurer geistlichen Reise zu Diensten sind.«

Dann wandte er sich langsam und würdevoll um und leitete uns gemessenen Schritts in die Abteikirche, wo er den Triumphzug nach Jerusalem mit einer Messe feierte, die so großartig und vollkommen war, daß kein Papist, mochte er ein noch so glühender Eiferer sein, uns irgendwelcher Neigungen zum Luthertum oder der Abkehr vom Wahren Glauben würde bezichtigen können.

Spitzelmittwoch. Der Tag in der Überlieferung, an dem Judas es unternahm, Jesum zu bespitzeln, Ihn auszufragen, zu erkunden, wo Er sich nächsten Tags aufhalten werde, auf daß er Kaiphas und den anderen Nachricht geben und seine dreißig Silberlinge verdienen könne. Den ganzen Tag über stellte Judas vermutlich geschmeidig verfaßte Fragen: »Mein Herr und Meister, mit wem wirst Du das Passahmahl einnehmen?« Und dann mußte er wohl ein Weilchen warten, ehe er sich beiläufig erkundigen konnte: »Und in welcher Straße steht das Haus, in dem wir vor Sonnenuntergang zusammenkommen sollen?«

Spione. Ich haßte Spione. Ich konnte mir nicht vorstellen, was ein Mann empfinden mußte, der spionierte. Oder einer, der Spione besoldete. Ich fand, wenn ein Mann begann, sich auf Spione zu verlassen, gab er sich in ihre Hände. Zunächst ist die Kunde, die sie ihm bringen, wahr, aber sie dient nur als Köder, ihn zu fangen, und danach ist nichts mehr so, wie es zu sein scheint. Ich zog es vor, in meinem Handeln auf das zu bauen, was offensichtlich war und was ich mit eigenen Augen sehen konnte.

Die Nacht sank herab, und es wurde Zeit, zur Messe zu gehen – zum öffentlichen Singen des »Tenebrae«. In der großen Abteikirche würden sämtliche Kerzen nacheinander ausgelöscht werden – um so zu versinnbildlichen, wie Jesus von allen, bis zum letzten seiner Jünger, verlassen wurde.

Der Tag selbst war düster gewesen, und so lag bereits ein Gefühl von Verzweiflung und Verlorenheit in der Luft. Das Singen der Priester, einem Totenlied gleich, und das mähliche Verlöschen allen Lichtes im weiten Kirchenschiff verstärkten diese Stimmung noch.

Es war wie in einer Gruft – kalt und finster und von Stein umschlossen. Ich bemühte mich angestrengt, mir vorzustellen, was im Kopfe Unseres Herrn vorgegangen sein mußte, als Er sich allein auf Erden wußte. Eine grauenvolle Frist lag zwischen der Gemeinschaft des Letzten Abendmahls und der glorreichen Auferstehung; die Theologen nannten diese Zeit die Stunde des Satans. Es war eine Zeit, in der Christus alle Trostlosigkeit des Menschen empfand, da Ihm war, als habe Gott selbst Ihn verlassen.

Mich fröstelte unter meinem Mantel. Wie rasch sie sich dazu verstanden hatten, Ihn zu verlassen! Wie bald der Passahwein und die Kerzen und die Wärme verflogen gewesen waren. All unsere Versuche, den Satan in Schach zu halten, sind so schwach und erbärmlich. Er überwältigt uns immer wieder, und dann müssen wir ihm entgegentreten und ihm ins Gesicht sehen – allein.

Ich drehte mich um, aber ich sah nichts mehr. Ich hörte Menschen husten und sich bewegen, doch sie alle waren vor meinen Augen verborgen und getrennt von einander.

So herrscht Satan – indem er uns von einander trennt.

Aber nichts kann uns trennen von der Liebe Gottes, sagt der heilige Paulus.

Nichts außer der Verzweiflung.

Die Verzweiflung ist somit Satans Dienerin.

Gründonnerstag. Nach dem Letzten Abendmahl wusch Christus seinen Aposteln die Füße und sprach zu Petrus: »Werde ich dich nicht waschen, so hast du kein Teil an mir.« Und jetzt muß ich, wie es die Könige von England seit Menschengedenken getan hatten, Bettlern die Füße waschen – so vielen Bettlern, wie ich an Jahren zählte. Im gutbeleuchteten Kapitelhaus der Westminster-Abtei erwarten mich einundvierzig arme Männer.

Ich trete ein. Sie sitzen auf der Steinbank, die sich an der einen Wand entlangzieht, und schauen staunend um sich. Sie sind barfuß, nicht, weil sie ihre Schuhe ausgezogen haben, sondern weil sie keine Schuhe haben, die sie hätten ausziehen können...

Ich knie vor dem ersten nieder; er steht für das erste Jahr meines Lebens. Er ist alt und faltig wie ein krankes Huhn, und seine Füße sind schwielig und so hart wie Krallen. Ich gieße das warme, nach Rosen duftende Wasser darüber und trockne sie dann sanft mit einem neuen Leintuch.

Der nächste hat schwärende Furunkel an den Füßen. Grünlich fließt Eiter in das Wasser, wölkt im silbernen Gefäß. Ich winke Norris, er möge eine neue Schüssel für den nächsten Mann bringen. Es dauert über eine Stunde, bis ich dem letzten die Füße gewaschen habe.

Die ganze Zeit über fühle ich nichts. Außer der Scham darüber, daß ich nichts fühle.

Karfreitag. Ich faste den ganzen Tag, eingesperrt in unserer kleinsten, schlichtesten Kammer. Keiner bei Hofe darf mit irgend jemandem sprechen, lächeln, singen, essen oder etwas anderes als schwarze Kleidung tragen. Sogar die eisernen Klöppel der Kirchenglocken sind durch hölzerne ersetzt, die nur einen stumpfen, gedämpften Klang hervorbringen. Ein einziges Stück Fleisch liegt auf dem Tisch, auf daß es von Maden durchsetzt werde und uns an die Verwesung gemahne, die unser aller harrt.

Drei Uhr – die Stunde des Todes, die Stunde Satans. Der Vorhang im Tempel reißt mitten entzwei, und wir sind den Mächten der Finsternis anheimgegeben.

Und dann fühlte ich es – ich fühlte, wie seine kalte Hand mich packte. Und was Vorwand, Form und Spiel gewesen war, wurde Wirklichkeit. Ich spürte die Macht des Teufels, spürte ihn in meinen Eingeweiden. Und Gott war weit weg, und all die Zeremonien taten nichts dazu, ihn zurückzurufen. Ohnmächtig, ohnmächtig...

Und wieder alle in der Abtei, zusammengedrängt, ein Schwarm schwarzer Krähen. Nun enthüllte Cranmer das große Kruzifix in drei Schritten und sang dabei trauervoll: »Sehet das Holz des Kreuzes, an welchem hing die Erlösung der Welt!«

Wir knieten nieder und sangen: »Kommt, lasset uns anbeten!«

Das Kruzifix wurde ehrfürchtig auf den Altarstufen auf ein Kissen gelegt. Cranmer kroch auf den Knien darauf zu, küßte es und warf sich dann davor auf die Steinfliesen.

Jetzt war ich an der Reihe. Ich war entsetzt, entsetzt über meine anmaßende Arroganz. Ich hatte diese Zeremonie als politisches Schaustück benutzen wollen, um das Volk meiner Unschuld zu versichern und ihm zu verstehen zu geben, daß ich nichts Schlechtes getan hatte, als ich Cranmer zum Erzbischof ernannt hatte. Und jetzt erzitterte ich angesichts dessen, was es bedeutete, mich dem Altare Gottes aus solchen Beweggründen zu nahen. Würde Er mich niederschmettern, wie Er es mit anderen Herrschern getan, die Ihn in Seinem Hause verhöhnt hatten?

Ich begann, auf den kalten Steinen zu den Altarstufen zu kriechen. Meine Hände zitterten.

»Gnade!« hörte ich meine Stimme flüstern. »Gnade, o Herr! Vergib mir.« Ich kam näher und näher. Mein Herz klopfte so schnell, daß mir schwindlig wurde. Er würde warten, bis ich in meiner Vermessenheit das Heilige Kreuz berührte, ehe Er mich zerschmetterte.

Jetzt! Ich streckte die Hand aus und umklammerte das Holz, und ich hielt mich daran fest wie an einem Felsen. Ich fühlte Kraft; Macht durchströmte mich und erfüllte mich mit Frieden, mit gleißendem Frieden.

Ich atmete aus. Ich hatte immer geglaubt, Frieden sei die Abwesenheit von Furcht, die Abwesenheit von Schmerz oder Trauer. Jetzt wußte ich, daß es den Frieden an sich gab, eine Erscheinung von eigener Gestalt, die andere Empfindungen verdrängte.

Ich legte die Stirn an das heilige Holz, drückte sie fest dagegen, als könnte dies einen Schwall dieser wunderbaren Erscheinung in meinen Körper fließen lassen. Ich wollte ganz und gar davon erfüllt sein, wollte selber lauter Frieden sein.

Und dann war es vorbei; die heilige Erscheinung war verweht, und ein menschlicher König kauerte über einem gewöhnlichen Stück Holz. Cranmer wartete, daß ich aufstand und dem nächsten Büßer Platz machte. Steif erhob ich mich und verließ die Kirche.

Samstag morgen. Karsamstag. Das harte, klare Licht brach ins Zimmer, auf seine Art grausamer und beängstigender als die Dunkelheit der Nacht zuvor. Ich konnte all die strahlenförmig auseinanderstrebenden Falten in meinem Gesicht erkennen, als ich mir den Handspiegel vorhielt. Auf meinen Handrücken sah ich feine Unterteilungen der Haut, kleinen Diamanten gleich geformt, in endloser Wiederholung – wie in der Haut einer Eidechse. Sie würden sich vertiefen und im Laufe der Jahre immer ausgeprägter werden.

Jesus war nicht so alt geworden wie ich. Er hatte nie mit dem Altwerden und mit der natürlichen Sterblichkeit ringen müssen. Wie also konnte Er wirklich alle menschlichen Erfahrungen geteilt haben?

Ich spritzte mir kaltes Wasser ins Gesicht; es war mir wohlbewußt, daß meine Gedanken an Blasphemie grenzten.

Der höhnische Tag ging schließlich zur Neige, und ich konnte in die Gegenwart zurückkehren und die Zukunft mit Tod und Verwesung sich selbst überlassen. Am Hofe erwachte beträchtliche Unruhe, als die öde Fastenzeit und die Entsagungen der letzten zwei Tage in großes Frohlocken übergingen. Kein Jude hatte je so ungeduldig auf den Sonnenuntergang gewartet, um den Sabbath zu beginnen, wie Anne und ich es an diesem Tag taten. Zusammen jubelten wir wie Kinder, als die Abendsterne am Osthimmel aufleuchteten.

»Es hat begonnen! Ostern hat begonnen! Und alle haben ihre Befehle!« krähte sie.

»Ja, meine Liebe.« Ich lächelte. »Jeder Priester im ganzen Land wird in der Ostermesse für dich als Königin beten. Auf diese Weise wird es verkündet werden, und das Volk wird deinen Namen laut wiederholen. Drei Millionen Engländer, und alle werden murmeln: ›Und herrsche im Herzen Deiner auserwählten Dienerin Anne, unserer Königin.‹ Was glaubst du, wirst du jeden von ihnen hören? Wird dich das endlich zufriedenstellen?«

Sie lachte leise. »Nur, wenn ich so etwas wie ein Summen vernehme, denn dann weiß ich, daß sie alle wie aus einem Munde diese kostbaren Worte sprechen!«

Ich sah sie an. Ich hatte mein Versprechen, das ich ihr vor so langer Zeit gegeben hatte, erfüllt. Heute nacht würde ganz England sie Königin nennen, und ich hatte es zustande gebracht. Sie, um deretwillen ich meine Gemahlin verbannt, den Heiligen Stuhl beleidigt und mein Königreich aufs Spiel gesetzt hatte, stand in der herabsinkenden Dunkelheit und streckte die Arme nach mir aus. Ich nahm ihre Hand; sie war klein und warm. Ich hob sie an die Lippen und spürte die glatte Haut. Keine Echsenhautfacetten – nicht einmal ihre Vorläufer.

»Ich muß mich ankleiden!« Sie riß ihre Hand weg wie ein Kind. »Ah! So lange habe ich auf diese Nacht gewartet!«

»Die Messe beginnt um zehn«, erinnerte ich sie. »Der Hof versammelt sich in der Großen Halle und geht gemeinsam in die Kirche.«

Ich erwartete sie im Kreise aller Männer und Frauen des Hofes. Alle waren wir nach der neuesten Mode angetan, und unsere Gewänder und Juwelen schillerten im Fackelschein wie die irisierenden Schmetterlinge des Sommers. Welch prachtvolle Nacht nach so langer Finsternis! Jetzt würde ich die Worte sprechen, von denen ich schon so lange träumte – vor dieser Gesellschaft.

»Meine lieben Freunde«, begann ich und hob die Hand, um Schweigen zu gebieten; es wurde still, noch ehe ich den Arm wieder sinken ließ. »Meine Freude ist groß, ja, größer, als ich es Euch sagen kann, wenn ich Euch bekanntgebe, daß ihr endlich eine Königin habt – meine geliebte Anne. Wir haben uns vermählt.«

Sie standen da und starrten mich an. Hatten sie nicht gehört?

»Jawohl!« wiederholte ich. »Wohl bin ich euer König, euer auserwählter und gesalbter König seit vierundzwanzig Jahren, doch ich habe euch nicht gegeben, worauf ihr ein gottgegebenes Anrecht habt: eine liebevolle, wahre Königin. Durch die Gnade des Herrn aber ist sie nun hier ...«

Anne erschien in der gegenüberliegenden Tür der Großen Halle in loderndem Silber. Wahrlich, so blendend und außerordentlich sah sie aus, daß sie nichts Menschliches mehr hatte. Ich verstummte auf meiner Estrade, als sie mir entgegenkam. Die Männer und Frauen des Hofes beobachteten sie; ihre Gesichter waren noch immer ausdruckslos.

»Königin Anne.« Ich streckte die Hand aus, und sie ergriff sie und kam leichtfüßig zu mir auf die Estrade.

»Königin Anne!« rief ich voller Freude.

»Königin Anne!« wiederholten die Leute. Aber es war keine Freude dabei. Sie verbeugten sich und knicksten nur, wie der Brauch es erforderte.

»Dank euch, ihr lieben Untertanen!« rief Anne schrill. »Wir danken euch.«

Nein, nein, wollte ich ihr sagen. Nicht so. Nicht in diesem Tonfall. Nun, ich würde es ihr später erklären.

»Mögt ihr alle die Freude finden, die Gott mir mit einer so demütigen und tugendsamen Königin und einer so treuen Gemahlin geschenkt hat«, sagte ich. Die Leute versuchten zu lächeln.

»Nun sollt ihr die traditionellen Krampfringe empfangen«, verkündete Anne in dem gleichen schrillen, hochfahrenden Ton. Und sie öffnete einen glitzernden Silberbeutel.

Was war nun das? Sie inszenierte das uralte Ritual, in dem eiserne Ringe verteilt wurden, um diejenigen zu kurieren, die an Krämpfen und Rheumatismus litten: Ringe, die ihre Kraft dadurch empfingen, daß ein echter Monarch den Karfreitagssegen über sie sprach. Sie mußte heimlich die Ringe beschafft und den heiligen-den Ritus vollzogen haben, in der Absicht, sie an diesem Abend zu verteilen. Warum hatte sie darüber nicht vorher mit mir gesprochen?

»Kommt her, ihr guten Leute. Sie werden euch Linderung verschaffen, werden denen helfen, die leiden müssen. Gestern hat eure liebende Königin den Segen über sie gesprochen.« Sie streckte den Leuten eine Handvoll Eisenringe entgegen. Niemand rührte sich. Anne machte noch einmal eine einladende Gebärde. Ich winkte sie heran, und sie kamen langsam und nahmen die Ringe entgegen – so bereitwillig, wie eine Hausfrau eine tote Maus fortnimmt.

»Seid gesegnet!« wiederholte Anne unablässig in einer Manier, die sie anscheinend für königlich hielt; offensichtlich hatte sie es eingeübt. Ohne mich zu befragen.

Endlich war diese gräßlich peinliche Zeremonie vorüber, und die letzten der Karfreitags-Krampfringe waren verteilt.

Bei der Abteikirche auf der anderen Seite des Hofes erschollen die Trompeten. Es wurde Zeit für die königliche Prozession. Anne und ich führten den Herzog von Richmond mit uns, meinen hübschen, vierzehnjährigen leiblichen Sohn; dann kam der Herzog von Norfolk (ohne seine Herzogin, von der er sich getrennt hatte, aber auch ohne seine Waschfrau, mit der er jetzt zusammenlebte); es folgte der Herzog von Suffolk (ebenfalls ohne sein Weib, meine Schwester Maria, denn sie lag in ihrem Landhause krank darnieder); Henry Courtenay, der Marquis von Exeter; Margaret Pole, Gräfin von Salisbury, mit ihrem Sohn Lord Montague; die Grafen von Rutland und Bath; Lady Margaret Douglas, meine romantische Nichte (Tochter Margaret Tudors und des Grafen von Angus)... und hinter all diesen die große Schar der titellosen Höflinge. Irgendwo unter ihnen der schlichte Meister Cromwell.

In der Abtei war es dunkel, dunkel wie im Heiligen Grab. Dann hörte man ein Schürfen, das Geräusch von Feuerstein auf Stahl, und der erste Funke des neuen Osterfeuers wurde entfacht – entfacht und rasch auf einen Kienspan übertragen, und damit ward dann die große Osterkerze entzündet, ein Zylinder aus reinem Bienenwachs vom Umfang eines Männerschenkels.

»Halleluja!« verkündete Cranmer.

»Halleluja!« antwortete die Gemeinde hallend.

»Er ist auferstanden!«

Die silbernen Trompeten gellten, und Kerzen ließen die ganze Kathedrale in hellem Licht erstrahlen.

»Gebt euch den Friedenskuß!« befahl Cranmer.

Bewegung erfüllte das Kirchenschiff, als jedermann sich seinem Nachbarn zuwandte und ihn auf die Wange küßte.

Die traditionelle Auferstehungsmesse begann. Nichts wurde ausgelassen – von der Prozession der neugetauften Christen in ihren weißen Gewändern bis zur öffentlichen Abschwörung an den Teufel und all seine Werke und Wege. Man sollte nur wagen, meine Kirche herauszufordern! dachte ich selbstzufrieden. Wer wollte behaupten, es sei nicht alles intakt geblieben?

Jetzt begann der feierliche Teil, die geheiligten Mysterien des Kanons: die Opferung, die Wandlung und die Kommunion, gefolgt von Gedenken an die Lebenden... »daß es Dir gefallen möge, zu bewahren und zu stärken Deine Dienerin Anne, unsere allergnädigste Königin; daß es Dir gefallen möge, sie zu beschützen und zu bewahren und sie siegreich bleiben zu lassen über all ihre Feinde, darum bitten wir Dich ...«

Ein Scharren und Rumoren erhob sich hinten; es schwoll an und ließ Cranmer in seinem Bittgesang schließlich innehalten.

Die Leute gingen.

Ich drehte mich um und starrte sie an. Es konnte nicht sein. Aber es war so. Und nicht nur ein paar Aufsässige, nein, Reihe um Reihe erhob sich. Sie wandten sich um, schauten betrübt zum Hochaltar hinauf, wo Cranmer stand, und gingen zum großen Portal der Abteikirche hinaus.

Sie weigerten sich, für Anne als Königin zu beten.

Wie gelähmt stand ich da; ich konnte nicht glauben, was ich sah – Anne wurde spontan und öffentlich abgelehnt. Daß dies möglich sein könnte, hatte ich nicht einmal in Erwägung gezogen. Den Papst und den Kaiser und ein paar konservative Lords aus dem Norden – den Grafen von Derby, Lord Darcy, Lord Hussey, die großen Grenzland-Lords –, Katharinas Parteigänger: sie hatte ich für Annes Feinde gehalten. Aber das gemeine Volk! Sie war doch eine von ihnen. Wie konnten sie sie zurückweisen?

Katharina mußte diese Leute bestochen haben! Ihr verschlagener kleiner Affe von einem Botschafter, dieser Chapuys, steckte hinter diesem beleidigenden Schauspiel. Nun, ich würde ihn vorführen und bestrafen lassen.

Vorläufig indessen war diese unerträgliche Messe zu überstehen – diese so lang erwartete, nun so verheerende Messe. Anne an meiner Seite war still. Ich fühlte ihren Zorn: Er hatte leibliche Gestalt.

Als wir in dieser Nacht allein in den königlichen Gemächern waren, kreischte sie vor Wut. Es war nach zwei Uhr in der Frühe; um diese Zeit, so hatte ich geglaubt, würde ich allmählich in einen paradiesischen Schlummer versinken – in Annes Armen; ich würde ihre Küsse fühlen und ihre gemurmelten Zärtlichkeiten und hübschen Danksagungen für all die Gefahren hören, denen ich getrotzt, um sie zur Königin zu machen, um ihr diesen Augenblick zu schenken.

Doch dieser Augenblick hatte sich, wie so vieles andere in unserem Leben, in ein Erlebnis voller Schmerz und Trauer verwandelt, erniedrigend und enttäuschend.

»Ich hasse sie!« kreischte sie zum zehnten Male. »Ich werde mich an ihnen rächen!« Und dann zu mir: »Warum hast du sie nicht aufgehalten? Warum hast du dagestanden wie ein Bauernlümmel?«

»Weil ich ebenso verdutzt war«, murmelte ich.

»Du hättest sie verhaften und verhören lassen müssen!«

»Nein, denn das hätte ihnen gefallen und ihnen Bedeutung verliehen. Es ist besser, sie gar nicht zu beachten. Das ist die Art der Könige.«

»Nein! Ich will Rache an ihnen nehmen!«

War es in diesem Augenblick, daß der ungebetene Gedanke in meinem Kopf explodierte und die Schranken von Verlangen und Besessenheit niederriß? *So benimmt sich eine Gemeine, nicht eine Königin. Als Gemeine ist sie geboren, und eine Gemeine bleibt sie auch. Sie ist nicht aus dem Holz, aus dem man Könige schnitzt.* Sofort bemächtigte meine Liebe sich dieses Gedankens, rang ihn nieder, legte ihn in Fesseln.

»Sie liegen längst in ihren Betten und schlafen. Wir könnten nicht mehr feststellen, wer sie waren, selbst wenn wir es wollten. Denk nicht mehr daran.« Insgeheim hatte ich mir vorgenommen, Chapuys zu verhören, aber unter vier Augen. »Eine Veränderung ruft immer Unruhe hervor. Selbst der Frühling birgt eine Art von Traurigkeit.«

Ich klopfte aufs Bett, mit dem ich noch immer einige Hoffnung verband. »Komm zu Bett, mein Herz. Ich will meine neue Königin lieben.«

Aber ich war ihr nutzlos wie schon einmal, und ich fand keinen Schlaf in dieser üblen Nacht.

Waren wir verflucht? Seite an Seite lagen wir da, stellten uns beide schlafend, und diese Worte rannten uns wie Ratten im Kopf herum.

XLIX

Überall im Land war es geschehen. In einer Kirche nach der anderen waren die Leute, als das Gebet, in dem Anne als Königin benannt wurde, verlesen worden war, entweder verstummt, oder sie hatten die Messe verlassen. Sie sprachen eine ebenso laute Sprache wie jener Wahnsinnige, der im Sommer zuvor durch die Straßen gerannt war und gebrüllt hatte: »Wir wollen keine Nan Bullen!« Sie waren so mächtig wie die Meute, die Anne verfolgt hatte, um sie zu steinigen. Sie waren so zornig wie der Pater, der von Ahab gepredigt hatte.

Zum erstenmal kamen mir jetzt Zweifel, wenn ich an Annes Krönung dachte. Anne hatte sich danach gesehnt, und ich hatte sie ihr versprochen. Aber was, wenn das Volk sie an diesem Tag ebenso von ganzem Herzen zurückwies? Das wäre sehr viel schlimmer, als ganz auf die Krönung zu verzichten.

Was konnte ich daggen tun? Ich konnte nicht jeden einzelnen Londoner zum Schweigen bringen; es gab mehr als hunderttausend. Auch mit Geld konnte ich es nicht; die königliche Schatulle war beinahe leer, und die Krönung würde jedes Pfund auffressen, das ich erübrigen könnte. Hinter goldenen Gewändern und üppigen Staatsbanketten verbarg sich die Tatsache, daß die Krone dringend Geld benötigte. Darüber beriet ich mich mit Meister Cromwell.

Er erinnerte mich an den beklagenswerten moralischen Zustand der Klöster, in denen die Verkommenheit Seite an Seite mit unermeßlichem Reichtum hauste. »Dies zu sehen, muß das Herz Unseres Herrn wahrlich mit Schmerz erfüllen«, meinte er fromm. Er bat mich um die Erlaubnis, eine Untersuchungskommission in jedes dieser frommen Häuser zu schicken, die darüber berichten sollte, und er versprach, mir binnen Jahresfrist eine Zusammenfassung der Untersuchungsergebnisse vorzulegen. »Dann mögt Ihr selbst urteilen«, sagte er, »ob man ihnen erlauben soll, weiterhin zu bestehen.«

Freilich – ihre Schließung würde bedeuten, daß ihr Vermögen der Krone zufiele, da ein vom Parlament erlassenes Gesetz inzwischen verbot, kirchliche Einkünfte nach Rom fließen zu lassen.

Was Cranmer angeht, so säumte er nicht, seine Pflicht zu erfüllen. Mitte Mai hatte er bereits ein kleines Kirchengericht einberufen, das unter seinem Vorsitz in Dunstable tagte, eine Strecke weit von London entfernt, aber für Katharina nah genug, daß sie hätte erscheinen können, wie es verlangt wurde. Natürlich erkannte sie Cranmers Autorität nicht an, und so ignorierte sie die kleine Verhandlung, in der schließlich festgestellt wurde, daß unsere frühere Ehe keine Ehe gewesen sei, und die (praktischerweise) gleichzeitig meine gegenwärtige Ehe mit Anne für gültig erklärte.

Jetzt konnten wir die Krönung in Angriff nehmen. Sie sollte am Pfingstsonntag stattfinden, einem heiligen Feiertag ohnedies; ich betete darum, daß dieser Umstand dazu beitragen möge, den Akt vor den Augen des Volkes zu heiligen. Anne gegenüber ließ ich mir meine Bangigkeit nicht anmerken; sie erwartete an diesem Tag die Erfüllung all ihrer Träume.

Der Tag sollte Anne gehören, hatte ich entschieden. Ich hatte meine Krönung vor vierundzwanzig Jahren gehabt, und es war nicht nötig, sie zu wiederholen. Ich zog es vor, meine Erinnerungen unverändert zu bewahren und Anne ihre eigenen zu gewähren, die sie mit niemandem würde teilen müssen. Deshalb würde ich sie bei den Zeremonien gar nicht begleiten, sondern im Hintergrund stehenbleiben wie ein unbeteiligter Zuschauer. Ich wollte ihre Krönung genießen, wollte in dem Wissen schwelgen, daß ich es war, der sie herbeigeführt hatte. Es war mein Wille und nichts als mein Wille gewesen, was diesen Erfolg bewerkstelligt hatte. Ohne meinen Willen wäre nichts von all dem geschehen. Man würde keine Gerüste errichten; die Näherinnen hätten keine wunden Finger;

in der Milk Lane würde niemand Wetten darüber abschließen, ob es am Krönungstage regnen werde oder nicht. Ich hatte diesen Augenblick, dieses Ereignis geschaffen, wie ich meine eigene Krönung niemals geschaffen hatte. Mein Wille war der Wille Gottes; Annes Wille war der Wille Heinrichs VIII.

Jeden Abend, wenn ich in Annes Privatgemach kam, mußte ich mich anmelden lassen. Ich wartete dann ungeduldig im Vorzimmer, während ihre Ehrenjungfer mich zu unterhalten suchte und Anne hastig ihren Krönungsflitter wegräumte, auf daß ich ihn nicht vor der Zeit zu sehen bekäme.

Am Mittwoch vor dem großen Tag brannte ich besonders darauf, sie zu sehen, und so schritt ich in dem kleinen Raum auf und ab. Alle Fenster standen offen, und der Lärm, der London in einer Maiennacht erfüllte, drang mir in die Ohren.

Es war beinahe Vollmond. Die Hammerschläge (Zimmerleute waren dabei, die Schaugerüste in den Straßen zu errichten, und sie waren dankbar dafür, daß der volle Mond ihnen für zusätzliche Stunden bei der Arbeit leuchtete), das Geschrei der jungen Leute vor den Schänken, die den abendlichen Müßiggang genossen – das alles klang, als liege das wirkliche Leben irgendwo jenseits des Schlosses, als könne man es dort tatsächlich greifen. Gleichwohl wußte ich, daß jeder Trunkenbold, der dort an der Fachwerkwand seiner Taverne lehnte, in dem Glauben war, das wirkliche Leben wohne hier bei uns, und hier bei uns finde alles seine Erhöhung – und so war es auch, so war es auch. Niemand war so lebendig wie ich.

»Wünscht Ihr etwas Wein, Euer Gnaden?« fragte Annes reizendes Kammerfräulein.

Wein? Wer brauchte Wein an einem solchen Abend? »Nein, nein ...« Ich winkte ab. Wie grob von mir. Ich hielt inne und sah sie an, denn ich wollte mich allezeit an diesen Abend erinnern, und sie war ein Teil davon.

Sie war klein und hatte honigblondes Haar. Aber das war nicht das Wichtigste, das mir auffiel, als ich sie ansah. Ihre beherrschende Eigenschaft war die Blässe. Ein Spinnweb. Ein schwindender Mond. Das Spiegelbild eines alten Linnenhemdes in einem tiefen, verhüllten Brunnen.

»Ach, vielleicht doch.« Ich bemühte mich, liebenswürdig zu sein. Sie kam herbei und goß mir ein wenig Rheinwein in einen Becher aus getriebenem Silber.

»Und Ihr?« Ich hob den Trank.

Sie zierte sich. Ich blieb beharrlich. »Es ist einsam, so allein zu trinken.«

Sie nahm einen kleinen Schluck und bat mich dann, sie zu entschuldigen, als sei sie schüchtern. Ich beobachtete sie, wie sie zum Fenster ging und hinausschaute.

Wann war Anne endlich fertig? Auf der anderen Seite des Hofes hörte ich meine Lieblingsuhr – die große astronomische Uhr im Torturm – neune schlagen. Die Stimmen aus der Taverne waren lauter geworden, ihre Rede undeutlicher. Ich ging zu der Kammerfrau hinüber, die versunken über die Dächer schaute. Sie hatte ein reines, klares Profil.

»Schaut Ihr jemals...« hob sie an und zauderte dann.

»Jemals was, Mistress?« Überrascht hörte ich, wie gereizt meine Stimme klang. Aber ich war bereit, Anne zu sehen! Wieso ließ sie mich warten?

»... jemals... jemals über diese Dächer hinaus und spürt dabei mit Gewißheit – mit mächtiger, neidvoller Gewißheit –, daß all die Menschen, die dort schlafen, oder die dort leben... glücklich sind?«

Ohne Zögern stimmte ich ihr zu. »Doch. Ich bin dessen sicher.« Jemand hatte tatsächlich das gleiche empfunden; jemand verstand...

»Und wünscht Ihr Euch jemals, dort zu sein, in diese Eingangsdiele dort zu treten – die voller Lehm ist – und zu hören, wie Eure Mutter jemanden schilt, weil er nicht genug Holz gebracht hat, und zu wissen, daß es dort warm und unbehaglich ist?«

»Ihr meint behaglich«, korrigierte ich sie.

»Nein, ich meine unbehaglich. Es ist immer warm und unbehaglich. Die beiden gehören zusammen, und man haßt sich dafür, daß man das eine schluckt, weil man nach dem anderen hungert. Und...«

»Mein Lord!« Die unverwechselbare Stimme drang an mein Ohr, die Stimme, nach deren Klang ich mich gesehnt hatte. Meine Augen wandten sich in die Richtung, aus der sie kam. Anne stand an der Tür zu ihrem inneren Gemach. Ihr Gesicht war verborgen, aber ihre Stimme war unwiderstehlich. Ich wandte mich von meiner Gesellschafterin ab.

Anne zog mich lachend zu sich hinein und warf die große Tür dröhnend ins Schloß. Sie sah strahlend aus, und ihre Bewegungen waren flink und sicher. »Ich habe es endlich!« Sie wirbelte herum. »Das Kleid. Es ist perfekt!«

Wieder lachte sie. »Ein Kleid, das niemand je vergessen wird. Erinnert Ihr Euch, wie Wolsey mich eine ›Nachtkrähe‹ nannte, weil ich schwarzes Haar hatte und ein schwarzes Gewand trug? Jetzt will ich, daß alle Leute mich ebenso strahlend sehen, einer wahren Königin gleich, in Weiß. Wolsey und das nachtschwarze Gewand waren die Finsternis. Dies aber soll der gleißende Mittag sein.«

Und die ganze Zeit schwebte sie über die polierten Holzdielen dahin, als habe sie keine Füße. Der kräftige Mond und die Fackeln spendeten Licht, und doch war ihr Spiegelbild in dem geölten Holz nur ein flüchtiger Schimmer, den sie niemals berührte.

»Nein, ich kann Euch nicht zeigen, wie es aussieht!« lachte sie, als wir ihr innerstes Gemach erreicht hatten. »Ich habe es gut versteckt. Ich will, daß Ihr ebenso geblendet seid wie alle anderen!«

Geblendet war ich schon jetzt. Sie stand mitten im Zimmer, ganz und gar Schönheit und Dunkelheit und Licht. Kein Grund, sich für das zu hassen, was man erwählte. Sie zu erwählen, bedeutete, alles zu bekommen.

Die Krönung war keine einzelne Zeremonie, sondern eine verschachtelte Folge von Zeremonien, eine in der anderen, und im Mittelpunkt stand der kostbare Augenblick der Salbung in der Westminster-Abtei. Zuerst mußte Anne auf dem Wasserwege zum Tower gebracht werden, wo sie übernachten würde. Vom Tower aus würde sie dann in einer Sänfte durch die Londoner Straßen getragen werden, damit sie sich dem Volke zeigen könnte. Am Tag darauf würde sie gekrönt werden. Und die folgende Woche wäre für alle Welt Feiertag.

Sorgfältig erklärte ich Anne das Protokoll eines jeden dieser Ereignisse, und Anne hörte rastlos und mit glitzernden Augen zu.

»Die Wasserprozession wird ein Volksfest werden. Die Themse ist viel breiter als jede Straße; sie bietet Platz für großartigen Festschmuck, für ein Feuerwerk, ja, für Kanonensalut. Bunter kann es nicht zugehen. Hast du schon jemals einen königlichen Wasserkarneval gesehen?«

»Nein. Nur die geschmückten Boote, die wir an Himmelfahrt in Norfolk hatten, als ich noch ein Kind war.«

»Pah!« Fingerschnipsend wischte ich derlei beiseite. »Der Bürgermeister hat mir erzählt, es soll sogar ein Drache auf dem Wasser schwimmen, mit einem mechanisch schwingenden Schweif und einem Rachen, der Feuer speit. Und das ist nur eines der Wunder.«

Der nämliche Bürgermeister hatte bereits seine Anweisungen von mir erhalten, soweit es das grobe Benehmen der Londoner gegen Anne betraf. Für den Fall, daß irgendwelche Beleidigungen den Tag beeinträchtigen sollten, hatte ich ihm greuliche Strafen angedroht. Laut sagte ich: »Und der Bürgermeister wird dich in Greenwich mit der Staatsbarke abholen.«

»Welch ein Triumph!« sagte sie, und ihre Stimme hatte einen harten, schneidenden Unterton. »Mein Urgroßvater war Bürgermeister von London – und jetzt soll ich seine Königin sein!« Die hämische Freude stand ihr schlecht. Und als fange sie sich, fügte sie rasch hinzu: »Meine königliche Barke wird einen feinen Anblick bieten. Sie ist jetzt in munterem Gold gehalten, und die Segel sind karmesinrot.«

»Katharina hat dafür im Moor keine Verwendung«, sagte ich leise. »Obgleich sie immer noch behauptet, sie gehöre ihr.« Der Gedanke an Katharina war wie ein Haufen von ungeschmolzenem Schnee in einem ansonsten blühenden Garten. »Ich erwarte dich an den Stufen des Tower«, fuhr ich fort. »Die Nacht verbringen wir dort in den königlichen Gemächern.«

»Ich hasse den Tower!« fauchte sie. »Er ist düster und altmodisch. Er macht mich bedrückt.«

»Die königlichen Gemächer sind neu gestaltet worden – es ist dort so behaglich wie in jedem anderen Schloß. Es ist Tradition, daß man die Nacht vor der Krönung dort verbringt, und außerdem finden dort die Zeremonien zur Ernennung neuer Ritter des Bath-Ordens statt, und es werden neue Adelstitel verliehen.«

»Altes Zeug, alte Zeremonien, alte Sitten das alles. Das Alte ist vorbei und vorüber, und es ist meine Sache nicht mehr«, beharrte sie.

»Das Alte ist niemals vorüber und vorbei. Man kleidet es lediglich neu ein und präsentiert es dann als etwas Neues. Und das sollst du auch tun. Wie du es mit den Ärmeln getan hast. Sind denn Ärmel nicht etwas Uraltes? Und doch hast du sie zu einer aufregenden Entdeckung gemacht.« (Wie unschuldig ich redete – ich, der ich mich von den üppigen, juwelenbesetzten Ärmeln an ihren Kleidern blenden ließ, ohne je zu argwöhnen, daß sie dazu dienten, ihr Hexenzeichen zu verbergen.)

»Ja«, pflichtete sie mir bei, eifrig darauf bedacht, es mit dem Thema der Ärmel sogleich bewenden zu lassen. »Ich will mich bemühen, aus allem etwas Neues zu machen – eine glückliche Erinnerung für jedermann.«

»Dessen bin ich sicher, mein Herz. Und ich werde es aus erster Hand miterleben. Auf der Themse, verkleidet. Will Somers bereitet alles dafür vor.« Ich genoß den überraschten Ausdruck in ihrem Gesicht. »Du bist nicht die einzige, die etwas Neues versucht. Ich werde an diesem Tag einer meiner Untertanen sein, und ich werde deinen Triumph mit ihren Augen sehen.«

»Was für ein Geschenk macht Ihr mir da«, murmelte sie.

Ich konnte nicht wissen, daß es die letzte große Feier meiner Jugend sein würde – zum letztenmal würde ich frohlocken in einem Regen von glitzerndem Gold und hochfliegenden Hoffnungen.

L

Es war ein prachtvoller Tag. Die, die gewettet hatten, würden Unsummen verlieren, und ich hatte nicht das geringste Mitleid mit ihnen. Die Sonne war in einen wolkenlosen Himmel hinaufgestiegen, und sogar das Wasser war warm. Festliche Stimmung herrschte auf den kleinen Booten, und das Wasser wiegte sie sanft hin und her.

Will und ich schlüpften leise hinaus, um unsere Plätze in dem leckenden Ruderboot einzunehmen, das Will uns besorgt hatte. Wir waren beide angemessen verkleidet – ich trug einen mottenzerfressenen Mantel und einen verbeulten Hut (den ein königlicher Stallknecht fortgeworfen hatte), und Will hatte sich in den alten Anzug eines Kesselflickers gehüllt, den dieser im Hof zurückgelassen hatte. Welch ein Segen, wenigstens einen glücklichen Tag lang im Hintergrund bleiben zu dürfen!

Das Aufregende und Unerwartete war unser Losungswort. Plötzlich drang mir Knoblauchdunst in die Nase. Die Leute im Nachbarboot drückten Klumpen von kentischem Käse auf große Scheiben Brot und bestreuten das Ganze mit Knoblauch. Die Brote wanderten vom Bug zum Heck durch das Boot. Sie machten eines zuviel und sahen sich um. Dann erblickten sie mich.

»Willst du eins?« Sie schwenkten das Brot in der Luft.

»Aye.« Ich streckte die Hand aus und nahm es entgegen. Will sah mich an und runzelte die Stirn. Ich brach das Brot mittendurch und teilte es mit ihm. Er biß begierig hinein, und ich tat es ihm nach. Es schmeckte gut.

Eine Welle erfaßte das Boot und ließ es schaukeln. Unsere Nachbarn beschwerten sich laut. »Der Fluß ist nicht so ruhig, wie er um diese Jahreszeit sein müßte. Bloß für 'ne Krönung sitze ich hier die ganze Nacht und ertrage das ...«

»Warst du bei der vorigen auch dabei?«

»Hä?«

»Bei der des Königs.«

»Das ist lange her«, antwortete er mit der Miene des Bedauerns. »Ich war noch ein halbes Kind.«

Ich auch, dachte ich.

»Aber mein Vater hat mich nach London mitgenommen. Ich weiß noch, daß ich ihn gesehen habe. Mein Vater trug mich auf seinen Schultern. Der König war sehr schön. Er war so jung, so... so golden. Wie ein Edelstein war er, und...«

WUMM! Das Dröhnen einer Kanonensalve machte dem Gespräch ein Ende. Ich drehte mich um und sah, daß Will mich mit hochgezogener Braue musterte. Er verabscheute die Art, wie ich »aus dem Brunnen der Eitelkeit trank«, wie er es nannte.

»Da kommt sie«, rief der Mann.

Ich reckte den Hals wie ein gewöhnlicher Bauer. Auf Zehenspitzen stand ich auf der Sitzbank in unserem kleinen Kahn. Ich sah nur Deck über Deck, Boot über Boot: die Staatsbarke, die geschmückten Barken der Handwerksgilden, des Adels und des Klerus, und zahllose kleine Boote wie das unsere. Sie drängten sich so dicht, daß die Themse nahezu unsichtbar war.

Dann sah ich, wie die Scharen sich langsam teilten. Die kleinen Boote lenkten beiseite, und ein weiter, breiter Pfad öffnete sich für die königliche Barke. Die Sonne glänzte darauf, als wolle sie ihn polieren und anwärmen.

Ein Knall. Der Wind hatte in Annes Segel gegriffen. Die Ruder waren unnötig. Es rauschte. Die Ruderblätter hoben sich aus dem Wasser, ein paar Tropfen rieselten herunter, und sie verharrten in der Luft, gespreizt wie Schmetterlingsflügel.

Die Barke schob sich ins Blickfeld. Katharinas Barke – aber sie gehörte nicht mehr Katharina. Sie war verwandelt.

Sie war vollständig neu bemalt. Wo einst spanische Granatäpfel und die Embleme Spaniens am Bug gesessen hatten, prangten jetzt Annes: ein weißer Falke und darunter ihr Motto: *Ich und das Meine*. Ein stolzes Motto, so stolz wie die Dame selbst.

Der Wind füllte die Segel. Sie waren karmesinrot, und sie knatterten und blähten sich in der Brise. Unter ihnen, auf einem Staatsthron, ganz in Weiß gekleidet, saß Anne.

Sie schaute niemanden an. Tausende umringten sie und gafften, aber sie blickte starr geradeaus. Ihr Haar flatterte im Wind wie die Segel.

Da liebte ich sie wie niemals sonst. Sie fuhr über das Wasser wie eine Göttin. Ich streckte die Hand nach Will aus und fragte: »Ist sie nicht schön?« Aber ich hörte seine Antwort nicht.

Annes Barke kam heran und zog vorüber. »Wie Kleopatra, mein Lord«, sagte Will schließlich. Für den Rest des Tages war die Barke ein Schattenriß vor der Sonne, in die sie hineinsegelte. Gegen die Sonne sah sie aus wie eine Fledermaus, eine mächtige schwarze Fledermaus mit gespreizten Flügeln.

Die Leute nebenan packten ihren Proviant und ihre Gerätschaften ein, um nach Hause zu fahren. Ich sagte ihnen Lebewohl.

»Schön war's«, sagten sie ein wenig betrübt. Mit dumpfem Klang verstauten sie ein weiteres Stück.

»Ihr klingt traurig«, rief ich versuchshalber.

»Aye. Sie war so hübsch.« Sie stießen ihr Boot ab. »Ich glaube ...« Aber die Stimme versank im Wogen des Wassers und im Rauschen der Segel. Ich wandte mich an unseren Bootsmann und an Will.

»Es wird Zeit, daß wir auch wieder nach Hause fahren.«

»Ganz recht«, sagte der Bootsmann. Ich machte es mir bequem und harrte der kurzen Überfahrt zum öffentlichen Bootssteg von Greenwich. Selbst in kleinen Dingen machte es mir heute Freude, jemand anderem das Steuer zu überlassen, mich zurückzulehnen und zu träumen.

Und so träumte ich, während die untergehende Sonne mir auf die Lider schien. Ich träumte von Anne in einer großen ägyptischen Barke. Anne als die Frau des Pharaos. Anne als – Potiphars Weib.

Im Tower war Anne an diesem Abend von fieberhafter Munterkeit. »Hast du es gesehen? Was haben die Zuschauer gesagt?« fragte sie immer wieder, und nie gab sie sich mit meinen Antworten zufrieden. »Der Drache – er war prächtig. Habe ich dir erzählt, daß er Feuer spie, bis herauf zu meinen Füßen? Einer meiner Schuhe ist angesengt!«

»Ssch«, sagte ich. »So beruhige dich.«

Ringsumher erhob sich aufgeregtes Geplapper. Achtzehn junge Männer bereiteten sich darauf vor, die ganze Nacht zu wachen, ehe sie am nächsten Morgen zu Rittern des Bath-Ordens ernannt werden würden. Der Rest des Hofes schmauste in der Halle des White Tower. Und überall waren Blumen – Girlanden und Blütenblätter bedeckten jeden Stein. Glasscherben funkelten am Boden; das Dröhnen der Kanonenschüsse hatte etliche Fensterscheiben zerspringen lassen. Über all dem Wirrwarr schwebten Saitenklänge.

»Geh mit mir spazieren«, bat sie. »Ich brauche diese Nachtluft.«

Erfreut nahm ich sie bei der Hand. »Deine Wangen glühen«, sagte ich.

Draußen, im schimmernden Zwielicht der Maiennacht, schien der White Tower zu leuchten.

»Ah.« Sie tat einen langen, erschauernden Seufzer. Dann plötzlich: »Was ist mit More?«

Ein Stich fuhr mir durchs Herz. »Ich habe ihm zwanzig Pfund geschickt; davon sollte er sich für die Krönung ein neues Gewand kaufen. Er hat mir das Geld nicht zurückgeschickt.«

Das schien sie zufriedenzustellen. »Und Maria?«

Ein zweiter Stich am selben Ort. »Meine Schwester liegt schwerkrank zu Westhorpe.«

»Sie hat mich immer gehaßt!«

Das stimmte. Maria hatte mich angefleht, nicht auf dieser »Narretei« mit Anne zu beharren. Ebensogut hätte sie den Regen bitten können, auf halbem Wege im Fallen innezuhalten. »Deshalb ist sie aber nicht krank«, stellte ich in gleichmütigem Ton fest.

»Ich bestehe darauf, daß sie kommt und mir die Ehre erweist, sobald sie genesen ist.«

Ihre Kleinlichkeit war ein Makel in der Nacht, und alle Pracht verging für mich. So gingen wir einige Augenblicke schweigend dahin. Plötzlich äußerte Anne den Wunsch, in die kleine Tower-Kapelle zu gehen und dort zu beten.

»Nein!« Ich hielt sie auf. »Nicht in der Johanniskapelle. Dort – dort bereiten sich die Ritter auf ihre Nachtwache vor.« Dort hatte auch meine Mutter aufgebahrt gelegen, dreißig Jahre zuvor, umgeben von Tausenden von glimmenden Kienspänen. Ich wollte nicht, daß Anne vor ihrer Krönung dort betete.

»Aber ich muß beten!« beharrte sie. Ihr Gesicht sah angespannt und eifrig aus, verwundbarer, als ich es je gesehen hatte. Und auch anders.

»Du sollst ja beten«, sagte ich. »Aber in einer anderen kleinen Kapelle. In St. Peter ad Vincula.«

»Wird dort auch das Sakrament aufbewahrt?«

»Immer.«

Ich führte sie zu dem kleinen Steingebäude, das einsam und dunkel am hinteren Rande der warmen Nachtgeräusche und des Lichtes stand. Sie zögerte.

»Ich komme mit und zünde dir eine Fackel an«, sagte ich.

Ich stieß die verzogene Holztür auf, die ins hallende Innere führte. Ein einzelnes Flämmchen flackerte auf dem Altar zum Zeichen der heiligen Gegenwart einer geweihten Hostie.

Ich entzündete eine große Kerze, die neben der Tür auf dem Boden stand, und berührte Anne bei der Schulter. »Bete in Frieden.«

»Danke«, sagte sie. »Und Dank auch, daß du mich nicht belächelt hast.« Ich wußte, was sie meinte: Wer einen ehrlichen Drang nach Frömmigkeit äußert, riskiert den Spott der anderen.

»Bete für mich«, bat ich sie.

Der erste Juni. Um Mitternacht war der verwunschene Mai dem Sommer gewichen, und Annes Prozession durch die Straßen von London war politische Realität. Würde die Stadt sie willkommen heißen? Das Spektakel auf dem Wasser tags zuvor war hübsch anzusehen gewesen, aber Lautenmusik, Kanonendonner und Feuerwerk hatten alles Johlen überdeckt, und wer unzufrieden war, hatte sich nicht erst die Mühe gemacht, mit Booten hinauszufahren.

In den Straßen war es anders: Sie waren kürzlich erst verbreitert und mit Kies bestreut worden, und an jeder Ecke erhob sich ein »Prunkgerüst« – eine offene Einladung für jeden Unruhestifter.

Gewiß, der Bürgermeister war gewarnt, und am Tage zuvor hatte er sich jedenfalls wacker geschlagen, aber das Pack hatte auch er nicht in der Hand; das wußte er, und ich wußte es auch, trotz meiner Drohungen gegen »Verräter«. Der Gedanke, zweihundert königliche Konstabler konnten unter hunderttausend Londonern irgendeine Art von Disziplin aufrechterhalten, war absurd. Heute mußte Anne hinausreiten und auf den guten Willen der Leute vertrauen – und auf Gott.

Ich schaute zur Sonne; schon stand sie als grelle, heiße Kugel am klaren Himmel. Das zumindest war ein günstiges Zeichen. Wenn ich die höchsten Bastionen des viereckigen White Tower erklomm, konnte ich gen Westen über ganz London hinwegsehen; von dort mußte Anne zur Westminster-Abtei herüberkommen. Schon waren die Straßen von Menschen verstopft; manche mußten schon die ganze Nacht dort ausgeharrt haben.

Ich selbst gedachte die Prozession von einem Fenster in Baynard's Castle aus anzuschauen, und es wurde Zeit, daß ich mich dorthin auf den Weg machte, ehe das Gedränge noch dichter würde.

Cromwell, der mit der Prozession nichts zu tun hatte, erwartete mich im verabredeten Zimmer in Baynard's Castle, das übrigens nicht, wie der Name vermuten ließ, ein Schloß war, sondern ein baufälliges altes königliches Stadthaus, das zufällig an dem Weg lag, den Anne nehmen würde. Cromwell hatte dafür gesorgt, daß bequeme Zuschauerstühle mit dicken Polstern aufgestellt wurden und daß uns ein wenig Musik die Zeit des Wartens vertrieb.

»Wir spielen nicht die geringste Rolle bei dem heutigen Spektakel«, sagte ich mitleidsvoll zu Cromwell. »Was ich über die Maßen amüsant finde, denn schließlich sind wir diejenigen, die dafür gesorgt haben, daß es stattfindet.«

Er hob eine Braue. »Lady Anne – das heißt, die Königin – hatte dabei wohl auch eine Hand im Spiel.«

»Aber ihre Rolle war nicht so entscheidend wie Eure und meine.« Ich antwortete leichthin, doch mir war wohlbewußt, was ich damit über unsere Partnerschaft sagte. »Heute wird das Volk eine Parade von Roben und Titeln vorüberziehen sehen, derweil die wahre Macht unsichtbar bleibt.«

»So war es schon immer.« Achselzuckend reichte er mir eine verdeckte Silberschale. Ich nahm sie entgegen; sie war eiskalt. Neugierig hob ich den Deckel ab.

»Scherbet, Eure Majestät. In Persien nehmen sie es zu sich, um sich an heißen Tagen wie heute Kühlung zu verschaffen.« Cromwell nickte. »Ich kann es auch mit anderem Geschmack herstellen lassen, aber mir selbst ist Minze am liebsten.«

Ich kostete davon; es war ein ausgezeichneter Gaumenkitzel. »Wundervoll! Crum, Ihr seid wundervoll!« Wie gelang es diesem Mann nur immer, auf so begnadete Weise alles angenehm – und möglich – zu machen? Nicht genug damit, daß eine von niemandem erwartete Königin gekrönt wurde – es gab noch ein Scherbet dazu, um die Sache zu versüßen.

Gegen Mittag vernahm ich Trompetenschall vom Tower, und ich wußte, daß Anne unterwegs war. Eine volle Stunde verging, ehe der vordere Teil der Prozession vorübergezogen war. Angeführt wurde sie von zwölf Franzosen, vom Kopf bis zu den Hufen ihrer Pferde in blauen Samt gekleidet – ein Zeichen für Franz' guten Willen. Nach ihnen kamen Junker, Ritter und Richter in ihren Festroben, die frischgebackenen Ritter des Bath-Ordens in ihren Purpurmänteln, und dann der Hochadel: Herzöge, Grafen, Marquise, Barone, Äbte und Bischöfe in karmesinrotem Samt. Ihnen folgten die hohen Beamten Englands, Erzbischöfe, Botschafter, die Bürgermeister Londons und anderer Städte, der Ritter vom Hosenbandorden...

Und endlich Anne. Wie ein kostbares Juwel wurde sie durch die Straßen getragen, in einer offenen Sänfte aus weißverbrämtem Brokat zwischen zwei weißgedeckten Rössern. Ein goldener Baldachin schützte sie vor den stechenden Strahlen der Sonne.

Aber nicht vor den stechenden Blicken der Menge und nicht vor ihrem mürrischen Schweigen – nichts hätte sie davor schützen können, sie hätte sich denn hinter zwei Fuß dicken Steinmauern vergraben.

Sie hielt den Kopf hoch erhoben, reckte das Kinn frech in die Luft – wie ein Schwan. Um ihren dünnen, geschwungenen Hals lag wie ein mächtiger Kragen eine Halskette aus unnatürlich großen

Perlen. Sie war ganz in blendendes Weiß gekleidet – und das lange schwarze Haar hing ihr offen über den Rücken. Obwohl schwanger, war sie gekleidet wie eine Jungfrau: in Weiß und mit ungeflochtenem Haar. Obwohl verschmäht, hielt sie den Kopf so stolz wie Alexander der Große.

Es war, als sei mein Wille ein lebendiges Wesen; sie dauerte mich, und mit meinem Willen wollte ich die Zuschauer zwingen, sie willkommen zu heißen, ihr ein Zeichen ihrer Zuneigung zu schenken. Hätte dieses Verlangen sie bewegen können, so hätte jeder einzelne gejubelt.

Annes Narr tollte hinter ihr drein und suchte das Volk zu beschämen und zur Freundlichkeit zu bewegen. »Ihr habt wohl alle die Räude, fürchte ich, und wagt es nicht, eure Köpfe zu entblößen!« schrie er und riß sich selbst die Kappe herunter, um ihnen mit gutem Beispiel voranzugehen – doch sie folgten diesem Beispiel nicht.

Als Anne vorüber war – gefolgt von ihrem königlichen Haushalt, ihrem Kämmerer, dem Stallmeister, samtgekleideten Hofdamen, Kutschen mit den Damen des Adels, ihren Kammerfrauen und schließlich der königlichen Garde –, begann das Volk spontan zu jubeln. Die Beleidigung hätte größer nicht sein können.

Ich sah, daß Cromwell neben mir mich mit ausdruckslosem Blick beobachtete. »Schade«, sagte er, und ich erkannte, daß es für ihn nur ein weiteres politisches Faktum war, welches unseren Zwecken, so gut es ging, dienstbar gemacht werden mußte. »Noch etwas Scherbet?«

Anne zitterte vor Wut, als ich an diesem Abend im Westminster Palace zu ihr kam. »Die Menge war stumm! Ich kann froh sein, daß das Volk mich nicht angespuckt hat, und die deutschen Kaufleute der hanseatischen Liga – oh, sie glauben, der Kaiser werde sie schützen, genau wie Katharina dies glaubt, die das Volk mit dem Geld ihres Neffen bestochen hat, aber – «

»Nie hast du Juno mehr geglichen«, stellte ich fest. »Aber was war mit den deutschen Kaufleuten?« Niemand hatte gewagt, mir von deren Übeltat zu berichten.

»Dort, wo Cheapside auf Ludgate Hill stößt, an der größten

Straßenkreuzung Londons, haben sie ihren ›Tribut‹ an mich errichtet – einen Triumphbogen mit lauter Fenstern und Pilastern und Springbrunnen, und mit Pfeilern zu beiden Seiten, die unsere Wappen tragen ...«

»Und? Das klingt hübsch.«

»Und über dem ganzen hockt mit gespreizten Schwingen, neun Fuß in der Breite – der kaiserliche Adler, und er trägt Karls Züge! Und mit den Klauen greift er nach unseren Kronen. Oh, die Botschaft war deutlich – sehr deutlich!«

Ich spürte, wie heißer Zorn mich durchrieselte und dabei eisig kalt wurde. »So.« Mehr sagte ich nicht.

Anne ließ sich auf einen Stuhl fallen, und die Juno verwandelte sich in ein sehr menschliches Weib, das eine erschöpfende Strapaze hinter sich gebracht hatte. Ganz abgesehen von den emotionalen Färbungen war der Tag körperlich zermürbend gewesen, zumal für eine Schwangere.

Ich kniete vor ihr nieder. »Dumme, boshafte Leute haben sich eine verletzende Geste erlaubt. Sie ist so hohl wie das Papiermaché, aus dem der Adler gemacht ist. Ich bitte dich, laß dich davon nicht berühren. Es wirft ein Licht auf sie, nicht auf dich.« Sie sah so müde und zerbrechlich aus; die Erschöpfung zeigte sich in jedem Muskel. »Beim Blute Gottes! Müssen sie ihren Haß an einem wehrlosen Weibe auslassen?«

Sie streckte die Hand aus und strich mir mit dem Finger übers Gesicht. »Nun«, sagte sie, »es ist geschehen. Sie können mir nichts mehr anhaben.«

Das stimmte. Sie und Katharinas Parteigänger hatten ihr Ärgstes nicht unversucht gelassen, und der Tag war vorüber, ohne daß sich ein ernsthaftes Mißgeschick ereignet hätte. »Möchtest du ein wenig Scherbet?«

Als Cromwells exotische Delikatesse serviert wurde, jauchzte sie wie ein Kind und gab mir das Gefühl, ich hätte ihr alle Juwelen Indiens zum Geschenk gemacht. Das war immer ihre magische Begabung: Sie konnte mir dieses Gefühl geben, wann immer es ihr beliebte.

Die großen Glocken der Abtei schlugen zehn, als sie das Scherbet verzehrt hatte und die Schale beiseite stellte. Sie zappelte, lächelte, suchte ihre Nervosität zu verbergen. In dieser Nacht würde sie keinen Schlaf finden, das sah ich. Also mußte ich ihr helfen.

»Du mußt ausruhen. Für die Krönung morgen.«

»Ich kann nicht.« Sie seufzte und trommelte mit den Fingerspitzen auf der Armlehne des Sessels, daß es klang, wie wenn Sommerregen auf ein Zeltdach prasselt.

»Nimm einen Sirup. Die Mönche wissen einen besonderen Sirup zu machen, der beruhigt und sicheren Schlaf bringt. Es gibt Zeiten, da man sich nicht leisten kann, rastlos und müde zu sein.«

»Einen Schlaftrank?« Erstaunt sah sie mich an. »Du nimmst solche Tränke?«

»Sie können gut sein, wenn man sie zu einem guten Zweck benutzt.«

»Ja... es gibt solche Tränke... Tränke, die ich benutzt habe...«

»Um deine Haut zu verschönern!« Wie schnell ich mit einer harmlosen Erklärung für ihr Geständnis bei der Hand war.

»Aye. Für meine Haut, natürlich... und gegen weibliche Beschwerden an gewissen Tagen... Ja, dies ist ein guter Grund. Der Vorabend meiner Krönung ...«

»Damit du schöner bist. Damit du dich immer daran erinnerst, wie das Öl auf deiner Stirn sich anfühlte, und wie du zum erstenmal das Gewicht der Krone spürtest, als sie dir aufs Haupt gesetzt wurde.«

»Erinnerst du dich daran noch?« Ihre Stimme war leise geworden.

»Ja. Ich erinnere mich an jedes Wort, an jeden Augenblick.«

Ich irrte mich. Ich erinnerte mich nicht »an jedes Wort, an jeden Augenblick«. Als Anne am nächsten Morgen den kurzen Weg vom Palast zur Westminster-Abtei unter einem von vier Rittern getragenen Baldachin zurücklegte, konnte ich mich nicht entsinnen, dergleichen je auch getan zu haben. Ich sah zu, wie sie die Abtei betrat, eine winzige Gestalt, von Kopf bis Fuß in einen hermelinverbrämten Purpurmantel gehüllt, und dann verschwand. Wenn ich die eigentliche Krönungszeremonie miterleben wollte, mußte ich mich nunmehr an meinen geheimen Beobachtungsplatz in der Stephanskapelle (wo Cranmer sein privates Abschwörungsgelübde abgelegt hatte) zurückziehen, den ich dort eigens hatte einrichten lassen.

Jetzt, hoch oben auf dem vergitterten Balkon, blickte ich hinunter auf den grauen Steinboden, der von Hunderten von menschlichen Juwelen übersät war. Anne allein war in Purpur gekleidet, der Farbe des Königtums. Einst war sie die Tochter eines einfachen Ritters gewesen, eine Gemeine wie nur irgend jemand dort unten auf den geheiligten Fliesen. Aber ich hatte sie gesehen, erhöht und zur Königin gemacht: Sie war mein Geschöpf.

Und jetzt stand der feierliche Augenblick bevor. Cranmer nahte sich in schleppendem Ornat und führte sie zum Hochaltar. Dort setzte man sie auf den uralten Krönungsthron.

Ja, daran erinnerte ich mich. Ich erinnerte mich an das harte, unbequeme Holz, und ich erinnerte mich, wie ich flüchtig an die barbarischen Häuptlinge gedacht hatte, die vor langer Zeit hier gekrönt worden waren, in Felle und Leder gekleidet und mit einem Schwert an der Seite, und die sich diesen rohbehauenen Sitz der Königswürde nach ihrem Geschmack hatten zimmern lassen.

Und jetzt kehrten auch die Sinneserinnerungen zurück. Gerüche: der einschläfernde Weihrauch, der sich in Wolken ringsum erhob; der satte Duft von neuem Samt; der feuchte, saubere Dunst, der vom frischgeschrubbten Steinboden aufstieg. Geräusche: das Murmeln des Heiligen Salböls, als der Erzbischof es in die goldene Ampulla rinnen ließ; das weiche Tappen heiliger Füße auf kalten Steinplatten; der ferne Choralgesang, der bis weit hinten in die heilige Kapelle hallte, wo mein Vater und meine Mutter ihren marmornen Schlaf schliefen.

Stille hatte sich herabgesenkt. Der Augenblick der Salbung war gekommen. Das Klingen des Salblöffels an der Ampulla war deutlich zu vernehmen. Staunend schaute ich auf Anne hinunter. War ich so geschritten? Hatte so ich ausgesehen, als ich kniete? Hatten so die Kerzen mich umstanden? Warum konnte ich mich nicht erinnern?

Und plötzlich war Anne Königin. Es war vorüber. Was geschehen war, ließ sich nicht mehr ungeschehen machen. Aber warum dachte ich sogar in diesem Augenblick daran, es ungeschehen zu machen?

Das Krönungsbankett folgte unmittelbar darauf in der Großen Halle von Westminster Palace, wo wir uns einige Wochen zuvor zur Osternacht versammelt hatten. Tafeln mit fünfhundert Plätzen erwarteten die Krönungsgäste. Ich selbst würde durch ein Fenster einem Nachbarraum zuschauen.

Aus luftiger Höhe betrachtet, hätten die mit weißem Linnen und goldenen Tellern und Bechern gedeckten Tische herrlicher nicht aussehen können. Und Anne würde endlich auf der Estrade am Kopf der königlichen Tafel sitzen, ohne daß ich dabeisein mußte.

Und sie rauschte herein wie ein mächtiger Ausbruch der Natur. Nicht wie das zaudernde Nahen des Frühlings, sondern mit dem Krachen des Eises im Winter. Anne war hier!

Sie nahm ihren Platz ein, und sie überstrahlte sie alle, eine Säule von Purpur. Sie ließ sich auf ihren Stuhl sinken. Diener durchschwärmten die Halle, Becher blitzten, Teller voller Köstlichkeiten aus dem Füllhorn der Jahreszeit wurden allen gereicht. Die traditionellen »Champions«, die Schutzritter in ihren eisernen Rüstungen, ritten unter lautem Getrappel in der Halle auf und ab und forderten jeden heraus, der es wagen wollte, Annes Recht auf die Krone in Frage zu stellen. Mit Schwert und Schlachtroß würden sie jeden Unzufriedenen aus dem Felde schlagen.

Ein altmodischer, hübscher Brauch. Was vermochten sie gegen die mürrisch schweigende Menge, die gestern die Londoner Straßen gesäumt hatte? Genau wie der Krönungsthron gehörten auch die Champions in eine andere Zeit der Menschheit.

Mein Blick wanderte durch die Halle und fiel auf Thomas Mores Stuhl. Er war leer.

Es war spät nachts, als Anne und ich uns wiedersahen. Sie erschien mir genauso wie immer. So tarnen folgenschwere Veränderungen sich oft so, als seien sie gar keine Veränderungen.

Wortlos nahm ich sie bei der Hand und führte sie zu meinem Bett, und dort verwehten alle anderen Gedanken – und ich verschmolz mit ihr, wie ich noch nie mit einem Menschen verschmolzen war. Sogar Gott war vergessen.

LI

Die Woche, die auf Annes Krönung folgte, gewährte uns Erholung von allen irdischen Sorgen. Die Sonne schien unentwegt; die Bürgerschaft brauchte nicht zu arbeiten; Wein floß aus öffentlichen Brunnen; jeden Tag fand in den Schranken des Palastes ein Turnier statt. Und jede Nacht fand ich beispiellose Glückseligkeit in Annes Bett, wo ich Spielplätze der Sinnlichkeit erkundete, von deren Dasein ich nichts geahnt hatte.

Die Rückkehr zur Alltagsarbeit war so mühsam wie das Verlassen eines Traumes. Im Lande der Ungläubigen, so habe ich gehört, sitzen die Männer wohl tage-, monate- oder auch jahrelang in Höhlen, die mit Seide ausgekleidet sind, und rauchen eine Droge, die Träume herbeiführt. Ich fühlte mich, als sei mir etwas Ähnliches vergönnt gewesen, und ich wollte nicht davon ablassen. So schnell macht die Euphorie uns süchtig.

Solange ich im Schloß blieb und in Feiern und den Armen einer Frau schwelgte, war alles eitel Sonnenschein. Draußen aber gab es wenig Freude, geschweige denn Euphorie. Das Volk wollte noch immer »keine Nan Bullen«. Thomas More hockte noch immer in seinem Studierkämmerchen in Chelsea und übersetzte lateinische Texte, und er sandte mir nicht einmal einen schriftlichen Glückwunsch. Die zwanzig Pfund hatte er ohne eine Nachricht an mich zurückgeschickt. Der Papst versuchte immer noch, Karl zum Krieg gegen mich aufzustacheln, um die Ehre Katharinas – und der Kirche – zu verteidigen. Katharina selbst, die »gekränkte Dame«, gebärdete sich weiterhin als Königin – nunmehr von Buckden aus, dem Backsteinschloß im Sumpf, in das sie sich widerwillig hatte umsiedeln lassen.

Und meine Schwester Maria lag – gleichfalls in East Anglia – noch immer krank darnieder. Kaum hatte Charles Brandon seine Verpflichtungen bei der Krönung erfüllt, ritt er zurück, um an ihrer Seite weilen zu können. Ich versprach, ihm gegen Ende Juni zu folgen, und sandte von Hampton Court einen Korb Erdbeeren, die sie immer so gern gegessen hatte, mit dem liebevollen Befehl, sie unverzüglich zu verspeisen und wieder gesund zu werden.

Und dann kam die kurze, grausame Nachricht: Maria war tot. Die Erdbeeren hatten eine Frau erreicht, die des Essens nicht mehr bedurfte.

Sie sollte in Suffolk bestattet werden, wo sie die Jahre seit ihrer Vermählung mit Brandon verbracht hatte. Sie, die einst Königin von Frankreich gewesen war, die Juwelen und Tanz und höfische Fröhlichkeit geliebt hatte, hatte achtzehn Jahre lang ein stilles Leben auf dem Lande gelebt – aus lauter Liebe zu einem Mann. Obwohl er mein Freund war, beneidete ich Charles darum. Ein jäher, ungerufener Gedanke: Hätte Anne solches für mich getan?

»Sie wird als Königin beerdigt werden«, erklärte Charles mit erstickter Stimme. Er war zum Hofe zurückgekehrt, derweil Maria für die Bestattung bereitgemacht wurde. »Als Königin von Frankreich. Das ist das mindeste, was ich tun kann – ich, der ich sie ihres rechtmäßigen Titels im Leben beraubt habe.«

»Sie hat Euch erwählt, Charles«, erinnerte ich ihn. »Sie hat sich dafür entschieden, Eure Gemahlin zu werden, in Suffolk zu leben und Kinder zu bekommen, statt als Königinwitwe am französischen Hofe zu bleiben.«

Das tröstete ihn nicht. Offenbar war er entschlossen, zu glauben, er habe sie um ihre Jugend und um die Privilegien ihres Ranges gebracht.

»Eine königliche Bestattung – wird das nicht ein wenig... extravagant werden?« Ich meinte »kostspielig«. Die Kosten für das Protokoll einer königlichen Beerdigung waren schwindelerregend, und ich wußte wohl, daß es um Charles' Finanzen zweifelhaft bestellt war.

»Ich werde es schon schaffen«, murmelte er und sah mich mit bettelndem Blick an.

In diesem Augenblick hätte ich ihm, als Schwager und als Freund, anbieten müssen, die Kosten für die Bestattung zu übernehmen. Aber ich konnte nicht. Ich hatte kein Geld mehr übrig; keinen Schilling, der nicht verplant war. Bald würde ich beginnen, ehemalige Kircheneinkünfte zu kassieren: Das Parlament hatte bereits zuvorkommenderweise das Annatengesetz verabschiedet, ein Gesetz, welches den Zehnten der kirchlichen Einkünfte, der bislang nach Rom geflossen war, mir zufallen lassen würde. Aber dieser künftige Geldstrom war vorläufig nur ein Rinnsal.

Der Augenblick ging vorüber.

»Ich bekomme ja Lady Willoughbys Erbteil«, sagte Charles. Der bettelnde Ausdruck war immer noch da.

»Was?« Ich verstand ihn nicht.

»Lord Willoughbys Tochter ...«

»Das Kind, das Euch als Mündel anheimgegeben wurde«, entsann ich mich. »Katharina.« Puh – dieser Name. Sie war nach Katharina getauft worden, denn ihre Mutter, Maria de Salinas, war 1501 mit Katharina, damals Arthurs Braut, aus Spanien hergekommen.

Bald darauf hatte die hübsche kleine Spanierin die Aufmerksamkeit des liebenswürdigen Lord Willoughby erregt, und sie hatten geheiratet. Nach Willoughbys Tod war Charles zum Vormund über die Tochter eingesetzt worden. Das bedeutete, daß er ihr gegen eine Vergütung Wohnung gewährte, bis sie heiratete. So etwas war nicht ungewöhnlich; viele Lords hatten gleichzeitig mehrere Mündel.

»Aber das Einkommen aus der Vormundschaft kann doch kaum ausreichen, um ein königliches Begräbnis davon zu bezahlen.« Ich blieb beharrlich. Charles hatte nie einen Sinn für Geld gehabt, wenngleich er immerhin so schlau gewesen war, seinen Sohn mit der kleinen Katharina Willoughby zu verloben, so daß ihre Ländereien und ihr Vermögen seiner Familie nicht entgehen würden.

»Wir werden heiraten«, erklärte er unverblümt. »In drei Monaten – wenn die Zeit der Tieftrauer vorüber ist.«

»Aber – sie ist doch mit Eurem eigenen Sohn verlobt!« Etwas anderes fiel mir dazu nicht ein.

»Ich habe die Verlobung aufgelöst.« Er zuckte die Achseln. »Sie hatte immer schon etwas übrig für mich. Das sah man. Wie sie mich anschaute, wenn sie gelegentlich kam, um sich nach Maria oder nach Heinrich zu erkundigen ...« Der Stolz des geborenen Lüstlings schimmerte in seinen Augen, deren Blick eben noch niedergeschlagen und schmerzerfüllt gewesen war. Ich spürte Übelkeit und wandte mich ab; ich fürchtete, ich könnte ihn schlagen.

»Das müßt Ihr verstehen«, winselte er. »Geld. Es geht nur um Geld. Ich habe getan, was ich tun mußte, um zu überleben. Ich habe Maria geliebt, und ich war ihr nie untreu, aber man muß doch leben – schaut, ich könnte sie sonst nicht einmal begraben!«

»Ja«, sagte ich leise. »Man muß leben. Und es ist nicht die Ehre, die Leben spendet, noch ist es die Liebe, noch ein schlagendes Herz, noch eine atmende Brust... Jetzt sehe ich ein, daß diese alle nur etwas vermögen, wenn auch Geld zugegen ist. Geld ist die Kraft, die uns alle treibt, die Liebe und Ehre erst möglich macht.«

»Ja. Ich wußte, Ihr würdet es verstehen. Ihr liebt Anne, nicht wahr? Und dennoch, ohne ...«

Sag es nicht! Sag es nicht! Ohne die Krone hätte sie dich nicht genommen!

»... die Kirche auszuplündern, könntet Ihr Euch nicht von Papst und Kaiser unabhängig machen.«

Ich fuhr herum und starrte den breitgesichtigen, alternden Glücksritter an. »Wie könnt Ihr es wagen, unser Tun zu vergleichen!« brüllte ich. »Raffgieriger, begehrlicher Verführer, der Ihr Euch an der Bahre Eures Weibes prostituiert! Ich reformiere die Kirche, weil sie nach Läuterung, nach Reinigung schreit! Geht mir aus den Augen!«

»Wie Ihr wollt.« Er verbeugte sich und verließ das Zimmer, den langen schwarzen Trauermantel frech hinter sich schwingend.

Und ihn hatte Maria geliebt. Schmerz und Zorn kämpften in mir, und wie meistens obsiegte der Zorn.

Der strahlende Junitag draußen erschien mir grausamer als der häßlichste Wintertag. Nun, da Maria nicht mehr war, hatte ich das letzte Bindeglied zu meiner wirklichen Familie verloren – und damit zu dem Knaben, der ich einst gewesen.

WILL:

Und während diese Vergangenheit in der Kirche zu Framlingham in Suffolk zur letzten Ruhe gebettet wurde, schritt der Heinrich der Gegenwart, von seiner Vergangenheit abgeschnitten, durch den Sommer, kühn wie ein Löwe. Allem äußeren Anschein nach befand er sich auf dem Gipfelpunkt seines Lebens, immer noch gesund und schön, und seine Herzenssehnsucht war ihm erfüllt in seinem Weibe und in seinem künftigen Erben wie auch in seiner neuen Konkubine: der Kirche. Er war Fortunas Günstling an diesem Tage – seinem zweiundvierzigsten Geburtstag.

LII

HEINRICH VIII.:

Wo sollte mein Sohn und Erbe zur Welt kommen? Wo anders als in Greenwich, damals Annes Lieblingsresidenz – heute ein Ort, den ich meide, als wimmelte es dort von Gespenstern. Damals war es ausgeschlossen, daß Annes königliches Wochenbett irgendwo anders stehen könnte. Und so waren schon im Juli die Arbeiter dabei, einen Flügel des luftigen Palastes am Fluß zu jenem seltsamen Zufluchtsort umzubauen, zu einem Wöchnerinnenspital. Einen Monat vor der Niederkunft würde Anne sich mit nur wenigen vertrauten Frauen dorthin zurückziehen und dort bis nach der Entbindung in Klausur leben. Es war ein Gefängnis, mit Samt ausgekleidet, und es sollte verhindern, daß der Prinz gegen einen Wechselbalg ausgetauscht werde. Es diente zum Schutze der Königin.

Anne jedoch sah es mit anderen Augen. »Eingesperrt den ganzen August, im Hochsommer!« klagte sie. »Zurückgezogen wie ein Türkenweib! Und keinen Mann soll ich sehen, außer meinem Arzt. Das ist grausam, liebster Harry!«

»Wir haben gegen so viele Bräuche verstoßen, daß wir die kleinen um so strenger einhalten müssen.«

»Und du wirst fortgehen und dich auf Staatsreise begeben.«

»Nein«, beruhigte ich sie. »Ich werde nie mehr als einen halben Tagesritt von deiner Seite weichen. Ich würde dich nicht allein lassen, nein – nicht um alle Juwelen in Beckets Grab. Wir werden zusammen sein bis zu dem Tag, da du mit deinen Frauen in die Wöchnerinnenstube ziehst.«

»Frauen!« Fast spie sie das Wort aus. »Eine Bande von öden, langweiligen Kreaturen, die von nichts anderem reden als von

Milchpunsch und vom Kindbettfieber und davon, wie es war ›als ich mit meinem Johnnie schwanger ging‹.« Sie äffte sie grausam nach – und perfekt.

»Es liegt dir nichts an weiblicher Gesellschaft?«

»Nein! Nichts! Ich will Witz und Musik und Poesie um mich haben. Das alles finde ich bei dir. Mein Bruder George und seine Freunde, Tom Wyatt, Will Brereton, Francis Weston – die sind lustig. Aber eine Herde tratschender, törichter Weiber!«

Es stimmte. Sie umgab sich stets mit Männern und hatte keine Freundinnen. Ihr engster Gefährte war ihr Bruder George, nicht ihre Schwester Mary.

»Es ist ja nur für ein Weilchen. Du wirst noch froh genug sein, daß sie da sind, wenn es erst soweit ist. Ich kann mir nicht denken, daß du Lust hast, dich Tom Wyatt in der Stunde der Geburt zu zeigen. Die Frauen werden wissen, was zu tun ist. Schließlich haben sie ihre Johnnies, wie du sagst, zur Welt gebracht, und das ist im Wochenbett mehr wert als die Kenntnis italienischer Sonette.«

Sie zog eine saure Miene.

»Genug davon«, sagte ich. »Außerdem habe ich ein Juwel, das dich ins Wöchnerinnengemach locken soll: Ein großes Bett, das einst zum Lösegeld für einen Prinzen gehörte. Ich lasse es gerade aus dem königlichen Schatzhaus holen und in deinem Gemach zusammenbauen.«

Sie wischte meinen Bestechungsversuch beiseite wie ein listiges Kind. »Eingemauert zu werden macht mir keinen Spaß. Darf nicht einmal Mark Smeaton für mich aufspielen, damit ich in den endlosen Stunden des Wartens ein wenig Unterhaltung habe?«

Mark Smeaton. Dieser hübsche Bürgerliche, dessen Gewandtheit im Lautenspiel nahezu genial war. Wo mochte er es sich angeeignet haben, hatte ich mich schon oft gefragt.

»Das ist unmöglich«, erklärte ich mit schmalen Lippen. Würde sie es denn nie verstehen? Dinge, die Katharina, königlichen Geblüts schon im Mutterleib, mit jeder Faser ihres Seins gewußt hatte, gingen Anne ganz und gar ab.

»Aber ...« begann sie, doch ich schnitt ihr das Wort ab.

»Ich habe beschlossen, daß sein Name Edward sein soll«, verkündete ich.

»Oh.« Sie sah mich verblüfft an. »Ich hatte angenommen, du würdest dich für Heinrich entscheiden.«

»Ich hatte schon einen Sohn namens Heinrich; er starb.« Wie konnte es sein, daß sie davon nichts wußte? Es kam mir unmöglich vor, daß sie es nicht wissen, daß sie sich nicht die Mühe gemacht haben sollte, es herauszufinden.

Sie zuckte die Achseln, als sei es bedeutungslos – mein Sohn Heinrich, das Kind meiner Jugend. Das Kind von Katharina.

»Ich habe über die Taufzeremonie nachgedacht«, sagte sie verträumt. »Es soll ein großer Staatsakt werden. Jawohl – die Pracht soll allen, die es miterleben, ein Leben lang im Gedächtnis glänzen. Ich will Tausende von Kerzen, und einen Taufbrunnen aus purem Gold, und Edwards Name soll darein graviert sein, damit kein Geringerer je daran getauft werden kann. Und was mein Kleid angeht, so dachte ich an roten Satin – «

Hatte die prachtvolle und ruinöse Krönungsfeier ihrer Eitelkeit nicht genügt? Ich spürte, wie mein Ärger sich in Zorn verwandelte. Zeremonien, Pomp, Spektakel; Kleider und Gold und Kerzen. Der Name ihres Sohnes interessierte sie nicht, nur das Aussehen seines Taufbrunnens. In der Geburt unseres Sohnes, des englischen Thronerben, sah sie nichts als einen funkelnden Rahmen für die Darstellung ihrer selbst.

»Marias Taufkleid!« plapperte sie weiter. »Ich muß Marias Taufkleid haben! Gäbe es eine bessere Möglichkeit, dem Volke klarzumachen, wer der rechtmäßige Thronerbe ist? Gäbe es eine bessere Möglichkeit, Katharina und Maria zu demütigen? Ja, ich werde sogleich danach schicken!«

Jetzt tanzte es in ihren Augen, wie es mich einst so bezaubert hatte, und wie es immer geschah, wenn sie eine Teufelei im Schilde führte.

»Du bist töricht«, sagte ich angewidert. »Was gelüstet es dich nach Brosamen, nach Resten aus dem Leben einer anderen? Warum gibst du nicht ein neues Taufkleid in Auftrag, eines, das eigens für unser Kind gemacht wird? Du kannst es über und über mit Perlen besticken lassen. Es wird ein Schatz sein, den man noch nach Generationen bewundern wird. Statt dessen aber begehrst du etwas Altes, das noch dazu einer anderen Frau gehört.«

Wie mich? Als Katharinas Gemahl war ich wertvoll gewesen. Als ihr eigener – war mein Wert gesunken?

»Ich will das Taufkleid«, beharrte sie. »Und ich werde es bekommen.«

Ein paar Tage später kam ein wütender Brief von Katharina: mit aller moralischen Rechtschaffenheit, die ihr zu Gebote stand, weigerte sie sich, das Kleid herauszugeben.

Anne war erzürnt über die Halsstarrigkeit und den Hochmut ihrer Rivalin. »Zwinge sie, das Kleid herauszugeben!« kreischte sie mich an, und sie fuchtelte mit dem Brief auf und ab und schlug damit in die Luft.

»Das kann ich nicht«, antwortete ich. »Das Kleid ist nicht Eigentum der Krone, wie es etwa die königlichen Juwelen waren. Katharina hat das Recht, es zu behalten.« Die Tatsache, daß Katharina das Kleid wie einen Schatz hüte, freute mich insgeheim.

»Das Recht? Was für Rechte hat sie denn?«

Ich war entsetzt. »Die gleichen Rechte wie jeder englische Untertan. Unter anderem das Recht auf Privateigentum.«

»Sie verdient keine Rechte! Sie weigert sich, mich als Königin anzuerkennen! Damit ist sie eine Verräterin!«

»Kein Gesetz schreibt vor, daß alle Bürger dich formell als Königin anerkennen müssen. Heutzutage berufen wir uns auf das alte Präzedenzrecht, demzufolge Schweigen Zustimmung bedeutet.«

»Dieses Recht wirst du sehr bald ändern müssen«, bemerkte sie herausfordernd. »Es gibt viele verschiedene Arten von Schweigen, und bald – schon sehr bald – wird es wichtig sein, zwischen ihnen zu unterscheiden. Du wirst dich dazu gezwungen sehen, um deines Sohnes willen. Und dann beginnen die Hinrichtungen!« Ihre Augen wurden schmal. »Hinrichtungen. Alle Verräter werden hingerichtet, Harry – Katharina und Maria, und dieser dumme Thomas More. Du wirst keine Wahl haben!« Ihre Stimme schwoll in einem Crescendo.

»Anne!« Ich packte sie bei den Schultern und schüttelte sie heftig. Es war, als bräche ich einen dämonischen Bann. Sie verwandelte sich vor meinen Augen, und aus dem zeternden Ungeist wurde ein verwirrtes, ehrliches Geschöpf.

»Du regst dich auf«, stellte ich leichthin fest. »Das ist nicht gut für das Kind. Komm, ich will dir das große Bett zeigen, von dem ich sprach. Es ist, wenn ich mich recht erinnere, mit überaus zierlichen Schnitzereien verziert...« Ich sprach in besänftigendem Ton und beruhigte sie so.

Als ich in dieser Nacht allein in meinem Bett lag (denn die Ärzte hatten Anne und mir verboten, vor der Geburt noch einmal als Mann und Weib zusammenzukommen), war ich dankbar dafür, daß es mir so rasch gelungen war, ihre aufsteigende Hysterie zu ersticken. Später wäre noch Zeit genug, um über ihre Vorwürfe gegen Katharina und Maria nachzudenken, und auch über ihre Prophezeiungen hinsichtlich der Maßnahmen, die womöglich notwendig werden würden, wenn ich mich ihrer fortdauernden Popularität erwehren wollte.

Denn populär waren sie. Gerade eine Woche zuvor hatten die Dörfler zu Buckden sich um das kleine Schloß geschart und Katharina zugerufen: »Gott schütze die Königin! Wir sind bereit, für Euch zu sterben! Wie können wir Euch dienen? Verwirrung über Eure Feinde!« Und wann immer Maria sich sehen ließ, riefen die Menschen ihr Ähnliches zu. Es war recht klar, auf wessen Seite das Volk stand.

In der folgenden Woche ließ ich ein Edikt drucken und unter Trompetenklängen im ganzen Lande verkünden: Katharina durfte nicht länger als Königin angeredet werden. Wer es dennoch tat, war des Todes. Etwas anderes zu rufen, stand ihnen frei; nur dieses eine Wort war zu meiden – und die englische Sprache ist reich an Synonymen und Umschreibungen.

Aber die öffentliche Verkündung dieses Ediktes diente dazu, Anne zu besänftigen, wie es handfeste Äußerlichkeiten immer taten. Gesetze und Juwelen und Titel hatten ihr stets Trost und Sicherheit und Zuflucht geboten.

In nur sechs Wochen würde alles anders sein, sagte ich mir. Wenn erst der Thronerbe wohlbehalten auf die Welt gekommen wäre und das Parlament ihm als dem Prinzen von Wales Gefolgschaftstreue geschworen hätte, dann würde das Volk lächelnd auf Anne und den Prinzen Edward blicken und Maria vergessen.

Die Bekanntmachungen für das bevorstehende feierliche Ereignis wurden jetzt vorbereitet. Drei Dutzend Schreiber schrieben die Worte von der »Entbindung und Geburt eines Prinzen«. Ich erwählte zwei Velin-Pergamente von sahnigster Tönung, gänzlich ohne Narbe oder Runzel, die an Franz und an Karl gesandt werden sollten, und ich betraute zwei meiner geschicktesten Schreiber mit ihrer Ausführung. Im Geiste sah ich die Bekanntmachungen bereits an ihrem Bestimmungsort. Schon wenn ich mit den Fingerspitzen über die unbeschriebene Fläche strich, empfand ich ein Gefühl von Triumph und Erfüllung.

Der Tag, da Anne sich in ihre Wöchnerinnengemächer zurückziehen sollte, rückte näher, und wann immer sie keifte oder schmollte oder muckte, zählte ich unversehens die Tage bis zur Zeremonie des »Einzugs in die Wochenstube«. Sie war unter der Regentschaft meines Vaters festgelegt worden und mußte in allen Einzelheiten befolgt werden, wenn eine glatte Entbindung sichergestellt werden sollte. Zuerst mußte eine Gruppe von Adeligen und Damen mit Anne die Messe in ihrer Privatkapelle besuchen und ihr dann in ihrem Audienzsaal unter einem Staatsbaldachin Wein und Kräuter reichen. Schließlich würde ihr Kämmerer laut darum beten, daß Gott ihr eine unbeschwerliche Niederkunft gewähren möge.

Zwei Männer würden sie dann zur Tür ihres inneren Gemaches geleiten und sie dort ihrem Schicksal anheimgeben, abgeschlossen von jeglicher männlichen Gesellschaft. Nicht einmal männliche Schoßhündchen oder Singvögel durfte es in diesem Gemach geben und auch keine Porträts von Männern oder Zeichnungen von männlichen Tieren.

Bevor sie indessen dergestalt eingemauert wurde, kam Cromwell mit wahrlich schwerwiegenden Neuigkeiten zu mir.

»Sie ist da«, meldete er schlicht. »Ich habe Nachricht erhalten, daß sie bereits gestern abend über den Kanal gekommen und zu Dover gelandet sei.«

Es war nicht nötig, daß er das verhaßte Wort aussprach: *Exkommunikation*.

»Klemens hat sie vor zwei Wochen unterzeichnet.«

»Er sei verflucht! Konnte er nicht noch zwei Wochen warten? An Mariä Himmelfahrt wird Anne die Wochenstube beziehen. Aber wenn sie vorher davon hört...! Oh, ich muß es verhindern! Crum, Ihr reitet dem päpstlichen Gesandten entgegen und sagt ihm, ich werde ihn in... in« – welches Haus lag günstig zwischen London und Dover? – »in Crowley empfangen. Sputet Euch!«

Crum sah mich belustigt an. »Seid Ihr so erpicht darauf, Euer Verdammungsurteil in Empfang zu nehmen?«

Seltsam – unter diesem Aspekt hatte ich die Sache gar nicht gesehen. »Es steht nicht in der Macht des Papstes, mich zu verdammen.« Die Worte kamen ganz natürlich über meine Lippen, ohne daß ich sie zuvor geprüft hätte. »Seine Macht erschöpft sich darin, eine Proklamation zu schreiben, die geeignet ist, meine Gemahlin in Schrecken zu versetzen und ihr ungeborenes Kind zu gefährden. Es ist die schäbige, kleinliche Geste eines schwächlichen Drangsalierers.«

Und so offenbarte ich mir in einem unbedachten Augenblick meine innersten Gedanken. Die meisten Prüfungen im Leben überfallen uns ebenso unverhofft, und immerfort sitzt uns die lauernde Furcht im Nacken, wir könnten sie nicht bestehen.

Rasch machte ich mich bereit, nach Crowley zu reiten. Es bedeutete, daß ich die Unterhaltung versäumen würde, die Anne für den Mittag geplant hatte: einen Dichterwettstreit zwischen irgendwelchen Höflingen, einem Zimmerspringbrunnen, dessen kühles Geräusch die drückende Sommerhitze lindern sollte, und schließlich eine Scherbet- Leckerei (Crum hatte ihr das Rezept geschenkt), mit der sie ihre Gäste überraschen wollte; sie schmeckte nach Kirschen, und Anne hatte Stunden darauf verwandt, den Geschmack zu vervollkommnen. Ich selbst hatte dabei geholfen; jetzt mußte ich unter irgendeinem aus dem Stegreif ersonnenen Vorwand davonhasten. Anne war beunruhigt und ließ sich nicht zum Narren halten; sie spürte, daß sich etwas Wichtiges ereignet hatte.

Ich brauchte vier Stunden bis Crowley, ein grobschlächtig eingerichtetes Jagdhaus, das mein Großvater Edward gern als Erholungsort aufsuchte, wenn er den Tag über mit seinen Brüdern Clarence und Richard unterwegs gewesen war. Mir hatte es dort immer gefallen, obwohl es in beunruhigender Weise an die Kriege gemahnte. Es war behaglich dort – ein Haus, in dem man die Stiefel ausziehen und vor dem Kamin schnarchen konnte. Hier hatten Anne und ich auch die beiden hitzigen Tage während der Staatsreise im Jahre 1531 verbracht, als sie mich wieder und wieder beinahe in ihre Kammer gelassen hätte und mir doch im letzten Augenblick immer die Tür verriegelt hatte. Waren seither wirklich erst zwei Jahre vergangen?

Nun sollte ich einer Herausforderung anderer Art gegenübertreten, nämlich in der Gestalt des päpstlichen Gesandten. Ich betrat das Jagdhaus und sah erfreut, daß ich als erster eingetroffen war; dies verschaffte mir einen kleinen Vorteil. Ich schaute mich um. Wie anders es doch bei Tage aussah, wenn mein Blut nicht brannte, wenn ich nicht von Verlangen erfüllt war, das nach Befriedigung schrie. Diejenigen, die einen Sieg im Krieg mit einem Sieg in der Liebe vergleichen, sind Narren und haben vermutlich weder das eine noch das andere je erfahren.

Ich hatte Zeit genug, mich zu langweilen, ehe ein Sonnenstrahl, der weit hinten im Osten auf der Straße einen Helm aufblinken ließ, mir die Ankunft von Klemens' Beauftragtem ankündigte.

Eine ausländische Macht auf englischem Boden, die heranmarschierte, um ihre Rechtsgewalt auszuüben – dies war das letztemal, dachte ich, daß man einen solchen Anachronismus erleben würde. Nie wieder. Ich hatte dafür gesorgt, daß man sich auf dem Kontinent derlei Anmaßungen aus dem Kopf schlug und daß sie für jeden patriotisch denkenden Engländer völlig unannehmbar geworden waren.

Noch in meiner eigenen Kindheit hatte man alles Ausländische als »besser« betrachtet denn das Englische. Arthur mußte eine ausländische Braut haben; die Dynastie der Tudors wäre als »könig‑

lich« erst bestätigt, wenn sich eine europäische Königsfamilie dazu herablieβe, hineinzuheiraten. Und so war Katharina gekommen, und die Bauerntrottel hatten den Spaniern zugejubelt und ehrfürchtig dagestanden, als diese auf schlammiger Straße dahergestapft waren. Und wegen dieser kuriosen Reise vor mehr als dreißig Jahren schlich nun wieder eine Horde von Ausländern über einen ebenso schlammigen Pfad dahin und gedachte wiederum, sich in englische Angelegenheiten einzumischen.

Ich grinste. In der Ferne hörte ich italienisches Geschnatter. Wir schrieben 1533, nicht mehr 1501. Ihre Zeit war vorüber. Ich war ein englischer König, und mein Weib war ebenfalls eine reinblütige Engländerin, und wir herrschten über eine Nation, die mit Stolz von sich sagte, sie sei »nur englisch«.

Die zwitschernden päpstlichen Gecken erreichten den Eingang des Jagdhauses und verharrten dort, braun und schmächtig und verschlagen, bis man sie empfange.

Als sie hereingeführt wurden und vor mir Aufstellung nahmen, musterte ich sie. Und was bei mir mit Feindseligkeit begonnen hatte, endete in Verblüffung. Waren dies die Männer, vor denen ich so lange Zeit in Ehrfurcht gestanden hatte? Was für ein Narr ich doch gewesen war!

Ihr Anführer, vom Staub der Straße bedeckt und müde über alle Nervosität hinaus, reichte mir einfach und ohne feierliche Umstände das päpstliche Dokument, wie ein Bauer wohl eine Wurst weiterreicht. Ohne Zweifel hatte er andere Anweisungen erhalten, aber die einlullende Ungezwungenheit in der Jagdhütte und die Abwesenheit höfischer Zeugen machten es ihm allzu leicht, alles Ritual beiseite zu lassen.

Ich nahm das Schriftstück ebenso sorglos entgegen, entrollte es umständlich und las es, ohne ein Gefühl zu zeigen.

Es hätte mich nicht beunruhigen dürfen. Ich wußte – besser gesagt, ich hatte bestimmt, daß ich wisse –, daß Klemens (geboren als Giulio de' Medici) nicht der Stellvertreter Christi war, sondern nur ein irregeleiteter Bischof. Er hatte keine Macht, ein geistliches Urteil über mich zu fällen. Keine Macht, keine Macht... Diesem Glauben hatte ich mein Königreich und meine Seele anvertraut. Warum also wankte ich jetzt auch nur für einen Augenblick?

Weshalb Wir im Namen Gottes des Allmächtigen, des Vaters, des Sohnes und des Heiligen Geistes, und im Namen des Heiligen Petrus, des Fürsten der Apostel und aller Heiligen, vermöge der Macht, die Uns verliehen, zu binden und zu lösen im Himmel wie auf Erden, entziehen Henricus Rex wie auch seinen Komplizen und Helfershelfern die Kommunion des Fleisches und des Blutes Unseres Herrn; Wir entfernen ihn aus der Gemeinschaft aller Christen, Wir vertreiben ihn vom Busen Unserer Heiligen Mutter Kirche im Himmel wie auf Erden; Wir erklären ihn für exkommuniziert, und Wir verurteilen ihn zu ewigen Feuerqualen bei Satan und seinen Engeln und allen Abtrünnigen, solange er nicht sprengt die Fesseln des Dämons und Buße tut und der Kirche Genugtuung gibt; so übergeben Wir ihn Satan, der seinen Leib kasteie, auf daß seine Seele am Tag des Jüngsten Gerichtes errettet werde.

Wer es wagt, Unsere Entscheidung zu mißachten, soll verdammt sein bei der Wiederkunft Unseres Herrn, und er soll seinen Platz haben bei Judas Ischariot, er und alle seine Gefährten. Amen.

Es waren unheilvolle, häßliche Worte, die darauf zielten, das Opfer mit Entsetzen zu erfüllen. Aber ich wußte, daß sie keine Macht hatten. Ich wußte es. Ich fühlte mich nicht abgeschnitten von Gott. Ganz im Gegenteil, ich fühlte mich näher denn je an der Göttlichen Gegenwart, der Göttlichen Billigung.

Klemens war ein Narr. Ein politischer Narr. Weiter nichts.

Der Ritt von Crowley zurück kam mir düsterer vor als der Ritt hinaus. Das päpstliche Dokument bei mir zu tragen, war so, als hätte ich etwas Totes am Leibe. Es war doch harmlos – warum fühlte es sich so gespenstisch und böse an?

Annes »Lustbarkeit« hatte ich vergessen, und so war ich für einen Augenblick verwirrt, als ich die fröhlichen Stimmen aus ihren Gemächern dringen hörte. Ich hatte kein Verlangen danach, hineinzugehen und vor den Gästen zu heucheln; am liebsten hätte ich mich zurückgezogen. Ich war erschöpft, und das nicht von dem

Ritt hinaus nach Crowley und zurück. Aber in nur drei Tagen würde man Anne einschließen, und ich würde sie erst wiedersehen, wenn ich unseren Sohn in meinen Armen hielte. Ich war es ihr schuldig, mich zu der Gesellschaft zu begeben. Müde trat ich ein.

Die Leute hatten jenes Stadium am Ende einer Festlichkeit erreicht, da sie entspannt waren und nach Erfüllung der protokollarischen Vorschriften tun konnten, was ihnen Spaß machte. Und Spaß machte es ihnen offensichtlich, sich um Anne zu scharen.

Sie saß zurückgelehnt in einem Sessel, einen Höfling zur Rechten wie zur Linken, einen zu ihrem Haupte und einen zu ihren Füßen, und Mark Smeaton spielte in respektvollem Abstand von zehn Fuß ihr zu Ehren auf seiner Laute. Ich fühlte mich unwillkürlich an den Olymp erinnert, an Cherubim und seufzende Sterbliche, die ihn umschwärmten.

Sie lächelte träge, als sie mich hereinkommen sah, aber sie rührte sich nicht und winkte ihren Bewunderern auch nicht, sich zu entfernen. Vielleicht fühlte sie sich nackt ohne sie; jedenfalls schienen sie ein natürlicher Teil von ihr zu sein.

»Ich hoffe, Eure Geschäfte sind gut verlaufen«, sagte sie. »Bitte gesellt Euch doch zu uns. Ihr seht müde aus.«

Müde? Ja, wenn man seine Exkommunikation entgegennahm und in klaren Worten von seiner gegenwärtigen und zukünftigen Verdammnis lesen mußte – das war anstrengend. Ich grunzte und nahm in ihrer Nähe Platz. Aber ich konnte keinen Gefallen an dem fröhlichen Treiben finden, und so entschuldigte ich mich schon bald.

Als Anne sie schließlich fortschickte und zu mir kam, lag ich in tiefem Schlaf, versunken in einer leeren, sternenlosen Welt.

LIII

Nur noch zwei Tage bis zum Einzug in die Wochenstube. Wie immer, wenn große Ereignisse geplant waren, bemühte ich mich, sie schon im voraus würdig zu begehen. Ich scheiterte wie immer. Die Wahrheit war, daß Anne und ich vom Warten zermürbt waren und daß wir einander nur noch wenig zu sagen hatten. So war es eine Erleichterung, als am fünfzehnten August die vorgeschriebene Zeremonie begann und man Anne zur Messe in die königliche Kapelle eskortierte; man reichte ihr den traditionellen Trank, und nachdem ihr Kämmerer inbrünstig zu Gott um eine gesunde Entbindung gebetet hatte, geleiteten ihr Bruder George und ihr Onkel, der Herzog von Norfolk, sie bis zur Tür ihres Gemaches. Sie ging hinein, gefolgt von ihren Frauen, und langsam schlossen sich die Türen und sperrten sie ein.

»Jetzt fehlt uns nur noch ein großer Stein, den wir vor die Tür rollen könnten«, bemerkte Norfolk.

»Damit der Erlöser – der Erbe, meine ich – ihn beiseite wälzen kann?« fragte Nicholas Carew.

Wider Willen war ich entsetzt ob solcher blasphemischen Reden. Wie konnten sie es wagen, vor mir, dem Verteidiger des Glaubens, so leichtfertig über Christus zu sprechen? Das päpstliche Verdammungspergament fiel mir ein, und ich fühlte, wie ein dunkler Fleck sich über mir, meinem Hof, meinem Königreich ausbreitete... Nein, das war Unfug. Das geheime Pergament hatte damit nichts zu schaffen.

»Ihr werdet Euch wegen Ketzerei verantworten, wenn Ihr dergleichen Reden führt!« fauchte ich.

Norfolk machte ein erschrockenes Gesicht. »Es war nicht böse gemeint, Euer Gnaden. Nur ein Scherz ...«

»Ein Scherz im Namen meines Sohnes! Ein schlechter Scherz fürwahr!«

Die beiden wechselten einen Blick, der besagte: Der König ist verdrossen. Reize ihn nicht. Sie verbeugten sich und zogen sich zurück. Es war ein Blick, den ich jetzt immer öfter bemerken sollte: Ein Blick, der zugleich herablassend und angstvoll erschien.

Der August endete in einem glorreichen Schwall der Erfüllung. Die Ernte ward eingebracht, reicher als irgendeine in letzter Zeit. So geschwollen war das Obst an den Bäumen, daß seine sonnenwarme, staubige Schale schier zu tropfen schien. Wenn ich die Zähne in eine frischgepflückte Birne oder Pflaume schlug, spritzte mir der Saft aus dem Mund. Warm und golden schien mir die Sonne auf den Kopf, und ich sah alles als ein Omen: Die Hand Gottes, die auf mir ruhte.

Der siebente September. Der Hochzeitstag von Charles Brandon und Katharina Willoughby, wenn alles nach Plan verlief. Der Gedanke warf einen Schatten über den Morgen, als ich mich daranmachte, aufzustehen, meine Gebete zu sprechen und den Tag zu beginnen. Ich betete, sie möchten glücklich sein, doch ich merkte, daß es nur Worte waren, Worte, die nicht aus meinem Herzen kamen. Ich sah nicht Katharina im Brautschleier, sondern Maria in ihrem marmornen Grab. Sie war auf den Tag drei Monate tot.

In der Hoffnung, die Trauer, die sich wie ein Fleck auf dem Tag ausbreitete, abzuschütteln, ließ ich mir ein Pferd bringen und ritt allein gen Eltham Palace. Er lag etwa drei Meilen weit von Greenwich, ein wenig abseits vom Flusse, auf einem windigen Hügel in uralten Wäldern.

Wie oft war ich hier als Prinz geritten! Alle hundert Schritt kehrte ich um fünf oder sechs Jahre in die Vergangenheit zurück, und auf dem Gipfel des Hügels angelangt, war ich kaum zehn Jahre alt, ein Zweitgeborener. Wie oft hatte ich genau hier gestanden und von der Zukunft geträumt und zur Themse hinübergeschaut, die in der Ferne blinkte wie ein glitzerndes Band! Dieser Junge war mir plötzlich sehr nahe – dieser einsame, wunderliche kleine Junge –, und gern hätte ich die Hand nach ihm ausgestreckt und ihn beruhigt: »Es hat sich alles zum Guten gefügt, Bub.«

»Euer Gnaden!« Ein Page kam im Galopp zu mir herauf, und seine Stimme zitterte. Ich war wieder in der Gegenwart – und Annes Stunde war gekommen. Ich hatte keinen Blick mehr für Eltham, für das alte Anwesen, wo ich gespielt und mit Vater gestritten und Arthur beneidet hatte. Das war vorbei; die Zukunft erwartete mich zu Greenwich. Ich kehrte zum Fluß zurück und ritt wie ein Wahnwitziger zu dem rot-weißen Palast, wo Anne in den Wehen lag.

Ich hatte nur einen Gedanken – mein Sohn! Die Farben von Greenwich kümmerten mich nicht, und es war mir gleich, wie verschwitzt und schmutzig ich war oder wie ich stank. Ich band mein Pferd an und stürzte, Knechte und jeden, der mir entgegentrat, beiseite winkend, hinein.

Es war ein weiter Weg bis zu Annes Wochenstube. Überall erschienen wunderschöne, hübsch geputzte Bedienstete, deren ganzes Trachten darauf gerichtet war, mich aufzuhalten und vom Wege abzubringen. Warum? In diesem Augenblick nahm mein Geist es nicht zur Kenntnis.

»Eure Majestät... wenn Ihr nur einen Augenblick verweilen... einen Becher Wein ...«

»Eure Majestät – die Damen sind noch bei ihr ...«

Ich stieß sie beiseite, als wären sie Insekten, und endlich stand ich vor der äußeren Tür zu Annes Gemächern. Zwei Frauen, denen sichtlich unbehaglich zumute war, wollten mir anscheinend den Weg versperren.

»Eure Majestät, die Königin ist müde ...«

Müde! Natürlich war Anne müde! Ich schob die Frauen zur Seite und öffnete eigenhändig die mächtige Tür.

Der Raum dahinter schien verlassen zu sein. Wein und Fröhlichkeit hatte ich erwartet, tanzende Menschen. Dies war ein herrlicher Tag, ein Festtag für das ganze Königreich. Das letzte Mal, daß ich einen lebenden und gesunden Sohn gehabt hatte, lag mehr als zwanzig Jahre zurück.

Stäubchen tanzten in den Sonnenstrahlen. Die Welt selber tanzte, kein Zweifel! Stocksteif blieb ich stehen; schierer Überschwang ließ mich die Füße fest auf den Boden stellen, den Kopf in den Nacken werfen und ausrufen: »Ein Sohn!« Dann rannte ich los; ich galoppierte wie ein kleiner Junge über die gebohnerten Dielen des langgestreckten Raumes, meiner Frau und meinem Erben entgegen. Ich hüpfte über schräge Sonnenstrahlen und erreichte dann die letzte, innere Tür. Als ich sie aufriß, packte mich jemand beim Arm. Eine Dienerin. Ich schüttelte sie ab wie ein lästiges Hündchen und stürzte ins Zimmer.

»Anne!«

Sie lag in den Geburtskissen, mächtigen, mit Gänsedaunen gefüllten Rundlichkeiten, die eigens für diese Gelegenheit gefertigt worden waren. Ihr sonst so schönes dunkes Haar war feucht und verfilzt, und ihr Gesicht war ernst. Sie wollte die Hand nach mir ausstrecken, ließ sie aber gleich schlaff auf die Bettdecke fallen.

Ich nahm sie und bedeckte sie mit Küssen. »Danke«, hörte ich mich sagen. »Ich danke dir, meine Geliebte.«

»Heinrich ...« begann sie, doch ich fiel ihr ins Wort. Sie sah so müde aus.

»Ich weiß, es war schwer für dich«, plapperte ich, und alle Bangigkeit, die ich empfunden hatte, ertrank in einem Wasserfall aus Aufregung und Dankbarkeit. »Bitte ruh dich aus. Sprich nicht.« Ich sah mich um. »Wo ist er?«

Ich erhob mich von meinen Knien und sah nicht, daß Anne in einem matten Versuch, mich abzulenken, mit der Hand wedelte.

»Hier, Euer Gnaden.« Eine von Annes Zofen streckte mir ein dunkelrot umwickeltes Bündel entgegen.

Tief darinnen steckte das Gesicht, nach dessen Anblick ich mich so sehr gesehnt hatte. Ich zupfte die Umhüllungen ein wenig beiseite.

»Das Rot der Tudors!« rief ich aus. »Er hat das rote Haar der Tudors!«

»Sie, Euer Gnaden«, murmelte die Zofe. »Die Königin hat Euer Gnaden ein schönes Töchterlein geboren.«

Ich starrte in das geschlechtslose kleine Antlitz. »Eine Tochter?«

»Aye. Gesund, und schon sehr eigensinnig.« Die Dame strahlte jetzt. Ich wandte mich wortlos an Anne.

»Verzeih mir«, wisperte sie.

Dann stimmte es! Das Ding in meinen Armen war tatsächlich ein Weib! Fast hätte ich es voller Abscheu zu Boden geschleudert. Ich beherrschte mich und reichte das Bündel der Zofe.

Anne schaute mich beschwörend an. Noch nie hatte ich sie so niedergeschlagen gesehen.

»Ich wußte es nicht«, begann sie, und ihre Augen schwammen in Tränen. »Die ganze Zeit – deine Wünsche... die Versicherungen der Wahrsagerinnen... was Gott für England braucht... die Kränkung des Papstes – und das alles nur für ein weiteres, unnützes Mädchen!«

Sie war so unglücklich wie ich. Wir waren beide Opfer eines unseligen Geschicks. Anstelle von Zorn spürte ich den Wunsch, sie zu trösten.

»Sei nicht traurig«, sagte ich. »Sie ist ein schönes Kind. Wir werden sie auf den Namen unserer beiden Mütter taufen – Elisabeth. Und sie wird Brüder bekommen, da fürchte nichts.«

Chapuys, der schadenfrohe kaiserliche Gesandte, lauerte draußen vor der Tür, um mir zu Elisabeths Geburt zu »kondolieren«. Aber ich ging wie benommen an ihm vorbei zur Kapelle, ohne mich um ihn zu kümmern.

Das Sakrament war in der Monstranz. Ich sah die helle Substanz durch das Quarzfenster in dem fein ziselierten Behältnis. Das war der leibhaftige Christus. Ich mußte Ihn sehen, Seine Gegenwart wahrnehmen, um Ihm bestimmte Fragen zu stellen – Fragen, die ich beantwortet haben mußte.

Ich kniete auf dem kalten Steinboden nieder und verzichtete auf die reichbestickten Kniepolster, die dort lagen. Ich mußte etwas *fühlen*, mußte mich an etwas Wirklichem verankern. In diesem Augenblick war mir, als sei ich selbst nicht wirklich, als sei ich ein schwebender Geist, eine Ansammlung körperloser Empfindungen. Vielleicht ist ein Geist ja im Grunde nichts anderes...

Ich hatte eine Tochter. Meinen Sohn hatte es nie gegeben. Die ganze Zeit über hatte ich ihn mir vorgestellt, ihm Namen gegeben, mit ihm und durch ihn gelebt, und dabei war er jemand anderes gewesen. Eine Tochter.

England hatte noch immer keinen Thronerben. Wo eine Prinzessin gewesen war, gab es nun zwei. Aber vor Gott war kein Ding unmöglich. Er hatte Sarah noch im Alter einen Sohn geschenkt. Er hatte Hannah einen Sohn geschenkt, nachdem sie mit Elias gebetet hatte. Er hatte der hl. Elisabeth einen Sohn geschenkt, obgleich auch sie zu alt gewesen war, um noch Kinder zu bekommen. »Vor Gott ist kein Ding unmöglich«, hatte der Engel zu Abraham gesagt, als dieser an Gottes Verheißung gezweifelt hatte. Gott hätte mir leicht einen Sohn schenken können, aber er hatte es nicht getan, und so mußte ich der Wahrheit ins Auge sehen: Er hatte mir den Sohn absichtlich vorenthalten. Aber warum? Warum?

Ich starrte so lange auf die heilige Hostie, daß sie vor meinen Augen zu schmelzen, zu schimmern und zu tanzen schien. Antworte mir! schrie meine Seele. Antworte mir!

Die Hostie pulsierte stumm, und mein Geist lauschte angestrengt... nichts. Wie wagte es Gott, mir dies anzutun? Ich trat vor ihn hin, ratlos und mit gebrochenem Herzen, und fand nichts als ein anmaßendes Schweigen. So also behandelte Er Seine Diener?

Antworte mir! Wenn Gott Schultern gehabt hätte, ich hätte sie gepackt und Ihn geschüttelt. So nun fühlte ich einen starken Drang, aufzustehen, die heilige Hostie zu ergreifen und sie anzubrüllen.

Blasphemie aller Blasphemien! Was dachte ich da? Aber so macht Satan sich unsere schwächsten Augenblicke zunutze und stürzt uns in Sünde.

O Gott – ich habe solche Angst – der Teufel hat mich in seinen Klauen, und ich habe so wenig Kraft, mich gegen ihn zu wehren. Mein Herz ist schwer und voller Schmerzen. Wann habe ich Dein Mißfallen erregt? Warum bestrafst Du mich so? Antworte mir!

Nichts als tiefes Schweigen. Gott hatte mich also ganz und gar verlassen. Ich hatte Ihm so sehr mißfallen, daß Er nicht einmal mehr mit mir sprechen wollte. Er hatte mich dem Teufel überlassen.

Ich fühlte mich so kraftlos, daß ich kaum stehen konnte, als ich die Kapelle verließ.

Draußen warteten Leute. Ja, der ganze Hof hatte sich versammelt, um mich zu sehen und zu betrachten. Ich durfte von meinem Streit mit Gott vorläufig nichts offenbaren, durfte niemanden wissen lassen, daß das Oberste Haupt der Kirche in England einen Zank mit seinem Befehlshaber gehabt hatte.

Ich hob die Hände. »Gott sei gepriesen!« rief ich (»Gott sei geprügelt!« dachte ich). »Er hat uns heute eine Prinzessin geschenkt, wie England sie schöner nie gesehen!«

Sie jubelten mit halbem Herzen, und Ratlosigkeit spiegelte sich in ihren Gesichtern. Aber es erleichterte sie, meinem Beispiel folgen zu können, und ich war froh, den Kopf behalten und meine Rolle gespielt zu haben. Immer klarer erkannte ich, daß es von unermeßlichem Vorteil war, wenn man es verstand, seine eigenen Gedanken für sich zu behalten. Der Geist hat keine Fenster; diese schlichte Wahrheit hatte ich mir bis zu diesem Tage nicht dienstbar gemacht.

»Aye!« Ich grinste. »Prinzessin Elisabeth soll in zehn Tagen, von heute an, getauft werden – und wir hoffen, ihr alle werdet an der Feier teilnehmen.«

Da ihnen nun jeder weitere Grund, zu bleiben, fehlte, und da ihr Verlangen, mich weinen oder toben zu sehen, vereitelt war, zerstreuten sie sich.

Alle bis auf Cromwell, der mir in diskretem Abstand in meine Gemächer folgte. Ich winkte ihm, und er schlüpfte herein wie eine gehorsame Schlange. Und er blieb stehen und beobachtete mich.

»Es steht schlecht«, sagte ich. »Sehr schlecht.« Verheerend, genau gesagt. Das Herz in der Brust tat mir weh, aber Cromwell gegenüber würde ich es nur in politischen Farben schildern.

»Es sieht schlecht aus«, pflichtete er mir bei. Seine ersten Schritte bestanden oft darin, daß er einfach wiederholte, was ich gesagt hatte. Damit bewegte er sich auf sicherem Boden.

»Ich sehe aus wie ein Narr!« brach es aus mir hervor; plötzlich sah ich mich mit den Augen des gemeinen Mannes – und auch mit den Augen Franz' und Karls. »Ich werde nun allen Proklamationen einige Buchstaben hinzufügen lassen müssen: ›Entbindung und Geburt einer Prinz*essin*‹, kläffte ich wie unsinnig, und dabei dachte ich an die hellen, makellosen Pergamente, die ich für die Regenten ausgewählt hatte. Oh, meine Eitelkeit! Wie muß Gott über mich gelacht haben, als er vom Himmel auf mich herabblickte.

»Ja. Ihr seht... töricht aus. In diesem Augenblick, vielleicht. Aber nächstes Jahr um diese Zeit werdet Ihr einen Sohn haben, und was ist schon ein Jahr nach all der Zeit, die Ihr schon gewartet habt?«

»Die ich schon verschwendet habe, meint Ihr wohl?« Ich wußte genau, was er meinte. Aber das alles war ja nur Geräusch vor dem Hintergrund der großen Frage: Warum hatte Gott dies zugelassen? Warum, warum?

»Nicht verschwendet. Nichts, was der Vorbereitung dient, ist je verschwendet. Ihr habt diese Zeit gebraucht, um England für Eure Kirche vorzubereiten. In dieser Hinsicht haben sich die Dinge mit großer Schnelligkeit entwickelt. Vor zehn Jahren wart Ihr gerade erst vom Feld des Goldenen Tuches zurückgekehrt. Denkt doch, wie die Welt damals aussah. Heute ist sie völlig verändert. Neugestaltet durch Eure Hand und Euren Willen.«

»Und durch den Willen Gottes.«

»Und durch den Willen Gottes.« Pflichtschuldig gab er dem Herrn, was dem Herrn gebührte, und strebte dann weiter seinem wahren Ziel entgegen. »Aber diese Errungenschaften müssen per Gesetz konsolidiert werden.«

»Das sind sie schon«, grunzte ich. »Das Parlament hat dafür gesorgt.«

»Ich meine explizite Gesetze. Laßt mich offen sprechen. Im Augenblick habt Ihr zwei Prinzessinnen von zwei Ehefrauen und einen Sohn von einer Mätresse. Wie soll nun ein braver, ehrlicher Engländer sich zwischen den dreien entscheiden? Alle drei erheben Anspruch auf seine Loyalität oder auf seine Vernunft. Maria ist siebzehn, und sie ist das Kind, vor dem er – jener mythische ›gemeine Engländer‹ – gewohnt ist, das Knie zu beugen. Heinrich Fitzroy, Bessie Blounts Sohn, ist ein prächtiger Junge, und manch ein Bastard hat schon auf dem Thron gesessen. Und schließlich« – seine Miene wurde betrübt – »haben wir Elisabeth. Einen Tag alt. Welches Kind, Euer Gnaden, würdet *Ihr* unterstützen?«

»Nicht Elisabeth. Die beiden anderen haben zumindest das Kindesalter überlebt. Sie wäre am wenigsten wünschenswert.«

»Genau. Und deshalb müßt Ihr jedem nennenswerten Engländer, der ansonsten in seinem Herzen vielleicht Maria oder Heinrich anhängen würde, einen Gefolgschaftseid abnehmen. Nur dann ...«

»Wenn ich doch einen Sohn hätte!« rief ich aus. »Warum ist Elisabeth kein Sohn? Warum hat Gott nicht ...«

»Weil er nicht hat«, stellte Crum kalt fest. »Und damit müssen wir arbeiten.«

Der Eid war leicht erdacht. Jedermann mußte – bei seiner unsterblichen Seele – schwören, die Prinzessin Elisabeth als meine einzige rechtmäßige Erbin anzuerkennen. Das war alles. Jeder erwachsene englische Untertan mußte diesen Eid schwören. Crum hatte recht: Wäre ein solcher Eid schon in früheren Generationen erdacht und unters Volk gebracht worden, hätten sich die Dynastiekriege verhindern lassen.

»Aber das ging nicht, Euer Gnaden«, erinnerte er mich wohlgelaunt. »Denn damals gab es keine Administratoren, wie Ihr sie heute habt. Die großen Lords des Nordens und des Westens waren wilde Tiere, die knurrend um den Thron strichen. Ihr habt sie gezähmt und stubenrein gemacht, Euer Gnaden, als Ihr den Herzog von Buckingham hinrichten ließet. Jetzt sind es Bezirke. Verwaltungsbezirke«, fügte er geringschätzig hinzu. »O Grenzmark-Lord, wo ist dein Stachel?« krähte er. »Bravo, Euer Gnaden. Vor diesem simplen, süßen kleinen Eid strecken sie die Waffen. Was immer das kosten mag – Büttel, Schreiber –, verglichen mit einem Krieg ist es eine große Ersparnis. Ein paar Verhaftungen, ein paar Hinrichtungen – alles auf ordnungsgemäße Weise – und billig.«

»Ich möchte einen Erben, den das Volk von sich aus liebt, nicht einen, dem es widerstrebend Treueeide murmelt.«

Crum lächelte. »Eine schöne Vorstellung. Aber nicht einmal dem Christkind ist solches gelungen. Können wir da mehr erhoffen?«

»Wenn Herodes Euch als Sekretär gehabt hätte, dann wäre die Heilige Familie nicht nach Ägypten entkommen.«

»Das denke ich auch gern, Euer Gnaden.«

LIV

Anne kam – für ein so feuriges Geschöpf – nur langsam wieder zu Kräften. Ich hatte erwartet, sie werde vom Kindbett schnurstracks in den Salon zurückkehren, doch das tat sie nicht. Zuerst bekam sie ein Milchbein und mußte tagelang in einer Schlinge liegen – in einer seidenen Schlinge, aber einer Schlinge gleichwohl. Nichts außer Mark Smeatons Lautenspiel vermochte sie in diesen Stunden zu trösten. Dann wurde sie melancholisch und lag stundenlang mit leeren, ausdruckslosen Augen da.

Melancholie ist das seltsamste aller Leiden, und keines auch ist schwieriger zu beheben. Vielleicht war es das Janusgesicht der angestrengten Fröhlichkeit, in der ich sie mitunter gesehen hatte. Immer wieder murmelte sie, sie habe mich enttäuscht, habe England im Stich gelassen. Sie weigerte sich, Elisabeth zu sehen oder wenigstens dabei zu helfen, ihren kleinen königlichen Haushalt zu planen, so daß ich alles allein machen mußte.

»Hatfield House ist ein gutes, gesundes und bequemes Haus«, erzählte ich Anne, und es war, als redete ich zu einer Statue. »Es ist hier in Hertfordshire, nur einen Tagesritt weit entfernt.«

Sie lächelte mich an, als tue sie mir damit einen großen Gefallen.

»Wir wollen, daß sie gedeiht, nicht wahr? Am Hofe ist es nicht gesund für sie. Hier könnte sie krank werden und sterben. Vor Weihnachten, wenn alle Welt zusammenkommt und ansteckende Dünste verbreitet, muß sie in Sicherheit gebracht worden sein.«

Endlich sprach Anne. »Weihnachten. Bis dahin sind es nur noch wenige Wochen. Ich muß mich sputen. Ich muß!«

»Es ist doch nur ein Fest. Nimm dir soviel Zeit für deine Genesung, wie du brauchst.«

»Weihnachten ist wichtiger. Ich muß bis Weihnachten auf den Beinen und angekleidet sein!«

»Das sollst du auch, meine Liebe. Ich bete täglich darum.«

»Elisabeths Haushalt?« sagte sie plötzlich. »Er soll mit einer vollständigen Dienerschaft ausgestattet werden?« Sie zeigte plötzlich mehr Interesse, als ich seit Wochen bei ihr gesehen hatte.

»Aye. Ich bin eben dabei, sie auszuwählen. Aber vielleicht möchtest du es tun?« Das wäre ein gutes Zeichen.

»Es gibt nur eine, die ich dazu bestimmen würde. Lady Maria soll ihr dienen! Sie soll ihr die Gewänder bringen und ihren Unrat forträumen!« Es verblüffte mich, wie unvermittelt und wie heftig dieser Wunsch vorgetragen wurde. Konnte ich es ihr gewähren? Sollte ich es gewähren? Wie würde sich so etwas auf Marias Gemüt auswirken?

»So! Du zögerst! Einerseits versicherst du mir, ich sei die wahre Königin und Elisabeth die einzige wahre Prinzessin, und andererseits sträubst du dich vor dieser schlichten Bitte – einer natürlichen Bitte, wenn es stimmt, was du behauptest! Wie könnte man dem Volke besser zeigen, daß Maria ihre Ansprüche als Prinzessin aufgibt?«

»Crum und ich haben einen Eid ersonnen, den das Volk zu leisten hat ...«

»Alles ganz schön und gut«, unterbrach sie mich leichthin. »Aber dies kann Maria an Eides Statt tun.« Es klang durchaus logisch, doch dann fügte sie boshaft hinzu: »Katharina wird es das Herz brechen.«

»Wenn Maria als Dienerin zu Elisabeth kommt, darf sich dies nicht gegen Katharina richten«, entgegnete ich. »So etwas ...«

»Ach, verteidigst du sie also wieder! Ich weiß, du sehnst dich danach, Katharina wieder aufzunehmen, denn im Grunde deines Herzens liebst du sie entweder immer noch, oder du fürchtest sie ...« Und Annes Stimme hob sich zu der vertrauten, besessenen Tirade.

Ich schnitt ihr das Wort ab. »Ich werde darüber nachdenken, Maria in Elisabeths Dienst zu stellen. Der Plan hat seine Vorzüge.«

Sie ließ sich auf ihrem Tagesbett zurücksinken, zum Schutz vor der nahenden Kälte in weiche, dichte Pelze gehüllt. Hier verbrachte sie jetzt den größten Teil ihrer Zeit, vor dem großen Kamin und mit Ausblick über die Themse. Ich schaute sie an, wie sie behaglich dort lag; die üppigen Zobel, die ihr Gesicht umgaben, waren nicht dichter, schwerer oder schwärzer als ihr eigenes Haar, und plötzlich entbrannte ich vor Verlangen nach ihr. Es überkam mich mit so schwindelerregender Schnelligkeit, daß ich im selben Augenblick darüber staunte. Was waren das für Kräfte, die sie besaß? Zitternd zog ich mich zurück. Hinter mir, in ihrem Gemach, hörte ich, wie Mark Smeatons diskrete Musik anhob.

Wie lange war es her, daß wir zuletzt als Mann und Weib beieinander gelegen? Wie lange wollten die Ärzte mich noch von ihr fernhalten? Ich suchte den Dämon der Sehnsucht aus meinem Herzen zu vertreiben und zwang mich, über den Einfall nachzudenken, Maria als Kammerfrau zu Elisabeth zu geben.

Ich hatte Maria seit anderthalb Jahren nicht mehr gesehen, denn sie hatte sich frech geweigert, meiner Seite der Angelegenheit auch nur Gehör zu schenken, und war statt dessen mit ganzem Herzen Katharinas Parteigängerin geworden. Gewiß, das war so natürlich, wie ihr die Erkenntnis, ein uneheliches Kind zu sein, schmerzhaft gewesen sein mußte. Aber vielleicht würde sie jetzt die Gelegenheit begrüßen, ihren Frieden mit mir zu machen, und ihre neue Stellung akzeptieren. Als königlicher Bankert anerkannt und tituliert zu werden, war schließlich keine Schande. Ja, ich würde ihr schreiben, es sei mein Wunsch, daß sie nach Hatfield zum Haushalt der Prinzessin komme. Und ich würde es ihr mit dem Hinweis auf das Weihnachtsfest bei Hofe versüßen...

Zwei Wochen später, ich saß eben da und ließ mir den frischgestutzten Bart mit einem Rosmarinzweiglein kämmen, reichte Norris mir einen dicken Brief von Maria. Er strotzte von Siegeln, darunter auch das der Prinzessin von Wales, zu dessen Benutzung sie nicht mehr das Recht hatte. Ein schlechter Anfang.

Der Brief war barsch. Sie weigerte sich, als Kammerfrau nach Hatfield House zu kommen, und was die »Prinzessin« angehe, so wisse sie von keiner Prinzessin in England außer ihr selbst; wenn es mir indessen Freude mache, wolle sie Elisabeth als »Schwester« anerkennen, wie sie auch Heinrich Fitzroy, Bessies Bastardsohn, als »Bruder« anerkannt habe. Meine Erwähnung der »Königin«

bewog sie zu der »verwirrten« Antwort, sie begrüße die Hilfe der Madam Pembroke bei der Wiedervereinigung mit ihrer Mutter, Königin Katharina.

Ich warf den Brief zu Boden. Törichte Närrin! Was sollte ich mit ihr anfangen? Ich brauchte sie. Ich brauchte ihre Mitarbeit.

Nein. Das war es nicht. Die Wahrheit war, daß ich sie brauchte; ich brauchte sie, wie ein Vater eben seine Tochter braucht. Ich liebte sie zu lange, als daß ich dieses Gefühl jetzt einfach hätte ersticken können, sosehr ich mich auch bemühte. Ich sah das kleine Mädchen vor mir, das hübsche Kind in dem juwelenbesetzten Häubchen, das dem Dauphin anverlobt wurde, das fröhliche Kind, das mir etwas auf dem Spinett vorspielte. Wie sie gelacht hatte, und wie wir uns am Spinett abgewechselt hatten... und dann die Veränderungen in ihrem Gesicht und an ihrer Gestalt, als ich sie eines Tages angeschaut und die Erkenntnis mich wie ein Ruck durchfahren hatte, daß der Übergang vom Mädchen zur Frau begonnen hatte.

Stolz war sie nach Ludlow Castle gezogen, um dort das Hofleben einzuüben, das sie dereinst führen sollte; sie hatte meine Obhut verlassen, und ich hatte, wie jeder Vater, den Schmerz des bevorstehenden Verlustes verspürt. Nicht so rasch, meine Kleine, nicht so rasch... Aber da hatte ich schon Anne gehabt, und mein Liebesirrsinn hatte betäubt, was es möchte bedeutet haben, Maria zu verlieren. Und wie jeder Vater hatte ich mir gedacht, irgendwann ist Weihnachten, und dann wird sie kommen... Wie hatte ich wissen sollen, daß sie nicht mehr kommen würde? Da war eine Leere, die keine Anne, kein Sohn, und ganz bestimmt keine Elisabeth je würde ausfüllen können.

Ich hob das Pergament mit den schroffen, gestelzten Worten meiner entfremdeten Tochter auf. Ob es sie ebenso geschmerzt hatte, sie zu schreiben, wie mich, sie zu lesen?

Anne genas über Nacht. Es kam mir schon damals unnatürlich schnell vor. Sie ließ Cranmer wissen, daß sie bereit sei, sich der uralten Zeremonie der »Wöchnerinneneinsegnung« zu unterziehen.

»Ja, Thomas«, antwortete ich auf seine unausgesprochene Frage. »Wir werden diese Zeremonie beibehalten. Ihr mögt nur beginnen.«

Er zog ein Gesicht, als habe er einen Stein im Schuh. »Ich... ich habe den Ursprung dieser Zeremonie erforscht«, berichtete er schließlich, »und mir scheint, sie ist heidnisch. Auch die landläufige Bezeichnung dafür, die ›Läuterung der Weiber nach der Geburt‹, deutet darauf hin. Wäre nicht ›Danksagung der Weiber nach der Geburt‹ ein passenderes Wort für unsere Zeit wie auch für die Kirche von England?«

Ich seufzte. »Ja, vermutlich. Aber ein Wort auch, das nach Reform schmeckt. Eine Zeremonie hier, ein Wort da – und wo wird es enden?« Cromwells hartnäckiger Hunger nach einer »Untersuchung« der Klöster bereitete mir mehr Unbehagen, als ich zugeben wollte, und alles, was mich daran erinnerte, war mir unangenehm. »Lieber erhalten wir zuviel aufrecht, als daß wir irgend etwas allzu hastig abschaffen.«

Wie immer man es nannte, die alte Zeremonie der Einsegnung diente dazu, die Frau zu reinigen, damit sie sodann mit dem Segen der Kirche wieder mit ihrem Manne das Lager teilen konnte.

Vielleicht war es die Aufregung, oder der Umstand, daß es uns so lange untersagt gewesen war. Oder die Tatsache, daß ich mich nach ihr sehnte, wie kein Mann sich je nach einem Weibe gesehnt hatte. Oder – ich weiß nicht, was oder warum: Jedenfalls hatte ich wieder... Schwierigkeiten. Schwierigkeiten von höchst delikater Natur.

Ich begab mich in ihre Gemächer, als wollte ich in einem uralten Tempel einen rituellen Akt vollziehen, und so sah ich mich gewissermaßen als Bittsteller vor einem unirdischen Wesen. Ich war Feuer und Flamme – und dann, unvermittelt, war alle Hitze dahin. Alles schwand, und dann lag sie da, mich abschätzend, quälend.

Anfangs machte ich Scherze. Dann kräftigte ich mich mit Wein. Solcherart bestärkt, kam ich wieder zu Anne. Doch es geschah das gleiche. Ich beschwor andere Frauen in meinem Kopf herauf. Ich redete mir ein, wir seien nicht Eheleute, sondern ein Liebespaar. Aber anscheinend gab es kein Mittel.

Um ihr Gerechtigkeit widerfahren zu lassen: Anne sagte nichts, und sie zeigte keine Enttäuschung. Dafür war ich dankbar. Mitleid und Höflichkeit beleidigen seltsamerweise schlimmer als eine unverblümte Beleidigung.

Ich war zutiefst besorgt. Was hatte mich da befallen? Ich hatte doch immer meinen Mann gestanden. Lag es am Alter? Ich war zweiundvierzig. Ich fühlte mich jung, aber mein Vater war nur neun Jahre älter gewesen, als er gestorben war.

Und da war noch etwas. Ich hatte im vergangenen Herbst (etwa um die Zeit, da Elisabeth zur Welt gekommen war) ein kleines Geschwür auf meinem linken Schenkel bemerkt. Ich bestrich es mit Salbe aus Perlenmehl, aber es verging nicht. Es schwärte ein Weilchen und schloß sich dann. Ich dachte nicht weiter daran. Aber ein paar Wochen später öffnete es sich wieder. Diesmal hatte ich Schmerzen, beträchtliche Schmerzen.

Ich ließ mir von Doktor Butts einen Verband machen, aber dann mußte ich Wämse tragen, die länger als üblich waren, um den verräterischen Wulst zu verbergen. Ich vermied es nach Möglichkeit, zu stehen. Ich konnte weder reiten noch Tennis spielen, und natürlich ging ich in dieser Zeit auch nicht mit Anne ins Bett. Ich hatte eine ganz unsinnige Angst davor, daß jemand – irgend jemand – mein Geheimnis entdecken könnte. Ich war es gewohnt, mich als unversehrten Mann zu sehen, als Inbegriff der Gesundheit, und der Gedanke an eine unerklärliche Schwäche war mir ekelhaft und beängstigend. Wahrscheinlich war es sogar mein Zorn gegen meinen eigenen Körper, der die Heilung hinauszögerte.

Die Weihnachtsfeierlichkeiten kamen und gingen; Maria besuchte mich nicht am Hofe, aber statt ihrer hatte ich andere, ungebetene Gäste: meine Impotenz und mein Beingeschwür. Die Festlichkeiten ließen mir beides zur Plage werden. Die Tanzerei und die schweren, engen Kostüme verschlimmerten das Ding an meinem Schenkel, und der Anblick von Anne, wie sie ihre prachtvolle dunkle Schönheit vor den Augen des ganzen Hofes zur Schau trug, spottete meiner Unfähigkeit in so grausamer Weise, daß ich in der Stille meines Gemaches heimlich weinte.

LV

Januar 1534. Das Jahr, welches das beste meines Lebens gewesen sein soll, hatte einen bitteren Anfang genommen – so bitter wie die Kälte, die draußen herrschte. Die Themse war seit zwei Wochen zugefroren, und seit zwanzig Tagen schon schien die Sonne nicht mehr. Die Erde war hart und nackt; kein Schnee war gefallen, und es war auch keiner zu erwarten. Was sollte ich tun? Natürlich wußte ich die Antwort. Das einzige, was ich nicht getan hatte, was ich nicht tun durfte, was ich indes tun mußte: Auf eine Wallfahrt gehen. Unsere Liebe Frau bitten, meine Leiden von mir zu nehmen. Tun, was in meiner Macht stand, um Gott als König dienen zu können.

»Euer Gnaden! Das könnt Ihr nicht!« Zum allerersten Male verlor Crum die Fassung. »Euch öffentlich zu einem der von Mönchen geführten Schreine begeben, während sie von uns – von Euch – untersucht werden – was werden die Leute sagen? Was werden sie denken?«

»Dann sagt ihnen eben, ich sei hingegangen, um mir selbst ein Bild von ihrer Verderbtheit zu machen.«

Sein Gesichtsausdruck änderte sich; jetzt spiegelte er Bewunderung.

Cranmer geriet gleichermaßen aus dem Häuschen. »Aber wir haben diese Schreine der Jungfrau als ›Exzesse‹ bezeichnet. Papistische Exzesse.«

»Haben wir denn das Recht, sie ungeprüft zu verdammen? Das erscheint mir ungerecht.«

»Aber das Volk wird es mißdeuten. Es wird denken, daß Ihr dort betet, nicht, daß Ihr es begutachtet. Und wenn Ihr dann befehlt, den Schrein niederzureißen – werden die Leute dann nicht verwirrt sein?« Blinzelnd starrte er mich an. Es war so leicht, seine Gedanken zu lesen. Er dachte: Meint dieser König es ernst in seinem Bruch mit Rom? Er benimmt sich wie ein Mann, der seine Geliebte verstößt, zugleich aber alles mögliche unternimmt, um an ihrem Hause vorbeizukommen.

»Keine Sorge, Thomas«, beruhigte ich ihn. »Es ist eine private Sache und nicht von Dauer. Später wird alles gehen, wie Gott es will.« Es durfte nicht sein, daß er von meinem Geheimnis erfuhr.

Anne wollte mitkommen. Ich erklärte, wegen des strengen Wetters sei dies eine Reise für Männer. Sie bat mich inständig, bis zum Frühjahr zu warten. Aber der Fall war so dringlich, daß ich unverzüglich reisen mußte, wenngleich ich ihr nicht sagen konnte, warum; sie durfte nicht wissen, welche Qualen ich litt, weil ich außerstande war, sie zu lieben – und es war mir unmöglich, dies nur einen Tag länger zu erdulden, als unbedingt nötig war.

»Danach werde ich Maria in Beaulieu House aufsuchen und diese Angelegenheit erledigen. Es ziemt sich nicht, daß du zu ihr kommst und sie beschwörst. Ich als ihr Vater und König werde ihr die Flausen austreiben.«

Anne nickte. »Gut.«

Plötzlich kam mir eine Idee. Ich würde nicht allein reisen. »Sag deinem Bruder George, ich wünsche, daß er mich begleitet. Ich möchte ihn besser kennenlernen.« Ich entsann mich des schüchternen, aber ehrgeizigen Jünglings, den ich vor so langer Zeit in Hever gesehen hatte. Ich hatte ihn mit Anne zusammen an den Hof kommen lassen und dann vergessen. Wie mochte er sein? »Und er soll sich einen oder zwei seiner Gefährten auswählen. Und der junge Howard, dein dichtender Cousin.«

»Henry Graf von Surrey?«

»Aye. Ich möchte die Jünglinge bei Hofe kennenlernen. Rings um mich her ist eine neue Generation herangewachsen.« Und noch eine Idee hatte ich. »Ich will Carew und Neville mitnehmen; sie gehören zu meiner Generation. Mal sehen, wie sie zusammen spielen. Und dann« – sofort sah ich, wie brillant dieser Einfall war – »soll auch Chapuys mitkommen! Soll er selbst sehen, wie störrisch

Maria ist, aber auch, wie gut bewacht. Daran wird der Kaiser für die nächste Zeit zu kauen haben! Und der Papst ebenfalls.«

»Am besten nimmst du noch Cromwell in die Gesellschaft, wenn Chapuys sich wirklich elend fühlen soll.«

Ich brüllte vor Lachen. »Aye! Dennoch, in Gesellschaft kommen sie gut miteinander aus, wie ich höre.«

Sie lächelte schlau. »Versuch's mit ihnen; du wirst schon sehen.«

WILL:

Und so führte der König all diese wunderlichen Bettgenossen zu seiner eigenen Belustigung zusammen, um zu sehen, wie sie zusammen musizieren würden. In der Tat waren inzwischen zwei Generationen bei Hofe herangewachsen, und niemand spiegelte die Veränderungen besser wider als die Howards.

Die älteren Howards – Thomas, der Herzog von Norfolk, seine Mutter Agnes, seine Gemahlin Elisabeth und seine elf Geschwister – waren allesamt konservative, steife, phantasielose Katholiken. Die Männer kämpften, die Frauen wirkten als Kastelaninnen auf ihren großen Gütern im Norden. Das war alles, was sie verstanden, und es war auch alles, was sie verstehen wollten.

Ihre Nachkommenschaft, das Geflecht junger Vettern – Henry, der Graf von Surrey, seine Schwester Mary, die Boleyns und Edmund Howards achtköpfige Kinderschar – waren bestenfalls moderne, liberal gesonnene Hofgeschöpfe, schlimmstenfalls liederliche Gestalten. Der König sollte nun allein und aus erster Hand erfahren, was auf wen zutraf.

HEINRICH VIII.:

So kam es, daß am letzten Tag des Januar eine bunt zusammengewürfelte Schar von Pilgern den Palast zu Richmond verließ und sich auf den Weg zum Schrein Unserer Lieben Frau von Wrexford begab.

Wir wandten uns gen Osten, in die aufgehende Sonne, und ritten denselben Weg, den ich an jenem ersten Morgen vor so langer Zeit, da ich als König von England aufgestanden war, auch genommen hatte. Damals hatte ein duftender Wind geweht, und ich hatte mich so stark gefühlt wie niemand sonst unter den Tausenden, die den Wegesrand gesäumt hatten. Inzwischen war es kein Weg mehr, sondern eine breite, vielbegangene Straße, und ich hatte seitlich an meinem Sattel ein besonderes Polster, das die Beschwerden an meinem Bein lindern sollte. Vor dem Aufbruch hatte ich das Bein mit Salbe eingeschmiert und mit üppig dicken Lagen von Mull umwickelt; ich wußte ja, daß man unter meinem unförmigen Winterreisemantel nichts davon sehen würde. Dergestalt schützend gepolstert, fühlte das Bein sich viel besser an. Wenn mich jetzt niemand anstieß –.

»Prachtvoll, Euer Gnaden.« Chapuys kam mir gefährlich nahe, und seine funkelnden Augen suchten nach jeglicher Art von Eigenheiten, die womöglich die Schwächen eines Menschen verraten könnten. Ich lenkte mein Pferd ein kleines Stück weit nach rechts, um Abstand zwischen ihm und meinem Bein zu wahren, und lachte die ganze Zeit gelassen. »Eure Frömmigkeit beeindruckt mich. Eine Pilgerreise im Januar zu unternehmen, das ist höchst ungewöhnlich – und es läßt auf eine gewisse Not schließen.«

Ich spürte, wie Zorn in meinem Herzen sprühte wie Funken aus einem knisternden Holzscheit. Er wußte Bescheid! Nein, unmöglich. Er wollte mich nur auf die Probe stellen und sehen, wo meine Schwächen lagen. »Ich will den ›heiligen‹ Ort inspizieren, ehe ich über sein Schicksal entscheide. Es widerstrebt mir, etwas zu verdammen, ohne ihm vorher Gehör zu schenken.«

»Wie im Falle der Königin? Als Ihr an jenem Morgen im Juli davonrittet und ihr niemals wieder Aug' in Auge gegenübertratet?«

Ich seufzte. Jetzt sollte also unser kleiner Wechselsang über »die Königin« wieder beginnen. Er bestand aus einer Anzahl festgelegter Verse.

Ich: Ich versichere Euch, ich habe in Windsor keine Königin zurückgelassen.
Chapuys: Ich versichere Euch, Ihr habt es doch getan. Eine trauernde Königin, die Euch schmerzlich liebt.
Ich: Ich verstehe nicht. Oh – meint Ihr vielleicht die Prinzeß-Witwe?
Chapuys: Nein, ich meine die Königin.

Und so fort. Früher einmal war dieser Wortwechsel halbwegs amüsant gewesen. Inzwischen war er mir, wie so vieles, langweilig und verdrießlich geworden. Vielleicht sollten wir den Text auf Karten schreiben lassen, wie die Schauspieler sie benutzen; bei unserer nächsten Begegnung könnten wir sie dann einfach austauschen, und die Sache wäre erledigt.

Ich unterbrach ihn in seinen liebenswürdigen Sticheleien. »In einigen Tagen werdet Ihr ihre Tochter sehen, Lady Maria. Dann könnt Ihr selbst beurteilen, wie die Halsstarrigkeit der Prinzeß-Witwe Maria Ungemach bereitet.«

»Sie ist auch Euer Gnaden Tochter«, bemerkte Chapuys verschmitzt. »Es sei denn, die fromme Königin wäre wirklich, was Ihr behauptet, das sie sei: die keusche Hinterbliebene Eures Bruders Arthur, und Maria wäre vom Heiligen Geist gezeugt.«

Eine andere Stimme mischte sich ein: »Solch leichtfertiger Umgang mit dem Namen des Heiligen Geistes ziemt sich wohl kaum für einen frommen Katholiken wie Euch. ›Allerlei Sünde und Lästerei soll dem Menschen vergeben werden: Aber die Lästerei gegen den Heiligen Geist soll dem Menschen nicht vergeben werden.‹« Ich hatte Cromwell nicht herannahen hören, und so erschrak ich, als seine geschmeidige Stimme in unsere Unterhaltung eindrang, so glatt wie ein nasses Messer. Chapuys fuhr ebenfalls zusammen, und die beiden funkelten einander über den Hals meines Pferdes hinweg an. »Just diese Einstellung ist es, die die Kirche und die Mönche verdorben hat –, so sehr, daß sie stinken. Seht Ihr, Ihr gebt vor, die Kirche zu lieben, und doch verspottet Ihr sie vor den Menschen. Pfui, Chapuys! Keine irdische Dame wollte die Dienste eines solchen Ritters für sich. Hätte ich Töchter, ich erlaubte ihnen nicht, Euch ihr Wappen zu schenken«, fuhr Cromwell fort.

»Noch trüge ich es, käme es von einer Dirne niederer Abkunft, dem Sproß eines auf Eigennutz bedachten Bauern«, versetzte Chapuys in spanischer Arroganz. Seine gewandte Gestalt hielt sich mühelos auf dem Pferd. Sein silberbeschlagener Sattel funkelte im bleichen Sonnenlicht und ließ kleine Lichtflecke auf Cromwells in schlichtem braunen Leder gearbeiteten und auf seinem rauhen Wollmantel tanzen. Ein Klotz von einem Mann, dieser Cromwell.

Er ließ seinen Blick zu seiner schlichten Gewandung hinuntergehen. »Ich? Auf Eigennutz bedacht?« Er kicherte. »Ich bin der einfache Meister Cromwell, Sir. Keine Titel, keine Juwelen, keine Ländereien. Ich bin nur auf eines bedacht: meinem König zu dienen. Ich habe nur einen Herrn: den, der hier neben mir reitet.«

Chapuys schnaubte, und fast gleichzeitig schnob auch sein Roß.

Hinter uns ritt Will; er schwieg. Er sollte uns zum Marienschrein begleiten und dann seinen Abschied von uns nehmen, um seine Schwester und ihre Familie zu besuchen, die einen Tagesritt weit entfernt wohnten. Ich hatte den armen Will in den letzten ein oder zwei Jahren hart an die Kandare genommen und seiner eigenen Bedürfnisse kaum gedacht. Gern hatte ich ihm jetzt seine Bitte gewährt. Er wiederum hatte sich dafür bereit gefunden, diese Reise mitsamt ihren (für ihn) unappetitlichen religiösen Aspekten über sich ergehen zu lassen. Aber das Gezänk und die Anspannung unterwegs würde er genießen, das wußte ich – dergleichen ließ ihn stets aufblühen. Nun, er würde es genießen können, bevor wir unser Ziel erreichten.

Die sechs anderen ritten zusammengedrängt hinter ihm und plapperten; ihr dampfender Atem stieg über ihnen auf und verschmolz zu einer einzigen Wolke. George Boleyn, Nicholas Carew, William Brereton, Edward Neville, Francis Weston, Henry Howard: Was hatten sie miteinander gemeinsam? Eine Kluft von dreißig Jahren trennte Henry Howard von Edward Neville. Worüber unterhielten sie sich? Aber sie unterhielten sich, und sogar angeregt. Einzelne Worte wehten durch die frostige Luft zu mir: Sir... Frankreich... Elisabeth... zwei Wochen...

Elisabeth. Ob Maria schließlich doch in ihren Dienst treten würde? Was war sie nur für ein widerspenstiges Kind! Ich würde ihr zu verstehen geben, daß dieses Benehmen nicht länger toleriert werden könne. Sie würde der Prinzessin Elisabeth dienen, oder... oder...

Oder was? Ich wußte es nicht, und ich wollte auch nicht darüber nachdenken, zu welchen Maßnahmen ich womöglich gezwungen sein könnte. Daheim in London waren Schreiber dabei, schimmernde Stapel von Eidesformularen vorzubereiten, die im ganzen Reich verteilt werden sollten, sobald das Wetter sich besserte. In jeder Stadt, in jedem Dorf, würden Kommissare hinter solchen Stapeln sitzen und sich vergewissern, daß alle Gildenbrüder, Richter und Anwälte, Geistliche und Lehrburschen ihre Unterschrift darunter setzten und damit – bei ihrer unsterblichen Seele – schwören, meine Ehe mit Anne als gültig und meine Tochter Elisabeth als (vorläufig) einzige Erbin anzuerkennen. Zu ihrer Linken würde ein tödliches Dokument liegen, in welches die Namen derer eingetragen werden sollten, die sich in Gegenwart von Zeugen weigerten, diesen Eid abzulegen. Ihre Gründe würden in diesem Dokument nicht aufgeführt werden. Nur ihre Namen.

Was würde ich mit den Stapeln dieser Dokumente anfangen? Denn ich gab mich nicht der Illusion hin, daß sie leer in den Palast zurückgebracht werden würden.

Der Himmel war klar, die Sonne klein und geschrumpft wie ein trockener Apfel. Nichts lebte auf dem Lande; nirgends regte sich etwas. Leicht zu glauben, daß dies den Zustand des Königreiches widerspiegelte: schweigend verharrend. So war es; aber bis Mai würde alles anders sein.

Chapuys näherte sich wieder. »Mein Knie tut plötzlich weh«, erzählte er. »Wir werden anderes Wetter bekommen, befürchte ich.«

Wie weibisch die aus dem Süden doch waren! Sie kamen aus einem Land der Granatäpfel und lauen Lüfte, und schlug einmal der Wind um, so konnten sie es nicht ertragen. Oder war es eine List – ein Vorwand, im Galopp allein nach Beaulieu House vorauszureiten, um unter vier Augen mit Maria zu sprechen? Wie durchsichtig.

Ich klopfte auf meine silberne Reiseflasche; sie enthielt einen Trank aus Irland, der das Blut erwärmte: *Uisgebeatha*. Ich reichte sie Chapuys. »Trinkt das. Dann spürt Ihr Euer Knie nicht mehr.«

Er nahm einen Schluck und schnappte nach Luft. »Gift!«

»Für die Iren nicht, wie ich höre.«

Chapuys schüttelte den Kopf. »Mein Knie – ich flehe Euch an: Es lügt nicht. Ich schlage vor, wir suchen irgendwo Unterschlupf...«

Der Himmel war hell und klar. »Was, am hellichten Tage? Wir haben noch fünf Stunden stramm zu reiten«, antwortete ich beruhigend.

Und so ging es weiter; nur einmal machten wir kurze Rast, um uns zu erfrischen, aber dann brachen wir gleich wieder auf, um den kurzen Wintertag zu nutzen, so gut es ging. Die Sonne zog vorbei und senkte sich hinter uns herab; lang erstreckten unsere Schatten sich vor uns.

Und dann schwanden sie, obgleich die Sonne noch nicht untergegangen war. Wann genau dies geschah, weiß ich nicht – aber plötzlich wurde mir bewußt, daß wir seit einer Weile schattenlos dahinritten. Vor uns lag bläuliches Zwielicht. Da drehte ich mich um und sah es: Wolken verhüllten die Sonne wie eine dicke Wolldecke, und der Wind, der ihnen vorauswehte, war schneidend kalt. Unter den Wolken aber schwebte wie ein schwerer grauer Vorhang der Schnee, und er trieb schneller heran, als jedes Pferd galoppieren konnte. In weniger als einer Stunde würde er uns eingeholt haben.

Meine Hände zitterten, und die Kälte in meinem Innern war größer als die des Windes in meinem Gesicht. Es gab nichts in weiter Runde – kein Dorf, kein Schloß, nicht einmal eine Bauernkate. Die weiten, offenen Ebenen, die wir seit dem Mittag durchzogen, die kahlen Felder, die nackt unter dem Himmel lagen, hatten mich mit Hochgefühl erfüllt; jetzt aber kamen sie mir bedrohlicher vor als jede feindliche Festung.

»Wie weit noch bis Thaningsford?« rief ich; und mit erhobener Hand bedeutete ich meinen Leuten, anzuhalten. Ich gab meiner Stimme einen fröhlichen Klang.

»Zwei Stunden zu reiten«, antwortete Brereton. »Ich weiß das; mein Vater hatte Pächter...«

»Im Norden liegt ein Dörfchen; es hat etwas wie ›Grange‹ in seinem Namen«, meldete Carew. »Ich glaube, bis dorthin ist es nicht gar so weit.«

»Wißt Ihr denn genau, wo es liegt?« rief ich zurück. Jetzt war keine Zeit für seine Tölpeleien; in Einzelheiten war er immer schon nachlässig gewesen.

»Ja... nein...« Der Wind riß ihm die Mütze vom Kopf, und er fing sie noch aus der Luft. »Ich glaube...«

Offensichtlich wußte er es also nicht. Ich sah mich unter den anderen um. Chapuys saß im Sattel und musterte mich verärgert; die anderen machten ausdruckslose Mienen, als erwarteten sie, daß ich aus dem Handgelenk einen Unterschlupf herbeizauberte.

Ich wies auf das heraufziehende Unwetter. »Wir können entweder in scharfem Galopp nach Norden oder Süden reiten und hoffen, daß wir dem Sturm ausweichen, oder wir können die Zeit nutzen, um uns hier einen Wetterschutz zu errichten.«

»Nach Süden können wir nicht; da liegt der Fluß, und wir können nicht sicher sein, daß er zugefroren ist und wir darüber hinwegreiten können«, gab Boleyn zu bedenken.

Ein klarer Kopf. Ein vernünftiger Einwand. Er gefiel mir immer besser.

»Vor uns liegt nichts als freies Feld; es reicht mindestens bis Edwardswold. Aber eine halbe Stunde weit im Norden gibt es einen Wald«, sagte Will.

Meine Gedanken machten einen Satz. Ein geschütztes Gelände, und dann eine halbe Stunde Zeit, um irgendeine Art von Unterstand zu bauen. Ja, das konnten wir schaffen.

»Nach Norden also!« Ich mußte brüllen, um den anschwellenden Wind zu übertönen. Ich riß mein Pferd herum und winkte ihnen, mir zu folgen.

Sie mußten. Was immer ich befahl, sie mußten gehorchen. Ich betete, daß ich sie in Sicherheit führen möchte. Aber als ich die Richtung änderte und der Wind mich seitlich packte, hatte ich das Gefühl, auf dem falschen Weg zu sein, irregeleitet. Alle meine Instinkte schrien: *Nicht hier entlang. Flieh vor dem Wind her, nicht quer hindurch. Suche einen fertigen Unterstand. Was kannst du schon in einer halben Stunde bauen, das dir vor diesem Unwetter angemessenen Schutz bieten könnte*? Aber ich ignorierte die Stimme. Die Logik befahl mir, auf diesem Wege weiterzureiten.

Der Wind ließ meinen Mantel flattern wie ein wollenes Segel, das wirbelnd hinter mir wehte. Ich fühlte mich nackt, so mühelos drangen Sturm und Kälte bis zu meiner bloßen Haut.

Ich vergrub mich in der Mähne meines Hengstes und suchte dort Wärme. Aber sein Fleisch war kalt unter dem Fell, und der Schweißschaum gefror in kleinen Klümpchen am Halse. Ich spürte das rhythmische Schwellen seiner Muskeln, als er dahingaloppierte; aber er kam jetzt langsamer voran, denn der Wind drückte hart gegen seine linke Flanke. Mein linkes Bein war völlig taub, und die Kälte schien an meinen Kräften zu zehren und all mein Blut in irgendeinem verborgenen Kern zu sammeln. Ich warf einen Blick hinter mich und sah, wie die anderen sich voranmühten. Die Wolkenbank war sichtlich näher gerückt, und der versprochene Wald war nirgends zu erblicken. Wo war er? Hatte Will sich geirrt? Aber er war sich doch sonst in allem so sicher.

Die ersten stechenden Schneeflocken trafen mich am Hals. Gott, wie kalt mir war. Plötzlich schüttelte mein Pferd fragend den Kopf, schwenkte nach rechts und brach über eine Lehmböschung hinunter auf ein freies Feld.

Meine Hände waren kraftlos, die Finger so taub, daß sie nicht mehr zu meinem Körper zu gehören schienen. Ich konnte die Zügel nicht mehr halten. Kalt, kalt, kalt – ich konnte an nichts anderes mehr denken; die Kälte vertrieb jeden anderen Gedanken aus meinem Kopf. Ich mußte dieser Kälte entrinnen, ich mußte.

Da... weit vor uns, leicht fünf bis sieben Meilen weit vor uns... ein schwarzer Strich, *irgend etwas*. Was immer es war, es würde die Wucht des Windes brechen. Ich stieß meinem Hengst die Fersen in die Flanken, so heftig ich konnte und schlang mir die Zügel wieder und wieder um die fühllosen Handgelenke. Sollten die Arme doch die Arbeit der Hände tun.

»Kommt!« rief ich.

Wieder klatschte Schnee mir auf die linke Wange. Ich fühlte es kaum auf der bloßen Haut.

Der dünne schwarze Strich vor uns wurde stachlig. Bäume. Der Wald. Wills Wald.

Die Bäume waren Eichen. Es war ein alter Wald, ein Urwald, der seit Beckets Tagen hier stand und uns erwartete. Mit einem letzten stürmischen Angaloppieren drang mein Pferd ins Unterholz, und sofort fühlte ich, daß die Kraft des Windes nachließ, als er sich an den Eichen brach. Ein Rauschen umhüllte uns wie das Seufzen einer Mutter.

Ich wandte mich um und sah, wie die anderen hereingaloppiert kamen. Chapuys... Will... Carew... dann der Rest, unkenntliche Gestalten, neun an der Zahl. Alle waren da.

Erst jetzt schaute ich umher. Der Wald war tief und dunkel, der rauhe Boden von Ästen und Steinen übersät. Ein gefährlicher Grund für die Pferde. Sollten wir sie nur ein Stück weit in die Finsternis hineinführen und dann haltmachen und irgendwo Schutz suchen, oder sollten wir es auf uns nehmen, weiter hineinzureiten – in der Hoffnung, einen besseren Unterschlupf oder gar eine verlassene Hütte zu finden? Kaum hatten diese beiden Möglichkeiten in meinem Geist Gestalt angenommen, wußte ich auch schon die Antwort: Ich entschied mich für diejenige, die am gefährlichsten war, aber auch den größten Lohn in sich barg. Wir würden tiefer in den Wald hineinreiten.

Als ich meinen Entschluß bekanntmachte, erhoben die Männer Widerspruch. Ich gebot ihnen Schweigen, und sie mußten gehorchen.

Das Schneetreiben war noch immer ein Stück weit von der Baumgrenze entfernt; ich wandte ihm den Rücken zu und trieb mein Roß vorwärts in das unbekannte Gelände. Keine fünf Minuten waren vergangen, und der bewölkte Himmel und die hohen Bäume ließen die Düsternis so bedrückend werden, daß sie uns fast wie etwas Lebendiges erschien. Die dicken Äste über unseren Köpfen regten sich – ein wogendes Dach über einer unheilvollen, stillen Kammer voller Fallgruben.

Und die ganze Zeit über herrschte eine Kälte wie aus einer anderen Welt, eine Kälte wie ein lebendes Wesen. Ich blickte umher. Holz gab es reichlich, aber es war so kalt, daß es schwer zu entzünden wäre. Sprödes altes Eichenlaub bedeckte den Boden wie ein Teppich; die Blätter könnten als Zunder dienen, aber jetzt verbargen sie wirkungsvoll jedes tückische Loch, in dem ein Pferd sich das Bein brechen könnte. Ein Erdwall oder sonst etwas, das uns hätte Schutz bieten können, war nirgends zu sehen.

»Euer Gnaden! Wir müssen anhalten!« schrie Will – der einzige, der sich getraute, mir zu sagen, was ich tun sollte. »Gleich hat es uns eingeholt, und dann haben wir keine Zeit mehr, irgend etwas zu bauen. Wir müssen haltmachen und uns eine Deckung suchen!«

»Nein, Will! Weiter hinein! Weiter hinein!« Meine Stimme hallte laut und sicher zwischen uns. Die anderen dachten wie er, und wir alle waren jetzt wie Tiere, die nur ihr Überleben im Sinn hatten.

Doch dann übernahmen Tradition und Gewohnheit das Kommando und veranlaßten sie, ihren eigenen animalischen Drang zu ignorieren und ihrem gekrönten und gesalbten König zu gehorchen; und dieser König, sicher in dem Glauben, daß er *seinem* König gehorche, führte sie weiter.

WILL:

In diesem Augenblick hielten wir ihn alle für verrückt. Es war offensichtlich töricht, noch tiefer in den Wald hineinzureiten. Aber er schien sich seiner selbst absolut sicher zu sein. Liegt darin das Geheimnis dessen, der über unbedingten Gehorsam gebietet?

HEINRICH VIII.:

Jetzt hatte der Sturm uns erreicht; von hinten rannte er gegen uns an. Die Bäume fingen einen großen Teil davon auf, aber noch immer drang genug blendender, wirbelnder Schnee herein, um uns die Orientierung zu nehmen. Es gab weder Norden noch Süden, weder Westen noch Osten, nicht oben noch unten, noch seitwärts. Eine gewaltige Wolke von weißen Schmetterlingen hatte uns verschluckt, und ihre Millionen Flügel flatterten rasend, lautlos, eisig. Ich hätte stillstehen können inmitten des weißen, kalten Wirbels und mich davon zudecken lassen bis zum Tode. Die Versuchung war da, die Lockungen eines schönen, lautlosen Todes...

Heftig erschauernd stieg ich vom Pferd und führte es am Zügel weiter. Ich mußte mich bewegen, mein Blut warmhalten, damit die Göttin des Eistodes mich nicht in ihre Klauen bekam.... Ich konnte nicht mehr als zehn Schritte weit sehen, und ich konnte nur noch hoffen, daß meine Leute nicht voneinander getrennt worden waren. »Zusammenbleiben! Ein jeder halte sich dicht hinter dem anderen!« schrie ich.

Ein Felsengrat vor uns – seine Flanke starrte von scharfkantigen Steinen. Wir standen vor einer Barriere, die wir nicht überwinden konnten. Hatte Gott uns hierher geführt, um uns dem Tode zu überantworten?

Dann sah ich es: Schemenhaft nur – einen Spalt, eine dunkle Öffnung, einen Riß in der Felswand. Vielleicht konnten wir uns dort hineinzwängen und zusammenkauern? Eine Hand vor mir ausgestreckt, stolperte ich vorwärts, tastete ich mich weiter. Die rauhen Felsen schnitten sich in meine Hände, aber die waren so taub, daß ich nichts mehr spürte, und überrascht sah ich die Blutspritzer auf dem Gestein. Plötzlich fuhr mein Arm in dunkle Leere. Ich schob den anderen hinterdrein, bis an die Schultern, aber ich ertastete nur immer mehr leeren Raum. Eine Höhle.

Wie weit reichte sie nach hinten? Ihr Eingang gähnte ein Stück weit neben mir, und er war breit – etwa zehn Fuß breit. »Eine Höhle!« brüllte ich. »Eine Höhle!«

»Halloooo!« kam die Antwort, und Gestalten lösten sich aus dem weißen Wirbel und taumelten auf mich zu. Ich ließ mich zu Boden sinken und kroch schwerfällig über den Höhlenboden, um die rückwärtige Wand zu finden. Als ich sie nicht fand, winkte ich den anderen, mir hereinzufolgen.

»Ich kann stehen!« schrie Cromwell; er schob die Füße über den Boden, tastend mit jedem Schritt. Ich richtete mich auf und erwartete, mir den Kopf zu stoßen, doch nichts geschah. Ich streckte die Hände in die Höhe und stieß noch immer nicht an die Felsendecke. Aber ich ertastete einige weiche, seidige Rundungen, die raschelten und sich wieder beruhigten.

»Eine Kammer mit Fledermäusen als Zofen«, stellte ich fest. »Laßt uns ein Feuer machen, und zwar schnell.«

Binnen kurzem hatten die Männer einen großen Stapel Holz sowie mehrere Armladungen trockenes Laub und abgestorbenes Zweigwerk hereingeschafft. Will schlug seinen Feuerstahl, und Funken sprühten auf den kalten, störrischen Zunder. Eine gute Viertelstunde verging, ehe ein freundliches Blatt zu glimmen begann, und noch einmal so lange, bis seine Nachbarn Feuer fingen. Hier drinnen war die Kälte noch durchdringender als draußen. Ich hatte das Gefühl, die Höhle würde der Kälte noch am Mittsommertag eine Heimstatt geben, würde sie im Laufe der Jahre anhäufen wie ein Geizkragen sein Gold.

Aber jetzt gerieten auch die dickeren Äste in Brand und verströmten dicke Wolken von übelriechendem Rauch. Keuchend drängten die Männer sich zusammen. Aber die Wärme war so schwach, daß ich fast nichts davon spürte. Heftig rieb ich mir die Hände in der Hoffnung, sie wieder zum Leben zu erwecken. Sie fühlten sich an wie zwei Klötze aus Holz – Holz, aus dem das Blut tropfte.

»Mut!« sagte ich. »Lange wird es nicht mehr dauern.«

»›Ja, Kameraden, nun haben wir am Anfang wohl zu leiden gehabt, doch jetzt verspricht sich unser Geschick zu bessern, so Gott will‹«, murmelte Neville.

Das waren meine eigenen Worte; ich hatte sie in jener ersten jämmerlichen Nacht im Feldlager in Frankreich gesprochen, im Jahre 1513. Wie hatte er sie so lange im Kopf behalten können? Ich war gerührt. Aber als ich ihn ansah, entdeckte ich in seinem Gesicht nur mürrisches Unbehagen. Vielleicht war das alles, was ihm von diesem Frankreich-Feldzug im Gedächtnis geblieben war – Kälte und Unbehagen. Es schmerzte mich, zu denken, daß meine Waffengefährten unsere gemeinsamen Erlebnisse nicht als kostbare Erinnerungen bewahrten – die hehren Kriegserlebnisse unserer Jugend zumal. »Ah, das war eine herrliche Nacht!« sagte ich.

»Im französischen Morast?« fragte Carew verachtungsvoll. »Da war es fast so erbärmlich wie hier in dieser Kälte.«

»Der Feldzug gegen Frankreich war gesegnet«, beharrte ich. »Ich wünschte nur, Ihr anderen hättet auch dabei sein können.«

»Ich war ja kaum auf der Welt«, sagte George Boleyn. »Mein Vater war bei Euch.«

»Der meine auch«, ergänzte William Brereton und schob den Mantel herunter, den er sich bis an die Augen vor das rundliche Lämmergesicht gezogen hatte.

»Mein Vater machte mich in der Nacht, bevor er mit Thomas Howard und seinen Rittern gen Frankreich segelte«, berichtete Francis Weston, als zitiere er ein biblisches Wunder.

»Ich bin erst lange danach geboren«, sagte Henry Howard, der Sohn eben jenes Thomas Howard, des Herzogs von Norfolk. Er trug seine Jugend stolz wie ein Wappen.

Cromwell, gedrungen wie ein Bär, blieb stumm.

»Und wo wart Ihr 1513, Crum?«

»Ich war in Italien, Euer Gnaden.«

»Um die Künste zu studieren?« fragte George Boleyn.

»Ja. Um die Künste zu studieren«, sagte Cromwell.

Das Feuer knisterte halbherzig, und wir rückten näher heran. Wollte es denn nie auflodern?

»Es braucht mehr Luft«, erklärte Cromwell. »Wir müssen uns ein wenig zurückziehen – wie bei einem Sterbenden.«

»Zum Teufel damit!« heulte Brereton. »Mir ist kalt!«

»Hört auf zu jammern«, versetzte Cromwell. »Mit Jammern hat noch niemand etwas gewonnen, nicht einmal bei einem taubstummen Feuer.«

Auch ich hätte das Feuer zu gern getreten und beschimpft. »Jemand wird noch mehr Holz sammeln müssen, damit es bereitliegt, wenn es gebraucht wird«, befand ich und gab mich zuversichtlich.

Jeder blickte starr ins Feuer, als könne er sich damit unsichtbar machen und so der Verpflichtung entrinnen.

»Lord Rochford!« Ich redete George Boleyn förmlich an. »Schafft herbei, soviel Ihr könnt, und wenn Ihr müde seid, soll Sir Weston an Eurer Statt weitermachen. Und dann Sir Brereton. Wir sollten so viel aufhäufen, daß es mindestens für die Nacht reicht.« Es war klar, daß wir uns nicht vom Fleck rühren konnten, ehe das Unwetter sich verzogen hatte – und wer wußte, wann das sein würde?

Die anderen, für den Augenblick von der verhaßten Aufgabe des Holzsammelns verschont, wandten sich erleichtert dem glimmenden Feuer zu. Carew ließ sich auf die Knie fallen und fing an, hineinzupusten, so daß es hitzig erglühte. Aufgeregt blies er kräftiger, und plötzlich brach er zusammen und wäre beinahe kopfüber in die Glut gekippt.

»Zieht ihn weg!« Neville stürzte herbei, noch ehe er zu Ende gesprochen hatte, und zerrte den Zuckenden und Stöhnenden vom Feuer weg.

»Meine Brust... ich kann nicht atmen...« jammerte Carew, und seine Finger krallten sich in seine Brust. Sein Gesicht war leichenfahl.

Ich starrte ihn mit offenem Mund an. Ich wußte wenig von Medizin; ich kannte ja nur die launischen Schmerzen meines Schenkelgeschwürs.

Cromwell kauerte neben ihm, beugte sich über ihn, nickte wissend. »Hat jemand hier ein schmerzlinderndes Mittel?« fragte er.

Ich hatte eines, verborgen in meiner Satteltasche, aber es war dazu da, mein Bein zu behandeln. Manchmal waren die Schmerzen so stark... Aber wenn ich offenbarte, daß ich es bei mir hatte, würde ich damit nicht Anlaß zu Spekulationen über den Grund dafür geben? Es war außerdem mit sauberen Verbänden und Salbe zusammen verpackt. Wie sollte ich das alles verbergen?

»Uhhh –...« stöhnte Carew; es klang, als liege er im Sterben.

»Hat denn niemand eine Arznei?« wollte Cromwell wissen.

Einer nach dem anderen schüttelte den Kopf. Verstohlenes Bindenwechseln, verborgene Geschwüre – dergleichen war ihnen unbekannt.

»Ich habe etwas«, bekannte ich schließlich.

Die Pille – aus gemahlenem Mohnpulver gedreht – hatte eine fast erschreckende Wirkung auf Carew. Sein Atem ging flacher und weniger mühsam, und er hörte auf, die Hände in die Brust zu krallen. Allmählich kehrte die Farbe in seine Wangen zurück. Dann schlief er ein wie ein Kind.

Cromwell nickte. »Ja, das hatte ich erwartet. Ich denke, fortan sollte er keinen Schritt tun, ohne einen Vorrat davon bei sich zu tragen.« Er hielt die Phiole mit den Pillen in die Höhe.

Aber er würde doch gewiß nicht noch mehr davon brauchen! Diese zehn waren alles, was ich bei mir hatte – und wenn mich nun wieder dieser quälende Schmerz im Bein überkam? Hätte ich dann nichts, um ihn zu betäuben, würde ich mich und meine Schwäche womöglich verraten. So nahm ich Cromwell die Pillen aus der Hand – beiläufig, wie ich glaubte. »Was fehlt ihm denn?« fragte ich.

»Er hat ein krankes Herz. Solche ›Attacken‹ werden ihm von nun an drohen, wenn er sich Anstrengungen unterzieht.«

»Anstrengungen? Ins Feuer zu blasen, ist eine Anstrengung?« fragte Neville herausfordernd.

»In seinem Alter ja. Nach dem mühevollen Ritt...«

»Unfug!« bellte Neville. »Alter... Anstrengung...« Carew und er waren gleichaltrig. »Lächerlich!«

Das vernachlässigte Feuer loderte plötzlich hell auf, wie ein trotziges Kind. Erleichtert wandte ich mich ihm zu, froh, dieses Gespräch beenden zu können. Wo hatte Cromwell so viel über Medizin gelernt? Während seines »Studiums« in Italien? Im Grunde wußte ich wenig über ihn. Ich fragte mich, ob er wohl mein Beinleiden entdeckt hatte. Und wie sollte es mir gelingen, vor all diesen Männern meinen Verband zu wechseln? Aber vielleicht brauchte ich ihn ja nicht zu wechseln; vielleicht konnte ich ihn über Nacht anbehalten.

Boleyn kehrte zurück, weiß wie ein Toter, und schleifte ein paar Äste herein. Erleichtert stellte er fest, daß es hier endlich warm geworden war.

»Das ist alles, was ich habe finden können«, erklärte er und wies nach draußen. »Der Schnee ist schon so tief, daß man kaum noch sehen kann, wo Holz liegt. Und es wird dunkel.«

»Wärmt Euch«, forderte ich ihn auf; ich merkte, daß ein Unterton von abwehrender Gereiztheit in seinen Worten lag.

Ich ließ ihnen Zeit, die Kälte aus ihrem Mark zu vertreiben, und fragte dann: »Was haben wir an Proviant? Ein jeder soll in seiner Satteltasche nachschauen.«

Wie sich zeigte, hatten wir neun Flaschen Wein und zwei mit dem feurigen *Uisgebeatha*, außerdem zwölf Brote, fünf große Käse und etliche Portionen von geräuchertem Dörrfleisch. »Genug für ein karges Mahl für eine Nacht«, befand ich.

Über uns raschelten die Fledermäuse. »Den unvermeidlichen Fledermauseintopf schieben wir noch hinaus, so lange es geht«, versprach ich. »Vorerst wollen wir Brot und Käse teilen.«

Mit räuberischem Appetit fielen wir darüber her. Es half nur wenig. So ist es mir schon oft ergangen, und stets frage ich mich, warum. Wenn man großen Hunger hat, bekommt man vom Essen nur noch mehr Appetit.

Die Bäuche geweckt und aufgereizt statt beruhigt, streckten wir uns vor dem Feuer aus. Als ich mich, auf den Ellbogen gestützt, zurücklehnte und mein Bein ausstreckte, fühlte ich das widerlich vertraute Rieseln von Flüssigkeit aus meinem Geschwür. Das Ding eiterte also wieder. Wenn die Männer sich zur Ruhe gelegt hätten, würde ich mich darum kümmern. Später, wenn wir in die Finsternis hinausschlenderten, um uns zu erleichtern, könnte ich das Nötige aus meiner Satteltasche holen. Ich hob mein Fläschchen *Uisge-*

beatha in die Höhe. Vorläufig würde dies den Schmerz betäuben und mir auf wundersame Weise die Zeit vertreiben. Ich nahm einen tiefen Schluck und fühlte, wie eine außergewöhnliche Wärme meine Mundhöhle erfüllte und dann heiß in meinen Magen rann. Nicht lange, und es würde wie ein geheimnisvoller Balsam all meine Adern durchströmen und mir Frieden und Behaglichkeit bringen... und die Ahnung einer besonderen Obhut, die ihre Hand über mich deckte. Ich nahm noch einen Schluck, damit der erste ein wenig Gesellschaft hätte.

»Hier.« Ich reichte Will das Fläschchen. »Du weißt, was es ist und was es vermag.«

WILL:

Das wußte ich in der Tat. Seit dem Tag, da Annes wilder irischer Vetter, der Graf von Ormonde, Heinrich drei Fässer von dem Zeug geschickt hatte, trank er davon. Mir gefiel nicht, was es bei ihm bewirkte; aber ich muß gestehen, daß ich in jener Nacht in der Höhle großen Gefallen daran fand, es in mir zu spüren. Und wie ich mich benahm, sah ich ja nicht.

HEINRICH VIII.:

» Es ist ein Zaubertrank, kein Zweifel. Die irische Vetternschaft der Königin hat ihn mir geschickt.« Ich reichte die Flasche den anderen weiter, und jeder nahm sie entgegen. Noch ehe Brereton, der letzte der neun, getrunken hatte, war die Verwandlung in meinem Innern in Gang geraten. Ich fühlte die köstliche, schleichende Leichtigkeit, den göttlichen Frieden...

Plötzlich liebte ich all die Gesichter rings um das Feuer. Nur Chapuys nicht. Und das lag daran, daß er ein spanisches Gesicht hatte. Ich haßte spanische Gesichter – häßliche, gelbe Fratzen. Unserem Herrn sei Dank, Maria hatte eine solche Färbung nicht. Lady Maria... nicht mehr Prinzessin Maria...

»Nehmt alle noch einen Schluck!« sagte ich und nahm selber den dritten. Die Männer taten es mir nach, und als Brereton mir diesmal die Flasche zurückgab, schwebte ich. »Tinktur der Ekstase«.

Genug jetzt. Ich schraubte den Deckel auf die Flasche – mit übertriebener Sorgfalt, denn meine Finger wollten den Dienst nicht mehr recht tun. »Das Feuer vertreibt die Kälte von außen, und das hier vertreibt sie von innen.«

Draußen heulte der Wind, aber es klang nicht länger furchterregend. Und diese Männer hier, die sich mit mir um das Feuer geschart hatten, waren mir als meine Gefährten bestimmt. Nur Chapuys nicht...

»Wollt Ihr nicht einsehen, wie töricht der spanische Stolz ist?« fragte ich ihn. »Und wie hoffnungslos die päpstliche Sache in England?« fügte ich hochfahrend hinzu.

»Er ist ein Intrigant«, stellte Cromwell unverblümt fest. »Er hat ein ganzes Netz von Möchtegern-Rebellen, bereit, Euch zu verraten. Der Plan ist einfach: Maria soll von ihrem Landhaus in Beaulieu weggelockt und auf den Kontinent geschafft werden, derweil das unzufriedene Volk Euch stürzen soll. Ist es nicht so, Chapuys?«

»Ihr könntet keine Namen nennen, Meister Cromwell.«

Er lachte. »O doch. Im Westen glaubt Ihr Lord Abergavenny zu haben, dann Sir Thomas Arundel, Sir Henry Parker, Sir George Carewe, gewisse Angehörige der Familie Pole und den guten alten Sir James Griffith ap Howell. Im Norden sind es der unzufriedene Lord Hussey und Lord Darcy, außerdem Lord Dacre of the North und der Graf von Derby. Im Süden – ah! – da ist es Lord Edmund Bray, Sir Thomas Burgoyne, Sir Thomas Elyot und der Graf von Rutland. Habe ich jemanden vergessen? Ihr tragt just in diesem Augenblick Briefe von ihnen an Lady Maria bei Euch.«

Chapuys blickte erschrocken auf und fuhr hoch.

»Laßt es gut sein, lieber Botschafter. Ich habe sie schon vor unserer Abreise gelesen – und kopieren lassen. Es ist ein guter Plan, den Ihr da habt. Seine einzige Schwäche liegt in der mangelnden Organisation und der Abhängigkeit der Verschwörer. Zusammengehalten werden sie nur durch den unermüdlichen Eifer, den Ihr im Namen Katharinas an den Tag legt. Auf sich gestellt, sind sie weder bereit noch in der Lage, irgendeinen Plan zur Ausführung zu bringen, und wäre er noch so einfach.«

Ich hörte eifrig zu. Der *Uisgebeatha* hatte ihnen die Zungen gelöst, und sie plauderten wie Männer auf dem Streckbett.

»Das Volk von England steht auf der Seite des Papstes und des Kaisers«, erwiderte Chapuys unbedacht. »Im innersten Herzen schämen sich die Menschen der falschen Königin Anne und der widerrechtlichen Gesetze ihres Königs. In den Tagen des Kardinal Wolsey saß England in den höchsten Räten Europas. Heute ist es zum Gespött geworden, ein Bastard unter den rechtmäßigen Nationen.«

Ich nötigte ihm noch mehr *Uisgebeatha* auf, und er trank, ohne zu wissen, was er tat.

»Falsch. England wird überall geachtet, weil es die Fesseln der Knechtschaft und der Tributpflicht abgeworfen hat«, korrigierte ich ihn.

»Als mein Vater Botschafter in Frankreich und am päpstlichen Hof war, da haben sie über uns gelacht«, warf Boleyn ein. »Aber sie lachen nicht mehr. Die Zeiten sind vorbei, Meister Chapuys. Die Zukunft liegt weder beim Papst noch in Spanien, sie liegt in England und beim Protestantismus.«

»Beim Protestantismus?« zischte ich. »Ich dulde keine Protestanten in meinem Reich. Sie sind Ketzer.«

»Das waren die Apostel Unseres Herrn in den Augen der Pharisäer auch.« Das kam von Henry Howard, dem Jüngling. Der Mangel an Jahren ließ seine Stimme dünn klingen.

Alle schauten ihn überrascht an. »Pfui, Sir Henry«, sagte Carew. »Ihr stammt doch aus altem, ehrenvollem Hause – Ihr gehört nicht zu den ›neuen Menschen‹, die sich jeder Mode an den Hals werfen müssen, wie etwa dem Luthertum oder diesem Zwingli-Wahn aus Zürich.« Seine Stimme war leise, als getraue er sich nicht, sie richtig zu benutzen, weil er eine neuerliche »Attacke« fürchtete. Sein Gesicht zeigte immer noch Spuren der Anstrengung.

Henry Howard lächelte. Er war seinem Alter zum Trotz dafür bekannt, daß er Moden einführte. Er trug breitrandige italienische Seidenhüte mit einer einzelnen, geschwungenen Feder und schrieb Gedichte in neumodischen »Blankversen«, was bedeutete, daß sie sich nicht reimten. (Als wäre etwas, das sich nicht reimt, ein Gedicht!) »Die Vergangenheit kann mich nicht fesseln«, erklärte er. »Sie ist ein Beinhaus, verschlossen, verkrustet, luftlos. Ich aber möchte die Türen weit öffnen...«

Wie ich es gewollt hatte, in seinem Alter, als Vater gestorben war...

»Französische Türen?« erkundigte sich Weston. »Wie die, welche Ihr in Kenninghall habt einbauen lassen?« Er legte den Kopf schräg.

Ich mochte Weston nicht, gestand ich mir. Er war mir zu hübsch. Und seine Angewohnheit, nur Blau zu tragen, um seine hellblauen, von stachligen schwarzen Wimpern umrahmten Augen zu betonen, fand ich in höchstem Maße weibisch.

»Ja, wir haben von Eurem Umbau gehört«, sagte Cromwell mit sicherem Blick. »Viele von uns teilen Euer Interesse an der Neugestaltung englischer Häuser.«

»Ich glaube, wir alle haben das Verlangen, uns stets neu zu schaffen«, sagte ich. »Bei gewöhnlichen Menschen kann dieses Verlangen dadurch zum Ausdruck kommen, daß sie französische Fenster in ihr Haus einbauen. Bei einem König muß es geschehen, indem er das Königreich verfeinert und erneuert. England hatte längst schon einen Gärtnermeister nötig – einen Gärtner, der das Unkraut jätet, giftige Ranken herausreißt, schädliche Tiere vertreibt – seien es Wölfe, Geier, Maulwürfe oder Schlangen – und das Land zur Blüte bringt.«

Jetzt starrten sie mich alle an, aber ich redete kühn weiter. »Wenn ein Garten so bepflanzt wird, gibt es anfangs mancherlei Zerstörung und scheinbares Chaos. Aber aus solcher Umwälzung wächst Ordnung, Schönheit, Frieden.« Ich musterte sie gründlich. »Versteht Ihr? Ich muß grausame Dinge tun, um Englands Glorie zum Vorschein zu bringen, eine Glorie, die lange Zeit von Unkraut erstickt wurde.«

Ich nahm noch einen langen, tiefen Zug von dem irischen Wasser. »Das Unkraut, die Tiere, der Teufel selbst – sie alle werden schreien und sich in Sicherheit zu bringen trachten. Aber ich kann unterscheiden, was falsch und was richtig ist, und niemand wird mich daran hindern, zu tun, was ich tun muß um Englands willen.«

»Ihr seid wahnsinnig!« rief Chapuys aus. »Ihr redet wie Caligula und wie jeder Tyrann seit Pharao: ›Ich kann unterscheiden, was falsch und was richtig ist!‹ Hört Ihr Euch denn nicht, irregeleiteter Cäsar?«

»Ich sagte Euch ja, sie werden schreien, nicht wahr?« Ich schaute meine Männer an. »Natürlich schreist du, päpstliche Viper. Du hast ja alles zu verlieren, du und dein Kaiserherr, wenn England noch stärker wird. Allzu lange habt ihr euch in unsere Angelegenheiten gemischt, habt ihr versucht, uns zu benutzen, habt ihr unser Geld genommen, um eure eigennützigen Kriege damit zu finanzieren, Kriege, die Karl genützt haben, aber nicht uns! Der Bischof von Rom hat gehustet und mit seiner Exkommunikation gegen uns gefuchtelt. Der Kaiser trachtet nach meinem Gold und nach meiner Tochter, während Klemens mir aufs Haupt speit. Pfui, sage ich! Ich werde dich mit der Wurzel ausreißen, jede Spur von dir austilgen. Hinaus aus England, fauliges Aas!«

»Aye«, sagte Cromwell. »Ich glaube, darin sind wir uns alle einig. Oh, einige von uns mögen weiter in die Zukunft schauen als andere« – er nickte Henry Howard und Weston zu –, »aber selbst die Konservativsten unter uns, wie Neville mit seinen rostigen Rittermanieren – paßt Euch eigentlich die Rüstung von 1513 noch, Edward? –, sind Engländer, reinblütige Engländer, und wir wollen unser England wieder für uns haben.«

»Euer König ist wahnsinnig«, entgegnete Chapuys. »Das ist die Hauptsache, die zu übersehen Ihr bei all Eurem Geschwätz über ›England‹ offenbar fest entschlossen seid.«

»Wahnsinn und Größe gehen oft Hand in Hand«, gab Cromwell zu bedenken. »Täuscht Euch nicht. Mag das Volk auch murren über Königin Anne, es liebt doch die Engländerin in ihr. Und Eure dumme Katharina tut das einzige, was das Volk unfehlbar in Raserei versetzen würde, wenn es nur davon hörte: Sie wendet sich an ausländische Mächte, um in ihrer Sache recht zu bekommen. Aber meine Agenten sind überall im Lande eifrig damit beschäftigt, dem Volk diesen... Treuebruch bekannt zu machen.«

»Eure Agenten«, flüsterte Chapuys. »Ihr habt in der Tat in Italien ›studiert‹.«

»Die Renaissance hat viele Facetten.«

In der Nacht, als sie schnarchend am Feuer schlummerten, kroch ich davon, um zu tun, was mein schmerzendes Bein erforderte. Weit hinten in der Finsternis warf ich den eitergetränkten Verband weg und legte tastend einen neuen an, den ich mit meiner Hose bedeckte. Die Wirkung des irischen *Uisgebeatha* war verflogen, und nichts linderte das krampfhafte Pochen in meinem Bein. Hastig schüttelte ich meinen Arzneibeutel, daß zwei Pillen herausfielen; ich schluckte sie ganz. Dann kroch ich zurück an meinen Platz vor dem Feuer.

Als die Medizin zu wirken begann und das Feuer vor mir niederbrannte und mit meinen Träumen verschmolz, fiel mir plötzlich ein, wie sonderbar es war, daß Cromwell nicht widersprochen hatte, als Chapuys behauptet hatte, ich sei wahnsinnig.

LVI

Es gab kein richtiges Morgengrauen, sondern nur ein Schwinden der Finsternis, als unsere schmerzenden Glieder sich zu regen begannen. Ich war taub und steif gefroren und hatte rasenden Hunger. Das Feuer war fast erloschen, und draußen heulte der Wind noch immer. Steifbeinig trat ich an den Höhlenausgang und spähte hinaus. Der Schnee lag hüfttief, und die Wehen türmten sich an manchen Stellen so hoch wie Goliath. Bis Beaulieu waren es gewiß noch zwanzig Meilen. Konnten wir es bis zum Sonnenuntergang erreichen?

Nach weniger als einer Stunde saßen wir kläglich im Sattel und bahnten uns schwankend den Weg durch die Schneewehen. Die Fledermäuse waren ohne Zweifel froh, ungestört in der Finsternis weiterschlummern zu dürfen. Ich fragte mich, ob es klug gewesen war, daß wir es verschmäht hatten, sie zu verschmausen, so ekelhaft die Vorstellung auch sein mochte.

Gegen Mittag war es klar, daß es töricht gewesen war, sich hinauszuwagen. Wir waren keine fünf Meilen weit gekommen, und auf dem unebenen Boden mit der tückischen Schneedecke war es unmöglich, schneller zu reiten. Wir waren gezwungen, uns mühsam vorwärtszutasten, und zitternd vor Erschöpfung saßen wir auf unseren geschwächten Pferden. Beaulieu hätte ebensogut in Schottland liegen können; es hätte uns nicht weniger nützen können. Am Horizont war keine Spur davon zu sehen; da war überhaupt nichts außer Leere und einer schmalen Straße, die auch nur deshalb zu erkennen war, weil eine Steinmauer sie säumte.

Die Männer schwiegen; ein jeder klammerte sich an seinen Sattel und betete zu seinem Gott. Chapuys silberbeschlagener Sattel erschien mir als Inbild falscher Sicherheit, entlarvend für uns nicht weniger als für ihn selbst, untauglich zu allem in dieser weißen Wildnis, aber spöttisch blinkend.

Ein Windstoß fuhr mir geradewegs ins Gesicht. Meine Augen brannten und tränten, und der Horizont schimmerte, verschwamm und klärte sich wieder. Aber in der Unschärfe hatte ich etwas gesehen, oder ich glaubte doch, etwas gesehen zu haben. Ich blinzelte und mühte mich, es noch einmal zu entdeken. Ja, da war wirklich etwas... und schwebte eine verwaschene Rauchwolke darüber?

»Da. Vor uns«, grunzte ich. Meine Lippen waren aufgesprungen und bluteten, obwohl ich sie mit Fett beschmiert hatte.

Cromwell fuhr auf und unterdrückte dann ein Lächeln. Er weiß es schon, dachte ich. Er weiß, was es ist, und es freut ihn, daß ich es selbst entdeckt habe.

»Was liegt da vor uns?« fragte ich.

»Sankt Osweth.« Er hatte die Antwort parat.

Ein kleines Kloster – eines, das Cromwells Agenten bereits aufgesucht und für besonders verkommen erklärt hatten. Die Papiere, die es zur Auflösung verurteilten, lagen mit anderen auf dem Intarsienschreibtisch in meinem Gemach und harrten meines königlichen Siegels.

»Welch wunderbare Vorsehung«, sagte ich und zog mein Pferd herum. »Vor uns liegt ein frommes Haus!« rief ich meinen Männern zu. »Wir werden dort einkehren.«

»Die braven Brüder werden zweifellos erstaunt sein, eine königliche Reisegesellschaft willkommen zu heißen«, meinte Cromwell.

»Zweifellos.« Ich dankte dem Himmel für die Lage des Klosters, wennschon nicht für seine Moral, und lenkte meinen Hengst darauf zu. Der matte Fleck am Himmel, der die Sonne darstellte, war bereits auf halbem Wege zum Horizont.

Das Gebäude war roh und baufällig. Ringsherum sah ich nicht die säuberlich behauenen Zäune und ordentlichen Äcker aus meiner Phantasie, sondern die Unordnung eines Hurenhofes.

Cromwell pochte an die Pforte wie der rächende Erzengel beim Jüngsten Gericht. Die Tür öffnete sich knarrend, und ein Geiergesicht äugte heraus.

»Der König ist da«, verkündete Cromwell.

Man muß dem Geier zugute halten, daß er seine Pforte sogleich stolz aufriß und uns mit einer Gebärde willkommen hieß, als habe er uns erwartet. Die dicke Kapuze und der blinkende Kreis der Tonsur oben auf seinem Schädel verliehen ihm eine wahrhaft frappante Ähnlichkeit mit diesem Vogel.

Der Geruch von Verwesung, kaum hatte ich den Vorraum der Priorei betreten, war so stark, daß ich mich fragte, wovon sie sich hier ernährten.

»Ich werde den Prior holen«, sagte der Geiermönch und verbeugte sich tief.

Würgend zwang ich mich, den fauligen Geruch zu ertragen. Es war warm hier drinnen. Nur darauf kam es an.

Der Geier kehrte zurück, und mit sich brachte er einen der fettesten Männer, die ich je gesehen hatte. Er schwang die Beine in Halbkreisen und bewegte sich so in einer Folge von wunderlichen Halbwendungen voran, statt zu gehen, wie es gewöhnliche Menschen tun. Diese Anstrengung aber ließ ihn ächzen und keuchen. Er runzelte die Stirn ob der Zumutung jeglichen Besuches, und sei es auch ein königlicher, wenn deshalb notwendig wurde, daß er sich in Bewegung setze.

»Prior Richard«, sagte der Geiermönch und wies dabei auf das schwitzende menschliche Schwein vor uns. Für einen Augenblick kam mir der kuriose Gedanke, wir seien hier in eine bizarre Enklave voll sprechender Tiere gestolpert, wie es im Märchen vorkommt. Was würde als nächstes zur Tür hereinkommen?

»Eure Majestät.« Er pfiff wie ein alter Blasebalg. Der Schweiß lief ihm in Rinnsalen über das Gesicht. »Die Ehre – die Herrlichkeit Eurer Gegenwart –, ich jauchze und frohlocke über alle Maßen, doch ich bin nicht würdig, daß Ihr eingeht unter mein Dach« – freizügig mischte er Psalmen und die Worte der Heiligen Messe –, »aber sprecht nur ein einziges Wort, ein königliches Wort, und ich bin Euer gehorsamster Diener.«

»Wir sind leider genötigt, Eure Gastlichkeit in Anspruch zu nehmen«, sagte ich. »Das Unwetter hat uns vom Wege abgebracht und verhindert, daß wir unser Ziel erreichten. Ja, die letzte Nacht mußten wir in einer Höhle verbringen.«

Das schien ihn zu beunruhigen. »Wie viele seid Ihr denn?« Er überzählte uns rasch. »Sag Bruder William, er soll für neun weitere decken«, befahl er sodann Bruder Geier. »Wir essen nach der Andacht. Unterdessen mögt Ihr es Euch im Dormitorium bequem machen, Eure Eminenzen.«

Ächzend und watschelnd verfügte er sich einen langen steinernen Bogengang hinunter, der voller Flecken und Rinnsale und von Rabenkot übersät war. An seinem Ende hing eine verzogene, von Würmern zerfressene Holztür schief in ihren Angeln. Mit einem derben Fußtritt stieß er sie auf. Dahinter lag eine kerkerähnliche Kammer mit kahlen Mauern; Matratzen deckten verstreut den Boden. Etliche Mönche lagen darauf.

»Was – ist die Pest im Kloster?« fragte ich erschrocken.

»Nein«, sagte Cromwell. »Nur Verkommenheit und Faulheit. Gebt es nur zu, Prior Richard. Eure Mönche liegen den halben Tag im Bett. Betrunken!«

Er trat an eine der Matratzen und stieß den Liegenden mit dem Zeh an. Der richtete sich stöhnend auf.

Ich war entsetzt. Der Mann war unrasiert und von Geschwüren bedeckt, und er stank nach Wein. Neben ihm rührte sich etwas. Ein Weib.

»Habe ich Euch nicht von diesen Dingen erzählt, Euer Gnaden?« fragte Cromwell leise.

Ich fuhr herum und packte den Prior bei seiner Kutte. »Ihr Schweine! Ehrt Ihr so den Herrn?«

»Sie sind krank«, winselte er. »Ich wollte Euch nicht ängstigen.«

»Dann legt sie in die Krankenstube!«

»Die Krankenstube ist voll, Euer Gnaden.« *Beweise mir das Gegenteil*, schien er herausfordernd zu denken.

»Was für ein Weib ist das?« fragte ich.

Meine Begleiter brachen in lautes Gelächter aus.

»Meine Nichte«, erklärte der Prior und legte ihr in einer Weise, die er für onkelhaft hielt, den Arm um die Schultern.

»Dann hat sie den Teufel zum Onkel.« Ich schaute sie an. Sie war kaum mehr als ein Kind. Zu denken, daß sie den Gelüsten der Mönche zu Diensten war!

Ringsumher begannen die »kranken« Mönche sich zu regen. Auf der Hälfte der Matratzen wälzten sich triefäugige, gedunsene

Männer, die den charakteristischen Geruch Betrunkener ausdünsteten. Einer erbrach sich geradewegs auf den Fußboden, drehte sich um und schlief wieder ein. Ein rattenhafter Junge wieselte herbei und wischte den Unrat auf.

»Dies ist kein Platz für menschliche Wesen«, befand ich. »Wir schlafen anderswo.«

»Aber es gibt sonst nichts«, behauptete er.

»Es gibt *Euer* Quartier, Prior.«

»Ich bezweifle, daß es Euch dort gefallen wird, Euer Gnaden«, bemerkte Cromwell, »wenn dieser Kerl widerspiegelt, wie es dort aussieht.«

»Er soll für eine Nacht in seinem eigenen Dormitorium schlafen«, befahl ich. »Bei seinen Mönchen. Wie lange ist es her, daß du einen Fuß hier hereingesetzt hast, Bube?«

Ohne auf eine Antwort zu warten, wandte ich mich zur Tür und schritt dem Gebäude zu, das ich für des Priors Haus hielt; es stand in der südöstlichen Ecke des Klostergartens. Überraschend flink wirbelte er herum und suchte vor mir dort anzukommen.

»Halt!« rief ich. »Ich verbiete dir, vor mir einzutreten. Ich will es sehen, wie es ist. Du bleibst bei meinen Leuten!«

Daraufhin stellten sich die jungen und alten Soldaten meines Gefolges im Kreis um den Prior und hielten ihn als Geisel gefangen. Ich trat allein zur Tür des Privatquartiers und stieß sie auf.

Vor mir gähnte der an einen Fiebertraum gemahnende Versuch, eine orientalische Lasterhöhle nachzubauen. Der ganze Fußboden war mit Kissen bestreut, und Wände und Decke hatte man mit billigem, buntgefärbtem Kattun verhängt. Stühle oder ein Bett gab es nicht, nur Matratzen und Kissen und Liegepolster. Im Zimmer verteilt standen einige bunte Weidenkörbe. Der Geruch von Weihrauch vermochte den Verwesungsdunst nicht zu überdecken.

Ich brach in Gelächter aus. Das Ganze war so jämmerlich, so drollig. Dann aber sah ich die Juwelentruhen in der Ecke.

Ich klappte sie auf und erwartete, imitierte Edelsteine zu finden, so exotisch und lächerlich wie dieses ganze Sultansnest. Aber sie waren echt. Erstaunt nahm ich einen großen Rubin heraus, rot wie Taubenblut und geschwollen vor Kostbarkeit. Daneben lag eine

Perle, eine schwarze Perle – natürlich war sie nicht wirklich schwarz, sondern von ölig tiefem Grau.

»Woher hast du die?« fragte ich den Prior, der mit wütender Miene in der Tür stand, bewacht von Neville und Boleyn.

»Sie sind... Geschenke an das Kloster.«

»Und sie wurden guten Glaubens gegeben, nicht wahr? Und ihr habt dafür gelobt, täglich für die Seele des Schenkenden zu beten?«

»Ja.«

»Und tut ihr das auch? Haltet ihr euer Versprechen?« Bevor er mit pfeifender Stimme eine neuerliche Lüge hervorbringen konnte, schnitt ich ihm das Wort ab. »Schwöre keinen Meineid. Wir kennen die Antwort bereits!«

Was mochten die großen Deckelkörbe enthalten? Ich klappte den nächstbesten auf.

»Nein!« kreischte der Prior und versuchte, sich loszuwinden. »Nicht!«

Ich sah eine schnelle Bewegung, und etwas Dunkles sprang schier aus dem Korb. Ich warf den Deckel wieder hin, aber schon sah ich, wie etwas Langes, Schwärzliches wie Quecksilber zwischen den Kissen verschwand.

»Das sind meine Tierchen. Sie – sie« – er zerbrach sich den Kopf auf der Suche nach einem überzeugenden Grund – »sie halten die Ratten fern.«

»Narr! Deine Mönche sollen die Ratten fernhalten!« donnerte ich. »Bin ich von Sinnen? Träume ich? Da finde ich ein Kloster voll geiler, betrunkener Mönche, Gebäude und Gärten sind verwahrlost, niemand betet – und der Herr und Meister all dessen wohnt in einem Liebesnest, das ein Schulknabe ersonnen haben könnte, und hält sich Schlangen als Schoßtiere!«

»Es steht alles in dem Bericht, den ich Euch gegeben habe, Euer Gnaden«, sagte Cromwell selbstgefällig.

Seinen Bewachern entronnen, begann der Prior nunmehr, zwischen den Kissen nach der Schlange zu wühlen. »Das war Cuthbert, der da geflohen ist«, sagte er.

Darauf erhoben meine Männer ein hysterisches Gelächter und ließen sich nach links und rechts auf die Seidenkissen fallen.

»Ihr werdet Cuthbert verletzen! Bitte, Ihr Herren«

»Cuthbert!« wiederholte ich. »Nennst du deine Schlange nach einem Heiligen? Wahrlich, allein dadurch sprichst du dein eigenes Urteil.«

Die Männer vergnügten sich in der nachgeäfften Ungläubigen-Höhle. Ich ließ sie kobolzen, Cuthbert quälen (falls er noch in der Kammer geblieben war) und auf das Abendessen warten, derweil ich hinausschlenderte; ich fühlte mich zu dem Bereich gezogen, der für gewöhnlich die Einzelzellen der Mönche enthielt. Wenn überhaupt irgendwo ein Schimmer von Religion in diesem verfallenen Hause Gottes vorhanden war, dann würde ich ihn hier finden.

An einer Seite des ursprünglichen Klosterbaus befanden sich die kleinen Zellen. Vielleicht war St. Osweth von einer Gruppe Einsiedler ins Leben gerufen worden. Manche Klöster waren so gegründet worden. Ein Heiliger und seine Anhänger zogen sich aus der Welt zurück, und dann lockte ihr frommer, heiligmäßiger Ruf die Pilger an, und der Ort wurde zu einem religiösen Treffpunkt – mit all der Betriebsamkeit, der die heiligen Männer eigentlich hatten entrinnen wollen. Aber kein heiligmäßiger Einsiedler hätte die Schmach dessen ertragen, was aus St. Osweth geworden war. Selbst die Häuser der Prostitution in Southwark waren (sagt man mir) im Vergleich dazu sauber und freundlich.

Diese Hälfte von St. Osweth lag verlassen da, und der Verfall war offenkundig. Dächer waren eingestürzt, und junge Bäumchen sprossen in den Mauerritzen. Eiszapfen hingen in den Fensterhöhlen wie groteske Glasscheiben. Dennoch war mir hier reiner und klarer zumute als irgendwo sonst auf dem Gelände. Vielleicht sind Gedanken, Wünsche und Motive noch lange zugegen, wenn die Menschen, die sie dachten, längst verschwunden sind, und vielleicht umschweben sie einen Ort wie eine Aura. Was immer es war, plötzlich fühlte ich mich gesegnet, und ich wußte, ich stand auf heiligem Boden. Ich hatte also doch noch eine Wallfahrt gemacht.

Sogleich begann ich zu beten. Zuerst, zögernd und lautlos, für England. Dann, leise, um persönlichere Dinge.

»Gott, ich bitte Dich, erfülle mich mit Weisheit, damit ich Dir besser dienen kann. Zeige mir Deinen Willen in allem, was ich tue, auf daß ich ihm gehorchen kann. Zeige mir auch, wenn ich in die

Irre gehe, auf daß ich zum rechten Pfad zurückkehre.« Laß mich nicht zum Frevel in Deinen Augen werden – wie den Prior.

Der Wind erwachte. Ich spürte die Kälte ringsumher, und mein Bein fing an zu schmerzen. »O mein Herr und Gott, nimm diese Krankheit von mir!« Meine Worte verwandelten sich zu Dampfwolken in der kalten Luft. »Ich bitte, ich beschwöre Dich, ich flehe Dich an... ich kann es nicht länger ertragen! Ich weiß, es ist ein Zeichen Deiner Ungnade« – die Worte purzelten jetzt hervor, ohne Zurückhaltung, ohne Schicklichkeit –, »doch wo habe ich versagt? Laß es mich sehen, heiße mich etwas tun, und ich will es tun! Aber narre mich nicht länger mit leiblichen Gebrechen!«

Ich haderte mit Gott – ja, ich war wütend über die Art, wie Er mich für eine unbekannte Sünde bestrafte. War das etwa gerecht? Kein irdischer Herrscher hätte sich so verschlagen gezeigt.

»Wenn ich einen Untertan bestrafe, gebe ich ihm immer Gelegenheit, vorher zu bereuen. Warum hast Du mir diese Höflichkeit nicht erwiesen?« Ein schmerzhafter Stich schoß mir durch das Bein. »Sprichst Du so mit mir? Auf diesem Umweg? Weißt Du keinen besseren Mittler als ein krankes Bein?«

Jetzt würde Er mich zu Boden schlagen – ganz gewiß! Alles, nur nicht mehr dieses unverschämte Schweigen, diese himmelweite Ferne.

»Und meine Männlichkeit nimmst Du mir auch! Ich bitte Dich, laß mich meinem Weibe wieder ein Gatte sein!«

Zorn und Furcht ließen mich auf die Knie fallen, und ich schloß die Augen und schrie in unverhohlenem Schmerz zu Gott.

Ich weiß nicht, wie lange ich so verharrte, aber die Zeit, die verging, schien mir keine irdische zu sein. Als ich taumelnd auf die Beine kam, verspürte ich eine flüchtige Süße, die mir versprach, daß sich noch alles zum Guten wenden werde.

Oder täuschte ich mich?

Als wir an diesem Abend in dem komischen Sultansnest hockten, bemerkten meine Männer mehrmals, wie still und milde ich wirkte.

»Er wird freundlich und familiär im Alter«, meinte Neville.

»Wir sind es, die alt werden«, widersprach Carew. Seine Herzbeschwerden hatten ihm einen Schrecken eingejagt. »Der König wird nur königlicher.«

Aber Cromwell musterte mich mit schmalen Augen. Er suchte etwas zu entdecken – er, der er davon lebte, daß er es vermochte, die geheimen Gedanken anderer Menschen zu lesen.

Am nächsten Morgen verließen wir St. Osweth so früh wie möglich. Es würde geschlossen werden, sobald ich den Befehl unterzeichnet hätte. Bis dahin hatte es keinen Sinn, den Prior zu bestrafen. Mochte er sein Schlangennest noch ein Weilchen genießen, ehe man ihn hinauswürfe, auf daß er sich auf ehrliche Weise seinen Lebensunterhalt verdiente. Allerdings waren wir umsichtig genug gewesen, ihn seiner Kleinodien zu entledigen. Meine Satteltaschen waren zum Bersten voll von Edelsteinen.

Das Unwetter war über den Kanal davongezogen und suchte nun Frankreich heim. Hoffentlich würde es Franz das Jagdvergnügen verderben. Seit einiger Zeit, so berichtete man, verbringe er unmäßig viel Zeit mit der Jagd; rastlos ziehe er von Jagdhaus zu Jagdhaus, fieberhaft dem Wilde auf der Spur.. Fieberhaft... ja, den Gerüchten zufolge litt er an der gefürchteten Franzosenkrankheit, und die war der Grund für seine glitzernden Augen und sein unberechenbares Benehmen.

Gerüchte. Ob Franz oder Karl wohl schon welche über meine eigenen Gebrechen gehört hatten?

LVII

Im Licht des Morgens erschien mir St. Osweth, das nun hinter uns lag, ebenso traumartig wie die Tage, die gerade vergangen waren. Sie hoben sich ab von unserem gewöhnlichen Leben, waren anders als alles darin. So war es ein unsanftes Erwachen, als Cromwell an meine Seite kam und anfing, von den Klöstern zu murmeln, und daß es nötig sei, jetzt etwas gegen sie zu unternehmen; St. Osweth sei nur ein mildes Beispiel und Abbild dessen gewesen, was ich in über achthundert anderen solcher Einrichtungen überall in England würde antreffen können. Er bedrängte mich, ihm nun die Erlaubnis zu geben, sie alle zu schließen und ihren Besitz zu beschlagnahmen.

Seine Gier nach ihrem Untergang schien das wichtigste zu sein; seine Sorge um ihren moralischen Zustand war dagegen zweitrangig. Sein Drängen weckte meinen Unwillen.

»Nicht jetzt, Crum!« kläffte ich, und die kalte, klare Luft schien jedes meiner Worte einzukapseln, sie zu umschließen wie mit einer Schachtel. Verstand dieser Narr denn nicht, daß ich im Begriff stand, meine Tochter zu besuchen, die ich seit fast zwei Jahren nicht mehr gesehen hatte? Meine Tochter, die ich liebte und mit der ich doch verfeindet war? Menschliche Gefühle – auf Crums Waagschale fielen sie nicht ins Gewicht. Es sei denn, man hätte sie dazu benutzen können, jemanden zur Strecke zu bringen.

Und ich war so nervös, so bang; mein Herz klopfte so laut, daß es das Knurren meines leeren Magens übertönte. Den Hunger spürte ich nicht, so sehr war ich erfüllt von Furcht und Freude ob der nahen Ankunft in Beaulieu. Ich würde Maria sehen; wir würden miteinander sprechen; alles würde sich klären, denn die Liebe überwand alle Schranken.

Beaulieu: Eine wunderschöne königliche Residenz aus roten Ziegelsteinen, eine Miniaturausgabe von Hampton Court beinahe. Maria war hierher befohlen worden, um sie von ihrer Mutter zu trennen; Katharina sollte wissen, daß die Dinge nicht mehr so waren wie einst. Das alles richtete sich gegen Katharina; ich hatte damit nicht auch Maria von ihrer Vergangenheit abschneiden wollen. Noch mich von der meinen. Maria residierte hier – wie schon zu Ludlow – in vollem Staat als königliche Prinzessin. Zu ihrem Haushalt zählten etliche hundert Bedienstete, wie es ihrem vermeintlichen Rang zukam.

Beaulieu rückte am Horizont heran; die rötlichen Ziegelmauern ragten frech vor dem wilden blauen Himmel. Als wir näher kamen, sahen wir Knechte und Bedienstete, die den Schnee beiseite schaufelten; sie warfen glitzernde weiße Wolken über ihre Schultern.

In der äußeren Wachstube warteten wir. Unser unangemeldeter Besuch stürzte den Haushalt in Verwirrung, und alles beeilte sich hastig, die Ordnung wiederherzustellen. Das aber wollte ich nicht.

»Nein, wir gehen jetzt hinein!« erklärte ich und drang in den gefliesten, leeren Empfangsraum ein.

»Euer Gnaden... Eure Majestät...« Ein junger Diener erstarrte in Ehrfurcht.

»Ist die Kammerherrin...« (Mit welchem Titel sollte ich sie bezeichnen?) »... meiner Tochter zugegen?«

Lady Coopey, Marias oberste Kammerzofe und Hausverwalterin, trat ein und rückte noch ihre Haube zurecht. »Eure Majestät.« Sie kniete nieder.

Ich hob sie auf. »Genug davon. Ich will mit meiner Tochter sprechen. Die anderen« – ich deutete auf meine Begleiter, die halb erfroren und halb verhungert dastanden – »möchten einen Platz vor dem Feuer und an Eurer Tafel. Es ist doch bald Essenszeit, nicht wahr?« Der Duft von Schmorfleisch und frischgebackenem Brot hatte es mir verraten. Mein eigener Hunger war von dem Verlangen, Maria zu sehen, unterdrückt worden.

»Jawohl, Eure Majestät.«

»Dann sorgt dafür.« Ich wedelte mit der Hand. »Was uns selbst betrifft, so wollen wir an einem Orte warten, wo wir ungestört sind.«

Dann stand ich in dem kleinen Oratorium, das der Kapelle benachbart war, und betrachtete die Einrichtung. Betstühle. Heiligengemälde. Und zwei Steine, die nebeneinander unter dem Bildnis der Jungfrau Maria aufgestellt waren. Ich wußte nicht, was sie bedeuten sollten.

Die Tür öffnete sich. Maria trat ein.

Sie war eine Frau.

Dies war der unerwartete Gedanke, der mir jäh in den Sinn kam, als ich sie gewahrte.

»Maria!« Wir umarmten einander. Dann hielt ich sie mit ausgestreckten Armen vor mich und betrachtete sie.

Sie war ein Kind gewesen, als ich sie das letztemal gesehen hatte, und da hatte ich sie kaum wahrgenommen, so sehr war ich vom Anne-Wahn befeuert gewesen. Mit sechzehn hatte sie noch manchen Zug des kleinen Mädchens bewahrt, des Kindes, das ich gekannt hatte.

Jetzt war sie achtzehn, und das alles war verschwunden. Sie hatte sich verwandelt, und zwar in meiner Abwesenheit.

»Eure Majestät.« Sie verbeugte sich tief.

»Nein. Vater«, beharrte ich und hob sie auf.

»Wie Ihr es wünscht.« Diese Worte, präzise, geziemend, distanziert, sagten vieles.

»Maria, ich« – ich möchte dich umarmen, mit dir plaudern, lachen – »ich bin erfreut, dich zu sehen.«

»Auch ich bin erfreut, Euch zu sehen.«

Und mit deinem Geiste. Mußte sie es klingen lassen wie in der Messe?

»Laß dich anschauen.« Der ewige Elternwunsch.

Sie war zierlich. Sie hatte graue Augen und eine kalkige Hautfarbe. Ihr Haar war golden und stand im Begriff, schlammbraun zu werden wie das Katharinas. Sie hatte meinen schmallippigen Mund; bei mir war es der am wenigsten anziehende meiner Gesichtszüge, und bei ihr auch. Wenn wir die Zähne zusammenbissen, verschwanden unsere Lippen beinahe in einer harten Linie. Sie war schön gekleidet, trug Schmuck schon am Vormittag und hielt sich sehr würdevoll. Die ganze Zeit über sah sie mich an und schlug nicht ein einziges Mal die Augen nieder. Was für eine wunderbare, wundersame Mischung aus uns beiden.

»Finde ich Euer Gefallen?« Ihre Stimme war leise und ein wenig rauh, als wolle sie mich erinnern: Ich bin ich selbst, nicht bloß eine Mischung aus dir und Katharina.

»Ganz und gar.« Ich strahlte. Das Lächeln, mit dem sie antwortete, kam widerstrebend und wachsam.

Diese Wachsamkeit: Dafür war ich verantwortlich. Also mußte ich sie sofort vertreiben. »Maria, ich... ich habe dich vermißt.«

Es stimmte, vor allem in diesem Augenblick. Das Herz ist ein seltsam Ding: Es steht nicht immer in seinem Belieben, wo es liebt. Meines Kopfes ungeachtet entschied mein Herz sich stets für Maria.

»Ich Euch auch, Eure Majestät.« Ihre kleinen weißen Hände umklammerten einander.

»Du könntest an den Hof kommen«, sagte ich unvermittelt.

»Am Hofe herrscht... oh, ich kann es nicht ertragen!« Ohne meine Erlaubnis wandte sie sich ab, und ein Schluchzen schüttelte sie. »Nein, ich kann nicht dort hinkommen. Bitte, wenn ich irgendwo hingehen soll, dann laßt mich zu meiner Mutter!«

Das durfte nicht sein. Nicht, solange sich rings um Katharina womöglich ein Netz von Verschwörern knüpfte. Sollte Maria zu ihr kommen, wäre sie dort ein Magnet, dem nur wenige Unzufriedene widerstehen könnten.

»Das kann ich leider nicht.«

»Ihr könnt nicht? Nein, Ihr wollt es nicht! Ich sehne mich nach meiner Mutter, und sie sehnt sich nach mir! Wie lange wollt Ihr uns noch von einander trennen? Aber ganz gleich, wie lange«, antwortete sie sich gleich selbst, »es kann uns niemals wirklich trennen. Mein Herz ist bei ihr, wie das ihre bei mir ist!«

»Und ich? Wo ist mein Herz? Ist es von allem ausgeschlossen?«

»Es ist bei der Großhure!« Sie wandte sich ab, nicht trotzig – Trotz hätte ich brechen können –, sondern betrübt. »Bei ihr ist Euer Herz. Nicht bei mir, nicht bei der Königin. Ich muß mich damit abfinden. Ist das der Zweck Eures Besuches? Wollt Ihr mich lehren, mich damit abzufinden?«

Nein, wollte ich ausrufen, ich wollte dich sehen und dich dazu überreden, den Eid zu leisten. Schmierige Gründe. Der erste selbstsüchtig, der zweite politisch.

Unsere Versöhnung sollte nicht sein. Nichts sollte sein. Anne hatte uns zu Feinden gemacht, jetzt und immerdar.

»Was sollen diese Steine?« fragte ich – eine bedeutungslose Frage, aber mein Blick war auf sie gefallen.

»Ein Pilger brachte sie aus Nazareth«, sagte sie. »Um sich daran zu erinnern, daß die Steine, auf denen Unser Herr wandelte, gewöhnliche Steine waren. Und auch zur Erinnerung daran, daß alles gleichermaßen heilig und hart ist.«

»Maria! Ich brauche dich! Ich will dich bei mir haben! Kannst du – willst du nicht auf einen Weg sinnen, der dich zu mir zurückführt?«

»Wenn es bedeutet, meiner Mutter zu widersagen und zu erklären, sie sei nicht Eure wahre Gemahlin gewesen – nein. Wenn es bedeutet, meiner größeren Mutter, der Kirche, zu widersagen – nein.«

»Hast du für meinen Anspruch, für meine Seite, denn nicht einmal einen Gedanken übrig?« War sie so vollständig auf der Seite ihrer Mutter?

»Oh, ich habe Eure Argumente studiert. Ich habe jede Proklamation gelesen, die Ihr verfaßt habt, ich habe die Vorgänge im Parlament studiert, habe alle Eure Gedankengänge vollzogen. Ich habe sogar den Text der Exkommunikation gelesen; ich wußte, er galt Euch, und ich zitterte um Euch. Auch Eure *Assertio Septem Sacramentorum* habe ich gelesen, und ich kenne jedes Wort davon. Vater, ich begreife Eure Not, und ich weiß, Ihr seid in geistlichen Dingen einsichtsvoll und integer. Aber Ihr seid im Irrtum!«

Sie streckte die Hand aus und ergriff die meine. »Ich kann nicht den Irrtum fördern, und beginge ihn jemand, den ich – gegen meinen Willen! – liebe, so sehr ich es auch wünschte. Denn selbst wenn er sich auf dem rechten Wege glaubt und ich ihm, wider besseres Wissen und all meine Überzeugung, folge – so bin ich es, die der Verdammnis anheimfällt!«

Maria und ich: Wir liebten einander, wenngleich andere uns bedrängten, es nicht zu tun. Ich hörte ihre Not, und sie jammerte mich. Aber ich konnte nichts anderes sagen als: »Dann bist du eine undankbare, treulose Tochter! Ich bin dein rechtmäßiger Souverän, und du mußt dich mir unterwerfen. Und nicht länger sollst du im Stande einer Prinzesin leben, denn du bist keine Prinzessin, sondern ein Bastard wie Heinrich Fitzroy. Es betrübt mich«, fügte ich hinzu. Ich wollte sanft zu ihr sein. »Die Sünde erscheint uns nicht immer als Sünde. Aber wir müssen sie als Sünde anerkennen, wenn Unser Herr oder die Heilige Schrift sie als solche erklärt, ungeachtet unserer inneren Gefühle in diesem Fall. Die Wahrheit aber ist, daß deine Mutter – trotz ihrer Frömmigkeit – nicht meine wahre Gemahlin war.«

»Aber die Großhure ist es?« weinte sie. »Gott selbst nennt dies Hohn!«

»Dir kommt es nicht zu, Gott auszulegen oder für ihn zu sprechen!« brüllte ich. »Das ist Blendwerk des Satans!«

»Nein, ich lege ihn ja nicht selbst aus. Das wäre protestantisch, und damit habe ich nun gewiß nichts zu schaffen! Ich folge den Auslegungen der Kirche, so schwer es mich ankommt.«

»Ich bin die Kirche!« rief ich. »Gottes Gesetz hat mich dazu gemacht!«

»Bei allem Respekt, Eure Majestät – Ihr selbst habt Euch dazu gemacht. Nicht Gott, nicht Sein Gesetz.«

Pfui über sie! Sie ließ sich mit meinem Leben nicht versöhnen.

»Es betrübt mich, Maria, daß du diese Worte sprichst.«

Nimm sie zurück! flehte ich sie im Geiste an. Ich sehnte mich so verzweifelt nach ihr.

Sie blieb stumm.

»Ich weiß, du hast gedankenlos gesprochen.«

Schweigen.

»Ich will darüber hinwegsehen.«

»Nein, Vater. Täuscht Euch nicht. Ich habe die Wahrheit gesagt.«

Du gönnst mir also nicht einmal die Gnade der Selbsttäuschung? Aber vielleicht ist es ja keine Gnade, sondern ein Fluch. Einer, dem ich nur zu oft nachtrachte.

»Hier stehest du und kannst nicht anders? Wie Martin Luther?« Ich versuchte es mit einem Scherz.

»Irgendwann müssen wir es alle.« So stand sie da, bleich und steif und anmaßend. Nicht das süße, sanfte Mädchen, das ich geliebt hatte. Ich hatte sie verloren.

»Nun gut. So wisset denn: Ihr seid« – ich wechselte in die formelle, unpersönliche Anrede – »eine höchst ungehorsame, treulose, lieblose Tochter. Nicht länger sollt Ihr Euch ›Prinzessin‹ nennen, sondern Euch begnügen mit dem Titel ›Lady Maria‹, und nicht länger sollt Ihr zu Beaulieu residieren mit großer Dienerschaft, die Euch zu Gebote steht, sondern Ihr sollt als Zofe der wahren Prinzessin, Elisabeth, in Hatfield zur Hand gehen... und dort sollt Ihr lernen, demütig zu sein und Euch zu begnügen mit dem Stand, in den Gott Euch gestellt.«

Ich erwartete Schrecken, Widerspruch. Nicht dergleichen kam. »Ich bin die gehorsamste Magd Eurer Majestät«, erklärte sie.

Ich sehnte mich danach, mich zu ihr hinunterzubeugen, sie in meine Arme zu nehmen, ihr zu sagen, daß ich sie liebte. Aber wenn sie hart sein konnte, würde sie lernen müssen, daß ich härter sein konnte. Der Rubin zerspringt am Diamanten.

»Fürwahr«, sagte ich. »Ich erkenne solchen Gehorsam an. Wisset denn, Ihr sollt Euch geradenwegs nach Hatfield House begeben und im Haushalt der Prinzessin Elisabeth dienen.«

»Mir geschehe nach Eurem Wort«, antwortete sie.

»Hör auf, die Heilige Schrift zu äffen! Du tust ihr Schmach an und auch dir selbst. Du bist keine Jungfrau Maria, Mädchen; also gebärde dich auch nicht so!« Hatte sie Katharinas Neigung zu religiösem Exzeß geerbt?

Auf dem Rückweg nach London brannten meine Männer, gut gesättigt inzwischen, darauf, meine Gründe für die stürmische, hastige Abreise zu erfahren. Ich war in das Speisezimmer gestampft, hatte sie angewiesen, sich rasch den Bauch vollzustopfen und sich reisefertig zu machen. Ich selbst setzte mich gar nicht erst, sondern packte einige Stücke Fleischpastete und Weißbrot und verschlang alles gierig; dabei stand ich am Tisch und trieb meine Gefährten an, ihre Mäntel zu holen.

Jetzt war mir, als sitze das trocken hinuntergewürgte Essen in kleinen Klumpen zwischen meinem Mund und meinem Magen fest. Das und mein galliger Zorn ließen mich schier ersticken. Zu gern hätte ich Will an meiner Seite gehabt, aber der war von Beaulieu aus zum Hause seiner Schwester weitergeritten. Von den anderen war mir keiner recht – nicht in diesem Augenblick, da ich erkannt hatte, daß ich meine Tochter verloren hatte, daß ich meine »Große Sache« durch geschicktes Gaukeln mit päpstlichen Bullen und Dekreten und Konsekrationen und Parlamentsverfügungen nicht aus der Welt geschafft hatte, daß Verrat in den Herzen der Menschen lauert und in den meisten Fällen ungebrochen und unentdeckt bleibt. Die Grenze mußte und würde quer durch Familien und alte Treueverhältnisse gezogen werden. Sogar bei mir selbst.

Aber meine Tochter verloren zu haben – nein, das war zu hart. Ich konnte es nicht ertragen. Ich würde es irgendwie mildern. Aber dann erinnerte ich mich, daß ich versucht hatte, es zu mildern, und daß es Maria gewesen war, die es nicht gewollt hatte.

Also gut.

Ich winkte George Boleyn, heranzukommen und an meiner Seite zu reiten. Er tat es mit dankbarer und verwirrter Miene.

»George, Ihr seid mir recht ans Herz gewachsen«, sagte ich; es machte mir Freude, ihn noch mehr zu verwirren. »Ich will Euch deshalb ein Geschenk machen. Fortan soll Beaulieu Euch gehören.«

Jawohl, Maria mußte das Haus dem Bruder der Königin abtreten.

Er war wie vom Donner gerührt, wie jeder es ist, wenn er ein ganz und gar unverdientes Geschenk bekommt.

»Sobald Lady Maria sich entfernt hat und ihr Haushalt abgezogen ist, mögt Ihr es in Besitz nehmen.«

Seinen gestammelten, unzureichenden Dank tat ich mit einer Handbewegung ab.

Fünf Meilen weiter winkte ich Chapuys an Boleyns Platz an meiner Seite. Ich hielt eine Audienz auf der Straße, so sicher, als hätte ein Sekretär die Abfolge vorbereitet.

Chapuys kam nach vorn geritten, wie stets erpicht auf ein Geplänkel. Er sollte nicht enttäuscht werden.

»Botschafter«, begann ich, »Ihr sollt in die Unterredung zwischen Lady Maria und mir eingeweiht werden. Ich habe ihr verboten, sich weiterhin als ›Prinzessin‹ zu gebärden, und ihren Haushalt aufgelöst. Beaulieu habe ich soeben Boleyn zum Geschenk gemacht.« Mit dem Kopf deutete ich auf den grinsenden George. »Sie wird in den Dienst der Prinzessin Elisabeth gehen. Ohne es auszusprechen, hat sie sich geweigert, den Inhalt des bevorstehenden Treueeids anzuerkennen. Damit ist sie zur Verräterin geworden.«

»Worin besteht dieser Eid?«

Wie oft sollte mir diese Frage noch gestellt werden – diese verfluchte, verhaßte Frage?

»Wer ihn leistet, erkennt die Prinzessin Elisabeth als einzige und rechtmäßige Thronerbin an. Das ist alles.«

»Er erkennt aber implizit auch an, daß Maria unehelich geboren ist, weil Eure Ehe mit ihrer Mutter keine Ehe war, weil sie auf einem Dispens gründete, der nicht galt, weil der, der den Dispens gewährte, nicht die Macht hatte, ihn zu gewähren, weil er überhaupt keine Macht hat?«

»Implikationen – aber sie werden nicht ausgesprochen! Man beschwört das, was ausgesprochen, nicht das, was impliziert wird.«

»Die Antwort eines Rechtsgelehrten. Nun, dann sollte Euer ehemaliger Kanzler More in der Lage sein, diesen Eid ohne Zögern abzulegen.«

»More wird ihn ablegen. Er ist ein vernünftiger Mann; er wird nicht an ›Implikationen‹ herummäkeln. Aber die... von Euch vertretenen... Betroffenen werden es nicht können, denn das, was in dem Eid ausgesprochen wird, ist ihnen zuwider, nicht die Implikationen.«

»Gott wird ihnen beistehen müssen.« Er lächelte selbstgefällig. »Gott und seine Agenten«, fügte er hinzu.

»Ihr droht mir also? Aber freilich. Nun, ich danke Euch für Eure Ehrlichkeit.« Ich entließ ihn ebenso leichthin wie bei einer Palastaudienz. Er kannte die Regeln.

Schweigend ritt ich für mich allein dahin. Der Januarnachmittag ringsumher war stechend hell und scheinbar freundlich. Derselbe Winter, der zwei Tage zuvor versucht hatte, mich zu ermorden, umwarb mich jetzt mit all seinem Geschick. Er trug den reinen, blauen Himmel zur Schau, der sein Markenzeichen war, und all die Lichtspielereien, die ihm eigentümlich sind: Die Schatten waren blau, nicht schwarz; der gelbrote Sirup der Sonne sammelte sich in kleinen Mulden und Schalen in der aus Schnee geformten Landschaft; eine gleißend strahlende Schneewehe schien innerlich zu pulsieren. Und dann tauchte London am Horizont auf.

Es war Zeit für eine weitere Audienz. Ich winkte Henry Howard heran. Im Galopp kam er an meine Seite, und sein hübsches Gesicht wirkte frischer noch als der Schnee.

»Ihr seid ungefähr so alt wie mein Sohn«, begann ich. Maria war mir verloren, aber Heinrich Fitzroy nicht. Ich durfte nicht ihn vernachlässigen, weil sie mir das Herz gebrochen hatte. »Ihr seid 1517 geboren; habe ich recht?«

»Ja.« Er zeigte sich überrascht, dann geschmeichelt, wie es uns allen ergeht, wenn jemand sich unserer persönlichen Lebensdaten erinnert.

»Siebzehn. Mein Sohn Heinrich Fitzroy ist zwei Jahre jünger. Ich möchte ihm einen Gefährten zur Seite geben, mit dem er Unterricht und Zeitvertreib teilen kann. Würde Euch das gefallen? Ich würde Euch beide als Prinzen in Windsor leben lassen. Was sagt Ihr?«

»Ich sage – ich sage ja«, antwortete er. »O ja!«

Prinzen nicht ganz, alle beide, aber alle beide prinzlichen Geblüts. »Gut. Mein Sohn braucht einen edlen Freund. Und Ihr, glaube ich, solltet mit anderen Eures Alters und Standes zusammen sein. Ihr wart beide zu lange mit Weibern und alten Männern eingesperrt.«

Sein Lachen verriet mir, daß ich recht hatte.

»Im Frühjahr sollt Ihr also nach Windsor kommen«, beschloß ich. »Unmittelbar nach der Feier des Ordens vom Hosenband, bei welcher Ihr beide Euren Platz in jener vornehmen Gesellschaft einnehmen sollt.« Mit einem beiläufigen Satz hatte ich ihn in den höchsten Rang der Ritterschaft im Reiche erhoben. Worte, Worte. Worte sprachen sich so leicht.

Die Sonne war längst untergegangen, als wir Richmond erreichten. Als wir am Ufer entlangritten, schimmerten jenseits der zugefrorenen Themse die Lichter von London golden und warm, und sie fingen sich hier und da in scharfzackigen Eisfingern und ließen sie erglühen wie längliche Edelsteine. Ich war müde, müde. Seit wir drei Tage zuvor Richmond verlassen hatten, war ich dem Tode unter einer weißen Decke nahe gewesen; ich hatte den Wahnsinn von St. Osweth erlebt; ich hatte sehen müssen, wie meine verlorene Maria sich in ein genaues Abbild ihrer Mutter Katharina, meiner Feindin, verwandelt hatte. Die ursprünglichen Gründe, die mich zu dieser Reise bewogen hatten, verschwanden hinter dem, was ich gefunden hatte.

Im weiten, von Fackeln erhellten Palasthof, der schneebedeckt und still dalag, wünschte ich meinen Gefährten gute Nacht. Neville und Carew umarmte ich. Ein Übermaß an Zärtlichkeit, das Maria nicht mehr erreichen konnte, ergoß sich nun über meine alten Freunde. »Hütet Euch vor Cuthbert«, scherzte ich.

Dann wandte ich mich an Cromwell. »Ich muß Euch sprechen, bevor das Parlament seine Sitzung eröffnet. Ich habe beschlossen, bei der Eröffnung persönlich zugegen zu sein.«

Dann ging ein jeder seiner Wege, und ich begab mich in die königlichen Gemächer – zu Anne.

Ich muß gestehen, ich wollte Anne an diesem Abend nicht sehen, und auch sonst niemanden. Ich war froh, daß Will nicht da war. Eines der verdrießlichsten Dinge in der Ehe ist der Umstand, daß man niemals allein war. *Es ist nicht gut, daß der Mensch allein sei; ich will ihm eine Hilfe machen als sein Gegenstück.* Gott hatte die Ehe als Mittel gegen die lähmende Einsamkeit gedacht, die den Menschen in unerwarteten Augenblicken packen kann. Aber wenn man überhaupt nie allein mit seinen Gedanken oder mit seinem Schöpfer war... weshalb mußte es immer zuviel des einen oder des anderen Zustandes geben?

In meinen eigenen Räumen drängten sich müßige, fragenstellende Leute. Ich aber schritt durch sie hindurch und suchte die Zuflucht der innersten Kammer meiner Privatgemächer. Dort saß ich geraume Zeit da, ohne mit der Wimper zu zucken, in dem Bewußtsein, daß mein Körper ausgehungert und erschöpft war und danach schrie, im Schlaf Vergessen zu finden.

Ich mußte Anne sehen. Es war eine Pflicht, eine Pflicht der Höflichkeit, wie alle ritterlichen Pflichten. Wir würden zusammen zu Abend essen, und ich würde ihr alles erzählen, was mir widerfahren war. Müde läutete ich nach einem Diener, teilte ihm meine Wünsche mit und ließ mich zurücksinken, um mein Essen und mein Weib zu erwarten.

Anne kam eher, als mir lieb war, denn am liebsten wäre es mir gewesen, überhaupt keine Gesellschaft zu haben. Sie erschien in der Tür meines Gemaches, und Grübchen der Freude zeigten sich in ihren Wangen. Ich mußte mir den gleichen Anschein geben, ermahnte ich mich, und ich raffte mich aus der süßen Lethargie auf, die inzwischen von mir Besitz ergriffen hatte.

»O Heinrich«, rief sie. »Du bist unversehrt! Du bist unversehrt! Ich habe von dem Schneesturm gehört... ich fürchtete um dein Leben!« Schmerz und Sorge lagen in ihrem Blick.

»Es war ein Abenteuer«, antwortete ich und zwang mich, aufzustehen und sie zu umarmen. »Wahrlich, mir war zumute wie Gawain, wie er auf der Suche nach dem Grünen Ritter durch Wälder von Eis und Meere von Schnee streift.« Plötzlich war ich zu müde, um es zu erzählen, und ich hatte auch keine Lust dazu. »Wir verbrachten die Nacht in einer Höhle, die uns die Vorsehung zeigte, und am nächsten Morgen ritten wir weiter. Es ist alles gut... mein Herz.« So, das genügte als Bericht.

»Ich fürchte indessen, daß meine Mission bei Maria einen unglücklichen Verlauf genommen hat. Sie weigerte sich, den Stand der Dinge anzuerkennen. Sie ist das genaue Abbild Katharinas.«

Anne lächelte selbstzufrieden. »Wie ich es mir dachte. Und dabei viel gefährlicher.«

»Inwiefern?«

»Um es unumwunden zu sagen: Die alte Frau ist fast fünfzig, und sie ist krank. Maria ist jung und gesund. Katharina war schon Königin; Maria könnte eine werden. Ein großer Mann hat einmal gesagt: ›Fürchte nicht deine Vorgänger, sondern deine Nachfolger.‹«

»So wird es dich freuen, zu hören, daß ich Marias ›Herrschaft‹ auf Beaulieu ein Ende gemacht habe. Ich habe ihr befohlen, unverzüglich abzureisen und Elisabeth in Hatfield House zu dienen. Überdies habe ich« – ich hielt inne; ich war so infernalisch müde! – »Beaulieu deinem Bruder George geschenkt; mag er damit tun, was er will.«

Sie quiekte triumphierend, und ihre Hände verkrallten sich in jenem uralten Zeichen der Gier.

»George ist ein braver Bursche«, fügte ich hinzu. »Möge er es zum Guten nutzen.«

Jetzt erschienen die Bediensteten mit unserem Abendessen; sie trugen silberne Tabletts, bedeckt mit großen Kuppeln aus Metall. Wir mußten unser vertrauliches Gespräch unterbrechen, während leinene Tischtücher auf dem kleinen Speisetisch ausgebreitet und die Gerichte mit würzendem Pfeffer, Salz und Knoblauch aufgedeckt wurden. Es gab geschmortes Kaninchen, das würzig in fetter Sauce schwamm, kleine Pfannkuchen, die darunter gelegt wurden, ein Gelee aus wilden Beeren und Linsensuppe. Ich schaute zu, wie der Kammerdiener jede Einzelheit mit präzisem Geschick an ihren Platz legte, und mein Hunger war gefesselt von seiner Kunst. Anne und ich redeten flüsternd und verschlüsselt.

»Dein Cousin, der zu dichten versteht, soll es jemand anderen lehren«, murmelte ich. »In Windsor.«

Ich erwartete ein Lächeln; statt dessen runzelte sie die Stirn. Wir würden das später erörtern.

»Ich habe Edelsteine aus einem laxen Kloster mitgebracht.« Ich öffnete die Satteltasche und überreichte ihr die verlorenen Schätze des Priors. »Mit all dem wurden Messen bezahlt, die nie gelesen wurden«, erklärte ich.

»So viele gefallene Seelen«, murmelte sie und streichelte das Gold und die Juwelen.

Der Diener fuhr fort in seiner Zeremonie des Besteckauflegens, langsam, bedächtig. Würde er niemals fertig werden?

»Aye. Eine Schande und eine Schmach.«

Jetzt wurden die Kelche an ihren Platz gestellt und mit Wein gefüllt.

»Wir danken Euch«, sagte ich und wies auf das Feuer; der junge Diener legte zwei dicke Eichenholzscheite nach und zog sich dann zurück.

Ich nahm meinen Platz am Speisetisch ein, so hungrig inzwischen, daß ich mich jenseits allen Hungers fühlte. Ich nahm den Kelch aus feinem venezianischem Glas in die Hand. Ich hatte kürzlich einhundert Stück davon bestellt. Glas war dem Geschmack des Weins schmeichelhafter als Metall.

»Laß uns trinken auf alle Wiedervereinigungen«, erklärte ich. Unsere Gläser berührten einander. Wiedervereinigung: das Zusammenfügen dessen, was getrennt ist. Könnte der Wein dies doch vollbringen.

Die Berührung des Weines mit meinem Munde ließ den Hunger explodieren. Ich nahm Schmorfleisch und Pfannkuchen und kaute genüßlich jeden Bissen. Mein Hunger stieg herauf und spielte mit dem Essen.

»Was war das mit meinem Cousin Howard?« fragte sie in scharfem Ton.

»Nun, er und mein Sohn Fitzroy sollen eine Zeitlang in Windsor zusammen leben. Fitzroy muß mit anderen adeligen Knaben seines Alters zusammen sein; er war bisher allzu isoliert. Und was Howard angeht... es würde ihm guttun, zu spüren, daß er geliebt und geschätzt wird. Der Zustand seiner Familie – seine Eltern leben getrennt, keine Brüder, die ihn fördern könnten – die beiden könnten einander helfen.«

»Du fährst also fort, deinen Bankert zu erhöhen!« entgegnete sie. »Vergiß ihn! Er ist ein Teil deiner Vergangenheit! Warum blickst du immer zu ihm zurück, wenn wir doch eigene Söhne haben werden?«

»Wenn wir welche haben, werde ich sie als Thronerben ehren. Fitzroy ehre ich als meinen Sohn und als Knaben, der Aufmerksamkeit und Zuneigung braucht. Genau wie Henry Howard. Sie werden beide arg vernachlässigt.«

»Heinrich, der barmherzige Samariter«, höhnte sie – oder täuschte ich mich? »So sehen andere dich nicht.«

»Wenn du Königin sein willst«, erinnerte ich sie, »mußt du aufhören, dir darüber den Kopf zu zerbrechen, wie das unwissende Volk dich sieht. Deine Sorge soll sein, wie Gott, der alles sieht, dich wahrnimnmt.«

Schweigend verspeisten wir das Kaninchen – es war köstlich mit

Kräutern gewürzt, die ich nicht erkannte. »In zwei Tagen tritt das Parlament zusammen«, sagte ich dann. »Sie werden über die Gesetzesvorlagen hinsichtlich unserer Ehe und Elisabeths Thronfolge beschließen.«

Dies ist der Augenblick, wollte ich fortfahren. Der Augenblick, da meine Liebe zu dir Gesetz wird und die Mißachtung dieses Gesetzes Verrat. Meine private Leidenschaft war zu einer Sache des gesetzgebenden Gremiums geworden.

»Der Eid, der abgelegt werden soll... als erstes wird das Parlament ihn leisten.«

»Und dann jedermann«, fügte sie leise hinzu.

»Es wird nichts weiter nötig sein, als daß... daß der Schwörende erklärt, daß Elisabeth die Erbin des Thrones sei, sofern wir nicht noch Söhne haben werden.«

»So einfach. Wie viele Worte?«

»Zwanzig, dreißig. Aber... es steht Bedeutsames hinter den Worten. Wir wissen, was es ist. Es wird einige, vielleicht viele geben« – wie viele? –, »denen es womöglich schwerfallen wird, den Eid zu leisten.«

»Weil sie nicht die Worte des Eides hören, sondern die gedachten Worte, die dahinterstehen.«

»Ja.«

Das Essen war beendet. Die Reste, die Teller, boten wie bei allen beendeten Mahlzeiten einen widerlichen Anblick. Ich konnte den Tisch nicht schnell genug verlassen. So erhob ich mich, und wir begaben uns zu einer gepolsterten Bank am anderen Ende des Zimmers. Ich läutete, auf daß man die Reste des Essens entferne.

»Der Eid ist mein Liebesschwur an dich«, beteuerte ich. »Er ist das größte Opfer, das ich dir darbringen kann.«

Sanft legte sie mir die Hand auf die Schulter.

In diesem Augenblick kam der Diener herein, um abzuräumen, und wir erstarrten in unseren Worten und Taten, aber nicht in unseren Gedanken.

»Du wirst nicht zurückweichen?« fragte sie. »Auch wenn vielleicht solche, die dir am Herzen liegen, dir teuer sind, sich weigern, den Eid zu leisten?«

»Zurückweichen?«

»Dich weigern, sie zu bestrafen? Sie die Strafe für Hochverrat erleiden zu lassen?«

»Ich weiche nie zurück.«

Wer würde nicht schwören? Einige gewiß; ich weigerte mich, vorherzusagen, was einzelne tun würden... die, dies ich liebte...

Anne war bei mir, Anne, für die dies alles geschehen war. Anne war schön, und um sie zu besitzen, hatte es sich gelohnt, dies alles in Bewegung zu setzen. Und jetzt wollte ich sie haben.

Ja, ich wollte sie! Das Wunder geschah, meine Kraft war zurückgekehrt...

Und wir verschmolzen miteinander auf alte und magische Weise und wurden wahrhaft ein Fleisch.

Und Adam erkannte sein Weib. Ich kannte Anne, oder ich hatte doch das Gefühl, sie zu kennen. Kannte jede Sehne, jeden Knochen, ganz so wie mich selbst...

Das glaubte ich wenigstens.

LVIII

Am Mittag des dritten Tages nach meiner Heimkehr begab ich mich in einer Staatsparade zum Parlament. Da die Themse gefroren war, konnte ich mich nicht mit der königlichen Barke nach Westminster rudern lassen, wo beide Häuser zusammenkamen. Statt dessen mußte ich zu Fuß den Strand entlanggehen, mit meinem ganzen Gefolge aus Hofstaat und Beratern, unter einem königlichen Staatsbaldachin, das Szepter Englands in der Hand. Aber befriedigt sah ich, daß die Fenster immer noch offenstanden und die Leute immer noch die Köpfe herausstreckten, um einen Blick auf ihren König zu werfen, und daß ihr Jubel ein freudiger war. Was würde daraus werden, wenn das Parlament die Gesetze beschlossen hätte?

Im Vorraum des Palastes zu Westminster legte ich die schweren, mit Gold und Hermelin verbrämten Gewänder an und ließ mir die Krone aufs Haupt setzen. »Der König im Parlament« sollte nun stattfinden: Meine Gegenwart im Verein mit dem Parlament war die höchste gesetzgebende Körperschaft im ganzen Land. Das Unterhaus und das Oberhaus waren heute in der Niederen Halle versammelt, einem grün und weiß gekachelten Saale, in dessen Mitte vier dicke Wollsäcke – mächtige, mit Troddeln verzierte Bündel zu Ehren des Fundaments, auf dem Englands Größe ruhte: Der Wolle – als Sitze für Richter und Aktenschreiber wie auch für Sir Thomas Audley, den Lordkanzler und Thomas Mores Nachfolger, dienten.

Zum Oberhaus gehörten nicht nur die siebenundfünfzig Lords («Peers auf Lebenszeit«), sondern auch fünfzig hochrangige Geistliche (die »geistlichen Lords«). Das Unterhaus zählte an die dreihundert Köpfe, gewählte Ritter und Abgeordnete aus allen Teilen des Reiches.

Die Lords saßen auf Bänken, die in einem großen doppelten Rechteck aufgestellt waren, die Geistlichkeit zu meiner Linken, der Adel zu meiner Rechten. Die Abgeordneten des Unterhauses standen hinter ihrem Sprecher außerhalb des Rechtecks hinter einer Schranke. Ich thronte über allen anderen auf einer mit blauen und goldenen Schabracken – goldene Tudor-Rosen und Lilien – bedeckten Estrade unter einem weiß bestickten Staatsbaldachin. Links und rechts von mir, auf der Estrade, hatten meine Ratgeber und der geheime Staatsrat, Cromwell vor allem, ihre Plätze.

Es war das fünfte Mal, daß dieses Parlament tagte. Es sollte sieben Jahre bestehen und als das »Lange Parlament« bekannt werden. Es hatte schon manches verordnet; vornehmlich aber hatten seine Gesetze sich gegen Mißstände gerichtet, die guten Engländern schon lange ein Dorn im Auge gewesen waren: die Sonderprivilegien der Kirche etwa, oder die Steuern und Abgaben, die nach Rom geflossen waren. Diesmal ging es um etwas anderes. Diesmal würde ich verlangen, daß es definierte, was Verrat sei – und die Maßstäbe dafür würde ich festlegen.

So stand ich vor ihnen, die schwere Krone auf dem Kopf, und sprach.

»Vor Euch liegt der Gesetzesentwurf zur Definition des Verrats. Wir haben immer zu wissen geglaubt, was Verrat bedeutet. Er war ja auf den ersten Blick zu erkennen, wie eine Kröte zu erkennen ist, eine Schlange, ein Wurm. Und wer könnte eine Kröte mit einem gefleckten Kätzchen verwechseln?«

Gelächter.

»Aber in unserer gefahrvollen Zeit ist die Unterscheidung nicht mehr so einfach. Unsere Vorfahren brauchten nur vor Schlangen und Ratten auf der Hut zu sein. Aber ach! in unseren traurigen Zeiten – selbst der Satan weiß sich als Engel des Lichts zu verkleiden. Dies«, so fuhr ich fort, »sagt die Schrift, und es ist nur ein Beispiel dafür, wie sich alles verändert hat. Denn Übersetzungen der Heiligen Schrift gibt es im Überfluß, und jedermann möchte Gelegenheit nehmen, sie zu lesen – aye, sie zu lesen und mißzuverstehen!«

Ich blickte über sie hin. Jetzt lachte niemand. Sie warteten ab, denn sie wußten nicht, worauf ich hinauswollte.

»Dessen eingedenk, und als Euer liebender König, weiß ich, daß Ihr der Anleitung bedürft. Wir würden aber unsere Pflicht und unsere Liebe zu Euch vernachlässigen, wollten wir sie Euch nicht geben. Der Verrat schleicht umher auf Katzenpfötchen, wispert Euch erst ins eine, dann ins andere Ohr. Wer aber weiß, was Verrat ist; wer wachsam ist, der kann sich abwenden... und dem das Maul stopfen, der da wispert.«

Jetzt raschelte es in den Reihen der Bänke. Bange Erwartung verwandelte sich in Angst.

»Verrat ist das, was danach trachtet, Euch Eures Königs zu berauben, ihn in irgendeiner Weise zu beeinträchtigen – also jeder Versuch, ihn seiner rechtmäßigen Titel zu berauben oder Schändliches über seine Ehe mit der Königin Anne zu verbreiten, aber auch die Weigerung, die Prinzessin Elisabeth als seine wahre und rechtmäßige Erbin anzuerkennen. Verrat ist es, ihn boshaft zu schmähen, mit Worten oder mit Taten. Verrat ist es, den zu schützen, der es tut.«

Noch schienen sie die wahre Bedeutung dieser Worte nicht begriffen zu haben. Die versammelten Männer schauten noch immer mit freundlichen Gesichtern zu mir auf.

»Da nun kein braver und loyaler Engländer den Wunsch haben wird, sich eines solchen Verbrechens schuldig zu machen, wird jedermann Gelegenheit bekommen, einen Eid zu leisten, auf daß er nicht zu den verborgenen Verrätern gezählt werde.« Ich winkte Cromwell, und dieser erhob sich und zückte eine Pergamentrolle.

»Zu Eurem Schutze«, hob er an, »soll ein Schwur getan werden im ganzen Lande. Wer diesen Schwur tut, dessen Name soll in das Register seines Bezirkes eingetragen werden. Dann ist er wohlverwahrt in der Gewißheit, daß seine Loyalität aktenkundig ist, so daß kein Feind ihm etwas anhaben kann.« Er schaute in die Runde. »Euch hier im Parlament sei die Gnade gewährt, diesen Schwur als erste zu tun. Sodann mögt Ihr andere ermächtigen, ihn dem Volke abzunehmen.« Ich winkte ihm, sich wieder zu setzen.

»Es wird ein einfacher Eid sein«, fuhr ich fort. »Er erfordert nichts weiter als das Anerkenntnis des Thronfolgegesetzes – welches Ihr in dieser Legislatursitzung verabschieden werdet, des Inhalts, daß die Ehe mit der Prinzeß-Witwe gegen Gottes Gesetz verstieß und irdischem Dispens nicht unterliegen konnte, und daß die Thronfolge der Nachkommenschaft des Königs durch Königin Anne gebührt. Das ist alles. Jeder erwachsene Untertan wird öffentlich beschwören, daß er dieses Gesetz ›in Inhalt und Absicht‹ befolgen und beachten wird. Zur Bekräftigung mögt Ihr die Bibel küssen – oder, wenn es Euch lieber ist, eine heilige Reliquie. Es wird nur einen Augenblick dauern. Aber wie auch die Taufe nur einen Augenblick dauert und uns doch von der Erbsünde reinigt, so wird dieser Eid Euren Leib vor dem Makel des Verrates bewahren.«

Das schienen sie zu verstehen, und sie zeigten sich bereit, meinen Wünschen zu willfahren.

Das Parlament verabschiedete das Gesetz, wie ich es verlangt hatte. Verrat war nicht mehr nur ein Wort in der englischen Sprache, das sich jeder deuten mochte, wie er wollte; es war nunmehr in das Gesetz des Landes eingebettet, und im Zusammenhang mit ihm gab es Dinge, die man tat, und Dinge, die man unterließ. Was die zweite Möglichkeit anging, besprach ich mich mit Crum.

Anfangs hatte ich ihn Crum genannt, weil ich keine andere Möglichkeit hatte, ihm meine freundlichen Gefühle zu zeigen. Wenngleich er liebenswürdig war, bot er doch wie ein schlüpfriger Felsen keinerlei Halt für den, der erklimmen wollte, was der wahre Thomas Cromwell war. Er stand ganz allein in der Welt: Keine Frau (sie war gestorben, und er zeigte keinerlei Neigung, sich von neuem zu vermählen), keine verwandtschaftlichen Bindungen zum Hofe, keine bekannte Vergangenheit. Ein sonderbarer Einzelgänger. Ich beneidete ihn um seine Selbstgenügsamkeit.

Jetzt, an einem trüben, trostlosen Tag im März, da alle Welt im Winterschlaf erstarrt lag, sprach ich mit Crum.

»Das Parlament hat den Eid abgelegt, und die Oberhäupter der Londoner Handwerksgilden ebenfalls«, sagte ich. »Wenn das Wetter sich bessert, werden wir unsere Kommissare ins Land hinausschicken.«

»Es wird Juni werden, ehe Northumberland und die Grenzmarken wieder zugänglich sind«, stellte er fest. »Ihr werdet darauf angewiesen sein, daß die Percys die Kommissare schützen und ihnen die Erfüllung ihrer Aufgabe erleichtern. Die Percys... ein Dorn in der Hand Eurer Majestät. Henry kann man wohl vertrauen, aber der liegt im Sterben, heißt es.«

Annes Henry, der Geliebte ihrer Mädchenjahre. Im Sterben? Er war noch so jung. In Annes Alter.

»Er war kränklich.« Crum beantwortete – wie stets – meine unausgesprochene Frage. »Der Norden war nicht das richtige für seine schwächliche Verfassung – weder das Klima noch die Sitten. Er hätte nur in der milden Umgebung des Hofes gedeihen können.«

Doch das habt Ihr ihm unmöglich gemacht. Taktvollerweise sprach er es nicht aus.

»Vorzugsweise wohl am französischen Hofe.«

»Wahrlich. Wo man – wie sagte man noch von Cäsar? – sein konnte ›jedes Mannes Weib und jedes Weibes Mann‹. Offenbar verstand er es nicht, seine Frau zu befriedigen. Sie verließ ihn und kehrte in das Haus ihres Vaters zurück. Eine Jammergestalt, dieser Percy. Ein hinfälliger Jüngling.«

»Also sollte bis August jedermann im ganzen Reich den Eid geleistet haben.« Genug von Percy, seinem Sterben, seinen Unzulänglichkeiten.

»Ja. Dann haben wir die Namen der Getreuen und auch die der Abtrünnigen in unseren Händen.«

»Dann werden wir entscheiden müssen, wie wir mit denen verfahren.«

»Das Gesetz schreibt die Todesstrafe vor.«

Ja, das Gesetz war auch in diesem Punkt völlig klar. Aber Hinrichtungen... in England hatte es dreizehn Jahre lang keine Hinrichtung gegeben, außer zur Strafe für abscheulichen, aktiven Verrat, wie ihn der Herzog von Buckingham begangen hatte. (Der Herzog hatte die Absicht gehabt, einen Dolch im Gewande zu verbergen und mich während einer Audienz zu ermorden.) Aber automatische Hinrichtung für die Weigerung, ein Papier zu unterzeichnen?

»Die Urteile müssen vollstreckt werden, denn sonst wird niemand das Gesetz ernst nehmen oder überhaupt glauben, daß das Parlament durchzusetzen vermag, was es verfügt«, beharrte Crum. »Ich bete zum Himmel, daß alle den Eid leisten«, fügte er hinzu. »Um ihretwegen, und auch unseretwillen.«

Hatte ich die Pflicht, diejenigen zu warnen, die daran dachten, den Eid zu verweigern? Diejenigen, die vielleicht noch nicht begriffen hatten, daß die Zeit vorbei war, da man zaudern und den Mantel nach dem Winde hängen konnte, und daß das Gesetz keine Gnade mehr zeigen würde?

Mein Gewissen? Nein, das war ein Vorwand, ein hochtrabender noch dazu. Die Wahrheit war, daß die Liebe – falls ich für diese Leute noch Liebe empfand – mir befahl, sie zu warnen.

Bei Maria war ich schon gewesen. Zu Katharina konnte ich nicht, da sie sich in Cambridgeshire aufhielt, und zur Zeit war es unmöglich, von London dorthin zu reisen. Aber ich konnte ihr schreiben und sie auf die Gefahr aufmerksam machen, in der sie schwebte.

More. Thomas More in Chelsea, der zurückgezogen lebte, seit er von seinem Amt als Lordkanzler zurückgetreten war. Der seine ewigen Bücher schrieb, seine Briefe, seine Weiheschriften. Die Bischöfe von Durham, Bath und Winchester hatten ihm meine zwanzig Pfund übersandt, damit er sich entsprechend einkleiden könnte, um nach London zu kommen und an Annes Krönungsfeier teilzunehmen. Er hatte ihnen abgesagt und eine impertinente »Parabel« verfaßt, die vom Verlust seiner Unschuld handelte. Sie ging so:

Euer Ansinnen erinnerte mich an einen Kaiser, welcher dereinst ein Gesetz erlassen, demzufolge ein jeder, der ein gewisses Vergehen begangen, sollte hingerichtet werden, es wäre denn eine Jungfrau. So groß nämlich war des Kaisers Ehrfurcht vor der Jungfräulichkeit! Nun begab es sich aber, daß der erste, der das Verbrechen beging, tatsächlich eine Jungfrau war; als aber der Kaiser dieses vernahm, war seine Bestürzung nicht gering, da er nun würde dieses Gesetz zur Anwendung bringen müssen. Worauf sein Staatsrat lange beieinandersaß und ernstlich den Fall

debattierte; unversehens aber erhob sich einer aus dem Rate – ein braver, einfacher Mann – und sprach: Warum, ihr Herren, soviel Aufhebens um eine so kleine Sach? Man soll sie erst entjungfern, und dann mag man sie enthaupten.
Wiewohl Eure Lordschaften in der Frage des Ehestandes bis jetzt die reine Jungfräulichkeit sich haben bewahren können, solltet Ihr dennoch darauf acht haben, daß Ihr sie auch fürderhin bewahret. Es mag nämlich welche geben, die erst dafür sorgen, daß Eure Lordschaften bei der Krönung zugegen seien, nächstens, daß Ihr zugunsten der Sache prediget, schließlich, daß Ihr Bücher schreibet für alle Welt zur Verteidigung nämlicher Sache, und immerfort in Wahrheit nur trachten, Euch zu entjungfern; und haben sie Euch erst entjungfert, werden sie nicht fehlen, Euch zu enthaupten. Wohlan, Ihr Herren, es liegt ja nicht in meiner Macht, sie daran zu hindern, daß sie mich enthaupten. Aber Gott, der ist mein Herr, wird sorgen, daß sie mich niemals entjungfern.

Beim Krönungsbankett hatte ich vergeblich nach ihm Ausschau gehalten – nicht wie ein »Kaiser«, der sich um sein Opfer betrogen sah, sondern wie ein Freund, den die Abwesenheit eines Freundes betrübte. Nun wußte ich, daß ähnliche Tollkühnheit und die Unkenntnis der Konsequenzen ihn leicht dazu würden verleiten können, stillvergnügt den Eid zu verweigern.
Ich mußte zu ihm. Ich hatte keine Wahl.

LIX

Als sein König und Souverän hätte ich ihm befehlen können, vor mir zu erscheinen, wo es mir beliebte und wann es mir beliebte. Ich hätte ihn aus der Behaglichkeit seines Heims reißen, seinen gewohnten Tagesablauf durcheinanderwerfen, sein Leben auf den Kopf stellen können. Aber das wollte ich nicht tun. Ich war sein Freund. Und so beriet ich mich mit meinen Astronomen und Astrologen und stellte fest, daß in vier Wochen eine Mondfinsternis bevorstand. Dies wäre eine himmlische Erscheinung ohne irdische Obertöne, die wir zusammen würden beobachten können. Danach könnten wir dann miteinander sprechen.

Ich schrieb ihm und lud mich selbst ein, zu ihm nach Chelsea zu kommen und die Eklipse mit ihm zu beobachten. »Denn es gibt heutzutage niemanden mehr bei Hofe, der meinen Enthusiasmus teilte«, schrieb ich ihm offenherzig (so hoffte ich), »und ich habe ein paar neue Visiergeräte, die Euch vielleicht überraschen werden. Das alte Astrolabium aus Greenwich werde ich auch mitbringen.« Ob er sich daran erinnerte?

Ich hatte mich erniedrigt, aber ich bereute es nicht. Ich betete nur darum, daß er sehen möge, in welcher Gefahr er schwebte, und daß er mein Hilfsangebot annehme.

In der Tat, antwortete er mir, wäre es ihm eine Ehre, die Eklipse mit mir zusammen zu betrachten. Seine Berechnungen hätten ergeben, daß sie kurz nach elf Uhr abends beginnen und gegen eins zu Ende sein würde. Er werde erfreut sein, wenn ich ihm die Ehre gäbe, früher zu kommen, rechtzeitig zum Abendessen und zur Komplet, und die Nacht in seinem Hause zu verbringen.

Die Luft war kalt an diesem Nachmittag gegen Ende April, als die Bootsleute die königliche Barke die Themse hinauf nach Chelsea ruderten. Einige Bäume fingen an, ihre Blätter zu entfalten, kupferfarbene, fedrige kleine Tupfen, während andere noch kahl waren. Das Gras an der Uferböschung war bereits leuchtend grün; es sah beinahe künstlich aus. Das Gras erwacht immer als erstes aus dem Winterschlaf, und sein Anblick tut dann unseren Augen weh.

Als wir um die Biegung des Flusses kamen, sah ich den Bootssteg, der zu Mores Haus gehörte; er ragte ein Stück weit auf das Wasser hinaus. Nicht genug damit, daß man es unterlassen hatte, ihn auszubauen, um Platz für größere Schiffe zu schaffen – sein Zustand hatte sich auch noch betrüblich verschlechtert. Die Planken waren krumm und schief geflickt; sie waren verzogen und verbogen, und das ganze Gerüst schwankte unter meinem Gewicht.

Unten am Tor wartete More, an den Pfosten gelehnt. Er sah so braun und schlicht aus wie ein Zaunkönig, verwittert wie die Planken seines verfallenden Bootsstegs.

»Thomas!« rief ich aus; ich hoffte, daß man mir meine Verwunderung über sein Aussehen nicht anmerken werde. »Wie habe ich mich auf diesen Augenblick gefreut!« Ich winkte meinen Dienern, die den metallbeschlagenen Kasten mit dem kostbaren Satz einzigartiger Linsen und das in Samt gehüllte Astrolabium zu tragen hatten. »Heute werden wir sie ertappen – die Dame Luna!«

Er streckte die Hand aus und ergriff die meine. »Ihr seid herzlich willkommen, Euer Gnaden.« Er öffnete die Pforte und verneigte sich tief. Ich trat ein, schlang ihm den Arm um die Schultern und drückte ihn eng an mich. Er widerstrebte nicht. Zusammen wanderten wir zum Haus hinauf.

Still lag es im spröden, kalten Zwielicht. Anders als an jenem fröhlichen, faulen Sommernachmittag (das einzige Mal bisher, daß ich ihn besucht hatte), eilten heute keine Diener umher, keine Kinder tollten auf der Wiese. Die Bienenkörbe schliefen, und nicht einmal die Ziegen waren zu sehen.

»Meine Kinder sind verheiratet.« Anscheinend hatte er meine Gedanken gelesen. »Erwachsen geworden, ausgeflogen. Elizabeth hat William Dauncey geheiratet, und Cecily ist Giles Herons Frau. Mein Vater ist vor kurzem gestorben. Sogar mein kleines Mündel,

Margaret Gigs, hat sich vermählt – mit meinem ehemaligen Pagen, John Clement. Dame Alice und ich sind nun ganz allein. So etwas kommt schneller, als man glaubt.«

»Und Margaret?« Ich erinnerte mich seiner gewitzten, strahlenden Tochter.

»Sie hat ihren Will Roper geheiratet«, antwortete er. »Noch ein Rechtsanwalt. Unsere Familie ist voll davon. Wir könnten zur Abwechslung einmal einen Bauern oder einen Goldschmied gebrauchen.«

»Ihr hattet schon einen Lordkanzler und einen Parlamentarier.« Ich konnte mir diese Bemerkung nicht verkneifen.

»Drei Generationen von Rechtsanwälten.« Er ignorierte meine Stichelei. »Aber das Haus wird heute abend nicht ganz und gar leer und verschlafen sein. Ich habe Margaret und Will herzugebeten. Ah!« Er wies auf eine finster blickende, verdrießliche Gestalt, die in der Tür stand. »Da kommt Alice.«

Wenn More wie ein Zaunkönig aussah, so glich sie einem Bussard. Sie war seit unserer letzten Begegnung dick und sauer geworden – ein Pudding, der verdorben war.

»Euer Gnaden.« (Wieviel Gift in diesen Worten lag!)

Ich betrat die winterliche Halle und war entsetzt. Ein großer Teil der Möbel war verschwunden, die Wandteppiche hatte man abgenommen, der Kamin war kalt.

Das haben wir dir zu verdanken, schien Lady Alice mit jedem Blick, jeder Geste zu sagen. Aber wen meinte sie damit? Mich, wegen meiner »Großen Sache«? Oder ihren Gemahl, der sich nicht hatte beugen wollen und deshalb Macht und Stellung bei Hofe aufgegeben hatte? So ging es Hand in Hand: Meine »Große Sache« war auch die seine.

More versuchte nicht erst, Erklärungen oder Entschuldigungen für seine Verarmung vorzubringen. Er schien sie als etwas Natürliches hinzunehmen, wie man die Ankunft des Frühlings hinnimmt. »Wir haben Holzscheiter gemästet, die wir nun schlachten wollen«, scherzte er, »denn wir haben einen großen Gast zu ehren.« Mit diesen Worten ließ er ein Feuer entfachen, damit ich mich nicht erkältete.

Aber keine Dienstboten brachten das Holz herein, sondern

Margaret und ihr Mann. Sie trugen grobe, alte Kleider, und sie entzündeten das Feuer mit einer Sicherheit, die aus langer Übung geboren war. Das Flackern des Feuers war kaum weniger fröhlich als ihr Plaudern und ihre Bewegungen.

Ich machte es mir vor dem Kamin bequem, und die einzige übriggebliebene Dienerin brachte uns gewürzten Wein. Die Becher waren aus Holz. Erst jetzt fiel mir auf, daß es hier nicht nur an Silber oder Zinn fehlte, sondern sogar an Schränken, in denen es hätte aufbewahrt werden können.

Woher nahm er den Mut, den König unter so kläglichen Umständen zu bewirten, und noch dazu so selbstsicher wie Wolsey seinerzeit in Hampton Court?

Gesehen hatte ich Thomas More seit fast zwei Jahren nicht mehr. Seit seiner Abkehr vom Hofe hatte er ganz zurückgezogen gelebt und lange religiöse Bücher geschrieben, etwa die eine halbe Million Wörter umfassende *Widerlegung der Antwort Tyndales*; seine Korrespondenz mit anderen Humanisten und Gelehrten im Auslande hatte ihm den alltäglichen Umgang ersetzt. Der kleine Kreis derartiger Leute in England war mittlerweile zerstört – teils durch den Tod, hauptsächlich aber durch die Politik. Erasmus, durch den Kaiser – wie alle Humanisten – seiner Stellung an einer Universität beraubt, weilte wie More im Exil. Vives und Mountjoy, Verfechter der Sache Katharinas, waren hier in Ungnade gefallen. Es war äußerst schade, daß diese Männer sich in Angelegenheiten der Tagespolitik hatten verwickeln lassen. Bei den toten Römern und Griechen hätten sie bleiben sollen.

More war sichtlich gealtert. Ich vielleicht auch, aber er war weniger gut in der Lage, diese Veränderungen zu maskieren, weil er sich so schlicht kleidete und keine Juwelen trug, die den Blick ablenken konnten. (Treue Diener, die Juwelen. Sie vermögen so vieles, und alles so gut.) Ich erkundigte mich nach seiner Gesundheit, wie es die Höflichkeit vorschrieb, und er antwortete, er habe den Winter über stark unter Wasser in der Lunge zu leiden gehabt, hoffe aber, daß mit wärmerem Wetter auch Linderung komme.

Höchst vernünftige Reden, eine zivilisierte Unterhaltung. Aber die Worte waren schlimmer als alles Gebrüll, schlimmer als Flüche, weil sie so vieles nicht sagten; und das Ungesagte schwebte zwischen uns und verlangte Gehör. So dazusitzen und die Pausen des Schweigens mit einem Muster aus »Konversation« zu umhäkeln, kam mir wie eine monströse Sünde vor. Dennoch beging ich sie immer weiter.

»Man hat mir von Eurer *Widerlegung* und ihrer prächtigen Argumentation berichtet«, sagte ich.

»Gott hat mir die Möglichkeit gegeben, mich ganz dieser Arbeit zu widmen«, erwiderte er. »Ich hätte sonst niemals so gründlich vorgehen können.«

Das Feuer zischte, und ein Funke sprang zu uns heraus, als wolle er auf seine Art versuchen, unsere Hilflosigkeit zu lindern und uns abzulenken.

»Habt Ihr viel Zeit für die Astronomie?« erkundigte ich mich. »Der Himmel hier ist klar.«

»Zeit schon, aber ich habe nur selbstgefertigte Instrumente. Euer Neujahrsgeschenk von 1510« – er wußte das Jahr noch; ich war dankbar, ja, in absurder Weise entzückt – »mußte leider verkauft werden, damit wir diesen Winter Kerzen hatten. Es fehlt mir jetzt.«

Es war ihm also schwergefallen, sich von dem Astrolabium zu trennen? Und daß ich heute mit meinem neuen Spielzeug zu Besuch kam... ich tat ihm tatsächlich einen Gefallen und störte ihn nicht? Ich würde ihm die Geräte schenken. Das Herz ging mir über von gutem Willen und Großzügigkeit.

Aber meine Zunge war bleiern, und immer wieder trat Schweigen ein. Erleichtert hörte ich, daß das Abendessen bereit sei und wir mit dem besänftigenden Ritual des Speisens beginnen konnten; vielleicht würde uns der Übergang zur Gelassenheit gelingen, bis die Teller geleert wären.

»Eure Majestät, wollt Ihr den Tafelsegen sprechen und für uns vorbeten?« More streckte die offene Hand aus.

Er erkannte meine von Gott verliehene geistliche Führerschaft an! Was konnte diese Geste sonst bedeuten? Wie feinsinnig von More! Dann würde der Rest ein Kinderspiel sein, und der Abend konnte doch noch angenehm verlaufen.

»O Gott«, begann ich, »segne diese Gemeinschaft derer, die einander lieben in der Einmütigkeit des Herzens und der Seele. Mögen unsere Worte und Taten und innersten Wünsche Dir wohlgefällig sein. Erfülle uns mit dem Heiligen Geiste, auf daß wir stets die Wahrheit sprechen und nach Deinem Willen tun.«

Wir alle bekreuzigten uns. Ich blickte auf. Mein Gebet hatte die Atmosphäre ganz und gar nicht gelöst – im Gegenteil, alle wirkten jetzt noch steifer.

»Eure Majestät«, sagte Lady Alice, »heute ist Freitag und Fastentag, und so habe ich die festlichsten Speisen bereitet, die unter diesen Umständen erlaubt sind.« Sie läutete ihr Glöckchen, und das Dienstmädchen erschien mit einer großen Suppenschüssel.

»Lauchsuppe«, sagte sie und stellte die Schüssel dabei behutsam auf den kleinen Tisch.

»Der Lauch ist ein walisisches Wahrzeichen, nicht wahr, und Eure Majestät stammen doch aus Wales?« Es war Margaret More Roper, die dies sagte.

»Sprecht Ihr Walisisch?« fragte ihr Gemahl plötzlich; es war das erstemal, daß er das Wort ergriff.

»Ja... ein wenig. Ich habe es von meinem Vater gelernt.« Seltsam, das hatte ich vergessen. Vergessen, daß er mit mir Walisisch gesprochen hatte, als ich ein Kind gewesen war. Ich konnte mich überhaupt kaum daran erinnern, daß er mit mir gesprochen hatte.

»Lauchsuppe heißt *cawl cennin*«, sagte ich. »Meist schmeckt sie noch besser, wenn man sie wieder aufwärmt. Dann heißt sie *cawl ail dwym*.« Die keltischen Worte bewirkten, was mein formelles Gebet nicht vermocht hatte: Sie segneten uns, verliehen uns Eintracht. Ein Wunder.

»Habt Ihr je den Wunsch, Wales zu besuchen?« erkundigte sich Thomas.

»Ja. Es sind seltsame Leute dort, und doch bin ich ein Teil von ihnen. Manchmal habe ich das Gefühl, meine besten Eigenschaften habe ich von ihnen: meine Musik und meine Liebe zur Dichtkunst.«

Und die schlimmsten ebenfalls, dachte ich bei mir: die schwarzen Launen, die Melancholie, das merkwürdige Heimweh, das ich verspüre, wo immer ich mich aufhalte.

»Wollt Ihr sie zu einem Teil Englands machen?« Lady Alice war unverblümt wie immer.

»Sie sind ein Teil Englands«, erwiderte ich. »Daran können sie ebenso wenig ändern wie ich. Es ist günstiger für alle Beteiligten, sich unter dem Dach einer einzigen Regierung vereinigt zu wissen.«

Die Lauchsuppe war nahrhaft und sättigend. Genußvoll füllte ich mir den Bauch damit; aber noch mehr genoß ich das freimütige, liebevolle Tischgespräch.

»Und nun zu meiner Leibfastenspeise«, verkündete Thomas. »Ein Bußgericht ist es vielleicht nicht, denn ich liebe es so sehr.« Fröhlich läutete er die Glocke. Ich sah, daß er sich wirklich auf den nächsten Gang freute.

»Eine Aal- und Zwiebelpastete.«

Ein prachtvoller Kasten aus verziertem Backteig wurde aufgetragen.

More ergriff das Messer und brach den goldbraun glasierten Deckel auf. Eine dicke Dampfwolke quoll hervor, und dann sah ich saftige Aalstücke, die in einer Sauce aus Butter, Rosinen und Milch schwammen. Dazu gab es eine Schüssel mit reichlich gekochtem Knoblauch.

Das alles war herrlicher als jedes königliche Bankett. Und bis heute weiß ich nicht, warum. Freilich, More hätte eine Erklärung gewußt: Christus war am Tisch zu Gast – wie ja die Israeliten bei ihrem Passah-Mahl immer einen Platz für Elias freihalten.

Nach dem Abendessen – einen Nachtisch gab es wegen des Fastentages nicht – begaben wir uns geradewegs in die Halle zur Komplet.

Die Komplet war, strenggenommen, ein klösterliches Ritual. Nicht einmal Katharina hielt sie je ab, obgleich sie das Gelübde des Dritten Ordens des heiligen Franziskus abgelegt hatte. Aber More war schließlich einmal Novize bei den Kartäusern gewesen; er hatte dem Orden nur entsagt, weil er meinte: »Besser ein keuscher Gatte als ein ausschweifender Priester.« Wie bei so manchem, der zwei Herren gedient hatte, war aber der erste nie ganz in Vergessenheit geraten.

Das Feuer brannte herunter. More ließ Kienspäne bringen, damit er die Andacht lesen könne. Mir bot er den Ehrenplatz an, doch ich lehnte ab; ich wollte ihn gern in seiner gewohnten Rolle sehen.

Ich wollte ihn so gern kennenlernen. Ihn wirklich kennenlernen.

Als erstes kam die Ermahnung. »Brüder, seid nüchtern und wachsam«, las er.

Es folgte stille Meditation. Dann das Sündenbekenntnis:

»Ich bekenne Gott dem Allmächtigen, der seligen, allzeit reinen Jungfrau Maria, dem hl. Erzengel Michael, dem heiligen Johannes dem Täufer, den heiligen Aposteln Petrus und Paulus, allen Heiligen und Dir, Vater, daß ich viel gesündigt habe in Gedanken, Worten und Werken, durch meine Schuld, durch meine Schuld, durch meine übergroße Schuld. Darum bitte ich die selige, allzeit reine Jungfrau Maria, den hl. Erzengel Michael, den hl. Johannes den Täufer, die hl. Apostel Petrus und Paulus, alle Heiligen und Dich, Vater, für mich zu beten bei Gott, unserem Herrn.«

Dann Psalm 133: »*Ecce nunc benedicite Dominum.*

Siehe, wie schön und wie lieblich ist es, wenn Brüder friedlich beisammen wohnen! Wie feines Öl auf dem Haupte, das niederrinnt in den Bart, ja, in Aarons Bart, der hinabreichte bis zum Saum seiner Kleider. Wie der Tau des Hermon, der auf die Zionsberge niederrinnt; denn dort entbietet der Herr den Segen, das Leben für immer.«

Das Feuer erlosch, als More verstummte. Ich fühlte mich umarmt, von Gott, von dieser gesegneten Familie, vom Augenblick, von diesen Worten.

»Und jetzt zu Bett.« Lady Alice brach den Bann.

»Mit Ausnahme der Mondgucker.« Margaret lächelte mich an.

»Margaret hatte einmal Gefallen an der Astronomie gefunden«, erzählte More. »Aber als ich ihr immer wieder den Unterschied zwischen der Sonne und dem Mond erklären mußte...«

»Ich habe nie etwas von Astronomie verstanden«, pflichtete Margaret ihm bei. »Sie war mir immer ein Buch mit sieben Siegeln.« Sie schaute in die Runde. »Ich muß ins Bett. Vater hat recht.«

Auch Lady Alice zog sich zurück. Schließlich waren Thomas More und ich ganz allein. Wie ich es mir gewünscht, ja, erträumt hatte.

»Zeigt mir Euer Geheimnis«, bat er. »Ich brenne darauf, zu sehen, was Ihr mitgebracht habt.«

Vorsichtig öffnete ich den mit Samt ausgeschlagenen Holzkasten. Darin befand sich ein Satz gläserner Linsen sowie ein Brett, auf dem sie in eine Reihe von Löchern gesteckt werden konnten.

»Wenn man sie auf eine bestimmte Weise hintereinander steckt und ausrichtet, holen sie die Dinge näher heran – ich weiß nicht, wie. Mein Brillenmacher hat mir dieses Wunderwerk gezeigt. Wenn ich damit spiele, sehe ich Gegenstände, die sich am anderen Ende des Zimmers befinden, als wären sie nur eine Armlänge weit entfernt. Ich muß gestehen, daß ich es mit den Sternen noch nicht versucht habe. Aber vielleicht heute abend?«

»Ja! Ja!« Es klang ehrlich interessiert. Er nahm eine der Linsen heraus und studierte sie.

»Ich habe sie mir von meinem Brillenmacher schleifen lassen«, berichtete ich. »Ich muß mich leider seit einer Weile mit dem Tragen von Augengläsern behelfen.« Ich trug solche, die man als »Vierzig-Jahr-Brille« bezeichnete. Es gab auch »Fünfzig-Jahr-Brillen«, »Sechzig-Jahr-Brillen« und so weiter.

»Es dauert noch ein Weilchen, ehe die Eklipse beginnt. Wir wollen sie einstellen, bevor es noch kälter wird, um zu vermeiden, daß sie beschlagen.« Er erhob sich und raffte seinen düstergrauen Wollmantel um sich.

Er geleitete mich hinaus auf die kleine Wiese hinter seinem Hause. Mit jedem Atemzug roch man den scharfsüßen Duft, welcher den Frühling verhieß.

Die Wiese stieg mählich zu einem kleinen Hügel an. More griff zu einer Fackel und führte mich hinauf. Erst als ich näher kam, sah ich im Fackelschein, daß da noch etwas stand. Und während mein Blick das Gerüst abtastete, drang mir der Geruch von neuem, geöltem Holz in die Nase.

More streckte die Hand aus. »Eine Mond-Beobachtungs-Plattform«, sagte er. »Die Chinesen, so höre ich, nennen alle ihre Balkone so, und daran tun sie recht.«

Er hatte es für mich gebaut. Weil ich zu Besuch kam. Obgleich er in so ärmlichen Verhältnissen lebte, hatte er sich doch bemüßigt gesehen, mir diese Ehre zu erweisen und meinen Wünschen entgegenzukommen...

Ich erklomm die Stufen zu dem kleinen, von einem Geländer umgebenen Podest.

»Ich habe es auf den höchsten Punkt meines Grundstücks gestellt«, sagte er.

»Ihr habt dies... für meinen Besuch gebaut? Aber das Holz, und die Löhne für die Zimmerleute...«

»Ich habe es eigenhändig gebaut«, sagte er. »Darum ist es ja so schief..« Er lachte. »Ich hoffe, unser Rechentisch steht fest.«

Keine Feierlichkeiten, niemand, der uns störte – und noch eine ganze Stunde bis zur Mondfinsternis. Mit dieser späten Stunde hatte der Allmächtige es höchst unvorteilhaft getroffen.

More ging auf der Plattform auf und ab und rieb sich die kalten Hände. Zwei Stühle standen auf den Bohlen – offensichtlich hatte man sie aus dem Haus hierher geschafft, denn es waren keine Gartenstühle.

»Wir könnten uns zuerst die Venus anschauen«, schlug er vor.

»Aber da ist wenig zu sehen«, widersprach ich. »Sie ist von stets gleichförmiger Erscheinung, und so hell dazu. Mars ist mir lieber.«

»Der Gott des Krieges«, bemerkte More. »So spricht ein wahrer Fürst. In letzter Zeit kommt er mir heller vor, zumindest mit bloßem Auge betrachtet. Darf ich?« Er deutete auf die größere Linse – diejenige, die man auf Armeslänge vor das Auge halten mußte.

»Wenn Ihr den Stiel in das Loch am hinteren Ende des Brettes steckt und es dann schräg haltet« – ich zeigte es ihm –, »dann leistet es gute Dienste für die Sterne dicht über dem Horizont. Und man hat eine Hand frei.«

Er war entzückt von dieser neuen Erfindung.

»Was mag das Rote sein?« sann er. »Was glaubt Ihr – gibt es rote Meere auf dem Mars?«

»Ja«, antwortete ich. »Höchstwahrscheinlich. Vielleicht brennt er auch mit roter Flamme. Oder er ist mit Blut bedeckt?«

Er seufzte. »Sich vorzustellen, daß es andere Welten gibt, die so ganz anders sind als die unsere... Manchmal vermag ich Gottes großes Universum in all seiner Tiefe nicht zu begreifen, nicht wirklich in meiner Seele zu begreifen. Kürzlich las ich von der Theorie eines Polen, derzufolge alle Planeten die Sonne umkreisen – er hat natürlich nicht veröffentlicht...«

»Es kommt uns nicht zu, mit unserem begrenzten Verstand zu ›begreifen‹. Wir sollen trachten, dem Herrn zu gehorchen, ganz gleich, auf welche Welt Er uns stellt«, sagte ich. »Freilich ist dies nicht immer so klar... Gott verwirrt uns, stellt uns auf die Probe.«

Ich zögerte. Aber der Augenblick war gekommen, der Augenblick, da ich reden mußte. »Thomas, ich bin heute abend nicht nur hier, um mit Euch die Eklipse zu betrachten, sondern auch, um Euch zu warnen. Ich weiß nicht, was Ihr so an weltlichen Dingen aus London vernehmt. Klatsch und Gerüchte sind keine Freunde der Wahrheit; sie verzerren sie. Aber ich sage jetzt die Wahrheit als Euer Freund, wenn ich Euch berichte, daß das Parlament Euch einen Eid zur Stützung seines Gesetzes über die Thronfolge abverlangen wird, eines Gesetzes, das just in diesen Tagen verabschiedet wird.«

»Worin wird dieser Eid bestehen?«

Wieder diese Frage.

»Es wird beschworen, daß man die Prinzessin Elisabeth für die einzige rechtmäßige Thronerbin hält. Daß man ihre Ansprüche gegen alle anderen unterstützen wird, sollte ich« – ich legte eine Pause ein – »sollte ich plötzlich sterben.« Wie entlegen das klang, da ich nun hier auf der wackeren kleinen Mondplattform stand.

»Das ist alles?«

»Ja. Ich glaube. Vielleicht noch ein paar Worte des Inhalts, daß meine Ehe mit Königin Anne gültig ist, die mit Katharina hingegen null und nichtig...«

»›*Ein paar Worte*‹?« Er schlug mit beiden Händen auf das hölzerne Geländer. »Immer nur ›ein paar Worte‹! Ach, wären es doch viele – es wäre alles soviel leichter. *Ein paar Worte*. Gott, warum bist Du so grausam?«

Scharf klang seine Stimme durch die stille Luft; wie ein emporgestreckter Säbel klirrte sie gegen Gott.

»Aber es ist gleichgültig.« Rasch hatte sein Ton sich wieder beruhigt; er drehte sich um und sah mich an.

»Ich hoffe, Ihr werdet den Eid nicht verweigern«, sagte ich. »Denn dem Gesetz zufolge sind diejenigen, die ihn nicht leisten wollen, des Verrates schuldig.«

Sein Gesichtsausdruck – natürlich konnte ich es im Sternenlicht nicht genau erkennen – schien sich nicht zu verändern.

»Ich hielt es für besser, Euch zu warnen, damit Ihr Bescheid wißt, wenn man Euch auffordert, zu schwören«, fuhr ich fort. »Ihr schwört als erster, danach Euer Haushalt. Es dauert nur ein paar Augenblicke. Es werden Kommissare zu Euch nach Hause kommen, auf Kosten der Krone. Man wird Euch gar nicht stören.« Es klang, als wollte ich mich entschuldigen. Das kam nicht in Frage. »Also seht zu, daß Ihr den Eid schwört«, fügte ich hinzu.

»Und wenn mein Gewissen es mir verbietet?« fragte er.

»Dann sterbt Ihr den Tod eines Verräters. Denn dann habt Ihr zugegeben, daß Ihr ein solcher seid. Dem Gesetz zufolge.«

»Aber dann müssen Katharina und Maria sicher auch sterben. Denn mehr als alle anderen würden sie sich doch selbst verurteilen, wenn sie diesen Eid leisteten.«

»Ihr dürft nicht an andere denken, wenn Ihr schwört. Sie sollen Eure Sorge nicht sein. Denkt Ihr an Euch selbst und an Eure unsterbliche Seele.«

»Das werde ich nicht vergessen, Euer Gnaden.«

»Ihr könnt Euch nicht länger verkriechen!« warnte ich. »Der Eid wird Euch finden, auch hier. Das wisset.«

»Das beste wird sein, ich bewahre mein Schweigen. Schweigen bedeutet Zustimmung, nach allgemeinem Recht.«

»Das genügt nicht mehr! Es gibt vielerlei Arten des Schweigens. Nur wenige sind gut. Vom haßerfüllten über das höhnische bis zum gleichgültigen Schweigen – das Schweigen ist niemals ein Verbündeter.«

»Vielleicht wird es mir einer sein«, sagte er.

»Täuscht Euch nicht«, erwiderte ich. »Wer jetzt schweigt, ist mein Feind. Es muß so sein, denn ich mache es Euch leicht, Euch als mein Freund zu erklären. Die Kosten, die Mühen, alles übernehme ich. Ihr müßt nur noch akzeptieren. Wie die Gäste, die zum königlichen Hochzeitsschmaus geladen waren.«

»Ja, aber diese Einladung war nicht so offen, wie sie erschien. Gäste, die nicht entsprechend gekleidet waren, wurden abgewiesen und zum Teufel geschickt.«

»Die Weigerung, die entsprechende Kleidung anzulegen, ist

auch eine Beleidigung!« Meine Stimme wurde lauter. »Vor allem, wenn der Gastgeber sie zur Verfügung stellt!«

In diesem Augenblick ging der Mond auf, eine große bleiche Scheibe. Seine Strahlen tauchten die Beobachtungsplattform in fahles Silber.

»Unser Gast«, bemerkte More. »Oder ist er der Gastgeber? Es ist oft nicht leicht, das mit Sicherheit zu sagen.«

Mit leichter Hand hatte er meine unerbittliche Warnung in einen Scherz verwandelt. Am liebsten hätte ich ihn geschüttelt, noch lauter gebrüllt. Doch er, der er die Worte toter Gelehrter und Heiliger gehört und beherzigt hatte – was konnte ein Lebender mehr tun, um seine Aufmerksamkeit zu erregen?

»›Wer nicht für mich ist, der ist gegen mich‹«, stellte ich schließlich fest. »So wird das Gesetz es deuten.«

»Ich habe verstanden, Euer Gnaden«, antwortete More. Aber hatte er wirklich verstanden?

Wir beobachteten, wie die Eklipse begann. Ein mächtiger dunkler Schatten kroch über das fleckige Antlitz des Mondes, der mittlerweile höher, einsamer am Himmel stand. Zwei Linsen, hintereinandergesteckt, ließen uns erkennen, wie dunkel und unregelmäßig die Züge des Mannes im Mond waren.

»Was glaubt Ihr, woraus sind sie geformt?« fragte More sich laut. »Aus Asche? Oder aus einer Substanz, die wir auf der Erde nicht haben? Könnten sie flüssig sein? Nein, dann würden sie schimmern, und wir würden es funkeln sehen. Ist es vielleicht so etwas wie Teer?« Er klang wie ein aufgeregter kleiner Junge.

Was immer es war, es verschwand, und Dunkelheit legte sich darüber.

»Ob es dort etwas Lebendiges gibt?« Ich dachte an Geschichten von Mondwesen und an die alten heidnischen Göttinnen und an Artemis und Diana. Es war, als sei der Mond ein denkendes Wesen, ganz verwoben in unser Leben.

»Darum hat Gott sich bekümmert.«

Gott. Stets ein so fester Grund für More.

»Aye. Wenngleich wir niemals wissen werden, in welcher Weise.«

»Die Geschöpfe, mit denen er die Erde bevölkert hat, sind wunderlich genug«, meinte More. »Drei Menschenleben reichen nicht, sie zu studieren.«

Sollte ich noch etwas sagen? Ich war hergekommen, More zu warnen, ihm zu raten. Ich hatte es versucht und war zurückgewiesen worden. Wie oft mußte ich ihn warnen? Hatte ich meiner Pflicht jetzt Genüge getan? Durfte ich in Frieden die Mondfinsternis genießen?

»Thomas«, sagte ich. »Die Angelegenheit, die mich heute abend hergeführt hat, ist ernst. Todernst. Ich möchte, daß Ihr das wißt. Wenn Ihr Fragen habt... «

»Dann werde ich sie stellen, Euer Gnaden. Des könnt Ihr gewiß sein.«

»Dann stellt sie!«

Die bedrohte Mondscheibe blieb sich selbst überlassen, als wir einander anstarrten.

»Ich habe keine Fragen. Ich kenne die Antworten. Und wenn man die Antworten – so mißliebig sie auch sein mögen – erst kennt, gibt es keine Fragen mehr zu stellen.«

»Aber kennt Ihr die Antworten?«

»Ja, Euer Gnaden. Ich kannte sie, bevor Ihr herkamt. Aber ich danke Euch, daß Ihr gekommen seid.«

»Solange Ihr nur verstanden habt.«

»Ich habe verstanden«, beharrte er. »Ich habe verstanden.«

Als die Mondfinsternis vorüber war, begaben wir uns langsam den Hang hinunter zu seinem Haus, das jetzt im Dunkeln lag. Seitab zur Rechten sah ich ein kleines Gebäude, und aus gewisser Höflichkeit fragte ich ihn, was es damit auf sich habe.

»Ich nenne es das ›neue Haus‹«, erklärte er.

»Aber wozu dient es?«

»Für all das, wozu im ›alten Haus‹ kein Platz war«, antwortete er.

»Für private Dinge?« Ich verstand – oder glaubte zu verstehen.

»Ja.« Jetzt blieb er stehen und formte seine Worte mit Sorgfalt. »Für private Dinge.«

Ich sollte in einer Kammer im ersten Stock auf der Rückseite des Hauses schlafen. Das Bett war mit einer Federmatratze ausgestattet und mit Fellen belegt worden. Ich gestehe, daß ich benommen und zum Schlafen bereit war, als ich dort angekommen war. Ich hätte jetzt auf einem steinernen Altar geschlafen.

»Ich danke Euch, Thomas«, murmelte ich. Kaum hatte die Tür sich geschlossen, taumelte ich zum Bett und ließ mich fallen, ohne mich auch nur meiner Kleider zu entledigen. Ich streckte mich der Länge nach aus und fiel in tiefen Schlaf. Zwar hatte ich vorgehabt, über Thomas und seine offenkundige Mißachtung meiner Warnung nachzudenken, aber ich dachte an nichts mehr.

Irgendwann, mitten in der Nacht, wachte ich auf; ich war so hellwach, als hätte ich vierzehn Tage lang geschlummert. Die kleine Kerze auf der anderen Seite des Zimmers flackerte und tanzte. Sie war halb heruntergebrannt, seit ich mich zu Bett gelegt hatte. War das Stunden her? Augenblicke? Ich hatte kein Zeitgefühl.

Ich wußte nur, daß ich nicht mehr schlafen konnte. Eine wunderliche Art von Energie durchströmte mich, und ich wußte, ich mußte aufstehen. So schwang ich die Füße über die Bettkante und tastete nach meinen Schuhen. Da lagen sie, kalt und hart, der linke vom rechten bedeckt: so schläfrig war ich gewesen, als ich mich zurückgezogen hatte.

Ich tappte durch die Kammer, um die Kerze zu holen, damit ich mir einen Ort zum Beten suchen könnte. Denn ich wußte, das war es, was ich tun mußte: beten. Ich hatte seit Tagen nicht mehr gebetet. Meine Seele schmachtete danach. Ich ergriff die Kerze, hielt sie in die Höhe. Natürlich gab es einen Andachtswinkel, ausgestattet mit Kniebank und Heiligenbildern: das einzige, was in Thomas Mores Zimmern niemals fehlte.

Aber als ich hinüberging, sah ich draußen vor dem Fenster ein dunkelgelbes Licht. Es leuchtete irgendwo auf dem Grundstück. War es der Koch, der das Feuer für den Tag entfachte? Aber dazu schien es noch zu früh zu sein. Dann fiel mir ein, daß More ja auch den größten Teil seiner Dienerschaft entlassen hatte.

Das Licht brannte im »neuen Haus«. Ob es Diebe waren? More hatte sich geweigert, mir zu verraten, welchem Zweck das neue Haus diente. Hatte er dort seine Juwelen versteckt? Vielleicht hatte er doch noch mehr übrigbehalten, als er zugab.

Wie auch immer – es waren Diebe dort. Ich würde More nicht wecken, sondern sie selbst bei ihrem Werk stören.

Ich kleidete mich vollends an und warf den Mantel über. Dann schlich ich die dunkle Treppe hinunter und bewegte mich auf die große Tür zu, die (wie ich mich erinnerte) aus der Großen Halle ins Freie führte.

Der arme More. Er besaß so wenig, hatte so viel aufgegeben, und doch versuchten sie, ihn zu bestehlen. Wenn jemand Verbindung zum Hofe hatte, und mochte sie noch so fern sein, vermutete man stets verborgene Reichtümer bei ihm.

Ich hatte das Gebäude erreicht. Ich drückte gegen die Tür und stellte zu meiner Erleichterung fest, daß sie sich mühelos öffnen ließ. Ich trat ein und schloß sie.

So. Offenbar war ich jetzt in Reichweite der Räuber. Der Gedanke, ich könnte ihnen gegenübertreten und sie verscheuchen, erleichterte irgendwie mein Gewissen. Ich hatte More in diese ärmliche Lage gebracht (oder hatte er es selbst getan?), aber ich konnte nun eigenhändig verhindern, daß er noch weiter in Not geriet. So war das eine gewissermaßen Wiedergutmachung und Buße für das andere.

In dem Häuschen war es eiskalt – kälter als draußen. Das verblüffte mich; ich mußte meinen Mantel fester um die Schultern ziehen, während ich mich vorantastete. Ich konnte nicht feststellen, woher der Schimmer gekommen war, denn drinnen schien alles dunkel zu sein. Vielleicht hatten die Diebe ihr Licht gelöscht.

Ich schob mich durch eine Tür; sorgfältig achtete ich darauf, daß sie nicht in den Angeln quietschte. Jetzt sah ich Licht, mattes Licht. Es schien hinter einer Ecke hervor.

Ich drückte mich flach an die Wand und spähte um die Ecke.

Ich erwartete, Räuber zu sehen, die ihre Säcke mit Mores kärglicher Habe füllten. Lachend würden sie alles hineinstopfen, es entweihen, und wahrscheinlich gaben sie das Geld in Gedanken schon aus.

Aber da war kein Einbrecher. Da war nur More. Nackt bis zur Hüfte kniete er auf einer Strohmatratze.

Auf seiner Schulter lag eine Peitsche. Aber keine gewöhnliche Peitsche. Ich erkannte die Geißel; man nannte sie »Disziplin«: Ein kleiner Metallring, an dem fünf Ketten angebracht waren, deren jede in einem Widerhaken endete. Ich sah, wie er sich selbst damit schlug, langsam und rhythmisch, und dabei murmelte er die ganze Zeit: »Es ist für Dich, o Herr, für Dich. Lösche aus mein Denken und Erinnern. Für Dich, Herr, für Dich.«

Er wiegte sich auf den Knien vor und zurück, geißelte sich und betete.

Sein ganzer Oberkörper war zerschnitten und blutig. Striemen bedeckten seinen Rücken. Aber sie zogen sich durch Fleisch, das ohnedies gereizt und entzündet war. Gelbe Pusteln blühten wie böse kleine Blumen überall auf Brust und Rücken, und die ganze Haut war leuchtend rot. An seinem Oberkörper fand sich keine Stelle, wo die Haut nicht gezeichnet gewesen wäre.

»Verzeih mir, Herr, daß mein Leiden nicht an Deines heranreicht«, sang er. »Ich will es steigern, um Dir zu gefallen.« Wieder hob er die »Disziplin« und kasteite sich damit. Jeder fünffache Schlag ließ ihn aufstöhnen, und doch hielt er nicht inne. Blut quoll aus den frisch klaffenden Schnitten, rann zu seinen Hüften hinunter und tröpfelte auf den Boden.

»Nicht annähernd kann ich empfinden, was Du gelitten, o Herr«, murmelte er. »Was ich hier tue, ist noch ein Vergnügen.« Und er peitschte sich, bis seine Schultern ganz und gar aufgeplatzt und roh waren. »Es ist nicht genug!« rief er und warf sich flach auf den Boden. »Ich kann es nicht bis zum Ende. Gib mir nur Kraft.«

Es stand kein Kruzifix vor ihm, doch er schien eines zu sehen.

Seine Hand – sie zuckte jetzt, gehorchte aber noch immer seinem Willen – umklammerte von neuem die »Disziplin«. Er hielt sie mit ausgestrecktem Arm und schlug sich dann damit ins Gesicht.

»Wie Du willst, Herr, wie Du willst.«

Blut lief ihm übers Gesicht und auf die Schultern, wo es zu einem obszönen Muster verrann.

»Ich will Dir noch mehr geben«, murmelte er wie in Trance. Wieder traf die Peitsche ihn mit voller Wucht ins Gesicht. Ich fürchtete um seine Augen. »Mehr, o Jesus!« Es klatschte noch einmal. Das Blut strömte jetzt wie ein Frühlingsquell an seinem Halse herunter.

Plötzlich warf er sich vor seiner Vision neuerlich zu Boden. »Genug? Aber, o Herr, ich würde noch so viel mehr tun... Dir so viel mehr geben!«

Lange Zeit lag er regungslos da; dann richtete er sich mühsam auf den Knien auf.

»Dein Wille geschehe, o Herr«, sagte er und kroch zu einem dunklen Hemd, das dort auf dem Boden lag. Er begann, es anzuziehen, und dabei schrie er vor Schmerzen.

»Dein Wille geschehe, o Herr!«

Er zog das Hemd herab. Es endete an seiner Hüfte und hatte keine Ärmel. Ein härenes Hemd. Jetzt wußte ich, woher die gräßliche, gepeinigte Röte seiner zarten Haut gekommen war und was die Pusteln und Entzündungen hervorgerufen hatte. Die Spitzen von Roßhaaren – zusammengebunden, damit sie besonders hart und stachlig waren – bohrten sich innerhalb weniger Stunden in die Haut. Härene Hemden wurden eigens dazu gewoben und hergestellt, das Fleisch dessen, der sie trug, zu peinigen.

Trug man ein solches Hemd über frischen Geißelstriemen und Schnitten – welche Qualen mußte man da leiden? Offenbar zu wenig für More und seinen folternden Gott.

Jetzt zog er ein Leinenhemd über das Haarkleid. Trug er dieses härene Wams etwa immer? Jeden Tag? Seit wann schon? Die Antworten auf diese Fragen würde ich nie erfahren. More würde es niemals erzählen, und ich könnte niemals danach fragen.

Aber ich kannte die Antwort auf meine eigene quälende Frage. More würde die volle Strafe des Gesetzes anstreben – als weitere Züchtigung. Und ich würde zwangsläufig derjenige sein müssen, der sie ihm verabreichte.

In diesem Augenblick haßte ich ihn – ich haßte ihn, weil er mich zu seiner Geißel machte. Das also war ich die ganze Zeit gewesen: seine Geißel, seine Verlockung, seine Prüfung. Ich war kein Mensch für ihn, sondern eine abstrakte Versuchung, die Verkörperung einer seiner verfluchten platonischen Ideen. Er hatte überhaupt nie mich gesehen, sondern immer nur das Symbol, das er mir zuzuschreiben beliebt hatte.

Ich verachtete ihn. Er war ein blinder Narr, der lebende Wesen nahm und sie nach dem Bilde seiner abstrakten Ehre umgestaltete.

Lebwohl, More, sagte ich im stillen. Mögest du die »Disziplin« genießen, die du dir erwählt hast. Und bedenke stets, es ist deine Disziplin, nicht meine. Denn ich will meine Augen verhüllen und dich behalten, will mir einbilden, daß du warst, wie ich dich in meiner Vorstellung geformt...

Ehe er mich entdecken konnte, war ich zur Tür hinaus und in der Kälte. Gleich darauf hatte ich meine Kammer erreicht. Als ich wieder erwachte, war es heller Vormittag, und die Sonne schien heiter.

»Guten Morgen, Euer Gnaden«, sagte More beim Frühstück. »Ich hoffe, Ihr habt gut geschlafen.«

»Wahrlich«, antwortete ich. »Ebensogut wie Ihr.«

»Dann habt Ihr die Nacht friedlich verbracht«, sagte er. »Denn nie habe ich süßer geschlummert.«

Sein Lächeln kam aus weiter Ferne.

»Möget Ihr noch oft so schlummern«, erwiderte ich.

LX

Es war der Abend vor dem ersten Mai, und ich weilte zu Oxford. Ich war hergekommen, um Wolseys »Cardinal's College« zu inspizieren; nach seinem Tode war es natürlich vernachlässigt worden. Ich überlegte nun, ob ich es erretten und unter königliche Schirmherrschaft stellen oder ob ich es weiter dahinsiechen lassen sollte. Der große Innenhof, umgeben von wunderschönen, erst halb vollendeten Bogengängen, war inzwischen von vier Wintern verwüstet worden. Man würde ihn bald wiederherstellen und vollenden müssen, oder er wäre endgültig verloren.

Aber königliche Colleges kosteten viel Geld. Meine Großmutter Margaret Beaufort hatte zwei gegründet, in Oxfords junger Rivalin Cambridge. Zu Ehren meiner Regentschaft und zur Mehrung der höheren Bildung sollte ich eigentlich auch eines gründen und fördern, das wußte ich wohl. Aber das Geld! Oh, das Geld!

Jetzt hatte ich den Tag mit den gelehrten Dekanen verbracht und mir all die Gründe angehört, weshalb ich die Verantwortung für Wolseys verlorenes College übernehmen sollte. Bischof Fisher, Katharinas hitziger Bundesgenosse, hatte einen Lehrstuhl für Theologie an der Universität; er begehrte, mit mir zu sprechen und mich zu überreden. Ich weigerte mich, ihn anzuhören. Unter den gegebenen Umständen wollte ich mit dem Manne nicht reden. Oxford würde für seinen Lehrstuhl bald einen neuen Theologen benötigen! War ihm das klar?

In dem kleinen Ruheraum in den Gemächern, die ich bei diesem Besuch bewohnte – mit den besten Empfehlungen von Wolsey, denn hier hatte er seine Wohnung gehabt –, saß ich nun mit Cromwell. Ich hatte meine Gründe gehabt, ihn mitzunehmen – Gründe, die er bald genug kennenlernen würde.

Etliche ungewöhnliche Sofas standen hier und dort im Zimmer, mit üppigen Stoffen bezogen, mit Kissen überhäuft. Die Fußböden bildeten einen Kontrast dazu; es waren alte, abgetretene Steinböden, grau und kalt. Die Bogenfenster waren hoch und mit Maßwerk ausgefüllt. Das Ganze wirkte wie eine Pfarrkirche, möbliert mit den Diwanen eines Kalifen.

Ich streckte mich auf einem der Sofas aus. Aber wie ruhte man hier in majestätischer Haltung? Mich halb liegend zu präsentieren kam mir recht liederlich vor. Wie auch immer, den Staatsgeschäften war es ohnehin nicht förderlich. Also setzte ich mich aufrecht hin.

Cromwell betrachtete den leeren Tisch zwischen uns. »Eine Schande.« Er schüttelte den Kopf. »Bei Wolsey hätten sich hier die Köstlichkeiten getürmt. Fisher schickt gar nichts.«

»Abgesehen vielleicht von einer Botschaft. Dieser leere Tisch kündet von seiner asketischen Einstellung.« Das häßliche, geschrubbte Holz mit seinen traurigen Narben schaute mich verachtungsvoll an. »Wir hätten seine Gaben sowieso unter keinen Umständen angenommen. Wir wollen nur eines von ihm. Und das verweigert er uns.«

Den Eid.

Kurz nach meinem Besuch bei More hatte man begonnen, den Eid einzufordern. Die Kommissare waren in Städte und Gildenhäuser gezogen, auf die Märkte und in die Klöster. Männer und Frauen hatten bereitwillig unterschrieben, hatten rasch den Eid geleistet, nachdem sie von den Feldern gekommen und bevor sie in die Stadt gegangen waren. Die beliebteste Zeit dafür war der Vormittag gewesen; da hatten sie zusammenkommen und ein Schwätzchen halten können, während sie bei einem Becher Ale warteten, daß sie an die Reihe kämen.

Bis jetzt hatten sich nur sehr wenige geweigert.

Thomas More.

Bischof Fisher.

Und ein paar einsame Klöster.

Alles zusammen genommen nur ein paar Dutzend Leute. Ein paar Dutzend – unter drei Millionen!

Katharina und Maria hatte man den Eid noch nicht vorgelegt. Zweifellos würden sie sich ebenfalls weigern. Katharina hatte mir einen Brief nach dem anderen geschickt, mich abwechselnd ermahnt und nach meiner Liebe geweint. Die Briefe betrübten mich und überhäuften mich mit Schuldgefühlen. Würde sie denn niemals Ruhe geben?

Der Papst hatte ihr Flehen endlich vernommen und erhört. Endlich hatte er sich aus irgendeiner Art von urzeitlichem Schlummer aufgerafft und das Urteil im Falle der Ehe zwischen Heinrich VIII. von England und der Prinzeß-Witwe, der Hinterbliebenen seines verstorbenen Bruders Arthur, gesprochen: Der Dispens war rechtens, die Ehe gültig, und wir sollten unverzüglich zueinander zurückkehren. Im Falle des Ungehorsams würde... so furchtbare Dinge würde er dann tun... es würde uns noch leid tun...!

Der Tobsuchtsanfall eines widerspenstigen Kindes.

Ein dummer Tor, dieser Klemens. Hätte er sein Urteil gleich gesprochen, als Wolsey ihn das erstemal gebeten... wäre es dann etwas anderes gewesen?

»Klemens sagt, er will Bischof Fisher zum Kardinal ernennen«, berichtete Cromwell leise.

»Was – nachdem er sich mir verweigert hat?« fragte ich. »Dann schicke ich seinen Kopf nach Rom, auf daß er dort den Kardinalshut in Empfang nehme!«

»Die Hinrichtungen werden beginnen?«

»Sie müssen.« Aber ich würde Sinnesänderungen in letzter Stunde akzeptieren. Ehrlich gesagt, ich betete um sie.

»Wann?«

»Wenn die Betreffenden angemessen Gelegenheit bekommen haben, sich den Kopf zu klären und zur Besinnung zu kommen. Im Tower natürlich.« Und zwar nicht in dem neulich hübsch hergerichteten Teil.

»Wie viele Monate werdet Ihr ihnen gewähren?«

Weshalb fragte er so präzise, so drängend?

»Ein Jahr und einen Tag. Dann kann ich mir nie vorwerfen, ich hätte übereilt gehandelt.«

»Im Gegenteil, Ihr zeigt Euch überaus milde. Nicht leicht zu erzürnen, just wie der Allmächtige. Die Prinzeß-Witwe hingegen –

sie stellt die Geduld eines Mannes auf eine harte Probe. Zu Buckden baumelt sie als Köder der Rebellion. Und Chapuys ist es, der den Köder baumeln läßt.«

»Sie erhält zum letztenmal die Gelegenheit, sich zu fügen. Ich habe Brandon mit einer Delegation von Kommissaren zu ihr geschickt, um ihr den Eid abzunehmen. Weigert sie sich, geht sie in den Kerker und begibt sich aller ihrer Rechte.« Ein angemessen unangenehmer Auftrag für Brandon, hatte ich mir gedacht.

Cromwell schaute mich fragend an.

»Ihr braucht nicht an mir zu zweifeln«, erklärte ich. »Ich werde nicht nachgeben.« Alle, so schien es, zählten darauf, daß ich letzten Endes klein beigeben würde. Aber das war ein Irrtum. Vor allem für diejenigen, die ihr Leben auf diese Hoffnung setzten.

More, das wußte ich, zählte darauf, daß ich nicht klein beigab. Denn dann wäre ich nicht die unübertreffliche Geißel, nach der er so gierig lechzte.

»Es wird also bis zum nächsten Sommer dauern, bis alles... bereinigt ist?«

»Könnt Ihr es ertragen, so lange zu warten?« Crum brannte darauf, daß ich meine Macht zeigte.

»Die Frage ist, könnt Ihr es, Eure Majestät?«

»Ich würde es vorziehen, daß sie bereuen, jawohl! Also gebe ich ihnen reichlich Gelegenheit dazu. Und Muße, die Gefahr zu bedenken, in der sie schweben.«

»An den neunundneunzig liegt Euch nichts... Ah, Ihr nehmt Euren Titel ›Oberstes Haupt der Kirche von England‹ sehr ernst.«

»Macht Euch nicht lustig über mich.« Natürlich nahm ich ihn ernst. »Cromwell«, sagte ich, mich anderen Dingen zuwendend, »es wird niemals einen neuen Wolsey geben. Aber es ist gewiß an der Zeit, daß ich Eure Stellung anerkenne, indem ich Euch einen Titel gebe, der Eure Funktion in gewisser Weise beschreibt. Ich habe daher beschlossen, Euch zum Obersten Minister zu ernennen. Ihr wißt, was das bedeutet.«

»Nein, das weiß ich nicht.«

»Dann macht daraus, was Ihr wollt.« Es würde interessant sein, zu beobachten, wie er das Etikett tragen, was für ein Gewand er sich daraus schneidern würde.

Mein Schlummer auf der harten Strohmatratze in Wolseys ehemaligem Schlafgemach in dieser Nacht war leicht und unruhig. Deshalb wußte ich nicht, ob ich geschlafen oder gewacht hatte, als ich im kalten blauen Morgengrauen Stimmen vernahm. Eine leise Melodie drang an mein Ohr, so leise, daß sie mir fast wie eine Traumphantasie erschien, leicht und klar schwebend, himmlisch... Engel? Ich gab mich ihnen hin, fühlte, wie ich emporgetragen ward, schwerelos, mit ausgestreckten Armen. Das also war der Tod... der Übergang in die Obhut Gottes...

Als ich erwachte, war es hellichter Tag. Ich wußte, ich gehörte noch nicht auf die Erde, und ich zögerte, zurückzukommen, Schuhe anzuziehen, mir die Haare zu kämmen, andere Menschen zu sehen.

Als ich in den Speiseraum hinaustrat, gellte mir ein großer Tumult in den Ohren. Ich schaute zum Fenster hinaus und sah eine Schar Studenten unten auf der Straße; sie trugen Kostüme und schwenkten Maizweige.

Der erste Mai. Es war Mai.

Langsam den Kopf schüttelnd, wandte ich mich um und sah einen jungen Studenten, der mir den Tisch deckte. Er trug einen fremdländisch gehörnten Helm auf dem Kopf und war über und über mit bunten, wehenden Bändern behangen.

»Einen gesegneten Mai, Eure Majestät!« rief er.

»Danke. Das hatte ich vergessen.«

»Dann habt Ihr das Singen nicht gehört?«

Aye. Ich hatte das Singen gehört. »Was für ein Singen?«

»Die Hymne an den Mai. Ein Chor singt sie jedes Jahr im Morgengrauen des ersten Mai vom Turm des Magdalen College herab.«

Dann waren es also doch menschliche Stimmen gewesen. »Das hatte man mir nicht gesagt.«

»Das tut mir von Herzen leid, Euer Gnaden.« Er schien es ehrlich zu meinen.

»Diese Kostüme«, sagte ich. »Tragt Ihr die den ganzen Tag?«

»O ja! Obgleich sie immer naßgeregnet werden; zumindest frieren wir doch darin. Aber das gehört alles dazu. Die Legende sagt, der Teufel halte seinen Teil der Abmachung immer noch ein. Der Teufel ist ein zuverlässiger Bursche.«

Ja, das war er. »Inwiefern?«

»Nun, wir hier in Oxfordshire ziehen eigentlich unseren Apfelwein jedem Biere vor. Aber es war einst ein einheimischer Bierbrauer, der verkaufte dem Teufel seine Seele, und der Teufel versprach dafür, um den ersten Mai herum stets ein wenig schlechtes Wetter zu schicken, um die Apfelblüte zu verderben. Und so ist der erste Mai immer ein kalter, nasser Tag.«

»Immer?«

»Der Teufel hält, was er verspricht.«

»Der Teufel ist ein Gentleman.«

»In der Tat, Euer Gnaden! Genauso muß man es sagen!«

LXI

Gleich nach Michaelis, als die Bankette hinter uns lagen und die Reste der Gänsekarkassen fortgeräumt waren, wurde mein Sohn vermählt.

Heinrich Fitzroy war jetzt fünfzehn und hatte sich in die zwei Jahre jüngere Schwester seines Gefährten Henry verliebt, in Mary Howard.

Der Versuch, ihm zu sagen, er solle warten, bis diese Anwandlung vorüber sei, hätte nichts genutzt. Nicht, weil sie nicht vorübergegangen wäre (was sie aber ohne Zweifel eines Tages getan hätte), sondern weil ich, wäre erst die Zeit zum Heiraten für ihn gekommen, niemals eine Braut gefunden hätte, die sich besser geeignet hätte als diese Tochter aus dem Hause Howard. So gab ich der Hochzeit meinen Segen und veranlaßte, daß die Trauung in der St.-Georgs-Kapelle in Windsor stattfinden sollte.

Es sollte keine Staatsaffäre werden, wenngleich Fitzroys Titel ihm unter den Peers von England einen achtunggebietenden Rang verliehen: Er war Herzog von Somerset, Lord Aufseher der Grenzmarken, Lord Statthalter von Irland und Lord Hochadmiral von England, Wales und Irland, der Normandie, der Gascogne und Aquitanien. Es sollte einfach deshalb keine Staatsaffäre werden, weil dergleichen ausgerechnet zu der Zeit, da allenthalben der Eid zur Thronfolge geleistet wurde, ungebührlich viel Aufmerksamkeit auf einen weiteren Thronfolgeberechtigten gelenkt hätte. Die Angelegenheit war schon hitzig genug, wenn die Loyalität des Volkes nur zwischen den beiden Mädchen, Maria und Elisabeth, hin- und hergerissen wurde. Da wäre es politisch nicht klug gewesen, auch noch alle Welt an den hübschen, heiratsfähigen Königssohn zu erinnern.

Und er war hübsch. Ich war stolz auf ihn, stolz auf seine Familienähnlichkeit mit den Tudors, stolz auf seine Empfindsamkeit und seine königliche Haltung.

Ein weiterer Grund war der, daß Anne nicht gern an meinen lebenden Sohn erinnert wurde, weil sie es nicht vermocht hatte, mir selbst einen zu schenken. Daß Bessie es getan hatte, empfand sie immer wieder von neuem als Beleidigung.

Ich stand ratlos vor der Frage, weshalb Anne es nicht vermocht hatte. Daran, daß wir nicht oft genug miteinander geschlafen hatten, konnte es nicht liegen, und ebenso wenig an mangelndem Vergnügen im Bett. Seit meiner Rückkehr von der »Pilgerfahrt« hatte das alte Leiden sich nicht mehr spürbar gemacht. Manchmal sprachen unsere Körper sogar, wenn wir mit Worten die Kluft zwischen uns nicht zu überbrücken wußten – mit »Kluft« meine ich die Lücke, die ein Individuum vom anderen trennt. Nichtsdestoweniger waren wir ohne Sohn. Die Prinzessin Elisabeth war jetzt ein Jahr alt; sie blühte in Hatfield House, bedient von ihrer Schwester Maria, die noch immer darauf beharrte, Anne als »Madam Pembroke« zu bezeichnen. Sie war genauso halsstarrig wie Katharina...

Katharina. Während ich meine Ringe aus der achteckigen, intarsienverzierten spanischen Schatulle nahm, dachte ich an sie. Sie hatte den Eid verweigert, wie ich es erwartet hatte. Aber sie tat es, indem sie sich in ihren Gemächern zu Buckden verbarrikadierte und sich weigerte, Brandon vorzulassen oder mit ihm und seinen Kommissaren zu sprechen. In ihrer Halle wartete er zwei Tage darauf, daß sie auftauche, so daß er sie ergreifen und zu einer Antwort zwingen könnte.

Als er sich vergewissert hatte, daß sie auch einen Koch, Vorräte und ihren Beichtvater bei sich eingeschlossen hatte, wußte er, daß sie in den nächsten sechs Monaten nicht mehr hervorkommen würde, daß sie sich vielleicht sogar in ihrem Gefängnis zu Tode hungern und sich dafür als Märtyrerin bezeichnen würde. Dann würde ihr Beichtvater ihr die Letzte Ölung spenden und ihre Seele geradenwegs in den Himmel schicken. Angewidert zog er ab, nicht ohne zuvor die restlichen Bediensteten zu entlassen und die Möbel fortschaffen zu lassen. Schon dafür schmähten und bedrohten ihn die Leute in der Stadt. Ein häßlicher Pöbel umringte das Haus, und sie bedrohten meine Kommissare, indem sie ihre Mistforken und Hacken schwenkten.

Nun war es genug. Anne brauchte mich nicht weiter zu bedrängen, diesem kindischen, bockigen und ärgerlichen Benehmen ein Ende zu machen. Brandon konnte nichts weiter tun, aber ich war der König. Ich befahl, sie unverzüglich in das düstere, befestigte Schloß Kimbolton zu bringen und dort unter Hausarrest zu stellen. Von nun an würden zwei »Wärter« auf sie achtgeben, Sir Edmund Bedingfield und Sir Edward Chamberlayn, die mir beide treu ergeben waren. Sie würde völlig isoliert leben und weder Besuch empfangen noch Korrespondenz führen dürfen. Jetzt war sie politisch tot.

Aber auch jetzt fand sie noch einen Weg, sich trotzig zu gebärden. Sie lehnte es ab, mit irgend jemandem zu sprechen, der sie nicht als »Königin« anredete. Da dies nur noch fünfzehn Personen taten – ihr Beichtvater, ihr Leibarzt, ihr Apotheker, ihr »Haushofmeister«, zwei Kammerdiener, drei Zofen und sechs Hausbedienstete –, sperrte sie sich mit ihnen ein und weigerte sich, einen Fuß über ihre Schwelle in die »vergifteten« Bezirke von Schloß Kimbolton zu setzen, wo ihre Wärter und das restliche Personal lebten. Sie aß auch nichts, was in deren Küche zubereitet worden war, sondern richtete sich einen eigenen kleinen Herd ein, auf dem sie sich ihre kläglichen Mahlzeiten selber kochte.

Ganz allein in höchster Isolation, verschloß sie die Augen vor den Dingen, wie sie wirklich waren, als könnte sie andere durch schiere Willensanstrengung beeinflussen. Der Glaube kann Berge versetzen, heißt es in der Schrift. Sie hielt mich für den Berg, den ihr Glaube versetzen könnte.

Aber es wurde spät. Ich mußte mich sputen. Welche Ringe sollte ich heute tragen? Da war der mit dem ovalen Rubin, den ich in Frankreich erworben hatte, als ich das erstemal dort gewesen war. Der Lapislazuli, in arabisches Filigran gefaßt, ein Geschenk von Suleiman anläßlich meiner Hochzeit mit Anne (zum Zeichen der Absage an Katharina und zugleich als Beleidigung gegen Suleimans Feind, Kaiser Karl: *Meines Feindes Feind ist mein Freund*). Der viereckig geschnittene Smaragd, den Wolsey mir geschenkt hatte, um seinen Kardinalshut zu »feiern«. Ich trug niemals weniger als vier Ringe. Also erwählte ich nun den vierten, einen Granatring, den ich schon als Kind besessen hatte. Er paßte jetzt kaum noch über den Knöchel meines kleinen Fingers.

Der Diener klappte den Kasten zu, und noch einmal blitzte das spanisch-maurische Muster vor meinen Augen: Dreieckige Elfenbeinzähne bissen sich in ein Ebenholzfeld, wieder und wieder bis zur sorgsam umschlossenen, in Rot und Grün geometrisch erblühenden Mitte. Üppig und abstrakt, verhalten und doch sinnlich... das Morgenland. Katharina in einer Kammer in einer Suite in den Gemächern in ihrem königlichen Gefängnis...

Ich würde meine Ringe in den geschnitzten Elfenbeinkasten legen, den mir der neue französische Gesandte Castillon als Antrittsgabe überreicht hatte. Schluß mit den spanischen Erinnerungen.

Anne zeigte sich erfreut darüber, daß das Haus ihrer Mutter (die Howards) ein zweitesmal mit dem meinen verbunden werden sollte. Sie plante das Hochzeitsbankett zu Windsor und übernahm es sogar, das Hochzeitsgeschenk auszuwählen: ein Wanderfalkenpärchen, und dazu einen tüchtigen Abrichter.

»Ich liebe es, Hochzeitsfeiern zu planen«, erklärte sie. »Zumal da ich ja meine eigene nicht planen konnte.«

Nach so langer Zeit beklagte sie immer noch, daß sie keine richtige Hochzeit und kein Fest bekommen habe, wenngleich sie damals behauptet hatte, daß es ihr darauf nicht ankomme. Weshalb nur legen Weiber soviel Gewicht auf solche Dinge, als sei eine Ehe durch nichts anderes zu bestätigen und zu besiegeln?

Die Hochzeit fand Mitte Oktober statt; der Tag war so klar und liebreizend wie die Kinder, die hier heirateten. Rein und hell und sauber leuchteten die Farben des Himmels und der herbstlichen Bäume und der erntereifen Felder. Golden und Blau waren Erde und Himmel, golden und blau das Haar und die Augen der beiden.

Es gibt mancherlei Alter zum Heiraten, und ich weiß nicht, welches das beste ist und welches das meiste Glück bringt. Aber ich weiß, daß die jugendliche Liebe, die erste, die frühe Liebe, für andere den schönsten Anblick bietet.

Das Bankett, das nach der Trauung in der Großen Halle der königlichen Gemächer gegenüber der Kapelle gehalten werden sollte, war schon bereitet und erwartete uns, derweil wir noch draußen verweilten und im zitronenkühlen Oktoberlicht plauderten. Ich umarmte Fitzroy und seine neue Herzogin, und ich spürte ihre schlanken Körper, jung und elastisch unter den formellen Samtgewändern.

»Mögt ihr Freude ineinander finden«, wünschte ich ihnen, »und ein Leben in Wohlstand und Zufriedenheit führen.« Zweimal die perfekte Bühne für ein Leben – was konnte man ihnen mehr geben?

»Ich danke Euch, Vater«, sagte Heinrich. Er hatte eine feine, melodische Stimme, und ich hörte unbestimmt das Echo einer anderen, ebensolchen.

»Ich will Euch ehren, Eure Majestät, als meinen Vater und meinen Souverän«, gelobte die Braut. Sie klang älter als er; wieso ist das bei Frauen so oft der Fall? Sie war ein unauffälliges Ding; gleichwohl aber hatte sie bei Jung Heinrich offenbar Lust und Liebe entfacht.

»Das Bankett wartet!« Anne stand in der Tür und winkte uns heran. Dennoch – es ziemte sich nicht, daß die Königin uns zu Tisch rief wie eine Bauersfrau ihre Ackerknechte.

Die Gäste verließen den warmen Hof und begaben sich gehorsam in die Große Halle. Dort blieben sie verzückt stehen und rissen die Augen auf. Anne hatte die Halle in einen silbernen Feenpalast verwandelt. Diana, die Mondgöttin, hatte hier ihr Netz gesponnen.

Das Bankett war ganz aus Silber – den Mittelpunkt der Tafel bildete ein silbern gefiederter Schwan, der auf einem in Silber gehämmerten Spiegel schwamm. Der Hochzeitskuchen war mit Blattsilber bestreut und wurde mit einem silbernen Messer aufgeschnitten. Alle speisten von silbernen Tellern und tranken aus silbernen Bechern.

Für die Unterhaltung nach dem Mahl hatte sie ebenfalls gesorgt; sie hatte ein ausgefeiltes Tableau arrangiert: Männer, die einem Tempel der jungfräulichen Göttin Diana ihre Aufwartung machten, im französischen Stil. Gegen all das wäre nichts einzuwenden gewesen, hätte sie nicht beliebt, selber die Rolle der Göttin Diana zu spielen.

Sie verschwand vom königlichen Tisch und von der Estrade, um sich das Kostüm anzuziehen. Auf der erhöhten Bühne gruppierten sich Männer des Hofes anbetend um sie: Francis Weston, William Brereton, Francis Bryan. Ihr Bruder George spielte den Apollo, und Mark Smeaton, ihr Lieblingsmusiker, sorgte für die Lautenuntermalung, eigens für diese Gelegenheit komponiert. Diana sprach, umringt von ihrem anbetenden Gefolge, den Segen über die Hochzeit. Ein Gedicht von Thomas Wyatt wurde vorgelesen.

Es war ohne Sinn. Dies war eine Hochzeit, keine Jungfräulichkeitsfeier. Hymen hätte die Hauptrolle spielen müssen, die Göttin der Ehe, nicht die kalte, keusche Mondgöttin. Das Ganze hatte nicht den mindesten Sinn – außer daß es Anne glorifizierte und überdies andeutete, daß sie über einen Hofstaat von mondsüchtigen, zölibatären Jünglingen gebot. Wenn es nicht gleich darauf zu Ende gegangen wäre, hätte ich befohlen, aufzuhören.

Auf dem Rückweg nach York Place schalt ich sie. »Die Königin beteiligt sich nicht an Tableaux«, erklärte ich. »Es hat die Feier entwürdigt.«

»Inwiefern?« Sie richtete sich in der Sänfte auf. »Weil ich am Spiel teilgenommen und mich kostümiert habe? Welch größere Ehre könnte deinem Bastard« – sie ließ vor und nach dem Wort eine Pause eintreten – »-sohn widerfahren?«

»Die Ehre, eine diskrete Stiefmutter zu haben, die sich angemessen benimmt.«

Bessie hätte sich so nicht aufgeführt, dachte ich. Bessie hatte sich als loyale und leidgeprüfte Gemahlin des schwachen Tailboy erwiesen. Ich wußte das, weil Cromwells Spitzel es mir berichtet hatten, und auch, weil ich Bessie kannte. Ich bewunderte sie in so vieler Hinsicht. Sie war nicht vom Norden heruntergekommen, um bei der Hochzeit zugegen zu sein, aber sie hatte einen perlenbesetzten goldenen Kelch mit Deckel als Geschenk überbringen lassen. Bessie schenkte Gold: Keusches Silber war nicht Sache dieser Frau, und sie bestärkte derlei auch nicht bei anderen.

»Du solltest entzückt sein, daß die Männer mich anziehend finden«, versetzte Anne.

»Nicht annähernd so anziehend, wie du dich selber findest«, fauchte ich. »Du bist Königin von England und meine Gemahlin, und nicht Thomas Boleyns Tochter, eine Hofdame, die an Tableaux teilnimmt und Schönlinge um sich schart.«

»Nur weil kein einziger Mann je Katharina den Hof gemacht hat!«

»Deine absurde Rivalität ihr gegenüber ist diesmal keine Ausrede! Katharina war von königlichem Geblüt, und sie wußte, wie eine Königin sich beträgt!«

»Und ich weiß es nicht?« loderte sie, aufgerichtet wie eine Kobra, die sich anschickt, zu beißen.

»Offensichtlich nicht«, antwortete ich.

Dennoch suchte ich in dieser Nacht ihr Bett auf. Ich begehrte sie wie noch selten zuvor. Ich wollte ihr den zarten Silberschleier herunterreißen, in ihre bewachte Kammer eindringen, ihren seltsamen, einsamen, eigenen Erotizismus durchbrechen. Anne, Anne...

LXII

Ich brauchte die Erinnerung an diese silbernen Stunden, als ich der harten, häßlichen Tatsache ins Auge schaute, daß Thomas More die Wintermonate von 1534 auf 1535 im Tower verbracht hatte, zusammen mit Bischof Fisher (der kurz nach ihm eingesperrt worden war). Sie waren in einem »wohnlicheren« Teil des Tower einquartiert, nicht in den Kerkergewölben ganz unten, wo ein rundes Dutzend widerspenstiger Mönche in Finsternis und tiefer Kälte schmachteten, angekettet und hilflos.

Nur drei Mönchsorden hatten sich dem königlichen Supremat widersetzt und den Eid verweigert: die Gehorsamen Franziskaner, eine Gruppe von äußerst frommen, öffentlich »predigenden« Brüdern; die Kartäuser, die besonderes Gewicht auf die individuelle Disziplin und auf das Gebet legten – weniger ein klösterlicher Orden als ein Kollektiv von Einsiedlern (natürlich der Orden, dem More beinahe beigetreten wäre); schließlich der Brigitten-Orden in Syon House.

Die Gehorsamen Brüder lagen mir besonders am Herzen. In ihrer Hauptkirche zu Greenwich war ich das erstemal getraut worden, mit Katharina, und Maria wie Elisabeth waren dort getauft worden. Ich kannte die Mönche als gute und heiligmäßige Männer. Aber der Orden legte großen Wert auf das Predigen, und der Bruder Peto war es gewesen, der mich als »Ahab« bezeichnet hatte.

Die Gehorsamen Brüder waren stimmgewaltig, und ihren Predigten und Erklärungen lauschte man nicht nur in England, sondern auch im Auslande. Ich hatte die Pflicht, sie zum Schweigen zu bringen, und so brachte ich sie zum Schweigen. Im August 1534 gab es sieben Häuser der Gehorsamen Brüder mit insgesamt zweihundert Mönchen. Im Dezember gab es keines mehr. Indem sie sich weigerten, sich dem königlichen Supremat zu unterwerfen, hörten sie auf, als Orden in England zu existieren. Sie wurden in alle Winde zerstreut, ihre Klöster geschlossen. Das war alles.

Mit den Kartäusern war es eine andere Sache. Sie beharrten darauf, den irdischen Agenten Gottes wie denen ihres von Gott ernannten Königs allerlei Steine in den Weg zu legen. Sie kämpften, sie stritten, sie warfen uns auf alle erdenkliche Weise Knüppel zwischen die Beine – ganz wie ihre Heldin Katharina. Wie sehr sie einander glichen! Von ganz ähnlichem Geist durchdrungen.

Beide erlitten auch das gleiche Schicksal: Haft und Isolation.

Der Brigitten-Orden, ein »Doppel«-Orden mit Mönchen und Nonnen, hatte nur ein einziges Haus – in Syon, nicht weit von Richmond. Richard Reynolds, der gelehrte Prior dort, erwies sich als ebenso halsstarrig wie Katharina.

Das übrige Reich hatte den Eid geleistet. Sogar Mores Haushalt hatte geschworen. Meine Kommissare waren mit ihren Listen aus dem Norden zurückgekehrt, und es stand kein Verweigerer darauf.

Mein Aufstand war erfolgreich gewesen. Meine Rebellion gegen den Papst, gegen meine falsche Ehe mit Katharina, war vom Volk angenommen und durch den Eid als Gesetz des Landes anerkannt worden. Das Erstaunliche daran war nicht, daß dies möglich gewesen war, sondern daß es so wenige gewesen waren, die sich widersetzt hatten. Schwarzseher und solche, die uns übelwollten, hatten vorausgesagt, daß die Engländer, der Papst, Franz und Karl einen solchen Affront nicht hinnehmen würden. Aber die Engländer hatten sich gefügt, der Papst hatte noch nicht zum Heiligen Krieg gegen mich aufgerufen, und Franz und Karl waren einem solchen Aufruf noch nicht gefolgt. Vorläufig regierte ich unangefochten, ich ehrte Anne als Königin und zwang die anderen, es ebenfalls zu tun.

Ich betete täglich darum, daß More und Fisher Reue zeigen und den Eid leisten möchten. Sie waren ja nicht unverständig; zweifellos würde der Heilige Geist zu ihnen sprechen und sie überzeugen.

Anne indessen schien auf das genaue Gegenteil zu hoffen. Sie hegte einen ganz besonderen Groll gegen More – was ich nie verstehen konnte, da sie ihn gar nicht kannte. Er jedenfalls hatte es nie versäumt, sie höflich und respektvoll zu behandeln.

»Er hat sich geweigert, an meiner Krönung teilzunehmen«, erklärte sie trotzig, »und diese beleidigende Parabel vom drohenden Verlust seiner Jungfräulichkeit erfunden.« Sie verdrehte die Augen zum Himmel und faltete die Hände zu einem gotischen Spitztürmchen.

Ich lachte. »Er stammt aus einer anderen Zeit«, sagte ich. »Er ist siebenundfünfzig Jahre alt; als er geboren wurde, war mein Großvater König. Er denkt noch in jenen alten Begriffen.«

»Dann freut es mich, daß du über ihn hinausgewachsen bist. Diese Welt ist *passé*.«

»*Passé*. Bei dir muß es stets französisch sein, meine Courtisane!« Ich streckte die Hände aus und wollte sie in die Arme nehmen.

»Aber es ist *passé*«, lachte sie und wich mir aus. »Er hält die Treue zu etwas, das längst gestorben ist. So schön es gewesen sein mag, jetzt ist es tot. Und ich habe es nicht getötet!« Sie wirkte erregt.

Wir befanden uns in ihrem Wintersalon zu Richmond. Zu Katharinas Zeiten war dieser Raum mit biblischen Wandteppichen verhangen und mit Gebetsnischen ausgestattet gewesen. Jetzt waren die Fenster unverhüllt, und man hatte einen prachtvollen Blick auf die zugefrorene Themse.

Menschen tollten auf der Eisfläche umher. Junge Burschen hatten sich Knochen unter die Schuhsohlen geschnallt, glitten darauf umher und trieben allerlei Kurzweil. Etliche hatten Stöcke in den Händen, mit denen sie Steine hin und her schlugen. Sie sahen allesamt schwarz aus, und mit ihren Stöcken und Beinen wirkten sie wie Insekten.

»Ich habe diese Welt nicht getötet!« bekräftigte sie. »Ebenso wenig, wie diese spielenden Knaben den Sommer getötet haben.«

»Aber du tollst darauf herum, und das wird als Entweihung empfunden«, antwortete ich. »Von einigen wenigstens.«

»Von More und seinesgleichen!« Sie wandte sich zu mir um, und ihre schwarzen Augen glitzerten hart. »Du willst doch solche

Schmähredner nicht am Leben lassen? Denn solange sie leben, beleidigen sie mich tagtäglich durch ihre bloße Existenz.«

»Wenn sie sich nicht besinnen, bleiben sie nicht am Leben«, sagte ich. Es war kein Versprechen, sondern eine Tatsache. Eine Tatsache, die ich beklagte und um deren Milderung ich täglich betete, auf daß an ihre Stelle etwas anderes... etwas Dehnbareres trete.

»Gut«, sagte sie. »Ich befürchtete schon, es könnte ihnen eine sanftere Version des Eides angeboten werden.«

In der mitternächtlichen Abgeschiedenheit meines Schlafgemachs hatte ich mir allerdings eine Version des Eides ausgedacht, die nur das Gesetz des Parlaments betraf und den Papst und die Dispensfrage außer acht ließ. Ich hatte erwogen, More und Fisher diesen Eid anzubieten. Aber ich hatte ihn nie zu meiner Zufriedenheit in Worte fassen können. Wie konnte sie davon wissen?

»Es gibt keine Änderungen an diesem Eid«, behauptete ich hartnäckig. Damit schien sie sich zufriedenzugeben – oder nicht?

»Ich weiß sehr wohl, daß du More liebst!« brach es aus ihr hervor. »Und ich weiß, inwiefern und auf welche Weise! Auf eine unnatürliche Weise!«

»Unnatürlich?« Ihre kryptischen Anspielungen waren mir unverständlich.

»›Du darfst einem Manne nicht beiwohnen wie einem Weibe, denn das wäre ein Greuel.‹ Leviticus, Kapitel achtzehn, Vers zweiundzwanzig.«

»Anne!« rief ich aus. »Das ziemt sich nicht! Und wo hast du das Alte Testament gelesen?« Die Frage war in diesem Augenblick unwichtig – aber verstand sie denn soviel Latein?

»Es stimmt doch, oder?« Sie überging meine Frage. »Du hast ihm beigewohnt in den Wiesen deines Geistes, hast dort gespielt und dich vergnügt mit ihm, wo alle anderen ausgeschlossen waren. Hast dich nach seinem Beifall und seiner Liebe gesehnt, hast sie gesucht und danach geweint. Und noch jetzt, sogar jetzt, da er dir trotzt und dir deine Liebe ins Gesicht wirft, trachtest du danach, ihn milde zu stimmen und zu versöhnen! Einen besonderen Eid muß dein Liebling bekommen, handgemacht, maßgeschneidert, zärtlich zugeschnitten von seinem Liebhaber – dem König!«

»Ich bin nicht sein Liebhaber«, erwiderte ich.

»Wie schade!«

»Sein Liebhaber ist der Schmerz in Christi Gewand.« Und mit ihm wird er sich vermählen, und mein Henker wird ihm Priester sein, dachte ich.

»Höchst allegorisch«, erklärte sie naserümpfend. »Allerdings wird nicht recht klar, wie du deinen Geliebten aus der Grube zu erretten gedenkst, die er sich selbst gegraben, wie die Bibel sagt.«

»Es gibt nur eine Treppe, die aufwärts führt. Den Eid und bedingungslose Loyalität.«

»Nicht das Händchen, das der König eigens reicht? Im allegorischen Sinne?«

»Auf Allegorien solltest du dich wohl verstehen! Du inszenierst sie ja zur Genüge – fades, affektiertes Zeug, aber sei's drum! Du als Göttin, umgeben von schmachtenden Stutzern! Gefällt sie dir, die Speichelleckerei? Behagen dir die künstlichen, falschen Verse und Komplimente? Bah, meine Dame – darüber war ich hinaus, als ich zwanzig war!«

»Da warst du auch schon seit drei Jahren König. Wenn ich erst drei Jahre Königin war, werde ich es dir vielleicht nachtun.«

»Nein, du wirst es mir gleich nachtun! Bald ist Fastenzeit, und dann werden diese ›Unterhaltungen‹ aufhören! Habt Ihr mich verstanden, Madam?«

»Allerdings.« Es gelang ihr, dieses Wort von Verachtung triefen zu lassen.

Immer öfter benahmen wir uns so, wenn wir zusammen waren: Ätzend, voller Bitterkeit und Mißtrauen, mit bröckelndem Respekt voreinander. Gleichwohl hörte ich nicht auf, sie zu begehren und mich nach ihrer Gegenwart zu sehnen, ohne zu wissen, warum. Sie quälte meine Seele, statt ihr Trost zu spenden.

In den nächsten paar Monaten wurde es klarer und klarer, daß den Eidverweigerern der Prozeß gemacht werden würde. Zum Ende des Jahres 1534 erließ das Parlament ein weiteres Gesetz, die Suprematsakte, in welchem mein Titel als »Oberstes Haupt der Kirche Englands auf Erden« anerkannt sowie derjenige zum Verräter erklärt wurde, der »in bösartiger Absicht« versuchte, mich eines meiner rechtmäßigen Titel zu berauben. Nun waren die Männer im Tower auch unter diesem Aspekt zu beurteilen.

Bischof Fisher verhielt sich während der Haft still und versuchte nicht, freizukommen. Der Papst ernannte ihn in einer verspäteten Geste der Unterstützung zum Kardinal. Fisher kümmerte das nicht. Er war ein alter Mann, ein Auswuchs – gewissermaßen – meiner Großmutter Beaufort, und er hatte sich in der Welt, die seit ihrem Tode rings um ihn herangewachsen war, eigentlich niemals wohl gefühlt. Mit den Anfängen meiner »Großen Sache« (die von manchen zur »Scheidung« hochstilisiert worden war) hatte er Stellung gegen mich bezogen: In der förmlichen Verhandlung des Falles in Blackfriars hatte Warham eine Liste vorgelegt, welche die Unterschriften aller auf meiner Seite stehenden Bischöfe enthielt. Fishers Signatur war dabeigewesen. Da hatte er sich, hager und würdevoll, erhoben und erklärt: »Dies ist weder meine Unterschrift noch mein Siegel.« Warham hatte zugeben müssen, daß Fishers Name »hinzugefügt« worden war, aber nur, weil man es mit sicherer Überzeugung habe tun können. »Nichts«, hatte Fisher gegrunzt, »könnte weniger wahr sein, mein Lord.«

Anfangs waren auch andere gegen mich gewesen – Warham zum Beispiel. Aber am Ende war vom ganzen Klerus nur Bischof John Fisher übrig – unbeirrbar, niemals wankend.

Am 17. Juni 1535 wurde er endlich vor Gericht gestellt. Man beschuldigte ihn des Hochverrats, begangen dadurch, daß er den König eines seiner Titel beraubt habe, indem er bestritt, daß dieser das Oberste Haupt der Kirche in England sei. Er gab zu, daß er mich als Oberhaupt nicht akzeptiere, suchte sich aber dadurch zu entlasten, daß er es nicht »bösartig« tue. Das Urteil ward dennoch gefällt: Schuldig – und er müsse sterben.

Die Äbte der Kartäuser-Klöster in London, Beauvale (in Nottinghamshire) und Axholme (in Lincolnshire) wurden aus dem Tower heraufgeschleppt und kamen gleichfalls vor Gericht. Bei ihnen waren noch drei störrische Mönche aus dem Londoner Ordenshaus der Kartäuser. Ein letztes Mal weigerten sich alle sechs, den Eid zu schwören. Alle sechs versuchten vorzuschützen, daß sie ihre eigenen, privaten Gedanken und Ansichten niemals »bösartig« gefaßt hätten. Das Gericht vermochten sie damit nicht zu überzeugen. Sie wurden verurteilt: Man würde sie hängen, lebendig abschneiden, ihnen die Eingeweide aus dem Leibe reißen und verbrennen und sie dann strecken und vierteilen, und zwar am vierten Mai. Berichten zufolge gingen sie singend und mit heiterer Haltung in den Tod, und sie schauten, ohne sich im geringsten schrecken zu lassen, dabei zu, wie ihre Gefährten einer nach dem anderen in Stücke gerissen wurden.

Jetzt war niemand mehr übrig außer More.

More mußte vor Gericht gestellt werden, und es mußte ein großartiger und öffentlicher Prozeß in der größten Halle des ganzen Königreiches werden: in der Halle von Westminster, wo auch die Krönungsbankette stattfanden. More war als öffentliche Gestalt allzu monumental, als daß weniger möglich gewesen wäre.

Als erstes unterzog man ihn mehreren »Vorverfahren« oder Verhören. Diese Verhöre wurden von Cromwell, Cranmer, Audley (Mores Nachfolger im Amt des Lordkanzlers), Brandon und Thomas Boleyn geführt. In allen bewahrte er sein »Schweigen«. Ich könnte hier all die verzwickten Argumentationen wiedergeben, die er vorbrachte, aber ich tue es nicht. Die Wahrheit ist, daß er seine Verteidigung (als geschickter Anwalt, der er ja war) auf juristische Haarspalterei gründete – letzten Endes auf die Frage, ob sein Schweigen »böswillig« sei oder nicht. Die juristischen Implikationen des Schweigens standen hier vor Gericht, nicht More selbst.

Seine legalistischen Sophistereien machten keinen Eindruck auf die Richter, und sie sprachen ihn schuldig.

Als er einsah, daß Schweigen ihm nichts nützen würde (und daß seine Richter ihn ohnehin durchschaut hatten), bat er darum, eine Erklärung abgeben zu dürfen. Die Bitte wurde ihm gewährt.

»Diese Anklage fußt auf einem Gesetz des Parlaments, welches in unmittelbarem Widerspruch zu den Gesetzen Gottes und Seiner Heiligen Kirche steht«, hob er an und erklärte sodann, kein Teil der Christenheit könne Gesetze zur Beherrschung der Kirche in ihrem jeweiligen Lande erlassen, wenn solche Gesetze im Widerspruch zu den Gesetzen aller anderen Länder ständen. England könne sich nicht über die Gesetze stellen, die für jedes andere christliche Land verbindlich seien. Wir – das Parlament und ich – behaupteten, wir könnten es doch. Und damit war die Debatte zu Ende.

Ich habe es unterlassen, Mores Prozeß und seine Argumentation in allen Einzelheiten darzulegen, denn das Ende war das Ende. Es ist eine Qual, jeden Schritt, jeden Satz noch einmal nachzuvollziehen, wo ein einziges Wort, eine Tat, das ganze Ergebnis hätte verändern können. Seine Familie besuchte ihn im Tower; sie taten ihr möglichstes, ihn zu überreden, daß er den Eid schwor, Abbitte leistete, sich befreite.

Im Tower verbrachte er seine Zeit mit Schreiben. Er verfaßte mehrere Bücher, ein paar in Latein – *Von der Trauer, der Müdigkeit, der Angst und dem Gebete Christi vor Seiner Gefangennahme* war das längste – und andere in englischer Sprache: *Ein Dialog des Trostes wider die Drangsal* und *die vier Letzten Dinge*. Im letztgenannten beschrieb er die vier Dinge, mit denen ein Mensch sich auf dem Totenbett zu befassen hat: den Tod, das Jüngste Gericht, die Qualen des Fegefeuers und die ewigen Freuden des Himmels.

More untersuchte den Augenblick des Todes mit Sorgfalt und kam zu dem Schluß, es gebe keinen »leichten« Tod, denn: »Stirbst du nicht eines schlimmeren Todes«, so müsse man doch gewärtigen, »daß du im Bette liegst und dein Kopf jagt, dein Rücken schmerzt, deine Adern pochen, dein Herz ächzt, deine Kehle rasselt, dein Fleisch bebt, dein Mund klafft, deine Nase brennt, deine Beine frieren, deine Finger nesteln, dein Atem schwindet, all deine Kraft versiegt, dein Leben vergeht, und dein Tod rückt heran.«

Von seinem Fenster im Tower konnte More sehen, wie Richard Reynolds von Syon House und die Kartäuser nach Tyburn gefahren wurden, um dort wie Verbrecher gerichtet zu werden. Man berichtete, er habe ihnen sehnsüchtig nachgeblickt und dann zu seiner Tochter Margaret (die ihn unablässig besuchte und ihn beschwor, zu widerrufen) gesagt: »Schau, siehst du denn nicht, Meg, daß diese gesegneten Patres nun ebenso fröhlich in den Tod gehen wie Bräutigame zu ihrer Hochzeit?«

Sodann machte er sich Vorwürfe wegen seines »sündigen« Lebens. Ganz besessen war er von seiner eigenen Sündhaftigkeit und auch vom betrüblichen Zustande der Welt insgesamt und ihren Zielen. So schrieb er:

Aber wenn wir des Schmerzes und der Trauer so überdrüssig werden, daß wir verkehrterweise trachten, diese Welt, diesen Ort der Mühe und der Buße, zu verwandeln in einen freudenreichen Hafen der Ruhe, wenn wir den Himmel auf Erden suchen, so versperren wir uns für allezeit den Weg zur wahren Glückseligkeit, und wir stürzen uns in Buße, wenn es zu spät ist, und in unerträgliches, endloses Ungemach.

Endlich hatte More sich mit der dunklen Seite seiner selbst abgefunden. Als er seine Pforte in Chelsea hinter sich schloß, um sich zum ersten Verhör zu begeben, soll er gemurmelt haben: »Ich danke Gott, daß es endlich hinausgeht.« Er hatte der Ruhe von Chelsea und auch seiner Frau und seiner Familie den Rücken gekehrt und Gott dafür gedankt, daß sie nun nicht mehr da waren, ihn zu quälen und daran zu hindern, jener Mönch zu werden, der in seiner Jugend als Novize bei den Kartäusern gedient hatte. Er wollte sie nie wiedersehen. Das war etwas, das lange Zeit weder ich noch viele andere begreifen konnten.

Er selbst hatte es unmißverständlich zu Margaret gesagt, als sie ihn im Tower besucht hatte: »Ich versichere dir aus gläubigem Herzen, du meine brave Tochter: Wäre mein Weib nicht gewesen und ihr, meine Kinder, ich hätte wohl nicht gefehlt, mich schon vor langer Zeit in eine so karge Kammer einzuschließen – ja, in eine kärgere noch.«

Jetzt hatte er die Prüfung bestanden, hatte – wenn auch verspätet – den weltlichen Dingen abgeschworen und konnte sein Gelübde mit seinem Blut besiegeln. Zweifellos war das für einen Mann dieses Sinnes eine große Erleichterung. Er hatte sich selbst nicht enttäuscht, sich nicht an ein minderes Leben verraten.

Die Hinrichtung wurde auf den 6. Juli 1535 angesetzt. Seiner Tochter sagte er: »Ein Tag, der mir passend und geziemend erscheint – der Vorabend von St. Thomas.« Seine Überweisung in die

Ewigkeit war fein säuberlich in den Kirchenkalender eingepaßt, und das schien ihn zu beruhigen.

Was konnte ich empfinden, als ich die Kunde erhielt? Was ein Vater empfindet, dessen Tochter sich für eine unvernünftige Ehe entschieden hat und dem gleichwohl vor Glück die Sinne schwinden? Sollte ich mit ihr frohlocken und mich im Herzen grämen? Oder sollte ich meine ganze Autorität einsetzen und die Hochzeit verbieten?

Aber ich wußte nicht, was ich tun konnte, um die Hochzeit zu verhindern. Der Vertrag war in Mores frühester Jugend geschlossen worden.

Aber ich wollte, daß er hier bei mir war, auf der Erde!

Und hätte ich auch versucht, dies zu erreichen, so hatte er darauf bereits zu seiner Zufriedenheit geantwortet, in einem Gedicht, das er geschrieben hatte, gleich nachdem Cromwell ihn im Tower besucht und sich bemüht hatte, ihm meinen Schmerz und meine Liebe zu übermitteln.

Nie siehst du schöner aus, schmeichelndes Glück,
Noch hat dein Lächeln ähnliche Reize,
Als wenn du mich aufrichten willst aus zerstörtem Geschick!
So lang ich leb', sollst du mich nicht verzaubern!
Auf Gott vertrau ich, daß in seinen Himmelshafen
Ich bald schon einlauf', fest und ohne Wanken:
Auch nach deiner Ruh' halt ich Ausschau nach Sturm.

So sehnte er sich immer danach, jenseits aller denkbaren Bindungen und Erinnerungen an irdische Dinge zu sein.

LXIII

Fisher wurde am zweiundzwanzigsten Juni hingerichtet. Seine Richter hatten ihn dazu verurteilt, auf die gleiche Weise zu sterben wie die Kartäuser.

»Ich kann mir einen solchen Tod nicht vorstellen«, sagte Anne, als sie das Urteil gelesen hatte.

»Verbrecher sterben für gewöhnlich so«, antwortete ich. »Wußtest du nicht, wie es vonstatten geht?« Jedes Kind in England hatte schon eine Hinrichtung gesehen. Tyburn, wo die Gemeinen gehenkt wurden, war ein beliebtes Ausflugsziel. Die Leute nahmen sich Speisen und Wolldecken mit und zwangen ihre Kinder, zuzuschauen, »auf daß du nicht auch dem Verbrechen anheimfallest«. Es war lehrreich. Ich hatte es immer bedauerlich gefunden, daß die Hölle nicht ebenso besichtigt werden konnte.

»Nein. Ich habe noch niemals einer Hinrichtung beigewohnt. Ich möchte es auch nicht.« Sie war erregt.

»Du solltest es vielleicht. Als Königin solltest du wissen, wozu wir die Schurken verurteilen.«

»Es ist der Teil mit dem Feuer, den ich nicht ertragen kann!« erklärte sie. »Verbrannt zu werden, berührt zu werden von diesem bösen, heißen, leckenden, verzehrenden Ding – oh, sie wußten genau, was sie taten, als sie die Hölle zu einem Ort der Flammen machten! Niemals wollte ich dorthin gehen, niemals, niemals...«

»Dann sündige nicht, meine Liebste.« Ich lächelte. Abhilfe war jederzeit zur Hand: Wer nicht in die Hölle fahren wollte, wußte genau, was er tun mußte, um es zu vermeiden. Es war für alles gesorgt.

»Verschone Fisher!« bat sie. »Laß nicht zu, daß die Flammen ihn berühren. Niemand verdient so etwas!«

»Eine Unterschrift auf einem Stück Papier hätte es verhindert.«

»Trotzdem...«

Ich hatte die ganze Zeit über die Absicht gehabt, das Urteil umzuwandeln und ihm die schmerzlose Enthauptung zu gewähren. Aber Annes Ausbruch verblüffte mich. Er zeigte mir eine neue Seite an ihr.

»Plagt dich diese Angst vor dem Feuer schon lange?« erkundigte ich mich.

»Schon immer. Seit meiner Kindheit, als in meiner Stube einmal ein brennendes Stück Holz aus dem Kamin sprang. Es landete nicht weit von mir auf einem Schemel. Es glomm und wurde immer matter. Während ich es beobachtete, schlief ich ein – und erwachte jäh vor den lodernden Flammen. Die schreckliche Hitze, das diabolische Grinsen des Feuers – ›Ich habe dich genarrt, und jetzt bist du mein...‹« Sie erschauerte. »Und das Knistern, das Schmoren...«

»Sei nur ruhig. Fisher braucht es nicht zu fürchten«, begütigte ich sie.

Und tatsächlich führte man Fisher auf ein ordentliches Schafott gleich außerhalb der Mauern des Towers. Er hatte immer schon asketisch und hager ausgesehen, aber die vierzehn Monate im Tower hatten seinen Kopf, wie Zeugen erzählten, in einen »Totenschädel« verwandelt. Er ging ruhig in den Tod und bestand darauf, sein bestes Hemd zu tragen, denn in diesem Gewande werde er ins Paradies eingehen.

Damit hätte es gut sein müssen. Aber es war der Anfang einer neuen Kette von Herausforderungen für meine Regentschaft.

Fishers abgehauener Kopf wurde, wie es Brauch war, in kochendes Wasser getaucht und dann auf der London Bridge auf einer Stange zur Schau gestellt. Das mittsommerliche Wetter war heiß und stickig; faulige Dünste stiegen von der Themse auf, die kraftlos gluckernd hin- und herschwappte. Fishers Kopf (ohne den Kardinalshut – das wäre denn doch ein allzu makabrer Akzent gewesen) hätte verwesen und zu einem greulichen Anblick werden müssen. Aber er tat es nicht. Statt dessen schien er zu leuchten, und von Tag zu Tag wirkte er lebendiger. Das Volk fing an, sich auf der Brücke zu versammeln; die Leute machten dem Schädel ihre Aufwartung, klagten ihm ihre Nöte...

Sie baten ihn um seine Fürsprache.

Fisher war im Begriff, ein Heiliger zu werden.

Ich befahl, dem ein Ende zu machen. In der Nacht nahmen meine Diener den Kopf herunter und warfen ihn in den Fluß.

Fishers Aufstieg zum Heiligen war vereitelt. Aber das Wetter und die Stimmung blieben häßlich. Pestilenzialische Dünste hingen in der Luft und infizierten die ganze Einwohnerschaft. Es wäre das beste, More unverzüglich zu erledigen, damit die Sache ein Ende hätte. Wenn das geschehen wäre, könnte ich auf Staatsreise gehen, unter das Volk reiten, mit den Menschen sprechen, sie besänftigen. Sie brauchten mich.

Eine unglückliche Trägheit hatte den ganzen Hof befallen, wie in jenen Zaubermärchen, in denen eine Hexe alles mit einem Bann belegt. Anne schien besonders davon betroffen zu sein; sie war abwechselnd nervös und apathisch. Andere gingen umher, als sei ihnen das Gehirn davongeflogen oder werde irgendwo gefangengehalten.

Dann berichtete Anne mir ihre Neuigkeit, und das brach den Bann für mich.

»Ich bekomme ein Kind.« Magische Worte. Worte, die zur Tat riefen.

»Gepriesen sei Gott!« rief ich aus. Alles würde gut werden: Aus den gegenwärtigen Nöten und schrecklichen Umwälzungen würde entstehen, was ich ursprünglich gewünscht und beinahe vergessen hatte: Ein Prinz würde kommen.

Ich drückte sie an mich, fühlte ihren schlanken, geschmeidigen Körper, ganz in Seide gehüllt. »Gepriesen sei Gott!«

Mores sollte am sechsten Juli hingerichtet werden, zwei Wochen nach Fisher. Ich gewährte seiner Tochter Margaret die Erlaubnis, bei der eigentlichen Hinrichtung zugegen zu sein. Er vermachte ihr sein härenes Hemd (jawohl, er hatte es während der gesamten Gefangenschaft weiter getragen), und man munkelt, die Familie bewahre es bis zum heutigen Tage als Reliquie. Seiner Frau schickte er keine Nachricht.

Es war ein drückender Sommertag – nicht taubenfrisch, wie es auch manche sind, sondern lastend und schwer. Dünste hingen böse lauernd in der Luft.

Anne hatte es mit charakteristischer Tapferkeit unternommen, dieser Stimmung zu spotten, indem sie in ihren Gemächern ein »Papst Julius«-Fest inszenierte. Sie hatte eine Anzahl Spieltische malen lassen – für ein Spiel, das im Sommer 1529 erfunden worden war: Papst Julius kam darin vor (der im Jahre 1503 den ursprünglichen Dispens erteilt hatte), und es gab Stoppkarten namens »Intrige«, »Ehe«, »Krieg« und »Scheidung«. Anne hatte Tische aufstellen lassen, an denen die Paarungen ausgespielt werden sollten; der wichtigste war der Meistertisch, an dem es schließlich um den Großen Preis gehen sollte. Das »Turnier« sollte gleich nach dem Sommerbankett um zehn Uhr vormittags beginnen und erst zu Ende sein, wenn der »Großmeister« ermittelt wäre.

Alle Fenster in den Gemächern der Königin waren offen, und Diener standen mit Fächern daneben, um eine künstliche Brise zu erzeugen. Räucherwerk mit Rosenduft gab die Süße dazu, die der stinkenden Luft von draußen ermangelte. Da wir in Greenwich waren, konnten wir zumindest den Segen eines sanften Windes genießen, der von der See landeinwärts wehte. In anderen Schlössern war es zweifellos schlimmer.

Der ganze Hof war zu Annes »Turnier« zusammengekommen, vom Geheimen Staatsrat bis zu den Damen der Königin. Crum war da, anscheinend erpicht auf das Spiel, außerdem die Brüder Seymour, Edward und Tom, die eben von einer fruchtlosen diplomatischen Mission aus Paris zurückgekehrt waren, Norfolk, Annes Onkel, und... nun, wie gesagt, der ganze Hof.

Anne war infolge der drückenden Hitze und ihres Zustandes fast so gelb wie ihr Kleid, als sie nun umherflatterte und allen die

Regeln des Spiels und ihres Turniers erläuterte. Mit dem Klingeln einer Glocke begannen alle. Ich saß an einem Tisch mit Thomas Audley, Richard Riche, dem Kronanwalt, und Jane Seymour, Edwards und Toms jüngerer Schwester, die ich aber noch nie gesehen hatte.

Es waren Menschen wie Samt: Audley, so nachgiebig und vorsichtig; Riche, so geschmeidig und freundlich; Mistress Seymour, so sanft und tröstlich. Sie spielten ihren Charakteren entsprechend, und so gewann ich die Partie mühelos, denn ich war der einzige, der kühn und rücksichtslos spielte.

Papst Julius. Es war kein dummes Spiel, aber es gehörte in schlichtere Zeiten. Tatsache war, daß Papst Julius tot war und daß es seither drei Päpste gegeben hatte. Mein Feind, Papst Klemens (oder war er mein Freund gewesen? Einen apathischeren Widersacher hätte ich mir jedenfalls nicht denken können) war inzwischen gestorben, und sein Nachfolger war ein sehr viel härterer Herr namens Alessandro Farnese, genannt Paul III. Es ging das Gerücht, Paul gedenke zu verwirklichen, was Klemens nur angedroht hatte: einen Heiligen Krieg gegen mich. Die römisch-katholische Kirche war endlich zum Angriff übergegangen; sie hatte ihre Kräfte gesammelt, nachdem sie wie gelähmt die anfänglichen Erfolge Martin Luthers miterlebt hatte. Papst Julius war einfach zu verstehen und zu manipulieren; er eignete sich gut für ein Gesellschaftsspiel.

Ich fühlte eine unbestimmte Enttäuschung, als die Partie zu Ende war, obgleich es meine eigenen aggressiven Gebote waren, die sie beendeten. Meine Partner hatten mir gefallen; gefallen hatte mir vor allem Mistress Seymour und die Art, wie sie ihre Karten hielt und ihre Spielmarke über das Brett schob. Ich kann nicht erklären, weshalb es so ansprechend ist, die Hand- und Armbewegungen eines anmutigen Weibes zu beobachten – es ist wie eine Art Zeremonie oder ein Tanz.

Die Glocke wurde geläutet; wir mußten die Tische wechseln. Ich sah, wie sich die Hitzewellen, die draußen vom Fluß aufstiegen, in dem Licht spiegelten, das zu den Fenstern hereinströmte.

Mittag. More wurde hinausgeführt.

Bevor er auf das Schafott stieg, wandte er sich an den Konstabler des Tower. »Ich bitte Euch, Meister Konstabler, bringt mich nur sicher hinauf; ums Herunterkommen will ich mich dann schon selbst bekümmern.«

»Nun beginnt Ihr die neue Partie schon mit einigen Punkten«, verkündete Anne. »Ihr mögt sie behalten; nur die Strafpunkte werden hernach vom Ergebnis abgezogen.«

Er legte seinen Kopf auf den Block und scherzte noch mit dem Scharfrichter. Im Tower hatte er sich nicht rasiert, und so war ihm ein langer Bart gewachsen. Den strich er nun ordentlich beiseite und bat den Henker, ihn nicht auch abzuschneiden: »Denn mein Bart hat ja keinen Verrat begangen.«

Wir spielten eine zweite Runde. Mit mir am Tisch saßen die, die schon gewonnen hatten – Cromwell, Norfolk und Edward Seymour. Dieses Spiel war schwieriger. Meine Gegner hielten sich nicht zurück, und sie hatten Strategien im Kopf, die ganze Zeit, nicht nur für eine oder zwei Runden, und Pläne für den Notfall überdies.

Die Luft wurde stickig. Schweiß sammelte sich an meinem Hals und durchweichte meinen feinen Leinenkragen.

Ich hatte More ermahnt, »nicht viele Worte zu machen«. Kürze war am besten. So warf er einen letzten Blick auf die Menschenmenge, die sich am Tower Hill versammelt hatte, bat sie, für ihn zu beten und zu bezeugen, daß er im Glauben und für den Glauben an die Heilige Katholische Kirche in den Tod gehe.

» Ihr habt diesen Intrigenpunkt übersehen, Eure Majestät«, sagte Cromwell. »Nun müßt Ihr diese Runde verlieren.«

»Unachtsam von mir«, räumte ich ein.

More wandte sich an den Henker, der zu verzagen drohte. »Fasse dir ein Herz, Mann, und scheue dich nicht, deines Amtes zu walten. Mein Hals ist sehr kurz. Gib also acht, daß du nicht daneben schlägst, auf daß du dir deine Ehre bewahrest.« Ein verpatzter Hieb mit der Axt bedeutete Qual und Erniedrigung.

» Ich habe hier noch eine Karte in Reserve«, verkündete Seymour. »Ich habe sie mir die ganze Zeit aufgehoben.«

»Er ist ein trügerischer Bube«, meinte Norfolk lächelnd. »Denkt die ganze Zeit, und legt die Karten nie auf den Tisch.«

»Ich habe noch zwei«, versetzte ich. »Eine, um die Eure zu stechen.« Ich schob seine »Ehe«-Figur vom Brett.

»Ihr solltet Wetten abschließen, Eure Majestät«, sagte Cromwell.

»Ich habe keine Münzen bei mir«, erwiderte ich. »Und seine Schulden muß man immer bezahlen.«

»Ihr wißt, wo Ihr erhaltet, was Ihr braucht«, antwortete er. »›Klopft an, und es wird Euch aufgetan.‹«

Seine falschen Bibelzitate hatten keinen guten Klang an diesem schwülen Julitag.

»Ich sterbe als getreuer Diener des Königs, aber zuvörderst als Diener Gottes.«

Die Kanone vom Tower erdröhnte; es hallte über das Wasser durch die offenen Fenster zu uns in das Spielzimmer.

More war tot. Sein Kopf war abgeschlagen.

»Ihr seid am Zug, Eure Majestät.« Die drei an meinem Tisch warteten höflich.

Ich machte meinen Zug. Ich wußte schon seit etlichen Runden, wie er aussehen würde. Die ganze Zeit über schaute ich Anne an, die zwischen den Tischen umherging und ihr obszönes Kartenspiel des Todes beaufsichtigte.

Es war obszön, und sie war obszön, und mein unmäßiges Verlangen nach ihr war genauso obszön.

Das alles stank wie die verschmutzte Juli-Themse draußen vor den Fenstern. Es hatte nichts Schönes an sich.

Würgend stieß ich meinen Stuhl zurück und verließ das Spielzimmer.

LXIV

Ich saß in einem großen Kristallpalast – vielleicht war es auch Eis. Ich konnte es nicht sagen, weil ich die Säulen und Wände nicht berühren konnte. Sie schimmerten und glänzten wie Eiszapfen. Aber es tropfte nirgends, und mir war nicht kalt.

Ich befragte jemanden – aber dieser Palast gehörte ihm, nicht mir. Ich befragte ihn, weil ich ihn als Bediensteten oder als Ratgeber einstellen wollte. Gleichwohl schien er derjenige zu sein, der die Regeln und Bedingungen festsetzte. Er war ungewöhnlich wortgewandt und selbstbewußt. Ich war enttäuscht, denn ich wußte, ich würde ihn endgültig nicht bekommen. Ich wollte, daß er mir seine Macht demonstrierte, aber er schien daran nicht interessiert zu sein. Stimmte es, was man von ihm behauptete? Ich wollte es sehen, bevor ich Bedauern darüber empfand, daß ich ihn nicht bekam... oder ihm nicht selber diente.

Ich bat ihn darum. Er lachte (ein selbstgefälliges, haßerfülltes Lachen) und schwenkte eine behandschuhte Hand. Die Wände stürzten ein und wurden zu Wasser, und unter dem Stuhl, auf dem ich saß, sprudelte es auf. Ich wurde davongetragen, drehte mich im Kreise, umklammerte angstvoll die Armlehnen, stemmte die Füße gegen die Sprossen, wurde fortgeschwemmt in eine dunkle, rauschende Röhre...

Ich erwachte. Das Rauschen des Wassers umgab mich wie eine Sintflut. Es trommelte gegen die Fensterscheiben, und ich hörte ein Rieseln. Irgendwo hatte es Einlaß gefunden, durch einen kleinen Spalt zwischen den Steinen.

Mein Kopf klärte sich. Regen. Es konnte in dieser Nacht nicht regnen. Es war unmöglich. Bei Sonnenuntergang hatten wir einen völlig klaren Himmel gehabt. Den überschwemmten Feldern war Schonung gewährt worden. Das Korn würde sich erholen, die Ernte normal ausfallen. Das hatte uns der klare Himmel verheißen.

Der Wolkenbruch, der bis in meinen schlafenden Geist gedrungen war, überflutete nun von neuem die längst von Wasser gesättigte Erde.

Seit More starb, hat es nicht aufgehört zu regnen, munkelte das gemeine Volk. In der Nacht des sechsten Juli hatte es angefangen, und in den sechs Wochen seither hatte es mit kleinen Unterbrechungen immerfort geregnet. Das Gemüse auf den Feldern war längst ertrunken und verfault. Das Korn – Hafer, Gerste, Weizen –, bei weitem das wichtigste, wäre jetzt noch zu retten. Aber wenn es verdürbe...!

Zum Teufel mit diesem Regen! Ich sprang aus dem Bett und ging zum Fenster. Es war kein süßer, sanfter Regen. Häßliche, harte Wassergüsse prasselten gegen das Fensterglas.

Henry Norris regte sich auf seinem Lager und drehte sich auf die andere Seite. Er schlief nicht mehr am Fußende meines Bettes, da dies zu dicht an der von Feuchtigkeit durchzogenen Außenwand lag und seine Matratze hier von Schimmel bedroht gewesen wäre. So hatte er seine Lagerstatt an eine Innenwand verlegt.

Es regnete auf Mores Kopf, der auf seiner Stange an der London Bridge inzwischen schwarz geworden war (wie man mir erzählt hatte). Wenigstens wurde er nicht zu einem Gegenstand der Verehrung und des Aberglaubens wie Fishers Schädel. Ich selbst hatte ihn mir nicht angesehen, und ich würde es auch weiterhin nicht tun.

Die ganze Geschichte war mir zuwider und ekelte mich an. Wenn nur dieser Sommer erst vorüber, das Jahr nur erst vergangen wäre, so daß nicht jeder Wetterumschwung (ganz normal, ganz normal) gleich in ein »Omen« oder eine »Strafe« umgemünzt wurde! Nächstes Jahr um diese Zeit würde es einen Thronerben geben. Annes Sohn würde auf der Welt sein! Dann würde man sehen, wie sie sich an More erinnerten – nämlich überhaupt nicht! Sie waren unbeständige, seichte Kreaturen, die Leute. Annes Sohn würde ihnen zu augenblicklichem Vergessen verhelfen, was More, Fisher und den Eid anging.

Das eine löschte so das andere aus – oder nicht? Ohne Bezahlung kein Gewinn. Und dies alles war meine Bezahlung für Anne.

Der Regen zischte mich an.

Tu nur dein Ärgstes, forderte ich ihn heraus. *Tu dein Ärgstes, und ich werde doch obsiegen.*

Es war dringend nötig, daß ich eine sommerliche Reise durch das Reich unternahm, dem Volke zusprach und erkundete, was es dachte. Aber wegen Annes Schwangerschaft wollte ich das Risiko, sie mitzunehmen – und sei es auch in einer verhältnismäßig bequemen Sänfte –, nicht eingehen. Ich wollte sie aber auch nicht allein lassen, sondern bei ihr bleiben, auf sie achtgeben und für sie sorgen.

Sie war schwierig während dieser Schwangerschaft. Zwangsvorstellungen plagten sie – unter anderem die, daß sie niemals einen lebenden Sohn zur Welt bringen könne, solange Katharina und Maria lebten. Sie brauchte Musik zu ihrer Beruhigung, und deshalb mußte Mark Smeaton zu ihrem Leibmusiker ernannt werden, denn nur sein Lautenspiel vermochte »die Dämonen zu vertreiben«. Sie verlangte nach allerlei Unterhaltung, und so holte ich die Theatertruppe von Oxford an den Hof und forderte sie auf, »etliche phantastische Geschichten aus vergangener Zeit« zu schreiben und vorzuführen, der Königin zur Freude.

Sie taten es; sie verfaßten die Geschichte von Dr. Faustus und brachten sie grandios zur Aufführung, mit rotgefärbtem Rauch und mit Dämonen, die den verfluchten Faustus in die Hölle schleiften. Anne war entzückt, und sie zeigte ein lebhaftes Interesse an dem roten Rauch und an den plötzlichen Teufelserscheinungen, denn sie hatte in »Kardinal Wolseys Abstieg zur Hölle« versucht, ganz ähnliche Effekte zu erzielen. Die Hölle interessierte die Leute stets unter dem künstlerischen Aspekt.

Sie zeigte nichts von dem Verhalten, das ich bei einer Schwangeren inzwischen erwartete: Glück, Zufriedenheit, Interesse an dem heranreifenden Kind. Statt dessen war sie rastlos und in sich versunken, und ihre Augen glitzerten fiebrig. Aber darauf kam es nicht an, solange das Kind gesund war. Anne war anders als alle Frauen der Welt, und ihre Schwangerschaft war so einzigartig und beunruhigend wie sie selbst.

Der verfluchte Regen dauerte an, bis der Sommer zu Ende ging. Hin und wieder gab es einen schönen Tag – den spöttischen Verheißungen einer schönen Frau gleich, die in Wahrheit nicht die Absicht hat, uns ihre Gunst zu gewähren. Die erste Kornernte war verdorben, und die Felder waren überflutet, so daß keine neue Saat ausgebracht werden konnte. Im Winter würde mindestens Mangel eintreten, schlimmstenfalls sogar Hunger.

Die Menschen pilgerten immer öfter zu den Wallfahrtsstätten und beteten dort zu Unserer Lieben Frau, zu Thomas Becket und zu allen anderen, die ihnen Gehör schenkten. Die Klöster zogen daraus fetten Gewinn, wie Crum mir immer wieder ins Gedächtnis rief. Ich hatte ihm erlaubt, Inspektoren zu ernennen, die Aufstellungen der Grund- und Vermögenswerte im Kirchenbesitz anfertigen und in einem *Valor Ecclesiasticus* zusammenfassen sollten. Eifrig waren sie ausgeschwärmt, um diese Informationen zu beschaffen.

Crum gefiel der Umstand, daß die Spenden in die Truhen der Wallfahrtsklöster überall im Lande strömten. Ich fand es bedrohlich. Mores Kopf war von der Stange auf der London Bridge verschwunden. Wer hatte ihn genommen? Und warum? Bauten sie jetzt auch für ihn eine Wallfahrtskirche?

Ich hatte niemanden, dem ich diese Befürchtungen anvertrauen konnte. Crum war nicht der Mann, der Befürchtungen tolerierte, weder bei sich noch bei anderen. Er pflegte nur die Realität einer Situation zu erörtern, nicht aber ihre Unwägbarkeiten. Cranmer, so nah ich ihm in vieler Hinsicht stand, hatte selbst so viele Befürchtungen, daß ich sie nicht noch vergrößern wollte.

Was Anne betraf, so hatte sie sich in ihrer höfischen Welt isoliert, in der sie ihre Zeit vertändelte. Was sich außerhalb der Gemächer der Königin zutrug, war ihr völlig gleichgültig. Ihre Stimmung wechselte zwischen schriller Nervosität und Melancholie, und ich überließ sie ihrem Treiben. Alles war mir recht, solange sie glücklich war und die Schwangerschaft nicht in Gefahr geriet. Nur Tanzen nicht, denn das war zu anstrengend. Ich verbot ihr das Tanzen.

So kam es, daß ich nur mit ungläubigem Staunen gewahrte, wie sie eines späten Abends, nachdem sie sich vorgeblich zurückgezogen hatte, hingebungsvoll tanzte. Wir hatten zusammen zu Abend gegessen, ein ruhiges Mahl, denn ich hatte im August allen Höflingen, die ihre Familien besuchen wollten, Urlaub gegeben. Während der sommerlichen Jagdsaison war der Hof stets geschlossen, und ich war zumeist auf Staatsreise. Anne hatte die Männer ihres Gefolges bei sich behalten und die Frauen beurlaubt. Während wir speisten, hörte ich, wie Mark Smeaton im Nachbarzimmer schmachtende Liebeslieder spielte; aber der unaufhörliche Regen übertönte die Melodien.

Anne stocherte in ihrem Essen herum, bis ich sie wider Willen ermahnte, an unseren Sohn zu denken und ihn zu nähren. Wie sie solche Ermahnungen haßte! Aber ich konnte nicht anders. Wollte sie meinen Sohn dennn verhungern lassen?

»Das tue ich doch!« behauptete sie. »Ich esse gut!«

»Du siehst aber nicht so aus. Du bist dünner denn je. In wie vielen Monaten soll das Kind kommen?«

»In fünf.«

Ich dachte daran, wie Anne im April vor Elisabeths Geburt ausgesehen hatte. Das war gleich nach dem österlichen Fiasko gewesen. Damals hatte sie Polster in den Röcken getragen...

»Ja. Die Polster setze ich noch vor dem Mai ein.«

Sie hatte meine Gedanken gelesen. Verblüfft reagierte ich eher darauf als auf das, was sie gesagt hatte.

»Aber das zweite Mal ist immer anders als das erste«, fuhr sie fort. »Jedes Kind ist anders – mein Körper ist anders.« Plötzlich begann sie zu essen. »Nichtsdestoweniger werde ich ihn füttern. Ja, dann wird er wachsen.«

»Ist er unnatürlich klein?« Noch eine Befürchtung, die sich zu den übrigen gesellte. »Was sagte dein Arzt?«

»Dr. Beechy?« Sie zuckte die Achseln. »Oh, der ist unbesorgt...«

Und nach dem Essen hatte sie mir eine gute Nacht gewünscht und behauptet, sie sei müde und wolle früh schlafen gehen. Alles wäre gut gewesen, aber um ihr beim Einschlafen zu helfen, wollte ich ihr einen Schlaftrunk bringen, den ich selbst bereitete. So kam ich etwa eine Stunde später in ihre Gemächer und sah:

Ein wilder Tanz war im Gange, und Anne sprang akrobatisch umher und wurde von den Männern, unter denen sich auch ihr Bruder George befand, umhergeschwungen. Es fehlte ihr nur der Schwanz, und die Ähnlichkeit mit einem Affen wäre vollkommen gewesen. Auch die Männer hüpften umher, sie klatschten, trampelten und verbeugten sich, und dabei trugen sie phantastische Hüte und klapperten mit Kastagnetten. Die Musik war wild, stampfend und rhythmisch. Die Tambourine und das Klappern der Absätze übertönte das Knarren der Tür. Niemand sah mich – ganze zwei Minuten lang blieb ich unbemerkt. Dann entdeckte mich George Boleyn, der auf der anderen Seite vorüberhüpfte. Er blieb so plötzlich stehen, daß Francis Weston, der ihm auf dem Fuße folgte, gegen ihn prallte.

»Eure Majestät!« schrie Georg und riß sich die gefiederte Mütze vom Kopf. Die Musik erstarb. Dennoch wirbelte Anne trotzig weiter, eine Ewigkeit, wie mir schien, und in tiefer Stille. Alle starrten sie an, bis sie sich unvermittelt mir zu Füßen warf und formvollendet den Boden berührte.

Dann wandte sie das Gesicht zu mir auf. »Wir ahmen Spanien nach«, sagte sie. »Und die spanischen Tänze aus Valencia.« Sie wartete auf meinen Beifall. Ich verweigerte ihn.

»Hinaus«, sagte ich zu den Männern. »Alle. Sofort.«

Anne wollte sich erheben, aber ich drückte ihr die Hand auf den Kopf und hinderte sie am Aufstehen. Sie war gezwungen, in ihrer kauernden Haltung zu verharren, während ihre Komplizen einer nach dem anderen stumm aus dem Zimmer gingen. Als der letzte verschwunden war, nahm ich meine Hand von ihrem Scheitel.

»Warum?« fragte ich.

Sie erhob sich in einer geschmeidigen Bewegung, wie sie mich einst in Entzücken versetzt hatte, und warf das Haar auf die gewohnte Art in den Nacken.

»Der kaiserliche Gesandte hatte mir eben ein Geschenk aus Jerez überbracht – ein Getränk.« Sie wies auf ein kleines Fäßchen, das auf ihrem Tisch stand. »Die Männer haben davon gekostet, und es ist ihnen zu Kopfe gestiegen.« Sie lachte. »Es ist noch stärker als Rotwein«, fügte sie hinzu. »Gefährlich.«

Ihre hübschen Lügen. Immer die hübschen Lügen. Ich mußte sie unwillkürlich bewundern, wie ich hervorragende Leistungen in jeder Kunst bewunderte.

»Warum hast du mich mit dem Kinde belogen?« Denn sie war nicht schwanger, das wußte ich jetzt. Sie war es nie gewesen.

»Weil du es dir so sehr gewünscht hast.« Gerissenes Weib – keine der Beteuerungen, die eine weniger verschlagene Betrügerin jetzt vorgebracht hätte. Gib es mit Anstand zu, und dann verbiege den Grund für die Lüge so, daß er glaubhaft und liebenswert erscheint. »Ich wollte dir so gern einen Sohn schenken. Ich glaubte, indem ich sagte, daß ich schwanger sei, könnte ich es vielleicht wahr werden lassen, könnte ich das Ereignis eintreten lassen...«

Ausgezeichnet. Die Falschheit, zur Tugend erhoben. »Ich hätte auf eine Staatsreise gehen können, aber du hast mich an dich gefesselt. Wenn es jemals notwendig war, daß ich mich im Reiche zeige, dann jetzt. Aber du hast mich hier festgehalten, mit einer Lüge. Du hast mich in der Öffentlichkeit getäuscht, und du hast mich im Ehegemach getäuscht. Während es draußen regnete und das Volk wider mich murrte, und während die einzigen Früchte reiften, die unter solchen Umständen reifen können, nämlich Rebellion und Verrat – währenddessen tanztest du hier mit deinen Männern.«

Ich trat einen Schritt zurück. Ich wollte sie nicht anfassen. »Lügen. Du bestehst aus nichts als Lügen. Es ist keine Wahrheit in dir. Nein, rühre mich nicht an!« Sie hatte die Hand nach mir ausgestreckt. Mein Fleisch zuckte wahrhaftig vor ihr zurück.

»Bitte!« rief sie und streckte flehentlich die Arme aus.

»Du bist verdorben«, sagte ich, und ich spürte, daß ich in der Gegenwart des Bösen war. Das Gefühl war überwältigend, und ich empfand solchen Ekel, daß ich nur noch an Flucht denken konnte. Was ich da wahrnahm, war nicht nur böse, sondern auch erzürnt und mächtig.

Sie warf den Kopf zurück und lachte – ein kehliges, wölfisches Lachen.

Ich wandte mich ab und verließ sie in Hast, bevor sie springen konnte und – ja, was? Ich wußte es nicht.

Als ich ihr letztes Gemach durcheilte, bemerkte ich ihre kostümierte Garde; zwei Wächter standen zu beiden Seiten der großen Flügeltür, die ihre Gemächer vom übrigen Palast trennte. Es waren leidenschaftslose, muskulöse Kerle, die ihre Hellebarden umfaßt hielten und mit leerem Blick vor sich hinstarrten. Einen Augenblick lang fragte ich mich, ob sie von ihr verzaubert worden waren und ob sie, befähle ich ihnen, ihre Herrin zu binden, mir oder ihr gehorchen würden... Diese leeren, empfindungslosen Augen... nein, das war nur Einbildung. Einbildung.

In meinen eigenen Gemächern angelangt, begab ich mich schleunigst in das innerste Zimmer, welches niemand sonst betreten durfte. Hier hatte ich immer Zuflucht gefunden. Heute abend jedoch kam es mir eng und bedrückend vor, ganz wie ein Sarg. Ich hatte nicht das Gefühl, einer Bedrohung mit knapper Not entronnen, sondern vielmehr, von ihr gefangen zu sein.

Annes häßliches Lachen klang mir noch in den Ohren, und das machtvolle Gefühl des Ekels überflutete mich von neuem, daß mich eine Gänsehaut überlief. Unversehens war dieses Gefühl mir vertraut; ich hatte es schon viele Male verspürt. Nachdrücklich hatte es sich um meine Aufmerksamkeit bemüht, und schon seit langem suchte es mich zu warnen.

Es war vorhanden, seit ich das erstemal ihren Namen gehört hatte, in jener Nacht in Frankreich – die Erscheinung von Schwarz und Weiß auf der Ebene dort, das Gefühl von namenloser Furcht und Bosheit ringsumher... Gab man etwas einen Namen, so rief man es ins Leben, beschwor man es herauf.

Ich hatte es im Garten verspürt, als ich sie zu Hever im Garten bei den Weiden das erstemal aufgesucht hatte und wir einander von Angesicht zu Angesicht gegenübergestanden hatten. An den Armen und im Nacken hatte ich ein gespenstisches, beunruhigendes Kribbeln gefühlt, und flüchtig hatte ich an übernatürliche Dinge denken müssen, und eine unvernünftige Angst war in mir erwacht.

Abscheu in der Gegenwart des Bösen,

Das war das Kennzeichen des Bösen: die Ahnung, daß die Dinge nicht so sind, wie sie zu sein scheinen, und daß man mit etwas Bösartigem und Schädlichem in Berührung gekommen ist. Es veranlaßt gesunde Menschen, davor zu fliehen, da es gefährlich ist, in seiner Gegenwart zu bleiben. Es ist dies ein gnädiger Schutz, den Gott uns gewährt: Wie er verdorbenem Fleisch einen fauligen Geschmack verleiht, so fügt er es, daß verdorbene Menschen uns »faulig« anmuten, auch wenn sie den anderen Sinnen, vor allem dem Auge, vielleicht angenehm sind.

Ich war nicht der einzige, der es wahrgenommen hatte. Das Volk insgesamt war von Anne abgestoßen worden. Die verstockte Weigerung der Menge, ihr am Tage der Krönung zuzujubeln, die Weibermeute, die sie im Haus am Fluß angegriffen hatte, das Landvolk, das ausspuckte, wenn sie vorüberritt, die Tatsache, daß sogar ihr Onkel Norfolk sie als »Großhure« bezeichnete... das alles wies jetzt auf die Wahrheit. Auf die Wahrheit, für die ich blind gewesen war.

Aber es liegt ja in der Natur des Bösen, daß es uns verwirrt; das ist eine seiner Waffen gegen uns.

Ich ließ mich auf eine Fensterbank sinken, um sogleich wieder aufzuspringen. Der zierlich geschnitzte Eichenholzsitz zeigte Ranken und Äste, die in die Initialen H und A verschlungen waren: Heinrich und Anne. Von Sinnen vor Liebe, hatte ich Dutzende solcher Schnitzereien anfertigen lassen. Sie waren jetzt überall, auf den Möbeln meines inneren, privaten Zufluchtsortes wie auch auf der mächtigen Chorschranke in der Kirche zu Cambridge. »H und A« prangte überall in England.

Der Ekel ist ein Beweis für das Vorhandensein des Bösen. Der wichtigste aber, das *sine qua non*, sind die Lügen. Das Böse verbreitet Lügen, wie ein Feuer Wärme verstrahlt. »Vater der Lügen« ist der älteste und treffendste Name für den Satan. Er frohlockt in der Lüge, er ist ein Künstler der Lüge, er konstruiert die subtilsten, delikatesten Lügen und bewundert dann sein Werk. Er lügt sogar dann, wenn die Wahrheit ihm bessere Dienste leistete, denn er schätzt die Lüge um ihrer selbst willen. Sein Stolz auf seine Lügen führt oft dazu, daß wir seiner Gegenwart gewahr werden.

Lügen um ihrer selbst willen, sogar wenn die Wahrheit bessere Dienste täte.

Wozu war Annes Schwangerschaftslüge gut gewesen? Die Wahrheit hatte zwangsläufig ans Licht kommen müssen, denn länger als ein paar Wochen hätte sie sich nicht mehr verbergen lassen. Die Lüge hatte ihrer Sache geschadet, statt sie zu stärken.

Verkleidungen, Verstohlenheit, Heimlichkeiten – das alles sind verwässerte Formen der Lüge. Anne und ihre Maskeraden, ihre Scheinwelt... Welche Anzeichen gab es sonst noch? Ich fühlte, wie Verwirrung, große Verwirrung und Verzweiflung mich überkam. Ich konnte kaum noch einen Gedanken fassen, kaum noch Ordnung in meinen Kopf bringen; es war, als hätte man mit einem Stock den Schlamm am Grunde meines Verstandes aufgerührt und damit all mein Denken vernebelt. Mit großer Willensanstrengung kämpfte ich dagegen an. Welche Zeichen noch...?

Stolz. Satans Stolz, sein Verlangen nach Macht und Eroberung. Anne machte aus Menschen »Eroberungen«. Diese Gefangenen heute abend in ihrem Gemach, die wie in Trance getanzt hatten... nein, nicht Menschen: Sie machte Männer zu Eroberungen. Sie wußte nichts anzufangen mit Frauen, und diese nicht mit ihr. Sie hielt diese männlichen Kreaturen buchstäblich in Sklaverei... wie sie es mit mir getan hatte, mit mir...

Ich hatte mich benommen wie einer, der mit einem Zauberbann belegt war, hatte mich gegen meine ältesten Bundesgenossen, gegen meine stärksten Überzeugungen gewandt. Einstige Freunde waren zu Feinden geworden – der Papst, Wolsey, Warham, More, das Volk selbst. Ich war von meiner eigenen Familie getrennt, von meiner Tochter abgeschnitten, von der Kirche exkommuniziert.

Ich war verdammt. Und alles nur wegen meiner Liebe zu Anne.

Ich hatte More den Kopf abgeschlagen... für Anne. Ich hatte Mönche gefoltert und hingerichtet... für Anne. Ich hatte mir einen Diener genommen – Cromwell –, der manchmal selber bösartig erschien und der die restlose Vernichtung aller Klöster betrieb. Etwas in mir hatte seinen bösen Vorschlägen bis heute widerstanden – aber nicht ganz: Seinen »Kommissaren« und »Inventurbeauftragten«, die in diesem Augenblick die frommen Anwesen heimsuchten, hatte ich freie Hand gegeben...

Satan trachtet nach Zerstörung. Durch mich hatte Anne schon vieles zerstört.

Satan ist ein Mörder. Das hat Jesus gesagt. Er war ein Mörder von Anfang an.

Von Anfang an: Anne hatte Wolsey verflucht, und er war gestürzt und unter geheimnisvollen Umständen gestorben. An Gift hatte ich wohl gedacht, aber an eines, das er sich selbst verabreicht.

Wie blind war ich gewesen!

Warham war plötzlich gestorben, just als Anne davon einen Vorteil gehabt hatte.

Percy, der sie unter dem Druck seines Vaters und Wolseys verlassen hatte, war außerstande gewesen, seine Gemahlin zu befriedigen und starb jetzt an einer unklaren auszehrenden Krankheit.

Meine Schwester Maria hatte an meiner Passion für Anne öffentlich Kritik geübt und sich auf Katharinas Seite gestellt, und sie hatte sich geweigert, bei Annes Krönung zugegen zu sein. Maria war von einer mysteriösen »Krankheit« ergriffen worden, sie war dahingeschwunden und mit fünfunddreißig Jahren gestorben.

Jemand hatte versucht, Bischof Fisher beim Essen in seinem Hause zu vergiften. Zwei Bedienstete waren gestorben; Fisher war erkrankt, hatte aber überlebt. Überlebt, um desto sicherer von mir vernichtet zu werden, weil er den Lügen, der gefälschten Unterschrift, widersprochen hatte... *Mit Verlaub, mein Lord, nichts könnte weniger wahr sein.*

Mein Magen zog sich zusammen. Mir war, als sei ich selber krank – vergiftet. Konnte das sein?

Ja, sie hatte auch mich geschlagen. Das geheimnisvolle Beingeschwür, das aus dem Nichts erschienen und in dem Augenblick verschwunden war, da ich getan hatte, was Anne wollte: Maria gedemütigt und sie als Zofe zu Prinzessin Elisabeth geschickt, und ihr Haus Annes kostbarem Bruder George übereignet... ihrer *Kreatur.*

Meine Impotenz... war es ein Fluch von ihr gewesen oder nur der natürliche Widerwille meines Fleisches gegen die Verschmelzung mit dem ihren, auch wenn ich da noch nicht wußte, warum? Aber diesen Widerwillen hatte sie überwunden, hatte ihn aufgehoben, um mich desto enger an sich zu binden.

Ich hatte angefangen, zu sterben, körperlich und jedenfalls auch geistig. Wie Fisher, war auch ich kein leichtes Opfer, aber der Abstieg hatte begonnen. Annes schlanke kleine Hände führten mich auf dem abschüssigen Pfad, der im Grab endet.

Ihre Hände!

Heftige Übelkeit packte mich; gallig quoll es mir im Schlund herauf, und ich erbrach mich in das Becken auf meinem Waschtisch.

Annes sechster Finger.

Sie hatte einen sechsten Finger an der linken Hand, einen krallenähnlichen Auswuchs, der von ihrem kleinen Finger abzweigte. Sie trug lange Ärmel, um ihn zu verdecken, und war über alle Vernunft hinaus geschickt darin, ihn zu verbergen. Ich selbst hatte ihn nur ein oder zweimal gesehen, und so stark war ihr Zauber gewesen, so blind und verwirrt war ich infolgedessen in ihrer Gegenwart, daß ich ihn wohl gesehen, aber eben doch nicht gesehen hatte.

Ein Hexenzeichen.

Wieder übergab ich mich, würgte grüne Galle hervor, und die Galle bespritzte den Rand der Schüssel in höhnischer Imitation der Smaragde, die dort prangten.

Sie konnte meine Gedanken lesen. Auch jetzt wußte sie, was ich dachte. Mir fiel ein, wie sie gewußt hatte, daß ich über einen Ersatzeid für More nachgedacht hatte, ohne ihn doch je zu Papier zu bringen.

Doch nein. So groß war ihre Macht nicht, daß sie bis hierher dringen konnte. Ich war in Sicherheit, solange ich mich nicht in ihrer unmittelbaren Nähe aufhielt.

Aber die Verwirrung und der Aufruhr in meinem Kopf hielten an. Sie konnte meine Gedanken in Unordnung bringen, sie aus der Ferne vernebeln, aber sie konnte sie nicht lenken oder lesen.

Sie mußte in Gewahrsam genommen werden. Ich würde ihre Gemächer bewachen lassen. Und dann würde ich von hier fortgehen, weit ins Land hinaus, wo meine Gedanken frei und rein sein konnten und wo ich wieder Kräfte sammeln und planen konnte, was zu tun war.

Ich würde meine Befehle geben. Am Morgen. Sobald es hell würde.

LXV

Ich wartete auf dieses Morgenlicht mit einer Inbrunst, die ich für allezeit verloren geglaubt hatte. Sie gehörte in die Kindheit, in jene Zeit, da die Dunkelheit ein Feind und nur das Licht freundlich gewesen war. Den Mond bei Tage hatte man als Kindermond bezeichnet, denn wir hatten ihn lieber bei Tageslicht gesehen...

Der Morgen graute und brachte mir Erlösung. Im klaren Licht erschienen mir meine Erkenntnisse über Anne nicht absurd, wie es morgens meistens der Fall ist. Im Gegenteil, sie waren noch offenkundiger und sicherer.

Anne war eine Hexe. Sie war besudelt vom Bösen, und sie praktizierte das Böse, sie nährte das Böse und nutzte es für ihr eigenes Fortkommen in dieser Welt.

Die vergangene Nacht hatte ihr gehört. Der Morgen war mein. Und ehe es wieder Nacht wurde, mußte ich weit fort sein.

Ich war seit einem Jahr nicht auf der Jagd gewesen. Die Jagd auf Hirsch und Reh, mein Lieblingswild, war eröffnet worden, während Annes »Schwangerschaft« mich an ihre Seite gefesselt hatte. Ich würde auf die Jagd gehen, zu sauberem Waidwerk bei Tageslicht.

Der nächste Wald, in dem es solches Wild im Überfluß gab, war der Savernake in Wiltshire, drei lange Tagesritte weit im Westen von London. Sir John Seymour, mein alter Waffengefährte, hatte sich vor einigen Jahren dorthin auf sein Schloß zurückgezogen und war Aufseher des Königlichen Jagdreviers zu Savernake.

Dort würde ich hinreiten, ein paar Tage in Wolf Hall verbringen und mit den furchtbaren Offenbarungen ringen, die mir aufgezwungen worden waren. Ich würde allein reiten. Es gab keine Gefährten, deren Gesellschaft ich mir gewünscht hätte. Aber ich brauchte doch jemanden, aus Gründen der Sicherheit. Jemanden, den ich liebte, jemanden, der still wäre. Wen konnte ich bitten...?

Es raschelte vor meiner Tür. Ich hatte nicht in meinem Bett geschlafen – ich hatte überhaupt nicht geschlafen –, und nun suchte Henry Norris nach mir. Henry Norris war der richtige. Diskret. Schweigsam. Mir treu ergeben.

Ich öffnete ihm. »Macht Euch reisefertig«, befahl ich in munterem Ton. »Ich will nach Wiltshire reiten, auf die Jagd, und ich wünsche, daß Ihr mich begleitet.« Als ich sein überraschtes Gesicht sah, fügte ich hinzu: »Es ist nur für ein paar Tage.«

Ich durfte keine Hast zeigen, keinen Hinweis darauf, daß ich floh. Trotzdem mußte Anne festgesetzt werden, und man mußte verhindern, daß sie sich von der Stelle rührte. Ich wußte nicht, was ich mit ihr anfangen sollte oder was überhaupt notwendig war. Ich konnte nicht nachdenken. Ich war betäubt von dem, was ich jetzt wußte. Es hatte alles verändert, doch jetzt war ich derjenige, der eine Maske tragen mußte. Ich brauchte Zeit, Zeit zum Nachdenken, Zeit, mich zu erholen, und, ja, Zeit zum Trauern. Ich hatte einen Verlust zu verschmerzen: Ich hatte mein Weib verloren, und meine Unschuld dazu.

Schweigend ritt ich gen Westen. Die untergehende Sonne wärmte und tröstete mich, und ein Rastplatz zog mich an. Ich war müde und sehnte mich nach Ruhe.

Am ersten Abend stiegen wir in Wokingham ab. Die Brüder in der Abtei von Reading waren tugendhaft (anders als die von St. Osweth!). Man gab uns ein behagliches, gemütliches Nachtquartier und ließ uns wissen, daß wir an der Komplet in der Kapelle teilnehmen könnten. Das taten wir, und mit tiefer Erleichterung stimmte ich in die Gebete ein. Sie baten mich, den Part des Vorbeters zu übernehmen, doch das lehnte ich ab. In meinem geistlichen Zustande war ich wenig geeignet, andere im Gebet zu führen.

Die Nacht hatte sich über das kleine Kloster gesenkt. Stumm zogen sich die Mönche zum Schlafen zurück. Der Prior, Richard Frost, bedeutete uns, ihm zu folgen, und in unserem Quartier spendete er uns seinen Segen. Dann zündete er unsere Kerzen an, verneigte sich und war verschwunden.

Eine einzige Kerze auf einem kahlen Tisch. Das war mein Licht, und so legte ich mich auf die Pritsche, auf der ich die Nacht verbringen würde, und zog mir die rauhe Wolldecke bis unters Kinn.

Cromwell behauptete, Mönche seien schlecht, und alle kleinen Klöster seien verdorben, schlimmer noch als St. Osweth. Aber dieses hier war fromm und gut geführt. Dafür dankte ich Gott, selbst wenn es eine Ausnahme sein sollte, denn meine Seele schmerzte mich in meiner Brust. Ich weinte in dieser Nacht, weinte um Anne und um mich. Denn ich hatte sie geliebt, und ich hatte mich geirrt.

Am Spätnachmittag des dritten Tages erreichten wir Wolf Hall, nachdem wir ein kleines Stück weit durch den Wald von Savernake geritten waren. Es war Parkland hier; der Wald war nicht so dicht, wie man vielleicht denken möchte, sondern durchbrochen von offenen Flächen, Gebüschen und Hecken. Wolf Hall, das auf einer Anhöhe stand wie eine Insel in einem Meer von Grün, war ein kleines, zum Teil aus Fachwerk bestehendes Herrenhaus.

Das Hervorstechendste an diesem Anwesen war eine gigantische Scheune mit einem riesigen Taubenschlag. Das Haus erschien im Vergleich dazu winzig.

Edward Seymour begrüßte uns mit geschürzten Lippen und geziemenden Manieren. Er erinnerte mich auf unheimliche Weise an Bischof Fisher. Beide waren mager, asketisch und beherrscht. Beide hatten forschende, kurzsichtige Augen. Beide sagten weniger, als sie dachten.

»Wir heißen Euch willkommen«, sagte er. »Wir sind überwältigt von dieser Ehre.« Er ließ die Pferde versorgen und winkte uns, ins Haus zu kommen. Wir gelangten in einen dunklen Empfangsraum, vor langer Zeit gebaut, um Ritter in klobiger Rüstung aufzunehmen.

»Meinem Vater geht es nicht gut«, sagte Seymour. »Im letzten Jahr ist er... Ich muß offen sprechen. Er ist wieder zum Kinde geworden.«

»Das ist nichts Seltenes«, sagte Norris leise. »Mit meiner Mutter ist es auch geschehen. Es war... schmerzlich.«

»Es ist betrüblich«, pflichtete Edward ihm bei. »Es bricht mir das Herz, wann immer ich ihn sehe. Ich denke immer noch, es ist etwas, das er steuern kann, etwas, das sich ändern könnte, wenn er es wollte. Aber mein Vater ist nicht mehr da, und an seinem Platz sitzt ein Kind, ein Schwachsinniger. Mein Kopf weiß, daß er es nicht mehr ändern kann, aber mein Herz weiß es nicht. Ich habe mich mit meinem Priester beraten...«

»Hier am Ort?«

»Aye. Es ist einer, der uns schon immer kannte. Und er sagt, manchmal läßt Gott uns wieder zu Kindern werden, bevor er uns heimruft. Aber darin liegt doch kein Sinn. Gott ist ein Gott der Schöpfung, nicht einer der Zerstörung. Ich kann es nicht verstehen.«

»Ich auch nicht«, sagte ich. Gott hatte mich eine Hexe freien lassen und mir durch sie ein Kind geschenkt. Es war nicht so simpel, wie man es darstellte. Gott war launischer, der Teufel stärker.

»Ihr werdet ihn beim Abendessen sehen«, sagte Edward. »Ihr werdet ihn sehen, wie er jetzt ist, und dann werdet Ihr Euch an ihn erinnern, wie er früher war.«

Wieviel Schmerz und Veränderung würde ich noch ertragen können?

Die Große Halle war eigentlich nur ein großes Zimmer mit einer Doppelreihe von Fenstern und ohne Galerie. Sie war offensichtlich ziemlich alt.

Wir waren nur eine Handvoll, die sich in der Septemberdämmerung zum Essen setzte, und wir drängten uns um das obere Ende eines Tisches. Ich bekam den Ehrenplatz zur Rechten des Gastgebers. Dann führten sie ihn herein; Edward hatte den linken, Thomas den rechten Ellbogen umfaßt. Liebevoll setzten sie ihn auf seinen Stuhl.

Er sah nicht anders aus. Er war derselbe John Seymour, der mit mir in Frankreich gekämpft und mit mir zu Tische gesessen hatte. Seine Züge waren unberührt, seine Augen ganz die alten. Äußerlich ist alles, wie es sein sollte; also ist der Rest genauso gut erhalten. Das glauben wir.

Seine blauen Augen ruhten auf mir. Sie betrachteten mein Haar, mein Gesicht, mein Gewand.

»Wer ist das?« fragte er in nörgelndem Ton.

»Es ist der König, Vater«, antwortete Edward. »Er ist gekommen, um mit uns auf die Jagd zu gehen.«

»Der König?«

Er hatte mich gekannt, mit mir gescherzt, war mit mir geritten.

»König Heinrich. Heinrich der Achte.«

Er nickte, aber es lag kein Verstehen in seinem Blick. *Erinnert Euch an die Schlacht der Sporen*, wollte ich zu ihm sagen. *Ihr wart den Franzosen damals dicht auf den Fersen. Erinnert Euch, wie sie rannten*!

Er lächelte. Das Lächeln eines Idioten. Es war alles verschwunden. Aber nein, das konnte nicht sein. Hinter diesem Gesicht war es noch vorhanden. Er lebte, er nickte, er aß – wie konnte Sir John verschwinden? Er war noch da, und wir wußten nur nicht, wie wir ihn hervorrufen sollten.

»Oh, es war lustig!« sagte er. »Lustig, lustig... niemand ist lustig. Heute nicht mehr.« Er schob seinen Löffel auf dem Teller umher.

Ein Kind. Er war zu einem Kinde geworden; seine Uhr war rückwärts gelaufen. Aber das war gegen die Natur. Entweder wurden wir getötet, oder wir erloschen in Schwäche. Aber wir verwandelten uns nicht wieder in Kinder.

»Aber Vater.« Eine sanfte Stimme, und zwei Hände, die ihn streichelten, sein Essen auf dem Teller ordneten. Das Gemüse – Möhren und Pastinaken – auf die eine, das Hammelfleisch auf die andere Seite. Er lächelte und tätschelte ihr die Hände.

Ich schaute genauer hin, um zu sehen, wer sie war. Zunächst erkannte ich nichts außer dem mattbraunen Kleid einer Dienerin mit einer weißen Haube. Ich griff nach ihrer Hand.

»Ihr seid freundlich, Mistress«, stellte ich fest. Sie wirkte so unaufdringlich und doch so tüchtig.

Sie wich vor mir zurück, nicht bescheiden, sondern gekränkt.

»Es ist kaum Freundlichkeit, wenn man seinem eigenen Vater behilflich ist«, erklärte sie und zog ihre Hand weg.

»Jane?« fragte ich, aber sie war schon fort.

»Die Franzosen sind übel«, sagte Sir John. »Sie belauern uns. Sie haben sich nicht gebessert. Aber der Papst ist noch schlimmer. Dieser neue... er ist viel härter als Klemens.« Er schüttelte den Kopf, scheinbar hellwach und in die Politik vertieft, wie er es früher gewesen war. »Es heißt, er lutscht an seinen Zehen.« Er gackerte gespenstisch.

Edward und Thomas aßen weiter.

»Es heißt, er lutscht an seinen Zehen!« beharrte Sir John, so laut jetzt, daß es von den alten Deckenbalken über uns widerhallte. »Und außerdem muß der Nordturm ausgebessert werden!«

Sobald es mit Anstand möglich war, verließ ich die Halle. Bedienstete brachten Sir John zu Bett, und ich suchte das meine auf. Es war schmal, hart und muffig. Die Morgenmesse in der nahen Pfarrkirche begann um sechs. Ich würde daran teilnehmen. Jetzt aber schlief ich ein in meinen Gebeten – für Sir John, für Anne und für mich.

Wir alle kamen zur Messe – das ganze Haus Seymour bis auf Sir John. Sie wurde kurz und ohne Umschweife gelesen. Der Priester, der da sein Latein murmelte, war ebenso grau und farblos wie das Gemäuer, das ihn umgab. Er mußte sein ganzes religiöses Leben hier verbracht haben, hin- und herschlurfend zwischen seiner Wohnung und dem kleinen Altar, ohne eine einzige Überraschung oder Herausforderung. Schon dadurch, daß er fortfuhr, unter solchen Umständen weiter seine Pflicht zu erfüllen, war er ein Held, ein stummer Soldat Christi.

Als wir die kleine Kirche verließen, wandte ich mich Jane zu, Edwards jüngerer Schwester. Sie war blasser denn je im matten Licht des Morgens.

»Ihr dient Eurem Vater gut«, lobte ich. »Es ist eine undankbare Aufgabe, doch eine, die Ihr mit Liebe erfüllt.« Wie bestürzt ich war, zu sehen, daß Sir John nicht mehr er selbst war, konnte ich ihr nicht sagen.

»Es ist keine undankbare Aufgabe«, widersprach sie. Ihre Stimme klang vertraut. Sie hatte einen leichten Akzent, einen Fehler vielleicht. »Er dankt es mir. Und es ist gut, daß ich ihm vergelten kann, was er für mich getan hat, als ich ein Kind war. Nur wenige Kinder haben dieses Privileg.«

Ein Privileg? Den Speichel von einem besabberten Kinn zu wischen? Einem erwachsenen Mann das Fleisch in kleine Bissen zu zerschneiden?

»Seit wann ist er... nicht mehr er selbst?«

»Seit mindestens zwei Jahren. Als ich das erstemal zum Hofe kam, war er noch wie immer. Aber in meinem ersten Urlaub...«

»Ihr wart schon vor diesem Jahr einmal am Hofe? Wart Ihr denn...?« Die heikle Frage war gestellt.

»Ja. Ich war in Diensten der Prinzessin Katharina, in ihren letzten Tagen bei Hofe.« Ihre weiche Stimme ließ kein Zögern erkennen, als sie den Namen aussprach. Jane war kein Fähnchen im Wind, keine Treubrüchige. Sie schämte sich nicht, Katharina gedient zu haben.

»Mein Bruder hat mich später wieder an den Hof gerufen. Ich war Kammerfrau der Königin, schon vor der Krönung. Aber... es wäre besser gewesen, wenn ich hier geblieben wäre, bei Vater.«

»Warum?«

»Weil er mich braucht.« Ein leichter Wind wehte sie an, hob ihre Röcke und lupfte ihre Haube. Er sollte ihr ein bißchen Farbe auf die Wangen blasen. Sie war viel zu blaß. Lachend rückte sie die dünne Haube zurecht.

Ihre Bewegungen... ihr Lachen... der leichte Akzent in ihrer Stimme... ich erkannte sie: das Mädchen, dem ich vor Annes Krönung im Vorzimmer begegnet war – das seltsame, mondbeschienene Mädchen.

»Ihr seid eine treue Tochter«, sagte ich. Sir John war gesegnet. Hätte Maria das gleiche für mich getan? Würde Elisabeth es tun, Halbhexe, die sie war?

»Nicht treu genug«, antwortete sie. »Denn jeden Morgen und jeden Abend bete ich, er möge wieder werden, wie er war. Ich kann ihn nicht lieben, wie er jetzt ist. Ich habe es versucht, und ich kann es nicht. Ich will meinen Vater wiederhaben; mit dieser Hülse kann ich nichts anfangen!«

»Und doch bedient Ihr ihn«, sagte ich staunend. »Haltet seine Hand, schneidet ihm sein Fleisch.«

»Und wünsche mir, er wäre nicht das, was er ist«, ergänzte sie. »Was für eine Art Liebe ist das?«

In den folgenden Tagen ging ich viel auf die Jagd, und wir taten uns jeden Abend an Rehbock, Hirsch, Hasen und Hindin gütlich. Am siebenten September las der Priester eine besondere Messe zum zweiten Geburtstag der Prinzessin Elisabeth, und alle beteten darum, daß ihr ein langes und gesundes Leben beschieden sein möge. Vor nur zwei Jahren hatte alles so anders ausgesehen. Ich hatte an Anne geglaubt, und der alte Sir John war noch er selbst gewesen. Jetzt sabberte er und klatschte in die Hände, als der Priester den Segen sprach.

Und was tat Anne? Ich wollte es nicht wissen.

Jane führte, wie ich bald begriff, den ganzen Haushalt. Sie umhegte und verzärtelte nicht nur Sir John, sondern beaufsichtigte auch die Dienerschaft, versorgte die Bienenkörbe, bekümmerte sich um die Milchkühe, und sie sortierte das Linnen, faltete es säuberlich und räumte es in die Schränke. Sie schnitt Kräuter und hängte sie zum Trocknen in die dunkle Wärme unter den Balken der alten Scheune, und wenn sie getrocknet waren, steckte sie kleine Sträußchen davon zwischen die gebleichte, gefaltete Wäsche. Das alles tat sie so still und seidig wie ein Mondstrahl, und sie ließ es einfach und mühelos aussehen.

Ich fühlte mich zu ihr hingezogen, denn in ihrer Gegenwart empfand ich Ruhe und Geborgenheit – und beides hatte ich nicht mehr empfunden, seit ich Anne das erstemal erblickt hatte. Auf eine wunderliche, milchweiße Art war sie ein Mittel gegen das Gift, das Anne mir verabreicht hatte.

Ich suchte täglich ihre Gesellschaft, doch sie war schwer zu halten und entwich mir immer wieder. Ihre Pflichten riefen... Sir John brauchte sie... der Wind verwehte das Linnen, das auf der Wiese zum Trocknen lag... die Katze hatte sich im Baum verstiegen und miaute...

Schließlich fand ich sie eines Nachmittags bei den Bienenkörben. Sir John hatte einen kleinen Bienenstock am unteren Ende des Obstgartens, und Jane schwenkte eine Rauchfackel vor einem der Körbe. Sie trug mächtige, dicke Lederhandschuhe und war von einem weißen Schleier verhüllt – seltsamer Abglanz eines Brautgewandes. Sie summte den Bienen etwas vor, sang ihnen ein Schlaflied. Ich stand hinter einem Birnbaum und beobachtete die wunderliche Zeremonie, denn was sich da zutrug, war seltsam. Das Gesumm im Bienenkorb war verstummt, als habe sie einen Zauber über die Insekten gesprochen. Behutsam hob sie den Deckel vom Rahmen, der sich im Korb befand, und nahm ihn heraus. Er war voller Waben und tropfte von Honig. Die Bienen hatten gute Arbeit geleistet. Sie schob einen leeren Holzrahmen hinein und sprach dabei sanft mit den Bienen.

Dann wandte sie sich dem nächsten Bienenkorb zu; der weiße Schleier blähte sich wehend hinter ihr, und von ihrer Rauchfackel stiegen dicke graue Wolken auf, mit denen sie die Bienen einschläferte.

Sie war Reinheit und Unschuld. Just als ich an diesen beiden verzweifeln wollte und schon glaubte, das Böse habe alles in seinem Griff, da war Jane hier, unversehrt und unbefleckt, weiß und makellos und einfach.

Die Tage vergingen schnell – zu schnell. Sir John hatte einen prächtigen Hundezwinger: Greyhounds für die Jagd auf Reh und Hirsch, Harrier für Wiesel, Eichhörnchen und Hasen und Mastiffs für Ungeziefer wie Iltis und Hermelin. Es war beruhigend, im gelben Licht des Vormittags hinauszureiten und dem Wilde nachzuspüren.

So geradeaus und einfach, so offensichtlich, wer der Jäger war und wer der Gejagte. Sogar das Töten war sauber – keine Geständnisse, keine Begründungen, keine Schuld. Und hernach ein feines Essen. Unmöglich, sich zu fürchten oder an irgend etwas anderes zu denken als an den Augenblick, an Pfeil und Bogen und an das Ziel.

Ich bekam keine Nachrichten in diesen bernsteingleichen

Herbsttagen, und ich sandte auch keine ab. Ich wünschte mir nichts als den mählichen Trost eines jeden Sonnenaufgangs, eines jeden selbstgenügsamen Tages, während ich mich nach und nach an das gewöhnen konnte, was ich jetzt über Anne wußte. seltsam, wie rasch man sich an das Undenkbare gewöhnt, wenn das erste Entsetzen und Erschrecken verflogen ist.

Als der letzte Tag meiner Jagd zu Ende ging und die Treiber dabei waren, die Strecke zum Häuten und Ausweiden zu sortieren, war mir, als hätte ich immer schon gewußt, daß Anne eine Hexe und vom Teufel erfüllt war, als hätte ich ihre zerstörerische Macht über mich und über die, die ich liebte oder brauchte, immer schon gefühlt und gefürchtet. Sie hatte ihr Schlimmstes getan, was Wolsey, More und meine Schwester Maria anging, und jetzt würde sie sich gegen Katharina wenden, gegen meine Tochter Maria, gegen Fitzroy... und vielleicht auch gegen mich. Vielleicht sogar gegen... Mary Boleyns Tochter Catherine? Alle, die sie im Verdacht hatte, meine Geliebten oder meine Kinder zu sein, mußten sie fürchten.

Was würde ich bei meiner Rückkehr vorfinden? Wer würde »krank« geworden sein? Chapuys hatte von Gift geredet, und ich hatte seine Worte verächtlich abgetan und das Ganze für ein durchsichtiges Komplott gehalten, mit dem Katharinas und Marias politisches Exil beendet werden sollte. Daß Katharina darauf beharrt hatte, sich ihr Essen selbst zu kochen – vielleicht hatte ihr das bis heute das Leben gerettet. Was hatte Anne noch über Katharina gesagt? »Ich bin ihr Tod, wie sie der meine ist.« *Ich bin ihr Tod...* Ja, so wollte sie es.

Aber wozu dienten alle diese Tode? War das Ziel die Auslöschung eines Lebens, irgendeines Lebens? Oder war es präziser zu fassen? Ging es nur um bestimmtes Leben?

Die schönen Tage von Wolf Hall mußten zu Ende gehen, und ich mußte nach London zurückkehren, nach Greenwich, wo Anne wartete. Ich mußte mich ihrer entledigen, und ich mußte es so tun, daß sie all ihrer Macht restlos entkleidet war, und auch aller Gelegenheit, neue Macht zu erlangen.

Der Ritt zurück zeigte mir mit schmerzhafter Klarheit, was es hieß, daß ich Hunderte von leblosen Dingen mit Bedeutung erfüllt hatte. Auf der Flucht nach Wolf Hall war ich vor Entsetzen so verwirrt gewesen, daß ich rings um mich her nichts wahrgenommen hatte. Jetzt, da ich ruhiger war, sah ich alles.

Der große runde Turm von Windsor kam in Sicht. Windsor, wo ich an einem Herbsttag wie diesem Anne zur Marquise ernannt hatte. Der Stolz, die Freude, die sie mir an jenem Tag bereitet hatte, hallten jetzt höhnisch von den alten Mauern wider.

Die Greyhounds, die vor uns hersprangen... Annes Greyhound Urian hatte auf einem Jagdausflug einmal eine Kuh gerissen. (Urian! Einer von Satans Günstlingen! Ihren Hund hatte sie nach ihm benannt, und ich war so blind gewesen, daß ich nicht gesehen hatte, was es bedeutete.) Ich hatte dem Bauern eine Entschädigung bezahlt, entsann ich mich – so trunken von Liebe, daß ich es als Privileg empfand.

Ein kleiner Schrein am Wegesrand. Eine Madonna in gelben Gewändern. Gelb wie Annes Kleid und die Blumen damals in Hampton Court.

Würde ein Ding je wieder ein Ding sein, ein Gebäude wieder ein Gebäude, eine Farbe nur eine Farbe und nicht ein rotglühender Nagel der Erinnerung. Wenn die Dinge erst wieder wären, was sie waren, dann wäre der Schmerz halb ausgestanden.

LXVI

Wir kehrten in aller Stille heim, und ich gab keine Mitteilung an den Kämmerer der Königin. Der einzige, den ich sehen wollte, und zwar sofort, war Cromwell. Cromwell und möglicherweise Cranmer. Aber Cromwell zuerst.

Wir kamen in seinem Londoner Stadthaus zusammen. Es war dem Hause der Augustiner-Brüder (das bald aufgelöst werden würde) benachbart, in angenehmer Nähe von York Place. Anders als alles, was Wolsey gehabt hatte, war es ein kleines, bescheidenes Haus. Cromwell gab niemals irgendwelche »Staatsempfänge«; es war eine absurde Vorstellung, er könnte als Gastgeber bei einem Bankett für Botschafter und Fürsten den Vorsitz führen. Er war wohl bekannt dafür, daß er zu tafeln wußte, und seine privaten Gäste erfreuten sich an schmackhaften Speisen und fesselnder Konversation – ähnlich wie es bei More der Fall gewesen war –, aber das alles in einem sehr traulichen Rahmen.

More. Die Erinnerung an More ergriff mich so schmerzhaft, daß ich stöhnte. Ich ließ mich von ihr überrollen, denn dann würde sie vorübergehen. Wenn nicht, würde sie niemals, niemals nachlassen. Das wußte ich, aber die Anfälle von Schuldbewußtsein und Trauer zehrten sehr an mir. Wir saßen in Cromwells Tagesstube, einem freundlichen kleinen Zimmer mit Blick auf den ummauerten Obstgarten. An drei oder vier Bäumen hingen schwere Äpfel, und die Blätter rings um sie herum waren gelb. Die anderen, Kirsch- und Birnbäume, waren schon leergepflückt.

»Eine schöne Birnenernte gab es dieses Jahr.« Wieder nahm Cromwell meinen unausgesprochenen Gedankengang auf. »Der warme, klare Mai für die Blüte und dann all der Regen – genau das, was ein Birnbaum sich wünscht.«

Gut, daß Mores und Fishers verfluchte Regengüsse und Unwetter wenigstens zu etwas getaugt hatten. Für die Getreidefelder waren sie schlecht gewesen, und für die Menschen ebenfalls.

»Versucht ein wenig von seinem Elixier.« Cromwell reichte mir einen kleinen Silberbecher mit Perry, einem vergorenen Trank aus Birnensaft. Wir hoben einander die Becher entgegen und nippten dann daran. Das Getränk war von sanftem, delikatem Geschmack.

»Ja, der Regen hat ihnen gutgetan.«

Er stellte seinen Becher ab und sah mich abwartend an; der Blick seiner schwarzen Augen war tief und verständnisvoll.

»Crum, ich habe die letzten zwei Wochen im Westen des Landes verbracht und dort gejagt.« Ich wußte, daß er es wußte – zweifellos hatte einer seiner Spitzel den Weg nach Wolf Hall gefunden –, aber es war höflich, es ihm von mir aus zu erzählen.

Er lächelte. »Und hattet Ihr eine gute Jagd?«

»Allerdings. Hasen, Hirsche, Rehe – Wildbret gab es jeden Abend, bis wir schier platzten. Ich hatte ganz vergessen, wieviel Spaß mir die Jagd macht. Ihr jagt doch auch, oder nicht, Crum?«

»Mit Falken, ja.«

»Ich höre, Ihr habt eine hübsche Sammlung von Falken. Wo haltet Ihr sie? Doch nicht in London?«

»In Stepney.«

»Wir müssen bald einmal zusammen auf die Beiz gehen.«

»Es wäre mir ein Vergnügen.«

Pause. Genug der Artigkeiten. »Aber zuvor müssen wir den Falken hinter verschlossenen Türen steigen lassen. Hier gibt es eine, die fliegt zu hoch, eine, die von vornherein gar nicht nicht hätte fliegen dürfen – eine, die heruntergeholt und fortgeschafft werden muß«, sagte ich. »Man muß sie rupfen und dann fortschaffen, hinaus aus den königlichen Schlägen.«

War da ein hauchfeines Zucken in seiner Lippe? Ein unterdrücktes Lächeln. »Die Königin fliegt sehr hoch«, sagte er – langsam, aber kühn nichtsdestominder.

»Ich habe die Macht, sie zur Erde zurückzuholen, wie ich sie zuvor habe erhöhen können. Ich will sie los sein, Crum, ich will sie los sein. Sie ist mir kein Weib.« Mehr als das wollte ich nicht sagen; es war nicht tunlich. Crum brauchte nur mit meinen Schlußfolgerungen vertraut zu sein, nicht mit den Beweggründen, die dahinterstanden.

»Wollt Ihr sie fortschicken, oder soll sie Euer Weib nicht länger sein?«

»Sie soll mein Weib nicht länger sein. Das vor allem!«

Crum stand – mit meiner Erlaubnis – auf und begann, auf und ab zu gehen. Auf und ab, auf und ab auf dem polierten Holzfußboden seiner Stube. Am Fenster blieb er stehen, legte die Fingerspitzen an einen großen Globus, den er auf einen geschnitzten Fuß hatte stellen lassen, und drehte ihn herum. Die Welt begann zu kreisen, ein glänzendes Muster aus bunten Ländern und Meeren.

»Wenn die Ehe einen Fehler hat, der sie ungültig macht, dann wird alle Welt die Prinzessin-Witwe für rehabilitiert halten und sie wieder an ihrem rechtmäßigen Platz sehen wollen.«

Katharina. Hier in London war es, als existiere sie nicht, als sei sie verweht im Dunst der Moore. Aber für den Kaiser und den Papst war ganz England eins und London nicht weniger entlegen als Kimbolton.

»Ihr werdet Katharina dann wieder zu Euch nehmen müssen«, sagte Crum und ließ den Globus noch einmal rotieren. Er knarrte auf seiner Achse. »Es ist unglückselig, daß die überflüssige Gemahlin Eurer Majestät noch da ist.«

All das trieb jetzt wieder an die Oberfläche, wie ein Leichnam, der drei Tage im Wasser gelegen hatte... nein, ich konnte es nicht ertragen. Aber Anne, die Hexe... sie konnte ich auch nicht ertragen, denn sie wollte mich töten.

»Was ist, wenn der Fehler nicht in der Ehe liegt, sondern in der Königin selbst?« flüsterte ich. »Wenn sie einen Makel hat, einen tiefgründigen, fatalen Makel, dessentwegen sie...« *kein menschliches Wesen ist*, wollte ich sagen, wagte es aber nicht... »sich nicht eignet, Königin zu sein?«

»Eine moralische Verfehlung?« fragte er eifrig.

Ja, so konnte man es wohl nennen, wenn jemand seine Seele an den Teufel verkaufte. Ich nickte.

»Diebstahl, Lüge, falscher Schein?« Er dachte laut, schüttelte den Kopf und verwarf eine Möglichkeit nach der anderen.

»Man nennt sie die Großhure«, sagte ich leise.

»Aber das würde auch einen Schatten auf Eure Majestät werfen.« Die spöttische Selbstsicherheit war aus Cromwells Verhalten verschwunden. Er lehnte sich ans Fenstersims, und draußen riß ein verspielter Wind die losen Blätter vom Apfelbaum und wirbelte sie durch die Luft. Die lastenden Zweige wippten und schwankten. »An einer solchen Lösung kann uns nichts liegen. Verrat hingegen – das ist etwas Scheußliches, und er besudelt nur den Verräter, nicht aber sein Opfer.«

»Sie hat gegen jedes einzelne der Zehn Gebote verstoßen!« rief ich aus.

Jetzt verlor Cromwell den letzten Rest von sichtbarer Fassung. »Eure Majestät! ich kann nicht glauben... gewiß nicht... *Mord*. Die Königin hat nicht gemordet!«

Doch, dachte ich. Wolsey, Warham, Fisher, meine Schwester Maria, Percy... und in diesem Augenblick wendet sie ihre Schwarze Kunst gegen andere.

»In ihrem Herzen, Crum. In ihrem Herzen.« Mehr konnte ich ihm für den Augenblick nicht offenbaren.

»Aber das haben wir alle schon getan«, wandte er ein. »Nach dem Gesetz, nach dem allgemeinen Gesetz des Reiches, ist es die Tat, die einen Menschen verurteilt, nicht seine Gedanken. Ihr seht die Dinge mit den Augen des Obersten Hauptes der Kirche von England; nach geistlichen Maßstäben ist die Absicht freilich schon an sich eine schwere Sünde.« Mit dem schlauen Gebrauch solcher Schmeichelei, glaubte er, würde er die Auseinandersetzung gewinnen und mich von meinem Vorhaben abbringen.

Erstes Gebot. Ich bin der Herr, dein Gott. Du sollst keine fremden Götter neben mir haben.

Anne hatte Satan zu ihrem Herrn und Meister erkoren.

Zweites Gebot: Du sollst den Namen des Herrn, deines Gottes nicht unnütz aussprechen.

Indem sie an christlichen Riten teilhatte und öffentlich »betete«, tat Anne eben dies und verhöhnte so den Herrn.

Drittes Gebot: Gedenke, daß du den Sabbath heiligest.

Die Sonntage und die heiligen Feiertage verbrachte sie mit eitlen Maskeraden und Banketten zur verklärten Darstellung ihrer selbst.

Viertes Gebot: Du sollst Vater und Mutter nicht verunehren.

Anne stand auf schlechtem Fuße mit ihrer ganzen Familie, nur nicht mit ihrem Bruder George.

Fünftes Gebot: Du sollst nicht töten.

Oh, sie hatte... sie hatte...

Sechstes Gebot: Du sollst nicht ehebrechen.

Das würde sie nicht tun, nein, sie war zu eitel, als daß sie sich irgend jemandem hingäbe, außer Satan... und ihrem Stolz. Diana, die Mondgöttin: Gegen dieses Gebot hatte sie nicht verstoßen.

Siebentes Gebot: Du sollst nicht stehlen.

Sie hatte den Thron gestohlen, hatte Ritus und Salbung gestohlen, die nur einer wahren Königin zukamen.

Achtes Gebot: Du sollst nicht falsch Zeugnis ablegen wider deinen Nächsten.

Das Gebot verbietet Lügen, vorschnelles Urteilen, Verleumdung, falsche Anschuldigung und das Verraten von Geheimnissen, zu deren Bewahrung wir uns verpflichtet haben. Sie *log* nicht, aber sie war eine Lüge! Denn der Vater der Lüge hatte ihr beigewohnt...

Neuntes Gebot: Du sollst nicht begehren deines Nächsten Weib.

Sie begehrte fremde Ehemänner. Mich, am Anfang; dann Thomas Wyatt, Francis Weston, sogar ihren Bruder George. Alle waren verheiratet, und doch verlangte sie, daß sie ihr den Hof machten.

Zehntes Gebot: Du sollst nicht begehren deines Nächsten Hab und Gut.

Habgierig hatte Anne stets auf den Besitz anderer geschaut und ihn begehrt, und sei es nur ihnen zum Trotz. Ich dachte daran, wie hartnäckig sie darauf bestanden hatte, Katharina zu berauben – des Taufkleides und ihrer königlichen Juwelen –, und wie sie Wolseys York Place übernommen hatte. Sie begehrte Dinge, nur weil sie einem Feind am Herzen lagen.

»Gedanken führen zu Taten«, sagte ich. »Müssen wir warten, bis ein Mörder mordet?«

»Das müssen wir, wie Gott selbst es muß. Überdies ist in den Augen des Gesetzes bis dahin niemand ein Mörder. Eure Majestät... könnt Ihr das Problem mit der Königin nicht ein wenig klarer darlegen? Ich könnte Euch soviel besser helfen, wenn ich genauer wüßte, was Ihr meint.«

Nein. Wenn ich ihn einweihte, gefährdete ich sein Leben. Die Hexe würde es wissen.

»Nein. Es genügt, wenn Ihr wißt, daß ich mich ihrer entledigen und von ihr geschieden werden muß. Findet die Mittel zu diesem Zweck! Benutzt Euren Scharfsinn, wendet all Eure Macht auf, aber bringt es zuwege!« Die gleiche Anweisung, die ich einmal Wolsey im Hinblick auf Katharina gegeben hatte, und er war gescheitert. »Ihr dürft nicht scheitern; die Lage ist verzweifelt!« Crum war nicht durch eigenen Ruhm und Ruf gebunden; er konnte sehr viel freier handeln, als Wolsey es je vermocht hatte. Sein eigener Ehrgeiz war ihm kein Hindernis, wenn es darum ging, seinem König zu dienen. Unser beider Interessen standen in völligem Einklang.

»Ich werde Zeit brauchen«, sagte er. »Es möchte nützlich sein, wenn ich bei den Feierlichkeiten der Königin zu Michaelis dabeisein könnte. Wenn Ihr mir eine Einladung verschaffen könntet...?«

Anne plante also schon wieder eines von ihren Festen. »Ja, selbstverständlich. Wird es ein großes Fest?«

»Der ganze Hof soll teilnehmen, heißt es. Aber ich habe keine Einladung bekommen. Die Königin hat mich nie... geschätzt.«

»Wie undankbar, wenn man bedenkt, daß Ihr der lenkende Verstand hinter der großen Revolution wart, auf der heute ihr Thron steht.«

»Die Fähigkeiten meines Verstandes sind noch nicht erschöpft, und nichts ist für alle Zeit sicher.« Seine Augen glänzten wie die eines Knaben, der ein großes hölzernes Puzzle bekommen hat. Sein Erfindungsreichtum hatte eine Herausforderung erhalten, und er hatte Gelegenheit, zur Jagd aufzusteigen und seine Beute vom Himmel zu holen – wie einer seiner geliebten Falken.

Ich hatte eine Einladung von Anne zum Fest zu Ehren des heiligen Erzengels Michael und aller Engel erhalten. Ihre Majestät, die Königin, veranstaltete es; und der Zeitpunkt und die Einzelheiten waren auf dem Papier mit einem wunderlichen Muster in Schwarz und Weiß verwoben, das beim Betrachten unmerklich von der einen zur anderen Farbe wechselte und sich von innen nach außen kehrte. Natürlich: Das Fest des Heiligen Michael war Sinnbild für den alljährlich wiederkehrenden herbstlichen Kampf zwischen Finsternis und Licht, in dem die Finsternis triumphierte. Es war raffiniert von Anne. Aber raffiniert war sie ja immer gewesen, wie ein wildes Tier – nur eben nicht besonders klug.

Ich würde mich bis zum angegebenen Abend von ihr fernhalten. Dies einzurichten war einfach genug; ich hatte alle Hände voll zu tun, denn die Höflinge kehrten zurück, die Gerichte nahmen ihre Arbeit auf, und ausländische Gesandte drängten sich nach Audienzen. Ich dankte Gott dafür, daß König und Königin über getrennte Gemächer verfügten. Einstweilen sandte ich Anne freundliche, höfliche Grußbotschaften in der Hoffnung, sie damit zu versöhnen und ihr jeden Argwohn zu nehmen, ich könnte ihr wegen der vorgetäuschten Schwangerschaft etwa nicht »vergeben« haben.

Denn, um die Wahrheit zu sagen, ich hatte Angst vor ihr. Sie besaß bestimmte Kräfte (in welchem Maße, das wußte ich nicht, und meine Angst rührte zur Hälfte schon daher), darunter vielleicht die Fähigkeit, Gedanken zu lesen, und bestimmt die Fähigkeit, ihren Feinden körperlichen Schaden zuzufügen. Ich zweifelte nicht daran, daß sie diese Kräfte bald gegen mich verwenden würde, sobald sie nämlich begriffen hätte, daß ich ihr auf die Schliche gekommen war. Ich hatte die Aufgabe, diese Erkenntnis so lange wie möglich zu verhindern, bis ich den ersten Schritt tun könnte.

Unterdessen bestätigte Chapuys meine schlimmsten Befürchtungen. Der kaiserliche Botschafter, der seine Audienz eher gefordert als erbeten hatte, stand voller Bangigkeit vor mir. Ich fragte mich, ob meine eigene Bangigkeit ebenso deutlich sichtbar war, als wir einander anschauten: Ich auf meinem Thron, in den königlichen Hermelin gehüllt, das Zepter in der Hand, er barhäuptig, den Hut fest umklammert.

»Eure Majestät, es heißt, die Prinzessin – Lady Maria« – er machte keine Witzeleien wegen des Titels – »sie sei ernstlich erkrankt. Man fürchtet für ihr Leben.«

Er überreichte mir einen abgegriffenen Brief, der schon viele Male auseinander- und wieder zusammengefaltet worden war: Eine Nachricht von Maria und eine von ihrem Beichtvater. Ich fühlte stechenden Schmerz darüber, daß sie es vorgezogen hatte, nicht an mich, sondern an Chapuys zu schreiben, aber die Vernunft sagte mir tröstend, es sei ja nur natürlich, daß sie sich an ihren Bundesgenossen wandte. Dennoch schmerzte es mich.

Maria beschrieb ihre Krankheit nicht, sondern bat Chapuys nur, er möge sich dafür einsetzen, daß Katharina sie pflegen dürfe, »meine eigene liebe Mutter, so viel wert wie eintausend Ärzte«. Ihre Handschrift wirkte matt und verloren; sie irrte über das Blatt wie ein Hündchen, das in öder Wüstenei den Weg nicht mehr wußte. Der Beichtvater schilderte den Beginn des mysteriösen Leidens als »plötzlich; es setzte ein am Geburtstag der Prinzessin Elisabeth und schafft der Lady große Pein in Magen und Gedärm, so daß sie kaum einmal ihre Speise in sich zu halten vermag und täglich dahinschwindet. In der Nacht erscheinen Blutergüsse an ihrem Körper – woher, das wissen wir nicht«.

Annes Unterschrift, ihre höhnische Unterschrift, war da, wenn man sie nur zu erkennen wußte: *Es setzte am Geburtstag der Prinzessin Elisabeth ein*. Dies war Annes Art, den Geburtstag zu feiern.

Man sagt, der Teufel sei so stolz, daß er oft Dummheiten begehe, nur um zu protzen und zu prahlen. Dies war so ein Fall. Anne hatte sich die elegante Wendung nicht versagen können, den siebenten September als den Tag zu erwählen, an dem sie mit der Vernichtung von Elisabeths Rivalin begann.

»... will ich mich selbst als Sicherheit verbürgen«, sagte Chapuys eben. Ich hatte nicht zugehört.

»Was sagtet Ihr, bitte?«

»Laßt sie zu Katharina gehen! Sie braucht ihre Mutter, sie leidet im Geiste wie am Körper, und eins kann ohne das andere nicht genesen. Ich biete mich als Geisel an. Ihr mögt mich töten, wenn Euch aus der Wiedervereinigung etwas Schädliches erwächst.«

»Unmöglich. Was würde mir Euer Tod nützen, wenn Katharina einen Aufstand gegen mich entfacht?« Mit Marias Brief in meiner Hand haßte ich die Grausamkeit, mit der ich ihr verbot, was sie, wie ich wußte, aufmuntern, wenn nicht kurieren würde. Immer war ich gezwungen, den Part des Bösewichts zu spielen, nur weil ich Dinge wußte, die andere nicht wußten, und weil ich die Verantwortung für viele Menschen, nicht nur für einen einzigen, zu tragen hatte.

»Katharina würde nur als Mutter handeln...« hob er an.

»Beim Blute Gottes, sie ist nicht so, wie Ihr denkt!« Ich winkte, daß man mir meine private Briefschatulle bringen möge; ich schloß sie auf und nahm einen schweren Umschlag heraus. Cromwells Spione hatten ihn erst vor drei Tagen gebracht. An seiner Echtheit konnte kein Zweifel bestehen; zu gut kannte ich Katharinas Handschrift, die dicken, schwarzen Schriftzüge. »Lest. Ihr Verrat steht in diesem Brief.« Es hatte mich betrübt, es zu lesen und zu wissen.

Der Brief war an den Papst gerichtet – an sich schon ein Verstoß gegen das Gesetz zum Verbot eines jeden Appells an Rom. Aber selbst wenn dies nicht so gewesen wäre, hätte der Inhalt des Briefes, der Ruf nach einer Intervention des Auslands in Angelegenheiten Englands, den Tatbestand des Hochverrats erfüllt.

»Eure Heiligkeit weiß, wie das ganze Christentum weiß, welche Dinge in England geschehen, welch große Kränkung Gott widerfährt, welche Lästerung in den Augen der Welt, und mit welcher Schmach Eure Heiligkeit überhäuft wird. Wo nicht binnen kurzem Abhilfe wird geschaffen, so nimmt die Vernichtung der Seelen und das Märtyrertum der Heiligen nimmer ein Ende.«

»›Wo nicht binnen kurzem Abhilfe wird geschaffen‹«, wiederholte ich langsam. »Mit anderen Worten: Sie beschwört den P... – den Bischof von Rom, er möge Karl und Franz bedrängen, in England einzufallen und der Exkommunikation und dem Interdikt, das er gegen uns geschleudert hat, zur Wirksamkeit zu verhelfen. Sie ruft danach, Chapuys, mich abzusetzen. ›Ihren geliebten Gemahl‹, dem sie ›in allen Dingen gehorchen‹ will. Ha!« Zorn verdrängte die Trauer über Katharinas Doppelzüngigkeit. Sie gab sich so heilig, so ehrlich – und auch sie war voller Lügen!

Lügen, Lügen! Alle Welt log! Ich war von Lügnern umringt.

»Ist denn niemand, der mir die Wahrheit sagt?« schrie ich.

Chapuys deutete auf Marias Brief. »Dies ist die Wahrheit?«

»Oh, daß sie krank ist, daran zweifle ich nicht. Aber daß Katharina und ihre Bundesgenossen – einschließlich Eurer selbst, mein werter kaiserlicher Lakai! – sich auf die Krankenpflege beschränken würden, daran zweifle ich. Nein, Maria wird bleiben, wo sie ist. Katharina möge sich nicht hervorrühren, um sie aufzusuchen. Denn da möchte sie wohl mit jemandem sprechen müssen, der sich weigert, sie ›Königin‹ zu nennen!« spie ich. »Zu Maria schicke ich Dr. Butts. Er kann sie kurieren, wenn es irgend jemand kann.« Und einen Exorzisten, dachte ich, schicke ich überdies, als Apotheker verkleidet. Seine Dienste würde sie nötig haben, wenn sie wirklich genesen sollte.

Enttäuschung und Abscheu erfüllten Chapuys' Gesicht. Er deutete auf den Brief.

»Den Brief werden wir behalten«, erklärte ich. Daß ich ihn dem Exorzisten geben wollte, konnte ich ihm nicht verraten. Chapuys hielt mich für niederträchtig und kleinlich. Von mir aus – in der Unschuld lag seine Sicherheit.

Annes Netz zog sich zusammen. Maria war darin gefangen. Ich zweifelte nicht daran, daß auch Katharina bald »krank« werden würde. So war es eine entsetzliche Überraschung, als ich drei Tage später aus Windsor die Nachricht erhielt, daß Fitzroy angefangen habe, Blut zu husten.

Wenn das Gebet allein die Schwarze Kunst überwinden kann, dann errettete ich ihn in dieser Nacht, denn ich betete mehr, als ich jemals für möglich gehalten hätte.

Jetzt mußte ich mein furchtbares Wissen nutzen und zur Tat schreiten, um Anne und das Böse zu überwinden. In zwei Tagen, auf dem Fest...

Was dann? Ich hatte keinen Plan, wußte nicht, was wirklich Rettung schaffen würde.

LXVII

Es war der Vorabend von Michaelis; die Sonne ging unter, und ihr letztes Glühen am Himmel war wie ein zögernder Abschied, die Übergabe an die Hände der Dunkelheit, die nun zwölf Stunden lang regieren sollte. Ich stand da und sah, wie das letzte Licht dahinschwand und wie zugleich das Licht in der Großen Halle immer heller wurde. Die Vorbereitungen für das Fest waren im Gange.

Ich war der letzte, der die Große Halle betrat. Sie war strahlend hell erleuchtet mit irgendeinem weißen, leicht bläulich schimmernden Licht, das von lauter Spiegeln reflektiert wurde. Es war ein häßliches, grausames Licht, das die Falten in den Gesichtern zeigte und die Pupillen klein wie Stecknadelköpfe machte.

Anne kam auf mich zu. Sie war halb in Weiß, halb in Schwarz gekleidet; die Farben teilten ihr Kostüm genau in der Mitte, und sie hatte sich auch das Haar zur Hälfte weiß färben lassen. Die Fingernägel der einen Hand waren schwarz lackiert, die der anderen schimmerten weiß. Ich sah sie zum erstenmal seit jener schrecklichen Nacht in ihren Gemächern, da ich sie durchschaut hatte.

Der Hof wußte, daß wir uns einander entfremdet hatten. Die tiefe Kluft zwischen uns hatte sich nicht verbergen lassen, und so schaute jetzt alles regungslos zu, als Anne und ich aufeinander zugingen.

Ich allein fühlte keine Spannung. Ich wußte, ihre Taten hatten keine Wirkung auf mich, und ich war unerreichbar für ihre Machenschaften. Die Frau, die ich geliebt hatte, hatte nie existiert; diese Schlange hatte nichts mit ihr zu tun.

»Mein Lord«, sagte sie und lächelte. Ihre Zähne... die blutroten

Lippen... sie weckten eine Erinnerung an etwas... an irgend etwas...

»Meine Königin.« Unsere Hände berührten sich; ich ließ es zu. Wir hoben sie und wandten uns feierlich den Leuten zu. Ich würde zu Vermutungen keinen Anlaß geben.

Anne gab der Musik das Zeichen. Von der Galerie ertönten schrille, kakophone Klänge, heulend und durchdringend. Man folterte Saiteninstrumente, und ihre Schreie wurden von brutalem Trommelschlag übertönt.

»Gefällt es dir?« fragte sie mich. »Ich habe es eigens für diesen Abend komponieren lassen – der Sieg des Winters und der Finsternis über den Sommer und das Licht.«

Nie hatte sie ihren Mut glänzender zur Schau gestellt: Kein Wort über unseren letzten Abschied, über unsere Entfremdung oder meine Vorwürfe; statt dessen die Frage nach meiner Meinung über ein experimentelles Musikstück. Ich bewunderte ihre Tapferkeit und verachtete zugleich ihre Person.

»Es ist scheußlich«, sagte ich. »So scheußlich wie die Dunkelheit und alles Böse.«

»Dann ist es eine erfolgreiche Komposition«, erwiderte sie. »Denn eben dies soll es darstellen.«

»Wer ist der Schöpfer? Mark Smeaton?« Ich beantwortete mir meine eigene Frage.

Sie nickte. »Würdest du den Ehrenplatz einnehmen? Es ist alles bereit.«

Sie sollte an meiner Seite sitzen. Also hatte sie nicht die Absicht, in diesem Schauspiel eine Rolle zu spielen; sie hatte meine Wünsche respektiert. Oh, sie war so fügsam, so liebreizend. Zu spät – viel zu spät.

Die Halle war voll; dicht drängten sich die sogenannten »neuen Männer«, die jungen Opportunisten des Tages. Da war der untersetzte, gewinnende Edward Clinton aus Lincolnshire; das dunkle Satinwams spannte sich über seinen breiten Schultern. Erst vor kurzem, nach dem Tode seines Vaters, Baron geworden, hatte er, wie man munkelte, ein Auge auf Bessie Blount geworfen, um sich ihrer zu bemächtigen, sobald der kränkliche Tailboy hingeschieden wäre. Aber wollte er sie vielleicht aus Gewinnsucht? Ich mußte es feststellen. Auf jeden Fall warf er lüsterne Blicke auf die Gemahlin des Kanzlers, die neben ihm stand. Treu würde er nie sein.

Sir Richard Riche, einer von Cromwells Leuten, kürzlich zum Generalanwalt der Krone ernannt, stand zwischen Kanzler Audley und seiner Frau. Sein ganz und gar konturloses, nicht im mindesten einprägsames Gesicht lächelte milde. Seine Lippen bewegten sich, aber er sagte nichts. Gleichwohl hatte sein Zeugnis geholfen, More zu überführen.

More.

Es wimmelte hier von seinen Nachfolgern und Erben: Thomas Wriothesley, auch eine von Cromwells »Entdeckungen«, stolzierte umher, spitzfingrig, geziert. Er hatte seinen Namen vor einiger Zeit von Risley zu Wriothesley aristokratisiert, und er redete in einem Ton, den er für modisch sanft hielt. Neben ihm sah ich Ralph Sadler, einen angenehmen, mausähnlichen Mann. William Petre, lieb und fügsam. Bischof Stephen Gardiner, berechnend, aber unfähig – eine unglückselige Kombination.

Sie alle brachten mir einen schlechten Geschmack in den Mund. Gern hätte ich ausgespuckt, am liebsten auf die Feder von Risleys geckenhaft affektiertem Hut.

Mit Erleichterung fiel mein Blick auf eine andere Gruppe von »Neuen Männern«. Da stand William Parr, gerade zwanzigjährig, aber mit einem würdevollen Benehmen, das an eine frühere Ära denken ließ. Er war aus einer Familie, die im Norden zu Hause war und die mir gegen die Schotten gute Dienste geleistet hatte. Seine Schwester Katherine, die Gattin des alten Lord Latimer, stand neben ihm; die Bedürfnisse ihres Gemahls erlegten ihrer Jugend keinerlei Entbehrungen auf: Er stammte zwar aus Lincolnshire, hatte aber ein Stadthaus in London und brachte seine Frau oft an den Hof, wo sie die Gesellschaft der wenigen verbliebenen Gelehrten und Humanisten suchte und Annes Gemächer entschieden mied. Ich war überrascht – erfreut, aber überrascht –, sie heute abend hier zu sehen. Jane Seymour, in blasses Herbstgold gewandet, war ins Gespräch mit ihr vertieft. An ihrer Seite erkannte ich Edward und Tom – der eine hölzern und manierlich, der andere herausgeputzt wie ein bunter Kakadu.

Die älteren Männer standen in einer weiteren Gruppe abseits –

der Herzog von Norfolk, der aussah, als habe er einen unverdaulichen Klumpen Nierenfett im Magen, der sein Gesicht gelb färbte; daneben der Herzog von Suffolk, unbeschwert wie immer. Gott, ich beneidete ihn darum. Es war schon eine besondere Gabe, wenn man es vermochte, niemals einen unwiederbringlichen Augenblick mit Sorge oder Reue zu verbringen. Jetzt, da ich den wahren Grund für Marias Tod kannte, nahm ich Brandon seine Wiedervermählung nicht länger übel; es erschien mir wie eine Rache an Anne, daß er nicht übermäßig lange getrauert hatte. Wo war sein junges Weib? Nicht bei ihm. Aber das war kein Grund zur Besorgnis. Ah, ich sah sie – bei Lady Latimer, einer ebenso jungen, aber ernsthaften Frau. So anders als Anne waren sie alle...

William Fitzwilliam, der Geheimsiegelbewahrer, ein Mann in meinem Alter, stand mit den beiden Herzögen zusammen. Er mochte Anne nicht (ohne daß er es je offen gesagt hätte: Er vermittelte es mit jeder seiner verächtlichen Gesten. Zu gern hätte ich miterlebt, wie er den Eid ablegte, denn zweifellos hatte er es mit spöttischer Gebärde getan, die seine Worte Lügen strafte). Sein verwittertes Gesicht blickte störrisch wie ein Esel, während er auf den Absätzen wippte und die neueste Manifestation ihrer Torheit erwartete. An seiner Seite hatte er den braven, zuverlässigen John Poyntz aus Gloucestershire; er hatte ein Gesicht, wie ich es überall am Straßenrand sah, wann immer ich auf Staatsreise ging. Sein Freund Thomas, Lord Vaux, war bei Annes Krönung zum Ritter des Bath-Ordens geschlagen worden. Vaux hatte bemerkenswerte Ähnlichkeit mit Thomas Wyatt, verfügte aber nicht über die geringste literarische Fertigkeit, wenngleich er immer wieder versuchte, Gedichte zu verfassen. Neben all diesen stand Cranmer, steif und betulich, als habe er wirklich Gefallen an diesem Abend und warte nun auf das »Schauspiel«.

Einen anderen Kreis bildeten Edward Neville, Nicholas Carew und Henry Courtenay – ein Altschneehaufen von Privilegien und Ideen: Überreste aus einer früheren Zeit, in der sie nie etwas erreicht oder wenigstens erstrebt hatten, schmolzen sie nun in der neuen Zeit dahin und merkten, wie sie verrannen. Chapuys war bei ihnen; ihn mit seinen flinken Bewegungen und seiner nervösen Energie zu beobachten, war immer ein Vergnügen. Wurde der

Mann niemals alt? Doch dann, wie ein seltsames Gewächs an dem kleinen Häuflein befestigt, die beiden in England gebliebenen Brüder Pole: Henry und Geoffrey.

Bei dem Gedanken an die Poles erwachte in mir ein Gefühl wie das, welches die Erinnerung an More in mir hervorgerufen hatte. Reginald, der jüngste Pole, den ich in seiner Jugend auf meine Kosten in Italien hatte ausbilden lassen, war ins Ausland geflüchtet und weigerte sich, zurückzukehren. Er war ein brillanter Gelehrter, hochgeschätzt in Padua und am päpstlichen Hof, und soeben hatte er *Pro Ecclesiasticae Unitatis Defensione* geschrieben, eine Antwort auf meine »Große Sache«. Er war ein großer Verfechter von Katharinas Sache – so sehr, daß sie und ihr Neffe, der Kaiser, der Meinung waren, viele Probleme würden gelöst sein, wenn Maria und Reginald heiraten und dadurch die Rote und die Weiße Rose zu einer Union der Geächteten vereinten. Durch ihre Mutter Margaret zählten die Poles zur Familie der Plantagenets, und sie waren Vettern der ausgestorbenen de la Poles.

Die beiden verbliebenen englischen Pole-Brüder waren traurige Blüten am Strauch der Weißen Rose. Henry Lord Montague war so auffällig und phantasiebegabt wie ein Pflasterstein, und Geoffrey, nervös, schüchtern und kränklich, konnte nachts nur schlafen, wenn eine Kerze brannte. Der Stolz dieser Familie, ihre Begabung und ihr Mut lebten nur noch in Reginald, der sich gegen mich und für den Papst entschieden hatte.

Ein paar Schritt weit abseits, in diskretem Abstand, weilte Cromwell, für diesen Abend modisch gewandet. Abwehrend wahrte die kleine Gruppe diesen Abstand, ohne zu wissen, daß Crum einen seiner Spitzel (eine hübsche Frau) auf der anderen Seite postiert hatte; je weiter sie sich also von ihm zurückzogen, desto näher kamen sie ihr.

Anne rührte sich auf dem Staatssessel an meiner Seite. Ich wußte, ich sollte mit ihr sprechen, aber ich konnte es nicht. Ich haßte sie mit einem so reinen Haß, fürchtete sie mit einer so reinen Furcht, daß ich meiner Stimme nicht traute. Aber wenn ich nicht sprach, würde ich mich damit um so schneller verraten, das wußte ich; also strengte ich mich an.

»Hast du dies schon lange im Sinn gehabt?« fragte ich. Ich wollte sie nicht ansehen; sie war mir widerwärtig. So sprach ich aus dem Mundwinkel.

»Seit ich dieses Jahr das erste Blatt fallen sah.« Ihre Stimme war betörend wie früher. Sie verhieß mir wichtige Dinge.

»Wird es eine neue Form sein?« Noch immer weigerte ich mich, sie anzusehen.

»Ja. Mit neuen Elementen. Doch nun schau zu! Die Flügel habe ich ganz allein gemacht, als du nicht bei mir warst...«

Eine kleine Bühne hatte man für Annes Schauspieler errichtet. Kleine Blechschirme waren ringsum am Rand angebracht; dahinter standen Kerzen, die für die Beleuchtung sorgten. Die gespenstischen, blaugetönten Lichter in der Halle wurden ausgelöscht, bis nur noch die Bühnenkerzen brannten.

Die Musiker begannen zu spielen. Es war die sanfteste Harfenmusik, die ich je gehört hatte; sie ließ an Ekstase und Ewigkeit denken. Auf der Bühne erschienen bleiche, amorphe Wesen mit großen weißen Flügeln, an denen Federn glänzten. So hatte ich mir Engel und vor allem ihre Flügel immer vorgestellt, schwebend und nah, süß und tröstlich. Als Kind hatte man mir erzählt, ich hätte einen Schutzengel, der darüber wachte, daß ich nicht fehltrat; und wenn ich beim Spiel um Haaresbreite einem Unfall entgangen war, hatte ich diesen Heinrichsengel beinahe gesehen...

Schwarze, spröde Wesen brachen jäh auf die Bühne – waren sie durch eine Falltür gekommen? – und krochen umher wie Insekten. Es waren ganze Schwärme, und sie fielen über die Engel her, rissen an ihren Flügeln und verstreuten die Federn wie ein mächtiger Sturmwind. Die Musik verwandelte sich zu schrillem Geschrei voller Schmerz, Angst und Zwietracht. Die Engel faßten Ruten und prügelten die Teufel damit; eine fiel vorn auf die Bühne, und sein Inneres quoll hervor – dicke, klebrige, geschmolzene Klumpen. Dann erschien ihr Fürst – Satan, in einen Mantel von schwarzem Satin gehüllt, vom Rauch umwirbelt. Überrascht stellte ich fest, daß Satan gar nicht häßlich war. Sein Antlitz kam mir sogar bekannt vor, aber im flackernden Rampenlicht erschien es ganz und gar neu. Es leuchtete in übernatürlicher Schönheit.

»Ich bin es, Luzifer, der Lichtträger, der Morgenstern«, rief er, und in der Tat war er all das.

Das Böse war nicht immer häßlich; am stärksten war es, wenn es sich als Engel des Lichts verkleidete, und wer wußte das besser als ich?

»Kämpft an meiner Seite!« forderte er uns alle auf. »Zusammen werden wir die Engel besiegen und im Himmel herrschen immerdar!«

Eine Schlacht entbrannte, und nur der Erzengel Michael und seine Heerscharen von besonderen Engeln vermochten es, Luzifer und seine schwarzen Legionen in die Flucht zu schlagen. Überall in der Großen Halle wurden Kohlenbecken entzündet, und daraus stiegen Rauchwolken empor, die alles einhüllten. Der Kampf auf der Bühne erreichte auch uns; plötzlich waren Engel und Teufel unter uns, kreischend, fechtend. Ein großmächtiger Flügel klatschte gegen meinen Sessel, daß die Federn stoben, und drei Dämonen hasteten seinem Träger nach und krochen zwischen den Sprossen des Stuhls umher. Einen erkannte ich: Francis Bryan mit seiner Augenklappe. Dann verriet sich ein zweiter durch die vertraute Geste, mit der er sein Haar zurückwarf, und das Herz wollte mir gefrieren: Henry Norris trug als Dämon Annes Maske. Der Kampf ward Wirklichkeit, Schwerter wurden gezückt. Die Zuschauer stürzten sich in das Pandämonium, aber ich hatte keine Lust dazu. Eine schlaftrunkene Lethargie war über mich gekommen, lähmte meine Glieder und benahm mir den Verstand. Dieser Rauch...

»Opium.« Wieder hatte Anne meine Gedanken gelesen »Mit großem Aufwand an Kosten und Mühen im Orient erworben. Es ist die Große Lethargie, die Trägheit in einem Pulver... Aber gib nur acht; es wird Schaden verhindern.«

Der Schwung der Schwerter verebbte; die Kämpfer ließen ihre Klingen sinken. Bewegungen wurden schwer. Nur die Dämonen blieben flink und behende, als wären sie immun. Kreischend hoben sie die Arme, und unter der schwarzverhangenen Bühnenplattform schwärmte eine Horde übler Geschöpfe hervor: Werwölfe, Phantome, Mumien, Moorgeister, Gespenster, Grabwürmer, Leichen, Hexen und Hexenmeister, Verwesung, Reue, Zerknirschung...

Anne erhob sich neben mir, schrie mit ihnen, den roten Mund

aufgerissen und gerundet, und ich wußte, sie war ein Vampir, gierig nach Blut, wie sie mir meines ausgesaugt und auch mich in eine Kreatur der Nacht verwandelt hatte, eine Kreatur, die zu etwas Fremdartigem geworden war und vom Blute anderer, ja, von Freundesblut gelebt hatte.

Sie ergriff meine Hand, und auch ich stand auf. Ich war geworden wie sie: genauso böse, genauso blutdürstig, genauso besudelt. Ihr Mund hatte mich infiziert, mich in meinem Wesen verdorben. Aber ich wollte nicht so sein, ich wollte erlöst werden... Vergebens schaute ich nach einem Engel aus. Nur ein abgerissener Flügel lag auf dem Boden, aus dem Schultergurt gebrochen, der Wachsrahmen formlos und zertrampelt.

In meinem Kopf drehte sich alles; meine Sinne gehorchten nicht mehr. Ich merkte, daß ich Anne folgte, ließ mich durch einen dunklen, echolosen, verborgenen Gang zerren, hinaus aus der Halle. Westminster war durchzogen von solchen geheimen Verbindungsgängen, denn es war in alten Zeiten erbaut worden. Anne brachte mich fort, fort aus der Sicherheit der Gesellschaft, und dies war der Augenblick, den ich nicht länger vermeiden oder aufschieben konnte.

Ihre Finger waren schmal und so kühl wie die Juwelen daran. Ihr Gesicht sah ich nur, wenn kurz das Licht der blakenden Fackeln in ihren gußeisernen Haltern darüberzüngelte. Hinter ihr wehte ihr Kostüm – in großen, wallenden Wellen, einer Rauchfahne gleich. Ich war benommen; der Rauch hatte mich betäubt, wie der Rauch von Jane Seymours Fackel die Bienen betäubt hatte.

Wir waren in einer Kammer. Es war eine kleine Kammer, mit hauchfeinen Schleiern verhangen. Ein seltsamer Geruch erfüllte sie, wie ich ihn noch nie gerochen hatte; er hatte Ähnlichkeit mit nichts anderem, und deshalb kann ich ihn auch jetzt nicht beschreiben; aber er war süß und liebkosend.

»Das Fest ist zu Ende«, sagte ich langsam. Anscheinend waren meine Lippen betäubt.

Anne warf die Kapuze zurück, die ihr Gesicht überschattet hatte. Sie fiel herab, und ihr Gesicht, einzigartig und bezaubernd, ward entblößt. Es zu sehen, hieß, mich der Vergangenheit zu erinnern, sie neu zu durchleben, wiederum in sie einzudringen – in die

Vergangenheit, da dieses Gesicht mein Herz mit bedingungslosem Gehorsam und Verlangen erfüllt hatte.

Ich wußte es besser, und doch liebte ich sie wieder. Fast all mein Wesen liebte sie. Aber die Eroberung war nicht vollständig, denn manches in mir hatte sich erst geformt, nachdem ich begonnen hatte, sie zu lieben, und dies waren Bereiche, die sie nicht zurückfordern konnte und die nun drohend abseits blieben. Der Rest indessen war auferstanden wie die Toten am Tag des Jüngsten Gerichts. Und wieder verspürte ich rauschendes Gefühl, Entrückung, Erregung.

Aber nicht ganz. Es war nicht ganz genauso. Ich wußte jetzt mehr; alles war irgendwann verdorben worden, und dieses Wissen setzte sich fest wie ein Steinchen in einem Schuh: Wir mögen immer noch laufen und hüpfen und springen, doch jeder Schritt ist ein Stich, und so hüpfen und springen wir niemals wieder so hoch und so fröhlich.

Ich liebte sie mit ganzer Kraft und von Herzen, aber Geist und Seele waren nicht mehr dabei.

Sie kam zu mir und küßte mich.

Wie viele Monate, wie viele Jahre war es her, daß ich mich genau danach gesehnt hatte? Es hatte eine Zeit gegeben, da hatte ich mich dem Tode nah gefühlt, weil sie es nicht getan hatte. Und nun geschah es, unerwartet und ungebeten, ihr Körper drängte sich an meinen, und alles war so, wie ich es einst ersehnt hatte, und auch wenn es erregend war, so war doch meine Seele nicht befriedigt. Ich war über den Hunger hinausgewachsen, den sie einst hätte stillen können.

Aber mein Leib – mein Judasleib, der ewige Verräter – entbrannte doch und half mir, vielleicht für eine Stunde zu glauben, ich hätte mich nicht verändert, und es sei alles so, wie es einmal gewesen war.

»Mein Lord, mein Geliebter, mein Liebster...« Ihre Worte rannen schmelzend in mein Ohr. Natürlich war ein Bett da, mit reinstem Linnen bezogen, mit Pelzen und Kissen von Schwanendaunen bedeckt. Anne hatte für all das gesorgt, hatte es von ihren Dienern bereiten lassen, ganz wie ich es einst in hitziger Erwartung in meinen eigenen Gemächern getan hatte.

Ihre Worte, ihre Hände, ihre Stimme, das alles griff nach mir, suchte mich zu fassen. Weil ich nun stärker war und im Wesen frei von ihr, sprach es mich um so prickelnder an. Wie nie zuvor, gewahrte ich all die köstlichen Kleinigkeiten an ihr: Wie sie ihre Kleider beiseite warf, sie gar zusammenfaltete, ohne sie wirklich zusammenzufalten; ihre dramatische Fähigkeit, einen kleinen Abstellraum in eine Kammer der Fleischeslust zu verwandeln; die Sinnlichkeit hinter ihrem Verlangen, zu sehen, wie das Licht auf den opalen schimmernden Schleiern spielte, so daß sie von innen zu pulsieren und zu vibrieren schienen. Ich sah das alles, und es gefiel mir; aber diese Wahrnehmung selbst war auf irgendeine Weise Feind der Lust und Anerkenntnis der Tatsache, daß die Zeit sie ausgelaugt hatte.

War es alles verschwunden? Das ist natürlich immer die Frage. Wenn ich in einen Teich hinauswate, mag er an der Oberfläche ruhig und leer erscheinen. Wie ungefährlich ist es, achselzuckend wieder ans Ufer zu klettern, statt sich ein Herz zu fassen und sich in die kalte, fordernde, schleimige Fläche zu stürzen. Was würde geschehen, wenn ich mich mit Anne auf das Bett legte? Konnte ich vorhersehen, was ich fühlen würde? Wagte ich, es herauszufinden?

Sie zog mich, und ich folgte ihr. Ja, ich würde es tun, denn nur wenn ich dies alles noch einmal fühlte, wäre ich erlöst von dem, was seither geschehen war. Mir gefiel nicht, was seither geschehen war, und ich wollte es nicht. Ich wollte sein, was ich war.

So paarten wir uns auf dem schwarzverhangenen Bett. Und es war nur eine Paarung. Es lag kein Zauber darin. Ich fühlte jede körperliche Empfindung, hörte jedes Scharren von Fleisch an Fleisch. Aber es war nur Fleisch, und als solches hatte es geringe Macht. Ihr Arm war nur ein Arm, ihr Körper war ein Körper, und ihr Gesicht war ein Gesicht. Sie war Anne, ihrer zusätzlichen Dimension, ihrer schmerzlichen Pracht beraubt – denn diese hatte ich selbst um sie verbreitet, sie waren meiner eigenen Leidenschaft und meinem Verlangen entströmt.

Ich drehte mich fort von ihr. Es war jetzt noch schlimmer, denn indem ich es getan hatte, hatte ich sogar den Glanz der Erinnerung zerstört. Wenn ich jetzt zurückblickte, war es immer so gewöhnlich wie jetzt gewesen, nur hatte ich es bis jetzt nicht wissen können. Ich hatte das Siegel gebrochen, daß diese Erinnerungen unverletzt bewahrt hatte; statt die Vergangenheit auferstehen zu lassen, hatte ich sie getötet.

Soeben habe ich die letzten Worte noch einmal gelesen. Worte sind es, weiter nichts: *zurückblicken... auferstehen... entströmen...* Wahr ist nur eines: »Ich hatte das Siegel gebrochen, das die Erinnerungen bewahrt hatte.« Das hatte ich getan, zu meinem eigenen Schmerz. Aber es war eine tapfere Tat gewesen. Denn hätte ich mehr von dem gefunden, was ich früher gefunden hätte, ich wäre willens gewesen, auf diesem Weg weiterzugehen, wohin er mich auch geführt hätte.

Anne lag neben mir, ein schlankes, sinnliches Wesen. Das Licht von Kerze und Fackel war ihrer Haut verwandt; es gab ihr einen sahnigen Pergamentton. Sie wandte sich ab, um eine Kerze neben dem Bett zu entzünden. Ich sah ihr dabei zu und erinnerte mich, wie just diese Bewegung einst ganz und gar ihr eigen gewesen war. Jetzt wußte ich Bescheid, und ich hatte gesehen, wie andere eine Kerze entzündeten.

Dennoch haßte ich es, zu wissen und zu sehen.

Niemand hatte je geliebt, wie ich geliebt hatte. Das glaubte ich fest. Niemand hatte jemals jemanden so geliebt, wie ich Anne geliebt hatte.

Die Trauer lag im Tempus dieser Worte.

LXVIII

»Ich bekomme ein Kind.«

Anne stand triumphierend vor mir und sprach diese Worte. Diesmal log sie nicht, das wußte ich; sie wäre dann nicht so kühn gewesen.

Ihr großer Einsatz hatte sich also hübsch bezahlt gemacht. Die Ausgaben für das Opium, für das Fest, die Einrichtung der traulichen Kammer, um sich meiner Dienste zu versichern, hatten Früchte getragen. Wie hatte ich so gefügig sein können? Wie hatte sie die Zeit so genau abpassen können? Natürlich: Weil sie die Wahl des Zeitpunkts in der Hand gehabt hatte, weil sie das Fest nach dem Rhythmus ihres Körpers geplant hatte. Vielleicht konnte sie ja sogar die Zyklen ihres Körpers steuern? Ihre Kräfte waren buchstäblich außergewöhnlich.

»Das freut mich.« Ich erhob mich, um ihr meinen Arm um die Schultern zu legen, wie die Höflichkeit es befahl.

Wir würden einen Sohn bekommen, und das würde sie retten. Wenn sie mir einen Sohn schenkte, konnte ich sie nicht verstoßen. Das wußte sie, und wie ein bedrohtes Tier hatte sie sich zu schützen getrachtet.

Und wenn das Kind sicher in ihrem Leib verankert war, konnte sie sich meiner entledigen. Sie könnte Königswitwe sein und durch ihren Sohn regieren. Sie hatte schon begonnen, ihren Zauberbann wider mich zu spinnen und mein Leiden wieder zu erwecken: Nur wenige Tage nach dem Michaelis-Fest hatte ich erst ein Kribbeln und dann einen pochenden Schmerz im Bein verspürt, und jetzt war das Geschwür wieder aufgeblüht, größer als je zuvor. Häßliche schwarze Streifen breiteten sich davon nach allen Seiten aus.

Dr. Butts war immer noch bei Maria, und ich wollte ihn nicht von ihr trennen. Also war ich genötigt, meine Krankheit selbst zu behandeln. Keiner von Dr. Butts Kollegen war kundig – oder diskret – genug, um sich damit zu befassen.

Unterdessen berichtete man mir, daß Marias Zustand sich nicht besserte. Auch Fitzroy ging es weiter schlecht; er siechte unter Henry Howards treuergebenen Augen dahin. Maria konnte ich aus Gründen der Sicherheit nicht herbringen (es sei denn, sie hätte den Eid geschworen), aber Fitzroy konnte ich kommen lassen.

Dann kam die Nachricht, daß Katharina erkrankt sei – »offensichtlich«, so hieß es in dem Bericht, »infolge von Gift«. Trotz Katharinas Vorsichtsmaßnahmen und ihrem Argwohn hatte Anne also obsiegt – ob mit natürlichen Methoden (bestochene Köche und allerlei Pulver) oder mit übernatürlichen, darauf kam es nicht länger an. Was zählte, war die Tatsache, daß Anne obsiegt hatte. Und sie war jetzt schwanger und trug ein Kind unter dem Herzen, das nach dem Gesetz ein Anrecht auf die Thronfolge besaß; folglich waren wir alle entbehrlich – und ich ganz besonders. Der Schmerz, der mein Bein durchzuckte, erinnerte mich beständig daran.

Chapuys war von Sinnen vor lauter Sorge um Katharina und Maria, und er machte kein Hehl aus seiner höchst realen persönlichen Anhänglichkeit an sie, die mit politischen Manövern nichts zu tun hatte. Er flehte um die Erlaubnis, Katharina besuchen zu dürfen, aber ich enthielt sie ihm eine Weile vor, denn ich wußte, jede Aufmerksamkeit von Chapuys verkörperte ja auch Besorgnis von außen und würde Anne deshalb dazu anregen, Katharina weiter zu schaden, bis sie von nirgendwo mehr Rettung zu erwarten hatte. Um mir zu schmeicheln, bedrängte Chapuys mich, eine Partie Tennis mit ihm zu spielen – etwas, worum ich ihn vor langer Zeit einmal gebeten hatte.

»Auf dem überdachten Platz zu Hampton können wir auch bei schlechtem Wetter spielen«, meinte er.

»Vielleicht, vielleicht.« Ich konnte mit meinem entzündeten Bein nicht umherspringen, aber ich hoffte, daß es sich bis Weihnachten gebessert haben würde. »Während der Feiertage, wenn wir dort sind.«

Würde ich dann auch nur noch gehen können? Was würde Anne

mir bis dahin angetan haben? Ich mußte mich mit Cromwell beraten, mit meinem ganz und gar skrupellosen und unbedingt diskreten Cromwell.

»Ich muß sie loswerden!« rief ich.

»Wir haben bereits festgestellt, daß sie, solange Katharina lebt...« begann er.

»Aha!« So bereitete sie mit ihrem Haß und ihrer Eifersucht ihren eigenen Untergang! Denn aus Bosheit ließ sie Katharina dahinsiechen und verwelken. »Wenn Katharina stirbt, können wir Anne beseitigen«, schloß ich.

»In ein besonderes Zwischenreich, eigens für ehemalige Gattinnen«, schlug Cromwell vor.

»Bei Gott, Ihr redet, als erwartetet Ihr, daß ich für diesen Zweck eine Dauerstellung schaffe!« rief ich aus.

»Nein, nein, Eure Majestät«, erwiderte er beruhigend. »Nichts dergleichen. Das wären unnötige Ausgaben für das Schatzamt – eine solche Dauerstellung.«

Ich machte es mir in meinem Sessel bequemer und legte mein Bein auf einen gepolsterten Schemel. Zu gern hätte ich Crum von meinem Leiden berichtet, aber das wagte ich nicht. Ich erschrak, als mir bewußt wurde, daß ich niemandem mehr vertraute; ich kannte niemanden, dem ich etwas über mich selbst anvertrauen könnte, weil ich stets Verrat befürchtete. Das also hatte Vater damals gemeint. Es war furchtbar, so allein zu sein. Er hatte behauptet, es sei der Preis der Königswürde. War es so? Im Augenblick gewiß. War sie das wert? Die Antwort war ebenfalls ein Ja. Man gewöhnt sich an alles.

»Ihr müßt uns scheiden, Crum«, befahl ich. »Nennt es, wie Ihr wollt, aber Ihr müßt einen legalen Weg finden, uns zu trennen. Sie benutzt unerlaubte Mittel, um uns zu einen; also bedient Ihr Euch des Erlaubten, um all ihre Schlauheit zu vereiteln und zum Scheitern zu bringen.«

Schmerz bewegte sich wie ein Klumpen in meinem Bein herauf, und nur mit Mühe konnte ich einen Aufschrei unterdrücken. »Sobald das Kind auf der Welt ist... muß man sie fortschicken.« Mein Magen krampfte sich vor Schmerzen zusammen, aber mit meinem

Willen verhinderte ich, daß der Schrei sich Bahn schaffte. Crum hörte ihn nicht.

»Es gibt Gerüchte«, sagte er. »Gerüchte, die besagen, die Verschwörer stehen in Northumberland und in den Westmarken bereit, Katharina fortzuschaffen.«

Wollte er denn nie gehen? Ich konnte diesen Schmerz nicht mehr lange verbergen. »Also ist der Traum Wirklichkeit geworden, und die päpstlichen Truppen sind marschfertig«, stellte ich fest. »Das war unausweichlich. Aber« – ein neuerlicher Krampf – »wenn Katharina krank genug ist, wird das alles nichts nützen.« Ja, der Teufel beging eine Dummheit, indem er sich an Katharina vergriff.

»Aber wenn sie erst nicht mehr in England ist, könnte sie genesen.«

Das stimmte. Außerhalb der englischen Grenzen, wo man sie behandeln würde, wie es ihre Eitelkeit diktierte, wo sie nur schmeichlerische und unterwürfige Reden hören würde, würde sie rasch genug wieder zu Kräften kommen.

»England wird sie niemals verlassen«, sagte ich. »Und was ihre fehlgeleitete Ritterschar angeht, so werden wir ihnen geschickt und unbemerkt den Boden entziehen; wenn und falls der Zeitpunkt dann kommt, da sie versuchen, etwas zu unternehmen... werden sie merken, daß sie festsitzen.«

Arme Katharina. Sie würde nie etwas von ihren Möchtegern-Rettern erfahren.

»Ich möchte der Prinzessin-Witwe ein Zeichen der Ermutigung in ihrer Krankheit senden«, sagte ich zu Crum. »Nicht Chapuys. Aber vielleicht eine Schachtel Zuckerwerk und einen meiner Musiker... Und bekümmert Euch um die Lehnsangelegenheiten.«

So, damit wäre er beschäftigt. Ich würde schreien, wenn er mich jetzt nicht unverzüglich allein ließ, damit ich mein Bein massieren könnte.

Annes Schwangerschaft nahm einen guten Verlauf; das gesündeste Wesen in ganz England war das in ihrem Leibe. Während ihre

Magie an all ihren Gegnern fraß, wuchs das Kind wie ihre Zufriedenheit.

Das Jahr sank immer tiefer auf den dunklen Grund des Winters. Mein Bein heilte nicht, aber wenigstens wurde es auch nicht schlimmer. Fitzroy, den ich unter dem Vorwand der Weihnachtsfeiern an den Hof geholt hatte, blieb weiter blaß, und der Husten schüttelte ihn (ein Husten, der wie Vaters klang), aber auch ihm ging es nicht schlimmer. Maria schwebte in jenem Zwischenreich, da man nicht ganz krank und nicht ganz gesund ist, und mir oblag die schmerzliche Aufgabe, Katharina ihren natürlichen Wunsch abzuschlagen, ihr zu helfen. Sie hatte an Chapuys geschrieben:

Ich bitte Euch, sprecht mit dem König und fleht ihn an, er möge so barmherzig sein, seine und meine Tochter zu mir zu schicken, denn so ich sie mit eigenen Händen und mit dem Rate meines eigenen und anderer Ärzte pflegen kann und es Gott dann immer noch gefällt, sie von dieser Welt zu nehmen, kann mein Herz in Frieden sein; sonst aber leidet es große Pein. Sagt Seiner Hoheit, es ist niemand nötig, sie zu pflegen, denn ich selbst, und ich werde ihr Bett in meine Kammer stellen und über sie wachen, wenn es notwendig ist.

Ich muß meine Zuflucht zu Euch nehmen, denn niemand sonst ist in diesem Königreich, der wagen wird, dem König, meinem Herrn, zu sagen, was ich Euch zu sagen bitte. Ich bete zu Gott, er möge Euch den Eifer lohnen.

Aus Kimbolton. Katharina die Königin.

Es war eine erbarmungswürdige Vorstellung, wie die alte, kranke Katharina umherhumpelte und Maria »pflegte« und sich einbildete, sie sei in der Lage, sie zu kurieren. Die Wahrheit war, daß zwei ganz andere Faktoren eifersüchtig Anspruch auf ihre Person erhoben: ihre eigene Krankheit nämlich, und das Netzwerk derer, die sie »befreien« wollten, um dem Papst und dem Kaiser Anlaß zu bieten, in England einzufallen. Maria würde zweifellos auch darauf drängen, daß ein solcher Weg eingeschlagen werde. Maria war verstockt und von widerspenstigem Ungehorsam erfüllt und umstürzlerisch, wo die fromme Katharina es nicht war. Katharina liebte mich noch immer, Maria nicht. Nein, ich konnte nicht zulassen, daß sie wieder vereint wurden und unter einem gemeinsamen Dache lebten, so gut man sie auch bewachen mochte.

Es war mir nicht entgangen, wie sie noch als Bittstellerin auf dieser Unterschrift beharrte: *Katharina die Königin*.

Weihnachten war eine Heuchelei. Es war notwendig, die zwölf Tage einzuhalten, notwendig, daß Anne und ich zusammen erschienen, notwendig, daß sie als Mutter des erhofften Erben gepriesen wurde. Prinzessin Elisabeth wurde an den Hof geholt, herausgeputzt und vorgezeigt. Sie war jetzt zweieinhalb Jahre alt und – ich war gezwungen, es zuzugeben – ein liebreizendes Ding. Ihr Haar war golden rot und dicht, sie war stets von übersprudelnder Munterkeit, und – dies war bezeichnender als alles – ihr Verstand war flink und scharf. Sie wußte eine Anzahl überraschender Wörter – »Schwertscheide« und »Eichbaum« und »Edikt«. Sie wurde gleichsam als Verheißung dessen zur Schau gestellt, was von dem künftigen Erben zu erwarten sei – denn wenn Gott mit seinen Gaben schon bei einer Tochter so großzügig war, wie verschwenderisch würde er dann erst einen Sohn ausstatten.

Während alledem wechselten Anne und ich kein privates oder persönliches Wort. Wir waren jetzt Feinde, im Duell miteinander verhaftet: ein Duell von Verstand und Rücksichtslosigkeit, dessen Regeln beiden Parteien bekannt waren.

LXIX

Katharina lag im Sterben. Ihre Krankheit hatte den Bereich bloßer Krankheit, zu dem auch die Vorstellung von Heilung gehörte, verlassen. Sie war »todkrank«. Am Neujahrstag 1536 erhielt ich Nachricht von ihrem Arzt. »Atmung mühsam«, »fahle Gesichtsfarbe«, »seit zwei Wochen unfähig, Nahrung aufzunehmen«, »nicht die Kraft, das Bett zu verlassen«, »Herzschlag unregelmäßig«, schrieb Dr. de la Sa, und ich wußte, was es bedeutete. Ich gab Chapuys die Erlaubnis, sie zu besuchen – begleitet von Crums »Gehilfen«, Stephen Vaughn.

Eine Woche lang, während die ersten Tage des neuen Jahres ins Land gingen, beherbergte Katharina den Engel des Todes in ihrem Privatgemach zu Kimbolton. Und sie empfing auch Chapuys, der am zweiten Januar anlangte.

Sie versuchte, den kaiserlichen Gesandten feierlich zu empfangen – wie die Königin, die sie in ihrer Einbildung immer noch war. Sie öffnete ihre Gemächer für Bedingfield und Chamberlayn, ihre »Kerkermeister«, die sie nicht mehr zu Gesicht bekommen hatten, seit sie sich in königlichem Stolz eingeschlossen hatte, und ließ sie an dem Ritual teilnehmen. Alle ihre getreuen Diener sowie ihre Bewacher hatten anzutreten und vor dem Krankenbett Spalier zu stehen, während Chapuys sich auf den Knien näherte. Katharina streckte ihm ihre Hand entgegen und erlaubte ihm, sie zu küssen, und dabei sagte sie: »Ich kann nun in Euren Armen sterben, nicht verlassen wie ein ausgesetztes Tier.«

Chapuys tischte ihr sodann ein Bündel von Lügen auf (ich hätte die prompte Bezahlung sämtlicher rückständigen Renten zugesagt, und sobald es ihr bessergehe, dürfe sie jedes ihr genehme Schloß im Reich beziehen), und er erinnerte sie daran, daß es ihre

Pflicht sei, zu genesen – da »der Frieden, die Wohlfahrt und die Einheit des ganzen Christentums« davon abhing, wie er behauptete.

Katharina entließ ihn daraufhin feierlich und gestattete auch allen Zeugen, Wächtern und Spitzeln, sich zu entfernen. Als alle (wie sie glaubte) sich zurückgezogen hatten, sandte sie Chapuys heimlich die Aufforderung, zurückzukommen.

Selbst die fromme Katharina war der Doppelzüngigkeit mächtig – ein Charakterzug, den keiner ihrer Bewunderer jemals zur Kenntnis nimmt.

Was sie erörterten, vermochte Stephen Vaughn nicht sicher festzustellen. Aber sie besprachen sich stundenlang, bis tief in die Nacht.

Chapuys blieb drei Tage, und Katharina kam während seines Aufenthalts wieder zu Kräften. Sie vermochte zu essen, und sie behielt die Speisen bei sich. Ihre Stimmung besserte sich zusehends, als ein weiteres Geschenk sie erreichte: Lady Willoughby, die Maria de Salinas ihrer Jugend. Sie hatte gehört, daß Katharina im Sterben lag, und war, ohne sich um irgendeine Genehmigung zu bekümmern, über gefährliche, tückische Winterstraßen nach Kimbolton gereist. Am Abend vor Chapuys Abreise, gegen Mitternacht, war sie eingetroffen; sie hatte auf der anderen Seite des Schloßgrabens gestanden und verlangt, daß Bedingfield sie einlasse.

»Das kann ich nicht«, antwortete er. »Ich habe keinen Befehl dazu erhalten.«

»Aber Ihr müßt es«, versetzte sie. »Ich habe mich in Gefahr begeben, indem ich hierher kam. Ich bin gestürzt, und fast wäre ich Wegelagerern in die Hände gefallen. Ich bin eine Edelfrau, und ich werde meine Person nicht weiter in Gefahr bringen, ganz ungeachtet Eurer Befehle. Laßt mich sofort ein!« Ihre zarte Stimme muß hallend über das schwarze, eisige Wasser des Schloßgrabens geklungen haben.

Bedingfield, der verblüffte Kavalier, ließ die Zugbrücke herunter und gewährte ihr Einlaß.

Chapuys reiste ab und ließ Katharina in Marias fürsorglichen Händen zurück. Es schien ihr viel besser zu gehen. Sie saß im Bett, kämmte und frisierte ihr Haar, plauderte lange mit ihrer Kindheitsfreundin. Aber mitten in der Nacht kehrten Übelkeit und Schmerzen vierfach zurück. Man schickte nach ihrem Beichtvater, und der sah sogleich, daß sie den Morgen wahrscheinlich nicht mehr erleben würde; vor dem Morgengrauen aber war es nicht erlaubt, die Messe zu lesen. Das kanonische Recht gewährte bei drohendem Tode zwar Dispens von diesem Verbot; Katharina indessen – in deren Augen es niemals sein durfte, daß eine Regel sich menschlichen Bedürfnissen anpaßte – untersagte es ihm und zitierte murmelnd uralte Autoritäten, die sich dagegen geäußert hatten. Sie bestand darauf, bis zum Morgengrauen zu warten.

Gott gewährte ihr die Gnade und ließ es zu. Als der Morgen dämmerte, empfing sie das Sakrament, und dann diktierte sie zwei Briefe. Einer war für den Kaiser. Ich weiß nicht, was er enthielt. Der andere war für mich. Ich erhielt ihn ein paar Tage später.

Sie lebte bis zwei Uhr am Nachmittag des achten Januar. Um zehn Uhr vormittags empfing sie die Letzte Ölung, und dann betete sie mit klarer Stimme bis zum Mittag für Maria, für die Seelen aller Menschen in England, und vor allem für »meinen Gemahl«.

Katharina war tot. Katharina, die ein Teil meines Lebens gewesen war, ein Kontrapunkt, eine zweite Melodie meiner selbst, solange ich mich erinnern konnte. Ich war noch keine sieben Jahre alt gewesen, als ich gewußt hatte, daß die Prinzessin von Spanien nach England kam, um hier eines Tages Königin zu sein.

Ich bemühte mich, nicht daran zu denken, wie sie damals gewesen war. Ich versuchte, nur das Bild des widerspenstigen, aufsässigen, unruhestiftenden alten Weibes vor meinen Augen zu behalten. Ihre geschürzten, verdorrten Lippen; die beständige gravitätische Empörung, die zwei parallele Falten zwischen ihre Augenbrauen gegraben hatte; ihren häßlichen hölzernen Kopfputz und ihre kastenförmige Gestalt, in grobes dunkles Wolltuch gehüllt.

Ihre Vorträge über Moral, die mich in Raserei versetzt hatten; ihre politische Doppelzüngigkeit; ihre verräterischen Briefe an den Kaiser; ihre papistischen Komplotte und Vorlieben... die Liste war endlos.

Doch ungerufen erschien das Bild der lachenden jungen Prinzessin mit Augen, die von Liebe und Lebensfreude funkelten; der Stolz der jungen Mutter auf Marias Fortschritte in der Musik; die eifrigen Bemühungen der jungen Gemahlin, mich zu erfreuen, mich zu unterhalten, mir zu gefallen, Silbermasken aufzusetzen und in der Dreikönigsnacht in ihren Gemächern mit mir zu tanzen, obwohl sie es für eine Albernheit hielt, und so zu tun, als erkenne sie mich nicht, als ich in einem Kostüm aus der Türkei zum Tanzen zu ihr kam...

Sie war die Gemahlin meiner Jugend gewesen, und im Tode nahm sie dies mit sich. Diese verlorenen Tage leuchteten jetzt heller denn je zuvor.

Ich trauerte um die spanische Prinzessin, zürnte darüber, daß ihr Leben, alles in allem, so traurig gewesen war. Jetzt war keine Hoffnung mehr, daß es sich bessern könnte, keine Hoffnung auf eine Änderung im letzten Augenblick. Sie war nun jenseits aller Änderungen.

Was für einen Glauben hatte ich damals? Vermutlich war sie in eine andere Welt gegangen, wo solche Überlegungen beiseitegeworfen wurden. Sie war verklärt und in einen geistigen Leib gehüllt, nicht mehr die spanische Prinzessin, und auch nicht die verkrüppelte, kränkliche alte Frau, zu der sie geworden war; sie hatte sich neuerlich verwandelt, zu Glanz und Unsterblichkeit. Während ihr leiblicher Körper aufgeschnitten und einbalsamiert wurde, war die unsterbliche Katharina längst nicht mehr da; sie hatte nun einen Lohn empfangen, der alles übertraf, was ich ihr je hätte schenken können.

Das glaubte ich... das glaubte ich...

Aber wenn es nicht so war? Wenn es außer dem armen alten Leib nichts gab, dann war dies wahrlich ein grausamer Lohn. Ich weinte, allein in meinem Betstuhl in der königlichen Kapelle, erstaunt und ratlos über meine Tränen. Glaubte ich denn nicht? War mein ganzer Glaube hohl und wertlos? Meine Tränen verrieten es.

Denn wenn die Toten nicht auferweckt werden, ist auch Christus nicht auferweckt worden. Daraus folgt auch, daß die, welche in Christi Gefolgschaft gestorben sind, ganz und gar verloren sind. Wenn Christus uns nur für dieses Leben Hoffnung gegeben hat, dann sind wir unter allen Menschen die erbarmungswürdigsten.

Ich sollte nicht über Katharinas bitteres Leben weinen, wenn ich wahrhaft glaubte, daß jedes Stückchen dieser Bitternis dem Herrn ein Wohlgefallen gewesen war und ihr nun ein Zehnfaches an Herrlichkeit und Ehre einbrachte.

Also war ich ein Lügner, ein Heuchler. Nein, ich zweifelte nur. Das war ein Unterschied. Dies war ehrlich und menschlich, jenes nicht. Sogar Petrus hatte gezweifelt.

Allmächtiger, ewiger Gott, bitte nimm mir diese Zweifel, denn sie brennen und quälen mich weit mehr als mein Bein. Nimm sie von mir, oder ich weiß nicht weiter.

Irgendwo rührte sich etwas. Es war noch jemand dort unten in der Kapelle. Ich beschloß zu gehen. Ich fühlte mich niedergeschlagen und bekümmert – mehr denn zuvor, als ich Stille und Dunkelheit aufgesucht hatte. Vielleicht würde ein anderer hier finden, was mir versagt geblieben war.

Ich hatte die lange Galerie zur Hälfte hinter mich gebracht, als ich hörte, wie sich die Tür öffnete. Ich drehte mich um und sah eine Gestalt, die sich aus der Kapelle stahl. Es war Jane Seymour, und sie rieb sich die Augen. Langsam ging sie bis zu einer Fensterbank und setzte sich. Blinzelnd starrte sie zu Boden.

Behutsam näherte ich mich ihr. Sie blickte auf, als ich herankam; ihre Augen und ihre Nasenspitze waren gerötet. Sie versuchte zu lächeln, als könne sie es damit unsichtbar werden lassen.

»Mistress Seymour«, sagte ich und ließ mich – ungebeten – neben ihr nieder. »Kann ich Euch behilflich sein? Seid Ihr betrübt?«

»Ich bin betrübt«, gab sie zu. »Aber Ihr könnt mir nicht helfen.« Sie wühlte nach einem Taschentuch.

»Gebt mir doch Gelegenheit«, bat ich, froh darüber, Katharina für den Augenblick vergessen zu können.

»Ich möchte den Hof verlassen«, platzte sie heraus. »Sobald die Straßen befahrbar sind. Wenn Eure Majestät es mir gnädig gestatten wollen.«

»Aber warum?«

»Ich bin für den Hof nicht geschaffen«, antwortete sie. »Es ist hier nicht so, wie ich dachte, und es wird auch nie wieder so sein.

Ich glaube, ich dachte – vergebt mir, Eure Majestät –ich dachte, die Prinzessin-Witwe und Lady Maria könnten eines Tages wieder herkommen. Ich hatte gebetet« – ihre Stimme brach –, »daß sie den Eid ablegen und zurückkehren möchten, und... aber nun soll es niemals sein, und ich kann nicht länger warten. Und ich trauere um die K... – um die Prinzessin Katharina.« Sie konnte ihr Schluchzen nicht länger unterdrücken und ließ das Gesicht in die Hände sinken.

Ich fühlte, wie mir die Tränen in die Augen schossen, als wollten sie den ihren Gesellschaft leisten. »Ich auch«, gestand ich, und ich wünschte, meine Stimme möchte nicht leise zittern. Ich legte den Arm um sie. »Ich trauere um sie. Und, Jane« – ich zögerte –, »es rührt mich, daß Ihr es wagt, um sie zu trauern und öffentlich um sie zu weinen.«

Jane war gut, und wie alle guten Menschen unterschätzte sie die Macht des Bösen, das sie umgab.

Sie nickte. Noch immer rannen ihre Tränen, sosehr sie sich auch bemühte, sie zu unterdrücken.

»Jane, als meine Mutter starb, hatte ich das Gefühl, ich hätte alle Liebe und Schönheit in meinem Leben verloren«, sagte ich. »Ich kam mir verlassen vor. Schon war Prinzessin Katharina hier, schon gab es einen neuen Menschen voller Güte und Huld in meinem Leben, aber in meinem Schmerz konnte ich sie nicht sehen. Ich fühlte mich verraten, verloren, machtlos. Laßt Euch von Eurem Schmerz nicht so blind machen. Denn so beraubt das Böse uns zwiefach.«

Meine Worte waren ohne Sinn für sie; das merkte ich.

»Meine Mutter besaß ein Medaillon, das ich seither bewahrt habe. Ich will es Euch schicken, und ich möchte, daß Ihr es tragt und es als Geschenk meiner Mutter betrachtet. Wollt Ihr das tun? Und sechs Monate warten, ehe Ihr den Hof verlaßt? Wenn Ihr es dann immer noch wollt, werde ich Euch nicht aufhalten.« Ich schwieg für einen Augenblick. »Oh, Jane – bis dahin werdet Ihr wahrlich so klug wie eine Schlange sein. Sanft wie eine Taube seid Ihr schon; deshalb braucht Euch der Hof, ob Ihr ihn nun braucht oder nicht.«

Aber ich meine nicht den »Hof«. Ich meinte den »König«.

Katharinas Tod wurde dem Hof offiziell gemeldet und dann in ganz England verkündet. Sie würde in Kimbolton aufgebahrt und dann feierlich in die Abtei von Peterborough überführt werden, wo sie zur letzten Ruhe gebettet werden sollte. Ich ernannte die Trauerleute und befahl dem führenden Adel der Umgebung, den Sarg von Kimbolton nach Peterborough zu begleiten, eine Reise von zwei Tagen bei langsamem Vorankommen. Ich sandte ihnen das notwendige schwarze Tuch für ihre Trauergewänder. Bei Hofe würden zu Katharinas Ehren Trauerfeiern stattfinden. Ich gab dem ganzen Hof den Befehl, daran in Trauerkleidung teilzunehmen.

Katharinas Brief an mich traf zwei Tage nach der Todesnachricht ein. Ich empfand so etwas wie Angst, als ich ihn öffnete, denn es liegt etwas Grauenhaftes darin, zum ersten Male die Worte eines toten Menschen zu lesen.

Mein allerliebster Herr und König, mein Gemahl. Nun, da die Stunde meines Todes naht, bin ich durch die zärtliche Liebe zu Euch und angesichts des Zustandes, in dem ich bin, genötigt, mich Euch zu empfehlen und Euch mit einigen Worten an die Gesundheit und Unversehrtheit Eurer Seele zu gemahnen, die Ihr allen weltlichen Dingen solltet vorziehen, auch der willfährigen Sorge um Euer leibliches Wohl, um dessentwillen Ihr mich in mancherlei Nöte und Euch in großen Kummer gestürzt.

Für meinen Teil vergebe ich Euch alles, und ich bete ergeben zu Gott, daß auch Er Euch vergeben möge. Im übrigen lege ich Euch unsere Tochter Maria ans Herz, und ich beschwöre Euch, daß Ihr ein guter Vater möget sein, wie es bis heute mein Wunsch gewesen. Ich bitte Euch zudem namens meiner drei Zofen, daß Ihr ihnen ein Heiratsgut lasset zukommen, was nicht viel ist, denn es sind nur drei. Für den Lohn meiner anderen Diener komme ich auf, und auch noch für ein weiteres Jahr, wo sie nicht versorget sind.

Endlich will ich noch geloben, daß meine Augen Euch ersehnen vor allen anderen Dingen.

Ich war wie betäubt. Ihr letzter Satz... Ich hatte Bibelworte erwartet, Gebete, lateinische Formeln. Aber das alles lag hinter ihr; ihre Kraft reichte nur noch, ihre wahren Gedanken zu Papier zu bringen. Sie hatte sich vor allem anderen danach gesehnt, mich zu sehen? Also hatte die junge Prinzessin noch bis zum Schluß in der alten Frau gelebt? Alles, was wir sind, lebt fort in uns, und nichts löscht das andere aus... Schmerz erfüllte mich: Denn der junge Heinrich in mir hätte ihr vor allem anderen diesen Wunsch erfüllt.

Ihr Testament, das folgte, zeigte wenig irdische Sorgen. Sie wollte in einem Kloster begraben sein. Sie wollte, daß Maria den goldenen Kragen bekomme, den sie »aus Spanien mitgebracht« hatte. Sie wollte, daß ihre Diener den rückständigen Lohn ausbezahlt bekämen und eine besondere Vergütung dazu. Sie wollte, daß aus ihren Kleidern Kirchengewänder gemacht würden.

Die Trauerfeier am Hofe sollte am zwanzigsten Januar stattfinden. Cranmer würde die Gebete für die Seele der Verstorbenen sprechen. Es war bis jetzt der kälteste Tag dieses Winters, rauh und windig, und stechender nasser Schnee wehte von Westen heran. Schon am frühen Nachmittag war es so düster, als senke der Abend sich herab.

Anne und ihr Gefolge waren nicht zugegen. Der Betstuhl der Königin war leer. Aber ihre Abwesenheit war schmählich für sich selbst, nicht für Katharina.

Auf dem Rückweg von der Kapelle zum Palast sah ich durch die dichte blaue Dunkelheit, daß Annes Gemächer hell erleuchtet waren, auch ihr Audienzsaal mit dem Thron. Die funkelnden Lichter spotteten unser und all der schwarzgekleideten Menschen hier unten, die Katharina die letzte Ehre erwiesen hatten.

Ich ließ nicht erkennen, daß ich es bemerkte, um den Skandal nicht zu vergrößern. Aber als der Hofstaat seiner Wege gegangen war und ein jeder sich in seine Gemächer zurückgezogen hatte, ging ich zu Anne und verlangte Einlaß. Ihr Kämmerer ließ mich eintreten. Er war festlich angetan.

Von drinnen hörte ich Musik, und ich sah Bewegung. Es wurde getanzt.

»Eure Majestät, die Königin hat die Ehre Eures Besuches nicht erwartet.«

»Das sieht man.« Ich schob ihn beiseite und ging langsam in den geräumigen Saal hinaus, in dem tausend Kienspäne brannten und eine ganze Gesellschaft von Herren und Damen sich im Tanze drehte. Alle waren gelb gekleidet, in einem hellen Zitronengelb, und im Mittelpunkt standen Anne und ihr Bruder George; sie sahen aus, als wären sie in Gold getaucht oder von Midas selber angefaßt worden.

»So«, sagte ich ruhig; aber dieses eine Wort und die Anwesenheit von trauerndem Schwarz genügte, um aller Aufmerksamkeit auf mich zu lenken. Sie hörten auf zu tanzen, und die Musik erstarb.

Anne kam mir stolz entgegen, und alle beobachteten sie.

»Du bringst Schmach über dich selbst«, sagte ich, ohne erst zu versuchen, meine Stimme zu senken. »Dein Frohlocken über Katharinas Tod offenbart nur, wie boshaft und seicht du selber bist.«

»Frohlockst du nicht genauso? ›Gott sei gepriesen, denn nun sind wir sicher vor all der Kriegsdrohung‹, hast du gesagt, als du die Kunde bekamst.«

Ich hatte es gesagt – aus Gründen der politischen Zweckdienlichkeit, um den Papst wissen zu lassen, daß er vorläufig gescheitert sei. Ich hatte es im Herzen nicht so gemeint.

»Um des Bischofs von Rom willen«, erwiderte ich, »der seine Spione allenthalben hat.«

»Es betrübt mich, welche Aufmerksamkeit das ›gute Ende‹ der Prinzessin-Witwe überall erfährt«, erklärte Anne laut. »Man spricht von wenig anderem als ihrem heiligmäßigen Hinscheiden. Schon beten die Leute zu ihr und bitten sie um Fürsprache. Kannst du es dir leisten, daß sie noch eine Heilige erschaffen? Erst Fisher, dann More – und jetzt Katharina?«

Ich winkte den Musikanten, weiterzuspielen, um unser Gespräch zu übertönen.

»Du treibst es zu weit«, sagte ich. Am liebsten hätte ich sie für ihre höhnischen Worte erwürgt.

»Aber es ist wahr«, antwortete sie. »Das Volk hat Fisher und More in seinem Herzen bereits heiliggesprochen – ganz gleich, was

Rom verkünden mag –, und Katharina ist auf dem besten Wege. Du solltest mit uns tanzen, um dem entgegenzuwirken, statt ihr in vorderster Reihe die Ehre zu erweisen! Das verlangt deine eigene Sicherheit, ungeachtet deiner Gefühle.«

»Pfui! Du kleidest deine bösartige Schadenfreude in ein politisches Gewand! Aber tanze nur, meine Liebe, tanze, soviel du willst. Die Zeit des Tanzens wird für dich bald vorüber sein.«

Ich wandte mich ab und ließ sie stehen, ganz in Gelb, wie ich sie das erstemal gesehen hatte.

Der Einbalsamierer zu Kimbolton, der Katharina einer Autopsie unterzog, sandte mir einen geheimen Bericht. Er hatte alle inneren Organe so gesund und normal wie möglich vorgefunden, »mit Ausnahme des Herzens, welches gänzlich schwarz und gräßlich anzusehen«. Er hatte es gewaschen, aber es hatte seine Farbe nicht verändert; dann hatte er es aufgeschnitten, und innen hatte es genauso ausgesehen.

»Gift«, sagte ich leise. Ich hatte es die ganze Zeit gewußt. Annes Gift. Dies war der Triumph, den sie mit ihrem gelben Ball gefeiert hatte. Ich fragte mich, ob das Gift, welches sie für diesen Zweck erwählt hatte, tatsächlich gelb gewesen war. Es hätte gut zu ihr gepaßt, wenn es so gewesen wäre.

Jetzt blieben nur noch Fitzroy, Maria und ich zu beseitigen. Kühn gemacht von ihrem Erfolg, war sie waghalsig genug, ihre Pläne für Maria einem Brief an Mrs. Shelton, Marias »Wärterin«, anzuvertrauen: »Geht nicht weiter. Wenn ich meinen Sohn habe, wie ich es bald erwarte, werde ich wissen, was aus ihr werden soll.«

Geht nicht weiter. Vorläufig kein Gift mehr? Also war Maria vorerst in Sicherheit.

LXX

Seit langem schon war ein Turnier für das Ende des Monats angesetzt. Ich wollte es jetzt nicht absagen, denn das hätte nun in der Tat den Eindruck erweckt, England trauere um eine Königin, nicht um eine Prinzessin-Witwe. Das Turnier würde zum Zeichen dafür dienen, daß die Trauer um ihren Tod nun zu Ende sei. Überdies war es notwendig, daß ich Gerüchte und Fragen hinsichtlich meiner eigenen Gesundheit, die seit kurzem die Runde machten, im Keim erstickte. Wenn ich in diesem Turnier mitritte, würde ich damit beweisen, daß mir nichts fehlte.

Ich war jetzt vierundvierzig und somit seit einer Weile über das Alter hinaus, da die meisten Männer noch an Turnieren teilnahmen. Brandon hatte sich schon vor mehreren Jahren aus den Schranken zurückgezogen. Aber ich genoß die Herausforderung noch immer, genoß das ganze Ritual, das damit verbunden war, und es widerstrebte mir, damit aufzuhören.

An diesem Nachmittag mußte man schon ein geborener Nordmann sein, um Gefallen an der Vorstellung zu finden, eine kalte Eisenrüstung anzulegen. Es war ein strahlender, blau-weißer Tag, an dem die Umrisse aller Dinge besonders scharf aussahen. Die Luft erschien dünner und härter als sonst, und selbst der Klang der Fanfaren und der Glöckchen am Zaumzeug der Pferde war spröde wie Eiszapfen. Die Turnierfarben, kühn und rein, waren ein Heroldsruf gegen den weißen Schnee, auf dem die Herausforderer hinausritten. Heute würde das Klirren von Metall gegen Metall ein kaltes Echo werfen, und Funken würden sprühen wie ein Sternenregen.

Meinem Bein ging es nicht gut. Die Entzündung hatte sich so weit verschlimmert, daß es schwierig wurde, zu gehen, ohne mein Leiden offenbar werden zu lassen. Zu Pferde zu sitzen war nicht leichter; es erforderte den Einsatz anderer Muskeln und drückte so auf andere Weise auf das Geschwür, aber es war nicht minder schmerzhaft.

Ich ritt hinaus und umrundete zweimal die Schranken, gewappnet *cap-à-pie*, wie man sagt, und mit einem Wams aus Silberbrokat angetan. Dreißig Mann Fußvolk in Weiß und Silber begleiteten mich. Nun konnte das eigentliche Stechen beginnen. Etwa zwanzig waren wir, die gegeneinander antraten.

Anders als bei den Rittern in den Tagen König Arthurs, erschien kein »Schwarzer Herausforderer« oder »Unbekannter Grüner Ritter«, um die Veranstaltung zu beleben. Es hatte Zeiten gegeben, vor langer Zeit, da war ich selbst als verkleideter Herausforderer geritten, aber heutzutage tat dies kein Mensch mehr. Schade.

Mein Schlachtroß scharrte mit den Hufen, schnaubte und blies seinen Atem in dicken weißen Wolken aus den Nüstern. Jenseits der Schranken, auf der anderen Seite des Turnierplatzes, harrte mein Gegner. Er trug die Farben der Marquise von Exeter. Es war also mein Cousin Courtenay, der mir gegenüberstand (es sei denn, seine Gemahlin hätte sich einen äußerst dreisten Liebhaber zugelegt). Er war ein guter Kämpfer.

Ich gab meinem Hengst das Zeichen; er sprang durch die klare, kalte Luft, und noch unter meinem eisernen Helm dröhnte das Donnern seiner Hufe schwer, schwer, schwer auf dem gefrorenen Boden. Durch die Schlitzreihe in meinem Visier sah ich den Marquis auf mich zukommen; die Sehschlitze umrahmten ihn, so daß er alles war, was ich sehen konnte. Ich hob die Lanze und senkte das Ende in den großen, gewölbten Napf an meinem Brustpanzer, um ihr Halt zu geben. Dann stemmte ich mich in die Sporen und zielte.

Etwas prallte so hart gegen mich, daß ich gelähmt war, gänzlich außerstande, mich noch zu rühren. Ich sah den Himmel; er kreiste über mir wie das Federspiel eines Falkners, schneller und schneller; weiße und blaue Fetzen jagten einander, und die Luft war nicht mehr kalt, sondern sanft, und sie duftete nach Rosen...

Ich fühlte Pelz unter meiner Wange und hörte Stimmen: leise, murmelnde Stimmen, wie Janes Bienen. Ich blieb still liegen und lauschte, denn ich hatte nicht die Kraft zu irgend etwas anderem.

Es war beruhigend, hier zu liegen und die Stimmen über mich hinwegspülen zu lassen, mir Zeit mit dem Erwachen zu nehmen, ohne Kammerdiener, die mir planmäßig zur Hand gingen.

»... können es ihr nicht verheimlichen. Auch ihnen nicht.« Ich fragte mich, von wem sie sprechen mochten. Das Lauschen ist ein gefährlicher Zeitvertreib, und Erwachsene wagen ihn leichter noch als Kinder.

»Ich habe nach Cranmer gesandt. Ich nehme es auf meine Kappe.«

»Ihr?«

»Er wird die Sterbesakramente brauchen. Ihn ohne sie hinscheiden zu lassen, wäre Mord.«

»Wieso? Weil er jetzt im Stande der Todsünde lebt?«

»Jeder Mensch hat etwas zu beichten, und jeder muß für irgend etwas um Vergebung bitten. Selbst der heiligmäßige More und Katharina brauchten die Beichte.«

»Um wieviel mehr dann er, he?«

»Was Ihr redet, ist Verrat!«

Schweigen.

»Nein, so meinte ich es nicht. Aber er hat die Seelen des Reiches auf seiner Seele. More und Katharina stand es frei, sich ihren eigenen Seelen zu widmen und sie zu hätscheln.«

Wieso konnte ich die Leute nicht erkennen? Ihre Stimmen waren namenlos.

»Ich habe es der Königin gesagt.« Endlich eine bekannte Stimme. Der Herzog von Norfolk.

»Was waren Eure Worte?«

»Der König sei bei einem Tjost aus dem Sattel gehoben worden. Sein Roß sei auf ihn gestürzt, und da er nun seit drei Stunden bewußtlos und ohne Atmung sei, könne man nicht mehr hoffen, daß er zu sich komme.«

»Und was hat sie gesagt?«

Sie hat frohlockt, antwortete ich ihnen lautlos. Sie hat frohlockt, weil ihr Zauber und ihre Hexerei stark genug waren, um dies ins Werk zu setzen.

»Sie – hat gelacht. Aber es ist eine Angewohnheit von ihr, zu lachen, wenn sie überrascht ist«, erklärte ihr Onkel.

Eine kurze Weile darauf sprach ich wieder, und jetzt waren *sie* überrascht, die so voreilig getrauert hatten. Sie wirkten ehrlich beglückt, mich wiederzuhaben. Ehrlich oder heuchlerisch?

WILL:

Ehrlich. Heinrich war schon so lange König, daß niemand sich an etwas anderes erinnern konnte, und er hatte sein Volk in ein verwirrendes Land hinausgeführt, wo nur er eine Karte zu besitzen schien, mit der sie wieder auf vertrauten Boden würden zurückfinden können. Sie waren entsetzt bei dem Gedanken, er könnte sie in dieser Gegend allein lassen. Dies war das erstemal, daß der Schatten seines Todes über ihre Herzen gestrichen war; sie waren es gewohnt, ihn als unzerstörbar und ewig zu betrachten.

HEINRICH VIII.:

Ich genas – diskret natürlich: Mein Rasten ließ ich wie »Sinnen« erscheinen, meine leichte Kost galt als »Fastenspeise«, und zu meinen eingeschränkten Tätigkeiten sagte man, ich »widme mich persönlichen Angelegenheiten«. Mein Bein verkrustete; offenbar hatte der Schreck des Sturzes zur Rückbildung des Geschwürs geführt. Aber mit meinen Sinnen stimmte etwas nicht. Ich fühlte mich benommen, und ich vergaß immer wieder, weshalb ich in ein Zimmer gegangen war.

Es war Dr. Butts, der mir die Nachricht brachte: »Die Königin ist vor der Zeit zu Bett gebracht worden. Sie verlangt nach Euch.«

Vor der Zeit... ja, es war noch Monate vor ihrer Zeit. Ein Kind konnte nicht überleben, wenn es so früh geboren wurde. Das Kind war verloren, der Sohn, der ihre Rettung hatte sein sollen.

»Sie verlangt nach mir?«

»In der Tat. Die Hebammen sagen, sie wehrt sich mit aller Kraft gegen die Entbindung, da sie Euch fürchte. Aber was tot ist oder nicht lebensfähig, muß ihren Leib verlassen. Sie sträubt sich aus Eigensinn. Bitte, Eure Majestät, kommt und beruhigt sie.«

Ich warf meine Pelze über. Es war ein weiter Weg bis zu den Gemächern der Königin hier zu Greenwich, und seit meinem Sturz fror ich unaufhörlich. Es war immer noch Januar. Der neunundzwanzigste Januar. Ich schrak auf, als die Bedeutung dieses Datums mir jäh ins Bewußtsein drang: Heute wurde Katharinas Sarg in die Gruft zu Peterborough hinabgelassen. Ihr letzter irdischer Akt, sozusagen, ehe sie sich in Erinnerungen auflöste. Annes Wehen hatten eingesetzt, bevor Katharina unter der Erde war.

Heute herrschte keine Ausgelassenheit in den Gemächern der Königin. Der Diener, der mich einließ, war still. Je weiter ich kam, desto größer wurde die Zahl der Bediensteten, aber ihr Schweigen war schwer wie die mächtigen Schneefälle in den Bergen des Nordens. Ich kam durch das Privatgemach, wo die Musikinstrumente stumm auf den Fensterbänken aufgereiht standen, und gelangte in Annes innerste Kammern. Dr. Beechy trat mir entgegen.

»Es ist alles verloren«, sagte er. »Der Prinz ist tot.« Er wies auf ein mit Decken umwickeltes Häuflein in einem Korb, der auf Annes Schreibpult stand. Der Korb hatte ihre italienischen Federn und intarsiengezierten Briefschatullen verschoben und in Unordnung gebracht.

»Es war ein Prinz?«

»Es hatte das Aussehen eines Knaben von etwa sechzehn Wochen. Wollt Ihr... ?«

Ich nickte. Ein Assistent des Arztes brachte den Korb herbei. Ich zog die Decken zurück und starrte auf eine gallertige Kreatur, fast durchsichtig und nur wenige Zoll lang. Das männliche Genitale war erkennbar. Ich deckte das Tuch wieder darüber.

»Ich will nun die Königin sehen«, sagte ich. »Wann wurde sie... wann kam dies zur Welt?«

»Vor weniger als einer halben Stunde«, berichtete Dr. Beechy. »Sie mühte sich mit aller Kraft, es in ihrem Leib zu behalten. Sie erschöpfte sich sehr durch diese Anstrengungen, und es machte die ganze Angelegenheit viel schmerzhafter als eine normale Geburt. Sie braucht jetzt... Trost.«

»Der Retter der Königin starb als Fehlgeburt«, schrieb ein Diplomat in dieser Woche. In der Tat: Anne hatte den Sohn verloren, auf den sie all ihre Ränke und Triumphvisionen gegründet hatte. Sie war am Ende.

»So«, sagte ich, als ich an ihr Bett trat, wo ihre Zofen sie immer noch mit Schwämmen abrieben und versorgten. »Du hast meinen Sohn verloren.«

Sie sah zu mir auf. Ihrer Juwelen entkleidet, und ohne das makellos frisierte Haar und ihre atemberaubenden Kostüme war sie so häßlich und drahtig wie eine Kloakenratte. Und wie eine von diesen suchte sie ans sichere Ufer zu paddeln.

»O mein Lord«, weinte sie. »Ich habe ihn verloren, weil ich Euch so sehr liebe. Denn als mein Onkel, der Herzog, mir die Nachricht von Eurem Unfall brachte und mir sagte, daß man mit Eurem Hinscheiden rechnen müsse, da begannen die Wehen!«

Lügnerin. Das war vor zwei Tagen.

»Liegt Ihre Majestät seit Donnerstag in den Wehen?« fragte ich Dr. Beechy in sanftem Ton.

Der ehrliche, verschreckte Arzt schüttelte den Kopf. »Freitag haben sie begonnen, Eure Majestät.«

»Aus Verzweiflung darüber, daß Eure Liebe mich verlassen haben könnte!« rief sie. »Denn am Freitag sah ich das Medaillon, das Mistress Seymour trug.« Mit ihren dünnen Armen stemmte sie sich aufrecht und funkelte mich an. »Kannst du bestreiten, daß du ihr Geschenke machst? Ich lasse es nicht zu!«

»Du läßt es nicht zu? Du wirst zulassen, was ich befehle, und du wirst es ertragen, wie Bessere es ertragen haben.«

»Wie Katharina?« kreischte sie. »Nein, ich bin keine Katharina! Und deine Dirnen werden sich niemals vor meinen Augen mit deinen Liebesgaben brüsten!« Sie öffnete die Faust; auf ihrer Handfläche lag das Medaillon, das ich Jane geschenkt hatte – das Medaillon meiner Mutter.

»Ich habe es ihr vom Halse gerissen, von ihrem dicken Stierhals. Sie ist unansehnlich, Heinrich, und sie hat einen dicken Hals. Er ist bleich und klumpig.«

Ihr ganzer Körper strebte vorwärts, und die Sehnen an ihrem Hals traten hervor. Ich sah, wie eine Ader langsam pochte, dicht unter dem Ohr.

»Dein Hals ist hübscher«, gab ich zu. »Schlank und geschwungen. Aber der Kopf, den er trägt, ist angefüllt mit Bosheit und Flüchen und Niedertracht. Du wirst keine Söhne mehr von mir bekommen.« Es war keine Drohung, sondern eine Feststellung und ein Versprechen an mich selbst.

Sie schleuderte das Medaillon gegen mich. Ich fing es mühelos, auch wenn sie vorgehabt hatte, mich damit zu verletzen.

»Wenn du wieder aufstehen kannst, werde ich mit dir sprechen«, kündigte ich an und schloß meine Finger um das Medaillon.

Ich verließ ihre Gemächer.

Ich war frei. Sie hatte keine Macht mehr über mich.

LXXI

Der März war gekommen wie ein Lamm, sagten die Leute auf dem Lande, und so würde er gehen wie ein Löwe. Sie hatten recht, wenn auch nicht aus den richtigen Gründen. An einem Tage um die Monatsmitte war ich, der Löwe, mit Cromwell, meinem vermeintlichen »Lamm«, auf der Beiz. Gehorsam und friedfertig war er stets, und insofern glich er wohl einem Lamm.

Es war einer jener eigentümlichen Tage im März – düster und doch lebendig und voller Möglichkeiten. Allenthalben schmolz das Eis, und man hörte das Wasser in Bächen und Rinnen dahinplätschern; es rieselte aus den Schneewehen in den Wäldern, sikkerte in die Hufabdrücke unserer Pferde. Man spürte, wie das Wachstum sich bereit machte, aus den dürren, eng gepreßten Stielen zu sprießen, und man sah den Schimmer von Grün unter dem niedergetrampelten braunen, struppigen Gras. Die Wattewolken am Himmel sahen sauber gewaschen und gereinigt aus. Der März war ein Tonikum, beißend und bitter.

Es war ein prächtiger Tag für die Falkenjagd. Cromwell und ich hatten uns zu besprechen, und hätte es einen besseren Vorwand geben können, aufs Land hinauszureiten und die Spione und Lauscher des Palastes hinter uns zu lassen? Crum brannte schon lange darauf, mir seine Vögel vorzuführen, und ich brannte darauf, die Geschöpfe zu sehen, für die er anscheinend tatsächlich so etwas wie Zuneigung zu empfinden schien.

Er hielt Wanderfalken und Hühnerhabichte. Dem Gesetz nach mußte man mindestens ein Graf sein, wenn man mit Wanderfalken auf die Jagd gehen wollte. Ich hatte aber die Absicht, Cromwell zum Grafen von Essex zu machen – je nachdem, wie gut er mir zu

Diensten war in dem, was »des Königs größere Sache« zu nennen er sich weise enthielt.

Er fragte mich, welchen Vogel ich heute fliegenlassen wollte, und ich erwählte mir den Wanderfalken. Er nahm das kleinere Weibchen. Wir trugen sie auf behandschuhter Faust, mit der Haube bedeckt, aus dem Falkenhause und ritten gen Westen und über Richmond hinaus, bis wir uns auf freiem Feld in der Gegend von Hampton befanden. Die Falken blieben die ganze Zeit still, aber Crum plapperte ganz gegen seine Gewohnheit unablässig und erzählte von seinen Falken.

»Sie heißt Athena. Ich hatte große Mühe, sie auf das Federspiel abzurichten. Aber sie ist stark. Sie reißt sogar große alte Hasen. Hat keine Angst vor ihnen!« Er bedachte den Vogel mit zärtlichen, glucksenden Lauten.

»Mars dagegen« – er hob das Handgelenk – »geht am liebsten auf Krähenjagd. Zu gern stößt er vom Himmel herunter auf eine Krähe, bricht ihr den Hals und läßt sie fallen, daß die schwarzen Federn stieben. Es ist ein wunderbarer Anblick!« Er seufzte. »Mars bringt sogar eine Dohle zur Strecke. Dies zu beobachten, macht mir besonderes Vergnügen. Die Dohle versucht, ihm davonzufliegen, aber das kann sie nicht.« Crum runzelte die Stirn. »Na, na!«

Ich sah, daß Mars seine Klauen streckte; eine Spitze hatte Crums ledernen Falknerhandschuh beinahe durchbohrt. »Ich sehe gern, wie sie töten«, erklärte er schlicht. »Sie sind herrlich anzuschauen, im Flug wie im Kampf.«

»Könnten wir es ihnen doch nachtun«, sagte ich. »Unsere besten Methoden sind täppisch im Vergleich zu den ihren, und unsere Hinrichtungen entbehren des Vergnügens, das im Wettstreit liegt.«

»Ein Gegenstand, ach, der unserer Aufmerksamkeit bedarf.«

Wir zügelten die Pferde und machten uns bereit, die Falken aufsteigen zu lassen. Vor uns war ein Schwarm Krähen. Wir nahmen unseren Vögeln die Hauben ab und ließen sie von unseren Fäusten aufflattern, den unglückseligen Krähen nach.

»Habt Ihr das Beweismaterial beschafft?« fragte ich rasch. Ich war gezwungen gewesen, ihm die Wahrheit über Anne – die

Schwarze Nan! – zu offenbaren, damit er wußte, gegen was für eine Macht er anzutreten hatte.

»Für ihre Hexerei? Nein, Eure Majestät.«

Die schlanken, dunklen Gestalten der Falken, die pfeilschnell über uns in den Himmel hinaufstiegen, waren atemberaubend.

»Aber sie ist eine Hexe! Wieso findet Ihr dafür keinen Beweis? Danach – muß sie hingerichtet werden.«

»Ich dachte, ich könnte etwas finden. Ich nahm an, es werde da gewisse Tränke geben, Pulver, Bücher. Aber alles, was ich fand, war... Ehebruch.« Er sah mich vergebungheischend an. »Ihre Kammerfrau, Lady Wingfield, hat mir eine merkwürdige Geschichte erzählt... von Männern, die sich im Schlafgemach der Königin in Schränken verbargen und auf ein verabredetes Wort warteten, um hervorzutreten und in ihr Bett zu kommen. Es ist höchst... bizarr.« Er reichte mir ein Stück Pergament, lang, fleckig und mit zahlreichen tintegeschriebenen Eintragungen. »Oh, schaut!«

Die Falken hatten die Krähen überholt und waren jetzt über ihnen, um sich ihre Opfer auszusuchen. Gleich würden sie senkrecht herabschießen, die Schwingen dicht an den Leib gedrückt, wie glatte, dunkle Steine des Todes.

»Ja, ja.« Ich hatte schon öfter gesehen, wie Falken töteten.

Ich warf einen Blick auf das Papier in meiner Hand, und ich merkte, wie mich die Schwäche übermannte und wie meine Hände zu zittern begannen. Ich wollte dies nicht sehen, und zugleich war ich doch gezwungen, es zu lesen.

Es hieß da, der Musiker Mark Smeaton »und andere« hätten sich regelmäßig in Annes Bett vergnügt.

Ein mächtiger Schlag am Himmel hallte bis an unsere Ohren: Die Falken hatten die Krähen gepackt, senkrecht auf sie herniederfahrend. Die Krähen waren tot, stürzten zur Erde. Die Falken stießen von neuem auf sie herunter und fingen sie im Fallen. Ein träger Wirbel von schwarzen Federn folgte ihnen wie eine Trauerprozession.

Mein Blick richtete sich notgedrungen wieder auf das Papier. Es ging weiter, in allen Einzelheiten, erbarmungslos.

Diese Liste würde bei Hofe verlesen werden, zu ihrer Schande.

Sie war noch verderbter, als ich gedacht hatte. Schon die Berührung dieser schmierigen Aufstellung besudelte meine Hände. »Die Großhure«, murmelte ich.

Ich blickte auf. Cromwell hatte mich die ganze Zeit beobachtet; seine schwarzen Knopfaugen ließen mich nicht los.

»Ich danke Euch«, sagte ich schließlich. »Es wird Zeit, daß ich die volle Wahrheit erfahre.«

Cromwell nickte. »Es scheint, die Wahrheit ist stets mit Schmerz verbunden. ›Die schmerzhafte Wahrheit‹, sagt man immer. Niemals ›die freudige Wahrheit‹. Es tut mir leid, Eure Majestät«, fügte er eilig hinzu.

»Gott schickt uns Pein, um uns zu bessern«, sagte ich mechanisch. So hatte ich es gelernt. Glaubte ich es wirklich?

»Es schmerzt nichtsdestominder. Vermeiden kann man es nur, indem man aufhört, sein Herz an irgend etwas zu hängen.«

War es das, was Cromwell nach dem Tode seiner Frau getan hatte?

»Es wäre erholsam, sein Herz von allem zu befreien«, pflichtete ich ihm bei. Es wäre ein Frieden, eine Freiheit, die ich mir nicht vorstellen konnte. Mein Leben lang hatte mir alles am Herzen gelegen – alles.

»Wollen wir?« Er deutete auf das Feld, wo die gefallenen Krähen lagen. »Wenn wir sie nicht fortnehmen, werden die Falken sich satt fressen, und dann ist die Jagd für heute zu Ende.«

Mir war, als sei ich außerhalb meiner selbst, und schaute geradeaus, als ich zu den toten Vögeln schritt. Ich setzte einen Fuß vor den anderen und ließ ein Federspiel kreisen, um die Falken wegzulocken, auf daß wir die armen, zerschmetterten Krähen in unsere Beutel stopfen konnten. Die ganze Zeit über war ein anderer Heinrich bei mir, einer, dessen Frau soeben unwiderruflich als Ehebrecherin, als Hure entlarvt worden war.

Weshalb konnte ich nichts fühlen? Weshalb diese merkwürdige Unberührtheit, diese Nervosität, und dazu dieser unverrückbare Schatten, das Schlagen einer inneren Glocke?

Die Falken waren wieder aufgestiegen, und Cromwell und ich setzten unser gespenstisches Gespräch fort.

»Ich habe Meister Smeaton zum Essen bei mir gehabt«, fuhr er fort. »Ich habe ihn vorige Woche in meinem Haus in London bewirtet. Er fühlte sich geschmeichelt ob der Einladung. Es gelang mir, ihn... zum Sprechen zu überreden. Er gab alles zu. Daß er fleischliche Beziehungen zur Königin unterhalten habe.«

»Er sagte... ›fleischliche Beziehungen‹?«

»Ich habe seine Worte hier«, sagte Cromwell. »Wenn Ihr gestattet?« Er deutete zu den Pferden und auf seine Satteltasche. Wir gingen hin, und er zog ein Bündel Papier hervor.

»Die Einzelheiten der Unterredung«, sagte er. »Ich hielt es so für das beste.«

Ich las das ganze verhaßte Schriftstück, in dem Smeaton seinen Ehebruch bekannte und überdies William Brereton, Francis Weston und Henry Norris als Liebhaber der Königin benannte.

Henry Norris. Mein Zimmergenosse, mein Freund.

Ob sie ihn mit besonderem Genuß in ihr Bett genommen hatte?

Bestimmt hatte er sich gesträubt. Ich kannte Norris; er war ein Ehrenmann. Er mußte ihr eine schwierige Beute gewesen sein, eine Herausforderung an ihren Erfindungsreichtum und ihre Beharrlichkeit. Aber offenbar hatte sie Erfolg gehabt.

Nach Smeatons Geständnis hatte Anne

Norris gefragt, weshalb er nicht eifriger danach getrachtet habe, die ihm verlobte Margaret Shelton zum Traualtar zu führen, und dann an seiner Statt geantwortet und gesagt: »Ah, wenn den König etwa ein Unglück ereilte – wie der Unfall beim Turnier diesen Januar –, dann wollt Ihr mich wohl für Euch allein haben. Ihr trachtet nach den Schuhen eines Toten!«

Auf solche Spottreden also war ich reduziert.

Francis Weston vernachlässigte gleichermaßen seine Gemahlin zugunsten der Verlobten Henry Norris'. Als Anne ihn dafür schalt, erwiderte er: »Es gibt eine in Eurem Haushalt, die liebe ich inbrünstiger als mein Weib oder Mistress Shelton.«

»Aber wen denn?« fragte Anne unschuldig.

»Ihr seid es«, gestand er.

Als sie Mark Smeaton allein antraf, verdrossen und einsam dreinschauend, da fragte sie ihn grausam: »Weshalb bist du so traurig?«

»Es ist nicht wichtig«, antwortete er mit aller Würde, die er aufzubringen vermochte.

»Nein, bitte sag es mir.« Ihre Stimme war voll Verlockung und Sorge, und gern hätte er daran geglaubt. »Bist du unglücklich, weil ich in Gesellschaft nicht mit dir gesprochen habe?«

Ohne Zweifel war sie erst mit ihm ins Bett gegangen und hatte danach ein höhnisches Vergnügen daran gefunden, ihn in Gegenwart anderer zu ignorieren.

»Du darfst nicht erwarten, daß ich mit dir spreche, wie ich es mit einem Edelmann täte, denn du bist niederen Standes«, erklärte sie liebreizend.

»Nein, nein. Ein Blick soll mir genügen«, antwortete er. »Und so lebet wohl.«

Dergleichen fand sich noch mehr. Anne hatte Mark Goldstücke »für seine Dienste« gegeben.

Ich hatte kein Verlangen danach, weiterzulesen – sowenig, wie man Lust hat, kopfüber in eine Jauchegrube zu springen.

»Da ist noch etwas«, sagte Cromwell. Er förderte ein weiteres Papier zutage. »George Boleyns Gemahlin Jane hat mir anvertraut, daß – daß – hier, Ihr mögt selber lesen, was sie sagte.« Zum erstenmal sah er verlegen aus.

Ich nahm das Papier entgegen. Es besagte nichts weiter, als daß Königin Anne Boleyn und ihr Bruder George ein Liebespaar seien. Daß sie viele Male miteinander Inzucht getrieben hätten.

»Das ist Frevel«, sagte ich. »Es ist so schmutzig, so pervers, so ...« Mir fehlten die Worte, es angemessen, sie angemessen zu beschreiben. »Sie ist die englische Messalina«, flüsterte ich.

Satan... und unser Stolz. Er greift uns in unserem Stolz an. Er hatte gehört, wie ich mir selbst versichert hatte, das sechste Gebot sei das einzige, gegen das sie nicht verstoßen habe. Ich hatte geglaubt, sie sei böse, aber keusch. Satan hatte dies als Herausforderung genommen...

»Der Ehebruch einer Königin ist Verrat. Sich den Tod des Königs vorzustellen, ist Verrat. Wann wollen wir sie verhaften und vor Gericht stellen?« fragte Cromwell.

»Bald. Laßt es bald geschehen.«

Die Falken hatten neue Beute geschlagen. Es kümmerte mich nicht, was es war. Ich wußte, daß sie töten konnten; was war daran überraschend? Wenn etwas gegen seine eigene Natur handelte – das war überraschend.

»›Ist der Tower weiß und ein anderer Ort grün,
Brennen Bischöf' zwei, dreie, und eine Königin,
Und ist das geschehen, ist die Welt wieder froh‹«,

rezitierte Cromwell. »Das ist ein populärer Vers. Wir haben noch keinen Bischof verbrannt – wie sollten wir auch? Man verbrennt ja nur Hexen und Häretiker. Vielleicht ist dies der Anfang?«

Anne würde brennen. Die Hexe würde brennen. Und das hatte sie die ganze Zeit gewußt; ihre Angst vor dem Feuer rührte aus diesem Wissen.

LXXII

Ein Monat verstrich – ein Monat voller Vorsicht und Wachsamkeit, was mich betraf. Ich ließ Cromwell freie Hand, zu tun, was notwendig war, um die Verhaftungen vorzubereiten. Er sollte es verstohlen anfangen und die Betroffenen nicht alarmieren, damit sie nicht etwa die Flucht ergriffen oder (in Annes Fall) den ersten Schlag gegen uns führten. Mein Beinleiden quälte mich noch immer, aber es war nicht schlimmer geworden; das gleiche galt für Fitzroy und Maria. Ich zweifelte nicht daran, daß sie für uns alle Fataleres geplant hatte, nun aber zauderte, da vier Todesfälle in der königlichen Familie innerhalb von vier Monaten *jedermann* argwöhnisch gemacht hätten.

In jenen Tagen mußte ich mich täglich weiter von Henry Norris in meinem Gemach bedienen lassen. Wenn er mir Schuhe und Hose zurechtlegte, fragte ich mich immer, ob er nun wohl dachte: *Die Schuhe eines Toten, die Schuhe eines Toten...*? Es erforderte meine ganze Selbstbeherrschung, mir nicht anmerken zu lassen, daß ich über ihn Bescheid wußte. Ich fühlte mich umzingelt von Verrat, Heuchelei und Laster.

Wäre Jane nicht am Hofe gewesen, hätte ich nichts Reines mehr vor Augen gehabt, und dann hätte ich wahrhaft erfahren, was Verzweiflung ist. Oft erhaschte ich einen Blick auf sie, wenn sie sich in der Gesellschaft von Annes Hofdamen befand; aber da ich Annes Gemächer nicht mehr aufsuchte, sah ich sie niemals aus der Nähe. Hin und wieder erblickte ich sie wohl auch, wenn sie auf der Galerie vorüberging oder unten im Schloßgarten wandelte, stets begleitet von zwei oder drei anderen Damen. Aber allein zu sehen, wie sie sich bewegte, ihre sanften Gebärden zu verfolgen, war mir eine Beruhigung.

Irgendwann jedoch kamen mir böse Gedanken über sie in den Sinn. Ich war ja so eingetaucht in die Verderbtheit und die dunkle Seite der menschlichen Natur, daß mein Geist durch diese Verbindung zwangsläufig beschmutzt werden mußte. Ich hörte die boshaften Bemerkungen, die über sie gemacht wurden, und dann auch die, welche mein eigener Kopf erdachte:

Jane ist ein Werkzeug in den Händen ihrer ehrgeizigen Brüder. Sie sind es, die jeden ihrer Schritte lenken und damit berechnend auf deinen Geschmack zielen – und auf deine Schwächen.

Jane ist nicht die tugendsame Frau, die sie zu sein vorgibt; sie spielt nur eine Rolle.

Jane sieht eine Gelegenheit, mit deinem Unglück ihr Glück zu machen. Eine blasse kleine Opportunistin, diese Mistress Seymour – das ist sie unter ihrem spröden Gebaren und den rechtschaffenen Reden.

Aber wenn Jane nicht aufrichtig war, dann war die ganze Welt falsch...

Ich würde die Wahrheit herausfinden. Ich war der Wahrheit noch niemals ausgewichen, und auch jetzt würde ich damit nicht beginnen.

Das waren meine hochtrabenden Worte. Tatsächlich aber war ich verzweifelt darauf aus, diese höhnischen Reden zum Verstummen zu bringen, denn sie drohten den letzten Born irdischen Wohlbehagens zu verschütten.

Und so ergab ich mich ihrer Taktik und entwarf eine Prüfung für Jane; ich verabscheute mich, weil ich es nötig hatte, und sagte mir dennoch immer wieder, es müsse sein.

Ich schrieb ihr einen Brief und teilte ihr mit, ich hätte erfahren, unter welchen Umständen sie das Medaillon meiner Mutter eingebüßt habe, und es sei mir durch Gottes Gnade möglich gewesen, es zurückzuholen. Ich berichtete ihr von meinen beunruhigenden Zweifeln an ihr. Mit dem Brief sandte ich ihr einen prallen Beutel mit goldenen Sovereigns, mehr als einhundert Stück. Ich übergab Börse und Brief einem Kammerdiener und trug ihm auf, Mistress Seymour beides unter vier Augen zu überreichen und ihre Antwort abzuwarten.

Am selben Abend kam er zu mir und brachte mir Brief und Beutel zurück, wie ich sie ihm gegeben hatte.

»Habt Ihr mir nicht gehorcht?« fragte ich zürnend.

»Doch, Eure Majestät. Ich fand Mistress Seymour allein im kleinen Obstgarten; sie wandelte zwischen den Reihen der Birnbäume; ich nahte mich ihr und gab ihr diese beiden Dinge. Sie nahm sie, und als sie einen Blick darauf geworfen, da... da fiel sie auf die Knie, Eure Majestät.«

»Was – in den Schlamm?«

»Da war kein Schlamm. Der Boden war ziemlich hart. Ich erinnere mich, daß überall die trockenen Blütenblätter der Birnbäume lagen... da war kein Schlamm.«

»Und warum hat sie meinen Brief nicht gelesen?« Ich mußte bis in die letzte Einzelheit erfahren, was sich zugetragen hatte.

»Sie betrachtete das königliche Siegel, küßte es, brach es aber nicht. Dann nahm sie den Beutel und öffnete ihn. Aber dann schloß sie ihn sofort wieder. Sie blickte zu mir auf, als sei sie in größter Not, und sagte: ›Ich bitte Euch, sagt dem König, er möge bedenken, daß ich eine Frau aus guter Familie bin und Tochter braver und ehrbarer Eltern ohne Makel. Einen größeren Reichtum als meine Ehre habe ich auf der Welt nicht, und müßte ich auch tausendmal sterben, wollte ich sie doch nicht beschädigen. Wenn Seine Gnaden mir Geld zu geben wünscht, dann möge er es, ich bitte ihn, erst dann tun, wenn Gott mir einen guten und ehrlichen Ehegemahl geschenkt hat.‹«

»Das waren ihre eigenen Worte?«

»Ja, Eure Majestät. Ich nahm mir die Freiheit, sie sogleich niederzuschreiben, als ich mich von ihr entfernt hatte, auf daß ich nichts vergesse.« Er zuckte die Achseln. »Vielleicht war es töricht?«

»Nein, nein. Ihr habt Eure Sache gut gemacht.« Vorsicht und Gründlichkeit wußte ich zu schätzen. Ich öffnete die Börse und schenkte ihm einen Sovereign. »Wir danken Euch.«

Ich steckte Börse und Brief ein. Jane hatte sich unbedingt als das erwiesen, was ich erhofft hatte. Dies sollte das Gemurmel in meinem Kopf zum Schweigen bringen. Wenn ich nur der Versuchung nicht nachgäbe, sie weiter auf die Probe zu stellen. Wenn nur ein kleiner Abglanz von Unschuld und Vertrauen in mir zurückbliebe – denn sonst wäre nichts mehr in mir, was ich Jane Seymour anzubieten hätte.

April. Das Wort an sich hat einen grünen Klang. April. Er sollte auch grün aussehen und grün riechen, und dieses Jahr tat er es. Ein seltsamer Duft erfüllte die Luft, und ein grüner Wind strich über das Land. Es war ein scharfer Duft, ein tiefer Duft von Wärme und urzeitlichem Beginn.

Ich ritt allein über die Wiesen, als ich es roch. Gern hätte ich Jane an meiner Seite gehabt, aber ich durfte ihre Gesellschaft nicht unbeaufsichtigt genießen, und so wollte ich es nicht. Wiesen und Weiden waren wie smaragdgrüner Samt, und die Wälder prangten in pastellenen Farben, denn tausend Bäume entrollten ihre winzigen jungen Blätter – anfangs, in den ersten Stunden, gar nicht grün, sondern lavendelfarben, rosarot und golden.

Cromwell hatte alles vorbereitet. Die Verhaftungen würden am ersten Mai vorgenommen werden, nach dem üblichen Turnier.

»Dann werden sie alle zusammensein, und das dürfte die Sache vereinfachen«, erklärte er. »Die zeremonielle Anwesenheit der Königlichen Garde wird ihrer wahren Aufgabe als Tarnung dienen.«

Wahrheit, Tarnung... das quälende Thema des letzten halben Jahres.

»Die Verhaftungen selbst können unauffällig vollzogen werden. In der allgemeinen Verwirrung und Begeisterung wird niemand etwas bemerken. Ehe der Abend anbricht, können sie im Kerker sein, alle zusammen. Verhör am nächsten Tag, dem zweiten Mai. Prozeß am zehnten Mai. Hinrichtung spätestens am fünfzehnten.«

»Gut.« Je eher es vorüber war, desto besser.

»Es wird aber notwendig sein, daß Ihr zusammen mit der Königin beim Turnier erscheint«, merkte Cromwell entschuldigend an.

»Ja, ganz recht.« Wenn sie ihre Rolle spielen konnte – ich konnte es auch.

Wir saßen in der Königlichen Loge, Anne und ich. Es war das erstemal, daß ich nicht am Maiturnier teilnahm. Als Grund dafür nannte ich meinen Sturz im Januar. Gleichwohl fand ich es mühselig, den Part des Zuschauers zu spielen, als wäre ich ein alter König, einer, der nur noch als Voyeur existierte: Das war eine Welt, mit der ich mich nicht bekannt machen wollte, die ich immer verachtet und abgelehnt hatte.

Demut, dachte ich. Für alt und gebrechlich gehalten zu werden und es mit Anstand hinzunehmen, das war Demut. Wie Christus sich vor Pilatus machtlos stellte. (Wenngleich Er sich jener kryptischen Bemerkung, Pilatus sei seine Macht nur »gegeben«, auch nicht enthalten konnte.) Aber mich mit Christus zu vergleichen, das war Stolz. Noch aus der Demut zog ich meinen Stolz; ich quetschte ihn aus jeder Situation – wie Saft aus einer Frucht.

Anne war in Weiß gewandet, in das gleiche Weiß, das sie mit so viel Anmut bei ihrer Krönung getragen hatte. Sie wußte, wie hübsch es ihr schwarzes Haar und ihre sahnig weiße Haut betonte; und so groß war ihre Macht, daß ich mich, als ich an ihrer Seite saß, einige Augenblicke lang bemühte, zu glauben, daß sie unschuldig verleumdet worden sei, so liebreizend sah sie aus, so weit weg von allem, was krankhaft war. Aber ich wußte, was ich wußte.

Wir sprachen nicht miteinander. Beide winkten wir den Zuschauern und den Teilnehmern zu. Die Sonne strahlte über den Platz und funkelte auf den Rüstungen der Ritter. Wie gern wäre ich unter ihnen gewesen, statt in der Zuschauerloge eingepfercht zu sitzen.

Annes Liebhaber ritten bei allen Wettkämpfen mit. Ich beobachtete sie aufmerksam aus den Augenwinkeln, um zu sehen, wie sie sich ihnen gegenüber benahm. Von Weston und Brereton nahm sie keinerlei Notiz – die armen Burschen! Ob sie wußten, wie gering sie von ihr geachtet wurden? –, aber bebend vor Aufmerksamkeit beobachtete sie ihren Bruder George, der sich recht wacker schlug. (Nicht meisterlich, aber jedenfalls passabel.) Dann nahm Norris seinen Platz ein; er ritt gegen Francis Bryan. Bevor er begann, vollführte er die gebräuchliche Verneigung vor der königlichen Loge.

Plötzlich beugte Anne sich vor und ließ ganz unverhohlen ihr Taschentuch fallen. Er hob es auf, küßte es, strich sich damit über die Stirn und reichte es ihr zurück. Ihre Hände berührten einander liebkosend.

Diese Unverschämtheit war der Tropfen, der das Faß zum Überlaufen brachte. Sie war so dreist, so himmelschreiend, daß ich es nicht ertrug. Die Beleidigung war zu groß.

Ich erhob mich und sagte leise zu Anne: »So, Madame. Ihr werdet Euren Lohn bekommen.« Ich sah sie ein letztes Mal an. Ich sollte sie auf dieser Erde nicht wiedersehen.

Ich verließ die königliche Loge und ließ Cromwell wissen, daß ich unverzüglich zum Schloß zurückkehrte. »Verhaftet sie, sobald dieser Tjost vorüber ist«, befahl ich. »Und säumt nicht länger.«

Dieses Taschentuch war die letzte Freiheit, die Anne sich dank meiner Torheit, sie geliebt zu haben, herausnehmen würde. Nur eine Kleinigkeit ist nötig, der Liebe vollends den Garaus zu machen; aus Gründen, die nur Gott weiß, vermögen Scheußlichkeiten es nicht. Ein spitzengesäumtes Taschentuch bewirkte, was nicht einmal Smeatons Geständnis ganz und gar – das heißt, in jedem Winkel meines Wesens – vermocht hatte.

Norris war nicht geritten. Er hatte sich seiner Rüstung entledigt und hatte den Platz schnurstracks verlassen, um mir nachzueilen. Er holte mich ein, bevor ich Westminster sehen konnte, und zügelte kühn vor mir sein Roß. Ich würdigte ihn keines Blickes.

»Eure Majestät, Ihr seid erzürnt über mich«, sagte er.

Ich gab keine Antwort.

»Ich bitte Euch, sagt mir, wie ich Euer Mißfallen erregt habe, so daß ich es wiedergutmachen kann.«

»Das Taschentuch...« begann ich. »War es nötig, mich derart zu verhöhnen? Oder war es ihr Werk?«

»Gott ist mein Zeuge: Ich verstehe Euch nicht.«

»Hört auf, Euch zu verstellen!« zischte ich. »Ihr seid der Liebhaber der Königin. Ich kenne die Wahrheit, und Ihr werdet dafür sterben.«

»Aber das ist nicht wahr!« Seine Stimme hob sich voller Entsetzen. »Es ist nicht wahr! Nie habe ich Euch mit der Königin betrogen, nicht in Gedanken und nicht in Taten!«

»Kommt, Norris. Sie hat uns alle betrogen; Ihr seid nicht allein.« Auch er war ja ein Opfer. »Gesteht, und Ihr sollt frei sein.« Es war mir plötzlich ernst. Wie sollte ich ihn für einen Fehler bestrafen, den ich genauso begangen hatte?

»Gesteht die Wahrheit!« wiederholte ich. »Soll doch wenigstens einer mir die Wahrheit ins Gesicht sagen!«

Die ganze Wahrheit und die halbe Wahrheit waren ungleiche Geschwister. Ich wollte nicht, daß er den Vorwurf bestritt, denn ich wußte, die physischen Fakten waren nicht zu bestreiten; aber er sollte es irgendwie wiedergutmachen, er sollte die blanken Tatsachen eingestehen und ihnen zugleich eine Deutung geben, mit der ich leben und mich abfinden könnte. Ich wollte, daß es milder und einfacher war, als es klang, und vielleicht war es das ja auch, aber ich brauchte seine Hilfe, wenn es so werden sollte...

»Es ist einfach nicht wahr, Eure Majestät.«

So hatte es keinen Zweck. Norris, du hast es getan, aber du mußt doch Gründe gehabt haben, bitte erkläre sie mir, bitte gib dieser Sache einen Klang von Ehre und Sauberkeit durch deine bloße Anwesenheit... deine Beteiligung...

»Gesteht! Gesteht, und Ihr seid frei, es wird Euch vergeben sein.«

»Es gibt nichts zu gestehen. Und ich bin bereit, mich im Zweikampf auf die Probe stellen zu lassen, um die Ehre der Königin zu verteidigen...«

»Sie hat keine Ehre!« schrie ich. »Laßt ab von diesem Beharren; es ist hoffnungslos.«

»Ein ehrlicher Zweikampf wird das Gegenteil beweisen«, erklärte er hartnäckig.

Anne hatte ihn also geblendet. Er war ihre Kreatur mit Haut und Haaren, bereit, sie mit seinem Leben zu verteidigen.

Noch ein Opfer, dachte ich. Sie hat noch ein Opfer umgarnt. Die Ehrbaren waren die leichteste Beute, denn sie fingen sich in ihrem eigenen Netz.

»Verhaftet ihn!« befahl ich meiner Garde. »Verhaftet diesen Mann!« Ich lenkte mein Pferd weg von Norris und wies mit dem Finger auf ihn.

Die Königliche Garde umringte ihn, und Norris verschwand vor meinen Augen. Ich sah nur noch einen Schwarm Reiter in der klaren Frühlingssonne, und ihre blanken Klingen funkelten.

LXXIII

WILL:

Als es Abend wurde, waren Norris, Brereton und Weston im Tower. Smeaton hatte man schon im Laufe des Tages dort hingeschafft.

Anne und ihr Bruder waren noch in Freiheit. Es war die letzte Nacht für sie. Man erzählte sich, Anne sei über das Verhalten des Königs beim Turnier bestürzt gewesen; sie habe angstvolle Fragen gestellt und sei überall nur auf Schweigen gestoßen. Daß etwas nicht stimmte, war klar: Die königlichen Gemächer lagen verlassen, und Annes Bedienstete beim Abendessen schwiegen ominös. Als Beauftragte des Königs pflegten sie ihr die Speisen mit dem Wunsche »Möge es Euch wohl bekommen!« aufzutragen. An diesem Abend jedoch ließen sie diesen Satz beiseite.

So war sie sich selbst überlassen und verbrachte die Nacht allein und in banger Unruhe. Mark Smeaton, so erfuhr sie, war fortgebracht worden. Er konnte nicht für sie spielen. Sie wollte nach ihrem Bruder George schicken und bekam mitgeteilt, es sei »nicht angebracht«. Wie eines der wilden Tiere in der Menagerie des Towers verbrachte sie die Nacht in einem Käfig, rastlos hin- und herstreifend, ohne zu wissen, weshalb man sie einsperrte oder was ihrer harrte.

Der König weinte und tobte die ganze Nacht. Wir, die wir in seiner Nähe waren, wußten nicht, ob wir versuchen sollten, ihn zu trösten, oder ob es besser war, wegzuschauen. Am Ende entschieden wir uns für das Wegschauen. Selbst ein König muß mitunter ignoriert werden; ja, manchmal sehnt er sich sogar danach.

Am Morgen rief der König erst Cromwell, dann den Rest des

Geheimen Staatsrates zu sich, und erläuterte die Umstände. Man sollte die Königin verhaften und in den Tower bringen, nachdem man ihr die Anklage bekanntgemacht habe.

Anne nahm unterdessen ihr Mittagsmahl zu sich und machte Scherze. »Der König will mich mit diesem wunderlichen Verhalten auf die Probe stellen. Er will sehen, wie mutig ich bin«, behauptete sie hartnäckig.

Gegen zwei Uhr nachmittags kam eine Deputation des Geheimen Staatsrates in ihre Gemächer, um mit ihr zu sprechen und ihren Haushalt zu befragen; sie wurde angeführt von ihrem Onkel, dem Herzog von Norfolk, und Cromwell.

Kühn und ohne Ehrerbietung traten sie vor sie hin.

»Ihr habt Ehebruch begangen«, bezichtigte der Herzog sie, »und zwar mit fünf Männern, soweit es bekannt ist. Diese Männer sind bereits in Haft und haben Geständnisse abgelegt. Auch Ihr müßt nun gestehen. Es gibt keinen Grund mehr für Lügen und Heimlichkeiten. Alles ist bekannt.« Sodann warf er ihr vor, Inzest getrieben und die Ermordung ihres Gemahls geplant zu haben.

Anne wies alles empört zurück. »Kein einziger Mann hat je mich berührt außer meinem angetrauten Ehegemahl, dem König!« kreischte sie.

Angesichts dieser hartnäckigen Lüge schüttelte ihr Onkel betrübt den Kopf. Schon wartete die Staatsbarke, die sie zum Tower bringen sollte, an der Flußtreppe; an Bord waren Kingston, der Konstabler des Tower, sowie vier weibliche Spitzel, die Cromwell ausgewählt hatte, damit sie jedes Wort weitertrügen, welches Anne fortan äußerte.

»Tz, tz, tz«, schnalzte der Herzog und schüttelte den Kopf wie einen Glockenklöppel.

Am Nachmittag wurde Anne zum Tower gerudert, während die hellen Strahlen der Frühlingssonne auf der Themse glitzerten und das Volk beim Anblick der Staatsbarke aufgeregt winkte.

Als man sie am Eingang empfing, fiel sie auf die Knie. »Gott helfe mir!« rief sie. »Ich bin unschuldig und habe nicht getan, was man mir vorwirft!«

Kingston und seine Leute führten sie weg – in dieselben Räume, in denen sie auch die Nacht vor ihrer Krönung verbracht hatte. Dort sollte sie bleiben, allein und ohne eine freundliche Seele in ihrer Nähe. Wo in jener Maiennacht drei Jahre zuvor Sänger und Schmeichler gewesen waren, da waren jetzt Stille und Ratlosigkeit.

»Wo ist mein lieber Bruder?« weinte sie.

»Ich habe ihn in York Place gelassen«, antwortete Kingston. In Wahrheit war George Boleyn schon am Morgen in den Tower gebracht worden.

»Ich höre, daß man mir fünf Männer zur Last legt, und ich weiß nicht mehr zu sagen als nein, ohne meinen Leib offenzulegen«, rief sie und riß sich dabei hysterisch das Kleid auf. Aber niemand verstand den Sinn dieser Worte.

»Oh, Norris, Ihr habt mich angeklagt?« fragte sie ins Leere. »Auch Ihr seid nun im Tower, und wir werden zusammen sterben, Ihr und ich; und Mark – auch Ihr seid hier!«

Als der König vernahm, wie sie ihren Bruder und Norris und Smeaton rief, da weinte er.

Cromwell kannte die Königin gut. Er wußte, sie war »tapfer wie eine Löwin«, wie jemand sie einmal beschrieben hatte, aber auch eine Löwin braucht einen Gegner. Ohne einen Gegner, ohne einen klar umrissenen Ankläger, würde sie in ihrer Panik plappern und sich schließlich selbst verraten. Er gab Anweisung, jedes ihrer Worte aufzuzeichnen. Anne Boleyn hatte nie verstanden, zu schweigen. Cromwell, der schon ihre Reden von dem »Verlangen nach Äpfeln« gehört hatte, wußte diese fatale Schwäche zu nutzen.

Schon am ersten Tag brachte er reiche Ernte ein. Sie entsann sich ihres Gespräches mit Weston, in dem er ihr seine Liebe gestanden hatte, und verglich ihn mit Norris. »Weston fürchte ich mehr«, sagte sie und erklärte auch, warum.

Am Tag darauf kam sie zu ihrem Bruder. Ihre Spitzel hatten ihr gesagt, daß er verhaftet worden sei.

»Ich bin sehr froh, daß wir so nah beieinander sind«, sagte sie.

Kingston bestätigte, daß fünf Männer ihretwegen verhaftet worden seien und nun im Tower lägen.

»Mark behandelt man am schlimmsten«, fügte eine der Frauen hinzu. »Er liegt in Eisen.«

»Das kommt, weil er kein Edelmann ist«, sagte Anne gefühllos. Sie sah sich um. »Man wird jetzt Balladen über mich singen«, sagte sie verträumt. »Aber es ist nur noch mein Bruder da, der es kann. Soll er sterben?« fragte sie Kingston.

Als dieser ihr die Antwort verweigerte, verlegte sie sich auf Drohungen. »Es wird nicht mehr regnen, ehe ich den Tower verlassen darf!« rief sie.

Kingston zuckte darob ungerührt die Achseln. »Ich hoffe, es dauert noch ein Weilchen, denn so haben wir schönes Wetter«, versetzte er.

Unterdessen tobte und schrie der König. Er benahm sich wilder als Anne. Am Abend, nachdem Anne in den Tower gebracht worden war, kam sein leiblicher Sohn Heinrich Fitzroy, um ihm eine gute Nacht zu wünschen. Der verstörte, trauernde König packte ihn bei den schmalen Schultern und rief: »Gott sei gepriesen, da du jetzt sicher bist vor dieser verfluchten und giftigen Hure, die entschlossen war, dich zu vergiften!«

Der verblüffte, hustende Fitzroy nahm ihn nur stumm in seine Arme: Der Sohn tröstete den Vater.

Dann senkte sich gespenstische Stille herab. Die Königin und alle, die man bezichtigte, ihre Liebhaber und Mitverschwörer gewesen zu sein, saßen hinter den steinernen Mauern des Tower. Geschworenengerichte wurden zusammengerufen, förmliche Anklageschriften verfaßt. Das Parlament wurde vertagt und sollte erst in einem Monat wieder zusammentreten. Auf Befehl des Königs durfte keine Post und kein Schiff England verlassen. Die Welt draußen fragte sich, was hier vorgehen mochte. Man wußte, es mußte furchtbar und folgenschwer sein.

HEINRICH VIII.:

Dann bekam ich Briefe. Erst von Cranmer; er schrieb voller Verwunderung und Mitgefühl:

Und ich bin so perplex, daß ich es schier nicht zu fassen vermag; niemals hatte ich eine bessere Meinung von einem Weibe denn von ihr; weshalb ich denke, daß sie womöglich nicht schuldig ist. Hinwiederum denke ich auch, Eure Hoheit wären nicht so weit gegangen, wäre sie nicht gewißlich schuldig.

Nun denke ich, daß Euer Gnaden am besten wissen, daß ich neben Euer Gnaden am engsten mit ihr verbunden war von allen Lebewesen auf Erden. Weshalb ich Euer Gnaden in aller Demut bitte, mir zu erlauben, daß ich tue, wozu ich durch Gottes Gesetz, Natur und auch durch ihre Güte verpflichtet bin: Nämlich, daß ich mit Euer Gnaden Huld bete für sie, auf daß sie ihre Unschuld und Ehrbarkeit erkläre. Sollte sie dennoch für schuldig befunden werden, so sage ich, der ist nicht Euer Gnaden getreuer Diener und Untertan, der nicht will, daß ihre Untat bestraft werde ohne Gnade.

Auch Anne griff zur Feder, um mich zu bereden. Aber der Brief bezichtigte giftig *mich* der Versäumnis, statt sich ihren eigenen Vergehen zu widmen:

Euer Gnaden Mißfallen und meine Kerkerhaft sind mir so unbegreiflich, daß ich gar nicht weiß, was ich schreiben oder wofür ich um Vergebung bitten soll. Ihr aber sendet mir einen, von dem Ihr wißt, daß er seit jeher mein erklärter Feind; doch kaum hatte ich die Nachricht von ihm erhalten, so verstand ich doch, was Euer Gnaden meinen, und wenn es, wie Ihr sagt, mir zum Heil gereicht, die Wahrheit zu bekennen, so will ich bereitwillig und pflichtschuldig tun, wie Ihr befehlt.

Indes dürfen Euer Gnaden nicht glauben, Euer armes Weib könnte sich je dazu verleiten lassen, ein Vergehen zu gestehen, wo es nicht einmal in Gedanken je stattgefunden. Und, um Euch die Wahrheit zu sagen, niemals hatte ein Fürst ein Ehegespons, welches loyaler in allen Pflichten und in wahrer Zuneigung war, als Ihr gefunden in Anne Boleyn – ein Name und Stand übrigens, mit dem ich mich willig hätte begnügen mögen, so es Gott und Euer Gnaden gefallen hätte. Niemals hätte ich mich in meinem Überschwang ob der empfangenen Königinwürde so weit verges-

sen, daß ich solche Veränderung, wie ich nun gefunden, auch gesucht hätte; denn das Fundament solcher Bevorzugung ist gerade so sicher wie Euer Gnaden Vorliebe, und die geringste Änderung möchte (das wußte ich) hinreichend und genügend sein, diese Vorliebe auf einen anderen Gegenstand zu lenken.

Ihr habt mich aus niederem Stande zu Eurer Königin und Gefährtin erwählt, weit über mein Verdienst und mein Verlangen; so Ihr mich damals solcher Ehre für würdig erachtet, Euer Gnaden, lasset nun nicht zu, daß eine flüchtige Laune oder schlechter Rat meiner Feinde Euch Anlaß geben, Eure fürstliche Gunst von mir abzuziehen; und erlaubet auch nicht, daß die Schande – die unwürdige Schande – der Herzensuntreue gegen Euer Gnaden je einen so scheußlichen Makel auf mich und auf die Prinzessin und Eure Tochter Elisabeth werfe.

Stellt mich vor ein Gericht, guter König, aber gebt mir ein rechtmäßig Verfahren und laßt nicht meine geschworenen Feinde meine Richter sein; ja, macht mir offen den Prozeß, denn meine Wahrheit fürchtet nicht die öffentliche Schmach; dann sollt Ihr schon sehen, wie meine Unschuld sich erweist, wie Euer Verdacht und Euer Gewissen beruhigt, wie den Schmähungen und Verleumdungen der Welt Einhalt wird geboten, oder wie meine Schuld offen zutage tritt. So daß es Euer Gnaden ungeachtet dessen, was Gott und Ihr selbst zu beschließen geruhen, freisteht vor Gott und den Menschen, mir als einem untreuen Weibe nicht nur eine gebührende Strafe widerfahren zu lassen, sondern auch Eurer Zuneigung zu jener anderen, Mistress Seymour, zu folgen, um deretwillen ich nun bin, wo ich bin; und deren Namen ich schon seit einer Weile hätte benennen können: – Euer Gnaden sind nicht unkundig meines Argwohnes in diesem Falle.

Aber wenn Ihr längst beschlossen, was aus mir werden soll, und daß nicht nur mein Tod, sondern infame Verleumdung notwendig sei, Euch in den Genuß des erstrebten Glückes zu setzen, so bitte ich Gott, daß Er Euch die große Sünde, die darin liegt, verzeihen möge, und desgleichen meinen Feinden, die Euch zur Hand gegangen, und daß er Euch nicht gleich zur Verantwortung für diese unfürstliche und grausame Mißhandlung gegen mich ziehe bei seinem Gericht, vor welchem Ihr und ich schon bald erscheinen werden, und ich zweifle nicht (was immer die Welt von mir denken mag), daß vor diesem Gericht meine Unschuld wird erwiesen und offengelegt werden.

Meine letzte und einzige Bitte soll aber sein: Lasset nur mich selbst die Bürde Eurer Ungnade tragen, und richtet sie nicht auch gegen die unschuldigen Seelen jener armen Herren, welche, wie ich höre, ebenfalls im Kerker schmachten um meinetwillen.

Wenn ich jemals Gnade in Euren Augen gefunden, und wenn der Name Anne Boleyn Eurem Ohr je wohlgefällig war, so erfüllt mir diese Bitte, und ich will davon ablassen, Euer Gnaden weiter zur Last zu fallen, und ich will allen Ernstes zur Heiligen Dreifaltigkeit beten, ein schützend Hand über Euer Gnaden zu halten und Euch in all Eurem Tun zu leiten.

Aus meinem trübseligen Kerker im Tower, am 6. des Mai.

Anne Boleyn

Wenn der Name Anne Boleyn Eurem Ohr je wohlgefällig war. Ja, einst war er es gewesen. Einst war ich verhext gewesen. Aber jetzt nicht mehr, jetzt nicht mehr!

Ich streifte durch die Korridore. Ich verbrachte schlaflose Nächte. Ich betete um Anleitung. Aber das alles war ein Alptraum im Wachen. Tag und Nacht vermengten sich, wie es mir seither nie mehr wiederfahren, nicht einmal in den Klauen der Krankheit. Draußen war die Luft klar und rein, und die Maiglöckchen blühten grün und weiß. Das Gras am südlichen Ufer der Themse war dicht. Der Palast aber war frei von Jahreszeiten, losgelöst von allen anderen Sorgen. Der Palast machte sich seine Jahreszeiten selbst.

WILL:

Die »Verbrechen« – das heißt, die leiblichen Verbrechen – waren angeblich in den Grafschaften Middlesex und Kent begangen worden, und von dort mußten die Anklagen kommen. Anklagejuries traten zusammen, berieten sich und verkündeten ihre Empfehlungen in jenen häßlichen Maitagen. Das Beweismaterial war so überwältigend, daß allen fünf Männern der Prozeß gemacht werden mußte.

Die Gemeinen – Smeaton, Brereton, Weston und Norris – sollten am zwölften Mai in der Halle zu Westminster, diesem für Verdammnis und Festlichkeiten gleichermaßen tauglichen Saal, vor Gericht gestellt werden. Man zerrte sie aus dem Tower und führte sie durch die Londoner Straßen, von der sabbernden Neugier der Einwohner begafft. Das Gericht bestand aus »Beauftragten des Königs«, unter ihnen Thomas Boleyn selbst.

In der Halle standen sie einer Axt gegenüber, deren Schneide vorläufig abgewandt war, und man beschuldigte sie, sich zur Ermordung des Königs verschworen, die Königin fleischlich erkannt und somit Verrat gegen die Erben des Königs und der Königin und gegen den Frieden des Königs begangen zu haben.

Smeaton bekannte sich schuldig, was den zweiten Vorwurf anging: Er habe die Königin »widerrechtlich erkannt«. Sämtliche anderen Anklagepunkte wurden von allen fünfen bestritten. Gleichwohl sprach man sie schuldig, und die Axtschneide ward ihnen zugewandt. Schweigend marschierten sie zurück zum Tower.

Die Hinrichtung wurde für den siebzehnten Mai anberaumt – fünf Tage nach dem Prozeß. Bis dahin sollte man sie in den Tower sperren und sich selbst überlassen.

Es beunruhigte den König, daß nur Smeaton ein Geständnis abgelegt hatte. Ihm wäre es lieber gewesen, sie wären im Verhör alle zusammengebrochen und hätten ihre Schuld zugegeben. Nicht, daß er bei sich an ihrer Schuld irgendwie gezweifelt hätte. »Ich bin davon überzeugt, daß diese nur ein Symbol sind und daß über hundert Männer Verkehr mit ihr gehabt haben«, erklärte er.

Drei Tage nach der Verhandlung gegen die Höflinge kamen die Boleyns – einzeln – vor Gericht, und zwar in der Halle des Königs in der Umfriedung des Tower. Sechsundzwanzig Peers des Reiches sollten das Urteil über sie fällen. Der Herzog von Norfolk trat unter einem Staatsbaldachin als Vertreter des Königs und Oberster Richter auf. Zur einen Seite saß der Herzog von Suffolk, zur anderen Audley, der Lordkanzler. Unter den Peers war auch Henry Percy, jetzt Graf von Northumberland.

Mehr als zweitausend Zuschauer drängten sich in der Halle – der Bürgermeister und die Stadträte von London, die Mitglieder der wichtigsten Handwerksgilden, die Höflinge, Botschafter, Händler und Gemeinen, und ich. Unwillkürlich mußte ich daran denken, wie öffentlich Annes Ende sein würde, verglichen mit ihrer geheimen Hochzeit. Den König kümmerte es nicht, wenn jeder Gemeine bis in alle scheußlichen Einzelheiten hörte, wie er gehörnt worden war; im Gegenteil, auf eine seltsame Weise lud er sie sogar alle ein, am Quell seiner Schmach zu trinken.

Anne rauschte in die Halle, so arrogant und anmutig, als führe sie den Vorsitz über all diese Leute, nicht wie jemand, der sich vor ihnen zu verantworten hatte. Noch einmal war sie die Frau, die den König verhext hatte. Offensichtlich gedachte sie, ihre Zaubermittel einzusetzen, wie sie es früher getan hatte.

Der Herzog verlas die Anklageschriften, die von den Juries in Kent und Middlesex aufgesetzt worden waren:

Derweil Lady Anne war Königin von England und Gemahlin unseres Herrn, König Heinrich VIII... mehr als drei Jahre lang... nicht nur mißachtend die ausgezeichnete und edle Ehe, die feierlich gelobet zwischen dem genannten Herrn, unserem König, und der Königin selbst, sondern überdies voller Bosheit im Herzen gegen genannten Herrn, unseren König, verleitet durch die Anstiftung des Teufels und ohne sich Gott vor Augen zu halten beim Verfolg ihrer alltäglichen unsteten fleischlichen Gelüste, da es ihr Wunsch war, daß mehrere der vertrautesten Bediensteten unseres Herrn, des Königs, möchten ehebrecherische Unzucht treiben mit ihr... im Gegensatz zu den Verpflichtungen ihres Ehebundes... machte sie sich auf falsche und verräterische Weise gefügig durch verderbte Reden und Küsse, Berührungen, Geschenke und vielfältige andere unsagbare Anstiftungen und Verlockungen... ganz wie ihre überaus verdammungswürdige Neigung zum Verbrechen sie trieb: Daß weiter zur Verübung des boshaftesten und höchst verräterischen Verbrechens des Ehebruchs durch die Königin etliche Bedienstete des genannten Herrn, unseres Königs, Tag für Tag auf die abscheuliche Weise herausgefordert und gereizt durch besagte Kö-

nigin, sich besagter Königin in verräterischer Weise in die Hand gegeben und unterworfen; und es sei nun Bericht gegeben aus diesen und anderen Quellen von den verräterischen Taten und Worten, nämlich:

Und es begann die Aufzählung der eigentlichen Ehebruchshandlungen:

Am 6. Oktober 1533 im Palast zu Westminster... und an etlichen anderen Tagen davor und danach verführte und verlockte sie Henry Norris, einen Kammerherrn aus den Privatgemächern unseres Herrn, des Königs, mit ihr Unzucht zu treiben und sie fleischlich zu erkennen, aus welchem Grunde eben der Henry Norris sie auch am 12. Oktober unzüchtig besaß und fleischlich erkannte.

Über ihren eigenen Bruder George Lord Rochford hieß es unter dem Datum vom zweiten November:

... mit der Zunge der Königin im Munde des genannten George und Georges Zunge im Munde der Königin, mit Küssen mit weit offenem Mund, mit Geschenken und Juwelen, aus welchem Grunde Lord George Rochford, die Gebote des allmächtigen Gottes mißachtend und wider alle Gesetze der menschlichen Natur, am 5. November seiner eigenen leiblichen Schwester unzüchtig beigewohnt und sie fleischlich erkannt.

Der Rest der Liste (aufgefüllt mit wollüstigen Einzelheiten) lautete:

- *Am 19. Nov. 1533 in Westminster, mit Henry Norris.*
- *Am 27. Nov. 1533 in Westminster, mit William Brereton.*
- *Am 8. Dez. 1533 in Hampton Court, mit William Brereton.*
- *Am 19. Mai, 1534 in Greenwich, mit Mark Smeaton.*
- *Am 20. Mai 1534 in Greenwich, mit Francis Weston.*
- *Am 20. Juni 1534 in Greenwich, mit Francis Weston.*
- *Am 26. April 1535 in Westminster, mit Mark Smeaton.*
- *Am 29. Dez. 1535 in Eltham, mit George Boleyn.*

Zusätzlich zu ihrer »verderbten und unersättlichen Wollust« hatte sie sich mit ihren Liebhabern gegen Heinrichs Leben verschworen. Sie hatte ihnen erzählt, sie habe »den König im Grunde ihres Herzens niemals heiraten wollen«, und sie habe »versprochen, einen von ihnen zu heiraten, wenn der König gestorben«. Um ihre Liebessklaven zu behalten, hatte sie den einen gegen den anderen ausgespielt und ihnen allen unerhörte Geschenke gemacht.

Cromwell und sein Generalanwalt, Sir Christopher Hales, brachten noch zwei weitere Anklagepunkte vor: Sie habe die Prinzeß-Witwe vergiftet und Lady Maria das gleiche anzutun versucht; und sie habe die Gesundheit des Königs in böswilliger Weise geschädigt – denn als dem König ihre Bosheit zu Bewußtsein gekommen sei, habe er »im Herzen solche Ungemach und Trauer verspürt... daß gewisse schwere und bedrohliche Leiden seinen königlichen Leib befallen« hätten. Dies war zweifellos die Wahrheit, mochten andere auch verstohlen kichern.

Sie habe den König hinter seinem Rücken verspottet, erklärten die Ankläger, und sich über seine Gedichte, seine Musik, seine Kleidung und seine Person lustig gemacht. Sie habe außerdem ihrem Bruder George in einem Brief von ihrer Schwangerschaft berichtet und dabei angedeutet, daß das Kind in Wahrheit von ihm sei.

Anne erhob sich, um sich zu verteidigen. So stolz, wie ich sie nur je gesehen hatte, stand sie da, warf den Kopf in den Nacken und sprach mit lauter, klingender Stimme, die bis in den hintersten Winkel des steinernen Saales hallte.

Bezeichnenderweise ging sie auf die letzten Anschuldigungen nicht ein. Sie antwortete nur auf den Vorwurf des Ehebruchs und behauptete, sie sei unschuldig; allerdings habe sie Francis Weston Geld geschenkt und Mark Smeaton in ihre Gemächer gebeten, damit er ihr auf dem Spinett vorspiele. Sie zeigte Beredsamkeit und Witz und einen unirdischen Charme.

Aber das nützte ihr nichts. Als das Urteil gefordert wurde, sprach die Mehrheit der Peers sie schuldig. Dann erhob sich ihr erhabener Onkel Norfolk und verkündete das Urteil:

»Schuldig des Hochverrats, des Ehebruchs und des Inzests. Ihr habt den Tod verdient, und Euer Urteil lautet so: Brennen sollt Ihr hier auf dem Rasen im Tower von London, oder es soll Euch der Kopf abgeschlagen werden, wie es dem König beliebt und demnächst wird bekanntgegeben.«

Tiefe Stille – dann Unruhe unter den Peers. Henry Percy ist zusammengebrochen. Jemand trägt den schlaffen Körper auf seiner Schulter zur Halle hinaus. Anne sieht ihm nach, und etwas in ihrem Antlitz verändert sich, welkt.

Jetzt spricht sie, doch ohne Feuer.

»O Gott, Du weißt, ob ich diesen Tod verdient habe.« Sie schweigt für einen Augenblick. »Ihr Lords, ich will nicht sagen, daß Euer Urteil ungerecht sei, noch maße ich mir an, daß meine Worte gegen Eure Überzeugung Bestand haben können. Ich will gern glauben, daß Ihr hinreichende Gründe habt, zu tun, was Ihr getan habt, aber es müssen dann andere sein als die, welche Ihr im Gericht vorgetragen, denn ich bin unschuldig all der Vergehen, die Ihr mir zur Last legt. Ich war dem König immer ein getreues Weib, wiewohl ich nicht behaupte, daß ich immer die Demut gezeigt hätte, die seine Güte gegen mich und die Ehre, zu der er mich erhoben, verdienten.

Ich gestehe, daß ich eifersüchtige und argwöhnische Gedanken gegen ihn hegte und nicht verschwiegen und klug genug war, sie allzeit zu verbergen. Aber Gott weiß und ist mein Zeuge, daß ich niemals auf irgendeine andere Weise gegen ihn gesündigt habe.

Denkt nicht, ich sage dies in der Hoffnung, mein Leben zu verlängern. Gott hat mich gelehrt, zu sterben, und er wird meinen Glauben stärken.

Denkt nicht, mein Sinn sei so verwirrt, daß ich Euch die Ehre meiner Keuschheit in höchster Not nicht noch einmal ans Herz legte, nachdem ich sie mein Leben lang bewahrt, so gut wie jede andere Königin auch. Ich weiß, daß diese letzten Worte mir nicht mehr helfen werden, aber sie sind eine Rechtfertigung meiner Keuschheit und meiner Ehre.

Was meinen Bruder und jene anderen zu Unrecht Verurteilten angeht, so würde ich bereitwillig viele Tode sterben, um sie zu erretten; da ich aber sehe, daß es dem König so gefällt, will ich sie gern in den Tod begleiten, denn ich bin sicher, ich werde in Frieden mit ihnen leben ohne Ende.

Ich bitte Euch, ihr guten Leute, betet für mich.«

Sie steht müde auf, und Kingston führt sie hinaus und zurück in ihr Gefängnis.

Ihr Onkel weint unverhohlen. Augenblicke vergehen, ehe er seine Beherrschung wiederfindet und dem letzten angeklagten Gefangenen gegenübertreten kann: George Boleyn, Lord Rochford.

Die Anklage wird verlesen: Inzest und Ehebruch mit seiner Schwester, der Königin. Er leugnet. Verschwörung zur Ermordung des Königs. Er leugnet. Behauptung der Vaterschaft an der Prinzessin Elisabeth.

Daraufhin grinst er verächtlich, schweigt, hebt spöttisch eine Augenbraue.

Ein letzter Vorwurf wird den Peers schriftlich vorgelegt und dann Lord Rochford gezeigt; es ist verboten, diesen Vorwurf laut vor den Leuten auszusprechen. Die Kenntnis davon stammt von Rochfords eigener Gemahlin Jane.

»Ah ja«, sagt George Boleyn laut und liest das Papier Wort für Wort vor. »'Meine Schwester, Königin Anne, hat mir erzählt, daß der König impotent ist. Er hat weder Kraft noch Tugend in seinem männlichen Gliede.'« Er lacht schrill. Cromwell protestiert, schimpft wie ein wütender Eichelhäher. Boleyn lächelt und erklärt: »Aber ich will kein Mißtrauen schaffen, welches womöglich die Nachkommenschaft, die der König aus einer neuen Ehe erhält, mit Vorurteilen belegen würde.«

Mit einem einzigen Satz ist der König angeklagt. Seine nächste Ehe ist zur Sprache gebracht worden. Stimmt es, daß der König bereits eine Nachfolgerin erwählt hat? Könnte es sein, daß all dies nur in die Wege geleitet wurde, um eine neuerliche Vermählung möglich zu machen?

Aber Cromwell hat einen noch höheren Trumpf: Eine weitere Aussage von Jane Boleyn, Lady Rochford. Sie schwört, es bestehe eine inzestuöse Beziehung zwischen ihrem Gemahl und seiner Schwester, der Königin. Ihr Gewissen nötige sie, dieses »verfluchte Geheimnis«, bis jetzt nur ihr allein bekannt, öffentlich zu enthüllen.

Sogleich ist der Kläger von seinem eigenen Weibe in Mißkredit gebracht und vor aller Welt entlarvt in seiner ganzen Verkommenheit.

Die sechsundzwanzig Peers sprechen ihn schuldig, und der Herzog verliest das Urteil:

»Ihr sollt nun wieder in den Tower zurückkehren, aus dem ihr gekommen, und von besagtem Tower durch die Stadt London geschleift werden, wo man Euch hängen und bei lebendigem Leibe wieder abschneiden soll; sodann soll man Euch die Gliedmaßen abhacken und die Eingeweide aus dem Körper reißen und vor Euren Augen verbrennen; schließlich aber soll Euch der Kopf abgeschlagen und der Körper in vier Teile geteilt werden, und Euer Kopf und Euer Körper soll an einem Orte aufgestellt werden, den der König bezeichnen wird.«

Eine grausame Stille legte sich nach den Prozessen über London; es war, als halte die Stadt bis zu den Hinrichtungen den Atem an. Wenn man am Tower vorbeikam, hörte man Gehämmer, und man wußte, daß das Schafott aufgebaut wurde; man hatte es aus dem Speicher geholt, wo es seit Mores Hinrichtung im letzten Sommer aufbewahrt worden war.

Man erzählte sich, daß der König diese Frühlingsnächte auf seiner Barke verbringe, wo er Jane den Hof mache, und daß man den Klang von Musik und das Leuchten von Laternen auf dem Wasser bemerken könne. Man erzählte auch, er lasse sich im Schatten des Tower hin- und herrudern. Man erzählte eine Menge Unfug, aber es war eine packende Geschichte, und sie zeichnete ein Bild des Königs als Satyr. Die Wahrheit ist, daß er nur einmal mit seiner Barke fuhr, und auch da nicht »im Schatten des Tower«, sondern zum Hause Nicholas Carews am Ufer der Themse, um dort Jane zu besuchen.

LXXIV

HEINRICH VIII.:

So war es vorüber. Der Prozeß war vorüber, und die Hexe war ihrem gerechten Urteil nicht entronnen. Crum berichtete mir alles – sprach auch, betrübt, von den persönlichen Angriffen gegen mich. Mir machte es nichts aus; meine einzige Befürchtung war, daß es Anne irgendwie noch jetzt gelingen möchte, zu entkommen.

Verbrannt oder enthauptet zu werden, wie es dem König beliebte – ich erinnerte mich an ihr Grauen vor dem Feuer. Wäre es nicht eine Rache nach meinem »Belieben« gewesen, ihr dies anzutun? Sie diesem Tod ins Auge sehen zu lassen, gefesselt und schreiend, ihr Fleisch braten, das Blut in ihren Adern kochen zu lassen? Ich roch es schon, das verkohlte Fleisch, den Gestank ihrer lodernden Haare...

Aber ich konnte es nicht. Ich konnte es nicht tun, denn ich wußte, daß sie in die Hölle fahren würde, sobald die Seele ihren Körper verließ – und dort würde es Feuer im Überfluß geben, ein ewiges Feuer, das brennt, aber nicht verzehrt. Ich wollte den Teufel nicht nachäffen oder verspotten, indem ich ihr einen irdischen Abglanz davon verschaffte. Mochte Anne diese Welt ohne körperliche Pein verlassen.

Aber eines würde ich ihr noch abnehmen, etwas, das nur sie geben konnte: die Erklärung, das Geständnis, daß unsere Ehe von Anfang an eine Täuschung gewesen. Ich wollte Cranmer zu ihr schicken, um ihr dieses Geständnis in der Beichte abzunehmen, wollte ihr das Versprechen vorhalten, ihr das Feuer zu ersparen, wenn sie es nur zugäbe, wenn sie zugäbe, daß sie die Ehe mit ihrer

Hexenkunst zustande gebracht habe, und ihr nun abschwörte. Denn ich wollte vor ihrem Tod von ihr frei sein. Sie sollte nicht als mein Weib ihren letzten Atemzug verhauchen. Ich wollte nicht mit ihr verbunden sein!

»Geht zu ihr«, beauftragte ich Cranmer, »in ihre Gemächer im Tower, und nehmt ihr in dieser Sache den Eid ab.« Ich bemerkte den fragenden Ausdruck in seinem Gesicht. »Ja, sie hält dort immer noch Hof – auf meinen ausdrücklichen Befehl. Sie hat ihre königlichen Gemächer, ihre Juwelen und ihre Kleider.« Ich dachte an More in seiner bücherlosen Zelle. »Dafür hat sie ihre Seele verkauft, oder nicht? Dann soll sie es auch bis zu ihrem Ende genießen.«

Sie würde alles bis zum Ende behalten (außer ihrem Titel als meine Gemahlin), und plötzlich hatte ich auch eine passende Art vor Augen, wie sie aus diesem Leben scheiden könnte: Ich würde einen französischen Schwerthenker kommen lassen, der die Hinrichtung geschickt und stilvoll ausführen sollte. Die »französische Art« hatte sie immer geliebt; zweifellos wäre eine gute englische Axt für ihr empfindsames Wesen viel zu grob. Ich schrieb einen Befehl an den Gouverneur von Calais. Was für eine Überraschung, die ich ihr da noch zukommen ließ im allerletzten Augenblick...

Ich fing an zu lachen – erst leise, dann hysterisch.

WILL:

Wir hörten kreischendes Gelächter aus dem Zimmer des Königs, aber wir wagten nicht einzutreten. Es klang, als sei dort ein Wahnsinniger, und wir befürchteten, ein Eindringling könne sich Zutritt verschafft haben. Aus diesem Grund öffnete ein Wächter schließlich doch die Tür und lugte hinein.

Es war niemand da außer König Heinrich; er saß an seinem Schreibtisch und war rot im Gesicht, als wolle ihn gleich der Schlag treffen.

Ich näherte mich – ich war der einzige, der sich getraute – und hielt mich bereit, einen Arzt herbeizurufen. Er hatte einen Anfall erlitten, dessen war ich sicher.

»Ruhig, mein guter Lord, es kommt gleich Hilfe«, sagte ich, so begütigend ich es nur vermochte.

»Hilfe?« wiederholte er in ruhigem Ton. Die Röte schwand aus seinem Antlitz. »Nein, es braucht keine Hilfe. Es ist getan, es ist getan.« Er wies auf einen Brief, der versandbereit vor ihm lag. »Einen hübschen französischen Tod«, sagte er. »Der Tod sollte schließlich zum Leben passen, nicht wahr? Nur können wir selten dafür sorgen, daß es so ist. Nun, ich bin so frei.«

Hatte die Anspannung, der Schmerz seinen Verstand überwältigt? »Ja, Euer Gnaden«, sagte ich sanft. »Der Lord Geheimsiegelbewahrer wird sich um diese Sendungen kümmern. Kommt jetzt. Ihr habt Euch überarbeitet.«

Er wollte aufstehen, doch dann schüttelte er den Kopf. »Eines noch. Ich muß auch den anderen einen leichten Tod gewähren. Wandelt das Urteil in eine simple Enthauptung. So – das wird auch genügen.« Er fing an, Befehle auf ein Pergament zu kritzeln. »Aber sie müssen sich schon mit einem einheimischen Scharfrichter und einer gewöhnlichen Axt begnügen.«

Am Morgen des siebzehnten Mai schaute Anne aus ihrem Fenster zu, wie ihre fünf Liebhaber und Mitverschwörer zu dem Hügel jenseits des Wassergrabens geführt wurden, wo sie das Schafott besteigen mußten. Es war ein schönes hohes Schafott, so daß alle Zuschauer (und deren Menge war gewaltig) einen freien Blick hatten.

Sir William Brereton war der erste, der auf der Plattform stand. Er winselte wie ein Feigling und zitterte am ganzen Leibe.

»Ich habe es verdient, zu sterben, und wären es tausend Tode«, rief er. Als aber der Scharfrichter ihm durch eine Gebärde bedeutete, er möge den Kopf auf den Block legen, erhob er Einspruch. »Aus welchem Grunde indessen, das will ich nicht beurteilen – doch urteilt Ihr, so gebt Euer Bestes.« Und um die Sache weiter hinauszuzögern, wiederholte er sich noch drei- oder viermal.

Endlich aber versagte ihm die Stimme, und man zwang ihn, den Kopf zu beugen. Der Scharfrichter hob seine große Axt und hackte Breretons Hals glatt durch. Der Kopf rollte ins Stroh, und der Henker hob ihn auf und hielt ihn in die Höhe, wie es der Brauch war.

Es dauerte ein paar Augenblicke, den Körper und den Kopf

fortzuschaffen, frisches Stroh aufzuschütten und Block und Axt abzuwischen. Der Tote wurde an der anderen Seite des Schafotts über eine Treppe hinuntergetragen.

Als nächster kam Henry Norris. Er sagte wenig, aber was er sagte, war schmeichelhaft für den König.

»Ich glaube wohl, kein Gentleman am Hofe schuldet dem König mehr als ich und war dafür weniger dankbar und rücksichtsvoll. Ich bete zu Gott, er möge meiner Seele gnädig sein.« Sodann legte er entgegenkommend das Haupt auf den Block. Der Henker schlug zu, und es war vorüber, ehe man tief Luft holen konnte.

Sir Francis Weston, der hübsche Junge, dessen Frau und Mutter einhunderttausend Kronen als Lösegeld zur Rettung seines Lebens geboten hatten, stand mit frischem Antlitz auf dem Schafott, und der blaue Maihimmel hätte nicht klarer sein können als seine Augen.

»Ich dachte doch, zwanzig oder dreißig Jahre in Frevel zu leben und dann Buße zu tun. Daß es so weit kommt, dachte ich nicht«, erklärte er in dem Bemühen, witzig und modisch leichten Herzens zu erscheinen bis zum Ende. Aber als der Scharfrichter den abgeschlagenen Kopf in die Höhe hielt, da waren die Augen nicht mehr lieblich blau, sondern glasig grau.

Am Himmel sammelten sich schwarze Umrisse. Die Bussarde hatten das Blut gewittert und gesehen, wie bewegliche Gestalten jäh erstarrten.

Mark Smeaton stand stolz auf dem Schafott. »Ihr Herren, ich bitte Euch, betet alle für mich – denn ich habe den Tod verdient.« Der liebeskranke Lautenspieler stürzte sich eifrig auf den Block, als fürchte er, man könne noch widersprechen oder ihm gar den Tod verwehren.

Der letzte war Lord Rochford, George Boleyn. Es war unvermeidlich, daß er den Stapel der Särge zu seiner Rechten und die Schatten der Bussarde am Himmel sah, die das Schafott beklekkerten. Er schaute auf die Menge und dann über den Wassergraben hinweg zu den Gemächern seiner Schwester.

Alle verstummten und erwarteten seine Rede. Aber sonderbarerweise begann er vom Lutheranertum zu sprechen (man hatte ihn ja schon lange im Verdacht, zur Ketzerei zu neigen). »Es ist mein Wunsch, daß keiner von Euch sich durch meinen Fall vom Evangelium abbringen läßt. Denn hätte ich nach dem Evangelium gelebt – wie ich es geliebt und im Munde geführt –, so wäre ich jetzt niemals hier.« Und er fuhr fort, seine Zuhörerschaft ausführlich zu ermahnen, dem Evangelium gemäß zu leben.

Die Zuhörerschaft aber war nicht interessiert an einer Predigt, die sie genauso gut von jedem Mönch hören konnte. Sie verlangte es nicht nach Religion, sondern nach Blut und Sünde.

»Ich habe dem König niemals Anstoß gegeben«, erklärte er plötzlich trotzig. »Ich habe keine Gelegenheit, hier zu wiederholen, weshalb man mich verurteilt. Ihr hättet auch wenig Vergnügen daran, mir zuzuhören«, fügte er nörgelnd hinzu und raubte ihnen vollends jeden Spaß. »Ich vergebe euch allen. Und Gott schütze den König.« Ebenso gut hätte er die Zunge herausstrekken können. Der verdrießliche Gruß war sein Abschied an die Welt. Die Axt fuhr herab, und sein Kopf fiel herunter.

Die fünf Särge wurden im warmen Maisonnenschein weggetragen, und die enttäuschten Bussarde flatterten davon.

Anne sollte am nächsten Tag sterben. Aber Heinrichs »Überraschung«, der französische Schwerthenker, war noch nicht gekommen, und so mußte die Exekution verschoben werden. Der ursprünglich vorgesehene Tag erwies sich als stürmisch und gewittrig, und so schadete es auch nichts.

Anne sollte auf dem Gelände des Tower hingerichtet werden, auf dem kleinen Rasen vor der Wohnung der Königin. Nicht mehr als dreißig Leute bekamen die Erlaubnis, dabeizusein, und das Gestell des Schafotts wurde verkürzt, damit niemand außerhalb der Towermauern einen Blick auf die Vorgänge im Innern erhaschen konnte. Einladungen zu dem Ereignis waren heißbegehrt. Der Kanzler, die drei Herzöge (Norfolk, Suffolk und Richmond), Cromwell und die Angehörigen des Staatsrates mußten als Zeugen zugegen sein, desgleichen der Bürgermeister von London mit den Sheriffs und Stadträten. Ein Kanonier würde auf den Befestigungsanlagen postiert werden und seine Kanone abfeuern, wenn die Königin tot wäre.

Der König würde nicht dabeisein. Auch Cranmer nicht. Und keiner von den Seymours.

Die ganze Nacht davor blieb Anne wach; sie betete und sang und komponierte eine lange Trauerballade für ihre Laute, wie um der Tatsache zu trotzen, daß ihr Bruder es nun nicht mehr tun konnte. Sie war entschlossen, gefeiert zu werden, und in ihrer letzten Nacht auf Erden schrieb sie voller Verstörung die folgenden Verse und setzte sie in Musik:

O Tod, wieg mich in Schlaf,
Bring mir ersehnte Ruh'!
Führ meinen unbefleckten Geist
Aus meiner Brust dir zu.
  Die Totenglocke läut'!
  Meinen Tod ihr Klang künd'!
  Denn ich muß gehn,
  Nichts hält mich hier zurück.
  Nun muß ich gehn.
Mein Schmerz, wer kann's schon sagen,
O Pein! wie groß er ist!
Mein Leiden hat nicht mehr die Kraft
Mein Leben zu verlängern
In fremder Kerkerhaft.
  Mein Schicksal hier beklag' ich,
  Beklag' mein grausam' Los, das mir
  Dies Elend auferlegt.
Lebt wohl, vergang'ne Freuden!
Es komm', was Schmerz mir birgt!
Ich fühl's, die Qualen nehmen zu,
Mein Leben ist verwirkt.
Läut' nun zum letzten Gang!
Mein Grabgeläut schon klang,
Tod ward kund durch seinen Klang!
  Schon nahet der Tod.
  Läutet klagend die Glocke!
  Nun muß ich fort!

Mein Nam', voll Schand getilget
Durch bösen Haß und falschem Mund!
Laßt mich noch einmal sprechen:
Leb wohl! zum Glück – adieu! Freudenstund!
Zu Unrecht hat er meinem Namen
Die Todeswunde beigebracht.
Sprich, was du magst, es war nie so,
Du suchst und wirst doch nimmer froh!

Neben dem Gebet und dem Komponieren ihrer Ballade hatte sie noch eine weitere irdische Angelegenheit zu regeln. Sie bat eine ihrer Kammerfrauen, Maria um Verzeihung für das Unrecht zu bitten, daß sie, Anne, ihr angetan habe, und für die unnachsichtige Behandlung, die sie ihr habe angedeihen lassen; solange dies nicht geschehen sei, finde ihr Gewissen keine Ruhe. Die Frau versprach, es in Annes Namen zu erfüllen.

Der Morgen graute vor fünf, und Meister Kingston war schon erschöpft von den Aufgaben des Tages, der vor ihm lag. Als Gastgeber bei der Hinrichtung einer Königin hatte er sich natürlich um zahlreiche Einzelheiten protokollarischer wie praktischer Art zu kümmern. Die als Zeugen erscheinenden Würdenträger mußten geziemend begrüßt und ihrem Rang gemäß um das Schafott gruppiert werden. Die zwanzig Pfund in Gold, die der König zur Verfügung gestellt hatte, damit Anne sie vor ihrem Tod als Almosen verteilte, mußten in kleine Samtbeutel verpackt werden. Das Schafott mußte mit schwarzen Draperien verhüllt werden. Die Chroniken, in denen von der Hinrichtung eines Königs oder einer Königin die Rede war, mußten ein letztesmal befragt werden, auf daß sich hoffentlich noch eine bislang übersehene Einzelheit fände, die dabei helfen könne, den schrecklichen Anlaß gebührend zu verschönern.

Überdies war da der französische Scharfrichter: er mußte empfangen werden und seine Anweisungen erhalten. Das Grab mußte ausgehoben und bereit sein. Ein Sarg mußte beschafft werden.

Kingston war einigermaßen ratlos, denn er hatte von König Heinrich keinerlei Instruktionen hinsichtlich des Grabes oder des Sarges erhalten, aber der Leichnam der Königin würde ja irgendwie beseitigt werden müssen.

Die Zeit begann zu drängen. Da kam die willkommene Meldung: Der König hatte die Hinrichtung von neun Uhr auf die Mittagsstunde verschoben. Aber noch immer kein Wort über den Sarg!

Kingston begab sich zu Anne, um ihr von dem Aufschub Mitteilung zu machen. Sie war enttäuscht. »Ich hatte gedacht, am Mittag sei ich aller Qualen ledig«, sagte sie betrübt. Sie stürzte auf ihren Kerkermeister zu und flüsterte: »Ich bin unschuldig!« Mit schmerzhaftem Griff umklammerte sie seinen Arm. »Ich bin unschuldig!« Dann, in einem ihrer charakteristischen Stimmungsumschwünge, weinte sie plötzlich: »Tut es weh?«

»Nein«, antwortete der Konstabler. »Es ist zu schnell vorbei. Es dürfte keine Schmerzen geben, so glatt geht es.«

Sie umfaßte ihren Hals. »Ich habe einen schmalen Hals«, sagte sie. »Aber die Axt ist so dick und so grob.«

»Habt Ihr es denn nicht gehört? Der König will Euch das ersparen. Er hat nach Frankreich geschickt und einen Scharfrichter kommen lassen, der seines Amtes mit dem Schwerte waltet.«

Sie lächelte – der feine Schimmer eines Lächelns. »Er war mir immer ein guter und milder Herr und König.« Und sie fing an zu lachen – jenes häßliche, rauhe Gelächter, das ebenso abrupt abbrach, wie es begann. »Wollt Ihr Seiner Majestät in meinem Namen eine Botschaft übermitteln?«

Kingston nickte.

»Sagt ihm, er war unermüdlich in seinem Bestreben, mich zu fördern; vom unscheinbaren Edelfräulein hat er mich zur Marquise gemacht, von der Marquise zur Königin, und nun, da es eine höhere Ehre nicht gibt, schenkt er meiner Unschuld die Krone der Märtyrerschaft.« Sie machte eine liebreizende Geste. »Wollt Ihr meinem Herrn das sagen?«

»Noch nie habe ich jemanden zur Hinrichtung schreiten sehen, der ein solches Gefallen und so viel Freude am Tod gehabt hätte«, sagte er mehr zu sich als zu ihr und voller Staunen über ihren Mut. Dann wandte er sich zum Gehen, doch sie rief ihm nach.

»Meister Kingston! Meister Kingston! Das Volk wird keine Mühe haben, einen Spitznamen für mich zu finden. Man wird mich *la reine Anne sans tête* nennen... Königin Anne Ohnekopf!«

Entsetzt schlug er die mächtige Eichentür zu, um das kreischende Gelächter nicht länger zu hören, doch es drang noch durch das dicke Holz.

Alles das hörte ich später vom Konstabler selbst. Was die eigentliche Hinrichtung anging, so war ich als Zeuge an des Königs Statt dabei. Als die Stunde kam, kleidete Heinrich sich ganz in Weiß. Ich wagte nicht, ihn nach dem Grund zu fragen, aber die Auswahl seiner Kleider hatte etwas erschreckend Absichtsvolles, als vollziehe er ein geheimes Ritual. In den letzten drei Tagen hatte er sich ganz zurückgezogen: Erst waren die fünf Männer hingerichtet worden, und am nächsten Tag, einem rauhen, stürmischen Tag, hatte er die Ankunft des Schiffes aus Calais mit dem französischen Henker aus St. Omer abgewartet. Jetzt machte er sich bereit, auszugehen, schwerfällig und methodisch. Sein Gesicht war ausdruckslos, aber ich war entsetzt, als ich es gewahrte. Diese drei Tage hatten ihn um zehn Jahre altern lassen.

»Geh für mich hin«, sagte er. (Es war nicht nötig, daß ich fragte, wohin.) »Sieh dir alles an. Erzähle mir später davon. Ich werde in Westminster sein. Draußen. Vielleicht reite ich ein wenig.«

Ja, draußen war es am schönsten an diesem lieblichen Maienmorgen, wo auf allen Wiesen Minze und Veilchen sprossen. Ein warmer Wind wehte von Süden herauf.

Wer an einem solchen Morgen sterben sollte, brauchte schon außergewöhnlich viel Mut.

Es war eben Mittag geworden, als sich die Tür zu den Gemächern der Königin öffnete und Anne heraustrat, begleitet nur von ihren einzigen bekannten Freundinnen, Thomas Wyatts Schwester und Margaret Lee. Sie war erlesen gekleidet und erinnerte uns alle noch einmal an ihre außergewöhnliche Fähigkeit, Schönheit auszustrahlen, wenn es ihr beliebte. Uns allen fiel auf, wie kräftig gerötet ihre Wangen waren, wie funkelnd ihre Augen: Sie war lebendiger als jeder andere Mensch auf dem Rasen.

Ihr Kleid war weit ausgeschnitten, um den Hals zu entblößen und es dem Henker leicht zu machen.

Vorsichtig und mit gerafften Röcken erklomm sie das Schafott, und dann übernahm sie den Vorsitz über das Verfahren, als stehe sie vor dem Parlament.

Vor ihr stand der mächtige hölzerne Hinrichtungsblock mit einer gewölbten Vertiefung für ihr Kinn und einem vier Zoll breiten Steg, über den sie den Hals legen sollte. Unten lag genügend Stroh, um das Blut aufzusaugen.

Der Franzose, schlank und athletisch, stand zu ihrer Rechten, das stählerne Schwert mit der Spitze zu Boden gerichtet. Zur Linken standen seine Gehilfen; ihre greuliche Aufgabe war es, sich um den kopflosen Leichnam zu bekümmern. Sie hielten ein Stück schwarzen Tuches bereit, mit dem sie bedeckt werden sollte. Sie lächelten ihr zu.

Der Himmel über allem war klar, und keine Wolke war zu sehen. Die verfluchten Vögel, die erst kürzlich von ihrer Winterreise zurückgekehrt waren, zwitscherten und sangen hartnäckig und brüsteten sich ihrer Freiheit und umbekümmerten Sorglosigkeit.

»Ihr guten Christenmenschen«, sprach Anne. »Ich bin gekommen, zu sterben nach dem Gesetz, denn nach dem Gesetz bin ich zum Sterben verurteilt, und so will ich nicht dagegen sprechen.« Ihre Worte stiegen empor, und ihre Blicke schienen sich auf jeden einzelnen von uns zu richten. Sie sah mir direkt in die Augen, und einen flüchtigen Moment lang erinnerte ich mich an jede einzelne unserer Begegnungen – nein, ich erlebte sie noch einmal.

»Ich bin nur hergekommen, um zu sterben«, wiederholte sie. »Und demütig will ich mich so dem Willen meines Herrn, des Königs, unterwerfen.« Jeden von uns sah sie leidend an. »Ich bete zu Gott, er möge den König schützen und ihn noch lange über euch herrschen lassen, denn einen milderen oder gnädigeren Fürsten gab es nie. Mir war er stets ein guter und milder Herr.«

Ihre Worte waren respektvoll, aber es lag doch Ironie und Spott in ihnen. Ihre Botschaft war die gleiche wie die, welche Kingston nicht zu überbringen gewagt hatte. Anne würde dafür sorgen, daß sie doch noch an Heinrichs Ohren drang.

Sie schloß für einen Moment die Augen und schwieg, als sei sie fertig. »Sollte jemand gedenken, sich mit meinem Fall zu befassen, so will ich nur, daß er nach bestem Wissen sein Urteil fälle. Und so nehme ich meinen Abschied von der Welt und von euch, und ich bitte euch von Herzen, betet alle für mich.«

So endeten ihre Worte. Sie hatte nicht ihre Unschuld beteuert noch von ihrer Tochter gesprochen, weder fromme Ermahnungen noch scherzhafte Reden im Munde geführt. Anne gestaltete ihren Tod ebenso erlesen, wie sie ihre Feste und Maskenbälle gestaltet hatte; aus dem bloßen Stoff hatte sie etwas von unvergeßlicher, zerbrechlicher Schönheit geformt.

Sie wandte sich an ihre Damen und gab ihnen ein paar Abschiedsgeschenke zum Andenken – ein mit goldenem und schwarzem Email verziertes Gebetbuch, ein paar vertrauliche Worte.

Dann nahm sie gelassen ihre Haube und den Kragen ab, um sich für den Scharfrichter bereit zu machen. Eine Augenbinde lehnte sie ab; sie schloß die Augen und kniete vor dem Block nieder.

Dann, plötzlich, verließ sie der Mut. Sie hörte ein Rascheln zu ihrer Rechten und schaute von Entsetzen gepackt auf, und sie sah, daß der Henker auf sie zutrat. Ihr Blick aber ließ ihn erstarren, und er wich zurück. Bebend senkte sie den Kopf und preßte die Augen fest zu.

»O Jesus, erbarme Dich meiner Seele, o Jesus, erbarme Dich meiner Seele«, plapperte sie. Wieder fuhr ihr Kopf hoch, und sie erblickte den Scharfrichter, als dieser sein Schwert hob.

Sie zwang ihren Kopf wieder auf den Block hinunter und lauschte mit jeder Faser ihres Körpers nach den Bewegungen des Henkers. »Jesus Christus empfehle ich meine Seele, Jesus Christus empfehle ich meine Seele, o Gott, erbarme Dich meiner Seele, o Gott, erbarme Dich...«

Wir sahen, wie der geschickte Franzose seinen Gefährten zu

Annes Linken ein Zeichen gab. Sie setzten sich in Bewegung und näherten sich ihr.

»... – meiner Seele. O Gott ...« Sie zuckte nach links und gewahrte die Gehilfen, die auf sie zukamen. Sie starrte sie noch an, den Kopf leicht nach links gewandt, als der Scharfrichter zuschlug. Die dünne Klinge sauste in blitzendem Bogen außerhalb ihres Gesichtsfeldes herab. Sie durchschnitt ihren schlanken Hals wie ein Fleischerbeil einen Rosenstiel – erst leiser Widerstand, ein Knirschen, dann ein glatter Schnitt.

Der Kopf fiel ihr von den Schultern wie eine Scheibe von einer Wurst und landete – *plop!* – im Stroh. Ich sah den durchtrennten Hals: Ein Querschnitt von Röhren, sechs oder sieben Stück, wie auf einer geometrischen Zeichnung. Dann begann aus zwei oder drei der Röhren Blut zu sprudeln, denn Annes Herz pumpte noch. Hellrote Blutfontänen spritzten wie Milch aus einem obszönen Euter – selbst das Geräusch war das gleiche. Es spritzte und spritzte. Warum war noch so viel Blut in ihr?

Ihre Hände hingen schlaff neben dem Block herunter. Der geschmeidige Franzose trat vor und wühlte im Stroh nach dem runden Gegenstand, der Annes Kopf war. Er war zwei oder drei Fuß weit nach links gefallen. Der Henker hielt ihn an den langen, glänzenden Haaren in die Höhe.

Die Kanone dröhnte einmal oben auf der Mauer.

Sie sah noch genauso aus wie im Leben. Die Augen bewegten sich, und es schien, als schauten sie betrübt auf den blutenden Körper, der unten vor dem Block kniete. Die Lippen bewegten sich. Sie sagte etwas...

Die Reihen der Zeugen zerstoben; die Leute suchten sich vor diesem unbegreiflichen Grauen in Sicherheit zu bringen. Keiner, der es wagen würde, dem König von diesen letzten Augenblicken zu berichten; und ich würde es gewiß auch nicht tun.

Alles zerstreute sich; der abgetrennte Kopf (der Scharfrichter war ebenfalls davongelaufen) und der ausgeblutete Körper blieben auf dem Schafott zurück.

Der König hatte keinen Sarg bereitstellen lassen.

Am Ende fanden ihre Kammerfrauen eine leere Pfeilkiste im Keller der königlichen Gemächer. Sie war zu kurz für einen normalen Menschen, aber für einen enthaupteten Rumpf würde es reichen, wenn man den Kopf dazustopfte. Sie wickelten den erkaltenden Leib mit dem von gerinnendem Blute verklebten Halsstumpf in das schwarze Tuch, das der Franzose so höflich zur Verfügung gestellt hatte, und bestanden darauf, daß der Sakristan von St. Peter-ad-vincula das frische Grab George Boleyns noch einmal öffnete und den behelfsmäßigen Sarg auf den seinen hinabsenkte.

Es gab keinen Gottesdienst, kein Begräbnis. Annes Überreste mußten buchstäblich für sich selber sorgen.

Heinrich VIII.:

Außerhalb der Mauern von London war das Land noch so wild, wie es in den Tagen Julius Cäsars gewesen sein mußte. Es war ganz jungfräulich, neu, unberührt. Ich lenkte mein Pferd die bewaldeten Hügel hinauf, die sich selbst dort, wo Schatten herrschte, in neues Grün kleideten. Ich versuchte, nicht an das zu denken, was jetzt im Tower geschah. Die Welt erschuf sich neu; konnte ich es nicht auch?

Hinter mir schlängelte sich die Themse durch das flache Land, ein fröhliches Band, in dem die Sonne sich spiegelte. Gegenüber von Greenwich lagen meine Schiffe vor Anker, mastenstarrend auf dem gekräuselten Wasser, stromabwärts vom Tower... vom Tower...

Ich hörte den Kanonenschuß, einen dünnen, fernen Knall.

Anne war tot. Die Hexe war nicht mehr, nicht mehr auf dieser Welt.

Ich hätte mich beglückt fühlen sollen, befreit, sicher. Aber die Schwermut verflog nicht. Es gab keine Wiedergeburt in Grün. Ich war auf immer verändert, und nie wieder würde ich zu meinem früheren Wesen zurückfinden. Äußerlich mochte ich bleiben, wie ich immer gewesen war – eine faule Melone: Außen rund und gerippt, die verborgenen inneren Teile aber verfallen und modrig.

Die Kanone kündete ihren Tod. Und was war mit meinem?

Es geht nicht um alles oder nichts, sagte ich mir. Unermeßlich ist die Strecke zwischen dem Anfang in Gesundheit und Einfachheit und dem Ende in Krankheit und verdrehten Kompromissen. Auf dieser Strecke bin ich unterwegs; dieses nie besungene Gelände ist meine Herausforderung: Ich mache es, mache mir meine eigene Landschaft.

»Jane«, rief ich auf dem Hof. »Jane.« Es war kein Befehl, sondern ein Schrei.

Jane erschien oben in einem Fenster über der Tür zu Nicholas Carews Haus. Sie hatte die Sauberkeit des Landlebens gesucht, als Anne verhaftet worden war und es keine Königin mehr gab, der sie zu dienen hatte, und somit auch keinen Grund für sie, am Hofe zu verweilen.

»Ich bin hier«, sagte sie. Sie verschwand vom Fenster, kam die Treppe herunter und trat langsam zur Tür heraus. Ich stieg vom Pferd und erwartete sie; ich war müde, aber ich hatte mich mit dieser Müdigkeit abgefunden: Sie würde nie vergehen. Ich würde sie nur mit jemandem teilen können.

Stumm kam sie zu mir und streckte die Hände aus. Ihr Gesicht leuchtete von einer Liebe und Güte, die nicht von dieser Welt war. Sie verstand, ohne daß das Wissen sie verunreinigte,

»Jane.« Ich machte keine Anstalten, sie zu berühren. »Wollt Ihr meine Frau werden?«

»Mit meinem ganzen Herzen«, antwortete sie. »Und auch mit Leib und Seele.«

Das also ist der Himmel: Die Heimkehr aus einem langen Exil.

LXXV

Wir kehrten nicht nach London zurück, sondern verbrachten die Nacht im Hause Carews und brachen früh am nächsten Morgen nach Wolf Hall auf. Jane war ein Mädchen aus Wiltshire, und alle, die ihr viel bedeuteten, wohnten dort in den Dörfern der Umgebung. Seit 1427 waren die Seymours Hüter des Waldes von Savernake, und schon um 1300 hatten sie in der Gegend von Bedwyn ihren Wohnsitz gehabt. Aus diesem Stückchen England zogen sie Kraft und Freude, nicht aus irgendwelchen Positionen bei Hofe. Jane sollte sich vermählen, und sie wollte, daß ihre Freunde und Nachbarn aus Wiltshire mit ihr feierten.

Die Dämmerung war weit fortgeschritten, als wir in Wolf Hall anlangten; die Dienerschaft hatte ihre Arbeit beendet, und der alte, schwache Sir John war gefüttert und oben in seiner Kammer zugedeckt und schlafengelegt worden. Jane flog die Treppe hinauf, und ich folgte ihr; staunend wurde mir bewußt, daß ich dergleichen noch nie getan hatte – noch nie war ich eine Treppe hinaufgestiegen, um vor den Vater meiner Liebsten zu treten und ihn um seinen Segen zu bitten. Ich war der König. Aber es war mir schmerzlich bewußt, daß nicht viele Väter es als ein Glück für ihre Töchter betrachten würden, wenn sie mich heirateten.

»Vater!« Jane stieß die Tür auf und sah Sir John im Bette liegen, eine flanellene Nachtmütze auf dem Kopf, obwohl es Mai war. Sie lief zu ihm und kniete an seinem Bett nieder.

»Janey«, sagte er. »Du bist zu Hause?«

»Ja. Ich möchte dich um deinen Segen bitten. Zu meiner Vermählung. Mit dem König.«

Ich trat in den Lichtkreis. »Ich liebe Eure Tochter«, sagte ich. »Ich möchte sie zu meiner Königin machen.«

Er starrte mich an. »Meine Janey? Königin von England? Sie kann kein Latein.«

»Sie kann mehr als nur Latein«, sagte ich.

»Wirst du uns segnen, Vater?« fragte Jane.

»Aye.« Er runzelte die Stirn, als treibe er seinen Verstand zusammen wie ein Schäfer seine Herde. »Aye.« Er streckte die Hand aus. »Sei ihm ein Segen, wie Sarah dem Abraham ein Segen war.« Er wandte sich zu mir. »Freut Euch an ihr. Aber erstickt sie nicht mit Juwelen.« Er nickte ob seines Scharfsinns.

Innerhalb weniger Tage kamen noch andere nach Wolf Hall, angewidert vom realen wie vom moralischen Gestank Londons. Edward und Thomas Seymour kehrten natürlich unverzüglich heim; sie waren schon am nächsten Morgen da. Francis Bryan, Annes Cousin, der vor ihrer Schmach geflüchtet war, folgte ihnen, und dann kamen nacheinander Sir John Russell, William Fitzwilliam und John Dudley. Gleich nachdem er uns beglückwünscht hatte, machte Edward sich daran, die Verlobungsfeier vorzubereiten, wie sie jeder richtigen Braut zukam. Sie würde in der Scheune stattfinden, denn die Große Halle von Wolf Hall reichte nicht aus, die große Schar der Gratulanten aufzunehmen. Es sollte ein ländlicher Empfang werden, und ich überließ alles den Seymours und genoß die Freiheit, einmal nicht bei Prunkzeremonien und königlichen Ritualen den Vorsitz führen zu müssen.

Die große Scheune wurde von Heu und Kleinvieh geleert, und eilends legte man einen Boden hinein. Als nächstes verhängte man die rohen Wände mit Seide, und Kinder aus der Nachbarschaft verbrachten drei Tage damit, wilde Blumen und Ranken zu sammeln und daraus lange, dicke Girlanden zu flechten, die über die Seide drapiert wurden. Fackeln wurden längs des Weges aufgestellt, der zu der Scheune führte; sie war etwa eine halbe Meile weit vom Haus entfernt. In Sir Johns Küche hatte man mit den Vorbereitungen für das Bankett alle Hände voll zu tun, und die Bäcker in dem Dorf Tottenham Park stellten das Brotbacken ein, damit sie die verschiedenen Schichten des großen Verlobungskuchens in mehreren Öfen gleichzeitig backen konnten.

In meinen Schlössern war derlei für mich selbstverständlich; ein Kuchen erschien, und ich fragte mich nie, wer ihn wohl gebacken habe. Hier aber wartete ich mit angehaltenem Atem auf die Kunde, ob die mittlere Schicht der Torte nun zusammengefallen war, als der Sohn des Bäckers den Ofen vorzeitig geöffnet hatte. (Es war noch einmal gutgegangen – allerdings war sie in der Mitte ein wenig platt.)

Janes Verlobungsbankett, bei dem einhundert Nachbarn und Verwandte zu Gast waren, war ein schlichtes, schönes Mahl. Drei lange Tische waren in der umgebauten Scheune aufgestellt, und die Brüder hatten genug weißes Linnen beschafft, um sie alle damit zu decken, und genug Zinn, Gold und Silber, daß jeder von Metallgeschirr essen konnte. (Alle meine Angebote, nach London zu schikken und Rollen von Leinwand und Kisten mit goldenen Tellern herbeibringen zu lassen, lehnten sie ab.) Französischer Rotwein funkelte in den Bechern, und Sir John war trotz seiner Geistesschwäche in der Lage, den ersten Trinkspruch auszubringen und die Verlobung seiner Tochter offiziell zu verkünden. Dann ging es mit Edward weiter.

»Auf meine Schwester, die das Herz unseres obersten Herrn, des Königs, gewonnen hat: Ich wünsche ihr Freude und Glück«, verkündete er und schwenkte dabei seinen Becher. Alle erhoben sich und tranken.

Jane funkelte noch mehr als der Rotwein und zeigte sich von einer Seite, von der ich geglaubt hatte, daß sie ihr fehle. Wohl war ich bereit gewesen, darauf zu verzichten, aber festzustellen, daß ich es nicht brauchte, war doch ein unverhofftes Geschenk.

Andere erhoben sich und sprachen – von Janes sanftem Gemüt, ihrer vielversprechenden Jugend, von ihrem Humor und ihrer Bescheidenheit. Auf eine wunderliche Weise beneidete ich diese Freisassen und Landjunker aus Wiltshire. Sie hatten Jane als kleines Mädchen gekannt, hatten sie aufwachsen sehen. Sie schenkten sie mir. (Widerstrebend?)

Die große Torte wurde hereingefahren. Sie war mit elfenbeinfarbenem Mandelguß überzuckert, und der untere Rand war mit Wildblüten und kandierten Früchten, die aussahen wie Edelsteine, verziert. Jane schnitt sie lachend an; von innen war sie dunkel und gefüllt mit Korinthen und Gewürzen. Die Stücke wurden verteilt, und am Ende war kein Krümel übrig.

Dann der Tanz. Geigenspieler kamen zusammen, Lautenschläger aus der Umgebung und Musikanten mit Fiedeln, Drehleiern, Zithern und kleinen Harfen. Ein Zwillingspaar, zwei hübsche kleine Basen, kamen herbei und krönten Jane mit einem Kränzchen aus wilden Rosen. Sie lachte, und wir tanzten, und die ganze Gesellschaft tanzte mit uns dort in der umgebauten Scheune...

Wir heirateten am vorletzten Tag im Mai in der kleinen Privatkapelle in York Place. Jane war still an diesem Tag; sie war nicht die sonnverbrannte Landjungfer aus Wiltshire, die ich entdeckt und verehrt hatte. Wir mußten in London getraut werden; das sah sie ein. Es durfte nichts Geheimes dabei sein, kein »unbekannter« Priester. Aber wir fühlten beide immer, daß unsere wahre Trauung an jenem Abend in der großen Scheune vollzogen worden war.

Jane kam als Jungfrau an Körper und Geist in mein Bett, wie es keine meiner beiden anderen »Gemahlinnen« getan hatten. Ich aber kam zu ihr als Junggeselle, denn ich war bis jetzt nie wirklich verheiratet gewesen. Alles war so, wie es sein soll und wie es so selten ist...

Ich stellte Jane dem Reich als meine Königin vor, indem ich ihr eine neue Barke schenkte, die dem venezianischen Bucintoro nachempfunden war, und einen großen Wasserkarneval auf der Themse veranstalten ließ, als wir stomaufwärts zur Westminster-Abtei fuhren, um dort den Pfingstgottesdienst zu feiern. Es war ein prächtiger, klarer Tag, und das Volk in der Stadt hatte die winterlichen Wollsachen abgeworfen und tollte in Kattun und Seide durch die sonnendurchfluteten Straßen. In der Kathedrale drängten sich die Menschen, und die jubelnden Massen überschütteten uns mit einem Blumenregen und ließen unser Erscheinen beim festlichen Pfingstgottesdienst zu einer halben Krönungsfeier für Jane werden.

Später, in York Place, gab ich ein großes Nachmittagsbankett, vorgeblich zur Feier des Pfingstfestes – denn in der Mitte der Tafel prangte eine mächtige Torte aus zerdrückten Erdbeeren und sieben Schichten zum Gedenken an die sieben Gaben, die der Heilige Geist an Pfingsten den Aposteln anvertraute –, aber in Wirklichkeit war es eine Hochzeitstorte und ein Hochzeitsschmaus.

England hatte endlich eine wahre Königin, und es gab niemand, der mir ihretwegen grollte.

Ich beendete die Festlichkeiten, indem ich sie am achten Juni zur Parlamentseröffnung mitnahm.

So saß sie an meiner Seite auf dem Staatssessel, schaute über die Mitglieder des Ober- und des Unterhauses hinweg und hörte, wie Lordkanzler Audley ausrief: »Wohl entsinnt Ihr Euch der großen Bangnis und Beschwer, die unser unbezwingbarer Souverän« – hier nickte er mir zu – »wegen seiner ersten unrechtmäßigen Ehe leiden mußte. Ebenso sollte ein jeder der Not und Gefahr eingedenk sein, die über ihm dräuten, als er seine zweite Ehe einging, und auch nicht vergessen, daß die Lady Anne und ihre Komplizen inzwischen des Hochverrats für schuldig befunden und ihrer gerechten Strafe zugeführt worden sind.« Er schüttelte den Kopf, und ein häßlicher schwarzer Schatten zog über das ganze Parlament und auch über meine Seele hinweg.

»Gibt es einen Mann in mittleren Jahren, den dieses alles nicht davor möchte zurückschrecken lassen, sich ein drittesmal zu vermählen? Doch unser vorzüglicher Fürst unternimmt es von neuem, sich ehelich zu binden! Und hat auf die demütige Bitte des Adels diesmal ein Weib erwählt, welches in seiner hervorragenden Schönheit und Reinheit in Fleisch und Blut geeignet ist – so Gott will –, Nachkommenschaft zu empfangen.« Die Anwesenden erhoben sich und spendeten Beifall.

»Die Lords mögen beten, daß der Krone aus dieser Ehe ein Erbe geboren werde«, schloß Audley.

Jane war jetzt meine Frau, und sie war wahrhaft Königin: Mir angetraut durch rechten Ritus, vom Volke bejubelt und vom Parlament geehrt. Es war geschehen, und ich war endlich glücklich.

Endlich glücklich. Weshalb ist es so schwierig, Glück zu beschreiben? Es gibt Worte in Fülle für Schmerz, Verzweiflung und Leid, und sie sind voller Lebendigkeit. Für das Glück aber bleiben schwache Verben, kraftlose Adjektive, matte Adverbien. Die Beschreibung des Glücks läßt den Leser rasch die Stelle überspringen, und der Schreibende zappelt im Sirup.

Doch wie sollen wir uns daran erinnern, wenn wir es nicht aufschreiben? Wir bewahren den Sommer in eingekochten Früchten und Marmeladen, wir fangen den Herbst im Wein aus spät reifenden Trauben, wir machen Parfüm aus den Blumen des Frühlings. Auf diese Weise erinnern wir uns – sei es auch schief oder verändert – an die Essenz eines Augenblicks.

Aber menschliches Glück... all unsere Worte dafür sind so mild, als wäre die Sache selbst nur die milde Abwesenheit von Schmerz, wo das Glück doch in Wirklichkeit robust und stark ist, seine Farbe das ganze Spektrum des Lichts umfaßt, sein Klang so süß ist wie das Plätschern von Wasser im Wüstenpalast des Pharao, sein Duft der von lebendigem Fleische: Fell, Hitze, Küchenduft.

Ich war glücklich mit Jane, so glücklich wie eine der großen Katzen in Wolf Hall, die sich in der Sonne rekelten; man brauchte sie nur zu berühren und fühlte sogleich ihr tiefes, grollendes Schnurren, derweil sie ganz und gar im Augenblick ruhten. So ging es auch mir, und in diesem Sommer waren Jane und ich eins.

LXXVI

Glück zeugt Mut – insofern, als wir den Blick aus geduckter Selbstversunkenheit erheben und, geborgen hinter den Bastionen unserer festen, sonnengewärmten Burg, den Blick über das Land ringsum schweifen lassen. Scheinbar gibt es dann keine Wahrheit, der wir nicht gegenübertreten und widerstehen können, und so ziehen wir aus, sie zu suchen.

Seit jenem Junitag vor siebzehn Jahren, da Katharinas letzte Schwangerschaft die unwiderlegbare Summe des Fluchs, der auf uns ruhte, hervorgebracht hatte, war ich ein Spielball der Wahrheit gewesen, niemals ihr Gefährte. Die Wahrheit war jenes scheußliche, mißgestalte Kind gewesen, und wenn das die Wahrheit gewesen war, dann war alles, wofür ich eingetreten war, falsch gewesen. Meine Ehe mit Prinzessin Katharina war falsch gewesen – zustande gebracht durch einen Dispens, der unübersehbar falsch war, gewährt von einer Person (dem Bischof von Rom), dessen Ansprüche gleichermaßen falsch waren. Und so hatte mich der Strudel des Falschen verschlungen. Ich war darin untergetaucht, in die Tiefe gezogen worden mit bösen, dunklen Dingen, und ich war blind geschwommen, so gut ich konnte.

Und jetzt war ich wunderbarerweise wieder auf trockenem Boden. Wie ein überlebender Schiffbrüchiger saß ich im Sand, tastete meine Arme und Beine nach Verletzungen ab, betrachtete die Trümmer ringsum und staunte, daß ich noch lebte. Ein Gang am Strand entlang würde mir zweifellos weitere Trümmer, überraschende Verluste, unerwartete Überlebende zeigen. Die Neugier würde mich zu einer Bestandsaufnahme verlocken, aber nicht die Angst. Was immer die Speisekammer des Schicksals barg, war gut; ich würde mir ein Mahl daraus kochen und es verspeisen.

Und so machte ich diese Bestandsaufnahme – im Juli, als das sogenannte »Lange Parlament« sich endlich aufgelöst hatte und das Land sich an die langwierige und ernsthafte Arbeit machte, Getreide, Obst und Gemüse hervorzubringen.

Katharina war tot und mit ihr auch die Kriegsdrohung von ihrem Neffen, Kaiser Karl. Noch auf dem Sterbebett hatte sie als »Katharina die Königin« unterschrieben, aber die Frage ihres Titels war jetzt ohne Belang für die Würmer im Sarg oder irgend jemanden sonst. Der riesige Fehler meiner Vergangenheit war nunmehr abgehakt.

Ich schrieb »Katharina« auf ein Stück Pergament und zog einen dicken schwarzen Strich durch das Wort.

Als nächstes schrieb ich »die Verschwörer«. Denn es hatte ein ausgedehntes Netz von ihnen gegeben; sie hatten bereitgestanden und nur auf irgendein Zeichen gewartet, ein Zeichen, das nie gekommen war. Chapuys hatte die Verschwörung ins Leben gerufen und als ihr Mittelpunkt gedient; Cromwell hatte sie ausspioniert und mich mit Namen und Informationen versorgt. Ich schrieb ein »?« und beschloß, mit Cromwell darüber zu sprechen.

Maria. Würde Maria jetzt, da Katharina und Anne tot waren, den Weg zur Versöhnung mit mir finden? Sie war ja allein; nach dem Tod ihrer Mutter hatte sie niemanden mehr. Solange Anne dagewesen war, hatte der Stolz ihr verboten, in irgendeiner Weise nachzugeben. Aber die Großhure, Marias Feindin wie die meine, war zugrunde gegangen und würde niemals triumphierend mitansehen, wie Maria sich erweichen ließ. Die verhaßte Halbschwester Elisabeth war nicht mehr Prinzessin, und Maria brauchte ihren demütigenden Dienst bei ihr nicht länger zu verrichten.

Ich wollte Maria zurückhaben. Unsere Entfremdung war von Menschen verursacht worden, die es nicht mehr gab. Jane, die auf Marias Seite stand, brannte darauf, ihr wieder gnädig Aufnahme zu gewähren, und auch Cromwell hatte sich daran interessiert gezeigt; er wollte sie gern überreden, ihren Stolz fallenzulassen und sich einem Wandel zu öffnen. Ich schrieb wieder ein »?« und fuhr fort.

Kaiser Karl. Durch den Tod seiner Tante der Aufgabe enthoben, für ihre »Ehre« einzutreten, hatte er sich vom Protestantismus überwältigen lassen, der in seinen Landen zu großer Unruhe führte. Die Niederlande hatten sich zu einem Treibhaus der Häresie entwickelt; der Staats-Lutheranismus hatte die häßlichen Welpen des Sakramentierertums und der Wiedertäuferei geworfen – Ketzerei in ihrer reinsten Form. Antwerpen und Amsterdam waren die Zentren der Veröffentlichung solcher häretischen Traktate, und hier fanden Radikale und Subversive jeglicher Sorte sicheren Schutz. Ich zog einen dicken Strich durch Karls Namen.

Franz hatte sich erfolgreicher gezeigt, wo es darum ging, die ketzerischen Ideen in seinem Reich zu unterdrücken; er hatte sogar einen Generalinquisitor ernannt. Aber es war kaum wahrscheinlich, daß er allein dem Kriegsruf des Papstes gegen mich Folge leisten würde. Ich strich auch »Franz« durch.

Papst Paul III. Es gab keinen Zweifel daran, daß ich in diesem Herrn einen unermüdlichen und schlauen Gegner hatte. Er hatte, anders als Klemens, eine Grenzlinie gezogen, und es war klar, daß ich außerhalb davon stand. Infolgedessen kämpfte er mit blanker Waffe: Er wollte mich entthronen oder, mißlänge dies, in Verruf bringen. Er war es gewesen, der Fisher zum Kardinal ernannt hatte, und er hatte auch die päpstliche Bulle erlassen, welche die Mächte des Auslands zum Heiligen Krieg gegen mich aufrief und alle Engländer von der Gehorsamspflicht gegen mich auf meinem eigenen Boden entband. Überdies zog er sich den jungen Reginald Pole heran, eine Art Thomas More der Neuzeit, der sich außer Landes geflüchtet hatte; ihn wollte er als Waffe gegen mich einsetzen, und er betraute ihn mit allerlei Missionen zur Durchsetzung päpstlicher Politik. Ich war Reginalds Förderer gewesen und hatte seine gesamte Ausbildung bezahlt, hier in England wie auch im Ausland. Der Papst hatte ihn mir weggenommen und gegen mich gewendet. Ich ließ seinen Namen unmarkiert.

Die Klöster. Es gab mehr als achthundert davon, im ganzen Reich verstreut; Cromwells Bericht *Valor Ecclesiasticus* teilte sie in »mindere« und »größere« Häuser ein. Etwa dreihundert zählten zu den »minderen«: Ihr Einkommen lag unterhalb einer willkürlich festgesetzten Grenze. Solche Ordenshäuser hatten nur wenige Mitglieder, und sie wurden wahrscheinlich nachlässig und schlecht geführt. Für die Orden war es sicher unzweckmäßig, zahlreiche winzige Köster betreiben zu müssen. Cromwell hatte empfohlen, sie aufzulösen, die wirklich frommen Mönche in andere Klöster ihres Ordens mit größerer Disziplin überwechseln zu lassen und die übrigen von ihrem Gelübde zu entbinden. Ihr Vermögen würde freilich an die Krone fallen, denn es war Verrat, solches Kapital nach Rom fließen zu lassen. Er schätzte, daß ich auf diese Weise ungefähr eine Million Pfund einnehmen würde. Ich strich das Wort »Klöster« nicht durch. Auch darüber würde ich mit Cromwell sprechen müssen.

Jetzt zur privaten Inventur. Ich schrieb »Gift«. Ich befürchtete, Annes Gift könnte langsam und unwiderruflich wirken. Mein Bein war nämlich nicht geheilt, wie ich es nach ihrem Hinscheiden erwartet hatte. Und Fitzroy – sein Husten hatte sich nicht gebessert, und er wurde von Tag zu Tag blasser. Ich betete, er möge die Wirkkraft des Giftes überdauern und schließlich triumphieren wie eine belagerte Stadt. Früher oder später mußte die verderbliche Kraft doch nachlassen und schwinden. Aber es sah nach einer langen Belagerung aus. Ich war entschlossen, ihr zu widerstehen. Maria auch? Um so mehr Grund für uns, Frieden zu schließen. Ich war davon überzeugt, daß die Isolation die Macht des Giftes verstärkte. Unter das »Gift« rechnete ich auch meine Impotenz, die offensichtlich ausschließlich auf Annes Bosheit zurückzuführen gewesen war, denn sie war mit ihr verschwunden.

»Allgemeine Gesundheit«. Mein Sturz in den Schranken und das hartnäckige Geschwür an meinem Schenkel hatten mich genötigt, meine athletischen Unternehmungen zu verringern. Der Mangel an Bewegung hatte mich zum erstenmal im Leben zunehmen lassen. Mein Fleisch schien sich auszudehnen, und was straff gewesen, ward nun schlaff. Ich versuchte es mit bescheidenen Übungen aller Art, um diesem Vorgang Einhalt zu gebieten und ihn umzukehren: Spaziergänge mit Jane, ausgedehnte Ritte in langsamem Trab, Bogenschießen, Kegeln. Aber kriechende Erschlaffung und Verfettung nahmen zu wie die unerbittlich steigende Flut. Es schien, als brauchte ich die heftigen Exzesse langer Jagden mit Hunden und Pferden, bei denen die Pferde eher ermatteten als ich, die schweißtreibenden Tennisspiele, bei denen ich auf mich selbst zu wetten pflegte, den Fußkampf in den Schranken des Turniers, bei dem ich springen und Schwerter schwingen mußte, eingehüllt wie eine Schildkröte in einen hundert Pfund schweren Panzer – ja, sogar die strengen Tänze bei höfischen Festlichkeiten. Solcher Strapazen ledig, tat mein Fleisch einen Seufzer, es dehnte sich und wurde schwer.

Ich ließ »allgemeine Gesundheit« ohne schwarzen Strich.

Cromwell hatte mir seine Falken gezeigt; jetzt wollte ich ihm meine Hunde zeigen. Ich war stolz auf die königlichen Zwinger; und wenngleich Edward Neville den Ehrentitel des Oberhofjägermeisters trug, wurde die eigentliche Alltagsarbeit doch von den Zwingerwärtern und den Hundezüchtern, einer zehnköpfigen Schar, getan.

An einem schönen Tag gegen Ende Juli wurden die Hunde auf freiem Feld in der Nähe von Blackheath bewegt. Wie Menschen wurden sie rastlos und niedergeschlagen, wenn sie allzulange eingesperrt und untätig gehalten wurden; sie waren zum Laufen geschaffen, vor allem die Greyhounds und die schottischen Hirschhunde.

Die letztgenannten waren eine interessante Rasse. Erst kürzlich war es mir gelungen, Welpen dieser berühmten Hunde aus dem offenen Lande im Norden zu beschaffen. Sie jagten mit dem Auge, nicht mit der Nase. Natürlich brauchte man ein schnelles Pferd und mußte ein erfahrener Reiter sein, um mit ihnen Schritt zu halten; bei uns im Süden hatte man Schneisen durch die Wälder geschlagen, damit man auf diese Weise jagen konnte.

»Es heißt, diese Hunde gebe es in Schottland schon seit Urzeiten«, erklärte ich Cromwell. »Aber die Klansleute behaupten auch, sie seien aus irischen Windhunden gezüchtet – zu einer Zeit, da zwischen Irland und Schottland die Siedlerfamilien hin und her wanderten. Aber es ist das eine wie das andere – der wüste Norden. Wilde.« Bewundernd beobachtete ich eine Meute Hirschhunde, die gerade davonhetzte.

Cromwell lächelte und seufzte gefühlvoll. Es überraschte mich stets aufs neue, wie gut der Aufenthalt im Freien ihm bekam. Ich war daran gewöhnt, ihn als reinen Hausmenschen zu betrachten. »Vielleicht wird man sie eines Tages zähmen und zivilisieren. Aber nicht zu unseren Lebzeiten«, meinte er. »Vorläufig können wir sie nur bändigen.«

Wie rasch er zur Sache kam. Die freie Natur gab uns Gelegenheit, darüber zu sprechen, wie ich es geplant hatte. »Die unzufriedenen Lords, die Chapuys zusammengeschart hat – was ist mit denen? Nach meiner Erfahrung löst sich eine solche Gruppe niemals ganz ohne irgendeine Geste wieder auf.« Ich warf ihm den Köder hin.

»Ja. Es ist wie mit einer Frau, die sich zu einem Ball herausgeputzt hat. Zu irgendeiner Musik muß sie nun tanzen.«

»Aber zu wessen Musik?«

»Zu einer Weise aus dem Norden, höchstwahrscheinlich. Aber bis jetzt spielt noch niemand auf. Wartet nur lange genug – irgendwann wird die Maid ihren Prunk ablegen und zu Bett gehen.«

Wir schlenderten Seite an Seite dahin, lächelten und sprachen scheinbar über Hunde. So näherten wir uns einem der Hundelehrer, der eine Meute kurzbeiniger, dunkler Hunde um sich hatte. Er hielt ihnen eben ein Stück Stoff vor, das sie beschnupperten.

»Machen die Bluthunde Fortschritte?« fragte ich ihn.

»Ausgezeichnete. Sie haben drei verschiedene Männer durch einen Wald, über einen Marktplatz und über einen Friedhof – unmittelbar nach einer Beerdigung! – verfolgt und aufgespürt, und jedesmal haben sie inmitten einer Menschenmenge den richtigen ausfindig gemacht.« Er grinste.

»Sie jagen mit der Nase«, erklärte ich. »Sie sind von großem Nutzen bei der Jagd auf Gesetzlose, Entführer und so fort. Meine Züchter versuchen, die Rasse noch reiner zu gestalten – ihren Geruchssinn zu schärfen und ihre Ausdauer zu vergrößern. Dann sind sie beinahe so gut wie Eure Agenten, Crum.« Weshalb ich ihn vor anderen ärgerte, wußte ich nicht. Crum lächelte, aber es war ein giftiges Lächeln.

Wir nickten und gingen weiter.

»Ihr habt den Bericht über die Klosterinspektionen gelesen?« fragte er, als wir außer Hörweite waren.

»Ja. Die Unmoral, die Eure Kommissare gefunden haben, war...

schändlich.« Ich hatte gehofft, St. Osweth möchte eine verkommene, atypische Ausnahme gewesen sein. Ich hatte gute Mönche gekannt, und ich wollte gern glauben, daß das mönchische Ideal noch lebendig sei und daß die besten Männer sich dazu berufen fühlten. Gewiß, die Benediktiner waren von ihrer ursprünglichen Reinheit und Strenge abgewichen, aber es waren andere Orden erstanden, die ihr geistliches Erbe übernommen und mit neuem Leben erfüllt hatten: die Zisterzienser, die Dominikaner, die Fratres Cruciferi, die Prämonstratenser. Ich wollte nicht glauben, daß der ganze Beruf im Absterben begriffen war. Aber genau das hatten die Kommissare berichtet.

»Es ist schlimmer in den kleineren Klöstern, wo es vielleicht nur ein knappes Dutzend Brüder gibt. Schließt sie, Euer Gnaden. Ein Gärtner beschneidet Rosen und Kräuter, damit die Mutterpflanze um so kräftiger wachsen kann. Hier ist es genauso.«

Eine Meute Spaniels kam uns entgegen.

»Bringst sie wohl zum Wasser, wie?« rief ich dem Hundeführer zu.

»Wenn wir einen geeigneten Sumpf finden, jawohl«, antwortete der Mann. »Bin gespannt, wie viele Schnepfen sie wohl aufstöbern.«

Spaniels – Abkömmlinge alter englischer »Wasserhunde« – waren sonderbare Geschöpfe. In der größeren Form waren sie hervorragend geeignet, im flachen, bewaldeten Sumpfgelände das Wild aufzustöbern und aufzutreiben. Auf die Größe eines Spielzeugs geschrumpft, waren es »Damenhunde«: Schoßhündchen also. Man vergaß fast, daß sie von Jagdhunden abstammten, wenn man sie nur aus den Gemächern der Königin kannte.

Ich wandte mich wieder an Cromwell. »Ich weiß, daß es sein muß. Also werde ich es auch tun. Als Oberstes Haupt der Kirche von England kann es nicht sein, daß ich von solchem Frevel weiß und dennoch zulasse, daß er weiter stattfindet.« Aber, oh! ich wollte es doch nicht wissen. Es gab so vieles, das ich nicht wissen wollte und dennoch wußte.

Cromwell nickte, den Blick geradeaus gerichtet, als wäre ihm die Sache gleichgültig. In Wahrheit gab es für ihn nichts Wichtigeres. »Ich werde die entsprechenden Anweisungen geben«, sagte er.

»Ein letztes noch«, sagte ich, »und dann können wir uns wirklich an den Hunden erfreuen. Meine Tochter Maria. Hat sie auf Eure... Angebote geantwortet?« Ich hatte ihn angewiesen, noch einmal mit ihr zu sprechen und ihr anzubieten, ihr mit Rat und Tat beizustehen. Chapuys hatte sie seinerseits angesprochen und sie gedrängt, standhaft zu bleiben.

»Überraschenderweise ja.« Er wandte sich mir zu und sah mich an. Die Sonne fing sich in seinen Augen und verwandelte ihr Schwarz in ein tiefes, sanftes Braun. »Ich glaube, es kann sein, daß sie bereit ist, endlich... heimzukehren.«

»Ah!« Als habe sich eine dicke Wolke verzogen, wurde die Landschaft heller. Die Farben der Hunde waren satter, die Wämse der Hundeführer bunter.

»Ihr Widerstand ist gebrochen«, fuhr er fort. »Sie ist älter geworden, klüger – nach den letzten Ereignissen.«

Wie wir alle, dachte ich; aber ich sagte es nicht.

»Wenn sie meint, daß ihrer Heimkehr nichts mehr im Wege steht, werden wir sie willkommen heißen, die Königin und ich«, versprach ich statt dessen.

Ich fühlte mich leichtfüßig wie einer der Hirschhunde, als ich nun flotten Schritts über die Heide stapfte, Cromwell im Schlepptau.

Es waren noch andere Hunderassen draußen, um ihre Abrichter geschart. Eine Meute lernte, auf das Horn des Jägers zu horchen; es war eine kurzbeinige, mittelgroße Rasse, die man benutzte, um das Wild im Walde aufzuspüren. Durch ihre kurzen Beine war sichergestellt, daß ein mit Pfeil und Bogen bewaffneter Jäger ihnen zu Fuß folgen konnte.

»Ihr nennt sie...?« fragte Cromwell.

»Beagles, Sir. Eine prächtige englische Züchtung!«

Auch Fuchshunde und Harrier – für die Hasenjagd – wurden auf das Horn abgerichtet, und die verschiedenen Klänge verschmolzen zusammen mit dem charakteristischen Kläffen all der Hunderassen zu einer ländlichen Musik.

Einer der Hundemeister hatte eine Anzahl kleiner, kurzhaariger Tiere, die er »Terrier« nannte. Sie hatten ein ziemlich häßliches, sandfarbenes Fell, und ihr Kläffen war rauh und schrill. Der Wärter behauptete, sie seien von unschätzbarem Wert für das, was ihr Zweck sei: die Jagd auf Ungeziefer wie Ottern, Füchse und Ratten bis in ihre Nester und Verstecke. »Sie kommen aus dem Grenzland«, sagte er.

Natürlich. Im Grenzland gab es Ungeziefer im Überfluß, vor allem zweibeiniges. Kein Wunder, daß sie dafür eine eigene Hunderasse herangezüchtet hatten. Die Hunde waren mir so unangenehm wie das Raubzeug, das sie bekämpfen sollten.

»Ich habe Lust, auf die Jagd zu gehen, und zwar bald einmal«, sagte ich zu niemandem Bestimmtes. »Im Herbst laßt uns eine Jagdgesellschaft laden. Dann jagen wir Rehe und Hasen und die stinkenden, feigen Nager – Iltis und Wiesel.« Zu gern schoß ich auf dieses Geschmeiß.

Ich beugte mich eben zu einem der Bluthunde nieder, um ihn zu streicheln, und ich fühlte sein dichtes, seidig schwarzes Fell in meiner Hand, als ich einen Boten herankommen sah. Ich verspürte Ärger, aber keinerlei Vorahnung. Sogar hier stören sie mich, dachte ich. Ist es zuviel verlangt, wenn ich einmal knappe zwei Stunden draußen sein und zusammen mit meinem Obersten Minister meine Hunde inspizieren möchte?

Resigniert wartete ich, bis er bei mir war. Er brachte eine versiegelte Botschaft.

Irgend etwas Bedeutungsloses, dachte ich, als ich sie aufriß.

Der Herzog von Richmond, Heinrich Fitzroy, ist tot. Er starb um die Mittagsstunde. Euer gehorsamer Diener und Untertan und getreuer Arzt,

Wm. Butts.

Noch hier, noch jetzt schlug Anne zu. Die Sonne schien immer noch genauso hell, aber ihre Strahlen hatten plötzlich all ihre Wärme verloren.

LXXVII

Ich konnte meinen Sohn nicht einmal offen betrauern oder eine öffentliche Beerdigung anordnen. Hätte es in diesem Augenblick Berichte über einen weiteren Todesfall gegeben, hätten die Menschen einen solchen Schrecken bekommen, daß die mutmaßliche Unzufriedenheit im Volke womöglich hervorgebrochen wäre. Ich sage »mutmaßlich«, weil es unmöglich ist, jederzeit zu wissen, was die Menschen denken – aber es gab Anzeichen. Da war der Priester Robert Feron, der sagte: »Seit das Reich England besteht, hat es keinen größeren Räuber am Commonwealth gegeben denn unseren König. Er rühmet sich höher als alle christlichen Könige und ist doch nur aufgeblasen von eitlem Prunk. Sein Leben ist das einer stinkenden Sau; und er hat auch viele Weiber am Hofe geschändet.«

Der Prior der Abtei Syon hatte erklärt: »Ehe nicht der König und die Fürsten des Reiches am Schlafitt gepackt und, wie man sagt, bei den Ohren gezogen sind, wird man in England nicht mehr glücklich leben können.« Und dann hatte er hinzugefügt: »Der Rest der Christenheit steht auf meiner Seite. Ich wage gar zu behaupten, das ganze Königreich... denn ich bin sicher, der größere Teil ist unserer Meinung.«

Im ganzen Reich machte eine Unzahl von Prophezeiungen die Runde. »Der weiße Hase wird den weißen Greyhound zwischen die Wurzeln einer Eiche treiben, und der König wird aus England vertrieben und vor den Toren von Paris getötet werden.« »Es wird keine Könige mehr geben in England, und eine so große Bresche im Westen, daß alle Dornen des Reiches nicht genügen werden, sie zu stopfen.« »Von Westen wird einer kommen, der hat den Helm voller Schnee, und er wird ganz England den Frieden bringen.«

Überdies gab es Gemurre und Äußerungen, die an Verrat grenzten. In Eynsham, Oxford, hatte ein gewisser John Hill behauptet, Norris und Weston seien »nur zum Vergnügen umgebracht« worden, und er hoffe nur, dereinst »den König der Schotten als König von England zu sehen«. Der Landvogt von Bampton hoffte, der schottische König möge »die Blume Englands tragen«. Der Pfarrer von Hornchurch in Hampshire hatte erklärt: »Der König und sein Rat hatten mit Absicht und List einen Weg gefunden, wie sie alle Geistlichen niedermachen wollten; diese aber sträubten sich nach Kräften, welches ihr gutes Recht; und der König vermochte nichts gegen sie, noch sein Rat.«

Ein Mann aus Sussex hatte auf die Geschichte von meinem Sturz in den Schranken bemerkt: »Es wäre besser, er hätte sich den Hals gebrochen«; ein Lehrer in Cambridge nannte mich einen »Maulwurf, den man sollt erschlagen«, seine Studenten sagten, ich sei ein »Tyrann, grausamer denn Nero« und eine »Bestie und schlimmer als eine Bestie«.

Crums Agenten berichteten von anderen Äußerungen: »Kardinal Wolsey wäre ein ehrlicher Mann gewesen, wenn er einen ehrlichen Herrn gehabt hätte«; »Der König ist ein Narr, und der Lord Siegelbewahrer ist auch einer«; »Unser König braucht nichts als einen Apfel und ein hübsches Weib zum Kosen«. Und dann gab es noch den genauen Bericht eines Freisassen, demzufolge ich einmal in der Gegend von Eltham geritten sei, seine Frau erblickt, verführt und mit in mein Bett genommen hätte.

Es war sicher wahr, was der Mann aus Kent gesagt hatte: »Wenn der König wüßte, was seine Untertanen denken, es würde ihn im Herzen erbeben lassen.« Die Kostproben, die man mir gegeben hatte, genügten dazu schon. Mein eigener unsteter und jämmerlicher Zustand, der von den Anfängen meiner »Großen Sache« bis zu ihrem Ende gedauert hatte, war auch auf sie übergegangen. Meine neugewonnene Zufriedenheit würde sich ebenso übertragen, aber das würde Zeit kosten.

Ich hatte meinen Sohn verloren, aber ich würde der Hexe ein Schnippchen schlagen: Meine Tochter würde sie nicht bekommen. Die Drohungen, mit denen Cromwell sie beschwor, ihre Klagen fallenzulassen, Chapuys' Rat und der letzten Endes unzulängliche

Einsatz des Kaisers für ihre Sache veranlaßten Maria schließlich, nachzugeben. Sie schrieb den von Cromwell »vorgeschlagenen« Brief ab, in dem sie zugab, daß die Ehe ihrer Mutter mit mir blutschänderisch gewesen sei; überdies kündigte sie dem Papst die Gefolgschaft auf und erkannte mich als Oberstes Haupt der Kirche von England und als ihren geistlichen wie weltlichen Vater an. Als ich den Brief erhielt, dankte ich Gott dafür. Jetzt war der Weg für unsere Versöhnung frei. Ich würde Maria zurückbekommen!

Theologen sagen, die Geschichte vom verlorenen Sohn sei das schönste und zugleich kraftvollste Gleichnis in der Bibel. Ich wußte jetzt, wie dem Vater zumute gewesen war. Oder war ich anmaßend? Ich wollte das Gleichnis noch einmal lesen, und zwar in der neuen Übersetzung, die demnächst unter meiner Schirmherrschaft erscheinen sollte.

Schon jetzt trug sie den Spitznamen »die Große Bibel« – wegen ihres Formats. Die kürzlich verkündeten »zehn Glaubensartikel« für die Anhänger der – *meiner!* – Kirche von England schrieben vor, daß jede Kirche eine Bibel in englischer Sprache besitze, und für diesen Zweck nahm man Miles Coverdales Übersetzung. Eigentlich hatte sie in Frankreich gedruckt werden sollen, weil sie dort größere Pressen hatten, aber dann waren die englischen Kirchenmänner mit dem französischen Generalinquisitor aneinandergeraten, und das ganze Druckunternehmen mußte nach England verlagert werden. Das Exemplar, das ich befragte, war ein Vorabdruck, den man mir zur Begutachtung übersandt hatte. Eine Änderung war schon notwendig: Annes Name als derjenige der Königin auf der Widmungsseite mußte durch Janes ersetzt werden, wie es auch anderswo auf steinernen und hölzernen Bildwerken geschah.

Ich schlug das Lukasevangelium auf, Kapitel fünfzehn, Vers zehn.

Ebenso, sage ich euch, wird Freude sein bei den Engeln Gottes über einen einzigen Sünder, der sich bekehrt.

Oder über einen, der erkennt, daß er *kein* Sünder ist.

Ferner sprach er: Ein Mann hatte zwei Söhne.

Zwei Töchter.

Der jüngere von ihnen sagte zum Vater: Vater, gib mir den Teil des Vermögens, welcher mir zukommt. Da teilte er unter sie das Besitztum.

Genauso, wie Maria ihr »Erbe« verlangt hatte – ihr spanisches Geburtsrecht, ihren Titel als »Prinzessin« – und daneben nichts gelten ließ.

Wenige Tage darauf packte der jüngere Sohn alles zusammen, zog fort in ein fernes Land und vergeudete dort sein Vermögen in einem ausgelassenen Leben.

Maria hatte ihr »Vermögen vergeudet« – allerdings mit extremen asketischen Übungen in selbstgewählter Isolation und Aufsässigkeit.

Nachdem er aber alles vertan hatte, kam eine große Hungersnot über jenes Land, und er begann Not zu leiden.

Ja, Maria war in Not. Und die »Hungersnot« war Annes Versuch, sie körperlich zu vernichten und alle ihre Freunde zu vertreiben.

Da ging er hin und verdingte sich an einen Bürger jenes Landes, und der schickte ihn auf seine Felder und ließ ihn die Schweine hüten.

Sie hatte sich an Chapuys und seinen leeren Traum von der Rettung durch den Kaiser und der Rebellion gegen meinen Willen verdingt.

Und gern hätte er seinen Magen gefüllt mit den Schoten, von denen die Schweine fraßen, doch niemand gab sie ihm.

Ja, vom Kaiser bekam man schöne Worte, aber sonst nichts. Und der Papst schickte ihr die leeren Schoten päpstlicher Bullen zur Nahrung.

Da ging er in sich und sprach: Wie viele Taglöhner meines Vaters haben Brot im Überfluß, und ich gehe hier vor Hunger zugrunde?

Maria hatte eingesehen, daß sie düpiert, im Stich gelassen und verraten worden war – von allen.

Ich will mich aufmachen und zu meinem Vater gehen und zu ihm sagen: Vater, ich habe mich versündigt gegen den Himmel und vor dir; nicht mehr bin ich wert, dein Sohn zu heißen: Halte mich wie einen deiner Taglöhner.

Das hatte auch Maria mit ihrem Unterwerfungsschreiben getan.

Und er machte sich auf und ging zu seinem Vater. Er war noch weit weg, da sah ihn sein Vater und lief ihm, von Mitleid bewegt, entgegen, fiel ihm um den Hals und küßte ihn. Der Sohn aber sprach zu ihm: Vater, ich habe mich versündigt gegen den Himmel und vor dir; nicht mehr bin ich wert, dein Sohn zu heißen.

Ich nickte. Ja, Maria würde gewiß auch so sprechen, wenn wir einander begegneten; sie würde Anlaß dazu verspüren.

Aber der Vater sagte zu seinen Knechten: Holt ihm geschwind das beste Kleid heraus und zieht es ihm an; gebt ihm einen Ring an die Hand und Schuhe an die Füße; und bringt auch das gemästete Kalb und schlachtet es; wir wollen essen und ein Freudenfest feiern; denn dieser mein Sohn war tot und wurde wieder lebendig, er war verloren und wurde gefunden.

Ich schloß die Große Bibel. Ja, so war es. Meine Tochter war tot und ist wieder lebendig. Man kann ins Leben zurückgerufen werden, auf diese Seite des Grabes...

Ich merkte, wie nervös ich schon jetzt darauf wartete, daß Maria sich am kommenden Nachmittag »unterwerfen« würde. Sie sollte in den Palast kommen und dort in aller Form vortragen, was sie bereits in ihrem Brief geschrieben hatte. Aber es sollte unter vier Augen geschehen. Ich brauchte keine Zeugen.

Am Nachmittag, als ich über eine Stunde lang in meinen erhabensten Gewändern (denn sie mußte mich auch als König, nicht nur als Vater sehen) in der Hitze gesessen hatte, wußte ich, daß sie nicht kam. Im letzten Augenblick waren wieder irgendwelche »Skrupel« in ihr erwacht, irgendein zwingendes Gefühl der Loyalität zu Katharina... Meine Enttäuschung war so schneidend und tief, daß sie in sich eine Form der Trauer war. Die Hoffnung war gestorben, und der Tod der Hoffnung ist der wahre Tod; stirbt dann der Körper, ist dies nur noch Bestätigung.

So zuversichtlich hatte ich gehofft, so sicher war ich gewesen... und jetzt dieser zweite Tod. Gott quält uns auf der Folterbank unserer Erwartungen; die irdischen Martergeräte, die wir uns bauen, sind nur klägliche Imitationen derer, die Ihm zu Gebote stehen.

Die Tür öffnete sich. Ich schaute schon nicht mehr hin, und so war Maria ganz hereingekommen, ehe ich sie erblickte. Und dann erschien sie mir wie eine Vision.

Eine zierliche junge Frau – das war mein »Töchterlein«. Sie war klein, und das ließ sie jung erscheinen und täuschte über ihr wahres Alter hinweg.

»Vater.« Ihre Stimme war leise und rauh; es war sonderbar, daß so etwas aus ihrer Kehle kommen sollte.

Bevor ich antworten konnte, hatte sie sich mir zu Füßen geworfen und begann mit dieser beinahe knurrenden Stimme: »In aller Demut werfe ich mich Euch zu Füßen, um Eure huldreiche Gunst in Empfang zu nehmen, mein gnädiger, mitleidsvoller und über die Maßen gesegneter Vater, Oberstes Haupt der Kirche von England...« Ein Wort klebte am anderen, als sie zugab, daß die Ehe ihrer Mutter blutschänderisch gewesen sei, Rom ihre Gefolgschaft aufkündigte und meinen Anspruch auf die oberste Führung der Kirche von England anerkannte.

Ich beugte mich zu ihr hinunter, hob sie sanft auf und umarmte sie. Ihr Scheitel reichte mir bis zur Brust.

»Maria, Tochter. Du brauchst nicht weiterzusprechen. Danke, daß du zu mir zurückgekommen bist.«

Sogleich begann sie zu weinen, und ich wußte, sie weinte, weil sie ihre tote Mutter »verraten« hatte. Aber weiterzuleben ist kein Verrat. Ich sagte nichts und ließ sie weinen. Aber, oh! – mein Herz jubilierte, weil ich sie wieder bei mir hatte... nachdem Katharina und Anne sie mir genommen hatten. Ich dankte Gott dafür, daß die beiden tot waren. Ihr Tod befreite mich von meiner Vergangenheit und meinen Fehlern.

»Du bist willkommen hier am Hofe«, sagte ich schließlich. »Komm, die Königin will dich wiedersehen.«

»Königin Jane war immer freundlich«, sagte sie leise und monoton.

Jane war an den Hof gekommen, als Katharina bereits ihr halsstarriges Märtyrerleben in der Isolation begonnen hatte. Wer seinen eigenen Vorteil im Sinn gehabt hatte, war Annes aufsteigendem Stern gefolgt. Jane aber war bei Katharina geblieben und hatte sich mit Maria angefreundet, die nur sieben Jahre jünger war als sie. (Jane war im Jahr meiner Krönung geboren.)

Zusammen verließen wir mein inneres Gemach und traten hinaus in das Empfangszimmer. Ich ließ die Königin rufen; sie sollte unverzüglich herkommen. Während wir warteten, standen Maria und ich verlegen nebeneinander. Meine Hochstimmung war verflogen; ich fühlte mich beinahe unbehaglich mit einer erwachsenen Frau an meiner Seite, die eine Fremde und zugleich meine Tochter war. Wollte Jane denn niemals kommen und diese Anspannung auflösen?

Jane, Jane, hilf mir, wie du es immer tust...

Jane erschien am anderen Ende des Raumes und kam rasch auf Maria zu, die Arme ausgestreckt, ein strahlendes, natürliches Lächeln auf ihrem Gesicht.

»Maria, Maria!« rief sie, und ihre Stimme klang ehrlich erfreut.

Maria wollte niederknien, aber Jane nahm sie in die Arme. »So sehr habe ich mich nach diesem Tag gesehnt«, sagte Jane. »Jetzt ist mein Glück vollkommen.« Sie streckte eine Hand nach mir aus und schloß uns alle drei zusammen.

LXXVIII

Ich hielt sie in meiner Hand: eine geheiligte Reliquie, die seit den Tagen Edward des Bekenners in der sicheren Distanz eines goldenen, juwelenbesetzten Reliquiariums angebetet worden war. Von weit her waren Pilger gekommen, um sie zu sehen, und ihre inbrünstigsten Gebete hatten sie an sie gerichtet. Es war eine gläserne Phiole, und sie enthielt Tropfen der Milch von der Heiligen Jungfrau – eine wundersame Hilfe für unfruchtbare Weiber.

Cromwells Inspektoren hatten herausgefunden, daß es ein Betrug war: Die Phiole wurde regelmäßig nachgefüllt – mit gemahlenem Kalk aus Dover, aufgelöst in dünnem Olivenöl. Der leicht gelbliche Ton gab dem Ganzen den Anschein hohen Alters.

Die Mönche in dem betreffenden Wallfahrtsort hatten aus der Ausstellung ihrer kostbaren »Reliquie« einen hübschen Gewinn gezogen.

»Schändlich«, sagte ich, eher betrübt als erzürnt.

Ich wandte mich dem nächsten der beschlagnahmten Gegenstände zu. Es war eine marmorne Jungfrau, die »echte Tränen« weinte und die (durch Geld) veranlaßt werden konnte, den Schmerz des Bittenden mit ihm zu teilen. Ich drehte sie herum. Hinten am Kopf sah ich eine feine Linie, die auf eine Öffnung hindeutete. Ich drückte auf den Hals, und ein Stück Stein schob sich heraus. Ich zog es ganz hervor und stellte fest, daß der Kopf hohl war. Drinnen befand sich ein poröser Behälter, gefüllt mit Salzwasser, das just in der richtigen Geschwindigkeit durch feine Kanäle zu den Augen der Jungfrau sickern konnte. Es war ein genialisches Machwerk. Und es mußte nur einmal in der Woche gefüllt werden.

Und überall im Lande fanden sich ähnliche Versionen dieser berühmten Betrügereien. Ohne daß sich korrupte Mönche dazu verschworen, konnten sie nicht aufrechterhalten werden. Aber wie konnte sich jemand zum Nachfolger Christi erklären und dann die gleichen Täuschungen verüben wie die Priester der Isis oder die Kanaaniter?

Das Parlament hatte das Gesetz zur Schließung der kleineren Klöster verabschiedet. Es begann mit den Worten: »Insofern als handfeste Sünde wie auch böses, wollüstiges und frevelhaftes Leben alltäglicher Brauch sind in kleinen Abteien...« Es fußte auf zahlreichen Berichten: In Garadon gebe es fünf Sodomiten, »einer davon mit zehn Knaben«; zu Selby habe einer der Mönche geschlechtliche Beziehungen zu »fünf oder sechs verheirateten Frauen« gepflogen, die gekommen seien, um sich den Segen des in dem Kloster bewahrten »Gürtels der Jungfrau« zu holen, auf daß ihnen im Wochenbett kein Leid widerfahre; Bruder Jackson zu Warter sei schuldig »des Inzests mit einer Nonne«; in Calder zeige ein gewisser Matthew Ponsonby »ganz besondere Sittenlosigkeit«. In der Priorei Bath – wo der Prior versucht hatte, Cromwell zu kaufen, indem er ihm eine Rotte irischer Wolfshunde schickte – waren die Mönche »verderbter als irgendwer anders in ihrem lasterhaften Treiben mit beiderlei Geschlecht«. In Lewes hatte der Prior »acht Huren«; das Kloster war »ein Hurenhaus, und es finden sich gar unnatürliche Laster, vor allem bei dem Subprior, wie es das Geständnis eines hübschen jungen Mönches vermuten läßt«.

Eines nach dem anderen wurden die Häuser geschlossen. Solche Mönche, die eine echte Berufung verspürten, wurden in größere und strengere Klöster verlegt. Der Rest mußte fortziehen und sich seinen Lebensunterhalt anderswo verdienen. Der Klosterbesitz wurde verkauft, der Erlös fiel der Krone zu. Die Reliquien wurden zu mir geschickt, damit ich sie begutachten konnte. Es war eine traurige Aufgabe.

Das Mönchstum hatte begonnen als lautere Blüte des Spiritualismus. Der große Begründer des Gemeinschaftslebens in Christo (denn bis dahin hatte es nur einsam in der Wüste hausende christliche Einsiedler gegeben) war der heilige Benedikt. Er hielt es für besser, wenn Menschen mit anderen Menschen zusammenlebten, und so sammelte er Eremiten um sich und schrieb Anweisungen für sie, die er »die Regel« nannte und in deren Befolgung sie ihren

Spiritualismus tatsächlich stärken konnten, indem sie in einer von heiligen Regeln beherrschten Gemeinschaft lebten. In seinen Augen war es das beste, wenn man seine Zeit zwischen Gebet, Studium und körperlicher Arbeit aufteilte.

Mit der Zeit setzten sich auch andere Auslegungen der Regel durch. Die Zisterzienser legten das Gewicht auf die Arbeit und die Abgeschiedenheit von aller Zivilisation. Die Cluniazenser betonten die verschlungene Schönheit der Gottesverehrung. Die Kartäuser suchten das Gebet in der Einsamkeit. Die »predigenden Brüder« – Dominikaner und Franziskaner – schätzten die Arbeit mit anderen Menschen und eine makellose Gelehrsamkeit.

Unserer innersten Neigung zufolge scheint sich unser bestes Trachten zunächst in Eitelkeit und dann in regelrechte Sünde zu verkehren (Turmbau zu Babel?). Die Geschichte der Mönche war im Grunde eine Zusammenfassung der Geschichte der Menschheit. Nun fiel es mir zu, sie aus dem Garten Eden zu vertreiben. Gleichwohl war es eine Pflicht, der ich nur widerstrebend nachkam, zumal da Jane wie auch Maria ihr Mißfallen deutlich erkennen ließen. Ach, aber sie hatten auch das Innere der Statue nicht gesehen...

Das klösterliche Land wurde geradewegs verkauft oder verpachtet. (Mönche hatten ein Viertel, wenn nicht ein Drittel des englischen Grund und Bodens in ihrem Besitz.) In den meisten Fällen waren die Käufer benachbarte Großgrundbesitzer, die ihre Ländereien zu erweitern trachteten.

Es gab immer solche Reformatoren, die meinten, das Land sollte unter den Bauern verteilt werden. Aber was sollten die Bauern damit anfangen? Nein, das Vermächtnis der Klöster würde ihnen auf andere Weise zufallen; es gab noch vieles neben dem Land. Land war wie ein Jagdfalke: Es braucht viel Pflege, Liebe und Kundigkeit. So wunderte es nicht, daß die Beiz der »Sport der Fürsten« war. Niemand sonst konnte es sich leisten, soviel Zeit und Mühe aufzuwenden.

Das beliebteste Beutegut aus den Klöstern war das Blei aus den Dächern; diese wurden unverzüglich abgedeckt, und aus den Dach- und Deckenbalken wurden an Ort und Stelle Feuer entfacht, über denen das Blei geschmolzen wurde. Die zweitgrößte Nachfrage – vor allem in der Gegend von London – galt den behauenen Steinen der klösterlichen Gebäude. Sie wurden karrenweise fortgeschafft und fanden rasch ihren Weg zu den neuen Stadthäusern, die am Themsestrand emporwuchsen. Ich selbst eignete mir Bücher aus den Klosterbibliotheken an: Alte Schriftrollen und Manuskripte, manche fast aus römischer Zeit. Die Bronze der Klosterglocken diente mir zum Gießen von Kanonen.

Die Gebäude selbst wurden anderen Zwecken zugeführt. Nicht selten wurde die Abteikirche in eine Pfarrkirche umgewandelt, und das Haus des Abtes mitsamt dem Keller und der Küche wurde die Villa eines wohlhabenden Kaufmannes, wobei das alte Torhaus ihm als Pförtnerkate diente.

Ich will nicht so tun, als hätte ich keinen Gefallen an dem Gewinn gehabt, der dabei abfiel. In Wahrheit war die königliche Schatulle so gut wie leer, und das Einkommen aus den Klöstern war eine willkommene Füllung.

In einem weiteren Sinne war die Auflösung der Klöster eine Erleichterung – als leerte man die Truhen eines Toten. Unangenehm ist so etwas immer; man erinnert sich dessen, was er einmal war, und schaudert bei dem Gedanken an das, was aus ihm geworden. Aber seine Habe muß nun aufgelöst werden, und es wäre verschwenderisch und geringschätzig, wollte man alles ohne weitere Begutachtung fortwerfen, wie zartfühlende Seelen es mitunter vorschlagen – als würde der Tote beraubt, wenn die Lebenden sich seines Besitzes weiter bedienen. Wir sind doch nicht wie die alten Ägypter, die alles für die Verstorbenen horteten und es den Lebenden mißgönnten.

Dann kam alles zusammen – jedes Fäserchen der Unzufriedenheit, der Nostalgie und des Widerstandes in ganz England – und verschmolz im Norden.

Der Norden: zwei Worte – für eine Gegend und für einen Zustand des Denkens. England wurde von Süden an aufwärts erobert und zivilisiert, und je näher man den Grenzen Schottlands kam –

durch Yorkshire erst, dann Durham, und schließlich durch Northumberland –, desto karger wurde alles. Die weiten Wälder wichen erst knorrigen Bäumen und dann offenen, windigen Mooren; die Städte schrumpften zu Dörfern und dann zu Siedlungen; an die Stelle bebauter Felder traten weite, wilde Flächen. Hier blühten die Klöster der Zisterzienser, die sich aus den Zentren der Zivilisation entfernt hatten und für die der Weg zur Heiligkeit mit Arbeit gepflastert war. Die Schafe wurden dürrer, ihre Wolle dicker, und die Menschen waren gesetzlos und lebten in verschlossenen Klangemeinschaften. Der Winter dauerte acht Monate, und auch der Sommer war grau und rauh, was den Leuten in Northumberland Anlaß gab, zu behaupten, sie hätten »zwei Winter – einen weißen und einen grünen«.

Seit alters waren diese Randlande ihrer eigenen Wege gegangen, und mit dem, was im Süden vorging, hatten sie wenig zu tun. Ein paar große Kriegerfamilien – die Percys, die Nevilles, die Stanleys – hatten die Oberherrschaft über diese wüsten, grausigen Einöden erobert, und durch sie hatte die Krone sich das Volk unterworfen. Aber das Volk wußte nichts von mir, und ich nichts von ihm. Alles, was ihnen je an Liebe oder Sanftmut widerfahren war, hatten die Menschen in den großen Zisterzienserklöstern gefunden: in Fountains, Rievaulx, Jervaulx, Kirkstall. Dorthin konnten sie sich vor einem Schneesturm flüchten, und dort fanden sie Wärme, Nahrung und Unterkunft. Dort, und nur dort, konnte ein Reisender die Nacht in Sicherheit verbringen. Und dort konnten sie lesen und schreiben lernen, wenn sie es wollten.

Jetzt kamen ihnen Gerüchte zu Ohren, denen zufolge ihre Klöster geschlossen werden sollten. Aus weiter Ferne hatten sie vernommen, daß die Bande mit Rom aufgelöst worden waren. Für sie war die Kirche – durch Rom – der einzige und segensreiche Unterschied zwischen ihnen und den wilderen Nachbarn, die noch weiter nördlich hausten. Sie hatten gehört, daß die seit neuestem unabhängige »Kirche von England« ihre Glaubenssätze in »Zehn Artikeln« niedergelegt habe, die zum Luthertum tendierten, und daß vier der sieben heiligen Sakramente abgeschafft seien.

Dies waren die schon erwähnten »Zehn Artikel des Glaubens zur Herstellung der Ruhe im Christentum«, Lehrsätze, die meine

Bischöfe in der Hoffnung, das Genannte zu erreichen, aufgesetzt hatten. Die jüngsten Veränderungen hatten die Laienschaft in solche Verwirrung gestürzt, daß ich es für angebracht gehalten hatte, einige Klarheit in Glaubensfragen zu schaffen.

Die dabei entstandenen »Zehn Artikel« waren ein großartiger Kompromiß zwischen den Traditionalisten und den Reformatoren. Wie alle Kompromisse war er für keine Seite zufriedenstellend und versetzte beide Parteien in ungebührliche Erregung.

Die Menschen im Norden hatten überdies, verzerrt und aus weiter Ferne, vernommen, daß die Adeligen im Rat des Königs durch Gemeine ersetzt worden seien. »Ihre« Edelleute hatten ihnen stets gute Dienste geleistet, und ohne solche Beschützer fürchteten sie für sich. Aber mehr als alles andere fürchteten sie die Veränderung. Wie die langsam wachsenden Bäume in ihrer Region – diese brauchten drei oder vier Jahre, um soviel zu wachsen wie ein Baum gleicher Art innerhalb eines Jahres im südlichen England – waren sie außerstande, auf Klimaumschwünge rasch zu reagieren. Die Pflanze, die aus diesem Boden wuchs, war die »Pilgerschaft der Gnade«.

» Pilgerschaft« nannten sie es, aber in Wahrheit war es Rebellion. Sie brach – wie die Pocken – gleichzeitig an verschiedenen Stellen in Lincolnshire und in Yorkshire aus. Schließlich wuchs die Masse in der Mitte von Yorkshire zu einer großen Pustel zusammen. Es waren an die vierzigtausend. Ich zerdrückte die Pustel nicht sogleich – zu toll hätte der Eiter gespritzt –, aber ich stach hinein, ließ sie auslaufen und eintrocknen.

Genug solcher Metaphern. Ich will nun zusammenfassend, aber genau, niederschreiben, was sich in jenen Herbstmonaten des Jahres 1536 zutrug.

Ich hatte meine Kommissare nach Norden geschickt, damit sie die vom Parlamentsgesetz vorgeschriebene Auflösung der kleinen Klöster beaufsichtigten. Auf ersten Widerstand trafen sie in dem Dörflein Hexham in Northumberland. Eine bewaffnete Meute von Mönchen und Einwohnern jagte sie davon.

Als nächstes erhob sich ein spontaner Aufstand in Lincolnshire. Die Rebellen umzingelten die Burg Kyme, wo Bessie Blount und ihr neuer Gemahl Edward Lord Clinton residierten, und versuchten, die beiden zum Anschluß an ihren Aufstand zu zwingen. Bessie und Edward weigerten sich, und die Rebellen waren außerstande, die Festung zu erstürmen. Kaum hatten sie sich zerstreut, ritt Edward Clinton gen Süden, um mich zu warnen.

Die lästigen Rebellen begaben sich derweil nach Caister, wo sie den Kanzler des Bischofs von Lincoln, Dr. Heneage, ermordeten und den Abt von Barking, Matthew Mackerel, zwangen, sich ihnen anzuschließen. Inzwischen war ihre Zahl auf ungefähr zwanzigtausend angeschwollen. Zum Anführer hatten sie sich einen einheimischen Schuhmacher erwählt, einen Nicholas Melton, den sie »Captain Cobbler«, Hauptmann Schuster, nannten.

Als Clinton bei mir eintraf und mich von der Situation in Kenntnis setzte, ermächtigte ich George Talbot, den mir ergebenen Grafen von Shrewsbury im Norden, die Rebellion niederzuschlagen. Aber das war nicht nötig, denn die Bewegung brach mangels Führung von allein zusammen.

Unterdessen aber hatte eine andere Gruppe einen Führer in Yorkshire gefunden: Robert Aske, einen energischen Visionär, der es aus eigener Kraft zum Rechtsanwalt gebracht hatte. Er war der gerissene Mann, der darauf verfiel, das anfängliche gewöhnliche Murren in eine »Mission« zu verwandeln: Fortan nannten die Aufständischen sich »Pilger«, und sie marschierten unter einem Banner, das auf einer Seite Christus am Kreuze und auf der anderen Kelch und Hostie zeigte, und trugen weiße Uniformen mit roten Flicken, die die Fünf Wunden Christi versinnbildlichen sollten.

Er verfaßte den »Eid des Ehrenwerten Mannes«, den jeder »Pilger« abzulegen hatte: »Nicht sollst du dich gesellen zur Pilgerschaft der Gnade um des Reiches, sondern um der Liebe willen, welche du hegst zum Glauben des Allmächtigen Gottes und zur streitbaren Heiligen Kirche und ihrer Bewahrung, für die Erhaltung des Königs und seiner Sache, für die Läuterung des Adels, für die Vertreibung aller Übeltäter und schlechten Ratsherren aus der Huld Seiner Gnaden und aus dem Geheimen Staatsrate des Genannten.«

Diese Gruppe umstellte die Burg zu Pontefract, wo der bis dahin loyale Lord Darcy – »Old Tom«, wie er sich selber nannte – den Befehl führte. Aber Darcy war, wie ich von Crums Spitzeln schon seit langem wußte, einer jener heimlichen Verräter, die sich zu Katharinas Lebzeiten mit Chapuys und dem Kaiser verschworen hatten. Infolgedessen wunderte es mich nicht, daß er sich jetzt ihnen anschloß. (Edward Lee, der Erzbischof von York, wurde ebenfalls von ihnen gefangengenommen, aber er überlistete sie und entkam.)

Die Rebellen, deren Streitmacht mittlerweile vierzigtausend Mann umfaßte – achtundzwanzigtausend zu Fuß und zwölftausend zu Pferde –, beherrschten die Gegend. Sie gaben ihre Forderungen bekannt: Wiederherstellung der Klöster, Abschaffung der Ketzereigesetze gegen die Katholiken, Wiedereinsetzung des päpstlichen Supremats, Legitimation der »Prinzessin« Maria und Verbrennung der »protestantischen« Bischöfe Cranmer, Latimer und Shaxton. Ihr besonderer Haß aber richtete sich gegen Cromwell – »Lord Crummock«, wie sie ihn nannten –; ihn verabscheuten sie mit einer Bitterkeit, die alles vernünftige Maß überstieg. Er mußte fort.

Mußte? Wollten sie mir diktieren, wer meine Berater sein durften? So gut, wie Cromwell ihr oberstes Ziel war, so gut war es mein Recht, mir meine Ratgeber selbst auszuwählen.

Ich hatte Talbot und Brandon beauftragt, die Rebellion in Lincolnshire niederzuschlagen, doch diese war, wie gesagt, schon vor ihrer Ankunft zusammengebrochen. Was nun den Mob in Yorkshire anging, so sah ich mich genötigt, Howard, den Herzog von Norfolk, aus seinem politischen Exil zurückzurufen (in welches er sich nach dem Sturz seiner Nichte, der Hexe, zurückgezogen hatte), auf daß er ihm entgegentrete. Mein eigentliches Ziel aber war es, sie so beide auf friedliche Weise zu entwaffnen, buchstäblich wie bildlich. Ich hatte kein Verlangen danach, gegen sie zu kämpfen, denn das Alte vergeht schneller, wenn es keine Märtyrer gibt.

Mein Herold fiel vor Robert Aske auf die Knie: ein anerkanntes Zeichen der Unterwerfung. Dafür würde er später hingerichtet werden. Es gelang ihm aber wenigstens, mein Angebot bekannt zu machen: Zerstreut euch und schickt euren Führer nach London zu Verhandlungen. Ihr sagt, ihr seid keine Verräter, sondern ihr habt Vertrauen zu eurem König. Nun beweist es.

Die Rebellen fügten sich und sandten Robert Aske zum Hofe, wo ich an Weihnachten mit ihm zusammentraf.

So endete die sogenannte »Pilgerschaft der Gnade« – weder eine Pilgerschaft, noch mit Gnade versehen. Aber sie machte mir sehr deutlich, wie tief verwurzelt die Zuneigung zu den Klöstern und zum »alten Glauben« in den fernen Bezirken meines Reiches noch war. Als ich mit Aske zusammenkam, war eine seiner Bitten – und eine vernünftige obendrein –, daß ich mich dort einmal zeigte, damit das Volk mich kennenlerne, wie meine Untertanen im Süden mich kannten, und daß ich mich bereit fände, Jane in York krönen zu lassen. Das war ein angenehmer Gedanke; so könnte Janes Krönung ganz anders aussehen als Annes.

Letzten Endes aber scheiterte die Rebellion des Nordens, weil nur das gemeine Volk sich ihr anschloß, nicht aber die großen Lords des Nordens, die Nevilles und die Percys und die Grafen von Derby und Shrewsbury und Rutland. Diese betrachteten die prachtvollen Zisterzienserklöster und erkannten, daß deren Vermögen ihnen gehören konnte, wenn sie meine Politik unterstützten. Und sie hatten recht.

Eine andere Rebellion, unerwartet und uncharakteristisch, kam aus meinen königlichen Gemächern. Jane stellte sich auf die Seite der Pilger. Mildherzig schenkte sie ihren Beschwerden Gehör und suchte mich dann zu überreden, vor ihnen zu kapitulieren.

»Kannst du die Klöster im Norden nicht bestehen lassen?« bat sie. »Die Bedürfnisse der Menschen dort sind anders als die unseren; ihr Land ist anders. Wie kannst du es kennen, wenn du es selbst nicht gesehen hast?«

»Es kann keine Ausnahmen geben«, versuchte ich ihr sanft zu erklären. »Fängt man mit den Ausnahmen einmal an, nehmen sie kein Ende mehr. Die Waliser, die Cornier, die Sumpfländer – alle werden dann wollen, daß ihren besonderen Wünschen Rechnung getragen werde. Überdies geht die Sache der Klöster nur mich und Rom etwas an.«

Und eine häßliche Erinnerung blitzte in meinen Gedanken auf. »Diese Rebellen – Hussey und Darcy und Dacre, Lord Abergavenny, wurden von Chapuys und seinem Komplott für die Sache Katharinas zum Verrat verführt. Der Papst ist daran beteiligt – weshalb sonst hätte er seine schmutzige Plantagenet-Kreatur, Kardinal Pole, als päpstlichen Legaten aussenden können, auf daß er die Rebellen unterstütze? Natürlich hilft ihm niemand. Der Kardinal schmachtet in Flandern, weil er keinen Kapitän finden kann, der bereit wäre, ihn über den Kanal zu setzen. Mag er dort in den Niederlanden verrotten!« Meine Stimme erhob sich im Angesicht solcher Perfidie.

»Der Papst! Die Pilger! Sie sind entschlossen, mich in die Knie zu zwingen! Nun, es soll ihnen nicht gelingen!« schrie ich.

Jane fiel mir weinend zu Füßen. »Verwechsle nicht die Pilger mit dem Papst. Jene meinen es ehrlich, dieser tut es nicht. Kannst du nicht erwägen...«

Jetzt wandte *sie* sich gegen mich. »Stellt Ihr Euch auf ihre Seite, Madam?« fauchte ich. »Mischt Euch nicht in Dinge, die Ihr nicht versteht!« Sie hatten Jane täuschen können, aber mich würden sie nicht täuschen. Hielten sie mich für ein weichherziges Weib?

Jane raffte sich auf und starrte mich dabei die ganze Zeit an, als sei ich ein Fremder. »Jawohl, Eure Majestät«, sagte sie.

»'Verpflichtet zum Gehorchen und zum Dienen'«, erinnerte ich sie. »Ist das nicht das Motto, das du dir erwählt hast?«

»Jawohl, Eure Majestät.«

»Dann halte dich daran!« brüllte ich.

Im Norden brach früh der Winter herein; die Rebellen legten die Waffen nieder und vertrauten auf ihren Abgesandten, Aske, der an den Hof kam und mit uns das Weihnachtsfest verbrachte. Ich lernte ihn als einen ehrenwerten und nachdenklichen Mann kennen – ironischerweise just von der Sorte der »Gemeinen«, die ich gern in meinem Rat hatte und gegen die seine Pilger Einwände erhoben.

Die Familie Percy hatte sich bei der Pilgerschaft ruiniert. Vor Zeiten hatte Henry Percy (Annes einstiger Geliebter), inzwischen sechster Graf von Northumberland, die Ländereien seiner Familie für den Fall seines Todes der Krone vermacht. Ob der arme sterbende Percy sich dies als Geste der Verzweiflung oder als Spott gegen seine Brüder gedacht hatte, wußte ich nicht, aber es war doch eine elegante Lösung für das Problem, daß die Krone in jener wilden Gegend keine Besitzungen hatte. Natürlich erhoben die beiden jüngeren Brüder, Thomas und Ingram Percy, dagegen Einwände und wurden in der Hoffnung darauf, das Land ihrer Vorfahren wiederzugewinnen, zu Verrätern und Rebellen. Währenddessen lag Henry Percy auf dem Sterbebett, am ganzen Leibe, hieß es, »so gelb wie Safran«.

Etliche der reichen Abteien im Norden gewährten den Rebellen Zuflucht und Hilfe, weil sie glaubten, sich so zu schützen und die Gunst der Aufständischen zu gewinnen. Aber mit solchem Tun erreichten sie das Gegenteil: Sie überzeugten mich davon, daß alle Klöster geschlossen werden mußten, denn sie paktierten mit meinen Feinden.

Als das neue Jahr angebrochen war, sammelten zwei übriggebliebene Rebellen, Sir Francis Bigod und John Hallam, die ungeduldig darauf warteten, daß ihre »Forderungen« erfüllt wurden, ihre Truppen noch einmal und versuchten, die Städte Scarborough und Hull zu erobern. Zwei Klöster, die Priorei Watton und Jervaulx, schlossen sich ihnen an, und im folgenden Monat entbrannte die Rebellion noch in zwei anderen Grafschaften, in Cumberland und in Westmoreland.

Nun war es genug. Es würde keinen Pardon mehr geben, und ich würde keine Zusagen mehr machen. Die Verräter sollten ein für allemal vernichtet werden, und zwar vor den Augen derer, die sie geführt hatten. Robert Aske wurde auf dem Markt zu York am Markttag in Ketten aufgehängt; Sir Robert Constable hing auf dem Markt zu Hull, und Lord Hussey wurde in Lincoln enthauptet.

Lord Darcy (»Old Tom«, der Cromwell angeschrien hatte: »Und ein Kopf wird bleiben, der Euch den Euren abschlägt!«) wurde zusammen mit Thomas Percy im Tower enthauptet. In Tyburn (wo Verräter den vorschriftsmäßigen Verbrechertod starben) versorgte man den Abt von Barking, den Vikar von Louth und den königlichen Herold von Lancaster, der vor den Rebellen in Unterwerfung gekniet hatte. Vierundsiebzig Aufständische geringeren Ranges wurden zu Carlisle gleichermaßen hingerichtet.

Die rebellischen Mönche, etwa zweihundert an der Zahl, wurden als stinkende Verräter, die sie waren, ebenfalls vom Leben zum Tode gebracht. Die vom Kloster Sawley waren tatsächlich in arroganter Mißachtung des Gesetzes wieder in ihre offiziell geschlossene Behausung zurückgekrochen. So befahl ich dem Grafen von Derby, den Abt sowie zwanzig seiner Mönche an langen Balken vom Glockenturm ihrer Kirche baumeln zu lassen, damit seine »Herde« sah, welches Schicksal solcher Verräter harrte. So schwangen ihre weißgewandeten Leichen von einem stummen Turm (denn die Glocken waren längst fortgeschafft und eingeschmolzen). Ich wage zu behaupten, daß ihre lautlosen Bewegungen für die Umgebung eine deutlichere Sprache sprachen, als jedes Glockengeläut dies zuvor vermocht hätte.

Dies führte dazu, daß das erste Kloster kapitulierte. Als meine königlichen Kommissare im April ihre Arbeit wieder aufnahmen, hielt der Abt des Kloster Furness in Cumbria es für ratsam, meinen Abgesandten mit einer Urkunde der Unterwerfung entgegenzutreten und der Krone »jeglichen Anspruch und Besitz an der Abtei, wie ich ihn etwa hatte, habe oder haben werde«, abzutreten. Dieses unvorhergesehene Geschenk machte unsere Aufgabe einfach – wenngleich es Cromwell verdroß, denn sein verzwickter Plan für die Schließung der Klöster basierte auf deren Widerstand.

»Manchmal ist es schwer, einen unverhofften Sieg zu genießen, wenn man sich auf einen Kampf gefaßt gemacht hat«, sagte ich zu ihm.

»Ja. Mein Plan war so fein erdacht«, erwiderte er wehmütig und strich dabei mit der Hand über das Papier, das auf unserem Beratungstisch ausgebreitet lag. »Nun werde ich die Zahl der Beisitzer im Augmentationsgericht vergrößern müssen, um des Schwalls neuer Erwerbungen Herr zu werden.«

Das Augmentationsgericht war die Körperschaft, die Cromwell und ich geschaffen hatten, um den Klosterbesitz zu registrieren und zu übernehmen. »Ich denke, es ist vielleicht angebracht, einen neuen Vorsitzenden zu ernennen, um Euch frei zu machen«, sagte ich. »Ich werde Sir Richard Riche damit betrauen.«

Cromwell kicherte. Er sah aus wie ein heiterer Onkel, wenn er es tat. »Ein meisterlicher Einfall – in Anbetracht dessen, daß die Pilger seine Entmachtung gefordert haben. Nach der meinen selbstverständlich. Sie haben uns beide verabscheut.«

Ich blickte vom Tisch auf und spähte hinaus in den kalten, verheißungsvollen Märzhimmel. Um diese Zeit vor Jahresfrist war ich mit Crum auf der Beiz gewesen und hatte ihm den furchtbaren Auftrag erteilt...

»Jetzt ist alles vorüber«, sagte ich staunend. Es war wirklich alles vorüber, und der Friede war wieder eingekehrt.

»Wie bitte?« Crum sah mich wachsam an.

»Ich dachte nur gerade daran, wie ruhig es im Lande ist.«

»Alle Eure Feinde sind tot, Euer Gnaden.«

LXXIX

An dem Tag, da der Abt und die Mönche des Klosters Sawley gehenkt wurden, fand ich Jane weinend in ihrem Gemach.

Ich hatte Anstalten getroffen, den Vormittag mit ihr über den Plänen für die neue Wohnung der Königin zu verbringen, die zur Zeit in Hampton Court eingerichtet wurde. Ich hatte geglaubt, es werde meiner Janey – denn so nannte ich sie, wenn wir unter uns waren – Freude machen, das Holz auszuwählen, die Handwerker, die es schnitzen sollten, und alles übrige, was dazu beitragen sollte, die königliche Wohnung zu einem Spiegelbild ihrer selbst zu machen.

Rings um sie herum waren Zeichnungen und Farb- und Stoffmuster ausgebreitet. Sie aber schien von all dem nichts zu sehen; es umgab sie wie die herabgewehten Blätter einer verblühten Rose, aber sie beachtete es nicht.

»Nun, Janey«, sagte ich und trat ein, »hast du dich entschieden? Du hast einmal von Purpur gesprochen...«

Meine Stimmung war dahin, kaum daß ich sie gewahrte. Nein, noch einen Quell der Trauer konnte ich heute nicht gebrauchen! Ich konnte niemanden trösten, denn ich hatte selber keinen Trost. Ich wollte, daß mir die Mönche aus dem Sinn vertrieben wurden.

»Du hast dich also noch nicht entschieden«, schalt ich sie sanft.

»Ich – es schien mir alles geeignet zu sein.«

»Aber hast du keine Vorliebe?« Ich bemühte mich, die feinen Sägezähne des Ärgers in meiner Stimme zu unterdrücken. »Diese neue Wohnung soll so prächtig werden wie...«

»Wie nur irgend etwas in Frankreich«, endete sie für mich. »Aber ich bin keine Madame de Heilly.«

»Franz' Mätresse hat keinen Geschmack«, erwiderte ich. »Und diese Wohnung ist für dich, Janey. Für dich. Begreifst du nicht, wie sehr ich mir wünsche, daß du einen eigenen Wohnsitz hast, nicht irgendein Erbstück von Wolsey oder... den anderen?«

»Ja, ja.« In diesem Augenblick erkannte ich, daß die neue Wohnung in Wahrheit für mich sein sollte, nicht für sie.

»Erwähle dir etwas, Janey. Es wird mir so viel bedeuten«, flehte ich sie an.

»Also gut.« Sie beugte sich vor und nahm ein Stück Täfelholz in die Hand. Es klang müde, als sie sagte: »Das hier ist hübsch. Damit soll man das Privatgemach täfeln.«

»Walnuß. Sehr schön, meine Liebe. Und zu Walnuß ist Dunkelgrün immer äußerst passend.«

»Nein, das möchte ich nicht. Es wäre zu sehr – das Erwartete. Ich will lieber Scharlachrot.« Sie deutete auf ein Farbmuster.

»Das Westminster-Rot.« Ich erkannte es. »Höchst vornehm.«

Sie lächelte. »Du erkennst meine Wünsche und Vorlieben besser als ich.«

»Ich will dich in all dem eingefangen sehen, so daß ich dich auch sehe, wenn du nicht da bist.« Ich zögerte. Sollte ich ihr sagen, daß ich sie eben beobachtet hatte? »Fällt dir die Auswahl wirklich so schwer, daß du darüber weinen mußt?«

Hastig barg sie ihr Gesicht.

»Es sollte keine Geheimnisse zwischen uns geben«, sagte ich, so sanft ich es vermochte. »Nichts, dessen man sich schämen müßte.« Sie kannte mich, wußte alles von mir. Und darüber war ich froh.

»Ich schäme mich ja nicht! Du tust es – oder du solltest es tun!« weinte sie. »Die Mönche...«

Nicht schon wieder.

»... die du in diesem Augenblick hängen läßt...«

Die arroganten Rebellen von Sawley also.

»... auf eine so höhnische Art...«

»Die Strafe muß dem Verbrechen entsprechen! Und sie soll zur Abschreckung für alle dienen, die sonst überlaufen möchten. Diese Mönche waren abgefeimte Verräter.«

»Es geht nicht um die Mönche«, weinte sie. »Es geht um dich!«

Jetzt war ich vollends verwirrt und ratlos. »Das verstehe ich nicht«, sagte ich schließlich.

»Was geschieht mit dir, wenn du solche Dinge befiehlst?« fragte sie. »Es verändert dich, für immer.«

Armes Unschuldslamm. Vielleicht kannte sie mich doch nicht. So hatte ich mich verändert, als ich nach meiner Krönung zum erstenmal eine Hinrichtung hatte befehlen müssen, die Hinrichtung Empsons und Dudleys. Nach der ersten sind alle anderen gleich.

»Das hoffe ich nicht«, versicherte ich ihr; es widerstrebte mir, ihr meine wahren Gefühle zu offenbaren. Sie würde sie häßlich finden. Und möglicherweise unannehmbar.

»Was für eine Welt werden meine Kinder erben? Eine Welt ohne Mönche und Nonnen, eine Welt, in der Äbte an Glockentürmen hängen...«

Kinder.

»Janey, bist du...?« Ich hatte gebetet, hatte mich Gottes Erbarmen anheimgegeben, denn es gab so viele körperliche Hindernisse...

»Ja. Ich fange eben erst an, es zu glauben.«

Darum also ging es bei alldem. Bei ihren Tränen, den Skrupeln, den Ausflüchten.

Ich umarmte sie und spürte ihren gesunden, festen Körper an meinem.

Ein Wunder. Denn ich hatte geglaubt, es lauere irgendwo die Strafe, und niemals werde mir ein Kind gewährt werden.

An diesem Sonntag wurde als Danksagung für die Schwangerschaft der Königin in allen Kirchen ein Tedeum gesungen. So wurde die Kunde davon in der ganzen Christenheit verbreitet, und jedermann würde sie hören: der Papst, der Kaiser, Franz, die Rebellen, die immer noch im Norden lauerten. Wahrlich, dies war das Zeichen dafür, daß Frieden in England eingekehrt war und daß die schrecklichen Umwälzungen der letzten zehn Jahre vorüber waren wie ein Sturm, der fortgezogen war.

Das Jahr erblühte warm, und Jane und ich verbrachten diesen Sommer in vollkommener Harmonie. Ich sagte schon, vom Glück zu schreiben ist nahezu unmöglich, und ich kann es nicht. Wenngleich ich es möchte, so gern möchte – so daß ich es irgendwie noch einmal erleben könnte, in all seinen Einzelheiten, nicht bloß als alles überdeckendes Gefühl.

Sie zeigte ausgefallene Gelüste in diesem Sommer, ganz gegen ihre Art. Sie verlangte Erdbeeren eimerweise, und Kirschen, junge Erbsen und Wachteln. Ich schickte nach Frankreich um Frühkirschen und Erbsen, nach Calais um Wachteln. Der Gouverneur von Calais sandte volle drei Dutzend fette Wachteln (die er jenseits der Grenze in Flandern beschafft hatte) mit ausführlichen Anweisungen, wie sie von Dover bis London am Leben zu erhalten seien und wie bald nach dem Schlachten sie zubereitet werden müßten. Auf einen Sitz verspeiste sie ein halbes Dutzend Wachteln, und dabei lachte sie über ihre Völlerei ebenso wie über ihren besonderen Geschmack.

Ich mißgönnte ihr nichts. Das Volk frohlockte bereits voller Glück über die Aussicht auf einen unumstrittenen Thronerben.

Janes Schwangerschaft nahm einen ereignislosen, gesunden Verlauf. Warum also, warum...?

Ich will darüber nur kurz berichten, denn es wird mir nicht leichter, je länger ich dabei verweile.

Janes glückliche Schwangerschaft wurde durch eine Entbindung, die scheinbar nicht enden wollte, grausam gekrönt. Drei Tage und zwei Nächte währten die Wehen, und in den letzten vierundzwanzig Stunden war sie so schwach und verwirrt, daß man die Hoffnung, sie könnte überleben, allmählich aufgab. Es war – unter den Ärzten – die Rede davon, sie aufzuschneiden und das Kind herauszuholen. Noch heute gibt es Leute, die behaupten, man habe mich damals gebeten, zwischen der Mutter und dem Kind zu wählen, und ich hätte geantwortet: »Rettet das Kind um jeden Preis. Ein neues Weib ist leicht gefunden.« Dies zeigt, wie sehr meine Feinde mich hassen.

Die Wahrheit ist, daß ich eine solche Anweisung nie gegeben habe, noch hätte man mich je vor die Wahl gestellt.

Eine Ewigkeit schien vergangen zu sein, als das Kind – ein gesunder, kräftiger Knabe – zur Welt kam. Und kaum hatte er ihren

Leib verlassen, begannen Janes Kräfte zurückzukehren. Freudenfeuer loderten auf den Hügeln am Rande von London. Kanonen dröhnten.

Ein Prinz war geboren!

König Heinrich VIII. hatte einen Sohn.

Ich hatte einen Sohn. Ich konnte nur immer wieder diese Worte wiederholen; ihre Ungeheuerlichkeit umhüllte und schützte mich wie ein Schild.

Ich hielt ihn in meinen Armen und sah, wie golden und vollkommen er war. Der Sohn, der mir mit Katharina und Anne versagt geblieben war – jetzt war er da, als sei dies eine Kleinigkeit.

Er sollte auf den Namen Edward getauft werden. Er war am Vorabend von St. Edward geboren, und Edward hatte auch mein Großvater geheißen. Ich erzählte es Jane, flüsterte es ihr ins Ohr, als sie in ihrem Wochenbett lag. Meine Jane – auch sie war mir zurückgegeben. Sie lächelte und stimmte zu.

Edward wurde drei Tage später hochfeierlich getauft, und zwar in der Kapelle in Hampton Court. Der Herzog von Norfolk und Cranmer waren seine Paten, und Maria war die Patin. Jane, in dicke Polster gebettet und mit dunkelrotem Samt und Hermelin bedeckt, wartete (mit mir an ihrer Seite) in ihrem Gemach, um Edward nach der Zeremonie ihren Segen zu geben. Dann schaute sie von ihrer königlichen Ruhestatt aus den Feierlichkeiten zu. Sie lachte, und der Fackelschein glomm in ihren Augen. Sie war wohlauf, das kann ich sagen. Sie war wohlauf.

Aber gegen Mitternacht bekam sie Fieber, und es ging ihr schlecht. Die Übelkeit zehrte an der Kraft, die sie in den drei Tagen seit Edwards Geburt gesammelt hatte.

Fieber und Übelkeit brachten erst Schwäche, dann Halluzinationen. Neun Tage blieb sie so auf der Grenze zwischen unserer Welt und einer anderen.

Dann, am vierundzwanzigsten Oktober, starb sie.

WILL:

Allenthalben suchten die Menschen, eine Schuld dingfest zu machen. Manche schrieben es der Nachlässigkeit derer zu, die »es litten, daß sie der Kälte ausgesetzt ward und daß sie aß, was ihr in ihrer Krankheit in den Sinn kam«. Mönchsfreunde und Papisten nannten Jane eine »Reformerin«, die ihr gerechtes Ende (durch die Hand des Herrn) gefunden habe. Heinrichs Feinde behaupteten, Katharina und Anne hätten sich gerächt (etwa gemeinsam?).

Das gemeine Volk, das Heinrich (den Hoffnungen seiner Feinde zum Trotz) immer noch liebte, versuchte, diese Tragödie zu einem hehren Märchen zu verklären. Königin Jane war nur wenige Tage tot, als schon Balladen über sie gesungen wurden. Eine vor allem war durchaus denkwürdig (im Gegensatz zu derjenigen, die Anne geschrieben hatte, um sich zu verewigen).

Queen Jane lag in Wehen
Sechs Wochen und mehr,
Bis die Weiber erschöpft war'n
Und wollten nicht mehr.
»Ihr Weiber! Ihr Weiber!
Seid gütig zu mir!
Schickt schnell nach King Henry
Und bringet ihn mir!«

Der König ward verständigt,
Er kam so schnell er mußt',
In grünem Samt gewandet
Vom Kopf bis an den Fuß.
»King Henry! King Henry!
Seid gütig zu mir!
Schickt schnell nach dem Wundarzt
Und bringet ihn mir!«

Der Wundarzt ward verständigt,
Er kam so schnell er mußt',
In schwarzem Samt gekleidet

Vom Kopf bis an den Fuß.
Er gab ihr starken Rauschtrunk,
Den Todesschlaf schlief sie.
Die Seit' ward ihr geöffnet –
Das Kind, sie sah es nie.

Das Kind, es ward benamset,
Herausgestellt, genährt,
Indeß die junge Jane
Kalt lag im Staub der Erd'...

So schwarz war die Trauer,
Weiß war's an den Wänden.
Gelb schienen die Fackeln,
Die sie hielten in Händen.
Die Glocke ward geläutet,
Sie klang nach Totenklag',
Indeß die junge Jane
Kalt in der Erde lag.

Sechs Ritter, sechs Lords
Reichten ihr noch die Hand,
Sechs Herzöge folgten
Im Trauergewand.
Die Blume Alt-Englands
Ward ins Erdreich versenkt,
Indeß der hohe König –
Er weinte ohn' End.[*]

Heinrich kam in der Tat weinend nach Windsor, bevor man Janes einbalsamierten Leichnam in Hampton Court aufbahrte. Er sagte, er könne den Anblick nicht ertragen, und er könne auch nicht an den Begräbnisfeierlichkeiten teilnehmen. So benannte er Maria zur Hauptleidtragenden und schloß sich in Windsor in seine Gemächer ein. Tagelang bekam ihn kein Mensch zu Gesicht.

LXXX

Zwischen einer Hochzeit und einer Beerdigung gibt es schauerliche Ähnlichkeiten. Beide lassen das Alltagsleben innehalten, bis ein bestimmter Ritus vollzogen ist. Beide erfordern einfarbige Gewandung – weiß die eine, schwarz die andere. Beide müssen in der Öffentlichkeit stattfinden und verlangen, daß die Teilnehmer mit dem Herzen dabei sind. Beide haben Veränderungen im Gefolge, die von Dauer sind. Zu beiden gehören Gegenstände und Aberglauben, die ihnen eigentümlich sind: Sargtücher und Brautschleier, Grabsteine und Trauringe. Beide sind kostspielig und müssen üppig ausgestattet werden, wenn die rechte Achtung erkennbar werden soll.

König Heinrich in seinem Schmerz überließ es seinen vertrauten Ratgebern – Cromwell, Cranmer und Brandon –, das Begräbnis zu planen und durchzuführen. Es war nicht nötig, daß sie sich mit ihm berieten; sie wußten, daß für die Kosten dieser Bestattung keine Grenzen gesetzt waren, und daß sie glitzernd und heilig werden mußte. Das Klostergold, um dessen Rettung Jane sich so sehr bemüht hatte, würde nun ihre Beerdigung finanzieren.

Ich war dabei, denn ich wußte, daß Heinrich irgendwann verlangen würde, daß man es ihm beschreibe, auch wenn er jetzt nicht ertragen konnte, es mitanzusehen.

Janes Sarg wurde inmitten des Audienzsaales der Königin aufgestellt. Der neugestaltete Raum war jetzt schwarz verhangen, und sämtliche Embleme des Todes waren zugegen: Kreuze, Bilder, Weihrauchfässer. Rings um die Bahre waren Fackeln und Kerzen aufgestellt, die beständig brannten, und eine Schar trauernder Damen in schwarzen Gewändern hielt Tag und Nacht die Totenwache.

Maria war die Hauptleidtragende. Dies war für sie keine zeremonielle Verpflichtung, sondern eine, die sie mit ganzem Herzen übernahm. Jane hatte sie an den Hof zurückgeholt und sie wieder in die königliche Familie aufgenommen, nachdem sie fünf Jahre im Exil verbracht hatte. Aber darüber hinaus war es, das sah ich an ihren geröteten Augen und den vom Schmerz verlangsamten Bewegungen, auch ihre Mutter, um die sie trauerte. Maria hatte nicht an Katharinas Begräbnis teilnehmen dürfen.

Eine Woche lang erklangen die Trauergesänge im Saale. Dann besprengte Janes Almosenier, der Bischof von Carlisle, den Sarg mit Weihwasser und ließ ihn in die königliche Kapelle bringen, wo man einen Katafalk errichtet hatte. Eine lange Prozession mit unangezündeten Fackeln gab ihm das Geleit, durch den Ratssaal in das königliche Empfangsgemach, durch die Große Halle und die Treppe hinunter in den Uhrhof und durch die Bogengänge bis zur Pforte der Kapelle.

Dort lag sie zwei Wochen aufgebahrt, bis die Grabstätte in der St.-Georgs-Kapelle zu Windsor bereitet war.

Der Leichenwagen, von schwarzen Pferden gezogen, fuhr langsam von Hampton Court durch die frostige Novemberlandschaft nach Windsor Castle. Der Tod war überall – in den gefallenen Blättern, im trockenen Gras, in der stillen Luft. Die schwarze Prozession schlängelte sich durch eine braune Landschaft.

Auf dem Dach der großen, geschlossenen Sargkutsche ruhte, wie der Brauch es befahl, ein wächsernes Bildnis der Königin Jane, gekrönt und in Staatsgewändern; ihr Haar floß über das Kissen, und Juwelen schmückten ihren Hals. Die Ähnlichkeit mit der gesunden Königin war so groß, daß es denen, die es sahen, die Sprache verschlug. Ich für meinen Teil habe diese Bildnisse immer als Spott und Hohn empfunden; sie verschärften nur die Trauer, aber vielleicht war gerade dies ihr Zweck. Nach einer Beerdigung pflegte man sie aufzubewahren. Die Wachsbilder von Heinrichs Mutter und seinem Vater wurden erhalten, und man kann sie noch heute sehen; auch das Bildnis Edward III. gibt es noch. Heinrich aber befahl, Janes Wachsbild zu vernichten, bevor er es zu sehen bekäme. Vielleicht wußte er, daß es ihm sonst womöglich eines Tages als Götzenbild dienen würde.

Jane sollte in der Nähe des Altars der Kapelle beerdigt werden. Die melancholischen Rituale des Stabbrechens und des Requiems, der Elegien und des Weihrauchs wurden vollzogen, und schließlich wurde Janes Sarg in die Gruft hinabgelassen, die dafür bereitgemacht worden war.

Niemand war, der diesen Tod nicht beweinte.

Das an sich hätte ihr Epitaph sein sollen, nicht der banale Vers, den man auf ihre Grabplatte schrieb:

Phoenix Jana jacet nato Phoenice: dolendum,
Saecula Phoenices nulla tulisse duos.
(Hier ruhet Jane, der Phoenix,
der einen Phoenix geboren:
Niemals noch sah man
zwei Phoenixe gleichzeitig hier.)

Jane hätte jedenfalls einen besseren Gedenkvers verdient.

HEINRICH VIII.:

Ich war bei ihr, als sie starb, und so war es nicht notwendig, daß jemand zu mir kam und es mir sagte; es gab keine gesegnete Frist zwischen der Kunde und dem eigenen Augenschein, in der ich hätte denken können: »Es kann nicht sein.« Nein, ich saß an ihrem Bett, denn die Ärzte hatten gesagt, wenn ihr Zustand sich in der Nacht bessern sollte, wäre die Schlacht gewonnen. Natürlich würde sie gewinnen; daran zweifelte ich in meinem Herzen keinen Augenblick lang. Mein Wille, meine Gebete, meine Liebe – das alles würde ihr Leiden überwinden. Und mit ihrem geröteten Gesicht und ihrem unsteten Blick sah sie nicht anders aus als ein Kind mit einem ganz gewöhnlichen Fieber. Schlaf war hier die beste Arznei, und so dachte ich, alles stehe zum besten, als sie die Augen schloß und entschlummerte.

Ich hielt ihre Hand – schweißnaß und glitschig war sie. Ich wollte sie festhalten, bis ich sicher sein konnte, daß sie tief schlief, und dann erst wollte ich sie loslassen. (Dies ist das erstemal, daß ich mir erlaube, mich an diese Dinge zu erinnern und sie zu berichten.)

Eine jähe Bewegung, und sie würde womöglich wieder aufwachen. Und so wartete ich. Und dann spürte ich, auf eine unmerkliche, zarte Weise, daß in der Hand eine Veränderung vor sich ging. Sie war nicht mehr so heiß.

Ich ließ sie los und nahm sie in die andere Hand. Nein, es war Einbildung gewesen. Die Hand war die gleiche; ich hatte sie nur zu lange gehalten. Aber was immer der Grund für die subtile Änderung der Temperatur war, sie ging weiter. Mit jedem Atemzug wurde sie kühler.

Mit jedem Atemzug... ich sah Jane an und entdeckte keine Bewegung. Aber ihr Atem war immer sehr leicht gewesen.

Die Stille des Todes. Es ist eine eigentümliche Stille, die noch der leichteste Atem, der tiefste Schlummer, nicht nachahmen kann.

Ich schüttelte sie, suchte sie aufzuschrecken, damit sie weiteratmete. Aber selbst ihre Schulter war so schwer, so dicht, daß die unabänderliche Wandlung offenkundig wurde. Ihr Kopf sank kraftlos nach vorn, leicht wie ein seidenes Tuch.

Ich habe keine Erinnerung an das, was ich danach tat. Nur an meine Gedanken, die explodierten und auseinanderstoben, als habe man unversehens einen Käfig voller Ratten geöffnet.

Ich erwachte im königlichen Gemach in Windsor Castle. Die Sonne schien auf die Wand. Es war Vormittag oder Nachmittag; ich wußte es nicht zu sagen. Es war kalt im Zimmer. Also war es nicht Sommer.

Und dann überfiel es mich wie ein tollwütiger Hund, der seine Zähne in mein Fleisch schlug: Jane war tot. Es ließ mir nicht einmal Zeit, vollends wach zu werden, ehe es mich attackierte. Es zerriß mich mit seinen Fängen; ich war blutig und besiegt.

Drei Tage lang, so hat man mir gesagt, blieb ich so: außerstande, auch nur mein Bett zu verlassen, derweil der Höllenhund mich zwischen seinen Zähnen hatte. Dann begann ein gespenstisches kaltes Licht mich zu bescheinen, und ich stand auf, zog mich an und gab Anweisung, mit der Bestattung zu beginnen. Ich verfaßte einen Brief an Franz. (An Franz! Gibt es einen klareren Beweis dafür, daß ich nicht bei Sinnen war, als den Umstand, daß ich auf ihn verfiel?) Ich tat ihm Edwards Geburt kund und fügte hinzu: »Dessen ungeachtet hat die göttliche Vorsehung meine Freude mit Bitterkeit gemischt, indem die, welche mir mein Glück brachte, von mir geschieden.«

Ich verfaßte eine Grabschrift für Jane. Ich entwarf eine Grabplatte und ernannte Maria zur Hauptleidtragenden. Ich ließ meinen Schneider kommen und mir Trauerkleider anmessen; ich bestellte Mäntel und Wämse und Hosen und Schuhe, alles in Schwarz. Als er andeutete, daß die Menge vielleicht übertrieben groß sei, blieb ich beharrlich dabei, daß er sich irre. Ich befahl Cromwell, alles, was sich im Schatzhause an schwarzem Onyx finden ließe, zusammenzutragen und zu mir zu bringen. Ich schritt auf und ab, stolzierte hin und her, befragte Bücher, las in der Schrift.

Dann brach ich zusammen, und wieder lag ich im Bett.

An all dies erinnere ich mich wie an einen Wachtraum. Wann immer ich aufhörte, mich zu bewegen, überfiel mich lähmende Trauer.

Langsam klärte sich mein Kopf. Dann marterten mich immer wiederkehrende Gedanken und Obsessionen, die schließlich in sich dämonisch wurden. Sie drehten sich um sich selbst und kamen zurück, wieder und wieder, als wollten sie sich wie Nägel in meinen Kopf bohren. Um mich ihrer zu erwehren, begann ich sie niederzuschreiben, in der Hoffnung, daß sie dann zurückweichen würden. Vielleicht würde der Akt des Aufzeichnens sie versöhnen, so daß sie mich in Frieden ließen.

Ich habe diese Papiere all die Jahre aufbewahrt. Ich weiß nicht, was darin steht, und mir liegt nichts daran, sie noch einmal zu lesen. Die Niederschrift diente mir als Exorzismus. Ich füge sie hier an, weil ich keinen anderen geeigneten Ort für sie weiß.

Wenn der Schmerz nur in meinem Kopf ist, woher kommt dann die körperliche Pein? In meiner Brust ist es eng, als preßten mich mehrere Männer mit starken Armen zusammen und drückten mir den Atem ab. Mir ist, als könnte ich nicht atmen, könnte mei-

ne Brust nicht dehnen. Meine Muskeln gehorchen mir nicht. Oder sie versuchen es und sind zu schwach. Ich ersticke. Da ist ein Würgen in meiner Kehle, etwas, das sich aus eigenem Antrieb zusammenzieht, von allein schmerzt. Wenn ich weine, verschwindet es. Aber nach wenigen Augenblicken ist es wieder da. Wie ein Bärenführer hält es mich an kurzer Kette.

Ich habe Angst, bestimmte Räume zu betreten, an bestimmten Dingen vorüberzugehen, die wir gemeinsam betrachtet haben, als könnte der Schmerz zu groß sein. Aber wenn es doch vorkommt – durch Zufall oder Notwendigkeit –, dann stelle ich überrascht fest, daß es nicht schmerzt, nicht mehr, als ihre Abwesenheit eben überall schmerzt. Ich fühle ihre Abwesenheit nicht stechender, wenn ich einen Bienenkorb sehe, als wenn ich ein Buch betrachte, das sie nie geschaut. Warum ist das so?

Ich will Jane wiederhaben. Ich würde mich mit einer einzigen Minute in ihrer Gesellschaft begnügen. Ich würde mich zufriedengeben, könnte ich nur noch einen Satz zu ihr sagen. Nur einen einzigen!

Ich sehe sie überall. Ich sehe Kleinigkeiten, Einzelheiten von ihr: Wo eine Frau ihre Halskette zurechtrückt, eine andere in einem bestimmten Tonfall spricht, wieder eine andere mir ihr Profil zuwendet. Als wäre sie ein Spiegel, der zerbrochen ist und dessen Scherben nun überall liegen, wo man sie am wenigsten vermutet.

Ich habe Gott die Schuld gegeben. Aber wieviel habe ich selbst zu verantworten? Die Gerüchte, sie sei krank geworden, weil man sie falsch behandelt habe... ich fange an, selbst daran zu glauben. Hätte ich sie doch nicht gezwungen, nach der Taufe beim abendlichen Fest dabeizusein. Hätte ich sie nur ruhen lassen... Die Wachteln. Warum habe ich ihren Gelüsten nachgegeben und ihr erlaubt, so viele zu essen? Das hat ihrer Gesundheit geschadet... Und dann die endlose Zahl von Kleinigkeiten, mit denen ich vielleicht unwissentlich zu ihrem Tode beigetragen habe. Jeden Tag finde ich neue...

Ich erinnere mich, daß einer mir vom Tode seiner Frau erzählte und dabei sagte: »Zuerst denkt man jeden Augenblick eines jeden Tages daran, selbst wenn man schläft; dann jede Minute, dann jede Stunde; dann nur ein paarmal am Tag. Dann kommt ein Tag, da denkt man überhaupt nicht daran. Den ganzen Tag nicht.« Das ist unmöglich. Der Mann war ein Lügner. Oder es hat ihm nie etwas an seinem Weibe gelegen.

Die Jahreszeit wechselt, und das ist mir zuwider. Irgendwie hatte ich mich daran »gewöhnt«, daß Jane im Herbst nicht da ist. Das alles jetzt noch einmal zu lernen... ein ganz neues Gebinde von Erinnerungen zu finden, und auch Dinge, die wir nicht mehr teilen können, die ich sehen kann und sie nicht. Gibt es deshalb das traditionelle »Trauerjahr«? Weil der Gram an jeder Ecke neue Überraschungen zutage fördert, solange man nicht jede Jahreszeit mit ihm durchlebt hat?

Während es Winter wird, begreife ich etwas, gegen das ich mich angestrengt gewehrt habe: Jane ist jetzt Vergangenheit. Solange es noch derselbe Monat war, dieselbe Jahreszeit, war es, als wären sie und die Gegenwart eins. Aber jetzt beginnen sie, sich voneinander zu trennen. Es geschehen nun Dinge, die sie nicht sehen und von denen sie nicht wissen kann. Wenn nur genug solcher Tage vergehen, wird Jane vollends ein Wesen der Vergangenheit sein. Aber das will ich nicht! Ich will sie hier behalten, in der Gegenwart, bei mir – und wenn ich dazu jede Uhr im Königreich anhalten muß.

Es heißt, »man muß sich in Gottes Willen fügen«. Wenn ich mich darein füge, ist sie wahrhaft fort.

Gestern stand ich in ihrem Zimmer; es ist unverändert (ich habe niemanden auch nur ein Stück anrühren lassen; nur den Staub durften sie entfernen, der seit ihrem Tode auf alles gefallen war, denn er war ein Eindringling), und plötzlich wußte ich um die Trauer, die Sehnsucht, die sie verspürte, weil sie nicht würde zurückkommen können. Ist es das, was den Tod eigentlich aus-

macht? Ein Zimmer zu verlassen und niemals zurückkommen zu dürfen? (Und es nicht zu wissen, wenn man geht?) Ist es wirklich nur etwas so Einfaches?

Gestern habe ich sie gesehen. Nein, es war kein Traum, dessen bin ich sicher. Ich habe ja nicht einmal nach ihr ausgeschaut (wie ich es früher immer tat), und als ich sie dann sah, wie sie auf der London Bridge von einer Tür zu einer anderen ging, da war es wie... ich kann es gar nicht sagen. Wie ein Geschenk? Wie jener eine zusätzliche Augenblick, von dem ich sprach und der mir nun gewährt wurde? Ich konnte nicht mit ihr sprechen, ihr diese Fragen nicht stellen. Ich konnte ihr nicht einmal folgen. Aber sie war da gewesen. Sie sah... glücklich aus. Wie konnte das sein? Es erschien mir wie ein Verrat, daß sie glücklich sein konnte.

Meine Treue war wie eine Topfpflanze, die im Hause steht. Einen Winter konnte sie nicht überstehen. Von Gottes wahrer Natur hatte ich bis jetzt nichts gewußt. Gott ist nicht »gut«. Er ist grausam. Und man kann nicht vorhersagen, was Er tun wird. Nicht im Gebet, nicht durch Wissen, nicht durch Einsicht.

Diese Gedanken hielten mich gefangen, sie folterten mich so gut, wie wenn ich in einem Kerker an einen Pfeiler gekettet gewesen wäre. Ja, genauso fühlte ich mich – angekettet, gelähmt, gefangen, während die Ratten der Erinnerung, der Sehnsucht und des Verlustes in Schwärmen über mich herfielen, nach Belieben an mir nagten, mich verzehrten.

Und dann fand eines Nachts, während ich schlief, eine merkwürdige Veränderung statt. Ich erwachte an jenem Morgen im Februar – fast drei Monate nach Janes Tod – voller Kraft und erbittertem Zorn. Ich schaute auf das Kruzifix an der Wand gegenüber, und ich verachtete Christus, der dort hing. Ich wollte Ihn töten, wäre Er nicht schon tot gewesen.

Ich sah die schwarzverhangenen Wände, und ich verachtete auch sie.

Glaubst du, ich werde weinen? Nein, das werde ich nicht tun! Nie wieder will ich dir dieses Vergnügen schenken!

Es war Gott, den ich so anredete. Ich verachtete Ihn, und ich verachtete mich selbst für mein schwächliches Gewinsel und Gebettel, mit dem ich mich an ihn gewendet hatte. Wie mußte es ihm gefallen haben! Wie mußte er gelacht haben über meine Gebete, in denen ich ihn angefleht hatte, Jane zu verschonen; mit welcher Genugtuung mußte er mein Elend gesehen haben, das durch diese widerwärtigen schwarzen Behänge noch augenfällig gemacht wurde. Gott hatte mir Jane geraubt; jetzt würde ich ihn meiner berauben.

Ich werde einem anderen Herrn dienen, drohte ich Ihm. In allen Legenden hatte dies genügt, das Dunkle Wesen heraufzubeschwören. Unverzüglich hätte der Fürst der Finsternis (oder einer seiner niederen Dämonen) in meinem Gemach erscheinen müssen, einen Vertrag in der Hand. Darin hätten die Bedingungen gestanden: Soundso viele Tage, soundso viele Jahre für die eine (1) unsterbliche Seele des hohen und mächtigen Fürsten Heinrich VIII. von England, Wales und Frankreich, wie unterfertigt...

Aber es kam niemand. Keine Rauchwolke, keine Schwefeldünste. Auch das erboste mich.

Du bist also genauso unzuverlässig wie der andere, höhnte ich bei mir. *Zumindest könntest du doch einen Empfang für mich veranstalten. Ich habe immer großartige Empfänge gegeben, wenn ich Verträge mit fremden Mächten unterzeichnete. Du bist ebenso billig wie böse.*

Dann würde ich eben keinem Herrn außer mir selbst dienen. Ich würde zuschlagen und vernichten; ich würde jede Laune befriedigen, jeden Appetit stillen, der sich erheben wollte. Ich wollte zerstören, wollte all die häßliche Verkommenheit rings um mich her niederreißen. Wenn nichts Gutes mehr in der Welt war, gab es Böses im Überfluß, und dem würde ich mich widmen. Nicht im Namen Gottes – dieses Verräters, dieses Meuchelmörders –, sondern in meinem eigenen: Im Namen König Heinrich VIII.

LXXXI

Ich befahl, die Trauer, die ich dem Hofe auch über die Weihnachtstage auferlegt hatte, nun zu beenden. (Würde dies Gott schmerzen? Gut!)

Ich fing an, mich wieder mit Cromwell zu beraten. Vieles stand an: Die Bischöfe hatten ihre »Auslegung« der »Zehn Artikel des Glaubens zur Wiederherstellung der Ruhe im Christentum« vollendet und in einem Band mit dem Titel *Buch der Bischöfe* niedergelegt; das Buch sollte Antwort auf die Fragen der Laienschaft geben und harrte nun meiner Bewilligung. Mehrere größere Klöster hatten ihre Unterwerfung angeboten: Whalley, Jervaulx, Kirkstead und Lewes. Fette Prisen. Mit Freuden würde ich sehen, wie man sie abreißen würde. Ich wollte das Ächzen der Steine hören, wenn man sie aus ihren Lagern brach, das Krachen der bunten Glasfenster, wenn sie am Boden zu vielfarbigen Scherben zerbarsten. Ich wollte sehen, wie die »Wunder«statuen mit ihren verborgenen Drähten und Wasserbehältern in die tosenden Flammen flogen, die aus mönchischem Chorgestühl und bestickten Gewändern schlugen.

Überdies hofierten mich die Mächte des Kontinents. Wie es schien, war ich wieder ein begehrter Junggeselle, und ein reicher außerdem. Cromwell flehte mich an, »die Angelegenheit zu erwägen« und in mein »höchst edles Herz zu fassen«.

Ich wollte nie wieder heiraten. Aber zu meiner Unterhaltung fand ich mich bereit, die Porträts anzuschauen. Es war mir ein Vergnügen, andere zum Arbeiten zu bringen. »Ich kann nicht heiraten, ohne zu wissen, wie sie aussehen. Die Sache berührt mich allzu persönlich«, erklärte ich.

Ich sandte Hans Holbein, Mores ehemaligen Maler, der bei Annes Porträt recht passabel gearbeitet hatte, auf den Kontinent, damit er Christina von Dänemark und Anna von Lothringen malte. Das würde Monate dauern.

Ich fing an, Bankette und Feste in Auftrag zu geben. Mein Appetit war zurückgekehrt, und zwar in furchterregendem Ausmaß. Früher hatte mir mein Aussehen am Herzen gelegen. In meiner Jugend war es mir wichtig gewesen, daß der englische König ehrfurchtgebietender aussehe als der französische Monarch. Dann hatte ich in den Augen Katharinas, Annes und Janes begehrenswert und schön sein wollen. Jetzt aber gab es keinen Grund mehr, nicht zu essen, mich nicht den Freuden des Gaumens zu widmen. Was war mir sonst geblieben?

Wenn der Fischgang auf den Tisch kam, enthielt ich mich nicht länger des Aals (eines besonders fetten Fisches). Wenn Fleisch serviert wurde, aß ich Rindfleisch und Lamm. Bei jeder Mahlzeit trank ich flaschenweise Wein, so daß sie in einem Dunst des Behagens verstrich. Ich verspeiste sämtliche Desserts und ließ mir am Nachmittag noch Süßigkeiten in mein Gemach bringen. Ich hatte kein Vergnügen mehr außer dem Essen. Reiten und Jagen waren mir verwehrt. Es gab weder Weiber noch all das, was zu ihnen gehört: Bälle, Feste, abendliche Musikkonzerte. Aber es gab Essen – wundervolles, zügelloses Essen.

WILL:

Jetzt verstehe ich. Dies war Heinrichs »Nero«-Periode, in der er sich grausam und unberechenbar benahm und in der (leider) sein Ruf großenteils begründet ist. (Wie ungerecht, daß ganze achtzehn Monate fast vierzig Jahre in den Schatten stellen sollen!) Er wurde fett. Ein Augenzeuge beschrieb ihn so: »Der König ist im Essen und im Trinken so erstaunlich maßlos geworden, daß wohl drei der stattlichsten Männer im Reich in sein Wams passen möchten.«

Seine schönen Gesichtszüge weiteten sich und schwollen an, bis seine Augen aussahen wie zwei kleine Rosinen in einem roten Klumpen Teig, und Speckringe umgaben seinen kräftigen Hals wie eine Krause.

Sein Benehmen war rüde und entsprach nicht seiner Art: Er rülpste bei Banketten, aß mit den Fingern und warf die Knochen hinter sich; er gähnte, wenn er sich langweilte, und es kam vor, daß er ein Gastmahl oder eine Audienz einfach verließ und damit Gesandte und Ratsherren beleidigte; er machte obszöne, skatologische Witze, und – was nun vollends nicht zu ihm paßte – er beging Sakrilegien: Er warf sein Kruzifix in den Kamin, und er hob die Röcke der Jungfrau hoch und spie sie an, ehe er sie gleichfalls den Flammen übergab.

Er schrieb einen höhnischen Drohbrief an Karl und an Franz, als sie einen zehnjährigen Waffenstillstands- und Friedensvertrag unterzeichneten. Er nannte Franz eine »zitternde Hülse an einem von Krankheit zerfressenen Obstbaum« und Karl den »degenerierten, blähmäuligen Abkömmling eines Pavians«. Aus ihrer »kläglichen Union«, erklärte er, »unter falschen Vorspiegelungen und zu lächerlichen Zielen geschlossen«, werde »eine wunderliche Frucht von abscheulichem Aussehen« hervorgehen, »von Pusteln bedeckt und mit Exkrementen beschmiert, und innerwärts hohl und verfault«.

Als Papst Paul III. öffentlich verkündete, daß Heinrich VIII. exkommuniziert sei, und zum Heiligen Krieg gegen ihn aufrief (wie frühere Päpste zum Kreuzzug gegen die Türken gerufen hatten), da lachte Heinrich schallend (während er Moorhühner und Schnepfen verschlang) und brummte: »Wenn sich diese Judasschlange aus ihrem sodomitischen Wonnenpfuhl windet« – und er wischte sich ausladend über den Mund –, »so wird sie einen mächtigen Stiefel erblicken, bereit, sie zu zertreten, daß das Gedärm aus dem doppelzüngigen Lügenmaul hervorquillt.« Und er rülpste mit großem Nachdruck.

Alles war ihm gleichgültig. Er gab die Musik auf (im Gegensatz zu Nero strich er nicht die Fiedel, als die Klöster brannten); aller Sport wurde vernachlässigt; er ging nicht mehr zur Messe, außer wenn er mußte. Er war ein großer, sabbernder, bösartiger Kloß geworden.

Ich ging ihm nach Möglichkeit aus dem Weg, und er rief selten nach mir. Ich war eine der Freuden, an denen er den Gefallen verloren hatte.

Das *Buch der Bischöfe* wurde veröffentlicht, und statt der Auseinandersetzung ein Ende zu machen, entfachte es sie erst richtig. Weil ich nicht selbst der Urheber war, meinten die Leute, es sei nicht verbindlich, und weitere Änderungen der Doktrin seien nicht ausgeschlossen. Die Reformer wußten genau, wo sie die Arche der Kirche von England zur Ruhe kommen sehen wollten: auf dem lutherischen »Berge zu Wittenberg«. Die Traditionalisten hingegen klammerten sich fest und fühlten sich bedroht.

Allen Vorsichtsmaßnahmen zum Trotz faßten die Häretiker Fuß in England. Reformer betrachteten die Kirche von England nicht als eine innere Angelegenheit (*meine* Angelegenheit!). Sie sickerten ein und suchten Einfluß zu gewinnen. Sogar den schmutzigen Wiedertäufern gelang es, sich einzunisten. Ich befahl ihnen allen, England zu verlassen. Aber sie ließen ihre Bibeln, Traktate und Ideen zurück und vergifteten so die Herzen der Menschen.

Gleichzeitig mußten die papistischen Parteigänger vernichtet werden. Ich gab bekannt, daß das Pilgern zu den Wallfahrtsorten bei Todestrafe verboten sei. Alle »Wunderstatuen« waren aus ihren Schreinen zu entfernen, nach London zu senden und dort zu untersuchen. Wären sie wirklich wundertätig, würden sie auch unter widrigen Umständen ihren Dienst tun.

Sie bestanden die Prüfung nicht. Das »Heilige Blut von Hailes« blieb klumpig (wie trockener, mit Safran gefärbter Honig, was es ja auch war) und verflüssigte sich nicht wunderbarerweise vor den Augen meiner Kommissare. Das »wandelnde« Kreuz von Halles wurde als eine von Drähten gezogene Vorrichtung entlarvt und verbrannt. Bischof Hugh Latimer von Worchester, ein glühender Reformist, riß – nur mit der Linken – ein Bildnis des hl. Hieronymus herunter, von dem die Legende behauptet hatte, »acht Ochsen« könnten es nicht von der Stelle bringen.

Falsch, falsch. Alles ebenso falsch wie Gott – der große Scharlatan, der himmlische Betrüger.

Es fanden Ketzerprozesse statt, um die Anabaptistenseuche zu ersticken. John Lambert wurde der dreisten Ketzerei als Sakramentarier für schuldig befunden und verbrannt.

Zur gleichen Zeit boten mir widerspenstige, böse Äbte die Stirn und klammerten sich an das Papsttum. Die Äbte von Reading, Colchester und – vor allem – Glastonbury wurden hingerichtet. Glastonbury behauptete lügnerisch, König Arthurs Avalon zu sein, und rühmte sich eines »Heiligen Dornbusches«, der vorgeblich aus dem Stab des hl. Joseph von Arimathäa gesprossen sei, welcher wiederum mit dem Heiligen Gral nach England gekommen sei – oh, diese Lügen, die falschen Hoffnungen, die sie in uns wecken wollten! Die leichtgläubigen Toren, die am Weihnachtsabend zur Mitternacht vor dem »heiligen Dorn« standen und darauf warteten, daß er aufblühe! Ich haßte sie, wie ich jetzt alles haßte. Die Äbte wurden auf dem Gelände ihrer Klöster gehängt. Meine Soldaten rissen den »heiligen Dornbusch« aus, zerhackten ihn und verbrannten ihn bis auf die Wurzeln.

Ich fand Vergnügen darin, den klösterlichen Besitz zu verteilen. Cromwell bekam das Kloster von St. Osyth, die Abtei Launde und das Minoritenkloster in Great Yarmouth. Sir Anthony Brown schenkte ich die gewaltigen Ländereien der Klöster Chertsey, Merton, St. Mary Overey und Guildford. Das Kloster Evesham erhielt Sir Philip Hoby, der meinem Geheimen Staatsrat angehörte, und sein Kollege Edward Harman die Abtei Tewkesbury.

Aus all diesen Scheußlichkeiten zog ich eine wilde Freude, aber es war noch keine scheußlich genug, keine Beleidigung gegen Gott groß genug. Nichts von dem, was ich zerfleischen konnte, war ja sein lauteres Eigentum.

Holbein kehrte von seiner Mission zurück und brachte ein Bild der Prinzessin Christina von Dänemark mit. Aber bevor ich es betrachten konnte, hatte Will mir schon von ihrer Bemerkung berichtet: »Hätte ich zwei Köpfe, so stände einer davon dem König von England zur Verfügung.«

So wucherte also jene Lüge – ich hätte meine Frauen ermordet? Katharina war nicht von mir ermordet worden, und Jane auch nicht. Am Tode der ersten trug die Hexe die Schuld, am Tod der zweiten Gott – der gute, liebende Gott! Aber das war für den Durchschnittstölpel hinter seiner Schubkarre zu schwer zu verstehen. Da war es leichter, dem blutrünstigen König Heinrich die Schuld zu geben.

Aber Gott ist der blutrünstige.

Lasset Uns den Menschen schaffen nach Unserem Ebenbild.

Ein Mörder, der zum Spaß mordet. Es ist Dir gelungen, Allmächtiger. Du hast sogar Deinen eigenen Sohn getötet. Wie kläglich ahmen wir dich nach – wir töten nur unsere Feinde, oder wir töten durch das Gesetz. Werden wir bald »Fortschritte« machen und nach Deinem Bilde wachsen? Gottähnlicher werden?

Ich bemühe mich, Gott. Ich bemühe mich.

Ich fühlte einen Drang zum Essen – keinen Hunger, sondern Essensdrang; das ist nicht das gleiche. Ich bestellte sechs Törtchen, und als sie gebracht wurden – zwei mit Äpfeln, eine mit Pflaumen, zwei mit Erdbeeren und eine mit Himbeeren –, aß ich sie alle; ich stopfte sie mir nacheinander in den Mund, ohne das erste herunterzuschlucken, und mischte alle Geschmäcker durcheinander. Ich fand keine Freude mehr am Geschmack, sondern im Übermaß... dort fand ich *negative* Freude.

Der Aufstand des Nordens, der in der »Pilgerschaft der Gnade« kurz und sichtbar aufgeflammt war, erstarb jetzt zu einem heimlichen, tödlichen Glühen. Ich rief einen Rat des Nordens ins Leben, geführt von Bischof Tunstall von Durham, der diese Gegend fortan regieren sollte. Nie wieder würde ich die nördlichen Grafschaften sich selbst überlassen. Sie sollten mich sehen, und ich sie.

Aber es gab Leute im Reich, die mit dem Ergebnis nicht zufrieden waren – ganz und gar nicht. Die Familie Pole unter der Führung der alten Margaret Plantagenet (der Tochter des Herzogs von Clarence und somit Ururenkelin König Edward III.) und ihrer Söhne der »Weißen Rose« – Henry Lord Montague, Geoffrey und der unerträgliche Reginald, der verräterische päpstliche Gesandtenhund – hatte darauf gehofft, die fast verwelkte Weiße Rose zu neuer Blüte zu bringen. Der Norden war stets dem Hause York verbunden gewesen, und seine Sympathien hatten Richard III. gehört. Die verschiedenen übriggebliebenen Knospen dieser dynastischen Ranke – die Poles, und Henry Courtenay, der Marquis von Exeter – hatten nicht aufgehört, von einer neuen dynastischen Blüte zu träumen, »sollte dem König etwas zustoßen«... Gott befohlen.

Ich könnte ihren Verrat in allen Einzelheiten darlegen. Aber das ist mühselig. Henry Courtenay und seine Frau Elizabeth hatten sich mit Chapuys und seinem erbärmlichen Plan zur Rettung Katharinas und Marias verschworen. In Cornwall hatte er Anhänger um sich geschart, die sich vorgenommen hatten, ihn zum König auszurufen.

Henry Lord Montague hatte den Tag nicht erwarten können, »da den König sein Bein umbringt; da wird ein munteres Treiben anheben«. (Welcher Spitzel hatte ihm mein Geheimnis zugetragen? Welcher Verräter hatte es entdeckt und offenbart?) Reginald Pole war als Gesandter des Papstes gekommen, um den Pilgern zu helfen, mir meinen Thron zu rauben. Mehr noch – der Papst hatte ihm England »anvertraut«. Diese Verratshandlungen wurden von Sir Geoffrey, ihrem Bruder, gestanden.

Und noch etwas Betrübliches: Nicholas Carew, mein alter Freund, hatte von diesem Verrat gewußt und mir dennoch nichts gesagt, und Edward Neville (mein Gefährte aus Kindertagen – der mit mir am Tage meiner Thronbesteigung zum White Tower geritten war) hatte sich der Verschwörung angeschlossen.

Die Vorhersagen meines Vaters waren eingetroffen.

Am Tag ihrer Hinrichtung begab ich mich zum Grab meines Vaters in der Westminster-Abtei. Noch nie zuvor hatte ich dieses Grab besucht, die bronzene Kuppel unter dem zierlichen Steingeflecht der Kapellendecke, die er in Auftrag gegeben hatte. Die Leute rühmten diese herrliche Kapelle und sprachen von ihrer Schönheit, aber ich hatte nie herkommen wollen, denn irgendwie hätte ich damit anerkannt, daß er etwas vollbracht hatte. Heute aber war ich bereit, diese Anerkennung zu geben, und ich konnte nirgends sonst hingehen.

In der Abteikathedrale war es kälter als draußen. An manchen Stellen waren Dach und Fenster undicht; Eispfützen hatten sich unter ihnen gebildet, durchscheinend und dick. Im ganzen weiten Kirchenschiff schien niemand zugegen zu sein. Die Seelenandachten – in denen gegen Entgelt Gebete für die Verstorbenen gesprochen wurden – hatten mit der Abschaffung des papistischen Mißbrauchs hinsichtlich des Fegefeuers ein Ende gehabt. Die betenden, murmelnden Mönche gab es nicht mehr.

Ich mußte den großen Chor durchqueren und dann an den Gräbern der Könige und Königinnen vorbeigehen: Maud, Edith, Heinrich III., Heinrich V. (der große Soldatenkönig, der vollkommene Christ) und seine Königin Katharina de Valois. Sie war für mich immer nur ein Name gewesen, ein königliches Bindeglied zwischen Heinrich V. und meinem Ahnen Owen Tudor. Als ich jetzt an ihrem Marmorkasten vorüberkam, grüßte ich sie, und ich fragte mich, ob meine wollüstige Neigung zu bürgerlichen Weibern von ihr herrühren mochte. Gewiß hätte sie die Begierden und Vorlieben ihres Urenkels verstanden.

Die Kapelle meines Vaters war durch eine Treppe vom Kirchenschiff getrennt. Man erstieg sie, als erklimme man eine höhere Ebene des Lebens. Vor mir tat sich das große steinerne Kunstwerk auf, welches man als »das schönste im ganzen Christentum« beschrieb. Es glich einem Wald nach einem Eissturm, vor allem heute in seiner kalten Umhüllung: Das zierliche Flechtwerk von Ranken, Zweigen und Blättern war von weißer, schimmernder, spröder Härte ummantelt.

Vater ruhte hinter einem Zaun aus Schmiedeeisen und Bronze, der zu einer Miniaturkathedrale geformt war. Die Pforte war verschlossen, aber ich hatte den Schlüssel; ich öffnete sie und betrat seinen geheimen Garten aus Bronze und Gold. Als ich darin stand, war es, als hätte ich eine andere Welt betreten – süß, geschützt und zeitlos.

Er lag in einem mächtigen Sarkophag aus schwarzem Marmor, an jeder Ecke bewacht von einem goldenen Engel. Ein vergoldetes Bildnis seiner selbst ruhte auf dem Deckel, die Hände fromm gefaltet, die Füße auf einem Löwen. Neben ihm lag meine Mutter als goldenes Bild und betete wie er.

Seine Knochen waren in diesem Behältnis. Das goldene Bild war nicht mein Vater. Aber es fiel schwer, nicht dieses Bild anzureden, sondern den Kasten mit den Gebeinen. Kein Wunder, daß die Verehrung von Götzenbildern so schwer auszumerzen war.

Ich schritt einmal um das Grab herum, und plötzlich war ich mir meiner Körpermassen bewußt. Vater sah sie. Er sah das gewaltige, gebrochene Ding, zu dem sein athletischer, frecher Sohn herangewachsen war.

»Aber ich bin jetzt König, Vater.« Ich sprach meine Gedanken laut aus. »Ich benehme mich, wie es dir gefallen würde.« Ich hatte an seinem Grabe niederknien wollen, aber an dem marmornen Sarkophag gab es keine Kniebank, und der Steinboden war härter und kälter als Eis. Also blieb ich stehen. »Ich vertraue niemandem. Heute sehe ich die letzten meiner Freunde wegen Verrats auf das Schafott steigen. Neville und Carew – die damals auf mich warteten und mit mir spielen wollten, als ich von deinem Krankenbett kam. Die vor meinem geistigen Auge standen, als ich dir widersprach.«

Jedes meiner Worte verließ als kleine Wolke meinen Mund.

»Es ist nicht annähernd so einsam, wie ich gefürchtet hatte«, fuhr ich nach einer Weile fort. »Und die Einsamkeit dient als Vorwand für allerlei Vergnügungen. Das hast du die ganze Zeit gewußt! Warum hast du es mir nicht gesagt? Hätte ich es auch gewußt, ich hätte mich ihr um so eher hingegeben.«

Ich schaute ihm in sein goldenes Gesicht, das solch heitere Gelassenheit zeigte. Er ruhte in künstlerischem Triumph.

»Der letzte deiner Feinde stirbt am heutigen Tag«, versicherte ich ihm. »Die Weiße Rose ist gepflückt.«

Tudor stand an der Spitze. Es würde keine Prätendenten mehr geben. Und ich hatte für den notwendigen Erben gesorgt.

Mein Körper bereitete mir Schmerzen. Ich hatte nie gut stehen können, und meine Beine fingen an, wehzutun. Ich mußte mich setzen. Vater würde das verstehen. Er und ich, wir dachten jetzt gleich

LXXXII

Das Volk peitschte sich zu einer Raserei des Plünderns und Zerstörens auf, und alles unter dem Deckmantel der Religion. Erst hatten die Leute erzitternd mit angesehen, wie ihre Reliquien aus den kleinen lokalen Schreinen gerissen und dem Scheiterhaufen überantwortet wurden. Dann begann das Entzükken über den Scheiterhaufen sie zu verzehren. Es liegt etwas so tief Befriedigendes im Zerstören, Zertrampeln, Töten... Schon bald übertraf das Volk die königlichen Kommissare, wo es darum ging, die Reliquien zu ergreifen und zu schänden.

Die Bürger der Stadt Maidstone nahmen sich das uralte Kreuz von Boxley und schändeten es auf dem Marktplatz; in Kirkstall verbrannten sie den Gürtel des hl. Bernhard, der den Wöchnerinnen helfen sollte, und sie zerrissen den Wimpel von St. Ethelred, der bei Halsbeschwerden Linderung schuf.

Aber das alles waren unbedeutende Reliquien und schmucklose Schreine. Was das gemeine Volk auf seiner Ebene tat, würde ich auf der meinen tun. Ich würde unter großem Gepränge die drei ältesten und heiligsten Schreine und Wallfahrtsziele Englands zerschlagen und restlos vernichten: den des hl. Cuthbert in Durham, den Unserer Lieben Frau von Walsingham sowie den heiligsten (und mit den meisten Juwelen verzierten) von allen, nämlich den des hl. Thomas Becket in Canterbury.

Des Heiligen? Der Mann war so heilig wie Thomas More oder wie Bischof Fisher! Sie alle waren nichts als schmutzige und abscheuliche Verräter und Rebellen gegen ihren König gewesen! Becket hatte damals einfach deshalb den Sieg davongetragen, weil der Papst es vermocht hatte, seinen schwächlichen König einzuschüchtern.

Das war damals gewesen. Aber es gab keinen Grund, weshalb... keinen wie immer gearteten Grund... ein Verbrecher konnte noch lange nach der Tat zur Rechenschaft gezogen werden...

»Zerlegt den Schrein Beckets vollständig«, befahl ich meinen Arbeitern, die sowohl nach ihrer Fertigkeit als auch nach ihrer Ehrlichkeit ausgewählt worden waren. »Das Gold soll in verstärkte Holzkarren gelegt werden. Die Edelsteine sind zu sortieren und zu registrieren und in verschlossenen Koffern zu transportieren. Was den inneren Sarg angeht, so laßt ihn, wie er ist, wenn ihr erst die goldene Umhüllung entfernt habt, die ihn umgibt. Oh, den Deckel löst, aber öffnet ihn nicht.« Mehr erklärte ich nicht.

Als sie nach Canterbury abgereist waren, setzte ich mich hin und verfaßte einen ungewöhnlichen Aufruf an meinen Geheimen Rat und an die hochrangigen Mitglieder der Konvokation.

Wir standen auf dem Opus Alexandrinum, dem römisch inspirierten, mit verschlungenen Einlegearbeiten verzierten bunten Marmorboden, der Beckets Grabstätte hinter dem Hochaltar der Kathedrale von Canterbury umgab. Wir waren an die vierzig, alles in allem – vom Erzbischof von Canterbury, Thomas Cranmer, und seinen niederen Bischöfen bis zu meinem Vizeregenten für Geistliche Angelegenheiten, Cromwell, und seinen Ratsherren.

Sie umstanden den eisernen Kasten auf dem rosafarbenen, mit marmornen Arkaden verzierten Sockel, der die »heiligen« Überreste von Thomas à Becket enthielt. Der bemalte Holzdeckel war gelöst, so daß man ihn aufheben konnte.

Ansonsten war der Schrein kahl. Der Baldachin von goldenen Netzen, der unter der Last der Pilgeropfer – Spangen, Ringe, Juwelen – durchgehangen hatte, war geleert worden. Das alles umhüllende Goldblech war davongeschafft worden; sechsundzwanzig ächzende Karren waren notwendig gewesen. An meinem Finger glühte der »Regale de France«, ein Rubin, den Ludwig VII. von Frankreich gestiftet hatte, als er den Heiligen um Hilfe für ein krankes Kind hatte bitten wollen. Ich hatte ihn in einen prächtigen Ring fassen lassen, umgeben von Saphiren, Diamanten und Smaragden, die aus dem goldenen Baldachin »geborgen« worden waren. Ich nannte ihn meinen »Becket-Ring«.

»Meine lieben Ratsherren und geistlichen Berater«, begann ich mit leiser Stimme; sie war in diesem geringen Umkreis leicht zu verstehen, denn die Akustik war gut. »Wir sind hier, um einem verfluchten Verräter den Prozeß zu machen. Da der Angeklagte nicht gefahrlos nach London reisen konnte, um vor Gericht zu erscheinen, haben wir das Gericht in Anbetracht seiner beschränkten Möglichkeiten hier zusammenkommen lassen.«

Ich schaute in die Runde. Cromwells Gesicht zeigte einen angemessenen Ausdruck von Normalität. Die anderen blickten erschrocken, verblüfft oder unbehaglich drein.

Ich nickte dem Wachtmeister zu. »Ihr mögt den Angeklagten aufrufen.«

»Thomas à Becket, Erzbischof von Canterbury, erscheine vor Gericht.«

Ich gab ein neuerliches Zeichen, und vier königliche Wachen traten an den Sarg und nahmen den hölzernen Deckel ab. Stille legte sich über unsere Schar.

Ich mußte den anderen ein Beispiel geben. Also näherte ich mich der dunklen Höhlung der eisernen Kiste und spähte hinein.

Und während ich es tat, harrte ich gespannt, ja angstvoll dessen, was ich vielleicht sehen, was nun vielleicht geschehen würde...

Nichts geschah. Es war schwierig, in der Dunkelheit etwas zu erkennen. Ich rief nach einem Kienspan und hielt ihn eigenhändig in den Sarg.

Verrottete Priestergewänder umhüllten ein zerbröckelndes Skelett. Die Mitra war heruntergefallen und hatte einen Schädel entblößt, von dessen Wölbung eine dünne Scheibe entfernt war. Schmutz und Staub lagen einen Zoll tief auf dem Boden. Wie kam so etwas in einen verschlossenen Sarg? fragte ich mich unwillkürlich.

»Ihr mögt den Angeklagten in Augenschein nehmen«, forderte ich meine Ratgeber auf. Einer nach dem anderen kam heran und lugte in den Sarkophag, dessen Inneres von der Kienspanflamme erleuchtet wurde. Einer nach dem anderen kehrte an seinen Platz zurück.

Als alle stumm dastanden und warteten, fuhr ich fort. »Dem Angeklagten, Thomas à Becket, wird folgendes zur Last gelegt.« Ich entrollte ein beschriebenes Pergament. »Erstens: Das Verbrechen, seinem König Heinrich II. von England und Angevin getrotzt und ihn gedemütigt zu haben. Zweitens: Das Verbrechen, sich als Heiliger maskiert zu haben.«

Oh, wie mir das gefiel: die Taten dieses undankbaren Verräters genüßlich aufzuzählen und dabei die ganze Zeit schon zu wissen, wie alles enden würde. Einen Feind zu zermalmen... Die Israeliten hatten dieses unübertreffliche Vergnügen gekannt, hatten es sogar in den Psalmen gefeiert. König David hatte anscheinend Feinde in hellen Scharen gehabt, und schamlos hatte er den Herrn gebeten, sie für ihn zu vernichten.

»Ein gemeiner Mann, Becket, der das Vertrauen und die Freundschaft des Königs von England gewonnen hatte und nun als Mittel zur Förderung seiner eigenen Macht benutzte«, las Cromwell. »Nicht zufrieden damit, sich die Gunst des Königs erworben zu haben und einen vertrauten Umgang mit ihm zu genießen, der weit über das hinausging, was einem Mann seines Standes zukam, trachtete er nach dem Kanzleramt und erhielt es; sodann gelüstete es ihn nach der Erzbischofswürde, und er bekam sie. Es gelüstete ihn nach der Macht der Kirche, und als er alles bekommen hatte, was er begehrte, nutzte ihm der König nichts mehr. So stellte er sich gegen ihn, trotzte seinen Gesetzen, behinderte seine Erlasse und trieb Umgang mit seinem eingeschworenen Feinde, dem König von Frankreich.«

Diese Vorwürfe wurden nun erörtert – aus Rücksicht auf juristische Spitzfindigkeiten. Dann aber verlangte ich das Urteil.

»Des böswilligen Mißbrauchs königlicher Zuneigung zum Zwecke seines eigenen Fortkommens in der Welt – schuldig oder nicht?«

Die Antwort war ein Gemurmel. »Schuldig.«

»Der Maskerade als Heiliger – schuldig oder nicht?«

»Schuldig.«

»Der krassen Undankbarkeit gegen seinen Souverän – schuldig oder nicht?«

»Schuldig!« Ihre Begeisterung wuchs.

»So sprechen wir dich, Thomas Becket, schuldig in allen Punkten der Anlage. Schuldig des verwerflichen Verrats gegen deinen von Gott eingesetzten obersten Herrn. Schuldig insofern, als dein Tod wahrheitswidrig als Märtyrertod bezeichnet wurde und der Bischof von Rom dich heiligsprach, denn du warst Verfechter einer angemaßten Macht und die Verkörperung klerikaler Unbilligkeit. Nichts findet sich in deinem Leben und in deinem äußeren Verhalten, was rechtfertigte, dich einen Heiligen zu nennen; wohl aber möchtest du als Rebell und Verräter deines Fürsten gelten.«

Ich atmete tief in der dünnen Luft des geöffneten Schreins, ehe ich fortfuhr.

»Es ergeht somit das folgende Urteil: Fürderhin sollst du nur Bischof Becket heißen, und jegliche Erwähnung deiner Person in allgemeinen Gebetbüchern, Heiligenverzeichnissen und dergleichen mehr ist zu streichen. Und wir verurteilen dich hiermit, als Verräter verbrannt zu werden, und deine Asche soll man in alle Winde verstreuen.«

Ich nickte meiner bedingungslos gehorsamen Garde zu, und die Männer traten vor, beugten sich über den Sarg und machten sich daran, die Gebeine in den Falten ihrer Mäntel zu bergen. Wir schauten zu, wie sie das klobige Bündel – eine Ecke der Mitra schaute daraus hervor – in eine neue Holzkiste legten, die sie dann hinaustrugen.

Ein lastendes Gefühl legte sich auf die Gesellschaft; es lastete schwerer als zuvor, da Beckets Überreste physisch zugegen gewesen waren. Wir alle hörten das saubere Klicken der Absätze meiner Garde, als diese mit der Kiste durch das langgezogene Kirchenschiff davonging.

»Es waren, wie ich schon sagte, sechsundzwanzig Karrenladungen Goldes, welches die frevelhafte Behausung der jämmerlichen Überreste Beckets bedeckte. Ich denke, eine achtel Karrenladung für jeden, der heute mitgeholfen hat, in dieser Sache ein gerechtes Urteil zu finden, wäre ein höchst angemessenes Entgelt«, verkündete ich.

Damit waren sie entlassen. Aber trotz des neugewonnenen Reichtums zeigten sie keinerlei Überschwang, als sie sich nun verabschiedeten und im Halbdunkel der Kathedrale verschwanden.

Nur Cromwell blieb zurück; er stand unmittelbar auf der anderen Seite des leeren Sarkophags.

»Alte Knochen riechen schlecht«, stellte ich schließlich fest. »Daß ein frischer Leichnam stinkt, hätte ich erwartet. Oder einer, der im Wasser gelegen hat. Aber der hier war sauber und trocken.« Verwundert schüttelte ich den Kopf. Der eigentümliche Geruch – von jahrhundertelang eingeschlossenem, brütendem Tod – war stärker denn je.

»Es ist vollbracht«, erklärte ich fröhlich und wedelte mit der Hand – mit der, an welcher der Becket-Ring steckte.

Rede, Crum. Sag etwas, das dieses merkwürdige Gefühl in mir vertreibt... ein Gefühl, das ich nicht mehr hatte, seit... ich weiß nicht, seit wann...

»Euer Gnaden, dies muß aufhören«, sagte Cromwell nüchtern. Der Kienspan beleuchtete sein Gesicht nur halb, aber seine Worte waren klar wie gemeißelt.

Sie sagten, was ich längst wußte.

»Ich verstehe, daß dies eine politische Geste war, die den langweiligen Vorgängen im Zusammenhang mit der Entfernung und Registrierung der vulgären Papistenschreine ein wenig Kurzweil hinzufügen sollte.« Er benutzte die schmeichelhafteste Auslegung, wenn er davon sprach. »Ich verstehe das, aber ich befürchte, das Volk wird es mißverstehen, und Eure Feinde werden es ausnutzen. Es ist Euch bewußt, Euer Gnaden, daß manche bereits Eure geistige Gesundheit in Zweifel ziehen? Euer Verhalten in letzter Zeit spielt Euren eingeschworenen Feinden geradewegs in die Hände. Ihr seid ein Verräter gegen Euch selbst. Denn das Gesetz sagt, Verrat bedeutet, 'dem Feind Hilfe und Trost zu spenden', und eben dies tut Ihr – durch Eure mangelhafte Selbstbeherrschung und durch Euer Handeln, welches unfreundlichen, ja, böswilligen Deutungen offensteht. Verzeiht mir, Euer Gnaden...« Die Kühnheit seiner Worte erfüllte ihn mit jähem Schrecken.

»Keine Angst, Crum«, sagte ich. »Es ist zu Ende. Es ist vorbei.«

Er konnte nicht wissen, daß mir alles schal geworden war, daß ich meiner Rebellion müde geworden war, daß mich mein kindisches Heulen gegen Gott langweilte, der anscheinend – und das war so demütigend wie nichts sonst – überhaupt keine Notiz davon genommen hatte. Jedenfalls hatte er keine erkennbare Antwort gegeben.

LXXXIII

Was hatte das vergangene Jahr mit seiner besinnungslosen, schmerzerfüllten Raserei mir eingebracht? Ich war gezwungen, furchtlos die Augen zu öffnen und mich den Ergebnissen zu stellen.

Ich war jedenfalls reicher nach der Plünderung und Beschlagnahme der klösterlichen und kirchlichen Besitztümer. Klostergeschirr und Juwelen und Manuskripte und Gewänder schmückten jetzt meine Schlösser, und ich erkaufte mir die Loyalität und Unterstützung der Edelleute, denen ich Klosterland verkaufte oder verpachtete, womit ich dafür sorgte, daß sie ein handfestes Interesse daran hatten, nicht unter die Fittiche des Papstes zurückzukehren. Nichts eignete sich so gut wie Grundbesitz und Geld, wenn man die politischen Neigungen eines Menschen verändern wollte.

Draußen in der Welt war ich isoliert. Gemeinsam mit Hiob konnte ich klagen: *Denn was mich mit großer Furcht erfüllte, ist über mich gekommen; wovor mir graute, hat mich ereilt*. Der Papst hatte zum Krieg gegen mich aufgerufen, und siehe! ein Wunder war geschehen. Franz und Karl hatten tatsächlich Frieden miteinander geschlossen, einen Waffenstillstandsvertrag unterzeichnet und drohten mir jetzt als Verbündete.

Meine genüßliche Raserei gegen die Zeichen und Überreste des Papismus und meine Billigung der lässig formulierten (und ausgelegten) »Zehn Artikel zur Wiederherstellung der Ruhe im Christentum« hatten den Protestanten ermöglicht, auf gefährliche Weise in England Fuß zu fassen, und nun versuchten sie, meine Kirche zu unterwandern.

Meine vom Selbstmitleid in Gang gebrachten Orgien des Fressens und des Saufens hatten mich so sehr aufquellen lassen, daß ich nicht wiederzuerkennen war. Ich war fett und widerwärtig anzusehen.

Ich hatte meine Nöte und Probleme vervielfacht. Gelöst hatte ich keines, aber ich hatte neue geschaffen.

Mehrere Monate lang tat ich nichts. Ich zeigte mich selten und dann auch nur mit Zurückhaltung und Umsicht. Ich erließ keine neuen Gesetze, gab keine Proklamationen heraus. Ich kehrte meine Eßgewohnheiten ins Gegenteil und wurde so enthaltsam wie ein Einsiedler in der Wüste; aber zu meinem Entsetzen stellte ich fest, daß das Fett mit meinem Leibe fest verwachsen war und nicht gehorsam dahinschmolz, wie es mir beliebte.

Um die gefährliche außenpolitische Situation, die sich entwikkelt hatte, in Schach zu halten, beschloß ich, mit dem Klosterkapital die Errichtung einer Kette von Festungen und Verteidigungsanlagen entlang der südlichen Küste zu finanzieren, die sich von Sandown im Osten bis Pendennis im Westen erstreken sollte. Ich beauftragte einen böhmischen Ingenieur namens Stephan von Haschenperg mit dem Entwurf dieser Burgen; sie sollten nach neuen Prinzipien und unter Berücksichtigung der jüngsten Entwicklungen des Kanonenkrieges errichtet werden. Wer gehofft hatte, der Reichtum der Mönche werde zur Gründung von Krankenhäusern, Universitäten und Schulen verwendet werden, würde sich enttäuscht sehen. Ich war selbst enttäuscht. Aber es kann keine höhere Gelehrsamkeit, keine Einrichtungen der Barmherzigkeit geben, wenn ein Land nicht im Frieden liegt, sondern von seinen Feinden verwüstet wird.

Dem wachsenden Einfluß des Protestantismus würde ich Einhalt gebieten, indem ich die »Zehn Artikel« für ungültig erklärte. An ihrer Stelle sollte ein konservatives Gesetz erlassen werden, in dem der orthodoxe Glaube verbindlich umrissen sein würde.

Das Parlament erließ pflichtgemäß dieses Gesetz der Sechs Artikel. Es bekräftigte die Doktrin der Transsubstantiation, erklärte es für erforderlich, daß man bei der Kommunion Brot und Wein empfange, stellte fest, daß Priester nicht heiraten durften, daß Keuschheitsgelübde für die Ewigkeit galten, daß private Messen erlaubt seien und die Beichte persönlich und vertraulich abgelegt werden müsse. Der Scheiterhaufen drohte dem, der den ersten dieser Artikel einmal, und wie ein Verbrecher gehenkt werden sollte der, der einen der fünf anderen Artikel zweimal ableugnete. Ich ermächtigte die Behörden, mit strengen Mitteln über die Einhaltung des Gesetzes zu achten, denn anders würde es keinen Erfolg haben. Dies trug dem neuen Gesetz beim Volke den sarkastischen Scherznamen »Die sechsschwänzige Peitsche« ein.

Obgleich ich keinerlei Interesse gezeigt hatte, war Cromwell die ganze Zeit damit beschäftigt gewesen, in Europa nach einer Braut für mich Ausschau zu halten. Ich hatte ihn gewähren lassen, denn es machte ihm Spaß, und ich wollte ihn bei Laune halten. Im vergangenen Jahr waren mehrere zarte Anfragen nach Dänemark ergangen (von der schnippischen Herzogin Christina habe ich bereits berichtet), aber auch nach Frankreich (dort gab es die drei Töchter des Herzogs von Guise, Marie, Louise und Renée, und Franz hatte zwei Cousinen, nämlich Marie de Vendôme und Anne von Lothringen, und eine Schwester) und nach Portugal (an die Infantin).

Diese Anfragen wurden weder mit Ernst vorgebracht – zumindest nicht, was mich anging; was Cromwell betraf, war es sicher anders – noch mit Ernst entgegengenommen. Cromwells Sorgfalt verschaffte Hans Holbein eine feste Anstellung mit ausgedehnten Reisen und Besuchen an den Fürstenhöfen Europas, aber das war alles. Ich hatte kein Verlangen danach, mich wieder zu verheiraten. Im Gegenteil, der Gedanke daran erfüllte mich mit Abscheu. Und im Rahmen meiner persönlichen Bestandsaufnahme sah ich mich nunmehr genötigt, zuzugeben, daß ich nicht länger ein verlockender Gegenstand für die Wünsche einer Frau war.

Aber die bloße Tatsache, daß ich daran dachte, mir deshalb Sorgen machte, war ein Zeichen dafür, daß sich etwas änderte, daß sich etwas regte...

Unterdessen wachte ich wie besessen über die Gesundheit des kleinen Edward. Er sollte nicht bei Hofe leben, damit er sich nirgends anstecken konnte, sondern in Havering, einem sauberen Schloß auf dem Lande. Die Zahl seiner Bediensteten war streng begrenzt, und seine Wäsche, die Wandbehänge, das Spielzeug und sein Eßbesteck waren täglich zu waschen und zu lüften. Infolge dieser Abgeschiedenheit bekam ich ihn selber selten zu Gesicht, aber ich ruhte zuversichtlich in dem Wissen, daß er in Sicherheit war und dort gedieh. Es hieß, er habe Janes sternenfunkelnde Augen geerbt. Ja, die Augen meiner Jane waren wie Saphire aus Indien. Meine Jane...

Die Linie der Burgen mit ihren Granitfassaden wuchs gleichmäßig über der Küste, wie eine Reihe von Pilzen – und gerade noch zur rechten Zeit. Franz und Karl wurden täglich kriegslüsterner gegen mich, und der Papst trieb sie voran wie ein Jäger seine Hunde.

Im Vorfrühling des Jahres 1539 ritt ich nach Sandgate in der Nähe von Dover, um meine Befestigungsanlagen dort zu inspizieren. Die Seeluft war rauh und doch erfrischend, und zum erstenmal seit anderthalb Jahren fühlte ich, wie eine Woge der Erregung mich durchströmte, als ich die halbvollendeten Bastionen aus kentischem Bruchstein sah, wie sie die massige, dreiteilige Festung in ihrer Mitte umgaben. Die Zinnen, welche die halbkreisförmigen Bastionen krönten, ließen sie aussehen wie drei gigantische, ineinander verschränkte Zahnräder. Es gab keine Ecken, weder an der Burg noch an der Mauer ringsum, denn Ecken waren durch Kanonenkugeln verwundbar.

Soviel zu Franz' und Karls anmaßenden Betrebungen. Sie würden niemals etwas gegen mein Königreich ausrichten – nicht, solange ich lebte, um es zu verteidigen. Ich würde Schutzwall um Schutzwall aufwerfen, und wenn ich mich dabei und ganz England zum Bettler machte. Solange noch eine Kupfermünze übrig war, würden wir diese Kupfermünze ausgeben, um uns gegen unsere Feinde zu schützen.

Cromwell wandelte oben hinter der Brustwehr; ich sah seinen wiegenden Bärengang. Er hatte in letzter Zeit immer mehr Ähnlichkeit mit einem Block bekommen (anders als Wolsey, dessen zusätzlicher Umfang ihn zu einer Kugel hatte werden lassen). Vor dem grauen Himmel sah ich Cromwell in kräftigem, dunklerem Grau. Er winkte, als er sah, daß ich zu ihm hinaufschaute.

Aber ich war nicht mit Crum beschäftigt, sondern nur mit den Franzosen. Ich schritt um die am weitesten vorgebaute Festungsmauer herum, auf welcher später die Geschütze aufgestellt werden sollten, und stand am Rande der Uferklippe, wo die kalten Wasser des Kanals in kleinen, zahmen Wellen heranrollten und England die Ehre erwiesen. Jenseits des Wassers lag Frankreich, sichtbar an klaren Tagen, heute jedoch nicht.

Das Wasser machte jene klatschenden und gleitenden Laute, die meine Befürchtungen beschwichtigen sollten. Es war hypnotisch; es schien zu sagen: *Es ist gut, es ist gut, es ist gut...* Falsches Wasser.

Ich drehte mich um und schaute zu den streitbaren Rundungen meiner Festung, so stumm und grau vor dem ebenso stumpf grünlich-grauen Gras auf den Hügeln ringsum. Der Krieg hatte Eigenschaften wie ein Elefant: groß und runzlig und massig. Und kostspielig in Futter und Behausung.

Cromwell war nicht mehr zu sehen. Er hatte seinen luftigen Aufenthalt verlassen und inspizierte zweifellos das Herz der Burg, wo Männer und Munition Quartier finden sollten. Wenn es dort eine schwache Stelle gäbe, würde er sie finden und darauf sehen, daß Abhilfe geschaffen werde.

Ich schaute weiter auf die kalte, graugrüne See hinaus, die sich zu meinen Füßen ausbreitete. Solange ich die See betrachtete, brauchte ich nicht zu denken; und ich war des Denkens müde. All meine Gedanken waren unerfreulich.

»Eure Majestät.«

Cromwell stand neben mir. »Ah, Crum.«

»Die unterirdischen Einrichtungen sind wundervoll!« berichtete er. »Obgleich unter der Erde, wirken sie durch weißgekälkte Wände, einfache Anlage und offene Räume ästhetisch und sogar geruhsam. Und die Entscheidung, ausschließlich große Kammern anzulegen, ist nicht nur praktisch, sondern trägt auch dazu bei, das häßliche, verkrampfte Gefühl des Eingesperrtseins zu vermeiden. Von Haschenperg ist ein Genie!«

Crum war zwar kein Militärtaktiker, aber er verstand sich doch auf die Bedürfnisse gewöhnlicher Soldaten – hatte er nicht selbst als Söldner in Italien gedient? –, und daher waren seine Bemerkungen nicht ohne Wert.

»Es freut mich, daß Ihr es so seht.«

Wir standen Seite an Seite und schauten nach Frankreich hinüber. Ich wußte, unser Gespräch mußte sich mit dieser heiklen Angelegenheit befassen. Aber ich war nicht erpicht darauf.

»Meine Brautverhandlungen mit den Franzosen sind gescheitert«, bekannte er schließlich, die Hände auf dem Rücken verschränkt, den Blick immer noch auf das Meer gerichtet.

»Inwiefern?« fragte ich und starrte gleichfalls fest zum unsichtbaren Frankreich hinüber.

»Die drei Töchter des Duc de Guise haben sich als... schwierig erwiesen«, erklärte er. »Die erste, Marie...«

Die Witwe des Duc de Longueville, entsann ich mich plötzlich. Der alberne alte Herzog, der in englischer Gefangenschaft als Stellvertreter Ludwigs dessen Ehe mit Maria »vollzogen« hatte... seine Witwe lebte noch?

»Sie ist jung und gilt, wenngleich von kräftiger Gestalt, doch allgemein als anziehend », sagte Crum auf meine unausgesprochene Frage.

Kräftig. Ich war selber auch »kräftig«. »Nun, da ich selber kräftig bin...« begann ich.

»Es scheint aber, sie ist schon mit dem König der Schotten verlobt«, sagte Cromwell.

James V., der Sohn meiner Schwester Margaret. Wie alt konnte er sein, wenn James IV. 1513 in der Schlacht von Flodden gefallen war...? Siebenundzwanzig? Zum Teufel mit den Schotten! Seit einer Generation hatte ich nur wenig von ihnen gehört, und ich hatte diese Ruhe für Ergebenheit gehalten.

»Aber ihre Schwestern, Louise und Renée, sollen schön sein. Ich habe Holbein beauftragt, sie zu malen. Leider heißt es, Renée, die schönste der drei, sei fromm und habe den Entschluß gefaßt, in ein Kloster einzutreten.«

Gut. Dann war ich vor den Schwestern de Guise gerettet.

»Franz hat zwei Cousinen, Marie de Vendôme und Anna von Lothringen, die er Eurer Majestät selbst zur gefälligen Erwägung unterbreitet. Holbein hat sich bereit gefunden, auch Anna von Lothringen zu zeichnen, wenn er schon einmal in Frankreich ist, um die Schwestern de Guise zu porträtieren.«

Das war drollig. »Wie sehen sie denn aus, die Valois-Cousinen? Vielleicht könnten wir sie ja alle nach Calais transportieren lassen, damit Lieutenant Lisle das gesamte französische Kontingent begutachtet?«

»Leider gibt es keine zuverlässigen Schilderungen.« Er breitete die Arme aus. »Im Falle der Infantin von Portugal nun würde Karl zwangsläufig einbezogen werden müssen.«

»All dieses Heiratsgefeilsche, und wozu?« Plötzlich war es kein harmloser Zeitvertreib mehr, sondern etwas Bedeutsames und Erniedrigendes. Andere wurden einbezogen.

»Um womöglich noch einen Erben zu bekommen«, antwortete Cromwell. »Gott sei gepriesen für Euren Sohn, einen prächtigen und gesunden Prinzen«, fügte er hastig hinzu. »Aber als weiser und vorausschauender Souverän solltet Ihr noch weitere Söhne für die Thronfolge in die Welt setzen – um Edwards willen wie auch für Euren eigenen Seelenfrieden. Der einzige Sohn zu sein, das ist eine schwere Bürde. Und Gott hat sich als unberechenbar und oft grausam erwiesen.«

Niemand wußte das besser als ich: Nutznießer und Leidtragender ob der Gewalt Seiner »unergründlichen Wege«.

Ich grunzte zur Antwort. Es war schön und gut, sich weitere Prinzen zu wünschen, aber wenn man sie bekommen wollte, brauchte man dazu ein Weib. Da aber lauerte mancherlei Unwägbares und Betrübliches.

»Meine ehrliche Meinung ist es«, sagte Cromwell dicht an meinem Ohr, »daß weder das Kaiserreich noch Frankreich ein besonders gutes Jagdrevier für Euch sind. Karl und Franz sind unsere Feinde, und es liegt in ihrem Interesse, Euch in zölibatärer Ehelosigkeit zu halten, während sie Euch mit unerreichbaren Bräuten zu ködern suchen. Nein, Euer Gnaden – Ihr müßt sie überlisten und bei Euren wahren Verbündeten suchen – just wie Abraham eine Braut für Isaak nicht unter den Kanaanitern suchte.«

Woher hatte er all diese alttestamentarischen Kenntnisse? Die hatten nur Gelehrte – und Häretiker.

»Der Herzog von Kleve, katholisch, aber dem Papst nicht unterworfen – wie Ihr selbst –, hat zwei Töchter. Es heißt, sie seien hübsch. Vielleicht sollten wir uns dort erkundigen.«

»Wo liegt Kleve?« Es mußte ein unbedeutendes kleines Herzogtum sein.

»Es ist klein, Euer Gnaden, aber strategisch gelegen: Am unteren Ende des Rheines, wo der mächtige Strom sich wie eine Hand in die flachen Ebenen verästelt, die an die Niederlande grenzen. Es sitzt wie ein lästiger Dorn in der Flanke des Kaisers«, stellte er genußvoll fest. »Soeben hat der alte Herzog hineingezwickt und Karl das Herzogtum Geldern unter der Nase wegstibitzt. Er ist streitsüchtig und unabhängig. Und es kann sein, daß er schöne Töchter hat.«

Schöne Töchter. Eine Rheinjungfer wie Loreley? Ich bekenne, daß meine Phantasie erwachte. Es wäre einmal etwas ganz anderes, ohne jede Erinnerung an die grausame Vergangenheit. Vielleicht war ich bereit für eine grundlegende Veränderung. Wenn es eine Frau gäbe, die mir helfen könnte, sie alle zu vergessen: die spanische Katharina, die französierte Anne, die rein englische Jane...

»Nun« – ich suchte Zeit zu gewinnen – »dann stellt Erkundigungen an. Und wenn Holbein später Zeit hat, kann er vielleicht auch von ihnen ein Porträt malen.«

Cromwell nickte langsam.

»Und bittet unseren Botschafter in den benachbarten Niederlanden, er möge ihren Hof besuchen«, setzte ich hinzu, »und uns nachher die Töchter von Kleve beschreiben.«

Die Töchter von Kleve... das hatte einen altertümlichen, poetischen Klang.

Die Berichte widersprachen einander.

Christopher Mount, der beauftragt war, über eine mögliche Allianz mit Kleve zu verhandeln, schrieb an Cromwell, und dieser faßte seinen Brief für mich zusammen:

Besagter Christopher mahnt täglich dringend, daß man das Bild möge senden. Worauf der Herzog geantwortet, er werde es bei Gelegenheit senden; es sei aber sein Maler Lucas krank daheimgeblieben. Jedermann preiset die Schönheit besagter Dame, und sowohl von Angesicht als auch in ihrem Wesen übertreffe sie andere Damen. Einer unter mehreren sagte kürzlich, sie übertreffe die Herzogin von Sachsen ebenso, wie die güldene Sonne den silbernen Mond wohl in den Schatten stellt. Jedermann preiset schamrot solche Tugend und Ehrlichkeit, wie sie in ihrer heiteren Haltung offenkundig zu sehen ist.

Ein anderer Abgesandter, Hutton, schrieb: »Der Herzog von Kleve hat eine Tochter, doch hört man kein großes Lob über ihr Wesen oder ihre Schönheit.«

Dann traf Holbeins Skizze ein; sie zeigte eine schöne und bezaubernde Frau, bescheiden wie Jane, aber geschmückt wie eine babylonische Prinzessin.

Mein oberster Verhandlungsbeauftragter in Sachen dieser Heirat, Nicholas Wotton, sandte keinen Bericht vom Hof zu Kleve.

Unterdessen verschlimmerte sich die Situation zwischen England und den katholischen Mächten. Franz und Karl zogen ihre Botschafter von meinem Hofe ab, und es gab Berichte, denen zufolge man in Boulogne dabei war, eine französische Flotte zu bauen; Franz habe sieben neue Kriegsschiffe in Auftrag gegeben, um unsere Küste zu überfallen. Der alte Herzog von Kleve starb; sein Nachfolger war sein Sohn, der zu unserer Erleichterung ebenso wie sein Vater ein Gegner des Kaiserreiches war. Er hatte großes Interesse daran, sich mit England zu verbünden, und er hatte Verbindung zur Schmalkaldischen Liga, einer Union norddeutscher Staaten, die gegen Papst und Kaiser eingestellt war.

Cromwell, der als junger Mann in den Niederlanden gelebt und gearbeitet hatte (er war Schreiber eines englischen Kaufmannes und Abenteurers gewesen), versicherte mir immer wieder, daß Ehre nicht nur in den alten Königreichen von Hispanien und Gallien und beim Papsttum daheim sei, sondern ebenso auch in den nördlichen Herzog- und Fürstentümern.

»Ihr habt nichts zu fürchten«, sagte er. »In Zukunft wird England, so glaube ich, seine Verbündeten unter diesen Nationen finden. Fürwahr, wenn Frankreich und Spanien auf ihrer altmodischen Bündnistreue gegen den Papst beharren, wird aufgeschlossenen Monarchen gar nichts anderes übrigbleiben. Ist es da nicht besser, sich der Zukunft mit ganzem Herzen anzuvertrauen? Statt wie Lots Weib immer wieder zurückzuschauen?«

Schon wieder das Alte Testament. Und so viele biblische Anspielungen von meinem »modernen« Crum...

»Zurückschauen hilft uns nicht weiter«, stimmte ich zu. Wolsey und seine Welt gab es nicht mehr, und mit ihr waren seine Überzeugungen, seine Bündnisse und Loyalitäten untergegangen. »Spornt Wotton nur immer zur Eile an. Ich werde mich erst entscheiden, wenn ich seinen Bericht habe.«

LXXXIV

Im August meldete Cromwell, er habe Nachricht von Nicholas Wotton in Sachen Prinzessin Anna, und sie sei »günstig«.

»Was hat er genau gesagt?« drängte ich.

»Sie sei intelligent und loyal und der Verbindung zugeneigt«, erzählte Cromwell.

»Und schön ist sie ja auch«, fügte ich hinzu. Holbeins Porträt hatte mich dessen versichert. Intelligenz – die brauchte ich. Und Loyalität – nicht minder wichtig.

»Das ist sie in der Tat!«

»Und nicht zu protestantisch? Mit einer Lutheranerin will ich nichts zu tun haben!«

»Nein, ihr Haus denkt wie Ihr. Ein selten Ding in diesen unruhigen Zeiten, daß man die Zwillingsgefahr des Papsttums und der Ketzerei erkennt.«

»Ist ihr Bruder einverstanden, wenn sie vom Kontinent fortheiratet?«

»Er ist einverstanden und bereit, einen Ehevertrag zu unterschreiben.«

Nun war es also soweit. Ich mußte wieder heiraten. All meinen Einschränkungen, politischen wie persönlichen, zum Trotz hatte es den Anschein, daß eine Braut gefunden war, die diesen Einschränkungen entsprach. Und überdies, um der Sache ein wenig Exotik zu verleihen, war es eine Rheinprinzessin, die zwei weiße Schwäne in ihrem Wappen führte, Symbole der Offenheit und Unschuld. Eine Familienlegende im Haus Kleve berichtete von einem verzauberten Schwan, der von zwei weißen Schwänen in einem Nachen den Rhein hinuntergezogen worden sei und vor langer Zeit einer Tochter des Herzogs von Kleve einen »Besuch« abgestattet und mit ihr ein Kind gezeugt habe. Von ihm stammte sie ab, meine Schwanenprinzessin...

»Dann schickt William Petre zu Wotton; gemeinsam sollen sie einen Vertrag aufsetzen, unterzeichnen und bezeugen«, befahl ich schließlich.

Cromwell strahlte.

Drei Wochen später erschien er wieder und bat um Audienz. In seinen Händen hielt er die Depesche vom Herzogtum Kleve. Wortlos überreichte er sie mir, und ich las den Inhalt.

Dann gab ich sie Cromwell zurück, auf daß er sie mit seinen Anwaltsaugen sorgfältig lese; ich stand derweil am anderen Ende des Gemaches und schaute hinaus in den jämmerlichen kleinen Garten, der dort unten dunstig und sterbend im Herbstregen lag. Meine Gedanken streiften umher, suchten sich zwischen welken Stielen und totem Laub zu verstecken.

»So soll es geschehen?«

»Hm?«

»Ich sagte« – Crum glaubte den Unterton von leichter Gereiztheit, der seine Stimme hob, zu verbergen – »so soll es geschehen? Hier scheint mir alles in Ordnung zu sein. Soll ich den Herzog von Eurer Entscheidung in Kenntnis setzen?«

»Aye. Der Herzog von Kleve wird mein Bruder.« Ein deutscher Bruder? Die Deutschen... ihre Natur war mir so fremd. Ihre Speisen... ihre mächtigen, schweren Beine und Hinterbacken... selbst ihre Namen: Wolf, Gisella, Ursula. Und ihre bleierne Art, so entgegengesetzt der englischen Heiterkeit. (Aber meine Anna würde so nicht sein; sie war anders.)

Ja, Anna war wie Jane. Beifällig sah ich ihr goldenes Gewand, übersät von Edelsteinen und zierlich bestickt. Sie hatte den gleichen Geschmack wie ich. Wie gut würden wir in der Öffentlichkeit zusammen aussehen! Zierlich erschien sie mir; weder die alles beherrschende Klobigkeit Katharinas noch die freche Wildheit Annes würden ihr eignen. So süß, wie meine Jane, mit ihrem gesenkten Blick...

Bei dem Gedanken an Jane erwachte wieder der vertraute Schmerz, der nie ganz von mir wich. Diese Trauer schien ihr eigenes Leben zu haben; sie lebte jetzt schon länger mit mir als Jane selbst. Ich wußte, ich mußte ihr ein Ende machen; es war an der Zeit. Aber...

Der Hof vernahm mit Entzücken, daß er wieder eine Königin bekommen sollte. Ein Hof ohne weibliche Hand wird entweder langweilig und ganz und gar geschäftsmäßig oder aber wild und unmoralisch – je nachdem, wie alt der königliche Junggeselle ist. In welchem Stadium ich mich befand, erkannte man daran, daß der Hof in den vergangenen zwei Jahren farblos und öde geworden war. Das Interesse der Menschen galt ihrem Besitz, der religiösen Politik und dem Außenhandel: Passionen von Männern in mittleren Jahren.

Auch das Reich frohlockte, weil es nach so vielen Jahren wieder eine Königin haben würde. Anne hatten die Leute nie akzeptiert, und sie hatten zuwenig Zeit gehabt, sich an meine geliebte Jane zu gewöhnen; so hatte es im Herzen des Volkes keine wahre Königin mehr gegeben, seit meine »Große Sache« damals, 1527, zu rumoren begonnen hatte. Zwölf Jahre hatte es geduldig gewartet. Jetzt brachte ich ihm über das Meer eine Prinzessin herbei, ein zierliches, wohlbehütetes Mädchen. Anne würde als der »Silberne Schwan von Kleve« bekannt werden. Schon diese Worte hatten einen seidigen, gleitenden Klang.

Und als im November zu Kleve der Heiratsvertrag unterzeichnet und beglaubigt worden war und Lady Anna versprach, unverzüglich nach England aufzubrechen, da gab ich die frohe Kunde mit einer Proklamation in ganz England bekannt: Ihr werdet eine Königin bekommen! Und das Volk jubelte hallend zurück: Hurra!

Wegen der späten Jahreszeit und Annas zarter Beschaffenheit hatte man entschieden, daß sie einen großen Teil des Weges über Land zurücklegen solle, statt eine unangenehme Seereise zu riskieren. Und so bewegte sie sich mit dem Gefolge ihrer Damen langsam durch das nördliche Deutschland und weiter nach Calais, wo sie den Kanal überqueren würden, um rechtzeitig zu Weihnachten in England zu sein.

Nun, da die Würfel gefallen waren, brannte ich darauf, daß das Abenteuer beginne. Ich hungerte plötzlich danach, jede Einzelheit über ihre Person zu erfahren, auf daß ich mir ein Bild von ihr machen und im Geiste meine Zeit mit ihr verbringen könnte, noch ehe ich sie gewahrte.

Kaum war Nicholas Wotton wieder bei Hofe, befahl ich ihn zu mir und fing an, ihn mit Fragen zu überschütten. Ich begann mit der Politik und erkundigte mich nach dem Verhältnis des neuen Herzogs zum Vatikan.

»Denn es hat sich ja auf die Vermählung seiner anderen Schwester mit dem Herzog von Sachsen ausgewirkt und auch Fragen hinsichtlich einer möglicherweise schon früher geschlossenen Vereinbarung zwischen Anna und dem Herzog von Lothringen hervorgerufen«, sagte ich.

»Aye, aye.« Er lächelte; mit seinem feinen grauen Haar sah sein Kopf aus wie eine Pusteblume. »Aber die Schwester hat trotzdem geheiratet; allerdings habe ich gehört, daß ihrem Manne niemals zu Augen kommen darf, wie sie einen lutheranischen Text liest.«

»Das kann ich ihm nicht verdenken! Ich würde meiner Gemahlin auch nie erlauben, ketzerische Traktate zu besitzen! Ich nehme an, Lady Anna verbringt ihre Zeit mit der Lektüre der Heiligen Schrift?« erkundigte ich mich müßig.

»Nein. Nur sehr selten, nach allem, was ich gesehen habe.«

»Sie zieht frivole Werke vor?« Hatte sie vielleicht eine Neigung zu Liebeslyrik?

Er zuckte die Achseln. »Ich habe nichts darüber gehört. Die Deutschen sind nicht der Meinung, daß Weiber allzuviel studieren oder lesen sollten. Sie finden, es mache sie unweiblich.«

Richtig, das konnte geschehen. Man brauchte nur zu sehen, was die neue Gelehrsamkeit aus Katharina und Maria gemacht hatte – sie waren hart und männergleich geworden. Auch Elisabeth zeigte bereits eine beunruhigende Neigung in dieser Richtung; es ließ sie ernst und reizlos werden – genau wie Arthur! Kein Mann würde Elisabeth je haben wollen, dachte ich betrübt, selbst wenn sie nicht häßlich und ein Bankert wäre.

»Ah!« Die schöne Lady Anna bewahrte sich also in dem Zustand, in welchem Gott die Frauen erschaffen hatte – ungebildet in allen Dingen außer der Kunst, den Männern zu gefallen. »Sie muß eine bezaubernde Musikerin sein.«

Er machte ein verblüfftes Gesicht. »Ja?«

»Nicht?«

»Ich habe sie nie spielen hören.«

Dann war sie sicher zu bescheiden, als daß sie vor Fremden gespielt hätte. Oh, ausgezeichnet! Welche Tugend bei einer Jungfrau! Unwillkürlich verglich ich sie mit der anderen Anne, die sich kaum je daran hatte hindern lassen, ihre überschätzten Fertigkeiten auf der Laute jedem, der nur gerade vorbeikam, zu Gehör zu bringen.

»Ich glaube auch nicht, daß sie irgend etwas spielt«, fuhr er fort. »Ihr Bruder, der Herzog, hält Musikanten für lose Gesellen, die einen schlechten Einfluß auf die Moral einer Frau haben.«

Mark Smeaton. Gott, würde der Name – der Gedanke an ihn – niemals seine messerscharfe Macht über mich verlieren? Warum tat es immer noch weh, nach mehr als drei Jahren? Nach drei Jahren, sechs Monaten und zwei Tagen... Auch Wotton erinnerte sich; er machte ein verlegenes Gesicht. »Vielleicht hat er recht«, bemerkte ich leichthin.

Lady Anna würde also nicht mit einer Sammlung von intarsiengeschmückten Lauten und Spinetten mit elfenbeinernen Tasten eintreffen, und auch nicht mit neuen Kompositionen, die sie mir vorspielen würde. Es würde keine Kaminkonzerte an langen Winterabenden geben. Wie schade. Aber Mark Smeatons würde es auch keine geben, und keine zierlich gebauten Musikinstrumente, von höhnisch grinsenden Höflingen der Königin als Geschenk überreicht.

»›Des Königs Musik‹ wird unsere Ohren verwöhnen«, sagte ich. »Und zum Tanzen gibt es...« Ich brach ab. »Sie tanzt doch, oder?«

»Nein, Euer Gnaden. Das heißt, ich habe es nie beobachtet. Ihr Bruder sagt, er betrachte das Tanzen als sündhaften Zeitvertreib, ebenso verderblich wie die Gesellschaft von Musikanten.«

»Beim Blute Gottes! Kein Tanzen?« Sogar Katharina hatte getanzt!

Er lächelte schmal. »Kein Tanzen.«

Kein Tanzen. Nun, die Tage des Tanzens waren für mich sowieso vorüber. Seit Janes Tod hatte ich nicht mehr getanzt, und schon da war es mich meines Beinleidens wegen mühsam angekommen. Inzwischen war das Bein schlimmer geworden, nicht besser. Dazu kam mein Gewicht... Es würde schmerzhaft sein und plump aussehen, wollte ich heute tanzen. Da war es besser, daß ich in der Person meiner tugendsamen jungen Gemahlin einen guten Grund hatte, statt den wahren Grund in der Natur meines verfallenden alten Körpers zu bekennen.

»Tut sie denn überhaupt etwas?« Ich konnte die Frage nicht zurückhalten.

»Sie näht. Ich höre, daß ihre Nadelarbeiten wundervoll sind.«

Ich dachte an Katharina und daran, wie sie endlos meine linnenen Hemden bestickt hatte – all die verschlungenen Hs und Ks. Ich hatte sofort sämtliche Stickereien entfernen lassen, als wir uns getrennt hatten, aber sie hatte mir immer neue geschickt, solange sie lebte. Als sie zu Kimbolton entschlief, hatte sie eine Stickerei in Arbeit gehabt. Man hatte sie mir noch geschickt, und sie lag jetzt in meiner ältesten Kleidertruhe – ein stummer Vorwurf.

»Oh.« Es würde ein heiteres und tugendhaftes Leben werden mit dieser Lady Anne. Aber die Wahrheit war, daß ein Mann von der Schönheit eines Weibes allein existieren konnte. Eine griechische Statue konnte auch nicht Laute spielen oder tanzen oder die Bibel erörtern, und dennoch konnte man Stunden in ihrer Gegenwart verbringen, entrückt und beglückt von ihrer Schönheit.

Während Anna den scharfen Novemberwinden trotzte und mir gehorsam entgegenreiste, wurde es Zeit, daß ich mir eine geeignete Garderobe für die Hochzeit erwählte. Die Wahrheit war, daß meine einst prachtvollen Gewänder inzwischen schlechte Zeiten erlebt hatten. In einem Anfall von Trauer hatte ich meine liebsten Stücke eines Tages zerfetzt, weil mir Erlebnisse mit Jane in den Sinn gekommen waren, bei denen ich sie getragen hatte. Die übrigen – mit denen ich keine schmerzlichen Erinnerungen verband – hatte ich achtlos getragen, ohne mir je die Mühe zu machen, neue schneidern zu lassen. Auch das war eine Form der Trauer. Aber nun hatte ich nur noch ein paar Kleidungsstücke, die mir paßten.

Jawohl, ich war füllig geblieben – um die Wahrheit zu sagen, ich war noch fülliger geworden, obwohl ich mir geschworen hatte, daß es nie geschehen werde. Es bekümmerte mich, und es war mir gleichgültig. Das heißt, ein Teil meiner selbst, was immer von meinem alten Ich überlebt hatte, war bekümmert; dem Rest, der hohlen Schale des alten Heinrich, war es gleichgültig.

Jetzt plötzlich war ich erpicht darauf, mich neu auszustaffieren... ebenso wie ich vor langer Zeit voller Eifer darangegangen war, Vaters Privatgemächer neu einzurichten. Der Schneider war gekommen, und ich schickte mich an, Maß nehmen zu lassen und Stoffe auszuwählen, und ich war bester Laune.

Wie glänzend die scharlachroten Seidenstoffe! Aus Flandern? Ein neues Färbverfahren? Wie tief der Satin – wie ein schwerer Topas! Und nun zu den Maßen... er lachte nervös... das dünne Bandmaß züngelte peitschengleich wie eine fahle Schlange. Leibesumfang: einundfünfzig Zoll.

Alle Fröhlichkeit verflog für einen Augenblick. *Einundfünfzig Zoll?* Hatte ich an Leibesumfang vierzehn Zoll zugenommen? In nur vier Jahren?

Ich trat vor den Spiegel, der seitlich aufgestellt war, und betrachtete mich – betrachtete mich zum erstenmal seit Janes Tod wirklich. Der erste Eindruck war der von einem großen weißen Wal. Nein! Und die Wölbungen an meiner Gestalt – war das wirklich Fett, oder waren es Unebenheiten im Metall des Spiegels? Ich war wie vom Donner gerührt, so daß ich mir diese Fragen so unverblümt stellen konnte.

Etwas Rotes tauchte hinter dem Wal auf, eine von ähnlichen Rundungen gewellte Gestalt. Also lag es doch am Spiegel.

Ich drehte mich um und sah Thomas Culpepper, der mit gierigem Gesicht hinter mir stand. »Ah, Thomas«, sagte ich. »Ich hätte mir denken können, daß Ihr teure Stoffe noch durch die Tür des königlichen Privatgemaches wittert. Ja, Ihr dürft Euch etwas aussuchen.«

Ich hatte den Burschen gern; er hatte inzwischen Henry Norris'

Stellung inne und bediente mich in meinem Schlafgemach, und so schämte ich mich nicht, mich vor ihm unbekleidet zu zeigen. Ich meinerseits kannte alle seine Geheimnisse – ja, sogar die schmutzige Geschichte von seiner Affäre mit der Frau des Wildhüters und seinem Angriff gegen ihre Erretter. Schändlich!

»Oh?« Ein Grinsen breitete sich auf seinem hübschen Antlitz aus. Eine Gunst lehnte er niemals ab.

»Ein verfrühtes Geschenk an einen meiner Trauzeugen«, sagte ich. »Ich lasse mir gerade meine Hochzeitsgewänder anmessen.«

»Die Hochzeit wird öffentlich sein?« Er zeigte sich überrascht. »Ich dachte...«

»Warum denn nicht?«

»Nun, weil Eure vorige Vermählung mit Königin Jane so still und ruhig gefeiert wurde.«

Und erst die mit Anne Boleyn! Aber ich wußte, was er meinte: Ist es denn in Anbetracht Eurer ehelichen Vergangenheit schicklich, Sire, eine öffentliche Veranstaltung aus der *vierten* zu machen?

»Ich werde tun, was mir gefällt!« donnerte ich; ich hatte seine Gedanken gelesen und beantwortete seine Frage. »Ihr glaubt also, die Leute werden mich auslachen? Sie werden mich für einen alten Narren halten – ist es das?«

Seine Miene war verärgert, nicht verängstigt. Aber sein Problem war ja auch der Mangel an Klugheit, nicht der Mangel an Mut. »Nein, Euer Gnaden.«

»Ihr glaubt, ich kann es mir nicht leisten?« Ich konnte es nicht. Wenigstens nicht gut. Wohin waren nur die Klosterschätze so schnell verschwunden? Zu einem großen Teil hatten die Verteidigungsbauten an der Küste sie verschlungen.

Er lächelte sein blendendes Lächeln. »Ich denke nur, daß tiefster Winter sein wird – kaum die rechte Zeit für große Freudenfeste unter freiem Himmel. Das ist alles.«

Ein schlauer Bursche. Mit der Zunge so gewandt wie mit dem Schwert... und mit dem Glied. Die beiden letzteren brachten ihn in Schwierigkeiten, und die erstere errettete ihn immer wieder.

»Ach, nun erwählt Euch schon etwas.« Ich gab ihm einen Klaps auf den Hinterkopf und zog meinen Hausmantel an. »Nehmt für den Leib neunundvierzig Zoll«, befahl ich dem Schneider. Kein Grund, sich schon ins Unvermeidliche zu fügen. Ein Hochzeitswams mit einem Bauch von einundfünfzig Zoll? Nicht für König Heinrich VIII.!

Culpepper hielt einen granatfarbenen Samt in die Höhe, sattrot wie ein Rubin des König Salomo. Aber die Farbe paßte nicht zu seinem Gesicht; er sah damit ausgezehrt aus, als wäre er zu lange nicht an frischer Luft gewesen. »Nein«, sagte ich.

Aber er betrachtete den Stoff hartnäckig. »Es gibt eine, der würde er gut zu Gesicht stehen«, erklärte er schließlich.

»Eine Dame?«

»Aye. Meine Base Catherine. Sie ist ein Waisenkind und hat nur wenig.«

Culpepper war nicht bekannt für sein mildtätiges Herz, und so argwöhnte ich, daß er sie zu verführen beabsichtigte und den Samt dazu als Köder benutzen wollte. »Wie rührend.« Aber ich gewährte ihm den üppigen Stoff, den er so sehr begehrte, nicht. »Kommt, sucht Euch etwas anderes aus.«

Die lauernde Lüsternheit in seinem Gesicht wurde von der ursprünglichen Habgier verdrängt. Er entschied sich für einen Goldbrokat, der mit scharlachroten, kreuzweise verlaufenden Fäden gemustert war. Damit würde er am ganzen Leibe goldglänzend erscheinen, ein Gott der Jugend.

Neid durchfuhr mich. *Wie du jetzt bist, so war ich einst...*

Meine unförmige Gestalt funkelte mich aus dem Spiegel an. *Wie ich jetzt bin, so wirst du sein...* Ich beendete den Vers mit wilder Genugtuung. Putze dich und tanze und liebe deine goldene Erscheinung, mein Junge: Sie bleibt dir nicht, sie tut es nie. Ich habe die meine länger behalten, als es einem Menschen zukommt, aber jetzt ist sie dahin, und nichts bringt sie zurück. Zum Teufel mit dir! Du glaubst nicht, daß ich einmal herrlich aussah, wie? Wolsey, Katharina – die würden dir davon erzählen, aber sie sind tot...

»Freut Euch daran, Culpepper«, sagte ich und wies auf den Stoff.

LXXXV

Es war an der Zeit, daß ich mit Crum sprach. Crum, der anscheinend nie eine menschliche Leidenschaft gekannt hatte und deshalb auch nicht ihr Hinscheiden betrauern konnte. Der famose, vernünftige Crum. In letzter Zeit hatte ich angefangen, ihn zu beneiden; ich glaubte allmählich, ich sei verflucht durch die Natur, die mir zuteil geworden war – stets voller Sehnsucht, voller Gefühl, voller Schmerz. Ich fragte mich, wie es wohl wäre, durchs Leben zu gehen wie Crum und die Dinge zu nehmen, wie sie sind – nicht mehr und nicht weniger. Nun, mit seinem vernünftigen Kopf würde er mir helfen, den Haushalt der Königin zu erwählen.

»Es ist lange her, daß ein ganz neuer Haushalt gebildet wurde«, bemerkte er. »Die sieben Jahre zwischen dem Tode Eurer Majestät Mutter und der Krönung Königin Katharinas waren für England die längste Periode ohne Königin.« Er war so taktvoll, das Naheliegende nicht weiter zu erwähnen: daß ich über lange Zeit zwei Königinnen zugleich gehabt hatte, und daß meine Witwerschaft nach Annes Tod genau einen Tag gewährt hatte. Wahrscheinlich dachte er sich weiter nichts dabei und fällte kein moralisches Urteil. Ein Mann, wie es ihn selten gab, dieser Crum.

»Heute habe ich ihr ein neues Schloß zu bieten – eines, in das noch keine Königin ihren Fuß gesetzt hat: Nonsuch. Ich will sicherstellen, daß die Gemächer der Königin bereit sind, meine Braut im Januar zu empfangen.«

»Wir müssen auch ihre englischen Bediensteten ernennen«, sagte Crum. »Sie bringt nur zehn flämische Damen mit. Den Rest müssen wir stellen. Ich habe hier eine Liste« – er reichte mir eine Rolle mit mindestens zweihundert Namen – »sämtlicher Frauen, die vorgeschlagen worden sind – oder sich selbst vorgeschlagen haben.«

Mein Blick überflog die Liste.

Elizabeth Fitzgerald, die fünfzehnjährige Tochter des Grafen von Kildare und der Gegenstand des poetischen Interesses des jungen Henry Howard, der sie in seinen Gedichten als »schöne Geraldine« feierte. Vor nicht langer Zeit, nachdem Surrey ihr hochherzig den Hof gemacht hatte, war sie dem alten Sir Anthony Browne angetraut worden. Ich fragte mich, ob sie die Ehe mit diesem welken Stengel wohl als befriedigend empfand. Und hatte ihre Zweckehe den betörten Howard aus seiner Verzückung gerissen? Ich setzte mein Zeichen an ihren Namen; sie hatte meine Genehmigung für den Dienst bei Hofe.

Lady Clinton. Die Frau des Grafen von Lincoln. »Bessie?« fragte ich mich laut.

»Aye. Offenbar ist sie immer noch sehr schön, denn der junge Lord Clinton war verrückt nach ihr. Konnte kaum warten, bis Gilbert Tailboys entschlief, damit er sie heiraten konnte. Und Clinton war fünfzehn Jahre jünger als sie.«

Ja, und er war großspurig, hübsch und beherzt. Wie Bessie es schätzte. Und jetzt wollten sie an den Hof kommen. Ja, natürlich. Mit leisem Schrecken erkannte ich, daß Bessie mir quasi eine Verwandte geworden war.

Catherine Howard. Culpeppers Base. Lebte jetzt von der Mildtätigkeit der Herzoginwitwe von Norfolk in einem locker geführten Haushalt in der Nähe von London. Culpepper hatte gesagt, sie sei Waise.

»Wer waren Mistress Howards Eltern?« fragte ich Crum. Es gab so viele Howards wie Erdbeeren in einem wuchernden Beet.

»Edmund Howard und die verwitwete Jocasta Culpepper.«

Ich stöhnte. Jetzt entsann ich mich. Jedermann hatte die Witwe Culpepper für eine Närrin gehalten, als sie den nichtsnutzigen Glücksritter Edmund Howard geheiratet hatte, einen jüngeren Bruder jenes unüberschaubaren Stammes, in dem Herzog Thomas der älteste Bruder war. Er war ein besonders unfähiger Stutzer, der mich bei seinen kurzen Gastspielen bei Hofe so sehr geärgert hatte, daß ich ihm einen unbedeutenden Posten in Calais übertragen hatte... auf dem er natürlich auch gescheitert war. Er war verschuldet gestorben und hatte bis zuletzt verzweifelt versucht, sich Geld zu borgen. Ein Schwächling. Ich wußte jetzt, warum Culpepper bei Edmunds Tochter freie Bahn zu haben glaubte. Aber jemand, der aus solcher Familie kam, konnte nicht viel wert sein. Gleichwohl, vielleicht würde der Dienst bei der neuen Königin sie lehren, wie es bei Edelleuten zuging. Dergleichen würde sie jedenfalls nicht lernen, wenn sie im Etablissement der Herzogin blieb, welches als »Zoo von Lambeth« bekannt war. Ich hakte ihren Namen ab und bestimmte sie zur Hofdame.

»Lady Elyot.« Ich schnaubte. »Zu lutheranisch. Von der Sorte will ich niemanden bei Hofe haben.« Crum machte ein schmerzlich berührtes Gesicht. »Ich weiß von ihrem privaten ›Gebetskreis‹«, sagte ich. »Ich weiß auch, daß sie lutherische Schriften besitzt und daß sie für Lambert gebetet hat. Oh, sie nimmt zwar auch an der Messe teil, aber mich kann sie nicht täuschen. Nein.«

Crum zuckte die Achseln, als sei dies nicht weiter wichtig. Aber war es das wirklich nicht? In letzter Zeit hatte er ein fast brennendes Interesse an Häresien und Häretikern gezeigt. Er besaß Exemplare von jedem beschlagnahmten Buch, von jeder Schrift, und er schien alles auswendig zu kennen.

»Dann wird sie die 'Sechsschwänzige Peitsche' zu spüren bekommen.« Er lachte.

»Es gibt etliche, die sagen, Ihr hättet diesem Ketzergesetz die Zähne gezogen«, sagte ich langsam. »Man berichtet mir, Ihr brächtet seine Artikel nicht zur Anwendung und warntet Leute, die unter Verdacht geraten sind. Und es stimmt, wir haben bemerkenswert wenige Verhaftungen zu verzeichnen. Man möchte glauben, ganz England hänge der traditionellen Glaubensfrömmigkeit an, und es gebe kaum einen im Lande, der anderen Sinnes ist.«

Er lachte wieder. »Vielleicht haben die Scheiterhaufen zu Smithfield den Ketzern die Lust genommen, sich öffentlich zu bekennen.«

»Ah. Aber es ist Eure Aufgabe, lieber Crum, sie aus ihren geheimen Verstecken zu jagen. Eine Aufgabe, die Ihr mir seltsam nachlässig zu verfolgen scheint.« Ich schaute ihn an und hob eine Braue.

Er hatte die Warnung verstanden. »Und nun laßt uns fortfahren mit unserer Liste...«

Dann waren die Listen vollständig, und Arbeiter schlugen die letzten Zapfen in die Holztäfelung im Audienzsaal der Königin zu Nonsuch. Es war eine Zeit der freudigen Erwartung – oberflächlich zumindest. Aber obgleich ich mich benahm wie ein Mann, der darauf brannte, seine Braut kennenzulernen, und alles tat, was ein solcher Mann tun würde, war ich innerlich doch nicht wirklich leichten Herzens. Ich wollte so fühlen, und ich hoffte, das Gefühl würde dem Benehmen schon folgen. Jane würde wollen, daß ich glücklich war, oder nicht? Ich verwahrte ihr Porträt an meinem Bett. Jeden Abend, wenn ich es sah, verspürte ich Trauer bei dem Gedanken, daß ich es bald würde entfernen müssen und nicht mehr sehen könnte. Aber heute abend nicht... noch nicht.

Ich hatte alles geplant, bis zum eigentlichen Tag. Lady Anna sollte am fünfundzwanzigsten November in England eintreffen. Der englische Hochadmiral William Fitzwilliam und eine große Schar von Lords würden sie von Calais herübergeleiten. Angehörige meines Geheimen Staatsrates würden sie in Dover empfangen und von dort nach Canterbury führen. Dort würde ich sie willkommen heißen, und Cranmer würde in der Kathedrale die feierliche Trauung vollziehen. Dann würden wir nach London aufbrechen und das Weihnachtsfest dort verbringen, und im Februar, an Mariä Lichtmeß, würde sie zur Königin gekrönt werden.

Dementsprechend zog ich Mitte November nach Hampton Court und legte alles andere beiseite, während ich auf Annas Ankunft wartete. Es waren wunderliche, gedehnte Tage. Ich erwartete etwas. Ich wußte nicht, was. Es würde das Ende meiner Einsamkeit bedeuten, aber auch das Ende meiner Jugend – denn die Lady aus Kleve sah ich als die Gemahlin meiner absteigenden Jahre, und ich stellte mir vor, wie wir als Gefährten zusammen alt wurden. Ich begrüßte das Ende meiner Einsamkeit (wirklich? Das Fehlen jeglicher Leidenschaft ist ein oft unterschätztes Vergnügen), aber nicht das Ende meiner Jugend (oder doch? Stets einem körperlichen Bilde entsprechen zu müssen, ist auch ermüdend). Eines Tages erkannte ich, daß ich den ganzen Vormittag über nicht ein einziges Mal einen Blick auf Janes Porträt geworfen hatte, daß ich nicht einmal daran gedacht hatte – und da wußte ich, daß ich doch nicht mit Jane gestorben war. Nur zum Teil, denn am Mittag dachte ich dann doch wie gewöhnlich an sie.

Erst zögernd, dann immer eifriger, begann ich, die Einzelheiten der Hochzeitsprozession und der Krönung im Februar zu planen. Im Winter war eine Krönung mit viel mehr Hindernissen verbunden als im Sommer; da hatte Culpepper recht. Aber plötzlich waren Hindernisse mir kein ermüdendes Ärgernis mehr, sondern eine erregende Herausforderung. Ich vergnügte mich damit, mir auszudenken, wie das Wetter zu unserem Vorteil gewendet werden könnte. Wenn die Themse gefroren wäre, ließe sich ein glitzerndes Eisvergnügen veranstalten, mit lodernden Feuern und Schlittschuhläufern und Eisskulpturen. Wie prächtig das sein würde! Gleißendes Weiß konnte bunte Sommerblumen leicht in den Schatten stellen. Eine Winterkrönung für eine Königin, die den Winter meines Lebens mit mir teilen würde. Wie passend.

Aber der fünfundzwanzigste November fand Lady Anna immer noch in Antwerpen bei einer ihrer zahlreichen Zwischenstationen auf der langwierigen Reise zwischen Düsseldorf und Calais.

Es war unerläßlich, daß ihr erster Schritt auf englischen Boden gebührend gefeiert werde, denn es war ein großer Augenblick für mich wie für England. In jenen Tagen des fieberhaften Wartens zu Hampton Court gab jede Verzögerung auf ihrer Reise mir Gelegenheit, ihrem Empfang weiteren Schliff, zusätzlichen Schmuck zu verleihen. Was für ein blendender Farbenteppich muß sich daher vor ihr und bis zu den Mauern der Stadt selbst ausgebreitet haben, als Lord Lisle sie endlich an der Grenze des Bezirks Calais begrüßen konnte. Keine Blumenwiese und nicht die Schatztruhe eines Piraten konnte ähnlich prachtvoll sein: Die Kavallerie der Garnison, die Fußsoldaten und die Bogenschützen des Königs, in grünen Samt gekleidet und mit goldenen Ketten behängt; die Lords in vierfarbigen Gewändern aus Goldbrokat und purpurnem Samt; die Herren im Gefolge des Lord Hochadmirals mit blauem Samt und karmesinrotem Satin angetan, seine Garde mit Damast von gleicher Farbe und seine Seeleute mit schimmerndem Satin aus Brügge. Und auch, was die Zahlen anging, war das Schauspiel schwindelerregend: zweihundert Bogenschützen, fünfzig Herren vom Geheimen Staatsrat, dreißig Edelleute aus dem Haushalt des Königs (unter ihnen Culpepper, Thomas Seymour und Francis Bryan), Hunderte von Soldaten in der königlichen Livree der Besatzung von Calais, die hundert Kaufleute vom königlichen Wollmarkt und die zehntausend gemeinen Bürger von Calais.

Der Lord Hochadmiral, stolzierend wie ein Pfau und von ebenso vielen farbenprächtig gekleideten Männern umgeben, wie dieser edle Vogel Federn im Schwanze hat, führte Lady Anna durch das Laternentor in die Stadt Calais hinein. An den Schiffen im Hafen wehten goldene Seidenflaggen. Als sie die Stadt betrat, grüßten die königlichen Schlachtschiffe *Lyon* und *Sweepstake* mit einhundertfünfzig Kanonenschüssen und einunddreißig Trompeten. Der Rauch von den Geschützen, erzählte man mir, war so stark, daß eine volle Viertelstunde lang kein Mensch den anderen sehen konnte, und so machte sich große Ausgelassenheit und Freizügigkeit breit. Als der Dunst schließlich verweht war, hatte England die Lady Anna bereits ins Herz geschlossen; die Bürger und Soldaten bildeten einen Pfad, auf dem sie zu ihrem Quartier schreiten konnte, und Jubel begleitete sie auf dem ganzen Weg.

Auf der anderen Seite des Kanals war ich unterdessen geschäftig dabei, meine Anweisungen für die Weihnachtsfeierlichkeiten in Hampton Court zu erteilen. Unter allen königlichen Palästen war dieser derjenige, der wie ein Pegel die emotionalen Flutmarken meines Lebens verzeichnete. Hierher war ich als junger König mit Wolsey gekommen, um seine Grundstückspläne und seine sagenhafte Wasserleitung (fünf Fuß hoch!) zu inspizieren. Hier hatte Anne Boleyn mich zum erstenmal behext, in ihrem gelben Kleid an jenem drückenden Tag im Juni. Hier war Edward geboren und Jane gestorben. Obwohl es ebenso viele unglückliche wie glückliche Ereignisse waren, war das Schloß doch so sehr verflochten mit dem, was ich, Heinrich, als erwachsener Mann war, daß es keinen anderen Ort gab, an dem ich Lady Anna mit Fug und Recht hätte willkommen heißen können.

Girlanden wurden aufgehängt und fünf einzelne Julklötze hereingeschleppt; einhundert silberne Masken wurden angefertigt, die von den Gästen beim Mummenschanz und in den Maskeraden der Dreikönigsnacht getragen werden sollten. »Des Königs Musik« übte mehrere Stunden täglich für die Konzerte, und ich komponierte sogar drei neue Stücke – eine Motette und zwei Balladen, meine ersten Kompositionen seit Jahren.

Aus dem ganzen Reich strömten auf meine ausdrückliche Einladung die Peers zusammen, um Weihnachten bei Hofe zu feiern und ihre neue Königin zu begrüßen. Thomas Howard, der Herzog von Norfolk, mit seinem traurigen, scharfgeschnittenen Gesicht – fünfundsechzig Jahre alt. Charles Brandon, der Herzog von Suffolk, inzwischen massig wie ein Bär, Haar und Bart silbrig glatt und glänzend. Hatte ich ihm wahrhaft vergeben, daß er so kurz nach Marias Tod wieder geheiratet hatte? So, wie die sanfte Jane mir hoffentlich vergeben würde, denn zwei Jahre kamen mir jetzt nicht viel länger vor als jene zwei Monate damals.

Howard und Brandon: Die beiden einzigen, die vom alten Wald noch übrig waren – zwei massige Eichen. Rings um sie herum lauter Grünschnäbel: Die »neuen Männer« wie Paget, Wriothesley, Southampton, Audley. Sie waren schmächtig, und sie würden es bleiben, mochten sie mit noch so vielen Titeln überhäuft sein. Unscheinbarkeiten, Amtsträger. Die wahren Männer – More, Wolsey – gab es nicht mehr, und es war keiner ihres Kalibers herangewachsen, sie zu ersetzen.

Altmännergedanken! schalt ich mich selbst. Unpassend für einen Mann, der seine Braut erwartete. Nein, auch wenn vieles sich geändert hatte, war es doch eine Tugend, noch zu leben und zu blühen; noch war Leben in uns allen, und wir würden Weihnachten in klingender Fröhlichkeit feiern.

Aber es fügte sich, daß wir es als Junggesellenhof feierten. Denn starke Winde machten den Kanal unschiffbar, so daß Lady Anna und ihr königlicher Konvoi von fünfzig Schiffen erst am dritten Weihnachtstag, also am siebenundzwanzigsten Dezember, zur Überfahrt in See stechen konnten.

Wiewohl ich lachte und mich fröhlich zeigte, ließ dies doch eine Saite der Einnerung in mir erklingen: Ich dachte an die verzögerte Reise Katharinas von Aragon nach England...

Schon wieder Altmännergedanken: Ich sah Vorzeichen allenthalben und duckte mich wie ein Hund. Der Wind wehte also! Und? Dem Sturm, der Verzögerung, und allem, was das Schicksal sonst noch senden mochte – dem konnte man entgegentreten, und zwar nach eigenen Bedingungen. Was immer der Wind mir vor die Füße wehte, ich konnte damit ringen – und gewinnen.

Die schöne Lady Anna überquerte den Kanal in nur fünf Stunden (da – war das nicht ein entgegengesetztes Omen?) und landete in Deal. Man bereitete ihr einen höchst feierlichen Empfang: Brandon und seine Herzogin, der Bischof von Chichester, ein Gefolge von Rittern und die »Blüte der Damen von Kent«, wie der poetische Henry Howard es nannte, hießen sie willkommen. Sie geleiteten Anna mit ihren Damen und ihrem Gefolge nach Canterbury, wo der Erzbischof und die hohen Prälaten Englands sie empfingen.

Das weiße Rasen eines Schneesturms hielt ihre Reisegesellschaft noch einen weiteren Tag lang in Canterbury fest, aber kaum hatte der Himmel sich geklärt, ließen der Herzog von Norfolk, Lord Dacre aus dem Süden und Lord Mountjoy mit all ihren Rittern und Junkern die Reihen der Begrüßungsscharen anschwellen, bis es eine wahre Triumphprozession geworden sein mußte. Am Silvesterabend wurde der Zug von einem neuerlichen Unwetter aufgehalten. Die vielköpfige Schar feierte den Beginn des Jahres 1540 behaglich in den Mauern von Rochester Castle, und ich tat das gleiche in Hampton Court.

Doch als es Mitternacht schlug, empfand ich unwillkürlich Neid auf all jene – ein paar Hundert waren es ja schon –, die meine Braut vor mir hatten sehen können. Ich mußte es irgendwie bewerkstelligen, sie selbst unter vier Augen zu sehen, ehe ich sie in einer ausgedehnten, von Cromwell genau geplanten Zeremonie vor ganz London begrüßte. Ich informierte Crum entsprechend, aber er zeigte sich schmerzlich berührt.

»Die Zeremonie...« hob er an.

»Ja, ich weiß! Ich soll eine Marionette sein, eine prachtvoll gekleidete Puppe, die dem Volk vorgeführt wird, während sie einer zweiten Puppe begegnet. Wir haben sogar schon die Bühne bereitet, indem wir alles Stechginstergestrüpp zwischen Blackheath und

Greenwich haben roden lassen. Aber, Crum, so etwas kann die Liebe nicht fördern!«

Meine Wortwahl ließ ihn zusammenzucken. »Das kann es sehr wohl. Mehr noch, nichts anderes wird es so unfehlbar tun – beim Volke. Das Volk liebt mit den Augen. Die Leute wollen Gold sehen, Silber, Rubine, Saphire, Smaragde. Sie wollen herrlich gemusterte Rüstungen sehen, und mächtige, mit seidenen Schabracken behängte Rösser. Das ist es, was beim Volk die Liebe erweckt, Sire.«

Warum hatte die prachtvolle Krönung dann keine Liebe für Königin Anne erwecken können? Ich beantwortete mir diese Frage selbst: Weil das Volk sie als Hexe erkannt hatte.

»Aber bei *mir*, Crum! Bei *mir*! Bei *mir* muß die Liebe erweckt werden!«

Er starrte mich an, entsetzt ob seines Mißverständnisses. »Verzeiht mir. Ich dachte, Ihr wäret... über dieses Bedürfnis hinausgewachsen.«

»Zu alt, meint Ihr wohl!« Dieser Narr! Dieser törichte Narr! Anzudeuten, ich sei alt! Mich so zu beleidigen!

»Nein, Euer Gnaden. Ich meinte, Ihr wäret hinausgewachsen über die Verderblichkeit Eures Bedürfnisses.«

Ich war so fassungslos, daß ich keinen Zorn verspürte, sondern nur verzehrende Neugier. »Verderblich? Ich bitte Euch, sprecht weiter. Sagt es mir.« Vorsicht und Wachsamkeit spiegelten sich in seiner Miene. »Nein, fürchtet Euch nicht. Sagt mir nur offen, was Ihr in dieser Sache denkt.«

»Ich denke, Euer Gnaden, daß Euer Wunsch, zu lieben und geliebt zu werden, ein schwacher Faden ist, welcher das ansonsten außergewöhnliche Gewebe Eures Charakters durchzieht. Ich hatte gehofft, er sei herausgezogen worden – wie ein Schneider einen unpassenden, nicht harmonisch in das andere gefügten Faden aus einem Mantel ziehen kann, auf daß dieser eine Faden nicht das Ganze verderbe.«

»Zu lieben ist also eine Schwäche bei einem Menschen?«

»Diese Liebe zu brauchen, um sich lebendig zu fühlen, ist eine. Es macht Euch abhängig von einer Nahrung jenseits von Gott, Christus, Speise, Wasser und Sonnenschein. Ein freier Mann braucht nur diese fünf Elemente. Ihr aber braucht sechs. Insofern seid Ihr nicht frei, sondern ein Vasall.«

Darauf wußte ich keine Antwort. »Trotzdem will ich Anna allein sehen«, beharrte ich störrisch.

Als ich an diesem Abend allein in meinem Schlafgemach war, betrachtete ich Janes Miniatur lange Zeit, bevor ich das Medaillon sicher einschloß. Ich wußte, ich würde es nicht mehr tragen können, wenn ich erst ein neues Weib hätte, und in wenigen Tagen würde es soweit sein. Merkwürdig, daß Crum das adelnde Gefühl der Liebe als etwas Schwaches, Verderbliches betrachtete. Ich hatte es immer entgegengesetzt empfunden – als stärkend und läuternd. Ich jedenfalls, wenn ich Liebesqualen litt, vermochte außerordentliche Leistungen zu vollbringen. Mehr noch, ohne die Liebe konnte ich es nicht. Zwischen zwei Lieben war ich müßig, unfruchtbar, richtungslos – ich harrte der Ankunft einer frischen Liebe, wie ein Schiff in den Kalmen auf einen starken Wind wartet, der seine Segel bläht.

Das Bild eines Schiffs in der Flaute, mit schlaffen, runzligen Segeln und gänzlich impotent, war kein erfreuliches. Aber die Analogie hatte eigentlich keinen Bestand... Ich suchte die Liebe, weil sie das Beste in mir zutage förderte und mich zu dem Manne machte, der ich nach Gottes Willen sein sollte. Jedermann hatte ein Recht auf die Liebe, auf eine Gehilfin, auf ein Weib. So war es Gottes Plan. Es war Cromwell, der einsame Junggeselle, der unnatürlich lebte.

Ich küßte Janes Miniatur und erinnerte mich vor allem an ihre wunderschöne, weiße Haut. Holbein hatte sie in seinem winzigen Porträt so gut einzufangen verstanden. Mit Jane wäre ich zufrieden gewesen – ja, ich war zufrieden mit ihr. Aber nun nicht mehr zu suchen, sondern aufzugeben: Wäre das nicht in Wahrheit das Merkmal eines Schwächlings?

Nein, gleich morgen früh würde ich aufbrechen. Ich würde dem Schneesturm trotzen und Anna in Rochester Castle begrüßen. Sie würde mich kaum erwarten – und was für ein freudiges, hübsches Geheimnis hätten wir dann.

Und nun zu Bett. Ich stieg die drei Stufen hinauf und rief Culpepper, er möge mir die Bettpelze bringen. Er kam herein, lachend und mit gerötetem Gesicht.

»Die Zobel«, sagte ich mit einer Handbewegung. »Heute nacht werde ich sie brauchen.« Das Rauschen des Windes draußen übertönte sogar das Knistern des Feuers. Er kam zu mir und ordnete sorgsam die glänzenden dunklen Pelze um mich herum. »Und gebt etwas Myrrhe auf das Feuer«, befahl ich plötzlich. »Heute ist der achte Tag des Weihnachtsfestes.« Er grinste ob solcher Extravaganz. »Nehmt Euch selbst auch ein wenig«, sagte ich unvermittelt. »Alle Bediensteten der Privatgemächer sollen es mit mir teilen. Ein neues Jahrzehnt ist angebrochen!«

LXXXVI

Früh am nächsten Morgen hatte ich noch immer die Absicht, Anna zu besuchen (oft wurde ich über Nacht anderen Sinnes, und deshalb zog ich es stets vor, eine Sache zu überschlafen). So weckte ich acht Kammerherren meiner Privatgemächer und forderte sie auf, sich bereit zu machen: Sie sollten mich nach Rochester begleiten. Es war kein weiter Ritt, und es hatte aufgehört zu schneien; wir erreichten die Burg, bevor es dunkelte. Unterwegs spürte ich, wie meine Erregung mit dem Knirschen der Hufe im gefrorenen Schnee wuchs. Ich spürte es mit Erstaunen, denn ich hatte solche Empfindung längst totgeglaubt, und ich bemühte mich, sie zu beherrschen, denn mit solch wildem Überschwang geht Nervosität einher, ein flaues Gefühl im Innern, eine hinderliche Scheu und eine Furcht, die fast hilflos macht. Doch es war nutzlos, und am Ende überließ ich mich dem Gefühl und schwamm in der schwindelerregenden Ekstase liebevoller Erwartung.

Als wir uns dem grauen, jetzt von glattem Eis überzogenen Mauerwerk näherten, klopfte mir das Herz so laut, daß es in meinen Ohren klang wie der Flügelschlag eines Falken, der das Handgelenk verläßt. Sei ruhig, sei ruhig, sei still... nein, freue dich! Fliege so hoch, wie du nur willst, mein Herz!

Hinein in die Burg, vorbei an der verblüfften Wache. Überall war es still; die Burg lag großenteils verlassen, denn alles war an diesem zweiten Tag des Jahres 1540 in der Großen Halle zusammengeströmt, und man trank und plauderte. Ich hieß meine Begleiter sich dazugesellen und verbot ihnen, mir zu folgen, derweil ich Lady Anna aufsuchte. Sie gehorchten.

Und nun machte ich mich auf den Weg zu den Privatgemächern,

in denen Anna sich vermutlich aufhielt; der Gang, der zur Eingangstür führte, war so dunkel, daß ich mich vorantasten mußte, und mir war zumute, als nähme ich an einem Mummenschanz teil, einer sorgfältig inszenierten Neujahrsunterhaltung, wie ich es schon so viele Male getan.

Das harte Eisen der Tür fühlte sich unnachgiebig, steif an. Ich wuchtete sie auf, und das Eisen kreischte wie eine Hexe, und langsam, langsam schwang die Tür auf. Ich spürte, wie mein Haar sich sträubte und meine Kopfhaut kribbelte, und die ächzende, knarrende Tür steigerte meine Spannung noch mehr...

Ihr Kleid war aus goldenem Brokat. Prächtig! Sie hatte mir den Rücken zugewandt und schaute durch den schmalen Fensterschlitz hinaus auf die verschneite Landschaft dort unten.

»Anna!« rief ich.

Sie zuckte zusammen und fuhr herum. Aber ich konnte nichts von ihr erkennen, denn das Licht umstrahlte sie von hinten. Sie sprach kein Wort, sondern stieß nur einen entsetzten Schreckensschrei aus.

Mein langer brauner Wollmantel! Ich hatte vergessen, ihn abzulegen, und nun stand ich vor ihr, angetan wie ein Straßenräuber. Kein Wunder, daß sie Angst vor mir hatte – Angst um ihr Leben! Ich riß mir den Mantel von den Schultern und stand vor ihr in meinem goldengrünen Staatsgewand.

»Anna!« rief ich voller Freude. »Ich bin es, König Heinrich!«

Sie kreischte auf und schlug sich dann die Hände vor den Mund. »Herr, steh mir bei! Wie in aller Welt...« Es waren deutsche Worte; ich verstand sie nicht.

Sie wußte nicht, wer ich war. »Ich bin Heinrich, der König!« wiederholte ich.

Eine Frau kam aus dem Nachbarzimmer gestürzt; eine Wache war bei ihr. Der Soldat hatte ein junges Gesicht, aber einen Körper wie ein alter Eber. Er verbeugte sich und fing dann an zu schnattern, und zwar in der häßlichsten Sprache, die ich je gehört hatte; es klang, als rumore es im Gedärm. Anna antwortete in den gleichen Tönen. Dann stammelte der Soldat in gebrochenem Englisch: »Vergebt der Lady, König Heinrich; sie glaubte, Ihr wäret ein Knecht, ein Stallbursche.«

Inzwischen hatte sich Lady Anna vor mir verneigt, und ich sah, daß ihr ganzer Kopf von einem grotesken Hut mit steifen Flügeln und zahllosen Falten verborgen war – der Windvogel eines Wahnsinnigen. Sie richtete sich auf, und erst jetzt sah ich, wie riesig sie war, ein weiblicher Goliath. Und als sie das Gesicht zu mir hob...

Sie sah widerwärtig aus! Ihr Gesicht war braun wie das einer Mumie und von Pickeln und Pockennarben übersät. Es war häßlicher als die Gesichter der Ausgeburten, die man auf Jahrmärkten zur Schau stellte – das Affenweib, die Krokodiljungfer – es war ekelerregend...

Speichel besprühte mein Gesicht. Das Wesen sprach, und seine Sprache war keine Sprache, sondern eine Folge von Grunzen und Blähungsgrollen. Sein Atem stank. Dies war ein Alptraum, nicht die Wirklichkeit!

Rückwärts wich ich zur Kammer hinaus, tastete hinter meinem Rücken nach der Tür, warf sie ins Schloß, lehnte mich dagegen. Übelkeit quoll mir in die Kehle, ich fühlte den beißenden Geschmack des Erbrechens, kämpfte es nieder. Mit der Übelkeit aber wichen auch die Erregung, die Panik und Bilder meiner Phantasie. An ihrer Stelle erhob sich Zorn – ein Zorn, so kalt und so heiß zugleich, wie ich ihn nie zuvor gefühlt.

Man hatte mich über den Löffel barbiert, betrogen. All die Leute, die sie gesehen hatten – all die Emissäre, die mit ihr zusammengetroffen waren und die Hochzeit in die Wege geleitet hatten – sie hatten es gewußt. Gewußt und nichts gesagt. Gewußt und mich absichtlich in diese Ehe geführt. Sie steckten alle unter einer Decke – Cromwell, Wotton, der Herzog von Kleve, Lord Lisle und die ganze Gesellschaft in Calais. Und Holbein! Holbein, der noch die feinsten Eigenheiten eines Gesichtes mit seinem Pinsel einzufangen wußte, Holbein, für den keine Haut zu hell, kein Wangenhauch zu zart war, ihn nachzuschöpfen, kein Edelstein zu facettenreich, als daß er ihn nicht makellos hätte wiedergeben können – Holbein hatte sie *hübsch* gemacht!

Ich stapfte zurück in die Große Halle, wo die Verschwörer alle versammelt waren. Ja, da hockten sie beisammen, tranken ihren dummen Glühwein und lachten über mich. Ich hörte sie lachen. Sie stellten sich die gräßliche Szene vor, die sich in Lady Annas Gemach abspielte, aber für sie war sie nicht gräßlich, sondern komisch. Dafür würden sie bezahlen!

»Lord Admiral!« rief ich von der Tür aus, und die Meute verstummte. Der Graf von Southampton drehte sich grinsend um – und sein Grinsen verwelkte.

»Kommt hierher!« befahl ich, und Fitzwilliam kam mit erstaunter Miene auf mich zu. Was für ein ausgezeichneter Schauspieler er war. Es wäre besser gewesen, wenn er ein wenig schlechter gewesen wäre.

»Sire?« Genau der richtige Unterton von Verblüffung.

»Wie gefällt Euch die Lady Anna, Admiral?« fragte ich leise. »Fandet Ihr sie so ansehnlich, von so heller Schönheit, wie man es berichtete, als Ihr sie zu Calais das erstemal gewahrtet?«

»Ich finde sie nicht hell, sondern eher bräunlich«, antwortete er – witzig, wie er meinte.

»Wie gerissen Ihr seid. Ich wußte nicht, daß Ihr Euch zusammen mit Wyatt und Surrey hinter Täuschungen und Metaphern verschanzt.« Wütend ließ ich meinen Blick durch den Saal wandern. »Gibt es denn keinen, dem ich vertrauen kann? Ich schäme mich für Euch alle, ich schäme mich, daß Ihr es wagen konntet, sie zu preisen und – durch Wort und Bild – als gewinnend zu beschreiben. Sie ist ein mächtiger flandrischer Gaul! Und ich will sie nicht haben, nein, will sie nicht satteln und nicht reiten noch vor irgendeinen Karren in England spannen!«

Niemals, niemals würde ich sie anrühren! Wenn die Betreiber dieser greulichen Komödie glaubten, ich würde mich mit ihr vermählen – wenn sie annahmen, ich würde das Begonnene demütig zu Ende bringen –, dann kannten sie Heinrich von England nicht! Für wen hielten sie mich? Für Franz von Frankreich, den man zwingen konnte, »des Kaisers Maultier« zu heiraten?

»Sattelt Eure Pferde und kommt mit mir! Dafür werdet Ihr Euch in Greenwich verantworten!« Ich wollte nicht nach Hampton Court zurückkehren – Gott, nein! Für Geschäfte, für unangenehme Geschäfte, war Greenwich da. In Greenwich hatte ich Katharina von Aragon geheiratet; in Greenwich hatte Anne die unnütze Prinzessin Elisabeth zur Welt gebracht und meinen Sohn verloren. Mochte Greenwich nun der Ort sein, wo die flämische Mähre umgedreht und in die Niederlande zurückverschifft werden sollte, auf daß sie dort ihren Heuwagen ziehe!

Die bittere Kälte war schlimmer geworden, als wir in Greenwich anlangten, denn die Sonne – ein kleines, geschrumpftes, blutrotes Ding – ging unter, und die sechzehnstündige Nacht begann. Ich ritt geradewegs zum Torhaus und hindurch, über den weiten Hof und zum königlichen Portal. »Cromwell soll kommen«, kläffte ich einem Pagen zu und begab mich sogleich zur Kammer des Geheimen Staatsrates. Es war dunkel und staubig dort, denn sie war während der letzten zwei Monate, da ich zu Hampton Court Hof gehalten hatte, nicht benutzt worden. Diener brachten hastig Bienenwachskerzen herbei und wischten den Staub vom Ratstisch. Ein Feuer wurde entfacht, um die klamme Kälte zu vertreiben. Vorläufig behielten wir unsere Reisemäntel an. Ich nahm meinen Platz am Kopfende des Tisches ein und wartete schweigend.

Cromwell erschien. Mit erstauntem Gesicht betrat er die Kammer. »Euer Gnaden, geehrte Herren des Rates...« begann er; er suchte Zeit zu gewinnen, während er ergründete, was hier vor sich ging, um es dann desto besser zu beherrschen.

»Ich mag sie nicht!« Ich befreite ihn von seiner Ratlosigkeit und von der Notwendigkeit einleitender Nichtigkeiten. Da stand er, der Mann, der für alles verantwortlich war. Mein Feind.

»Wie bitte?«

»Die flandrische Mähre! Die Lady von Kleve – ich mag sie nicht, ich finde sie widerlich, sie ist ein Greuel mit Haube! Und *Ihr* wollt, daß ich sie heirate, *Ihr* wollt, daß ich mit ihr das Lager teile, *Ihr* wollt, daß ich sie zu einer Tudor mache und sie krönen lasse! Das Weib ist abscheulich, sie ist eine bestialische Mißgeburt...«

Cromwell krauste erzürnt die Brauen. »Oh, Euer Gnaden! Zu denken, daß man uns so getäuscht hat!« Er wandte sich an den Admiral. »Ihr habt sie doch gesehen, Ihr habt sie an der Grenze von Calais in Empfang genommen, habt sie begrüßt mit Angehörigen des Königlichen Haushalts, mit Lords und Gentlemen, mit zweihundert Wachsoldaten in blauem Samt und rotem Satin und mit Matrosen – Ihr habt gesehen, daß sie nicht war, wie man sie geschildert hatte. Warum habt Ihr sie nicht zu Calais... eingepfercht und unseren obersten Herrn und König, unseren guten König Heinrich, davon in Kenntnis gesetzt, daß sie nicht so war, wie man sie uns dargestellt hatte?«

Fitzwilliam, der Admiral, war erschrocken. »Dazu war ich nicht befugt«, winselte er. »Es wäre unbotmäßig gewesen. Ich hatte den Auftrag, sie zu empfangen und sicher nach England zu geleiten, und das habe ich getan, und alles andere wäre Verrat gewesen.«

Cromwell schnaubte. »Aber in Euren Briefen an Seine Majestät habt Ihr gelogen! Nachdem Ihr das häßliche Weib gesehen, schriebt Ihr von ihrer Schönheit. War das keine böswillige Irreführung Eures Königs?«

»Ich habe nie behauptet, ich selber fände sie schön! Ich habe nur die Meinung anderer wiederholt, die auf ihre Schönheit schworen. Niemand kann mir vorwerfen, daß ich sie nicht kritisierte, zumal da die Auffassung von Schönheit sich von Betrachter zu Betrachter wandelt – und ich glaubte ja, sie werde binnen kurzem meine Königin sein.«

»Genug davon! Ihr alle habt mich in die Irre geführt!« schrie ich. »Jetzt müßt Ihr das Unrecht, das Ihr getan, eben ungeschehen machen. Ihr werdet Mittel und Wege finden, mich von dieser Verlobung zu befreien – mir ist es gleich, was für Mittel und aus welchen Gründen, aber es wird geschehen. Wo nicht, wird jemand teuer dafür bezahlen, daß man einen Narren aus mir gemacht hat!«

»Wir werden einen technischen, einen juristischen Grund finden«, sagte Cromwell geschmeidig. »Sendet nach Osliger und Hostoden, die Gesandten des Herzogs von Kleve. Die beiden haben sie nach England begleitet.«

Während man nach den unglückseligen Deutschen schickte, nahm Cromwell Platz und begann, mit den Fingern auf dem Tisch zu trommeln und laut zu denken. »Juristisch – was wäre ein juristischer Grund? Eine Krankheit, welche Nachkommenschaft verhinderte – doch das setzt vollzogene Fakten voraus. Nein, wir brauchen etwas wirklich Wasserdichtes. Blutsverwandtschaft? Zu weit hergeholt. Ein bereits bestehender Vertrag? Sie hat keinen; wir haben es nachgeprüft. Keine Jungfrau? Schwer zu beweisen. Skandalöses Verhalten? Unangenehm. Außerdem haben wir dergleichen schon einmal vorgebracht; es weckt üble Erinnerungen. Fällt auf den König zurück. Nein, es wird der Sachverhalt eines schon bestehenden Vertrages sein müssen. Das ist öde und langwierig, aber etwas anderes haben wir nicht. Und es hat nichts zu tun mit dem Charakter oder mit persönlicher Vorliebe oder Abneigung.«

Die kleveschen Gesandten versicherten, ihre Funktion mißdeutend (so gut spielte Cromwell seine Rolle), weitschweifig, daß es keinen Vertrag mit älteren Rechten gebe.

»Ach, dieses Kindheitsverlöbnis zwischen unserer Herrin von Kleve und dem Herzog von Lothringen – das war bloß eine eingeschränkte Vereinbarung zwischen den Eltern der beiden Parteien«, erklärte Hostoden, der aussah wie ein großer, rotgesichtiger Bürgermeister.

Die beiden grinsten einmütig, als hätten sie es geprobt. »Der formelle Widerruf liegt beglaubigt beim Kanzleigericht zu Kleve in den Akten des Jahres 1535.«

»Aha!« sagte Cromwell. »Aber Ihr habt keine Abschrift bei Euch?«

»Nein, leider nicht. Wir können aber eine herschicken lassen.«

»Das wird Wochen dauern«, sagte Cromwell betrübt. »Und die Hochzeit – die natürlich ohne dieses Dokument nicht stattfinden kann – ist für diese Woche angesetzt. Ihr begreift, daß dies die Situation ändert. Es kann die Vermählung nicht feierlich begangen werden, wenn...«

»Das ist kein Problem.« Sie redeten sogar einstimmig.

»Ich fürchte doch.« Cromwell zeigte sich kalt.

»Wir werden uns selbst als Sicherheiten für die Dokumente zur Verfügung stellen. Bindet uns, werft uns in den Kerker, sperrt uns ein, bis die Dokumente sicher in Eurer Hand sind.. Wir sind Euer, und Ihr mögt mit uns tun, was Euch beliebt.«

Diese Schwachköpfe! Ich wandte mich an Cranmer und den Bischof von Durham. »Was sagt Ihr dazu?«

Ich erwartete, daß sie mir beipflichteten, aber sie schüttelten betrübt die Köpfe. »Nach unserer Ansicht besteht kein Hinderungsgrund für die Hochzeit.«

»Es ist ein Hinderungsgrund, daß wir uns mit den ketzerischen Fürsten der Schmalkaldischen Liga verbünden«, verkündete Cromwell und wandte sich damit gegen sein eigenes Werk.

»Weil der Papst dies sagt?« fragte ich leise und offenbarte damit den schwachen Punkt dieses Arguments. Wahrlich, wir waren in einer Ecke gefangen, in die wir uns selbst zurückgezogen hatten. »Gibt es denn kein Mittel«, rief ich aus, »als daß ich mich unter das Joch beuge?« Ich fühlte mich wie ein Tier in der Falle, wie ein Opferstier.

»Ich bin nicht gut beraten«, murmelte ich und schaute allen nacheinander ins Gesicht. »Nein, man hat mich nicht gut beraten in dieser Sache.«

WILL:

Diese ominösen Worte markieren den Beginn von Cromwells Niedergang. Heinrich war jetzt davon überzeugt, daß sein oberster Minister die protestantische Allianz aus eigenen, heimlichen Gründen arrangiert hatte. Von da war es nur ein kleiner Schritt zu dem Glauben, Cromwell sei ein protestantischer Verschwörer, der die Kirche von England protestantisch machen wolle. Cromwell war zu schlau, als daß er sich im Falle Annas derart tölpelhaft hätte in die Irre führen lassen; folglich mußte ein größerer Plan dahinterstecken.

HEINRICH VIII.:

Anna war unter einem Vorwand (den gleichfalls Cromwell erdacht hatte) in Dartford aufgehalten worden, doch nun gab es keinen Grund mehr, weshalb sie ihre Reise nach London nicht fortsetzen sollte. Verdrossen gab ich die Anweisung, sie möge sich auf den Weg machen. Die großen Feierlichkeiten, die ich geplant hatte, dräuten jetzt höhnisch vor mir. Ich sollte mit einem Pferd verheiratet werden, in einer glitzernden öffentlichen Zeremonie und zu schwindelerregenden Kosten. Ich sollte besagtes Pferd auf einer Heidewiese in der Nachbarschaft des Palastes zu Greenwich empfangen; goldene Zelte sollten dort aufgestellt werden und Pavillons aus Seide; ja, in diesem Augenblick ritt ein Herold in London umher und rief aus, daß alle, die ihren Herrn, den König, liebten, sich am zehnten Tag des Weihnachtsfestes nach Greenwich verfügen möchten, um die Lady Anna von Kleve dort zu sehen und ihr die Ehre zu geben, denn bald würde sie ihre Königin sein.

Zu Zehntausenden folgten sie der königlichen Aufforderung; in hellen Scharen strömten sie in die Gegend von Greenwich und auf die freien Felder, die für den Empfang meiner vierten Braut bereitgemacht worden waren.

Ich hatte seit zwei Nächten nicht mehr geschlafen und suchte nach einer rechtmäßigen Möglichkeit, diesen Alptraum zu verhindern. Aber es gab keine, und folgte ich auch den obskursten Argumentationen. Und wäre die Ehe erst geschlossen, wäre sie noch schwerer zu beenden, wie es ja leichter ist, ein unvollendetes Bauwerk zu verlassen, als ein fertiges abzureißen. Die Möglichkeit aber, mit Anna verheiratet zu bleiben, war undenkbar. Ich wollte es einfach nicht.

Aber die Stunde rückte näher, da ich sie würde empfangen müssen.

Der Morgen graute schon: Ich hörte auf, so zu tun, als sei noch Hoffnung auf Schlaf, und stieg steifbeinig die Stufen am Bett hinunter; ich achtete behutsam darauf, den armen Culpepper nicht zu wecken, der auf seinem Lager am Fuße des Bettes schlummerte. So leise es die Dunkelheit erlaubte, begab ich mich in meinen Gebetswinkel. Aber was mit einem Aufschrei zu Gott, Er möge mich von dieser Prüfung erlösen, begann, endete damit, daß ich Ihn bat, mir Seinen Willen zu offenbaren, und meine Entschlossenheit gelobte, ihn auszuführen.

»O Gott, himmlischer Vater, Schöpfer aller Dinge – verschone mich vor dieser Travestie, erlöse mich von solcher Grausamkeit...« Noch während meine Lippen diese Worte in der kalten, stillen Luft meines Schlafgemachs formten, erstarben sie vor der Gegenwart Gottes in meinem Herzen. Wie gelähmt war ich von der Glorie Gottes, von Seiner strahlenden Gegenwart, von dem Wissen, daß Er bei mir war. All meine eigenen Worte und Wünsche verblaßten – besser gesagt, sie schienen zum Teil eines Ganzen zu werden, das ich erspürte, erblickte, ergriff – eines Ganzen so gleißend und zugleich so friedvoll, daß alles Irdische schon dadurch gesegnet war, daß es ein kleiner Teil davon war. Und ich war bereit – nein, erpicht darauf, zu tun, was Gott mir aufgetragen hatte, und

Ihm in allem zur Hand zu gehen. Und so wandelten sich meine Worte zu dem Gemurmel eines Liebenden: »Ja, ja... alles, was ich haben oder sein mag, ist Dein.« Es war irgendwie vorherbestimmt, und es sollte sein, daß Lady Anna und ich heirateten. Den Grund kannte ich nicht, aber er würde mir offenbart werden. Vielleicht sollten wir einen Sohn bekommen, der ein großer Dichter oder Soldat werden würde. Einen Sohn – aber wie sollte ich mit ihr einen Sohn zeugen? *Bei Menschen ist derlei unmöglich, aber vor Gott ist kein Ding unmöglich.* Solche Kleinigkeiten des Fleisches schienen in diesem transzendenten Augenblick bedeutungslos zu sein.

Ich erhob mich von meinem Betstuhl als ein ergebener Mann, eifrig darauf bedacht, mich als Mann Gottes zu zeigen. Ich läutete nach meinen Bediensteten. Zeit zum Anziehen; heute durfte nicht getrödelt werden. Culpepper drehte sich um und rieb sich die Augen. Die Kammerdiener erschienen mit Fackeln und brachten Schalen voll duftenden Wassers und heiße Tücher. Mir fiel plötzlich ein, daß ich als mächtiger Monarch vermählt wurde, als ein König in besten Jahren; diesmal wollte ich alle Details und Nuancen, die dazugehörten, recht genießen. Ich fühlte mich frei, losgelöst, gehorsam. (Bedeutete dies, sich in Gottes Hände zu geben? Wenn ja, dann war es ein wunderliches Gefühl – sich selbst von außen zu erleben.)

Und so sah ich zu, wie ich bereitgemacht wurde. Ich sah zu, wie ein massiger, aber (unter dem Fett) immer noch muskulöser Mann mit parfümiertem Wasser gewaschen und dann mit weißem Linnen trockengetupft und mit Rosmarinöl eingerieben wurde. Ich sah zu, wie ihm sein Barbier das schütter werdende rötliche Haar kämmte und schnitt, und stellte fest, daß noch keine kahlen Stellen zu bemerken waren, sondern ein allgemeines Ausdünnen und Schwinden dessen, was nur zehn Jahre zuvor ein bemerkenswerter Haarschopf gewesen war. Auch der Bart war nicht mehr so dicht, und an einigen Stellen sah man Weißes, aber auch er hatte keine Lücken, war nicht spärlich. Ich sah, kurz, einen Mann, der nicht mehr war, was er einst gewesen, aber auch noch nicht, was er sein würde. Nicht jung, nicht alt. Ein Mann im Übergang.

Und jetzt – das Hochzeitsgewand. Als ich es in Auftrag gegeben hatte, war jedem verschwenderischen Wunsche Rechnung getragen worden. Jede Schicht dieses Kleides trachtete die darunterliegende zu übertreffen. Nun sollten sie alle zu einem blendenden Ensemble zusammengefügt werden. Culpepper hielt mir das erste Unterhemd; es war aus feinster chinesischer Seide, weiß bestickt. So leicht war es, daß es beinahe schwebte, als er es mir reichte, und das geschmeidige Gefühl, mit dem es über meine Haut glitt, gemahnte an eine verführerische Schlange. Aber die Schichten danach wurden schwerer und schwerer, von Goldfäden durchzogen und mit Edelsteinen, orientalischen Perlen und Silber aus Damaskus besetzt, bis nur ein Mann von meiner Breite und Kraft sie alle hätte tragen können.

Ich habe Rüstungen getragen und weiß, wie schwer sie sind; das hier kam ihnen gleich. Doch was sind Gold und Edelsteine anderes als Rüstungen für Zivilisten?

Meine Braut erwartete mich. Mein Schicksal erwartete mich. Beide waren nicht das, was ich mir erwählt hätte, aber Gottes Wege waren geheimnisvoll und gebieterisch. In dieser Geistesverfassung begab ich mich zu dem öffentlichen Empfang für Anna, Prinzessin des Herzogtums Kleve.

Der Tag war schön und klar und kalt. Unter dem harten blauen Himmel funkelten die goldenen Zelte wie Galeonen, die sich auf dem Meere wiegten. Die Standarten über ihnen knatterten scharf wie Segel. Vielleicht würde es dem Menschen eines Tages möglich sein, auf einem gefrorenen Meer zu segeln... wenn die Schiffshaut aus sehr dickem Holz gebaut wurde, in mehreren Schichten... Ah, was vermochte ich nicht alles an diesem Tag, was hätte ich nicht erfinden können, und wäre es nur in meiner Phantasie gewesen?

Von Pracht umgeben ritt ich hinaus. Eine solche Schar von wakker herausgeputzten Rittern – sechstausend, alles in allem genommen und einschließlich der Königlichen Leibgarde, Ehrenpagen, Lanzenträger und Ehrenwache in ihrem vollen Staat: Der dunkelrote Samt, das alte Gold, die goldenen Scharen – und alles glänzte klar und scharf umrissen an diesem Januarmorgen.

Wiederum Tausende erwarteten uns auf dem weiten Feld – die deutschen Händler vom Stahlhof an der Ostseite, die funkelnden Blicks zu ihren Rivalen hinüberschauten, den Kaufleuten aus Genua, Florenz, Venedig und Spanien. Dazwischen unsere eigenen, englischen Kaufleute, zusammen an die zwölfhundert Männer.

Und von Shooter's Hill herunter kam Anna von Kleve in einem geschnitzten, vergoldeten Wagen, gezogen von Pferden mit Schabracken aus schwarzem Samt. Wie Diana mit dem Hengstgespann...

So sagte ich mir, und so schrieben es die vornehmen Chronisten nieder. In den Pergamenten des Königreichs begegnete Diana, keusch und schön und athletisch, dem Jupiter, mächtig und wollüstig und gütig. Man kann nachlesen, wie prachtvoll es war, wie die Erde bei unserem Zusammentreffen erbebte, und wie das ganze Reich frohlockte. Und an diesem Tage glaubten wir es alle wirklich, ich ebenso wie alle anderen – und so wird Geschichte gemacht, so wird sie gebannt wie Früchte, die man lange über ihre Zeit hinaus in Wein bewahrt.

Seite an Seite ritten Lady Anna und ich den Hügel hinunter und quer über Blackheath, und alle meine Untertanen jubelten. Auf der Themse (die nicht zugefroren war) drängten sich Boote mit seidenen Segeln und Fahnen und schossen Feuerwerk in die Luft.

Das war die öffentliche Seite. Aber als wir im Palast zu Greenwich angekommen waren, als die Wagen fortgerollt, die schwarzen Samtschabracken von den Pferden genommen worden waren – da war ich wieder nur ich selbst, ein rebellischer kleiner Junge in einer prachtvollen, festbestimmten Struktur. Ich sträubte und wehrte mich. Wiederum wollte ich das Begonnene nicht zu Ende führen. Mein heiligmäßiger Vorsatz, mit dem ich den Tag begonnen hatte, hielt nicht bis Sonnenuntergang. Ich rief Cromwell und den Geheimen Staatsrat zu mir, wehrte mich, wimmerte, klagte. »Wäre nicht mein Königreich und der Umstand, daß ich in dieser Sache nun schon so weit gegangen bin, ich würde für nichts auf der Welt tun, was ich morgen tun muß.«

Ich fiel ins Bett, beschämt über meine Schwäche. Ich war eben kein Heiliger, auch wenn ich mich im frühen Morgengrauen wie einer gefühlt hatte. Wirkliche Heilige blieben den ganzen Tag heilig, durch Höhen und Tiefen des wirklichen Wetters, wirklicher Menschen, wirklicher Pein – nicht nur in den geisterhaften Schwaden eines traumerfüllten Morgengrauens. Und sie ließen sich nicht nörgelnd und enttäuscht von sich selbst ins Bett fallen. Sie waren nicht von Zorn und Aufsässigkeit erfüllt.

Aber ich wollte Lady Anna nicht heiraten, weder jetzt noch jemals. Sie hatte einen wunderschönen Wagen, aber es war nicht der Wagen, mit dem ich das Lager teilen sollte. Der Wagen wäre mir allemal lieber gewesen – jawohl, lieber hätte ich meine Bettpelze über seine Räder gebreitet, lieber als über seine Herrin.

Aber es mußte sein. Die Hochzeitsfeier sollte früh am nächsten Morgen stattfinden, um acht Uhr. Ich hatte sie auf einen frühen Zeitpunkt angesetzt, als hätte ich es dann auch früh hinter mir – und als wäre es nicht erst der Anfang.

Während ich so in meinem Bett lag und mich schalt, weil ich kein Heiliger war, wurden meine Gedanken realistischer und pragmatischer. Ich würde eine arrangierte Ehe eingehen. So etwas hatte es immer schon gegeben. (War die Ehe zwischen Adam und Eva nicht »arrangiert« gewesen?) Gewöhnliche Menschen hatten das Vergnügen, sich ihre Lebensgefährten selbst auswählen zu können, aber als König war man eine Figur in seinem eigenen Schachspiel. Ich konnte von Glück sagen, daß ich zweimal unter meinen Untertanen hatte wählen dürfen – aus Liebe, wie ein gewöhnlicher Mann. Aber das war jetzt Vergangenheit, wie meine Jugend Vergangenheit war, und ich sollte mich glücklich schätzen. Zweimal war ich davongekommen.

Und das eine Mal hätte es verheerender nicht ausfallen können. Keine arrangierte Ehe hätte so grauenvoll sein können. Wie konnte ich also über die nächste urteilen?

Ich schlief rastlos und unruhig. Ich träumte, ich sei wieder ein Knabe im Arm meiner Mutter. Der Wunsch war Vater dieser Erinnerung, denn soviel ich wußte, hatte sie mich nie im Arm gehalten.

LXXVII

Der Morgen des sechsten Januar. Dreikönigstag... schon immer mein liebster Feiertag. Welche Ironie, daß ich an diesem Tag mit Anna verbunden werden sollte...

Grunzend warf ich meine Decken ab. Das Schwelgen in Erinnerungen – ein Spiel für alte Männer. War es schon so weit gekommen? Wahrlich, ich wollte es nicht wieder tun. Taten waren besser, als in Betrachtungen zu versinken. Gleich welche Taten.

Also ließ ich mich wieder auf meine Kniebank sinken und bat Gott um Seinen Segen und Seine Anleitung. Wiederum fühlte ich mich erfüllt von seiner Kraft. Sollte es so nun jeden Tag zugehen, bis ans Ende meines Lebens? Hatte deshalb das Manna in der Wildnis nur einen Tag überdauert? Hatte deshalb Jesus seinen Jüngern aufgetragen, nur zu beten: »Unser täglich Brot gib uns *heute?«* Ich bat; mir ward gegeben. Und ich ging hin und heiratete.

Cranmer traute uns. Alles war in Ordnung (mit Ausnahme meines tauben Herzens). Der Saal war erfüllt von Dienern in Pelzen und Juwelen und Kerzen aus reinem Bienenwachs, die im Luftzug nur leise flackerten. Ich gab Anna einen Ring mit der Inschrift: »Gott behüte mich«, küßte sie und machte sie zu meinem Weibe. Und die ganze Zeit über fühlte ich nichts.

Es gab ein Bankett, wie gewohnt. Die Stunden vergingen, und Anna und ich sahen einander kaum. Wie Perseus vor Medusa wagte ich nicht, sie anzuschauen, auf daß ich nicht in Stein verwandelt würde und nicht vollenden könnte, was ich vor mir wußte.

Der kurze Wintertag ging zu Ende, und die lange Nacht brach an. Sechzehn Stunden würden wir im Brautgemach verbringen – sechzehn Stunden der »Verzückung« für gewöhnliche Menschen und der Pflicht für einen König.

Wir waren allein. Alle Diener hatten sich zurückgezogen und uns im Brautgemach allein gelassen, das an Üppigkeit nicht zu übertreffen war. Das große Bett war mit seidenen Laken aus Persien bezogen, und in der Ecke kräuselte sich Weihrauch diskret aus Räucherfässern. Wahre Leidenschaft hätte solcher Unterstützung nicht bedurft, doch da sie fehlte, setzten wir unser Vertrauen in sie.

Wie viele Male hatte ich in meiner Phantasie schon eine Fremde geliebt? Ich stellte es mir als einen Zirkus der Wollust vor, wo jeder Impuls sich frei austoben durfte, weil diese unbekannte Frau zu allem bereit sein würde, unfähig zu Zensur oder Urteil. Jetzt sah ich mich der Wirklichkeit gegenüber: einem mächtigen Schatten hinter einem seidenen Schirm, wo Anna sich umherbewegte und sich auszog. Bildete ich es mir ein, oder trödelte sie mit Absicht? War sie ebenso unbegierig, ebenso angstvoll wie ich?

Die Kerzen brannten zusehends herunter. Ich hatte erwartet, um diese Zeit alles erledigt und hinter mir zu haben. Wieso brauchte sie so lange? Ich schenkte mir einen Becher Wein ein, dann noch einen. Ich suchte einen Zustand zu erreichen und zu erhalten, in dem ich besinnungslos meine Pflicht erfüllen könnte. Ich brauchte genug Wein in mir, um die Bangigkeit zu dämpfen, aber nicht so viel, daß er mich beeinträchtigte – ein Gleichgewicht, das nicht leicht zu finden war.

Dann erschien sie. Langsam trat sie hinter dem Schirm hervor und ging zum Bett. Ich näherte mich von der anderen Seite. Der Kerzenschimmer ließ ihre Züge verschwimmen, und ich war darauf bedacht, nur ihr Haar anzustarren, welches lang und golden und glänzend auf ihren Schultern lag, nachdem sie es gekämmt hatte.

Schwerfällig kletterte sie ins Bett. Ich folgte. Dann saßen wir Seite an Seite auf den schlüpfrigen Laken, blickten starr vor uns hin und wagten nicht, einander anzuschauen.

Sie ist eine Ausländerin, sagte ich mir, fern ihrer Heimat, verheiratet mit einem Fremden. Eine Jungfrau im Bette eines Mannes, ins Ehejoch verkauft auf der Grundlage eines Porträts. Wie verängstigt sie sein mußte! Ich hatte in dieser Angelegenheit doch wenigstens den Anschein einer Wahl gehabt, aber sie nicht. Mein Herz öffnete sich für sie, und in diesem Augenblick streckte ich die Hand nach ihr aus, nach meiner sanften, jungfräulichen Braut...

Ich küßte sie und begann, sie mit geschlossenen Augen zu liebkosen. Es war kalt im Zimmer, und ihre natürliche Keuschheit würde danach schreien, nur in der Dunkelheit und unter der Decke entblößt zu werden. So blies ich die Kerzen auf unserem Nachttisch aus, und nur die roten, tanzenden Flammen im Kamin erhellten jetzt noch den Raum. Das Feuer knisterte und seufzte; auch Anna seufzte und entspannte sich in meinen Armen.

Wie weich und warm ihr Nachtgewand war, wie dick und sinnlich ihr Haar! Ja – um die Wahrheit zu sagen – wie gut war es, wieder eine Frau, eine Jungfrau in meinen Armen zu fühlen. Ich legte die Hand auf ihre Brust unter dem Nachthemd.

Statt der festen, hohen Brüste einer Maid fühlte ich die schlaffen Zitzen eines Weibes, das längst über die Blüte seiner Jahre hinaus war. Ich war so entsetzt, daß ich meine Hand mit einem Schrekkensschrei zurückzog. Anna fuhr zusammen, und ich merkte, daß sie sich mir entzog.

Es konnte nicht wahr sein! Ich konnte meiner eigenen Hand nicht glauben; gewiß hatte ich aus Versehen nur ein Kissen angefaßt. Ich streckte die andere Hand aus und wollte sie zu mir zurückziehen, und ich berührte eine weiche, bebende, runzlige Masse – ihren Bauch!

»Ihr habt gelogen!« rief ich da. »Ihr seid älter, als Ihr behauptet, Ihr seid verwelkt, vertrocknet! Ich bin betrogen!«

Sie sprang aus dem Bett, entsetzt ob meiner englischen Tirade. Die Betrügerin! Mit einem Satz war ich aus dem Bett, riß ihr die Decke herunter, die sie vor sich umklammert hielt, und entblößte ihren Körper in all seiner Schaurigkeit. Ihre Brüste hingen schrumplig herab, ihr Leib war ein gedunsener Wanst...

»Pfah!« schrie ich voller Ekel.

Sie schaute mich an, und ihre Augen wurden schmal. »Pfah!« spie sie zurück und zeigte auf mein Glied, das nackt aus meinem Nachthemd hing. »Pfah!« wiederholte sie, machte dann ein geringschätziges Handzeichen und fing an zu lachen. Es folgte ein langer Strom von widerwärtigen deutschen Klängen, als sie fortfuhr, mich zu beschimpfen und meine Männlichkeit zu schmähen.

Und wieso sollte mein Glied bei ihrem Anblick nicht klein und geschrumpft aussehen? Ich fand nicht, daß es etwas mit mir zu tun habe. Sie aber sah aus wie eine Hexe, wie sie keifend im Feuerschein stand. Ich fing an, sie nachzuahmen, und schob mir ein Kissen unter mein Nachthemd, um ihren grotesk häßlichen Bauch nachzuformen, aber sie lachte nur um so lauter. Auch ich fing an zu lachen. Jäh erkannte ich, daß dieses fremde Weib mich nicht in Verlegenheit gestürzt, sondern amüsiert hatte, und daß ich mich in ihrer Gegenwart so frei fühlte, wie bei niemandem je zuvor. Unser Gelächter wurde schriller und schriller, bis wir krampfhaft nach Luft schnappten.

Da erstarb das Lachen langsam, und wir schauten einander an. Im matten Feierschein, der für Frauen meist so schmeichelhaft ist, war sie immer noch schrecklich häßlich. Nein, nicht schrecklich – sie schreckte mich nicht mehr, und ich sie auch nicht. Aber die Situation – gütiger Jesus, diese Situation! Ich war der Mann eines Weibes, dem ich kein Mann sein konnte. Und das war nicht zum Lachen.

Verdrossen ließ ich den Kopf in die Hände sinken, und so verharrte ich eine ganze Weile. Dann spürte ich, daß lähmende Müdigkeit mich erfüllte. Ich sehnte mich nach Schlaf; in meinem Kopf drehte sich alles. Ich blickte zu Anna hinüber und sah, daß sie mich wachsam beobachtete, wie ein Vogel eine Katze beäugt.

Sie hatte doch Angst vor mir. Zwischen den Fingern (sie konnte nicht sehen, daß ich zu ihr hinschaute) entdeckte ich in ihrem Antlitz Besorgnis und animalische Angst. Dann fiel mir ein, wie Will mir berichtet hatte, was Christina von Dänemark auf meine Erkundigungen nach ihrer Heiratswilligkeit angeblich gesagt hatte: »Seine erste Königin tötete er, indem er ihr das Herz brach; die zweite starb einen ungerechten Tod auf dem Schafott, die dritte durch mangelhafte Pflege nach der Geburt ihres Kindes.« Und dann: »Doch hätte ich zwei Köpfe, es stünde einer davon dem König von England zur Verfügung.« Ich hatte geglaubt, es sei einer von Wills Späßen, und hatte gelacht. Jetzt aber fragte ich mich, ob es nicht wahrer gewesen war, als er ahnte.

WILL:

»Wahrer, als er ahnte.« O Heinrich, Heinrich! Du warst derjenige, der blind und taub für das geworden war, was in den Augen Europas aus dir geworden war. Als du deine Gesandten ausschicktest, dir eine neue Braut zu suchen, da warst du nicht mehr der erstrebenswerte Bräutigam, der du vor deiner »Großen Sache« gewesen warst. Keine achtbare Prinzessin wollte dich mehr heiraten! Sie hatten das Gefühl, daß sie damit ihr Leben aufs Spiel setzen würden – daß du mindestens Unglück brächtest, wenn du nicht gar absichtlich danach trachtetest, deinen Gemahlinnen den Garaus zu machen. Zum Glück war das Herzogtum Kleve so behütet und die Lady Anna der englischen Sprache und des Klatsches so unkundig, daß ihr Bruder in deine Brautwerbung einwilligte. Nein, Heinrich, ich habe nicht gespaßt. Im Gegenteil, die schlimmsten der Bemerkungen, die im Umlauf waren, habe ich dir verschwiegen – ich habe dir nur berichtet, was ich wiederholen konnte.

HEINRICH VIII.:

Aber die, die da Einwände erhoben, hatten keine Ahnung! Sie wußten nicht, wovon sie sprachen. Und wieso stellten sie sich immer auf die Seite der Frauen? Katharina starb nicht an »gebrochenem Herzen«. Sie starb an Annes Gift und ihrem eigenen törichten Stolz. Hätte sie sich mir gefügt, so hätte sie ihre Tage nicht im Moor beschließen müssen! Nein, sie hätte im Luxus gelebt, Maria mit mir teilen und in Ehren alt werden können. Und Nan – Gott sei Dank! wußte das gemeine Volk nicht, wie schwarz ihre Seele, wie verkommen die Hexe wirklich gewesen war, denn sonst würde es zitternd und bebend im Bette liegen und sich nie wieder sicher fühlen. Noch aus dem Grab verfluchte sie mich, die kopflose Dämonin! Und die süße Jane. Gott nahm sie mir, und Gott allein weiß, ich hätte mein Königreich als Lösegeld gegeben, um sie zu retten. Das Volk machte ein Lied über sie, und es sprach freundlich von mir. Was hatte die Gedanken der Leute seitdem so vergiften können? Anne – Anne, die noch aus dem Grab agierte, trotz allem, was ich getan hatte, um die Hexe zu entmachten.

Ich hatte das Gefühl, sie sei im Zimmer. Oh, es war ein Fehler gewesen, ihren Schatten heraufzubeschwören. Ich kämpfte, um mich von ihm zu befreien; ich streckte die Hand aus und berührte Anna von Kleve beim Arm. Sie erschrak.

»Laß uns schlafen«, sagte ich, so leise und sanft ich konnte. So verstand sie, was ich meinte, ohne die eigentlichen Worte zu verstehen. Sie lächelte zögernd und folgte mir dann wieder in das so abgeschmackt für die Liebe gerichtete Bett. Zusammen glitten wir zwischen den Satin und verbrachten die ruhigste Hochzeitsnacht, die irgendein jungverheiratetes Paar seit König Marke und Isolde verbracht hatte.

Wir verschliefen uns. Man erwartete uns zur Frühmesse in der königlichen Kapelle und feierte die Messe dann ohne uns. Man erwartete uns in den Privatgemächern, wo frische Gewänder herausgelegt und eine große Silberschale mit gewürztem Wein zu unserer Labsal bereitgestellt waren. Man erwartete mich in der Ratskammer, wo Cromwell, Cranmer, der Admiral und andere mir die Pläne für die obligatorisch nach der Hochzeit stattfindenden Turniere, Spiele und Bankette darlegen wollten. Sie erwarteten uns ungeduldig, eifrig, geil – wie eine Horde von Schuljungen, die plötzlich am Privatleben ihres Lehrers teilhatten. Und ich, der Lehrer, mied sie und schwänzte wie ein Schüler: So waren die Rollen umgekehrt.

Die fahle Januarsonne strahlte zu den Fenstern herein und erhellte nichts. Ich warf einen Blick auf Anna, die neben mir schlummerte. Ja, sie war so häßlich, wie ich es mir gedacht hatte. Die ausgezehrte Sonne war immer noch kräftig und erbarmungslos genug, um alle ihre Blatternarben zu beleuchten und ihre leberfarbene Haut zu zeigen. Ihre gelblichen Pferdezähne ragten zwischen ihren Lippen hervor, während sie vor sich hin schnarchte. Aber ich fühlte mich nicht mehr von ihr abgestoßen. Sie erschien mir als Verbündete, als seltsame Gefährtin in meinem unseligen Abenteuer – in dem Cromwell mein Gegner war.

Ja, Cromwell. Ich hatte ihn für meinen Bundesgenossen gehalten, aber wer war er wirklich? Er war wie durch eine günstige Fügung aufgetaucht, als Wolsey den Hof verlassen hatte, vorgeblich um als Wolseys Agent zur Entwirrung der verzwickten finanziellen Angelegenheiten, die dieser ganz gegen seine Art ungeordnet zurückgelassen hatte. Mit dieser Tätigkeit hatte er sich eine Position der Macht verschafft – oder doch wenigstens eine Position von Bedeutung: Er war jemand geworden, mit dem man zu rechnen hatte. Wolseys Untergang war sein Aufstieg gewesen. Und dann hatte er sich mein Vertrauen verschafft. Wie? Durch seinen skrupellosen Umgang mit der Kirche. Die Entmachtung des Papsttums: Cromwells Scharfsinn. Die Unterwerfung des englischen Klerus: Cromwells Plan. Die Auflösung der Klöster: Cromwells großer Entwurf. Diese Maßnahmen hatten mich zum Oberhaupt der Kirche gemacht, und der Reichtum der Klöster hatte ersetzt, was ich in meinen Frankreichfeldzügen an Ererbtem verschleudert hatte. Was aber hatten sie für Cromwell bewirkt? Niemand tut etwas, das ihm nicht letzten Endes selbst am meisten nützt; das wußte ich jetzt, wenngleich ich es nicht immer gewußt hatte. In Wolseys Fall war der Nutzen offenkundig gewesen und hatte sich unübersehbar gezeigt. Cromwell hingegen hatte keine Titel gesammelt, sich nicht an Reichtümern ergötzt, nicht mit Weibern getändelt und sich nicht in hohen Amteswürden gesonnt. Er war nicht Kanzler und trug keine goldene Kette. Er führte nicht den Vorsitz in der Sternenkammer oder im Parlament. Was trieb ihn an? Was wollte er? Was immer es war – sich in mein Vertrauen zu schleichen, sich unentbehrlich zu machen und mich unter das Joch der flämischen Mähre zu spannen, das alles gehörte zu seinem Plan. Zwar kannte ich diesen Plan noch nicht, aber ich kannte Cromwell gut genug, um zu wissen, daß er einen Plan hatte, denn nichts in seinem Leben war dem Zufall überlassen. Also würde ich die Augen offenhalten und abwarten. Und inzwischen... Ich schaute zu Anna hinüber... Ich würde so tun müssen, als wären wir Mann und Frau. Und Cromwell schließlich auf die Schliche kommen. Dabei würde Anna mir von Nutzen sein.

Ich ließ sie schlafen. Ich hatte keine Lust, mich von Leuten umgeben zu lassen, solange ich meine Gedanken nicht in rechte Bahnen gebracht hatte. Sollten die Leute nur denken, wir verschliefen, weil diese Ehe ein so großer Erfolg geworden sei. Das kam meinen Plänen besser zupaß.

So werden wir alt. Es zeigt sich nicht in schmerzenden Knien oder triefenden Augen. Es zeigt sich darin, daß wir Dinge, die in der Jugend schlichtes Vergnügen sind, zu etwas Falschem verkehren, um unser Gesicht zu wahren. Die Hochzeitsnacht wird so zu einer politischen List. Damit verraten wir uns selbst und sehen überrascht, wie weit wir auf der Reise unseres Lebens schon fortgeschritten sind.

Kurz vor Mittag begrüßten Anna und ich, angetan mit den Gewändern des »zweiten Tages«, Cromwell und die anderen Mitglieder des Geheimen Rates, ehe wir uns zu einem Mittagsschmaus begaben. An diesen kurzen Wintertagen wurde das Mahl serviert, wenn die Sonne am höchsten stand. Ich achtete darauf, nicht übermäßig zu lächeln, auf daß man es nicht falsch deutete. Mochten sie sich die Köpfe über meine wahren Gefühle zerbrechen; mochten sie sich fragen, wie zufrieden ich war. Niemand sollte genau wissen, wie er mit mir stand.

Eine Woge des Behagens durchströmte mich angesichts dieser Situation. Es machte mir Spaß, Menschen im ungewissen schweben zu lassen, so daß sie nicht genau wußten, was mit ihnen geschah – oder was mit ihnen geschehen würde. Ein solches Gefühl war scheußlich, und ich schämte mich, daß ich es so genießen konnte. Aber Empfindungen und Gefühle waren keine Sünde, oder? Taten waren Sünde, und ich hatte nichts Böses getan. Im Gegenteil, ich benahm mich ihnen gegenüber höchst großmütig und königlich. Ich sprach unbestimmt von »unserer Freude« an der Lady Anna und lud sie alle ein, an »unserem Mahle« teilzunehmen.

Fünfzig Angehörige des Hofes speisten mit uns in der Großen Halle. Anna und ihre Damen aus Kleve, alle mit der gleichen Haube, die ihren Kopf umragte wie die runzligen Ohren eines Elefanten, saßen auf der Estrade und schnatterten durcheinander.

Cromwell, wie gewohnt in schlichtes Schwarz gekleidet, saß gleich unten am Tisch zu meiner Rechten und redete ernst mit Brandon. Ich sah, daß er seinen Wein unangetastet ließ. Brandon natürlich nicht. Am Tisch gegenüber saßen die Frauen. Brandons neue Gemahlin, Katherine (In Gedanken nannte ich sie beharrlich »seine neue Gemahlin«, obgleich sie verheiratet waren, seit Prinzessin Elisabeth lebte.), Bessie Blount – jetzt Lady Clinton. Mein Blick verharrte zärtlich auf ihr, aber sie war nicht mehr die Bessie, die ich einst gekannt. Sie war mager und hustete oft, und sie zog sich die Pelze so eng um die Schultern, wie sie es aus Gründen der Mode nur wagen konnte. Sie hatte die Schwindsucht. Ich konnte es sehen, und ein Teil meiner selbst konnte es kalt zur Kenntnis nehmen, während der andere schmerzlich zusammenzuckte. Nicht Bessie... sie konnte nicht alt werden. Wir wünschen uns, daß diejenigen, die unsere Jugend mit uns geteilt haben, immer jung bleiben, damit sie uns an das erinnern, was wir waren, nicht an das, was wir sind. Ist es also am besten, wenn man jung stirbt? Gewiß – für diejenigen, denen unsere Existenz ein Prüfstein ist, eine Bestätigung ihrer selbst.

Prinzessin Maria, ganz in Purpur. Sie liebte diese Farbe, und da sie das Recht hatte, sie zu tragen, sah sie keinen Grund, ihre Hauben, Taschentücher und Schuhe ebenso wie ihre Kleider nicht in der Farbe zerdrückter Veilchen anfertigen zu lassen. Keinen Grund – außer daß diese Farbe ihr einzigartig schlecht zu Gesicht stand: Sie sah darin ganz gelb aus. Neben ihr saß ein ungewöhnliches, hübsches Geschöpf, das alles über Farben wußte und sie zu nutzen verstand. Sie hatte rötlichbraunes Haar und die helle Haut, die manchmal dazugehört, und die Farbe ihrer Kleider war ein gedecktes Rosa, das ihrem Gesicht und ihrem Haar die feinsten Nuancen verlieh. Sie plapperte auf Prinzessin Elisabeth ein, die zu ihrer Linken saß. Elisabeth hatte ihr erstaunlich rotes Haar mit einem Stirnband sittsam zurückgebunden und trug ein bescheidenes Braun. Sie war erst sechs, und ihr Benehmen war doch so würdevoll und ihre Haltung so erwachsen, daß sie vom anderen Ende der Halle betrachtet aussah wie Margaret Beaumont, die von den Toten auferstanden war, um mich zu verspotten und über mich zu richten. Ihre schwarzen Augen – stechende, schwarze Knopfaugen – waren die gleichen. Aber das Geschöpf, das neben ihr saß – schaumig, fransig, spritzig – brachte sie zum Lachen. Wer war die Lady?

Ein Speicheltropfen spritzte vor mir auf den Tisch. Anna sprach. Ich wandte mich ihr zu. Ja, sie sagte etwas, aber ich verstand kein Wort. Ich winkte einem der Gesandten aus Kleve, Hostoden, und forderte ihn auf, herzukommen und zu übersetzen.

»Sie sagt, es behagt ihr wohl in so frommer Gesellschaft«, erklärte er steif.

»Sagt der Königin« – wie merkwürdig das klang! – »daß ich sofort einen Lehrer für sie einstellen werde. Sie muß die Sprache ihres Volkes lernen.«

Anna nickte heftig, und ihre Haube schwankte. Wieder mußte ich an Elefantenohren denken. »Sie sind jetzt in England«, sagte ich. »Es wird Zeit, daß sie ihre heimischen Kostüme ablegen und sich kleiden, wie es die Mode hier gebietet. Ich werde den Hofschneider beauftragen, gleich morgen bei den Damen aus Kleve Maß zu nehmen.«

Als sie dies hörten, waren sie entrüstet.

»Sie sagen, es schicke sich nicht, ihre anständigen Hauben abzulegen«, übersetzte Hostoden. »Es ist unschicklich, das Haar zur Schau zu tragen.«

»Beim Hauche Gottes! Wenn sie sich nicht der englischen Sitte gemäß kleiden können, dann sollten sie nach Kleve zurückkehren!«

Sie runzelten ob dieser Erwiderung die Stirn und erklärten, daß sie dann eben zurückkehren würden. Ich war sprachlos und beleidigt. So bereitwillig verließen sie England? Aber meine Empörung dauerte nur einen Augenblick lang, denn ich sah gleich ein, daß es eigentlich nur zu meinem Vorteil gereichte, möglichst viele von diesen Ausländerinnen loszuwerden und sie durch englische Damen zu ersetzen. In meiner Jugend war der Hof ein heller Ort gewesen, strahlend von Jugend und Schönheit wie eine Sommerwiese mit Blumen und Schmetterlingen im Sonnenschein. Irgendwo unter englischer Sonne gab es immer noch Jugend und Schönheit, und sie mußte an den Hof geholt werden.

Anna machte ein erschrockenes und angstvolles Gesicht, als sie hörte, daß man sie allein lassen wollte. Aber ich streckte die Hand aus und berührte ihre in steifen Brokat gehüllte Schulter.

»Als englische Königin solltet Ihr von Engländerinnen bedient werden«, sagte ich, und Hostoden übermittelte ihr meine Worte. »Hier ist jetzt Eure Heimat. Und ich stelle einen... ich schicke nach einem...« Ich winkte Cromwell – ein leises Zucken von Auge und Finger, und er war an meiner Seite.

»Euer Gnaden?«

»Ihr habt alles beschafft, was Lady Anna braucht, aber keinen Sprachunterricht«, schalt ich ihn. »Ich wünsche, daß unverzüglich ein Lehrer gefunden wird, und zwar einen, der sein Handwerk so gut versteht, daß meine Gemahlin an Lichtmeß vollkommenes Englisch mit mir sprechen kann.«

Cromwell nahm die unmögliche Aufgabe an, ohne eine Regung zu zeigen. Er verbeugte sich mit einem steifen kleinen Lächeln auf dem Gesicht.

»Jawohl, mein Cromwell«, setzte ich sanft hinzu. »Ich bin ja so erpicht darauf, mein geliebtes Weib in meiner eigenen Sprache zu mir sprechen zu hören. Es wird mein Glück vollkommen machen.«

Ein Anflug von Sorge huschte über seine Stirn, diese Stirn, die in Italien so gut ausgebildet worden war. Gleich machte er seinen Lehrmeistern wieder Ehre. »Wie Ihr befehlt, Eure Majestät. In Eurer Zufriedenheit liegt mein Glück.«

Und dein Wohlergehen, dachte ich. Ja, deine Existenz.

Ich nickte gefühlvoll und tätschelte Anna die Wange.

Am Abend, nach einem leichten Mahl aus kaltem Hirschbraten, Pudding und Brot, wurde mir ein schlanker junger Mann gemeldet. Anna und ich wollten uns eben in unser »Brautgemach« begeben; die Höflinge und Bediensteten hatten sich zurückgezogen – ohne Zweifel, um ihre Späße über mich zu machen und mich zu bemitleiden. Nun, ihr Gelächter und ihr Mitleid würden nicht von Dauer sein.

»Ja?«

»Mich schickt der Lord Geheimsiegelbewahrer«, sagte er. »Ich soll die Prinzessin von Kleve, Gott schütze sie, Englisch lehren.« Er präsentierte mir einen Korb mit Büchern, Federn und Papier.

Crum – stets voller Wagemut in der Erfüllung meiner Wünsche. Wem hätte es einfallen können, noch am selben Abend jemanden herzuschicken, auf daß der Unterricht beginne? Nur Crum.

Ich winkte den jungen Lehrer herein und ließ ihn mit Anna an einem Tisch Platz nehmen.

»Ich... bin... Anna.

Du... bist... Martin.

Er... ist... König Heinrich.«

Und zu diesem Refrain schlief ich ein – am zweiten Abend meiner jungen Ehe.

LXXXVIII

In den nächsten acht bis zehn Tagen widmete Anna sich ganz und gar ihrem Englischunterricht. Erstaunt sah ich, wie konzentriert und sorgfältig sie war. Jeden Morgen, wenn ich sie verließ, küßte ich sie auf die Wange und sagte: »Guten Morgen, mein Herz.« Abends vor dem Schlafengehen gab ich ihr wieder einen keuschen Kuß und sagte: »Schlafe wohl, meine Liebe.« Am vierten Morgen konnte sie sagen: »Guten Morgen«, und am Abend: »Auch Ihr, mein Gemahl.« Ehe noch viele Tage ins Land gegangen waren, erkundigte sie sich fürsorglich nach meinen Staatsgeschäften, meinen Ratssitzungen und den bevorstehenden Hochzeitsturnieren und Festlichkeiten. Nicht mehr lange, und ich hätte ein *sprechendes* Pferd.

Sanftmütig (wie es sich für ein zahmes Haustier gehörte) erlaubte sie, daß ihre Damen nach Kleve zurückgeschickt wurden, daß man ihr neue Bedienstete zuteilte, und daß man ihr eine ganz neue Garderobe anmaß und schneiderte. Fröhlich gab sie ihre »Elefantenohr«-Hauben auf, und sie zeigte sich überraschend geschmackvoll bei der Auswahl kostbarer Stoffe und modischer Gewänder. Jedenfalls hatte sie die rechte Figur für jegliche Extravaganz an Gewicht oder Farbe. Es war wirklich so, als werde hier ein mächtiges Schlachtroß ausstaffiert.

Ich verbrachte meine Tage in geheimen Konferenzen, brütete über den neuesten diplomatischen Depeschen, in denen von der »Freundschaft« zwischen Karl und Franz die Rede war. Sie durften von dem mangelhaften Erfolg meiner neuen Ehe keinen Wind bekommen, und statt irgend jemandem zu vertrauen, mußte ich meine Rolle so gut spielen, daß niemand, nicht einmal Cromwell, Verdacht schöpfte. Also spielte ich den glücklichen Bräutigam, beobachtete mich, als wäre ich losgelöst von mir selbst, und staunte über meine eigene Begabung für die Heuchelei. Ich habe den Verdacht, daß jeder dieses Talent besitzt. Diejenigen, die klagen: »Ich kann nicht lügen, denn mein Gesicht verrät mich stets«, sind die gerissensten Lügner von allen.

Die Pläne für eine große Nationalfeier machten Fortschritte. Die protokollarischen Vorbereitungen mußten getroffen werden, und an einem windigen Tag gegen Ende Januar wurden die Turnierschranken auf dem Kampfplatz von Schloß Whitehall aufgestellt, die bunten Fahnen wurden gehißt, und die Zuschauertribünen wurden mit den Farben der Tudors drapiert.

Crum hatte eine Neuerung einrichten lassen: Die königliche Loge war geschlossen und wurde mit Kohlenbecken geheizt. Wir sollten uns die Wettstreiter durch Glasscheiben anschauen.

Am Tag des königlichen Turniers war es böig und bedeckt; es war einer dieser Tage, die einem durch und durch grau erscheinen. Aber in dem königlichen Glaskasten herrschte Hochsommer, und er war erfüllt von dem Geschnatter und den entblößten Hälsen, die die Wärme mit sich bringt.

Anna trug einen eckig geschnittenen Mantel aus goldenem Samt und Brokat, und auf ihrem Kopf saß ein goldenes, mit Smaragden besetztes Krönchen aus feinem Golddraht – alles nach der neuesten Mode. Das Turnier veranlaßte sie zu überschäumender Begeisterung.

»In Kleve haben wir so etwas nicht«, erklärte sie, die fremden Worte sorgfältig betonend.

Nein, vermutlich nicht. Was für ein unausstehlich langweiliger Ort das Herzogtum Kleve sein mußte! Armes Ding – nach England zu reisen und dort als Königin bejubelt zu werden, mußte das außergewöhnlichste Erlebnis in ihrem höchst gewöhnlichen Leben gewesen sein. Nun, mochte sie es nur genießen, solange sie konnte; diese lächerliche Charade würde nur noch wenige Monate Bestand haben, bis nämlich zwischen Karl und Franz der unvermeidliche Streit ausbräche.

Die Fanfaren ertönten; sie schallten unnatürlich klar durch die Kälte. (Wie kommt es, daß Farben und Klänge in der Kälte immer viel intensiver wirken?) Ich erhob mich und gab das Zeichen, zu beginnen. Die Blüte Englands, stattliche junge Männer, kam hervorgeritten, um uns zu unterhalten, die alternden Beschützer Englands.

Ich warf einen Blick hinüber zu Brandon, der zurückgelehnt in seinem orientalischen Ledersessel saß. In letzter Zeit hatte er sich die Gewohnheiten eines Sultans zugelegt; er behauptete, seine alten Knochen fühlten sich in persischen Polstersitzen wohler, und das Rauchen der übelriechenden Wasserpfeife hebe seine Laune. Jetzt beobachtete er die Wettkämpfe mit halbgeschlossenen Augen. Er war nicht unähnlich einem Ochsenfrosch auf einem großen Seerosenblatt; aber ich sah sein Gesicht noch vor mir, wild hinter dem Visier, als er mich 1524 im Turnier beinahe getötet hätte...

»Wir könnten's denen zeigen, wie?« Ich berührte seine Schulter. Er gab keine Antwort. Entweder hörte er nicht mehr gut, oder er war in Gedanken verloren. Unwichtig. Neben ihm wies Crum mit einer Gebärde des Abscheus auf seine Wasserpfeife.

Ob ich wollte oder nicht, ich mußte zur Kenntnis nehmen, daß wir anscheinend in zwei Gruppen aufgeteilt waren: Alte Männer und junge Frauen, und die letzteren schauten zu, wie die jungen Männer sich auf dem Kampfplatz schlugen.

Auf Annas Seite der Loge hatten sich ihre frischernannten Kammerzofen und Hofdamen ausgebreitet. Ich beobachtete sie, gewissermaßen intellektuell fasziniert von ihrer Jugend – das bildete ich mir wenigstens ein.

Ein weißes Flattern: Spitze wurde geschwenkt, ein Taschentuch... das Taschentuch an jenem Tag, jenem schwarzen/weißen Tag im Mai, da Anne ihr Taschentuch für Norris hatte fallen lassen... Ich hatte nicht gewußt, daß der Schmerz derart unversehrt erhalten bleiben kann, als habe er ein eigenes Leben; aber jetzt durchfuhr er mich und ließ mich schwach und krank zurück.

Wieder bewegte sich das Taschentuch, ein Stückchen Stoff mit Spitze, ein wirkliches Ding, kein Gespenst. Es war in der Hand jenes ätherischen Geschöpfes in Rosa, das ich bei Tisch gesehen hatte. Das Mädchen winkte Culpepper zu, der eben ein Stück Satin mit ihren Farben an seinem Ärmel befestigte. Aber sie liebte ihn nicht; das sah ich an der Art, wie ihre Blicke umherschweiften und sie fröhlich mit ihren Gefährtinnen schwatzte. Als er einmal nicht herschaute, zerknüllte sie ihr Taschentuch und drückte es in der Hand zusammen. Und als Culpepper fiel, bemerkte sie es kaum.

Sie hob eine rundliche kleine Hand an ihren Busen, und da fiel es mir wie Schuppen von den Augen: Dies war das Mädchen, für welches Culpepper sich den Samt erbeten hatte und das er hatte verführen wollen.

Offensichtlich war es ihm nicht gelungen. Keine Jungfer hätte ihren Verführer so unaufmerksam beobachtet, wie dieses – wie hieß sie gleich? – dieses Howard-Mädchen Culpepper beobachtete. Man trug ihn jetzt vom Platz, und im Schnee unter ihm waren hellrote Flecken zu sehen, aber Fräulein Braunlocke tuschelte kichernd mit einer anderen Dame.

Sie streckte ihre in leichten Schuhen steckenden Füße gegen das Kohlenbecken, um sie zu wärmen, berührte das glühendheiße Metall und zog sie gerade noch zur rechten Zeit zurück. Es war ein gefährliches Spiel – und richtig, nach dem sechsten oder siebenten Mal schrie sie schmerzlich auf.

Ich lief zu ihr hinunter und zog ihr den Schuh aus. Ihr Fuß war so winzig und warm wie der eines Kindes. Ich hatte vergesen, daß es eine Zeit im Leben gibt, da man rundliche, rosige Füße hat. Ich hatte das Gefühl, die meinen waren hart, schwielig und kalt, solange ich denken konnte. Aber dieser Fuß war... saftig. Es gab kein anderes Wort dafür.

Ich blickte zu ihrem Gesicht auf, und es war zart und saftig wie ihr Fuß. Noch immer hielt sie das Taschentuch umfaßt, aber Tränen glänzten auf ihren geröteten Wangen, und ihre Lippen, voll wie zwei Kissen, zitterten. Sie war das sinnlichste Wesen, das ich je berührt hatte, fleischlich ganz und gar ein Geschöpf der Sinne, der Erde... und ich wußte in diesem Augenblick, daß ich sie besitzen mußte.

Ich sagte nichts. Ich stand auf und begab mich zurück zu meinem königlichen Sitz.

Es war entschieden. Sie würde mein sein. Ich brauchte nur ein Wort zu sagen, um es zu arrangieren. Ich lebte in einer Welt, in der jede Sehnsucht gestillt werden konnte, in der indes der Mangel an Sehnsucht etwas Furchtbares gewesen war, das auf mir gelastet und mir das Gefühl gegeben hatte, ich sei tot.

Jetzt war ich wieder lebendig. Etwas zu wollen, heißt leben. Und ich wollte Mistress Howard, wollte sie so heftig, daß ich beschämt und atemlos zugleich war.

In dieser Nacht fand ich keinen Schlaf. Zum erstenmal, seit ich Anne Boleyn bei der Investitur (am 25. Juni 1525; würde ich dieses Datum je vergessen?) gesehen hatte und von ihr behext worden war, hatte ich ein solches Gefühl nicht mehr empfunden. War es auch diesmal Hexerei? Nein, heute wußte ich es besser. Annes Hexerei hatte später begonnen. Am Anfang war das Gefühl, das ich hatte, echt und unbesudelt gewesen.

Daß ich es nun noch einmal erleben sollte! Ich hatte nie mehr damit gerechnet, und jetzt wurde es mir gewährt, in meinem Alter, ohne daß ich danach gestrebt hätte!

Ich lag die ganze Nacht wach und freute mich der Liebe, die mir bevorstand, schwelgte in dem Wissen, daß sie mir bevorstand, denn ich hatte die Macht, zu befehlen, und was ich haben wollte, konnte ich mir nehmen. Ich war kein Culpepper. Aber in der Frist zwischen dem Erwachen einer Sehnsucht und dem Handeln zu ihrer Befriedigung – darin liegt die Qual und auch die Seligkeit. Ein Mensch ist nie mehr unser eigen und zugleich unerreichbar als in diesen Stunden.

Anna schnarchte leise neben mir. Ich tastete zärtlich nach ihr, denn ich wußte, sie war das wunderliche Werkzeug, das meine gegenwärtige und zukünftige Glückseligkeit herbeigeführt hatte. Ohne diese arrangierte Ehe hätte ich mich damit begnügt, für alle Zeit dahinzusiechen, zu trauern und mich tot zu fühlen. Ich hatte geglaubt, daß ich es sei. Ich empfand Dankbarkeit sogar gegen Franz und Karl. Ohne ihre Feindschaft hätte ich diese Zwangsehe niemals schließen müssen, und dann hätte ich niemals eine Königin gehabt, und die Königin hätte keinen Haushalt gehabt...

Genug! Das war absurd. Ebensogut hätte ich dankbar dafür sein können, daß mein Vater in einer gewissen Nacht bei meiner Mutter gelegen, oder dafür, daß eine glücklich angebrachte Kerze verhindert hatte, daß die Hebamme auf der Treppe gestolpert war. Die Wahrheit war, daß ich glorreich verliebt war – neugeboren, sozusagen –, und daß alles andere nicht zählte. Die Dinge waren, wie sie waren, und sich im Übermaß den Kopf drüber zu zerbrechen, wer sie herbeigeführt haben möchte, war eine Verschwendung eigener Geschäftigkeit. Jede Handlung, die den Liebenden nicht in den Besitz seiner Geliebten brachte, war Verschwendung; nur das Genießen des bevorstehenden Augenblicks war es nicht.

Culpeppers Verletzung war geringfügig. Eine Lanzenspitze, die irgendwie den Weg zwischen den überlappenden Panzerplatten zu seinem Schenkel gefunden hatte, hatte ihn gestochen. Der Chirurg hatte die Wunde gereinigt und mit rosafarbenem Satin verbunden.

»Ihre Farbe«, bemerkte Culpepper augenzwinkernd, als er sich zum Dienst in meinem Schlafgemach zurückmeldete. Vorsichtig wickelte er den Satin ab und legte ihn ehrfürchtig auf seinen Nachttisch.

»Wessen?« Ich zwang mich, die Frage beiläufig zu stellen.

»Meiner schönen Cousine«, antwortete er. »Ich sprach von ihr, bevor die Königin kam.«

»Ich habe ihren Namen vergessen.«

»Catherine Howard. Die Tochter von Edmund Howard, dem jüngsten Bruder des Herzogs.«

Jetzt entsann ich mich. Ich hatte für Edmund immer die gleiche Kategorie von Achtung empfunden wie für unverbesserliche Trinker, perverse Mönche und desertierte Soldaten. Der Wicht war natürlich hochverschuldet gestorben, unfähig, seiner Pflicht Genüge zu tun.

»Als ihr bedauernswerter Vater starb, mußte ihre Stiefgroßmutter sie in ihre Obhut nehmen, die Herzoginwitwe von Norfolk.«

In einem Winkel meines Bewußtseins spürte ich Gefahr. Ihr Erbgut war schlecht, ihre Erziehung erbärmlich. Blut und Bildung lassen sich niemals verleugnen. Aber in einem anderen Winkel erhob sich Entrüstung. Mit solchen Maßstäben betrachtet, gälte selbst Unser Herr nichts.

Ihre Augen waren unschuldig. Sie sagten mir alles, was ich wissen wollte. (Was war aus meiner Einsicht geworden, daß jedermann ein abgefeimter Lügner sei? Untergegangen, zusammen mit all den übrigen schmerzhaft erworbenen Einsichten und Erfahrungen, untergegangen im Strudel der Liebe.)

»Habt Ihr sie schon besessen?«

Er lachte leise. »Nein. Ich warte noch auf den richtigen Augenblick.«

Mein Achselzucken verriet nicht, welche Erleichterung mich durchströmte. Sie war unberührt! Anders hätte ich sie auch nicht gewollt; zu wissen, daß ein anderer sie genossen habe, hätte ich nicht ertragen.

Wie Katharina und Anne Boleyn! Andere Männer hatten sie in den Armen gehalten, andere Männer hatten ihnen die Beine gespreizt und ihr Glied in das weiche Fleisch geschoben, hatten es in ihnen hin und her gerieben, einen klebrigen Schleim dort hinterlassen... schmutzig, so schmutzig! Es war so ekelerregend, so widerlich, sich zu nehmen, was ein anderer übriggelassen hatte. Kein Mann konnte es tun und dabei ein Mann bleiben.

Die Leute haben sich gefragt, was ich an meiner Jane so liebte. Ihre Reinheit. Zu wissen, daß sie unberührt war, daß kein Mann sie je besudelt hatte.

Bei Catherine Howard mußte ich nun rasch etwas unternehmen, damit Culpepper sie nicht beschmutzen konnte, denn dann wollte ich sie nicht mehr. Nein, wenn ich wüßte, daß ein anderer sich auf ihr und in ihr vergnügt hatte, würde sie das in meinen Augen krank machen. Ich mußte der erste sein, der einzige.

»Wir müssen eine Gemahlin für Euch finden«, sagte ich zu Culpepper.

Er lachte. »Lieber habe ich Geliebte.«

»Nein«, beharrte ich. »Ihr braucht eine Gemahlin, auf die Ihr Eure Energien verwenden könnt. Haltet Euch fern von Mistress Howard. Ihre Mitgift ist ihre Jungfräulichkeit. Raubt sie ihr nicht.«

Er zuckte die Achseln. »Es sei, wie Ihr befehlt. Ich bin froh, daß ich kein Weib bin und mit meiner Tugend Handel treiben muß.«

Tugend. Reinheit. Sittsamkeit. Keuschheit. Alle Männer spotten ihrer und schmähen sie. Und alle Männer erstarren in Ehrfurcht, wenn sie sie sehen.

Am nächsten Morgen, als ich mich, vorgeblich um ihrem Englischunterricht zu lauschen, in Annas Studierzimmer begab, schaute ich aufmerksam umher; ich hoffte, Catherine Howard zu sehen. Als Ehrenjungfer hatte sie alltägliche Aufgaben: Sie mußte Kämme aussuchen, Kleider ausbürsten und nach Läusen absuchen, Schmuck putzen und bereitlegen. Es waren die höherrangigen Kammerfrauen, die die Königin bei zeremoniellen Anlässen bedienten. Folglich mußte ich mich in Annas Gemächer begeben, wenn ich Mistress Catherine finden wollte.

Anna jedoch war allein mit ihrem Lehrer, diesem stammelnden Jüngling, der nichtsdestominder ein Genie zu sein schien, wo es darum ging, jemanden im Handumdrehen in unserer Sprache zu unterweisen.

»An... dem...«

»Auf dem...«

»Auf... dem... Markt gibt es Äpfel, Birnen, Käse und...«

»Und...«

»... Rüben.«

Sie krähten fröhlich vor Lachen. Es gefiel mir, Annas Entzücken zu hören. Ohne den Schatten meiner Gegenwart schien sie mir ein frohgemuter Mensch zu sein, ganz und gar im Gegensatz zu ihrer bleischweren Erscheinung.

»Sehr gut, mein Herz«, sagte ich und trat schlendernd ins Zimmer. Ihr Lachen brach ab. Das kränkte mich.

»Aber, aber«, schalt ich. »Laßt Euch von mir nicht stören. Was gibt es sonst noch auf dem Markt? Ein fettes Schwein vielleicht?«

Aber sie fuhren in ihrem Unterricht nicht fort. Ich war enttäuscht, sowohl in meiner ursprünglichen Absicht, Mistress Catherine zu sehen, als auch – unerklärlicherweise – weil ich Anna gestört hatte und ausgeschlossen worden war, und so kehrte ich zurück in meine eigenen Gemächer. Dies war ein Augenblick, da ich zu gern ein Pferd gesattelt hätte, auf die Jagd gegangen wäre und den Palast und all meine Gefühle hinter mir gelassen hätte. Aber ich konnte nicht mehr reiten. In letzter Zeit tat mein Beingeschwür, wenn es sich am Sattel rieb, so weh, daß ich es nicht mehr ertragen konnte. Schmollend lungerte ich an diesem trüben Tag im Februar in meinen Gemächern herum, und schließlich rief ich nach einem der wenigen Vergnügen, die mir noch geblieben waren: Will.

Will tat immer noch seine Wirkung, wenn der Wein versagte und alle Gesellschaft mir schal wurde. Beinahe unmerklich war aus dem Unterhalter meiner einsamen Stunden, witzig und voll von schlüpfrigem Tratsch, ein Zuhörer und weiser Kommentator geworden – vor allem nachdem Jane gestorben war und ich Narren in meiner Umgebung einfach nicht mehr hatte ertragen können. Wirkliche Narren, meine ich – nicht berufsmäßige Possenreißer. Narren, die salbungsvolle Platitüden gemurmelt hatten – »Die Zeit heilt alle Wunden« und »Im Himmel werdet Ihr sie wiedersehen« und »Sie würde nicht wollen, daß Ihr allzu sehr trauert«.

Will allein war ehrlich und mutig genug, zu sagen: »Ich weiß, du würdest den Rest deines Lebens dafür geben, wenn du noch einmal ein Viertelstündchen lang mit ihr über die trivialsten Dinge reden könntest.«

Darauf konnte ich antworten: »Ja.«

Ich fühlte mich jetzt mehr und mehr auf ihn angewiesen, sosehr ich mich auch ermahnte, daß es nicht sein dürfe, denn so viel Vertrauen, so viel Abhängigkeit von einem einzelnen Menschen forderte das Schicksal über Gebühr heraus. Ich brauchte nur an Wolsey zu denken, an More und an Jane selbst.

Er stand vor mir in meinem Arbeitszimmer, alltäglich gekleidet. Seine Schellenkappe trug er nur noch selten, denn dieses Kostüm verletzte ihn in seiner Empfindsamkeit und war nur erforderlich, wenn er öffentlich auftrat. Vor mir allein, um elf Uhr vormittags, wäre es absurd gewesen.

»Will«, murmelte ich, »ich bin ganz und gar ratlos und verloren.«

Seine flinken, dunklen Augen schauten mich forschend an. »Nein, Hal« – er beliebte mich Hal zu nennen, wie es niemand sonst je tat – »du *langweilst* dich. Nenne es bei seinem richtigen Namen.«

»Was ist denn Langeweile? Definiere es für mich.« Schon war die Langeweile verflogen, vertrieben von Wills magischer Hand.

»Langeweile ist jener furchtbare Zustand der Untätigkeit, in welchem just die Medizin, die ihn beheben könnte – Tätigkeit nämlich –, als abscheulich empfunden wird. Bogenschießen? Dazu ist es zu kalt, und außerdem müssen die Zielscheiben neu bezogen werden; die Ratten haben am Stroh genagt. Musik? Sie zu hören, ist öde, sie zu schreiben, strapaziös. Und so weiter. Von allen Leiden ist die Langeweile am Ende das, welches dem Manne am nachhaltigsten die Kraft nimmt. Sie verwandelt ihn schließlich in ein großes Nichts, das nichts mehr tut. Sie ist eine Cousine der Faulheit und eine Schwester der Melancholie.«

»Wie du es sagst, klingt es romantisch und unheilvoll.«

Er zuckte die Achseln. »Kann sein. Das Seltsame ist, daß dieses Leiden so leicht zu kurieren ist. Man braucht sich nur zu zwingen, die ›langweiligen‹ Tätigkeiten zu vollziehen, und schon verflüchtigt sich der Zustand selbst. Das körperliche Tun hat etwas an sich, das die Langeweile vertreibt. Aber wenn sie einmal eingesetzt hat und einen Menschen in ihren Klauen hat, dann ist er meist zu entkräftet, sie noch in die Flucht zu schlagen, und sei es auch mit dem einfachen Mittel, einen Fuß vor den anderen zu setzen.«

»Will, ich bin in der Tat entkräftet. Aber nicht durch Langeweile. Will, ich bin – verliebt!«

Er nahm mein erstaunliches Geständnis gelassen hin. »Das ist natürlich das sicherste Mittel gegen Langeweile. Kurzfristig versagt es nie. Es hat allerdings den Nachteil, daß es langfristig immer versagt. Nun – du bist gewarnt. Wer ist es?« Er sagte nicht »diesmal«. Er ließ seine Stimme nicht sarkastisch schleifen. Er fragte nur, strahlend, freundlich.

»Ein Mädchen, das an den Hof gekommen ist.«

»Nun, ich dachte nicht, daß du sie auf einem Acker kennengelernt hast. Wo sonst könntest du jemandem begegnen, wenn nicht am Hofe? Deine Möglichkeiten sind da in Wahrheit einigermaßen begrenzt. Vermutlich ist dir das gar nicht klar.«

»Sie ist jung und unverdorben und frisch. Eine Rose ohne Dornen!«

»Und namenlos. Ich verstehe. Ausgestattet mit all den üblichen liebeserzeugenden Mechanismen, mit denen sich bei einem angeödeten alten Wüstling wie dir die Sehnsucht entfachen läßt. Es ist immer ›ein junges Mädchen‹. O Hal, wie *langweilig*!«

»Wie kannst du das sagen?«

»Berechenbarkeit ist langweilig. Hast du je am Dreikönigsfest ein Schauspiel angesehen, eines über Amor und Psyche, und in den ersten paar Augenblicken begriffen, daß du dir nun *sämtliche* Prüfungen wirst ansehen müssen, die Venus für sie bereithält: Die Trennung von Reis und Weizen, das Borgen der Schönheit von Persephone, und so weiter, und so fort? Und etwas in dir stöhnt und denkt: ›O Gott, das alles muß ich über mich ergehen lassen!‹ Alles ist bekannt, alles unausweichlich. So steht es mit dir und deiner ›Rose ohne Dornen‹. Blah blah. Du wirst sie idealisieren und ihr vertrauen, und sie wird dich betrügen, entweder mit einem Jüngeren oder mit der Zeit selbst. Und du wirst unglücklich sein.«

Nicht einmal Will verstand es! Ich war sprachlos.

»Sei originell, Hal. Verliebe dich in eine alte Witwe. Das wäre eine Geschichte!«

»Ich bin keine Geschichte! Ich bin ein Mann! Ich existiere nicht, um die Theorien von Geschichtenerzählern zu beweisen. Habe ich kein Recht auf Glück?«

»Wie kindisch. ›Ein Recht auf Glück‹. Du hast nicht einmal ein Recht auf das Leben, vom Glück ganz zu schweigen. Daß du lebst und gedeihst, ist ein Geschenk. Ein Geschenk, das die Götter Prinz Arthur und Königin Jane nicht gewährt haben. Es gibt kein ›Recht‹. Nur Geschenke. Allerdings kann man seine Chancen, solche Geschenke zu empfangen, durch ein bestimmtes, im Laufe langer Zeit bewährtes Benehmen steigern. Bedauerlicherweise gehört die Kombination des vernarrten alten Ehemannes und der Kindbraut aber nicht dazu.«

»Ich kann es nicht ändern. Ich sage dir, ich bin besessen!« rief ich. Und noch während ich es aussprach, spürte ich die Macht dieser Besessenheit. Es war unmöglich, sie aufzuheben – außer durch Vollzug und Erfüllung.

»Du bist immer von irgend etwas ›besessen‹«, sagte er schließlich. »Bist du niemals nur Hal, ohne von irgendeinem Geist heimgesucht zu werden? Wird es nicht allmählich eng in deiner irdischen Hülle?«

»Nein! Zu leben heißt, von Geistern zu strotzen!«

»Zu leben heißt, von deinen eigenen Geistern zu strotzen, nicht scharenweise fremde zu beherbergen.«

»Worte, Worte! Ich will keine Worte mehr, ich will Lady Catherine.« Da, jetzt hatte ich es gesagt.

Er lachte. »Ich hätte geglaubt, diesen Namen könntest du nicht noch einmal verdauen.«

»Das hätte man auch bei Anna denken können! Kann ich etwas dazu, wenn ein Drittel aller Frauen der Christenheit Katharina heißen, ein Drittel Anna und ein Drittel Elisabeth? Soll ich denn unter den Ungläubigen nach einer Melisande oder einer Zaida suchen?«

»Irgendwann wird dir nichts anderes übrigbleiben, wenn du fortfährst, dich so geschwind zu verlieben. Du bist noch nicht fünfzig, hast noch mindestens zwanzig Jahre der Geilheit – die du Liebe nennst – vor dir. Da möchte England sich als zu klein erweisen.«

Ich konnte nicht anders, ich mußte lachen. Er reduzierte alles auf etwas, das man handhaben und verstehen konnte. Ein Mann der Logik, der so anders denkt als ein Mann des Instinkts und der Leidenschaft, tut dies immer. So ist er stets ein großer Trost in den Nachwehen, wenn man nämlich von seiner Liebesreise zur Erde zurückkehrt. Aber nicht, wenn man sie beginnt – nein, nicht, wenn man sie beginnt. Ein solcher Mann macht sich lustig über den Zauber, und der Beginn der Liebe ist Zauber in seiner reinsten Form.

Er machte es sich auf einem großen Kissen vor dem Feuer bequem. »Jetzt mußt du deinen Feldzug planen. Wirst du sie noch vor Ostern gewinnen? Was glaubst du?«

Ich ließ ihn plappern und hörte kaum noch zu, denn ein großes Hindernis auf meinem Weg zu Mistress Howard erschien in meinen Gedanken. Das Hindernis lag in ihrem Namen selbst: Howard. Die Howards waren aus dem Norden und verwurzelt im alten Glauben. »Es war Wohlsein in England, ehe die neue Gelehrsamkeit sich unter uns verbreitete«, hatte der Herzog einst gegrollt; insgesamt war die Familie konservativ und lehnte die Veränderungen, die ich herbeigeführt hatte, ab. Mich mit einer Braut aus dem Hause Howard einzulassen, würde bedeuten, daß ich allem, was ich seit jenem Hohn von einem Legatsgericht in England getan hatte, den Rücken zukehrte. Catherine war nur ein Köder in einer riesigen, verzwickten politischen Bärenfalle. Und wenn ich diesen Köder verschlang...

Aber wenn es einen Weg gab, den Köder zu stibitzen, ohne die Falle zuschnappen zu lassen? Es mußte einen geben. Ich würde ihn finden.

Wie ihrer Cousine Anne Boleyn vor ihr gelang es auch Catherine, sich mir zu entziehen, wenngleich es diesmal zufällig geschah. Ich traf sie niemals in der Umgebung der Königin an, wenn ich Anna meine formellen Besuche abstattete, und ich wagte nicht, ihre Zahl oder ihre Dauer zu vergrößern, damit Anna keine Zuneigung zu mir faßte. Das wollte ich vor allem nicht, auch wenn sie zusehends auf erstaunliche Weise englisch wurde. Ihre Alltagssprache hatte einen Stand erreicht, der dem eines Schulkindes entsprach; sie hatte sich mit meinen beiden Töchtern angefreundet, und jetzt war sie mit den Plänen für die Gärten beschäftigt, die Mitte April, nach dem letzten Frost, in Angriff genommen werden sollten. Wenn sie enttäuscht oder unzufrieden mit unserem ehelichen »Arrangement« war, so ließ sie es sich nicht anmerken. Es würde schwierig werden, sie herauszuhebeln, wenn der Zeitpunkt gekommen wäre.

Schwierig war es auch, Cromwell im Zaum zu halten und zu beschwichtigen. Er war mit Abstand der Gerissenste in meinem Reich, schlau und listig, wenn nicht gar wirklich mit dem zweiten Gesicht begabt; sein Instinkt für persönliches und politisches Überleben war legendär. Ich achtete mit äußerster Sorgfalt darauf, daß er von meiner veränderten Einschätzung seiner Person nichts merkte, aber um sie vor ihm zu verbergen, mußte ich auch meine wahren Gefühle für Königin Anna verbergen.

Nach den ersten paar Tagen hatte Cromwell sich schüchtern erkundigt, ob die Lady Anna mir vielleicht doch besser zusage, als ich anfangs gedacht hätte? Da die Antwort sowohl ja (wegen ihrer unerwarteten Fähigkeit, jeden Raum, in dem sie sich aufhielt, gemütlich zu machen) als auch nein (was ihre körperliche Widerwärtigkeit anging) lautete, grunzte ich nur und sagte: »Ein wenig.« Nach dieser Antwort war er nervöser als zuvor, und ich wußte, ich hatte damit einen Fehler begangen. Ein besorgter Mann bemerkt viel mehr als ein zufriedener, und in Zukunft mußte ich dafür sorgen, daß Cromwell zufrieden genug war, um sich zu verraten oder zumindest seine wahren Gefühle gegen das Luthertum zu offenbaren.

Die Lage in England aber (ich konnte es zugeben und einsehen, auch wenn mir die Implikationen mißfielen) war die: In den Augen der Welt waren wir ein protestantisches Land, und just die Dinge, die mir am Herzen lagen und wichtig waren, hingen zu einem großen Teil von der Existenz des Protestantismus ab (wie man jetzt modischerweise statt Luthertum zu sagen pflegte). Was waren diese Dinge? Mein Gewissen zum Beispiel. Auf mein Gewissen hatte ich den Bruch mit Rom und die Annullierung der inzestuösen Ehe mit Katharina genommen. Mein Gewissen hatte ich zum obersten Gesetz des Landes gemacht. Ich suchte göttliche Anleitung und nahm sie mit ganzem Herzen an. Zwischen mir und Gott gab es eine unmittelbare Beziehung; alle Vermittler (die Kirche, die heiligen Traditionen) mußten dabei übersprungen werden.

Aber das Luthertum – ich meine, der Protestantismus – war so *sozial*. Er strebte danach, den Menschen zum Deuter der Dinge zu machen, letzten Endes zum Mittelpunkt aller Werte auf Erden. Mit der Zeit würde es keine Einrichtung, kein Gebäude, keinen Gegenstand mehr geben, der noch als göttlich gelten würde. Es gäbe nur noch den Menschen, die Menschheit, den Humanismus, und die ganze Welt würde sich um den Menschen und seine kleinen Werke und sein Umherstolzieren drehen. Daraus aber würde dann folgen, daß auch ein König nur ein Mensch sei, und jeder Mensch ein potentieller König...

Ich verabscheute den Protestantismus! Er führte letzten Endes in die Anarchie. Darin lag das Paradoxon. Englands Sicherheit hatte ihr prekäres Fundament in einer theologischen Argumentation, die uns am Ende zu neuer Barbarei verführen konnte. Mir oblag es, einen Mittelkurs zwischen zwei zerstörerischen Extremen zu steuern: zwischen Rom und der Anarchie. Ich konnte es, wenn es auch immer schwieriger wurde. Aber wie stand es mit Edward, der nach mir kam?

Der Protestantismus mochte Cromwell verlockend erscheinen, aber er konnte nicht vorhersehen, wohin er führen würde. Cromwell und seinen Kräften mußte Einhalt geboten werden. Der Protestantismus durfte in England nicht weiter gedeihen, denn sonst würde er Edward, wenn er auf dem Thron säße, wie eine Frühjahrsflut überschwemmen und ihn hinunterspülen.

Bei Hofe schickten wir uns an, nach Windsor umzuziehen, wo wir den Frühling verbringen und den Mai feiern wollten. Wagen wurden bereitgemacht und im Hof aufgefahren, und Arbeiter verwandten zwei volle Tage darauf, verpackte Gegenstände hinauszuschleppen und sorgfältig aufzuladen. Alles wurde in Listen eingetragen, denn unsere liebsten Dinge wurden nach Windsor geschafft. Die ganz zerbrechlichen wurden natürlich nicht angerührt. In jedem Schloß gab ein ein paar davon – eine fein justierte Uhr in diesem, eine machtvolle Orgel in jenem, ein Gemälde, dessen instabile Farben den Einfluß der Elemente nicht überstanden hätten. So kam es, daß ich immer, wenn ich in eine königliche Residenz zurückkehrte, eine ganze Schar alter und treuer Freunde wiederentdecken und begrüßen konnte.

Dann war alles aus Greenwich fortgeschafft; ich war nur noch zurückgeblieben, um ein paar lästige Staatsdokumente zu überprüfen, die, sobald ich sie unterzeichnet hätte, unverzüglich dem Kanzler zugestellt werden sollten. Ich war immer gern in einem eben verlassenen Schloß, dessen Leben woanders hingezogen war; es erfüllte mich mit einer Art billiger Melancholie, durch die leeren Räume zu streifen, und dieses Vergnügen gestattete ich mir jedesmal unter dem einen oder anderen Vorwand.

Heute nun, nachdem ich den letzten der kaiserlichen Kuriere fortgewinkt hatte (Karl nannte Franz immer noch »Bruder«; wie verdrießlich!), beschloß ich, durch den benachbarten Korridor in die Gemächer der Königin zu wandern. Ich tat es und sah nicht zum erstenmal voller Staunen, um wie viel größer ein Raum ohne seine Möbel wirkte – nicht nur ein wenig größer, sondern zwei- oder dreimal so groß wie vorher. Und ohne Möbel und Wandbehänge hatte ein Raum nicht die geringste Persönlichkeit. »Geister« waren vor allem an greifbare Gegenstände gebunden: an den Vorhang, den man gerade betrachtete, als jemand bestimmte Worte aussprach; an das Intarsienmuster, auf das man gestarrt hatte, während man sich an einem bestimmten schmerzlichen Wendepunkt seines Lebens befand. Ohne diese Dinge verflogen die Geister. Katharina war hier gewesen, und Anne. Jane als Ehrenjungfer. Jede von ihnen hatte die Räume zu ihrer Zeit um so viel anders aussehen lassen, daß es jedesmal schien, als seien sie von anderen Ziegeln umgeben, als böten die Fenster einen anderen Ausblick.

Im Privatgemach der Königin schaute ich zum Ostfenster hinaus. Dieselbe Themse floß immer noch vorbei, rauschend jetzt, angeschwollen vom Frühjahrshochwasser. Ich sah mich um und genoß die nackten Dielen und offenen Räume. Ein neuer Anfang war immer etwas Aufregendes, und leere Räume bedeuteten einen solchen für mich.

In meinem Geiste hörte ich Musik – verhallte Musik aus anderen Räumen, anderen Zeiten. In solcher Stimmung war ich an diesem Morgen, daß ich mich nicht wunderte, sondern dastand und lauschte. Getragen, langsam, klagend... Dinge, die gewesen waren und die es nicht mehr gab... alles war von eigentümlicher, trauriger Schönheit.

Aber die Töne waren Wirklichkeit. Ein falscher erklang, und in der Erinnerung erklingt nie ein falscher Ton...

Ich bewegte mich, wandte den Kopf. Die Töne drangen stärker an mein linkes Ohr. Sie kamen aus Zimmern, die weiter hinten in den Gemächern der Königin lagen. Ich durchquerte den Audienzsaal und die äußere Ratskammer. Der Klang war voller. Ich stand in einem Türbogen, wo es nach links und nach rechts weiterging, und ich konnte nicht ausmachen, woher die Musik kam. Ich wartete noch eine Weile mit angehaltenem Atem. Aber nicht meine Ohren trafen die Entscheidung, sondern mein Verstand. Ich wußte, daß Musiker (ich war ja selber einer) natürliches Licht immer dem künstlichen vorzogen. Fenster aber gab es in den Gemächern der Königin an der linken Seite, und dort fiel Gottes Licht herein. Also wandte ich mich nach links, und...

Ich blieb regungslos stehen, mein Atem gefror, meine Bewegungen erstarrten, und in meinen Geist prägte sich für alle Zeit der Anblick des großen Spinetts mit den elfenbeinernen Tasten, nackt in einem leeren Raum, und Mistress Catherine Howard, die sich darüberbeugte und Töne anschlug. Ich sah, wie sie sich mühte, allein im leeren Zimmer, einen Ausdruck reinen Entzückens auf ihrem Antlitz. Ich wußte, was es bedeutete, einen ganzen Tag allein sein zu dürfen, um auf einem neuen Instrument zu spielen, es zu erlernen und zu meistern, ohne daß jemand zuhörte. Es übertraf die Sinnlichkeit, es übertraf fast alle anderen Erlebnisse.

Jede Note ertönte laut und klar, schnellte sich jubilierend in die Frühlingsluft. Ich blieb verborgen stehen, solange ich wagte. Schließlich aber kam es mir hinterlistig vor, mich spitzelhaft in die künstlerische Einsamkeit zu schleichen, und so trat ich kühn hervor.

»Mistress Howard«, sagte ich schlicht und ging über die abgetretenen Dielen auf sie zu. »Wie ich sehe, habt auch Ihr Freude an einem wohlgestimmten Spinett.«

Mit leisem Aufschrei fuhr sie zurück wie ein Kind, das bei einer Ungezogenheit ertappt worden war. »Eure ... Eure Majestät...«

Sie sprang taumelnd auf und raffte ihre Röcke zusammen. Dabei stieß sie die Bank hinter sich zurück, daß sie polternd umkippte.

»Nein, nein.« Ich haßte es, wenn ich in trauten Augenblicken bei anderen Verlegenheit und Furcht hervorrief. Offiziell war das natürlich etwas anderes. »Ich übe mich selbst gern in leeren Räumen, wenn niemand mich dabei hören kann.«

Sie bückte sich und stellte die umgestürzte Bank auf.

»Ich bitte Euch«, sagte ich und hoffte, so begütigend wie möglich zu klingen, »fahrt nur fort in Eurem Spiel. Ich habe immer gern gehört, wie Lady Maria auf dem Spinett spielte, und...«

Nicht Anne Boleyn. Ich verdrängte die Erinnerung an sie und ihre Musikanten, die immer wieder in mein Bewußtsein gekrochen kam, wie eine Kröte nach dem Regen.

»... und auch Lady Elisabeth. Wo habt Ihr gelernt, so gut zu spielen?«

Das Mädchen lächelte und strich sich die Röcke glatt. »Bei meiner Großmutter. Ich hatte einen Lehrer.«

»Wann habt Ihr angefangen? Ihr müßt viele Jahre gelernt haben.« Ich setzte mich neben ihr auf die schmale Bank.

»Nein. Ich« – sie überlegte rasch – »es war nur für ein Jahr; ich war dreizehn. Aber da habe ich fleißig gelernt. Und ich habe immer weiter geübt, als mein Lehrer nicht mehr da war.«

»Dann habt Ihr gern Musik?«

»Ich liebe sie.« Sie lächelte. Ich war verblüfft, wie schnell sie sich gefaßt hatte; andererseits – wenn Künstler zusammenkommen, geschieht es oft, daß ihr Beruf die Schüchternheit, den Standesunterschied und alles andere überwindet. Wir sprechen dann eine gemeinsame Sprache, und alles andere verstummt darob. Es geschah sogar, daß meine Liebe und mein Verlangen nach ihr in der Glut ihrer Musik für einen Augenblick beiseite standen, da wir beide gleich waren.

Ich streckte die Hände aus und legte meine Finger auf die Tasten, und ich erinnerte mich alter Melodien; sie hörte zu. Dann spielte sie, und ich lauschte. Mitten im Spiel lachte sie, und ich sah ihre leuchtende Haut und ihre tiefschwarzen Wimpern und war überwältigt von Liebe und Verlangen, und alles mischte sich mit der Musik und sogar – absurderweise – mit dem Spinett und seinen schartigen alten Tasten und ward so noch erhöht.

Sie drehte sich zu mir und sah mich an; sie schlug nicht die Augen nieder, wie es brave Jungfrauen tun, sondern schaute mir ins Gesicht. Ihre Augen waren eisblau mit einem Rand von einer dunkleren Farbe, was sie nur um so ferner und unberührter erscheinen ließ, und es war, als warte sie auf mich.

»Catherine«, sagte ich schließlich, erstaunt darüber, wie ruhig und fest meine Stimme klang. »Ich höre Euch zu gern spielen, und wohl möchte ich mein Leben lang an Eurer Seite spielen. Darin ist vieles von mir, was verloren war, verlegt – nicht unwiederbringlich, wie ich fürchtete, aber doch für eine Weile. Ich möchte es mit Euch teilen, und dafür gebe ich Euch – ich gebe Euch – was immer Euer Herz begehrt«, endete ich matt.

»Ein neues Spinett?« fragte sie. »Die Tasten an diesem hier...«

Sie verstand mich nicht! »Sicher, das auch. Aber, meine Liebe, was ich Euch fragen möchte...«

Was ich dich fragen will: Kannst du einen alten Mann von fast fünfzig Jahren lieben? Kannst du ihm eine Ehefrau sein?

»... ist, ob Ihr nicht...«

Ob du dich nicht bereit finden könntest, Königin zu werden.

Aber man bittet niemanden, ein hohes Staatsamt anzunehmen! Es ist in sich eine Ehre!

»... ob Ihr mich heiraten wollt.«

Sie starrte mich an, als wäre ich wahnsinnig. Dann sagte sie langsam: »Ich kann nicht... nein... es kann nicht sein... Ihr habt schon eine Frau.«

Anne Boleyns Worte! Mir war, als werde ich in einen Strudel der Zeit geschleudert, wo nichts sich verändert hatte und wo wir dazu verdammt waren, dieselben Fehler und Worte für immer und ewig zu wiederholen... Eure Frau kann ich nicht sein, denn Ihr habt schon eine Königin. Und Eure Mätresse will ich nicht sein...

»Ich habe keine Frau!« Auch dies waren dieselben Worte. »Ich habe die Macht, sie beiseite zu stellen.« Andere Worte. Worte, die ich mir in sechs langen Jahren der Prüfung erworben hatte.

»Ihr meint – ich würde Königin werden?«

»Wenn Ihr bereit seid, meine Gemahlin zu werden, ja.« Benommen schüttelte sie den Kopf. »Die kleine Catherine Howard soll Königin von England sein?«

»Meine Liebe«, sagte ich, meine Worte sorgsam wählend, »eine der größten Annehmlichkeiten im Dasein eines Königs besteht in der Macht, zu entscheiden, wer würdig ist, zu Ehre und Ansehen erhoben zu werden. Übersehene, unbekannte Personen zu entdekken, die ohne mich niemals den Ruhm und die Anerkennung erhalten würden, die sie verdienen. Glaubt Ihr nicht, daß es in Irland begabte, talentierte und schöne Menschen zuhauf gibt? Aber sie werden geboren, sie leben und sie sterben unbemerkt – wie menschlicher Kompost. Ihr« – ich nahm ihr makelloses rundes kleines Kinn in meine Hand – »seid geboren, um eine Krone zu tragen. Catherine, werdet mein Weib.«

»Aber die gute Lady von Kleve...«

»Für sie wird gut gesorgt werden. Macht Euch nicht den Vorwurf des Verrats, wenn Ihr an die Stelle Eurer Herrin tretet. Sie und ich waren nie wirklich Mann und Frau. Schwester und Bruder sind wir, und so wird es bleiben.«

Immer noch blieb sie stumm sitzen. »Ich glaube es nicht«, erklärte sie schließlich. »Ihr treibt einen Scherz mit mir.«

»Niemals! Wollt Ihr mich auf die Probe stellen, so soll es sein!

Ich werde niemals trachten, mit Euch allein zu sein, bis zu dem Abend, da Cranmer uns den Segen der Kirche gegeben hat.«

»Wirklich?«

»Aye. Wirklich. Eine reine Jungfrau sollt Ihr bleiben bis zu diesem Tag.«

Sie fiel auf die Knie und fing an, meine Hand zu küssen. »Guter König Heinrich, Ihr wißt nicht, was Ihr tut. Ich bin nicht würdig, Euer Weib zu werden.«

Ihre Lippen waren warm, rund und feucht. Ich fühlte, wie meine Männlichkeit sich regte. »Nein. Nur die Unwürdigen betrachten eine Erhebung als selbstverständlich. Gerade Euer Widerstreben zeigt, daß Ihr würdig seid.« Ihre Lippen setzten ihr Wirken fort. Ich löste mich von ihr und erhob mich. »Meine geliebte Catherine«, sagte ich. »Ich danke Gott für diesen Tag. Wartet auf mich und vertraut mir. Ihr werdet staunen, wie schnell ich all dies zuwege bringen werde!«

Die Sonne strahlte in das wunderliche kleine Zimmer; ich sah, wie Stäubchen im satten Frühlingslicht tanzten. Es war Zauber das alles. Ich küßte Catherines Hände, hörte sie aufschreien, und sie zog die Hände weg und lief hinaus wie ein Kind, das davonrannte. Ein verängstigtes Kind? Ein aufgeregtes Kind? Jedenfalls ein Kind, das seine Manieren vergaß und nicht um Erlaubnis bat, sich zurückziehen zu dürfen.

Ein entzückendes Kind, das mich lehren würde, wieder zu spielen! Meine Handflächen waren schweißfeucht, als ich den Deckel über den Tasten des Spinetts herunterklappte.

LXXXIX

In den sieben Wochen zwischen Ostern und Pfingsten unterhielt Cranmer jeden Mittwoch abend Prälaten und Höflinge im erzbischöflichen Backsteinschloß zu Lambeth mit Konzerten. Das Schloß lag dicht bei der Themse, dem Palast und der Abtei von Westminster gegenüber, und an einem Frühlingsabend bot es allen fünf Sinnen köstlichen Genuß: dem Auge natürlich den Sonnenuntergang auf dem breiten, frischen Fluß; der Nase den zarten Duft von feuchter Erde und frühen Blüten ringsumher; der Zunge Spargel und Fisch, vor dem Konzert serviert auf kleinen weißen Weizenküchlein und mit Weißwein, gewürzt mit Waldmeister; dem Tastsinn die weiche Maienluft, die durch die neugeöffneten Fenster hereinwehte. Und für das Ohr die Musiker selbst mit ihren präzise gestimmten Instrumenten: Violen, Dulzianen, Lauten und sogar einem Cembalo aus Italien. Manchmal schaffte Cranmer auch ein exotisches Instrument herbei, ein elfenbeinernes Kornett etwa.

Alles erschien mir heiter an diesen Abenden, alles schwamm in einem Dunst von sinnlicher Schwelgerei, denn meistens war Catherine Howard dort, ihres musikalischen Interesses wegen, zusammen mit ihrem Onkel, dem Herzog, und Bischof Gardiner. Das Interesse an der Musik war anscheinend ein Privileg der Ästheten und Traditionalisten. Protestanten sahen es mit Stirnrunzeln und hielten es für eine »Leichtfertigkeit«, weshalb Lady Anna von Kleve auch nie darin ausgebildet worden war. Um die Wahrheit zu sagen, die meisten Sinnenfreuden waren offenbar den Traditionalisten vorbehalten, während die »neuen Menschen« alles pur und schlicht sehen wollten. Und erstickend langweilig!

Diese Abende bestärkten mich in meiner Hingabe an Catherine und unsere gemeinsame Zukunft wie auch in meiner Einsicht in die

Notwendigkeit, Cromwell im Auge zu behalten. In Catherine war ich heimgekehrt. Im Herbst meines Lebens hatte ich eine Scheune, in die ich meine Ernte bringen und vor der ich dann in den schrägen Strahlen der gelben Sonne sitzen konnte, in dem Wissen, daß alles gut geraten war. Und daß es noch nicht zu Ende war. Im kommenden Herbst würde es eine neue Ernte geben, das wußte ich. Ich würde weitere Söhne bekommen, von Catherine, prachtvolle Söhne, und Maria und Elisabeth würde England dann nicht mehr brauchen.

Die Leute behaupteten – später –, ich sei verrückt nach ihr gewesen. Das gleiche sagten sie über Anne Boleyn, und sie fragten sich, ob beide den gleichen Zauber gegen mich gewirkt haben mochten. Sie waren Cousinen; hatten sie vielleicht gelernt, die gleichen Tränke zu brauen, die gleichen Beschwörungen zu singen? Aber nein, es war ganz und gar nicht das gleiche. Bei Anne war ich verzehrt, aufgesogen in einem gleißenden Wirbel, in dem alles verschwand, die Welt und ich selbst. Bei Catherine – ah, diese Schönheit, diese Vollkommenheit...

Wenn ich an mein Gefühl für sie denke und versuche, es mit etwas Ähnlichem zu vergleichen, dann kommt mir immer wieder in den Sinn, wie ich einmal ganz allein mitten im Wald innehielt. Es war still, und ich wollte mein Pferd verschnaufen lassen. Ich band es also an einen Baum, und dann ging ich ein Stückchen, bis ich einen Stein fand, auf den ich mich setzen konnte. Alles war braun in diesem Wald – braune Blätter über mir, und braune Blätter als rauhe Schicht auf dem Boden. Meine Reithose war braun, und meine Stiefel auch. Die Pilze zu meinen Füßen, die rings um den Stein wuchsen, waren braun wie ein Reh, wie ein Wiesel, wie Schlamm. Voller Staunen sah ich, wie viele verschiedene Arten von Braun es geben konnte. Und dann erblickte ich einen Schmetterling – einen winzigen, blau schillernden Schmetterling, der seine Flügel auf einem Eichenblatt spreizte. Er schimmerte vor dem braunen Hintergrund wie ein Edelstein in einer samtenen Schatulle.

Catherine war dieser leuchtende Schmetterling im Herbst meines Lebens. Vollkommen, juwelengleich, mit keinem anderen Zwecke als dem, Schönheit zu bringen – ein Zweck, den sie auf das beste erfüllte. Ich hütete sie wie einen Schatz, bewachte sie, hing an ihr. Das war nicht das gleiche wie Wahnsinn.

Cromwell wurde zu diesen zarten Abenden im Palast zu Lambeth nicht eingeladen, und er zeigte sich überraschend unfähig, seine Neugier zu verbergen. Oh, seine Spione berichteten ihm zweifellos alles, was sich dort zutrug – ob eine Komposition von Tallis zum Vortrag gebracht wurde, was für eine Laute gespielt wurde, ja, in welcher Tonart sie gestimmt war –, aber noch konnten sie die Gedanken der Menschen nicht erkennen, auch wenn sie, wie man mir erzählte, ein Gespräch noch auf fünfzehn Schritt Entfernung von den Lippen abzulesen verstanden. Ein Gedanke, der mich frösteln machte. Cromwell mißfiel es, wenn man ihn von kulturellen Ereignissen ausschloß, als wäre er immer noch der Schmiedssohn aus Putney mit nassem Mist an den Schuhsohlen. Wie die meisten Reformer und Puristen sehnte er sich danach, zu den Frivolitäten, die er verdammte, gleichwohl eingeladen zu werden.

Er tat geschäftig an diesen köstlichen Mittwochabenden, als seien sie völlig ohne Bedeutung. Wenn ich in der langen Dämmerung dieser Maiabende mit der königlichen Barke an der Wassertreppe von York Place (das seit kurzem in Whitehall umgetauft und ausgebaut worden war) ablegte und die rotgoldene Sonne sich prächtig in den Hunderten von Fenstern an der Flußseite des Palastes widerspiegelte, sah ich stets Cromwells dunkle Gestalt drinnen lauern. Er öffnete niemals ein Fenster... damit die Frühlingsluft ihn nicht betörte?

Die Abende in Lambeth waren nicht nur Ausflüge in das Reich der fünf Sinne, sondern auch Reisen in die Vergangenheit. Dort, in der Gesellschaft der »alten Männer« – Howard und Brandon und Fitzwilliam und Lord Lisle –, war es immer 1520. Es war hier leicht, zu glauben, die Welt habe sich nicht verändert, es habe keinen Martin Luther gegeben, keine Abschaffung der Klöster, kein Lehrling habe sich einfallen lassen, ein Handwerk zu erlernen, das ihm die Tradition verwehrte – kein Unfug von Goldschmiedssöhnen, die Rechtsanwälte wurden. 1520 war die Welt ein sicherer, gebändigter Ort gewesen, wenn auch eine Mumie.

Das wirkliche Leben war jetzt bei Cromwell drüben im Palast. Das wußten die Aristokraten, und sie ergötzten sich daran, mir in bezug auf seine Person Gift ins Ohr zu träufeln.

»Euer Gnaden, ich weiß nicht, wie ich mich ausdrücken soll«, erklärte Henry Howard, Thomas' Sohn, der Graf von Surrey, bescheiden. »Aber Cromwell ist so... so...«

»Ihr wißt nicht, wie Ihr Euch ausdrücken sollt? Aber sie sagen, Ihr seid der bedeutendste Poet in England«, sagte ich leise. Ja, »sie« – die Kritiker – hatten sich in letzter Zeit die Floskel »von Lydgate zu Surrey« angewöhnt, was implizieren sollte, daß nichts dazwischen lesenswert sei. »Sagt es schon, Mann«, beharrte ich.

»So vulgär.«

Er hatte natürlich recht. Aber warum war mir zumute, als habe er von *mir* gesprochen? Cromwell war nur mein Lakai. »Er ist wohlbewandert in der Malerei und Bildhauerei Italiens«, wandte ich ein. Surrey selbst hatte sich seiner Reisen durch Frankreich und seiner Begegnungen mit florentinischen Dichtern gerühmt, als mache ihn dies zu etwas Besonderem.

»Man kann sich ein Bild anschauen, ohne daß es eine Wirkung hätte. Jeder Bauer in Italien ist von großen Kunstwerken umgeben, aber sprechen sie zu ihm? Selbst das große Rom war bis vor kurzem ein Unterschlupf für Kuhhirten. Das Forum, auf welchem Cäsar wandelte, ein Ort für Häusler ohne Wohnrecht!«

Wohl wahr, das alles. Die Leute hatten ihre eigene Geschichte vergessen und im großen Tempel der Venus wie die Wilden gehaust.

»Cromwell haust widerrechtlich auf königlichem Grund«, fuhr Surrey fort. »Er gehört nicht dorthin. Die Leute aus dem Norden haben dies instinktiv begriffen. Die Forderungen der damaligen ›Pilger‹ zeigten, wie bestürzt brave, ehrliche Menschen angesichts der Macht eines Cromwell sind.« Er lächelte mich an – ein blendendes Lächeln, denn er hatte noch alle seine Zähne. Allein dies zeigte, wie behütet sein Leben gewesen war.

»Die Pilger waren Verräter«, versetzte ich sanft. »Mehrere Hundert wurden in Ketten gelegt. Wollt Ihr sagen, daß Ihr mit ihnen übereinstimmt?«

»Was die ›neuen Männer‹ angeht, ja.« Er zeigte mir das, was ich insgeheim sein »charmantes Gesicht« nannte; es bestand aus einem ironischen Verziehen des Mundwinkels und einem Augenzwinkern, und es sollte bedeuten: »Seht nur, wie anziehend und liebenswürdig ich bin, trotz meines in der Tat beeindruckenden Rufes.« In Wahrheit war er weder so anziehend noch so liebenswürdig, wie er glaubte.

»Was ist mit den ›neuen Männern‹? Und wer sind die ›neuen Männer‹?«

»Cromwell...«

»Cromwell ist nur einer. Ihr spracht von ›Männern‹; also nennt mir noch welche.«

»Paget«, sagte er zögernd. »Und Audley. Und Denny. Und Sadler« – jetzt strömten die Namen hervor wie Dampf aus einem kleinen Riß im Kessel – »und die *Seymours*!« spie er. Sein Haß ließ ihn beben.

»Welcher?« fragte ich, als sei es ohne Bedeutung.

»Alle beide! Edward mit seiner alles verschlingenden Frömmigkeit, und Tom mit seinen Piratenmanieren, prahlerisch und großspurig. Natürlich würde kein Mann sich von ihm über den Leisten ziehen lassen; also wendet er sich an die Damen. Oh, er hat sich ein hohes Ziel gesteckt – es ist Lady Maria, glaube ich. Und viele andere glauben es auch. Die Tatsache, daß Ihr ihre Schwester geheiratet habt, ist ihnen arg zu Kopfe gestiegen.«

Wie dir die Gelegenheit, zu mir zu sprechen, dachte ich. Nenne Cromwell, wie du willst, du Narr; er läßt sich nicht schmeicheln, und er ist stets auf der Hut. Nie würde er sich derart gehenlassen. Ich sah Surrey verächtlich an. »Sie sind Holz von einem guten Stamm. Von ehrlichen, anständigen Engländern wie ihnen hängt die Zukunft des Reiches ab.«

»Aye, aye«, pflichtete er mir hastig bei, eifrig darauf bedacht, so bezaubernd zu wirken, wie er zu wirken glaubte. »Gewiß sind sie nicht aus dem gleichen Holz wie Cromwell, nein – denn sie sind in der Tat ehrlich und schmieden keine geheimen Pläne als die, sich Anerkennung zu verschaffen. Aber Cromwell – nun, was er sich wünscht, wissen wir nicht, oder? Er scheint nichts von dem zu erstreben, was ein normaler Mensch erstrebt. Man munkelt« – er lächelte ratlos – »er sei der Teufel.«

Ich wollte lachen. Aber es gelang nicht.

»Es gibt Menschen, habe ich gehört, die tatsächlich einen Handel mit Satan schließen. Sie setzen sich hin und machen einen Kontrakt mit ihm, genau wie man es mit den Geldverleihern in Antwerpen tut. ›Soundsoviel Zins zu zahlen auf ein Darlehen von zwanzigtausend Pfund, fällig an Pfingsten 1542‹, sagt man, und es ist abgemacht. ›Meine Seele im Austausch gegen dies und jenes‹, sagt man, und es ist abgemacht. Anscheinend hat Cromwell... ich meine, es deutet so vieles darauf hin...«

Er meinte, was er sagte. Alles Spielerische und Trügerische war aus seinem Gesicht verschwunden.

»Mein lieber Sohn, Ihr...«

»Catherine!« rief Surrey, als sei ein Bann gebrochen. Catherine hatte gesehen, daß wir ins Gespräch vertieft waren, und war herbeigekommen. Jetzt zupfte sie spielerisch am Ärmel ihres Vetters.

»Alle nehmen ihre Plätze ein«, schalt sie. »Du wirst gleich nichts sehen können.«

Ihre Gegenwart holte uns zurück aus dem gefährlichen Reich, das wir – wenn auch nur für einen Augenblick – betreten hatten. Grinsend schaute sie zu Surrey auf. Sie waren verwandt, Cousin und Cousine ersten Grades, aber ich sah wenig Ähnlichkeit zwischen ihnen. Surrey war schlank und blond, Catherine klein und hatte rotbraunes Haar. Beide hatten eine helle Haut, aber das war alles.

Ich bot ihr meinen Arm, und zusammen suchten wir uns einen Platz und schickten uns an, einer Reihe von Kompositionen zu lauschen, die ein junger Mann aus Cornwall auf einem Flöteninstrument zu Gehör bringen sollte.

Er war klein und dunkel, wie alle seine Landsleute. Die Melodien waren spukhaft, traumartig; noch nie hatte ich etwas ähnliches gehört. Sie sprachen eine sanfte, längst verlorene Seite meiner selbst an.

Nachher sprach ich mit ihm. Ich hatte ein wenig Mühe, ihn zu verstehen, denn seine Muttersprache war das Cornische. Ich lobte seine musikalische Fertigkeit und erkundigte mich nach der Herkunft seiner Melodien.

»Ich habe sie nach Melodien meiner Heimat gesetzt, Euer Gnaden«, sagte er. »Ähnliche Musik gibt es jenseits des Meeres in der Bretagne«, fügte er hinzu. »Oft fahre ich mit meinem Vater dort hinüber, und während er seinen Geschäften nachgeht, verfolge ich die meinen.«

»Was sind seine Geschäfte?«

»Er ist Fischer, Euer Gnaden.«

»Und Ihr?«

»Musiker.«

»Nur das?«

»Aye. Es ist meine Berufung.«

»Aber was ist mit dem Handwerk Eures Vaters?«

Er zuckte die Achseln. »Vielleicht gibt es irgendwo einen Musikersohn, der Sehnsucht nach dem Meer hat.«

So einfach. Er ließ einen revolutionären Gedanken so logisch erscheinen. Hier stand ein wahrer »neuer Mensch« – und was wollte Surrey an ihm verdammen? Mir hatte gefallen, was er zu bieten hatte!

Oft spazierten Catherine und ich nach der musikalischen Unterhaltung noch durch den Garten des erzbischöflichen Palastes. Diese flußaufwärts gelegene Gegend, Lambeth hier und Westminster mit Kathedrale und Palast auf der anderen Seite, war still und bukolisch. Lambeth mit seinen stillen Gassen, dem runden Kopfsteinpflaster und den verblichenen Backsteinhäusern, lud dazu ein, die Schuhe abzustreifen, den Mantel beiseite zu werfen und zu sagen: »Nun, mein Freund, laß uns über dieses ›Geschäft‹ der Kirchenbesteuerung reden. Doch zuvor – bringt Wein.« Alles, selbst eine wichtige Staatsangelegenheit, war hier ein Gespräch zwischen zwei Freunden. Und deshalb war hier alles möglich.

Catherine und ich standen oft auf der großen Wassertreppe am Ufer des Flusses. Ein Dutzend Laternen flackerten hier, auf daß man nicht bei einem unbedachten Schritt auf den nassen Steinen des Landungskais ausglitt. Immer lagen hier Staatsbarken mit wakkeren Wappenschnitzereien am Bug, glänzend von Blattgold, und sie warteten darauf, ihre Herren wieder zu den Prachthäusern am Strand zurückzubringen.

Wir entfernten uns immer ein kleines Stück weit, damit die

Bootsleute uns nicht belauschen konnten. Ein mit Ziegeln gepflasterter Fußweg führte am Ufer entlang, und dies war unser Lieblingsgang. Wir folgten ihm bis zum Ende, und dann blieben wir stehen und lauschten dem Plätschern des Wassers. Im Zauber von Lambeth und seiner uralten Leutseligkeit, in der Macht des Maienabends, war nichts unerreichbar. Auch nicht Catherine, mein Weib.

Ich legte den Arm um sie und zog sie an mich. »Ich kann nicht länger warten«, murmelte ich. Der Abend war berauschend gewesen, ein Vorgeschmack dessen, was mich täglich erwarten sollte, wenn mein Privatleben erst neugestaltet wäre. »Es gibt keinen Grund, zu verschieben, wonach wir uns beide sehnen.«

Sie nickte eifrig und drängte sich an mich.

»Es wird nicht schwierig sein«, beruhigte ich mich laut. »Anna ist nicht meine Frau in den Augen Gottes.«

»Aber in den Augen Cromwells ist sie Euer Gnaden Frau«, erwiderte die kleine Catherine mit glockenklarer Stimme.

»Cromwell...« Oh, was fing ich nur an mit Crum? »Cromwell muß lernen, mit Enttäuschungen zu leben«, war meine glanzlose Antwort.

»Beauftragt ihn doch, nun aus der Welt zu schaffen, was er so geschickt ins Werk gesetzt hat«, schlug sie fröhlich vor. »Wie die Mutter ein ungezogenes Kind nötigt, sich mit dem zu plagen, was es soeben verdorben hat. Die Herzogin ließ mich oft die Fäden aus den Hemden ziehen, die ich bestickt hatte, wenn ich schlecht gearbeitet hatte.«

Meine geliebte Catherine hatte die Handarbeit einer Dienstmagd tun müssen! »War es mühselig?«

»Aye. Aber es lehrte mich, darauf zu achten, wie ich die Nadel führte. Vorher war ich unbekümmert und nachlässig.«

»Du warst noch ein Kind.«

»Das ist Lady Elisabeth auch. Dennoch versteht sie es gut, auf jede Bewegung ihrer Nadel zu achten.«

Elisabeth. Was kümmerte es mich, was Elisabeth trieb?

»Ja, laß uns Cromwells Findigkeit auf die Probe stellen.« Ich lachte leise. »Soll er seine eigenen, mühsam verschlungenen Stickereien wieder auflösen.«

Sie lachte. »Er hat Euch in einen Käfig gesperrt. Nun soll er Euch wieder freilassen.«

»Ich wäre nicht frei, kleiner Vogel, sondern gefesselt an dich.«

Sie streckte die Hand aus und strich mir über die Wange. Der matte Schein von den Fackeln der Bootsleute beleuchtete die linke Seite ihres Gesichts – eine Halbmaske.

»Du bist ein Halbmond«, flüsterte ich und beugte mich zu ihr, um sie zu küssen. Sie erwiderte den Kuß herzhaft, hungrig, süß. Ich bebte, erschauerte, barst vor Verlangen.

»Nein, nein...« wisperte sie, und ihre Stimme hob sich eindringlich. »Mein Lord!«

Ich war beschämt. Ich hatte sie erschreckt, ihre Keuschheit bedroht. »Vergib mir«, sagte ich. Mein Atem ging stoßweise.

Sie raffte ihren Mantel um sich. Jesus, wie hatte ich sie so beleidigen können? Sie weinte.

»Catherine, ich wollte Euch nichts Böses antun. Aber dies ist... unnatürlich.« In diesem Augenblick fühlte ich es, wußte ich es. »Wir müssen unverzüglich vermählt werden. Es soll so sein. Schluß mit dem Herumstehen an der Themse, zitternd vor Sehnsucht.« Sogar das Klatschen der Wellen an der Ufermauer hatte in meinen Ohren einen anzüglichen Klang. »Ich werde morgen mit Cromwell sprechen.«

Noch immer hatte sie das Gesicht in ihrem Mantel verborgen und die Schultern hochgezogen. Beruhigend streckte ich die Hand nach ihr aus. »Ruhig jetzt«, besänftigte ich sie. Als sie aufgehört hatte zu weinen, legte ich ihr einen Arm um die Schultern und führte sie zu der wartenden Barke. Auf dem ganzen Weg lehnte sie sich an mich, aber als der Augenblick kam, da sie vor ihrem wartenden Onkel Norfolk ihre Rolle zu spielen hatte, da lächelte sie fröhlich und stieg zu ihm in die Barke der Howards.

Ihr Cousin Surrey, Lady Norris, Maria, die Witwe meines verlorenen Sohnes Fitzroy – all das Jungvolk der Howards wartete an Bord der Barke auf sie, und sie überstrahlte sie alle. Als die Ruderer vom Ufer ablegten und Musik und schwacher Laternenschimmer über das Wasser schwebten, fragte ich mich, wie es wohl sein mochte, zu einem so großen Familienstamm zu gehören, und wie man sich dabei fühlen mochte.

XC

Ich erwachte lange vor dem Morgengrauen und genoß die Süße des Frühlings. Jede Stunde kam mir jetzt kostbar vor, jede Stunde des Tages wie von einem seltenen Parfüm durchtränkt. Der Sang der Vögel vor meinem Fenster war feiner abgestimmt als jedes menschliche Violenkonsortium. Oh, wie schön war doch die Welt! Catherine würde bald meine Frau sein, und ich würde wieder jemanden haben, mit dem ich diese erlesenen Augenblicke des Lebens teilen könnte.

Culpepper regte sich auf dem Lager am Fuße meines Bettes und stöhnte. Er rieb sich die Augen und setzte sich auf, und dabei murmelte er die ganze Zeit vor sich hin. Sein Atem stank. Ich musterte ihn – in seiner ganzen jugendlichen Kraft und Schönheit von einem Katzenjammer umfangen; plötzlich erschien er mir wie eine Entweihung, eine Perversion dessen, was ein Mensch sein sollte. Er verdarb den Tag wie ein Geschwür die Wange einer Jungfrau.

Ich mußte Cromwell sehen, wenn wirklich etwas geschehen sollte. Also schickte ich nach ihm, was ich seit einer Weile nicht mehr getan hatte. Er erschien so prompt, daß ich die Geschichte des jungen Henry Howard von der diabolischen Macht beinahe geglaubt hätte; nur der Teufel reiste mit solcher Geschwindigkeit.

Sauber rasiert und gehorsam stand er vor mir. »Euer Gnaden?« Er verbeugte sich, und nur ein Anheben seiner Stimme verriet Eifer und Beflissenheit.

»Die Lage auf dem Kontinent klärt sich wie die Wolken an einem Tag im März«, hob ich an.

»Sire?«

»Ich brauche die Allianz mit Kleve nicht mehr!« bellte ich. »Ihr habt sie errichtet; jetzt reißt sie ein.«

Er machte ein geringschätziges Gesicht. »Aber das ist...«

»Leonardo da Vinci – sogar er! – riß die Bögen und Pavillons ein, die er für die Krönung der Königin Katharina geschaffen. Angeblich war er ein großer Künstler – Franz dachte es jedenfalls, denn er kaufte jedes Stückchen Leinwand, das er bemalt hatte! –, und doch war es nicht unter seiner Würde, wegzuräumen, was er in Unordnung gebracht hatte.«

»Sire?« Er zeigte sich schmerzlich berührt und ratlos. »Ich bitte Euch, sprecht deutlicher. Ich bin kein Künstler, und ich habe keine Bögen errichtet, auf denen Cherubim sitzen. Noch habe ich Madonnen in seltsamen Landschaften gemalt.«

»Nein, Ihr habt die Travestie einer Madonna in meine Landschaft gesetzt!«

Er starrte mich verständnislos an. Welch ein Schauspieler!

»Ich meine Lady Anna von Kleve! Eine Madonna – eine Mutter – wird sie niemals sein, und die politischen Gründe für diese Ehe sind unzureichend. Franz und Karl treiben auseinander wie jene Märzwolken, und meine guten Küstenfestungen werden mich besser beschützen als eine Allianz mit dem Herzogtum Kleve. Sie war ein Fehler, ein gräßlicher Fehler, der mir die Gelegenheit raubt, glücklich zu sein. Also schafft beiseite, was Ihr so geschickt erbaut habt!«

»Ich dachte... sie sei Euch ans Herz gewachsen, die Lady... die Königin«, murmelte er.

»Ans Herz gewachsen sind mir auch meine Jagdhunde und die erste Laute, die ich als Knabe bekam. Aber für eine Ehe reicht das nicht!«

Statt mit unterwürfigem Gehorsam zu reagieren, wanderte er ein Weilchen im Zimmer umher – obgleich ich es ihm nicht erlaubt hatte! – und kehrte dann versonnen zu mir zurück. (Er tat, als habe er wahrhaftig die Wahl, mir zu gehorchen oder nicht. Weshalb stellte er meine Geduld auf eine solche Probe?)

Seine Augen waren schmal. »Es war Norfolk, der Euch dies eingebrockt hat«, erklärte er kalt. »Er will Euch zu seinem eigenen Vorteil benutzen.«

»Niemand benutzt mich!« brüllte ich. Dieser Narr! »Am allerwenigsten Ihr!«

Er erschrak; ich aber fuhr fort. »Jawohl, Ihr! Überall im Reich behauptet man, daß Ihr mich benutzt. Mich benutzt für Eure eigenen Ränke. Protestantische Ränke. Jetzt beweist mir, daß es gelogen ist. Löst diese beleidigende protestantische Allianz auf, die Ihr mir da zusammengebraut habt, die Ihr aufgestellt habt wie einen von Leonardos symbolischen Triumphbögen aus Pappdeckel und Farbe. Reißt sie ein. Sie ist so unbedeutend wie ein Bogen aus Pappe.«

Seine Miene war finster. »Euer Gnaden...«

»Tut es! Was geschehen ist, kann rückgängig gemacht werden!«

Ein Herzschlag, und er hatte die Herausforderung angenommen. »Welche Vorkehrungen sind für Lady Anna zu treffen?«

Ich wedelte ungeduldig mit der Hand. »Ein Schloß – ein Palast – eine königliche Rente...« Darum sollte er sich selbst kümmern. Dann hielt ich inne. Anna war mir lieb, auf eine wunderliche Weise. Ich liebte sie sogar, aber es war eine unvergleichliche Art von Liebe.

»Sie soll meine Schwester sein«, sagte ich. »Ich will sie bei mir behalten und mich ihrer erfreuen, als wäre sie meine liebe Maria, die ich verlor. Ich habe keine Familie«, sagte ich fast verwundert. »Ich hätte gern eine Schwester.«

»Ihr müßt deutlicher werden«, antwortete er trocken.

Ich setzte mich hin, und die Worte kamen mir wie von selbst aus dem Mund. »Sie soll den Titel ›Schwester des Königs‹ erhalten. Sie soll eine königliche Residenz erhalten... und sie soll meine Freundin sein.«

»Eine hohe Ehre.« Machte er sich über mich lustig? Ich schaute ihm rasch ins Gesicht. »Eine, deren ich in letzter Zeit ein wenig unsicher bin.«

»Oh, Crum.« Ich lachte, aber ich antwortete nicht. Eine ausweichende Antwort ist keine Antwort, nicht einmal eine Beruhigung.

Ich wußte tief in meinem Innern, daß Crum gefährlich wurde; er hatte sich verändert, seit er in meinen Dienst getreten war. Die Tage, da er mir und England nützlich gewesen war, hatte er hinter sich. Es gab Anzeichen dafür – Anzeichen, die nicht einmal er verbergen konnte: seine offenkundige Neigung zu den Protestanten auf dem Kontinent, seine seltsame Nachsicht gegen Ketzer und

Reformer, sein Zögern, der »sechsschwänzigen Peitsche« Geltung zu verschaffen, das gar nicht seiner sonstigen Art entsprach, und seine entschlossenen Manöver zur Herbeiführung meiner Heirat mit dem Hause Kleve.

Aber ich schwebte in diesem menschlichen Zwiespalt: Ich mochte den Mann, obwohl ich wußte, daß er schlecht war. Es fehlte mir an Mut, meiner Intuition entsprechend zu handeln und einfach... Schluß zu machen mit Cromwell. Meine Regierung von seiner Anwesenheit zu befreien. Immer sagte ich mir: »Beim nächstenmal... beim nächstenmal werde ich es tun...« Und doch ging er jedesmal wieder als freier Mann aus meinem Gemach, bekleidet mit seiner gewohnten Macht. Macht, die ich unbedingt widerrufen mußte. Beim nächstenmal.

So. Jetzt würde es geschehen. Daran zweifelte ich nicht. Ich hatte ihn geängstigt, und ein geängstigter Cromwell war ein zuverlässiger Diener. Er würde den Knoten zwischen mir und Anna auflösen. Aber ich war sehr zufrieden mit meinem Entschluß, ihr einen Platz in meiner Familie anzubieten. Freilich, dergleichen war noch nie dagewesen, aber das galt für unsere ganze Beziehung. Wenn Kleve so langweilig war, wie es den Anschein hatte, würde Anna sicher nicht den Wunsch haben, dorthin zurückzukehren.

Meine Zufriedenheit war so tief wie seit Jahren nicht mehr. ich ging ein wenig auf und ab und versuchte zu verstehen, warum.

Natürlich. Ich bekam etwas, das nur wenigen Menschen je zuteil wird: die Gelegenheit, mein Leben noch einmal zu leben und alles ganz anders werden zu lassen. Was war Anna von Kleve anderes als eine zweite Katharina von Aragon – eine ausländische Prinzessin, der ich kein Mann sein konnte? Nur brauchte ich diesmal nicht Jahre mit dem Trachten nach päpstlicher Billigung zu vergeuden; ich brauchte nur zu Cromwell zu sagen: »Tut es«, und es würde getan werden. Und statt an ausländische Fürsten zu appellieren und sich an ihre »Rechte« an mir zu klammern, würde Anna sich fügen, und wir würden Freunde bleiben.

Und Catherine Howard! Sie war Anne Boleyn, ehe sie hart und herzlos und verdorben geworden war. Durch ein großes Wunder (denn wer kann Gottes Gedanken verstehen?) hatte ich Gelegenheit zu einem zweiten Versuch.

An diesem Abend sollte ich mit Anna speisen, wie fast immer donnerstags abends; es waren ausgedehnte Mahlzeiten vor einem kräftigen Feuer. Auch diesmal wurde ich nicht enttäuscht.

Anna begrüßte mich liebevoll in der Tür ihres Gesellschaftszimmers und deutete auf ein Brett, das vor dem offenen Fenster in der sommerlichen Dämmerung aufgestellt war. Mein gewohnter Stuhl, mit samtenen Kissen wohlgepolstert, stand davor.

»Ein neues Spiel?« fragte ich. Wie sie Spiele liebte!

»Ja!« Sie strahlte. »Es heißt ›Krieg‹.« Auf das Brett war ein Feld gemalt, das Trichterform hatte – schmal an einem Ende, breit am anderen. An der Seite standen geschnitzte Pferde und Männer, und hölzerne Münzen in verschiedenen Farben lagen auch da.

»Bitte erklärt es mir.«

»Ah, ja. Nun«, begann sie in ihrem wunderlichen Englisch, »man nimmt sein Einkommen aus den Klöstern, aus der Neuen Welt, den Banken – aus der Wollproduktion und all diesen Dingen, und dann kauft man Männer damit, das heißt, Soldaten, und – diese Nationen führen Krieg miteinander.«

Es war ein ausgeklügeltes, verzwicktes Spiel um die Einkommensquellen zehn verschiedener Länder und ihre nationalen Ziele. Je nachdem, in welche Kanäle das Geld geleitet wurde, konnte das Ergebnis ungeheuer unterschiedlich ausfallen.

Als die Uhr Mitternacht schlug, hatte ich England in einen scheußlichen Krieg mit Frankreich verwickelt, während der Kaiser zusammen mit Schottland abwartend am Rande stand und der Papst gewaltige Ländereien einheimste.

»Laßt es so stehen!« mahnte ich. »Ich will dieses Spiel zu Ende bringen und sehen, was dabei herauskommt.«

Sie lachte. »Ich bin froh, daß es Euch so gefällt.«

»Wo habt Ihr es gefunden?«

»Ich habe es erfunden.«

Mir verschlug es die Sprache. »Ihr? Ihr habt es geschaffen?«

Sie war brillant! Eine Mathematikerin, eine Finanzexpertin, eine Strategin. Oh, warum war sie eine Frau? Der arme Wolsey. Hätte er nur ein Drittel von dem begriffen, was sie beherrschte.

»Ihr habt Talent, Prinzessin. Könnte ich Euch doch zur Schatzkanzlerin machen. Oder zur Kriegsministerin.«

»Und warum nicht?« fragte sie freundlich.

»Weil Ihr die Königin seid«, antwortete ich. Aber nicht mehr lange, dachte ich. Und dann – warum nicht...? Nein, unmöglich. Aber irgend jemand würde Cromwell ersetzen müssen... Nein, absurd!

»Gute Nacht, mein Herz«, sagte ich hastig, nickte und küßte ihr die Hand. Eilig ging ich den Gang hinunter zu meinen eigenen Gemächern, um nicht jählings nach eigenem Impuls zu handeln. Die Enthauptung einer Königin hatte das Volk nicht so sehr in Aufruhr versetzt, wie es ihre Ernennung zur Finanzministerin tun würde.

Keine zwei Wochen waren vergangen, als Cromwell berichtete, daß alle Hindernisse aus dem Weg geräumt seien. Der »Grund« war gefunden: Annas Verlöbnis mit dem Herzog von Lothringen sowie – was wichtiger war – der Umstand, daß die Ehe nicht vollzogen war.

»Daß die Ehe nicht vollzogen ist, oder daß ich die Ehe nicht vollziehen *kann*? Drückt Euch klarer aus, Crum!«

Er zuckte die Achseln. »Natürlich wäre es... überzeugender... wenn Ihr Eure Unfähigkeit zum Vollzuge zu Protokoll bringen könntet. Aber es wird ebenso gute Dienste tun, wenn Ihr versichert, daß Ihr einfach nicht geruht, die Ehe zu vollziehen.«

»Das hört sich an, als säße die Krone auf meinem Geschlecht, nicht auf meinem Kopf.« Er schaute zu mir herüber, und fast konnte ich seine Gedanken lesen: In Eurem Fall, Sire, ist es auch so.

»Erst habt Ihr mich bei Anne öffentlich zum Hahnrei gemacht, und jetzt soll ich öffentlich meine Impotenz bekennen!« grollte ich.

»Ihr habt gesagt, Ihr wolltet frei sein! Ist es meine Schuld, daß der Weg in die Freiheit durch ein wenig Schauspielerei persönlicher Art führt?«

Schauspielerei? Aber Nan war wirklich eine Ehebrecherin gewesen – natürlich auch eine Hexe, was viel schlimmer ist und den Tod gebietet, aber eben eine Ehebrecherin noch dazu...

»Ein König sollte nicht in dieser Weise öffentlich der Lächerlichkeit preisgegeben werden«, beharrte ich.

»Ihr gebt Euch weit größerer Lächerlichkeit preis, wenn Ihr noch einmal versucht, auf dem alten Klepper der früheren Verlobung zu reiten. Reitet das Roß der Unfähigkeit, und Ihr habt die Unterstützung und das Mitgefühl eines jeden Mannes in England. Niemand, der Pfriem und Sack sein eigen nennt, wäre nicht irgendwann im Leben von einem ähnlichen Leiden befallen worden. Das steht einmal fest.«

»Ich darf nicht sein wie andere Männer! Ein König ist anders – darauf ruht doch alles.« Auch das stand fest.

»Es ist ja nicht, als hättet Ihr keine Kinder«, sagte er. »Und Ihr werdet weitere bekommen«, fügte er hinzu. »Hier hat Euch der Heilige Geist nur einmal gezeigt, daß eine Frau nicht Eure wahre Frau ist.« Er ließ meine gelegentlichen Unzulänglichkeiten geradezu moralisch und tapfer erscheinen.

Ich grunzte. Ach, was tat es schon? Ich würde es sagen – und aus. Sie würden einen Tag lang lachen, vielleicht eine Woche lang, aber ich wäre nichtsdestoweniger frei und könnte meine Catherine viele Monate früher heiraten, statt im Schildkrötengang den würdigen Weg über das Vorverlöbnis zu gehen. O meine Catherine, siehst du, wie ich dich liebe! Selbst diesen Spott will ich auf mich nehmen und seiner nicht achten, nur damit ich dich eine Woche, einen Tag, eine Stunde früher besitzen kann.

Anna erhielt die Weisung, sich unverzüglich nach Schloß Richmond zu verfügen – angeblich weil in London die Pest ausgebrochen sei. Man sagte ihr, ich würde binnen kurzem folgen. Als sie einmal fort war, hatte ich Muße, den umfangreichen Ehevertrag mit dem Herzogtum Kleve hervorzuholen und ihn vorerst auf einem Tisch auszubreiten und liegenzulassen, so daß ich ihn studieren konnte, wann immer es mir in den Sinn kam.

Ich konnte Catherine ohne weitere Vorsichtsmaßnahmen in meine Privatgemächer einladen. Ich konnte mit ihr nach Nonsuch hinausfahren und sie auffordern, die Einrichtung für die Gemächer der Königin auszuwählen.

»Sie sind nämlich noch nicht eingerichtet«, sagte ich. »Und sie sollen ganz nach deinem Geschmack ausgestattet werden.«

Sie kicherte ein wenig. »Ich weiß nicht, wie man einen Palast einrichtet.«

»Dieser Palast, meine Liebe, ist ein Lustschloß. Es soll nichts als ein Spiegelbild deines Geschmacks und deiner Wünsche sein. Insofern gibt es dafür kein Vorbild, denn es ist ja keiner von uns ganz und gar wie der andere.«

»Ich habe keinen... ausgebildeten Geschmack.« Wie reizend sie war, als sie dies sagte.

»Aber du hast Wünsche!« Ich streckte den Arm aus, umfing sie, zog sie heran, drückte sie an mich.

Ja, Wünsche. Sehnsüchte. Ich wußte, sie mußte von ihnen pulsieren. Obgleich ihre ganze Haltung anmutig und jungfernhaft war, spürte ich doch irgendwie – vielleicht lag es an ihren runden Fingern, die unerwartet feucht waren, oder daran, wie der Schweiß eine kleine Vogelschwinge zwischen ihren Schulterblättern erscheinen ließ, wenn sie nur ein kleines Stück weit gegangen war –, daß sie ein Geschöpf der Leidenschaft war. Ich brauchte sie nur zu erwecken. Und ich würde es tun, ich würde es tun... Bevor die Michaelisgans geschlachtet würde, bei Gott, würde ich sie in Leidenschaft aufschäumen lassen, wie ein rauher Wind das Meer in Gischt verwandelt.

»Aye.« Sie strich mit flachen Händen das enge Mieder glatt. Der Satin ordnete sich in glänzenden Falten rund um ihre Brüste und hob sie noch hervor. O eisblauer Satin! – wie kannst du solche Leidenschaft verheißen? »Wünsche, die hoffentlich Huld und Gnade vor Euren Augen finden werden, Eure Majestät.«

»Gnade? Nein, Gnade werde ich dir nicht gewähren!« Ich lachte. Keine Gnade, bis ich gesättigt auf durchtränktem Laken ruhte. Keine Gnade, bis das Tageslicht unsere Kammer besudelte. Schmutziger Tag! Mit seinem häßlichen, neugierigen Auge und seinen säuberlichen Einteilungen.

»Komm heute abend zu mir in mein Schlafgemach«, flüsterte ich ihr ins Ohr.

Ich fühlte, wie Muskeln sich spannten und Widerstand sie durchströmte. »Nein. *Nein*!«

So. Sie war entschlossen, ihre Tugend zu bewahren, und würde ihr Schloß nur dem Schlüssel des Trauungsritus öffnen. So sollte es sein. Denn den sollte sie bekommen, und zwar schleunigst.

Doch, ach! wie sollte ich diese Nacht überstehen? Es war, als sei ich erst neunzehn und sie neunundvierzig. In ihrer Keuschheit war sie eins mit dem ältesten Weib im entlegensten Schottland. Unerwacht und aufgebraucht sind hier das gleiche.

»Ich werde stundenlang stöhnen«, sagte ich und stöhnte schon halb.

»So möchte ich kein Mann sein.« Sie lächelte.

Auch Weiber stöhnen vor Verlangen, dachte ich. Du wirst schon sehen.

Aber ich lächelte. »Gute Nacht, mein Herz.« Ohne es zu bemerken, gebrauchte ich den gleichen Abschiedsgruß, mit dem ich Anna jeden Abend verließ. Was sonst hätte man zu einer unberührten Braut sagen können?

Auch Cromwell erhielt seine Anweisungen.

»Ihr habt eine Erklärung für die Prinzessin von Kleve aufgesetzt, die sie unterzeichnen soll?« fragte ich ihn.

»Ja, Eure Majestät. Es ist alles hier niedergelegt; ich habe mich bemüht, Eure Wünsche zu erfüllen.« Er legte mir ein kurzes Dokument vor.

»Wenn hier stände, welches der wahre Grund ist, wäre es noch kürzer.« Auf dem Pergament stand es, stand irgend etwas – was zählte das, solange das Spiel endlich beendet wurde? Ich legte es aus der Hand.

»Da ist noch eine Sache, Eure Majestät«, sagte Cromwell beglückt. »Es geht um Geld.« Er sah aus, als erwarte er, daß ich zu sabbern anfinge. Hielt man mich also für so schlicht? Und für so gierig?

»Bei der Auflösung der Klöster haben wir einen Orden übersehen. Die Ritter des hl. Johannes von Jerusalem.«

Ah, ja. Der militante Mönchsorden, der Schwertarm Christi. Eigentlich war er gegründet worden, um wehrlose Jerusalempilger zu schützen. Die Johanniter hatten gegen die Ungläubigen gekämpft und überall an den Pilgerstraßen Hospize errichtet. Wie es immer geschieht, waren sie durch ihre Tüchtigkeit und den Umstand, daß sie einen Bedarf befriedigten, wo sonst niemand zu Diensten war, erst zu Macht und dann zu Reichtum gelangt. Inzwischen hatte der Orden Ländereien und Privilegien in ganz Europa. Aber sie waren wirkliche Ritter im reinsten Sinne des Wortes. Und ihr Name stand für Kraft, Ehrlichkeit und Mitleid.

»... zu einem Gewinn von zehntausend Pfund«, sagte Cromwell eben.

»Aber wer soll ihren Platz einnehmen?«

Er lächelte verschmitzt. »Niemand. Denn sie werden heutzutage nicht mehr gebraucht.«

»Mildtätigkeit und Schutz werden nicht mehr gebraucht?«

»Nicht auf dem Wege nach Jerusalem. Vielleicht in anderer Form an anderen Orten.«

»Aber nicht als formelle Organisation?«

»Die Ritter waren anfangs keine formelle Organisation. Sie entsprangen aus dem Mut und der Mildherzigkeit eines Mannes. Heute wird es andere Visionäre geben, die sehen, was nötig ist.«

Ich seufzte. Es widerstrebte mir, das Dokument zu unterzeichnen, als würde ich damit endgültig etwas töten, das irgendwo in mir noch lebendig war.

»Ich werde es Euch hierlassen«, sagte Cromwell schließlich und legte es entschlossen oben auf einen Stapel von weniger wichtigen Papieren, denen ich mich zu widmen hatte – Pachtangelegenheiten in Kent, Transportvorschriften für Wein aus Alicante und dergleichen mehr.

Als ich allein war, las ich das erste Dokument noch einmal gründlich. Es erläuterte, bündig und vernünftig, weshalb die Ehe mit Anna keine Ehe war. Es umriß die Privilegien, die Anna zuteil werden würden, wäre sie »des Königs allerliebste Schwester«. Sie würde über allen Frauen des Reiches stehen – mit Ausnahme der Königin (auf die nicht weiter eingegangen wurde) und meiner Töchter. Sie würde eine umfangreiche Apanage erhalten, etwa fünftausend Pfund im Jahr, sowie zwei königliche Schlösser, nämlich Richmond und Bletchingly.

Im Gegenzug brauchte sie lediglich durch ihre Unterschrift zu bestätigen, daß wir uns in dieser Sache einig seien. Dann müßte sie ihrem Bruder schreiben, um der Möglichkeit zuvorzukommen, daß ihm etwa beifiele, »die Ehre seiner Schwester zu rächen«. Sie müßte ihm versichern, daß ihre Ehre in keiner Weise bedroht sei und daß zwischen ihr und mir in dieser Angelegenheit vollkommene Harmonie herrsche.

Ein Umschlag mit einer knappen Bemerkung von Cromwell war dem Dokument beigefügt: »Es wird zweifellos notwendig sein, daß Eure Majestät in dieser Angelegenheit persönlich mit einigen ausgewählten Mitgliedern des Hofstaates und Gesandten des Auslandes sprechen, nämlich etwa folgendermaßen: ›Die Ehe zwischen der Prinzessin von Kleve und mir wurde niemals vollzogen, da es unser beider innerste Überzeugung war, daß dies keine wahre Ehe sei. Der Heilige Geist, der Geist der Wahrheit und der Weisheit, hat uns dies unmißverständlich kundgetan, und wir haben Ihm gehorcht.‹«

Sauber und unbestimmt und obenhin. Aber wenn nun Fragen gestellt würden? Mußte ein König seine persönlichsten Dinge in dieser Weise öffentlich bekanntmachen? Wieviel würden die Leute von mir fordern, und wieviel würde ich beantworten müssen?

Ich merkte, daß ich das Dokument nicht unterschreiben konnte. Ich würde die Angelegenheit am nächsten Morgen eingehender mit Cromwell besprechen müssen.

XCI

In dieser Nacht konnte ich nicht schlafen. Und als ich in meinem Arbeitszimmer auf und ab ging (um den schlafenden Culpepper nicht zu stören), sah ich, daß in Cromwells Gemächern ebenfalls noch Licht brannte. Er stand in dem Ruf, niemals zu schlafen, und jetzt sah ich das Gerücht bestätigt. Die große astronomische Uhr am Torhaus schlug drei, als ich über den Hof zu seinen Gemächern ging.

Ich stieß seine Tür auf und sah, daß der vorderste Empfangsraum leer und dunkel war. Das Licht brannte weiter hinten. Ich ging darauf zu wie ein Insekt, das von einer Fackel angezogen wird.

Drinnen ertönte ein Geräusch. Cromwell hatte mich gehört.

»Wer ist da?« fragte er mit zitternder Stimme; es klang ganz anders als sonst. »Wer ist da?«

»Der König.«

Ich hörte hastiges Rascheln, und dann erschien ein wild dreinblickender Cromwell in seidenem Nachtgewand.

»Ich habe gesehen, daß Ihr noch auf seid«, murmelte ich, »und ich würde gern noch einmal mit Euch über die ›Erklärung‹ reden, die ich abgeben muß, wie Ihr sagt; ich möchte es tun, ehe andere wach sind und uns belauschen können.«

»Natürlich.« Seine Blicke huschten nervös umher. »Natürlich.« Er wies hinter sich zu seinem Arbeitszimmer, und ich trat ein.

Zwei Kerzen brannten auf seinem Arbeitstisch. Es war eine große, flache Platte, gefertigt aus der Tür eines der aufgelösten Klöster, die nun auf zwei geschnitzten Kapitellen ruhte. Offenbar bereitete es ihm frohe Genugtuung, sozusagen auf dem Leichnam des Mönchstums zu arbeiten.

»Woher stammen diese Dinge?« erkundigte ich mich – nicht zuletzt, um Zeit zu gewinnen. Ich wollte Gelegenheit haben, mich im Zimmer umzuschauen und feststellen, womit er sich umgab. Ich wollte endlich wissen, was Cromwell war.

»Aus St. Marien, Euer Gnaden. Das erste Kloster, das wir auflösten.« Mit zärtlichem Blick betrachtete er seine Beute.

Ich nickte. »Von sentimentalem Wert also.«

Drüben in der hinteren Ecke sah ich einen Stapel Bücher. Was für Bücher? Es war schade, daß die Ketzerei nicht die sichtbaren Requisiten des Papismus benötigte. Keine Statuen, keine Rosenkränze, keine heiligen Hostien. Nur die Bosheit in den Herzen.

»Aye.« Jetzt hatte er sich gefaßt, und er war bereit, sich einer genauen Musterung zu unterziehen. »Euer Gnaden hatten etwas auf dem Herzen?«

»Die ›Erklärung‹ hinsichtlich der Prinzessin von Kleve. Etwas in mir sträubt sich, sie zu unterzeichnen.«

»In welchem Punkt verstößt sie gegen Euer Empfinden? Ich kann Abhilfe...«

»Ich weiß es nicht genau. Aber mein Gewissen ist beunruhigt.« Was mein Gewissen in Wahrheit beunruhigte, war die Tatsache, daß ich eine brave Frau verstieß, nur weil sie mich nicht zu erregen vermochte.

»Es muß ja nicht geschehen!« sagte er erfreut. »Vielleicht wollen Euch diese Gewissensbisse einen anderen, einen rechtschaffeneren Weg weisen!«

Jede Möglichkeit, daß sein Werk doch noch erhalten bleiben könnte, versetzte ihn in Hochstimmung. Aber das durfte nicht sein.

»Nein. Es muß geschehen. Es ist notwendig für das Reich, daß ich eine richtige Königin und vielleicht noch weitere Erben habe. Es würde auch für Edward tröstlich sein, diese Bürde nicht allein tragen zu müssen.«

Cromwell nickte, wie er es mußte; er fragte sich, ob eine neue Königin auf dem Thron wieder all die Verbindungen verkörpern würde, die er zu vernichten getrachtet hatte.

Ich drehte mich rasch um und wandte mich den Pergamenten zu, die auf seinem Arbeitstisch ausgebreitet waren. Sie waren unschuldig genug, oder sie wirkten doch so. Wissen konnte man es nie. Sie konnten verschlüsselte Mitteilungen enthalten; er hatte Chiffren erfunden, das wußte ich. Um seine Pläne zu verbergen?

Ich ließ meinen Blick suchend durch das Gemach streifen. Das Licht war so schlecht, daß es schwierig war, in den hinteren Ecken etwas zu sehen. Ich glaubte ein Regal zu erkennen, das mit seltsam geformten Gefäßen gefüllt war. Unvermittelt ging ich darauf zu, und eine Kerze nahm ich mit. Hinter mir hörte ich Cromwell, der mir bang folgte.

Ja, es war eine Reihe von Krügen und Flaschen und kleinen Schachteln. Einige davon waren offenbar sehr alt; ich sah es am wurmstichigen Holz.

»Was ist das für Zeug?« fragte ich und nahm einen der Behälter, einen runden Krug mit einem Klappdeckel. Darin befand sich eine Art Salbe. Ich strich mit dem Finger darüber. Sie roch widerlich, wie ein verwesendes Tier.

»Ich habe gefragt, was in diesen Behältern ist?« wiederholte ich. Wie konnte er es wagen, nicht unverzüglich zu antworten?

»Ich – es ist – Medizin, die in den Krankenstuben der Klöster beschlagnahmt wurde«, erklärte er schließlich. »Was Ihr da in der Hand haltet – damit hat man Herzschwächen behandelt... Ihr erinnert Euch... wie sie Carew befiel, damals, in der Höhle...«

Carew. Ja. Leider hatte sein Herz das Schlagen schließlich vollends eingestellt, aber wegen seines Verrats, nicht wegen seiner Krankheit. Aber andere, die von dem gleichen Leiden geplagt wurden...?

»Ist es wirksam?«

»Allerdings! Es hat vielen das Leben gerettet; die Mönche in jener Abtei waren berühmt für dieses spezielle Heilmittel.«

»Warum habt Ihr es dann nicht unseren Ärzten zugänglich gemacht?«

»Die Mönche – es würde ein gutes Licht auf sie werfen, wenn bekannt würde, daß sie solche Heilmittel erfunden haben. Nein, ich ziehe es vor...«

»Ihr zieht es vor, diese Heilmittel hier zu horten! Ihr zieht es vor, daß die Menschen sterben, statt gut über die Mönche zu denken!«

»Es ist *notwendig*, die Mönche in Verruf zu bringen!« beharrte er.

Die Uhr draußen schlug die halbe Stunde. Unter dem Vorwand, ihrem Schlagen zu lauschen, trat ich an die Fensterbank, auf der sich die geheimnisvollen Bücher türmten.

»Ah ja«, murmelte ich und öffnete das Fenster. Ich streckte den Kopf hinaus, legte ganz natürlich die linke Hand auf das Fenstersims und die rechte – »Hallo, was ist das?« Der Stapel kippte, von meiner Hand gestoßen, polternd um.

Einen Fluch verschluckend stürzte Crum herbei und sammelte die Bücher auf. Jäh erhob sich ein Speien und Fauchen unter der Fensterbank und wurde sogleich zu einer wütenden Katze. Einer schwarzen Katze. Das Tier funkelte mich mit dämonischen Augen an; sie waren rot vom Kerzenschimmer, schienen aber von einem eigenen Licht erfüllt zu sein, einem unirdischen Glühen. Ich fühlte, wie es mich heiß und kalt überlief.

Dennoch zwang ich mich, eines der Bücher vom Stapel zu nehmen. Gelassen schlug ich es auf.

Thomas Münzers Briefe, herausgegeben von Luther. Münzer, der Rebell und Wiedertäufer, der die offene Revolte gegen die Fürsten gepredigt und 1524 in Deutschland den Bauernaufstand angeführt hatte! Ein ketzerisches Buch – und zwar eines der schlimmsten, die es gab.

Ich warf es hin und nahm ein anderes. Melanchthons Abhandlung, in der er mich als Nero schmähte und den Wunsch äußerte, Gott möge einem kühnen Manne eingeben, mich zu ermorden. Es war in Zürich gedruckt und nach England geschmuggelt worden.

»Crum«, flüsterte ich.

»Sie sind allesamt bei bekannten Häretikern beschlagnahmt worden, Euer Gnaden, und sollen bei ihren Prozessen als Beweismittel verwendet werden«, erklärte er mit geschmeidigem Behagen. »Eure eigene Reaktion zeigt deutlich, wie überaus verdammungswürdig sie sind. Jeder, der solchen Schmutz besitzt, muß zwangsläufig ein Häretiker sein. Ist es nicht so?«

»Sie besudeln Euer Gemach, Cromwell – so nah bei Eurer Person«, sagte ich schließlich.

Das hier waren keine »häretischen« Texte wie die Standardschriften von Zwingli, Calvin und Luther. Es waren Aufrufe zur Revolution, geschrieben von Männern, die vom Teufel besessen waren. Niemand würde solche Anleitungen zum Aufstand besitzen, der nicht selbst einen Aufstand plante.

Er zuckte die Achseln. »Leider muß ich sie ständig im Auge behalten und bewachen. Könnt Ihr Euch nicht denken, wie schnell sie sonst verschwinden würden?« Er lachte; es war ein Lachen ohne Heiterkeit. »Es wäre das Leben eines Menschen wert, dieses Beweismaterial zu vernichten. Und einem, der um sein Leben kämpft, verleiht der Böse selbst seine Kraft.«

Oder er verhilft ihm zu gerissenen Antworten, dachte ich. Satan beschützt die seinen.

Ich wußte jetzt, was ich wissen mußte. Ich sandte ein stummes Dankgebet an Christus für dieses Zeichen und dafür, daß er mir die Augen geöffnet hatte. Aber, oh! mein Herz war schwer, als ich Cromwell gute Nacht sagte. Wie wünschte ich mir, er hätte sich nicht als das erwiesen, was er in Wahrheit war: der fähigste Minister, der einem König geschenkt ward – verführt und verdorben durch Ketzerei und die Gier nach Macht.

Die wenigen Stunden bis zum Morgengrauen verbrachte ich in einem sonderbaren Bewußtseinszustand, während ich wartete, daß die Dunkelheit im Zimmer sich in einen blauen Nebel verwandelte. Endlich regte sich Geraschel im äußeren Gemach: Wasser wurde erwärmt, Kleider wurden herausgelegt und gebürstet, Männer streckten sich.

Ich schwang die Beine über die Bettkante und spielte die Rolle des Schlaftrunkenen, der sich zum Aufstehen zwingt. Ich seufzte und brummte und rieb mir die Augen – und fuhr zurück. Der Geruch der beschlagnahmten Klostersalbe klebte immer noch an meinen Händen, als sei er lebendig.

»Wasser!« rief ich. »Wasser!«

Der Kammerdiener erschien mit einem silbernen Krug voll heißen Wassers und einem Klumpen fetter Kräuterseife. So erpicht war ich darauf, mich von der Besudelung durch Cromwells Rachsucht zu reinigen, daß ich das Ritual meiner morgendlichen Waschungen übersprang und die Hände ohne Verzug ins Wasser tauchte und selber heftig schrubbte, statt mich der gewohnten sanften Behandlung mit Nagelhautstäbchen und Schwamm zu unterziehen. Wieder und wieder wusch ich mir die Hände, bis das klare, parfümierte Wasser schaumig wurde und meine Hände wund waren. So, jetzt müßten sie sauber sein! Ich streckte sie aus, um sie mit einer duftenden Lotion benetzen zu lassen.

Für den Vormittag berief ich eine Sitzung des Geheimen Staatsrates ein. Ich wollte ihnen ihre Aufträge geben, mein erniedrigendes »Bekenntnis« ablegen und alles hinter mich bringen. Morgen um diese Zeit, sagte ich mir immer wieder, wäre alles vorüber.

Ich saß allein im Ratssaal und wartete auf sie. Ich war dunkel gewandet, wie es sich für einen nicht eben erfreulichen Anlaß geziemte. Brandon und Wyatt sollten Anna die Nachricht überbringen, hatte ich beschlossen. Und was mein schreckliches Eingeständnis anginge – der ganze Staatsrat würde es hören müssen, damit es offiziell und verbindlich wäre.

Der erste, der eintrat, war William Paget, phlegmatisch, völlig farblos und zuverlässig: der Sekretär des Rates. Er hustete und verbeugte sich tief vor mir; dann nahm er leise Platz und wartete auf die anderen.

Keine drei Minuten später erschien William Petre, ebenfalls farblos und grau gekleidet. Audley und Sadler folgten ihm auf den Fersen. Als sie sich setzten, mußte ich unwillkürlich an Zaunkönige und arme Wintervögel denken, die in trübseligen Reihen auf kahlen Dezemberästen hockten.

Dann kamen die »alten Männer«, allesamt strahlend in üppigen Farben und reichen Stoffen. Norfolk, als hoher Peer Englands, trug natürlich Samt; Suffolks Gewand war aus Brokat; auch Gardiner, der Bischof von Winchester und Anführer der kirchlichen Traditionalisten, und Wriothesley, sein Jünger, waren bunt gekleidet.

Endlich waren alle eingetroffen und hatten Platz genommen, um sich den Tagesgeschäften zu widmen. Da der König niemals persönlich an den Sitzungen des Staatsrates teilnahm, wußten sie, daß die Tagesordnung keine gewöhnliche sein konnte.

Ich erhob mich. »Meine guten Ratsherren und Diener« – ich betonte »guten« und »Diener« – »ich bin hier, um Euch in eine geheime Angelegenheit meines Herzens einzuweihen.«

Sie schauten unbehaglich vor sich hin.

»Ja« – ich zog die Erklärung aus ihrer Hülle – »nachdem ich guten Glaubens eine Ehe eingegangen bin und mich voll guter Absicht einer feierlichen Trauung unterzogen habe, stelle ich nun fest, daß meine Ehe keine wahre Ehe ist in den Augen Gottes und nach dem Gesetz der Menschen.«

Ich schaute ihnen in die Gesichter. Sie waren versteinert. Gut.

»Die Lady Anna von Kleve hatte, so scheint es, nicht die Freiheit, eine solche Ehe einzugehen. Sie wurde schon in ihrer Kindheit durch einen Vertrag dem heutigen Herzog von Lothringen versprochen. Dieser Vertrag ist offenbar in jeder Hinsicht verbindlich.«

Jetzt kam der schwierige Teil. Gott, wie war es mir verhaßt!

»Unsere Leiber aber erkannten dies und weigerten sich, die Vereinigung einzugehen. Wir sind keusch geblieben und haben einander nicht erkannt.«

Der Graf von Southampton kicherte. Dann fielen die übrigen ein, so sehr sie sich auch bemühten, ihre Heiterkeit zu unterdrükken. Je mehr sie versuchten, sie zu ersticken, desto stärker wurde sie.

Zum Teufel mit ihnen!

»Wünscht Ihr die genauen Einzelheiten zu hören?« fragte ich in scharfem Ton. Es wurde so still, daß man es kaum hätte glauben mögen. »Also gut!« *Tu es nicht*, bat ein Teil meiner selbst. *Doch, tu es nur!* höhnte ein anderer. *Übertriff sie noch an Vulgarität und stürze sie in Verlegenheit.* »Als ich das erstemal ins Bett der Lady Anna kam, da fühlte ich an ihren Brüsten, daß sie keine junge Maid war; ihre Schlaffheit und das lose Fleisch an ihrem Bauch traf mich in meinem Herzen, so daß ich weder den Willen noch den Mut aufbrachte, den Rest zu erkunden.«

Es war mehr, als sie erwartet hatten, und mehr, als sie wissen wollten.

»Und so habe ich ein Zeichen empfangen, und auch sie hat eines empfangen«, schloß ich ruhig. Ich legte zwei Stöße von Pergamenten auf den Tisch, den einen mit der linken, den anderen mit der rechten Hand.

»Dieses Papier hier« – ich klopfte auf die unter meiner Linken – »soll der Lady Anna zugestellt werden, die sich zur Zeit in Richmond aufhält. Es umreißt die Vereinbarung, die ich mit ihr zu schließen wünsche. Schließlich ist sie eine Ausländerin in unserem Land und hat zweifellos Angst. Die Bedingungen sind äußerst großzügig, ihr Herren.« Und ich erläuterte sie – Rang, Privilegien, Einkommen. »Ich beauftrage Euch, Brandon, und Euch, Wyatt, ihr das Dokument noch am heutigen Tage zu überreichen.«

Bevor sie Zeit hatten, beklommene Gesichter zu machen, klopfte ich auf die Papiere unter meiner Rechten. »Dies sind Kirchenangelegenheiten«, erläuterte ich. »Sie sollen der Konvokation unterbreitet und von ihr gebilligt werden. Selbstverständlich wird die Kirche von England die Ehe für nichtig erklären, so daß wir beide frei sind, wieder zu heiraten.« Ich nickte Cranmer zu, und dieser kam, um die Papiere zu holen. Oh, welch ein Unterschied zu den Tagen Wolseys mit dem Legatsgericht und Campeggio und der Dekretskommission. Wie sauber und einfach heute alles war. Bei Sonnenuntergang wäre alles geschehen!

Sie schlurften hinaus, und einige verharrten kaum merklich für den Fall, daß ich mich noch mit ihnen beraten und ihnen ausführlicher darlegen wollte, was ich eben gesagt hatte. Ausführlicher darlegen? Ich hatte ihnen mehr gesagt, als ich jemals gewollt hatte, hatte mehr gesagt, als ein Mann, der bei Sinnen war, je würde sagen wollen.

Das alles war für Catherine, dachte ich. Für Catherine hatte ich mich so erniedrigt, mich zum Gegenstand von Lächerlichkeit und Spekulation gemacht. Aber die Liebe war eine grausame und wahnsinnige Herrin. Ich hatte gespürt, daß ich keine Wahl hatte, und glühend vor Scham hatte ich es ihr als Geschenk dargebracht, als vollkommenen Beweis meiner Hingabe.

XCII

Jetzt war nichts mehr zu tun, als zu warten, bis Brandon und Wyatt die Nachricht überbracht hätten. Nur noch wenige Stunden, bis es vollendet wäre – des Königs »Große Sache«, gezähmt und in eine Kleinigkeit verwandelt.

Ich legte meinen Staatsmantel ab (den ich tragen mußte, wenn ich zum Rat sprach), und in meinem leinenen Hemd fühlte ich mich frei. Es war Juni, die Sonne stand schon hoch am Himmel, und es war warm. Ich wußte, ich war außerstande, im Hause zu bleiben und mich Staatspapieren und Korrespondenzen zu widmen, wenngleich einiges zu beantworten war. Ich würde einen Gang durch die Gärten hier zu Hampton machen. Wolsey war in einem solchen Maße an der Gärtnerei interessiert gewesen, daß er einen Gartenbaukünstler eingestellt hatte. Anne (die Verfluchte) hatte Beete mit Blumenzwiebeln angelegt, in jenem langen Frühling, da sie zu Hampton gewartet und ich es nicht über mich gebracht hatte, zu ihr zu kommen, weil mir ihre Gegenwart so abstoßend gewesen war. Eigentlich hätte Hampton inzwischen prachtvolle Gärten haben müssen. Heute wollte ich sie mir ansehen.

Ich verließ die königlichen Gemächer durch die Tür bei der Treppe, und kurz darauf befand ich mich in dem formellen Bereich vor dem Großen Labyrinth. Ein Labyrinth wurde erwartet, ja verlangt. Jeder formell angelegte Garten mußte ein Labyrinth haben, damit Burschen und Mädchen mindestens eine Viertelstunde damit verbringen konnten, sich in ihm zu verirren, nach dem Zentrum zu suchen (was ihnen Gesprächsstoff gab) und dann unbeobachtet ihrem Treiben nachzugehen. Ich wollte heute vom Labyrinth nichts wissen. Ich nickte dem Labyrinthgärtner und seinem

Gehilfen zu und machte mich auf den Weg zur Südseite des Geländes, wo die großen Panoramen angelegt waren.

Nicht weit vom Palast selbst lag ein versunkener Garten, umgeben von einer Ziegelmauer. Die Mauer hatte ich von meiner Galerie aus schon oft gesehen, mich aber nie weiter darum bekümmert, was dahinter lag. Daß die Sonne darauffiel, wußte ich, und das war alles.

Jetzt betrat ich den verborgenen Ort und war geblendet. Auf ordentlichen Beeten blühten Rosen mit einer solchen Last von Blüten an ihren Stielen, daß es schien, als wollten ihre Zweige knicken unter soviel Farbe, Gewicht, Verschwendung. Die von Süden und Westen her beschienenen Mauern waren eine einzige Masse von Kletterrosen; vor jedem Ziegelstein waren an die zwanzig Blüten ausgebreitet. Alle zusammen auf einen Blick betrachtet, waren ihre Farbe »rosé« – jenes süße Erröten irgendwo zwischen Rot und Weiß. Als mein Auge sie alle zugleich erfaßte, war »rosafarben« plötzlich kein Adjektiv mehr, sondern ein sinnliches Erlebnis.

Es widerstrebte mir, den Bann zu brechen, und ich trat mitten zwischen die Sträucher. Jetzt, da ich näherkam, sah ich die zarten Variationen: wie eine weiß war, eine andere grau überstäubt. Wie sich sogar die Dornen unterschieden. Einige waren dreieckig, mit geschwungener Schneide und einem Haken, und andere waren geradlinig, als seien sie nicht mit dem Herzen bei ihrem Geschäft des Fleischzerreißens. Die Kletterrosen, das sah ich, als ich mich der südwärts gewandten Mauer näherte, hatten die zahmsten Dornen von allen. Behutsam berührte ich einen und fühlte, daß er weich war. Ich fühlte auch die Wärme, die von den nach Süden blickenden Zielsteinen ausstrahlte. Hier war es so warm wie im Lande der Ungläubigen – wo die Rose der Legende nach ihren Ursprung hatte.

Ein alter Gärtner kauerte zwischen den Sträuchern und häufelte aus einem Ledereimer, den er bei sich trug, Mist auf ihre Wurzeln. Als ich nähertrat, sah ich, daß die Rosenbeete kaum merklich ihre Farbe änderten und von einem reinen Rot zu einem blasseren Perlmuttschimmer wechselten. Die drei Sträucher, an denen der Mann arbeitete, trugen Blüten, die im Herzen blaßgelb waren und deren äußere Blätter rot leuchteten.

»Meister Gärtner!« rief ich. Langsam richtete er sich auf, er war steinalt. Sein Gesicht war so welk und runzlig, daß es schwerfiel, die Augen zu entdecken, und ein großer Hut überschattete das ganze Antlitz. Aber seine Ohren waren offenbar in Ordnung.

»Eh?«

»Steht dieser Garten in deiner besonderen Obhut?«

»Aye. Seit zwanzig Jahren.« Er deutete auf die Mauern mit den Kletterrosen. Die habe ich gepflanzt, als sie noch kleine Schößlinge waren. Eine kam aus Jerusalem. Die rote. Wir nennen sie ›Erlöserblut‹.«

»Erzähle mir von den Farben der Rosen«, sagte ich. »Sind sie nur rot und weiß?«

Er zog seine Hose zurecht und trat zwischen den Pflanzen hervor. »In der Wildnis ja. Aber im Garten kann man sie kreuzen und die Farben ein bißchen verändern. Was wir indes nicht kriegen, sind zwei Farben an einem Stock. Leider.« Er dachte, ich sei gekommen, um ihn zu schelten, weil es noch nicht gelungen war, eine vollkommene »Tudor-Rose« zu züchten, wie man sie an Schnitzwerken sehen konnte, mit roten Blütenblättern außen und weißen innen.

»Aber die hier« – ich ergriff die vollkommene Blüte mit dem Hauch von Gelb im Herzen – »könntest du aus dieser irgendwann eine gelbe Blume züchten?«

Er zuckte die Achseln. »Ich versuch's. Seit fast zehn Jahren ist das mein Ziel. Aber immer wieder erscheinen die roten Außenblätter! Einmal dachte ich, ich hätte es fast. Ich zeige sie Euch; ich habe sie gepreßt. Die Blütenblätter waren alle gelb; nur die ganz äußeren hatten ein paar rote Streifen. Aber im nächsten Jahr...« Er machte ein angewidertes Gesicht. »Da waren sie wieder rot.« Er winkte mich zu seinem runden, strohgedeckten Gärtnerhäuschen in einer Ecke des ummauerten Gartens; er verschwand darin für einen Augenblick und kam dann mit einer platten, getrockneten Blüte auf einem Stück Pergament wieder zum Vorschein.

»Meine gelbe Rose«, sagte er mit melancholischem Blick. In der Tat, sie war beinahe golden gewesen. Wie schade! »Aye.« Ich konnte es ihm nachfühlen. »Man sieht, wie nah du dem Erfolg warst.«

In der Hütte sah ich Reihe um Reihe von Töpfen und Brettern mit Ablegern. »Darf ich?«

Er nickte, und ich trat ein. Der Mann hatte ebenso viele Ableger und Setzlinge wie ich Staatspapiere. In seiner Hütte war er Monarch und ich ein Neugieriger, ein Bittsteller.

»Könntest du eine Rose ohne Dornen züchten?« fragte ich plötzlich. »Wenn du die Farbe ändern kannst, kannst du dann nicht auch die Stiele, die Zweige, die Blätter und andere Einzelheiten ändern – eben auch die Dornen?«

Er schüttelte den Kopf. »Die Dornen gehören anscheinend dazu, Euer Gnaden. Sie sind immer dabei. Manche grün, manche braun, einige spitzer als andere. Aber an jedem Strauch müssen Dornen sein; das ist meine Erfahrung.«

»Könntest du einen Busch mit Dornen züchten, die nicht der Rede wert sind? Was meinst du?«

»Ich hab's nie versucht.«

»Aber wenn du es versuchst?« Oh, das war die Begriffsstutzigkeit des gemeinen Volkes. Und auch sein Schutz. »Versuche es. Ich will es dir reichlich lohnen, wenn du einen solchen Busch züchten kannst. Eine Rose ohne Dornen.« Ich trat dicht an ihn heran und sah ihm fest in die Augen. »Es bedeutet mir etwas. Ich brauche deine Hilfe!«

»Ich kann es versuchen, Eure Majestät.«

»Wie lange würde es dauern?«

Er machte ein erschrockenes Gesicht. »Ich weiß es nicht. Das kann ich nicht einmal schätzen. Ich dachte, ich hätte eine gelbe Rose« – wieder deutete er mit dem Kopf auf das getrocknete Exemplar –, »aber ich wurde enttäuscht.«

»Aye.« Ich wendete meinen Blick ab und drehte mich um.

»Und dann der Winter. So viele Monate, in denen man nichts tun kann als warten.«

Winter. Warten. Oh, das kannte ich gut.

»Tu dein Bestes«, sagte ich. »Wenn man sein Bestes tut, fügt sich am Ende alles.«

Ich verließ die Rosenhütte und trat hinaus in den hellen Sonnenschein. Brandon mußte inzwischen in Richmond sein; Anna würde jetzt meine Bedingungen lesen.

»Einstweilen nehmt diese«, sagte der Gärtner und reichte mir einen kleinen Tontopf mit einem frischgepflanzten Steckling. Die kundige Hand des Alten und die fette neue Erde hatten bewirkt, daß schon eine Knospe erblüht war. Ich berührte den Stiel und führte die Blüte zu meiner Nase. Aber es war nicht süßer Rosenduft, was ich da roch. Der Gestank von Cromwells gehorteter Salbe klebte immer noch an meinen Fingern, nach all dem Schrubben, nach so vielen Stunden.

»Oh!« Meine Hand zuckte so hastig zurück, daß der Topf zu Boden fiel und zersprang. »Ich...«

Jetzt war der alte Mann beleidigt. Er bückte sich und begann, die Scherben aufzusammeln. Trotzdem würde er meine Rose ohne Dornen heranziehen. Er mußte. Ich hatte es ihm befohlen.

»Verzeih mir«, sagte ich. »Es war ein Versehen.« Ich wischte mir die Hände mit dem Taschentuch ab und eilte davon.

Der Gestank. Der Gestank von Cromwells Niedertracht. Er besudelte sogar diesen Tag. Schnellen Schritts eilte ich, so sehr es mir mißfiel, ins Haus, und ich rief nach Culpepper. Er war nirgends zu sehen. Nun, dann mußte ein Page genügen. Ich mußte Cranmer sehen und ihm unverzüglich berichten, was in der vergangenen Nacht geschehen war. Die Rosen waren vergessen.

Cranmer hatte den Palast nach der Ratssitzung nicht verlassen, um nach Lambeth zurückzukehren, erfuhr ich von dem Pagen. Statt dessen hatte er sich darangemacht, mit der hohen Geistlichkeit, die anläßlich meiner Erklärung schon einmal bei der Hand war, Bibelübersetzungen und theologische Fragen zu erörtern. Man stelle sich seine Überraschung vor, als ich dort hineinplatzte, wo er mit seinen Amtsbrüdern an einem blankpolierten Eichentisch saß. Vor ihnen ausgebreitet lagen sämtliche verfügbaren Übersetzungen der Heiligen Schrift in englischer Sprache: die des ehrwürdigen Beda und der Ketzer Wycliffe und Tyndale, aber auch Coverdales und Matthews Übertragungen. Das Heilige Wort Gottes lag vor ihnen ausgebreitet wie ein Mann auf der Streckbank.

»Ihr Herren«, sagte ich, als ich mit einer Gebärde der Ehrerbietung gegen die Heilige Schrift in den Raum trat. Die Prälaten sprangen auf, und einiges von dem, was auf ihrem Schoß gelegen hatte, fiel zu Boden. »Ich sehe mit Befriedigung, daß Ihr an einem so schönen Junitag über dem Worte Gottes brütet. Unser Herr wird Euch dafür gewiß himmlischen Lohn spenden.« Ich lächelte. Keiner lächelte zurück. Sie fürchteten, ich könnte sie auf die Probe stellen.

»Ich bedaure, aber ich muß den Erzbischof von Canterbury für ein Weilchen ausborgen«, erklärte ich und winkte Cranmer. »Ich werde ihn zurückbringen; das verspreche ich.«

»Ihr mögt schon fortfahren«, sagte er. »Ich bitte Euch, sucht die verschiedenen Wörter für ›Engel‹ in den Auferstehungstexten hervor. Ich wäre Euch sehr dankbar.« Noch immer lächelten sie nicht.

»Kommt, Thomas«, sagte ich leise und legte ihm den Arm um die Schultern. Ich schob ihn zur Tür hinaus. Draußen ließ ich ihn los. »Verzeiht«, sagte ich. »Aber es geht um eine schmerzliche Angelegenheit.«

Er schüttelte noch immer den Kopf wie jemand, der zur Unzeit aus einem Traum gerissen worden war. Offen sprach ich erst, als wir in der Sicherheit meines Privatgemaches angelangt waren. Oh, diese kleine eichenholzgetäfelte Kammer – wie gut kannte ich jeden Astring, jede Maserung an ihren Wänden! Wie sehnte ich mich danach, meine Geschäfte anderswo zu erledigen – aber nirgends sonst war man sicher, denn Crums Spitzel waren überall.

»Thomas, Cromwell ist ein Verräter. Und er steht im Bunde mit den Ketzern.«

Der große, stille Kirchenmann mit den hellen Augen antwortete nicht.

»Ich sage Euch, letzte Nacht habe ich den Beweis bekommen!« Ich erzählte ihm von all meinen wachsenden Zweifeln, meinen Befürchtungen, meiner Unruhe, meinen Ahnungen, von den Berichten und schließlich von den verräterischen Büchern selbst. Noch immer stand Cranmer da wie eine Statue aus dem alten Rom, und das Gewand der Gerechtigkeit und seines Amtes umhüllte ihn wie ein Mantel aus Verstand und Vernunft.

»Ein Anabaptist und Umstürzler unter uns!« brachte er schließlich hervor.

»Genau. Er steht mit ihnen im Bunde seit – ich weiß nicht, seit wann. (Seit damals, als er mir das Scherbet gebracht hatte? Oh, gewiß nicht schon damals! Damals waren wir Freunde gewesen.) »Und durch ihn suchen sie Macht über mein Reich zu erlangen.«

Cranmer war den Tränen nahe. »Ich habe ihm vertraut, Euer Gnaden. Ihr habt ihm vertraut. Ich glaubte, es sei eine wahre Liebe zu Gott und zu Christus in ihm. Ach, gütiger Herr, wenn man ihm nicht vertrauen kann, weiß ich nicht, wem man am Ende noch vertrauen soll.«

Worte von göttlicher Inspiration, doch damals achtete ich ihrer nicht weiter, so erregt war ich, so erpicht darauf, Cromwell zu beseitigen.

Wegen Hochverrats würde man ihn verhaften, jawohl... sobald dieser endlose Tag zu Ende gegangen wäre. Sobald diese verzwickte Geschichte mit Kleve aus der Welt wäre – sofern Anna einwilligte und an ihren Bruder schrieb, was ich ihr aufgetragen –, würde Cromwell für meine Regierungsgeschäfte nicht mehr nötig sein.

Die Hitze des Tages ließ nach, und die Dämmerung ging der Dunkelheit entgegen, bevor meine beiden ehelichen Botschafter zurückkehrten. Sie waren staubbedeckt und sahen müde aus. Aber sie zeigten keine Angst. Das war gut. Das bedeutete, sie waren mit ihrem Auftrag nicht gescheitert. Irgendwo in dem Gewirr von Rollen, mit denen sie behängt waren (und es waren anscheinend mehr, als ein Hirschgeweih Spitzen hatte, so ragten sie in alle Richtungen hervor), befanden sich die ersehnte Unterschrift und das Siegel.

»Nun?« Ich erhob mich von meinem Stuhl.

»Sie war einverstanden, Euer Gnaden«, seufzte Brandon; er zog das eine Papier hervor, auf das es ankam, und reichte es mir.

Ich griff danach und ließ meinen Blick darüber hinweglaufen wie ein springendes Kind, bis ich die benötigte Unterschrift fand, weit unten am unteren Ende: *Anne Prinzessin von Kleve*.

»Christus sei gepriesen!« murmelte ich.

Erst jetzt kam es mir in den Sinn, ihnen einen Stuhl zum Sitzen und eine Erfrischung anzubieten. Es war ein zermürbender Tag gewesen, für sie wie für mich. Dankbar ließen sie sich nieder und streckten die staubigen Hände nach Wasserschalen aus, um sie zu waschen. Ein Page war ihnen zu Diensten.

»Die Königin – Lady Anna – hat sehr gelitten«, berichtete Wyatt mit gedämpfter Stimme, während er sich die Hände trocknen ließ.

Das war zu erwarten gewesen. Schließlich liebte sie mich und hatte erwartet, für alle Zeit Königin von England zu bleiben. »Ja. Sie dauert mich«, sagte ich. Und das stimmte. Ich wußte, was es bedeutete, an unerwiderter Liebe zu leiden oder eines Standes im Leben beraubt zu werden, zu dem man sich berufen fühlte.

»Sie fiel in Ohnmacht, als sie uns um die Ecke in ihren Garten kommen sah«, erzählte Brandon.

In Ohnmacht? War es möglich? Nein, absurd! Sie war keine Jungfrau Maria, die empfing, ohne einen Mann zu erkennen. Wohin verirrten sich meine Träume? Aus Liebe war es geschehen, aus verzweifelter Liebe.

»Arme Lady«, murmelte ich.

»Sie glaubte, wir brächten ihr Todesurteil«, fuhr Brandon fort. »Sie glaubte, sie solle verhaftet, vor Gericht gestellt und hingerichtet werden.«

Ich lachte verachtungsvoll.

»Sie hatte offensichtlich Angst, Euer Gnaden. Ihr hattet Ihr von Anfang an gezeigt, daß sie Euch mißfiel und Eure Gunst nicht hatte, und dann habt Ihr sie fortgeschickt, ohne sie zu begleiten. Sie ist nicht dumm. Ich bin sicher, ihr ist wohlbekannt, wie Ihr Euch bei Anne Boleyn verhalten habt. Trennung, Ungnade – alles wiederholte sich.«

»Nur hatte sie keine Liebhaber!« schrie ich und fuhr herum. »Nur war sie keine Hexe! Nur plante sie nicht meinen Tod! Ein kleiner Unterschied, meint Ihr nicht auch?«

»Aye, aye«, murmelte Wyatt.

»Um Himmels willen, ja«, setzte Brandon gleich hinzu. »Sie kam auch prompt wieder zu sich.«

Ihre robuste Konstitution würde dafür gesorgt haben, ja.

»Sie war anscheinend ganz entzückt von der Übereinkunft und Euren Bedingungen. Innerhalb einer halben Stunde verwandelte sie sich in die fröhlichste Maid, die ich seit einem Jahr gesehen.«

Entzückt? Fröhlich? Weil sie mich als Gemahl verlor? Ich erinnerte mich an Katharinas Agonie, an ihre beharrlichen Versuche, mich als Gatten zu behalten.

»Sie sendet Euch dies zum Zeichen.« Brandon zog einen samtenen Beutel hervor und nahm ihren Trauring heraus.

»So, so.« Mehr wußte ich nicht zu sagen. Anna war einverstanden. Ich hatte gewonnen.

Ich wies auf das dunkle Fenster. »Morgen schicke ich ihr Blumen aus den Gärten von Hampton«, versprach ich.

»Sie hat hübsche Gärten in Richmond«, sagte Brandon. »Jetzt gehören sie ihr.« Er hob eine Augenbraue. Er kannte mich gut. Aber weshalb mußte er so selbstzufrieden aussehen?

Ich zuckte die Achseln. »Es kommt auf die Geste an.«

Es stimmte. Anne hatte eingewilligt und war es zufrieden, sich fortan als meine innig geliebte Schwester zu bezeichnen. Am nächsten Tag sandte sie mir Blumen, und so hatte ich eine Gemahlin verloren und eine Schwester gewonnen. Zwischen den Massen von Gänseblümchen, Iris und Lilien, die sie mir sandte, steckte der Brief an ihren Bruder, den Herzog von Kleve, dem ich meine Billigung geben sollte, ehe er abgesandt werde.

Mein teurer und geliebter Bruder,

empfangt zunächst meine herzlichsten Empfehlungen: sintemalen Ihr, mein teuerster und allergütigster Bruder, Euch die Angelegenheit, die jüngst bestimmt und beschlossen zwischen der Königlichen Majestät von England und mir, einigermaßen werdet zu Herzen nehmen, will ich lieber, daß sie Euch bekannt werde durch mein eigen Bekanntmachung, denn daß Ihr getäuscht werdet durch eitlen Bericht, wo diese etwa fehlte. So hielt ich es für tunlich, daß ich Euch diesen Brief schreibe, durch welchen Euch wird zur gefälligen Kenntnis gebracht, wie die Edlen und Gemeinen dieses Reiches verlangten, daß Seine Königliche Hoheit die Frage der Ehe zwischen Seiner Majestät und mir der Heiligen Geistlichkeit dieses Reiches zur Examination und zum Urteil unterbreitete.

Ich habe bereitwillig meine Einwilligung dazu gegeben, und da sie ihren Entschluß gefaßt, so habe ich, als ich von dem gehabten Verfahren Kunde bekam, meine Einwilligung, Zustimmung und Billigung zu demselben erteilet. So Gott will, gedenke ich mein Leben in diesem Reiche bis zum Ende zu führen.

Anna, Herzogin von Kleve, geboren zu Kleve, Jülich, Geldern und Berg, und Eure liebende Schwester.

So. Das dürfte ihn überzeugen und ihn davon abhalten, die Hand zu erheben. Ich änderte »bereitwillig« in »freudig«, schob eine Verzichtserklärung vor die Passage mit der Billigung.

Aber es war gut gemacht. Oh, Anna gefiel mir!

Und jetzt war nur noch eine einzige häßliche Angelegenheit zu erledigen. Cromwell war zu beseitigen und zu vernichten, Cromwell, der früher mir gedient hatte, heute aber, wie es schien, den Ketzern.

Er wurde auf meinen Befehl verhaftet, als er seinen Sitz im Staatsrat einnahm. Am Vormittag, als er auf dem Weg zum Ratssaale war, riß ihm eine heftige Windbö den Samthut vom Kopfe. Da er der höchste in einer Gruppe von Ratsherren war, hätten die anderen dem Brauche gemäß ihre Mützen in seiner Gegenwart abnehmen müssen, wenn er barhäuptig war. Ehrerbietig hätten sie sich die Mützen vom Kopfe reißen müssen. Aber sie taten es nicht.

Da wußte Cromwell Bescheid. »Es muß ein mächtiger Wind sein«, bemerkte er mit lauter, klarer Stimme, »der nur mich entblößt und Euch die Mützen läßt.« Sie verneigten sich und schwiegen, und sie nahmen ihn in ihre Mitte, als er, jetzt mit grimmiger Miene, dem Saal des Geheimen Staatsrates zuschritt.

Als er durch die Tür getreten war, stellte sich der Herzog von Norfolk ihm entgegen, wie er es im Geiste viele Male geprobt hatte.

»Mein Lord Cromwell, ich verhafte Euch auf Befehl des Königs wegen Hochverrats.«

Da begann Cromwell sich zu wehren, und all seine Fassung fiel von ihm ab. Er schüttelte die beiden Ratswachen ab, die den Auftrag hatten, ihn zum Tower zu begleiten. Er kreischte und fing an, um sich zu schlagen. Vier Soldaten der Garde waren nötig, um ihn zu überwältigen.

Mich schauderte, als man mir davon berichtete.

»Er schien besessen zu sein«, stammelte Cranmer. Es ärgerte mich, daß er sich so erschüttert zeigte. Der höchste Kirchenmann Englands zuckte vor der Manifestation des Bösen zurück? Wie sollten dann gewöhnliche Menschen Kraft und Schutz suchend zu ihm aufschauen?

»Er wußte, daß seine geheime Mission gescheitert war«, erklärte ich ihm. Dennoch – fast wäre es ihm gelungen, meine Männer abzuschütteln. »Und Satan wird ihm im Tower noch zu beredten Worten verhelfen, dessen können wir sicher sein. Unser einziger Schutz besteht darin, seine honigsüßen, lügenhaften, betörenden Briefe nicht zu lesen. Wohlgemerkt, er wird uns beiden welche schicken. Vernichtet sie, ohne sie zu öffnen.«

Cranmer hörte nicht auf, in meiner Kammer auf und ab zu schreiten wie ein Schlafwandler. »Das Volk jubelt«, sagte er schließlich.

»Aye, und das ist kein Wunder.« Ich erinnerte mich daran, daß eine der Forderungen bei der Pilgerschaft der Gnade die nach der Absetzung Cromwells gewesen war. Vielleicht hatte der Heilige Geist die Pilger doch geleitet. In einigen Dingen. Nicht in allen.

Ich trat zu Cranmer und legte ihm eine Hand auf die Schulter. Er widerstrebte einen Augenblick lang. »Im Krieg zwischen dem Licht und der Finsternis gibt es viel Blutvergießen«, sagte ich, um ihn zu trösten. Er aber fuhr fort, ausdruckslos zum Fenster in die Landschaft hinauszustarren, als erwarte er, die Pilgermassen dort wieder erscheinen zu sehen.

»Ihr habt die Dokumente für Kleve studiert?« fragte ich ihn.

»Ja, Euer Gnaden. Und unterzeichnet. Die Kirche stellt fest, daß nach dem, was sie und Ihr bekannt habt, eine Ehe nie bestanden hat. Die obersten Autoritäten stellen in Einigkeit mit Eurer Majestät fest, daß der König ein Junggeselle und seine Schwester eine Jungfer ist, und daß es beiden freisteht, zu heiraten.« (Er war so klug, nicht »wieder« zu sagen.) »Das Reich aber«, fuhr er fort, »wünscht so sehr, Euch vermählt zu sehen, daß das Parlament Euch bitten wird, eine Ehe einzugehen. Zum Wohle des Reiches und um des Glücks Eurer Untertanen willen.«

Herzliebes Parlament! Es will mir anempfehlen, zu tun, was ich mir vor allem anderen ersehne!

Zwei Tage später wurde die Bitte zugestellt: Das Volk bat »den König Heinrich, sein hochedles Herz in Liebe zu einer edlen Person zu fassen, durch welche Seine Majestät noch weitere Leibesfrucht und Thronfolgeschaft zum Troste seines Reiches erlangen möge«.

Die Klageschrift gegen Cromwell beschrieb ihn als einen »gar falschen und verdorbenen Verräter, Lügner und Betrüger«, der sich gegen den König vergangen habe, und beschuldigte ihn der Ketzerei und des Hochverrats. Man legte ihm noch vieles andere zur Last, aber das scheußlichste war, daß er ein »verächtlicher Ketzer« sei, der »ketzerische Literatur verbreitet, Ketzern die Erlaubnis zum Predigen gegeben und sie aus dem Kerker gelassen« habe. Auch habe man ihn sagen hören (also hatten andere von seinem Ketzertum gewußt und nur nicht gewagt, vorzutreten und ihn zu entlarven!), der Lutheraner Robert Barnes – der wegen häretischer Lehren zum Tod auf dem Scheiterhaufen verurteilt worden war – habe die Wahrheit gepredigt, und auch wenn der König davor die Augen verschließe, »ich würde mich doch nicht davor abwenden, und wendet sich auch der König ab und sein ganzes Volk, so kämpfte ich doch in eigener Person auf diesem Felde mit dem Schwerte in der Hand gegen ihn und alle anderen«.

Überdies hatte er, als Adelige neulich von seiner niederen Herkunft gesprochen hatten, Berichten zufolge gedroht: »Wenn die Lords mich so behandeln, will ich Ihnen ein Frühstück reichen, wie es in England niemals aufgetragen, danach auch der Stolzeste Bescheid weiß« – ein Beweis dafür, daß er insgeheim die Macht hatte, die Regierungsgewalt zu ergreifen, wenn er solche Mittel gegen Norfolk und die anderen ins Feld führen wollte.

Cromwell wurde wegen Hochverrats hingerichtet, und zwar am achtundzwanzigsten Juli 1540. Wie ich es vorhergesehen hatte, sandte er viele Briefe aus seiner Zelle im Tower. Ich bin sicher, sie waren so überzeugend, wie nur der Teufel sie schreiben kann, wenn er gewöhnlichen Worten magische Kraft verleiht. Ich wagte nicht, sie zu lesen, sondern ließ die Dinge den ihnen bestimmten

Gang nehmen. Es waren am Ende seine eigenen Gesetze, die Cromwell das Leben kosteten. Er hatte die Neuerungen eingeführt, Gefangenen einen Rechtsbeistand zu verweigern, Menschen zu verhaften, ohne ihnen Gelegenheit zur Einrede zu geben, ihnen ohne rechtmäßiges Urteil die Ehrenrechte zu nehmen, sie hinrichten zu lassen, ohne ihnen ein Gerichtsverfahren zu gewähren. Die Härte, die er bei anderen hatte walten lassen, suchte nunmehr ihn selber heim.

Als Gemeinem ward ihm nicht das Privileg zuteil, in der Abgeschiedenheit des Towerhofes hingerichtet zu werden, noch bekam er das Schafott der Aristokraten oder einen Schwerthenker aus Frankreich.

WILL:

Heinrich las Cromwells Briefe zwar nicht, aber aus irgendwelchen seltsamen Gründen, die nur er selber kannte, bewahrte er einen von ihnen ungeöffnet bei seinem Tagebuch auf. Hier folgt, was der unglückselige Verdammte seinem Herrn schrieb. Es liegt Ironie darin, daß wir die einzigen sein sollen, die es lesen, lange nachdem es geschehen ist.

Meine Ankläger kennen Euer Gnaden. Gott vergebe ihnen. Denn wie ich stets Liebe empfand für Ehre, Person, Leben, Gedeihen, Gesundheit, Reichtum, Freude und Wohlergehen Eurer Majestät sowie Eures teuersten und innigst geliebten Sohnes, Seiner Gnaden des Prinzen, und für Eure Anliegen, so helfe mir Gott in meiner Not und verdamme mich, wo ich je hätte das Gegenteil gedacht. Welche Mühe, Pein und Arbeit ich habe auf mich genommen, wie es meine Pflicht und Schuldigkeit, das weiß Gott auch. Denn stände es in meiner Macht – wie es steht in Gottes Macht – Eure Majestät auf ewig in der Blüte der Jugend leben zu lassen, so täte ich es, und Gott weiß es. Stände es in meiner Macht, gestern oder heute, Euch zu machen so reich, daß alle Menschen könnten reich werden von Euch, so helfe mir Gott, ich würde es tun. Stände es in meiner Macht, gestern oder heute, Eurer Majestät so viel Macht zu geben, daß alle Welt gezwungen wäre, Euch zu gehorchen, so täte ich es, und Christus weiß es. Sire, was Euren Staat betrifft, so habe ich alle Tage meinen Verstand, meine Macht und mein Wissen darein gegeben und keines Menschen geachtet (nur Eure Majestät davon ausgenommen). Aber daß ich Unrecht oder Böses willentlich getan, des sei Gott mein Zeuge, kann die Welt mich rechtens nicht beschuldigen. Ich weine um Gnade, Gnade, Gnade!

Aber er bekam sie nicht. Er wurde hingerichtet, und zwar von einem besonders unfähigen Henker. Der Mann verfehlte sein Ziel immer wieder, so daß mehrere Streiche notwendig waren, um Cromwells Kopf endgültig abzuschlagen.

Recht bunte Gerüchte über Cromwells Sturz machten im Volk die Runde; so munkelte man, er habe große Vorräte an Männern und Waffen angehäuft – fünfzehnhundert Mann in Cromwell'scher Livree –, um entweder die Lady Maria zu heiraten oder sich selbst zum König zu machen. Anderswo hieß es, die Protestanten hätten ihn mit viel Geld bestochen, die eheliche Verbindung mit Kleve in die Wege zu leiten. Dann wieder sagte man, er habe sich damit gebrüstet, daß der Kaiser ihn mit einer Krone für seine »Dienste« belohnen werde. (Dafür, daß er England protestantisch machte?)

HEINRICH VIII.:

Eine große Menge seinesgleichen strömte zusammen, um ihn sterben zu sehen. Es ist eine kuriose Tatsache: Sie lechzen mit viel größerem Blutdurst nach der Bestrafung eines Menschen gemeinen Standes wie sie selbst, der zu höherem Range aufgestiegen, als nach der des Adels, auf dessen Territorium er sich in ihren Augen geschlichen hat. Ein solcher Aufstieg beleidigt auf irgendeine niedere Art ihr Empfinden. So jubelten sie lauthals (wie man mir berichtete), als Cromwells Kopf ihm von den Schultern fiel und im Heu landete.

Mich schauderte, als ich die Kanone hörte und wußte, daß es geschehen war. War der Dämon in ihm in diesem Augenblick zugrunde gegangen? Oder suchte er jetzt eine neue Wohnung, würde er umherstreifen, bis er einen bereitwilligen Gastgeber gefunden hätte?

Catherine und ich wurden am selben Tag miteinander vermählt, am Nachmittag. Es war keine Absicht, aber es fügte sich so. War das ein Omen? Ich war bemüht, es nicht zu denken, denn der Zufall hatte die genaue Stunde bestimmt, da unsere Trauung vollzogen werden sollte, aber ich wurde doch den Gedanken an diesen heimatlosen bösen Geist nicht los, der ohne Rast umherzog, da er in Cromwells Körper nicht mehr hausen konnte...

XCIII

Wir wurden Mann und Frau um vier Uhr an jenem langen Sommernachmittag, in Oatlands, einem königlichen Schloß in Weybridge, etwa fünfzehn Meilen von London entfernt. Die Zeremonie fand gänzlich privat statt, im Gegensatz zu jenem prunkvollen Fehltritt mit Anna von Kleve. Da war ich in aller Öffentlichkeit als König mit einer Prinzessin verheiratet worden, die ich nicht liebte; jetzt würde ich im stillen als Mann mit einer Frau vermählt werden, die ich anbetete. Sollte jemand behaupten, ich sei schon einmal heimlich und schnell mit einer Frau verheiratet worden, die ich »anbetete«, so will ich noch einmal auf die Unterschiede hinweisen. Die Trauung mit Anne Boleyn wurde unrechtmäßig und von einem widerstrebenden Priester vollzogen, ohne daß meine Verwandten zugegen waren, in Furcht und Hast. Meine sogenannte frühere Gemahlin weigerte sich, mich als Junggesellen anzuerkennen, und drohte mit furchtbaren Folgen, sollte ich versuchen, mich neu zu vermählen.

Jetzt aber hatte die Kirche von England durch die Konvokation einen ordentlichen Dispens ausgesprochen, und ein Bischof vollzog die Zeremonie. Mein ehemaliges »Ehegespons« sandte seine besten Wünsche, und alle meine Kinder nahmen an jenem heißen Nachmittag an der Trauung im Privatgemach teil. Gut, Lady Maria zeigte sich distanziert, aber das lag daran, daß Catherine ungefähr drei Jahre jünger war als sie. Sie konnte nicht begreifen, daß ich mir eine Frau nehmen konnte, die fast dreißig Jahre jünger war als ich. Dies ist etwas, was ein jungfräulich Weib, das nicht weiß, was sich zwischen einem Manne und einer Frau im Dunkeln begibt, eben nicht versteht, nicht verstehen kann. Eines Tages würde Maria es begreifen – und verzeihen.

Lady Elisabeth indessen freute sich, dabeisein zu dürfen, denn Catherine war ihre Cousine, und das Kind brauchte Freundinnen und Verwandte in einer Welt ohne Freunde. Sie benahm sich, als sei sie endlich wieder in die Wärme einer Familie zurückgekehrt, und schüchtern überreichte sie Catherine ein sorgfältig arrangiertes Bouquet von sommerlichen Wiesenblumen.

Die Fenster standen offen, und der Blick ging hinaus auf die Roggen- und Haferfelder, die golden und faul in der Julisonne lagen. Alles war auf seinem Höhepunkt angelangt, und die Ernte würde erweisen, daß sich alles gelohnt hatte, was dazu nötig gewesen war. So war mir zumute, als stehe die Ernte meines Lebens bevor, und alles, was davor gelegen hatte (der kalte Winter meiner Kindheit, der überstürzte Frühling meiner Thronfolge – hart, kalt, notgedrungen vor der Zeit –, und das Kämpfen und Roden und Brennen und Pflügen in England seitdem), seien Felder gewesen, die nun endlich gerodet waren, fruchtbar und still, bereit für das, was nun kam.

»Mit diesem Ring will ich dich nehmen zu meinem Weibe, mit meinem Leib will ich dich verehren, meine weltlichen Güter will ich dir geben: im Namen des Vaters und des Sohnes und des Heiligen Geistes, Amen.« Ich ließ den Ring auf Catherines Finger gleiten, schob ihn langsam höher, fühlte, wie die zarten Fältchen ihres Fleisches nachgaben, bis das Gold am Ende angelangt war und dort steckenblieb. Hitze verbreitete sich in Wellen aus meinen Lenden, als ich den Weg des Ringes mit meinem Finger verfolgte. »Kein Wille als der seine« war in das innere Rund graviert, und oh! ich wußte, was dieser Wille war. Es war die reine Fleischeslust, nunmehr geheiligt durch den Bischof von Winchester und seine Worte. Wunderbare Worte, welche die Wollust in ein Sakrament verwandelten.

»Der Herr in Seiner Barmherzigkeit lasse sein Auge wohlgefällig ruhen auf Euch und erfülle Euch mit Seinem geistlichen Segen und Seiner Gnade, auf daß Ihr so zusammen lebet in diesem Leben, daß Ihr in der kommenden Welt ein ewiges Leben findet«, sang Gardiner. Ich wandte mich Catherine zu und küßte sie von Herzen, und ich sah, wie sie die glänzenden Augen aufwärtsdrehte und dann schloß.

Wir setzten uns zu einem kleinen Hochzeitsmahl, wie es jeder private Bürger wohl auch getan hätte, mit Freunden und Verwandten an einen Tisch im Speiseraum. Eine Große Halle gab es in Oatlands nicht, nur einen hohen Raum im ersten Stock, wo Jagdtrophäen an den Wänden hingen; Hirschköpfe und Eberschädel starrten mit gläsernen Augen auf uns hernieder.

Catherine und ich saßen Seite an Seite und lachten über alles. Wir lachten über Brandon, als er aufstand, den Becher in der Hand, und einen feierlichen Trinkspruch über die Ehe ausbrachte. Er selbst war viermal verheiratet gewesen, und er war einer der Kammerherren in meiner Hochzeitsnacht gewesen, als ich Katharina öffentlich zu Bette geführt hatte. Alles schien sich jetzt zusammenzufügen, alles war eins. Wir lachten, und wir berührten uns. Und berührten uns. Gütiger Jesus! Diese Berührungen!

Wir lachten über Cranmers sanfte Glückwünsche. (Und berührten uns.) Wir klatschten, als Lady Maria die ihren gesprochen. (Und berührten uns – unter dem Tisch, damit sie es nicht sah.) Wir verneigten uns würdevoll nach den Worten des kleinen Edward; er sprach drei Worte in lateinischer Sprache, die er zu diesem Anlaß auswendig gelernt hatte. Und während alledem ging die Sonne unter und warf Schatten über die Furchen auf den Kornfeldern draußen. Endlich war sie untergegangen, aber die endlose Dämmerung des Sommers verweilte noch, länger und immer länger, bis ich ihr am liebsten befohlen hätte, zu enden.

Endlich, endlich war es dunkel genug im Speisezimmer, um erst Kerzen, dann Fackeln anzünden zu lassen. Es wurde Zeit für unsere Gäste, sich zu verabschieden, und das taten sie mit Küssen und Glückwünschen. Diesmal fand kein feierlicher Zug ins Brautgemach statt. Wie jeder Wollhändler oder Soldat hatte ich die Freiheit, meine Braut ohne Hilfe ins Bett zu bringen.

Ich führte meine süße Catherine in die Kammer, schloß die dunkle Tür fest und sicher hinter mir. Es war einigermaßen dunkel hier; die einsame Kerze auf der hölzernen Truhe tanzte in der wehenden Sommerluft. Zwei Dachfenster gingen auf die reifenden

Felder hinaus. Ich machte Anstalten, sie zu schließen. Catherine hielt mich auf und legte mir eine weiche Hand auf den Arm.

»Heute in meiner Hochzeitsnacht«, sagte sie, »möchte ich nicht eingeschlossen und fortgesperrt sein. Ich möchte einen Hauch vom Himmel spüren, von der Welt, die draußen liegt.«

»Alles, was du willst«, sagte ich. Die Fenster blieben offen, und die kornduftende Luft wehte herein, und sie trug die Rufe der Arbeiter und der Reisenden auf der Straße unten vor dem Haus zu uns.

Ich wünschte, ich könnte genau berichten, was in den nächsten Stunden geschah. Ich sagte dies und das. Sie sagte dies und das. Wir taten dies und jenes. Aber obgleich meine Sinne hellwach waren (keiner von uns hatte an diesem Abend Wein getrunken), war ich durch ihre bloße Gegenwart so entrückt, daß alles verändert war, und ich kann die eine Handlung von der nächsten nicht mehr trennen.

Es erbost mich, daß dies so ist. Es waren kostbare Stunden für mich, Stunden, die Bestand haben müssen, nachdem die häßlichen Fluten über sie hinweggerollt sind, und doch kann ich mich nicht erinnern! Ich kann mich nicht an kühle Einzelheiten erinnern, nur an meine eigenen Gefühle, die so stark waren wie Herkules, aber formlos.

Ich war bei ihr. Ich besaß sie. Sie war mein. Schon die Berührung ihrer Hand war ein Geschenk. Ein Geschenk, daß mir natürlich und zugleich über alle Vorstellung hinaus kostbar erschien. Der gewöhnliche Heinrich, mein wahres Ich, war eines solchen Geschenkes nicht würdig, wohl aber dieser besondere Heinrich, der Heinrich, zu dem ich in ihrer Gegenwart wurde.

All dies war völlig natürlich, oder? Sie in meinen Armen zu halten, ihre Lippen zu küssen, diese zärtlichen Worte zu hören, die sie stoßweise hervorkeuchte. Der besondere Heinrich, der in diesen Augenblicken erschaffen wurde, gesegnet mit einer außergewöhnlichen Gnade (dieser Heinrich, der ich war und der ich nicht war, ein Fremder und zugleich mir wohlbekannt) – er fühlte sich frei in dieser Seligkeit, dieser Heimkehr.

Ich weiß, daß sie darauf reagierte und den Heinrich schuf, von dem ich spreche. In jenen flüchtigen Augenblicken, da ich als dieser außergewöhnliche Heinrich existierte, war mir, als sei ich immer so: nicht vergänglich, nicht vorübergehend. Ich war kühn mit ihr, und ich tat mit ihr im Bette, was dieser Heinrich wollte. Wir legten nicht erst alle unsere Kleider ab, so erpicht waren wir darauf, unsere Vereinigung zu vollziehen und miteinander eins zu werden. Unsere Oberkörper blieben vollständig bekleidet, derweil unsere Unterleiber nackt einander suchten. Es geschah so schnell, so vollständig, daß die Dämmerung nicht vollends der Dunkelheit gewichen war, als unsere erste Vereinigung hinter uns lag.

Was für ein Kontrast: Unsere unteren Hälften noch immer in Hitze und Schweiß verschmolzen und umschlungen, während unsere Oberkörper einander überhaupt nicht berührten, sondern getrennt waren durch zahllose Schichten von Linnen und Samt und Geschmeide.

Wir rollten auseinander. Aber noch immer keine Befangenheit: nein, keine.

Endlich sprach ich, leise. »Du bist anders als in meiner Phantasie.«

»Wieso?«

»Ich hätte nie gedacht, daß du so schnell wissen würdest, was du wolltest.«

»Bist du enttäuscht?« fragte sie betrübt. »Weil ich nicht die Widerstrebende spielte, wie eine Jungfrau dies zu tun hat?«

»Nein, nein«, versicherte ich ihr rasch. Aber sprach ich die Wahrheit?

»Ich wollte ja. Aber die Wahrheit ist, mein Verlangen überwältigte mich, und ich hatte weder den Willen noch die Macht, es im Zaume zu halten.« Sprach sie die Wahrheit?

»Ich auch nicht.« Ich beugte mich zu ihr und küßte sie sanft. Das juwelenbesetzte Wams, das ich immer noch trug, beengte mich in meinen Bewegungen und erinnerte mich so an seine Gegenwart. »Es wird Zeit, sich auszuziehen«, sagte ich leise.

Zusammen lösten wir Knöpfe und Spangen an unseren Kleidern. Als wir schließlich nackt waren, schauten wir einander nicht an, sondern hüllten uns in die gebleichten, duftenden Leinenlaken und begannen zu reden wie zwei Kinder, die sich aneinanderschmiegten.

Unsere Reden waren unbeholfen, wo unsere Leiber es nicht gewesen waren. Ich sehnte mich danach, von all meinen Gefühlen zu sprechen, aber ich fühlte, daß es falsch wäre. Catherine hatte sich erholt und plapperte mit hoher Stimme.

»... und auch der stinkendste unter den Roßknechten in den Stallungen der Herzogin, er nahte sich mir mit einladenden Gebärden. Natürlich fand ich es widerwärtig; er war abstoßend. Wie konnte er sich einbilden, daß ich darauf jemals reagieren würde? Ich erzählte es meiner Tante, der Herzogin...«

Warum besudelte sie unser Beisammensein, unsere erste Vereinigung, mit diesen Geschichten von Männern, die sie begehrt hatten und die sie abgewiesen hatte? Es erboste, es verletzte mich. Dennoch ließ ich sie weiterreden und bemühte mich, auf heitere Weise mit ihr zu plaudern.

Sie kam auf die nichtigsten Themen zu sprechen. Ihre Vettern aus dem Hause Howard; Culpepper und Henry Graf von Surrey; ein Buch, das sie Mary Howard einmal hatte lesen sehen; eine Geschichte, die ein heimkehrender Jerusalempilger einmal der Herzogin erzählt hatte.

Das alles war unterhaltsam, witzig und – unpersönlich. Warum zog sie es vor, in dieser geheiligten Nacht von solchen Dingen zu sprechen? War es nur nervöses Geplapper, das Geplapper einer Maid, die das Unbekannte fürchtete? Aber sie machte nicht den Eindruck, als sei sie verängstigt oder erschreckt oder nur im mindesten erschüttert. Im Gegenteil, sie erschien mir selbstbewußt und besänftigend.

Ich verstand es nicht. Ich fühlte nur eine gewisse Enttäuschung. Nicht die liebevolle Vereinigung war enttäuschend gewesen, aber ihr Benehmen danach. Sie zeigte sich hart und fröhlich, wo ich nichts weiter ersehnte, als sie in meinen Armen zu halten.

Dann brach sie unversehens ihr Plaudern ab, wandte sich zu mir und warf mir die Arme um den Hals. »Jetzt will ich einmal der Bräutigam sein«, murmelte sie, und sie zwang mich auf den Rükken, schob mich zurecht und senkte sich auf mich herab. Als sie mich in sich fühlte, lehnte sie sich zurück, zog, schob, bäumte sich. Ich sah ihren hellen, weißen Körper, schlank und doch mit großen Brüsten, wie er sich im Kerzenlicht vor mir zurückbog. Ihre Lippen teilten sich, ihr Kinn reckte sich vor. Massen von Haar umhüllten sie, fielen bis auf meine Lenden, kitzelten mich. Sie mühte sich, grunzte, schrie. Aber ich fühlte nur wenig. Ich konnte mich nicht verlieren, obwohl ihre Weiblichkeit mich umschloß, mich in sich aufzusaugen schien. Dann fiel sie vornüber, und Schweiß schimmerte auf ihrem Rücken.

»Ah«, murmelte sie, und auf ihren vollen Lippen formte sich ein Speichelbläschen und zerplatzte. Ihre Arme lagen schlaff zu beiden Seiten wie die eines Betrunkenen, der über den Tisch gesunken ist. Wollüstig zog sie das linke Bein an, und unsere Leiber trennten sich. Sie löste sich mit einem mächtigen saugenden Schmatzen und einer Tropfenkette von mir. Die Tropfen landeten auf meinem Bauch: klein, rund, glitzernd und ölig. Ich sah, wie sie sich formten wie kleine Perlen.

Sie stieß einen animalischen Seufzer der Befriedigung aus.

»Es braucht sicher viel, dich stets zu befriedigen«, murmelte ich schließlich. Die Tropfen auf meiner Haut wurden flach und rannen hinunter, und mir war kalt. Draußen war kein Licht mehr. Die kurze Dunkelheit des Sommers hatte endgültig die Herrschaft übernommen.

XCIV

Der Rest dieses ungewöhnlich heißen Sommers sah mich zwischen zwei Polen des Gefühls hin und her fluten. Die eine Hälfte meiner selbst genoß Catherine und schwelgte in ihrer Schönheit und ungehemmten Sinnlichkeit. Sie sagte Dinge, die ich von einer Frau niemals zu hören erwartet hatte. »Gestern nacht träumte mich von deinem Mannesschwert, und wie heiß ich es in mir fühlte, und da konnte ich nicht mehr schlafen, so sehr erregte mich die Erinnerung wie auch die Erwartung.« »Die Art, wie du dich bewegst, ist sündhaft und läßt mich zu den ungeeignetsten Augenblicken auf die peinlichsten Gedanken verfallen. Heute, als der französische Botschafter vor mir stand, konnte ich an nichts anderes denken als daran, wie wir in der Nacht zuvor um Mitternacht zusammen aufgeschrien.« Von jetzt an würde ich Castillon, den französischen Gesandten, selber nicht mehr anschauen können, ohne an Catherines mitternächtliche Ekstasen zu denken.

Andererseits kam es wieder und wieder vor – daß sie nicht reagierte, nichts fühlte, einen feierlichen Augenblick in einen banalen Witz verwandelte. Wenn ich sagte: »Noch nie war es so gut, noch nie in meinem Leben«, erwiderte sie obenhin: »Oh, aber es muß schon gut gewesen sein mit Katharina von Aragon, mit meiner Cousine Boleyn und mit Königin Jane – denn wir haben Prinzessin Maria und Prinzessin Elisabeth und Prinz Edward.« Lächeln. Lachen. Wenn ich ihr beschrieb, wie ich sie liebte, murmelte sie: »Es ist nur fleischlich, Heinrich – reine Fleischeslust. Ich wüßte nicht, wieso wir sonst hätten zusammenfinden sollen.« Kichern. »Hast du dies schon oft getan?« Grinsen. Und immer wieder: »Sag mir, was glaubst du: Was denke ich?« Was tue ich. Was denke ich. Wie sehe ich aus. Sie wurde nicht müde, zu hören, wie sie wirkte. Einmal, als sie mich dabei antraf, wie ich ein Stück für das Spinett komponierte, fragte sie: »Schreibst du ein Lied über unsere Liebe?« Sie nahm an, daß ich es tat – daß sie mein Gegenstand und meine Muse und meine Bestimmung sei. Die Tatsache, daß es tatsächlich so war, barg keine Überraschung, war kein Geschenk. Sie beanspruchte es als persönlichen Sieg, schleppte es nach Hause, wie die Jäger es mit den Hirsch- und Eberköpfen getan hatten, die in unserem Hochzeitsschloß die Wände schmückten.

Sie war ein Kind, sagte ich mir immer wieder. Kinder packen ihre Geschenke an Ort und Stelle aus. Das wußte ich, und doch erwartete ich mehr. Oder weniger. Ihre prahlerischen Reden, ihr Stolzieren waren mir verhaßt. Zugleich aber sehnte ich mich nach ihren Küssen, nach ihrer Begeisterung. Und nach ihrem süßen Fleisch. Wir blieben den ganzen Sommer hindurch in königlichen Landhäusern. Von Oatlands zogen wir nach Grafton in Northamptonshire. Der Sommer war heiß und trocken, was großes Unglück über das Land brachte. Eine Dürre: Das Wort schon hatte einen biblischen Unterton.

Eine Dürre sandte Gott, wenn er das Volk strafen oder zumindest seine Aufmerksamkeit auf sich ziehen wollte. Aber davor erbebte ich nicht. Es konnte andere Gründe geben, weshalb Gott dem Lande so etwas auferlegte; ich dachte da nicht mehr ausschließlich in Kategorien von Sünde und Bestrafung, denn ich hatte schmerzhaft erkennen müssen, daß Gott größer und seine Wege verschlungener waren. Trotzig beschloß ich, die Dürre als das zu genießen, was sie war: die Gelegenheit, einen warmen, goldenen Sommer ungestört mit meinem jungen Weibe zu genießen.

In der ersten Woche des August befahl ich dem gesamten Klerus, am Sonntag, dem achten August, in sämtlichen Messen für Catherine als Königin zu beten. So wurde meine Hochzeit im ganzen Land bekanntgemacht: Nicht durch Herolde oder fremde Botschafter, sondern einfach von der Kanzel.

Niemand trat hervor und schmähte mich als König Ahab oder als David mit seiner Abischaj. Es gab keine Berichte über Unzufriedenheit oder böse Wünsche.

Nicht, daß Catherine und ich davon gehört hätten; wir lebten sehr zurückgezogen auf dem Lande, und bei uns war nur ein notdürftiger Hofstaat und der Geheime Staatsrat. Selbst dieses wenige war verdrießlich. Jeden Morgen in aller Frühe kehrte ich, besinnungslos von der Liebe und ihren Anforderungen, halbwegs taumelnd in mein Privatgemach zurück und fiel in mein eigenes Bett. Culpepper pflegte mir Mantel, Pantoffeln und Goldkette abzunehmen und alles säuberlich auf meiner Kleidertruhe auszubreiten. Er zog die schwersamtenen Fenstervorhänge zu, und ich schlief bis mittags.

Dann pflegte Culpepper mit verdrossenem Seufzen die Vorhänge aufzureißen. Heißes Sonnenlicht fiel mir aufs Gesicht oder brannte mir, wenn nicht im Gesicht, anderswo auf meinem Körper einen heißen Fleck auf die Haut. Einen heißen Fleck, der mich weckte.

Ich regte und rührte mich und kehrte zurück in die Welt. In meinen Tagen und Nächten war das unterste zuoberst gekehrt, und zwar in wollüstiger Weise. Ich stöhnte und reckte mich, brummte und kratzte mich.

Culpepper erschien dann an meiner Seite mit einem dampfenden Becken voll orangenduftenden Wassers. Er wusch mich ausgiebig und schwieg die ganze Zeit. Es war mir bewußt, daß mein Fleisch unter seinen fordernden, kraftvollen Händen im Übermaß zitterte. Es hatte sich ungefähr ein Zoll überschüssigen Fettes angesammelt. Aber mein mit Eifer betriebenes Jagdprogramm ließ es schon schrumpfen.

Jawohl, ich ging wieder auf die Jagd. Jeden Nachmittag hielt ich mir drei Stunden frei, um in dem stillen, trockenen Walde zu jagen. Ich ritt wie ein junger Mann – wie ich seit jenem Sommer 1531 nicht mehr geritten war, da ich mit Anne Boleyn auf der Jagd gewesen war. Neun Jahre zuvor. Was fügen neun Jahre dem Körper eines Mannes zu? Etliche behaupten, sie forderten einen unwiederbringlichen Tribut. Aber ich glaube – nein, ich glaubte: die betrübliche Hinzufügung eines kleinen t –, daß der Körper sich durch Willenskraft und Entschlossenheit unterwerfen und erneuern lasse. Das Geschwür an meinem Bein war nach und nach vergangen, und ich versuchte zu vergessen, daß es jemals existiert hatte. Fast wäre es mir gelungen.

Nach den ersten paar Tagen im Sattel tat mir mein ganzer Körper weh. Ich wußte, daß dies in meiner Jugend nie so gewesen war. Jeder einzelne Muskel schien eine Stimme und seine eigenen nörgelnden Forderungen zu haben. Es wäre ein leichtes gewesen, ihm zu willfahren, zu sagen: »Na gut, du hast dir deine Ruhe verdient; immerhin bist du ja neunundvierzig.« An manchen Abenden hörte ich, wenn ich so einherging, einen ganzen Chor dieser Stimmen kreischen: »Hab ein Herz. Laß uns in Ehren ruhen.« Doch dann ging ich in das Gemach meiner Königin und erneuerte mein Gelübde, wieder der muskelharte Mann zu werden, der ich einst gewesen war. Immer wenn wir im Kerzenschein unsere Kleider ablegten, entdeckte ich mehr Muskeln und weniger Fett an meinem Körper, und die Freude, die ich dabei empfand, mich neu zu gestalten, wurde nur von der Entrückung übertroffen, die ich in der fleischlichen Liebe zwischen Catherine und mir verspürte.

Mein körperliches und mein fleischliches Ich: beide wurden auferweckt, wiedergeboren, neu geformt.

Als die Zeit nahte, da die sommerliche Staatsreise enden mußte, merkte ich, daß ich kein Verlangen danach hatte, nach London zurückzukehren und in die Angelegenheiten des Reiches einzutauchen, die Jahrbücher der Grafschaften und die Steueraufstellungen durchzulesen. Es harrte zudem die gräßliche Aufgabe, Cromwells Akten durchzusehen, und dazu hatte ich nun überhaupt keine Lust. Ich wußte, sie würden ordentlich sein, mühelos zu prüfen. Aber, oh! sie anzurühren, diese Handschrift zu sehen. Es würde sein, als stünde er selbst grinsend an meiner Seite.

Von Tag zu Tag wuchsen meine Kraft und meine Ausdauer, sowohl draußen in der Wildnis als auch unter der Decke bei Catherine. Es war doch erst Oktober. Warum jetzt einfach alles abbrechen? Ich konnte nach London zurückkehren, meinen kleinen Reise-Staatsrat mit der in London verbliebenen Truppe vereinen, zwei Wochen lang drängende Staatsgeschäfte erledigen und dann auf einen langen, geruhsamen Herbst zu Catherine zurückkehren. Dann würden die Weihnachtsfeierlichkeiten beginnen, und danach könnte ich das Leben wiederaufnehmen, wie es normalerweise war.

Oder wie es sein sollte. Im Reich war Ruhe, endlich Ruhe, nach dem aufsässigen Murren, das zu Beginn meiner »Großen Sache« eingesetzt hatte, nach der unverhohlenen Rebellion gegen die Schließung der Klöster, nach all den Komplotten und Gegen-Komplotten und dem verräterischen Treiben, das im Reich sein Unwesen getrieben hatte – in der Maskerade des »Gewissens« (bei More), der Wiederherstellung der »Alten Ordnung« (Kardinal Pole), der Einführung der »Neuen Ordnung« (Cromwell) –, nach Drohungen und Schwertgerassel von außen (durch den Papst und seinen Speichellecker, den Kaiser, bis ihre Marionette Maria sie schließlich enttäuscht hatte, indem sie auf meine Seite übergelaufen war). Oh, das alles war endlich vorüber, und ich war müde, müde. Ich hatte so viele Jahre lang gekämpft. Jetzt lag der goldene Dunst der Sättigung über dem Land, das ich so geplagt hatte, und darin wollte ich schwelgen.

Im November also reiste ich wieder zu Catherine, die sich zu Dunstable aufhielt. Es war ein kleines Landhaus dort, und das war mir nur recht. Ich hatte es jetzt gern behaglich, genoß es, wenn eine gewisse Wärme das Dasein umhüllte; ich wußte zwar, daß ich Nonsuch bald einmal besuchen sollte, aber zur Zeit hatte ich den Geschmack an Palästen und übergroßen Dingen verloren. Vielleicht wollte ich einmal als Mensch leben, nachdem ich so lange ein Gott gewesen war.

Ich entschied, daß ich bis Weihnachten, wenn die Rückkehr nach London unvermeidlich wäre, nur eine Handvoll Leute um mich haben wollte. Culpepper natürlich. Will. Paget, Denny und Wyatt. Richard Harpsfield, den Jägermeister, und Edward Bacon, den Stallmeister. Pferde waren das Wichtigste, denn ich gedachte, bis tief in den Dezember hinein zu reiten. Diese Ertüchtigung hatte an meinem Körper bereits Wunder gewirkt. In den drei Monaten hatte ich begonnen, ein neuer Mensch zu werden. Diesen Prozeß würde ich nun vollenden.

Nur zwei Wochen war ich von Catherine getrennt gewesen, und sie kam mir verändert vor – rundlicher, rosiger. Sie fühlte sich recht wohl in den Räumen von Dunstable Manor. »Durch die Fenster unseres Gemachs hat man einen Blick auf die Eichen!« rief sie. »Ich liebe sie. Es sind meine Lieblingsbäume. Die Blätter bleiben den ganzen Winter an den Zweigen, und sie werden braun und rascheln so hübsch, wenn der Wind erwacht.«

Die Strahlen der Novembersonne fielen schräg durch diese Blätter und schienen ihr in die Augen. Ich küßte sie und zog sie an mich.

Bildete ich es mir ein? Oder war sie wirklich dicker geworden?

»Ja«, sagte sie schüchtern.

Ich war von Sinnen vor Freude. »Wann, mein Herz, wann?«

»Im Oktober ist meine Monatsregel ausgeblieben. Es ist also noch früh. Zähle vom Oktober an drei Monate rückwärts – September, August, Juli. Im Juni also.«

Im Juni. So bald! Nach weniger als einem Ehejahr würde sie mein Kind zur Welt bringen. Wie Katharina es getan hatte. Wahrlich, es hatte sich nichts verändert! Ich war, wie ich immer gewesen war.

»Catherine, meine Königin, meine Geliebte – die Freude, die darin für mich liegt...«

»Pssst.« Sie legte mir einen Finger auf die Lippen. »Noch sind wir nur Mann und Frau. Das Kind ist nicht groß genug, um irgend etwas zu ändern an dem... was wir gern tun möchten.« Ihre Zunge drang in mein Ohr. »Mein Körper ist dein, wie er es immer war. Erinnerst du dich?« Sie berührte mich auf lasterhafte Weise und ließ eine Flut von obszönem Verlangen in mir aufsteigen. Ich reagierte, wie sie es vorhergesehen hatte.

Es war dunkel, als ich erwachte. Ich lag hingestreckt auf einem schmalen Bett. Wo? Meine Augen suchten nach etwas Vertrautem und fanden nichts. Alles war gleichförmig schwarz. Ich streckte eine Hand aus; sie war taub, weil sie über die Bettkante gehangen hatte. Ich fühlte Pelz. Pelz? Ein Jagdhaus. Ja... Dunstable. Catherine bekam ein Kind. Jetzt, ja... und dann flutete die Erinnerung an unsere wilden, furchtlosen Liebesspiele heran. Die Schamlosigkeiten in der kostbaren Abgeschiedenheit der schrägen Dachkammer. Die Dinge, die wir getan hatten, undenkbare Dinge... und dennoch unvergeßlich. Instinktiv bekreuzigte ich mich und verfluchte mich dann. Papistischer Aberglaube. Was? Das Gefühl, daß die Lust am Weibe vom Bösen war. Hieß es nicht in der Schrift, daß Adam,

Abraham, Isaak und Jakob »ihr Weib erkannten«? Ja, aber nicht mit solchen Ausschweifungen, oder mit solchem Genuß. Sie erkannten sie, ja, wie die Natur es erforderte, aber...

Mein Rücken war entblößt, und ich fror. Ich tastete nach einer Decke, aber ich fand keine. War Catherine da? Anscheinend nicht. Ich hörte kein Atmen, nicht einmal leises.

Ich zitterte. Ich mußte aufstehen und mich ankleiden. Ich beugte mich hinunter und suchte nach Kleidern; da lagen sie, zusammengeknüllt zu meinen Füßen. Ich zog sie an und genoß die Wärme, die sie mir spendeten.

Inzwischen waren meine Sinne beinahe vollständig wiedererwacht. Ich wußte, ich hockte auf dem Bett, in dem ich mich vor kurzem mit meinem Weibe vergnügt hatte. Ich war in Dunstable. Es war dunkel geworden. Ohne Zweifel war es Zeit zum Abendessen, und Catherine erwartete mich in dem kleinen Zimmer, in dem wir unsere Mahlzeiten einzunehmen pflegten.

Ich schlurfte zur Tür und strich mit der Hand über den Rahmen. Ein Streifen Licht schimmerte vor mir. Durch den Spalt sah ich zwei Profile. Das eine gehörte Catherine, das andere einem jungen Mann. Er hatte eine Habichtsnase und dichtes, dunkles Haar, das ihm in die Stirn fiel. Ihre Lippen bewegten sich schnell.

Ich riß die schmale Doppeltür auf, und die beiden erschraken.

»Mein Lord«, sagte Catherine und verneigte sich leicht. Als müsse sie sich nach dem, was vorhin zwischen uns geschehen war, vor mir verneigen... oder war dies etwa boshafter Humor?

»Mein Weib.« In diesem stand ich nicht zurück. Der junge Mann verbeugte sich tief und richtete sich wieder auf. Schlank und bebend stand er vor mir – wie ein begieriger Degen. Oder wie etwas anderes, etwas, woran ich nicht denken wollte.

»Das ist Francis Dereham«, sagte Catherine lächelnd. »Ein Verwandter aus Norfolk. Ich kenne ihn seit meiner Kindheit, und er ist vertrauenswürdig. Deshalb habe ich ihn zu meinem Sekretär ernannt.«

Ich sah ihn an. Er sah eher aus wie ein Pirat denn wie ein Sekretär. »Es ziemt sich nicht, wenn man sein Vorrecht, Verwandte in bedeutende Positionen zu erheben, im Übermaß strapaziert. Der Sekretär der Königin hat bestimmte Aufgaben zu erfüllen...«

»Dann soll er mein Flitterwochensekretär sein«, lachte sie. »Vielleicht hast du recht. In London wäre er nicht angemessen. Und bald genug werden wir dorthin zurückkehren, und dann, lieber Gemahl« – sie kam zu mir und nahm meine Hand zwischen die ihren –, »dann werden wir brav und würdevoll werden, und du wirst mich lehren, wie ich mich benehmen muß. Aber können wir bis dahin nicht etwas weniger gewichtige Bedienstete haben als gewöhnlich? Wir tragen Kattun im Sommer und Wolle im Winter. Nun, ich möchte einen Kattun-Sekretär für diese frohgemute Zeit.«

Dereham machte ein verlegenes Gesicht, und dazu hatte er allen Grund.

»Bis Weihnachten wird der Sekretär nur leichte Aufgaben haben«, räumte ich ein.

»Ja!« Sie quiekte. »Das wird er! Das wird er!«

Ihre Nervosität schrieb ich der noch nicht ganz verebbten Erregung unseres gemeinsamen Treibens in der kleinen Schlafkammer zu.

Der November war mild und freundlich; düsterer Nebel stieg aus den Wäldern, und in schwarzen, stillen Wassern spiegelten sich die kahlen Bäume, die über ihnen ragten. Einige letzte Blätter schwammen noch an der Oberfläche, aber sie waren ausgebleicht und schlaff, Gefährten der Finsternis, auf der sie trieben: Seelen, die am Ufer des Styx auf die Fähre warteten. Schwärme von Krähen kreisten am Himmel, erwählten sich einzelne Bäume als Sammelplätze. Schwarz glänzend ließen sie sich auf nackten Ästen nieder, sichtbar von weither. Vögel des Winters, die ihren zugewiesenen Platz einnahmen. Dieser melancholische Übergang zwischen dem bunten Herbst und dem stillen Winter war eine ganz eigene Zeit, eine Zeit, die mir nie ins Bewußtsein gedrungen war. Alles war ungewöhnlich gedämpft und monochrom. Und es hielt den Atem an. Ich konnte es fühlen.

XCV

Wir verbrachten diese stillen Wochen mit geheimen Freuden in kleinen königlichen Landhäusern. Jeden Morgen erwachte ich lange vor der immer verschlafeneren Sonne und begab mich in den Stall, während Catherine noch schlummerte, und dann galoppierte ich eine oder zwei Stunden lang über weichen, schattenlosen Waldboden, dem Hirsch, dem Hasen und dem Wiesel nach. Und ich schwöre: Die Pferde waren eher müde als ich. Zweimal, manchmal dreimal mußte ich das Reittier wechseln, bevor ich zum üppigen Mittagsmahl nach Hause zurückkehrte, und dann hatte ich brüllenden Hunger, und das Blut kribbelte mir in den Adern.

Wenn ich zurückkam, war das Haus so lebendig wie ein Schotte, der zum Klang seines Dudelsacks tanzte. Ich liebte diese Betriebsamkeit. Ich fühlte mich dann wie ein Stammeshäuptling, umgeben von all seinen Kriegern und seiner ganzen Sippe.

Eines Tages gegen Ende November – an St. Katharina, um genau zu sein – fiel Schneeregen, als ich die Zügel einem Roßknecht übergab und ins Haus stapfte. Ich war völlig durchfroren und begab mich zuerst in mein Gemach, um mir etwas Wollenes anzuziehen. Catherine war nicht da. Culpepper auch nicht. Aber Dereham stand mit finsterer Miene im Empfangszimmer; er zerknüllte Papiere und warf sie ins Feuer, und dabei murmelte er zornig vor sich hin. Er grinste höhnisch, als ein großes Stück in der Glut schnappte und barst. Ein unangenehmer Bursche, auch wenn er mit Catherine verwandt war. Müßig fragte ich mich, weshalb sie sich verpflichtet fühlte, ihm Zutritt zu ihrem Haushalt zu geben, und sei es nur vorübergehend. Er schien mir von einer üblen Sorte zu sein.

Es war nur ein Gedanke, ein Eindruck, der mir wie eine

Sternschnuppe durch den Kopf zog und ebenso schnell verschwand.

Achselzuckend ging ich an ihm vorbei und betrat mein Gemach. Ein munteres Feuer erwartete mich dort, und eine schrullige Zeichnung von Catherine: eine Reihe erschöpfter Pferde, ein grinsender König und ein Berg Wildbret. Ich nahm das Blatt und strich zärtlich mit der Hand darüber; dann legte ich es zu den übrigen Gaben, die ich schon von ihr bekommen hatte. Sie war so liebevoll. Ihre schlichten, niemals einstudierten Gesten bedeuteten mir mehr als alles kultivierte Posieren der Hofdamen. Eilig lief ich hinunter zu ihr ins Speisezimmer. Sie erwartete mich bereits am hohen Tisch, der in diesem kleinen Hause allerdings ein rohgezimmerter, fleckiger Eichenholztisch wie jeder andere war; eine Estrade gab es hier auch nicht.

»Mein Lord! Mein Lord!« rief sie mit ihrer hübschen Stimme, und dann trommelte sie mit Messer und Löffel ihres Hirschhornbestecks auf den Tisch. Als hätte ich sie nicht sehen können! Sie war ganz in rosafarbenen Satin gekleidet; diese Farben sah ich an ihr am liebsten. Das braune Haar fiel ihr frei auf die Schultern, ungebändigt von einer Haube.

»Aye, aye«, sagte ich freundlich und ging zu ihr. Als ich mich zwischen zwei Tischen hindurchzwängte, merkte ich mit Freuden, um wieviel schlanker ich geworden war und wie hart und kräftig meine Muskeln waren. Es war ein schönes Gefühl, seinen eigenen Körper zurückzugewinnen.

»War die Jagd gut?« erkundigte Culpepper sich eifrig.

»Aye. Zwei Hirsche und ein Dutzend Hasen.« Ich setzte mich.

Er lächelte. »Dann wollt Ihr morgen sicher wieder hinaus?«

Ich schüttelte den Kopf. »Das Wetter ist umgeschlagen. Warum – wollt Ihr mich gern begleiten?«

»Welch eine Enttäuschung«, brummte er.

Ich lachte. »Euer Jagdanzug hat so lange auf seine Taufe gewartet; nun kann er auch noch einen Tag länger warten.« Culpepper erwählte sich seine Betätigungen anscheinend nach dem Gewand, das zu ihrem Verfolg nötig war. Die schweren Hosen und Lederstiefel, die ein Seemann tragen mußte, mißfielen ihm beispielsweise: Also ging er niemals segeln.

»Ja. Einen Tag kann ich warten«, gab er zu.

Catherine berührte mich. »Es freut mich, daß du morgen drinnen bleiben wirst.« Ich wußte, wie sie es meinte, aber sie sagte es so süß und unschuldig, daß sie sogar die Heilige Jungfrau damit getäuscht hätte. Ich drückte unter dem Tisch ihren Schenkel.

»Ich werde drinnen bleiben«, sagte ich zustimmend.

Unten am Ende des linken Tisches saß Will mit mürrischem Gesicht. Ich wußte nicht, was für eine Laus ihm in letzter Zeit über die Leber gelaufen war; seine gute Laune jedenfalls war mit den Vögeln gen Süden gezogen.

WILL:

Mir brach das Herz um deinetwillen, Hal. Jedermann sah doch, was du nicht sehen konntest, nicht sehen wolltest...

Ich trauerte im voraus für dich.

HEINRICH VIII.:

Nach dem übermütigen Mahl zogen wir uns zur »Ruhe« in unsere Kammer zurück; da aber verflog Catherines Lächeln. »O Heinrich«, begann sie, »ich weiß nicht, wie ich es sagen soll, und so will ich es einfach aussprechen: Heute morgen erfuhr ich... ich bekomme kein Kind.«

Ich sprang zu ihr und schloß sie in meine Arme. »Du hattest eine Fehlgeburt? O Jesus – warum hast du keinen Arzt gerufen?«

»Ich... schämte mich. Ich habe mich nicht getraut.«

Diese Sittsamkeit war zuviel! »Leg dich sofort zu Bett, und ich werde ihn rufen lassen!«

Gegen ihren Protest zog ich sie zum Bett und hob sie hinein. Ich raffte alle Federpolster zusammen und ordnete sie hinter ihrem Rücken, und dann hüllte ich sie sorgsam in eine wollene Decke. »Ich werde sofort Dr. Butts zu dir hineinschicken.« Ich beugte mich über sie und küßte sie, wie sie so klein und tapfer in dem riesigen Bett lag. »Mein Herz, unser Verlust schmerzt mich tief. Aber du hättest ihn nicht verheimlichen dürfen.«

Bevor sie widersprechen konnte, verließ ich sie und suchte Dr.

Butts. Er war mit seinem Gehilfen in seiner Kammer; sie erörterten einen anatomischen Sachverhalt, wie er in Padua gelehrt wurde. Anscheinend hatte dort ein Arzt tatsächlich die verwesenden Leichen hingerichteter Verbrecher gestohlen und seziert.

Ich unterbrach ihr leidenschaftliches Gespräch. »Die Königin braucht Euch«, flüsterte ich ihm ins Ohr. »Bringt Eure Geburtshilfeinstrumente mit.«

Offensichtlich verblüfft, ließ er seinen Gehilfen sitzen und folgte mir hinaus. Als wir außer Hörweite waren, sagte ich: »Sie hat eine Fehlgeburt gehabt. Sie braucht Euch; Ihr müßt sie untersuchen und pflegen. Bringt mit, was Ihr dazu braucht. Natürlich keine Geburtshilfeinstrumente; aber ich weiß ja den richtigen Namen nicht.«

Während er bei ihr war, blieb ich in der äußeren Kammer, schritt auf und ab und starrte ins Feuer. Der dunkle, mißmutige Francis Dereham war davonstolziert, als beleidige es ihn, den Raum mit mir teilen zu sollen. Bevor ich indes noch länger über den widerwärtigen Dereham nachdenken konnte, kam Butts wieder heraus. »So schnell?« Ich war überrascht.

»Aye.« Er blieb stehen und sah mich an, und die braune Ledertasche mit Instrumenten und Kräutermixturen hing an seinen beiden Händen. »Da war kein Kind. Es war nichts als eine normale monatliche Blutung. Nicht schwerer als gewöhnlich. Anscheinend hat die Königin sich getäuscht.«

Sich getäuscht? Nicht schwerer als gewöhnlich? Aber es war sechs Wochen her, daß sie es mir gesagt hatte. »Müßte eine solche verspätete Regel nicht zu einer größeren Ansammlung von Blut führen?«

»Manchmal. Es kommt darauf an, wodurch sie verzögert wurde. Ob durch natürliche oder durch unnatürliche Mittel.«

»Unnatürlich? Aber eine Schwangerschaft ist doch ›natürlich‹, oder?«

Er schüttelte den Kopf, als habe er Mitleid mit mir. »Es gibt Wege, dieses monatliche Geschehen zu verändern, es zu beeinflussen.« Er zögerte. Dann hielt er mir die flache Hand hin. Darin lag ein kleiner, glatter Kieselstein.

»Dies war die Fehlgeburt der Königin«, sagte er.

Ich verstand immer noch nicht.

Betrübt erklärte er es mir. »Ihre Gebärmutter hat es ausgestoßen. Es war hineingesteckt worden, um zu verhindern, daß dort ein Kind wachsen könnte. Dieser Brauch ist im Orient weit verbreitet; bei Lasttieren verfährt man so, vielleicht auch bei Sklavinnen. Es macht eine Empfängnis unmöglich.«

Nein! Ein so schmutziges Verfahren, nein, Catherine konnte niemals...

»Könnte es zufällig dort hineingeraten sein?«

»Nein, Euer Gnaden.«

»Wie lange war es dort?«

»Nach seinem Aussehen zu urteilen, viele Jahre.«

Jesus! Irgendein böser arabischer Arzt hatte ihr dies angetan, als sie ein kleines Kind gewesen war. Wie? Nun, arabische Ärzte waren nicht schwer zu finden, auch nicht in England. Ich hatte Al-Ashkar gefunden. Die Herzogin mußte einen in ihren Diensten gehabt haben, der bereitwillig getan hatte, was sie verlangte. Sie hatte nicht gewollt, daß ihre arme Nichte je ein Kind empfinge – und wieso nicht? War das alte Weib so verbittert und erbost über sein Mündel gewesen? Über die Kosten, die es verursachte, das Kind ihres nichtsnutzigen Stiefsohnes aufzuziehen? Kinder mag er haben, hatte sie gedacht, aber keine Enkelkinder; dafür will ich sorgen! Wie grausam alte Weiber sein können.

»Ich danke Euch, Dr. Butts.« Ich würde ihn für seine Entdekkung reichlich belohnen.

Ich kehrte in die Kammer zurück, in der sie lag. Es tat mir im Herzen weh, sie ein Leben lang so mißhandelt zu wissen. Eine vernachlässigte Waise zu sein, war das eine; aber auf künstliche Weise unfruchtbar gemacht zu werden...

»War alles gut?« fragte sie bang.

»Ja«, beruhigte ich sie. Ich setzte mich auf das Bett und tröstete sie. Sie zitterte.

»Er sagte, es würde noch bluten. Stark vielleicht«, berichtete sie.

Das war nur natürlich. Ihr Leib rebellierte gegen die Mißhandlung.

»Es wird bald vorüber sein.« Meine Hoffnung auf ein Kind war ein Fleck auf den Laken unter ihrem Gesäß. »Laß uns nun das

Weihnachtsfest zusammen planen. Wollen wir hofhalten? Wo?« Ich suchte sie abzulenken und aufzumuntern.

»In Hampton«, sagte sie, ohne zu zögern. Sie konnte nicht wissen, wie unbehaglich mir diese Wahl war. Aber darauf kam es auch nicht an – alles, um sie zu erfreuen.

»Wenn ich als Kind an den Hof dachte, dachte ich immer an Hampton. All die großen Glasfenster, die italienischen Statuen, die astronomische Uhr; ich stellte mir vor, wie königliche Barken das Flußufer säumten und wie auf riesengroßen Küchenherden Tag und Nacht gekocht wurde... alle Welt würde dort sein...«

»Aufhören, aufhören.« Ich lachte. »Das alles hast du im Geiste vor dir gesehen?«

Sie nickte.

»Dann sollst du es auch in Wirklichkeit sehen«, versprach ich.

Ich stand auf und sah mich in dem kleinen Kämmerchen um. Jählings hatte ich den Geschmack an entlegenen Jagdhäusern verloren; das Glück, das hatte sich gezeigt, war hier ebenso flüchtig wie irgendwo anders. Es war Zeit, nach Hampton zurückzukehren.

Sie litt eine Woche lang an Blutungen, befolgte die Anweisungen des Arztes und trank dreimal täglich ein Gebräu aus getrocknetem gemahlenen Flohkraut, gemischt mit Rotwein.

»Der Wein soll das verlorene Blut ersetzen, und das Flohkraut soll der Blutung Einhalt gebieten«, erläuterte er.

Als die Gefahr vorüber war, brachen wir nach Hampton Court auf, um Weihnachten zu feiern; wir verschickten Nachrichten an alle Höflinge im ganzen Reich, die in Frage kamen, und sogar an schottische Adelige und irische Peers und luden sie ein, zu uns zu kommen. Alle waren uns willkommen. Die Antworten kamen flugs, und so gierig bewarb man sich um die Zuteilung von Wohnung und Dienstbotenquartier, daß schon am St. Nikolaustag keine Kammer, ja nicht einmal der Winkel einer Kammer mehr frei war.

»Dein Wunsch soll Wirklichkeit werden, mein Herz«, versicherte ich ihr. »Nach meiner Rechnung werden fünfzehnhundert hier wohnen, und zwar über sämtliche zwölf Tage des Weihnachtsfestes bis zum Dreikönigstag. Die Küchenherde werden Tag und Nacht glühen. Der Oberhofmeister hat allein fünftausend Gänse beantragt, um diese gewaltige Gesellschaft zu speisen. Wie gefällt dir das?«

Sie lächelte. »Und wird man auch tanzen? Wird es Maskenbälle geben?«

»Soviel du willst.«

»Stell dir vor: Alle verkleidet – fünfzehnhundert Leute«, sagte sie verträumt.

»Da dürfte mancherlei Arges geschehen.« Oh, so viele Mägdelein entjungfert, so viele Gatten gehörnt! Und alles zu Ehren der Geburt unseres Herrn.

Ich schlug Will vor, in Turban und Pluderhosen der Ungläubigen zu gehen, aber er weigerte sich. Wie ich schon sagte, er war in diesen Tagen äußerst mißmutig und verstimmt.

»Kostümiert oder nicht, du wirst dich nicht verkriechen, Will. Zuviel müßiges Volk will unterhalten sein; es bricht sonst Streit aus. Du weißt, daß es ein Problem ist, die Menschen zu lange einzusperren. Es verwandelt sie in Beeeeestien.« Ich zog den Bauch ein, denn der Schneider wollte mir mein Kostüm für die Maske anmessen. Es sollte ganz aus silbernem Brokat sein, Maske und Mantel dazu passend.

»Nun?« fragte ich den Schneider.

»Sechsundvierzig Zoll, Euer Gnaden.«

Das waren fünf Zoll weniger als vor genau einem Jahr. Aber immer noch elf Zoll mehr, als mein Leibesumfang in meiner Jugend betragen hatte. Noch einige harte Monate der körperlichen Ertüchtigung – kraftförderndes Baumstammwerfen und Ringen und Reiten: das dürfte genügen. Auch wenn ich im Juni fünfzig werden würde.

Ich wartete, bis der Schneider gegangen war, und wandte mich dann an Will. »Ich erwarte, daß du dich umgänglich zeigst. Gott weiß, es gibt genug, worüber du dich lustig machen kannst. Da ist der Papst und seine geile italienische Familie. Da ist Karl und seine wachsende Frömmigkeit, die eher Wahnsinn zu nennen wäre. Da ist Franz und seine Jagdbesessenheit. Und die jämmerlichen Reformer mit ihren zunehmenden Ketzereien...«

Will stand auf, und seine Augen waren flach und hart. »Bei Gott, ich kann es nicht!« fauchte er. »Nichts davon ist komisch – oder bist du schon so blind, daß du nichts mehr siehst, so unmenschlich, wie deine Feinde dich malen? Der Papst ist nicht mehr Klemens, ein schwacher, gehetzter, degenerierter Italiener, wie es dir passen würde, sondern Paul, ein entschlossener, kämpferischer Soldat in diesem Religionskrieg. Denn es ist ein Krieg, und zwar nicht mehr nur ein Krieg der Pamphlete und Traktate. Die Kirche kämpft um ihre nackte Existenz, und die Front ist abgesteckt – sie verläuft mitten durch Deutschland. Papst Paul gedenkt, diese Demarkationslinie zurückzuschieben, Deutschland und Frankreich zurückzugewinnen, die Protestanten womöglich vom Kontinent zu verdrängen. Paul ist nicht Klemens. Er ist der Führer einer Gegenreformation. Cromwell hatte recht, weißt du. Es ist in der Tat ein regelrechter Krieg. Es gefällt dir, im Papst einen Hanswurst zu sehen, den du besiegt hast. Aber der Alte Glaube ist zu einem erbitterten Kampf um sein Leben fähig, und er sammelt seine Streitkräfte. Reginald Pole und die Pilgerschaft der Gnade waren nur ein vorläufiges Donnergrollen.«

Ich grunzte. Schön, Paul III. war tatkräftiger als Klemens VII. Eine Seeschildkröte ist beweglicher als eine Landschildkröte. Aber beide sind Schildkröten.

»Karl ist fromm geworden, das stimmt«, fuhr Will fort. »Aber wenn er sein eigenes Begräbnis proben läßt – ist das Wahnsinn? Oder sind gewöhnliche Menschen wahnsinnig, wenn sie es nicht tun? Wir wissen alle, daß wir sterben werden. Gleichwohl versäumen wir, unser Testament zu schreiben, versäumen wir, uns einen Sarg zimmern zu lassen. Antworte mir, Hal: Ist dein Letzter Wille zu Papier gebracht und bezeugt worden?«

»Noch nicht. Ich will nicht, daß eitle Menschen glauben, sie brauchten mir nicht länger wohlgefällig zu sein! Sie sollen nur warten, ehe sie meine Pläne erfahren!«

»Aha. Und weißt du, wo du bestattet werden wirst? Du bist ein König. Was für ein Grab willst du haben? Hättest du nicht wenigstens schon den Marmor für die Statuen auswählen und einen Bildhauer bestellen müssen? Oder vertraust du darauf, daß das Schicksal dich vornehm bestatte?«

»Ich werde an der Seite der Königin Jane bestattet werden«, erwiderte ich. »Und was all die Vorkehrungen für großartige Grabstätten angeht – Wolsey liegt nicht da, wo er es geplant hatte. Ich selbst werde in seinem Sarkophag liegen. Was nützt alles Planen?«

Will zuckte die Achseln. »Franz wird von der Franzosenkrankheit aufgezehrt. Der Arme – seine einzige Ablenkung und Freude liegt in der Jagd. Die Freuden der Frauen kann er jedenfalls nicht mehr genießen. Findest du das spaßig? Daß seine Lenden und seine Männlichkeit bedeckt sind von Geschwüren und offener Fäulnis?«

»Wenn er die Freuden der Frauen nicht mehr genießen kann, so kommt das, weil er sie zuvor im Übermaß genossen hat. Es gibt Leute, die behaupten, ich hätte ebenfalls die Franzosenkrankheit«, schnaubte ich. »Sie lügen.«

»Dann stelle dich vor der großen Gesellschaft, die hier zusammenkommt, zur Schau und bringe diese Gerüchte zum Schweigen.« Will schmunzelte. »Mach deine Hose auf, damit alle es sehen.«

Ich warf den Kopf in den Nacken und lachte. »Solltest du mich im Stich lassen, werde ich darauf zurückgreifen müssen. Aber, Will« – ich hob eine Augenbraue –, »meine Männlichkeit ist in letzter Zeit täglich viele Stunden lang beschäftigt und steht deshalb vielleicht nicht allezeit zur Besichtigung zur Verfügung.«

Er machte ein angewidertes Gesicht, wollte etwas sagen, wandte sich dann ab. Ein Augenblick verging. Schließlich ergriff er von neuem das Wort. »Die Ketzer sind auch nicht zum Lachen. Fürwahr, sie entfernen sich immer weiter vom Leib des Christentums, bis sie dereinst den Weg zurück überhaupt nicht mehr finden können. Sie nehmen jeden einzelnen Aspekt der heiligen Lehre und erweitern oder ändern ihn auf irgendeine Weise. Da ist dieser Spanier, Servetus, der die Dreifaltigkeit angreift und behauptet, Christus habe keinen Platz darin. Da ist der Holländer Menno Simons mit seinen Anhängern, die die Friedfertigkeit zur Religion erheben. Andere fallen über das Sakrament der Taufe her und erklären, nur ein Erwachsener könne sich dazu entschließen, und deshalb müßten alle wahren Gläubigen noch einmal getauft werden...«

»Die Anabaptisten«, höhnte ich. »Die übelsten in der ganzen Bande!« Ich haßte die Anabaptisten, haßte alles an ihnen: Ihre selbstgefällige, feurige Selbstgerechtigkeit, ihre kreischenden Predigten, ihre hysterischen Appelle an die Gefühle der Menschen. Erst einen Monat zuvor hatte ich drei von ihnen zum Tode auf dem Scheiterhaufen in Smithfield verurteilt.

Will nickte. »Dann gibt es viele, die das Sakrament der Eucharistie angreifen und sagen, es sei nur ein Gedächtnismahl; andere stellen sich gegen das Sakrament der Heiligen Orden und bestehen darauf, daß Priester und Laien gleich seien... reden irgendwelchen Unfug über die ›Priesterschaft aller Gläubigen‹.«

»Ja. Expriester, die es nach Weibern gelüstet und die Nonnen heiraten. Was – die findest du nicht zum Lachen?«

»Wenn Menschen im Namen der Religion sündigen, ist das nicht zum Lachen«, antwortete er. »Und es geschieht immer öfter. Das schlimmste ist, daß man sich bei seinem Publikum eines Mindestmaßes an Zustimmung nicht mehr sicher sein kann. Das ängstigt mich, Hal – und dich sollte es auch ängstigen.«

Ich starrte in das knisternde Feuer, wie man es tut, wenn man Zeit gewinnen will. Er hatte recht. Was die Leute, die jetzt zu Weihnachten zum Hofe strömten, und ihr Gefolge anging, so wußte man nichts über ihre religiösen Neigungen. Das häßliche Gift der Häresie hatte den Stoff des englischen Lebens durchtränkt, ließ das Garn verrotten und verfärbte seinen reinen Ton.

»Das tut es, Will. Das tut es.«

Er sah mich überrascht an, als habe er nicht mehr damit gerechnet, daß ich ihm noch zuhörte oder ihn verstand.

»Aber was kann ich tun, außer dem, was ich tue? Ich habe die Häresie nicht erfunden. Ich kann nicht verhindern, daß sie sich auf dem Kontinent vervielfältigt. Hier in England kämpfe ich an zwei Fronten – gegen Rom und gegen die Ketzerei. Ich lege einen Mittelweg fest und versuche, extreme Abweichler zu beiden Seiten zu bestrafen. Aber ich kann nicht allzu tatkräftig vorgehen. Ich will England nicht in ein Land der Angst verwandeln, wie Spanien mit seiner Inquisition. Auch nicht in ein Schlachtfeld wie Deutschland. Sogar mein Staatsrat ist in zwei Lager gespalten, und ich mußte Cromwell und More wegen ihrer extremistischen Überzeugungen hinrichten lassen. O Gott – wann werden die Menschen Vernunft annehmen?«

»Nicht zu unseren Lebzeiten«, sagte Will. »Und für die kommende Generation fürchte ich Schlimmeres.«

»Jetzt hast du mich so betrübt, daß ich selbst nur noch düstere Gedanken habe. Was wollen wir tun, um unsere Gäste an diesem Weihnachtsfeste zum Lachen zu bringen, Will? Denn wir müssen sie mit etwas Fröhlichem beschäftigen.«

»Geilheit und Lust, die altbewährten«, sagte er. »Keine Politik. Nur übereifrige Jünglinge, impotente alte Männer, gehörnte Ehegatten, Degen, die beim ersten Stoße sich verbiegen, junge Weiber mit reichen alten Männern...«

»Aye, aye. Das wird heiter werden. Und wie steht's mit jungen Männern und reichen alten Weibern?« Ich dachte an Bessie Blount. Arme Frau. Ob Clinton sie wirklich liebte?

»Aye, der Brauch greift heutzutage um sich, da die Frauen ihre Männer überleben. Wohlgemerkt, wo ein großer Unterschied im Alter besteht, gibt es meist auch einen ebenso großen Unterschied im Reichtum.«

Ich lächelte und merkte nicht, wovon er sprach. O Narr!

WILL:

Ich versuchte, es ihm zu sagen, aber er war taub und blind. Und, oh! die kichernden Bemerkungen über seine Männlichkeit, und wie sie so beschäftigt sei – er redete wie ein schmutziger kleiner Junge. Ich schämte mich seinetwegen, auch wenn er nicht mehr Verstand genug hatte, sich selbst dafür zu schämen.

Was seine Behauptung angeht, die Leute dächten, er habe die Franzosenkrankheit: Das stimmt einfach nicht. Wolsey hatte man bezichtigt, die Franzosenkrankheit zu haben und zu versuchen, andere damit anzustecken, »indem er ihnen in die Ohren blies«. Es ist bezeichnend für den Zustand der Kirche in England zur damaligen Zeit, daß niemand es für merkwürdig oder unwahrscheinlich hielt, daß ein Kardinal einer solchen Krankheit zum Opfer fallen könnte.

Zwar wurde Wolsey wegen seines böswilligen Anschlags angeklagt, aber das Parlament dankte Gott, daß es Ihm gefallen habe, den König vor der angeblichen Krankheit des Kardinals zu bewahren. »Sein alleredelster königlicher Leib ward gerettet«, hieß es.

Übrigens, die Franzosenkrankheit, alias die »Großen Pocken«, alias der *Morbus Gallicus*, hat in letzter Zeit noch einen Namen bekommen: Syphilis. Irgendeine empfindsame Seele hat ein Gedicht über einen Schäfer geschrieben, der Apollo beleidigte und dafür mit dieser Krankheit geschlagen wurde. Der Name des Schäfers war Syphilis. Jetzt wollen die Leute die Krankheit auch so nennen. Als ob ein hübscher Name etwas an ihrer scheußlichen Natur ändern könnte!

Aber Euch berühren solche Dinge natürlich nicht.

XCVI

HEINRICH VIII.:

Ich beriet mich mit meinem Hofzeremonienmeister William Hobbins über die Feste, die gefeiert werden sollten.

»Beim Gral, da haben wir genug zur Auswahl«, brummte er und besann sich hastig. »Beim Gral« war ein Papistenfluch, ebenso wie »beim Sakrament«. Das letztere verschliff man seit einer Weile zu »Sapperment«, aber damit täuschte man niemanden. War dieser Mann also ein heimlicher Anhänger Roms? Will hatte recht: man konnte nirgends sicher sein.

»Wir sollten uns für die entscheiden, die für große Massen am besten geeignet sind. Es kommt ganz England, so scheint es. Habt Ihr gewußt, daß der Klanshäuptling Donald, Lord von den Inseln, seinen Neffen herschickt?«

»Ich habe gehört, sie trinken dort Blut«, sagte er. »Das sind immer noch Heiden, wißt Ihr.«

»Unsinn.« Ich freute mich auf das Zusammentreffen mit diesem Mann. Ich hatte noch nie einen echten Hochlandschotten gesehen, noch nie mit einem gesprochen. Dieser lag im Zwist mit den Tieflandschotten, die meine Feinde waren. Der Feind meiner Feinde ist mein Freund. Eine gute alte Redensart.

»Hier ist eine Liste möglicher Unterhaltungen.« Er legte mir ein Pergament mit säuberlich eingetragenen Kategorien vor.

Mühevoll stellten wir ein Programm auf, welches verhindern würde, daß rund fünfzehnhundert Männer und Frauen nichts zu tun hatten. Wenn wir keines aufstellten, würde der Teufel es tun.

Um die Dezembermitte kamen die ersten an. Sie waren so neugierig auf den Palast und aufeinander, daß dies an sich sie schon beschäftigte. Mit jedem Tag nahm ihre Zahl zu, und als ich am zwanzigsten Dezember in meinem Privatgemach aus dem Fenster blickte, sah ich, daß jeder Schornstein von Hampton Court rauchte. Überall im Innenhof erhoben sich Rauchwolken in Reih und Glied wie Soldaten, und Seitenhöfe stellten hoch in der Luft flankierende Regimenter.

»Morgen fängt alles an«, sagte ich leise zu Catherine, der schönen Catherine, die auf meinem Bett lag. Ihr Nachtgewand aus silbrigem Satin warf den Schein der tanzenden Flammen zurück, die in meinem Kamin züngelten; nur süß duftende Scheiter wurden hier verbrannt.

»Ein königliches Weihnachtsfest«, sagte sie schläfrig. »Was schenkst du mir?«

Was für ein Kind sie war! Aber ich würde sie nicht enttäuschen. Ich hatte ein Geschenk für sie, das dem ganzen Reich den Atem verschlagen würde. »Geduld, meine Süße.« Es machte mir Spaß, sie auf die Folter zu spannen. Auch im Bett zwang ich sie oft zur Geduld, ließ sie in einem Schwebezustand warten, bis explosiv die höchste Erlösung kam. Erst wenn ich es erlaubte, durchfuhr sie das letzte Erschauern, nach dem sie gierte, sobald sie das erste verspürte.

Sie zog einen Schmollmund. »Kannst du nichts andeuten?«

»Natürlich. Es blüht.«

Sie interessierte sich nicht für den Gartenbau, und so hörte sie auf zu fragen.

»Morgen nehme ich sie alle mit auf eine große Jagd. Auch die Damen. Richte dich also darauf ein, daß du dich an dem Araberpferd erfreuen wirst, welches die Ritter des hl. Johannes von Jerusalem dir zur Hochzeit geschenkt haben.« Eine letzte, verzweifelte Bitte um Gnade, ehe ich den Orden in England aufgelöst hatte. Ich dachte nicht gern daran.

»Was werden wir jagen?«

»Wildschweine.«

»An St. Thomas? Fürchtest du nicht die Wilde Jagd?«

Ein Ast knackte und spie rote Funken auf dem Feuerrost.

»Das ist nur eine Legende«, sagte ich.

»Auf die Jagd... am kürzesten Tag des Jahres... im Zwielicht...« Sie schien ernstlich beunruhigt zu sein.

»Was geschieht im Zwielicht?« Vielleicht wußte sie etwas, was ich nicht wußte.

»Wenn man in die Nähe eines Friedhofes geht, wenn es dämmert... dann kommt der heilige Thomas selbst in einem feurigen Wagen herbeigefahren. Und er ruft alle Toten namens Thomas, die dort begraben sind, und sie erheben sich aus ihren Gräbern und gehen mit ihm zum Friedhofskreuz, das in tiefem Rot erglüht...«

Während sie so sprach, nahm ihr Gesicht einen unwirklichen Ausdruck an, und es war, als hielte ich eine Seherin in meinen Armen, eine Prophetin. »Und manchmal wird man gezwungen, mit dem Heiligen für alle Zeit auf geisterhafte Jagd zu gehen. Oder mit den anderen Thomassen... Denke doch nur, mein geliebter Lord, an all die Thomasse in deinem Leben, die toten Thomasse... Sie ergreifen Besitz...«

Angst durchfuhr mich, scharf und kalt wie ein Degen, der in der Januarnacht im Freien gelegen hat. Die toten Thomasse in meinem Leben: Thomas Wolsey, Thomas More, Thomas Cromwell. Was, wenn sie sich nun tatsächlich aus ihren Gräbern erhöben und mir gegenüberträten, von meiner Person Besitz ergriffen, auf irgendeinem entlegenen Friedhof über mich zu Gericht säßen? Wolseys Geist, geschrumpft und gebrochen; More ohne seinen Kopf, schwärend von vorwurfsvoller Selbstgerechtigkeit; Cromwell mit blutendem Halsstumpf, erbittert und von bösartigem Haß erfüllt... und ihre vermoderten Leichentücher wehten im Nebel, umschlangen mich, fingen mich, und –

»Nein!« fauchte ich. Just in diesem Augenblick fauchte auch das Feuer und unterstrich meine Gedanken. »Das ist eine Bauernlegende, die mit mir nichts zu tun hat.«

»Culpepper hat es gesehen«, wisperte sie. »Er hat es mir einmal erzählt.«

»Er ist auch ein Thomas. Höchstwahrscheinlich hat er es erfunden, um dich zu unterhalten. Und um dich mit seiner Tapferkeit zu beeindrucken. Ich nehme doch an, er ist dem bedrohlichen Griff ihrer Knochenfinger entronnen?«

Sie wandte sich schmollend ab. »Du glaubst mir nicht. Also gut, dann geh morgen auf die Jagd. Mache dich lustig über den heiligen Thomas und all die anderen Thomasse.«

O Gott! Erst jetzt, da ich dies niederschreibe, begreife ich: Es war wirklich Thomas, ein sehr lebendiger Thomas, der an diesem Tag seinen Scherz mit mir trieb, während ich auf der Jagd war und mein schönes Weib daheim ließ. Und er kam aus keinem Grab, sondern von seinem Lager am Fuße meines Bettes... und begab sich geradewegs in das Bett meiner Frau. Und während ich atemlos keuchend draußen dahinjagte, keuchte atemlos auch sie, als sie sich mit ihrem Cousin Thomas im königlichen Schlafgemach paarte. Und während ich den Speer in den borstigen Eber stieß, bohrte er sich in mein Weib.

Oder war die Verabredung bereits getroffen? War ihre verzweifelte Geschichte von den Thomas-Gespenstern ein letzter, kraftloser Versuch, sie abzuwenden, sich das wenige zu bewahren, was von ihrer Tugend noch übrig war? Und hätte ich auf sie gehört, hätte das irgend etwas geändert? Die Jagd war gut...

Als wir über das Pflaster im Hof trappelten, mit drei Hirschen und einem prächtigen Eber an Tragestangen, beugte sich eine vielköpfige Gesellschaft aus den Fenstern des Innenhofes und jubelte. Weihnachten hatte begonnen.

XCVII

Wenn ich auf die zwölf Tage des Weihnachtsfestes zurückblicke, vermischt sich alles zu einer Wolke von Musik, Farbe und Festlichkeit. Von dem Augenblick, da wir mit dem Eber heimkehrten, bis zum letzten Maskenball waren gewöhnliche Kleider beiseite geworfen, gewöhnliches Benehmen durch erlesene Manieren ersetzt und alle Kargheit verbannt. Feuer brannten vierundzwanzig Stunden am Tag; Kerzen waren nicht rationiert, und die Diener mußten ihre Körbe in der Vorratskammer damit füllen und so viele mitnehmen, wie sie tragen konnten; Ale-Fässer mußten alle zwei Stunden gefüllt werden, und niemand zählte die Krüge, die fortgetragen wurden. Kleine Orchester mit Violen, Flöten und Fiedeln streiften durch Galerien und Korridore und spielten, was ihnen einfiel oder was jemand verlangte. Maria, Elisabeth und Edward baten, sich den Musikanten anschließen zu dürfen, und ich erlaubte es ihnen mit Freuden. Meine drei Kinder liebten die Musik und waren begabt. Maria entschied sich für die Drehleier und spielte in einem Konsortium, das in der Großen Halle stand. Elisabeth verkleidete sich als Knabe und spielte die Flöte mit einer Schar »Italiener«. Edward, der zumindest trommeln konnte, schloß sich als Begleiter einem Kinderchor an.

Am dreiundzwanzigsten Dezember rief ich die drei zu mir zu einem besonderen Gespräch. Es sollte im Ratszimmer stattfinden, einem behaglichen, eichenholzgetäfelten Raum an der oberen Galerie.

Elisabeth kam als erste; sie war allein, ohne ihre Kinderfrau,

Mrs.Ashley. Ich machte ihr ein Kompliment: Sie sah höchst geschäftsmäßig aus in ihrem schlichten braunen Kleid, das leuchtendrote Haar zurückgebunden und unter einer Haube verborgen – ein lebhaftes Mädchen von sieben Jahren. Sie trug eine Feder und eine Mappe mit Papier bei sich. Maria traf gleich nach ihr ein; sie entschuldigte sich für ihre leichte Verspätung. Edward, rund und rosig in seinem blausamtenen Anzug, wurde von seiner Kinderfrau hereingetragen. Er war jetzt drei Jahre alt.

»Nun setzt euch alle«, sagte ich glücklich. Schon als ich sie alle nur vor mir sah – meine Kinder! –, tat mein Herz vor Stolz einen großen Satz. »Ich brauche eure wertvolle Meinung zu den Spielen, die am Weihnachtsabend gespielt werden sollen.«

Maria und Elisabeth machten ein enttäuschtes Gesicht. Hatten sie vielleicht erwartet, daß ich mit ihnen über das Parlament sprechen wollte?

»Ich spiele keine Spiele«, sagte Maria leise.

»Doch, tust du doch«, widersprach Elisabeth. »Du liebst Karten, und du wettest.«

Sie wettete? Maria eine Glücksspielerin? Das hatte ich nicht gewußt.

»Deshalb hat sie nie Geld«, fuhr Elisabeth fort. »Nur Schulden bei mir.«

Maria runzelte die Stirn. »Nie wieder werde ich etwas von dir borgen«, brummte sie. »Sobald ich zurückgezahlt habe, was...«

»Das dürfte vor Weihnachten kaum geschehen, denn sonst könntest du während der ganzen zwölf Tage nicht spielen, und das, wo so viele interessante Spieler aus dem ganzen Reich hier sind. Das gelingt dir niemals«, weissagte Elisabeth strahlend.

Maria zuckte die Achseln.

»Du würfelst und wettest also?« neckte ich sie. »Das hätte man nie vermutet, bei deiner düsteren Kleidung. Maria, mir zuliebe: Trage an diesem Weihnachtsfest nicht nur Purpur und Schwarz. Du siehst aus wie eine alte Jungfer.«

Sie erstarrte, und Elisabeth warf mir einen Blick zu. Maria war sich ihrer Ehelosigkeit wohlbewußt, und ihre Angst, womöglich niemals verheiratet zu werden, war größer, als mir klargewesen war. Sie war vierundzwanzig und galt international als Bankert.

Kein protestantischer Fürst wollte sie haben, und kein Katholik würde sie nehmen, ohne damit Katharina von Aragon als meine Ehefrau anzuerkennen. Vielleicht sollte ich einen englischen Aristokraten veranlassen, sie zu heiraten. Ja, ich mußte mich darum kümmern.

»Ich werde ein scharlachrotes Kleid für dich bestellen«, versprach ich. »Noch heute vormittag kann die Näherin Maß nehmen, und wenn sie die ganze Nacht arbeitet – ja, am Weihnachtsabend sollst du ganz in Rot gekleidet sein.«

Sie lächelte gepreßt. In Wahrheit konnte sie gar nicht lächeln. Sie war nicht häßlich, aber ihr Benehmen würde die Männer nicht anziehen. Ich seufzte. Ihre Mutter war ansprechender gewesen, weiblicher, zumindest im Alter von vierundzwanzig Jahren. Wie würde Maria mit fünfzig sein?

»Welche Spiele schlagt Ihr für den Hof vor, Vater?« erkundigte Elisabeth sich forsch.

»Würfel- und Brettspiele werden für einige Beschäftigung genug sein. Aber für die anderen – für diejenigen, denen an lebhaftem Treiben gelegen ist – brauchen wir andere Zerstreuung.« Ich musterte sie, während ich so tat, als dächte ich über Spiele nach. Nicht hübsch. Aber gewitzt. Und gewitzt genug, es zu verbergen. Und herausfordernd. Aufregend. Genau wie... ihre Mutter. Die scharfen, abschätzenden Augen. Flinke, schlanke Finger.

»Gesellschaftsspiele«, sagte ich. »Nichts Anstrengendes. Spiele, die Männern und Frauen, Knaben und Mädchen ermöglichen, sich die Zeit zu vertreiben, zusammenzukommen, sich in ihren schönsten Kleidern zu zeigen. Wie wäre es mit Blindekuh?«

»Oh, das natürlich. Ich spiele gern ›Bienchen in der Mitte‹. Man muß aufpassen, daß man nicht gestochen oder erkannt wird.«

»Oh! Oh!« Edward klatschte in die Hände.

»Kann er das auch spielen?« fragte ich.

»Das kann man in jedem Alter spielen«, versicherte sie mir. »Selbst wenn man so alt ist wie Sir Anthony Browne. Und Brandon.«

Brandon? Alt? Er war in den Fünfzigern. Ja, alt.

»Und mein Onkel Norfolk. Und« – sie brach in Gelächter aus – »meine Stiefgroßmutter, die Herzogin von Norfolk!«

»Die alte Vettel?« höhnte Maria. »Die würde ich gern einmal mit ihrem früheren Mann in einer Ecke sehen. Sie würde ihn schlagen, wie sie vor zwei Jahren seine Geliebte geschlagen hat!«

»Nein, ihr Mann würde sich wieder auf sie setzen, wie damals, als sie Blut gespuckt hat.«

Woher wußten sie so gut Bescheid über Norfolk und sein Dreiecksverhältnis?

»Wir brauchen noch ein Spiel«, erklärte ich prüde. »Was sagt ihr zu ›Pantoffelsuchen‹?« Das gehörte zu meinen frühesten Weihnachtserinnerungen.

»Ein Kinderspiel?« lachte Elisabeth.

»Zu Weihnachten werden wir alle Kinder.«

»Kinder, die sich von ihrer besten Seite zeigen«, erwiderte sie. »Kinder, die Spiele verlieren, ohne einen Tobsuchtsanfall zu bekommen; Kinder, die über die Schlafenszeit hinaus aufbleiben dürfen, weil es keine Schlafenszeit gibt; Kinder, die sich mit Kuchen und Süßigkeiten vollstopfen können, ohne daß jemand schimpft. Und die sich niemals, niemals zanken – denn wer wird sich zanken, wenn alles erlaubt ist?« Sie klang wie ein alter Mann, der in seinen Erinnerungen versunken war.

»Ich habe Kinder gern«, sagte Maria wehmütig und streckte die Hand aus, um Edward das Haar zu zerzausen. Edward stieß sie weg.

Es klopfte diskret an der Tür des Ratszimmers. Petre, der Sekretär des Staatsrates, trat ein und bat um Entschuldigung.

»Der Laird der Westlichen Inseln ist eingetroffen«, meldete er. »Und sein Gefolge verursacht eine gewisse... Unruhe.«

Ich erhob mich müde. Als ich stand, fühlte ich es – einen leichten Schmerz, eine Art Wärme in meinem linken Schenkel. Nein, nein! Nicht wieder das Beingeschwür! Es war geheilt, es existierte nicht mehr. Es war vom Gift der Hexe gekommen, und das hatte endlich seine Wirkung verloren...

Da. Ich hatte es mir eingebildet. Erleichterung durchflutete mich wie warmer Honig. Das hätte ich wirklich nicht ertragen; ich hätte es nicht überstanden, wenn dieses Ding erhalten geblieben wäre.

»Ich muß euch verlassen«, sagte ich zu den Kindern. »Ihr seht ja, wie es ist. Ich danke euch für euren Rat.«

Maria nickte mit schmalen Lippen – eine Geste, die ich in späteren Jahren bei Katharina beobachtet hatte, wenn ihr etwas mißfallen hatte. Elisabeth war selbst ungeduldig; sie sah aus, als sei sie bereit, aus dem Ratszimmer zu entfliehen. Wie ich selbst in meiner Jugend. Ja, just so hatte doch Wolsey sich zu Anfang meine Gunst errungen: Indem er an meiner Statt in stickigen Ratszimmern gehockt hatte.

XCVIII

Die Zwölf Tage begannen in feierlicher Pracht mit der Mitternachtsmette, die wir privat in der königlichen Kapelle feierten. Sie glitzerte strahlender und war ritualistischer als alles im Vatikan; dessen war ich sicher. Als der Weihrauch zur blaugoldenen Decke hinaufquoll, empfand ich ein Gefühl des Triumphs gegen all jene, die mich ins Lager der Reformer abschieben wollten. Man konnte gegen den Papst sein, ohne unbedingt auch gegen die Tradition zu sein. Es gab manch einen, der mich für sich nutzbar machen und mit einem Etikett für seine eigenen Zwecke versehen wollte. Was für Toren! Ich war es, der Etiketten und Fraktionen benutzte; ich ließ mich nicht von ihnen einspannen.

Die Weihnachtsfeierlichkeiten erwiesen sich als großer Erfolg. Die Zerstreuungen und Spiele, die wir geplant hatten, unterhielten und bezauberten die Leute. Catherine schien entzückt zu sein, und der eben erlittene Verlust war offenbar vergessen.

Ich hatte seit Jahren nicht mehr vor Zuschauern getanzt. Nicht seit der »Schwarzen Nan«... Aber es wurde Zeit, diese Begabung wieder zum Vorschein kommen zu lassen, wie ich so viele andere wiedererweckt hatte. Also würde ich tanzen, in der Neunten Nacht, wenn das erstemal ein ganzer Abend mit Musik und Tanz geplant war. Ich übte in meinen Gemächern, probte alte Schritte und meisterte neue.

Oh! Das Tanzen hatte mir gefehlt in jenen toten, hohlen Jahren, wie mir so vieles gefehlt hatte, so vieles, über das nachzudenken, ja, an das mich nur zu erinnern ich mir nicht erlaubt hatte. Es war, als habe es mir gefallen, tot zu sein.

So! Das war sie, die richtige Drehung in der Galliarde. Es hieß, dieser Tanz sei »schockierend«, aber die Jugend liebte ihn...

Mein Bein schien mir keine Schwierigkeiten zu machen, wenngleich es in den letzten zwei Wochen ein ominöses Kribbeln ausgesandt hatte.

Die Große Halle wurde ausgeräumt, und mein bestes Begleitorchester versammelte sich dort mit Holzinstrumenten – Flöten, Krummhörnern und Schalmeien – und Saiteninstrumenten – mit Violen, Lauten und Harfen. Ich hatte die Musiker angewiesen, mit populären Weisen zu beginnen, damit alle Anwesenden am Tanz teilnehmen könnten; erst nach und nach sollten sie zu anspruchsvolleren Tänzen fortschreiten. Ich selbst würde erst gegen Ende zum Saltarello die Tanzfläche beschreiten. Mit meinem Auftritt würde ich die Gesellschaft überraschen, wie ich es vor langer, langer Zeit getan...

Ich wandelte plaudernd unter den Festgästen umher und tat, als hätte ich nichts weiter im Sinn, als hätte ich vor, in meine schwere Robe gehüllt zu bleiben und wie ein alter Mann den Vorsitz über das Fest zu führen.

»Ja, ja!« Ich nickte und klatschte in die Hände. Das Rondo ging zu Ende.

Als nächstes kam mein Tanz. Ich öffnete die Mantelspange, legte den Mantel beiseite. Ich machte mich bereit, genoß den Vorwand des Plauderns und ließ dabei die ganze Zeit meine Wadenmuskeln spielen, wippte auf den Fußballen und streckte die Zehen.

Der erste Takt... ich schritt aus, streckte das Bein vor. Und fühlte einen stechenden Schmerz im Schenkel, plötzlich, wie ein Donnerschlag. Ich erstarrte in krampfhaftem Schmerz.

Das Orchester spielte weiter. Niemand würde merken, daß ich meinen Anfangstakt verpaßt hatte. Wie rasend massierte ich mein Bein – diesen verfluchten Verräter! Bei jeder Berührung fühlte ich Flüssigkeit hervorquellen, als drückte ich auf einen Schwamm. War mein Bein denn ein Schwamm? Ein mit Krankheit vollgesogener Schwamm? Ich trug schwarze Strümpfe, so daß der Fleck nicht zu sehen war. Also gut. Während ich die Worte im Geiste formte, durchflammte mich ein Haß, der so groß war, wie ich ihn nie zuvor empfunden. Dies war ein Feind! Ein Feind wie Anne Boleyn, wie Kardinal Pole, wie der Herzog von Buckingham. Satan hatte ihn wie sie geschickt, mich zu vernichten. Aber dieser war raffinierter: Er wollte mich von innen angreifen, von innen nach außen verrotten lassen.

Ich würde trotzdem tanzen. Die Musik war wieder beim Eingangstakt angelangt, und ich sprang auf die Tanzfläche. Als ich dort auftraf, schoß mir der Schmerz wie ein Nagel durch den Schenkel hinauf bis in die Leisten. Die Leute wichen vor mir zurück, um Platz zu machen und um den König tanzen zu sehen.

Und er wollte tanzen. Und er tanzte. Ich drehte mich und sprang so athletisch wie ein Hirsch, und ich vollführte die Schritte der Galliarde mit Vollkommenheit, mit einer Perfektion, wie sie sonst nur Uhrwerken und Fechtmeistern vorbehalten ist. Dies war ein Tanz, der die Anmut und Gewandtheit eines Kolibri erforderte. Und ich scheiterte nicht.

Nach den ersten paar Takten erfüllte mich ein wildes, wütendes Vergnügen an diesem Schmerz, der da gegen mich kämpfte. Es war ein Gladiatorenkampf, und ich, bewaffnet mit Netz und Dreizack, hatte den Schmerz gefangen und gedemütigt.

Kaum endete die Musik, sah ich mich von Männern und Frauen umgeben, die meine Gewandtheit priesen. Sie waren überrascht – o ja, sie waren überrascht. Das letztemal, daß jemand mich so athletisch hatte tanzen sehen, war zehn Jahre her, und viele der Gesichter, die damals zugegen gewesen waren, gab es nicht mehr.

»Der Tanz ist ein Sport«, rief Henry Howard aus, »und heute hat er seinen Meister gefunden.«

»Eines Tages wird diese Art des Tanzes – mit Sprüngen und vollkommener Haltung und mit besonderen Schuhen – von berufsmäßigen Tänzern vollführt werden müssen, von einer festen Truppe«, meinte Wyatt. »Aber zehn oder zwanzig Männer zu finden, die tanzen wie Ihr... solche gibt es nicht in England, Eure Majestät.« Er sagte es frei heraus und schlicht, und in seinen Worten lag keine Schmeichelei. Ich kenne Schmeichelei, und ich entdecke sie noch in einem gemurmelten Satz. Er war ehrlich; er bewunderte mich.

Aber das Gerinnsel mußte bald bemerkt werden. Ich fühlte Schleim in meinem Tanzpantoffel klebrig unter der Fußsohle; der

Ausfluß war also in meinem Strumpf nach unten gesickert. Ich mußte mich zurückziehen, und zwar rasch.

»Und jetzt in meine Gemächer«, sagte ich mit theatralischem Augenzwinkern. »Mein Lohn erwartet mich dort!« Ich winkte Catherine, die höflich mit Culpepper plauderte. Um Gottes willen, komm mit mir, hilf mir bei diesem Schauspiel, hätte ich gern gesagt. Aber ich konnte es nicht, denn niemals hätte ich dem Menschen, den ich am meisten beeindrucken wollte, gestehen können, daß es in Wahrheit ein Schauspiel war. Mein Weib war in vieler Hinsicht der Mensch, der mir am fernsten war, und für sie trug ich die kompliziertesten Masken. Jetzt sollte sie mir helfen, diesen Rückzug anzutreten, mein Gesicht zu wahren, aber sie würde mir heute nicht in mein innerstes Gemach folgen dürfen.

Zusammen verneigten wir uns und lächelten. Dann begaben wir uns würdevollen, gemessenen Schritts zu den königlichen Gemächern, wo der Arzt warten und Hilfe bereithalten würde.

»Komm, Catherine.« Ich drückte ihre Hand. Aber ich fühlte Widerstand. Sie wollte nicht gehen. »Tu, was ich sage«, murmelte ich und zerrte sie hinter mir her. Ich haßte mich selbst, und doch türmte sich Stück für Stück übereinander: Ich haßte mich für mein entzündetes Bein, dafür, daß ich zu stolz war, ihm nachzugeben, und schließlich für die erbärmliche Notwendigkeit, mein Weib als Tarnung meiner eigenen Schwäche zu benutzen.

Als wir in den Privaträumen der königlichen Gemächer angelangt waren, bedeutete ich ihr, im Gesellschaftszimmer Platz zu nehmen und still zu warten. Sie war offensichtlich erbost über diesen herrischen Befehl, und dies nötigte mich, sie anzuschreien und Gehorsam zu fordern. Ich hatte keine Zeit für sanfte Worte oder überzeugende Reden. Noch einen Augenblick, und sie würde die unselige Brühe sehen, die in meinem Schuh schwappte.

»Ich habe gesagt, du sollst hierbleiben und warten!«

»Du zwingst mich ohne Grund, die jungen Leute und den Tanz zu verlassen! Ich soll hier sitzen und warten wie ein Kind auf seinen Vater...«

Wahrlich, Satan wollte mich versuchen. Die Worte durchbohrten mich wie Lanzen: *die jungen Leute... Vater...* Ich hatte sie von ihren Spielkameraden fortgeholt...

»Still!« donnerte ich und funkelte sie wütend an. Dann stapfte ich hinaus. Hinterließ der nasse Schuh Spuren auf dem blanken Holzboden?

Als ich sicher in meinem privaten Kämmerlein saß, dem kleinsten aller königlichen Gemächer, in welches niemand sonst Zutritt hatte, ließ ich mich auf einen Schemel fallen und hob mein leidendes Bein auf ein Polster. Jetzt, da ich es waagerecht ausstreckte, tropfte die Flüssigkeit von der Mitte des Schenkels herunter. Sie war gelblich weiß.

Dr. Butts kam herein, sein langes Gesicht düster wie das eines Wasserspeiers und ebenso steingrau. Kopfschüttelnd nahm er eine silberne Schere aus seiner Tasche und begann, den Strumpf aufzuschneiden. Langsam und vorsichtig nahm er den deckenden Stoff herunter; er hatte ebenso viel Angst wie ich, zu sehen, was darunter lag.

Eine große gerötete Fläche war dort zu sehen, als sei das Fleisch erbost und empört. Und in ihrer Mitte saß ein kleines Geschwür.

»So klein!« sagte ich überrascht.

»Aye.« Er berührte das Fleisch ringsherum; es war empfindlich, und ein Pochen war darin. »Aber die Erkrankung hat sich bereits bis hierher ausgebreitet und ihr Feld abgesteckt. Dieses Fleisch ist nicht normal. Es steht im Begriff, verwandelt zu werden.« Er strich mit seinen Fingern langsam nach außen. »Erst von hier an ist alles wie immer. Die Fläche dazwischen« – er deutete auf den roten, heißen runden Fleck – »ist das Schlachtfeld. Die Krankheit will es erringen, und Euer Körper sucht es zu retten.«

»Aber was ist es? Und was hat bewirkt, daß es in dieser Weise entbrannt ist?«

Er schüttelte den Kopf. »Ich weiß es nicht.«

»Ihr müßt es wissen! Wenn Ihr es nicht wißt, wer weiß es dann? Habt Ihr so etwas schon einmal gesehen?«

»Läsionen der Haut, ja. Aber das ist mehr als eine bloße Hautläsion. Es bricht von selbst aus, und es scheint ein Eigenleben zu haben. Offenbar kann es jahrelang in Eurem Körper schlummern und dann plötzlich erwachen.«

»Aber warum? Warum?« Bei Gott, ich mußte es wissen.

»Es ist charakteristisch für Menschen mit schwachen Adern.

Das Blut wird ja, wie Ihr wißt, in kleinen Röhren durch den ganzen Körper geleitet. Wenn sich in diesen Röhren eine schwache Stelle findet, brechen sie, lecken, bilden Geschwüre. Und wenn sie schließlich heilen, haben sie die Neigung, doch wieder aufzubrechen, denn die eigentliche Schwäche ist noch vorhanden.«

»Aber woher kommt diese Schwäche?«

»Sie ist etwas, das den Gefäßwänden innewohnt. Schaut, Eure Majestät: Wir wissen, daß ein Mensch seine Verfassung von seinen Vorfahren erbt. Mir scheint es nun, mit Verlaub, hinreichend klar zu sein, daß die Schwäche der Tudors normalerweise in der Lunge liegt. Die Lunge ist das System, das sie dahinrafft. Man sagt ja, eine Kette sei nur so stark wie ihr schwächstes Glied, und die Kette der Tudors ist immer wieder von der Lungenfäule, der Schwindsucht, zerrissen worden: Prinz Arthur; der verstorbene König, Euer Vater; Euer eigener Sohn Heinrich Fitzroy. Die Schwäche, die Eurer Lunge zugedacht war, wurde nun durch Gottes Gnade in Eure Beine versetzt. Statt Euch nun vor der Zeit zu ermorden, zwingt sie Euch nur, auf gepolsterter Bank zu sitzen, derweil andere tanzen. Lob sei dem Herrn, der Euch verschont hat!«

Ich schaute hinunter auf mein schwärendes Bein, und ein Schauder überlief mich, als ich versuchte, mir dieses üble Gerinne in meiner Lunge vorzustellen. »Aber gibt es denn nichts, was Ihr tun könnt?«

»Ich habe eine neue Salbe«, sagte er. »Sie wird aus verschiedenen alchimistischen Metallen gemacht. Aber nichts wird wirken, solange Ihr das Bein gebraucht. Es muß ruhiggestellt werden und darf nicht belastet werden. Bettruhe, Eure Majestät.«

»Dann wird es jedermann erfahren!« schrie ich auf. »Wenn ich mitten in den Feiertagen im Bett liege – nein! Ihr müßt Euch etwas einfallen lassen, das mich auf den Beinen hält.«

»Ein Verband wird klobig und auffällig sein«, protestierte er. »Nein, es gibt keine Möglichkeit, Euer Geheimnis zu verbergen; Ihr würdet die Wunde nur ganz umsonst reizen.«

»Ich werde Kostüme und Mäntel tragen. Es sind nur noch drei Tage bis zum Dreikönigsfest. Nur noch ein bißchen länger! Wenn Ihr die Wunde jeden Morgen und jeden Abend verbindet und die Salbe auftragt...?«

Er machte mißbilligende Miene. »Im Interesse der Wunde kann ich es nicht empfehlen«, antwortete er halsstarrig.

»Ist die Wunde denn das Wichtigste? Was ist mit meinem eigenen Interesse? Was ist mit dem Englands? Nein, es darf sich nicht herumsprechen, daß ich, der König, ein solches Leiden habe. Es gibt Leute, die sich darüber freuen würden; sie würden sagen, es sei eine Strafe.«

»Also gut. Aber das Geschwür muß verbunden werden.«

Er legte seine Instrumente und Verbände auf die Sitzfläche der Fensterbank. Als erstes nahm er einen kleinen Schwamm zur Hand, mit dem er das offene Geschwür betupfte. Es brannte einen Augenblick lang heftig und wurde dann taub. »Der Schmerz, den Ihr fühlt, kommt von der reinigenden Wirkung des Alkohols. Die Betäubung kommt vom Mandragora-Saft. Wenn Ihr es einatmen wolltet, würdet Ihr einschlafen.«

Alraunwurzel. Ein böses Ding, das schrie, wenn man es aus dem Boden zog, und das zwei Beine und das Geschlecht eines Mannes hatte. Sie betörte also das Gehirn, betäubte das Fleisch...

»Natürlich hat es mit Hexen und dem Teufel zu tun. Aber manchmal können wir das Böse zu unserem Vorteil nutzbar machen, in einem Schlaftrunk oder einem Schmerzmittel.«

Die Wunde war nicht wirklich taub, sondern nur auf eine warme, segensreiche Weise unempfindlich gegen Schmerz.

»Jetzt die Salbe, die lindern und heilen wird. Ziegenfett, vermischt mit gemahlenen Perlen und gebranntem Blei.« Er bestrich das Geschwür dick damit, wie man eine Torte mit Creme bestreicht. »So.« Mit Genugtuung betrachtete er seine Kunst.

»Der Schmerz ist vergangen.«

»Aye. Nun, ein Verband wird es möglich machen, daß Ihr Euch ankleidet und Eure Gemächer verlaßt; aber für die Heilung ist er schlecht. Seht zu, daß Ihr möglichst lange ohne Verband im Bett liegen könnt. Heute nacht dürft Ihr das Bett unter keinen Umständen mehr verlassen.«

Und so ward ich zu Bett gelegt, mit einem Berg von Kissen unter meinem kranken Bein und von einer dicken Pelzdecke umhüllt. Das Feuer, in dem nur süßes Apfel- und Kirschbaumholz brannte, knisterte und seufzte mit zischendem, duftendem Atem.

»Damit Ihr besser schlaft«, sagte Dr. Butts und hielt mir einen kleinen Silberbecher mit einem grünen Sirup entgegen. Es schmeckte so, wie die Salbe sich anfühlte: ein Brennen, gefolgt von Glückseligkeit. Ich war glücklicher als jemals zuvor; das bewirkte der Trank.

»Dies wird Euch helfen, die letzten paar Tage bis zum Dreikönigstag zu überstehen. Wenn Ihr es im Bauch und in den Adern habt, überwältigt es das Gehirn. Aber nehmt niemals mehr als einen halben Becher auf einmal. Und nicht öfter als dreimal täglich.«

»Ja. Ja.« Ich sah, wie er eine volle Flasche auf den Kaminsims stellte; sie leuchtete so hübsch wie flüssiger Smaragd.

»Catherine...« murmelte ich. »Die Königin...« Catherine wartete noch immer draußen... armes Kind...

Sagt ihr, ich schwebe in einer anderen Welt, wo nichts mehr wichtig ist, wo man nichts mehr fühlt...

Aber als er nach Catherine schauen wollte, war meine Frau nicht mehr da. Sie war allein hinausgegangen, woanders hin.

Ich schlief fest in dieser Nacht; der magische grüne Sirup zog mich tief unter die Oberfläche des Bewußtseins. Als ich erwachte, war die Sonne schon aufgegangen. Der Himmel draußen vor dem Fenster war klar und blau, und kleine Bänder von Sonnenlicht malten parallele Streifen auf den Fußboden. Ich hatte mein Beinleiden vergessen, bis ich die Füße über die Bettkante schwingen wollte. Da traf mich der Schmerz wie ein Hieb mit einem Eichenholzbalken und warf mich zurück in die Kissen. Mein Gegner war wach und wachsam. Also gut. Ich läutete nach Dr. Butts. Er kam, umwickelte mein Bein mit einem Tages-Ausgeh-Verband und verabreichte mir eine angemessene Dosis von dem Sirup. Dann rief ich meinen Gewandmeister, und gemeinsam erwählten wir ein juwelengeschmücktes Kostüm, das aller Augen zu meiner Brust lenken würde, weg von meinem Unterkörper.

Dies sollte meine Strategie für die nächsten drei Tage sein. Die Krankheit verhüllen. Den Schmerz von innen betäuben. Mein Kostüm als Bundesgenossen im Kampf zwischen mir und der Krankheit benutzen.

Catherine ließ ich mit ihren Freunden umhertollen. Vor ihr mehr als vor irgend jemandem sonst mußte ich meine Schwäche verbergen. Von ihrem Platz an meiner Seite entlassen, hüpfte sie mit den Hofstutzern und Poeten davon, mit dem Howard-Klan und all seinen Vettern und sogar mit den wunderlichen Abkömmlingen der schottischen und irischen Häuptlinge. Die letzteren sollten eine Zeitlang bei Hofe bleiben, um »zivilisiert« zu werden. Nötig hatten sie es jedenfalls. Der Schottenprinz war ein mit Sommersprossen übersäter Riese und trug eine Art bunten Wollrock um den Leib; eine phallische, pelzbedeckte Tasche baumelte kokett vor seinem Gemächt. Der irische Prinz war so weiß wie Elfenbein und von beinahe weibischer, perverser Schönheit; er spielte eine Harfe aus seiner Heimat und war unter keinen Umständen davon zu trennen. Keiner der beiden Burschen wußte, wie man tanzt, wie man sich ausländischen Botschaftern vorstellt, oder wie man scherzhafte, leichte Konversation mit Damen treibt.

Ich hatte mich bei meiner Tanzvorführung am Abend zuvor unter Beweis gestellt; niemand würde vermuten, daß ich nun notgedrungen still zwischen den gesetzteren Damen und Höflingen saß. Es waren die Leute mittleren Alters, die sich von den Frivolitäten der Jugend zurückgezogen hatten, geistig aber in den besten Jahren waren. Leider neigten sie stark dazu, über Theologie, Philosophie und Politik zu diskutieren.

Diese Leute waren überwiegend Frauen: Katherine, Brandons junge Frau; die Witwe Latimer; Lady Anne Herbert; Joan Champernown. Sie waren fromm, brillant, wortgewandt. Und, so argwöhnte ich, ein wenig protestantisch – wie es, das gab ich gezwungenermaßen zu, die jungen Leute alle waren. Der Protestantismus war neu, radikal, faszinierend. Er zog unruhige Geister an. Weiter hinten verschmolz er mit der Grauzone der Ketzerei, aber die hübschen Damen hier wagten sich nicht weit in sein Wasser; sie übten ihren Verstand auf die einzige ihnen erlaubte Art. Wie öde muß es sein, eine Frau zu sein, dachte ich, als ich mich unter ihnen umschaute. So wenig Raum zu haben, sich zu strecken und zu dehnen. Kein Wunder, daß sie solchen Gefallen am Protestantismus fanden. Er war ein unbekanntes Meer, in das sie tief eintauchen konnten, und wo sie den Überschwang kosten konnten, der ihrem Geschlecht für gewöhnlich verwehrt war.

»Nun, Madam Katherine«, redete ich die Witwe Parr an, »es freut mich, daß Ihr an den Hof kommen konntet.«

»Ich bin Eurer Majestät dankbar für die Einladung«, sagte sie mit einer Neigung ihres Kopfes. So gingen wir auf zivilisierte Weise über die »delikate Angelegenheit« hinweg. Ihr alter Ehemann, Lord Latimer, war ein konservativer Katholik aus dem Norden gewesen, ein Sympathisant der Pilger. Meine Einladung an seine Witwe bedeutete, daß ich ihr die verräterischen Neigungen ihres verstorbenen Gatten nicht zur Last legte.

Ich sah sie an. Ihr golden-rotes Haar, dessen Ansatz wie ein Dreieck in die Stirn ragte, war säuberlich unter ein strenges schwarzes Häubchen gebunden. Aber ihr Antlitz war rosenwangig und fröhlich – ein rechter Gegensatz zu ihrem asketischen Sinn. Dabei war sie erst neunundzwanzig. Wie kam es, daß eine Frau das Alter ihres Mannes anzunehmen schien? Wieso hing die Tatsache, daß die Witwe Latimer mit zwei alten Männern verheiratet gewesen war, ihr so an und färbte den Eindruck, den sie auf den Betrachter machte? Sie selbst war doch gewiß nicht alt. Aber dann hörte ich sie mit Katherine Brandon sprechen, und da wußte ich den Grund.

»... aber da Unser Herr ja durch die Passion genötigt war, Seine Vergebung für den Augenblick auf diejenigen in Seiner nahen Umgebung zu beschränken – das heißt, Er verzieh ja explizit dem Schächer, der neben Ihm am Kreuze hing, und Er vergab ausdrücklich seinen Henkern, die um Seinen Rock würfelten – ›Vater, vergib ihnen, denn sie wissen nicht, was sie tun‹ – Er sagte nicht überdies: ›Auch dir, Pilatus, und dir, Kaiphas‹, wenngleich Er sie in Seinem Herzen gewiß einschloß...«

War das ihre Festtagsplauderei? Wie redete sie dann, wenn sie ernsten Sinnes war?

»Madam Latimer, Ihr seid mir längst nicht fröhlich genug«,

schalt ich sie. »Am Feste der Geburt Unseres Herrn, da Er als Kind und Geschenk Gottes an die Menschheit zur Welt kam, ist es doch wohl morbid, vom bevorstehenden Verrat und von Seinem Tod zu sprechen.«

Ihre dunklen Augen tanzten vor Erregung. Die Theologie also war es, was ihre Leidenschaft entflammen konnte. »Ah, Eure Majestät! Aber es ist alles eins – das ist ja das Vollkommene, das Geheimnisvolle daran. Die Könige brachten Weihrauch und Myrrhe – die Schatten Seines zukünftigen Todes und seines Begräbnisses. ›Maria nahm all diese Dinge und betrachtete sie in ihrem Herzen.‹ Sie betrachtete sie, sie frohlockte nicht und sie sang nicht; nein, es war eine schwere Bürde. Ich habe mich oft gefragt«, fuhr sie verträumt fort – wie Culpepper, wenn er ein Stück besonders feinen Samt streichelte –, »was Maria mit dem Gold, dem Weihrauch und der Myrrhe getan hat.«

Mir fiel auf, daß sie nicht »Unsere Liebe Frau« oder »die Selige Jungfrau« sagte.

»Ob sie alles in einen Schrank zwischen ihr Linnen legte, um es manchmal, selten und sicher auch zufällig, anzuschauen, wenn sie ihre gewöhnlichen Arbeiten an einem gewöhnlichen Tag getan hatte und darauf wartete, daß Joseph von der Arbeit nach Hause käme? Und ob sie es dann berührte und das Wunder von neuem fühlte – gleichsam eine eigene Epiphanie erlebte?« Die Witwe Latimer war die unerhörteste Schwärmerin, die ich je gesehen hatte, aber ihre Schwärmerei galt nur dem Unbekannten, Unsichtbaren.

»Zweifellos hat sie das Gold und die Kräuter verkauft, um die Reise nach Ägypten zu bezahlen.« Das war Elisabeth in ihrer praktischen Art. Aber wieso saß Elisabeth unter diesen intellektuellen Matronen? Was zog ein Kind hierher? Hatte sie solche Sehnsucht nach einer Mutter? »Das Gold wäre schließlich zu schwer gewesen, als daß sie es hätte mitnehmen können, und die exotischen Kräuter hätten viel zuviel Aufmerksamkeit erregt. Hätten sie die aber in Bethlehem verkauft, wäre Herodes womöglich aufmerksam geworden. Deshalb warteten sie damit wahrscheinlich, bis sie in Ägypten waren. Die Ägypter waren in solchen Dingen sicher blasierter.«

Die Frauen sahen sie an und nickten dann. »Was das Kind sagt, stimmt«, bestätigte Lady Herbert.

Elisabeth lachte. »Die Heilige Familie bestand aus Menschen, die dachten wie andere Menschen.« Sie wandte der Witwe ein arglos lächelndes Gesicht zu. »Würdet Ihr irgendwann die Güte haben, meine Übersetzung der ›Sprüche‹ anzuschauen? Ich versuche, sie ins Griechische zu übersetzen.«

Die Witwe nickte geschmeichelt.

Charles' Frau, die Herzogin, zog ein Büchlein mit Gebeten hervor. »Dies habe ich als sehr hilfreich empfunden.« Die anderen beugten sich sogleich darüber – wie die Hennen in einem Hühnerhof, wenn frische Körner ausgestreut worden sind. Ich verfluchte mein Bein, daß es mich in diesem gluckenden Schwarm weltlicher Nonnen gefangenhielt.

»Ach! Da bist du ja, mein Kind!« Flattern und Rascheln von Stoff und ein feiner Speichelregen meldeten mir die Ankunft von Anna, Prinzessin von Kleve. »Und Heinrich!« Ihre Stimme hob sich in echter Freude. Vor unserer kleinen Schar stand das mächtige Karrenroß persönlich, ganz in schimmernden gelben Satin gekleidet, und verbreitete seine ihm eigene Fröhlichkeit und gute Laune. Und ich war entzückt, sie zu sehen. Ich erhob mich langsam (mit Rücksicht auf Sir Bein) und begrüßte sie.

»Schwester!«

Wir umarmten einander herzlich. Ihre kräftigen Arme hätten mich fast aus dem Gleichgewicht geworfen. Erstaunt merkte ich, wie froh ich war, sie zu sehen. »Bitte setzt Euch zu uns.«

Sie packte einen niedrigen Schemel (auf dem ein Page saß) und setzte sich. Ich erwartete, daß ihre Gegenwart die fromme Atmosphäre lichten würde, aber zu meiner Überraschung tat sie gleich mit; anscheinend kannte sie sämtliche Bibelübersetzungen und Gebetbücher und sogar die gedruckten Predigten, die in den frommen Salons zirkulierten. Elisabeth kam herzu und setzte sich neben sie; sie mochte Anna offensichtlich gern und war froh, daß sie gekommen war. Ich hatte gut daran getan, sie zu meiner »Schwester« zu machen.

So verging der Tag friedlich und in freundlicher Gesellschaft, und jetzt brauchte ich nur noch zwei zu überstehen. An diesem

Abend wiederholte Dr. Butts die medizinische Behandlung des Beins. Zu meiner Enttäuschung schien es sich nicht gebessert zu haben. Er gab mir die nötige Arznei und schickte mich zu Bett, sobald es gesellschaftlich annehmbar war.

XCIX

Der nächste Tag verging mühelos mit den Vorbereitungen für den Höhepunkt und das jähe Ende der Weihnachtsfeierlichkeiten: Dreikönigsbankett und Maskenball. Überall in den Gemächern schliefen Damen und Herren bis weit in den Tag hinein, um sich für die Stunden der Fröhlichkeit, die vor ihnen lagen, zu rüsten. Dann waren Kostüme anzupassen, Hilfsmittel aufzutreiben. (Wie schnallte man sich das Hirschgeweih auf den Kopf, das man so sorgfältig von Yorkshire hierher transportiert hatte?) Die Vorbereitungen für die Heimkehr erforderten Besuche in den Stallungen und die Überprüfung von Geschirren und Wagen. Die Bäcker waren in rasender Hast dabei, die Dreikönigskuchen mit den gut versteckten Bohnen zu backen, um dem Appetit der ganzen Gesellschaft Genüge zu tun. Saiten-, Tasten- und Flötenorchester waren bei den Proben, denn sie würden mehrere Stunden lang zum Tanz aufspielen müssen, und so hatte jeder Musiker Gelegenheit, ein persönliches Lieblingsstück oder eine eigene Komposition beizusteuern. Wir würden Heimatmelodien aus Oxfordshire hören, aus den Cotswolds, aus East Anglia, aus Wales und sogar aus Schottland (falls der junge Laird sich überreden ließe, uns etwas zu spielen, statt mit seinen Altersgenossinnen zu tändeln). O seltene Erregung, Dreikönigsnacht, Zwölfte Nacht!

All diese Geschäftigkeit machte es mir möglich, mich einer genaueren Betrachtung zu entziehen und zugleich die notwendigen Vorkehrungen für meine eigenen Bedürfnisse zu treffen. Mit Absicht hatte ich die Präsentation meines Weihnachtsgeschenks für Catherine hinausgezögert. Ich wollte es in einem Augenblick enthüllen, wie er dramatischer nicht sein konnte: Um Mitternacht der Zwölften Nacht, wenn alle ihre Masken abnahmen.

Mein eigenes Kostüm? Ich würde einer der Drei Könige sein: Balthasar. Er war der geheimnisvollste, über den man am wenigsten wußte. Das gab mir die Freiheit, ein äußerst aufwendiges Kostüm mit einem phantastischen Kopfputz zu tragen, mit einer Maske aus gehämmertem Silber und einer langen Schleppe aus Silberbrokat. Hinter mir würde mein Kamel einhergehen. Aus braunem Samt, mit zwei mit Wolle ausgestopften Höckern und richtigen Spreizfüßen, erforderte es zwei Männer, um zum Leben zu erwachen. Culpepper würde den vorderen Teil ausfüllen, Edmund Lacey den hinteren. Sie hatten den Elften Tag damit zugebracht, in der Großen Halle zu üben, um sicherzugehen, daß sie im entscheidenden Augenblick nicht als ein verwirrtes Knäuel am Boden landeten.

Will war zu diesem Anlaß all seiner Pflichten entbunden und bereitete wie jeder andere sein Kostüm vor.

»Du brauchst auch einen Feiertag«, sagte ich zu ihm. »Geh und mische dich unter meine Gäste. Sie sind so überschwenglich, daß sie über die nichtigsten Dinge lachen. Es wäre schade, einen erstklassigen Meister der Komödie an sie zu verschwenden. Ich habe die Lehrlinge beauftragt, für Unterhaltung zu sorgen. Du sollst zum Bankett am Hohen Tisch sitzen. Ich befehle es!«

Er lachte – oder war es kein Lachen? »Was? Bei dir und den Prinzessinnen, die beide auf die eine oder andere Art enteignet und in Mißkredit gebracht worden sind? Gehöre ich denn in solche Gesellschaft? Wirklich?«

»Wir sind alle mißraten dort oben«, hörte ich mich sagen. Ein König mit einem Gebrechen, dachte ich, aber ich sagte es nicht. »Wir haben alle einen Makel in unserer Vergangenheit, aber wir sind dennoch da, und wir sind stark. Es wäre mir eine Ehre, dich unter uns zu haben.«

Seine Miene öffnete sich; er war für den Augenblick entwaffnet und dazu fähig, Zuneigung anzunehmen.

»Eine Ehre wäre es mir auch«, sagte er leise.

Catherine hatte ich nicht mehr gesehen, seit mein Beinleiden wieder ausgebrochen war, und ich war dankbar dafür gewesen, daß sie sich anderswo aufgehalten hatte. Sie tollte ausgelassener umher als meine Töchter, was in mir die Vermutung weckte, daß die Ausgelassenheit eine Charakterneigung, nicht eine Frage des Alters sei. Brandon war ausgelassen, und der hatte die Fünfzig schon vor einer Weile überschritten. Seine Braut, Katherine, war es nicht, und sie war an die fünfunddreißig Jahre jünger als er.

Alles war vorbereitet. Am Abend nahm jedermann ein karges Mahl in seinen Gemächern ein, damit die Große Halle geschmückt und mit Girlanden behängt werden konnte. Auch ich hielt es so; mit Freuden verspeiste ich Haferbrei mit Zimt, gewürztes Ale und einfaches Schwarzbrot und ging dann früh zu Bett – alles unter dem Vorwand, für den folgenden Tag auszuruhen.

Dr. Butts untersuchte mein Bein; es war zwar nicht besser geworden, aber er erklärte, es habe sich auch nicht verschlimmert. Das freute mich. Es bedeutete, daß ich am nächsten Abend würde tanzen können.

Es würde eine volle Stunde dauern, bis ich mein Kostüm angelegt hätte, so zierlich verschlungen waren Schnüre und Verschlüsse. Die Maske aus gehämmertem Silber war so dünn wie ein Taschentuch und genauso leicht zerknüllt. Culpepper und Lacey wanden sich unter mancherlei Murren in das Kamelkostüm. Es sei heiß darin, beschwerten sie sich, und die Beutel mit Speisen und die Flaschen mit Wein, die sie sich um den Leib geschnallt hatten, würden sicher nicht bis zum Morgengrauen halten.

»Ihr müßt Euch vorstellen, Ihr wäret wirklich Kamele, die tagelang ohne Nahrung auskommen können«, sagte ich. Ihr Murren mißfiel mir. Es schmeckte nach Verweichlichung, wie sie bei einem Engländer abscheuerregend ist. Denn wir müssen stark sein, nicht weibisch wie die winselnden Franzosen.

Sie brummten noch ein wenig. »Schweigt!« donnerte ich. Die braunsamtenen Höcker gehorchten.

Wir warteten mit dem Kostümieren, bis wir das Bankett hinter uns hatten. Die Masken hätten das Essen mühselig werden lassen.

Die Große Halle erstrahlte in der Farbe von Kerzen- und Fakkelschein. Ganz gleich, wieviel Pfund Bienenwachs- und Talgkerzen man nimmt, das Licht hat nie die klare, helle Farbe der Sonne oder des Mondes; es hat immer einen goldenen Hauch. Heute abend taten zehntausend Pfund Wachs ihr Bestes, und doch verloren sich die oberen Bezirke der Balkendecke in Dunst und Schatten, und man spürte, daß außerhalb dieser künstlichen Lohe aus Licht und Wärme der Winter lauerte. Die Halle, in der alles beim Met beisamnmensaß und schmauste – ein nordischer Dichter hatte gesagt, das Leben sei wie ein verirrter Sperling, der ins Haus gefunden habe, während draußen die eisige Finsternis harrt. Aber der Flug durch das Haus ist kurz, zu kurz, und schon bald findet er sich wieder draußen und stirbt.

Heute abend war ich drinnen. Es war nicht nötig, solchen melancholischen, dunklen Gedanken nachzuhängen. Mein Bein hatte Ruhe gegeben – ob aus eigenem Antrieb oder durch die Kunst des Arztes, wer konnte das sagen? Keine Fragen, stelle keine Fragen, sondern nimm hin, was ist. Fragen stinken nach der Fäulnis, die unter allen bunten Dingen steckt.

Ich nahm meinen Platz bei meiner Königin und meiner Familie am Hohen Tisch ein. Es war das erstemal seit zwei Tagen, daß ich Catherine sah, und wie immer war ich wie betäubt von ihrer schieren physischen Schönheit, als ich sie wieder sah.

»Meine Liebe«, flüsterte ich, und ich streichelte ihre Wange, die weich war und so glatt wie Elfenbein.

Sie lächelte.

Das Bankett übertraf alles. Obwohl es tiefster Winter war und sie die ganze Gesellschaft nun schon zwei Wochen lang beköstigt hatten, präsentierten die Meisterköche drei separate Gänge, die aus jeweils fünfundzwanzig Gerichten bestanden. Es gab zwanzig große Dreikönigskuchen, einen für jeden Tisch. Der am aufwendigsten verzierte wurde auf einer elfenbeinernen Platte an die königliche Tafel gebracht. Er hatte Türme und Zinnen und war wie ein Schachbrett schwarzweiß gemustert: eine exakte Nachbildung von Schloß Nonsuch!

Ich schnitt in die mit Früchten verzierte, glasierte Oberfläche und bot allen eine Scheibe an. Zuletzt nahm ich mir selbst ein Stück.

Wer würde die Bohne finden? Ich muß gestehen, daß ich hoffte, ich selbst würde es sein. Das Glück, daß sich darin ankündigte, hätte ich gern gehabt – irgendeine Versicherung, ganz gleich, wie fadenscheinig, daß das kommende Jahr gut werden würde.

Münder bewegten sich kauend überall am Tisch. Wer würde die Schicksalsbohne finden, den symbolischen Glücksbringer?

»Pff-tuuuu!« Anna von Kleve beförderte die begehrte Bohne aus ihrem Munde, indem sie sie auf den Teller spuckte.

»Es ist die Prinzessin von Kleve«, verkündete Will. Alles nickte und tat erleichtert, weil man nun essen könne, ohne zu ersticken oder sich die Zähne auszubeißen. Insgeheim war alles enttäuscht.

»Dies ist das Jahr der Lady Anna«, sagte ich, an die ganze Gesellschaft gewandt. »An der königlichen Tafel hat meine hochedle Schwester die Glücksbohne gefunden.«

Man applaudierte, und dann erhoben sich nacheinander auch an den unteren Tischen die Auserwählten der Glücksgöttin.

»Ich habe sie auch.« William Paget sprach am benachbarten Tisch. Es klang, als bitte er dafür um Vergebung. Bischof Gardiner, der neben ihm saß, funkelte ihn wütend an.

»Und ich!« prahlte Tom Seymour und erhob sich am nächsten Tisch. Er schwenkte die silberne Bohne in der Luft. »Ha-ha!« Er klang wie ein heidnischer Gott des Wohlstandes.

»Und ich habe sie«, sagte Niall Mor, der irische Jüngling, und stand langsam auf. Er trug seinen Sippenmantel mit einer goldenen Schulterspange, so groß wie ein Klumpen Kohle und so verschnörkelt wie ein Ohrring aus Damaskus. Sein rotes Haar leuchtete wie die Feuer der Hölle.

Catherine betrachtete ihn und nahm ihren Blick nicht von ihm, als ein fetter Baron aus Cambridgeshire krähte: »Ich habe sie!«

WILL:

Die Weissagungen trafen zu. Von allen Erwachsenen am Hohen Tisch des Königs wird man, zumindest von unserem heutigen Standpunkt aus, Anna von Kleve als die vom Glück am meisten gesegnete bezeichnen. Sie zumindest ist noch am Leben, steht mit jedermann auf gutem Fuße und genießt, wie man hört, ihr Dasein.

HEINRICH VIII.:

Die Tafeln wurden aufgehoben, die langen roten Läufer eingerollt, die Böcke zusammengeklappt. Die Große Halle wurde ausgeräumt, zur Bühne für unsere Lustbarkeiten bereitet. Ich hörte die Geräusche der Musiker, die sich in der Galerie über uns sammelten und mit klagenden Klängen ihre Instrumente stimmten.

Als ich mich in meine Gemächer zurückbegab, um mich zu kostümieren, drang manches Rascheln und Huschen aus dem Dunkel der angrenzenden Korridore und Alkoven an mein Ohr. Hampton Court war gesegnet mit kleinen versteckten Winkeln, in die Liebespaare schlüpfen konnten, um ungestört zu sein. Das war sonderbar; den Bau hatte doch Wolsey geplant, und als Kirchenmann hätte er wenig Interesse daran haben dürfen, solche Vorkehrungen zu treffen, denn angeblich hatte er solchen Bedürfnissen doch abgeschworen.

In meinem inneren Gemach ließ ich verstohlen mein Bein von Dr. Butts untersuchen und verbinden. Er umwickelte es mit feiner Seide; so war der Verband zwar fest, aber nicht dick.

»Aber nur für heute abend«, mahnte er. »Seide eignet sich nicht als Verband. Sie ist nicht saugfähig. Sollte die Wunde nässen, wird es durchdringen und sichtbar werden.« Er nickte. »Nehmt nun eine gute Dosis von Eurem schmerzlindernden Sirup.«

»Nein. Er betäubt den Schmerz, aber er macht mich auch benommen, und ich darf auf keinen Fall meine Tanzschritte vergessen.«

Ich wandte mich um und betrachtete mich im Spiegel. Ich war nicht zu erkennen – eine Vision aus dem Morgenlande.

Auch die Große Halle war nicht wiederzuerkennen; was noch eine Stunde zuvor als Bankettsaal gedient hatte, war nun völlig verwandelt. Ein Heer von Fremden wimmelte durcheinander. Eine Haremsdame. Merlin, der Magier. Mehrere Nonnen. Dort war Papst Adrian, der einzige englische Papst; er hatte bemerkenswerte Ähnlichkeit mit mir. (Wer hatte das gemacht?) Da war ein Henker mit Hauklotz und blutiger Axt, Bruder Tuck, bemalte Wilde aus der Neuen Welt, Werwölfe, Kreuzritter. Und am anderen Ende der Halle sah ich Jesabel. Sie trug ein spärliches Kostüm, das ein Viertel ihres Körpers unbedeckt ließ, und neben ihr stand ein Mann, der als Elias verkleidet war, schwadronierend und schimpfend. Als sie sich bewegte, erkannte ich sie – Catherine!

Ich war entsetzt. Die Königin von England! Wie konnte sie es wagen, fast nackt in der Öffentlichkeit zu erscheinen, verkleidet als Hure und böse Königin? Jesabel war böse, sie war ein Symbol der Bosheit und eine Feindin des Herrn. Ich sah aufmerksam zu, wie Elias auf sie eindrang und mit den Fingern salbungsvoll auf eine nachgeahmte Thora wies. Hinter ihnen kam ein dicklicher, fettsträhniger König Ahab, der sich kichernd die Finger leckte. Wer waren ihre Komplizen? Die Zuschauer lachten und trieben sie jubelnd voran; offenbar waren sie entzückt von diesem frevelhaften Schauspiel.

Niemand nahm Notiz von meinem eigenen aufwendigen Kostüm, nicht einmal von dem Kamel, das hinter mir hertrottete. Nein, sie waren gefesselt von Jesabel.

Eine Kleopatra betrat die Halle; Schlangen ringelten sich um ihren Leib, schmiegten sich an sie und glitten in die intimen Bezirke ihres Kostüms. Ein trunkener Mark Anton folgte, und dann ein Julius Cäsar, der in regelmäßigen Anfällen zu Boden stürzte. Schaum quoll ihm aus dem Mund (nachgefüllt aus einem Behälter mit geschlagenem Eiweiß, den er bei sich trug). Die Menge schrie: »Stürze, o mächtiger Cäsar!« Alle drei Schritt tat er ihnen den Gefallen.

Troilus und Cressida erschienen als nächste. Sie hingen aneinander, die beiden Liebenden aus dem alten Troja, und küßten und liebkosten sich. Dann aber ward Cressida von einer großen Schar eingeölter Athleten ergriffen; vor Troilus weinenden Augen zogen sie ihr die Röcke hoch, vergnügten sich mit ihr und befingerten sie am ganzen Leibe. Sie aber verging fast vor Wonne und zuckte kramphaft in gespielter Erfüllung.

Was war nur aus den freundlichen, ritterlichen Verkleidungen meiner Vergangenheit geworden? War die Zwölfte Nacht zu einem solchen Schauspiel verkommen? Ich sah mich um. Ein paar der Alten waren in die schönen, zierlich gefertigten Kostüme gekleidet, die ich erwartet hatte, derweil rings um sie her die obszöne Jugend tobte.

Der Abt von Regellos erschien auf der Estrade, und es verschlug allen den Atem. Er war ein mannshoher Penis; nicht einmal ein Ring der Beschneidung fehlte. Um seine Füße sprossen schwarze Drähte, die Schamhaare darstellen sollten; sie zitterten und schwankten. Das Organ an sich stand aufrecht, geschwollen und gerötet. Der Abt wippte vor und zurück, um die Aufmerksamkeit auf sich zu lenken.

»Liebe Gesellschaft«, sprach eine gedämpfte Stimme aus dem Inneren des Organs. »Nicht oft habe ich Gelegenheit, vor einer so vornehmen Schar zu erscheinen.« Vereinzeltes Gelächter. »So stehe ich hier, Euch zu Diensten.« Kreischendes Gelächter. »Manche von Euch haben mich schon oft gesehen. Anderen bin ich noch unbekannt.« Er verbeugte sich in Richtung der »Nonnen«. »Oder vielleicht nicht?« Neuerliches Gelächter. »Nun habt Ihr Euch alle bereit gefunden, genau das zu tun, was ich Euch befehle. Ich bitte daher, daß ein jeder, der einen Körperteil wie mich besitzt, sich am hinteren Ende der Halle versammele. Die aber, die zwischen den Beinen gespalten sind, mögen hierbleiben.«

Neugierig auf das, was er im Schilde führte, beeilte sich die ganze Gesellschaft, ihm zu gehorchen. Ich wurde von den anderen Männern mitgerissen, so daß ich mein Kamel verlor. Aber wen kümmerte das? Mein Kostüm, meine ganze Idee, war *passé*. Niemand interessierte sich für die Weisen oder ihre Kamele.

Spiel um Spiel folgte unter der Leitung des Abtes. Es waren obszöne, alberne Spiele. Als die Jungen ihrer müde waren (denn die Obszönität nutzt sich ab wie jede andere Mode), waren sie bereit zum Tanzen.

Der Tanz würde mit einer Basse Danse beginnen, einer majestätischen, langsam schreitenden Eröffnung, die dazu diente, die prächtigen Kostüme vorzuführen und eine feierliche Atmosphäre zu schaffen. Inmitten dieses lärmenden, zügellosen Abends erschien sie fehl am Platze. Aber vielleicht würde sie dazu beitragen, die Stimmung zu wandeln, und mir helfen, die Umgebung aufleben zu lassen, in der ich mich am meisten heimisch fühlte. Ich schaute mich in der glitzernden Gesellschaft um; alles trug Tiermasken und war doch halbnackt. Irgendwie ließ es mich frösteln.

»Und so wollen wir tanzen und die Tage der Weihnacht zu Ende bringen. Ein jeder Mann erwähle seine Partnerin aus Gründen seines Herzens«, rief der Abt. Er klang erschöpft.

Bis jetzt hatte ich mich geweigert, mit Catherine zu sprechen; so empört war ich über ihr Kostüm. Jetzt aber rief ich: »Ich, der weise Astrologe und Magus, möchte wohl tanzen mit... Jesabel.«

Aus der Mitte der anderen trat Jesabel unverschämt langsam hervor und nahm ihren Platz an meiner Seite ein.

Während auch die übrigen Männer sich ihre Partnerinnen erkoren, erlaubte ich mir, Catherine in ihrer lasterhaften Verkleidung zu betrachten. Ich ertrank in diesem Anblick: Die Wellen ihres dichten, braunen Haars, die elfenbeinfarbene Haut, ihr üppiger Leib, geschwungen wie ein Stundenglas.

»Wir sind Bewohner des Orients.« Ich verbeugte mich. »Es ist nur ziemlich, daß wir einander Gesellschaft leisten.« Stumm neigte sie den Kopf. Ich nahm ihre juwelenblitzenden Finger. Es war das erstemal seit Tagen, daß ich sie berührte, und es durchströmte mich pulsierend.

Hinter dem Abt von Regellos reihten sich die Tanzpaare auf wie eine gewaltige Schlange. Endlich hatte jeder seinen Partner gefunden, und die Kreatur setzte sich in Bewegung und schlängelte sich in langsamen Wellen zu den lockenden Tönen von Flöten und Schalmeien voran. Die Haare in meinem Nacken prickelten beim Klang dieser uralten, gebieterischen Musik und durch die erregende Nähe des Geschöpfes neben mir. Dieses Geschöpf, das auch meine Frau war. Aber niemals wirklich mein eigen, niemals mein eigen – das hatte ich immer gespürt... und das verstärkte nur das lodernde Verlangen in mir.

»Jesabel war böse«, flüsterte ich. Aber es waren nur Worte; es kümmerte mich nicht, daß sie böse gewesen war. Sie betörte mich. (Oder war es nur die Sehnsucht nach der feuchten Ekstase, die unter diesem hauchfeinen Rock wohnte? Ich weiß es bis heute nicht.)

»Sie hatte einen Narren zum Gemahl«, wisperte das Geschöpf. Wie sie es sagte, klang es verzeihlich. »Ahab war eingeschüchtert durch die Propheten. Wie More und der Papst versucht haben, dich einzuschüchtern. Dem Herrn sei gedankt, daß ich keinen so weibischen Mann habe.« Sie drehte sich zu mir, um mich zu küssen, und als sie sich wendete, klaffte eine Lücke in der Leibschärpe ihres Kostüms, und ich sah die roten Haare, die ihre geheimen Orte bewachten. O Gott! Es rührte mein Blut, und ich spürte eine Regung in meinen Lenden. Hatte sie sich schon vorher so gewendet? Hatten schon andere dies gesehen? Gesehen, was zu besitzen ich allein privilegiert war? Was nur mir zugänglich sein durfte?

Die Musik wurde schneller.

Eine doppelte Bransle. Gut. Jetzt würde ich mich zeigen. Ein gutes Drittel der Gesellschaft verließ die Tanzfläche; sie wußten, daß sie nicht mithalten konnten.

»Spielt weiter«, heulte der Phallus-Abt. Er ging ein wenig schräg. Verließen ihn die Kräfte? Als hätte er unsere Gedanken gelesen, knickte er zusammen. »Das Ende ist nahe«, röchelte er. Dann suchte er sich einen Stuhl und ließ sich niederfallen.

Die doppelte Bransle war ein Tanz der mittleren Sorte; er erforderte Kenntnis der Schritte, war aber nicht besonders streng. Catherine und ich wußten ihn sauber zu tanzen. Aber sie sprach während des Tanzens kein Wort, sondern bewahrte ein geheimnisvolles Schweigen. Endlich lagen nur noch die Schautänze vor uns, an denen ich teilzunehmen gedachte. In der Vergangenheit war dies immer der große Höhepunkt des Abends gewesen, die Darbietung, auf die die ganze Gesellschaft gewartet hatte. Heute aber, das spürte ich, ließ man es über sich ergehen, statt es sehnlich zu erwarten. Es war etwas, das das Volk dem Monarchen gewährte, um ihn bei guter Laune zu halten, nicht etwas, das es wirklich genoß.

Ich tanzte fehlerlos und hielt immer Schritt mit der Musik und der wachsenden Schwierigkeit des Tanzes. Einer nach dem anderen wichen die übrigen zurück, bis ich allein übrig war. Ich beherrschte die Szene, wie ich es schon früher getan, wie ich es immer getan hatte – wenigstens glaubte ich, es getan zu haben. Mein Taktgefühl war vollkommen; meine Darbietung war makellos. Ich landete nach jedem Sprung haargenau im richtigen Augenblick und stand starr und mit ausgebreiteten Armen. Applaus, wie ihn die Etikette gebot, erfüllte meine Ohren. Und als ich dastand, die Pantoffeln hauteng an den tadellos postierten Füßen (und keine Nässe darin), hörte ich, wie die Uhr Mitternacht schlug.

»Weihnachten – Weihnachten geht zu Ende«, klagte der Phallus. »Nun müssen wir unsere Kostüme beiseite legen und unser Alltagsleben wieder aufnehmen.« Er riß seine Kopfbedeckung herunter, diese schamlose, runde Schwellung. Es war Tom Seymour. Die Gesellschaft sah es sprachlos.

Der von der Seuche gezeichnete Franz I. nahm seine Maske ab. Bischof Gardiner!

Als ich an der Reihe war, schälte ich behutsam die silberne Maske vom Gesicht. »Ich, Balthasar, König aus dem Morgenlande, war einen Abend lang glücklich unter Euch. Nun muß ich wieder in die Finsternis zurückkehren und dort meiner neuerlichen Auferstehung harren.« Die Leute klatschten und taten, als seien sie überrascht. »Doch ein Geschenk, eine Überraschung ist noch zu enthüllen«, verkündete ich. »Nämlich dieses.« Ich hielt eine mit Samt ausgeschlagene Schatulle in die Höhe, in der eine erst vor zwei Wochen geprägte Goldmünze lag. »Ein goldener Sovereign zu Ehren meiner geliebten Königin Catherine. Auf der einen Seite ist ihr Bildnis, auf der anderen das Siegel Englands mit ihrem Motto, dem Motto, das ich ihr gegeben: *Rutilans rosa sine spina*. Die Rose ohne Dorn.«

Jetzt senkte sich echte Stille über die Gesellschaft. Eine besondere Münze zur Ehre der jungen Gemahlin zu prägen... ein solches Zeichen der Liebe raubte ihnen allen die Sprache. Auch Catherine.

»Oh, Eure Majestät...« Ihre Stimme erstarb.

Ich umfaßte ihre Taille. »Nimm die Maske ab«, befahl ich.

Sie gehorchte steif. Sie löste die Maske vor ihren Augen und sagte leise: »Ich verkleidete mich als die, die ich nicht bin – als Jesabel.« Mit zitternden Fingern griff sie nach der Ehrenmünze. »Danke«, flüsterte sie.

Es dauerte mehr als zwei Stunden, bis alle demaskiert waren, und nach den ersten paar Augenblicken wurde es ermüdend. Aber es war ein Bestandteil des Festes und gehörte dazu, und ich wollte niemanden darum betrügen. So stand ich da, als dürstete ich danach, die Identität eines jeden einzelnen zu erfahren, und ich lachte so laut wie alle anderen.

Aber als es geendet hatte, war es nach zwei, und mein Eifer war verflogen. Mein Geist wollte mit Catherine ins Bett gehen, aber mein Körper ließ mich im Stich und schrie nach Schlaf, Ruhe, Heilung. Die Pflicht verlangte, daß ich die Große Halle als letzter verließ, und meine Pflicht versäumte ich nie.

Dann wankte ich ins Bett, allein, in den frühen Morgenstunden zwischen der Zwölften Nacht und dem Heraufdämmern der Alltagswelt.

C

Ich schlief ein paar Stunden lang unruhig, wühlte zwischen zerdrückten Laken und zerknüllten Decken. Als ich schließlich wieder aufrecht saß, fühlte ich mich nicht ausgeruht. Ganz im Gegenteil. Einen klareren Kopf hätte ich gehabt, wäre ich die ganze Nacht aufgeblieben.

Ich schaute zu meinem Bein hinunter; es war noch immer mit dem seidenen Verband umwickelt. In der Nacht hatte ich versäumt, ihn abzunehmen. Jetzt tat ich es, und ich erwartete, daß er von Flüssigkeit durchtränkt an dem widerlichen Krater darunter festkleben werde. Zu meiner Überraschung war er trocken, und er blieb es auch, als ich die Seide Schicht um Schicht entfernte. Die Ränder der Wunde waren trocken und heilten.

Ich hatte das Verlangen, darauf zu spucken, mitten auf das verkrustete Geschwür. Jetzt trocknete es ein! Warum nicht vor einer Woche? Ich haßte das Ding mit einem Haß, den man sich nach Auffassung der Theologen allein für den Bösen bewahren soll.

Am Nachmittag drängten sich im Innenhof die Menschen, die ihre Pferde für die Heimreise sattelten. Der Himmel war klar. Das war ein Segen, denn so würden sie unversehrt heimkehren können. Es war ein Verlust und eine Erleichterung zugleich, sie gehen zu sehen.

Kaum waren die letzten Wagen hinausgerumpelt, rief ich den Geheimen Staatsrat zu einer Sitzung zusammen. Mehr als einen Monat lang waren keine Geschäfte geführt worden. Freilich gab es im Winter auch weniger zu erledigen. An sämtlichen Höfen Europas gab es um die Weihnachtszeit diese einmonatige Unterbrechung. Weder Kuriere noch Gesandte oder Spitzel konnten mühelos über die gefrorenen, aufgebrochenen Straßen reisen, und eine Seereise wäre jedenfalls schiere Torheit gewesen. Einen Krieg zu führen war auch unmöglich; alle Feldzüge mußten bis Oktober beendet, Schlachten mitten im Kampf abgebrochen werden. Nichtsdestoweniger mußte man sich um manche Dinge kümmern, und dazu wurde es nun Zeit.

Mit langen Gesichtern kamen sie einer nach dem anderen in die Ratskammer geschlurft, die während der Festtage eine jungfräuliche Unberührtheit bewahrt hatte. Paget, der Ratssekretär, brachte sein Schreibwerkzeug mit, säuberlich untergebracht in einem Etui aus Aalhaut.

»Ein Neujahrsgeschenk?« fragte ich ihn.

Er nickte und lächelte. Es war ein überaus passendes Geschenk für einen Sekretär des Rates.

»Nun, meine ehrenwerten Herrn«, begann ich und lehnte mich, auf die Fingerknöchel gestützt, über den Eichenholztisch. »Ich wünsche über die Lage außerhalb unserer kleinen Welt in Hampton Court in allen Einzelheiten unterrichtet zu werden.« Ich nickte Norfolk zu. »Ihr seid der höchste Edelmann hier und wart zuletzt als Botschafter im Auslande; so sprecht. Welche Neuigkeiten habt Ihr von unseren Gesandten?«

Er erhob sich, den hermelingefütterten Mantel (uralt; der Pelz färbte sich gelblich) eng um den Hals gezogen. »In Frankreich ist es ruhig.« Er intonierte es wie einen liturgischen Gesang. »Franz ist fiebrig und rastlos. Karl wird von allen Seiten bedrängt; sein absurdes Reich steckt voller Probleme. Es war ja von Anfang an eine unvernünftige Konstruktion, einer Laune Karls des Großen entspringend. Nun muß Karl V. den Vorsitz bei seiner Auflösung führen.«

»Einzelheiten, Norfolk«, ermahnte ich ihn. Ohne einen Cromwell, der die Leute bei der Sache hielt – o Gott, wie sie abschweiften. Cromwell...

»Die lutheranische Revolte nimmt ihren Fortgang«, berichtete er. »Die gesamten Niederlande und halb Deutschland haben sich verführen lassen. Die andere Hälfte des Reiches wehrt sich wie ein

Mann, der von der Pest befallen ist. Die Ketzereiausbrüche sind die schwarzen Pusteln, die den ganzen Organismus schwächen und auslaugen. Spanien ist der Mund des Patienten, in welchen man die Medizin – den orthodoxen Katholizismus – in hohen Dosen gießt, um sie zu bekämpfen. Aber ach! sie verbrennt nur den Mund – wie die Inquisition ganz Spanien mit Blasen überzieht –, ohne die Beulen selbst zu attackieren.«

»Meine Güte, was für poetische Analogien. Jetzt begreife ich, woher Euer Sohn seine wilden Ideen und phantastischen Metaphern bezieht. Und da hielt ich Euch für einen harten, nüchternen Soldaten. Aber was ist mit den Schotten? Ihr habt gegen sie gekämpft; Ihr kennt sie besser als irgend jemand sonst. Was berichten unsere Spione dort?«

»Der Norden spottet Euer«, antwortete er schlicht. »Er ist ein Verräternest, das Ihr wieder und wieder säubern müßt.« In seinen Augen tanzte es. Er liebte es, Schotten zu töten – über den Tweed zu setzen, ihre schlichten Häuser niederzubrennen und die Menschen in Angst und Schrecken zu stürzen. »Aber mit dem Kaiser haben sie nichts zu tun«, mußte er zugeben. »Im Augenblick stehen sie mit keinem der Feinde Eurer Majestät im Bunde.«

»Darf ich etwas sagen?« fragte höflich der junge Lord Clinton, strotzend vor Kraft und Tüchtigkeit. Ich erteilte ihm das Wort. Er stand langsam auf, und als er sich erhoben hatte, beherrschte seine körperliche Gegenwart den Tisch – bis zu den Grenzen meiner Gegenwart; die überschritt er nicht.

»Ich bin in Lincolnshire geboren und aufgewachsen«, begann er. »Ein Nordmann des Reiches. Ihr wißt nicht, keiner von Euch, was es bedeutet, ein Nordmann zu sein. Wir nehmen unseren Lebensunterhalt und unser Selbstverständnis aus den Mooren und den wilden Bergen, weit weg von London und dem höfischen Leben. Wir sind konservativ, sagt man. Die Menschen, die an der Grenze leben, sind immer konservativ. Sie glauben an Werwölfe und an Heilige. Bei ihnen gibt es keine Halbheiten. Percy of the North – aus Northumberland, um genau zu sein – wurde Hotspur genannt, ›der Heißsporn‹. Wir sind entweder heiß oder kalt, und unsere Treue währt ein Leben lang. Wir glauben an...«

»Was wollt Ihr denn, Clinton?« Ich unterbrach ihn in seinen

minderwertigen lyrischen Weitschweifigkeiten. »Gibt es etwas, das ich hinsichtlich des Nordens wissen sollte?«

Fast fühlte ich Cromwell hinter mir, wie er in sarkastischem Ton die entscheidenden Fragen stellte.

»Die Pilgerschaft der Gnade begann in Lincolnshire. Ihre Anführer wurden hingerichtet, und andere ebenso. Aber der Geist, der Geist lebt weiter! Der Anblick zerstörter Klöster versetzt sie in Raserei. Sie wollen…«

»Bei Gott!« Mir platzte der Kragen. »Ich habe Cromwell hinrichten lassen. Ja, aber genau das war doch eine ihrer Forderungen! Ich habe der Allianz mit Kleve und den deutschen Protestanten abgeschworen und eine Braut genommen, die so katholisch und aus alter Familie ist, wie sie sie nicht hätten erfinden können: Was können sie jetzt noch wollen?«

»Sie wollen das Alte wiederhaben.«

»Was – und vielleicht wollen sie als nächstes, daß das Römische Imperium wiederaufgerichtet werde, damit sie den Schutz einer freundlichen Garnison in York genießen können wie vor tausend Jahren? Vielleicht würde es ihnen auch gefallen, wenn der Hadrianswall wieder repariert würde – als ob der je einen Schotten aufgehalten hätte!«

»Eure Majestät«, protestierte er, »ich spreche nicht im Namen der Schotten. Ich will den Rat vor möglichen Schwierigkeiten warnen.«

»Ja, und das weiß ich zu schätzen. Eure Warnung habe ich wohl vernommen. Meine Schwierigkeiten kommen also aus dem Norden und nicht von jenseits des Ärmelkanals?«

»Das ist auch meine Meinung«, warf Brandon honigsüß ein. »Wenngleich ich lieber auf dem Kontinent kämpfe.«

»Ah, Eure Namen passen gut zu Euch. Norfolk für den Norden, Suffolk für den Süden.« Meine getreuen Kämpfer. Aber sie wurden alt. Wie lange würden sie meine Truppen noch in die Schlacht führen können? Norfolk war achtundsechzig, Brandon sechsundfünfzig.

»Im Augenblick halten die Schotten Ruhe«, sagte ich nachdenklich. »Ich habe Alister MacDonald als Geisel, sozusagen. Das ist der junge Laird: Die Garantie dafür, daß sein Vater uns keine

Schwierigkeiten machen wird. Aber der Lord der Inseln im Westen ist nicht das gleiche wie die Regierung – was immer es da für eine Regierung geben mag.«

Cranmer ergriff das Wort. »Im Norden hat man Euch nie gesehen«, sagte er einfach. »Für die Leute dort seid Ihr nur ein Name. Wenn sie Euch nur einmal leibhaftig sehen könnten...«

Das stimmte. Es gab ein besonderes Band zwischen Menschen, die einander in die Augen geschaut hatten, und ich hatte dieses Band zwischen mir und meinen Untertanen schon am ersten Tage geknüpft, als ich zum Tower geritten war. Sie hatten mich angeschaut und gesehen, daß ich sie liebte, und nun waren sie mein. Aber meine Untertanen im Norden hatten mich nie gesehen. Die Londoner, die Menschen in Kent, ja, sogar die Franzosen hatten mich gesehen. Aber die in Lincolnshire, in Northumberland, in Yorkshire, in Schottland – die nicht.

»Nun, dann werde ich hinfahren«, sagte ich, beinahe selbst erstaunt.

»Eine Staatsreise«, drängte Bischof Gardiner. »Eine große Staatsreise, um Euch den Schotten zu zeigen, wie Ihr Euch einst den Franzosen gezeigt auf dem Felde des Goldenen Tuches.«

Ja. Natürlich. Ich war verloren in dieser Vision, betäubt von den Möglichkeiten, die sie barg. Mit einem Schlag wären alle Probleme gelöst.

Als wir den Ratssaal verließen, nahm ich Lord Clinton beim Arm. »Ihr werdet uns beherbergen«, sagte ich. »Ihr werdet uns die Gastfreundschaft des Nordens zeigen.« Er machte ein erfreutes Gesicht. »Und Lady Clinton? Ich hoffe doch, ihr wird es recht sein?«

Wir sprachen von Mann zu Mann; die Tatsache, daß wir dieselbe Frau geliebt hatten, verband uns. »Bessie ist krank«, sagte er nach einer Pause. »Vielleicht bekommt ihr der Norden doch nicht gar so gut.«

Unwillkürlich empfand ich Mitleid mit den Frauen; immer war es ihr Los, an Orten zu leben, die ihre Männer nach Lust und Laune erwählten. »Ist es...?«

»Die Lunge.«

Ja. Mir war aufgefallen, daß sie schwindsüchtig aussah, aber ich hatte diese Tatsache aus meinen Gedanken verdrängt. »Ich verstehe.« Es war unnötig, zu sagen, daß sie schon wieder gesund werden würde. Für die Schwindsucht gab es keine Heilung. Ich mußte an Dr. Butts Worte denken, der gesagt hatte, sie habe sich offenbar die Tudors zu ihren Opfern auserkoren. Unversehens kam mir das Beingeschwür, wenn es tatsächlich ein Ersatz sein sollte, geringfügig vor.

»Ich bin betrübt«, sagte ich schließlich und drückte ihm die Hand. Er nickte und wandte sich gesenkten Blicks ab.

Bessie würde also in ihr Lincolnshire zurückkehren und einen letzten Sommer dort verleben. Hoffentlich würde es ein warmer Sommer werden, mit einem Meer von Wiesenblumen und dem charakteristischen Duft von wildem Thymian in der Luft.

Jählings fühlte ich mich splitternackt, vom Tode entkleidet. Die ganze Zeit über hatte er rings um mich her Menschen gepflückt, aber die Zweige hatten so viele getragen, daß ich ihm seinen Tribut nicht mißgönnt hatte. Der Weg allen Fleisches, hatte ich heuchlerisch bei mir gemurmelt – in dem Wissen, daß er sich eine gewisse Quote genommen hatte und daß ich – und die, die mir lieb waren – noch eine Weile verschont bleiben würden. Nun, inzwischen hatte er seine Liste abgearbeitet, und wir standen an erster Stelle.

Ich kehrte in meine Gemächer zurück, setzte mich hin und starrte finster zu Boden. Ich wollte allein sein, und ich wollte nicht allein sein. Für diese Stimmung gab es nur einen einzigen Menschen: Will.

»Du hast mich rufen lassen?«

Ich vermochte kaum aufzublicken. »Ja. Ich brauche dich.« Noch nie hatte ich diese Worte zu einem Menschen gesagt.

»Ich bin hier. Was bedrückt dich?«

Da erzählte ich es ihm. Wie der Tod mich und die, die ich liebte, bei der Kehle hatte. Wie ich seine Finger an der Luftröhre fühlte, daß ich kaum noch atmen konnte. Ich zählte die auf, die er sich schon geholt hatte, und die, die er just in diesem Augenblick an sich nahm.

»Ich fühle ihn auch«, gestand Will. »In letzter Zeit spüre ich, daß irgend etwas in meinem Körper chronisch in Unordnung ist. Es kommt nicht mehr vor, daß er ganz und gar funktioniert. Immer gibt es einen Teil, den ich schonen muß, irgend etwas, auf dessen Heilung ich warte. Das ist entmutigend. Wir sind nicht mehr das, was wir einmal waren. Aber das ist kein Zeichen dafür, daß der Tod bevorsteht. Es zeigt nur, daß uns ein langes Leben geschenkt ist. Auch der Tod derer, die wir lieben, zeigt uns nur, daß wir verschont werden. Wenn Philosophen die Möglichkeit eines langen Lebens diskutieren, sagen sie immer, daß alte Menschen sich nach dem Tode sehnen, weil sie einsam sind, nachdem sie alle überlebt haben, mit denen sie verbunden waren. Wie kommt das? Warum sind sie so einsam? Es sind noch ebenso viele Leute da wie in ihrer Jugend. Aber es scheint, daß die Fähigkeit, starke Bande zu knüpfen, in einem bestimmten Alter schwindet. Verbundenheit entsteht in der Jugend, und wenn wir Glück haben, hat sie bis ins hohe Alter Bestand.«

Ich nickte. Brandon. More. Meine Schwester Maria. Bessie. Will selbst. Aber Catherine, meine süße Catherine... sie liebte ich, und das war etwas Neues. Ich war immer noch fähig, neue Bande zu knüpfen. Ich war noch nicht über dieses Stadium hinaus.

Ebenso plötzlich war meine unglückliche Stimmung verschwunden, und dieses melancholische Gerede ärgerte mich. Ich dachte damals nicht daran, den Ursprung meiner Empfindungen zu ergründen. Ich war traurig gewesen, weil Bessie, die Liebe meiner Jugend, nun starb, aber ich war entrüstet, als Will andeutete, daß meine Fähigkeit, zu lieben und geliebt zu werden, sich allmählich erschöpfe. Denn da war das Problem Catherine Howard, und wie sie sich in all dies fügte.

CI

Nur wenige Stunden später lag ich auf den seidenen Laken des großen königlichen Bettes und vergnügte mich mit Catherine. Ich hatte die bestickten Brokatvorhänge ringsum zugezogen, und wir konnten spielen, wir seien in einem Zelt in den Ebenen Frankreichs. Das Kerzenlicht sprang auf und ab in den ziellosen Strömen der Luft, die unter den Vorhängen hereinwehte, aber das machte alles nur um so gespenstischer und unwirklicher – ein Spielhaus für Erwachsene...

Catherine kicherte, als ich ihren Hals berührte. Ich strich über Kurven und Mulden und fühlte, daß ihre Haut glatt und feucht war. Wie konnte das sein, in diesen trockenen Wintertagen?

»Zu Neujahr bekam ich eine Creme aus Syrien«, erzählte sie, als habe sie meine Gedanken gelesen. »Sie war aus Substanzen gemischt, die wir hier in England nicht haben.«

»Wer war denn in Syrien?« erkundigte ich mich unwillkürlich. Niemand trieb heutzutage offen Handel mit den Ungläubigen.

»Francis Dereham«, sagte sie lachend. »Er war eine Zeitlang Pirat in der Irischen See. Piraten ›handeln‹ mit jedermann.«

Ich runzelte die Stirn.

»Mein Cousin«, flüsterte sie und kitzelte mich mit der Zungenspitze im Ohr. »Du erinnerst dich.«

»Er sah aus wie ein Pirat«, grunzte ich. Sie erregte mich, und ich wollte nicht erregt werden. Noch nicht, jedenfalls. »Er ist doch nicht hier? Er und seinesgleichen dürfen bei Hofe nicht mit dir zusammen gesehen werden.«

Sie ließ sich in die Kissen zurückfallen und zappelte wie ein Silberfisch. »Ich habe ihn fortgeschickt«, gähnte sie. »Er wird zweifellos wieder zum Piratenleben zurückkehren.«

»Wie es ein Liebhaber mit gebrochenem Herzen zu tun pflegt. Hat er ein gebrochenes Herz?« Die Frage klang beiläufig.

»Er hat überhaupt kein Herz. Und wenn doch, dann ist es schwarz.«

Sie lachte, selber eine Zigeunerin, wie sie so auf den Kissen lag. Jetzt streckte sie mir die Arme entgegen, einen Ausdruck grenzenlosen Sehnens und Verlangens auf dem Gesicht. Ich sah, wie sie mich liebte, mich begehrte. Ihr junges, faltenloses Gesicht spiegelte die Lust in ihrer reinsten Form. Da – bewies das nicht zur Genüge, wie sehr es sie nach mir verlangte?

Unter ihrem samtenen Gewand trug sie Spitzenunterwäsche aus Seide und nochmals bestickter Seide. Sie war warm von ihrer Körperwärme, fast wie ein Lebewesen, als ich sie von ihr abstreifte. Endlich lag sie nackt vor meinen Augen. Ihr Bauch war so flach und straff, daß ich ihn mit ihrem Herzschlag vibrieren sah, wie die Haut auf einer Trommel vibriert.

Ich schämte mich nicht, mich vor ihr auszuziehen und zu entblößen. In früheren Jahren hatte man mich einen Apollo genannt, mich mit einem olympischen Athleten verglichen, und ich war dabei, mir diesen Körper wieder zu erarbeiten – dank meinen täglichen Übungen im Reiten, im kraftfördernden Werfen dicker Balken und – in der heimlichen Zurückgezogenheit meines Privatgemachs – im Gewichtheben. Als sie mit geschickten Fingern mein leinenes Unterhemd zurückstreifte, da wollte ich, daß sie mich sah. Ich wollte mich ihr darbieten, ein Opfer meiner Liebe.

Sie zog das Leinenhemd herunter, und wir waren Mann und Frau, nackt wie Adam und Eva. Sie strich mit der Fingerspitze (mit roter Farbe lackiert; war auch das ein Geschenk des Piraten?) über meine Brust, in der Mitte zwischen meinen Schultern und meinen Brustwarzen. Der Finger zog eine Spur von Gänsehaut hinter sich her.

»Du hast eine so breite Brust«, sagte sie verträumt. »Noch einmal halb so breit wie ein Gardesoldat.«

Ich schaute auf sie hinunter. In die Kissen geschmiegt, teilweise nur halb sichtbar in der Federmatratze, die sie einhüllte, sah sie aus wie eine geschmeidige, wollüstige Schlange. Sie war nicht Eva. Sie war die Schlange.

Ich wollte eins mit ihr sein. Ich lechzte danach, mit ihr zu verschmelzen. »Catherine«, murmelte ich und sog ihren Mund in den meinen. »Weib.«

Sie bog sich mir entgegen, preßte ihr glattes, parfümiertes Fleisch gegen meinen ungeschmückten, natürlichen Leib. Wir trafen uns, wuchsen zusammen.

Sie warf die Beine um meinen Körper. Sie fühlten sich an wie warme Schlangen, die sich um mich wanden, mich fesselten. Ihr Geschlecht war offen und erwartete mich feucht. Es bestand aus so vielen Schichten, aufgeblättert wie das zarte Herz einer Blüte mit seinem tiefen, dunklen Kern. Mit einem Freudenschrei stürzte ich mich in diesen Kern und ertrank in Ekstase.

Das war die poetische Beschreibung. Soll ich es jetzt mit schlichten Worten schildern, wie sie vor einem Gericht gefordert würden? Denn als ich dies schrieb, fühlte ich zuerst Widerwillen, dann Zorn. Ich schreibe aus einer Sicht und mit einem Wissen, wie ich es damals nicht besaß. So war dies die Version des Düpierten, so gut ich sie nachzuempfinden vermochte, wenngleich es mich in der Kehle würgt, mich daran zu erinnern. Jetzt aber wird man die wahre Version erhalten, überschattet von späterem Wissen.

Da lag sie, die Hure, gesalbt und geölt, und sie behexte mich. In ihrer Gegenwart und angesichts ihrer Darbietungen glaubte ich mich ersehnt und verehrt, und als ich in sie eindrang, glaubte ich uns vereinigt, glaubte ich eine Frau zu haben. Sie bewegte sich mit mir, erwiderte jede meiner Bewegungen, erschauerte, als wäre sie ins Paradies entrückt, und ich stürzte mich in ihre Person, ließ mich von ihren Tiefen verschlingen, entbrannte in meiner Liebe und fühlte sie zittern, erschauern und dann zucken in der Erlösung. Sie stieß seltsame Schreie aus, und ich fühlte den pulsierenden Druck, der in Wellen aus ihren innersten Tiefen kam. Mein Samen war überall hervorgesickert, hatte uns beide benetzt und unserer Liebe seinen klebrigen Segen gegeben. Ich lag auf ihr und genoß das Pulsieren und die Ergüsse. Ich fühlte das letzte matte Rinnen und Quellen aus meinem Organ und ihrem Schoß.

Warum zeichne ich das alles auf? Die Erinnerung ist nicht süß; sie ist widerlich. Aber sie müßte doch süß sein, sie müßte weiterleben wie ein kostbarer Schatz. Nur – die Wahrheit ist dies: Einseitige Liebe hinterläßt keine Süße, keine Erinnerungen. Sie ist ein Windbeutel, aufrechterhalten nicht von wirklichen Ereignissen, sondern von den Gefühlen des berauschten Liebenden. Wenn diese Emotionen zusammenfallen, bleibt nichts, was der Erinnerung lohnte. So. Jetzt habe ich alles aufgeschrieben. Meine Schmach und meine Torheit, ihren Verrat und unsere gemeinsamen Freuden. Denn Freuden waren dabei; das ist ja das Bedauerliche. Das ist der Teil, der mir unbegreiflich ist: diese Freuden. Sie stehen für sich, unangreifbar, wie ein Gott.

Eine Woche später brach es über mich herein und fällte mich.

CII

WILL:

Es ist faszinierend, woran er sich hier erinnert. Während der Weihnachtsfeiern hatte er ständig fieberhaft, beinahe außer sich gewirkt. Als er mich am ersten Tag danach rufen ließ, glaubte ich deshalb natürlich, er wolle beichten. Ich war ja sein weltlicher Beichtvater, wie Cranmer sein geistlicher war. Und ich wußte, worum es ging: Um seine extravagante Geste, zu Catherines Ehren eine Münze prägen zu lassen. Ich hatte die Absicht, ihm haarklein zu berichten, wie die öffentliche Meinung dazu aussah. Die Leute waren empört, und (aus seiner Sicht) schlimmer als das: Sie lachten über ihn. Sie nannten ihn einen vernarrten alten Mann. Einen Lustgreis, dem sein Schwanz den Blick versperrte. Eine Peinlichkeit. Catherine wurde als Königin nicht akzeptiert. Das Volk wollte Anna von Kleve, denn in ihr sah es (dumm, wie es nun einmal ist, aber nicht ohne eine natürliche Weisheit) eine Frau von Charakter und von edlem Geblüt. Catherine Howard? Die Leute erkannten ein Flittchen, wenn sie eines sahen, auch wenn der König es nicht erkannte. Ich hatte vor, ihm das zu sagen, denn ich nahm an, er sei beunruhigt.

Aber ich fand keine Gelegenheit, obgleich ich mir hätte ein Herz fassen und eine erfinden sollen. Bevor mir das gelang, wurde er krank, und man glaubte, er werde sterben.

Ich hatte vor einem erlöschenden Feuer gesessen, um mich zu wärmen, und mir überlegt, wie ich noch ein zusätzliches Scheit aus dem Vorrat der Privatgemächer ergattern könnte, als Culpepper mir auf die Schulter klopfte, so aufgeregt, wie ich ihn nur je gesehen hatte.

»Der König – stirbt«, rief er.

»Wieso?« Er war wohlauf gewesen, als ich ihn am Abend zuvor verlassen hatte; leutselig hatte er auf seinen Kissen gelegen und Listen für seine Staatsreise in den Norden gemacht. Wie er sie liebte, diese Listen und diese Geschäftigkeit. Nie war er glücklicher, als wenn er in den Papieren zu einem seiner geliebten Projekte ertrank.

»Sein Bein.« Ich warf ihm einen scharfen Blick zu. Niemand sollte doch von der Krankheit des Königs wissen. Wütend hütete er dieses Geheimnis. Wie hatte Culpepper es herausgefunden? Und tratschte er es etwa herum?

»Es hat sich geschlossen und sendet schwarze Säfte in seinen Kopf«, erklärte Culpepper.

Was für ein Unfug. Das Geschwür hatte sich nach den Feiertagen geschlossen und eine rosarote Narbe hinterlassen, so hübsch und munter, wie man sie sich nur hätte wünschen können.

Ich stand auf. Ich mußte zu ihm.

Was ich in seinem Gemach zu sehen bekam, war entsetzlich. Verschwunden war der Heinrich, den ich seit meiner Jugend kannte, dem ich diente und (jawohl) den ich liebte. An seiner Stelle fand ich einen entkräfteten, von Krämpfen geschüttelten Mann mit grünlich schwarzem Gesicht. Er schlug um sich, außerstande, seine Bewegungen zu beherrschen, wie ein aufgespießtes Tier. Und er konnte nicht mehr sprechen.

Draußen vor der Tür warteten sie in ihren schwarzen Gewändern, wie Geier. Was würde sein Hinscheiden für sie bedeuten? Ich zitterte selbst, ein Opfer meiner Angst. Edward war erst drei Jahre alt. Gütiger Jesus! Wir hatten keinen König!

Ich hörte ein wildes, metallisches Gelächter, das durch den Korridor hallte. Es war mein eigenes. *Seit dreißig Jahren verheiratet, mit fünf verschiedenen Frauen, und er hinterläßt keinen König...*

Jemand hielt mir die Hand vor den Mund und führte mich hinaus. Ich weinte, lachte und machte hysterische Bewegungen. Vermutlich war ich gefährlich.

HEINRICH VIII.:

Der Tag hatte so vernünftig, so lieblich begonnen. Ich hatte meine Stiefel angezogen und mich auf den Barbier vorbereitet. Ich weiß noch, daß ich zum Fenster blickte und dachte, wie still und überaus langweilig ein Tag gegen Ende Februar doch sein konnte. Die Farbe des Himmels war ein häßlicher, neutraler Abkömmling von Grau und Weiß, und all die nackten Äste starrten regungslos. Die Sonne war nirgends zu entdecken; Wolkendecken hatten sie ganz verhüllt. Die Fastenzeit nahte, die ödeste Zeit des Jahres. Die Welt war entkräftet.

Da plötzlich packte eine intensive, quetschende Hitze mein Gehirn. Ich öffnete den Mund, um aufzuschreien, und konnte es nicht. Ich merkte, daß ich vornüberkippte. Der glänzend blanke Intarsienboden raste herauf, mir entgegen, um mir das Gesicht zu zerschlagen – aber ich fiel, und ich war unfähig, die Arme auszubreiten, um meinen Sturz zu federn. Ich fiel wie ein gefällter Baum im Walde und zerschlug allerlei ringsumher – den kleinen Tisch mit meiner Lesebrille und dem Psalmenbuch an meinem Bett, den großen Zimmerleuchter mit den drei geschnitzten Füßen. Ich schlug auf, erwartete Schmerz, fühlte nichts. Meine Nase wurde zerdrückt, und ich sah, daß das Blut zu fließen begann. Ich wollte fortkriechen, mich hochstemmen, aber ich war gelähmt. Und dann begann ich zu würgen und konnte mich doch nicht räuspern. Ich ertrank in meinem eigenen Blut. Heiß und salzig rann es mir in die Lunge, und ich bekam keine Luft mehr.

Jemand hob mich hoch, zog meine Schultern zurück, und ein schimmernder Schwall von Blut ergoß sich aus meinem Mund. Ich erinnere mich an dieses Rot, so viel heller als Rubine. Dann verflog alles Helle, und ich wußte nichts mehr.

Wie lange ich nichts wußte, kann ich nicht sagen. Als ich erwachte – wenn ich es so nennen kann –, lag ich auf meinem Tagesbett. Ringsum häuften sich Kissen und Pelze, und ich lag offenbar schon seit geraumer Zeit hier. Ein erbostes Feuer spie und gurgelte im nahen Kamin und erstickte fast unter einem Übermaß an Holz. An meiner Position erkannte ich, daß man mich dicht davor gelagert hatte, damit ich in den Genuß seiner Wärme kam. Ich strich über den Pelz meiner Decken an der dem Feuer zugewandten Seite. Es war zu heiß dort. Der Pelz würde angesengt werden. Ich machte eine Gebärde.

Erst da begriff ich, was dies bedeutete. Mein Körper war wieder frei. Er gehorchte meinen Befehlen. Ich strich noch einmal über den Pelz, fühlte die glatte Oberfläche, nur um mich selbst auf die Probe zu stellen. Aber der Pelz wurde beschädigt. Sie sollten mich ein Stück weiter wegrücken.

Aber wer waren »sie«? Ich war allein im Zimmer. Ich konnte niemanden sehen, der sich etwa in den Schatten herumdrückte. Gut. Das an sich war ein günstiges Zeichen. Man rechnete nicht damit, daß ich sterben würde. Ich dachte an die Scharen von »Beobachtern« im Gemach meines Vaters in jenen letzten paar Wochen seines Lebens. Gütiger Jesus! Es war die gleiche Jahreszeit! Er hatte sich im Januar ins Krankenbett gelegt, hatte, vom Husten geschüttelt, den Februar und den März überstanden und war im April gestorben.

Plötzlich war es sehr wichtig, daß ich mit jemandem redete. Ich rief.

Kein Laut kam aus meinem Munde.

Meine Kehle war geschwollen, verstopft vom langen Schweigen. Ich räusperte mich, ließ alle Membranen rasseln. *Jetzt*! Ich rief.

Stille.

Ich war stumm! Gott hatte mir die Sprache genommen.

Ich spannte meine Muskeln an. Und wieder – Stille.

Ich war so entsetzt, daß ich mich nur kraftlos in die Kissen zurücksinken lassen konnte.

Es durfte nicht für immer sein. Bestimmt verzögerte sich nur ein Teil meiner Genesung. Als ich gestürzt war, hatte ich zunächst meine Hände nicht bewegen können. Jetzt konnte ich es. So mußte auch die Stummheit vergehen. Sie *mußte*.

Das Feuer explodierte funkensprühend und fauchend. Dann beruhigte es sich seufzend. Wie eine Frau, dachte ich.

Aber was war geschehen? Es war Morgen gewesen, ich hatte mich angekleidet. Dann der Anfall, die Lähmung, der Sturz. Das Knirschen in meiner Nase. Ich hob eine Hand zu meiner Nase. Sie war dick verpflastert, und zu beiden Seiten waren zwei stützende Hölzer angebracht. Also hatte ich sie mir gebrochen.

Warum war ich vornübergefallen? Was für eine Krankheit hatte mich da ergriffen? Ich sammelte meinen ganzen Willen und meine ganze Kraft in meiner Kehle und rief noch einmal. Stille.

Ich war stumm. Wie der Vater Johannes des Täufers, Zacharias. Warum? Gott handelte niemals ohne Grund. Zacharias hatte die Sprache verloren, weil er mit dem Erzengel Gabriel gestritten hatte, als dieser gekommen war, um die Frohe Botschaft zu verkünden.

Meine Heilige Schrift lag an ihrem gewohnten Ort. Ich griff danach und schlug die Stelle über Zacharias auf.

Fürchte dich nicht, Zacharias, denn dein Gebet ist erhört worden; dein Weib wird dir einen Sohn gebären, und du sollst ihm den Namen Johannes geben.

Und Zacharias sprach zu dem Engel: Woran soll ich dies erkennen? Ich bin ein alter Mann, und mein Weib ist hochbejahrt.

Und der Engel antwortete ihm und sprach: Ich bin Gabriel, der an der Seite Gottes steht.

Und sieh, du sollst stumm sein und nicht sprechen bis zu dem Tag, da dieses eintrifft, weil du meinen Worten nicht glaubst, die sich erfüllen sollen, noch ehe das Jahr sich wendet.

Hatte denn auch ich einen Boten oder ein Zeichen empfangen und ihm keinen Glauben geschenkt?

Nein. Da war kein Zeichen gewesen, keine Botschaft. Dessen war ich sicher. Ein Gespräch mit Gott oder seinem Engel wäre mir willkommen gewesen. Mein Leben lang hatte ich darauf gewartet. Aber Er hatte niemals unmittelbar zu mir gesprochen.

Die Tür öffnete sich knarrend. Jemand kam, nach dem königlichen Patienten zu sehen. Ich winkte ihn herzu. Es war ein Page. Ich machte die Gebärde des Schreibens.

Der Bursche schien vor Schrecken wie von Sinnen zu sein. Vielleicht hatten sie doch erwartet, daß ich sterben würde.

Dr. Butts trat ein; seine Miene war würdevoll und neugierig zugleich. Er trug seine lederne Tasche bei sich; sie war vollgestopft mit Tränken und Flaschen. Er ließ sich neben meinem reichlich ausstaffierten Krankenbett auf einer Fußbank nieder und berührte meine Lider. Dann tastete er an meinem Hals entlang. Er schlug Decken und Nachthemd beiseite und beugte den Kopf über meine Brust; dabei winkte er allen, still zu sein, damit er meinen Herzschlag abhören könnte. Zufrieden stellte er den vorigen Zustand meiner Bedeckung wieder her und wandte sich meinem Bein zu, um es zu untersuchen.

Als er den Kräuterverband abgenommen hatte, sah ich voller Staunen, daß an dem alten Leidensfleck auf meinem Schenkel eine große runde Wunde schwärte, tiefer und häßlicher, als ich sie je zuvor gesehen hatte. Eine kleine tönerne Schale, die daruntergebunden war, hatte sich mit fauligen Sekreten aus dem Geschwür gefüllt. Dr. Butts nahm sie mit geschickten Fingern fort und brachte eine neue an.

»Das Geschwür hatte sich geschlossen«, sagte er so langsam, als spreche er zu einem Kind oder einem Schwachkopf. »Euer Leben war in Gefahr. Es ist jetzt drei Tage her, daß ich den Abszeß aufgestochen habe, damit er austrocknen kann. Dreizehn Schalen haben sich inzwischen mit diesem Ausfluß gefüllt. Es scheint, er hat sich nun erschöpft. Dank sei Gott! Es hatte sich in Euren Körper zurückgezogen und wirkte dort wie ein Gift.«

Er sah mich an, und seine hellen Augen versuchten, einen Funken der Antwort in meinem Blick zu entdecken.

»Er hat nach Papier und Feder gewinkt«, erinnerte ihn der Page.

»Ein gutes Zeichen!« sagte Dr. Butts. »Ich bitte Euch, holt die Sachen.«

Als ich die Feder in der Hand hielt, schrieb ich: *Seit wann liege ich so? Wann werde ich wieder gesund? Warum kann ich nicht sprechen?* Die furchtbarste Frage stellte ich an den Schluß, als könnte ich ihre Macht und Bedeutung so vermindern.

Dr. Butts nickte, erfreut über meine Leistung. »Ihr liegt so seit dem letzten Mittwoch«, antwortete er laut. Hielt er mich auch für taub? »Wenn die Besserung weiter so fortschreitet, würde ich sagen, in zwei Wochen haben wir Euch wieder auf den Beinen. Was

Eure Sprache betrifft« – er schüttelte den Kopf –, »da bin ich ratlos. Ich verstehe nicht, warum sie nicht zurückkehrt. Vielleicht sind die bösartigen Säfte aus Eurem Bein in Eure Kehle hinaufgestiegen.«

Er sah, daß ich die Stirn runzelte. »Aber jetzt, da das Bein offen ist und ausfließen kann, werden die Gifte aus Eurem Organismus rinnen und Eure Kehle verlassen.« Er hielt inne und fügte dann hinzu: »So Gott will.«

Also erkannte auch er den Verlust meiner Stimme als ein göttliches Zeichen. Hinter all seinem geschmeidigen Medizinergerede kannte er die Wahrheit wohl. Nur Gott entschied, wann ein solches Mal von einem Menschen genommen wurde.

O Vater, o Sohn, o Heiliger Geist – wodurch hatte ich Anstoß erregt, worin war ich gescheitert? Hätte ich meinen Frevel wenigstens gekannt, ich hätte ihn zurücknehmen können. Aber ich wußte nichts.

Es war aussichtslos, auch nur zu versuchen, durch den Gebrauch von Vernunft und Erinnerungskraft einen Hinweis auf meinen Fehler zu finden. Er konnte in einer Kleinigkeit bestehen, so geringfügig, daß ich ihn nicht bemerkt hatte, als ich ihn beging. (Aber würde Gott so ungerecht sein, daß er mich wegen einer Kleinigkeit mit solcher Gewalt heimsuchte?) Ich mußte um Erleuchtung beten.

So schloß ich die Augen und konzentrierte mich auf das Gebet. Ich redete Gott an, wie ein König angeredet zu werden wünscht: mit Ehrfurcht und Demut. Unversehens wühlte ich in den Kammern meines Geistes nach angemessenen Worten. Als mein Vorrat erschöpft war, schuf ich neue, formte sie liebevoll und zärtlich. Dann begann ich, Ihm für alle Segnungen in meinem Leben zu danken. Als ich sie aufzählte, stockte ich: Erstaunt sah ich, wie reich ich gesegnet war, aber zugleich fühlte ich mich zunehmend verwundbar. Mit jedem Gut, das wir besitzen, besitzt Gott uns ein wenig mehr, denn wir erbeben bei dem Gedanken, er könnte es uns aus irgendeiner Laune wieder nehmen. Und schon diese Angst, so lernen wir, ist unloyal und folglich sündhaft... War das meine Sünde gewesen? Hatte es mir an grenzenlosem Vertrauen auf Gott ermangelt? Und wenn nun...?

Nein. Ich unterbrach mich. Ich hatte mir vorgenommen, zu beten, mein Herz auszuschütten und auf eine Antwort zu warten; ich durfte mich nicht auf halbem Wege unterbrechen und mir meine Fragen selbst beantworten. So fuhr ich fort mit den Segnungen meines Lebens, und ich zählte nicht die Dinge, die ich besaß, sondern die Dinge, deren Genuß mir gewährt war, Dinge, die kein Mensch besitzen konnte. Jahreszeiten. Schlaf. Träume. Erinnerungen. Musik. Dann dachte ich an einzelne Dinge in diesen Dingen. Ich stellte mir das Blatt eines Baumes vor, sah sein ganzes Leben, die schwellende Knospe, das spitze Hellgrün, das sich entfaltete, seine dunkle, staubige Fläche auf dem Höhepunkt seines Lebens im Sommer.

Und während ich dies tat, erst mit dem Blatt, dann mit anderen Dingen, geriet ich in eine Art Trance. Ich fing an, unmittelbar mit Gott zu sprechen, sehnte mich danach, mich ganz und gar vor Ihm zu öffnen, denn nur dann könnte ich eins mit Ihm werden, nur dann könnte Er in das dringen, was krank war in mir, und es heilen. Meine Rede war wortlos, wenn es möglich ist, das zu verstehen. Ich gab mich Gott ebenso nackt, wie der kleine Edward sich jeden Abend seiner Kinderfrau anvertraute, und ebenso vorbehaltlos.

Ich empfand seltsame Glückseligkeit, friedliche Ekstase. Meine Augen waren geschlossen – oder waren sie offen? Ich war nicht in dieser Welt.

Und auch die Antwort bekam ich, aber in wortloser Form. Dieses greifbare Gefühl des Friedens bedeutete, daß Gott diese völlige Hingabe von mir verlangte: Ich sollte mich Ihm weiter so restlos anvertrauen, wie ich es eben getan hatte. Ich würde es lernen müssen, aber diese Augenblicke würden immer häufiger stattfinden müssen. Gott würde mich stumm bleiben lassen, bis ich gelernt hätte, mit meinem Herzen und meinem ganzen Ich zu beten, nicht nur mit meinen Lippen.

CIII

Während ich darauf wartete, tiefer in diese reiche, unergründliche Beziehung zu Gott hineingeführt zu werden, mußte mein irdischer Leib auf der pelzwarmen Bettstatt liegen und das Warten ertragen. Er mußte beschwichtigt werden, denn die irdischen Stunden werden unserem irdischen Leib aus Lehm recht lang, selbst wenn sie in mystischer Entrückung verstreichen.

Der Abend nahte, als Timothy Scarisbrick, ein Kammerdiener, mit einem Tablett voller Speisen mein Gemach betrat. Wo war Culpepper? fragte ich mich, aber es war ein flüchtiger Gedanke, und er schwand sogleich. Dieser Bursche hier gefiel mir gut. Er war aufrecht und blaß und sah aus wie Christus – zumindest wie ich mir den jungen Christus in seinen unbekannten Jahren vorstellte, da er nichts weiter war als der Sohn Marias in Nazareth. Er legte mir das Tablett, ein mit zierlichen Elfenbeinintarsien geschmücktes Ding (es sah syrisch aus – eine Assoziation, die mir nicht gefiel) auf den Schoß und nahm das deckende Tuch herunter. Eier, gehacktes Hühnerfleisch und Suppe. Invalidenspeise. Bleich und schwach, wie der Invalide, den es angeblich nährte.

Nach diesem »Mahl« kam wieder der Arzt; er hörte meinen Herzschlag ab, nahm die Ausflußschale fort, ersetzte sie durch eine neue und tätschelte dann fürsorglich den Berg von Pelzen. »Ruhet wohl«, verkündete er wie ein Priester, der die Absolution erteilte. Ich winkte nach Feder und Papier und schrieb zwei Wünsche nieder: *1. Apfelholz für das Feuer. 2. Niall Mor für Musik.* Meine Diener nickten im Gleichtakt, als seien sie erleichtert, daß es etwas so Unkompliziertes war.

Das Apfelholz fauchte schon im Kamin und parfümierte die Luft mit seinem unvergleichlichen Duft, als Niall Mor an meinem Lager erschien. Er trug einen dunklen, wirbelnden Umhang, und sein helles Haar leuchtete wie Feueropal. Fast erwartete ich, Feuer aus seinen Fußspuren aufsprühen zu sehen, denn er erinnerte mich überwältigend an Pluto, den Gott der Unterwelt, den ich als Kind einmal auf einer Zeichnung gesehen hatte; der Gott hatte einen wehenden Mantel getragen, Rauch war aus seinen Sandalen emporgestiegen, und Flammen hatten seinen Kopf umkränzt.

»Ihr verlangt nach mir?« fragt er mit sanfter, angenehmer Stimme. Zu angenehm, da sie wußte, daß sie gefiel. Das verdarb es.

Ich schrieb: *Spiel und singe für mich. Irische Lieder. Alles, was du willst. Sag mir etwas, erklär mir die Verse.*

Er nahm seine kleine Harfe von der Schulter und liebkoste sie wie eine Frau. »Dies ist eine diatonische Harfe, mit Darmsaiten bespannt. Wir benutzen sie entweder allein für einstimmige Melodien oder zu etwas, das wir *Cerdd Dant* nennen und wo wir Verse im Kontrapunkt zur Harfe singen.« Er ließ seinen Umhang ein wenig wirbeln, während er sich zum Spielen bereit machte.

»Wir haben in Irland besondere Triaden.« Er begann die Harfensaiten zu zupfen, so lieblich, daß ihr Klang die Luft zu streicheln schien.

Drei Dinge finden sich immer im Haus eines ehrbaren Mannes: Bier, ein Bad, ein wärmend Feuer.

Drei Lächeln sind schlimmer als Qualen: das Lächeln zerschmelzenden Schnees; das Lächeln deiner Frau, wenn ein anderer bei ihr gewesen; das Lächeln einer Dogge, bevor sie springt.

Drei Türen sind's, durch die Falschheit eintritt: Zorn bei der Darlegung eines Falles; unzuverlässige Zeugenschaft; Belastung aufgrund schlechten Erinnerungsvermögens.

Dreimal nützt ein Wort mehr als Schweigen: Wenn ein König zur Schlacht gedrängt, ein vollkommener Vers vorgetragen und verdientes Lob gespendet werden sollen.

Dreifacher Mangel überwiegt alle Fülle: Mangel an prunkhafter Rede; Mangel an Kühen auf kleiner Weide; Mangel an Freunden beim Bier.

Das gefiel mir nicht. Es war düster; selbst die »fröhlichen« Triaden hatten etwas Bedrohliches in sich. Ich schüttelte den Kopf.

Er zuckte die Achseln; offensichtlich verstand er nicht, weshalb ich nicht mehr davon hören wollte.

Er schlug einen Akkord an und begann ein neues Gedicht.

Liebliche Hure, so sei's drum,
Liebliche, liebliche Hure,
Schlief mit Conn,
Schlief mit Niall,
Schlief mit Brian,
Schlief mit Rory.
Rutsche also
Über die lange Rutsche.
Natürlich zeigt es sich dann.

Was für wunderliche Empfindungen die Iren hatten! Wie kamen sie darauf, eine Hure zu feiern, in Versen und mit einer schmerzhaft durchdringenden Melodie?

Ich lächelte. Die Musik war exquisit, das mußte ich zugeben. Ich nickte nachdrücklich, damit er weiterspielte.

Seine Harfe tat einen funkelnden Seufzer, eine wispernde Welle der Schönheit.

Ebbe ist für mich gekommen,
Mein Leben driftet hinab.
Wie das Meer in Nichts zerronnen,
Ohne jede Flut.

Ich bin die Hexe von Beare,
Fünf Röcke trug ich einst schwer.
Heut bin ich vor Armut 'ne Knochenspindel
Und hüll' mich in gefund'nes Lumpengewindel.

Die Mädchen von heut
Träumen nur noch von Geld –
In unserer Jugend
Sorgten wir uns um unsere Männer.

Doch segne ich meinen König, der machte –
Als die Woge der Zeit ihn hochbrachte –
Reiche Geschenke an schnellen Wagen
Und Vollblutpferden, siegesbekrönt an allen Tagen.

Diese Arme, jetzt knöchrig und dünn,
Ganz unnütz für junge Männer,
Streichelten einmal mit Meisterhand
Die Lenden von Fürsten!

Weshalb mich sorgen?
Leuchtender Tücher viel
Schmückten mein Haar in Tagen,
Als ich mit Edlen trank.

So sei Gott gelobt,
Daß ich mich ausgetobt,
Kommt der Sturz entschlossen und bald
Oder zögernd: das Blut wird kalt.

Doch mein Gewand ist von Alter gefärbt –
Nein, jetzt fang' ich schon an zu schwärmen –
Graues Haar ist's, das langsam meine Haut
Bedeckt wie eine abgestorbene Eiche.

Mein rechtes Aug' ward mir genommen:
Vorschuß auf den Ruhesitz im Himmel.
Dazu auch der Glanz aus dem linken,
Daß ich nur tastend gelange zur Pforte des Himmels.

Und ich, die fürstlich feierte
Bei Kerzenlicht, ich bet'

In diesem dunklen Betsaal.
Anstelle von rauschendem Met

Und Wein, hoch auf der Bank
Mit Königen, schlürf Molke ich
In einem Nest von Hexen.
Gott, erbarme dich!

Vorbei! Ich kann nicht wieder
Das Meer der Jugend befahren.
Die Tage meiner Schönheit:
Verflogen! Und Wünsche sind erloschen!

Ich hör' der Welle schrillen Schrei,
Gepeitscht vom Winterwind.
Und keiner will mich mehr besuchen,
Kein Edler und kein Hahnrei.

Flut
Und Ebbe dann, versickernd im Sand!
Was die Flut ans Land spült,
Reißt die Ebbe dir aus der Hand.

Flut
Und dann versickernde Ebbe!
Beides hab' ich gekannt,
Als sie den Leib mir überspülten.

Der Mensch ist von allen
Geschöpfen das erbärmlichste –
Sein anflutender Stolz wird nur erkannt,
Doch niemals sein Gegenteil je.

Kaum eine Wohnstatt hab' ich
Heut auf dieser Erde.
Wo einmal des Lebens Flut gewesen,
Ist alles verebbt.

Seine Stimme schwebte empor, getragen von dem süßen Harfenklang. Mir war elend zumute. Diese grausame Auswahl, die das Schreckliche feierte: die vergänglichen, trügerischen Aspekte von Mann und Frau – geschah das mit Absicht? Welcher Narr erwählte ein solches Lied, um seinen kranken König aufzuheitern? Es mußte unbeabsichtigt geschehen sein und folglich ein mißratenes Kompliment enthalten: Ein solches Lied sang man nur einem jungen und gesunden Menschen vor.

Gleichwohl hatte ich das Gefühl, mein Abendessen liege mir im Magen wie ein Pfingstkarpfen, den Bauch nach oben gekehrt. Ich winkte ihm, sich zurückzuziehen. Enttäuscht runzelte er die Stirn. Oh, der Bursche hatte am Hofe noch viel zu lernen. Es war nur gut, daß er gekommen war.

Als ich allein war, ließ ich mich zurücksinken und atmete den Duft des Apfelbaumholzes ein. Aber ich hatte einen bitteren Geschmack im Mund. »Grausam«, murmelte ich, doch es kam kein Laut über meine Lippen. Weiter warten. Nun, es war Gottes Wille, daß ich Geduld und Gehorsam lernte... und Sein Geheimnis annahm. Fröstelnd zog ich den Fuchspelzkragen fester um mich. Es war eine kalte, öde Wacht, die ich da halten mußte. Und wo war Catherine?

Wenn man nichts weiter tun kann, als im Bett zu liegen, verliert man rasch den normalen Tagesrhythmus, der das Alltagsleben beherrscht. Es liegt eine große Weisheit in der ordentlichen Einteilung der Stunden und im täglichen Wechsel von Hell und Dunkel. Ein Kranker vermag diese Einheiten nach seinem Belieben neu zu ordnen, wie ein Kind, das mit Bauklötzen spielt, und bald hat er alles durcheinandergewürfelt.

So lag ich die halbe Nacht hindurch wach, weil ich tagsüber nichts zu tun hatte, was mich angestrengt und ermüdet hätte. »Christus betete die ganze Nacht«, heißt es in der Bibel; ich versuchte es auch, versank aber in jenen gespenstischen Schwebezustand des Bewußtseins, der an Entrückung grenzte, und kommunizierte mit dem Heiligen Geist, und dann erwachte ich – oder stieg wieder in die volle Höhe des Bewußtseins hinauf –, als es sich im Nachbarzimmer frühmorgens zu regen begann. Wenn Culpepper mit meiner frischgewärmten Bettjacke erschienen war und der strahlende junge Scarisbrick grinsend mit einem Tablett voller Frühstücksspeisen an mein Bett trat, dann war ich bereits schläfrig – erschöpft von meinem nächtlichen Ringkampf mit dem Engel, sozusagen. Wenn das Blut der anderen Menschen in Bewegung geriet, kam das meine zur Ruhe. Ein verfluchtes Leben, das eines Kranken! Kein Wunder, daß sie nie genesen.

Culpepper war beschäftigt und geistesabwesend. Er brachte mir meine Kleider, kümmerte sich um alles, was ich brauchte, aber er wirkte flüchtig und zerstreut. Einmal brachte er mir eine zierlich geprägte Ledermappe für die gesamte Korrespondenz von unseren Gesandten im Ausland, mit wundervollen Taschen und Klappen und einem besonderen Behältnis für Siegellack und für das Königliche Siegel versehen. Er hatte sie entworfen und in Auftrag gegeben.

Ich ergriff seinen Arm und nickte zum Dank. Diese Stummheit war mir verhaßt. Auch wenn ich wußte, daß sie vorübergehend war – vorübergehend sein mußte!

Catherine kam gleich nach der Messe, die sie jeden Tag um acht besuchte. Sie hatte eine fromme Seele, was sie – wie die meisten körperlich anziehenden Menschen – zu verbergen suchte, als wäre es eine Schande oder als könnte es die Welt veranlassen, sie mit anderen Augen zu sehen. Bei der Jugend ist so etwas von höchster Bedeutung.

Aber wenn sie zu mir kam, gleich nachdem sie ihren Schöpfer empfangen hatte, leuchtete sie von einer Schönheit jenseits aller weltlichen – hätte sie es nur wissen können. Ich lächelte sie an, hob die Hand und streichelte ihre Wange. Am Abend vorher (wenn das Holz brannte und mein Körper zur Ruhe gelegt war) schrieb ich ihr immer einen kleinen Brief, in dem ich ihr von meinen Gedanken erzählte, von meiner Liebe zu ihr und von meinen Beobachtungen ihrer Schönheit. Jeden Morgen nahm sie ihn erfreut entgegen und errötete. Und jeden Morgen (oder war das meine Phantasie, meine hilflose, lüsterne Phantasie?) kam sie mir erhitzter, nervöser vor.

Und so tat ich, als sei ich ein geduldiger Patient. In Wahrheit sehnte ich mich danach, Pelze und Decken beiseite zu werfen und meinen Platz im Rate der Menschen wieder einzunehmen. Wie lange noch, o Gott, wie lange noch?

Während ich darniederlag, bekam ich natürlich Besuch. Will kam regelmäßig, um mich zu erheitern. Ratsmitglieder kamen und trugen mir ihre Beschwerden vor. In der Tat, in diesen Tagen tobte der Widerstreit zwischen den »Neuen Männern« und den Traditionalisten. Kirchenmänner erschienen, um mir ihre Ernennungslisten vorzulesen und meine Billigung zu erhalten. Es gab manche Stelle auszufüllen. Ich beschäftigte mich damit, auf den leeren Linien zu schreiben.

Das alles war sehr sauber und geordnet. Wenn mir der Kopf brummte und es mich nach Schlaf verlangte, zogen meine Diener die Vorhänge zu und tauchten die Kammer in sanfte Nacht. Die Sonne wurde ausgesperrt wie ein schwatzhaftes Kind. Das aber bewirkte, daß eine schlaflose Nacht folgen würde. O Gott, wie lange noch?

Nicht, daß ich nicht täglich ein paar Stunden lang auf dem Instrument meiner Kehle geübt hätte. Doch immer wenn ich darauf blies, war der Lohn nichts als hallende Stille.

Zehn Tage jetzt, und ich war am Ende meiner Kraft. Noch immer keine Stimme, und mein Schlafrhythmus war vollends auf den Kopf gestellt. Als Cranmer an meine Bettstatt kam – nachdem Culpepper und Catherine sich verabschiedet hatten und Will unter Verbeugungen im Dunkel verschwunden war –, brachte er nichts mit. Keine Kirchendokumente und Amtslisten, nicht einmal seine Aufzeichnungen zu einem englischen Gebetbuch. *Das Allgemeine Gebetbuch* wollte er es nennen, wenngleich er sich längst auf den verschlungenen Pfaden eines solchen Buches verirrt hatte.

»Es gibt einen Aufstand«, erklärte er in kindlichem Englisch. »In Lincolnshire.«

Ich bedeutete ihm mit einer Gebärde, er möge fortfahren. »Es scheint, einige Verzweifelte haben sich zu einer Verschwörung auf dem Jahrmarkt zu Pomfret zusammengefunden«, berichtete er in vergebungheischendem Ton, als sei es seine Schuld! »Es gibt viele Arme im Norden, denen niemand hilft in ihrer Not...«

Wie viele? war alles, was ich wissen wollte. Ich fragte danach, in meiner Kehle, aber es kam kein Laut hervor. Wütend raffte ich Feder und Papier an mich und wiederholte meine Frage schriftlich. Wie mühselig es ist, auf manuelle Mittel der Verständigung angewiesen zu sein!

»Etwa dreihundert. Aber die Berichte sind verworren. Stündlich kommen andere.«

Und es können weitere zu ihnen stoßen, fügte ich im stillen hinzu. Dort oben ist ein Nest, ein Nest von Unzufriedenen. Und die Schotten sitzen wie eine Krone auf ihren Köpfen.

Die Wut übermannte mich und ich schlug um mich. Ich prügelte die Kissen, riß mit den Zähnen an ihnen. Ich war hilflos, so hilflos – ein Gefangener in meinem eigenen Körper! Rasend vor Wut hieb ich auf mich selber ein. Nimm dies! dachte ich, während ich beide Fäuste hoch erhob und auf meinen Schenkel niedersausen ließ. Die Muskeln regten sich wie Hunde, die in Bewegung gerieten. Ich öffnete meinen Mund, um zu brüllen, und befahl meiner Kehle, zu gehorchen. Kein Ton kam hervor.

Ich gab mich geschlagen und schrieb meine Anweisungen an Cranmer nieder. *1. Findet heraus, wer die Anführer sind. 2. Schickt mir Suffolk her. 3. Beginnt mit den Vorbereitungen für einen möglichen Einsatz gegen sie.* Er verbeugte sich und war verschwunden. Ich ließ mich zurücksinken und fühlte mich wie Prometheus in Ketten. In unseren Tagen haben die Stimmbänder mehr Macht als die Muskeln. Und meine waren erstarrt.

CIV

Ich gelobte mir, Gott nicht auf die Probe zu stellen, indem ich es während der langen Stunden der Finsternis immer wieder versuchte. Aber wenn das erste Tageslicht durch die schimmernden Eisblumen an den Fensterscheiben bräche, sollte mir das als Zeichen dienen.

Der erste Lichtschein leuchtete auf, und ich erhob meine Stimme. Stille.

Jetzt bekam ich wirklich Angst. Ich brauchte meine Stimme wieder. Dies war ein Notfall; ich brauchte sie nicht für mich, sondern für England. Und noch immer erhörte Gott mich nicht. *Und wenn er mich jetzt nicht erhörte...*

Vormittag. Brandon erschien. Er sah alt aus, fand ich. Wie unberührt wir das Altern unserer Zeitgenossen beobachten – als wären wir von diesem Prozeß irgendwie ausgenommen, oder als gälte er nicht für alle gleichermaßen, und als habe unser armer Freund eine doppelte Dosis davongetragen, während wir mit sehr viel weniger davongekommen seien.

Ich hatte bereits eine Liste von Fragen vorbereitet, die ich ihm nun gab. Seine Augen über den Tränensäcken überflogen sie rasch.

»Jawohl, die Rebellen sind mehr geworden. So stand es heute morgen in der Depesche. Natürlich ist sie vier Tage alt... die Straßen um diese Jahreszeit...« Er schüttelte den Kopf. »Alles in allem sind es immer noch weniger als fünfhundert. Sie spielen das alte Lied, Euer Gnaden. Wer danach tanzen wollte, konnte schon während der Pilgerschaft die Beine schwingen. Und danach – in Ketten und schließlich am Galgen.«

Trotzdem haben sie immer noch genug Rekruten, um von neuem zu beginnen, dachte ich. Einen unerschöpflichen Vorrat von

Unzufriedenen und Verrätern schien es dort zu geben – wie Unkraut im Frühling.

»Soll ich sie vernichten, Euer Gnaden?« Eine einfache Frage.

Ich nickte. Mache diesem Unwesen sofort ein Ende. Reiße die Pflanze heraus, mitsamt ihren Wurzeln. Und dies war nun die Gegend, in die ich mich wagen sollte – mit meiner Königin. Unversehens erfüllte mich eine wilde Gier, dieses geheimnisvolle Land zu sehen, den Norden, der Nebel und Rebellen in gleichen Mengen hervorbrachte.

»Soll ich mit äußerster Gewalt vorgehen?« *Soll ich brutal und schnell töten?*

Ich nickte. Der sanftere Weg war langfristig oft der grausamere.

Er verneigte sich und zog sich zurück.

Brandon. Auf ihn konnte ich mich verlassen. Seit einem halben Jahrhundert – oder doch fast so lange – war er jetzt meine rechte Hand. Aber wenn er versagte wie meine Stimme – was dann?

Das Eis an meinen Fenstern schmolz, als die Sonne höherstieg. Seit Weihnachten waren die Tage merklich länger geworden, wenngleich noch nicht so lang, daß der Winter zu Ende gewesen wäre. Und im Norden würden bis April bitterer Frost und eisige Dunkelheit herrschen. Brandon, der alte Soldat, würde Mühe haben, in die Gegend einzudringen. Fluch über die erbarmungslosen Verräter, daß sie meinen liebsten Freund dort hinauf riefen, da ich als König ihn nicht vom Dienst für England entbinden konnte.

Ich begann das undurchsichtige Eis mit dem Fingernagel abzukratzen. Ich fühlte mich ringsum eingeengt, aber in diesem Fall konnte ich Abhilfe schaffen. So konnte ich zumindest aus dem Fenster schauen.

Ich brauchte ein Tuch, um die Eisspäne und die geschmolzenen Tropfen abzuwischen. »Ein Tuch«, murmelte ich, und der Page drückte mir eines in die Hand. Ich wischte kräftig über die verschmierte Scheibe, bis sie wieder klar glänzte und ich die weiße Welt draußen so deutlich sehen konnte, als läge sie unmittelbar vor meinen Augen.

»Ah«, sagte ich. Dann fuhr ich auf.

Ich hatte gesprochen und war gehört worden. Meine Stimme war wieder frei.

»Danke«, sagte ich ganz natürlich zu dem Pagen. Er nickte. »Es ist hübsch.« Ich hörte meine eigene Stimme wie die eines Fremden. »Ihr mögt jetzt gehen.« Er verneigte sich und gehorchte.

Als ich allein war, blinzelte ich in aufgeregtem Staunen. Sie war wieder da. Meine Stimme war wieder da. Ich bekreuzigte mich und flüsterte: »Ich danke Dir. Du hast meine Gebete erhört.« Und ich ging hinüber zu meinem Betstuhl und schaute zum gekreuzigten Jesus hinauf. Ich sah ihm geradewegs in die Augen, und sie schienen lächelnd auf mich herabzublicken.

Warum hatte Gott in Seiner Unberechenbarkeit beschlossen, mir meine Stimme zu einem so unbedeutenden Befehl zurückzugeben? Ein Tuch, um ein gefrorenes Fenster zu putzen – dafür hatte er meine Stimmbänder gelöst.

Gott ängstigte mich. Ich verstand Ihn so viel weniger, als ich Ihn immer zu verstehen geglaubt hatte.

Der Page erzählte allen, daß ich gesprochen hatte, und bald holte man mich aus meinem Andachtswinkel.

Jetzt, da ich wieder wohlauf war, präsentierte mein Rat mir all die scheußlichen Einzelheiten des Aufstandes im Norden. Die verräterischen Reden – »Der König ist ein Agent des Teufels«; »Der König ist ein Wiedertäufer«; »Den König plagen die Seelen der Mönche, die er getötet hat« – grenzten an Blasphemie. Was für ein Volk regierte ich da?

»Ich regiere ein böses Volk!« schrie ich zur Antwort auf meine eigene Frage. »Ein unseliges Volk, das aufständische Gedanken im Herzen trägt.« Ich schaute in die Runde der selbstgefälligen Gesichter ringsumher. Und sie? Welche geheime Bosheit lauerte in ihren Herzen? »Ich werde sie so arm machen, daß sie bald weder die Zeit noch die Kraft haben, weiter solchem Ungehorsam zu frönen!« Und euch desgleichen, dachte ich. Jeden von euch Jünglingen – wenn eure Jugend und eure Gesundheit euch Grillen in den Kopf setzt, dann werde ich dem rasch einen Riegel vorschieben. Brandon und ich haben die Zügel in der Hand, die alten Soldaten, die wissen, wie man herrscht.

»Sie werden für ihren Verrat sterben, und im Sommer werden wir hinaufreisen, um ihre Witwen zu trösten, noch ehe das Gras über ihre Gräber gewachsen ist! Aber ihre Söhne werden uns jubelnd willkommen heißen, was immer sonst heimlich in ihren Herzen lauern mag. Sie werden...«

»Eure Majestät!« Dr. Butts trat ein und machte ein Gesicht, als habe man ihn hintergangen. Sein königlicher Patient hatte das Krankenbett verlassen und benahm sich völlig normal. »Ich habe von Eurer Genesung gehört. Warum habt Ihr mich nicht rufen lassen?« Er sah gekränkt aus. Ich hatte ihn beleidigt, denn ich hatte mich in meiner Not auf ihn verlassen, mich in meiner Angst an ihn geklammert und ihn fallenlassen, als es mir wieder besser gegangen war. So verfahren die Menschen auch mit Gott.

»Ich bitte um Verzeihung«, sagte ich. »Kommt, wir wollen allein sein.« Die anderen zogen sich erleichtert zurück.

»Schon auf der Galerie konnte ich Eure Stimme hören«.

»Gott hat mich gesund gemacht.«

»So sieht es aus. Ist es denn klug, ein Pferd, das zwei Wochen lang siech im Stall gelegen hat, gleich galoppieren zu lassen? Nach und nach, schrittweise – das ist der Weg zu robuster Gesundheit.«

Er untersuchte meinen Hals, meine Brust, mein Bein. Das Geschwür war fast verschwunden. Ausgetrocknet und abgeheilt sah es so unschuldig, so unschädlich aus. Verkommener Verräter! Verräter nicht minder als meine Untertanen im Norden!

»Euer Herz fängt plötzlich an zu jagen«, sagte er erschrocken. »Ihr müßt aufregende Gedanken meiden.« Er legte sein Hörrohr beiseite und lächelte. »Aber ich muß sagen, der Herr in Seiner Gnade scheint Euch geheilt zu haben.«

Er gab mir noch ein paar Anweisungen in Hinblick auf Speise, Trank und Ruhe und verschwand dann. Ich war befreit aus meiner körperlichen Gefangenschaft.

Als Brandon Cambridge erreicht hatte, kam die Nachricht, daß die Rebellion ausgebrannt sei, sich selbst verzehrt habe. Es gab keinen Grund für ihn, dennoch die strengen Maßnahmen des Gesetzes zur Anwendung zu bringen, und so kehrte er um und war Ostern wieder am Hofe, als dort der Frühling ausbrach.

CV

Der Frühling und das Osterfest waren für mich umhüllt von einem Netz der Vorbereitungen zu meiner Staatsreise in den Norden. Als das Gras heller wurde und grün zu sprießen begann und die kahlen Äste an Bäumen und Büschen sich plötzlich in gefiederte Wedel verwandelten, war es schwer zu glauben, daß es im Königreich England Gegenden geben sollte, wo der Winter das Land noch immer beherrschte. Kinder quiekten und spielten im Freien; ich hörte sie durch die offenen Fenster, wie sie Murmeln rollten, Seil sprangen und ihre Ostereier gegeneinander schlugen. Dünn und eifrig stiegen ihre Rufe empor, wie die eines wilden Tieres, das zu lange eingesperrt gewesen war und jetzt seine Freiheit feierte. Ehe es dunkel würde, gäbe es die ersten aufgeschrammten Knie und verlorenen Halstücher. Auch das war ein Teil des Feierns.

Tagsüber studierte ich Depeschen und verfaßte ordentliche Listen von Vorräten und Höflingen, die auf der Reise dabeisein sollten. Es gab so viele Protokollvorschriften, die beachtet werden mußten. Selbstverständlich mußte es einen sinnfälligen Unterschied in der Art geben, wie ich den übriggebliebenen rebellischen Verrätern gegenübertrat und wie ich die loyalen Männer begrüßte. Der Unterschied mußte atemberaubend sein, um ihre Herzen mit Scham und Ehrfurcht zu erfüllen und für alle Zeit klarzumachen, daß es zwei verschiedene Sorten von Untertanen gab.

Da war auch das Problem meines Neffen, des Königs der Schotten: des jungen James Stuart, meiner Schwester Margaret Sohn. Er hatte sich kürzlich mit einer französischen Prinzessin vermählt (mit Marie de Longueville, die ich vor der flandrischen Mähre kurz in Betracht gezogen hatte), und sie hatte ihm spornstreichs zwei

Söhne geboren. Aber eine Woche vor und eine Woche nach Ostern waren sie beide plötzlich gestorben, und nun war er kinderlos und voller Trauer, wie es sich gehörte, und sah hoffentlich die Notwendigkeit, neue Bande zu seinem Onkel im Süden zu knüpfen. Es hatte keinen Sinn, wenn Schottland eine Nation für sich bliebe. Alle Zeichen deuteten darauf hin, daß wir uns vereinigen sollten.

Meine Schwester Margaret... sie lebte, intrigierte und versuchte ein stürmisches Leben zu führen. Nur ihr Aussehen hatte sie, wie dies geschehen kann, im Stich gelassen, und so war sie an den Gestaden der Langeweile gestrandet. Erst kürzlich hatte sie sich bei meinem Gesandten Ralph Sadler beschwert: »Ich bin sehr ungehalten darüber, daß ich keinen Brief von Eurem Herrn, dem König, bekommen habe; es wäre ja keine große Sache, ein wenig Tinte und Papier für mich zu erübrigen. Man würde mich hier besser achten, wenn man sähe, daß mein Bruder mich achtet.«

Nun, ihr Wunsch sollte erfüllt werden. Ich schrieb ihr und lud sie, ihren Sohn James V. und andere schottische Edelleute ein, im Frühherbst zu York mit mir zusammenzutreffen. Dort würden wir uns endlich alle begegnen; ich würde meine Schwester zum erstenmal seit fünfundzwanzig Jahren wiedersehen und meinen Neffen, den König der Schotten, kennenlernen. Für sie würde es eine kurze Reise sein. Ich würde die Abtei St. Marien für das Zusammentreffen neu einrichten lassen. Nichts sollte für diese bedeutsame Begegnung zu prächtig sein. Ich entsandte unverzüglich Zimmerleute und Maurer zu der Kirche, damit sie die fünf warmen Monate für ihre Arbeit nutzen konnten.

Wer sollte in London zurückbleiben? Wem konnte ich vertrauen? Wer würde es vorziehen, daß ihm der Anblick des unbotmäßigen Nordens und seiner verstockten Treue zum Alten Glauben erspart bliebe? Am besten ließe ich Cranmer da, und Kanzler Thomas Audley sowie Edward Seymour zu seiner Unterstützung. Der restliche Hof summte vor Erregung wie ein Bienenschwarm, der im Begriff steht, den Stock zu verlassen. Es war ein Abenteuer für sie alle. Mein Blick hatte sich nicht mehr nach außen gerichtet, seit die Hexe ihn gebannt hatte. Mehr als zwanzig Jahre waren vergangen, seit ich auf dem Feld des Goldenen Tuches gestanden hatte. Die Jungen hatten von dieser Begegnung im Val d'Or gehört; sie war zur Legende geworden, aber die Legende verblaßte. Jetzt würden sie auf eine größere Reise gehen, und alles würde so prachtvoll funkeln, daß sie keinen Grund mehr hätten, die Alten zu beneiden.

Als Robert Aske während der Pilgerschaft der Gnade vor mir gekniet hatte, da hatte ich ihm unter anderem versprochen, in den Norden zu kommen und Jane in der Kathedrale von York zu krönen. Nur wenige Monate später war Jane tot gewesen. Aber die Zusage, im Norden eine Königin zu krönen, schwebte über mir wie eine alte Schuld. Sollte ich Catherine in York krönen lassen?

Ich wollte sie doch krönen lassen, oder nicht? Ich ließ die Abtei St. Marien für James V. in aller Pracht wiederherrichten. Warum sollte ich sie nicht mit der Krönung einweihen? Die Schotten würden sicher dabeisein; auf diese Weise könnten alle an der Wiedervereinigung teilnehmen, ohne ihr Gesicht zu verlieren, und für Catherine wäre es ein unvergleichliches Geschenk meiner Hingabe.

Warum also nicht? Es war alles nur folgerichtig und paßte zusammen, wie ein Säugling und die Brust seiner Mutter eine vollkommene Einheit bilden. Warum scheute ich zurück? Schließlich rechtfertigte ich mein Zögern vor mir selbst damit, daß es sich in der Vergangenheit immer als Katastrophe erwiesen hatte, wenn ich versucht hatte, verschiedene Dinge miteinander zu verflechten. Die Reise nach Frankreich im Jahre 1532, und Anne mit Katharinas Juwelen... nein, alles zu seiner Zeit.

Übrigens drängte mich auch niemand bei Hofe, die Krönung endlich zu vollziehen. Vielleicht war es damit ja wie mit Hochzeiten: Nach der ersten verlieren die anderen an Dringlichkeit und Zauber. Es schickt sich nicht, wichtige Zeremonien allzu oft zu wiederholen. Damit beruhigte ich mich. Aber was war der wahre Grund?

Mai und Juni vergingen mit den Vorbereitungen zur »Großen Nördlichen Staatsreise«, wie man es bald überall nannte. Ich fühlte mich völlig genesen, als seien die schrecklichen Tage im März nie gewesen. Das Bein plagte mich nicht. Weil ich viel zu tun hatte und wußte, daß ich während der Reise selbst viel würde jagen und reiten müssen, enthielt ich mich vorläufig aller anstrengenden Tätigkeiten.

WILL:

Zu den Vorbereitungen für die Reise gehörte übrigens wieder ein »Frühjahrsputz im Tower«. Es schien, daß der König sich nicht gern auf eine weite Reise begeben und dabei gefangene Verräter zu Hause lassen wollte. So kam es, daß Margaret Pole, die alte Gräfin von Salisbury, ihrem Sohn Henry Lord Montague auf das Schafott folgte. Sie legte allerdings nicht demütig den Kopf auf den Block, sondern weigerte sich aus Prinzip: »Nur Verräter tun dies, und ich bin keine Verräterin!« behauptete sie, und so mußte der arme Henker sie unter wildem Gehacke um den Block hetzen wie ein Bauer, der ein Huhn über den Hof jagt.

HEINRICH VIII.:

Ich sah Catherine seltener, als mir lieb war. Die Pflicht hielt uns getrennt, und sie wirkte fern und abwesend. Ich spürte es, wenngleich sie es bestritt. Ich wußte, es lag daran, daß ihr vor der königlichen Reise bang war, denn sie würde vor so vielen Menschen erscheinen müssen. Als ich es merkte, war ich froh, daß ich mich dagegen entschieden hatte, sie gleichzeitig krönen zu lassen. Es wäre zuviel für sie gewesen.

In dem Gewirr von Tätigkeiten und Verpflichtungen hatte ich kaum bemerkt, wie die Jahreszeit vorangeschritten war. Meine einzige Sorge war, rechtzeitig zur Abreise bereit zu sein. Draußen waren die Blumen nacheinander aufgeblüht und verwelkt. Ich sah es nicht.

Dann meldete Culpepper mir eines Tages, daß jemand im Audienzsaal sei, der mich zu sprechen begehre. »Er ist ärmlich gekleidet«, berichtete er. »Und er trägt einen groben Leinensack.«

Ein armer Bittsteller? Ich grunzte. Aber mit einem Leinensack – ob er darin ein Messer verbarg? »Laßt ihn herein. Aber bleibt an meiner Seite.«

Gleich darauf kam Culpepper zurück, und bei ihm war der alte

Gärtnermeister. Es stimmte, der Mann trug seine Arbeitskleider. Offenbar kam er geradewegs aus seinem Pflanzhäuschen.

»Ich habe sie hier, Euer Gnaden!« Seine Stimme bebte vor Entzücken. »Ich dachte nicht, daß sie blühen würde – nicht so bald!« Und aus seinem Sack förderte er eine Rose zutage. Ihre Farbe war ein reines Rot, und sie blühte auf einem dornenlosen Stiel.

»Der Strauch ist noch klein. Aber er sieht kräftig aus.«

»Erstaunlich!« murmelte ich. Die Knospe war gerade erst aufgeblüht (wie Catherine selbst, meine süße Catherine), und sie wuchs aus einem glatten, makellosen Stiel. Ich würde sie ihr heute abend präsentieren, nach der Vesper.

Dem alten Gärtner gab ich reichen Lohn für seine Mühe.

Ich liebte diese Zeit am meisten – die Stunde, da Catherine und ich nach getanem Tagewerk zusammen musizierten. Heute abend spielte sie das Spinett, und ich begleitete sie auf der Laute. Ich saß hinter ihr und konnte mich so an der exquisiten Kurve ihres Halses ergötzen, denn sie hatte ihr Haar hochgebunden. Friede erfüllte meine Seele. Erst als sie unruhig wurde, brach ich den Bann und sagte: »Ich habe etwas für dich. Ein Geschenk.«

Eifrig drehte sie sich um. Sie wurde es niemals müde, Geschenke zu bekommen. Ich mußte ihr inzwischen schon eine ganze Truhe Juwelen geschenkt haben. Und natürlich gehörten ihr Jane Seymours Ländereien. Und Cromwells.

»Hier.« Ich reichte ihr die Rose, die einzigartige, in meinem Auftrag gezüchtete Rose.

»Ja?« Sie nahm die Rose, ohne sie anzuschauen und lächelte weiter in eifriger Erwartung.

»Du hältst sie in der Hand.«

Erst jetzt untersuchte sie die Rose und brach in entzückte Ausrufe aus. Als ich ihr die Symbolik erklärte, weinte sie.

CVI

Tag der Abreise sollte der erste Juli sein. Gott aber dachte anders, und er sandte eine Sintflut vom Himmel. Alles in allem dauerte es drei Wochen, bis der Regen aufhörte und die Straßen wieder so trocken waren, daß man sie befahren konnte. Das gab den Schotten zusätzlich Zeit, sich zu überlegen, wie sie auf meine Einladung zu Verhandlungen reagieren wollten, und wir hatten um so länger Gelegenheit, die Große Halle der Abtei St. Marien in York für ihren Empfang zu richten.

Ich will die lange Reise nicht in all ihren mühseligen Einzelheiten schildern. Angesichts unserer großen Zahl – Hofstaat, Beamte und Begleiter zählten an die tausend Köpfe – war die Frage der Herberge von größter Bedeutung. Selbst die reichsten Edelleute hatten ja keinen Platz für so viele, und so stellten wir zweihundert unserer eigenen luxuriösen Zelte zur Verfügung, um die Differenz auszugleichen. Ja, die Reise selbst, das Protokoll, die Übernachtungen, die obligatorischen Veranstaltungen zur Unterhaltung (»Langweilung« sollte man besser sagen) – das alles war öde. Aber die Landschaft!

Oh, warum hatte ich nicht schon längst ganz England gesehen? Ich war gefesselt von der Landschaft selbst, ja. Aber noch mehr von den Menschen. In jeder Gegend trugen sie den Stempel ihrer Herkunft und ihrer Vergangenheit. Auf dem Weg nach Norden wurden die Leute größer und hellhäutiger. An der Grenze nach Norfolk hatten sie Augen, so blau wie ein klarer Oktoberhimmel, beinahe ausnahmslos. »Dänisches Blut«, sagte Dr. Butts, der solches zu seinem Vergnügen studierte. »An dieser Seite Englands siedelten die Dänen, und die Normannen machten hier ihre Beutezüge. Von den Dänen stammen die blauen Augen, von den Räubern die roten Haare.« Er wies auf einen Knaben mit feuerrotem Schopf, der ein Marktkreuz erklommen hatte, um uns vorüberziehen zu sehen. »Ein liebreizendes Kind, das die Spuren einer so brutalen Vergangenheit an sich trägt.«

Sie sprachen auch anders. Es kam vor, daß ich in den höflichen kleinen Reden, die uns die Einheimischen hielten, bestimmte Wörter nicht verstehen konnte.

Als wir weiter nach Norden kamen, wurden die Siedlungen spärlich, und wir ritten immer öfter durch ausgedehnte Wälder. Auch die Tage wurden länger. Die Dämmerung schien fast so lange zu währen wie der Nachmittag.

»Je höher der Norden, desto länger der Tag«, erklärte Wyatt, der von den Merkwürdigkeiten der Geographie fasziniert war. »In den höchsten Breiten, etwa im nördlichen Schottland, auf den Orkney- und den Shetland-Inseln, wird es im Juni überhaupt nicht mehr Nacht. Es bleibt immer ein purpurnes Dämmerlicht.«

Wilder und wilder wurde das Land. Es gab so viel Wildbret, daß wir uns nicht mehr die Mühe machten, zu jagen, als der Reiz des Neuen erst verflogen war. Überdies war der Wald ringsum so dicht und ausgedehnt, daß es unklug erschien, sich allzu weit hineinzuwagen. In dieser Gegend hatte Robin Hood sein Revier gehabt, und jetzt war es völlig einleuchtend, daß der Sheriff von Nottingham gezögert hatte, Robin Hood und seine munteren Gesellen in den Wald von Sherwood zu verfolgen. Ich hätte den Gesetzlosen wohl auch laufenlassen.

In Lincolnshire, welches ich einstmals als »wildeste und bestialischste Grafschaft des ganzen Reiches« bezeichnet hatte, begann das Land der Verräter. Es war so abgelegen, daß wir mit unserer langsamen, feierlichen Reisegeschwindigkeit vierzig Tage gebraucht hatten, um von London hierher zu gelangen. Da nahm es kaum Wunder, daß die Leute in Lincolnshire sich unserem Zugriff entzogen glaubten und sich für ein eigenes feudales Königreich hielten.

Vor den Stadttoren von Lincoln wurden wir überschwenglich begrüßt – von den Bürgern und vom Bürgermeister, der mir zum Zeichen der Unterwerfung das Schwert und die Keule der Stadt übergab. Aha. Endlich sah ich eines dieser Verräternester, hübsch herausgeputzt für diesen Anlaß und parfümiert vom Protokoll. Ich konnte das Gefühl nicht abschütteln, daß die Städte hier in diesen Grafschaften des Nordens nur schwimmende Inseln waren, nachgeäffte Zentren der Zivilisation in einem weiten Meer der Barbarei und der Bosheit. Es gab Wölfe in diesem Land. Ich hörte sie heulen, noch als ich mitten in Lincoln stand.

Meine »Rose ohne Dornen« – wie rund und zart sie hier aussah! Wie verblüfft und neidvoll die Blicke, die sie auf sich zog! Aber gerade die Wildheit des Landes war es auch, worauf sie reagierte: Sie glich immer mehr einer Zigeunerin – ihre Wangen wurden röter, ihr Haar dunkler, die Augen schräger und lockender, je weiter wir nach Norden vordrangen.

Und weiter ging es nach York; das, was man hier als Straßen bezeichnete, waren ausgefahrene Schlammwege. Zwischen Lincoln und York gab es eine Menge von ehemaligen klösterlichen Anlagen – in Torksey, in Willoughton, in Selby. Bei einigen hatte man die Bleidächer abgedeckt und die Mauersteine geplündert, so daß sie jetzt, in dieser grünen Jahreszeit, wie ruinierte Bräute dastanden, weiß und verwundbar. Es war der Anblick dieser mißhandelten Damen, der in so vielen Menschen des Nordens rechtschaffenen Zorn erweckt hatte. In der Tat boten sie einen eindrucksvollen Anblick: Sie waren ein Plädoyer für Schönheit und Ordnung des Alten Glaubens.

Reine Sentimentalität, das alles. Zu Lebzeiten hatten sie niemals diese heitere, gelassene Anmut besessen, die jetzt ihrem Verfall innewohnte. Unter den verschwundenen Dächern hatte das Böse in all seinen Formen geblüht.

Während der ganzen Reise hierher hatte ich nicht einen einzigen der »armen Mönche« zu Gesicht bekommen, um die man so viel Aufhebens machte und die angeblich ein großes Problem für die Gegend darstellten. Diese heimatlosen Mönche und Ordensbrüder durchstreiften, so hieß es, das ganze Königreich, fraßen wie die Heuschrecken, was immer sie fanden, und brachten überall nur Unruhe.

York, endlich. Die Stadt ragte vor uns auf, sehr groß, und es war leicht einzusehen, warum sie den Norden ebenso beherrschte wie London den Süden. Dies war ein Königreich für sich, und ich verstand jetzt, warum dieser Ort für Wolsey der Verbannung in ein anderes Land gleichkam.

Wir hatten eine ehemalige Abtei jetzt einem guten Zweck zugeführt: Sie würde dem Hofe Behausung geben. Wir würden in den Mauern der Priorei wohnen, wiederaufgebaut und zu einer königlichen Residenz umgewandelt. Zweihundert goldene Zelte sollten außerdem zwischen den Ruinen aufgeschlagen werden, so daß alle bequem untergebracht werden konnten.

Der Lord Vorsitzende im Rate des Nordens hatte bekanntgemacht, daß es meine Absicht sei, jeden anzuhören, der eine Beschwerde gegen die Krone vorzubringen hätte, und er versicherte mir, daß viele auf diese Bekanntmachung eingegangen seien und nun der Gelegenheit zum Reden harrten. Was den Empfang der Königstreuen und den feierlichen Bußgottesdienst für die Verräter angehe, so sei alles vorbereitet. Er schwatzte und schwatzte, bis ich mich genötigt sah, unverblümt zu fragen: »Und der schottische König? Wann soll er kommen? Ich hoffe, St. Marien ist bereit?«

»Die Abtei ist bereit, Eure Majestät. Die Handwerker haben die notwendigen Reparaturen und Verschönerungsarbeiten beendet. Sie glänzt wieder!«

Ich war erfreut. So würden sie sehen, daß ich ebenso gut aufbauen wie niederreißen konnte. »Unser Neffe wird gebührend empfangen werden. Wann kommt er?«

»Er – er hat uns nichts mitgeteilt.«

»Noch nicht? Aber wir sind ja selbst zu spät gekommen. Der Zeitpunkt, den ich eigentlich vorgeschlagen hatte, ist schon vorüber. Gibt es keine Briefe? Keine Botschaften?«

»Nein, Eure Majestät.«

James mußte unterwegs sein. Nur das konnte sein Schweigen entschuldigen.

»Nun gut«, sagte ich lahm. »Ich werde ihn erwarten. Unterdessen muß die Zeremonie zur Unterscheidung zwischen Verrätern und getreuen Untertanen vollzogen werden.« Darauf freute ich mich nicht, aber es war ein notwendiger Bestandteil staatsmännischen Handelns, daß dergleichen feierlich inszeniert wurde.

Am nächsten Tag wurden diejenigen Männer aus der Gegend, die während aller Unruhen und Aufstände mir gegenüber loyal geblieben waren, in der Großen Halle des bischöflichen Palastes empfangen und mit großzügigen Gnadenerweisen belohnt. Die übrigen, die sich schwankend gezeigt oder gar mit den Pilgern sympathisiert hatten, wurden in einer anderen, ziemlich schäbigen Kammer versammelt, wo man sie anwies, auf die Knie zu fallen und sich dann flach auf den Boden zu werfen. Einstimmig erklärten sie sodann: »Wir Elenden haben aus Mangel an Anstand und ehrlicher, reiner Kenntnis der Wahrheit der Worte Gottes Eure Majestät in betrüblicher, scheußlicher und mutwilliger Weise beleidigt, und zwar mit den unnatürlichen und überaus abscheulichen wie verachtungswürdigen Verbrechen des empörenden Ungehorsams und der verräterischen Rebellion.«

Ich ließ sie liegen, schändliche Kreaturen, die sie waren. Wie viele Stunden banger Besorgnis hatte ich ihretwegen durchleiden müssen, als sie nichts als eine namenlose, formlose Bedrohung gewesen waren, weit außerhalb meiner Reichweite? Dieses Gezücht war es, was uns im Süden Alpträume bereitete.

Catherine stand neben mir und schaute unbehaglich drein. Sie konnte die tiefgründigen Implikationen nicht begreifen. Sie sah nur einen Raum voll kriechender Männer, und ihr weiches Herz brachte es mit sich, daß sie quälendes Mitleid mit ihnen empfand.

Ich wollte ihre Hand ergreifen, doch sie zuckte zurück.

Als wir später beim Abendessen saßen, wollte ich es ihr erklären. Aber obgleich sie anscheinend zuhörte, spürte ich, daß sie ihr Herz gegen mich verhärtet hatte.

Die herbstlichen Regenfälle setzten ein, und farblos erstreckte sich der Himmel bis hinauf nach Schottland. Während ich meinen Neffen und sein Gefolge erwartete, verbrachte ich meine Zeit damit, mir Beschwerden gegen die Krone anzuhören, wie ich es versprochen hatte; es durfte jedermann zu mir kommen, der »zu seinem Verdruß keine Gerechtigkeit erhalten« hatte. Es war eine stattliche Zahl, und allen ging es um Geld, in der einen oder anderen Form. Ich stellte einen beispiellosen Mangel an religiösen Beschwerden fest.

Ein Bürger erklärte, er spreche für viele in seinem Protest gegen schottische Übergriffe an der Grenze.

»Sie stoßen auf uns herab, berauben uns und nehmen unser Vieh. Wir müssen uns in die Pahltürme flüchten. Das ist für uns schön und gut, denn es rettet uns das Leben; aber wenn wir ohne Gefahr wieder herauskommen können, finden wir unsere Hütten geplündert und unser Vieh gestohlen.«

»Pahltürme?« fragte ich.

»Auf der Reise hierher habt Ihr zweifellos welche gesehen«, erklärte der Vorsitzende des Rates. »Es sind kleine, viereckige Türme, die man im ersten Stockwerk betritt. Unser Volk hat sie gebaut, um vor den Raubzügen der Normannen Schutz zu finden. Heutzutage braucht man sie mehr denn je – wegen der Schotten.« Er schüttelte den Kopf.

»Sag mir, diese Schotten – sind es die wilden Männer, die aus den Bergen kommen?« (Wie MacDonalds Vater, der gerade erst zivilisiert wurde.)

»Nein«, antwortete der Bauer. »Es ist der Abschaum aus dem Grenzland. Eine Bande von Räubern und Mördern. Sie haben nichts Romantisches an sich, abgesehen von ihrer Musik und ihren Gedichten, mit denen sie ihre Blutfehden feiern.«

»Ihre Gedichte!« rief der Vorsitzende. »Von denen bekommt man eine Gänsehaut. Sie wissen auf das vorzüglichste mit Worten umzugehen.

»Wie können sie eine empfindsame Sprache sprechen und zugleich so blutrünstig sein?« fragte ich. »Wie weit dehnen sie ihre Raubzüge aus?«

»Sie haben den Römerwall besetzt. Die Armstrongs haben ihren Unterschlupf dort in einer römischen Festung, in Housesteads. Auf ihren Raubzügen kommen sie bis Alnwick und Penrith herunter.«

»Zwanzig Meilen und mehr.« Der Bauer nickte. »Es sind aber nicht bloß die Armstrongs. Es sind auch die Maxwells, die Grahams, die Scotts – ein zwiefach genähter Name, nicht wahr?«

»Sie sind gerissen, die Schotten, und grausam. Es gibt nur noch eines, das ihnen genauso gut gefällt wie ein gut geschmiedeter Vers oder der Anblick von Blut, das ihre Arme bis zu den Ellbogen bedeckt: das Gefühl von Geld in ihren Börsen. So haben sie einen Weg gefunden, diese beiden Freuden miteinander zu verschmelzen. Sie erpressen uns, nehmen uns ›Black Mail‹ ab und verschonen uns dafür mit ihrem Terror.«

»›Mail‹?« Ich verstand nicht.

»Ein schottisches Wort; es bedeutet ›Miete‹. Der Name paßt: schwarze Miete. Man muß ihnen Geld dafür geben, daß man in Frieden auf seinem eigenen Besitz leben darf. Und wie immer man sich entscheidet, sie haben ihr Vergnügen. Man bezahlt, und sie spüren Geld zwischen den Fingern. Man weigert sich, und sie können Blut vergießen. Und nachher schöne Gedichte darüber schreiben.«

Dem würde ich ein Ende machen. Mochte Norfolk seinen Spaß mit diesen Hunden haben. »Ich werde diese Bestien vernichten«, versprach ich. Ich würde die Angelegenheit auch meinem Neffen, dem schottischen König, vortragen; er sollte seine Untertanen zähmen, oder ich würde es für ihn tun.

Aber es kam keine Nachricht von James V. Am sechsten Tag konnte kein Zweifel mehr bestehen: Er hatte nicht die Absicht, meine feierliche Einladung anzunehmen oder wenigstens die Gründe für sein Nichterscheinen darzulegen.

Theorien entstanden: »Er wagt nicht, Schottland zu verlassen, weil in seiner Abwesenheit der Graf von Arran den Thron besteigen könnte.« (Die Schotten waren in wütendem Parteienstreit und Hader gespalten.) »Er glaubt, dies sei eine List, und man wolle ihn gefangennehmen.« (Also mißtraute er mir – seinem eigenen Onkel?) »Er will seine französischen Verbündeten nicht ärgern, indem er mit den Engländern gemeinsame Sache macht.« (Absurd. Feinde können doch miteinander reden, ohne gemeinsame Sache zu machen, und zivilisierte Feinde tun es auch immer.)

Was immer seine dunklen Gründe sein mochten, er hielt es nicht für angebracht, mich in York zu treffen, und er hatte nicht einmal die Höflichkeit, mich von seinen Überlegungen in Kenntnis zu setzen. Er hatte mich in aller Öffentlichkeit versetzt, während ich wie eine sitzengelassene Braut in der Kirche auf ihn gewartet hatte.

An diesem Abend stand mir der Sinn nicht nach Bankett und Mummenschanz; ich zog mich unverzüglich in meine Gemächer zurück. Sie waren behaglich; mein Gastgeber hatte alles fürsorglich vorbereitet und sogar jede zugige Ritze mit feinster weißer Wolle verstopft. Ich war müde und niedergeschlagen. Es war an der Zeit, daß ich mit dem Warten auf James aufhörte, meine Geschäfte hier im trostlosen Norden vollendete und nach London zurückkehrte.

Ich konnte nicht schlafen, obwohl ich früh zu Bett ging und einen süßen Schlaftrunk zu mir nahm. Schließlich beschloß ich, trotz der späten Stunde noch zu Catherine zu gehen.

Dies erforderte einen längeren Fußweg durch mehrere Räume, über eine Galerie und durch die Gemächer der Königin. Nur die Nachtwache stand jetzt noch auf ihren Posten. Die Gänge lagen verlassen. Eine einzelne Fackel brannte in jedem Raum; die übrigen hatte man gelöscht. Die königliche Residenz schlief.

Als ich mich der Tür zu ihren Gemächern näherte, erhob sich eine dunkle Gestalt von einem Stuhl in der Nähe und schwebte auf mich zu.

Ein Geist... zuerst dachte ich es wenigstens. Die wilde Fremdartigkeit der ganzen Region hatte mich schon in ihren Bann geschlagen. Denn ich hatte nicht erwartet, dieses Gesicht noch einmal wiederzusehen: Jane Boleyn, George Boleyns Frau. Sie, die ihren eigenen Gemahl verraten und gegen ihn ausgesagt hatte – damals, in jenen schmutzigen Tagen, da Anne gestürzt war.

»Aber Jane...« wisperte ich.

»Eure Majestät.« Sie verbeugte sich tief. Tatsächlich, sie war es.

Sie richtete sich auf. Eine Kapuze nach der neuen Mode umrahmte ihr Antlitz, aber sonst war sie unverändert. Häßlich, mit langer Knollennase und dunklen, glänzenden Raubtieraugen, die zu dicht beieinander standen.

Es sah aus, als bewache sie die Tür. Aber dafür war doch die

Garde da. Nein, ich bildete es mir ein – ich erinnere mich, daß ich dies noch dachte.

Ich klopfte an die Tür, und Jane streckte eine Hand aus, als wolle sie mich zurückhalten. Von drinnen antwortete niemand; offenbar lag alles in tiefem Schlummer. Vielleicht auch meine Catherine? Ich zog den passenden Schlüssel hervor (wir pflegten unsere eigenen Türschlösser bei uns zu tragen, um uns so vor Attentätern zu schützen, die sich vielleicht einen Schlüssel für das eingebaute Schloß verschafft hatten), aber Jane hielt meine Hand fest.

»Die Königin schläft«, sagte sie. »Sie hat mich gebeten, die äußeren Gemächer zu bewachen, damit sie nicht gestört werde.«

»Ich werde sie nicht stören«, beruhigte ich sie. »Ich werde auf einer Matratze am Fußende ihres Bettes schlafen, wenn es sein muß. Aber ihre Gegenwart wird mir helfen, Schlaf zu finden.«

»Sehr wohl.« Sie nickte steif.

Der Schlüssel paßte, aber die Tür war auch von innen versperrt. Ich sah eine Eisenstange, die quer vor dem Türspalt lag, und eine mächtige Truhe war auch dagegengeschoben. So konnte ich mir keinen Zugang verschaffen, ohne ein großes Getöse hervorzurufen.

Enttäuschung durchströmte mich. Erst in diesem Augenblick begriff ich, wie sehr ich mich danach sehnte, bei ihr zu sein. Ich hatte ihr erzählen wollen, wie stolz ich auf sie war, und wie mir das Herz zu bersten drohte, wenn ich sie als meine Königin vorstellte. Diese widerspenstigen Nordmenschen hatten immer Katharina von Aragon geliebt, und sie waren ihr treu geblieben. Aber jetzt gab es eine neue Königin, eine Catherine, die sie mit ihrer sanften Art und ihren reizenden Manieren bezaubert hatte, eine Catherine, die nicht den Makel des Protestantismus an sich trug, wie es bei Anne Boleyn, Jane Seymour und Anna von Kleve der Fall gewesen war. Sie hatte mich mit meinen abtrünnigen Untertanen und auch mit mir selbst versöhnt.

»Sie fürchtet sich vor Attentätern«, erklärte Jane Lady Rochford flüsternd. »Die Geschichten über die blutrünstigen Schotten haben ihr Angst gemacht.«

Das arme, sanfte Kind. Ich nickte. Die Geschichten genügten, um jeden in Angst und Schrecken zu versetzen. Ich verstand ihre

Sorge. »Ich will sie nicht stören«, sagte ich. »Laßt sie nur schlafen, meine süße Königin.«

Am nächsten Morgen war sie in meinem inneren Gemach und versuchte, unter verlegenem Gestammel ihre behelfsmäßigen Sicherungsvorkehrungen zu erläutern. Sie bedeckte mich mit Küssen und beteuerte, daß auch sie von Schlaflosigkeit geplagt gewesen sei und sich über einen Besuch von mir gefreut hätte. Nichts sonst könne sie wirklich beruhigen oder ihr die Angst nehmen. Es verdrieße sie, daß ich das Ausmaß ihrer kindischen Angst vor den Schotten entdeckt hätte. Ich versicherte ihr, daß ich es gut verstehen könne und daß ich sie ebensosehr liebte wie früher und daß ich wegen ihrer Vorsicht nun nicht schlechter von ihr dächte.

Es war zu Ende. Ich beschloß, nicht länger auf den schottischen König zu warten. Neun Tage waren genug. Aber ich würde Rache üben, wenn es mir gefiel.

Die Reise nach Süden – auf dem gleichen Weg, auf dem wir gekommen waren – verlief ungestört. Ich nahm die Gelegenheit wahr und besuchte Hull an dem mächtigen Flusse Humber, um dort meine Befestigungsanlagen zu besichtigen. Ich hatte viele Stunden über den Plänen für den Bau einer neuartigen Burg verbracht, die zwei schon bestehende Blockhäuser miteinander verbinden sollte, und dann ebenso viel Zeit darauf verwandt, das nötige Geld aufzutreiben. Jetzt wollte ich die fertige Festung sehen. Ich fand es erregend, Pläne zu Papier zu bringen und sie dann in Stein und Eisen Wirklichkeit werden zu sehen. Das Rüsten zum Kriege war eine sehr befriedigende Sache, erregend und erfüllend zugleich.

Als wir fast einen Monat später in Windsor eintrafen, bereitete man uns ein unangenehmes Willkommen. Edward war krank, all meinen Vorsichtsmaßnahmen zum Trotz. Er litt an *quartrain ague*, und die Ärzte hielten ihn für so »fett und ungesund«, wie sie sich ausdrückten, daß sie sein Leben gefährdet sahen.

Ich schickte den größten Teil der Höflinge und Ratsherren nach

Hause. Die »Große Reise« war zu Ende, denn Windsor war unsere letzte Station. Abschlußbankette und Reden waren geplant gewesen, aber derlei war überflüssig; wir alle hatten einander nun lange genug genossen.

Dann stand ich vor Edwards großem, geschnitztem Bett und fragte mich im stillen: »Warum? Warum? Warum?« Er war in der Tat fett; er sah aus wie ein Butterkloß, und seine Gesichtsfarbe war mandelweiß mit roten Flecken. Hatte er denn keine Bewegung? Spielte er niemals im Freien? Hatten diese Narren von Ärzten ihm jede natürliche Bewegung geraubt, um ihn zu »schützen«? Er sah aus wie eine jener Gänse, die die Bauern festbinden, um ihre Leber fettzumästen.

»Öffnet die Fenster hier!« bellte ich. Die Luft in der Kammer war so faulig, daß ich husten mußte. Schon als eines der Fenster geöffnet worden war, wehte die kühle Herbstluft mit unverhoffter Frische herein und vertrieb den Gestank. »Gebt ihm die nötige Medizin«, befahl ich. »Achtet gut auf ihn. Aber wenn diese Krise vorüber ist, behandelt ihn wie einen Prinzen, nicht wie eine Königswitwe. Ihr habt recht: Er ist wahrhaftig zu fett und ungesund. Aber das ist Eure Schuld, nicht seine!«

Ich polterte am lautesten, wenn meine Angst am größten war.

Gott war mit Edward, und einen Tag später begann er zu genesen. Das Fieber sank, und seine Gesichtsfarbe kräftigte sich. Er wurde unruhig und sträubte sich dagegen, weiter ans Bett gefesselt zu sein – ein sicheres Zeichen wiederkehrender Gesundheit. Nachdem ich jeden, der seine Umgebung verunreinigte, entfernt hatte, ließ ich ihn in Windsor zurück und ritt nach Hampton Court. Dort wäre auch für mich die Reise zu Ende.

CVII

Edward blieb am Leben. Die Untertanen im Norden waren loyal, und die Staatsreise war erfolgreich gewesen. Catherine stillte die schmerzliche Sehnsucht des Reiches nach einer wahren Königin. Ich fühlte die Hand Gottes auf mir; sie ruhte auf meinem Kopf, wie um zu sagen: »Gut gemacht, du mein guter und getreuer Diener.«

Am Tage vor Allerheiligen gebot ich meinem Beichtvater, dem Bischof von Lincoln, in meinem Namen eine Messe zu feiern und öffentlich dankzusagen für das gute Leben, das ich führte und mit meiner Königin Catherine weiter zu führen hoffte, nachdem ich durch andere Ehen mancherlei Besorgnis durchlebt hatte. Das tat er auch, und als ich ihn mit seidiger Stimme die entsprechenden Worte sagen hörte, erfüllte mich dies mit einem Gefühl des Friedens und der Erfüllung, wie ich es niemals geglaubt hatte erreichen zu können.

Ich empfing das heilige Brot, das Wort, das Fleisch geworden – und als ich wieder zu meiner Kniebank zurückkehrte, verlor ich alles Zeitgefühl. Als ich mich wieder regte, sah ich, daß ich fast allein war. Nur Cranmer war noch da und wartete diskret, daß ich meine stille Betrachtung beendete. Ein König in feierlicher Andacht durfte niemals allein gelassen werden.

Ich beugte das Knie und schritt dann langsam den Gang hinauf, noch immer benommen von religiöser Entrückung.

»Euer Gnaden – mein guter Lord – vergebt mir«, sagte Cranmer und legte mir einen zusammengerollten Brief in die Hand. Er sah elend aus.

»Was? Ist das die ganze Begrüßung? Ich habe Euch vermißt, Thomas, da wir getrennt waren.«

»Ich Euch auch, Eure Majestät. Wahrlich.«

»Ich werde alles, was Ihr in meiner Abwesenheit notiert habt, durchackern, das verspreche ich Euch. Heute abend. Ihr habt Eure Sache gut gemacht.«

»Der Brief... lest ihn zuerst, ich bitte Euch, ich...« Er sah so aufgebracht aus, daß ich gleich wußte, ihn plagte eine Rebellion im Gedärm.

»Geht nur, Thomas«, sagte ich. Aber er blieb stehen wie ein geprügelter Hund. »Ja, ja, ich lese ihn gleich«, beruhigte ich ihn. Da schlich er davon, als habe er Schmerzen. Der Arme.

Ich setzte mich auf eine hölzerne Bank in der langen Galerie vor der Kapelle und entrollte den Brief, um ihm eine Freude zu machen.

Es war ein Scherz. Der Brief enthielt die Behauptungen eines gewissen John Lassells, seine Schwester Mary Lassells Hall habe ihm erzählt, Catherine Howard sei eine Hure; sie habe von frühester Jugend an allerlei Lasterhaftes mit den Männern im Haushalt der Herzogin getrieben, sich einem »Musiklehrer« hingegeben, als sie gerade dreizehn gewesen sei, und dann mit einem Cousin in unverhohlener Sünde gelebt, bis sie an den Hof gegangen sei.

Wer war diese Mary Hall? Ich las den Brief noch einmal sorgfältig. Sie war vor ihrer Heirat als Dienerin im Hause der Herzogin zu Lambeth gewesen. Als ihr Bruder, ein glühender Protestant, sie fragte, weshalb sie nicht um eine Stellung bei Hofe einkomme, wie es die anderen Bediensteten aus Lambeth getan hatten, da hatte sie verachtungsvoll erwidert: »Diesem Weibe will ich nicht dienen! Sie ist unmoralisch im Tun wie im Denken.« Und dann hatte sie »Manox, einen Musiklehrer« und »Dereham, einen Gentleman« als Catherines Liebhaber benannt.

Unsinn. Das war Unsinn. Die Protestanten rührten sich also wieder. Seit der ketzerischen Schlange das Haupt, nämlich Cromwell, abgeschlagen worden war, hatte sie sich ziellos gewunden. Ärger durchströmte mich. Nun hatte ich den Sommer damit zugebracht, die Ansprüche der Katholiken zunichte zu machen, dachte ich, und jetzt mußte ich den Winter darauf verwenden, die Protestanten zu bändigen. Es belustigte mich, daß Cranmer diesen Köder so einfach geschluckt hatte. Aber ich hatte ja meine Protestanten in London zurückgelassen, gab ich mir selbst zu bedenken. Cranmer, Audley, Edward Seymour... sie würden für die Extremisten ein offenes Ohr haben.

Nun, ich würde die Sache untersuchen lassen und dieser Mary Hall das Maul stopfen. Sie würde bereuen, daß sie solche Verleumdungen je ausgesprochen hatte. Müde befahl ich William Fitzwilliam, dem Lord Geheimsiegelbewahrer, Anthony Browne, dem Lord Admiral, und Thomas Wriothesley, dem Staatssekretär, Mary und John Lassells zu verhaften und Manox und Dereham zu verhören. Die Verleumdungen mußten aufhören.

Bis dahin vergnügte ich mich von Herzen mit Catherine, wie zum Trotz.

Drei Tage später kehrten meine Männer zurück. In meinem Arbeitszimmer berichteten sie mir im Vertrauen, daß sie die protestantischen Geschwister, den Musiklehrer und Dereham befragt hätten und außerstande gewesen seien, die Geschichte zu widerlegen. Ganz im Gegenteil.

»Ich kann das nicht glauben!« murmelte ich. »Sie müssen lügen. Oh, warum legen Protestanten ihre Falschheit erst über den Flammen des Scheiterhaufens ab? Verflucht sei ihr Fanatismus! Also gut, dann foltert sie! Zwingt die Wahrheit aus ihnen heraus!«

Die Folter war verboten – außer bei Verrat, Aufstand oder Verratsverdacht.

Catherine hatte für diesen Abend ein Mahl und eine »Belustigung« für mich geplant. Aber der Sinn nach Heiterem war mir vergangen; plötzlich wollte ich sie nicht mehr sehen und mich nicht mit ihr belustigen. Unvermittelt schickte ich ihr den Befehl, sich in ihre Gemächer zurückzuziehen und dort solange zu warten, wie es dem König beliebte. Die Zeit des Tanzens sei vorerst vorüber.

Des Königs Freude war zerstört, und nur der umfassende Widerruf dieser Schurken würde sie wiederherstellen.

Ich schlief schlecht in dieser Nacht, wenn ich überhaupt schlief. Culpepper auf seinem Lager zu Füßen meines Bettes schlief ebenfalls nicht; ich hörte es an seinem Atmen. Normalerweise hätten wir uns die Zeit vertrieben, eine Kerze angezündet und ein Schachbrett aufgestellt. Aber eine tödliche Angst hatte mich ergriffen, und ich wollte keine Gesellschaft. Und so verbrachten wir die lange Nacht – ein jeder zwar im klaren Bewußtsein der Gegenwart des anderen, ein jeder aber auch absolut allein.

Ich war erleichtert, als der Morgen graute und es Zeit wurde, zur Messe zu gehen. Ich brauchte Gott; ich brauchte Trost. Eilig zog ich mich an und begab mich durch die lange Galerie zur königlichen Kapelle. Es waren wenige Leute dort; die meisten zogen es am Sonntagmorgen vor, eine spätere Messe zu besuchen.

Ich kniete nieder, ließ jeden zusammenhanglosen Gedanken, jede Befürchtung aus mir hervorströmen und brachte sie vor Gott. Die Kerzen flackerten auf dem Altar, und der Gottesdienst verlief ohne Zwischenfall. Ich bekam keine Antwort, fand keinen Seelenfrieden.

»... Dir, denn Du versprichst uns zu speisen, die wir geziemend empfangen haben dies heilige Geheimnis...« Draußen vor den Türen der Kapelle erhob sich ein Scharren und Poltern. Dann ein Schrei, schrill und durchdringend wie der einer Moorhexe.

»Nein! Nein!«

»... des Allerheiligsten Leibes Deines Sohnes, unseres Erlösers Jesus Christus, und da Du uns so deine Gnade und Güte erweisest und...«

»Heinrich! Heinrich! Heinrich!« schrie die Stimme, und mit jedem Mal, daß mein Name genannt ward, klang sie schwächer, wie aus größerer Entfernung.

Ich erbebte, obgleich ich nur drei Schritt weit vor dem Altar kniete und den Leib des Herrn in mir trug.

»... daß wir sind Glieder des einen mystischen Leibes...« Träumte ich? War ich der einzige, der diese Schreie gehört hatte, die mir das Blut gerinnen ließen? Der Priester murmelte immerfort weiter, die Gläubigen flüsterten ihre Antworten.

Als ich aus der Kapelle trat, war der Gang draußen leer.

Am Abend sollte eine Sitzung des Geheimen Staatsrates in der Residenz Bischof Gardiners in Southwark stattfinden. Ich berief sie am Nachmittag ein, als Fitzwilliam mit weiteren Aussagen und

Beweisen zu mir kam. Auf freiem Feld in der Gegend von Hampton, wohin ich mich unter dem Vorwand der Jagd, in Wirklichkeit aber, um allein zu sein, begeben hatte, erließ ich den Befehl an alle Ratsmitglieder, nach London zu kommen und an dieser Notsitzung teilzunehmen. Sie sollte geheim bleiben, und so begab ich mich gleich zur königlichen Barke, ohne noch einmal in den Palast zurückzukehren. Gerüchte machten in Hampton die Runde, und inzwischen wußte jeder, daß etwas nicht stimmte. Catherine hatte auf meinen Befehl in ihren Gemächern zu bleiben.

Vor mir in Gardiners prächtigem Ratszimmer saßen Audley, der Lord Kanzler, Thomas Howard, der zu diesem Anlaß den Befehl erhalten hatte, nach London zu kommen, und jetzt erfreut und wichtig dreinblickte, William Petre, der Erste Sekretär, Brandon, Cranmer...

Ich hakte die Namen ab. Ja, sie waren alle da. Ich räusperte mich.

»Ihr Herren«, begann ich, »Ihr seid zu dieser widrigen Stunde hergerufen worden« – ich brach ab, redete dann entschlossen weiter – »um über gewisse Dinge zu beraten, bösartige Vorwürfe gegen die Königin.« Ich schüttelte raschelnd ein Papier vor meinem Gesicht: die erste Aussage des Informanten. »Während wir auf Reisen waren, erhielten der Lord Erzbischof und der Staatsrat *in absentia*« – ich deutete mit dem Kopf auf Cranmer, Audley und Seymour – »Kenntnis von angeblichen Missetaten meiner... Gemahlin. Die Vorwürfe waren hinreichend schwerwiegend, so daß der Erzbischof sich bemüßigt sah, mir schriftlich Bericht zu erstatten. Inzwischen haben wir weitere Ermittlungen angestellt. Aber es ist eine verwirrende Angelegenheit, und ehe wir fortfahren, möchten wir sie Euch vollständig darlegen. Die Zeugen – und Beklagten – sollen offen sprechen, wo jeder sie hören kann.«

Das war unorthodox. Ich konnte selbst kaum glauben, was ich da sagte. Seit diese schreckliche Geschichte begonnen hatte, war alles wie ein phantastischer Traum, und ich fühlte mich wie ein Schlafwandler.

»Wir werden Schritt für Schritt nachvollziehen«, sagte ich. »John Lassells soll als erster sprechen.«

Man führte einen älteren Mann herein; er sah aus wie die Verkörperung der Vernunft.

»Nennt Euren Namen und Euren Titel.«

Er verbeugte sich. »Ich bin John Lassells, wohnhaft zu London.«

»Nennt Euren Beruf.«

»Ich weiß, worauf Ihr abzielt; also laßt uns ehrlich sein und gleich alles offenbaren«, polterte er. »Ich gab das wieder, was meine Schwester Mary, die als Kinderfrau im Hause der Herzogin von Norfolk diente, mir antwortete, als ich sie fragte, warum sie nicht eine Stellung bei Hofe suchte. Mir schien, daß jeder, der die Königin dort gekannt hatte, um eine solche Stellung gebeten hatte. Da war Joan Bulmer, die von York her schrieb, und Katherine Tilney, die ihre Kammerfrau wurde. Warum also nicht auch meine Mary?«

Ich klopfte vor mir auf den Tisch. »Weiter.«

»Sie antwortete: ›Ich will der Königin nicht dienen. Ich habe vielmehr Mitleid mit ihr.‹ Ich fragte sie, warum, und sie sagte: ›Weil sie leichtfertig ist im Tun und im Denken.‹«

Ich schaute in die Runde. Alle blickten wie vom Donner gerührt.

»Und was meinte sie damit? Habt Ihr weiter nachgeforscht?« fragte ich unberührt.

»Aye. Und sie sagte« – er zögerte, und seine Stimme schien zu verrinnen –, »da sei ein Musiklehrer gewesen, Manox, der sich gebrüstet habe, ihren Leib berührt zu haben und ein geheimes Mal an einer verborgenen Körperstelle zu kennen…«

Ein Mal wie eine kleine Leiter, ganz oben an ihrem Schenkel; eine Wunde war dort genäht worden, als sie noch ein kleines Mädchen war. Ich pflegte diese Leiter zu erklimmen; es war eines unserer Spiele: Meine Lippen waren Füße, und ich erstieg Sprosse um Sprosse, bis ich das Tor zu ihrem Schoß küssen konnte.

»… und dann wurde er von der Herzogin fortgeschickt; sie ertappte die beiden, wie sie einander liebkosten, nachdem sie sich beim Spinett eingeschlossen hatten.«

Musik… ein Musiklehrer… Mark Smeaton… Der Schmerz, den ich auf ewig vergangen geglaubt hatte, zerriß meinen Körper.

Nun führte man Mary Lassells Hall herein. Sie war so, wie ich sie mir vorgestellt hatte: Groß, hart, schmucklos. Rasch erzählte sie ihre Geschichte.

»Als der Musiklehrer entlassen war, kam ein neuer. Ein Francis Dereham, irgendein Vetter, ein Gefolgsmann des Herzogs von Norfolk. Er fand bald den Weg zu den Vergnügungen im Schlafquartier der Mädchen unter dem Dach und wurde ein beliebter Gast dort.«

Catherines Sommersekretär! Der Piratencousin! O Jesus, o Jesus...!

»Bitte erklärt das genauer.« Norfolk preßte jedes Wort unter Qualen hervor. Er hatte Angst.

»Die Mädchen sollten nachts in einem Schlafsaal bleiben. Die Herzogin hatte befohlen, sie um acht Uhr einzuschließen. Aber sie schlief selbst in einem anderen Flügel des Hauses und war außerdem halb taub. Sobald sie sich zurückgezogen hatte – welch ein Fest! Alle wollüstigen Männer der Grafschaft trafen sich nachts in der Kammer dieser ›Jungfrauen‹. Sie kletterten zu den Fenstern herein, brachten Erdbeeren und Wein und befriedigten ihre Geilheit auf dem Weibe ihrer Wahl. Ihr einziges Zugeständnis an die Keuschheit bestand darin, daß sie einen Vorhang um das Bett zogen, wenn sie sich darin vergnügten.«

»Abscheulich!« murmelte Norfolk.

»Euer Vetter, Sir William Howard, hatte einen eigenen Schlüssel«, versetzte sie steif. »Dieser Manox nun – als er sich von dem heidnischen Treiben ausgeschlossen sah, schrieb er der Herzogin einen schwatzhaften Brief darüber. Lord William Howard fürchtete entsetzt, seine Frau könne ihn ertappen. Er hatte sich mit einer fünfzehnjährigen Dirne vergnügt, wahrhaftig! So schalt er Manox und Dereham und sagte: ›Was denn, ihr verrückten Tröpfe! Könnt ihr nicht einfach fröhlich sein? Müßt ihr gegeneinander vom Leder ziehen?‹ Das Spiel war ihm verdorben, und das reute ihn.«

Ich wedelte mit der Hand. »Genug.« Mich kümmerte nicht, was Lord William Howard getan hatte. Nicht seinetwegen brach mir das Herz. »Ihr sagt, andere aus dem Haushalt der Herzogin hätten die Königin um eine Stellung gebeten?«

»Jawohl. Joan Bulmer, ihre Busenfreundin aus alten Tagen, dient jetzt als ihre Kammerfrau. Katherine Tilney ist ihre Bettzofe, Margaret Mortimer ihre Gewandmeisterin. Sie haben sich ihr Nest gut gepolstert und ihre Zukunft gesichert.«

So. Sie hatte also die verkommenen Erinnerungen an ihr früheres Leben mitgebracht. Zur Unterstützung ihrer bösartigen Pläne. Aber vielleicht hatte sie es ja nicht freiwillig getan; vielleicht hatten sie ihr gedroht...

»Edward Manox«, rief ich. Er kam herein und trat vor mich hin. Ich hatte nicht erwartet, daß er so hübsch sein würde.

Ich wiederholte, was gegen ihn vorgebracht worden war. »Was sagt Ihr zu diesen Berichten?«

»Sie stimmen; aber es ist nicht, wie es zu sein scheint! Ich bin der Sohn eines Edelmannes aus der Nachbarschaft, und man holte mich in den Haushalt der Herzogin, damit ich ihre Mündel in der Musik unterwies. Catherine Howard war damals erst dreizehn Jahre alt, eine sehr... unbefangene Jungfrau. Sie hatte ein echtes Talent zur Musik« – ja, das wußte ich, denn ich hatte mich an diesem Talent erfreut, hatte es genossen – »aber sie war mutwillig, liederlich – und schön. Sie versprach mir ihre Jungfernschaft, aber bevor ich dieses Versprechen auf die Probe stellen konnte, ertappte uns die Herzogin, als wir uns auf der Treppe küßten. Sie schrie und gab Catherine Backpfeifen. Sie sei eine Närrin, sich an mich zu verschwenden, rief sie, und ich sei ihrer unwürdig. Und dann entließ die Herzogin mich.« Er zögerte. »Bevor ich fortgeschickt wurde, ging Catherine mit mir im Obstgarten spazieren. Sie sagte, daß sie mich liebe und daß sie mir immer treu sein werde.«

Ich haßte seine Worte, haßte es, ihn sehen zu müssen, so aufrecht und jung und ehrlich.

»Ich verdiene meinen Unterhalt als Musiker«, sagte er. »Ich wohnte in Chertsey, als man mich herbrachte, damit ich mich gegen ›gewisse Vorwürfe verantworte‹. Bitte, meine Lords. Als ich sie kannte, war sie bloß Catherine Howard, ein Mädchen im Haushalt der Herzogin, und ich habe nichts Unrechtes getan. Sie mag mir ihre Jungfernschaft versprochen haben, aber ich habe dieses Versprechen nie eingefordert. Und seit sie Königin ist, habe ich niemandem verraten, daß ich sie einmal kannte. Es ist mein Geheimnis ganz allein.«

Ach, fort mit ihm! Er widerte mich an. Er hatte Catherine mit mir geteilt, hatte sie besessen, wie ich es niemals konnte: Er war ihre erste Liebe gewesen.

Man führte ihn hinaus und zerrte Dereham herein. Den hübschen, kecken Dereham.

Auch ihm wurde die Klage vorgelesen, und man forderte ihn auf, sich zu rechtfertigen.

»Die Königin ist mein Weib«, erklärte er kühn. »Sie wurde mir vor zwei Jahren versprochen. Wir lebten als Mann und Frau, und dann ging sie zum Hof und ich nach Irland – beide, um unser Glück zu machen; dies war der Plan. Nun, ich hatte einigen Erfolg bei meinen Unternehmungen dort« – ja, als Pirat, ich erinnerte mich –, »aber stellt Euch meine Überraschung vor, als ich bei meiner Rückkehr feststelle, daß meine kleine Frau sich inzwischen als Königin von England gebärdet. Natürlich beeilte ich mich, meinen Besitzanspruch geltend zu machen, und sie hatte die große Freundlichkeit, mich zu ihrem Sekretär zu ernennen. Aber ach! ich stellte fest, jemand anders hatte meinen Platz in ihrem Herzen eingenommen... ein gewisser Thomas Culpepper.«

Nein. Nein.

»Ihr sagt, Ihr lebtet ›als Mann und Frau‹«, wiederholte Cranmer trocken. »Wie ist das genau gemeint?«

»Wir schliefen oft miteinander und hatten die Absicht, zu heiraten.«

Schliefen oft miteinander. Ich betrachtete den langbeinigen Piraten, stellte mir vor, wie er auf meiner Catherine lag, über ihr erbebte, sich in ihren Schoß wühlte und seinen Samen in sie ergoß.

Der Stein. Der Stein in ihrem Schoß... dazu hatte er gedient... Catherine selbst hatte sich einen Arzt gesucht, der ihn dort hineingesteckt hatte. Vor ihren eigenen geschlechtlichen Ausschweifungen hatte sie sich damit schützen wollen.

Ich schmeckte Galle in meinem Schlund.

»Sie hat sich Euch versprochen?« fragte Cranmer.

»Wir nannten einander ›Mann‹ und ›Frau‹. Ich vertraute ihr mein Geld an, als ich nach Irland ging. Ich weiß noch, daß ich sie in meinen Armen hielt, und sie sagte unter Tränen: Nie im Leben wirst du zu mir sagen müssen: ›Du warst mir untreu.‹«

Aber sie war es gewesen, sie war es gewesen. O Gott – warum nahm dieser Schmerz kein Ende? Warum fühlte ich keinen Zorn? Komm doch, du reiner Zorn, und spüle diese Qual von mir!

»Wendet Euch an Tom Culpepper, wenn Ihr mehr wissen wollt!« rief er, als man ihn hinausbrachte.

Culpepper.

Ein Dutzend Augen schauten mich blinzelnd an. Ich glaubte, das Herz müsse mir zerbrechen, und mir war, als risse es mich in Stücke, als ich flüsterte: »Verhaftet Culpepper. Verhört ihn.« Es raschelte, und meine Diener machten sich daran, zu tun, wie ich geheißen.

Alles brach jetzt über mich herein, und ich erinnerte mich an jede brutale und mörderische Einzelheit. Ihre vorgespielte Keuschheit, die mich veranlaßt hatte, die Heirat in solch überstürzter Hast herbeizuführen, weil ich sie nicht verletzen wollte; ihr lasterhaftes Benehmen in unserer Hochzeitsnacht, einer Hure angemessen, die alles Süße längst hinter sich gelassen hatte; Derehams syrische Liebescreme; Culpeppers und Catherines Abwesenheit während meiner Krankheit, und ihre Nervosität; ihre geröteten Wangen an jenem Morgen, die ich frommen Erlebnissen während der Messe zugeschrieben hatte; ihre versperrte Tür auf der »großen Reise« in den Norden, und das Ammenmärchen über die schottischen Meuchelmörder, und ihre Küsse und Beteuerungen am nächsten Morgen. O Gott!

Ich ließ den Kopf auf den Ratstisch sinken und weinte. Die Mütze fiel mir herab und entblößte mein schütteres Haar. Ich war so nackt wie nie zuvor, und es kümmerte mich nicht, so groß war mein Schmerz. Ich hatte Catherine geliebt, hatte sie für keusch und liebevoll gehalten. Und es war alles gelogen gewesen. Sie war eine Hure, eine verschlagene Hure, die an den Hof gegangen war, »um ihr Glück zu machen«.

Schwankend richtete ich mich auf und schrie: »Ein Schwert! Ein Schwert!«

Niemand rührte sich.

»Holt mir ein Schwert!« befahl ich. »Ich werde sie töten, töten... Sie soll im Laster nicht so viel Vergnügen gefunden haben, wie sie im Tode Qualen erleiden wird!« Ich starrte in die Runde. »Ich will, daß sie leidet, Freunde. Sie soll leiden! Man fühlt die Ekstase der Liebe in jedem Teil des Körpers, nicht wahr? Nun, jetzt soll der Schmerz ihr alle Glieder durchdringen.« Es war so einfach. Warum verstanden sie mich nicht? Schmerz wie der, der mich erfüllte – den wollte ich ihr zufügen.

»Seid Ihr taub? Ich will ein Schwert!« Ah, aber ich konnte sie nicht selber töten; ich hatte nicht das Geschick dazu. »Dann einen Schwertfechter!«

Cranmer warf mir die Arme um den Hals. Auch er weinte. Aber es gibt Weinen und Weinen, und meines kam aus der Tiefe. Es war unaufhaltsam. Je mehr Schmerz mich erfüllte, desto mehr Tränen quollen hervor.

»Aufhören! Aufhören!« Ich konnte es nicht mehr ertragen. Ich klammerte mich an Cranmer. Ich kreischte, als wollte ich mein Innerstes nach außen wenden, mich aus mir selbst verstoßen.

Betrogen. Ich war betrogen. Ich konnte es nicht ertragen; der Schmerz brannte wie Feuer. Mein Leben war eine Lüge, meine Liebe war eine Lüge, nichts war, wie es zu sein schien, alles war ins Gegenteil verkehrt...

Ich erbrach mich auf den Tisch, und voller Ekel sah ich, wie die Brühe auf den türkischen Teppich troff. Mein Leben war wie dieses Erbrochene; ich selbst war es, was da in dieser verspritzten Lake vor mir lag, stinkend und durchsetzt von fauligen, unkenntlichen Dingen.

Jemand brachte mich zu Bett. Ich tobte, völlig außer mir. Bevor sie mich fortbrachten, rief ich nach Will.

Zwei volle Tage lag ich im Bett, die ganze Zeit über in einem verhangenen Zimmer, in das kein Tageslicht drang. Meine Hände waren mit seidenen Schnüren gefesselt, damit ich mir nichts antun konnte. Ich weinte und tobte unablässig, ohne zu schlafen. Erinnerung über Erinnerung erschien vor mir, und jede war so unvergleichlich qualvoll, daß es keine Erleichterung brachte, sie zu verdrängen. Als ich dann schlief, hatte ich schreckliche Träume. Ich raste und wollte nichts weiter, als aus dem Gefängnis meines Geistes entrinnen.

Und es verebbte nicht. Am Ende war ich nur erschöpft und verfiel in einen Zustand der Reglosigkeit.

CVIII

Ich erwachte und sah ein betrübtes Gesicht: Cranmer. Er stand am Fußende meines Bettes. Wie lange schon? Was wollte er?

»Euer Gnaden – geliebter König...« begann er und nahte sich mir.

Geliebter. Nur ein alter Mann würde fortan mit diesem Wort zu mir sprechen, und nur einem alten Mann würde ich es noch glauben.

So hatten sie um mich gefürchtet? Um meinen Verstand oder um mein Leben? Aber ach! keines von beiden hatte mich verlassen, keines war von mir geflohen. Ich war noch da, starr, bleiern – und völlig bei Verstand. Es gab keine Ruhe vor meinem Schmerz und vor meinem Bewußtsein.

»Cranmer.« Ich zeigte ihm, daß ich ihn erkannte, bat ihn, näher zu kommen.

»Wir haben dies in Culpeppers Briefschatulle gefunden – als er fröhlich auf der Beiz war; wir haben seine Gemächer durchsucht. Er ist bereits verhaftet...«

Er reichte mir einen Brief, so verlegen, als hätte er ihn selbst geschrieben.

Meister Culpepper,

ich empfehle mich Euch von Herzen und bitte Euch, sendet mir Nachricht, wie es Euch ergeht. Man sagte mir, Ihr seid krank, was mir gar große Bangnis bereitet, bis ich von Euch höre, und so bitte ich, sendet mir Nachricht, wie Ihr Euch befindet. Denn nie habe ich etwas mehr ersehnt als dies, Euch zu sehen und mit Euch zu sprechen, was aber hoffentlich bald geschehen wird.

Dieses tröstet mich sehr, wenn ich daran denke, und wenn ich wiederum daran denke, daß Ihr noch einmal von mir sollt getrennt sein, so bricht es mir das Herz, zu sehen, welches Schicksal ich habe, daß ich nicht immerfort in Eurer Gesellschaft kann sein.

Ich vertraue immer darauf, daß Ihr halten werdet, was Ihr mir versprochen, und auf diese Hoffnung vertraue ich weiter und bitte Euch, zu mir zu kommen, wenn die Lady Rochford ist bei mir, denn dann kann ich Euch am besten zu Gebote stehen.

Ich danke Euch auch, daß Ihr versprochen, dem armen Burschen, meinem Diener, Eure Güte zu erweisen, denn dies schmerzt mich auch, daß ich mich von ihm muß trennen, weil ich doch dann niemanden weiß, den ich noch zu Euch zu schicken wage; und deshalb bitte ich Euch, behaltet ihn bei Euch, damit ich einmal von Euch höre.

Ich bitte Euch, gebt mir ein Pferd für meinen Diener, denn es macht mir große Mühe, eines zu bekommen, und deshalb bitte ich, schickt mir eines durch ihn, und so bleibe ich, wie ich schon gesagt, und verabschiede mich von Euch; ich hoffe Euch bald wiederzusehen und wünschte, Ihr wäret hier bei mir, so könntet Ihr sehen, welche Mühe ich mir mache, Euch zu schreiben.

Die Eure, solange ich lebe

Catherine

Noch eines habe ich vergessen, nämlich daß Ihr meinen Diener heißen sollt, hier bei mir zu bleiben, denn er sagt, was Ihr ihn heißet, das wird er tun.

Catherine. Ihre hektischen, wirrköpfigen »Arrangements«. Dies konnte keine Fälschung sein; allzu vollkommen spiegelte es ihre Persönlichkeit wider.

Es bricht mir das Herz, zu sehen, welches Schicksal ich habe, daß ich nicht immerfort in Eurer Gesellschaft kann sein...

Das »Schicksal«, das die beiden trennte und »ihr das Herz brach«, war ich, meine Anwesenheit, meine Existenz.

Oh, warum durchbohrte es mich so glühendheiß, dies zu erkennen, es in seiner vollen Bedeutung zu schmecken? Warum ließ die volle Bedeutung – daß sie nämlich eine Ehebrecherin und eine Verräterin war – den Schmerz dieser kleinen, kleinlichen Einzelheiten nicht zurücktreten? Gerade diese Kleinigkeiten hatten die spitzesten Stacheln...

... denn nie habe ich etwas mehr ersehnt als dieses, Euch zu sehen und mit Euch zu sprechen...

Hatte ich so etwas nicht vor langer Zeit an Anne geschrieben – fast die gleichen Worte; wie hatte ich es noch gesagt? »Ihre Abwesenheit bereitet meinem Herzen den größten Schmerz, wie weder Zunge noch Feder ihm Ausdruck verleihen können«?

Catherine hatte also das gleiche wahnsinnige Verlangen nach Culpepper.

Nein, bei ihr war es nicht so dauerhaft. Es war bloße Wollust und kein Zauber.

Die Eure, solange ich lebe, Catherine...

Mir hatte sie noch keinen einzigen Brief geschrieben.

»Danke, Cranmer«, sagte ich langsam. »Ich glaube, am besten geht Ihr jetzt zu ihr und nehmt ihr das Geständnis ab.«

Am nächsten Tag, während ich auf Nachricht von Cranmer wartete, erhielt Will eine Nachricht von Lady Baynton, Catherines verheirateter Schwester.

»Dereham tat, was er tat, gewaltsam«, erklärte sie, wenn auch in weniger unumwundenen Worten. So erreichte mich der Widerruf noch vor der eigentlichen Aussage.

Wie gut es zu Catherine paßt, dachte ich. Sie hat etwas gesagt und will es nun zurückziehen – wie ein Kind, das sich auf dem Sommerjahrmarkt irgendwelchen Tand aussucht. »Ich möchte dies – nein, lieber das.« *Aber die Zeit des Tanzens war vorüber.*

Endlich kam Cranmer, so nervös, daß er zitterte. »Es ist geschehen«, murmelte er. »Sie hat ein Geständnis abgelegt. Nehmt es.« Er hielt es mir entgegen; die scheußliche Aufgabe war erfüllt.

»In welchem... Zustand war sie?« Oh, erzähle mir von ihr – was hatte sie an, wie sah sie aus? Gütiger Jesus, liebte ich sie denn immer noch? Fast hätte ich ausgespuckt.

»Sie war von Sinnen vor Jammer und Schmerz.«

Schauspielerei! Wie sie mir die ganze Zeit nur etwas vorgespielt hatte. Aber wenn sie sich nun geändert hatte...? Nein, unmöglich. »Was sagte sie über Dereham?«

Cranmer schlug widerstrebend seine Notizen auf. »Über Dereham sagte sie: ›Er hat mehrmals bei mir gelegen, manchmal in Wams und Hose und zwei- oder dreimal nackt, aber nicht so nackt, daß er ganz unbedeckt war, denn er hatte immer mindestens sein Wams an, und wenn ich recht überlege, auch seine Hose; nackt aber, meine ich, wenn er die Hose ablegte.‹«

Sie erinnerte sich an jede Einzelheit und schwelgte noch darin! Gütiger Gott! Und das Wams hatte er anbehalten – ich erinnerte mich an unsere Hochzeitsnacht, da sie mich desgleichen hatte tun lassen... es hatte sie erregt...

Ich glaubte den Gipfel der Agonie erreicht, aber jeder Tag brachte neue Höhepunkte, und dieses Geständnis mehr als jeder andere. Ich würde es lesen, lesen und sterben. Und dann wäre ich fertig mit dem Tode, wie ich schon mit dem Leben fertig war.

Es war an mich adressiert. Also hatte sie mir endlich doch noch einen Brief geschrieben.

Ich, Euer Gnaden jämmerlichste Untertanin und übelstes Scheusal auf der Welt, bin nicht würdig, mich Eurer unvergleichlichen Majestät zu empfehlen, und so will ich nur in aller Unterwürfigkeit meine Missetaten gestehen.

Zwar habe ich für meinen Teil keinen Grund geboten, mir gnädig zu sein; doch ist es ja Eure Gewohnheit, auch allen anderen Menschen ganz unverdiente Gnade zu gewähren, und so bitte ich Euch auf Händen und Knien um einen kleinen Teil von derselben, wiewohl ich unter allen Geschöpfen dasjenige bin, welches am unwürdigsten, Euer Weib oder Eure Untertanin genannt zu werden.

Meinen Schmerz kann mit Buchstaben ich nicht ausdrücken; gleichwohl vertraue ich darauf, daß Eure allerbarmherzigste Natur wird Rücksicht nehmen auf meine Jugend, meine Unwissenheit, meine Schwachheit, das demütige Geständnis meiner Missetaten und die offene Darlegung derselben, mit der ich mich ganz und gar Euer Gnaden Mitleid und Barmherzigkeit anheimgebe.

Zum ersten erlaubte ich, ein kleines Mädchen nur, dem Manox auf seine schmeichelnden und schönklingenden Überredungen hin zu mehreren Malen, die verborgenen Teile meines Körpers zu berühren und damit zu spielen, was sich aber mir nicht zu erlauben und ihm nicht zu erbitten geziemte.

Auch Francis Dereham machte mich durch mancherlei Überredungskunst zu diesem bösen Zwecke gefügig und vermochte mich erst, mit Wams und Hose auf seinem Bette zu liegen, hernach in seinem Bette, und schließlich lag er nackend mit mir und gebrauchte mich zu verschiedenen Malen, wie ein Mann seine Ehefrau gebraucht; wie viele Male aber, das weiß ich nicht.

Unsere Gemeinschaft endete beinahe ein Jahr, bevor des Königs Majestät mit der Lady Anna von Kleve vermählt ward, und dauerte überhaupt nicht länger als ein Vierteljahr oder wenig mehr.

Nun, da Eurer Majestät die ganze Wahrheit offenbart worden, flehe ich Euch in aller Demut an, zu bedenken, wie süß die Überredungkunst der Jünglinge und wie groß die Unwissenheit und Schwachheit der Mägdelein.

So sehr sehnte ich mich nach Euer Gnaden Gunst, und so blind war ich vom Verlangen nach weltlicher Pracht, daß ich nicht den Anstand noch die Fähigkeit besaß, zu bedenken, welch großer Fehler es war, meine früheren Fehler vor Eurer Majestät zu verbergen, auch wenn ich die Absicht hatte, fortan und mein Leben lang Eurer Majestät treu und ehrlich wollte sein.

Gleichwohl stand mir das Betrübliche meiner Missetaten immer vor meinen Augen angesichts der grenzenlosen Güte Eurer Majestät gegen mich, die immer noch zunahm und nicht abnahm.

Nunmehr überlasse ich mich mit all meinen Missetaten Eurer Majestät gütigen und barmherzigen Gnade, auf daß nicht die Gesetze Eurer Majestät ein Urteil fällen, sondern nur Eure grenzenlose Güte, Barmherzigkeit und Gnade – ohne welche ich, wie ich wohl zugeben muß, der allerhärtesten Bestrafung würdig wäre.

Sie log! Sie log sogar hier, noch in ihrem »ehrlichen« Geständnis log sie. Wo war hier die Rede von Culpepper, he? »Fortan und mein Leben lang treu und ehrlich«. Die Frechheit, der dreiste Täuschungsversuch noch in ihren kriecherischen Sätzen, offenbarte, daß sie von Culpeppers Verhaftung noch nichts wußte. Ihre Doppelzüngigkeit verschlug mir die Sprache.

Meine ganze Liebe zu ihr endete in diesem Augenblick. Ich sah sie ganz und gar als das, was sie war.

Ich nickte Cranmer zu, der neben mir stand, den Tränen nah.

»Ich danke Euch. Ihr habt Eure Sache gut gemacht«, sagte ich zu ihm. »Ein treuer Diener ist nicht einer, der sich auf jede erfreuliche Aufgabe stürzt, sondern einer, der es auf sich nimmt, die Bürde einer schmerzlichen zu tragen. Manch einer dient dem Bräutigam, aber niemand will den Toten aufbahren.«

»Ich trauere für Euch, und ich will nur helfen.«

»Ihr habt Euren Wert wieder und wieder unter Beweis gestellt, aber niemals mehr als heute. So viele haben mir damals geholfen, die Prinzessin von Kleve zu heiraten. Wo sind sie jetzt?«

»Der oberste von ihnen ist tot, Euer Gnaden.«

Er war also nicht nur treu, sondern auch mutig, dachte ich. Nicht einer unter tausend hätte das über die Lippen gebracht, wenngleich es alle gedacht hätten.

»Cromwell.« Ich lachte ohne Heiterkeit. »Oh, wie hätte er die letzten Tage genossen, wie hätte es ihm gefallen, zu sehen, wie seine Feinde, die Howards, erniedrigt wurden! Zu sehen, wie diese Schlampe mich mit Schmach überschüttete! Mein gerechter Lohn dafür, daß ich sie Cromwells Lady Anna vorgezogen habe.« Cromwell lachte bestimmt – falls man in der Hölle lachen kann. Ich weiß, daß Dämonen kichern und johlen – aber die Verdammten?

»Niemand, der auch nur ein wenig Herzensgüte besitzt, könnte unter solchen Umständen lachen«, beharrte Cranmer. Weil er selbst diese Herzensgüte besaß, konnte er sich nicht vorstellen, daß sie anderen fehlen sollte.

»Sie müssen vor Gericht gestellt werden«, sagte ich, und meine Gedanken entfernten sich von Cromwell in seinem Leichentuch. »Erst die Männer, dann Catherine. Wollen sehen, wie sie sich fühlt, wenn Culpepper sie verleugnet. Was er tun wird. Er wird schwören, er habe sie nicht geliebt. Wie wird ihr das gefallen, in aller Öffentlichkeit von dem Geliebten verleugnet zu werden, um dessentwillen sie alles aufgegeben hat? Das wird sie mehr schmerzen als das Schwert, das sie später zu fühlen bekommt. Er wird sie ganz bestimmt verleugnen, wißt Ihr. Er wird sie verleugnen und sich meiner Gnade anheimgeben.«

Ich rieb mir die Stirn. In meinen Schläfen pochte es. »Die Männer müssen ein offenes Gerichtsverfahren bekommen. Jedermann bei Hofe, auch ihre Freunde, sollen dabeisein dürfen. Auch die Ausländer, damit sich die Kunde überall verbreiten kann. Ich will, daß alle Welt weiß, wie schlecht und hinterhältig man mich behandelt hat! Niemand wird mehr denken, ich sei grausam oder blutrünstig, sondern alle werden mit eigenen Augen sehen, wie sehr man mich getäuscht und betrogen hat!«

Cranmer nickte unglücklich.

»Macht kein so jämmerliches Gesicht. Das Schlimmste ist vorüber. Es bleiben nur noch juristische Formalitäten.«

Er verneigte sich.

Plötzlich fiel mir etwas ein. »Oh, und Cranmer – bringt mir das Original des Briefes, den Catherine an Culpepper schrieb. Ich möchte ihn gern selbst in Gewahrsam haben. Solche Beweisstücke haben die Angewohnheit, kurz vor einem Prozeß oder einer Verhandlung zu verschwinden. Wie das Original des päpstlichen Dispens für meine Heirat mit Katharina von Aragon kurz vor der Eröffnung des Legatsgerichtes verschwand, und wie meine Briefe an Anne Boleyn verschwanden und im Vatikan wieder auftauchten. Ich werde den Brief der Königin an meinem Körper tragen, so daß einer, der ihn stehlen will, ihn von meinem Busen reißen muß.« Wie man mir mein Weib von meinem Busen gerissen hatte.

Aber nein – sie hatte mir keiner gestohlen. Sie hatte sich selbst davongestohlen.

Als ich allein war, setzte ich mich und öffnete das »Geständnis«. Ich las es sehr langsam noch einmal, Wort für Wort, als würde ich diesmal etwas entdecken, was vorher nicht dagewesen war, etwas, wodurch das Ganze aufgehoben und ungeschehen gemacht werden würde.

Statt dessen fand ich mehr Schmerzliches als zuvor.

Zum ersten erlaubte ich, ein kleines Mädchen nur, dem Manox auf seine schmeichelnden und schönklingenden Überredungen... was sich aber mir nicht zu erlauben und ihm nicht zu erbitten geziemte...

Auch Francis Dereham machte mich durch mancherlei Überredungskunst zu diesem bösen Zwecke gefügig... und gebrauchte mich zu verschiedenen Malen...

...die Überredungkunst der Jünglinge und die Unwissenheit und Schwachheit der Mägdelein...

Der ganze Tonfall stank – diese winselnden Versuche, sich selbst zu entschuldigen und alle Schuld den Männern zuzuschieben. Um wieviel geziemender wäre es gewesen, hätte sie für ihre Taten eingestanden und die Verantwortung auf die eigene Schulter genommen! Lieber eine stolze Delila als eine nach Ausreden suchende Eva.

Und warum hatte sie mich heiraten wollen?

So blind war ich vom Verlangen nach weltlicher Pracht...

Diese Närrin! Sogar zum Schmeicheln war sie zu dumm! Gab einfach unumwunden zu, daß sie Juwelen und Gold begehrt hatte.

Oh, ich hatte eine dumme Dirne geliebt. Schlimm genug, daß sie eine Dirne war, aber dumm war sie außerdem. Ein Mädchen, zu ungebildet, um einen geschliffenen Brief zu schreiben, und einfältig genug, denjenigen zu beleidigen, den sie um Gnade anflehte! Bosheit und Tücke, wie sie ihrer Cousine Anne Boleyn zu Gebote gestanden hatten, waren machtvolle Fallen, mit denen sich jeder sterbliche Mann fangen lassen konnte. Aber Dummheit! Ich war dem oberflächlichen Zauber einer dummen Frau ins Garn gegangen!

CIX

Das schäbige Geheimnis war entdeckt und wieselte durch das Reich wie eine Armee von Ratten. Ohne Zweifel würde es sehr viel schneller in York und Lincoln sein, als ich auf meiner Reise dort hingekommen war, und all das Gute, das ich dort für die Majestät der Krone zustande gebracht hatte, wieder zunichte machen. Das Gerichtsverfahren würde auch die morbideste Neugier befriedigen; von mir aus mochte noch die letzte verdorbene Tatsache an die Öffentlichkeit gebracht werden. Sollte nur die ganze Abscheulichkeit bekannt werden. An meinem eigenen Stolz lag mir nichts; es sollte nur nachher niemand den Staat der Ungerechtigkeit bezichtigen oder das Verfahren als abgekartet bezeichnen, wie es im Fall der Hexe geschehen war.

Catherine bekam den Befehl, ihre königlichen Gemächer in Hampton zu räumen und unter Bewachung nach Syon House, in das ehemalige Kloster, umzuziehen. Ihre Anwesenheit würde es auf jeden Fall entweihen, wenn die Kirche es nicht schon getan hatte.

Nach ihrem hysterischen Geständnis hatte ich Cranmer noch einmal zu ihr geschickt, begleitet diesmal von Thomas Wriothesley, der weniger zart besaitet war. Es war nötig, daß sie sich zu Culpepper äußerte. Ihre Schuld war uns bereits bekannt, und wenn sie die Absolution für ihre unsterbliche Seele zu erlangen hoffte, mußte sie ihre Sünde bekennen.

Als ihr Culpeppers Geständnis und ihr Brief an ihn vorgelegt wurden, fiel sie in Ohnmacht.

»Er kann nicht – gewagt haben...« murmelte sie und brach zusammen. Als sie die Augen wieder aufschlug, verlangte sie als erstes: »Den Brief! Den Brief!«

»Er ist beschlagnahmt, Madam«, erfuhr sie. »Seine Majestät der König hat ihn.«

Sie jammerte und heulte. Sodann gestand sie, Culpepper an zuvor vereinbarten geheimen Orten und auf Hintertreppen des Palastes getroffen zu haben; sie habe Culpepper ihren »kleinen, süßen Narren« genannt und ihm zum Zeichen ihrer Zuneigung eine samtene Mütze und einen Ring geschenkt.

»Aber es war keine Sünde zwischen uns, das schwöre ich!« weinte sie, und im selben Atemzug bezichtigte sie Lady Rochford und Culpepper, sie zu diesen Treffen gezwungen zu haben.

Lady Rochford hatte eine andere Geschichte zu erzählen, die sie entlastete: Sie hatte die Zusammenkünfte auf Catherines mysteriöses Drängen hin arrangiert. Zudem schwor sie: »Culpepper hat, nach allem, was ich zwischen ihnen gehört und gesehen habe, mit der Königin Umgang im Fleische gehabt.«

Genug. Genug davon. Jetzt mußte die ganze Wahrheit ans Licht geprügelt werden. Dereham und Culpepper und Lady Rochford und Catherine Howard und alle anderen Howards mußten vor Gericht. Die Vorbereitungen, die Ermittlungen waren abgeschlossen.

Die Guildhall in London. Der gesamte Staatsrat und die Botschafter des Auslandes – die französischen Gesandten Marillac und Castillon sowie der ehrenwerte Chapuys – waren zugegen, als die Männer vor die Richter geführt wurden.

Dereham, berichtete man mir, war reizend. Seine Arroganz war verschwunden, und er baute auf seine Herkunft, seine gute Familie, seine Liebe zu Catherine und seine ehrlichen Absichten. Er habe Gefallen an ihr gehabt, und sein einziger Gedanke sei gewesen, sie zu seiner Frau zu machen. Es habe ihm das Herz gebrochen, als er bei seiner Rückkehr aus Irland (wohin er sich nur begeben habe, um dort sein Glück zu machen, damit er ihr den Luxus bieten könnte, den sie so sehr verdiene) habe feststellen müssen, daß sie ihn verschmähte und verachtete. Sie war nicht mehr die schlichte Maid im Hause der Herzogin, sondern ein Mädchen mit einer Position bei Hofe, die ihr einigermaßen zu Kopfe gestiegen sei. Die anderen Freier – besonders ein gewisser Thomas Paston und ihr Cousin Thomas Culpepper (wieder Thomas über Thomas!) – bereiteten ihm kein Kopfzerbrechen. Es war nur der König, den er als seinen Rivalen ansah und vor dem er widerstrebend zurückstehen mußte. Dennoch behauptete er: »Wenn der König tot wäre, könnte ich sie sicher heiraten.«

Wenn der König tot wäre. Er hatte sich meinen Tod vorgestellt, ihn herbeigewünscht. Schlimme Absichten und Bosheit im Herzen. Und dann – hatte er sich um eine Stellung in Catherines Haushalt beworben. Ein klarer, offensichtlicher Beweis für seine bösen Absichten.

Die Herzogin hatte seine Bitte unterstützt. Auch sie hatte einen Teil an all dem. Sie steckte mit ihnen unter einer Decke.

Culpepper war weniger unterwürfig und entgegenkommend als Dereham, als er vorgeführt wurde. Es war offenkundig, daß es ihm zuwider war, die Bühne mit einem Gemeinen wie Dereham zu teilen. Aber in einer Aufwallung von Stolz sprudelte er hervor, daß sie sich auf der ganzen Staatsreise immer wieder heimlich getroffen hatten, immer mit Hilfe von Lady Rochford, und immer auf Catherines hitziges Beharren hin. Und es sei seine »volle Absicht und sein Wille gewesen, mit der Königin Böses zu tun, wie auch die Königin gesonnen, es mit ihm zu tun«.

Damit und mit der bedenkenlosen Lässigkeit, die sein Kennzeichen war, warf er sein Leben weg, und Catherines dazu. Jetzt konnte es keine Gnade mehr geben, für keinen von ihnen. Es war ein Nest von Verrätern, die in den königlichen Gemächern gehockt, ihre Ränke geschmiedet und mir Krankheit und Hilflosigkeit an den Leib gewünscht hatten: Dereham, indem er eine Stellung in Catherines Haushalt gesucht hatte, und Culpepper in günstiger Nähe zu mir, um mir zu »dienen«. Ja – um mir Gift anzudienen, wie er es im März getan hatte, als ich so heftig erkrankt war. Nicht von Gott war diese Krankheit gekommen, sondern von Menschenhand im Dienste des Satans. Ich war niedergestreckt worden und beinahe gestorben, nur damit ihm die Leibesfreuden meines Weibes zugänglich würden.

Sterben. Diese Werkzeuge des Bösen mußten sterben.

Am zehnten Dezember wurden sie aus dem Tower geholt und nach Tyburn geschafft, wo die Gemeinen gehenkt wurden.

Der Geheime Staatsrat hatte mir zu bedenken gegeben, daß Culpeppers Verbrechen »so überaus abscheulich« gewesen sei, daß es eine ungewöhnliche Hinrichtung rechtfertige, trotz seiner Bitte um die Gnade der Enthauptung.

Culpepper. Der hübsche, lüsterne Bursche, den ich geliebt hatte, wie man nur einen Spitzbuben liebt. Die Schlange, die ich an meinem Busen genährt und vor den Strafen für die eigenen Sünden und Torheiten bewahrt hatte. Er hatte die Frau eines Wildhüters vergewaltigt und dann einen der Dörfler ermordet, die versucht hatten, ihr beizuspringen. Damit hatte er die Todesstrafe verdient, aber seine Schönheit und seine Reden hatten mich geblendet, und ich hatte ihn deshalb begnadigt. Damit hatte ich einen Fehler begangen. Er hatte geglaubt, nun in seinen Übeltaten fortfahren zu dürfen, statt sie bereuen zu müssen. Indem ich eine Gnade gezeigt hatte, die fehl am Platze gewesen war, hatte ich ein Ungeheuer erschaffen.

Der Verrätertod: so qualvoll, wie menschlicher Erfindungsgeist ihn nur ersinnen konnte.

Culpepper hatte ihn verdient. Dennoch schrieb ich auf ein Pergament: »Das Urteil soll vollstreckt werden durch einfache Enthauptung.« Diese Mitteilung schickte ich auf dem schnellsten Wege an die Henker nach Tyburn.

Mochte man mich weichherzig, weibisch nennen. Konnte ich etwas dazu, wenn ich Gewissensbisse verspürte und mich gnädig zeigen wollte?

Weihnachten. Es wurde nicht gefeiert; Catherine saß immer noch gefangen in Syon House, während ich in meinen Gemächern blieb und ihren Brief an Culpepper las und wieder las, bis ich jede Falte im Papier, jeden Tintenklecks kannte. Warum tat ich dies – wie ein Mönch, der den Rosenkranz betete? Warum quälte ich mich so? Wenn ich glaubte, ich könnte mich so gegen den Schmerz der Verletzung unempfindlich machen, so hatte es gerade die entgegengesetzte Wirkung: Ich ließ die Wunde nicht heilen, und durch mein unablässiges Stochern konnte sie sich niemals schließen.

Weitere Ermittlungen, so unerquicklich sie auch waren, förderten noch mehr Verrat zutage. Ich war genötigt, die Herzogin in den Kerker werfen zu lassen, da sie Beweismaterial im Zusammenhang mit Dereham vernichtet hatte; in aller Hast hatte sie seine Truhen geöffnet, seine Erinnerungsstücke zerstört und seine belastenden Briefe verbrannt, kurz bevor meine Kommissare eintrafen, um alles zu beschlagnahmen.

In Wahrheit hatte die ganze Howard-Sippe sich verschworen, um mich über den Leisten zu ziehen und Catherines wahren Charakter vor mir zu verbergen, auf daß sie die Macht ergreifen könnten. Sie kannten die kleine Hure als das, was sie war, und hatten sie dennoch ihrem König in die Hände gelegt, nur um ihre eigene Habgier zu befriedigen. Jetzt würden sie den Preis dafür zahlen: In den Tower mit ihnen allen! Sie wurden vor Gericht gestellt und für schuldig befunden, einen ihnen bekannten Hochverrat nicht angezeigt zu haben. Ihr Vermögensbesitz fiel an die Krone, und sie wurden zu lebenslänglicher Kerkerhaft verurteilt. Alle: Catherines geiler Onkel William Howard, ihre Tante Lady Bridgewater und alle ihre Brüder und Schwestern. Etliche von ihnen verschwanden feige ins Ausland. Was Thomas Howard, den Herzog von Norfolk, anging, so schrieb er mir einen öligen Brief:

Mein alleredelster und gnädigster Herr und König, gestern ward mir zur Kenntnis gebracht, daß meine gottlose Schwiegermutter, mein unseliger Bruder und seine Gemahlin und meine lasterhafte Schwester von Bridgewater in den Tower sind gesperrt worden, welches gewißlich geschehen für falsche und verräterische Unternehmungen gegen Eure Königliche Majestät; da ich aber dieses in meinen Gedanken bewege, und außerdem die großen Abscheulichkeiten, begangen von meinen beiden Nichten gegen Eure Hoheit, so gerate ich in die größte Bestürzung, welche je ein armer Teufel hat empfunden, da ich fürchte, daß Eure Majestät nun so oft und von so vielen meiner Sippe falsch und verräterisch ist behandelt worden, daß Euer Gnaden nun ein Mißfal-

len im Herzen gegen mich und all meine Sippschaft möchten fassen und mit Abscheu schon ein Wort von denselben vernehmen. Deshalb, allergnädigster Herr und König, werfe ich mich Euch zu Füßen und flehe Euch in aller Demut an, Euch in Erinnerung zu rufen, daß ein großer Teil dieser Sache ans Licht gekommen dadurch, daß ich Eurer Majestät, wie es meine Pflicht und Schuldigkeit, mitteilte, was meine Schwiegermutter, die Herzogin, zu mir sprach, als Eure Hoheit mich nach Lambeth sandte, um Derehams Truhen zu durchsuchen; sonst nämlich, glaube ich, wäre sie nicht weiter examiniert worden, noch in der Folge auch ihre gottlosen Kinder.

In Anbetracht meines treuen Verhaltens gegen Eure Majestät, und eingedenk der geringen Liebe, welche meine falschen und verräterischen Nichten und meine Schwiegermutter mir immer entgegengebracht, wage ich dennoch zu hoffen, daß Eure Hoheit in ihrem überaus sanftmütigen Herzen kein Mißfallen an mir wird finden, denn Gott weiß, daß ich niemals hätte einen Gedanken gehegt, so Euch möchte Anstoß gegeben haben.

Es stimmte: Niemand in der Familie konnte den Herzog leiden, und das sprach jetzt für ihn. Seine gottlosen und verräterischen Nichten – oh, er wußte seine Worte zu setzen und sie tadellos zu beschreiben! Was konnte es Schlimmeres geben, als der Onkel einer Hexe und einer Hure zu sein – es sei denn, man wäre mit beiden verheiratet? Der Herzog sollte nicht mit den übrigen in den Tower gehen. Ich würde ihn schonen. Aber würde ich auch Catherine schonen? Das fragte sich das Volk, als die Tage vergingen und sie weiterhin in Syon House lebte – unter Bewachung, aber nicht ohne gewisse Annehmlichkeiten. Man hatte ihr die Juwelen genommen, nicht aber ihre Dienerschaft. Sie hatte noch immer vier Damen als Gesellschafterinnen. Sie war nicht vor Gericht gestellt worden, und es war auch noch kein Termin für den Prozeß anberaumt. Schon sechs Wochen waren seit der Entdeckung des Verrats vergangen; nach der gleichen Frist hatte Anne Boleyn schon drei Wochen im Grab gelegen, und ich war wieder verheiratet gewesen. Einige schrieben die Verzögerung der Weihnachtszeit zu, andere meinten, sie lasse auf meine noch immer nicht ganz erstorbene Liebe zu ihr schließen. Man schloß Wetten darauf ab, daß sie am Leben bleiben werde, auch wenn ihre Liebhaber als Verbrecher hingerichtet worden waren.

Ein Teil meiner selbst wünschte sich, es möge so sein. Und es gab auch einen Weg, es gab einen Weg... Wenn sie ihre Ehe mit Dereham zugäbe, wenn sie gestehen wollte, daß sie sein Weib gewesen war... Sicher, dann hätte sie sich des Meineids und der Bigamie schuldig gemacht, als sie sich mit mir der Trauungszeremonie unterzog, aber das war kein Verrat – höchstens Verrat an einem Menschenherzen, denn sie hatte auf dem Herzen eines alten Mannes herumgetrampelt. Aber wenn sie bereute und sich als Witwe mit einem stillen und tugendhaften Leben in der Zurückgezogenheit begnügte... ja, dann könnte sie am Leben bleiben.

Ich schickte ihr ein solches Angebot mit einem Dokument, das sie nur zu unterschreiben brauchte. Noch bevor es sie erreicht hatte, bereute ich es. Wie hatte ich auch nur einen Augenblick lang den Rest vergessen können? Wie sie und Culpepper sich meinen Tod vorgestellt hatten, und wie sie mich im März vergiftet hatten und nur Gott mich noch gerettet hatte? Oh, die Flausen eines zärtlichen alten Mannes, noch so vernarrt! Ich hatte es vergessen. Ich hatte es vergessen. Absichtlich hatte ich es vergessen, als könnte ich es durch Vergessen ungeschehen machen.

Sie antwortete mit stolzen Worten und verleugnete Dereham. Es habe keine Ehe bestanden. Sie sei nicht seine Gemahlin, sei es nie gewesen. Sie sei meine Gemahlin. Sie sei die Königin von England.

Sie wollte also daran festhalten und sterben, statt es zu widerrufen und zu leben? Festhalten an dem einzigen in ihrem schmutzigen kleinen Leben, was sie zu etwas Besonderem machte, was in späteren Zeiten verkünden würde: *Sie hat gelebt*. Darin also, und nur darin, haben wir gelebt: daß wir in einem einzigen Augenblick etwas Besonderes sind.

Ich würde es ihr gewähren. Ich würde ihr erlauben, unsterblich zu werden. Wenn ich sie nicht geliebt hätte, dann hätte ich sie gezwungen, das Papier zu unterschreiben, die Königinwürde abzulegen und ihr obskures Leben in Sussex zu beschließen. Aber ich liebte sie eben, und deshalb sollte sie den Tod bekommen, den sie ersehnte.

CX

Einige Angehörige des Geheimen Staatsrates meinten, es solle ein offenes Verfahren geben, damit Catherine Gelegenheit bekäme, zu sprechen und sich zu verteidigen. Ich vermutete, daß sie dies nicht wünschen würde, aber ich ließ doch zu, daß eine Deputation zu ihr geschickt wurde, um Gewißheit zu schaffen. Ein Verfahren bedeutete Verzögerung, Schmutz, häßliche Details. Wenn Catherine hätte leben wollen, dann hätte sie dazu Gelegenheit gehabt, und zwar frei von allem Makel. Aber sie hatte den achtbaren Ausweg, den ich ihr mit der »Witwenschaft« geboten hatte, zurückgewiesen. Ebenso würde sie nun jeden Stolperstein zwischen ihr und einem lodernden Tod als »Königin« beiseite stoßen. Jedes Verfahren, jeder juristische Prozeß würde das Drama stören, das sie nun aufzuführen entschlossen war.

Als sie zurückkehrten, waren sie überzeugt, daß die Königin kein Verfahren wünschte. Wie ich es vorhergesagt hatte.

Auch ich wollte kein Verfahren, nicht einmal in ihrer Abwesenheit. Ich wollte sie nicht ertragen, die Zeugen und ihre Berichte über Einzelheiten, die mich auf ewig heimsuchen würden. Und wozu auch? Sie war schuldig. Sie hatte mich aus Habgier und Ehrgeiz geheiratet, als sie nach kanonischem Recht und Gebrauch die Frau eines anderen gewesen war; sie hatte Ehebruch mit einem meiner Diener begangen und meinen Tod geplant. Mußte ich all diese Missetaten etwa noch einmal aufgezählt bekommen?

Das Parlament würde am sechzehnten Januar zusammentreten und das Urteil über sie sprechen. Ich nahm an der Eröffnungssitzung teil und saß über der Versammlung der Lords und Commons, als sie im Kapitelhaus der Westminster-Abtei zusammengekommen waren. Lord Kanzler Audley sprach zu ihnen und beglückwünschte sie zu dem günstigen Schicksal, das ihnen gewährte, von einem so prächtigen und weisen König regiert zu werden, von Heinrich dem Achten, durch Gottes Gnaden König von England und Frankreich und Lord von Irland.

Ich roch den Frühling. Ich roch Apfelblüten und fühlte die warme Aprilluft auf meinen Wangen, meinen festen, bartlosen Wangen. In weiter Ferne, mit einem inneren Ohr, hörte ich den Heroldsruf zu Richmond an jenem Nachmittag, da ich König geworden war. Ich hatte innerlich vor Angst und Eifer zu zerplatzen geglaubt, und bebend hatte ich am Rande einer verhüllten Zukunft gestanden. Jetzt war diese Zukunft Vergangenheit; die Kerzen waren bis auf ihre Halter heruntergebrannt, und dennoch waren die Worte noch da, und immer noch ließen sie Furcht über mich kommen.

Einer nach dem anderen erhoben und verneigten sie sich, bis schließlich die ganze Versammlung stand.

»Lasset uns danken dem allmächtigen Gott, daß er diesem Königreich seinen unvergleichlichen Fürsten schon so lange erhalten hat«, sagte Audley.

Ja, erhalten... wie etwas Altes, dessen Zeit längst vergangen ist. Fisch konnte man erhalten, indem man ihn in Salzlake legte. Unvergleichlicher Fürst... nun, die Worte bedeuteten heute etwas anderes.

Man entschied, das Parlament über den Strafbeschluß gegen die Königin in der Woche darauf beraten zu lassen; ich brauchte dabei nicht zugegen zu sein. Ich konnte meine Zustimmung durch ein königliches Patent unter dem Großsiegel von England erteilen, um mir »den Schmerz und die Pein zu ersparen, nochmals die bösen Fakten des Falles anzuhören«. So kam es, daß Mann und Frau nur als Geister in ihrem eigenen Prozeß vertreten waren.

Es gab drei Lesungen zu dem Strafbeschluß im Parlament: Am einundzwanzigsten Januar, am achtundzwanzigsten Januar und schließlich am achten Februar. Am elften Februar war das Todesurteil gegen die Königin Gesetz.

Dieses Gesetz umfaßte mehr als nur den Hochverrat der Königin. Es enthielt überdies die parlamentarische Sanktionierung des Todesurteils gegen Culpepper und Dereham und des Urteils wegen unterlassener Anzeige, das gegen die Howards gefällt worden war. Es machte es schließlich zu einem Verbrechen, daß eine unkeusche Frau ihren Zustand vor dem König verbarg, wenn dieser die Absicht erkennen ließ, sie zu heiraten.

Das letztere machte mich zum Gespött. Witze machten die Runde: Keine Frau im Königreich komme nun mehr in Frage; nur eine Witwe könne die Prüfung bestehen; die Zahl derer, die sich um meine Hand bewarben, sei nicht der Rede wert – und so weiter. Hätte mir an diesen Dingen noch etwas gelegen, ich wäre beleidigt gewesen. Aber ich hatte nicht die Absicht, noch einmal zu heiraten. Frauen waren mir zuwider, und ich schätzte mich glücklich, ihrer endlich nicht länger zu bedürfen.

Jer älter ich wurde, desto weniger Bedürfnisse hatte ich. Einst war es mir wichtig gewesen, einen kräftigen Körper und eine schöne Gemahlin zu haben. Beides hatte ich jetzt nicht mehr, und die Möglichkeit, es zu bekommen, war dahin. Reichtümer und schön ausgestattete Paläste hatte ich begehrt, aber nun hatte ich sie, und ich freute mich nicht. Der Bau von Schloß Nonsuch war eine Last, kein Vergnügen, und ich entschied mich unvermittelt, mir die Mühe der Fertigstellung einfach zu ersparen.

Alles, was ich jetzt noch wollte, war die Achtung und die Liebe meiner Untertanen sowie ein bißchen Gesundheit. Schwindende Bedürfnisse, gleichwohl inständig ersehnt.

Am zwölften Februar wurde Catherine auf dem Wasserwege von Syon House zum Tower gebracht.

Ich sah sie, als sie flußaufwärts fuhren, an meinem Fenster zu Whitehall vorbei. Eine trübselige kleine Flotte – das Schiff der Königin zwischen einem Ruderboot voller Herren des Geheimen Rates davor und einer Barke mit dem Herzog von Suffolk und seinen Soldaten dahinter. Catherines Gefährt war mit geschlossenen Vorhängen verhüllt, und – Jesus sei Dank – ich konnte keinen Blick auf sie erhaschen, obwohl ich es versuchte. Die Dunkelheit senkte sich herab, denn ich hatte ihnen verboten, abzulegen, bevor ich sicher war, daß sie an diesem kurzen Winternachmittag die London Bridge erst erreichten, wenn völlige Finsternis sie verbarg. Ich wollte nicht, daß Catherine Derehams und Culpeppers Köpfe sah, die dort auf Stangen zur Schau gestellt waren; ich wußte, daß sie danach Ausschau halten würde, wie ich nach ihr Ausschau gehalten hatte, als sie vorübergefahren war.

Die Barke hielt vor dem Verrätertor, und Catherine, ganz in Schwarz, wurde über die Wassertreppe zu ihrer Kerkerkammer geleitet. Ihre kurze, kalte Reise war zu Ende.

Neugierige drängten sich am Landungssteg, und alle gafften sie an. Einer von ihnen schrieb diese Ballade:

Wie ich da saß, die Augen voller Tränen,
Und mit den anderen sprach, schien die arme,
Gebrochene Gestalt der Königin
Selbst vor den Blick zu treten. Keinen Laut
Vernahm ich, als ich sie, weiß Gott, sehr spät
Verließ – nur Weinen über ihren traurig armen Zustand.

»Zur Königin erwählte mich Fortuna,
Ich stand in schönster, reinster Blüte meiner Jugend.
Ich war geschaffen, den Sternen gleich zu strahlen,
In Glück zu herrschen mit Vergnügen und mit Freude,
Nichts wünschend, als was Liebe mir könnt' geben.
So sehr geliebt, wie keine noch geliebt war,
Mit meinem königlichen Herrn, der mich
Ins Wohnzelt seiner Ruhe aufnahm.

»Nun weiß ich wohl«, sprach sie, »ihr meine Freunde,
Die ich zurück euch ließ am Tage meines Untergangs,
Das mir kein feierlich Begräbnis wird zuteil.
Doch niemand soll die Kosten meiner Trauer tragen.
Sorgt nur, daß jemand wie von ungefähr sagen soll:
›So eine gab's einmal, oh weh! und es war schade,
Daß sie die Unwahrheit für unter ihrer Würde hielt‹«.

Sie hatte etwas an sich, das die Dichter ansprach... Sie hatte nur diese Stufen hinaufsteigen müssen, und das hatte genügt, das Herz eines weiteren Mannes zu umgarnen, ihr einen weiteren Getreuen zu verschaffen.

Dies war das letztemal, daß sie in der Öffentlichkeit erschien. Im Tower gab es niemanden, der sich von ihrer Schönheit und ihrer Wehmut würde wankend machen lassen.

An diesem Abend äußerte sie eine erstaunliche Bitte: Man möge ihr einen Block in die Zelle stellen, damit sie üben könne, ihren Kopf darauf zu legen. Sie war entschlossen, den versammelten Zeugen am nächsten Tag einen hübschen Auftritt zu bieten. Man berichtete mir, sie habe dann mehr als eine Stunde lang zierlich an dem Ding geprobt, sei aus vielen verschiedenen Winkeln herangetreten, habe den Kopf seitwärts nach links und nach rechts gewendet darauf gelegt und ihn gerade herabhängen lassen und ihre unglücklichen Diener jedesmal gefragt, welches wohl die bessere Haltung sei.

Und wie verbrachte ich diese Nacht? Ich lag bis zum Morgen wach – und im Februar sind die Nächte lang. Es war schon Nacht gewesen, als Catherine beim Tower angelangt war, und es würde immer noch Nacht sein, wenn sie das Schafott bestieg, um sich den Kopf abschlagen zu lassen.

Es war dasselbe Schafott, das Anne bestiegen hatte, und More und Fisher und Buckingham und Neville und Carew. Im gemeinen Volk war die Idee erwacht, »unauslöschliche Flecken« besudelten das Pflaster darunter. Aber das war Unfug; ich hatte mir die Steine selbst angesehen, und es waren ganz gewöhnliche Steine ohne irgendwelche Spuren. Was das Schafott anging, so tat es seinen Dienst immer noch gut, und aus Zimperlichkeit ein neues zu bauen wäre Unsinn gewesen.

Die Nächte im Februar sind auch kalt. Diese vor allem war klamm; es war eine Klammheit, die den Menschen lähmt. Sie war schlimmer als die saubere Kälte von Schnee oder Eis. Ich konnte kaum ein Glied rühren, obgleich ich unter einem Berg von Pelzen lag, die mich wärmen sollten. Das lodernde Feuer vermochte nichts gegen diese Kälte. Wie mochte Catherine sich fühlen, dort im uralten Tower? Sie war immer so empfindlich gegen die Kälte gewesen. Ich erinnerte mich daran, wie sie all die Pelze und Decken an Reginald Poles verräterische Mutter, die Gräfin von Salisbury, in den Tower geschickt hatte, damit sie sich nicht erkälte. Ich hatte sie wegen ihrer Weichherzigkeit gescholten. Aye, weichherzig war sie gegen jedermann – gegen die alte Verräterin, die Gräfin, gegen die stellungslosen ehemaligen Sekretäre und Verwandten der Herzogin, gegen ihre Komplizen in der Sünde. Bei jedem Bedürftigen schmolz sie dahin. Nie kam es ihr in den Sinn, danach zu fragen, ob er sich vielleicht selbst in Not gebracht hatte.

Im Osten hellte es etwas auf – ein jämmerlicher Ersatz für ein Morgengrauen. Draußen vor meinem Fenster gluckerte die unruhige Themse wütender. Ich konnte mir nicht vorstellen, wie eisig ihr Wasser jetzt sein mußte.

So: Jetzt war er da. Der Tag der Urteilsvollstreckung, der Tag, an dem wieder eine Königin von England sterben mußte.

Ich hatte mein Trauern beendet, und als ich aufstand, war ich entschlossen, diesen Tag mit meinen Kindern zu verbringen. Sie waren der einzige Trost, der mir geblieben war, das einzige, was ich hervorgebracht hatte, das durch nichts bemäkelt oder besudelt werden konnte.

CXI

Ich hatte ihnen durch ihre Erzieherinnen und Kämmerer mitteilen lassen, daß der dreizehnte Februar für mich, ihren königlichen Vater, zu reservieren sei. Sie sollten den ganzen Tag in meiner Gesellschaft verbringen und tun, was sie am liebsten taten. Denn gern wollte ich wissen, was das war: Kennt man die Freuden eines Menschen, so kennt man sein Herz.

Um acht Uhr sollten sie in meinen Gemächern erscheinen, bereit für einen erholsamen Tag.

Maria kam, als der erste Glockenschlag ertönte. Sie schleppte eine große Tasche; ich nahm an, es seien Bücher darin. Aber zu meinem Entzücken holte sie eine Viola, eine Viola da Gamba und eine Flöte hervor. »Meine größte Freude«, sagte sie, »besteht darin, den ganzen Tag zu musizieren, ohne daß mir jemand sagt, es sei an der Zeit, mich um andere Dinge zu bekümmern.«

Musik. Auch ich würde gern den ganzen Tag musizieren. Ich ergriff Maria und küßte sie auf beide Wangen. »Du ahnst nicht, wie mich das freut!« Und es war die Wahrheit.

Maria löste sich von mir und fing an, in ihren Noten zu blättern. Soviel Ähnlichkeit mit Katharina... ich merkte zu meinem Erstaunen, daß meine zärtlichen Erinnerungen an Katharina zu neuem Leben erwacht waren. Maria war jetzt sechsundzwanzig, eine Frau, vier Jahre älter als mein albernes, falsches Weib. Sie hatte Catherine nie gemocht. Das hatte mich gestört, aber ich hatte es abgetan als den Neid einer alten Jungfer auf ein junges Weib. Indessen hatte Maria offenbar Dinge gesehen, die mir entgangen waren...

Jetzt kam Edward mit seiner Kinderfrau. Watschelnd kam der Knabe herein, so dick eingewickelt gegen die Kälte, daß er aufgeschwollen war wie ein Mann, der vier Tage im Wasser gelegen hat.

»Und was möchtest du heute gern tun?« fragte ich ihn.

»Er hat ein Hündchen, das er sehr liebt«, begann seine Amme.

»Ich möchte die Schlange«, sagte er leise.

»Eine Schlange?« fragte ich.

»Er hat sie gesammelt, Eure Majestät«, sagte sie vergebungheischend. »Im Feld bei Hampton. Er scheint... eine gute Hand für sie zu haben.«

Er nickte. »Ja. Holt meine Schlangen!«

Die Amme brachte einen großen Kasten. Jetzt wurde ich neugierig und hob den Deckel. Darunter sah ich viele dunkle Umrisse, die sich aber nicht regten.

»Sie schlafen jetzt!« rief Edward aus. »Sie haben keine Augenlider, und wenn sie schlafen, muß es dunkel sein, und dann stecken sie ihre Köpfe unter sich – so.«

»Er hat einige Eier gefunden«, sagte die Kinderfrau. »Und jetzt versucht er, sie auszubrüten.«

»Und es wird mir gelingen!«

»Braver Junge.« Ich schmunzelte. »Es würde mir gefallen, wenn es dir gelingt.« Ich strich ihm über das goldene Haar. Er war so zart. Das Fett vom letzten Herbst war geschmolzen, und jetzt war er strahlend und schlank. Seine Haut war so fein, daß sie zu leuchten schien. »Und was ist mit deinem Hündchen?«

»Es kümmert ihn wenig«, gab seine Amme zu. »Wie es scheint, zieht er Schlangen den wirklich treuen Tieren vor.«

Ich zuckte die Achseln. Er war erst vier Jahre alt. Wichtig war, daß es überhaupt etwas gab, was ihn fesselte.

Maria ließ sich mit ihren Musikinstrumenten nieder, und Edward spielte mit seinen Schlangen, als Elisabeth eintraf.

»Meine Lady Elisabeth«, sagte ich. »Und was bringst du?«

Keuchend kam sie herein und zog eine große Schachtel hinter sich her, die sie seufzend fallen ließ. »Was ich brauche, um Valentinsgrüße zu verschicken. Rotes und weißes Papier, und zwei Bücher mit Gedichten.« Sie riß sich die Pelzmütze herunter. »Morgen ist Valentinstag.«

St. Valentin! Gütiger Jesus! So würde ich am Valentinstag ein frischgebackener Witwer sein, und mein Liebchen just geköpft! Wie passend.

»Wem willst du sie schicken? Und hast du auch schon einen bekommen?« Ich mußte auf einer kindlichen Ebene bleiben.

»Vielleicht«, sagte sie. »Aber ich muß meine Botschaften verschlüsseln, wenn ich meinen Stolz nicht opfern will.«

Sie war klug. Wollte ihre Klugheit nur erhalten bleiben, wenn sie zum Weibe heranwüchse, und nicht vor dem Ausdruck im Auge eines Mannes zerstieben.

»So laßt euch nun nieder, und wir wollen den ganzen Tag lang tun, was uns gefällt! Und zum Essen bekommt ihr alle eure Leibspeisen – ob sie gesund sind oder nicht, ob sie zusammenpassen oder nicht.« Ich hatte mir große Mühe gegeben, ihre Lieblingsgerichte in Erfahrung zu bringen.

»Und Ihr, Vater?« fragte Elisabeth. »Was werdet Ihr tun? Was ist Eure Lieblingsbeschäftigung?«

Die Musik. Mehr als alles andere die Musik. »Ich werde eine neue Ballade komponieren. Und ich werde mich zwingen, bis zum Abend fertig zu sein. Dann werde ich sie vorspielen.«

Wir begannen unser Tun, und die Sonne stieg empor und schien ins Zimmer.

Die Kanone erscholl am Tower. Der Schuß kaum zu hören; mitten im Winter waren die Fenster fest geschlossen und die Ritzen zum Schutz gegen die Kälte mit Lammwolle verstopft. Marias Musik übertönte fast alles.

Elisabeth stand auf und legte ihre roten Ausschneidebögen beiseite. »Was war das?« fragte sie leise und legte mir eine Hand auf den Arm.

Ich sah ihr in die Augen. »Das war die Kanone«, sagte ich. »Sie hat verkündet, die Königin ist tot.«

Die Königin war tot. Catherines Kopf war gefallen.

»Ich werde niemals heiraten!« rief Elisabeth.

Die anderen blickten auf – Maria zu alt, um zu reagieren, Edward zu jung.

»Elisabeth.« Ich streckte die Hand nach ihr aus. Ich wollte ihr alles erklären, wollte es diesem verständigen Kind erklären.

Aber ich konnte sie nicht erreichen. »Nein«, sagte sie und tat, als habe sie keine Tränen in den Augen. Sie hatte sich geschickt so gesetzt, daß man sie nicht genau sehen konnte. »Die Ehe ist der Tod.«

Sie zuckte die Achseln. »Ich will nichts davon wissen.« Sie deutete auf ihre Valentinsgrüße. »Dies, und nichts weiter. Valentinsgrüße sind hübsch.«

Ich ging zu ihr und legte ihr einen Arm um die Schulter. Dabei fühlte ich ein steifes, unnachgiebiges Wesen. Sie wollte keinen Trost.

Ich war derjenige, der Trost suchte, Wärme. Aber auch das konnte ich nicht erreichen.

Die Königin war tot.

Catherine war kurz vor Morgengrauen zum Schafott geführt worden. Sie hatte trotz der frostigen Luft keinen Mantel getragen. Die versammelten Zuschauer zeigten sich großenteils gleichgültig. Catherine hatte keine Parteigänger, keine Beschützer.

Das an sich war kurios. Keine meiner Königinnen war bisher unverteidigt dahingegangen. Katharina von Aragon hatte viele Anhänger gehabt, die hitzig für sie eingetreten waren: Kirchenmänner, die bereit gewesen waren, für sie zu sterben, und die Leute aus dem Norden, die in ihrem Namen gekämpft hatten. Anne Boleyn hatte (vermöge ihrer Hexerei) so manchen gehabt, der bereitwillig sein Leben und seine politische Karriere für sie geopfert hatte. Um Jane hatte das ganze Reich getrauert. Sogar Anna von Kleve hatte Loyalität gefunden und war in gewissen Kreisen zur Beliebtheit gelangt.

Aber Catherine? Es schien, daß niemand, der sie wirklich kannte, sie auch liebte, abgesehen von zwei oder drei niedrigen Charakteren, die um ihre Gunst gebuhlt hatten. Als diese tot waren, trat niemand mehr vor, um sich mit ihr zu verbünden. Sogar ihre »Freunde« überschlugen sich schier in ihrem Bestreben, sie zu denunzieren und sich von ihr loszusagen. Sie waren zu ihr geschwommen wie Wasserratten, als sie Königin geworden war, und hatten Stellungen in ihrem Haushalt gefordert (»Black Mail«?). Jetzt schwammen sie mit gleicher Behendigkeit davon.

Aber warum so intellektuell darüber nachsinnen? Ja, es war vielsagend und überraschend, daß Catherine bar aller Verbündeten war, als sie das Schafott bestieg, aber...

Das Schafott. Sie hatte es erstiegen, geführt von anderen. Und das ist der Teil, den wiederzugeben ich gezögert habe, das ist der greuliche Teil. Es wäre unehrlich, ihn auszulassen, aber... oh, gäbe Gott, er hätte sich nicht ereignet!

Sie stand regungslos in der frostigen Luft, ganz in Schwarz gekleidet. Rings um das Schafott standen Höflinge und ausländische Botschafter. Jedermann konnte sie hören, und jedes Wort, das sie äußerte, würde man in Erinnerung behalten und flüsternd weitergeben und überall verbreiten.

Vor ihr stand der Block, an dem sie in der Nacht zuvor geübt hatte. (Sonderbar, daß sie nicht auch um einen besonderen Scharfrichter gebeten hatte, wie ihre Cousine Anne einen bekommen hatte. Aber dafür hatte sie geübt, das Haupt auf den Block zu legen. Beide Königinnen hatten versucht, eine Staatshinrichtung in einen Schauauftritt für sich umzuwandeln – um sich zur Legende zu machen.)

Sie sagte – deutlich, so daß jeder es hören konnte – : »Ich sterbe als Königin, aber lieber stürbe ich als Culpeppers Weib. Gott erbarme sich meiner Seele. Ihr guten Leute, ich bitte Euch, betet für mich.«

Dann legte sie – geübt – den Kopf auf den Block, und die Axt schlug ihn ab. Er rollte nur ein kurzes Stück weit ins Heu. Beamte hoben ihn auf und breiteten ein schwarzes Tuch über den Rumpf, der in seinem schwarzen Kleid immer noch vor dem Block kniete. Blut strömte aus dem durchschnittenen Hals, aber die kalte Luft ließ es rasch gerinnen. Man trug den Körper weg, legte ihn aber noch nicht in den Sarg. Erst sollte das Blut auslaufen, denn sonst würde es den Sarg beschmutzen.

Zwei Pagen schrubbten den Block, um ihn von Catherines Besudelung zu säubern. Der Boden ringsum wurde mit dampfendem Wasser aus Krügen gereinigt. Man erzählte mir, daß von dem Geruch des mit Blut vermischten heißen Wassers vielen Zuschauern übel geworden sei.

Dann wurde Jane Boleyn, Lady Rochford, auf den geschrubbten Block gezerrt. Man gab ihr Gelegenheit zu sprechen, wie es der Brauch ist.

»Ihr guten Christen«, sagte sie. »Gott hat mir erlaubt, dieses schmähliche Geschick zu erleiden, zur Strafe dafür, daß ich zum Tode meines Gemahls die Hand gegeben, indem ich ihn fälschlich bezichtigte, mit seiner Schwester, Königin Anne Boleyn, der blutschänderischen Liebe zu frönen. Dafür verdiene ich den Tod. Aber eines anderen Verbrechens bin ich nicht schuldig.« Als sie Catherines schwarz verhüllten Leichnams ansichtig ward, fing sie an zu schreien. Zitternd legte sie den Kopf auf den Block und unterwarf sich der Axt.

Als alles Blut aus ihrem Körper gelaufen war, legte man Catherine in einen Sarg und bestattete sie im Tower in der Kapelle von St. Peter ad vincula, nur wenige Schritt weit neben ihrer Cousine Anne Boleyn.

Und so war es getan. Ihr Leichnam lag in einer Kiste, säuberlich verschlossen.

Gnädigerweise hörte ich erst am Abend, als die Kinder gegangen waren, was sie auf dem Schafott gesprochen hatte. Dann aber hörte ich es. Dann lag ich in meinem Bett (das nicht warm war, auch wenn es den Anschein hatte), und ich hörte es.

Ich sterbe als Königin, aber lieber stürbe ich als Culpeppers Weib.

Das hatte sie gesagt. Das hatte sie tatsächlich gesagt. War es die Wahrheit? Hastig ging ich darüber hinweg; es war jetzt nicht mehr zu ergründen, denn ihr blutloser Leib war begraben. Ich konnte sie nicht fragen, konnte ihr keine Erklärung mehr abpressen. Warum hast du bis zum Schluß darauf bestanden, Königin zu bleiben?

Ich sterbe als Königin, aber lieber stürbe ich als Culpeppers Weib.

Vielleicht hatte sie den Titel nur behalten, damit sie ganz nach ihrem Belieben damit tun konnte, was sie wollte. Und sie wollte ihre Liebe zu Culpepper glorifizieren.

Und auf meine Liebe zu ihr spucken, und auch auf all die Ehren, mit denen ich sie überhäuft hatte.

Sage dir nur selbst die Wahrheit, dachte ich bei mir. Schrecke nicht davor zurück. Die Wahrheit war, daß du ihr alles dargebracht hast, was du warst. Du warst krank, ja, und du warst alt. Aber du hast getan, was menschenmöglich war, um dies nicht weiter ins Gewicht fallen zu lassen und dich für sie zu einem Geschenk zu machen. Du hast dich voller Hingabe bemüht, zu sein, was sie, wie du dir einbildetest, ersehnte.

Aber sie ersehnte nicht dich.

Das ist es, was sie dir zum Abschied gesagt hat. *Tu, was du willst, Heinrich. Du wirst niemals gut genug für mich sein. Ich ziehe den Charme eines Nichts, eines Niemand, vor. Deine Großtaten, deine Geschenke, deine Titel, deine Hingabe: Mir gelten sie nichts. Und du auch nicht.*

Lady Rochford. Sie hatte behauptet, daß Anne Boleyn unschuldig gewesen sei, daß sie einen Meineid geschworen habe. War dies wahr? Und wenn? Angenommen, Anne und ihr Bruder wären kein inzestuöses Liebespaar gewesen. Hätte das etwas geändert? War das Annes Hauptverbrechen gewesen? Nein. Nur das Unnatürlichste. Aber fiele es fort, wäre sie immer noch eine Hexe gewesen.

Jane Rochford. Eifersüchtig auf Anne, und jetzt eifersüchtig auf Catherine. Catherine hatte auf dem Schafott wegwerfende Worte gesprochen, Worte, die mich furchtbar verwunden mußten. Jane hatte sie nachgeäfft, so gut sie es gekonnt hatte.

Ich war erschöpft, und das Herz war mir gebrochen. Die Welt vor mir schien leer zu sein. Auf der Bühne des Lebens bot sich nichts.

Ich sah keinen Grund, mich aus dem Bett zu erheben. Nichts war mehr übrig als kleine Menschen, kleine Beweggründe, kleine Kreuzzüge. Die Welt war bedrohlich geschrumpft. Und ich desgleichen.

Solche hochgestochenen Worte vermitteln nicht, was ich wirklich empfand. Schließlich verfasse ich sie auch lange nach dem Geschehenen. Ich glaube nicht, daß man die Trostlosigkeit, die mich in dieser Nacht erfüllte, wirklich erklären kann. Ich war allein und ungeliebt, wie ich es mein Leben lang gewesen war. Erst jetzt begriff ich endlich, daß dieser Zustand dauerhaft war.

CXII

St. Valentin. Catherine war seit vierundzwanzig Stunden tot. Natürlich war sie nicht einbalsamiert worden; ihr Leichnam war in seinem natürlichen Zustand, wie der Kadaver eines Hundes am Straßenrand, der am Tag zuvor von einem Karren überfahren worden war. Davon hatte ich schon viele gesehen. Meistens waren sie um diese Zeit schon so dick mit Fliegen übersät, daß es aussah wie ein Pelz, was sie bedeckte. In einem Sarg gab es keine Fliegen. Aber es gab Maden, die dort ausschlüpfen und sich von ihrem Fleisch ernähren würden. Doch wie würden die ausgewachsenen Fliegen schließlich aus dem verschlossenen Sarg entrinnen? Würden sie sterben, wenn der Leichnam gefressen war?

O Gott, diese alptraumhafte Besessenheit! Verlor ich den Verstand? Ich war außerstande, damit aufzuhören, und die Angst davor wurde bald ebenso furchtbar wie die Gedanken selbst. Es war mein Verstand, der von Maden verzehrt wurde, von den Maden des Wahnsinns.

Am Abend saß ich bei dem Bankett, das ich zu Ehren des Valentinstages befohlen hatte. Mundschenke und Speisenaufträger trugen Amorkostüme, und alle Gerichte mußten rot und weiß sein. So bestand der erste Gang aus Hummern, Krebsen, Eiersauce, Äpfeln und Rotkohl. »Venus« präsidierte am anderen Ende der Tafel, auf dem Platz, den Catherine hätte einnehmen sollen. Ich hatte mich für Henry Howards »schöne Geraldine« als Darstellerin der Venus entschieden – auch eine Schönheit, verheiratet mit einem alten Mann und umworben von einem jungen Freier. Ich wollte Catherine so gut wie möglich nachahmen, damit ich sozusagen zuschauen konnte, wie andere mich, Culpepper und Catherine spielten. Ich saß da und starrte sie an, wie sie ihre Locken zurückwarf (sie hatte nicht so dicke Locken wie Catherine), wie sie sich mit schlanken Fingern leicht am Halse herauf und über den Nacken strich, und wie sie sich langsam mit der Zunge über die Lippen fuhr. Wenn ich blinzelte... ja, dann hätte es Catherine sein können – wie andere sie gesehen hatten.

Ihr verblendeter alter Gemahl, Anthony Browne, saß unten am Ende des Tisches, zu meiner Rechten. Es gibt ja zwei Arten von alten Männern: die fetten und die welken. Er gehörte zu der verdorrten, runzligen Sorte; er sah aus wie eine vertrocknete Eidechse. Seine schwarzen Äuglein glänzten vor Liebe zu ihr. Ich sah, daß er unbeirrbar in ihre Richtung starrte und seinen Blick nur gelegentlich durch den Raum huschen ließ.

Ich weiß, was du denkst, ging es mir durch den Kopf. Du fragst dich, wie du zu einer so schönen Frau kommst. Du erinnerst dich an das, was geschah, als du das letztemal mit ihr ins Bett gingst. Wenn nichts geschah, so hast du seitdem einige Tränklein zu dir genommen, und jetzt betest du, daß es beim nächstenmal anders sein möge. Wenn es zufriedenstellend war, dann redest du dir wieder und wieder ein, daß es das auch für sie war.

Du alter Narr!

Jetzt schaute ich Henry Howard an, ihren ersten Liebhaber. Starrte er »Geraldine« an? Ich beobachtete ihn, wie er sein Fleisch mit seinem eleganten persönlichen Besteck zerteilte. Er nippte an seinem Weinglas und betupfte sich dann zierlich die Lippen mit einem Spitzentaschentuch. Er sprach mit Petre, der neben ihm saß, und bedachte seine Geliebte mit keinem Blick.

Oh, er war gerissen. Viel gerissener als Culpepper, der sich auf tausenderlei Art verraten hätte, wenn ich nur Augen im Kopf gehabt hätte, es zu sehen. Aber Henry war ein Howard, und der hervorragende Charakterzug der Howards war die Gerissenheit. Die begnadeten Geister des Reiches – das waren die Howards. Sie waren überragend in den militärischen Tugenden, in der Kunst der Dichtung und der Diplomatie, und in der Schönheit. Aber die Tudors waren rücksichtsloser. Deshalb war ich König, und die Howards waren bloß Herzöge und Grafen. Nicht, daß sie es nicht auch gern gesehen hätten, wenn einer der ihren König gewesen wäre. Nicht, daß sie nicht versuchen würden, einen der ihren dazu zu machen...

Ich betrachtete das Trio noch einmal, und unter Qualen ließ ich mich und meinen Schmerz von ihnen darstellen. Als könnte ich, indem ich sie so sah, irgendwie zu neuer Einsicht gelangen, eine neue Perspektive finden, die meine Pein lindern würde.

Alter Narr!

Zwischen den Gängen trugen die albernen Amoren große, geschmückte Schachteln herein – auf der einen die Venus, auf der anderen ihr Sohn. In der »Venus«-Schachtel lagen Zettel mit den Namen aller Frauen, und jeder Mann würde sich seinen Valentinsschatz daraus hervorziehen. In gleicher Weise enthielt die »Amor«-Schachtel die Namen der Männer, und die Frauen mußten darunter wählen.

Die Gesellschaft gab sich Mühe, die Namen mit Vergnügen und leichtem Herzen zu ziehen, wie es diesem Anlaß gebührte. Aber ich wußte wohl, daß sie mich für grausam und erbarmungslos hielten, weil ich am Tag nach der Hinrichtung meiner Frau ein solches Fest inszenierte. Ihr Lächeln und Kreischen täuschte mich nicht.

Aber erwarteten sie denn, daß ich wegen dieser Verräterin Trauerkleidung anlegte? Wollten sie, daß der Hof ein Vierteljahr lang schwarzgekleidet einhergehe, wie es für Jane geschehen war? Nein, bei Gott! Es war eine göttliche Fügung, daß ihre Hinrichtung unmittelbar vor einem heiteren Feiertag stattgefunden hatte, denn so war der Hof – und auch ich – an allem gehindert, was wie Trauer hätte aussehen können.

Deshalb trug ich Rot. Ich öffnete meinen Valentinsbrief; er war von Katherine Parr, Lady Latimer, der Witwe mit den Bibelzitaten. Ich mußte mich ihr offenbaren und ihr etwas schenken, wenn dieser Mummenschanz vorüber wäre.

Jetzt machte der eunuchengleiche Amor seine Runde unter den Frauen; in seinem roten Lendentuch sah er in obszöner Weise lächerlich aus. Jede der Damen nahm einen versiegelten Brief heraus, erbrach das Siegel und las den Namen des ihr zugewiesenen Valentinsschatzes. Welche würde meinen haben? Keine ließ sich etwas anmerken. Wieso hatten Erwachsene solches Vergnügen an so kindischen Spielen?

Der zweite Gang wurde serviert. Er war ganz in Rottönen gehalten; man hatte alles in getrocknete Rosenblätter, gemahlenes Sandelholz, pulverisiertes Alkanna getaucht oder damit bestrichen, und so hatten wir nun rosarotes Huhn, scharlachroten Fisch, karmesinrotes Brot. Damaskusrote Geleeherzen schwappten auf den Tellern, und es gab granatroten Pudding, zinnoberrote Pastinaken und rubinrote klare Suppe, leuchtend wie der Rubin des Schwarzen Prinzen.

So viele Schattierungen von Rot, so feine Unterschiede – es war wie in dem großen Rosengarten, wo ich geblendet gesehen hatte, wie viele Arten von Rot die Natur kannte. Ja, und wo ich sofort den Einfall gehabt hatte, eine Rose ohne Dornen zu schaffen, für sie...

Rot. Rot überall. Ein Eheweib war tot, und wieder war ich in eine Farbe gehüllt wie Joseph in seinem bunten Mantel – nur daß es bei mir eine einzige Farbe war, eine Farbe pro Frau...

Als Katharina gestorben war, hatte Anne ihren Ball veranstaltet, bei dem alles in Gelb gehalten war. Grelles, freches Gelb – es war unschicklich erschienen, aber die Hexe hatte behauptet, es sei eine Trauerfeier – besser gesagt, es sei ihre Art, zu trauern...

Als Anne starb, trug ich Weiß – und alles war weiß an jenem Tag; die Obstbäume blühten, und die süße, reine Jane wartete in einem Haus auf dem Lande, ebenso jungfräulich und rein, wie Anne besudelt war...

Als Jane starb, war alles schwarz – meine Kleider, der Hof, alle Gemächer auch schwarz verhangen...

Und jetzt Rot. Rot wie Blut. Die Gerichte trieften von Blut, und deshalb waren sie rot. Ich sah es quellen, sah die Klümpchen von Geronnenem... die Köche konnten mich nicht täuschen! Wer hatte das getan? Wer hatte es gewagt?

Unvermittelt sprang ich auf. Neben mir sah ich die angeschnittene Fläche eines Puddings, aus dem echtes Blut hervorrann. »Halt!« Ich schlug Wriothesley auf die Hand, daß er die Gabel fallen ließ.

»Besudelt! Dafür wird jemand zahlen!«

Alles hielt inne und wartete auf meine Befehle. Gehorsame, verschlagene Kreaturen. Aber eine Person war gegangen, hatte es gewagt, die Tafel vor mir zu verlassen, ohne meine Erlaubnis.

Der leere Stuhl verhöhnte mich. Und dann sah ich sie. Auf dem Teller, quer darüber gelegt – eine einzelne rote Rose.

Mit einem Stiel ohne Dornen.

Furcht strich über mich hin wie Wind über ein Kornfeld.

Catherine. Ihr Geist war hier.

»Du schreckst mich nicht!« rief ich, und ich log. Konnten Geister Gedanken lesen? Dieser kam aus der Hölle.

Die Rose schimmerte und verschwand. Das Zeichen des Bösen. Unwillkürlich bekreuzigte ich mich, ohne zu merken, wie angstvoll meine Gäste mich anstarrten.

»Gütiger Jesus, bewahre uns«, flüsterte ich. Das Ding war verschwunden, die böse Erscheinung vergangen. Aus den Speisen tropfte nicht länger Blut, und der Pudding neben mir verwandelte sich in einen gewöhnlichen Pudding.

Langsam ließ ich mich auf meinen Stuhl zurücksinken. Es gab keinen Grund, dem Satan noch mehr Boden zu geben. Ich mußte so tun, als habe dies alles nicht stattgefunden. Keinen Fußbreit Boden dem Bösen. Nein, niemals.

»Ich wollte Euch nur auf die Probe stellen!« Ich lachte und wedelte mit der Hand. Alle blökten in gekünsteltem Lachen zurück.

Ich spießte einen Brocken auf meine Gabel und steckte ihn in den Mund. Alle folgten meinem Beispiel und kauten dann mit übertriebenen Bewegungen. Auf und ab, auf und ab – wie eine Gesellschaft von Ziegen. Die Bärte der Männer wippten dämonisch. Ihre Augen glühten. Dämonisch...

Der Teufel ist ein Ziegenbock, behaupten manche. Oft nimmt er diese Gestalt an, denn er hat eine besondere Vorliebe für sie. Jetzt beseelte er die ganze Gesellschaft vor mir.

Das Ausmaß der teuflischen Gegenwart in ihnen offenbarte sich in der Helligkeit des roten Glühens in ihren Augen. Da war Tom Seymour: Seine Augen leuchteten wie ein zweifacher Mars bei Sonnenaufgang. Francis Bryans Auge glomm wie eine bösartige Kohle. Der Gesandte der Hölle – diesen Spitznamen hatte man ihm vor Jahren gegeben, weil er Anne Boleyn die Treue aufgekündigt hatte und weil er der erste Bote gewesen war, der Jane von Annes Verurteilung in Kenntnis gesetzt hatte. Damals war es eine Kleinigkeit gewesen, aber jetzt fragte ich mich doch, ob der Charakter nicht am Ende doch der Knecht solcher Kleinigkeiten war.

Die anderen? Edward Seymour, William Fitzwilliam, Anthony Denny, John Dudley, Wriothesley, Gardiner, Sadler, Audley... ihre Augen waren matt. Matt rot, matt »normal« – es war weder in dieser noch in jener Hinsicht etwas Besonderes an ihnen. *Weil du aber lau bist und weder heiß noch kalt, will ich dich ausspucken aus meinem Munde.* Satan hatte halbherzigen Anspruch auf sie erhoben, aber ihre Substanz lohnte den Kampf nicht. Das Schlachtfeld für den Krieg zwischen Gut und Böse mußte schon großartiger, erhabener sein.

Gab es denn klare Augen hier in dieser Gesellschaft, Augen ohne einen Hauch von Rot? Vor allem bei den Frauen: Erstaunt sah ich, daß die Lady Anna von Kleve solche Augen hatte, und Katherine Parr, und »Geraldine«. Ach, Geraldine... dann liebst du deinen alten Mann also doch? Setzt ihm keine Hörner auf? Die Offenbarung war Balsam und Wunde zugleich.

Der leere Platz. Er war immer noch da. Und Catherine saß dort, am ganzen Leibe eingehüllt in perlenbesetzte Seide, bis hinauf zum blutig verklebten Halsstumpf. Rinnsale von Blut flossen an der Seite herab, quollen sanft und warm um das Geschmeide, das wie ein Kragen um ihre Schultern lag, bevor sie dann wie kleine Bäche in ihrem Mieder verrannen. Auf ihrem Teller lag ihr Kopf, und die Augen glühten in purem Rot.

Ihre Bosheit war offenbar! Ich warf mit meinem Becher nach ihr, und der Kopf fiel vom Tisch. Becher und Kopf polterten auf den Boden und rollten wie ungleichmäßige Garnrollen gegen eines der Tischbeine, wo sie zur Ruhe kamen.

Wieder starrte die Gesellschaft mich an. Aber das Protokoll verbot, daß sie mich anrührten oder von sich aus irgend etwas unternahmen.

Es war die Witwe Parr, die schließlich aufstand, herüberkam und mir die Hände auf die Schultern legte. Es waren sanfte Hände, wie ich sie seit Jane nicht mehr gefühlt hatte... aber es war noch etwas anderes in ihnen, eine besondere Gnade.

»Es geht Euch nicht gut«, sagte sie, und indem sie es sagte, ließ sie es natürlich klingen. »Ihr habt Schlaf nötig, mein Lord.« Sie zog mich auf die Beine. »Kommt und legt Euch zur Ruhe.«

Irgendwie war ich dann in meiner Kammer, und meine Diener entkleideten mich und legten mich ins Bett. Irgendwie war alles, wie es sein sollte.

»Ich habe nicht vergessen«, sagte sie, denn sie war noch da, »daß wir ein Valentinspaar sind, Ihr und ich.«

»Ich habe ein Geschenk für Euch, Kate.« Es war wichtig, daß sie wußte, ich erinnerte mich an meine Pflichten in solchen Angelegenheiten.

Dann war ich allein. In meinem Kopf pochte es, und alle meine Sinne drehten sich umeinander. Ich war übermüdet, ja. Wie lange hatte ich keinen natürlichen Schlaf mehr geschlafen? Catherine war erst seit kurzem tot. Ob sie jetzt schlief? Nein, sie schlief nicht. Das wußte ich schon.

»Heinrich.«

Ich hörte die Stimme, süß und wollüstig, in meinem Ohr. Sie lag neben mir.

»Heinrich.« Ein Stück weit entfernt. Ein paar Schritte vor dem Bett.

»Heinrich! Heinrich! Heinrich!« Schreie vor meiner Kammertür.

»Nein! Nein!« Das Holz vibrierte von ihrem Schall. Nur wenige Zoll trennten uns...

Ich riß die Kammertür auf, trat in das dunkle Privatgemach hinaus.

»Nein! Nein!« Die Stimme hallte hinter mehreren Türen. Ich öffnete die Türflügel des Privatgemachs. Dahinter lag der Audienzsaal, aber er war leer, weit, fremdartig.

»Heinrich!«

Es kam aus der Galerie, der langen Galerie, die die königlichen Gemächer mit der Kapelle verband.

Ich zerrte an dem Türriegel. Er war geschnitzt und wuchtig, um Bittsteller mit der ernsten Würde der Majestät zu beeindrucken. Die Türen selbst waren mächtige Platten, so hoch wie drei Männer. Sie aufzuziehen erforderte beträchtliche Körperkraft; ich fühlte, wie meine Bauchmuskeln sich unter der Anstrengung spannten.

Der Gang draußen lag verlassen. Dann sah ich sie... die weiße Gestalt, wie sie rückwärts fortgezerrt wurde und vor meinen Augen zurückwich. Klagendes Rufen hallte zu mir herüber, unsagbar traurig...

Da war nichts. Es war verschwunden, die Erscheinung war fort.

Ich kehrte in mein Bett zurück. Nach Culpepper hatte ich keinen trauten Kammergenossen mehr gehabt; ich schlief ganz allein und unbewacht. In gewisser Hinsicht genoß ich es. Es war lästig, in der Nacht stets Rücksicht auf die Bedürfnisse eines anderen zu nehmen; oft hatte ich nicht einmal eine Kerze anzuzünden gewagt, aus Angst, ihn zu wecken.

Der Geist – denn es war ein Geist, und dann konnte ich ihn auch so nennen – hatte geschrien und gejammert, wie es kein Sterblicher je getan hatte. Würden noch andere ihn sehen? Oder war er nur für mich gedacht? Ich zog die Decken über mir zurecht. Ich würde nicht schlafen, das wußte ich. Ich gedachte die Nacht in einsamer Meditation zu verbringen.

Es war in der dunkelsten Stunde der Nacht, wenn die Sonne fort ist und man glaubt, sie werde nie zurückkommen, als ich die Mönche das erstemal sah. Sie standen im Schatten der hintersten Winkel meines Gemachs. Ich sah sofort, daß sie unterschiedliche Kutten trugen und zu verschiedenen Orden gehörten. Zur Linken war das helle Habit der Zisterzienser zu erkennen. Ich war nicht freundlich mit ihnen verfahren, das wußte ich. Sie waren ein strenger Orden und hatten ein einsames, inbrünstiges Leben geführt, und sie waren ein guter Orden gewesen – zu Anfang. Nun, zu Anfang sind wir alle gut. Aber beurteilen muß man uns nach dem, was aus uns wird.

Daneben ein dunkles Habit. Gewiß ein Dominikaner. Es war schwer, diesen Orden zu lieben, so wie es zu Jesu Zeiten vielen schwergefallen sein muß, die Apostel zu lieben. Sie waren zu scharfsinnig, zu beißend, zu gewitzt.

Ein wenig abseits stand eine graugewandete Gestalt. Greyfriars, die »grauen Brüder«, nannten die Leute die Gehorsamen Franziskaner; sie hatten ein Kloster gleich vor den Toren des Schlosses in Greenwich gehabt. Einst waren sie meine Freunde gewesen, dann waren sie meine Feinde geworden. Nun, ich hatte diesen sperrigen Orden vernichtet.

Und dann, in der Mitte, eine braune Kutte. Oh, diese Kartäuser! Gegen sie hatte ich allerstrengste Maßnahmen ergreifen müssen. Sie hatten sich bei meinen aufklärerischen Bemühungen am widerspenstigsten gezeigt. Deshalb war ich auch nicht überrascht, als nun der braun gekleidete Mönch auf mich zukam.

Wie konnte ich ihn sehen? Es war dunkel. Sein Habit glühte nicht, wie die Bauern behaupten möchten. Aber ich sah ihn.

Er nickte mir würdevoll zu. Sein Gesicht konnte ich nicht erkennen, aber ich glaube doch, es war John Houghton, der Londoner Abt, den ich hatte aufknüpfen lassen, weil er sich geweigert hatte, den Eid abzulegen.

»Heinrich«, intonierte – nein, wisperte er. »Du hattest unrecht mit dem, was du tatest. Die Mönche waren gut und taten Gutes.«

»Sie waren böse und taten Böses.« Sprach ich diese Worte aus, oder dachte ich sie nur?

»Nein.« Die Stimme war leise. So leise, daß ich nicht hätte sagen können, ob sie Wirklichkeit oder Einbildung war.

Die Mönche schimmerten. Ihre Kutten wehten, schienen die Farbe zu wechseln. Dann schien die Sonne – ein winziger Strahl nur – ins Gemach. Es gab keine Mönche mehr.

Es gab keine Mönche. Es gab keine Catherine. (Doch, es gab sie, aber sie war ein Leichnam, ein Leichnam ohne Kopf. Wenn ich die Totengräber beauftragte, das Grab zu öffnen, würde sie dort liegen, in zweitägiger Verwesung. Im Winter ging es damit langsamer. Vielleicht wäre sie immer noch schön. Das heißt, ihr Gesicht, aufgeprägt auf einen abgeschlagenen Kopf.) Ich hatte das alles nur vor meinem geistigen Auge gesehen, in meiner kranken Phantasie. Was für ein machtvolles Organ, das Auge... *Der König hat ein Auge geworfen auf Catherine Howard...*

CXIII

Gleich würden sie zu mir in die Kammer kommen – die Diener, die Ärzte –, und sie würden von meinem Benehmen am Abend zuvor gehört haben (war es wirklich erst am Abend zuvor gewesen, daß ich dem Dämon in all seinen Abstufungen gegenübergestanden hatte?). Was war eigentlich genau geschehen? Gab es jemanden, der wagen würde, es mir zu berichten?

Das Frühstück war vorüber, das Rasieren war vorüber, das Lesen der täglichen Depeschen war vorüber. Jetzt mußte der Tag beginnen.

Brandon kam zu mir in mein sonniges Arbeitszimmer.

»Mein Benehmen gestern abend«, begann ich geradeheraus. »Beschreibt es mir, als ständet Ihr unter Eid.«

»Nun...« Er trat von einem Bein auf das andere, wippte vor und zurück. Er war in letzter Zeit füllig geworden.

»Bitte, setzt Euch.« Ich deutete auf einen Stuhl, einen von zweien, die an der Wand standen.

Er trug ihn herüber, näher zu mir. »Euer Gnaden.« Er lächelte. »Findet Ihr es nicht passend, daß diese Stühle einmal wieder in Gebrauch kommen?«

Ich schwieg. Ich konnte mich an diese Stühle nicht erinnern. Es waren zusammenklappbare, U-förmige Holzgerüste mit Perlmuttintarsien. Irgendein Geschenk vom Patriarchen von Jerusalem?

»Sie standen im Zelt der Spanier, als die Prinzessin von Aragon nach England kam. Als Eurem Vater der Zutritt verwehrt wurde.«

In demselben Zelt? Als ich Katharina das erstemal sah und mich in sie verliebte? Ich war erbost, und ich wußte nicht, warum. Warum hatten die Stühle überlebt? Sie hätten längst untergehen müssen, zusammen mit allem anderen aus dieser Welt.

»Das ist zehntausend Jahre her.«

»Aye.« Sein Grinsen erstarb.

»Was habe ich gestern abend getan? Was habe ich getan, und was habe ich gesagt? Und was hat sich wirklich zugetragen? Ich weiß, Ihr werdet es mir sagen.«

»Es gab ein Valentinsbankett. Alles war so, wie es sein sollte, in den Farben Rot und Weiß; die Valentinsschachteln wurden verteilt und die Valentinspaare gebildet, und dann wurden die rotgefärbten Gerichte aufgetragen.«

»Aber?«

»Aber es war der Tag nach der Hinrichtung. Und es war keine gewöhnliche Hinrichtung gewesen. Die Königin, mein Lord – Ihr hattet die Königin hinrichten lassen. Und so war der Valentinsschmaus ein Begräbnismahl. Zumindest empfanden diejenigen, die dabei waren, es so. Keiner war heiter, außer um Euch eine Freude zu machen.«

»Aber was war mit meinem... Benehmen?«

»Ihr fingt an, ins Leere zu starren und zur Luft zu reden.«

»Ich sah Catherine. Sie saß auf ihrem Platz und hatte eine Rose ohne Dornen vor sich auf dem goldenen Teller.«

»Niemand sonst hat sie gesehen. Sie war nur für Eure Augen da.«

»Aber die Gäste... wußten sie, daß ich sie sah?«

»Sie wußten, daß Ihr irgend etwas saht.«

»Also glauben sie, ich sei wahnsinnig.« Ich stieß die Worte hervor. Ich hatte meine Besessenheit, meine Alpträume, vor aller Augen zur Schau gestellt.

»Sie glauben, Euch plage das Gewissen.« Seine tiefen braunen Augen, das einzig Jugendliche in seinem zerfurchten Gesicht, blickten geradewegs in meine. »Von Eurem weiteren Benehmen wird abhängen, ob sie Euch für wahnsinnig halten oder nicht.«

»Mich plagt mein Gewissen nicht!« murrte ich. »Sie hatte den Tod verdient.«

»Wenn nicht, ist es Wahnsinn«, beharrte Brandon ruhig. »Es sind die beiden einzigen Erklärungen, die sie Euch zugestehen werden. Das Volk hat es gern einfach, mein Lord.«

»Ihr wißt, daß ich nicht wahnsinnig bin«, hob ich an.

»Wenn allzu große Anspannung allzu lange dauert, kann sie jeden in den Wahnsinn treiben.« Er war vorsichtig.

»Ich war noch nie wahnsinnig, und ich werde es auch nie sein! Aber Ihr habt recht; es war töricht, ein solches Fest nach einer Hinrichtung zu veranstalten. Besser, man trauert einfach und gibt zu, daß man trauert. Ich hätte mich in meine Gemächer einschließen und den ganzen Tag weinen sollen. Dann würde ich mich jetzt sauber fühlen, nicht beschmutzt wie nie zuvor.«

»Der Tod säubert nicht. Manchmal weicht einem ein geliebter – oder verhaßter – Mensch nie mehr von der Seite. Ich vermisse Maria immer noch. Katherine ist kein Trost. Auch ich war ein Narr.«

Ich umarmte ihn. »Ich habe Euch falsch beurteilt.«

»Wie andere Euch falsch beurteilen werden«, erwiderte er. »Wenn Ihr nicht achtgebt.«

Plötzlich war es wichtig, ihm alles zu erzählen. »Ich war nicht allein in meiner Kammer heute nacht. Ich hörte Schreie draußen, in der langen Galerie. Und dann standen Mönche in den hinteren Winkeln meines Gemachs. Sie wisperten, steckten die Köpfe zusammen, zeigten auf mich, verurteilten mich.«

Er erschrak und machte ein unbehagliches Gesicht. »Schreie? Wie von einer Frau? In der Langen Galerie, sagt Ihr?« Unvermittelt sprang er von dem spanischen Stuhl auf. »Erinnert Ihr Euch, wie Ihr in Hampton Court die Messe hörtet, in eben derselben königlichen Kapelle, als die Kunde über Catherine just ruchbar geworden war?«

»Ja.«

»Niemand wollte es Euch damals sagen, denn sie handelten auf eigene Faust und fürchteten Euren Zorn. Aber während Ihr beim Gebet wart, entfloh Catherine ihren Bewachern und wollte Euch in der Kapelle aufsuchen. Sie konnte sich der Garde entziehen und lief die Lange Galerie in Hampton hinunter. Sie kam bis an die Tür der Kapelle, wo sie sich Euch zu Füßen werfen wollte. Aber gerade als sie den großen Türknopf drehte, wurde sie wieder ergriffen. Dann...«

»Dann rief sie mich«, ergänzte ich langsam.

»Sie hoffte, Ihr würdet sie hören. Sie war so kühn, sogar Euren Vornamen zu gebrauchen, was selbst mir nicht erlaubt ist. Sie setzte alles auf eine Karte. Aber es mißlang. Sie wurde weggezerrt, ehe sie die Tür öffnen und Euch in Eurer Andacht stören konnte.«

»Trug sie Weiß« fragte ich dumpf.

»Aye.«

»Also war sie wie eine Jungfrau gekleidet.«

Und so würde sie erscheinen, in Ewigkeit. Die Jungfrau-Hure. Ich hatte richtig gesehen.

»Sie versuchte, Euren Sinn für Sentimentalität anzusprechen.«

Meine »Sentimentalität« war also wohlbekannt – eine Schwäche, die man auszunutzen suchte. Gab es an einem König nichts, was man nicht auszunutzen suchte? Von meiner »Sentimentalität« bis zu meinem Stuhlgang nach dem Essen?

»Ich werde sie immer als Jungfrau sehen.« Das stimmte; das war ja das Schmerzliche daran. Aber was war mit dem Geist? Hatten andere ihn auch gesehen?

»Letzte Nacht wurde ich von dieser Erscheinung heimgesucht«, gestand ich. »Die gleichen Schreie, die gleichen Rufe meines Namens. Diesmal öffnete ich die Tür und schaute selbst hinaus in die Galerie. *Ich sah es.*«

Brandon runzelte die Stirn. »Gab es noch andere Zeugen?«

»Nein.«

»Dann stellt eine Wache auf. Sonst werdet Ihr wirklich noch wahnsinnig, und dann hat sie erreicht, was sie sich vorgenommen hat.«

Ich nickte.

»Sie haßt Euch«, sagte Brandon. »Sie will Euren Untergang. Vergeßt das nicht. Durchkreuzt ihre Pläne.«

»Aber warum ausgerechnet Catherine?« brach es aus mir hervor. »Warum niemand anderes? Ich schwöre Euch, niemand sonst hat gewagt, aufzustehen und umzugehen!« Ich wagte nicht, die Namen zu nennen, um sie nicht doch heraufzubeschwören. Bukkingham. Anne. George Boleyn. More. Fisher. Aske. Smeaton. Weston. Norris. Brereton. Dudley. Empson. Neville. Carew. Cromwell. De la Pole. Margaret Pole.

»Sie waren nicht vom Bösen besessen«, erwiderte er geschmeidig. »Nur der Böse verleiht Macht über das Grab hinaus.«

»Aber Anne…«

Darauf wußte er keine Antwort. »Vielleicht ist ihre Seele in ihrer Cousine Catherine wiedererstanden.«

Ich zitterte so heftig, daß ich nicht aufhören konnte. Brandon umschlang mich mit seinem mächtigen, schweren Arm. »Die Liste dessen, was Ihr bereut, ist länger als bei jedem anderen Mann«, sagte er langsam. »Aber man lebt damit. Man wird nicht wahnsinnig und versinkt auch nicht in Melancholie.« Mein Zittern hörte nicht auf; es wurde immer heftiger. »Reue. Keiner nimmt sich vor, am Ende eine Liste von Dingen vor sich zu haben, die er bereut. Es liegt einfach in der menschlichen Natur.«

Vater, inmitten seiner blutigen Taschentücher – wie hatte ich ihn verachtet.

»Und was jetzt?« Wild schüttelte ich den Kopf. »Ich bin jetzt also da, wo gewöhnliche Menschen auch hinkommen. Aber was tut ein König dann?«

»Ein König spuckt auf die Reue«, lachte Brandon.

Da fing auch ich an zu lachen, und das Zittern hörte auf.

Ich stellte sechs nüchterne Soldaten aus Kent als Wache in die Lange Galerie. Ich achtete ausdrücklich darauf, daß es stumpfsinnige und irreligiöse Männer waren, und gab ihnen den einfachen Befehl, die ganze Nacht über Wache zu halten; alle zwei Stunden sollten sie einander ablösen.

»Denn es heißt, dieser kalte Winter habe eine ungewöhnlich große Zahl von Ratten genötigt, in den Hohlräumen unter der Galerie Zuflucht zu nehmen. Wenn es so ist, muß ich es wissen, damit geeignetes Gift ausgelegt werden kann, ehe sie im Frühjahr anfangen, sich zu vermehren. Habt ihr verstanden?«

Sie nickten.

»Was immer sich an Ungewöhnlichem regt«, wiederholte ich.

Sie nickten. Hatten sie wirklich verstanden?

Ich fand meine Geschichte äußerst schlau. Kein Wahnsinniger konnte so schlau sein. Es klang völlig logisch, und ich würde doch erfahren, was ich wissen wollte.

In der zweiten Nacht hörte ich den Geist. Sein Schreien war ganz deutlich zu vernehmen. Ich öffnete die große Tür einen Spaltbreit und schaute hinaus... und sah die Erscheinung. Sie sah aus wie Catherine, aber es war nicht Catherine. Es benutzte nur ihre äußere Hülle. Die Wache schlug darauf ein; einer stach in die Luft, als wolle er ihre Brust durchbohren. Der andere sprang umher wie ein verstörter Frosch.

Ich schloß die Tür. Auch andere hatten sie gesehen.

Am nächsten Morgen behaupteten die Soldaten, sie hätten nichts gesehen, nichts gehört und eine ruhige Nacht verbracht.

Lügner. Lügner. Ich war umgeben von Lügnern, Feiglingen, Feinden, die mir das Leben in all seinen Aspekten falsch darzustellen trachteten. Wozu?

Ich dankte ihnen und bat sie, ihren Dienst noch eine Woche weiterzuführen, nur um sicherzugehen.

»Denn wenn es dort Ratten gibt, müssen wir sie ausrotten.«

Sie pflichteten mir bei. »Eine ruhige Nacht muß nicht unbedingt bedeuten, daß nicht doch welche da sind.« Ich schaute ihnen in die Augen und entdeckte kein Widerstreben gegen das Ansinnen, noch weitere Nächte in der Galerie zu verbringen. Woher hatte diese Generation so harte Herzen?

Jede Nacht hörte ich den Geist. Jeden Morgen meldete die Wache eine ereignislose Nacht. Am Ende der achten Nacht zahlte ich sie aus, dankte ihnen für ihre Ehrlichkeit und ihre Unermüdlichkeit und ließ sie ziehen.

»Also kein Gift«, erklärte ich heiter.

»Da ist nichts zu vergiften«, stimmten sie zu.

Nein. Einen Geist kann man nicht vergiften. Nur die Meinung anderer kann man vergiften, und das hatte ich mit meinem Benehmen beim Valentinsschmaus getan. Nun, von mir aus. Ich würde mich darangeben, sie zu besänftigen. Die Herzen der Menschen sind wie Brunnen. Erst sind sie klar, dann werden sie trübe – aber der Verschmutzung kann man immer entgegenwirken, indem man etwas anderes hineinwirft.

Ich hatte eine Valentinsgabe für meinen Valentinsschatz, und ich hatte versprochen, daß sie sie bekommen sollte. Jetzt mußte ich mein Versprechen erfüllen, mußte versuchen, mich so normal wie möglich zu benehmen. Also schickte ich der Witwe Parr einen Brief und bat sie, am nächsten Morgen zur Messe und danach zum Essen zu mir zu kommen. Ich wußte, sie wohnte noch bei Hofe. Catherines Haushalt war intakt geblieben, ein Körper ohne Kopf (wie Catherine selbst, seine Herrin), und harrte meines Befehls zu seiner Auflösung.

Die Witwe Parr erschien pünktlich eine Viertelstunde vor Beginn der Messe. Ich bemerkte, daß sie immer noch eine schlichte schwarze Trauerhaube trug, im Gedenken an ihren verstorbenen Lord.

»Ihr kommt zu früh«, stellte ich fest, als meine Kammerdiener sie zu mir hereinführten.

»Ich wußte nicht, wieviel Zeit Eure Majestät vorher in Andacht versunken zubringen wollte. Ich möchte Euch wohl begleiten, nicht aber die Bahnen Eurer gewohnten Anbetung stören.«

»Aye, aye.« Plötzlich war mir all die beflissene Aufmerksamkeit ringsum lästig. »Dann kommt. Wir gehen sofort.« Ich lächelte – besser gesagt, ich zwang mein Gesicht, sich zu einem Lächeln zu formen – und streckte ihr die Hand entgegen.

Zusammen betraten wir die königliche Kapelle. Aber statt geradewegs mit der Andacht zu beginnen, hieß ich sie innehalten und warten, bis unsere Augen sich an das Halbdunkel gewöhnt hatten. Über uns glänzten große goldene Sterne, prächtig auf ein tiefblaues Firmament gemalt.

»Hier ist es so dunkel wie in einer Türkenhöhle«, erklärte sie unverhofft. »Düster und muffig.«

Schaler Weihrauchdunst vom vorigen Tag hing noch in der Luft.

»Man sollte in einem so klaren Licht vor Jesus hintreten, wie Maria es am frühen Ostermorgen tat«, meinte sie.

Sie bat nicht um Vergebung, sie mäßigte nicht die Schärfe ihrer Worte. Auch stahl sie sich nicht davon zu einer Statue der Heiligen Jungfrau – wie ich es gern getan hätte – und fiel davor in stiller Andacht auf die Knie. Statt dessen senkte sie den Kopf und versuchte, in einem Buch zu lesen, das sie mitgebracht hatte. In diesem trüben Licht war das unmöglich.

Verlegen begab ich mich zu der privaten Gebetsnische, die vor der Heiligen Jungfrau für mich reserviert war. Als Cranmer und seine Meßdiener erschienen, bereit zur Meßfeier, stemmte ich mich aus meinem Betstuhl hoch und ging zu Katherine zurück. Ich nahm sie bei der Hand und führte sie in die königliche Bank.

Während der Messe tat sie mir alles nach. Sie kniete, wenn ich kniete, beugte das Knie, wenn ich das Knie beugte, sie empfing sogar die Hostie. Aber ihr Gesicht konnte ich im Schatten der Witwenhaube nicht sehen.

Die Messe war zu Ende. Cranmer umarmte uns in der Tür der Kapelle und gab uns seinen Segen. Ich tauchte die Fingerspitzen in das bereitgestellte Weihwasser; sie tat es nicht.

Schweigend gingen wir Seite an Seite die Lange Galerie hinunter. Sie hielt den Kopf gesenkt, und ich sah weiter nur ihre schwarze, röhrenförmige Haube. Ihre Röcke streiften raschelnd über den blanken Fußboden.

»Gott sei mit Euch, Katherine«, sagte ich schließlich.

»Und auch mit Euch«, antwortete sie, aber es klang nicht mechanisch. Sie meinte es ehrlich.

»Hat die Messe Euch angesprochen?« fragte ich. »Ihr konntet nicht in Eurem Andachtsbuch lesen, und Ihr sagtet, die Kapelle sei zu dunkel. Dennoch war Euer verstorbener Gemahl ein frommer Papstkatholik.«

Papstkatholiken. So nannte ich seit neuestem diejenigen, die glaubten, außerhalb Roms könne es keine Rechtgläubigkeit geben.

»Ich bin nicht mein Gemahl.« Sie sprach mit so leiser Stimme, daß die radikalen Worte kaum vernehmlich waren. »Der Herr Jesus hat gesagt« – und plötzlich hob sie den Kopf und sah mir gerade ins Gesicht – »daß Haushalte gespalten sein würden. Um Seinetwillen.«

Ihr Antlitz leuchtete. Ihr unauffälliges kleines Gesicht, das im Grunde ohne eigene Schönheit war, war durchdrungen von spiritueller Schönheit.

Ich blieb wie angewurzelt stehen. Das hatte ich noch nie gesehen. Ich, dem doch das Privileg zuteil gewesen war, Schönheit in mannigfacher Form zu sehen, hatte diese Erscheinung, die man spirituelle Schönheit nannte, noch nie erblickt. Ja, ich hatte sie immer für eine Metapher gehalten. Jetzt verschlug sie mir die Sprache.

»Aye«, sagte ich. »Kate.« Ich hob die Hand und schob die häßliche Witwenhaube zurück. Die Sonne strahlte durch die Fenster und schien auf ihr dichtes, rotgoldenes Haar, das flach nach hinten gekämmt war. »Ihr dürft nicht länger Trauer tragen«, sagte ich. »Denn Ihr seid nicht mehr in Trauer, sondern frohlockt mit dem auferstandenen Herrn.«

Gehorsam nahm sie die Haube ab.

Das Essen erwartete uns in meinem Privatgemach; mein privater Eßtisch war gedeckt. Ein hellweißes Leintuch war ausgebreitet, und meine goldenen Teller standen darauf.

»Um diese Jahreszeit ist die Auswahl gering.« Bevor die Speisen aufgetragen wurden, leistete ich schon Abbitte.

»Fünf Brote und zwei Fische?« Sie lachte.

»So ungefähr«, gab ich zu.

Das Brot, aus Winterroggen gebacken, war dick und schwer. Das Getränk, aus dem gleichen Korn gebraut, war nahrhaft. Ja, und Karpfen gab es: die universelle Spätwinterspeise.

»Wer kümmert sich um die Karpfenteiche, nachdem die Klöster abgeschafft worden sind?« erkundigte sie sich sachlich. Es waren ja die Mönche gewesen, die ausgeklügelte Fischzuchtanlagen entwickelt und den Karpfen zu einem festen Bestandteil des winterlichen Speiseplans gemacht hatten.

»Leute in den Dörfern. Aber wir sind auf Karpfen nicht mehr so sehr angewiesen, seit weniger gefastet wird.«

»Eine törichte Papistensitte«, erklärte sie frischweg. »Ich bin froh, daß Ihr vieles davon abgeschafft habt, mein Lord.«

»Aber ich habe nicht genug abgeschafft?« Ich wählte meine Worte mit Vorsicht.

Sie wählte die ihren nicht minder bedachtsam. »Die Dinge schreiten fort. Und das Echte braucht ein Fundament.«

»Was habt Ihr da eigentlich gelesen?« fragte ich unvermittelt. »Besser gesagt, was habt Ihr zu lesen versucht?« Ich deutete auf ihr Buch.

»Stille Andachten.« Sie reichte mir das Buch. »Einige der Meditationen darin – einige habe ich selbst verfaßt.«

Ich warf einen Blick hinein. Schlüsselwörter – »Glaube«, »Schrift«, »Blut«, »Rechtfertigung« – brandmarkten es als protestantisch. »Seht Euch vor, Kate«, warnte ich sanft und gab ihr das Buch zurück.

Bei dem Namen verzog sie das Gesicht. »Niemand hat mich je Kate genannt«, versetzte sie steif.

»Nein? Aber es ist ein froher Name, wie Ihr auch froh seid. Ein junger Name, wie Ihr auch jung seid.« War ich denn der einzige, der diese Seite je an ihr gesehen hatte? »Aber wenn es Euch lieber ist, werde ich wieder zu ›Lady Parr‹ zurückkehren.«

Sie widersprach mir nicht. »Ihr habt mich eingeladen, Eure Majestät, weil Ihr etwas für mich habt?«

Das Valentinsgeschenk: Ein Kapitel Ovid, seine Abhandlung über die Liebe. Ich hatte geglaubt, es werde ihr Freude machen, den Text zu übersetzen. Jetzt sah ich, wie überaus unangemessen, wie ungehobelt es sein würde.

»Ihr seid mein Valentinsschatz«, sagte ich und überlegte, so schnell ich konnte. »Wir sollten Gaben tauschen, und es war ein Versäumnis, daß ich die meine zurückhielt.«

»Ihr wart krank, mein Lord«, erinnerte sie mich rasch.

»Ja, ja. Nun, ich habe hier« – gütiger Jesus, was hatte ich? – »ein Juwel. Einen Rubinring.« Rot. Als Valentinsgabe. Ja, das würde gehen.

»Ich bin in Trauer«, gab sie zu bedenken.

»Wir waren als Christen übereingekommen, daß Ihr es nicht mehr seid.« Ich wühlte in dem Lederbeutel, den ich in meiner Privatschatulle aufbewahrte, nach dem Rubin. »Hier.«

Zögernd nahm sie ihn entgegen. »Er stammt nicht aus einem Schrein?«

»Es ist nicht Beckets Rubin, falls es das ist, was Ihr fürchtet! Ein Rubin läßt sich nicht teilen, ohne dabei seine Rundheit zu verlieren. Das wußtet Ihr doch sicher? Nein, wenn Ihr es denn wissen müßt – es ist der Kindheitsring meiner lieben Schwester Maria. Nehmt ihn und tragt ihn in Unschuld, wie sie es tat.«

Bevor sie die Männer kennenlernte: Ihren Bruder, der sie aus politischen Gründen verheiratete. Einen sabbernden alten ersten Gemahl. Einen habgierigen zweiten Gemahl, der sich wiederverheiratete, bevor die Bäume, die bei ihrem Begräbnis in Blüte standen, Früchte trugen. Der Rubin ihrer Kindheit und ihrer Hoffnungen. Sonderbar, daß eine erwachsene, zweimal verwitwete Frau als einzige von denen, die ich kannte, geeignet sein sollte, ihn zu tragen. Selbst die kleine Elisabeth war ein bißchen zu »alt« dafür.

»Danke«, sagte sie und schob den Ring auf ihren Finger. »Es war sehr freundlich, Euch an die Gabe zu erinnern.«

Und es ist freundlich von dir, zu vergessen, daß du mich an diesem gräßlichen Abend trösten mußtest, dachte ich. Das Vergessen ist ein Akt der Barmherzigkeit – einer, den man oft vernachlässigt.

Die Witwe Parr – nein, Kate – war Barmherzigkeit, Liebe und Licht.

Aber sie war Protestantin!

Bevor sie sich verabschiedete, wühlte sie in der Tasche ihres Mantels und zog einen winzigen Band Psalmen hervor.

»Ich möchte, daß Ihr dies bekommt«, erklärte sie ernsthaft. Auf ihrem Antlitz lag wieder dieser verwandelte Ausdruck, den ich nie aus den Augen verlieren wollte. »Lest«, drängte sie und drückte mir das Büchlein in die Hand. »Ich glaube – und hoffe –, daß meine Übersetzung korrekt ist.«

Dann war sie fort, und ich hatte nur noch ein kleines, schwarzledernes Buch mit Psalmen.

Nur Protestanten machten eigene Übersetzungen!

Als ich so dasaß und durch den Psalter blätterte, fiel mir ein, daß ich in den vergangenen sechs Stunden kein einziges Mal an meinen »Wahnsinn« gedacht hatte. Ihre gelassene Vernunft hatte ihn verbannt, ihn zu einer Absurdität gemacht.

CXIV

Für den Nachmittag hatte ich alle ausländischen Gesandten zu einer Audienz gebeten. Es war an der Zeit, daß wir die Unklarheiten zwischen uns beseitigten. Besonders verärgert war ich über einen gewissen Spanier, welcher – offenbar auf seine Bekanntschaft mit Chapuys oder auf seinen Einfluß bei demselben bauend – bei Catherines Hinrichtung zugegen gewesen war und sich dann angemaßt hatte, eine »Chronik« darüber zu verfassen, die von Catherines und Culpeppers Romanze handelte, meine Grausamkeit schilderte, und dergleichen mehr. Schon waren an die hundert Exemplare davon gedruckt und machten jetzt die Runde, in London und wohl auch darüber hinaus. Sie waren äußerst abträglich für mich, denn sie zeichneten mich als einen verrückten, bösartigen Trottel.

Jeder Botschafter sollte mich zum Schlag der vollen Stunde besuchen: Chapuys um zwei Uhr, Marillac um drei, der schottische Gesandte, ein Bastard der Stuarts, um vier, und die Kreatur des Papstes um fünf. Danach wollte ich mich mit einem reichlichen Vorrat an Wein in meine Gemächer zurückziehen und zum Abendessen gebackene Neunaugen verspeisen. Ich hatte dem Koch meinen Wunsch bereits übermitteln lassen, denn die Zubereitung von Neunaugen war eine mühselige Angelegenheit – all die Gräten, die entfernt werden mußten...

Ich zog mich um und kleidete mich in mein Audienzgewand. Es war nötig, daß ich immer, immer als König erschien und mich wie ein König benahm. Deshalb das schwere, juwelenbesetzte Wams und der Umhang aus Goldbrokat. Über all das kamen die pelzverbrämten Staatsgewänder, ganz ähnlich denen, die während der Regentschaft meines Vaters in Mode gewesen waren. Sie waren inzwischen das Kennzeichen eines älteren Mannes, eines Mannes, der zusätzlicher Wärme bedurfte. Von mir aus. Es stimmte ja. So lange hatte ich mich geweigert, sie anzulegen. Aber ich brauchte sie, und ich fand es nicht mehr so wichtig, daß andere nicht merkten, wie sehr ich sie brauchte. Ich hatte Holbein sogar erlaubt, ein Porträt von mir in Angriff zu nehmen, auf dem ich sie trug und überdies das Zeichen des Alters, einen Stab, umfaßt hielt. Einen hübschen geschnitzten Stab, den Niall Mors Vater mir geschenkt hatte. Die Iren... ich mußte auch mit dem irischen Gesandten sprechen. Wie hatte ich das vergessen können? Am letzten Donnerstag hatte ich noch daran gedacht und mir eine Notiz gemacht – und wo war die Notiz? So konnte es wirklich nicht weitergehen – dieses ständige Verlegen und Vergessen...

»Eure Majestät, der Kaiserliche Botschafter«, verkündete mein Page.

»Wir werden ihn empfangen.« Ich ließ mich auf dem Staatsthron unter dem königlichen Baldachin nieder. Sämtliche Formen mußten gewahrt bleiben, denn sonst merkten die Leute, daß etwas nicht stimmte... wie ein Hund, der eine Wunde aufspürte, weil er das Blut roch. Stets einen Verband tragen. Dann können sie nichts wittern, nichts merken, nichts wissen.

Die große, hohe Tür öffnete sich, und Chapuys trat ein. Wie oft hatte er diese Tür schon durchschritten? Hundertmal? Er war oft gekommen, als Katharina noch ein Problem gewesen war und als Maria und ich uns noch nicht miteinander versöhnt hatten. In letzter Zeit hatte er sich viel seltener sehen lassen.

»Eure Majestät.« Er beugte ein Knie. Ich merkte, daß es ihm schwerfiel. Mit den alten, fließenden Bewegungen war es nichts mehr. Die Knie taten ihm weh, das sah ich.

»Mein lieber Kaiserlicher Botschafter.« Ich deutete auf einen gepolsterten Stuhl vor dem Thron. »Bitte setzt Euch zu uns.«

Er erhob sich so mühelos wie möglich und begab sich zu dem bequemen Stuhl. Als er sich darauf niedergelassen hatte, beäugte er mich wachsam. »Eure Majestät haben mich rufen lassen?«

»Ja, Chapuys.« Ich atmete tief ein. »Ihr und ich haben keine Spiegelfechtereien mehr nötig, wir brauchen nicht um den heißen Brei zu gehen. Wir kennen einander schon zu lange. Deshalb laßt uns dies wie zwei ehrliche, rauhe Männer erörtern. Tatsache ist, daß einer aus Eurer Gemeinde, eingestandenermaßen Spanier, sein Privileg mißbraucht hat. Das Privileg, mein Herr Botschafter, bestand darin, daß er als Zeuge bei den Hinrichtungen am... am dreizehnten des vergangenen Februar zugegen sein durfte. Er hat einen Bericht darüber verfaßt; aber was noch frevelhafter ist, er hat sich angemaßt, die Geschehnisse zu ›erklären‹. Da er mit Eurer Erlaubnis und mit Hilfe Eures Einflusses auf das Gelände des Tower gelangt ist, seid Ihr derjenige, den er mißbraucht und verraten hat. Denn selbstverständlich muß Euch das Vorrecht, eine solche Erlaubnis zu erteilen, für alle Zukunft entzogen werden.«

Sein kleines Affengesicht starrte mich an. »Oh. Sind denn weitere Hinrichtungen geplant? Es würde mich schmerzen, nicht mehr dabeisein zu dürfen.«

Oh, dieser Spanier machte mich rasend! Schon immer hatte er mich so geärgert!

»Darum geht es nicht.« Ich sprach in ruhigem Ton. Die Tage, da ich explodiert war und alle meine Gedanken, Leidenschaften und Freuden geoffenbart hatte, waren Vergangenheit. Alter Mann. Alter Mann. Ruhiger, beherrschter alter Mann. Nun, es hatte auch seinen Vorteil. »Es geht darum, daß Ihr einem Eurer Landsleute erlaubt habt, so etwas zu tun, noch dazu auf englischem Boden. Dieses Ding« – ich hatte es griffbereit in meiner Aktentasche – »ist voller Lügen.«

»Verstößt es gegen englisches Gesetz, Lügen zu drucken?« fragte er sanft. »Ich meine, gegen irgendein besonderes Gesetz?«

»Die Druckpresse ist so neu, daß wir noch keine Gelegenheit hatten, Gesetze darüber zu verabschieden! Aber Gentlemen halten sich an bestimmte Verhaltensregeln, an bestimmte Maßstäbe, und die sind auf die Druckpresse ebenso anwendbar wie auf alles andere!« Aber wenn sie es nun nicht waren? Wenn nun alles, was »selbstverständlich« gewesen war, es nicht mehr war? Wenn eine neue Ordnung auch neue Regeln brauchte?

»Als Ihr Euch vom Papsttum lossagtet, gabt Ihr damit ein Beispiel für alles andere.« Er spreizte die Hände. »Es besagte, daß die alten Regeln, die alten Rücksichten nicht mehr galten. Das aber betrifft Könige so gut wie den Heiligen Vater, wißt Ihr.« Er zuckte die Achseln. »Ein gemeiner Bürger hat also einen diffamierenden Bericht geschrieben. In dem neuen Zeitalter, dessen Vorreiter Ihr gewesen seid, wird dergleichen so alltäglich sein, daß niemand es mehr merken wird.«

»Aber es sind Lügen!«

»Ja?«

»Er behauptet hier« – wütend blätterte ich, bis ich die Stelle gefunden hatte – »Cromwell habe Catherine verhört! Aber Cromwell ist tot! Ist er zu diesem Anlaß etwa wieder zum Leben erwacht?« So. Das war der Beweis.

»In der Tat, das ist er.« Chapuys lachte leise – ein überlegenes, leises Lachen. »Und noch viele Cromwells werden es tun, in diesem *wundervollen*« – fast spuckte er mir das Wort vor die Füße – »neuen Zeitalter, dessen Geburtshelfer Ihr gewesen seid. Ohne Respekt vor der Autorität – zertretet den Papst! – und bei übertriebener Achtung vor dem Individuum – oh, der Engländer ist ein Gott! – wird dergleichen im Überfluß vorkommen. Ihr solltet Euch daran gewöhnen. Die Wahrheit ist das, was irgendein gemeiner Mann zu verhökern beliebt, solange er halbwegs glaubwürdig ist und seine Prosa nicht gegen alle Grammatik verstößt, und solange er sich leisten kann, es drucken zu lassen. In diesem Fall ist der Mann ja tatsächlich bei der Exekution zugegen gewesen; das macht ihn glaubwürdig. Seine Prosa mag voller Lügen stecken, aber sie ist in des Königs Englisch verfaßt. Sein Geldbeutel hat ihm den Druck erlaubt. Oh, aber ein viertes Element gibt es noch, ohne das die drei anderen nichts wert sind: Die Menschen müssen nach seinem Gefasel lechzen und bereit sein, dafür zu zahlen, daß sie es lesen dürfen.«

Er hatte recht. *Die Spanische Chronik*, wie man die Schrift nannte, stillte mancherlei Hunger. Der nach Wahrheit war nicht darunter. »Ihr weigert Euch also, die Schrift zu widerrufen oder irgendwelche Anstalten zu unternehmen, sie zu unterdrücken?«

»Ich habe nicht die Macht dazu«, sagte Chapuys. Eine bequeme Ausrede.

»Ich wünschte, Ihr hättet sie.«

»Ich auch, Euer Gnaden. Die Schrift ist albern, und sie glorifiziert Catherine, macht im Tode mehr aus ihr, als sie im Leben jemals war. Sie war...« Er zögerte, als widerstrebe es ihm, ein Zugeständnis zu machen, derweil aber angeborene Ehrlichkeit ihn dazu zwang. »Sie war eine katholische Galionsfigur, die wohl einige Verlegenheit hervorrufen konnte. Ich fürchte, sie hat dem Katholizismus in England zu einem schlechten Ruf verholfen. Besser hätte man ihn mit der Prinzessin von Aragon ruhen lassen, als ihn durch diesen Morast zu schleifen.«

Ich wußte seine Offenheit zu würdigen. »Nun, die Protestanten hatten die Boleyn.« Ich lachte. »Es ist gefährlich für jede geistliche Körperschaft, sich von einem Menschen vertreten zu lassen.«

Plötzlich lachte er; ja, er krähte regelrecht vor Vergnügen. »Außer natürlich im Falle des Heiligen Vaters.«

»Nein, genau den habe ich ja gemeint!« Jetzt mußte auch ich lachen. »Er ist genauso schlecht wie Anne und Catherine auf ihre Weise. Nein, es darf kein Mensch sein!«

»Aber Euer Gnaden – Ihr seid doch jetzt das Oberste Haupt der Kirche von England!«

»Nicht ihr geistliches Vorbild.« Ich erhob mich vom Thron. Die Zuneigung zu Chapuys, meinem alten Gegenspieler, übermannte mich. Er mochte mein Gegenspieler sein, aber er gehörte zu meiner Welt, zu meiner alten, bekannten Welt, und das war plötzlich sehr wichtig für mich. Wir waren nur noch so wenige, und unsere Zahl schrumpfte immer weiter. Ich legte ihm den Arm um die Schultern, die ausgemergelten, schmalen Schultern.

Er war alt. Auch er trug das Zeichen des Fortgangs, weg von mir. Ich sollte allein sein. Furcht schüttelte mich.

»Ihr zittert«, sagte er beinahe zärtlich. Wir waren Feinde, die erst Achtung voreinander gehabt, dann Toleranz gefunden und schließlich Zuneigung zueinander gefaßt hatten. Wo waren sie jetzt in meinem Leben, die Prinzessin von Aragon, die Hexe Boleyn, Jane, die Prinzessin von Kleve, die Hure Howard? Aber Chapuys war immer noch da.

»Manchmal, ja«, gab ich zu. »Es scheint, im März kann ich es nie warm genug haben.«

»Nicht einmal im Juli, hier in England!«

»Ihr geht bald in den Ruhestand.« Ich wußte es.

»Ja. Endlich.«

»Die Sonne wird Euch wärmen, wird Euch heilen. Ich weiß es. Ihr habt lange darauf gewartet.«

»Ich habe die Sonne vergessen. In Wahrheit fühle ich mich in England zu Hause. Ich glaubte nur für kurze Zeit herzukommen. Ich wollte meine Zeit abdienen und dann zurückkehren in die Sonne, zu den Blumen und dem Schwarz-Weiß des spanischen Mittags. Aber ich beging den Fehler, mich in die Prinzessin von Aragon zu verlieben. Ich konnte sie als jenes junge Mädchen sehen, das auf die Reise nach England ging – und ich wollte ihr dienen.«

»Das habt Ihr auch getan.« Ich ließ ihn los, den knochigen alten Mann. »Ihr habt in ihr noch jene Prinzessin gesehen, als sie in den Augen aller längst die Witwe war. Nun...« Ich schloß die Augen und hieß die Bilder gehen. »Wir alle brauchen jemanden, der für uns eintritt.« Ich hatte niemanden, aber das brauchte keiner zu wissen. »Euer Herr, der Kaiser – glaubt Ihr, er wird der päpstlichen Bulle gegen mich zur Geltung verhelfen? Dem Ruf zum Heiligen Krieg Folge leisten?«

»Ihr und ich, wir wissen beide, wenn er sich um seiner Tante willen nicht erhoben hat, wird er sich auch jetzt nicht rühren. Wenn er in letzter Zeit frommer und religiöser geworden ist, dann liegt das an dem Aufruhr in Deutschland und in den Niederlanden. Der Protestantismus dort... gegen ihn wird er zu Felde ziehen, nicht gegen den englischen. Ihr seid ganz sicher vor dem Kaiser«, gestand er. »Aber bitte verratet ihm nicht, daß ich das gesagt habe.«

Ich umarmte ihn noch einmal. »Natürlich nicht.«

»Eines noch, Eure Majestät.« Chapuys lehnte sich zurück. »Die Prinzessin Maria. Wird sie bald heiraten?«

»Ich wüßte nicht, wie. Solange die Franzosen und der Kaiser nicht einsehen, wie wichtig ein Bündnis...«

»Sie ist betrübt. Sie braucht einen Ehemann. Ich spreche als Freund, nicht als Botschafter oder als einer, der sich mit ihr verschworen hat. Sie ist sechsundzwanzig Jahre alt, Euer Gnaden, und kein Kind mehr; bald werden die Jahre vorüber sein, da sie hätte gebären können. Oh, habt Erbarmen mit ihr!«

Ich war erstaunt über diesen Ausbruch. »Aber mit wem soll ich sie verheiraten? Ein Prinz von...«

»Mit einem Herzog, einem Grafen, irgend jemandem! Auf

seinen orthodoxen Glauben kommt es nicht an! Seht sie einmal nur als eine Frau, eine Frau, die verzweifelt Mann und Kinder braucht! Mein Herr, der Kaiser, wäre erzürnt, wenn er mich so reden hörte. Aber wenn Ihr sie geliebt habt, als sie ein Kind war... Euer Gnaden, ihre Bedürfnisse sind heute nicht geringer! Nur Ihr könnt sie davon befreien. Sie braucht jemanden, den sie lieben kann. Jemanden, etwas. Sonst wird ihre natürliche Güte bald verkümmert und verkrümmt sein.«

Maria. So viele Jahre lang ein bezauberndes Kind. Dann eine Schachfigur im Krieg zwischen Katharina und mir. Dann – ein Nichts. An ihre Bedürfnisse hatte ich nie gedacht, so emsig war ich dabeigewesen, meine eigenen zu befriedigen. Ich hatte gedacht, sie werde mir schon erhalten bleiben, erhalten, bis ich in Frieden lebte.

Aber nichts bleibt erhalten. Es wächst zu grotesken Formen aus, oder es verwelkt.

»Ihr habt recht«, sagte ich. »Sie ist schrecklich allein.« Seltsam, daß ich daran nicht gedacht hatte. Rings um mich her hatte ich Kraft und Glück gesehen, wo es sie nie gegeben hatte.

Maria. Ich hatte sie so geliebt, aber als sie sich auf Katharinas Seite gestellt hatte, da hatte ich sie verstoßen. Woran mangelte es mir, daß ich die Bündnisse so schnell wechselte? Vielleicht reichte der Wahnsinn ja weit zurück, gründete im Fehlen eines normalen Gefühls.

Wahnsinn. Nein, ich war nicht wahnsinnig. Aber diese pochenden Kopfschmerzen! Wo war meine Kopfmedizin, der Sirup, der dieses Rasen stillte? Ich wollte jetzt einen Schluck davon. Der Diener brachte ihn. Den hübschen smaragdgrünen Sirup. Er würde rechtzeitig zur nächsten Audienz durch meine Adern kreisen.

So. Jetzt brauchte ich nur noch still dazusitzen und auf die Wirkung zu warten. Aber schon pochte es draußen – ein Echo des Pochens in meinem Kopf.

» Monsieur le Ambassador Marillac erwartet seine Audienz.«

Er war also schon hier? Also gut. »Wir sind bereit«, sagte ich.

Monsieur Marillac betrat den Audienzsaal. Er war mir praktisch unbekannt, denn er war erst wenige Monate zuvor nach England gekommen. Franz erlaubte keinem seiner Gesandten, lange genug hier zu bleiben, um persönliche Bande zu mir zu knüpfen. Weil er meinen Charme, meinen Einfluß fürchtete?

»Eure Majestät.« Er beugte das Knie, hob dann das Gesicht zu mir und lächelte. Was für ein hübsches Lächeln er hatte.

Wolsey hatte ein hübsches Lächeln gehabt. Oh, und eine so servile Art, schmeichelhaft und unterwürfig zugleich.

Wolsey... es gab keinen Wolsey mehr.

»Wir heißen Euch willkommen, Monsieur Marillac. Es ist schade, daß wir Euch in all den Wochen, da Ihr auf englischem Boden seid, noch kaum haben kennenlernen können. Kommt näher, Monsieur, daß ich Euch anschauen kann.« Ich betrachtete sein Gesicht, sein Gewand. Er sah kräftig und gelassen aus, soviel konnte ich erkennen. Ein Mann von der Sorte, gegen die ich vergebens anrennen würde. Ebenso gut hätte man eine meiner neuen Festungen bei der Insel Wight angreifen können – ich hatte sie nach meinen Entwürfen bauen lassen, massiv, rund, unzugänglich und ganz modern, das heißt, für Geschützverteidigung und Kanonenstrategie. Sie hatten nichts Romantisches, nichts Ritterliches an sich. Dieser Franzose auch nicht.

»Wie geht es meinem Bruder Franz?« fragte ich rasch.

»Nicht gut, fürchte ich«, antwortete er. »Er ist bestürzt über den Schmerz, der Eure Majestät heimgesucht hat.«

Ja, ich hatte seinen »Kondolenzbrief« erhalten; es hatte darin geheißen: »Die Leichtfertigkeit der Weiber berührt nicht die Ehre der Männer.« Ich wußte nicht, ob dies als ein Ausdruck des Mitgefühls oder als Spott zu verstehen sei.

»Mmmmm.« Ich grunzte. In meinem Kopf pochte es immer noch. Wann würde die Wirkung des Sirups endlich einsetzen?

»Als Ihr ihn verließt, welche Anweisung gab er Euch da? Sollt Ihr mich als seinen Freund umwerben, oder sollt Ihr wie ein Stachelschwein die Borsten wider mich sträuben?« So – das würde ihn aufschrecken, so daß er die Wahrheit heraushustete.

»Ich – das heißt, er...«

Ich hatte mich nicht geirrt. Meine rauhbeinige englische Rede hatte ihn aus dem Gleichgewicht gebracht.

»Als ich Frankreich verließ, war er distanziert gegen Euch. Aber das war vor – es war vor dem Mißgeschick Eurer Majestät...«

»Lüge!« Ich sprang auf und schlug mit der Faust auf die Armlehne meines Thrones. »Es war vor seinem Zank mit seinem Schatz, dem Kaiser!« Ich fuhr herum und funkelte ihn an. »Ist es nicht so, Knabe?«

Es war pures Theater. Chapuys hätte seinen Spaß gehabt. Dieser Grünschnabel hier runzelte die Stirn und tat dann genau das, was ich erhofft hatte: Er sprudelte die Wahrheit hervor. »Die Beziehungen haben sich abgekühlt, da der Kaiser nicht zu erkennen vermochte...«

»Ah! Ja! Der Kaiser vermag nie, zu erkennen. Er vermag nicht einmal die Nase in der Mitte seines Gesichtes zu erkennen, he? Wie?«

Marillac wich zurück. »Eure Majestät?«

»Euer Herr ist ein Tor«, sagte ich gelassen, schwang meinen Mantel herum und ließ mich auf meinen Sitz gleiten. »Er weiß, er wird gegen mich zu Felde ziehen müssen. Will er Zeit schinden? Ist es das, was er vorhat? Will er mich mit Torheiten ködern, wie mit seinem Geld und seiner Unterstützung für die Schotten, die er gegen mich aufstacheln will? Glaubt er, ich weiß nicht, wer James daran gehindert hat, sich mit mir in York zu treffen? Glaubt er, ich werde diese Beleidigung vergessen? Ja? Was glaubt er?«

Marillac starrte mich an.

»Könnt Ihr nicht für ihn sprechen? Was für ein Botschafter seid Ihr denn? Habt Ihr keine Vertretungsvollmacht? Wie? Habt Ihr keine schriftliche Unterweisung erhalten?«

Er war jämmerlich. Es lohnte sich nicht, mich an ihm zu reiben. Das war kein Sport. Es war Grausamkeit.

»Sagt mir«, forderte ich ihn schließlich auf, »ist Franz bei guter Gesundheit oder nicht?« Ich bemühte mich, sanft und entwaffnend zu klingen.

»Jawohl, das ist er«, antwortete Marillac hochmütig.

Lügner. Ich wußte, daß Franz von den Großen Pocken verzehrt wurde und daß die Krankheit ihren letzten, tödlichen Angriff auf seinen Verstand einleitete.

»Ich bin Euch dankbar für Eure Aufrichtigkeit.« Ich lächelte. »So ist Franz zwiefach gesegnet: durch seine Gesundheit, und durch seinen treuen Vertreter. Ihr mögt meinem Bruder in Frankreich sagen...« Ich hatte eine glattzüngige Bemerkung bei der Hand gehabt, aber was aus meinem Munde kam, war: »Ich hoffe, wir treffen uns noch einmal auf der Ebene von Ardes. Ja, wenn er will, komme ich auch noch einmal ins Val d'Or. Ohne Phantasieschlösser diesmal, ohne Turniere; nur... Franz und ich. Werdet Ihr ihm das schreiben?«

»Noch heute abend, Eure Majestät.« Der Franzose verbeugte sich tief.

Was er am Abend schrieb, war: »Ich habe es hier mit dem gefährlichsten und grausamsten Mann der Welt zu tun.« Dieser heimtückische Franzose! (Und woher wußte ich das? Ich hatte mir Cromwells Erbe zunutze gemacht, seine Spione und seine Geheimpolizei. Sie leisteten mir gute Dienste. Ich hätte sie selbst nicht aufgestellt, aber da es sie schon einmal gab... Ich hatte sie nützlich gefunden, und indem ich sie selbst benutzte, verhinderte ich, daß andere sich ihrer gegen mich bedienten.)

Spitzel. Es hatte immer schon Spitzel gegeben. Julius Cäsar hatte welche, heißt es... wenngleich sie einzigartige Taugenichtse gewesen sein müssen, wenn sie ihn nicht vor dem drohenden Attentat warnten. Spitzel, so denke ich, waren notwendig zur Führung eines Staates. Aber der bloße Gedanke, die einfache Tatsache ihrer Notwendigkeit, mißfiel mir.

Ich zog es vor, zu glauben, ich könne im Gesicht eines Menschen lesen, könne mir ganz allein ein Bild von ihm machen. Ich hatte gemerkt, daß der französische Botschafter log. Es war eigentlich nicht mehr nötig, daß man seine Briefe ausspionierte, abschrieb und mir vorlegte. Es war erniedrigend für ihn, und meinen Erkenntnissen fügte es nichts Entscheidendes hinzu. Aber diese neuen Zeiten erforderten solche Umtriebe wie selbstverständlich.

Mein Kopf dröhnte immer noch, der smaragdene Sirup hatte wenig getan, um die Beschwerden zu vertreiben. Offenbar hatte ich nicht genug genommen. Ich goß mir noch ein wenig in meinen Arzneibecher und schluckte es hinunter.

Es war nur noch ein winziger Schluck gewesen, doch innerhalb weniger Minuten fühlte ich mich von allen Symptomen befreit. Wieso kann eine geringe zusätzliche Dosis solche Wirkung haben? Es gibt für die Ärzte noch so viel zu erforschen.

Um vier Uhr war der schottische Gesandte an der Reihe, mich zu besuchen. Ich lehnte mich zurück und zog die lange Chronik all unserer Beziehungen hervor; sie reichte zurück bis zu den Verhandlungen meines Vaters mit James III., in denen die Vermählung meiner Schwester in die Wege geleitet worden war. Es war eine häßliche Geschichte von Verrat und Mißtrauen auf beiden Seiten. Warum hatten sich die Schotten so unbeirrbar gegen uns gestellt? Wir waren ihre Nachbarn, wir lebten zusammen auf einer Insel. Aber sie zogen es vor, sich mit Frankreich zu verbünden. Als wir 1513 in Frankreich kämpften, fielen sie uns in den Rücken. Als ich auf dem Kontinent auf Brautschau gegangen war, hatte James V. einen Wettbewerb darauf gemacht und mir Marie de Guise vor der Nase weggeschnappt. Und dann die Kleinigkeit, daß er mich in York versetzt hatte.

»Der Graf von Arbroath«, meldete der Page. Ich richtete mich gerade noch rechtzeitig auf, als der schmucke Graf hereingeschritten kam, als besuche er alle Tage den König von England.

Er trug sein formelles schottisches Gewand: Zahllose wirbelnde Ellen von buntem schottischen Wollstoff, einen Dolch im Strumpf, eine dicke, ziselierte Silberbrosche, die eine Art Schärpe hielt.

Dolche waren in meiner Gegenwart verboten, seit der Herzog von Buckingham einen Anschlag auf mein Leben unternommen hatte. Ich nickte der königlichen Garde zu, und sie entfernten ihn feierlich.

»Vertretet Ihr hier wirklich Schottland, Robert Stuart?« erkundigte ich mich. »Gibt es überhaupt ein Schottland, das Ihr vertreten könntet?« Das war die eigentliche Frage.

»Soweit es in der Macht eines Menschen steht, dieses glorreiche Land zu vertreten, tue ich dies.« Seine Stimme hallte von den Dekkenfriesen wider.

»Dann habt Ihr viele Fragen zu beantworten, Fragen, die mich manch schlaflose Stunde gekostet haben.« Ich winkte ihm, näher zu kommen. »Was bedeutet der Tartan, den Ihr da tragt?« Es war eine ziemlich angenehme Verflechtung von Farben und Mustern. Wenig kunstvoll, aber dem Auge gefällig. »Ich sehe, daß es Weiß enthält. Liegt darin eine besondere Bedeutung?« Ich war neugierig.

Sein breiter Fischmund öffnete sich zu einem Lächeln. »Weiß tragen wir zu gesellschaftlichen Anlässen; es wird in das Tuch hineingewoben. Es bedeutet, daß wir nicht rauh reiten werden, solange wir es tragen. Beim Reiten würde es mit Schlamm bespritzt.«

Wie primitiv! Wie simpel! Dunkle Farben zum Reiten. Ein weißer Streifen besagte: »Wir werden nicht reiten; alles wird im Hause stattfinden, sauber sein – auf mein Ehrenwort!«

»Aye. Ich verstehe. Aber jetzt sollt Ihr mir Fragen über Euren Herrn beantworten, die mich seit einer Weile plagen. Der schottische König hat sich geweigert, in York mit mir zusammenzutreffen, und ich weiß nicht, was er sich dabei gedacht hat. Ich habe keinerlei Kunde von ihm.«

»Er fürchtete, entführt zu werden.«

»Hält er so wenig von meinem Wort?«

»Er dachte dabei nicht an Eure Majestät, sondern an andere, feindliche Schotten, die gegen ihn sind und die seine Abwesenheit hätten ausnutzen können.«

»Wer genau sind diese feindlichen Schotten? Immer wieder höre ich, daß man sie beschwört wie einen Zauber. Es gibt Tieflandschotten und Hochlandschotten und Klanshäuptlinge und Lords von den Westlichen Inseln. Was für ein Land ist denn das?«

»Ein zerrissenes, unglückliches Land, Eure Majestät. Die Hochlandschotten, wie Ihr sie nennt, sind große Familien, denen bestimmte Gebiete gehören, und das seit undenklichen Zeiten. Sie wohnen in kleinen Tälern und Glens und wollen vor allem, daß man sie in Ruhe läßt. Mit den Grenzlandschotten ist es eine ganz andere Sache. Sie sind Banditen und Erpresser, und sie verraten die Engländer an die Schotten und umgekehrt. Die auf den Inseln – ah, das ist noch einmal etwas anderes. Sie sind teilweise normannisch; die Nordmänner haben dort gesiedelt, und sie betrachten sich nicht als Teil irgendeines Landes. Sie leben auf unfruchtbaren, kalten Felsen draußen im Irischen Meer und behaupten, Christen zu sein, aber...« Er spreizte die Hände, als wolle er sagen: Wie können sie das?

Ich hatte MacDonald bei mir, den Sohn des Klanshäuptlings von der Insel Rum, aber nach dem, was dieser Mann hier sagte, hätte ich ebensogut den Wind als Geisel festhalten können. »Wie kommt es, daß ein so wirres Land sich einen Botschafter erwählen kann? Was und wen vertritt denn der?«

»Ich bin ein Cousin König James', wenn auch von der falschen Seite des Bettes. Ich weiß, was er denkt.«

»Denkt er denn etwas?« herrschte ich ihn an. »Und ist es vernünftig? Ihr wußtet, was er dachte, als Ihr von Edinburgh abreistet. Wißt Ihr es jetzt auch noch?«

»Ich glaube ja. Ich weiß, *wie* er denkt.«

»In welchen Windungen, meint Ihr. Nun, in welchen Windungen denkt er über mich, seinen englischen Bruder, seinen Onkel?«

»Er wünscht Frieden.«

Ich unterdrückte ein Lachen. Diese abgewetzte alte Phrase! Ebensogut hätte man ein Avemaria sagen können; es bedeutete das gleiche, wenn es darauf ankam. »Ich weiß einen Weg zum Frieden«, erklärte ich. »Man muß die beiden Länder vereinigen. Es ist unnatürlich, daß es auf einer Insel zwei Reiche geben soll. Wir wollen uns zusammenschließen. Erst durch eine Heirat. Dann sollen die beiden Parlamente vereint werden...«

»Mit einer Heirat hat man es bereits versucht, Eure Majestät. Prinzessin Margaret Tudor von England und König James IV. von Schottland, im Jahre 1503.«

»Daß es gescheitert ist, lag an den beteiligten Personen. Meine Schwester Margaret war« – sie war geil, kurzsichtig und phantasielos – »der hehren Berufung, die vor ihr lag, nicht gewachsen. Sie war ja noch ein Kind, als sie nach Schottland kam.« Und mit dreiundfünfzig war sie immer noch ein Kind. »Wie geht es ihr eigentlich?« fragte ich.

Er machte ein bestürztes Gesicht. Margaret war eine Peinlichkeit. Im Stich gelassen von ihrer Wollust, ihrem Ungestüm... sie war ausgebrannt, und niemand wollte sie mehr. Sie hatte viele gleichgültige Vormünder. Selbst ihrem Sohn war sie eine Last – wie ein altes Haustier, das die Teppiche beschmutzte und den ganzen Tag in der Sonne schlief, während seine Besitzer darauf warten, daß es stirbt.

»Sie ist... in der Genesung begriffen. Auf Schloß Methven. Sie hatte ein – ein – irgend etwas im Kopf.«

»Und ihr Gemahl – ihr sogenannter Gemahl – Lord Methven?« Vor dreizehn Jahren hatte sie sich von Angus scheiden lassen, um ihn zu heiraten, und jetzt wollte sie sich von ihm scheiden lassen, um sich noch einmal mit Angus zu vermählen. Törichtes, lüsternes Weib!

»Er ist... daheimgeblieben, in Stirling.«

»Die Wahrheit ist: Er hat sie verlassen«, versetzte ich brüsk. »Er hat Wichtigeres zu tun, als sich um ein sterbendes, machtloses altes Weib zu kümmern.« Ich schnippte mit den Fingern. Die Aufmerksamkeit des Schotten schweifte ab.

»Sie ist Eure Schwester«, wandte er ein.

»Aye. Meine ältere Schwester. Nun, ich sprach von einer Heirat zwischen England und Schottland, der gelingen würde, was das Experiment meines Vaters nicht vermochte.«

»Eure Schwester«, wiederholte er beharrlich.

»Ja, was – soll ich um sie trauern? Ich schrieb ihr 1528, im Jahr des Schweißfiebers, als ich von ihrem törichten Entschluß erfuhr, sich von Angus scheiden zu lassen, um diesen Gecken Methven zu heiraten. Hörte sie etwa auf mich? Nein! Ist es ein Wunder, daß es so mit ihr gekommen ist?« Margaret war dumm. Ich haßte die Dummheit. Jede Sünde, jede Unzulänglichkeit, konnte ich vergeben, nur nicht diese.

Er blinzelte. »Dann stimmt es, wie man Euch schildert.«

»Spart Euch Eure auswendig gelernten Bemerkungen über meine Grausamkeit und meinen Mangel an menschlicher Güte, in denen Euch Euer Herr, der aufrechte James V., ohne Zweifel unterwiesen hat! Wenn es grausam ist, eine Schwester als das zu bezeichnen, was sie ist, und sich von sentimentaler Rücksicht auf eine Törin nicht überwältigen zu lassen, dann will ich mich gern grausam nennen lassen.«

»Ihr seid wirklich ein Ungeheuer!« Er ordnete seine Züge zu der entsprechenden Miene von fassungslosem Entsetzen, wie sie für das Anstarren eines Ungeheuers vorgeschrieben ist.

»Ist das der schlimmste Blitz, den Ihr schleudern könnt? Kommt, kommt!« lockte ich spöttisch.

»Selbst das Lachen ist das Lachen eines Ungeheuers«, murmelte er.

»Jetzt, da wir einander verstehen« – ah, für so etwas war das Publikum da; die erste halbe Stunde wurde immer mit Spiegelfechtereien verschwendet –, »wollen wir auch klare Worte sprechen. Ich will folgendes: Schottland und England sollen sich vereinigen, vorzugsweise durch Heirat. Die Feindseligkeiten sollen aufhören, denn sie sind unsinnig; man braucht nur auf die Landkarte zu schauen: Wir sind ein einziges Land. Alles andere folgt daraus.«

»Jetzt sollt Ihr einmal mich verstehen«, sagte er, und seine Stimme klang rauh und schneidend. »Mich kümmert nicht, was Eure Landkarten sagen, oder was Euch die ›Logik‹ sagt. Wir Schotten sind ein anderes Volk, ganz anders als das Eure. Daß Ihr uns nicht versteht, kann unsere Sorge nicht sein. Wir sind Menschen unseres Landes, und unser Land ist so verschieden von dem Euren wie Spanien.«

Spanien! Wie kam er ausgerechnet auf dieses Land?

»Wir sind Menschen des Meeres, des Hochlandes, der langen Nächte und der langen Tage. Bei uns gibt es nichts Ausgeglichenes. Einige von uns sprechen noch immer eine andere Sprache – Gälisch heißt sie, und ähnlich spricht man auf der Insel Man, an der Küste von Wales, in der Bretagne und in all den anderen felsigen, bitteren Gegenden am Rande Eurer fetten, samtenen Länder. Dort wurzeln und dort blühen wir, und dort brauchen wir Euch nicht!«

»Doch, Ihr braucht uns! Denn ohne Frieden könnt Ihr auf der Welt nicht überleben, man wird Euch zerquetschen und Euch das Keltentum aussaugen wie einer Auster ihr...«

»Ihr schreckt mich nicht!« knurrte er. Ja, er knurrte – wie ein Wolf aus dem Norden. Noch nie hatte ich einen solchen Laut aus einer menschlichen Kehle gehört. Bevor ich ihn entlassen konnte, war er hinausgestürmt, umwirbelt von seinem Mantel.

Er hatte recht. Ich wußte es tief in meinem Herzen. Schottland war ein völlig anderes Reich, unserem englischen Denken so fremd, daß wir einander niemals auch nur verstehen würden.

Was hatte er da von seinen keltischen Vettern geredet? Von Wales, der Bretagne, Irland, der Insel Man? Ich war Waliser, zumindest zum Teil. Ich hatte ihre Sprache gesprochen, als Junge jedenfalls. War es mir verwehrt, ihre Gedanken zu verstehen? Hatte ich denn nichts davon in mir?

Ich wußte, daß Gedichte manchmal meine Haut kribbeln ließen. Ich wußte, daß Musik mich in eine andere Welt versetzen konnte und daß meine Begabung für sie außerhalb meiner selbst zu wohnen schien. War dies ein Eckchen dessen, was es hieß, Kelte zu sein? Dieses Eckchen erleuchtete, milderte, erhöhte den ganzen Rest meines Wesens. Wenn es nun nicht nur ein Eckchen war, sondern der ganze Mensch? Plötzlich glaubte ich zu wissen, wie es war, ein Schotte zu sein, und ein Teil meines Ich fühlte sich dort hingezogen; der andere Teil aber erkannte den unversöhnlichen Feind, mit dem ich nicht gemeinsam existieren konnte.

Ich hatte noch eine Viertelstunde Zeit, bevor der päpstliche Gesandte erscheinen würde. Ich mußte mich zusammennehmen. Das Dröhnen in meinem Kopf hatte nachgelassen, aber es war nicht völlig verschwunden. Ich warf einen Blick auf den grünen Sirup. Aber davon hatte ich genug. Ich griff nicht nach der Flasche.

Ich brauchte einen klaren Kopf für den päpstlichen Nuntius. Was war es, das ich von ihm zu hören wünschte, und was sollte er von mir hören?

Die päpstliche Präsenz in England, geschrumpft auf diesen einen kleinen Ausländer... ah, wie unmöglich das noch vor nur zehn Jahren erschienen wäre! Damals war das Papsttum überall gewesen, hatte alles diktiert, alles belehrt, alles beherrscht. Oder es doch wenigstens versucht. Jetzt war der Papst aus meinem Reich verschwunden, und nur mit meiner ausdrücklichen Erlaubnis war es ihm gestattet, in unaufdringlicher Weise weiterhin repräsentiert zu bleiben.

»Giuseppe Dominici, der Nuntius vom Heiligen Stuhl.«

»Laßt ihn ein«, winkte ich. Ich hatte meinen Platz eingenommen und alle meine Staatsgewänder um mich drapiert. Es war wichtig, daß ich sie trug, wenn ich mit dem päpstlichen Gesandten zusammentraf.

Die Türflügel schwangen auf, und ein winziges Männlein erschien. Mein erster Gedanke war: Wie kann der Papst einen so kleinen Mann zu seinem Vertreter machen? Aber gleich darauf empfand ich Bewunderung. Nur jemand, der ganz sicher in sich ruhte, konnte einen so wenig beeindruckenden Gesandten in ein Land schicken, das ihm feindlich gesonnen war.

Der Mann verbeugte sich. »Ich bin Giuseppe Dominici, Botschafter Seiner Heiligkeit Paul III.« Er hatte ein häßliches, offenherziges Antlitz von der Sorte, die man mit den größten Einfaltspinseln in Verbindung bringt.

Ich wartete darauf, daß er weiterspreche. Er wartete darauf, daß ich es täte. So herrschte Schweigen.

»Erzählt mir von Eurer Reise hierher«, begann ich.

»Sie liegt ein Jahr zurück«, sagte er. »Aber sie dauerte viele Monate. Ich mußte gewisse Gebiete der Niederlande durchqueren, die ich nicht gern noch einmal betreten möchte. Mein Habit schien sie aufzustacheln. In Amsterdam bewarf man mich mit Steinen.«

»Ist es so ernst?«

»Es gibt ganze Bezirke in den Niederlanden, die man schwarzgekleidet nicht mehr gefahrlos bereisen kann.«

»Nicht einmal als Witwe?«

»Nicht einmal als Witwe.« Er lachte. »Die extremen Protestanten trauern nicht, wißt Ihr.«

Das hatten sie auch abgeschafft? Pfui! »Turbulente Zeiten«, sagte ich. Eine ungefährliche Bemerkung.

»England ist höflicher.«

»Es hat einen Herrscher.« Unhöflichkeit gegen Ausländer gestattete ich niemals. »Es ist die Pflicht eines Herrschers, gegen seine Untertanen Milde walten zu lassen.«

»Auch gegen ihren Glauben?«

Da. Jetzt kamen wir zur Sache. »Ein christlicher Herrscher ist verantwortlich für die Aufrechterhaltung der Wahrheit und der Heiligen Schrift in seinem Reich.«

Er hob eine Augenbraue. »Mein Herr, Seine Heiligkeit Paul III., würde Euch von dieser Verantwortung befreien.«

Er redete noch unverblümter als ich!

»Das ist der gesegnete Beruf des Heiligen Vaters«, fuhr er fort. »Unser Herr hat ja vorausgesehen, das christliche Fürsten ihre Bemühungen auf andere Dinge würden richten müssen, und so hat er in seiner Barmherzigkeit einen Heiligen Vater eingesetzt, der...«

»Sich überall einmischt«, endete ich für ihn. »Meine geistlichen Pflichten zehren nicht an meinen weltlichen Mitteln.«

»Aber es ist unmöglich, beiden die gleiche Aufmerksamkeit zu widmen«, wandte er geschmeidig ein. »Niemand kann zwei Herren dienen. Ihr, Eure Majestät, versucht, Gott und dem Mammon dienstbar zu sein. Ihr seid zum Scheitern verurteilt.«

»Ich weiß nicht, was dieses Wort bedeutet.«

»Aber Ihr werdet es lernen. Ich sage Euch, es ist unmöglich. Unser Herr hat es gesagt. Ich beziehe mich auf ihn, nicht auf ein irdisches Wesen.«

»Dann ist Euer Herr, der Papst, ein erstklassiges Beispiel für fehlgeleitetes Streben. Er hat immer versucht, beides zu tun, und es ist ihm nie gelungen. Seine geistliche Führung erreichte einen so niedrigen Stand, daß selbst das gemeine Volk sie ablehnte. Und seine weltliche Führung ging so sehr in die Irre, daß inzwischen halb Europa gegen ihn kämpft. Soll er doch erst einmal selbst den Worten seines angeblichen Herrn folgen!«

»Seines angeblichen Herrn?«

»Er behauptet, Christus sei sein Herr. Aber sehen wir Christus in ihm?«

»Kein Mensch kann in die Seele eines anderen schauen, Eure Majestät.«

Ich hatte eine scharfsinnige Erwiderung beabsichtigt. Aber er hatte recht. Ich konnte nicht in die Seele Papst Pauls schauen, und er nicht in die meine. »Nur Gott sieht«, erklärte ich schließlich. »Und dabei müssen wir es belassen.«

»Ja.« Er verbeugte und bekreuzigte sich. Als er sich wieder aufgerichtet hatte, schauten wir einander schweigend an, als habe das Gespräch jetzt erst begonnen.

»Die Exkommunikation besteht immer noch?« fragte ich schließlich.

»Er kann sie nicht zurückziehen!« Die Stimme des Männchens war erstaunlich tief und voll. »Es war zuviel. Die Auflösung der Klöster, die Drangsalierung der Prinzessin Maria, die Hinrichtung Kardinal Fishers, die Verbrennung der Kartäuser.«

Ich streichelte die geschnitzten Knäufe an den Enden der Armlehnen. Ja, zuviel, als daß er es hätte durchgehen lassen können. Ich hätte es nicht durchgehen lassen. Auch sonst niemand, der einen solchen Anspruch erhob. »Ich verstehe.«

»Es soll ein Generalkonzil stattfinden.«

»Neun Jahre zu spät. Ich habe den Papst 1533 um eines angefleht. Mein Flehen wurde ignoriert.«

»Aber jetzt gibt es eins. In Mantua, wo der Arm des Kaisers nicht hinreicht. Es war ein inspirierter Vorschlag, eines abzuhalten, und der Heilige Vater wird Eure Weitsicht ohne Zweifel anerkennen. Es gibt so viel zu erwägen...«

»Ja, wie man das Abgleiten Europas in den Protestantismus verhindern will! Aber dazu ist es zu spät.«

»Ihr werdet in der Lage sein, Eure Bedingungen vorzutragen.« Seine Stimme klang trocken und leidenschaftslos. »Ihr seid rebellisch nicht in Eurer Lehre, sondern nur in Eurem Titel. Eine Versöhnung zwischen Euch und dem Heiligen Vater wäre ihm sehr viel wert. Er braucht Verbündete.«

»Er hat Franz und Karl.« Ich ließ sein Angebot von mir abprallen – denn ein Angebot war es.

Und, oh! es lockte mich, die Anerkennung Roms zu haben, meine hart erkämpften Titel mit seinem Einverständnis zu tragen...

»Unbeständige, wankelmütige Narren«, antwortete er verachtungsvoll. »Sie sind keine Männer, wie Ihr einer wart: Unverrückbar fest inmitten von Versuchungen allerseits. Nein, sie sind Männer der Stunde, Männer des Tages...«

»Nicht Männer des Lichts? Ich fürchte, niemand von uns kann diesen Titel beanspruchen. Nein, nein... wenn Rom und ich uns die Hände reichen sollen, müssen Euer Herr und ich in verschiedenen Dingen einig werden, von denen sich keines der Not oder dem Augenblick gehorchend klären läßt. Ich gestatte keine Einmischung, und Euer Herr besteht darauf, daß man sich ihm unterordne, und darin sind wir uneins, und zwar in höchstem Maße uneins. Sagt ihm, ich werde ihm dienen, wenn er meine Souveränität in England in allen Aspekten anerkennt.«

Das würde er niemals zulassen. Mit weniger würde ich mich nicht abfinden. Der Gesandte verbeugte sich und ging.

Als ich an diesem Abend mürrisch zusammengesunken vor dem Feuer saß und meine Neunaugen mir schwer im Magen lagen, mußte ich über das nachdenken, was mir der schottische Gesandte gesagt hatte.

Stimmte es denn, daß die beiden Länder sich niemals würden vereinigen lassen? Ich hatte immer angenommen, daß es eines Tages geschehen würde. Es erschien mir natürlich. Im Hinterkopf hatte ich eines meiner Kinder bereits mit einem von James' Sprößlingen verheiratet. Aber mein Vater hatte den gleichen Plan verfolgt, und er hatte keine Früchte getragen.

Woraus bestand denn ein Land? Daraus, daß seine Bewohner alle von gleicher Natur waren? Aber die Normannen und die Sachsen waren nicht von gleicher Natur. Nach diesem Kriterium hätten sie niemals verschmelzen und zusammen England bilden dürfen. Die Kelten – waren sie wirklich nicht zu absorbieren, wie ihr Sprecher es behauptet hatte? Würde Wales niemals wirklich ein Teil Englands werden? Und wie stand es mit den Iren? Irgendwann wollte ich nämlich auch diese Insel zu meinem Reich holen.

Wenn ich mich jemals wieder anständig fühlen würde... wenn dieses verfluchte Bein je heilen würde...

Aber wartete man denn mit der Erfüllung seiner Pläne, bis man sich »anständig« fühlte? Ordnete man sein Leben nach seinem Bein? Oder schritt man voran, ungeachtet seines persönlichen Befindens?

Mein pochender Kopfschmerz war zurückgekehrt, und mit ihm die Verwirrtheit...

Ich haßte die Verwirrtheit, haßte sie mehr als jeden Schmerz, den ich erdulden mußte. Die Verwirrtheit war mein Feind, mein wirklicher Feind. Sie warf mich aus dem Sattel wie ein Herausforderer in einem Turnier...

Aber ich würde gegen sie kämpfen. Zum allerwenigsten würde ich sie verbergen. Niemand durfte davon wissen.

Jetzt würde ich mich zu Bett begeben. Und ich würde keinen

Kammerdiener, keinen Stubenknecht rufen. Sie würden meine Schwäche sonst womöglich wittern, würden hören, wie ich nach einer Kerze rief und eine Pelzdecke meinte.

CXV

Im Laufe des Frühlings ließ meine Reue nach, und meine Verwirrtheit nahm zu. Die Geister erstarben. Ich hörte die Schreie vor meiner Kammertür nicht mehr, und aus den Speisen rann kein klumpiges Blut. Meine Erinnerungen an Catherine, an ihr körperliches Wesen, begannen barmherzig zurückzuweichen und zu schwinden. Ich war jetzt dankbar dafür, daß ich das Porträt, das ich mir gewünscht hatte, am Ende nie in Auftrag gegeben hatte. Holbein – dem ich sein Kleve-Porträt verziehen hatte, nachdem er mir erklärt hatte, daß es üblich sei, Pockennarben wegzulassen – war seinerzeit mit den Skizzen für ein Wandgemälde in meinen Staatsgemächern beschäftigt gewesen, einem dynastischen Bildnis, das meinen Vater, mich und meine Kinder zeigen sollte. Jetzt gab es nichts mehr, was mich an Catherines Gesichtszüge in allen Einzelheiten erinnert hätte.

Aber ich dachte oft an sie. In gewisser Weise sehnte ich mich nach ihr – nach dem, was sie für mich war oder doch gewesen war. Und dafür haßte ich mich.

Alles das indessen war menschlich und beherrschbar. Aber diese Verwirrtheit, die Verwechslung von Ereignissen und Reihenfolgen – ich weiß jetzt, daß es kein Wahnsinn war. Wahnsinn bedeutet, das Wirkliche nicht vom Unwirklichen unterscheiden zu können. War Wolsey tot, oder war er es nicht? Nein, darin lag mein Leiden nicht. Es lag darin, daß ich mich nicht erinnern konnte, ob ich ihm in Grafton, bei unserer letzten Begegnung, die Hand auf die Schulter gelegt hatte oder nicht. Ich hoffte, daß ich es getan hatte. Aber Hoffen ist nicht dasselbe wie Wissen.

Aber so ging es in den Monaten nach den Hinrichtungen. Ich erinnere mich an diese Zeit wie an einen beständigen Kampf gegen den Feind, meine Verwirrtheit. Langeweile, Einsamkeit, Reue – das alles wurde zweitrangig angesichts der dringenden Notwendigkeit, die Herrschaft über meinen Verstand einigermaßen zurückzugewinnen, wenngleich diese Notwendigkeit (gebe Gott!) nicht auf den ersten Blick offenkundig war.

WILL:

Nein, sie war es nicht. Im Gegenteil, mit Erstaunen lese ich hier von seinem Kampf. Nach außen zeigte er sich gut gekleidet und interessiert an diplomatischen Depeschen, und er verfolgte die wachsende Kluft zwischen Karl und Franz mit seinem gewohnten wachen Sarkasmus. Auch sah ich mit Freude, daß er anscheinend von seiner Abhängigkeit von Weibern und der Liebe kuriert war. Er zeigte keinerlei Interesse mehr an romantischen Geschichten, weder an eigenen noch an denen anderer. Ich schloß daraus, daß der König endlich erwachsen geworden war.

HEINRICH VIII.:

Ich ließ die Howards frei, alle die, die ich verhaftet und in den Tower gesperrt hatte. Meine Wut gegen sie hatte sich abgekühlt, und es erschien mir albern und erbärmlich, sie weiter zu bestrafen, auch wenn sie dazu verurteilt worden waren, all ihren Besitz einzubüßen und lebenslang im Kerker zu schmachten. Die alte Herzogin-Witwe, Lord William Howard und seine Frau Margaret, Catherines Tante Lady Bridgewater, Catherines Schwägerin Anne Howard: In Wahrheit hatte ich die Energie für den weißglühenden Haß nicht mehr, zu dem ich in meiner Jugend fähig gewesen war. Also wandelten sie als freie Menschen hinaus in die Sommerluft, und gebe Gott, daß sie mehr Genuß darin fanden als ich.

Nein, ich hatte nicht besonders viel Freude daran. Der erste Mai brach an, und er brachte keine Erinnerungen, weder gute noch schlechte. Es war ein Tag wie jeder andere, und kühl zudem. Von meinem Fenster aus sah ich schwankende Zweige; sie bezeichneten die Rückkehr derer, die den Mai feierten und schon im Morgengrauen aufgestanden waren, um Kräuter und blühende Blumen zu sammeln. Ich hatte nicht das Verlangen, unter ihnen zu sein, noch verachtete ich sie, weil sie taten, was sie taten. Ich hatte, wie gesagt, meine Kraft zum Hassen verloren, und das war auf seine Art schlimmer, als hätte ich die Kraft zum Lieben verloren.

Ich ging selten ins Freie und fand ein mürrisches Vergnügen darin, das Gegenteil dessen zu tun, was »gut« für mich gewesen wäre. Meine Ärzte drängten mich, an die frische Luft zu gehen, und so hockte ich in einer stickigen Kammer und las Depeschen. Eines Morgens sah ich Apfelblüten, und da schloß ich die Vorhänge.

Die Depeschen waren eine teuflische Mischung aus Informationen und Lügen. Aus Schottland meldete man, meine Schwester sei gestorben, und zwar an einem geplatzten Blutgefäß im Kopf. Aber stimmte das? Und wenn es stimmte, hatte sie ein Testament hinterlassen? Ihre politische Bedeutung hatte sie vor Jahren verloren, und mir persönlich bedeutete sie schon länger nichts mehr. Aber sie war die letzte aus meiner Familie, und jetzt würde mich niemand mehr überleben. Ich hatte länger gelebt als sie alle. All die Menschen zu Sheen, an jenem Weihnachtsfest im Jahre 1498... alle fort, verschwunden wie die Kammern, in denen sie umhergegangen waren. Nur ich ging noch umher, ein Schatten meiner selbst, oder doch beinahe.

Der Sohn meiner Schwester, der rothaarige König Jamie mit den schweren Augenlidern, hielt Ausschau nach einem Sohn, um die beiden zu ersetzen, die er verloren hatte. Seine französische Königin war wieder schwanger, und das machte Jamie streitlustig – törichtes Benehmen für einen König in seiner Position. Auf der schottischen Seite der Grenze lag reicheres Land als auf der englischen, wo tristes Moor sich erstreckte, und Edinburgh lag in Reichweite des Herzogs von Norfolk mit seinen zwanzigtausend Mann. Das machte es uns leicht, den Schotten Schaden zuzufügen, aber für sie war es schwierig, es uns mit gleicher Münze heimzuzahlen. Ich warnte meinen Neffen: Ich hielt »die Rute, die seinen Vater gezüchtigt, noch in der Hand«. Er aber beliebte sich taub zu stellen. So beschloß ich, bis zum Herbst zu warten, bis alles Korn eingebracht wäre, ehe ich dem Herzog – der zur Zeit in Ungnade oben im Norden vermoderte – das Zeichen gäbe. Armer Jamie. Er würde sich noch wünschen, er wäre nach York gekommen.

Die Franzosen – es war schier unglaublich! – hatten sich mit den *Türken* verbündet. Jawohl: Franz wandte keusch den Blick ab, während Suleiman die Schenkel Europas spreizte und tief hineinstieß, bis an die Tore von Wien – wo er (um die Metapher zu vervollständigen) den Habsburgern ins Bett pißte. Ja, es war Franz höchstpersönlich, der für ihn die Decke lüftete.

Aber der Großtürke! Der Kalif Aller Wahren Gläubigen! Ihn als Bruder zu umarmen! Gewiß, es hieß, der Mann sei großartig, ein Juwel seiner Zeit, ein Gentleman, der alle in Europa übertraf, die sich so bezeichneten. Und dazu ein General, der brillanter war als alles, was wir seit Löwenherz gehabt hatten. 1521 hatte er Belgrad genommen, und ein Jahr später hatte er die bis dahin unbezwingbaren Ritter von Rhodos geschlagen und sie gezwungen, ihre Inselfestung zu räumen, auch wenn er ihnen, wie es sich für einen echten Ritter ziemte, freies Geleit zur Insel Malta gewährt hatte. Ja, er hatte sie sogar dorthin eskortiert. 1533 war Karls Bruder Ferdinand genötigt gewesen, Suleiman als obersten Herrn über Ungarn anzuerkennen. Und jetzt dieses Abkommen mit Frankreich, das den Franzosen erlaubte, auf türkischem Gebiet den Türken gleichberechtigt Handel zu treiben, eigene Konsuln auf türkisch beherrschtem Boden residieren zu lassen und sich als offizielle »Beschützer« der heiligen Stätten der Christenheit aufzuspielen. Und im Gegenzug? Was hatte Franz Suleiman dafür versprochen? England?

Oh, Suleiman war rücksichtslos, gewandt und schlau. Er hatte das türkische Reich erweitert, bis es aus den Nähten platzte und sich über Europa ergoß – auf Franzens Einladung. Und er verstand sich auf fesselnde Inszenierungen, mit denen er Aufmerksamkeit auf sich zog und zugleich andere belustigte. So etwa, als er mir das Krokodil schickte.

Ich bekam die Nachricht, daß die Kreatur mich im Hafen von Dover erwarte. In dem blumenreichen Brief hieß es, zum Zeichen seiner Hochachtung für mich, und da wir schon gute Nachbarn seien und bald noch enger benachbart sein würden, wünsche der Großkalif, daß ich einmal mit eigenen Augen einen der großen Recken seines Reiches zu sehen bekäme, dessen Vorbild ein General der Levante stets nachstreben sollte. Das Tier war nach einem machtvollen Kampf im Nildelta gefangen und nach Norden verschifft worden – zuerst auf einer eigenen Transportgaleere der Türken, dann auf einem französischen Schiff und mit freundlichen Empfehlungen von Franz. Er hatte gehört, daß ich im Tower einen Zoo besaß, und er wußte auch, daß der Tower von einem Wassergraben umgeben war, in dem die Bestie sich tummeln könnte. Ich brauchte sie nur mit Hunden und Katzen zur Speise zu versorgen.

»Ein Krokodil? Es erwartet mich in Dover?« Das Tier war gleichzeitig mit dem Brief angelangt.

»Ja, Eure Majestät.« Thomas Audley, der Kanzler, lächelte.

»Ist es lebendig?«

»Es hat die Reise offenbar überlebt, aber es ist in kläglichem Zustande.«

»Ich soll also ein krankes Krokodil wieder gesundpflegen?« Beim Blute Gottes! Welch ein vermessenes Unterfangen, dessen Suleiman sich da erdreistet hatte! Jetzt war ich gezwungen, die Bestie zu hätscheln und Mittel zu finden, sie über den Winter zu bringen – oh, Fluch über ihn! »Glaubt Ihr, wir können es nach London bringen, ohne daß es eingeht?« Ich war neugierig, es zu sehen, und zwar lebendig. Nicht tot, um Gottes willen, denn das würde vielleicht die Geister in meinem Kopf wieder zum Leben erwecken... Psst, zurück, Catherine ist nur noch ein Skelett. Verwesendes Fleisch hatte mich heimgesucht, aber nicht Knochen.

»Ja, wenn wir es langsam herschaffen. Der Menageriemeister wird wissen, was es braucht, wenn es erst hier ist.«

Der Menageriemeister. Ein wunderlicher Bursche namens Rufus Quigley. Er war groß und dünn und erstaunlich jung, und Tiere schätzte er offenbar weit mehr als Menschen. Offensichtlich verstand er sie besser. Er lebte in einer Hütte auf dem Tower-Gelände, und seine Gefährten waren ein Igel und ein Geschöpf, das halb Hund, halb Wolf war.

»Nun, dann gebt Befehl, es vorsichtig in den Tower zu transportieren.«

Für das Krokodil würde der Tower eine Zuflucht sein, ein Unterschlupf – welche Ironie. Ein Krokodil! Jetzt brannte ich darauf, es zu sehen, das legendäre Wesen vom Nil...

Ich hatte immer geglaubt, daß ich bestimmte Dinge eines Tages mit eigenen Augen sehen würde. Die Pyramiden. Den Nil, wo Moses aus dem Binsenkorb gehoben worden war. Das Heilige Grab, in dem Christus gelegen hatte. Die gesegnete Stadt Jerusalem. Eines phantastischen Tages würde ich den Fuß auf das geheiligte Pflaster des Kreuzweges setzen... weil ich es wollte, und weil die Ereignisse sich schon so fügen würden, daß sie meinen inneren Bedürfnissen gerecht würden. Die Sehnsucht hatte ich noch immer, aber inzwischen nicht mehr die heitere Zuversicht der Jugend, daß es gewiß so kommen werde. Hier nun war die Wirklichkeit all dem vorläufig am nächsten gekommen: Ein großes Krokodil brauchte Behausung, Futter, Pflege, Transport und einen Platz für den Winter.

Ich erhielt Nachricht von Audley, daß die Bestie in ihrem Käfig, den man auf meinen besten Transportkarren gezurrt hatte, am kommenden Donnerstag im Tower eintreffen werde. Bei dem Tier war noch eine versiegelte Schriftrolle vom Türken persönlich; es war sein Wunsch, daß »alle Würdenträger« zugegen seien, wenn sie geöffnet und verlesen werde.

Unterdessen hatte man Meister Quigley auf den Plan gerufen. Bald darauf empfing ich seine Bitte um Zutritt zu gewissen Klostermanuskripten, die die Krone beschlagnahmt hatte und die er nun studieren wollte, um sich mit den Ernährungsgewohnheiten eines Krokodils vertraut zu machen. Ich gab ihm die Erlaubnis und war einigermaßen beeindruckt von ihm... und froh, daß ich so viele klösterliche Manuskripte behalten hatte. Sie würden sich für zukünftige Quigleys als höchst nützlich erweisen.

Das Tier erwartete uns. Da stand es, in seiner ungeheuren Kiste im Schatten der Außenmauern des Tower. Ich selbst und auch der Geheime Staatsrat waren neugierig erpicht darauf, es zu sehen, auch wenn sie alle so taten, als erfüllten sie nur ihre Pflicht. Ich hatte Elisabeth und Edward eingeladen, sich das Spektakel anzuschauen; Maria erklärte, ein »Ausflug in den Zoo« sei unter ihrer Würde.

Das war töricht von ihr. In Wahrheit war ein Ausflug in den Zoo ein begehrtes Erlebnis und eines, das ich nur selten erlaubte, weil

Meister Quigley mich darauf hingewiesen hatte, daß menschliche Besucher für die Tiere ungesund seien.

Ich habe schon gesagt, daß Vater einen Zoo, eine Menagerie hatte. Er fühlte sich von Tieren aller Art angezogen, allerdings nur in symbolischem Sinn. Ein Tier war für ihn kein Geschöpf aus eigenem Recht, sondern nur insofern, als es für eine bestimmte Eigenschaft stand: Ehre, Königswürde und dergleichen. Er bekam Geschenke von Edelleuten und Herrschern, die diesem Verständnis entsprachen. Als er starb, starben die armen Tiere fast alle mit ihm, denn sie hatten ihren dynastischen Symbolismus überlebt.

Im Laufe der Jahre hatten sich aber Neuankömmlinge in der Königlichen Menagerie eingefunden, durch Zufall oder durch unglückliches Geschick: Ein verletzter Wolf, eine dreibeinige Schildkröte, eine blinde Schlange. So war aus der Königlichen Menagerie nach und nach ein Tierkrankenhaus unter der Leitung von Rufus Quigley geworden, wo kranke Geschöpfe genesen und zu Freunden des Menschen werden konnten. Suleimans Krokodil war das einzige unversehrte wilde Tier, das wir seit Jahren bekommen hatten.

Um den feingeschmückten Kasten versammelt, schauten wir respektvoll auf Meister Quigley. Er hatte mehrere muskulöse Männer um sich geschart, alle in lederne Anzüge gekleidet (die den Zähnen des Krokodils widerstehen würden, wie man glaubte), die Netze und große Treibspieße in den Händen hielten. In der Kiste war es still.

In meiner engsten Umgebung standen diejenigen, die am meisten darauf brannten, Suleimans Worte zu hören – meine Geheimen Staatsräte und andere, die mit außenpolitischen Angelegenheiten befaßt waren. Um es kurz und bündig zu sagen: Es gab solche, die Unternehmungen im Auslande für einen notwendigen Sport hielten, gut für Charakter und Moral. Andere waren der Ansicht, England solle sich aller ausländischen Verwicklungen enthalten und sich den nationalen Angelegenheiten widmen, vor allem dem religiösen Zwist, der von Tag zu Tag heftiger wurde. Ich hatte die Zügel beider Fraktionen in den Händen und hielt sie im Zaum, aber sie fauchten und schnappten nacheinander und zeigten sich immer widerspenstiger. Solange ich da war, sie zu bändigen, ging alles gut. Aber Edward? Was würde er tun, wie würde er mit diesen streitbaren Männern zurechtkommen?

Bevor die Zimmerleute mit ihren Stemmeisen vortraten, mußte Suleimans Brief verlesen werden. Ich brach das Siegel (welches aus Gummiarabikum bestand und von ganz anderer Art war als die unseren), entrollte das sahnig weiße Pergament (das ebenfalls nicht die geringste Ähnlichkeit mit unserem hatte; es mußte von irgendeinem orientalischen Tier stammen) und las seinen Gruß vor:

Allerhöchster und Mächtigster König, Lord Heinrich, König von England, Frankreich und Irland: Wir, Suleiman, Sultan der Türkei, Allahs Stellvertreter auf Erden, Herr der Herren dieser Welt, Herrscher über die Hälse der Menschen, König der Gläubigen und der Ungläubigen, König der Könige, Kaiser des Ostens und des Westens, Wir grüßen Euch.

Indem Wir Uns Eurer fortgesetzten Gunst und Güte versichern wollen, überreichen Wir Euch hier ein Geschöpf aus Unserem eigenen Lande. Es ist ein Tier voller Kraft, wie Wir selbst stark sind, ein Tier voller Ausdauer, wie Wir selbst es vermögen, den Widrigkeiten des Wetters wie des Schicksals zu trotzen, ein Tier voller List und Macht, wie Unsere besiegten Feinde sie auch in Uns angetroffen haben. Gewähret ihm eine Heimat, wie Ihr auch Uns eine Heimat in Europa gewähren möget. Mögen Wir und Unser Volk Euch auch ebenso fremd erscheinen wie dieses Tier, können Wir doch, das versichere Ich Euch, in Eurem Klima leben und gedeihen, und Wir werden es auch tun. Euer ergebenster Bruder Suleiman.

Aha! Ein Symbol für levantinische Anpassungsfähigkeit also sollte es sein! Der Dummkopf hatte keine Ahnung, zu welch jämmerlichem Tod er das Krokodil verurteilte: Im englischen Winter.

Ich rollte das Schriftstück wieder zusammen und winkte den Arbeitern. »Laßt das Tier heraus.«

»Das ist unverschämt und unerträglich!« Die Raubvögel meines Rates verloren keine Zeit und drangen auf mich ein. »Der Türke gibt seine Absicht bekannt, in Europa einzudringen und hier zu bleiben«, zischte Henry Howard.

»Aye«, bekräftigte Stephen Gardiner, der listige Bischof von Winchester.

»Er ist doch längst in Europa eingefallen«, sagte ich leise. »Schon 1521 hat er Belgrad erobert, und letztes Jahr hätte er beinahe Wien besetzt. Er ist bereits in unserer Mitte, so gern wir es auch anders sähen. Das Problem besteht jetzt darin, ihn wieder hinauszutreiben.«

»Es ist Gottes Problem, ihn hinauszutreiben«, sagte William Petre, einer der beiden obersten Minister.

»Gott braucht dazu Arme und Beine«, versetzte Thomas Seymour. »Und ich bin bereit, ihm die meinen dazu zu geben.«

»Ich ebenfalls«, sagte sein Bruder Edward.

Die armen Burschen. Sie waren nie im Krieg gewesen und lechzten danach. Vielleicht ist es grausam, einem jungen Mann die Gelegenheit zum Kämpfen zu verweigern, ihn gegen das antreten zu lassen, was er für das Böse und den Feind seiner Seele hält. Alte Männer hatten in ihren Tagen versucht, mich daran zu hindern. Sie hatten – auf ihre Art – recht gehabt. Die Sache mit Frankreich im Jahre 1513 – heute ist sie in Vergessenheit. Was zählte, war der Kampf und die Gelegenheit, mir durch Taten zu beweisen, daß ich kein Feigling sei und nicht vor der Gewalt zurückschreckte. Bis dahin hatte ich nicht gewußt, was ich war.

Die Klugkeit predigte Vorsicht. Wir sollten abwarten und sehen, wie der Türke einen europäischen Winter überstand – oder sein Tier. Mochte Karl den Außenseiter verjagen. Es war seine Aufgabe. Es war sein Reich, in das Suleiman eingedrungen war; er war es, der den Titel des Kaisers des Heiligen Römischen Reiches beanspruchte. England hatte es nicht nötig, sich dort einzumischen. Weshalb sollten wir uns an fernen Gestaden verausgaben? Andererseits wuchs in der Heimat auch eine Kraft heran, eine Kraft, die an Macht immer mehr zunahm und die uns zum Bersten bringen würde: Die religiöse Frage nämlich. Wäre es nicht politisch ratsam, sie auf einen Krieg zu lenken, wo sie sich zu meines Edward Vorteil verströmen könnte?

Die letzten hölzernen Streben gaben nach und fielen zur Erde. Die Zimmerleute traten beiseite, und Quigley näherte sich mit seltsam schnalzenden Lauten der Kiste. Er verharrte vor dem Eingang, denn drinnen war es dunkel und still. War die Kreatur nur friedlich, oder war sie schon bewußtlos und dem Tode nah?

»Krieg ist Torheit«, hauchte Petre mir ins Ohr. Ich verstand ihn. Krieg war natürlich Torheit. Was er nicht sah, war die andere Seite der Torheit.

»Wenn ein Übel Wurzeln schlägt, ist es ebenso töricht, die Augen abzuwenden«, gab ich ihm zu bedenken.

Aus dem Innern der Kiste kam ein Scharren, und dann erschien Quigleys Hinterteil. Er schleifte das Krokodil bei den Vorderbeinen heraus. Das Tier lag schlaff hingestreckt auf der Erde.

»Ich glaube, es ist krank«, sagte Quigley. »Es bewegt sich kaum. Es war eine lange, harte Reise. Ich muß es mit Zuckerwasser wiederbeleben.«

Die Gesellschaft war enttäuscht. Man wollte ein bedrohlich um sich schlagendes Untier sehen, nicht ein erschöpftes, hilfsbedürftiges Wesen.

Elisabeth kam heran. »Es scheint ein braves Tier zu sein«, stellte sie fest. »Gern würde ich meine Zeit darauf verwenden, es zu pflegen.«

Ein braves Tier? Und sie wollte es pflegen, statt zu lernen? »Nein, meine Liebe«, sagte ich. »Es steht dir besser an, wenn du dich um deine Bücher kümmerst.«

»Aber wenn ich Meister Quigley helfen könnte...«

»Ein Mädchen? Ihm helfen? Und dein Studium vernachlässigen, deine...«

»Mein Studium ist für mich allein«, unterbrach sie mich. »Es hilft mir nicht, zu herrschen, denn ich werde nicht herrschen. Es hilft mir nicht, mich zu verheiraten, denn ich werde nicht heiraten. Deshalb, so scheint mir, bin ich von allen Menschen im Reich Eurer Majestät so frei wie sonst niemand, zu tun, was mir gefällt. Ich bin für niemanden eine Gefahr, denn ich bin ein Weib, und ich bin für niemanden von Nutzen, denn ich gelte als illegitim. Daher bitte ich Euch, laßt mich. Wenn ich die Stunden meines Lebens darauf verwenden will, mich um ein armes Tier zu kümmern – wem schadet das? Euch jedenfalls nicht, denn Ihr habt keine andere Verwendung für mich.«

Ihr frecher Blick, ihre kecke Antwort und ihre Haltung – das alles waren Peitschenhiebe des Wahnsinns für mich. Anne Boleyns Tochter, das durfte ich niemals vergessen. Sie war nicht mein Kind, sie war Annes.

Und Mark Smeatons? Es gab Leute, die eine Ähnlichkeit mit ihm erkennen wollten und die hinter vorgehaltener Hand darüber tuschelten. Sie tuschelten, denn kämen mir solche Reden zu Ohren, wäre dies Verrat. Sie kamen mir trotzdem zu Ohren, aus zweiter Hand, von Schmeichlern und Tratschweibern hinterbracht. Maria hatte angeblich einmal bemerkt, Elisabeth gleiche »ihrem Vater Mark Smeaton«. Ich belohnte die Person nicht, die mir dies erzählte.

»Ich habe eine Verwendung für dich«, antwortete ich ihr. »Eine Verwendung nah bei meinem Herzen.«

Ich wollte, daß Elisabeth mich gern hatte, mich in töchterlicher Zuneigung in ihr Herz schloß. Beim Blute Gottes, meine Kinder sollten mich lieben! Meinen Vater hatte ich gehaßt; jetzt schien das Schicksal dafür zu sorgen, daß ich meinen Kindern verhaßt war.

»Ich habe keinen Platz bei irgend jemandes Herzen«, versetzte sie. »Und ich will dort auch nicht sein.«

Ich sah die winzigen Schweißperlen, die sich auf ihrer Kopfhaut sammelten, einer Kopfhaut, aus der Haar von der gleichen Farbe sproß wie das meine. Die Julisonne stand inzwischen hoch genug, um drückend zu werden; bald würde es unerträglich werden, ohne Schatten dazustehen.

»So jung und schon so hart?« fragte ich.

Sie wandte sich verlegen ab. Ich redete aber auch tatsächlich wie ein Freier. Die einzigen Menschen, die ich noch umwerben wollte, waren meine Kinder. Keine Frauen mehr. Mit denen war ich fertig.

Andere belauschten uns. »Wenn du dich um das Tier kümmern willst«, sagte ich schließlich, »so könnte es keine klügere und gütigere Amme bekommen. Aber ich bitte dich, sei vorsichtig – denn hat es seine Kraft erst wiedergefunden, wird es bösartig werden. Nie darfst du dich ihm allein und ohne Meister Quigley nähern.«

Ich wandte mich an die versammelte Gesellschaft. »Nun, jetzt haben wir es gesehen. Fürwahr, es ist eine furchterregende Bestie, aber es braucht Pflege. Wir wollen es nun verlassen.« Ich beschirmte meine Augen vor der immer heißer brennenden Sonne.

»Es ist nicht die rechte Zeit, draußen in der prallen Sonne zu stehen. Kommt mit mir in das Banketthaus in Hampton. Wir werden diesen Sommernachmittag verbringen, wie man Sommernachmittage verbringen soll.«

Dieses spontane Nachmittagsvergnügen wäre die erste von Herzen kommende gesellschaftliche Geste, die ich seit Catherines... seit dem Winter machte. Bisher hatte ich solche Pflichten wie mechanisch erfüllt, immer in der Hoffnung, etwas dabei zu empfinden; heute aber sehnte ich mich danach, im eindringlichen Empfinden des Hochsommers zu schwelgen. Einen langen Nachmittag im Banketthaus zu verbringen – das Banketthaus war seit mehreren Sommern nicht mehr benutzt worden –, das gefiel mir. Es gefiel mir, ohne daß ich mich fragte, ob es richtig war, ob es mir helfen würde, ob die Ärzte es empfehlen würden. Es gefiel mir, wie es war.

Das Banketthaus, von dem die Rede war, krönte den künstlich geschaffenen »Hügel« am hinteren Ende des Parks von Hampton. Anne hatte die Pläne in dem Jahr fertiggestellt, als Elisabeth geboren worden war, aber sie waren kompliziert und erforderten so viel Arbeit, daß der Bau ungefähr ein Jahr und das Wachstum der Bepflanzung noch länger gedauert hatte. Erst jetzt war es ganz so, wie wir es uns vorgestellt hatten, damals in jenem Sommer, als ich geglaubt hatte, Anne Boleyn werde immer an meiner Seite sein, und das Banketthaus werde ihr glockenhelles Lachen hören...

Geister, Geister. Ich wedelte mit der Hand vor meinem Gesicht, als wollte ich Spinnweben fortwischen. Sie versperrten mir alles, alles, umstrickten mich, trübten mir den Blick auf das, was vor mir lag.

Der Hügel also: Auf einem Fundament aus Ziegelsteinen wölbte sich ein sechzig Fuß hoher Erdhaufen, den die Arbeiter zu einem künstlichen Berg zusammengetragen hatten. Er war jetzt mit einem Teppich von dichtem, feinem Gras bedeckt und mit Obstbäumen bepflanzt – Kirschen, Äpfel und Birnen wuchsen hier –, und Myrte, Buchsbaum und Lorbeer waren mit kunstgärtnerischem Geschick zu Tieren und anderen Gestalten getrimmt. Dazwischen verstreut waren eine Sammlung seltener Sonnenuhren, die aus den Klöstern stammte, und fröhlich bemalte Holztiere –

Drachen, Löwen, Einhörner, Windhunde und Greife –, die Schilde und Fahnen für das königliche Wappen trugen. Der Weg zum Gipfel führte sanft ansteigend rund um den Hügel und war mit Gänseblümchen, Ringelblumen, Löwenmäulchen, Rosmarin, Kamille und Lavendel gesäumt. Der kiesbedeckte Pfad war so breit, daß drei oder vier Personen nebeneinander Platz hatten, und so zog sich die Gesellschaft hinter mir weit in die Länge.

Auf dem Gipfel stand das sommerliche Bankethaus. Es war auf einem Steinfundament errichtet; die Wände waren aus hölzernem Spalierwerk. Schon rankten sich Kletterpflanzen und Blumen an den einladenden Leitern empor, so daß das Haus von grünlichem Licht und vom leisen Rascheln der Blätter erfüllt war, die wie ein kühler Filter das gleißende Sonnenlicht abhielten. Hier wollten wir den Nachmittag verbringen, uns an Erdbeeren gütlich tun und Verney trinken, einen süßen Weißwein.

Ich hatte zum Hof geschickt: Einige Damen sollten sich zu uns gesellen. Die einzigen Damen, die noch bei Hofe waren, waren die Gemahlinnen meiner Ratsherren, einige, die offizielle Ämter innehatten, und ein paar von Catherines verbliebenen Kammerfrauen.

Und sie kamen fast alle. Vielleicht hatten sie sich gelangweilt, vielleicht begrüßten sie auch die Gelegenheit, einen Sommernachmittag in Gesellschaft ihrer Männer zu verbringen. Brandons junge Frau Katherine, Joan Dudley, Anne Seymour, Edwards Gemahlin, und Mary Howard, Heinrich Fitzroys Witwe.

Ich beneidete sie, all die glücklich verheirateten Ehepaare. Das war alles, was ich mir gewünscht hatte: ein treuer Ehemann zu sein, mit einem liebenden Weib fürs Leben. Warum war es mir versagt geblieben? Aber Neid ist verderblich, ja, er ist ausdrücklich verboten. *Du sollst nicht begehren deines Nächsten Weib...* Aber ich begehrte ja nicht meines Nächsten Weib, ich begehrte sein Glück mit ihr. *Und nichts von dem, was deines Nächsten ist.* Also auch nicht sein Glück.

Sie versammelten sich ringum und nahmen ihre Plätze auf den gepolsterten Bänken ein, die dazu gedacht waren, zu Vertraulichkeit und ungezwungenem Rekeln zu ermuntern. Es gab keine zugewiesenen Plätze, kein Protokoll. Und man konnte umhergehen, wie es einem gerade beliebte.

Dies war so weit entfernt von den festgelegten Maskenbällen, den verzwickt geordneten formellen Geselligkeiten, die ich in meiner Jugend bevorzugt hatte. Hier war es so behaglich wie ein mächtiges Lockern des Gürtels – was ich inzwischen auch immer mehr zu schätzen wußte. Jetzt bereute ich, daß ich so oft blind für das Bedürfnis anderer danach gewesen war. Denn damals wie heute hatte es fette alte Männer gegeben – mit steifen Gelenken und dicken Bäuchen, denen meine »Unterhaltungen« eine Qual gewesen sein mußten.

»Willkommen im Bankettĥaus.« Mit einladender Gebärde stand ich auf. »Ein so prächtiger Tag und eine so prächtige Gesellschaft gehören zusammen. Wir haben Erdbeeren aus William Paulets Garten und auch von den Feldern oberhalb der Stadtmauer in der Gegend von Holborn. Wir haben Verney und Osney, Wein aus dem Elsaß…«

»Französischen Wein sollen wir trinken?« Thomas Seymour stand unvermittelt auf. Sein dichter, kastanienbrauner Haarschopf glänzte. »Sollten wir uns nicht schämen? Die Franzosen haben eine häretische Allianz mit den Türken geschlossen. Da sollen wir ihren Wein trinken? Ich sage nein!« Er drehte seinen Becher um und kippte den anstößigen Wein auf den Boden.

Betreten schaute die übrige Gesellschaft mich an. Seymour blieb stehen.

»Setzt Euch, Thomas.« Ich nickte ihm zu. Dann wandte ich mich an die anderen. »Er hat recht. Ich wollte nicht, daß Politik die Freuden dieses Nachmittags mit ihren Wolken überschattet, aber es scheint, wir sind von ihr umfangen, ob es uns gefällt oder nicht. Der Türke hat uns ein Krokodil geschickt und will, daß wir ihn in Europa willkommen heißen. Die Franzosen haben ihm geholfen, diese Gabe zu transportieren. Was sagt Ihr dazu? Sollen wir ihren Wein trinken?«

Da gossen sie ohne Ausnahme ihren französischen Wein auf den Boden. Es klang wie eine Kompanie Bogenschützen beim Pissen.

»Ihr habt meine Zustimmung«, sagte ich. »Doch nun werdet Ihr auf dem trockenen sitzen müssen.« Ich lachte.

»Englisches Wasser«, verkündete Seymour, »wird meinen Durst wohl löschen.«

»Aye«, bekräftigte der Rest mit Donnerhall.

Oh, wie herzhaft es ihnen über die Lippen kam! Feindseligkeit war angenehm in grüner Laube, wo Taten nicht vonnöten waren.

»Und würdet Ihr gegen diese unheilige Allianz kämpfen?« fragte ich. »Kann sein, daß es notwendig wird.«

»Aye! Aye!« Sie brannten auf einen Krieg, wie ich es vermutet hatte, sehnten sich danach, sich einer großen Sache zu widmen, sich dafür zu tummeln. Und eine große Sache mußte es sein, nicht kleinliche Grenzstreitigkeiten oder religiöse Zwistigkeiten. Der Türke war die Antwort auf ihre christlichen Gebete.

»Dann werde ich auf Euch alle zählen, wenn der Tag kommt, da wir nach Frankreich übersetzen. So, das ist erledigt. Nun eßt Erdbeeren.« Ich winkte ihnen.

Balsam auf dem Gewissen, ein Abenteuer in lockender Zukunft, machten sie sich daran, den Nachmittag zu genießen.

Allerdings nicht alle. Es gab etliche in meiner Umgebung, die einen Krieg mit Frankreich nicht wünschten; sie betrachteten ihn als törichte Verschwendung von Zeit und Geld, als Jagd nach einem überholten Traum. Es habe eine Zeit gegeben, meinten sie, da England und Frankreich ineinander verschränkt gewesen seien; damals sei es eine gangbare Absicht gewesen, große Teile Frankreichs zu erobern. Aber zu jener Zeit seien die Herzogtümer unabhängig gewesen, und die Bretagne, Burgund und Aquitanien hätten der französischen Krone keine besondere Gefolgschaftstreue geschuldet...

»... genau wie damals, als Northumberland und die Pfalz von Durham eigene kleine Königreiche waren, und bevor sie sich vor Euch verneigen mußten«, sagte William Paget, der neben mir saß. »Der Staatssekretär«, wie ihn alle nur nannten, war ein sanftmütiger Mann, genau der Typus des »neuen Menschen«, den die Traditionalisten so sehr verabscheuten. Er brüstete sich nicht mit ruhmreichen Vorfahren oder ritterlichen Großtaten; tatsächlich empfahl ihn für seine hohe Stellung nichts als seine Anständigkeit und seine Vernunft. Und da er nicht mit Rittergeschichten aufgewachsen war, sah er in einem Krieg mit Frankreich nichts als eine lästige Angelegenheit.

»Praktisch denken, weiter nichts«, pflichtete Thomas Wriothesley, Bischof Gardiners Wasserträger, honigsüß bei. »Und ein Krieg ist zu diesem Zeitpunkt unpraktisch. Was können wir dabei schon zu gewinnen hoffen?«

»Daß wir den Franzosen zum Frühstück blutige Zähne verpassen!« erklärte Henry Howard bebend. Er war in letzter Zeit gewaltliebend geworden; er hatte sich verändert seit jenen Tagen, da er und mein verstorbener Sohn zusammen in Windsor gelebt, gespielt, geliebt und gedichtet hatten. Jetzt war er jähzornig und unausgeglichen; er schlug Leute auf dem Palastgelände und forderte sie zu Duellen heraus. Seine Hitzköpfigkeit hatte ihn schon einmal zum Abkühlen ins Fleet-Gefängnis geführt, aber offenkundig ohne großen Erfolg. Vielleicht würde eine französische Kanonenkugel sein Mütchen kühlen. »Wollt Ihr Frankreich schonen und ihm ersparen, Eurem neugeprägten Namen die Ehre zu geben, *Risley*?«

Auf diese Weise machte Howard sich über die französierte Version des schlichten englischen Namens lustig. Die Geschichte war alt; die Risleys waren zu Wriothesleys geworden, als die Bullens sich in Boleyns verwandelt hatten. Wann würden wir endlich aufhören, zu glauben, es sei besser, französisch zu klingen, französisch zu fühlen, französisch auszusehen? Pfui – es war eine Krankheit bei uns. Das war die wahre Franzosenkrankheit!

Risley/Wriothesley war zu gewitzt, als daß er auf den unübersehbaren Köder angebissen hätte. Henry Howard mochte noch so viel vom griechischen und vom Blankvers verstehen, im Umgang mit Menschen war er ein Einfaltspinsel. »Die Franzosen will ich nicht schonen«, versetzte Wriothesley gewandt, »aber törichte Menschenleben wie das Eure. Wir brauchen einen oder zwei Schoßpoeten, jemanden, der in Architektur dilettiert, einen, der das weibische Gehabe der Franzosen nachäfft – und sei es nur als schlechtes Beispiel.«

Howard lief rot an, und er machte Anstalten, nach seinem Schwert zu greifen.

»Die Schotten sind es, gegen die wir kämpfen sollten«, meinte Bischof Gardiner. »Die Schotten, und nur sie allein, versperren Euch den Weg zu Eurem rechtmäßigen Titel Kaiser von Großbritannien. Ihr habt Wales, Cornwall und Irland. Nur Schottland ist noch übrig; und ich sähe es gern zermalmt – so.«

Er pflückte eine Zecke von Henry Howards Wams, die dort nach einem üppigen Mahl schläfrig einherspazierte, und zerquetschte sie auf dem Tisch, daß eine Fontäne von rubinrotem Blut unter seiner Handfläche hervorspritzte. Dabei lächelte er milde. »Ein Krieg gegen die Schotten ist ein praktischer Krieg.«

Gardiner. Er war der Intelligenteste in meinem Rat, der Rücksichtsloseste auch; aber kurioserweise ermangelte es ihm an jeglicher persönlichen Schrulle, so daß es mir schwerfällt, ihn zu beschreiben. Kultiviert war er auch nicht; ich konnte mir kaum vorstellen, wie Wolsey oder Cranmer Zecken auf dem Tisch zerquetschten.

»Praktischer wäre es, zuerst Frankreich zu schlagen und Schottland damit für alle Zeit zu kastrieren«, bemerkte ich und winkte einem Diener, er möge den Blutfleck fortwischen.

»›Wer Frankreich will gewinnen, mit Schottland muß beginnen‹«, zitierte Wriothesley. »Ich stimme Bischof Gardiner zu.« Der Schmeichler Wriothesley, stets andere zitierend, ihnen beipflichtend – nie brachte er von sich aus etwas vor.

Sir Geoffrey Blagge, einer meiner Kammerherren, hatte ein haßerfülltes Gedicht über Wriothesley geschrieben:

Von niederträcht'ger Würde, gemeinem, üblem Rang,
Durch falsche Rede, Tücken und Intrigen,
Geprägt von Bosheit und von Grausamkeit,
Ist er in höchste Höhen aufgestiegen.

Es kam noch mehr; er bezichtigte ihn des Verrats und so fort. Aber in Wahrheit zeichnete Blagge ein schmeichelhaftes Porträt; Wriothesley hatte gar nicht genug Phantasie zu so brillanter Bosheit.

Das Blut... es schien sich auszubreiten, dicker zu werden...

»Haben wir vergessen, daß die Franzosen das Christentum verraten haben? Daß der, der einen Pakt mit dem Ungläubigen schließt, selber als ein Ungläubiger zu gelten hat? Darum geht es doch eigentlich!« fauchte Howard. »Als könnten wir uns aussuchen, ob wir gegen sie kämpfen wollen!«

»Aber man kann sich immer aussuchen, gegen wen man kämpfen will«, erinnerte ich ihn. »Wenn Ihr etwas anderes glaubt, verdient Ihr den Spitznamen ›der törichtste stolze Knabe, den es in England gibt‹.«

Der Geruch des Blutes, des frischen Blutes, noch warm von Howards Körper, eben ausgesaugt, jetzt glitzernd auf dem Tisch... der Geruch war stechend, faulig... wo blieb nur der Diener? Mir wurde schlecht. Und dann sah ich: die Stelle an Howards Hals, wo das Tier sich festgesaugt hatte. Es blutete noch; ein dicker, runder Blutstropfen hatte sich dort gesammelt, würde gleich herabfallen...

Wieviel Blut war in ihm? Wie viele Zecken wären nötig, um alles auszusaugen? Wenn er mit Zecken bedeckt wäre, würde das genügen? Blut, Blut. Es gab Leute, die behaupteten, ich »schwelgte in Blut« und sei »blutdürstig«. Sie konnten nicht wissen, wie sehr ich Blut haßte, wie ich seinen Geruch und seine Farbe verabscheute.

Außerhalb der laubschattigen Galerie wehte ein kühler Wind. Aber hier drinnen, für mich, fing er wieder an, der Blutspuk. Die Erdbeeren vor mir – rot quoll es aus all ihren Poren, rot klebte es an meinen Fingern... Ich kämpfte die Panik nieder.

»Die Ehre bestimmt mein Schlachtfeld!« beharrte Howard. Er bewegte sich beim Sprechen, ja, er erbebte, und der Tropfen fiel geradewegs auf sein weißleinenes Sommerhemd und wurde zu einer hellroten Blüte.

»Dann folgt Eurem Vater nach Schottland und helft ihm im Herbst, wenn wir König Jamie verprügeln«, befahl ich. Eine solche Aufforderung von mir hatte als Befehl zu gelten.

Ein Diener mit einem rosenduftenden Tuch wischte das Blut auf. Das Würgen in meiner Kehle ließ nach; ich fühlte, wie es zurückwich wie das Meer bei Ebbe: Es verschwand erst aus meiner Kehle, dann aus meiner Brust, dann aus meinen Armen. Kraftlos sackte ich auf meinem Stuhl zusammen. Nach diesen Attacken fühlte ich mich immer schwach und ausgelaugt. Ich brauchte Wein.

Französischer Wein war nicht der einzige. Es gab auch deutschen, aus dem Rheintal. Ich verlangte welchen. Und jawohl, man brachte welchen, einen hübschen Kelch mit einer strohgelben Flüssigkeit von blumigem Geschmack.

»Laßt uns Wein aus den Weinbergen der Lady von Kleve trinken«, sagte ich. »Euer Angebot, englisches Wasser zu trinken, ist ja patriotisch, aber ich fürchte doch, Ihr könntet Durchfall davon bekommen.« Tatsächlich trank niemand Wasser, der noch ein Weilchen leben wollte.

Die Karaffen mit dem Rheinwein kreisten am Tisch, und bald hatte jeder sich einen Becher davon eingeschenkt, auch die Frauen.

Ein schönes Bild gaben sie alle ab, mit ihren Gesichtern im Schatten vor dem Hintergrund von hellgrünem Dunst und leichten Sommerkleidern in blumigen Farben. Frauen. Aber sie rührten mich nicht. Ich fühlte keine Sehnsucht nach ihnen, kein Verlangen. Unterhalb des Gürtels war ich Asche, im Herzen war ich taub, im Kopf verbittert. Wie töricht, daß ich mich je an sie verschwendet hatte; die bloße Erinnerung daran machte mir Abscheu gegen mich selbst. Ich wollte nicht weiter darüber nachsinnen, denn es war ein übler, häßlicher Gegenstand für mein Sinnen...

»Ein Rätsel! Ich weiß ein Rätsel!« rief John Dudley.

Der Rheinwein tat seine Wirkung, wenn die Männer aufhörten, von Ehre zu sprechen, und anfingen, sich Rätsel aufzugeben.

»So sagt es schon«, drängte Anthony Denny.

Denny und Dudley waren so eng befreundet wie zwei Dotter in einem Ei; selbst ihre Ehefrauen trugen den gleichen Vornamen: Joan.

»Ich weiß ein Gefäß,
So rund wie 'ne Birne,
Und feucht in der Mitten.
Haar ringsum sprießt,
Und oft kommt es vor,
Daß Wasser dort fließt.«

Seine Stimme wurde schriller, je weiter er kam. Gekreisch begrüßte jeden Vers.

»Es kommt nicht aus Colchester?« wieherte Tom Seymour.

»Austern haben keine Haare«, erwiderte Dudley. »Was könnte Euch sonst einfallen?«

»Ich weiß es«, brüstete sich Richard Richie. »Eine von Wolseys großen Kloaken unter Hampton Court. Sie ist rund – sie ist ein Gefäß – jedenfalls feucht in der Mitte – es fließt Wasser dort – und die langen Algen, die darin wachsen, sind wie Haare...«

»Es heißt aber nicht ›wie Haare‹. Es heißt, es *hat* Haare«, gab Dudley zu bedenken.

Weitere Vermutungen wurden laut, und sie forderten neue Kommentare heraus, wüste Analogien und dergleichen mehr. Das letzte, woran ihnen lag, war, daß jemand die richtige Antwort offenbarte.

Aber die richtige Antwort war längst offenbar, denn es stimmt ja, stimmt vor allem, daß die Scham der Weiber eine Kloake ist, finster und voll von Abfall und Schleim, und überdies eine Gegend, in der widerwärtige Ansteckung lauert. Unter ihren hübschen, sauberen Kleidern sind stinkende Kloaken, dort, wo ihre Beine am Körper sitzen...

»Die Antwort sitzt Euch mitten im Gesicht«, verkündete Dudley. »Es ist das Auge.«

Die Gesellschaft stöhnte.

»Ich weiß auch eines«, erbot sich Wriothesley.

»Krumme Schenkel, lange Beine,
Kleiner Kopf und Augen keine.«

Dies war, so stellte sich heraus, eine Zange.

Tom Seymour verkündete:

»Ist tief wie eine Kanne,
Rund wie 'ne Pomeranze,
Es stößt nicht einen Laut aus,
Bis man es packt beim Schwanze.

Jetzt ratet – wenn Ihr Männer seid.« Er lehnte sich zurück und schaute selbstgefällig in die Runde, als wolle er sagen: »Männer wie ich.«

»Ein Aal?« schlug Cranmer schüchtern vor.

»Nun, die Form habt Ihr getroffen«, sagte der Rätselsteller.

»Aale lieben Musik«, beharrte Cranmer. »Sie schwimmen schnurstracks ins Netz, wenn die Fischer singen.«

»Ich habe nicht gesagt, daß es Musik liebt«, versetzte Seymour.

Der alte Anthony Browne stand auf. »Ich sage, es ist eine Glokke.«

»Aye«, antwortete Seymour verärgert; er hatte sich und sein Rätsel für so gerieben gehalten.

Sir Francis Bryan erhob sich schwankend. Schon betrunken vom Rheinwein, stellte ich fest.

»Hinterm Schober, hinterm Schober,
Fand ich meinen Onkel Dick,
Kappt' ihm den Hals, saugt' ihm das Blut,
Ließ ihn leer zurück.«

Er verbeugte sich in die Runde und fand sich entzückend.

»Onkel Dick. Wer könnte das sein?« sann Dudley.

Hin und her gingen die Obszönitäten, aber mir klang der Vers im Ohr: *Kappt' ihm den Hals, saugt' ihm das Blut, ließ ihn leer zurück.* Ich wußte, das zielte auf mich; man wollte mir sagen, was »man« über mich dachte.

»Genug!« fiel ich ihnen ins Wort. »Ich verbiete das!«

»Aber es ist doch nur eine Weinflasche«, wandte Bryan ein.

»Euer Humor ist anstößig«, erklärte ich. »Ich will dergleichen jetzt nicht mehr hören.« Verräter und Toren. Umringt war ich von ihnen.

»Darf ich etwas anderes vortragen, Eure Majestät?« fragte Gardiner, und bevor ich ihm meine Ansicht dartun konnte, begann er geschmeidig:

»Was Gott niemals sieht
Und der König nur selten,
Wir sehen es jeden Tag –
Nun löse mein Rätsel, wer es vermag.«

»Ein stinkender Abort«, sagte Francis Bryan.

»Eine Aufgabe, der man nicht gewachsen ist«, sagte Edward Seymour, der gewissenhafte Höfling. Obgleich es wenige Aufgaben gab, denen er nicht gewachsen war, näherte er sich doch einer jeden mit wachsamem Respekt.

»Ein unverdienter Tribut«, sagte William Paget, mein Diplomat.

»Die Antwort lautet: Ein Gleicher«, sagte Bischof Gardiner. Oh, dies war in der Tat die Stunde der Schmeichler!

John Russell – der Name paßte, denn er war tatsächlich klapprig wie eine Rassel, der neue Lord Geheimsiegelbewahrer – wedelte mit der Hand.

Hoch und mächtig, paradächtig,
Gewandet ganz in Grün,
Der König konnt's nicht deuten,
Und nicht die Königin.
Sie schickten aus nach Weisen
Wohl aus dem Morgenland,
Sie sagten, es hätt' Hörner,
Als Tier ist's nicht bekannt.

Der König... die Königin... Hörner... gehörntes Tier... oh, wie konnte er mich so verhöhnen? Hatten sie denn alle keine Achtung und keine Furcht vor ihrem König?

»Ich staune über Euren niederträchtigen Witz!« herrschte ich ihn an. »Und nun wollen wir kein Rätsel mehr hören!«

»Es war eine Eiche!« sprudelte er hervor und suchte sich herauszuwinden.

Eichen. *Es sind meine Lieblingsbäume...* Oh, wie übel, wie übel! Jener Tag in dem kleinen Kämmerlein... Eichen würden allezeit häßlich sein, besudelt von der Howard-Hure.

»Ich denke, wir alle sind der Rätsel müde«, sagte Thomas Wyatt. »Wir wollen uns der Dichtung zuwenden. Sollen wir es mit einer Reimrunde versuchen? Ich beginne mit einem Vers, dann soll jemand anderes einen hinzufügen, und am Ende haben wir eine ganze Geschichte in Versen.« Er sah in die Runde, selbst ein großer Dichter, aber auch ein nicht minder großer Diplomat. Ich hatte ihn schon viele Male mit Auslandsmissionen betraut.

Ich gab durch ein Kopfnicken meine Einwilligung. Die Stimmung war häßlich geworden; ich hoffte, dies werde sie versüßen. Er begann:

In diesem Turme
Lebt eine Blume,
Die hält mein Herz gefangen.

Francis Bryan fuhr leichthin fort:

Innerhalb von einer Stunde
Pißte sie aus ihrem Munde,
Und ein Furz war ihr entgangen.

Es waren doch Damen zugegen! Echte, ehrbare Damen wie Joan Dudley, Joan Denny, Katherine Brandon, Anne Seymour – und bei ihnen gab es nichts Ungesundes!

Jetzt war es genug. Ich stand langsam auf und ließ ihn die volle Wucht meines Mißvergnügens fühlen. »Fort mit Euch«, sagte ich. »Kommt nicht wieder an meine Tafel. Und erwartet keine Gunst mehr aus meiner Hand.«

Er hatte Verstand genug, nicht zu widersprechen oder zu versuchen, sich zu entschuldigen. Er nickte und verließ die Laube.

Als seine kleingeistige, obszöne Gegenwart nicht mehr störte, war der Sommertag wieder schön. Wir sangen Lieder: »Wie das Rotkehlchen starb und begraben ward«, »Die Maus und der Mäuserich«, »Die Melkerin« und »Die Aaskrähe«.

Bessy Bell und Mary Gray
Waren zwei Langohr-Mädchen.

sang Elisabeth mit dünner, feiner Stimme. Ich hatte fast vergessen, daß sie da war; sie saß ganz hinten am Ende des Tisches.

Bessy bewachte das Gartentor
Und Mary den Vorrat im Haus.
Bessy lebte stets draußen vor
Und Mary in Saus und Braus.

Ich war sprachlos. Elisabeth forderte mich in aller Öffentlichkeit heraus, forderte ihre Rechte ein und bezichtigte mich vor dem ganzen Hof, ihr vorzuenthalten, was ihr als Prinzessin gebühre. Dabei wußte alle Welt, daß sie keine Prinzessin war, sondern ein Bastard, die Tochter einer Hexe, die den Titel »Lady« nur durch mein Entgegenkommen und meine Freundlichkeit trug! So also lohnte sie es mir?

»Du magst deinen Garten in Hatfield House besorgen«, sagte ich leise, »indem du morgen dorthin zurückkehrst. Es betrübt mich, daß du dich für die königliche Laube zu Hampton offensichtlich nicht eignest.«

Niemand sonst am langen Tisch gab einen Laut von sich. Es war, als seien nur noch Elisabeth und ich vorhanden, an die fünfzehn Schritt weit auseinander.

»Darf ich Robert mitnehmen?« fragte sie. »Damit wir uns im Garten abwechseln können?«

Ich schaute den jungen Robert Dudley an, einen hübschen Burschen, dessen feines braunes Haar mit einem blauen Band zusammengehalten war.

»Nein«, sagte ich. »Denn dann wäre es Spiel und nicht Arbeit.«

Er machte ein langes Gesicht, aber das ihre zeigte keinerlei Anzeichen der Enttäuschung. Also bedeuteten sie einander etwas. Gut. Dann würde es sie schmerzen, wenn sie einander nicht sähen.«

»Sehr wohl«, sagte sie. »Es schmerzt mich, daß ich nun das Krokodil nicht pflegen kann. Denn es ist hart, verbannt zu sein vom Quell seines Lebens und von denen, die man schätzt. Dennoch bete ich, daß es überlebe. Möge seine dicke Haut und seine List es behüten vor allen, die ihm übelwollen.«

Bei Gott, sie trieb es zu weit! Sie war kein Kind, nein – sie war eine Politikerin und ebenso gefährlich wie jeder beliebige Prätendent, der dreimal so alt war wie sie. Und insofern war sie eine Gefahr für meinen Edward. »Du darfst dich zurückziehen«, sagte ich. »Weiteres Abschiednehmen ist nicht notwendig.«

Aber es tat mir im Herzen weh, sie gehen zu sehen. Wer kann das menschliche Herz ergründen? Maria war meine Erstgeborene; sie war so lange mein einziges Kind gewesen, und daran konnte niemand etwas ändern. Edward war das Geschenk, um das ich gebetet hatte und das mir so lange vorenthalten worden war. Elisabeth? Sie war von Anfang an eine Enttäuschung gewesen; sie war nichts, sie hatte das falsche Geschlecht, stammte von der falschen Frau, hatte den falschen Platz in der Erbfolge. Nichtsdestoweniger war sie diejenige, die mich am meisten fesselte, und ich konnte mir nicht erklären, warum. Vielleicht, weil sie als einzige unter meinen drei Kindern keine Angst vor mir hatte. Und in der Tat, weshalb sollte sie auch? Ihr allein, vielleicht als einziger unter allen Menschen in meinem Reiche, konnte mein Zorn nichts anhaben. Ich konnte sie niemals hinrichten lassen; für illegitim hatte ich sie bereits erklärt, aber meine Anerkennung als Tochter würde ich nie zurückziehen – kurz, das Schlimmste, was ich ihr antun konnte, hatte ich bereits getan, und das wußte sie. Und ich wußte es auch.

Alle Gäste studierten angelegentlich ihre Erdbeeren. Ein Familienstreit ist immer peinlich, wenn er an die Öffentlichkeit dringt, aber ein königlicher ist es ganz besonders. Weder durch Reimspiele noch Rheinwein war der scheidende Nachmittag jetzt noch zu retten. Am besten, man beendete ihn.

CXVI

Der Sommer näherte sich schleppend seinem müden, welken Ende. Gegen Ende August wurden Warwickshire und Northamptonshire von einer Dürre heimgesucht, und gewisse Priester wollten »Marienprozessionen« veranstalten, wie sie es in vergangenen Zeiten getan hatten, und die Heilige Jungfrau um Hilfe bitten. Sollte ich es ihnen verbieten oder nicht? Waren sie Papisten oder nicht? Cranmer und ich berieten uns und kamen zu der Entscheidung, daß eine Prozession zu Ehren Marias erlaubt werden könne, im Namen irgendeines anderen Heiligen hingegen nicht. Schließlich hatte Christus selbst ja Maria vom Kreuze aus erhöht.

»Und Euer *Allgemeines Gebetbuch*? Macht es Fortschritte?« fragte ich ihn. Er arbeitete schon so lange daran.

»Es geht voran. Es geht voran. Und Eure *Gebetsfibel*?«

Ich hatte mich darangegeben, Gebete zu verfassen, die in der Volkssprache – oder, wenn man gewandter darin war, auf Lateinisch – gesprochen werden konnten; ich wollte es mit meinem eigenen Imprimatur, meinem eigenen Nihil Obstat, versehen herausbringen, wie Rom es sonst immer getan hatte. Um die Wahrheit zu sagen, ich war sehr zufrieden mit meinem kleinen Buch.

»Es ist fast fertig«, sagte ich. »Ich denke, nächstes Jahr kann es gedruckt werden.«

Cranmer schüttelte den Kopf. »Euer Fleiß und Eure Geschwindigkeit sind wahrhaft eine Gabe. Ich beneide Euch darum.«

»Wie ich Euch um die Euren beneide, Thomas.« Das stimmte. Denn solche Wortgewandtheit und Herzensreinheit traf man nur selten an.

Andere beneideten Cranmer nicht um solche Begabungen, sondern um seine Freundschaft mit mir. Sie versuchten, ihn zu stürzen, aus purer Bosheit und Schlechtigkeit. Wieder andere hielten ihn für eine Gefahr, für einen Laufsteg, der zum offenen Protestantismus führte, und sie glaubten, sie brauchten nur diese Planke ins Meer zu werfen, und kein Radikaler werde jemals das sichere Schiff Englands betreten. Aber Cranmer, der eine so naive Auffassung von der Erbsünde in der menschlichen Natur hatte (wenngleich er sie in seinem *Allgemeinen Gebetbuch* poetisch beschrieb), kam es nie in den Sinn, vor seinen Feinden auf der Hut zu sein – ja, er gestand nicht einmal ein, daß er überhaupt Feinde hatte.

»Ich habe nur einen Garten zu versorgen, nämlich die Kirche. Ihr aber habt viele. Wie könnt Ihr den bevorstehenden Krieg mit den Franzosen im Auge behalten und gleichzeitig Gebetbücher und erzieherische Schriften verfassen?«

Er meinte mein *ABC, wie dargetan von Seiner Königlichen Majestät*, ein kleines Buch zum Lesenlernen, das ich geschrieben hatte.

Ich konnte ihm keine ehrliche Antwort geben, denn ich wußte auch nicht, wie ich es vermochte, an viele Dinge gleichzeitig zu denken und ihnen meine Aufmerksamkeit zu widmen. Nur, daß eines immer an die Stelle des anderen trat: Während ich an den englischen Gebeten arbeitete, dachte ich nicht über die Frage nach, wie viele Zelte für einen Europafeldzug notwendig sein würden. »Ich weiß es nicht«, gab ich zu. »Aber es ist ein Glück, daß ich es kann, denn sonst brauchte England wohl sechs Könige.«

Sechs Könige. Ein Rat der Könige. Das war es, worüber ich gezwungenermaßen nachzudenken hatte, da Edward noch minderjährig war. Der angstvolle Schreck, den Elisabeth mir hatte in die Glieder fahren lassen, hatte mich genötigt, der Sorge, die mich schon seit einer Weile belauerte, ins Antlitz zu schauen: Würde ich bis 1555 am Leben bleiben, bis Edward achtzehn Jahre alt wäre, so alt, wie ich gewesen war, als ich König geworden war? Er war jetzt erst fünf. Und Maria und Elisabeth waren große, fest verwurzelte Pflanzen, die meinen Edward bedrohten. Maria war eine erwachsene Frau, und in katholischen Kreisen hatte sie noch einige Geltung, auch wenn sie sich mir formell unterworfen hatte. Elisabeth war offensichtlich gewitzt und überzeugend; womöglich hegte sie selbst einen heimlichen Ehrgeiz. Edward war nicht sicher. Nein, er war nicht sicher.

Ich mußte ihn beschützen, mußte sicherstellen, daß er auch in meiner Abwesenheit ungestört zur Reife heranwachsen konnte. Es war nicht zu bestreiten, daß die »neuen Menschen«, die gelehrten und diensteifrigen Herren, die ich mit Ehren und Titeln versehen hatte, zum Protestantismus neigten. Jedenfalls würde Edward die neue Art, die »neue Lehre«, verstehen müssen, wenn er mit diesen Männern umgehen sollte. Und so ernannte ich einigermaßen widerwillig, aber resigniert, Dr. Richard Cox und John Cheke – humanistische Gelehrte – zu seinen Lehrern.

Insgeheim begann ich überdies, eine Liste derer zu entwerfen, die ich zu Räten ernennen würde, damit sie, wenn die Zeit gekommen wäre, für Edward und mit ihm die Regierungsgeschäfte führten, bis er ein Mann wäre. Ich wußte schon, daß ich ihm keinen Lord Protektor hinterlassen durfte, wie Richard Plantagenet einer gewesen war, denn ich wußte, welches Schicksal ein Protektor seinem »Schützling« angedeihen lassen würde. Der Rat, den ich ernennen würde, sollte aus einer Anzahl von Gleichrangigen bestehen. In meinem Testament würde ich darauf bestehen. In meinem Testament...

Die Vorstellung, ich könnte nicht noch dreizehn Jahre leben, ließ es mir kühl über den Rücken laufen. Sie gefiel mir nicht; das mulmige, matte Gefühl, das sie in mir erweckte, gefiel mir nicht. Ich sagte mir, es sei nur vernünftig, solche Vorkehrungen zu treffen, und es bedeute nicht, daß ich mich mit meinem Tode abgefunden hätte. Mancher König war jung in der Schlacht gestorben, und ich selbst würde mich womöglich auch noch einmal in den Kampf wagen – »meine Person aufs Spiel setzen«, wie sie sagen.

Wage ich, es zu bekennen? Ich wollte gegen Franz zu Felde ziehen, wollte noch einmal tun, was ich vor so langer Zeit getan, aber diesmal wollte ich es tun, wie es mir paßte, und mich von keinem Ferdinand oder Maximilian hinhalten oder um meine Beute bringen lassen. Nein, ich war jetzt mein eigener Herr, und ich würde in die Gegend zurückkehren, die seit dreißig Jahren wie ein Köder vor meiner Nase lag, eine ungeklärte, beleidigende Angelegenheit. Ich würde in der Picardie diejenigen Städte einnehmen, die ich haben wollte, und ich würde sie Calais hinzufügen. Ich würde die englischen Besitzungen zu einem breiten Streifen entlang der Kanalküste ausdehnen.

Aber das vertraute ich niemandem an. Ich würde abwarten, bis die Dinge in diese Richtung rollten, denn ins Rollen geraten würden sie. So genoß ich die Macht, die es mir gab, meine Gedanken und meine Pläne für mich zu behalten.

Unterdessen nahmen die Vorbereitungen zur Züchtigung Schottlands ihren Fortgang. Sie waren nicht geheim. Wir wollten warten, bis sie ihr Korn eingefahren und ihr Vieh in die Ställe getrieben hätten, und dann wollten wir zuschlagen.

Im August hatte ich Truppen über die Grenze geschickt, und sie waren bei Haddon Rig in der Nähe von Berwick geschlagen worden. Fast sechshundert Mann waren in Gefangenschaft geraten, unter ihnen auch der Befehlshaber, Sir Robert Bowes. Dies war, ich muß es gestehen, eine Überraschung. Die Schotten steckten voller Überraschungen. Immer wenn man glaubte, sie seien ruhig, friedlich, besiegt – stießen sie zu und bissen wie eine Natter.

Zur Vergeltung beauftragte ich Norfolk damit, ihnen nachzusetzen. Es war das erstemal, daß ich mit ihm Verbindung aufnahm und ihm einen Auftrag erteilte, seit sich jene schändliche Begebenheit mit – ich kann ihren Namen nicht schon wieder schreiben – mit seiner Nichte zugetragen hatte. Er und sein hitzköpfiger Sohn Henry brachten es zuwege, die Tieflandstädte Kelso und Roxburgh sowie ungefähr dreißig andere niederzubrennen. Aber es war eine unschlüssige, weibische Vergeltung. Ich hatte ihnen den Befehl gegeben, den Schotten zu besiegen, nicht, ihn in den Zeh zu kneifen oder in die Nase zu beißen.

Aber Jamie verstand die brennenden Städte aus Gründen, die er allein wußte, als einen Ruf zu den Waffen. Seine Ehre mußte wiederhergestellt werden. Er zog eine Armee zusammen; aber der Adel kämpfte nicht bereitwillig für einen König, der ihn von seinem Rat ausschloß. Die Grenzlandlords, Barone wie Argyll und Moray, hatten noch nicht vergessen, daß der unbeständige, wankelmütige Jamie sie schroff behandelt hatte. Die Folge von alldem war, daß sein Heer sich weigerte, über Lauder hinaus nach Süden zu marschieren, und sich dann einfach auflöste.

Neue Truppen mußten ausgehoben werden, und dem betriebsamen Kardinal Beaton gelang es, in nur drei Wochen eine Streitmacht von zehntausend Mann auf die Beine zu bringen. Oh, dieser Kardinal, der schottische Kardinal! Papst Paul III. hatte ihn beauftragt, die päpstliche Bulle meiner Exkommunikation in Schottland zu veröffentlichen. Wie ich ihn verabscheute! Ich glaube, Kardinäle wurden von Rom ausdrücklich zu dem Zweck in die Welt gesetzt, mir dieses Leben zur Qual zu machen.

Die Armee dieses Kardinals sollte von Oliver Sinclair, König Jamies »Günstling«, geführt werden. Jamie liebte ihn mehr, als er je eine Frau geliebt hatte, was bei seinen Untertanen Spott und Verachtung hervorrief. Der verhaßte Sinclair war kein Soldat. Am Ufer des Solway, eines Flusses im Südwesten Schottlands, beschloß Jamie unvermittelt, seine Truppen zu verlassen; er erklärte, er werde bei Ebbe von Lachmaben aus nach England übersetzen. Damit Sinclair die Schlacht für sich allein hätte und sich so rehabilitieren könnte? Wer weiß, was er sich dabei dachte.

Am anderen Ufer des Solway hatte ich dreitausend hastig zusammengezogene Engländer unter dem Kommando des Vizegouverneurs der Grenzmark, Sir Wharton. Obwohl in der Minderzahl, führte Sir Wharton seine Männer kühn gegen die Schotten, zerstreute sie und trieb sie in den Sumpf, wo seine Soldaten sie mit Speer und Schwert zur Strecke brachten oder sie vom Morast aufsaugen oder vom Fluß verschlingen ließen. Zwölfhundert Mann wurden gefangengenommen, unter ihnen Oliver Sinclair. Die Grenzlandschotten – sie hatten den größten Teil der schottischen Streitmacht gebildet – fanden ein perverses Vergnügen darin, ihren König zu strafen, indem sie sich kampflos ergaben, und viele der Adeligen, die in unseren Gewahrsam gerieten, waren Protestanten. Das war ein großer Glücksfall.

Aber Gott hielt einen noch größeren für uns bereit. Als König Jamie von der Niederlage hörte, begann er förmlich zu welken. »Pfui – floh Oliver?« rief er aus. »Ist er gefangen? Alles ist verloren!«

Er schmachtete in Schloß Falkland, wohin er sich niedergeschlagen und besiegt verkrochen hatte. Seine Frau war in den letzten Tagen der Schwangerschaft, aber das bot ihm keine Hoffnung. Seine

Söhne waren gestorben, und jedes Kind, das in einer solchen Stunde auf die Welt käme, wäre von vornherein zum Untergang verurteilt.

So oder so, es war ein Mädchen. Als er von ihrer Geburt erfuhr, sagte er: »Kommt es noch einmal so? Die Stuarts begannen mit einem Mädchen, und sie enden mit einem Mädchen.« Er drehte das Gesicht zur Wand und sagte: »Der Teufel soll's holen. Der Teufel soll's holen.« Dann war er tot. Jamie war einunddreißig Jahre alt. Die Tochter, die er hinterließ, war eine Woche alt, und man taufte sie als seine Erbin auf den Namen Maria Stuart, Königin der Schotten.

CXVII

Was für ein Himmelsgeschenk! Welch ungewöhnlich glückliche Fügung! Ich konnte es kaum glauben – es sei denn, ich hätte endlich Gottes Gunst wiedergewonnen und sonnte mich in Seiner Gnade!

Schottland war mein, und das um den Preis eines Grenzscharmützels! Sir Wharton und seine dreitausend Mann, ohne hochentwickelte Kriegsmaschinen, ohne viel Nachschub, hatten mir Schottland wie durch ein Gottesurteil in die Hände gelegt.

Ich war Herrscher über Schottland. Ich war der Großonkel der kleinen Königin. Ich würde sie mit Edward vermählen. Es war perfekt; es gehörte alles zu einem göttlichen Plan, das sah ich jetzt. Vorher war alles von Düsternis verhüllt gewesen, und ich war einhergetaumelt wie ein Mann im Nebel und hatte gleichwohl versucht, den Willen Gottes zu erkennen und ihm zu folgen, auch wenn meine Augen nichts hatten sehen können und ich auf die Anleitungen meines Gewissens angewiesen gewesen war. Jetzt hatte ich meinen Lohn; der Nebel war verweht, und ich hatte den rechten Kurs gesteuert. Ich sah mich an einem wundervollen Ort.

Schottland und England würden eins sein. Edward würde Kaiser von Großbritannien werden, Herrscher über Schottland, Irland, Wales und England. Ich, der ich als Kind noch vor rebellischen Corniern im Tower hatte Zuflucht suchen müssen – ich würde meinem Sohn einen Thron hinterlassen, der noch drei andere Reiche beherrschte. In einer Generation waren die Tudors von regionalen Königen zu Kaisern geworden. Durch mich.

Schottland war mein! Schottland war mein! Ich würde ihm ein gütiger und sanfter Gemahl sein, wie ich auch meinen Frauen einer gewesen war. Ich würde es ehren und mit Achtung behandeln. Keine Mißhandlung der Kriegsgefangenen und kein Frohlocken über König James Tod (wenigstens nicht in der Öffentlichkeit). Statt dessen gab ich den zum Protestantismus neigenden Grenzland-Edlen, die wir gefangengenommen hatten, die Anweisung, nach ihrer Freilassung die Schotten des Hochlandes wie des Tieflandes zu »umwerben« und sie davon zu überzeugen, daß ihre Zukunft bei England lag. Sie sollten nach Edinburgh zurückkehren und dort als unsere Agenten tätig werden.

Was die unmündige Königin anging, so verfügte ich (als ihr Onkel und Vormund), daß wir zu Greenwich ein Abkommen unterzeichnen würden, das ihre Vermählung mit Edward vereinbarte.

Die Dinge fügen sich immer ein zweitesmal; die Geschichte wiederholt sich niemals genau, aber sie stellt die Schachfiguren noch einmal in die gleiche Position. 1286 war der schottische König Alexander gestorben und hatte seine sechsjährige Enkelin, die »Jungfrau von Norwegen«, als Erbin hinterlassen. König Edward I. von England, der schon die Oberherrschaft über Schottland beansprucht hatte, traf unverzüglich Anstalten, die Maid Margaret mit seinem Sohn Edward zu verloben. Aber das Mädchen starb auf dem Weg von Norwegen nach Schottland, und so wurde die friedliche, natürliche Vereinigung der beiden Länder abgewendet. Diesmal aber würde niemand sterben, diesmal würde alles einen glücklichen Verlauf nehmen, »fröhlich wie ein Hochzeitsglöckchen«, wie Thomas More zu sagen pflegte.

Die gefangenen schottischen Adeligen wurden nach London geschafft und verbrachten das Weihnachtsfest mit uns in Greenwich. Ich präsentierte ihnen meine Bedingungen, die sie ihrer zerschlagenen, demoralisierten Regierung vorlegen sollten; sie sollten »kundtun, daß des Königs Allerhöchste Majestät ein Recht hat auf die Herrschaft in Schottland, derweil der verstorbene vorgebliche König der Schotten ein Usurpator der Krone und des schottischen Reiches gewesen«, und erklären, daß »jetzo (durch die unendliche Güte Gottes) die Zeit gekommen, da Ich geziemend und billig besagtes Recht und Titel wieder in Besitz nehme«. Überdies sollte die unmündige schottische Königin unverzüglich mit Edward verlobt und dann in englische Hände übergeben werden, auf daß sie in

London erzogen werde. Dies waren meine Forderungen, und nachdem die schottischen Edlen geschworen hatten, sie zu vertreten und durchzusetzen, entließ ich sie und beauftragte sie, schleunigst in ihre Heimat zurückzukehren und dort für mich zu arbeiten – allerdings erst, nachdem sie mir Geiseln übergeben hatten, die ihre Stelle einnahmen. Ich brachte die schottischen »Gäste« in einem ehemaligen klösterlichen Anwesen am Fluß unter; dort konnten sie ihr barbarisches Leben führen, ohne bei Hofe die Pferde scheu zu machen.

Es verschlug mir die Sprache, als Franz, statt meinen Sieg und meinen unbestreitbaren Anspruch auf Schottland zu respektieren, verkündete, er werde »seinen alten Verbündeten niemals im Stich lassen«, und anfing, Schiffe und Geld nach Schottland zu schicken. Er war das Hirn hinter einem Staatsstreich, in dem der Kardinal und die französische Königinmutter Marie de Guise sich gegen mich stellten. Wie es schien, erregte mein rechtmäßiger Anspruch bei ihnen »Anstoß«, und die verflixten Schotten leisteten neuerlichen Widerstand. Diese Hunde! Sie mochten geschlagen sein, aber sie gaben es nicht zu; sie schworen und verrieten dann ihren eigenen Eid. Mein Botschafter in Edinburgh, Ralph Sadler, schrieb mir: »Es leben keine bestialischeren und unvernünftigeren Menschen unter der Sonne, als es sie hier in allen Farben gibt.« Sie nahmen den Säugling Maria und krönten das Kind zu Stirling zur »Königin von Schottland«, und dann versprachen sie Franz, sie werde einen seiner Söhne heiraten.

In der Vergangenheit waren stets französische Prinzessinnen mit schottischen Prinzen verheiratet worden. Aber daß es umgekehrt geschehen sollte – daß eine schottische Prinzessin mit einem französischen Prinzen vermählt werden sollte, womöglich mit dem französischen Thronfolger! –, das war eine so grauenvolle Vorstellung, daß ich bei dem bloßen Gedanken daran erzitterte. Denn dann würde Schottland den Weg der Bretagne gehen und ein Teil Frankreichs werden... Nein! Das würde ich niemals zulassen, und wenn ich die Beteiligten ermorden lassen müßte.

Franz! Franz! Ich würde ihn vernichten, wie er versuchte, mein Inselkönigreich zu vernichten. Gab es denn keine Spur von Ehre in diesem Mann? Leute, die einen Eid geschworen hatten, zu attakkieren und zu verderben! Sich mit dem Türken, dem großen Ungläubigen, zu verbünden! Pfui! Gott würde mir die Kraft geben, ihn zu zermalmen, und wenn es meine letzte Aufgabe auf Erden wäre.

So. Ich würde meine Angelegenheiten ordnen, und dann würde ich gegen Franz kämpfen. Der Kaiser rüstete schon zum Krieg, und es wäre vorteilhaft gewesen, unsere Kräfte zu vereinen. Aber notwendig war es nicht. Als Bürschchen im Jahr 1513 hatte ich Verbündete gebraucht. Ich hatte Ferdinand und Maximilian und den Papst gebraucht. Aber die Wahrheit ist, daß ich sie nicht gebraucht hatte; ich hatte mich ins Bockshorn jagen lassen. Sie hatten mich an der Leine geführt und mir Vorschriften gemacht und mir mein Geld weggenommen. Nein, gebraucht hatte ich sie nicht. Wenn Karl jetzt an meiner Seite kämpfen wollte, würde ich ihm den Gefallen tun. Dem Papst ebenso. Aber es war mir gleichgültig, für welchen Weg sie sich entschieden.

Ich ließ Chapuys rufen, um ihm mitzuteilen, er möge seinem Herrn berichten, daß ich zum Kriege gegen Frankreich entschlossen sei, und zwar in meinem eigenen Interesse, daß ich aber gegen ihn als Kampfgefährten nichts einzuwenden hätte. Ich wußte, es würde Chapuys gefallen, wenn er auf den Kontinent zurückkehren könnte, und es würde ihm auch gefallen, daß seine letzte Mission zwischen seinem Herrn und mir eine freundliche sein würde.

»Sagt Karl, ich werde persönlich gegen Franz zu Felde ziehen«, trug ich Chapuys auf. »Ich gedenke eigenhändig Kanonen abzufeuern und mit meinen Männern im Zelt zu schlafen. Meine Bedingungen, meine Vorwürfe gegen den König von Frankreich und meine vorläufige Strategie sind in diesem Dokument umrissen.« Ich reichte ihm ein fest zusammengerolltes Pergament, das ich noch nach Mitternacht eigenhändig geschrieben und das niemand sonst gelesen oder auch nur gesehen hatte – nein, nicht einmal Will. »Ich habe es gut versiegelt, an beiden Enden, und die äußere Hülle verschlossen. Karl soll sich vergewissern, daß die Siegel unangetastet sind. Ich weiß, Ihr werdet es unterwegs gut bewachen, und kein Spion wird einen Blick auf den Inhalt werfen können.«

»Cromwell ist tot, Eure Majestät«, antwortete Chapuys mit

seiner feinen, trockenen Stimme. Im Alter erinnerte er an einen Skorpion: spröde, trocken, aber immer noch gefährlich.

Schade. Cromwell hätte ich jetzt gut gebrauchen können – oder wenn schon nicht den Schurken selbst, so doch seine Methoden. Unter meiner Führung zeigten sich Cromwells übriggebliebenen Spione einigermaßen nachlässig und nichtsnutzig. Ich besaß eben nicht den diabolischen Genius ihres Meisters. »Aye, und deshalb sind Briefe wieder sicher.« Ich lachte.

»Ist dies der Abschied?« fragte er schlicht.

»Möglich«, antwortete ich. Es konnte sein, daß der Kaiser ihn nicht wieder nach England zurückschicken würde. Wahrscheinlich würde ein neuer Gesandter mir Karls Antwort überbringen, während Chapuys in den Ruhestand geschickt werden und seine letzten Tage irgendwo am Mittelmeer verbringen würde, wo er die Sonne aufsaugen würde wie eine Eidechse. »Die Begegnungen mit Euch werden mir fehlen, mein Freund.« Abschiede taten weh, und jedesmal mehr, als man erwartet hatte. Mir waren sie verhaßt.

»Habt Ihr über das nachgedacht, was wir hinsichtlich der Prinzessin Maria besprochen haben?«

Ich korrigierte den Ausdruck »Prinzessin« nicht. Er hatte sich das Recht verdient, sie so zu nennen. »Ja. Ich hatte mit den Franzosen verhandelt, um sie mit Franz' zweitem Sohn zu vermählen. Aber jetzt...« Ich zerrte an meinem Gürtel und hätte ihn am liebsten zerrissen, als könnte das meine Wut lindern. »Jetzt soll eben dieser Sohn Maria Stuart heiraten. Ihr seht, wie sie mich betrügen. Und meine Maria ist wieder einmal unverheiratet, unerwünscht...«

»Ein Franzose wäre ihrer nicht würdig gewesen«, sagte Chapuys. »Aber es war gütig von Euch, daß Ihr versucht habt, es in die Wege zu leiten. Vielleicht jemand aus dem spanischen Königshause... und wäre er auch jünger...«

»Oder einer von den unehelichen Söhnen Seiner Heiligkeit?« Ich konnte der Verlockung, Chapuys zu ärgern, nicht widerstehen. »Ein guter Papstkatholik, unbedingt!«

»Warum nicht? Eine uneheliche Königstochter für einen unehelichen Prälatensohn?« Er parierte meine Stichelei. Aber unser Gefecht war leicht und liebevoll, wie es dies nur nach langer Gegnerschaft werden kann. Gütiger Jesus, ich würde ihn vermissen!

»Ja. Das würde gehen. Und im Ehevertrag würde der Bischof von Rom meinen Titel als Oberstes Haupt der Kirche von England anerkennen.«

»Euer Traum«, sagte Chapuys.

»Ein Mensch soll träumen, und ein König muß es«, beharrte ich. »Und es kann immer noch Wirklichkeit werden. Es haben sich schon merkwürdigere Dinge zugetragen. Nein, ich habe die Hoffnung nicht aufgegeben, daß der Papst und ich eines Tages...« Ich ließ den Satz unbestimmt und unvollendet. Unausgesprochene Wünsche wurden schneller wahr als solche, die man in allen Einzelheiten offenbarte.

»Darf ich mich unter vier Augen von Maria verabschieden?«

»Natürlich«, sagte ich. »Sie wäre traurig, wenn Ihr es nicht tätet.«

Chapuys verließ England. Wieder eine Brücke zur Vergangen6eit abgerissen. Früher oder später – sofern man es erlebt – verschwinden sie alle. Der Prozeß der Zerstörung ist unausweichlich; in den Ruinen von Gebäuden nehmen wir ihn ganz bereitwillig wahr, nicht aber in uns selbst. Ich fragte mich, wie es wohl sein mochte, hundert Jahre alt zu werden. Manche Menschen erreichten dieses Alter. Es gab einen Landstrich in Wales, wo angeblich eine Gruppe außergewöhnlich alter Menschen lebte – Männer und Frauen von achtzig oder neunzig Jahren, deren Eltern noch am Leben waren. Vielleicht gelangte man da über den Zeitpunkt hinaus, wo alle Brücken abgerissen wurden. Wenn man ihn hinter sich hatte, mußte man sich doch fühlen wie neugeboren. Man schwebte in einer endlosen Gegenwart, ohne jegliche Vergangenheit und doch losgelöst von den betriebsamen Jungen... Dies, glaube ich, wäre das »Fegefeuer«, das die Theologen erforschen. War es ein Lohn oder eine Strafe? War es der Segen einer vollkommenen Freiheit, oder war es das selbstgenügsame Nichts?

Was immer es war, ich würde es wohl kaum erleben. Ich lebte jetzt schon so lange wie mein Vater, länger als fast alle meiner nahen und weniger nahen Verwandten. Die Tudors waren kein Stamm, dessen Mitglieder lange lebten auf Erden, mochten sie Vater und Mutter noch so sehr ehren.

CXVIII

Um eines mußte ich mich noch kümmern, ehe ich mich auf den Ärmelkanal hinauswagte: Ich würde Holbein veranlassen, das formelle dynastische Porträt der Tudors auf der Wand des großen Audienzsaals zu Whitehall endlich fertigzustellen. Dort konnte, wer zu mir kam, auch meinen Vater sehen, den Begründer unserer Größe, und meine sanfte Mutter, die dadurch, daß sie zu ihm ins Ehebett stieg, die Thronansprüche des Hauses York beendete. Holbeins Genius würde dafür sorgen, daß wir alle an der Wand vereint sein würden, wie wir es im Leben nie gewesen waren: Jane und der kleine Edward würden einander zärtlich anschauen. Mein Vater würde seine Enkelkinder sehen, und Jane und meine Mutter würden beide in meiner Reichweite sein und mich nie mehr verlassen. Die Kunst ist grausam, denn sie feiert, was niemals war. Die Kunst ist gütig, denn sie schafft, wonach wir uns sehnen, und gibt unseren Wünschen Substanz, unvergängliche Substanz.

Das Posieren fiel mir nicht mehr so leicht wie einst. Das lange Stehen behagte mir nicht, und selbst das Sitzen ermüdete mich. Holbein schlug vor, mich auf einem Thron sitzend abzubilden und den Rest der Familie um mich herum zu gruppieren, die Kinder zu meinen Füßen und Vater und Mutter hinter mir auf einer Estrade. Wir ließen aus dem Königlichen Schatz einen hübschen Thron bringen, der irgendwann im vierzehnten Jahrhundert einem irischen Häuptling abgenommen worden war. Er war mit allerliebsten, verschlungenen Schnitzereien verziert. Aber die Armlehnen quetschten meinen Leib zu beiden Seiten derart, daß ich Beklemmungen bekam, und das alte Holz knarrte unter meiner Last und bog sich so, daß ich fürchtete, die Quersprossen könnten brechen.

Ich war dick geworden, und es blieb nichts weiter übrig, als größere Throne zu beschaffen. Meinen Leib neu zu modellieren war mir unmöglich, und es lag ein gewisses wollüstiges Vergnügen darin, dies zuzugeben und damit über die Verlockungen des Versuchs, mich doch noch zu ändern, hinwegzugehen, denn dieser Versuch brächte allzu viele schändliche, brennende Erinnerungen zurück. Ich wollte jetzt fett sein. Sollten doch Stühle und Rüstungen und Weiber sich mir anpassen, statt umgekehrt. Im Alter und in der Häßlichkeit lag Freiheit, eine Freiheit, wie die Jungen und Hübschen sie sich niemals vorstellen konnten.

Endlich hatte Holbein sich für eine Komposition, eine Gruppierung, entschieden. Von den sieben Menschen waren drei tot. Er wollte meines Vaters Totenmaske und das Begräbnisbild meiner Mutter als Modell nehmen. Beides wurde in einer Krypta in der Westminster-Abtei, unweit von ihren Grabstätten, aufbewahrt. Bei Janes Porträt war er auf das Bild angewiesen, das er in seinem Herzen trug, und auf ein paar alte Kohleskizzen von ihr, die er in seiner Werkstatt hatte.

Jane... Als Holbeins geschickter Pinsel ihr Bildnis neben dem meinen entstehen ließ, sah ich es mit dumpfem Schmerz. Es war jetzt eine solche Leere in meinem Leben, und es gab nichts, sie auszufüllen. Denn mein Abscheu gegen Frauen hatte nicht nachgelassen; es gab keine Frau, nach der ich mich sehnte, die ich auch nur hätte ertragen können. Ich war fertig mit ihnen.

Aber ich brauchte etwas, das die Leere ausfüllte, jemanden, der mir Gefährte sein konnte. Es war furchtbar, so ganz und gar allein zu sein. Warum starb die Sehnsucht nicht mit dem Menschen, der sie geweckt hatte? Jemand anderen zu beauftragen, diese Sehnsucht zu erfüllen, war grotesk, und es ließ sich nie verwirklichen.

Den ganzen Mai hindurch saß ich Holbein Modell. Es war ein ungewöhnlich heißer, schwüler Mai; man erstickte, wenn man nicht im Freien war, und das Posieren in meinen schweren, pelzverbrämten Staatsgewändern erforderte die Konstitution eines Ackergauls. Zudem war ich genötigt, die ganze Zeit meine Samtmütze zu tragen, denn ich nutzte die Zeit der Porträtsitzungen für

Gespräche und Audienzen. Ich trug jetzt immer eine Mütze, nur nicht nachts, wenn ich endlich meine Bettvorhänge zuziehen konnte. Ich war inzwischen nämlich völlig kahl, und ich wollte mit meiner Glatze nicht in der Öffentlichkeit glänzen. Aber es war so heiß unter der Mütze, als habe sich ein Wiesel auf meinem Kopf zusammengerollt.

Aber wenn ich zu leiden hatte, dann Holbein nicht minder, denn er mußte stundenlang stehen, sich auf jede Einzelheit meines Gewandes konzentrieren und sich außerdem anhand einer zeremoniellen Totenmaske ein Bild von einem vollständigen Menschen machen. Ja, Vaters Wachskopf stand auf einem Ständer auf einem kleinen Tisch zu meiner Rechten. Die Ähnlichkeit war so groß, daß mir zumute war, als sei ich wieder in seiner Gegenwart.

Gegen Ende des Monats kam, wie ich es halb erwartet hatte, ein neuer kaiserlicher Botschafter, Frans van der Delft, von Karl, um seine Akkreditierung zu präsentieren. Wie sein Name vermuten ließ, war er ein Holländer; er kam aus jenem wunderlichen Lande, wo dauernd Wasser aus dem Boden quoll. Es war aber auch das Land, wo die Mächte des Ketzertums schwärten und wucherten, und wo Karl große Mühe hatte, sich die Loyalität des Volkes zu erhalten.

Ich empfing ihn an einem stickigen Morgen, als ich am liebsten mit einem leichten Linnenhemd bekleidet an der frischen Luft gewesen wäre. Der Mann machte einen durchaus angenehmen Eindruck mit seinem breiten, flachen Gesicht und seinem dicken Bauch, aber die Kunde, die er brachte, war nicht angenehm. Es gab Schwierigkeiten mit meinem Titel. Karl konnte mir in keinem Vertragsdokument meinen vollen Titel als Oberstes Haupt der Kirche von England zugestehen, noch konnte er mir versprechen, mich zu verteidigen, wenn der Papst sich (nach Franzens Unterwerfung) dazu entschließen sollte, sich gegen mich zu wenden. Kurz, Karl wollte zwar mein Bundesgenosse sein, aber er wollte mich dabei nicht mit meinem richtigen Namen anreden. Und wenn ich das akzeptierte, bedeutete es...

Oh, es war ein altes Spiel, ein Krieg der Wörter. Wir würden irgendwann einen annehmbaren Weg finden, aber bis dahin verrann der Sommer mit seinem guten Feldzugswetter. »Und wie geht es Eurem Vorgänger, Eustace Chapuys?« fragte ich.

»Gut, Eure Majestät. Er ist jetzt bei Kaiser Karl in Innsbruck, aber er will im Herbst in den Süden weiterreisen. Er sendet Euch von Herzen seine Grüße.«

Also war er wirklich fort. Zu Hause. War er wirklich dort zu Hause, nach all den Jahren? Wie lange ist ein Ort vertraut, wenn man lange Zeit in der Ferne war?

»Ich lasse ihn auch grüßen. Sagt mir – der Kaiser...«

In diesem Augenblick hörte ich, wie Holz auf Holz klapperte, und dann ertönte ein Stöhnen. Holbein hatte seine Palette fallen lassen; sie lag mit der Farbenseite nach unten auf dem Fußboden.

»Das macht nichts«, beruhigte ich ihn. »Nur Eure Mühe beim Mischen der Farben war nun umsonst. Der Fußboden soll Eure Sorge nicht sein.«

Er kniete murmelnd am Boden und versuchte, die Palette aufzuheben, die dort festklebte. Ich bückte mich, um ihm zu helfen, und schickte mich an, heftig daran zu reißen. Aber zu meiner Überraschung ließ die Palette sich mühelos ablösen; ein Kind hätte sie aufheben können. Holbein nestelte an seinen Pinseln, und seine Hände zitterten.

Ich sah ihn an. Sein Gesicht war gerötet und verschwitzt. Es war entschieden zu heiß, um heute im Hause zu arbeiten. Innerlich frohlockend sagte ich: »Genug! Wir hören jetzt auf. Es ist grausam, sich so einzusperren.« Ich wandte mich an van der Delft. »Wir wollen unser Gespräch draußen fortsetzen, im Garten.« Zu Holbein sagte ich: »Ihr seid frei, zu tun, was Euch beliebt.«

Während der kaiserliche Botschafter unter den blühenden Kirsch-, Apfel- und Birnbäumen einherwandelte, liebkost von klebrig-süßem Wind aus dem Süden, zog Holbein sich in seine Gemächer zurück, legte sich auf sein schmales Bett und starb an der Pest.

Die Pest! Das Wort allein ließ Angst erwachen, aber indem sie Holbein niederstreckte, hatte sie ihre grinsende Fratze im Herzen des Palastes erhoben. Und Edward war in Whitehall! Ich hatte ihn für den Sommer hergeholt, damit er einmal das Leben bei Hofe sehen und sich in einem großen Schloß heimisch fühlen konnte. Edward war von Holbein gezeichnet worden, hatte nur wenige Schritt weit vor ihm gesessen, gerade sieben Tage vor seinem Tod!

Ich mußte Edward in Sicherheit bringen und dann selber fliehen. Aber wo wäre es am sichersten? Schon kamen die ersten Berichte über die Heftigkeit, mit der die Seuche über London hereingebrochen war. Leichenberge begannen sich an den Straßenkreuzungen zu türmen. Niemand wollte die Toten anrühren, geschweige denn, sie begraben. In Houndsditch, bei der Kanonengießerei, übergoß jemand den Haufen mit heißem Öl und hielt dann eine Fackel daran. Über die rauchende, schmierige Asche schaufelten sie Erde und formten so einen greulichen kleinen Hügel.

Die Pest tobte vor allem in den Dörfern im Südosten, in Maidstone, Wrotham, West Malling und Ashford, und auch in Dover. Aus dem Westen war bisher noch kein Fall von Erkrankung gemeldet. Also würde ich Maria nach Westen schicken, nach Woodstock. Und ich selbst wollte mit Edward ebenfalls nach Westen fliehen, zurück nach Wiltshire und nach Wolf Hall.

Die Brüder Seymour wollten auch kommen; das war recht, denn Edward war ihr Neffe. Der übrige Hofstaat sollte sich auflösen; der Geheime Staatsrat sollte durch Boten weiterhin als Einheit verbunden bleiben.

Ich rief den Rat zusammen und erläuterte kurz, was zu tun war.

»Die Pest rast«, sagte ich, »und wir müssen fliehen. Kein Heldentum; ich will keine Helden. Wolsey zeigte Heldentum und blieb in London, um zu arbeiten, bis achtzehn seiner Gehilfen gestorben waren. Dafür seid Ihr mir zu kostbar. Ich befehle Euch deshalb, London innerhalb von achtundvierzig Stunden zu verlassen. Nehmt sowenig wie möglich mit. Die Pest reist mit den Menschen, und wir wissen nicht, wie. Wenn schon jemand in Eurem Haushalt krank ist, geht unverzüglich.«

Sie schauten mich an, scheinbar gesund. Wie Holbein, als er Vaters Wachsmaske auf den Schemel gestellt hatte, vor wenigen Tagen erst...

»Da wir uns jetzt trennen müssen und erst im Herbst, so Gott will, wieder zusammenkommen, muß ich Euch heute reinen Wein einschenken«, begann ich. »Wir rüsten zum Krieg gegen Frankreich. Der Kaiser hat Franz bereits den Krieg erklärt, und wir haben die Absicht, zu ihm zu stoßen. Ich werde persönlich ins Feld ziehen.«

Nach dieser kühnen Eröffnung machten diejenigen Räte, die Frankreich zugeneigt waren – Edward Seymour etwa und John Dudley –, bestürzte Gesichter. Die Nicht-Soldaten – Wriothesley, Paget, Gardiner – zeigten gleichfalls umwölkte Stirnen. Aber Seymour und Dudley waren im Herzen Kämpfer und wollten Krieg, und Paget und Gardiner waren Anhänger des Kaisers, und so hatte das kontinentale Unternehmen gleichwohl auch für sie seinen Reiz.

»Im Augenblick sind die Verhandlungen ein wenig festgefahren, aber nur in diplomatischen Fragen. England wird auf jeden Fall gegen Frankreich in den Krieg ziehen und das Problem mit den Schotten so ein für allemal lösen. Ihre Aufsässigkeit wird unerträglich. Ich werde nicht zulassen, daß sie weiter ungehindert Blüten treibt. Frankreich ist für sie der Quell der Ermutigung und der Rebellion. Wir dürfen nicht länger die Welpe prügeln, wir müssen die Hündin erschlagen.«

Norfolk und Suffolk blickten zustimmend, aber müde. Sie waren alt. Ein Kontinentalfeldzug bedeutete, daß sie die Armeen würden führen müssen. Freilich, Norfolk hatte seinen ungestümen Sohn, der ihm helfen konnte. Suffolk hatte niemanden, denn sein Sohn war früh gestorben.

»Ich selbst reise nun mit meinem Sohn nach Wiltshire. Ich werde zu Wolf Hall Wohnung nehmen.«

Wenn Edward Seymour sich darüber ärgerte, daß ich das Haus seiner Ahnen in Beschlag nahm, so ließ er es sich nicht anmerken. Er saß still da und nickte, als habe er es die ganze Zeit gewußt.

»Ich werde eine Schar vertrauenswürdiger Kuriere bei der Hand haben, ausgestattet mit den besten Pferden aus den königlichen Stallungen. Ich beabsichtige, die Reichsgeschäfte so gut zu führen, wie dies menschenmöglich ist, und ich werde Euch schleunigst alles zukommen lassen, auf daß Ihr es in Ruhe erwägen könnt. Unterdessen bete ich zu Gott, daß er uns bewahren und unser Leben schonen möge.«

Und wir alle bekreuzigten uns.

Laß es nicht mich treffen, betete jeder von uns. *Verschone mich.*

CXIX

Würde ich allein nach Wolf Hall reisen? Lieber wäre es mir gewesen, aber als König brauchte ich eine Handvoll zuverlässiger Begleiter, darunter vorzugsweise einen Seymour, da ich mich in das Haus dieser Familie begab. Edward Seymour konnte ich nicht bitten; das war mir klargeworden. Er war für das Reich zu wichtig; besser zog er sich an einen anderen Ort zurück, um sein Leben zu retten, falls unsere Gesellschaft erkrankte. Thomas – er war unterhaltsam, er war vergnüglich, aber im Grunde war er ein Mann von so wenig Substanz, daß er niemals eine bedeutende Stellung innegehabt hatte; folglich würde es auch kein Verlust für England sein, sollte er mit mir zusammen der Pest zum Opfer fallen.

Kann man ein schlimmeres Urteil über das Leben eines Menschen fällen? *Er ist entbehrlich. Es ist gleichgültig, ob er stirbt oder nicht.* Mich schauderte, als ich es nur dachte, denn es klang wie ein Fluch. Ich mochte Tom Seymour, und ich hatte es nicht böse gemeint... Aber die Wahrheit war, daß sein Vorhandensein für keine Unternehmung und für keinen Menschen von wesentlicher Bedeutung war.

Eine Frau mußte dabeisein, denn weiblicher Einfluß in diesem Exil war notwendig. Eine sanfte Frau, eine gütige Frau, eine Frau, die sich um Edward kümmerte, die seine Studien weitertreiben konnte; ich war nicht erpicht darauf, seine Lehrer mitzunehmen. Die Witwe Latimer, Kate Parr – war sie noch am Hofe? Ich hatte gezögert, Catherines verbliebenen Haushalt restlos aufzulösen. Da ich nicht die Absicht hatte, mich wieder zu verheiraten, wußte ich, es würde bei Hofe keine Frauen mehr geben, wenn Catherines Damen erst fort wären. Nicht, daß mir etwas daran gelegen hätte.

Aber meine Diener, mein Rat, meine Musiker – denen lag etwas daran. Ein mönchischer Hof würde niemandem gefallen, würde keine erstklassigen Köpfe anlocken. So zauderte ich und schob es immer wieder auf, bewahrte posthum den Hofstaat einer toten Königin.

Und Lady Latimer war noch am Hofe, wenngleich sie schon um die Erlaubnis eingekommen war, nach Snape Hall, auf das Anwesen ihres verstorbenen Gemahls in Yorkshire, zurückzukehren und sich um ihre drei Stiefkinder zu kümmern. Ich ließ sie rufen.

Sie erschien prompt, und als ich ihr meinen – wie ich geglaubt hatte, erstaunlichen – Antrag vorgetragen hatte, erhielt ich eine erstaunliche Antwort.

»Ich möchte lieber geradewegs in mein eigenes Haus zurückkehren«, erklärte sie nämlich. »Meine Ländereien, meine Bediensteten, Lord Latimers Kinder – sie alle werden mich dort brauchen in diesen wirren Zeiten...«

Beim Blute Gottes! Verstand sie denn nicht? Der Tod ging um, nicht »wirre Zeiten«. Die Pest erforderte keine tüchtige Verwalterin. Zudem war meine Bitte keine »Bitte« gewesen. Eine königliche Bitte ist ein Befehl.

»Madam«, sagte ich, »ich habe keine Zeit, mit Euch zu debattieren. Ihr werdet Edward in das Haus seiner Mutter in Wiltshire begleiten. Ihr werdet ihn in seinen Studien anleiten, derweil wir darauf warten, daß die Pest nachläßt. Wir werden morgen früh aufbrechen. Diesen Abend mögt Ihr darauf verwenden, Anweisungen an Eure Diener und Eure Pächter in Snape Hall zu schreiben.«

Sie starrte mich finster an, nickte dann ruckhaft mit dem Kopf.

»Ich weiß, es ist diktatorisch«, erklärte ich unversehens. »Aber die Zeiten zwingen mich dazu. Ich brenne wahrlich nicht darauf, für Monate vor dieser verschlagenen Mörderin, der Pest, zu entfliehen. Ich verlange von meinen Untertanen nichts, was ich nicht selbst zu tun bereit bin. England braucht Euch, Madam.«

Sie sträubte sich, aber die Schmeichelei gewann die Oberhand. Nur war es keine Schmeichelei. Ich hatte die Wahrheit gesagt. Ich war England, und Edward war England, und in diesem Augenblick brauchten wir sie dringend.

»Wer begleitet uns sonst noch? Bringt Ihr Lehrer mit?«

»Nein«, antwortete ich. »Ich habe Cox und Cheke befohlen, sich in Sicherheit zu bringen. Deshalb müßt Ihr die nötigen Schriften und Bücher auswählen, die mitzunehmen sind.«

Sie machte ein mutloses Gesicht. »Ich bin keine Gelehrte.«

»Die Pest betraut viele mit Aufgaben, die ihnen fremd sind.« Ja, die Pest hatte eine schreckliche Reinigungswirkung; unerfahrene Männer und Frauen stürzten sich auf freigewordene Positionen über ihrem bisherigen Stande. Priester wurden plötzlich zu Bischöfen, Lehrlinge zu Herren, Roßknechte zu Stallmeistern.

»Tom Seymour kommt mit«, fügte ich hinzu. »Edward wird männliche Gesellschaft brauchen. Er war bis jetzt allzu ausschließlich von Frauen umgeben. Bei der Heiligen Maria, sein Onkel Tom ist so weit entfernt von weibischer Art wie nur irgendeiner, den ich kenne.« Ich sagte nicht, daß er meiner Meinung nach nur in der äußeren Ausstattung ein Mann war; für einen Fünfjährigen würde das Äußere genügen.

»Er war einverstanden?« fragte sie.

Oh, diese Unschuld! Einverstanden? Es hatte nichts mit »Einverständnis« zu tun. Mir schuldete man Gehorsam, nicht Einverständnis.

»Er wird es sein«, erwiderte ich trocken. »Ich könnt' darauf zählen, daß er dabeisein wird.«

Früh am Morgen, noch bevor die Totenkarren ausgefahren waren, verließen wir Baynard's Castle, wohin wir uns nach der ersten Pestattacke geflüchtet hatten, und ritten auf die St.-Pauls-Kirche zu. Die großen Häuser an der Themse lagen dunkel und still. Hier und da waren Kreuze auf den Türen zu sehen. Aber alles in allem schien die Gegend nicht besonders schwer getroffen zu sein. Erst als wir uns der Stadtmauer näherten und uns beim St. Paul's Hill, wo die Häuser kleiner waren und dichter beieinander standen, nach Westen wandten, nahm die Zahl der Kreuze zu, bis schließlich fast jede Tür eines trug. Und als der St. Paul's Way nach links in Ludgate Hill einmündete, unmittelbar vor dem Lud-Gate genannten Stadttor, sah ich ihn: einen Leichenberg.

Ich hielt den Atem an, denn es war bekannt, das schon die Luft rings um ein Pestopfer ansteckend war. Ich winkte meinen Begleitern, es mir nachzutun. Ich wollte keinen von ihnen verlieren: nicht Will, nicht meinen alten, vertrauten Dr. Butts, nicht Lady Latimer, nicht einmal den großsprecherischen Tom Seymour. Und was Edward betraf: Er war mein Leben.

Die Leichen waren nackt. Ihre Gliedmaßen ragten aus dem Haufen wie die abgebrochenen Äste umgehauener Bäume. Die zuunterst lagen, waren schon dunkel und fingen an zu verwesen; die oberen sahen so lebendig aus, daß man sie gar nicht für tot hätte halten mögen. Das war die Pest: Sie hauchte den Menschen an, und er atmete nicht mehr, blieb aber auf das schönste erhalten... für ein Weilchen. Die Fliegen saßen dick auf dem unteren Teil des Haufens; sie brummten obszön und wimmelten in irisierenden Wellen auf ihrem Fraß. Zuoberst, wie ein Opfer auf dem Altar, lag eine nackte Maid, bleich und liebreizend; das goldene Haar diente ihr als Leichenhemd. Noch während wir vorüberzogen, kletterten dem Tode trotzende Aasgeier auf den Menschenberg und wühlten nach Juwelen.

Draußen vor dem Stadttor waren Männer dabei, Gräben auszuheben. Man würde die Toten dort hineinwerfen, bis an den Rand der Gräben, und dann ein wenig Erde darüberhäufen. Wer es wagte, mit den Leichen zu hantieren, folgte ihnen oft selbst innerhalb weniger Stunden nach. Als ich sie sah und ihren Schweiß roch, wußte ich, sie waren tapferer als irgendeiner von König Arthurs Rittern. Wovor Galahad geflohen wäre, was Lancelot ganz gemieden hätte, nahmen diese Männer auf sich, ohne mit der Wimper zu zucken.

Plötzlich fiel mir ein, daß ich nicht wußte, was aus Holbeins Leichnam geworden war. Hatte man sich ordnungsgemäß um ihn gekümmert? Bestimmt!

WILL:

Nein. Holbein kam just in eines dieser Massengräber, wo er Wange an Wange mit einem Schankwirt oder einer Amme vermoderte; ihr Staub hat sich inzwischen vermischt.

Die Pest brachte moralische Veränderungen in allen Aspekten des Lebens zutage. Nachbarschaftliche Gefühle verflogen, da jedermann die Kranken floh und sich weigerte, sie anzurühren, so daß zur Pflege der Sterbenden nur Erpresser übrig blieben, deren Geldgier ihre Angst in den Schatten stellte.

Die Pest – und die Angst vor ihr – erfüllte die Menschen mit solchem Grauen, daß sie sich ganz vergaßen und ihrer wahren Natur die Herrschaft überließen. Die Sieben Todsünden, gleißend und gigantisch, wurden in jedem Manne, jedem Weib und jedem Kinde offenbar.

Stolz? Es gab Gruppen, die sich von den pestbefallenen Menschen ringsumher zurückzogen, sich völlig einschlossen und sich in Sicherheit wiegten, solange sie »Mäßigung« und »Ruhe« pflegten. Sie aßen die delikatesten Speisen und tranken den feinsten Wein, lauschten süßer Musik und ließen niemanden in ihre Häuser, mochten die Nachbarn auch an ihre Türen pochen und um Hilfe flehen. Sie verweigerten nicht nur anderen Menschen den Zutritt, sie ließen nicht einmal die Kunde von dem, was außerhalb ihres engsten Quartiers geschah, an sich heran.

Der Stolz trägt viele Hüte: Ein anderer ist die Tollkühnheit, mit der etwa Charles Duc d'Orleans, Franzens Lieblingssohn, (denn die Pest wütete auch in Frankreich) in ein von der Pest heimgesuchtes Haus stürmte, die Federmatratze mit seinem Schwert durchbohrte und dabei brüllte: »Noch niemals ist ein Sohn Frankreichs an der Pest gestorben!« Pünktlich drei Tage später starb er an der Pest. Dann gab es den Stolz, der darin bestand, gerade nicht zu fliehen, sondern wacker auf seinem Posten auszuharren, wie Wolsey es getan hatte.

Die Habgier zeigte dreist ihr Antlitz, denn alle Furcht vor Vergeltung oder Züchtigung war verflogen. Die Aasgeier, wie Hal sie nannte, hackten in die aufgedunsenen Opfer. Für einfachste Dienste wurde erpresserischer Lohn gefordert. »Huckepackmänner« tauchten auf wie Friedhofsdämonen und ließen sich dafür bezahlen, daß sie die Bahren zu den Gräbern schleppten, da alle »achtbaren« Menschen geflüchtet waren. Die Habgier trieb Menschen dazu, nach Stellungen und Besitztümern zu greifen, die von ihren rechtmäßigen Besitzern aufgegeben worden waren.

Neid und Jähzorn reichten einander die Hände: Niedere trugen die Gewänder ihrer Meister und übten die Ämter ihrer Herren aus, wie böse Kinder, die auf bepflanzten Äckern tollten. Der Zorn der Untergebenen fand seinen Ausdruck in der Schadenfreude, mit der sie ihre Herren in unmarkierte Gräber warfen oder vor den Augen aller der Verwesung anheimgaben – eine unüberbietbare Schmach und Erniedrigung. Junker Holmes, der ehedem in langem, pelzverbrämtem Mantel und juwelenbesetzter Mütze einherstolziert war, verrottete jetzt vor den Augen seiner einstigen Diener unter Gestank zu einem Skelett.

Der Völlerei gelang es selbst in diesen giftigen Zeiten, eine Nische für sich zu finden. Wenn man morgen schon tot sein konnte, sollte man da nicht mit einem fetten Wanst verröcheln, die Lippen noch klebrig von würzigem Wein? Nicht wenige erklärten, sie stürben ebenso gern an übermäßiger Schwelgerei wie an der Pest, und so, glaubten sie, könnten sie der Pest gar noch ein Schnippchen schlagen. Also zechten sie, sie aßen und tranken unaufhörlich, vertilgten, was in den Speisekammern der Toten lag, und zogen von Haus zu Haus wie die Aasgeier – nicht auf der Suche nach Gold, sondern nach Speise und Trank. Ihre letzten Tage verbrachten sie so in einem Rausch von Wein und Kuchen.

Andere natürlich frönten der Wollust, und das war ihre Antwort auf die Seuche: Sie zogen es vor, von der Hand der Venus zu sterben. Die bevorstehende Entlassung aus den Gesetzen der Moral nahmen sie zum Vorwand, gleich jetzt dagegen zu verstoßen. Sie überließen sich der freien Liebe, richteten Orgienhallen in Häusern ein, die der Tod geleert hatte, und dort suhlten sie sich in jedem römischen und französischen Laster, das der Menschheit bekannt war. Sogar achtbare Frauen wurden zu Spielbällen solcher in Geilheit entbrannten Männer, wenn diese zu ihnen kamen, um sie zu »versorgen«, als sie hilflos und schwach von der Krankheit darniederlagen: Sie wurden »untersucht« und entblößt, man vergnügte sich mit ihnen... und überließ sie dem Tode.

Das Recht brach zusammen. Anwälte und Priester starben mit denen, denen sie dienten, und es blieben nur noch wenige, die die Gesetze und die Sakramente zur Anwendung brachten. Wann immer ein einsamer, übriggebliebener Priester erschien, um ein Begräbnis zu vollziehen, mußte er feststellen, daß viele Bahren sich der ersten anschlossen, denn die Menschen hielten eifrig Ausschau nach einer rechtmäßigen Bestattung, an der sie auch teilhaben könnten. So wenige gab es, die den zivilen oder den kirchlichen Gesetzen noch Geltung verschafften, daß kein Mensch mehr daran dachte, sich an sie zu halten, und so gab es praktisch überhaupt keine Autorität mehr.

Die Trägheit – jene schleppende, lauernde Sünde, die so vielen der anderen zugrunde liegt – kam zu ihrem Recht, da die Menschen es ablehnten, wenigstens das zu tun, was sie konnten: die Straßen zu säubern, die Müllberge zu beseitigen oder die Ernte einzubringen. Sie begingen einen einzigen grotesken Feiertag.

Die Pest reichte hin, um einen Moralisten aus mir zu machen, wenn nicht gar einen echten Christen. Denn die wahre Natur des Menschen war so häßlich, so abscheulich, daß mir jedes noch so verhaßte System, das sie in ihrem Übel mäßigte, erstrebenswert und annehmbar erschien.

Zumindest, bis die Pest vorüberging.

HEINRICH VIII.:

Ich hatte Holbein vernachlässigt. Ich hatte mich nicht um seine sterblichen Überreste gekümmert, und damit hatte ich mich ebenso barbarisch benommen wie jeder beliebige Lehrbursche, der vor Angst von Sinnen war. Die Pest hatte mich zum Heiden gemacht – mich, das Oberste Haupt der Kirche von England. Ich betete, als ich an dem Leichenhaufen vorüberritt: *Herr, schenke ihnen den ewigen Frieden.*

Dann: *Herr, vergib mir meine Unzulänglichkeiten, meine Fehler, meine Blindheit.*

Je mehr ich wußte, desto mehr verstand ich auch, so schien es, aber dadurch vervielfachten sich auch meine Sünden.

Außerhalb der Stadtmauern wurden die Abstände zwischen den Behausungen immer größer. Aber wenn ich geglaubt hatte, die Pest sei außerstande, hier von Haus zu Haus zu springen, so hatte ich mich geirrt. Knechte waren mitten auf dem Feld gestorben, und ihre Familien in den Kotten waren zur gleichen Zeit dahingeschieden. Viehzeug jeglicher Art – Kühe, Schweine, Schafe, Ziegen – irrte auf den Straßen umher, verhungernd, benommen. Hunde streunten herum und wurden wieder zu Raubtieren, duckten sich und knurrten, wenn wir vorüberkamen. Niemand kümmerte sich mehr um die Äcker; das Korn wuchs, so gut es konnte, aber kein Mensch würde es ernten. Die Völlerei auf dem Lande zeigte sich darin, daß die Leute abrissen, was immer gerade reif war, es an Ort und Stelle verzehrten, ohne es zu Mehl oder Bier oder Gemüse zu verarbeiten, und keinerlei Vorkehrung für den nächsten Tag trafen.

Auf unserem Weg nach Westen kamen wir durch die Dörfer Wokingham, Silchester und Edington. In jedem schien es weniger Kreuze an den Türen zu geben, weniger Leichenhaufen, weniger Gestank, und als wir Wiltshire erreicht hatten, fanden wir tatsächlich ein unberührtes Dorf, in dem keinerlei Aufruhr herrschte, und die Felder, die es umgaben, waren gepflegt und sauber. Es erschien uns so wunderbar, wie das Leben und die Zivilisation es ja sind, möchten wir sie auch als normal empfinden. Sie sind nicht normal. Das Chaos ist es.

Und während der ganzen Reise hatte ich mich immer wieder bang umgeblickt – wie Orpheus: Ich fürchtete, mein Gefolge zu verlieren, fürchtete, es im Hades zurückzulassen.

Überall in Wiltshire standen Dörfer und Siedlungen in Blüte, unberührt von der Pest; und dann zogen wir durch den Wald von Savernake, diese große weite Wildnis, die seit König Arthurs Zeiten unverändert war, und erreichten die kleine Straße, die ich so gut kannte: den langen, von Wagengleisen gefurchten Pfad nach Wolf Hall.

Wolf Hall: Ich sah es wieder, klein, gesund, selbstgenügsam. Janes Heim. Mein Herz tat einen Freudensprung und schmerzte zugleich. *Narr, ein Narr, daß du hierher kommst! Hast du denn erwartet, Jane hier zu sehen?*

Nein. Aber ich bin stark genug, zu ertragen, daß ich sie nicht sehe. Es liegt ein seltsamer Stolz darin, sich in Gottes Willen zu fügen; es ist die Ekstase, mit der man einen Armvoll dorniger Zweige an die Brust drückt...

CXX

Ich richtete mich in der Kammer des alten Sir John ein; Will und Dr. Butts wohnten bei mir. Edward sollte in Janes Mädchenstube schlafen, und Tom Seymour bezog seine alten Gemächer. Lady Kate Parr erwählte sich das Gästezimmer.

Unser Tagesablauf war einfach, und ich merkte, daß es mir so gefiel. Es gab keinen Priester, und so gab es auch keine Frühmesse. Statt dessen schliefen wir alle, bis wir von allein aufwachten, was zumeist gegen sieben der Fall war. An einem Sommermorgen bedeutete das, daß die Sonne – und die Bauern – schon seit drei Stunden auf waren, so daß einen der Duft von gemähtem Gras und das Spiel der Sonnenstrahlen auf dem Boden weckten. Wir versammelten uns draußen im Hof zu einem Frühstück, das aus Ale, Käse und dunklem Brot bestand; dazu gab es Butter und Pflaumenmus; manchmal saßen wir dann stumm und noch schlaftrunken da und tranken die Gerüche eines Junimorgens, derweil der Tau auf den Bartnelken und Schnittlauchblüten im Schatten blinkte. Edward und Kate Parr zogen sich dann zum täglichen Unterricht zurück; Tom stöberte rastlos über das Anwesen und durch das benachbarte Dorf; Will und Dr. Butts gingen spazieren und diskutierten über politische und medizinische Fragen. Und ich? Ich bemühte mich, die Geschäfte der Außenwelt zu führen und mit dem Staatsrat und dem Kontinent in Verbindung zu bleiben. Wenn ich so in meiner kleinen Dachkammer saß, konnte ich kaum glauben, daß irgend etwas, das ich sagte oder tat, über diese vier Wände hinausdringen könnte.

Das Mittagsmahl war eine träge, ausgedehnte Angelegenheit und bestand aus heimischer Kost: Salat aus Zwiebeln, Lauch und Löwenzahnblättern, gebratener Lerche und Taubenpastete, Kirschen mit Sahne und gewürztem Wein. Wie lange saßen wir dann oft auf unseren Stühlen an dem grobbehauenen Tisch im steingepflasterten Hof und wollten nicht wieder aufstehen, sondern plauderten frei über so viele Dinge. Die Nachmittage gehörten langen Streifzügen, oder wir musizierten oder widmeten uns der Amateurphilosophie. Wenn zum Abend die Schatten länger wurden, versammelten wir uns in der größten Kammer im oberen Stockwerk, um dort das Abendgebet zu sprechen. Ich leitete die Andacht, wählte die Psalmen aus und sprach einfache Gebete, und so war es ein geziemender Tagesabschluß.

So sanft, diese Tage und Stunden. Ich genoß sie, ohne auch nur zu merken, welch ein Balsam sie für mich waren. Aber allmählich bewegte ich mich müheloser; meine steifen Gelenke und stets wunden Beine waren bald geschmeidig und schmerzfrei. Wohl ächzten sie unter der Last meines massigen Wanstes (welcher nicht abnahm), und manchmal rebellierten sie, indem meine Knie mitunter ganz überraschend einknickten – aber alles in allem genas ich doch und gewann meine Gesundheit wieder.

Die Abende verbrachten wir gemeinsam in einem der Gemächer oder auch allein, ganz wie es einer wünschte. Es gab keine Regeln, kein Protokoll, keine Erwartungen. Zum erstenmal in meinem Leben war ich davon frei.

Täglich besuchte ich Edward und forderte ihn auf, mir zu berichten, was er gelernt hatte. Es war meine private Komplet, wenn ich mir anhören konnte, wie mein fünfjähriger Sohn mir eine Zusammenfassung des vergangenen Tages gab. Oft mußte Lady Kate ihm auf die Sprünge helfen, aber nicht immer. Sie gingen gelassen miteinander um; in ihrer Gegenwart (wenn auch, wie ich zugeben muß, nicht immer in der meinen) zeigte Edward sich sanftmütig und selbstbewußt.

Jenseits zweier Äcker, hinter den verlassenen Bienenstöcken, stand die große Scheune, in der Sir John damals Janes Verlobungsschmaus hatte auftragen lassen. Dort stand sie groß und leuchtend vierzehnmal im Sonnenuntergang, ehe ich wagte, hinzugehen. Ich sage »wagte«, weil ich Angst davor hatte. Die Erinnerungen, die dort erwachen würden, Erinnerungen an liebe Dinge, die verloren waren... Aber hier zu sein, hier zu wohnen und nicht hinzugehen, das erschien mir wie Feigheit und Sakrileg zugleich, und das durfte ich mir nicht gestatten.

So kam es, daß ich mich nach einem fröhlichen Abendessen – Edward hatte in einem Bach nahe der unteren Weide einige Fische gefangen – und vor der Schlafenszeit und meiner unorthodoxen Komplet auf einen Spaziergang begab: Ich schlenderte zu der Scheune und schloß meinen Frieden mit ihr. Ich sage »schlenderte«, weil mein Bauch kaum anderes ermöglichte.

Die Sonne strebte eilends zur Ruhe, als ich auf dem schmalen Pfad dahinwanderte. Die eigentümlich langen, schrägen Strahlen fielen über alles, sie beleckten die Felder, das Korn, das Dach der Scheune.

Es war auch um diese Jahreszeit gewesen, daß wir dort geschmaust hatten. Die Dämmerung dauerte lange, und brennende Fackeln hatten überall am Wegesrand bis zur Scheune gestanden – aber an dem Tag war es keine Scheune gewesen, sondern ein Feenpalast. Die Fachwerkwände waren mit Seide verhangen gewesen, Blumengirlanden hatten vom Dach geweht, und drinnen hatte man einen eichenen Boden gelegt und lange Tische aufgestellt, mit Linnen gedeckt und mit goldenem und silbernem Geschirr geschmückt.

Jetzt schaute ich hinein und sah die Scheune, wie sie war: ein Lehmboden, mattes Licht, Kuhdunst. Der Zauber war verschwunden, weitergezogen an einen anderen Ort, zu anderen Menschen.

Ich setzte mich auf eine kleine Bank an der Wand, lehnte mich zurück und rastete. Der Fußweg hatte mich ermüdet. Schweiß drang durch die Nähte meiner Kleidung. Was hatte ich hier zu finden gehofft? Hatte ich mich vergewissern wollen, daß der verzauberte Augenblick vergangen war? Hatte ich einen Geist zur ewigen Ruhe betten wollen? Oder irgendeine Art Sakrament empfangen?

Was immer ich mir gewünscht hatte, die Wirklichkeit hatte es zunichte gemacht. Das hier war nichts als eine alte Scheune, und eine Mauer aus Zeit trennte mich von dem, was ich noch einmal hatte umfangen wollen. Diese feste Mauer aber war nicht zu überspringen, nicht einmal mit dem Stab der Phantasie und der Sehnsucht.

Ich war, wie ich war. Jetzt, in diesem Augenblick. Ein trostloser Gedanke, ein bedrückender Gedanke. Aber seltsamerweise zugleich auch ein befreiender Gedanke. Ich war, wie ich war. Jetzt, in diesem Augenblick. Alles, was ich war, gewesen war, sein würde, war jetzt hier bei mir.

Ich schrak auf, als ich Stimmen hörte. Wie konnte es jemand wagen, mich bei meiner privaten Andacht zu stören? Denn eine Andacht war es: die Verehrung privater Götter.

»Das ist die große Scheune von Wolf Hall«, hörte ich Kates klare Stimme sagen. »Sie wurde erbaut« – eine Pause, in der Papier raschelte – »im Jahre 1452 vom Urgroßvater deiner Mutter. Deine Mutter feierte hier ihre Verlobung.«

»In einer Scheune?« Edwards Stimme. Weinerlich und ohne Achtung.

»Ja. Sie hat Platz für viele. Was für eine wunderbare Scheune!«

Sie stand in der Mitte der Scheune und breitete die Arme aus. »Welch ein Glück, daß sie so großartig erbaut wurde!«

»Eine Scheune«, wiederholte Edward.

»Eine verzauberte Scheune«, sagte ich und trat aus dem Dunkel. Ich wollte sie nicht länger belauschen.

Die beiden erbleichten und schienen alles andere als erfreut zu sein, mich hier so unerwartet anzutreffen.

»Ich bin hergekommen, um den Verlobungsschmaus meiner lieben Frau noch einmal zu erleben. Edward, eine Scheune ist nichts, dessen man sich schämen müßte.«

Ich wandte mich an Kate. Meine Rührung darüber, daß sie ihn hergeführt hatte, um ihm von der Vergangenheit seiner Mutter zu erzählen, war größer, als ich mir anmerken ließ. »Es ist sehr freundlich von Euch, ihn in seiner persönlichen Geschichte ebenso zu unterweisen wie in römischer Historie«, sagte ich.

Sie schwieg und neigte nur den Kopf.

»Ja, Edward, deine Mutter feierte hier ihre Verlobung. Es war eine milde Maiennacht, und alle Nachbarn und Edelleute aus der Umgebung kamen her, um mit ihr zu feiern«, sagte ich.

Es interessierte ihn nicht. *Jetzt, in diesem Augenblick. Alles war hier*. Es kümmerte ihn überhaupt nicht. Eine alte Scheune war eine alte Scheune und nicht ein magischer Ort, wo Vergangenheit und Gegenwart sich trafen.

»Ich wünschte, ich hätte sie gekannt«, sagte er schließlich.

Nur auf Holbeins Gemälde, dachte ich. Nur dort könnt ihr einander noch kennenlernen.

Er ging davon und sprang in den Heuhaufen, der von der letzten Ernte noch am anderen Ende der Scheune lag. Ich fühlte mich plötzlich alt und krank, und ich wußte nicht, warum. *Wenn wir leiden, spricht Christus zu uns.* Aber was sagte Er? Ich hörte nichts. In diesem Augenblick meines Lebens hätte ich in der Lage sein müssen, die Summe zu ziehen, aber ich konnte es nicht. In vieler Hinsicht schien ich noch derselbe zu sein, der ich als Knabe gewesen war. Ich war jung und unwissend in einem alten und kranken Körper.

Kate stand neben mir, als Edward im Heu tobte. Sie lächelte.

»Er ehrt seine Mutter auf seine Art«, sagte sie. »Ich glaube, es ist wichtig für ihn, daß er hergekommen ist und das Haus und das Land der Seymours gesehen hat. Er muß wissen, daß er ein Seymour ebenso wie ein Tudor ist.«

»In solchen Familien ruht Englands Größe. Die Seymours, die Dennys, die Parrs – sie sind Englands wahre Stärke.« Ich sah sie an. »Jawohl, die Parrs haben England wacker gedient, und wenn ich von ›echten Engländern‹ spreche, so sind es die Parrs, die ich meine. Ohne die ›echten Parrs‹ gäbe es kein England.«

Sie wollte widersprechen, aber etwas hinderte sie daran. »Aye«, sagte sie. »Wir sind stolz, Engländer zu sein.«

Reine Engländer. Elisabeth hatte diese Bezeichnung immer benutzt. Sie schwelgte in ihrem Engländertum, in ihrer puren englischen Abstammung. Ich mußte ihr schreiben. Ich hatte Hatfield für sicher gehalten, aber vielleicht sollte sie doch zu uns kommen. Ich wollte sie nicht verlieren. Ich wollte sie nicht verlieren... denn ich liebte sie, die freche kleine Rebellin...

Meine Gedanken schweiften ab. Ich zügelte sie. Kate wartete.

»Das ist der Quell der englischen Größe. Der Stolz seiner Familien«, sagte ich.

Ich war müde. Ich sehnte mich nach meinem Bett. Mir graute vor dem weiten Rückweg. Ich bedauerte, daß ich keine Sänfte hatte. Gleichzeitig aber graute mir vor meiner leeren Kammer. Wenn ich nur Gesellschaft hätte...

Will war mein Gesellschafter.

Ja, aber... Will war ein Mann.

Ich sehnte mich nach einer Frau.

Das Eingeständnis erschreckte mich so sehr, daß ich den Kopf schüttelte.

Eine Frau.

Es würde keine Frauen mehr geben, ermahnte ich mich.

Dann eine Gefährtin. Eine Frau als Gefährtin. Keine Ehefrau im alten, gewöhnlichen Sinn.

Eine Mönchsehe?

Ja, warum nicht? Du bist der König, du kannst alles.

Eine Frau, die mit mir liest, die mir Gesellschaft leistet, mich ablenkt, wenn die Schmerzen schlimm sind.

Wer wüßte eine tugendhafte Frau zu finden? Denn sie wäre mit Rubinen nicht zu bezahlen.

Rubine. Ich warf einen Blick auf Kate Parrs Hand. Ja, sie trug ihn, den Rubinring, den ich ihr für jenen schändlichen Valentinstag geschenkt hatte.

»Kate«, sagte ich. »Wollt Ihr mich heiraten?«

Sie sah mich an, ihr Gesicht eine Maske. Dann zuckte ihr Mund, erbebte. »Euer Gnaden«, sagte sie schließlich, »es wäre besser, Eure – Eure Mätresse zu sein.«

»Mätresse?« spie ich. Ich wollte keine Mätresse, keine fleischlichen Vergnügungen, sondern ein Verflechten im Geiste. Der Gedanke an die weibliche Scham war mir zuwider. Die Fäulnis, die Absonderungen, die Sucht danach. Nein. Nicht das. »Glaubt Ihr, mich verlangt nach dem, was eine Mätresse mir zu bieten hätte? Nein, Madam, dann kennt Ihr mich nicht!« Ich streckte den Arm aus und deutete quer durch den weiten Raum der Scheune. »Glaubt Ihr, ich sei hergekommen, weil ich die schmierigen Freuden einer Mätresse noch einmal erleben wollte? Traut Ihr mir eine höhere Art der Liebe nicht zu?« Warum vermuten wir eine Seele immer nur bei uns selbst?

»Verzeiht mir«, erwiderte sie schließlich. »Es war nicht unehrerbietig gemeint. Aber ich weiß – ich habe gehört –, daß normale Ehen dieses... dieses Element enthalten. Meine Ehemänner waren alt, und so weiß ich davon nichts. Ich würde es... lernen. Aber bis jetzt weiß ich eigentlich nicht, was es heißt, eine Frau zu sein.«

»Alles, was schön und gesund ist an einer Frau, seid Ihr schon«, sagte ich. »Das andere – oh, behaltet Eure Unschuld, Kate! Es ist nichts wert!«

»Wie kann es nichts wert sein, wenn selbst die Schrift es rühmt? ›Du hast entzückt meine Seele. Du bist schön, meine Geliebte, wie Tirsah, wohlgestalt wie Jerusalem und schrecklich wie eine Armee mit ihren Bannern. Wie schön und liebreich bist du, o meine Geliebte, in all deinen Freuden! Setze du mich als ein Siegel auf dein Herz, als ein Siegel auf deinen Arm: Denn die Liebe ist so stark wie der Tod und die Eifersucht so grausam wie das Grab!‹ Ich habe... niemals so etwas gefühlt«, endete sie.

O glückliches Weib! Von solcher Strafe verschont geblieben zu sein!

»Ihr seid eine zweimal verwitwete Jungfrau«, sagte ich. »Und eine Jungfrau sollt Ihr auch bei mir bleiben. O Kate, ich brauche Eure Menschlichkeit, nicht Eure Weiblichkeit. Ich brauche das, was Ihr, Kate, seid.«

»Und was ist das?« Ihre Stimme hatte einen seltsam traurigen Ton.

»Eine gute Christin.«

»Ja.« Wieso klang sie enttäuscht bei einem so hohen Kompliment?

»Seid meine Königin. Sollte Englands Königin nicht eine gute Christin sein?«

»Aye.«

»Tut Ihr dies aus patriotischem Pflichtgefühl oder aus... persönlichen Gründen?«

»Aus persönlichen Gründen«, antwortete sie. »Gar so patriotisch bin ich nicht.«

Dann lag ihr etwas an mir? Mein Herz tat einen seltsamen Satz.

»Ich werde gut zu Euch sein, Kate«, versprach ich. »Ich werde gütig und sanft und gut sein.«

Sie neigte zustimmend den Kopf. »Ja, Eure Majestät«, sagte sie.

Will saß allein in unserer Kammer; Dr. Butts war in die Wiesen hinausgegangen, um so seltene Kräuter wie Fetthenne, Beifuß und Baldrian zu pflücken, die er zu seinem Entzücken bei einem seiner Streifzüge entdeckt hatte. Will hockte auf der Fensterbank, und sein Kopf war schwarz und konturenlos vor dem sanften Gelb der mittsommerlichen Felder. Er war ein wenig zusammengesunken, als sei er erschöpft. Wurde er etwa wirklich alt, wie er es mir mehr als einmal erzählt hatte?

»Will«, sagte ich, kaum daß ich ihn erblickte. »Will, ich muß dir etwas erzählen... Es ist das wunderbarste... ich weiß nicht, wie ich es erklären soll...«

Müde bewegte er sich und drehte sich zu mir um. Jetzt war er wie ein schwarzer Berg, der das Licht überdeckte.

»Will, ich werde... heiraten«, verkündete ich staunend.

»Herrgott, nein!«

Er sprang von seiner Bank, und das Licht fiel wieder in die Kammer.

»Doch«, sagte ich.

»Nein!« wiederholte er. »Es ist gleichgültig, wer sie ist, aber *du darfst nicht noch einmal heiraten!*« Jetzt stand er vor mir. »Du hast geschworen...«

»Und ich habe es so gemeint. Aber diesmal wird es anders sein.«

»Nein! Das hast du noch jedesmal behauptet. Ja, und sie waren wirklich jedesmal anders, denn die Damen selbst waren immer anders. Ach, Hal, wer behauptet, ein Mann, der oft heiratet, heirate in Wirklichkeit immer dieselbe Frau, der hat dich nie gekannt. Hättest du es angestrebt, du hättest nicht fünf Frauen finden können, die so verschieden von einander gewesen wären wie deine früheren Gemahlinnen, und...«

Fünf Frauen? Waren es wirklich fünf gewesen? »Nein. Sie waren nicht alle echte Gemahlinnen!« protestierte ich.

»Aber du hast mit jeder von ihnen eine Heiratszeremonie vollzogen, mein König. Jede der Damen konnte sich zumindest für einen Tag als Braut fühlen und frohlocken.«

»Darauf kommt es nicht an. Gott hat nicht mit ihnen frohlockt.«

»Diesmal wird er auch nicht frohlocken!«

»So! Behauptest du jetzt, Gottes Willen und Gottes Wünsche zu kennen? Nun, ich habe Umgang gehabt mit Gott, ich habe mit Ihm gekämpft, mich mit Ihm verbündet, gegen Ihn rebelliert und Ihn studiert – mehr als irgendein anderer Mensch auf Erden! Und ich sage dir dies: Seine Wege sind geheimnisvoll, und niemand kann Ihn deuten. Wir können in jedem Augenblick nur tun, was unser beschränktes kleines Gewissen uns zu tun aufträgt, und dabei wissen wir, daß dies irgendwie ins göttliche Mosaik hineinpaßt. Und ich, Heinrich Tudor, werde wieder heiraten!«

»Also soll Kate Königin werden«, sagte er leise. »Die Prophezeiung wird wahr. Ihr Ehrgeiz wird belohnt.«

»Was für eine Prophezeiung?«

»Eine, die sie selbst ausgesprochen hat, wie ihr Bruder William sagt. Als Kind fügte sie sich offenbar nicht ohne Murren in ihre Pflichten beim Spinnen und Weben. Sie sagte ihrer Mutter, ›diese Hände sind dazu bestimmt, Reichsapfel und Zepter zu halten, nicht Rocken und Spindel‹.«

Vielleicht verwandelt sich etwas, das als bloßes Widerwort, als Traum beginnt, in einen Antrieb und gewinnt eigene Realität? Wäre das nicht noch eine Cousine des Schicksals?

»Jeder träumt davon, einmal zu Königswürden aufzusteigen, selbst die Mägde und die Kaminkehrer. Das ist ein weitverbreiteter Traum«, erwiderte ich.

»Wann soll es geschehen?« Will klang wirklich müde; ich hingegen war voller Energie.

»Sobald die Pest nachläßt und wir nach London zurückkehren«, sagte ich. »Nein, ich werde mir nicht einen einsamen Dorfpfarrer suchen und heimlich zu ihm schleichen... obwohl es ja romantisch wäre«, fügte ich hinzu. Ein kleines Pfarrkirchlein... die Hochzeit früh an einem Sommermorgen, ein Gang durch die Wiesen, Wildblumen pflücken... »Aber es ist wichtig, daß dies kein Versteckspiel wird. Gardiner oder Cranmer muß zelebrieren. Gebe Gott, daß ihnen nichts widerfahren ist. Ich habe seit fünf Tagen keine Nachrichten mehr aus Suffolk. Edward Seymour und Paget in Gloucestershire sind wohlauf – das heißt, sie waren es vor zwei Tagen... Nein, ich will, daß sie alle dabei sind.«

Aber die kühle, verschwiegene Kapelle, die Prozession durch die Felder... Es war mir verboten, und es gab keinen Grund, dem nachzuhängen.

»Nun, ich wünsche dir Glück«, sagte Will. »Davon hast du wenig genug gehabt bei deinen Hochzeiten.«

CXXI

Der Tisch im Hof wurde gedeckt, der lange Holztisch, an dem wir uns jeden Mittag versammelten; er stand unter einem ausladenden Haselnußbaum, da die langgestreckten Flügel des Hauses um diese Tageszeit noch keinen Schatten spendeten. Krüge mit Wein wurden auf den Tisch gestellt, und Blumensträuße, frisch gepflückt von Dr. Butts, Edward und Kate.

Wir alle setzten uns und warteten darauf, daß die Köchinnen uns des Tages Speisen herausbrächten. Gleich würde ich die Neuigkeit verkünden.

Die Köchinnen brachten den ersten Gang, Frühlingslamm und Lerchen, zubereitet mit Schalotten und Kerbel.

Als alle ihren Teller gefüllt hatten, nahm ich den Krug mit dem Rotwein, dünn und sauer, aber mit Honig gesüßt, und goß meinen Becher voll. »Schenkt Euch alle ein«, befahl ich. Als es geschehen war, nahm ich einen kleinen Schluck und hob dann meinen Becher. »Ich habe Euch allen heute eine große Freude mitzuteilen. England bekommt eine Königin, und ich eine Frau.« Ich schaute Kate an und neigte den Kopf.

Sieh mich an, Weib! befahl ich ihr stumm, als sie fortfuhr, ihren Teller zu betrachten.

»Es ist unsere liebreizende, gute Lady Latimer, die meine Gemahlin und Eure Königin werden wird.«

Sie hielt den Blick immer noch gesenkt.

»Eine bescheidene Königin!« scherzte ich, hob meinen Becher zu ihr hinüber und stieß mit dem ihren an. Das Klirren ließ sie aufblicken.

Die Gesellschaft begann zu lächeln. Auch Kate lächelte schüchtern.

»Der König erweist mir eine große Ehre«, sagte sie leise. »Ich bete zu Gott, daß ich Seiner Majestät stets ein braves, gutes, loyales und getreues Weib sein möge.«

»Nein, aber Ihr redet ja wie von einer Beerdigung, Lady Latimer«, sagte Tom Seymour vom unteren Ende des Tisches, seinem gewohnten Platz. Er grinste und hatte die Ellbogen aufgestützt, und die weiten Ärmel seines weißen Leinenhemdes blähten sich wie Segel. »Die Ehe ist nichts Züchtiges; sie ist Seligkeit und Hingabe und Bettvergnügen.« Er nahm einen Schluck von seinem Wein.

»Es wundert mich, daß Ihr so reden könnt«, versetzte meine Kate. »Ihr seid doch Junggeselle. Ihr wißt nichts von der Ehe.«

»Ihr auch nicht, meine Lady. Das heißt, nichts von der Seite der Ehe, die der ungestümen Jugend gehört. Ach« – er schaute in die Runde – »ich werde es selber niemals mehr erleben, denn ich bin über diese Jahre längst hinaus. Aber die Dichter behaupten, es sei etwas Außergewöhnliches!«

»Mark Anton war achtundvierzig, als er Kleopatra liebte«, bemerkte Will. »Und die Dichter halten große Stücke auf ihre Liebe.«

»Wollen wir dann heute nachmittag über die Liebe disputieren?« fragte Dr. Butts.

»Nein, wir wollen sie feiern«, sagte Will. »Denn die Liebe ist eine Sache des Willens wie des Herzens, und sie gedeiht vielleicht am besten, wo die beiden sich vereinen.«

Wir alle tranken, und dann ergriff ich Kates Hand. Sie sah mich an, und ich wußte ihr Gesicht nicht zu deuten.

Edward war der einzige bei Tisch, der sich wirklich mit mir freute, denn er liebte Kate und hatte keine Mutter. Er konnte nur gewinnen, genau wie ich.

Später kam Kate zu mir. »Wir müssen an Maria und Elisabeth schreiben«, sagte sie. »Sie dürfen es nicht durch Klatsch oder von Dritten erfahren.«

»Aye.« Ich hatte keine Nachricht über die Geschicke von Hatfield House, und ich war überraschend besorgt wegen Elisabeth. »Ich schreibe meine Briefe, und Ihr die Euren, und wir stecken sie zusammen in einen Umschlag.«

Die Korrespondenz ging inzwischen etwas zügiger hin und her; Berichten zufolge verringerten sich die Zahlen der Pestopfer in Kent und Sussex, den beiden südlichsten und am schlimmsten heimgesuchten Grafschaften. Aber in Worcestershire, Buckinghamshire und Northamptonshire, den mittleren Grafschaften, nahmen die Todesfälle zu. Die Pest reiste in meinem Lande umher, unternahm ihre eigene Staatsreise, hielt Audienzen und forderte Unterwerfung.

An diesem Abend schrieb ich an Elisabeth und erkundigte mich nach ihrer Gesundheit und dem Zustand des Landes rings um Hatfield House. Dann erzählte ich ihr von meinen Hochzeitsplänen und teilte ihr mit, daß ich sie bei der Feier anwesend zu sehen wünschte, die stattfinden werde, sobald alle gefahrlos nach London zurückkehren könnten.

Binnen einer Woche hatte ich Antwort, in höchst reizende Worte gefaßt, aber ohne das Anerkenntnis einer Kluft zwischen uns und ohne das Angebot einer Entschuldigung. Sie schrieb mir, Hatfield House und seine unmittelbare Umgebung sei von jeglicher Attacke der Pest verschont geblieben, aber es habe – womöglich unzuverlässige – Berichte gegeben, denen zufolge St. Alban's und Dunstable heimgesucht worden seien. Was die Hochzeit und meine Braut betreffe, so begrüße sie die Knüpfung enger Bande zu Lady Latimer, die sie sehr schätze.

Maria, die in Woodstock weilte, schrieb mir einen steifen Brief: Sie werde mit Freuden an der Hochzeitsmesse teilnehmen und wünsche mir Glück.

Unterdessen vertrieben wir uns die Zeit in Wolf Hall. Aber so angenehm diese Junitage waren, ich brannte doch immer mehr darauf, wieder zu meinem normalen Leben zurückzukehren.

Denn auf dem Lande war es langweilig, auch wenn wir die Düfte und die Blumen und die Sonne mit Freude genossen. Es ist ein ewiges Paradox, daß Stadtbewohner sich nach dem Lande sehnen, sich dort Sommerhäuser bauen, im Winter davon träumen – und es dort gleichwohl nach kurzer Zeit als öde und die Leute als langweilig empfinden.

Tom Seymour war derart rastlos, daß ich mich versucht fühlte, ihn aufzufordern, er möge sein Glück versuchen und nach London zurückkehren – oder gar nach Frankreich reisen, um dort eine Einschätzung des politischen Klimas zu gewinnen. Den Meldungen zufolge, die mich von dort erreichten, war Franz, obwohl er seinen Lieblingssohn zu betrauern hatte, streitsüchtig wie immer; er und Karl fochten bereits sporadische Scharmützel an ihren Grenzen aus. Und das, während ich dasitzen und auf das Nachlassen der Pest warten mußte!

Will wurde mürrisch; das Landleben war nichts für ihn. Er war ein Städter. Er konnte nichts anfangen mit Spaziergängen durch Wiesen, und er hatte keine Lust, lange Nachmittage zu verschlafen oder Homer zu lesen.

WILL:

Es stimmt; ich bin ein Städter, aber meine mürrische Stimmung rührte aus meiner völligen Unfähigkeit, irgend etwas zu tun, was den König daran gehindert hätte, sich noch einmal an ein Unterfangen zu wagen, das Schlimmes für ihn erwarten ließ. Noch eine Ehe! Kümmerte es ihn nicht, daß man dann nicht nur in ganz England, sondern auch in Europa über ihn kichern würde? Was brauchte er noch eine Ehe?

Und der Krieg mit Frankreich! Als Jüngling, mit seinem aufgeblasenen Berater Wolsey, hatte er so etwas schon einmal versucht und festgestellt, daß es kostspielig und verschwenderisch und unbefriedigend war. Hatte er nichts gelernt?

Es ist hart, mitanzusehen, wie jemand, den man liebt, einen falschen Weg einschlägt, einen Weg, der ihn ins Leid führen wird. Was ist da die Pflicht der Liebe? Den Weg zu versperren, den Schaden abzuwenden? Oder soll sie beiseite treten und das Recht des Menschen achten, Fehler zu machen und dafür die Verantwortung zu tragen? Aber wenn der, den man liebt, ein König ist, dann ist die erste Möglichkeit gar nicht erlaubt. Daher mein Elend.

HEINRICH VIII.:

Edward und ich gewöhnten uns aneinander. Wir gingen zusammen fischen; wir jagten und brieten unsere Beute am Feuer, und bald kannte jeder die Grillen des anderen. Daß er mürrisch wurde, wenn er zu lange in der Sonne war; daß er beim Angeln gern träumte und es dann als Störung empfand, wenn ein Fisch anbiß; daß er rasch müde wurde und wenig Ausdauer hatte – dies alles erfuhr ich, und ich hoffte, es dadurch zu beheben, daß ich mehr körperliche Tätigkeiten in seinen Alltag brachte; es ist nämlich nicht gut, wenn ein König so wenig Lebenskraft hat.

Er für seinen Teil fand heraus, daß ich Mühe beim Auf- und Absteigen hatte, weil ich so korpulent geworden war. Er sah, daß ich harten, braunen Käse dem weicheren weißen vorzog. Er wußte, daß ich leicht einen Sonnenbrand bekam, und so übernahm er es, in meinem Gesicht auf Rötung zu achten und verwies mich, war sie zu bemerken, gleich in den Schatten. Aus solcher Vertrautheit wuchs ein zartes Band von Zuneigung und Verständnis, und so war ich der Pest noch dankbar dafür, daß sie uns Gelegenheit gegeben hatte, einander kennenzulernen.

Das gleiche galt für Kate. Ich sah sie in diesen bescheidenen Lebensumständen, sah, wie sie immer fröhlich und ruhig war. Ich bemerkte auch, daß sie immer erst mindestens eine Stunde, nachdem ich sie die Fenster hatte öffnen sehen, aus ihrer Kammer kam. Vorher hielt sie ihre Andacht, und sie trat nicht hervor, um mit Menschen zu reden, solange sie nicht mit Gott gesprochen hatte. Auch nachts sah ich noch eine Weile Licht bei ihr. Hielt sie ihre private Komplet? Um diese Zeit gab es keine traditionelle heilige Andacht mehr. Sie machte sich ihre eigene.

Eines besonders schönen Tages verkündete Dr. Butts, er habe in den Feldern beim Walde von Savernake Erdbeeren gesehen; sie seien reif zum Pflücken. Wir bildeten eine kleine Gruppe und zogen hinaus, sie einzusammeln. Kate und ich nahmen uns ein Feld vor; die anderen ließen uns diskret allein.

»Ach, Kate«, sagte ich, »sie lassen uns allein, damit wir tun können, was ein Liebespaar tut.« Das kam mir spaßig vor, denn wir taten gerade nicht, was ein Liebespaar tut. Ich klopfte an meinen Korb. »Wie enttäuscht werden sie sein, wenn wir mit überfließenden Körben zurückkehren!«

Sie sah mich an und schenkte mir ein Lächeln, aber ein trauriges – als wollte sie sagen: *Wie schade*. Die Natur ringsumher wuchs und vermehrte sich ungestüm; frische grüne Stiele, Gräser, Kräuter und Ranken sprossen allenthalben im Überfluß. Und wir standen mitten darin, unfruchtbar.

Aber dies war eben ein Abschnitt meines Lebens: Ich lebte im Herbst, im Spätherbst. Im Herbst würden diese Felder und Wälder sein wie ich, und unser Zustand würde der gleiche sein. Jetzt war der November, der hier durch die Juni-Auen zog, empörend, beleidigend; später würden wir miteinander verschmelzen, und ich würde hingehören, wo ich jetzt nur ein Gast war, ein Fremder.

Wir fanden die Erdbeeren inmitten von Unkraut und wild ausgesätem Roggen. Sie zu pflücken war Arbeit, eine Arbeit, die mir mißfiel. Das Bücken war mir so schwer geworden, daß ich gezwungen war, niederzuknien, aber das war genauso schwer, denn der Druck auf meinem schwachen Bein bewirkte, daß es zu pochen anfing. Wenn ich es in irgendeiner Weise reizte, bedeutete das womöglich, daß es wieder zu schwären begann. Schließlich fand ich eine Art halbkniende Stellung, in der ich es aushalten konnte.

Wir pflückten schweigend. Tatsächlich hatte ich auch keine Kraft mehr übrig, um in dieser unbequemen Position auch noch ein Gespräch zu führen. Die Sonne brannte mir auf die Mütze, und bald war mir zu heiß, aber – die letzten Spuren der Eitelkeit! – ich brachte es nicht über mich, meinen kahlen Schädel zu entblößen.

Der Schweiß brach mir aus, strömte mir über das Gesicht, sammelte sich dann zu kleinen Rinnsalen und floß durch die Falten und Runzeln meiner Haut. Die roten Erdbeeren glänzten und schimmerten vor meinen Augen, flimmerten wie Sterne. Dann drehte sich alles, und ich fiel mit dem Gesicht voran in die Wiese. Ich fühlte, wie meine Wange eine Erdbeere zerquetschte, und der süße Duft, den sie verströmte, drang mir überwältigend in die Nase.

Ich blickte auf in Kates Gesicht. Ich lag auf dem Rücken, den Kopf in ihrem Schoß, und sie fächelte mir mit meiner Mütze Kühlung zu. Meine Mütze... dann hatte sie meine Glatze gesehen! Oh, diese Schmach!

»In der Sonne ist mir schwindlig geworden«, murmelte ich. Ich fühlte mich so erniedrigt, so beschämt, daß ich sie haßte, weil sie dies gesehen hatte. Jetzt wollte ich sie nicht mehr heiraten. Ich konnte keine Frau haben, die in meiner Schwäche auf mich herunterschaute, die sich mir überlegen fühlte. Meine Beine waren ausgestreckt und gespreizt. Wie ein hilfloser Frosch lag ich vor ihren Augen.

Ich setzte mich auf, nahm meine Mütze an mich, stülpte sie mir über den Kopf. Ich mußte weg von hier, fort aus ihrer Gegenwart, ihrer beschämenden Gegenwart. Ich rappelte mich hoch, stieß ihre »helfenden« Hände beiseite. Ihre spöttischen Hände, besser gesagt!

»Edward geht es genauso«, sagte sie mit ganz natürlicher Stimme. »In der prallen Sonne wird es ihm zu heiß. Es muß an der hellen Haut der Tudors liegen, denn wie ich höre, meidet Elisabeth die Sonne aus dem nämlichen Grunde. Obgleich ihre weiße Haut ihr ganzer Stolz ist, wie ich weiß.«

Ich fühlte, wie Erleichterung mich durchströmte. Mein Stolz war gerettet. Doch nein – so ging es nicht. »Kate«, sagte ich, »Ihr habt jetzt gesehen, was ich um jeden Preis vor Euch verbergen wollte. Ich bin nicht mehr, was ich einmal war. Die Wahrheit ist: Früher hat die Sonne mir nie etwas ausgemacht. Die Wahrheit ist: Ich habe vielerlei Gebrechen. Mein Bein fängt in regelmäßigen Abständen an zu wüten und macht mich zum Krüppel. Ich habe in letzter Zeit Schwierigkeiten mit meiner Blase... und ich leide unter rasenden Kopfschmerzen, nach denen ich immer matt und erschöpft bin. Und unter krankhaften Phantasien, Gestalten, die kommen und mit mir sprechen, die in Ecken stehen und kreischend durch Korridore laufen. Ich bin ein alter, kranker Mann.« So. Jetzt hatte ich es gesagt. Und jetzt würde ich sie entlassen, sie von der Verlobung entbinden und ihr nur auferlegen, niemandem zu erzählen, was sie heute erlebt hatte.

»Ja. Ich weiß.« Es war eine Feststellung, keine Entschuldigung.

»Ich habe nicht in Unkenntnis all dessen eingewilligt, Euch zu heiraten, Euer Gnaden.«

»Dann tut Ihr es aus Mitleid?« Mitleid war etwas, das mir mehr als alles andere unerträglich war, denn Mitleid erniedrigte mich mehr als jedes andere Gefühl. Mitleid war die schlimmste aller Beleidigungen. Wer Mitleid hatte, schaute immer aus einer Position der Überlegenheit auf den Bemitleideten hinunter. Das Verständnis kam von seiner Höhe herab und teilte den Schmerz, aber das Mitleid blieb oben sitzen und schaute verachtungsvoll hinunter. Mitleid ohne Taten war nutzlos, ein abscheulich unrein Ding. Nein, davon wollte ich nichts. Jedem, der mich mitleidig anschaute, würde ich die Augen ausstechen und das Gesicht zerschneiden.

»Nein, Euer Gnaden.«

Lügnerin! »Warum dann?«

»Aus – aus Zuneigung«, sagte sie. »Aus Zuneigung und Freundschaft – diese beiden sind eine Liebe von der Art, die sich nicht um körperliche Gebrechen schert und der das leibliche Wesen nichts bedeutet. Der Eros hat mit dem Körper zu tun, obgleich selbst der Eros eine Art von Liebe ist, denn er will die Seele ebenso wie den Körper besitzen. Die Wollust ist das einzige Begehren, das sich nur auf den Körper richtet.«

Ich grunzte. »Zuneigung. Kann Zuneigung einen Menschen zur Heirat bewegen?« Zuneigung war in meinen Augen etwas Schwaches, eine verwässerte Version von Eros oder Freundschaft, nicht etwas, das an sich existierte.

»Die Griechen nannten es *storge*«, sagte sie. »Es ist im ursprünglichen Sinn eine besondere Art der familiären Liebe. Es ist warmes Behagen, die Zufriedenheit im Zusammensein. Es ist die demütigste aller Arten von Liebe, weil sie sich keinen Anschein gibt. Sie ist verantwortlich für das haltbarste, dauerhafteste Glück in unserem Leben. Ist das kein würdiger Grund, eine Hochzeit zu erwägen?«

Ihre schnelle, wohldurchdachte Antwort überraschte mich. Dies war etwas, worüber sie in ihrem Herzen längst Klarheit gewonnen hatte.

»Ihr empfindet also Zuneigung für mich, Kate?«

»Ich empfinde sie schon lange. Sonst würde ich – könnte ich – nicht einwilligen, Eure Gemahlin zu werden.«

»Aber wenn ich es Euch nun befohlen hätte, süße Kate?« Ein Gefühl von großer Zärtlichkeit und Fürsorge und Wohligkeit überkam mich.

»Zuneigung läßt sich nicht befehlen«, antwortete sie lächelnd.

Und so pflückten wir weiter Erdbeeren und plauderten dabei glücklich über die philosophischen Unterschiede zwischen *Storge*, *Philia*, *Amicitia*, *Eros* und *Caritas*, und als wir zum Essen nach Wolf Hall zurückkehrten, fühlten wir uns schon wie ein Ehepaar. Besser gesagt, wie ein Ehepaar fühlen sollte, obschon allerdings meine anderen Ehen solchen Bandes schmerzlich ermangelt hatten. Mit Ausnahme meiner Ehe mit Jane natürlich. Immer mit Ausnahme von Jane...

CXXII

Meine Kuriere konnten jetzt öfter kommen und gehen; allein daran war zu erkennen, daß die Lage vor allem im Süden Englands sich allmählich besserte. Die Zahl der Pesttoten in London nahm um die Zeit der Mittsommernacht jäh ab; das gemeine Volk schrieb dies dem Zauber zu, der den längsten Tag des Jahres umgab. Wissenschaftler und Ärzte sahen den Grund in einem mysteriösen Effekt der Sonnenstrahlen auf die Krankheit. Was immer es war, die Seuche lockerte ihren Würgegriff und ließ London wieder zu Atem kommen.

Zwei Wochen später starb niemand mehr an der Pest. Aber wir mußten noch einmal vierzehn Tage abwarten, um sicherzugehen. Dann hieß es: Zurück nach London, zurück zum gewohnten Leben.

Die Depeschen der verstreuten Mitglieder des Staatsrates ließen erkennen, daß auch sie mit ihren Gedanken wieder zu den Staatsgeschäften zurückgekehrt waren und es kaum erwarten konnten, ihre Pflichten wieder aufzunehmen. Bischof Gardiner hatte genug davon, mit Audley in Suffolk die Gärten zu pflegen; die Rosen blühten zwar, aber sie hatten nicht viel Freude daran. Wriothesley und Cranmer, die ich in eine Gemeinde in Colchester geschickt hatte, hatten den Versuch unternommen, sich für die Lokalgeschichte zu interessieren, und sie hatten sogar ein Taufregister der benachbarten Pfarrgemeinden erstellt (indem sie ihre Tage damit verbracht hatten, Kirchenakten abzuschreiben). Unversehens waren sie in dieser Beschäftigung völlig versunken; sie hatten sich vorgestellt, wie die Familien wohl sein mochten, und sich gegenseitig mit erdachten Geschichten erklärt, wie die Abstände zwischen den einzelnen Geburten zustande gekommen waren und warum man diesen oder jenen Taufnamen erwählt hatte. Aber nach einer Weile waren sie dessen müde, schon weil sie nicht besonders phantasiebegabt waren, und schließlich wußten sie nicht mehr, wie sie sich die Zeit vertreiben sollten.

Petre in Huntingdonshire hatte begonnen, die Spitzen zu studieren, die in dieser Gegend gewoben wurden. Es gab viele verschiedene Muster, und das Volk behauptete, die »gute Königin Katharina« habe diese Fertigkeit dort eingeführt. Das war natürlich Unfug. Katharina begab sich nie unter die gemeinen Weiber, um sie zu lehren, wie man Spitzen macht. Sie machte auch selbst keine; sie wußte gar nicht, wie es ging. Die Tatsache, daß es in Spanien eine große Spitzenproduktion gab, hatte nichts zu sagen. Ich kann schließlich auch keine Schafe scheren, obwohl die Rohwolle immer Englands wichtigste Ausfuhrware war. Jedenfalls kam Petre zu dem Schluß, daß Spitze aus Cambridgeshire und Huntingdonshire sich exportieren und zu einer gewinnträchtigen englischen Industrie machen ließe.

Henry Howard saß müßig auf seinem Familienbesitz in Norfolk und vergnügte sich damit, Pläne für ein großes eigenes Anwesen zu entwerfen, das auf dem Gelände des Klosters St. Leonard in Norwich entstehen und Mount Surrey heißen sollte. Alles Neuartige aus Italien sollte darin enthalten sein, eine Mittelmeervilla im feuchten Nebel von East Anglia. Wenn er nicht gerade mit Bauleuten, Glasern, Bildhauern und Malern über sein Schloß sprach, widmete er sich der Dichtung und der Wappenkunde. Die unwirkliche Welt, in die er einstweilen verbannt war, entsprach ganz seinem Geiste, und er blühte darin auf.

Anthony Denny und John Dudley waren weiter nach Westen gereist, der eine nach Devon, der andere nach Padstow am Rande von Cornwall; sie schrieben fesselnde Schilderungen dieser Region, vor allem von Cornwall, wo die Einwohner, wie Dudley sagte, klein und dunkel und Häuser, Türen und Stühle ihnen angepaßt waren, so daß ein normal gewachsener Mann sich leicht den Schädel einrennen konnte, wenn er nur von einem Zimmer ins andere ging. An der Südküste, berichtete er, wohnten lauter Piraten oder »Wracker«: Sie lockten Kauffahrteischiffe mit falschen Leuchtfeuern auf die Klippen und plünderten sie dann aus. Dudley schlief dort nicht gut, weil er nie wußte, ob man ihn nachts im Schlaf nicht erstechen würde. »Ich sehne mich schon nach der Hinterlist zivilisierter Menschen«, schrieb er.

Um die Julimitte bekam er seinen Wunsch erfüllt: Wir waren alle wieder in London im Palast von Westminster, um uns just damit zu befassen.

Wie gut es tat, wieder bei der Arbeit zu sein! Und alle meine Gehilfen bei der Hand zu haben! Nicht einer war der Pest zum Opfer gefallen, und London, das am schlimmsten getroffen worden war, fing schon an, sich zu erholen. Als wir wieder in die Stadt geritten kamen, waren kaum Anzeichen für irgendwelche Störungen zu entdecken, und nur wenig wies darauf hin, daß die Gesellschaft verletzt worden war. Da niemand sie anleitete, niemand ihnen Befehle gab, hatten die überlebenden Londoner die Verantwortung für ihre kleinen Straßen und Gassen selbst in die Hände genommen; die zu neuen Ehren Gelangten waren zwar noch grün in ihren Ämtern, schienen sich aber recht gut zurechtzufinden. Auf den Hügeln über den Pestgräbern wuchs schon Gras, und aus irgendeinem Grunde beruhigte und verstörte mich dies zugleich. So schnell... ja, warum nicht?

Der kaiserliche Gesandte, van der Delft, hatte soeben eine Mitteilung seines Herrn erhalten. Anscheinend hatte Karl auf seinem Feldzug bereits Erfolg gehabt und bemerkenswerte Triumphe in Luxemburg wie auch in Navarra erzielt. Er gedachte den Krieg an der Nordfront fortzusetzen, aber die nächsten vierzehn Tage würde er in Landrecies zubringen und die Belagerung der Stadt leiten. Wenn ich danach am Feldzug teilnehmen wollte...?

»Nein, nein«, sagte ich. »Das ist zu spät im Jahr; wir können jetzt keine Armee mehr aufstellen, nachdem der Mittsommer schon hinter uns liegt.« Von der Pest einmal gar nicht zu reden. »Im nächsten Jahr, im nächsten Jahr kommen wir zu ihm. Wie lange soll sein Feldzug dauern?«

»Höchstens bis September«, antwortete van der Delft. »Dann

hat er sich um Familienangelegenheiten zu kümmern – um eine Hochzeit.«

»Ah.« Ich lächelte. »Ich auch. Ich werde auch Hochzeit feiern.«

Der Botschafter grinste. »Eure eigene, Majestät?«

»Aye. Ah, ah – macht Euch nicht über mich lustig, Sir« – ich fing an zu lachen, denn ich sah seine Überraschung und all seine ungestellten Fragen – »auch wenn die Versuchung groß ist.«

»Ich wünsche Euch Glück«, sagte er schlicht.

»Danach strebe ich«, erwiderte ich.

»Dann werdet Ihr es auch finden.« Er sah mir gerade in die Augen. Ich mochte ihn; er schien mir ehrlich zu sein. Wir würden keine Geplänkel miteinander ausfechten, wie ich es mit Chapuys getan hatte, aber das schadete nichts.

»Hoffentlich. Ich werde die Witwe Latimer heiraten, sobald alles geordnet ist. Aber was nun diese Kriegsangelegenheit betrifft – Karl und ich haben die Verwirrung wegen des Titels zufriedenstellend aufgelöst, da ich mich damit begnügen werde, als ›Verteidiger des Glaubens‹ angeredet zu werden. Es fehlt mir aber an den entsprechenden Mitteln – am Wind und auch am Gelde –, um noch vor dem Frühjahr nach Frankreich zu kommen. Aber dann komme ich, und zwar persönlich. Ihr mögt Eurem Herrn sagen, daß ich meine Soldaten selbst führen werde, wie ich es im glorreichen Feldzug von 1513 tat – im Goldenen Krieg!«

Mein Gott, ich war schon aufgeregt, wenn ich nur daran dachte! Oh, wie geriet mein Blut in Wallung! Wieder eine Rüstung tragen, wieder im Felde kampieren, Kriegsrat im Zelt halten... wie süß das lockte!

Kaum war Bischof Gardiner wieder in London, sprach ich mit ihm über meine Absicht, Kate Parr zu heiraten.

»Ich wünsche, daß Ihr uns traut.«

»Nicht Cranmer?« Sein Ton war distanziert, abschätzend. Ja, Gardiner war eifersüchtig auf Cranmer, eifersüchtig auf dessen Nähe zu mir und auf sein Privileg, soviel in meinem Leben mit mir geteilt zu haben.

»Nein. Es muß jemand sein, dessen Orthodoxie völlig außer Frage steht, da Lady Latimer in dem – natürlich ungerechtfertigten – Verdacht steht, den Reformern zuzuneigen. Wenn Ihr die Trauung vollzieht, wird das die bösen Zungen zum Schweigen bringen.«

»Wirklich, Euer Gnaden?« Noch immer wirkte er zurückhaltend, kühl, unbeteiligt.

»So gut es geht«, erwiderte ich. »Nichts kann solche Zungen jemals restlos zur Ruhe bringen.«

»Seid Ihr so sicher, daß sie keine Reformerin ist?« Jedes Wort sorgfältig bemessen, mir entgegengeschleudert.

»Weil ihre törichte Freundin Anne Askew umherzieht und predigt? Jeder Mensch ist selbst verantwortlich für seine Seele. Wir sind in dieser Hinsicht nicht Hüter unseres Bruders. Viele meiner eigenen Freunde sind schon in die Irre gegangen, haben sich verleiten lassen von falschen Lehren – bemäkelt das mich, solange ich ihnen nicht folge?«

Mit Mühe brachte er ein Lächeln zustande. Er hatte so schmale Lippen. In diesem Augenblick wurde mir klar, daß er nur selten lächelte; bei ihm sah es künstlich aus. »Nein, Euer Gnaden.«

»Dann werdet Ihr die Trauung vollziehen?«

Eine königliche Bitte konnte er nicht abschlagen.

»Es wird mir eine Ehre sein, Euer Gnaden.«

Mir selbst wäre Cranmer lieber gewesen, denn ihn liebte ich, und deshalb wollte ich ihn bei allem Wichtigen in meinem Leben dabeihaben. Aber was ich zu Gardiner gesagt hatte, stimmte: Es war politisch notwendig, daß ein Konservativer die Trauzeremonie vollzog und sanktionierte. Ich wollte meine Kate vor den Feinden beschützen, die danach trachten würden, sie in Mißkredit zu bringen, nur weil ich sie liebte und ihr vertraute.

Es sollte eine Familienhochzeit werden, und alle meine leiblichen Verwandten sollten dabeisein – meine Kinder, und meine Nichte Lady Margaret Douglas, die Tochter Margarets und ihres zweiten Gatten, des Grafen Angus – und auch meine Herzensverwandten: bestimmte Mitglieder des Geheimen Staatsrates und ihre Frauen. Zusammen waren es an die zwanzig Trauzeugen.

Gardiner verheiratete uns am 12. Juli 1543 im Salon der königlichen Gemächer in Hampton Court. Der Tag lächelte auf uns, hell und kühl, und der unverwechselbare, schläfrig machende Duft der Buchsbäume unten im Labyrinthgarten drang durch die Fenster in das mit Lilien und Mohnblumen ausgeschmückte Zimmer.

Meine Kate trug ein lavendelfarbenes Kleid – eine aufreizende Wahl, denn Violett war eine königliche Farbe, bedeutete aber auch Buße und Trauer... Gleichviel, es war die Farbe des Immergrün und betonte vorteilhaft ihr rotgoldenes Haar.

So stand ich wieder einmal da und nahm mir eine Frau. Ich hatte nur ein Gebet: *Allmächtiger Gott, gieße Deinen Segen über meine Ehe, wie Du es in der Vergangenheit nie getan hast. Laß sie nicht im Unglück enden wie all die anderen.* Gewiß verdiente ich doch ein glückliches Ende nach all meinen ehelichen Mißgeschicken.

»Ich fordere Euch nunmehr auf und befehle Euch, da Ihr Euch werdet verantworten müssen am furchtbaren Tag des Jüngsten Gerichts, wenn die Geheimnisse aller Herzen werden offenbar: So einer unter Euch weiß einen Grund, weshalb Ihr beide nicht rechtmäßig zu Eheleuten getraut dürft werden, bekenne er es jetzt«, sang Gardiner, der in seinen Bischofsgewändern vor uns stand.

Desillusionierung? Schlechte Erfahrungen? Müdigkeit? Waren das »Gründe«?

»Denn wisset wohl: Wer sich läßt trauen anders, denn Gottes Wort es erlaubt, der ist nicht vermählt vor Gott, und die Ehe ist nicht Rechtens.«

Nein, es gab nichts in Gottes Wort, was die Ehe zwischen müden, leidenden Menschen verbot.

»Willst du, Heinrich, König von England, Irland und Wales, König von Frankreich, diese Frau zu deinem dir angetrauten Weibe nehmen und mit ihr leben nach Gottes Gebot im heiligen Stand der Ehe? Willst du sie lieben, trösten, ehren und bewahren in kranken und gesunden Tagen, allen anderen entsagen und nur bei ihr bleiben bis ans Ende eurer Tage?«

Das wollte ich von ganzem Herzen. »Ich will«, antwortete ich.

Gardiner wandte sich an Kate. »Willst du, Katherine Parr, Lady Latimer, diesen Mann zu deinem dir angetrauten Ehemann nehmen und mit ihm leben nach Gottes Gebot im heiligen Stand der Ehe? Willst du ihm gehorchen und dienen, ihn lieben, ehren und bewahren in kranken und gesunden Tagen« – oh, laß es gesunde Tage werden; laß nicht zu, daß sie mich pflegen muß –, »allen anderen entsagen und nur bei ihm bleiben bis ans Ende Eurer Tage?«

»Ich will.« Ihre Stimme klang leise. Hatte da etwas ihre Bedenken erregt? Die »kranken Tage«? Oder »allen anderen zu entsagen«? Denn sie war noch jung...

»Wer gibt dieses Weib diesem Manne zur Frau?« Er sah sich unter den Versammelten um, lächelte sein schmales Februarlächeln und fuhr fort: »Ich.«

Dann legte er unsere beiden rechten Hände ineinander, und ich mußte ihm nachsprechen:

»Ich, Heinrich, nehme dich, Katherine, zu meinem angetrauten Weibe, dich zu behalten von diesem Tage an, in guten und in schlechten, in reichen und in armen Tagen, in Gesundheit und in Krankheit, dich zu lieben und zu ehren, bis daß der Tod uns scheidet nach Gottes heiliger Fügung: Und dazu gelobe ich dir meine Treue.«

Eheversprechen. Sie umfaßten beide Seiten des Lebens: Kaum hatte man »gut« gesagt, so sagte man »schlecht«, »reich« war noch nicht verklungen, da folgte »arm«. Inmitten unseres größten Glücks wurden diese Worte gesprochen, um uns an das Leid zu erinnern und uns zu nötigen, auch das Elend in unsere Freude mit einzuschließen.

Kate wiederholte das gleiche Gelöbnis.

Gardiner nahm mir den Ring ab, den ich für sie hatte – aus schlichtem Gold und ohne jede Gravierung. Ich schob ihn ihr auf den Finger, den kühlen, schlanken Finger. »Mit diesem Ring nehme ich dich zur Frau«, sagte ich. »Mit meinem Leibe will ich dich ehren, und meine weltlichen Güter will ich dir geben. Im Namen des Vaters und des Sohnes und des Heiligen Geistes, Amen.« So. Es war geschehen. Wie anders wollte ich dieses Gelübde erfüllen, als ich es bei meiner vorigen Frau getan.

»Kniet nieder«, sagte Gardiner, und wir ließen uns auf die blauen Samtkissen sinken, die vor uns lagen. »Ewiger Gott, Du Schöpfer und Bewahrer aller Menschen, Spender aller geistlichen Gnade, Quell des ewigen Lebens: Schenke Deinen Segen diesen Deinen Dienern, diesem Mann und diesem Weib, die wir nun segnen in Deinem Namen: Auf daß sie, wie Isaak und Rebekka in Treue miteinander lebten, das Gelübde des Bundes zwischen ihnen einhalten und vollziehen mögen und für alle Zeit in Liebe und in Frieden miteinander leben mögen nach Deinen Geboten, durch Jesum Christum, unseren Herrn, Amen.«

»Amen«, murmelten alle Leute.

»Da nun König Heinrich und Katherine Parr den heiligen Bund der Ehe miteinander geschlossen haben«, sprach Gardiner mit erhobener Stimme, an die ganze Gesellschaft gewandt, »und davon Zeugnis gegeben vor Gott und dieser Gemeinde und es bekräftigt haben durch das Geben und Nehmen eines Rings und durch das Reichen der Hand: So erkläre ich sie beide für Mann und Frau.«

Er hielt seine Hände über unsere Köpfe. »Gott, der Vater, Gott, der Sohn und Gott, der Heilige Geist segne und bewahre Euch; Der Herr schaue gnädig auf Euch herab in Seiner Huld und erfülle Euch mit Seinem geistlichen Segen und Seiner Gnade, auf daß Ihr in diesem Leben möchtet zusammenleben, und daß Ihr in der kommenden Welt das ewige Leben findet. Amen.«

Wir standen auf als Mann und Frau. Die versammelte Gemeinde geriet in Bewegung, man umarmte einander, schwankend, lachend. Wir wandten uns nach ihnen um, nahmen ihre Glückwünsche entgegen, frohlockten mit ihnen.

Maria, die Brautjungfer, kam zu uns und umarmte uns beide. Sie hielt den Blick gesenkt, aber ich sah doch, daß ihr die Tränen über die Wangen liefen. Sie kannte Kate schon lange – seit diese mit Lord Latimer nach London und an den Hof gekommen war, um dort mit Gelehrten zusammenzutreffen. Damals hatten sie einander liebgewonnen; zwar würde sie in Kate niemals eine »Mutter« sehen, aber als Freundin hatte sie sie in ihr Herz geschlossen.

Auch Elisabeth kam herbei. Ungelenk streckte sie die Arme aus, um Kate und Maria zu umfangen. Sie sagte nichts, sondern herzte uns nur. Worte zu finden, fiel ihr schwer – das heißt, Worte, die von Herzen kamen.

Dann wurden wir aus der Obhut der Versammelten entlassen. Die Nähe der Menschen im Raum ließ es warm werden, aber es war eine wohlige Wärme, eine glückliche Sommerwärme. Alle trugen ihr reinstes Linnen, und einige der Frauen hatten die Hauben fortgelassen und trugen das Haar offen wie Jungfern – sogar die strenge und humorlose Anne, Edward Seymours Gattin. Ja, vielleicht war sie im Bett sogar attraktiv; vielleicht auch war Seymour dort nicht der Pedant, der er zu sein vorgab.

Im Bett. Ich sollte nicht ans Bett denken, schon gar nicht, wenn es um das Bett eines anderen Mannes ging.

Im angrenzenden Privatgemach hatte man den Hochzeitsschmaus aufgetragen. Es gab einen Brautkuchen, silberne Schüsseln mit Wein und Waldmeister und Erdbeerküchlein. Die loyalen Lairds in Schottland hatten uns geräucherten Lachs geschickt, und vom Statthalter von Calais war französischer Käse gekommen.

Kate und ich führten alle zu Tische, nahmen feierlich einen Schluck aus den silbernen Hochzeitsbechern und kosteten von dem Brautkuchen. Draußen vor den Fenstern stand die Sonne schon seit Stunden am Himmel und wärmte die Gärten am Fuße der Mauer, so daß deren Duft den Raum wie ein Parfüm erfüllte. Ich war benommen, geblendet, ein Gefangener meiner Sinne. Ich hatte nur einen Gedanken; Wie köstlich ist es, an einem Sommernachmittag zeitlos zu schweben...

Und dann sah ich, daß die Schatten länger wurden; die der Stockrosen waren schon zweimal so lang wie sie selbst, und die Luft, die zu den offenen Fenstern hereinwehte, hatte sich kaum merklich verändert. Der Nachmittag mündete in den Abend. Die Teller auf dem weißgedeckten Tisch waren leer, und die Gäste harrten ihrer Entlassung.

Dann waren wir allein, umgeben von den Ruinen unseres Hochzeitsmahls. »Kommt in meine Gemächer, Kate«, sagte ich. Es waren jetzt auch ihre Gemächer. »Kommt.« Ich streckte die Hand aus und zog sie hinein. Sie kam ein wenig zögernd nach, folgte mir in die kleine private Kammer neben dem Schlafgemach.

»Oh!« rief sie aus, als sie einen aus Eichenholz geschnitzten Fußschemel vor dem Kamin gewahrte. Als Kind hatte sie darauf zu Füßen ihrer Mutter gesessen.

»Ich habe ihn aus Kendal herbringen lassen«, sagte ich. »Damit Ihr Euch hier zu Hause fühlt.«

Ihre Steifheit verflog, und ein breites Lächeln erstrahlte auf ihrem Gesicht. »Woher wußtet Ihr davon?«

»Ich habe mich erkundigt«, antwortete ich. Es war ganz einfach gewesen. Es gab alte Diener, die sich erinnerten. Hatte denn keiner ihrer beiden vernarrten alten Gatten sich die Mühe gemacht, herauszufinden, was sie liebte?

Sie warf mir die Arme um den Hals, als hätte ich ihr alle Perlen des Morgenlandes geschenkt. »Den weiten Weg aus Westmorland«, murmelte sie, und ebenso gut hätte es wirklich aus dem Morgenland kommen können.

»Ich wollte, daß ein wenig von Eurer Kindheit mit Euch hierherkommt«, sagte ich. »So ist es kein gar so schroffer Übergang, wenn Ihr Königin werdet.«

»Ah. Ja.« Sie befingerte ihre Halskette. »Ich bin Königin.«

»In der Tat.«

Jetzt gab es nichts mehr zu sagen. Verlegen standen wir einander gegenüber, während es draußen dunkelte und ein kühler Wind aufkam. Bald hörten wir das sanfte Rieseln der Regentropfen, die im Garten unten auf die Blätter fielen und herunterrannen. Das Geräusch des Sommerregens... sanft, wie das Murmeln in einem Bienenstock.

Die Spannung zwischen uns wuchs. Sie fürchtete sich vor mir, fürchtete, ich könnte am Ende doch auf dem Recht des Ehegatten bestehen. Und der Gedanke war ihr zuwider, das war offensichtlich.

»Wir wollen uns zurückziehen«, sagte ich schließlich. »Ich bin müde.«

Im Schlafgemach standen zwei Betten: Mein gewohntes und ein kleineres, aus Walnußholz geschnitztes und mit Elfenbein eingelegtes, das ich für sie erworben hatte. Feinstes Linnen lag darauf, jungfräuliches Linnen, in dem noch niemand geschlafen hatte. Eine Decke aus weißer Wolle lag zusammengefaltet am Fußende.

»Für Euch, Madam«, sagte ich, und schmerzlich berührt sah ich die Freude, mit der sie des separaten Bettes ansichtig wurde.

»Ich gehe nun zur Ruhe.« Es war alles so formell – formeller noch als ein Staatsbankett. Ich setzte mich auf eine gepolsterte Bank am Fenster und begann, meine Kleider abzulegen. Erst das bestickte Seidenhemd, das ich mir für diesen meinen Hochzeitstag aufgehoben hatte. Dann das leinene Unterhemd mit den Schnüren am Hals. Jetzt war alles entblößt: mein vorgewölbter Bauch, bar jeden Korsetts. Ich warf ihr einen Blick zu, um festzustellen, ob sie mich beobachtete und was in ihrem Gesicht zu lesen war. Sie beobachtete mich tatsächlich, aber ihre Miene war... ausdruckslos. Als nächstes streifte ich die Kniehosen und dann die Strümpfe ab. Nun waren auch meine Beine nackt, von bläulichen Adern überzogen wie eine Landkarte. Sie sollte alles sehen, sollte genau sehen, woraus ich bestand, alle meine Gebrechen. So blieb ich einen oder zwei Augenblicke lang vor ihr stehen, bevor ich feierlich mein Nachthemd überstreifte und dieses ruinierte Werk der Natur verhüllte, wie man eine obszöne Statue verhängt. Mit Mühe erklomm ich die Stufen und kletterte ins Bett.

»Ihr mögt Euch hinter dem Wandschirm entkleiden«, sagte ich und deutete auf den seidenbespannten Rahmen, der in einer Ecke stand.

»Nein.« Sorgfältig begann sie, ebenfalls ihre Gewänder abzulegen; ihre Bewegungen waren so anmutig und geschickt, daß es aussah wie ein Tanz. Aber ich sah nur einen Schimmer von Nacktheit, und er war so schnell vorüber, daß es eher quälend als beruhigend wirkte. Einen Augenblick später lag sie in ihrem Bett, und ihr Kopf ruhte auf dem mit Schwanendaunen gefüllten Kissen. Sie streckte die Hand aus und ergriff die meine.

»Wollen wir beten, mein Lord?« Bevor ich antworten konnte, entspann sich eine ausgedehnte Konversation mit dem Allmächtigen.

Es war ein enttäuschender Akt, ein beleidigender gar. Aber hatte ich den Freuden der Weiber nicht auf eigenen Wunsch abgeschworen? Was störte mich also an ihrem keuschen Benehmen?

Noch stundenlang lagen wir Seite an Seite, lauschten dem Juliregen und taten, als schliefen wir.

CXXIII

Kate übernahm die Position der Königin so natürlich, mühelos und feinfühlig, daß man denken konnte, es sei ein leichtes, den Mantel der Königswürde anzulegen. Sie behielt ihre aristokratischen Gewohnheiten bei, fuhr fort, mit Freunden und Verwandten auf die hergebrachte Art zu korrespondieren, und forderte sie auf, ebenso freundschaftlich zu antworten, »als hätte Gott mich nicht zu dieser Ehre berufen«. Sie unterschrieb mit »Katherine die Königin, K.P.«, um sich – und die anderen – daran zu erinnern, daß sie noch dieselbe Kate Parr sei, die sie immer gewesen war.

Andererseits nahm sie als Königin das Vorrecht in Anspruch, Verwandte und Freunde mit Stellungen am Hofe zu beehren. Obgleich die Zahl dieser Leute größer war als je bei den Boleyns oder den Seymours, empfand ich dies doch nicht bedrohlich, denn die Parrs waren ohne Ausnahme eine so tüchtige und ehrbare Familie, daß ihnen Titel und Ehren wohl anstanden. Nie stand ihre Loyalität in Frage, nie zeigte sich Eigennutz. Kates Bruder William wurde Aufseher der Grenzmarken; ihre Schwester Anne wurde eine Kammerherrin der Königin; ihre Stieftochter Margaret Neville und eine Cousine, Lady Lane, wurden Hofdamen.

Kate selbst gab ihren persönlichen Neigungen nur in zwei Dingen nach; das eine war harmlos, das andere weniger. Sie bestand darauf, jederzeit frische Blumen in Sichtweite zu haben, und so waren ihre Gemächer voll davon; sie beauftragte sogar den alten Gärtner, im Frühling und im Spätherbst Blumen in seiner Hütte zu züchten, so daß sie von Anfang Februar bis Ende November von Blüten umgeben sein konnte.

Das andere, was blühen sollte, war »die freie Diskussion im Auge des Herrn«. Dies lief darauf hinaus, daß sie einen religiösen Salon ins Leben rief. Es geschah so langsam, daß darin an sich schon Vorsichtsmaßnahmen und Sicherungen enthalten zu sein schienen. Nur Angehörige des Hofes oder deren nächste Verwandten durften teilnehmen, und auch sie nur auf Einladung. Indizierte Texte wurden nicht zugelassen, sondern nur autorisierte Bibelübersetzungen und mein eigenes königliches Andachtsbuch. Ihre Absicht war es, das eigene Verständnis des göttlichen Wortes und ihre Hingabe an Christus zu vertiefen.

Manchmal hatte ich das Gefühl, Kate habe Christus als eigentlichen Bräutigam genommen. Aber gleichviel, gleichviel... sie war alles, was ich mir von einer Gefährtin und Gehilfin erhofft hatte, und sie war eine hingebungsvolle Stiefmutter für meine Kinder. Was konnte ich mehr verlangen?

Meine Gedanken galten jetzt ständig dem Krieg. Heimische Probleme interessierten mich allenfalls insofern, als sie unsere Möglichkeiten, die französische Bedrohung ein für allemal zu vernichten, beeinträchtigten.

Ja, hier muß ich es niederschreiben; es ist angebracht: Ich war inzwischen davon überzeugt, daß ich berufen sei, Frankreich – und seinen speichelleckerischen, hinterhältigen Bundesgenossen Schottland – als Bedrohung für England zu eliminieren. Dann könnte ich glücklich sterben.

Dann könnte ich glücklich sterben... immer eine alberne Phrase, so dachte ich, etwas, das man im Scherz dahinredete. Wenn man eine große Schüssel mit köstlich reifen Kirschen gegessen hat: »Jetzt kann ich glücklich sterben.« Nach einem Höhepunkt des Vergnügens hinscheiden, die Ekstase in die Ewigkeit verlängern...

Ein neutralisiertes Frankreich (und ein harmloses Schottland, dem die Zähne gezogen waren) lag für mich in greifbarer Nähe. Als ich dies eingesehen hatte, hatte ich als König und als Vater die Pflicht, es anzustreben.

Karl und ich haderten über Truppenstärken, Marschwege und Ziele, genau wie ich es dreißig jahre zuvor mit seinem Vater und seinem Großvater getan hatte. Diesmal aber gab es einen Unterschied: Ich wußte, was ich vorhatte, und niemand würde mich davon abbringen können. Ich wollte soviel wie möglich von den nördlichen Regionen Frankreichs erobern. Die Normandie und die Picardie, die Provinzen gleich jenseits des Ärmelkanals, waren mein Ziel. Sollte Karl von Paris reden. Wenn ich mein oberstes Ziel erreicht hätte und dann noch Zeit und Material übrig wären, würde ich mit Freuden gegen Paris vorrücken. Warum nicht?

Mein Plan war, ein Heer von vierzigtausend Mann nach Frankreich zu entsenden. Leicht gesagt, schwer getan.

Armeen brauchen Generäle, die sie führen. Meine beiden fähigsten, der Herzog von Norfolk und Charles Brandon, der Herzog von Suffolk, waren alt. Die jüngeren Soldaten – Dudley, Howard, die Seymours – hatten ihre Feuerprobe in einem größeren Feldzug noch abzulegen. In Scharmützeln und kleinen Gefechten an der schottischen Grenze hatten sie sich wacker genug geschlagen, aber ein ausgedehnter Krieg mit Frankreich war eine ganz andere Sache. Sie mußten ihre Erfahrungen in Frankreich erst machen.

Kriege kosten Geld. Ich hatte nur wenig. Das Kapital der Klöster hatte mich nicht so viel reicher gemacht, wie ich erwartet hatte. Ich hatte sie allzu billig davonkommen lassen, war eifrig darauf bedacht gewesen, das Wohlwollen der Höflinge zu erkaufen und sie zur Loyalität zu meiner Regierung zu verpflichten. Es war gelungen: England würde niemals nach Rom oder unter die Oberherrschaft der großen Familien zurückkehren, mit denen mein Vater noch im Wettstreit gelegen hatte. Es hatte viel gekostet, aber das hatte sich gelohnt. Ich hatte Stabilität und Frieden im Lande erkauft. Aber die Folge davon war, daß ich das Geld nun unmittelbar vom Volke würde erheben müssen. Oder ich müßte die Währung abwerten. Oder beides.

Auch meine Konstitution war ein Problem. Meine Ärzte – Dr. Butts vor allem – rieten mir ab, selbst ins Feld zu ziehen.

»Ich würde nicht so weit gehen, es Euch zu verbieten«, sagte Butts. »Aber allein Eure Korpulenz würde es beschwerlich werden lassen, für unbestimmte Zeit im Sattel zu sitzen.«

»Beschwerlich für mich oder für das Pferd?« spottete ich. »Wenn es das Pferd ist, um das Ihr in Sorge seid, so habe ich bereits eigens ein Schlachtroß auswählen lassen, das stark genug ist, um die Last von drei Bullen zu tragen. Von drei gepanzerten Bullen.«

Er lächelte nicht. Mein kleiner Scherz amüsierte ihn nicht. »Pferde kann man ersetzen. Einen König nicht. Es ist meine feste Überzeugung – und darüber mögt Ihr nachdenken, wenn Ihr wollt –, daß Ihr ohne Frage Euer Leben verkürzt, wenn Ihr in den Krieg zieht.«

Diese Worte waren mir zu nah, zu unmittelbar. Konnte er denn von seinem Standpunkt aus das Ende meines Lebens erkennen? War es wirklich so deutlich sichtbar?

»Das Handeln verjüngt mich«, entgegnete ich steif. »Ich habe zu lange in der Stube gehockt und über Papieren gebrütet. Nichts, was das Herz anregte, außer Schmerz. Keinerlei ehrliche leibliche Ertüchtigung, die ein reiner Freund ist für den Körper.« Sein Gesicht hatte einen skeptischen Ausdruck. »Ein Freund. Ich bestehe darauf, daß es ein Freund ist für den Körper. Das Kriegführen, meine ich.«

»Nichts ist heute noch ein Freund für Euren Körper, Eure Majestät«, sagte er.

Er wußte nichts. Dummkopf von einem Arzt! Handeln kurierte mich, Nichtstun ließ mich verrotten.

Auch Karl beteiligte sich an solchen Drangsalierungen. Als er erfuhr, daß ich die Absicht hatte, meine Truppen persönlich ins Feld zu führen, erschrak er und versuchte, mich davon abzubringen. Er appellierte an meinen Gefahrensinn und an mein Alter – zwei Dinge, die mich unfehlbar zur Raserei brachten. Nie hatte ich die Gefahr gefürchtet, wenn die Ehre auf dem Spiel stand, und ich verachtete diejenigen, die es taten. Und was mein Alter anging: Ich war nur acht Jahre älter als Karl.

Unterdessen nahmen die Vorbereitungen ihren Gang. Sobald der Kanal eisfrei wäre und man gefahrlos segeln könnte, würden wir mit unserer Armee in See stechen. Den ganzen Winter über war ich fieberhaft mit den Vorbereitungen beschäftigt. Weihnachten nahm ich kaum zur Kenntnis, und so stand es Kate frei, es zu feiern, wie es ihr lieb war: als Geburtstag Christi, nicht als großes öffentliches Fest. Sie und ein Kreis frommer Glaubensgenossen beteten und hielten Vigil. Ich stellte derweil Ordonnanzlisten auf und überwachte die Überholung meiner Schlachtschiffe *Mary Rose*, *Great Harry* und *Matthew Gonnson*. So verbrachten wir Weihnachten jeder auf seine Weise und lobten Gott je nach unserer Begabung.

Die Fastenzeit kam, und der Aschermittwoch bedeutete, daß es nur noch vierzig Tage bis Ostern waren. Nach Ostern, wenn die vorherrschenden Winde im Ärmelkanal ihre Richtung wechselten, würde es beginnen.

Endlich war er da, der Augenblick, den ich, ohne mir dessen bewußt zu sein, in all den Jahren erwartet hatte, während ich meine Substanz an Nichtigkeiten vergeudet hatte: *Krieg! Krieg! Gloria!* Alles andere führte hierher. Mit einem Krieg hatte ich begonnen; was konnte ich da mehr verlangen, als mit einem zu beschließen, zu vollenden, was ich auf dem Schlachtfeld hinterlassen hatte? Der alte Mann würde die schlammverdreckte Standarte zurückerobern, die der Jüngling hatte fallen lassen, zurückgehalten von den Händen Wolseys, Ferdinands und Maximilians.

Karl kämpfte schon seit einem Jahr planlos gegen Franz. Nichts war gewonnen. Ich würde nicht derart kopflos vorgehen. Nein, ich hatte mein Ziel bereits ins Auge gefaßt: Boulogne, die Stadt in der Picardie, Calais benachbart. Schon oft hatte ich es von Dover oder von Hastings aus gesehen, wenn ich am Meer gestanden hatte. Schimmernd und blinkend winkte es über den Kanal, verspottete mich, sagte: *Ich bin so nah wie Calais*. Es sah aus wie eine Wolkenbank, aber es war ein zähes kleines ummauertes Städtchen, das mich da herausforderte. Wenn ich Boulogne eroberte, könnte ich es mit Calais vereinigen und einen Streifen England an der französischen Küste begründen...

Kate sollte als Regentin zurückbleiben. Ich hatte sie in den letzten Monaten beobachtet; sie war so vertrauenswürdig und kompetent, daß folgerichtig niemand außer ihr in Frage kam, in meiner

Abwesenheit das Zepter zu führen. Der einzig mögliche Unruheherd war Schottland. Sollte es zur Bedrohung werden, wenn alle meine Soldaten auf dem Kontinent waren, so würde Kate keinen General zur Verfügung haben, wie Katharina 1513, als Norfolk für sie in Flodden Field hatte kämpfen können. Aber Schottland hatte jetzt keinen König mehr, sondern nur ein kleines Mädchen als Herrscherin. Nein. Es würde keinen Krieg geben.

Es war Mai, und ich stand am Strand von Dover. In der Nähe ankerte mein Flaggschiff, die *Great Harry*, und ich würde bald an Bord gehen. Norfolk und Suffolk hatten den Kanal mit der Hauptstreitmacht bereits überquert; sie hatten ihr Lager bezogen und erwarteten mich, den obersten Heerführer.

Kate und ich sahen einander an. Ihr Gesicht war ernst; unter dem Schatten ihrer Haube sah ich, daß sie die Stirn runzelte.

»Gott sei mit Euch, Eure Majestät«, sagte sie. »Möge Er Euch den Sieg schenken.«

Sie klang wie ein Erzbischof.

»Möge Er Euch Frieden schenken«, erwiderte ich und nahm ihr Kinn in meine Hand. Ihr Gesicht war sehr dicht vor dem meinen. Ich sah winzige Schweißperlen auf ihrer Stirn. Gern hätte ich sie geküßt. Ich wagte es nicht.

»Ich danke Euch, Eure Majestät.« Mit den Mundbewegungen des Sprechens entzog sie ihr Antlitz meiner Hand. »Ihr sollt... dies tragen.« Dabei schob sie mir einen Ring auf den Finger. »Und denkt an mich, wann immer Euer Blick darauf fällt.«

Ich schaute auf den Ring. Es war ein hübscher kleiner Jaspisring von ihrem eigenen Finger. Es war das erste persönliche Geschenk, das ich von ihr bekommen hatte.

CXXIV

Der Kampf ging gut; Boulogne wurde nach verhältnismäßig kurzer Belagerung erobert. Wir eroberten es allein, denn Karl hatte kein Interesse daran. Er folgte seinen Bedürfnissen, ich den meinen. Als Jüngling hätte ich das unter keinen Umständen hinnehmen können; ich hätte fruchtlose Tage darauf verwandt, auf ihn einzureden und dann unsere Truppen zu koordinieren. Aber so war es viel einfacher.

Ich hatte die englische Armee – insgesamt zweiundvierzigtausend Mann, die größte englische Invasionsstreitmacht, die je auf den Kontinent gezogen war – in zwei Teile geteilt. Die eine Hälfte belagerte unter Norfolks Kommando Montreuil, eine wichtige Stadt in der Nähe von Calais; ich befehligte die andere Hälfte und leitete die Belagerung von Boulogne. Ich schlug das Lager nördlich der Stadt auf, am Meer. Wenn ich morgens aufstand und aus dem Zelt schaute, sah ich das rauhe, funkelnde Meer auf der einen Seite, die falsche Sicherheit der Stadtmauern von Boulogne auf der anderen. Ich roch den Kochdunst von den Lagerfeuern – eintausend kleine Rauchfähnchen, deren jedes bedeutete, daß ein Koch mit seiner Pfanne hantierte.

Diesmal lebte ich einfach. Kein besonderes Bett, kein Gewandmeister, kein goldenes Geschirr, wie ich es auf dem Feldzug in meiner Jugend verlangt hatte. Damals hatte ich geglaubt, Majestät brauche ihre Insignien, und ein König sei nur dann ein König, wenn er immer in der entsprechenden Kleidung erschien und in einem königlichen Bett schlief. Heute wußte ich, ich war König noch auf der gemeinsten Pritsche, und ich wollte so schlafen, damit ich wußte, was gemeine Männer empfanden.

In meinem Zelt gab es nur eine Pritsche mit einer Wolldecke, eine Truhe, einen Klapptisch und eine Laterne. Ich war all meiner gewohnten Ausstattung beraubt und fühlte mich wieder wie ein Kind, wie ein ehrliches, unbeschwertes Kind.

Das Aufstehen am Morgen war so einfach. Man öffnete die Augen, man erhob sich von der Bettstatt und zog Kleider aus der Truhe – oder man zog das an, was man am Tag zuvor getragen und abends über die Truhe geworfen hatte. Man verrichtete seine Notdurft (hinter dem Zelt an einem Graben) und begab sich dann zu der Kochstelle, die für seine Gruppe von Zelten zu sorgen hatte. Dort wurde man von einem Frühstück aus gedörrtem Rindfleisch, altem Brot und Bier erwartet. Wenn die nächtlichen Raubzüge in der Umgebung erfolgreich gewesen waren, gab es Eier und Hühner. Die Sonne wärmte einem die Schultern, und man fühlte sich wohl. Vielleicht auch peitschte der Wind über den Kanal heran; dann zog man sich ein wollenes Hemd über den Kopf und genoß beglückt jede Faser dieser Wolle.

Dieses von allem entkleidete, einfache Leben kräftigte mich auf magische Weise. Es machte meine Gedanken frei und intensiv zugleich. Ich leitete die Belagerung, beaufsichtigte jeden Aspekt: Wo die Kanonen stehen sollten, wieviel Pulver für jede Bombarde verwendet werden sollte, aus welchem Schußwinkel sich die besten Treffer würden erzielen lassen. Die Mauern hielten geraume Zeit stand, und wir vermochten sie nicht zu beschädigen. Dann aber gelang uns ein guter Schuß mitten auf eine schwache Stelle, und wir rissen eine Bresche. Als die Steine durch die Luft flogen und der Schutt auf uns herniederregnete, wußte ich: Boulogne war unser.

Drei Tage später ergab sich die Stadt, und ich marschierte im Triumph dort ein.

Sie jubelten mir zu, schwenkten Zweige, nannten mich Alexander. Dreißig Jahre zuvor hatte ich es geglaubt – denn das gleiche hatten sie in Tournai gebrüllt. Jetzt erkannte ich den Ehrentitel als das, was er war: eine abgenutzte alte Phrase, mit der man jeden Eroberer rituell aufs neue bedenkt. Karl war Alexander genannt worden, und Franz ebenso. Jeder war schon Alexander genannt worden. Aber ich lächelte und winkte, als glaubte ich ihnen. Und einen Augenblick lang tat ich es vielleicht auch. Aber nur einen Augenblick lang.

Boulogne war eine häßliche Stadt. »Unwirtliches Hundeloch«, sagte später jemand aus dem Geheimen Staatsrat. Jedenfalls wirkte es, von außen betrachtet, ansprechender als innerhalb seiner Mauern. Dort nämlich herrschte das übliche französische Durcheinander beliebig angelegter Straßen voller Kot und Unordnung, alles übergossen mit dem, was sie irrtümlich »Charme« nennen. Nun, unter englischem Kommando würde sich das Ganze wohl richten. Die Beschießung hatte große Teile der Stadt in Trümmer gelegt, so daß sie wiederaufgebaut werden mußten. Ich würde dafür sorgen, daß dies auf gute englische und nicht auf gallische Weise geschah.

Ein Dutzend Tage blieb ich in Boulogne und ließ mir meinen Triumph schmecken. Dann plötzlich kehrten die Teufel zurück. Ich bekam Anfälle wie damals beim Valentinsbankett: Ich sah Rot in den Augen der Leute. Nicht bei allen Leuten, nur bei manchen. Und wiederum war das Verfluchte an dieser Heimsuchung vor allem, daß ich mich nicht immer erinnern konnte, was ich getan, gesagt, unterschrieben hatte.

Ich haßte diesen Zustand. Warum mußte er jetzt über mich kommen? Ich hatte geglaubt, es sei eine vorübergehende Erscheinung der Trauer über... nein, ich will ihren Namen nicht schreiben. Aber jetzt, unter dem klaren Himmel Frankreichs, war ich doch so zufrieden, wie ich es nur selten gewesen war...

Kate schrieb mir liebreizende Briefe:

Wiewohl die Zeit, die verstrichen, die Tage, die vergangen seit der Abreise Eurer Majestät nicht lang noch viele, so macht doch der Mangel Eurer Gegenwart, die ich so sehr liebe und ersehne, daß ich keine ruhige Freude in irgend Ding kann finden, ehe ich nicht von Eurer Majestät habe Kunde erhalten. So erscheint mir die Zeit gar lang und voll der Sehnsucht, endlich zu erfahren, wie es Eurer Hoheit seit der Abreise von hier möchte ergangen sein, da ich Euer Wohlergehen und Eure Gesundheit höher schätze und ehre denn meine eigene. Wohl weiß ich ja, daß Eurer Majestät Abwesenheit mit Rücksicht auf wichtige und notwendige Dinge erforderlich ist, doch zwingen mich gleichwohl Liebe und Zuneigung, Eure Gegenwart zu ersehnen.

Wiederum und andererseits nötigen mich die gleiche Liebe und Inbrunst, gar zufrieden zu sein mit Eurem Willen und Vergnügen. So macht die Liebe mich in allen Dingen mein eigen Behagen und Vergnügen beiseite stellen und mich in Freuden fügen in Willen und Vergnügen dessen, den ich liebe. Gott, der alle Geheimnisse weiß, wird erkennen, daß diese Worte sind nicht nur mit Tinte geschrieben, sondern eingeprägt in mein Herz.

Auf daß es Eurer Majestät nicht langweilig werde, will ich diesen meinen gekritzelten Brief nunmehr beschließen und Euch in die Obhut des Herrn geben, auf daß Euch hier auf Erden ein langes und glückliches Leben sei vergönnt und nach diesem Leben das Königreich Seiner Auserwählten Eurer harre.

Aus Greenwich.

Von Eurer Majestät untertänigster, gehorsamer
und liebender Gemahlin
und Dienerin
Katherine die Königin, K.P.

Ich war gesegnet mit einer solchen Frau. Aber sie durfte nicht wissen, daß ich wieder von den Dämonen geplagt wurde, die sie einst zu vertreiben geholfen hatte. Nein, nein...

Als ich in Boulogne residierte, abwechselnd glücklicher und elender als je zuvor, traf mich jäh ein Schlag, der mich vollends auf die Seite des Elends schleuderte. Karl hatte zu Crépy einen Geheimfrieden mit Franz geschlossen, noch während ich die Stadt belagert hatte. Er hatte sich aus dem Krieg zurückgezogen; jetzt war er vielleicht nicht mein Feind, aber jedenfalls auch nicht mein Verbündeter. Hilfe hatte ich von ihm nicht zu erwarten. Ich stand allein gegen Frankreich, gegen Schottland und vielleicht auch gegen die Türken.

In Frankreich würde ich nicht weiter vordringen können. Krank im Herzen mußte ich mich nach England zurückziehen und mich gegen eine mögliche Invasion wappnen. Ich ließ Brandon als Befehlshaber zurück und befahl ihm, Boulogne über den Winter zu halten. Die Stadt aufzugeben, kam mir nicht in den Sinn; mit ihr hatte ich den Bezirk Calais immerhin verdoppelt.

Kate war überglücklich, mich zu sehen, und mit Freuden legte sie die Bürde der Regentschaft nieder. Sie hatte sie gut getragen, aber auf Schultern, die den Mantel der Königswürde nicht gewohnt waren, lastete sie doch schwer. Ich galoppierte ihr nicht freudig entgegen, um ihr die Schlüssel der Stadt Boulogne zu Füßen zu legen, wie ich der Prinzessin von Aragon damals die Schlüssel von Tournai präsentiert hatte. Statt dessen zeigte ich sie ihr nur und sagte: »Es war eine gute Belagerung, aber der Rest des Feldzugs ging fehl und ward von Verrat zerfressen.«

»Karl hat sich nicht ehrenhaft benommen«, sagte sie. Sie sagte nie alles, was sie dachte. Eine taktvolle Frau. »Vor Eurer Ankunft erreichte mich dies.« Sie gab mir ein Pergament, dicht bestückt mit französischen Siegeln.

Franz wünschte seine Gesandten herüberzuschicken, um die Friedensbedingungen zu erörtern, und zwar so bald wie möglich.

»Um die Rückgabe von Boulogne zu erörtern, meint er wohl«, schnaubte ich. »Aber daraus wird nichts.«

»Natürlich nicht. Aber eine solche Erörterung wird dazu dienen, daß die Zeit zu Euren Gunsten verrinnt.«

Ich lächelte. Eine Politikerin. Die Lady von Aragon hätte nur von Ehre geredet. Ich schaute auf ihre Hände, die noch weitere Papiere umfaßt hielten, die sie mir vorlegen wollte. Sie sahen aus wie Klauen. Die Finger waren lang und knochig und endeten in gekrümmten Krallen. Einige der Krallen trugen Ringe. Marias kleiner Rubinring war da, aber anstelle des Steins trug er einen dicken Blutstropfen, der immer weiter anschwoll, zitterte, bebte, herunterzufallen drohte...

»Mein Lord, Ihr müßt Euch ausruhen. Sicher seid Ihr erschöpft von der Reise. Erzählt mir von der Überfahrt... wie war sie? Ich war noch nie auf dem Wasser...« Behende nahm sie mich bei der Hand und führte mich in mein Gemach. Ihre Klaue ruhte leicht auf meinem Ärmel. Hoffentlich zerrissen die Krallen mir nicht den Stoff.

Als ich erwachte, war die Dämmerung schon weit fortgeschritten. Ich lag vollständig bekleidet auf dem Rücken; selbst die Schuhe steckten noch an meinen Füßen. Ich fühlte mich gut, ausgeruht, ja behaglich. Ich mußte erschöpft gewesen sein; jetzt sah ich es ein. Deshalb war Dr. Butts ja auch besorgt gewesen; er hatte befürchtet, daß ich meine Energie zu sehr beanspruchen könnte. Aber die Erregung des Krieges hatte die Strapazen so bezaubernd sein lassen, daß ich nicht gemerkt hatte, welchen Tribut sie von mir forderten. Jetzt würde ich ruhen, und die Dämonen würden mich nicht mehr heimsuchen.

Boulogne war eine Prise, die eine oder zwei Halluzinationen wert war. Die Phantome würden verwehen, aber Boulogne würde bleiben.

Die französischen Unterhändler kamen unverzüglich. Ich gewährte ihnen gnädig freies Geleit über den Kanal, um sie zu empfangen und mir ihre Vorschläge zu Gehör bringen zu lassen. Es war aber hoffnungslos von Anfang an, denn meine Bedingungen – ich würde Boulogne behalten, und die Franzosen sollten ihre Provokationen in Schottland einstellen – waren für Franz ganz und gar unannehmbar. So kehrten die Gesandten bald darauf wieder heim; gegen Ende Oktober hatten sie die heikle Kanalüberquerung hinter sich gebracht und waren wieder in Paris, wo Franz den Winter in behaglichem Versteck mit seiner Mätresse Anne, der Duchesse d'Estampes, zu verbringen gedachte. Soviel zu den Franzosen.

Was Karl anging, so bedeckten wir einander mit Salven von Vorwürfen. Er vertrat lächerliche Behauptungen: Ich hätte mich erstens dem vereinbarten Marsch gegen Paris entzogen; ich hätte zweitens die (in die Länge gezogene) Belagerung von Boulogne zum Vorwand genommen, einer beiderseitig getroffenen Verabredung untreu zu werden; ich sei drittens einverstanden gewesen, Karl als »Schiedsrichter Europas« handeln zu lassen, was er nun zu tun versuche und aus welchem Grunde er einen privaten Separatfrieden mit Franz geschlossen habe; ich sollte ihm in dieser seiner Eigenschaft als Schiedsrichter viertens die Stadt Boulogne in die

Hände legen, auf daß er darüber entscheiden könne, wie er es für richtig halte.

Ich hingegen hatte ihm machtvolle Vorwürfe entgegenzuhalten. Ich schleuderte sie ihm vor die Füße, doch er reagierte nicht darauf, ja, er wies sie nicht einmal zurück. Ich erklärte: Erstens habe sich Karl des Verrats gegen mich schuldig gemacht, denn wir seien wohl übereingekommen, daß jeder von uns separate Verhandlungen führen, nicht aber, daß einer ohne den anderen einen Vertrag schließen dürfe; zweitens sei Karl durch unsere Vereinbarung gehalten, als mein Verbündeter, nicht jedoch als Vermittler zwischen Frankreich und England zu agieren; drittens würden englische Kaufleute in Spanien der Inquisition unterzogen; viertens hätten sich spanische Truppen unter französische Fahnen begeben.

Das alles aber waren sinnlose Rückzugsgefechte: Die Wahrheit war, daß ich meinen Verbündeten verloren hatte und nackt vor jedem stand, der mich angreifen wollte. Und der Papst schickte sich jetzt an, sein Generalkonzil einzuberufen, das nun endlich in Trient – nicht in Mantua – zusammenkommen sollte. Ich sah mich umzingelt und im Stich gelassen, allein in meinem Inselkönigreich.

Aber nicht einmal das hätte mich schrecken können, wenn die Insel nur einig gewesen wäre. Doch zur Hälfte war sie in Feindeshand, beherrscht von Leuten, die Frankreich zuneigten. Ich beschäftigte meine Grenztruppen damit, die Schotten zu drangsalieren und lächerliche kleine Übergriffe auf ihr Territorium auszuführen. Bei einem dieser Übergriffe hatten meine Soldaten aus Versehen die Gruft der Ahnen des Grafen von Angus in Melrose geschändet. Dies brachte Angus gegen uns auf – und er war doch unser zuverlässigster Verbündeter gewesen –, und zusammen mit Franz und dem Rat der unmündigen Königin schmiedete er Rachepläne gegen uns. Diese Rache sollte in Gestalt einer französisch-schottischen Invasion stattfinden. Den Plänen zufolge (soviel konnten meine Spione immerhin in Erfahrung bringen) wollte Frankreich von Nordwesten her eine Armee nach Schottland bringen, und ein zweites Heer sollte an der Ostseite bis zur Grenze heruntermarschieren. Von Karl nunmehr unbehelligt, könnte der Rest der französischen Streitkräfte England von der südöstlichen Seeseite her angreifen. Franz konnte, wenn er wollte, eine gewaltige Flotte ausrüsten, und da die vorherrschenden Winde von Süden her über den Kanal wehten, konnte er zu beinahe jeder Jahreszeit eine Landung ins Auge fassen.

Ich war halb krank vor Sorge über all das, als Gardiner auf einer Sonderaudienz beharrte. Zu meiner weiteren Beunruhigung berichtete er vom Anwachsen der protestantischen Gruppen in unserer Mitte.

»Während Ihr in diesem Sommer abwesend wart, sind sie wie ein verderbliches Unkraut gewuchert. Aber anders als Unkraut sterben sie bei Frost nicht ab. Nein, sie überwintern, treffen sich heimlich in ihren Häusern, verbreiten Aufruhr und infizieren andere damit.«

Ich hatte genug davon; ich war es müde, ständig irgend etwas zertreten zu müssen, das Königreich zurechtzustutzen, Aufstände niederzuwerfen. Undankbare, bösartige Hunde! Sie gaben niemals Ruhe, streunten schnüffelnd im Reich umher, hoben das Bein und pißten auf alles.

»Sie sollen nur ihre Gesichter zeigen. Dann schneide ich ihnen die Köpfe ab«, versprach ich.

Der Großtürke setzte seine Korrespondenz mit mir fort, aus mysteriösen Gründen, die nur er selbst kannte. Er erkundigte sich nach dem Krokodil – dem es wunderbarerweise glänzend ging, nachdem man es bei den warmen Quellen zu Bath im Südwesten des Landes untergebracht hatte – und machte sich erbötig, mir Eunuchen für meinen Hof zu schicken. Er selbst, so schrieb er, genieße die winterliche Pause in Konstantinopel. Wie, so fragte er, ertrugen wir nur diese nördlichen Winter? Ein einziger Januar in Wien sei ihm vollauf genug gewesen. Er schickte mir einen Koran. Einen Monat später kam wieder ein langer Plauderbrief. Suleiman war ein freundlicher Bursche.

Ich muß gestehen, daß ich seine Briefe genoß. Sie entführten mich in ein verwirrendes, aber süß duftendes Land und ließen mich das frostige Elend vergessen, mit dem ich in meinem Schloß tagtäglich zu kämpfen hatte.

CXXV

Daß mir in diesem Winter elend zumute war, schreibe ich bereitwillig nieder. Nur Kate spendete mir Trost, und ich dankte Gott jeden Tag dafür, daß er mir die Gnade gewährt hatte, sie zu meiner Frau zu machen. Denn sie war ein Quell der Gnade für mich. Sie war ein ruhiger Ort, zu dem ich allezeit zurückkehren konnte – niemals scharf, niemals grob, niemals unfähig, zu geben.

Die Kinder verehrten sie ebenfalls, und sie förderte das Beste in ihnen zutage. Sie waren unter ihrer Obhut im Palast versammelt, und ich hatte das Gefühl, daß wir nun endlich eine Familie waren. Kate, niemandes Mutter noch (im fleischlichen Sinne) Gattin, machte uns dennoch zu einer Familie. Darin lag ihre Gnade.

Frühjahr 1545. Die Franzosen rüsteten zur Invasion; bestimmt würde es noch vor der Sommersonnenwende soweit sein. Um unser Küstenverteidigungssystem, das sich von Deal bis Pendennis erstreckte und unsere gesamte Südflanke deckte, vorzubereiten, mußte ich im Volke durch Anleihen und Steuern noch mehr Geld auftreiben. Ich erwartete, daß es murren und Widerstand leisten werde, doch das geschah nicht.

Will:

Hals Feinde rechneten damit, daß das Volk rebellieren würde, und sahen sich bitter enttäuscht. Sie vertraten die Theorie, die Engländer würden von einem blutrünstigen, raubgierigen Monarchen brutal ausgesaugt; er verwehre ihnen die Religion, nach der sie verlangten (die katholische oder die protestantische – je nachdem, wer gerade redete), zwinge sie, Eide zu leisten, die sie verabscheuten, unterdrücke sie und raube sie aus. So warte das Volk nur auf die Gelegenheit, sich zu erheben und von dem unterdrückerischen Joch zu befreien. Aber das Volk von England schien mit König Hal der Meinung zu sein, daß die Franzosen seine Feinde, der Papst ein ausländischer Einmischer und die Schotten Verräter seien. König Hal tat ganz recht, gegen sie zu kämpfen, und das Volk war bereit, mit ihm zusammen Opfer zu bringen, um das Land zu schützen. War der König nicht in eigener Person ins Feld gezogen? Hatte er nicht den ganzen Winter über seine südlichen Küstenfestungen inspiziert und verstärkt? Hatte er sich nicht vorgenommen, als Kapitän ein Kriegsschiff gegen die Franzmänner zu führen? Konnten seine Landsleute da weniger bieten? Gold, Juwelen, Münzen, ja sogar rührende private Erinnerungsstücke wie Kreuze aus Jerusalem, Elfenbeinkämme und Trauringe trafen jeden Tag in Whitehall ein. Weit davon entfernt, gegen den »Tyrannen« zu revoltieren, unterstützte ihn das Volk in dieser Stunde der Not.

HEINRICH VIII.:

Nun war ich zum Krieg gerüstet, so gut ich es sein konnte. Im südlichen England standen fast hunderttausend Mann unter Waffen, aufgeteilt unter drei Kommandos: Eines in Kent unter dem Herzog von Suffolk, eines in Essex unter dem Herzog von Norfolk, und eines im Westen unter dem Grafen von Arundel. Meine Flotte von über einhundert Schiffen lag am Rande des Solent vor Anker.

Im Norden befehligte Edward Seymour eine Armee, die unmittelbar an der Grenze nach Schottland stand. Vor der Küste wartete Lord Admiral John Dudley mit zwölftausend Mann auf See, bereit, mit dem Feind zu ringen.

In Boulogne, das die Franzosen zurückzuerobern gelobt hatten, hatte ich Henry Howard das Kommando übertragen; er mußte Brandon ersetzen. Ich betete darum, daß seine Tapferkeit, wenn die Zeit gekommen wäre, nicht wieder in Hitzköpfigkeit und Tollkühnheit umschlagen möchte.

18. Juli. Meine Hochzeit hatte sich eben zum zweitenmal gejährt, und ich hatte eine besondere Feier für Kate vorbereitet. Wir würden an Bord der *Great Harry*, meines Flaggschiffes, speisen; sie lag im Solent, in der Passage zwischen der Insel Wight und Portsmouth, vor Anker.

Die *Great Harry* war seit ihrem Stapellauf im Jahr 1514 schon oft überholt und neu ausgerüstet worden. Als sie gebaut worden war, war die Marine nichts weiter als ein »Heer zur See« gewesen – schwimmende Plattformen mit Soldaten, die auf dem Meer gegen andere Soldaten kämpften. Inzwischen hatten sich die Schiffe in Festungen verwandelt, und sie waren mit Reihen von Geschützen bestückt; die Aufgabe der Matrosen war es nicht mehr, im Nahkampf gegen andere Matrosen anzutreten, sondern sie mußten die mörderischen Kanonen bedienen und ganze Schiffe zerstören. Die *Great Harry*, in der Bauart ein wenig plump und altmodisch, hatte sich den neuen Erfordernissen gut anpassen lassen, und das freute mich. Ich wollte sie nicht verschrotten, wie andere gedrängt hatten. Ihr Schwesterschiff, die *Mary Rose*, hatte den Wandel gleichfalls überstanden, und sie war bereit zur Schlacht, sobald wir die Franzosen sichteten. Wir hatten erfahren, daß Franz seine Flotte von zweihundertfünfunddreißig Schiffen vor einigen Tagen in Rouen verabschiedet hatte.

Zweihundertfünfunddreißig Schiffe... und wir hatten nur hundert. Wahrlich, die Stunde der Prüfung war gekommen.

Nichtsdestoweniger war ich stolz auf meine Streitmacht, stolz auf meine Flotte, wie man es nur sein kann, wenn man sein Bestes getan hat. Wir hatten jedes Opfer für unsere Verteidigung und Rüstung gebracht und an nichts gespart. Jetzt würde Gott den Rest besorgen müssen.

Lampen wurden in der Julidämmerung entzündet, als Kate und ich am Pier erschienen, um an Bord der *Great Harry* zu gehen. Kate hatte etwas angezogen, das sie lachend als ihr seemännischstes Gewand bezeichnet hatte, und ich sah mit Rührung, wie sie sich bemühte, an der Begeisterung des Augenblicks teilzunehmen.

Als ich an Bord ging, fühlte ich eine Woge von beinahe fleischlicher Liebe zu meinem Flaggschiff. Der Geruch von Leinöl, mit dem man das verwitterte Holz eingerieben hatte, das beinahe wollüstige Knarren der soliden Takelage und der Hanftaue, das Regen und Rascheln der gebleichten Leinensegel, sorgfältig gerefft und festgezurrt: Was für ein Schiff! Sie und ich, wir waren zusammen gewachsen und hatten uns zusammen gewandelt, und in ihr fühlte ich mich zusammengefaßt...

»Euer Gnaden.« Der Kapitän, Lord Dudley, der Vicomte Lisle, verbeugte sich vor uns. Ich nahm seinen Gruß entgegen. Aber für den Augenblick wollte ich nicht von gewöhnlichen Dingen sprechen. Der Himmel stand halb in Flammen von den Spiegelungen der untergehenden Sonne. Ich trat an die Reling und schaute auf die See hinaus; flach und ruhig lag das Wasser, und es ging kein Lüftchen. In diesem Augenblick schien England unverwundbar zu sein, geschützt von allen Elementen.

Kate stand neben mir. Die Ruhe, die ich in mir fühlte wie eine Art Nachglühen der untergegangenen Sonne, wurde durch ihre Gegenwart gekrönt.

»Eure Majestäten!« Eine rauhe Stimme ertönte hinter uns. Ich wandte mich um; es war Tom Seymour, das Knie gebeugt, den Federhut schräg vor sich haltend. Sein entblößter Haarschopf glänzte unter dem roten Himmel.

»Thomas.« Ich streckte die Hand aus und bedeutete ihm, aufzustehen. »Es freut uns, daß Ihr zu uns kommen konntet.« Ich benutzte das königliche »wir«. In Wahrheit hatte ich diese Angelegenheit nie mit Kate besprochen. Sie war zumeist liebenswürdig gegen alle Gäste; deshalb verriet mir ihr jähes Erstarren mit schmerzlicher Deutlichkeit, daß sie Thomas Seymour bei diesem privaten Anlaß nicht zu sehen wünschte.

»Und ich bin zutiefst dankbar, daß Ihr mich eingeladen habt.« Er schlenderte heran, stellte sich neben uns an die Reling und ließ seine muskulösen Arme herunterbaumeln. »Versucht Ihr, die Franzosen zu entdecken?« fragte er. »Sie kommen von Süden, falls sie überhaupt kommen. Schlechte Seeleute!« Er schüttelte den Kopf, und sein mähnenhafter Schopf schwang hin und her.

»Wir sprechen nicht von den Franzosen«, sagte Kate. »Wir sind hier zu einer privaten Feier, und um das königliche Flaggschiff zu inspizieren.«

»Friede sei mit Euch!« sagte eine alte, vertraute Stimme. Brandon war an Bord. Ich drehte mich nach ihm um. Wie ein Bär stand er auf dem eingeölten Deck.

»Und auch mit Euch.« Ich streckte ihm die Hände entgegen. »Wir klingen wie zwei Bischöfe.« Ich lachte.

»Nicht ganz«, sagte er. »Wir sprechen nicht über Geld.«

Wir umarmten uns auf den Decksplanken. »Wie steht es mit Eurer Armee?« flüsterte ich; Kate wollte nicht, daß die Politik diesen Abend verdarb.

»Nun«, antwortete er, »in Kent stehen wir bereit, England gegen alles zu verteidigen, was sich uns entgegenstellt. Ich denke, höchstwahrscheinlich werden sie dort landen.«

»Und wenn sie es tun, wißt Ihr, wann Ihr die Signalfeuer entzünden sollt?« Ich hatte ein System von Leuchtfeuern längs der englischen Südküste anlegen lassen; die erste Fackel sollte auflodern, sobald ein Franzose in Sicht käme.

»Aye. Nicht weit von meinem Lager ist ein großer Scheiterhaufen, und eifrige Fackelträger stehen bereit, die Flamme weiterzutragen.«

Es widerstrebte mir, ihn gehen zu lassen. »Glaubt Ihr, das alles wird wirklich geschehen? Wird man wirklich in England einfallen, zum erstenmal seit vierhundert Jahren?«

»Ich befürchte es«, sagte er. »Die Invasionsflotte ist unterwegs.«

»Invasionen können scheitern«, sagte ich. Ich konnte mich jetzt nicht viel länger von den anderen absondern.

»So Gott will«, antwortete er.

Es war unhöflich, wie wir uns aneinanderklammerten und heimlich tuschelten. Ich drehte mich um und sah den schönen Tisch, den man an Deck aufgestellt hatte; ich winkte Kate und Tom Seymour, die voller Unbehagen an der Reling standen, wo ich sie zurückgelassen hatte. Ich löste mich aus Brandons Armen und wies zum Tisch. »Kommt.«

Es war ein gut gedeckter Tisch: Vier Plätze mit goldenem Geschirr. Aber die Weingläser waren keine richtigen Kelche, sondern Becher mit breitem Fuß, aus denen nichts überschwappen konnte, wenn das Schiff schwankte. Die Karaffe hatte die gleiche Form; unter Glasbläsern nannte man so etwas »Kapitänskaraffe«. Auf dem Flaggschiff des Königs mußte alles nach der rechten seemännischen Art zugehen.

So nahmen wir Platz, Kate und ich jeweils am Ende der kleinen Tafel. »Willkommen«, sagte ich und hob mein Glas. »Am Vorabend unserer letzten Schlacht mit Frankreich erfreue ich mich Eurer Freundschaft.«

Alle tranken. »Es ist überdies durch einen einzigartigen Zufall auch die Woche meines Hochzeitstages.«

Wieder tranken wir alle. »Ich habe zwei Jahre großen Glücks hinter mir. Ich weiß, daß die Seymours sich mit mir freuen, und deshalb wollte ich Euch, Tom, bei unserer Feier zugegen wissen. Es war ein langer, einsamer Weg nach dem Tode Eurer Schwester. Könnte doch auch Edward zugegen sein.« Ich meinte meinen Sohn.

»Aber er hat zuviel damit zu tun, mit seinen zwölftausend Mann die nördlichen Grenzen zu verteidigen«, versetzte Tom. Er meinte seinen Bruder.

Ich stellte mein Glas hin.

»Ich spreche von seiner Ernennung zum Befehlshaber der Armee im Norden«, fuhr Tom fort. »Nach seiner eindrucksvollen Leistung in Frankreich hätte man erwarten können, daß er mit einer hohen Position betraut wird.«

»Er ist ein fähiger, vertrauenswürdiger und tapferer Befehlshaber«, sagte ich. »England kann jemanden wie ihn gut gebrauchen. Wir haben das Vorbild von Männern wie Brandon hier, ein Soldat sein Leben lang, der mir gute Dienste geleistet hat. Soldaten wie er werden wahrscheinlich im fortgeschrittenen Alter auf einer Pritsche im Zelt sterben.« Ich stieß mit meinem birnenförmigen Glas klingend gegen Brandons.

»Aber was ist mit Henry Howard, dem Grafen von Surrey? Er ist der Sohn eines Generals und spielt Soldat. In Boulogne hat er sich wie ein übergeschnappter Jüngling aufgeführt, ist ohne Sinn und Zweck mit Stoßtrupps hinausgestürmt. Wäre fast umgekommen. Er ist ein wahnsinniger Poet. Weshalb habt Ihr ausgerechnet ihn als Garnisonskommandanten in Boulogne zurückgelassen?«

Toms Augen... sie waren matt rot. Nein, es war nur das Glühen der untergegangenen Sonne. Meine Phantasie.

»Weil ich glaube, daß er für diese Aufgabe der beste Mann ist«, antwortete ich. »Trotz seiner Natur. Er ist wild, und man muß sein Ungestüm in die richtigen Kanäle leiten. Der Krieg wird ihn formen, ihn zur Ruhe bringen.«

»Fah!« Tom haßte Henry Howard, wie das Neue stets das Alte haßt, weil es sich zum Herrn über alles geschwungen hat. Vor einigen Jahren hatte der Herzog versucht, eine Heiratsallianz zwischen den beiden Familien herzustellen. Tom hatte Mary Howard heiraten sollen, Henrys Schwester und Witwe meines Heinrich Fitzroy. Henry Howard hatte dem Einhalt geboten, und zwar mit der Begründung, es »erniedrige« das Blut seiner Familie. Diese Beleidigung hatten die Seymours nie vergeben oder vergessen. Wenn sie gut genug waren, sich mit einem Tudor-König zu vermählen, warum dann nicht mit einem Howard-Lord? Aber die Howards blickten ja auch auf die Tudors herab...

»Ihr nehmt den Mund zu voll«, tadelte ich ihn. »Und Ihr beleidigt meine Gastfreundschaft. Nicht sie habe ich auf mein Flaggschiff gebeten, sondern Euch. Ich bitte Euch, widmet Euch mir und meinen Gästen bei Tisch, und nicht abwesenden Rivalen.«

Er wollte etwas erwidern, öffnete den Mund, klappte ihn wieder zu.

»Jawohl, ich sagte ›Rivalen‹. Ihr seid neidisch auf sie und erfüllt von Bosheit und Bitternis. Aber das braucht Ihr nicht zu sein; Ihr habt eigene Gaben, die sie nicht besitzen.«

»Und die wären?« Er zuckte die Achseln. »Keine, die mir Ruhm einbrächte.«

Die Gabe, auf Frauen anziehend zu wirken, dachte ich. Nicht auf Männer, aber auf Frauen. Sogar Elisabeth hatte sich für seinen Charme empfänglich gezeigt, was mich verwundert hatte. »Eure unermeßliche Energie«, sagte ich. »Ihr seid wie eintausend Sonnen.«

Wie alle seichten Menschen ließ er sich von jeder Schmeichelei einwickeln. Er lächelte, schleppte den Köder in seinen Bau und gab sich zufrieden.

Ein leichter Wind kam auf; wir fühlten ihn auf den Wangen. Es war keine sanfte Liebkosung, sondern eine Warnung. *Ich fülle die Segel der Franzosen*, flüsterte er. Mich fröstelte, und ich schaute hinaus zum Horizont.

Der Meisterkoch brachte uns einen ausgefallenen Nachtisch: Einen großen Kuchen, dessen Schichten sich zu einer Nachbildung der *Great Harry* formten. Winzige Wimpel wehten an den vier Masten, und exakte Miniaturnachbildungen der Kanonen standen auf dem Hauptdeck und auf dem Geschützdeck. Als das Schiff vor mir abgestellt wurde, »feuerten« zwei der Kanonen; es gab einen kleinen Knall und ein Rauchwölkchen.

»Ein Salut für jedes unserer Ehejahre«, sagte ich zu Kate –

Sie brach, was selten geschah, in Gelächter aus. »O Heinrich!«

Diese Anrede zwischen uns war in der Öffentlichkeit verboten. Ich runzelte die Stirn; Seymour runzelte die Stirn, Brandon runzelte die Stirn. Seymour sah richtig erbost aus.

»Nein, liebes Weib«, tadelte ich sie sanft. »So sprechen wir, wenn wir allein sind.« Dann wechselte ich das Thema. »Aber ich weiß, wir werden auf diesen Tag zurückblicken, denn er wird ein großer Jahrestag für unser Reich sein. Wir stehen am Rande einer bedeutenden Schlacht. Mögen wir den Sieg davontragen, in Ehren!« Ich hob mein frischgefülltes Glas.

Alle tranken feierlich. Jeder von uns betete bei sich. Denn es war eine furchtbare Stunde für England.

Nur die Kerzen auf dem Tisch beleuchteten unsere Gesichter. Ringsumher war es jetzt dunkel. An Deck brannten Laternen; offenes Feuer gestattete ich an Bord nicht.

»Ich muß auf meinen Posten zurück«, sagte Brandon. »Es ist ein weiter Ritt nach Kent.«

»Es wird eine lange Nacht werden«, erwiderte ich. »Meine Gedanken gehen mit Euch.«

Er ergriff meine Hand. »Leben heißt, gegen die Franzosen kämpfen«, sagte er lachend. »Erinnert Ihr Euch, Euer Gnaden, wie wir das alles planten, zu Sheen?«

Sheen. Ein verschwundenes Schloß. Eine verschwundene Jugend. »Alte Männer kämpfen die Schlachten von Knaben. Nun, gute Nacht, Charles.« Ich hörte seinen schweren Schritt, als er über die Planke an Land ging.

»Auch ich muß auf meinen Posten.« Tom befehligte die *Peter Pommegranate*, ein hübsches neues Schiff. Er war viel mehr Seemann als Soldat.

»Ihr ankert weiter draußen als die meisten«, sagte ich. »So werdet Ihr die Franzosen als erste sehen. Stellt doppelte Wachen auf.«

»Im Dunkeln werden sie sich nicht heranwagen«, erwiderte er keck.

»Eines Tages wird es Instrumente geben, die sie in die Lage versetzen, in der Finsternis längsseits zu kommen«, warnte ich. »Vielleicht ist dieser Tag heute schon da.«

»Nicht in tausend Jahren. Die Sterne können einem Kapitän sagen, wo er sich auf der Karte befindet, aber nicht, was unter seinem Kiel lauert. Nein, es ist unmöglich, nach den Sternen über ein Riff zu navigieren. Und Riffe...«

»Tom«, unterbrach ich ihn. »Stellt Wachen auf über Nacht. Das ist ein königlicher Befehl.«

»Aye.« Er verbeugte sich und nahm Kates Hand. »Ich befolge alle Befehle Eurer Majestät. Gesegnet sei Eure Ehe; ich bete täglich für Euch.«

Sein unverwechselbarer Schritt, leichter und tänzelnder als Brandons, ertönte auf dem Laufsteg.

»Ich glaube, er ist töricht geworden«, sagte Kate leise.

»Ich glaube, er ist gefährlich geworden«, antwortete ich. »Ehrgeizig, verbittert, von Neid zerfressen – gefährlich.«

»Nein, Euer Gnaden!« Sie hob die Stimme. »Er hat – er hat solche Bedeutung nicht verdient. Er hat zuwenig Substanz, als daß er je zu einer Gefahr werden könnte.«

»Vielleicht«, sagte ich. »Aber ich werde ihn im Auge behalten. Er gefällt mir nicht. Ich bereue, daß ich ihn eingeladen habe.«

»Ich nicht. Es war gütig, und Ihr seid immer gütig.« Kühn schlang sie mir den Arm um den Leib. Das hatte sie noch nie getan. »So gütig, daß ich Euch, glaube ich, noch nie gezeigt habe, wie mein Herz sich in Eurer großen Liebe erwärmt.« Sie schmiegte sich an mich, und ihr Gesicht ruhte an meiner Brust. Ich senkte den

Kopf, um sie zu küssen, und sie entzog sich nicht, im Gegenteil, sie erwiderte den Kuß mit Inbrunst.

Es gab eine königliche Kajüte unter Deck, wo ich auf meiner Reise nach Calais Quartier bezogen hatte. Sie war groß, gut eingerichtet und völlig abgeschieden. Man hielt sie ständig für mich bereit; es war ein gesegneter Zufluchtsort. »Kate...« murmelte ich und tastete mich zu der Treppe, die nach unten führte, während sie sich an mich klammerte. »Kate, mein Weib...«

In dieser holzgetäfelten Kammer, tief unter Deck, mit massiver Tür und ohne Fenster – abgesehen von einem runden Bullauge –, wurde Kate endlich meine Frau. Ich war sanft mit ihr, und sie mit mir, und es war ein Preis, den ich nie zu gewinnen gehofft hatte und den ich mit Ehrfurcht und Dankbarkeit und Staunen entgegennahm. Mehr kann ich nicht sagen, denn sonst würde ich es entweihen. Ich werde ihren Leib nicht beleidigen, indem ich ihn beschreibe, und auch nicht das, was wir taten, indem ich davon erzähle.

CXXVI

Es wurde Morgen, und ich stand allein an der Reling des Schiffes. Ich war an Deck gekommen, in der dunkelsten Stunde der Nacht, um die Sonne aufgehen zu sehen.

Es lag etwas Heiliges in einer solchen »Nachtwache«. Die frühen Mönche hatten das gewußt, als sie die erste Stunde der Andacht um die Zeit der Mitternacht legten. Und in der Tat, es ruhte ein eigener Segen darin. Ich betete, als ich so dastand, betete für England, und es schien, als seien meine Gebete womöglich leichter zu vernehmen, solange der Himmel still und leer war.

Ich betete, daß wir diesem Angriff widerstehen möchten, dem größten, der je gegen England geführt worden war. Es war meine Schuld, daß es so weit gekommen war; ich hatte eine falsche Frankreichpolitik betrieben. Ich hatte das Schlimmste getan, was man auf der Jagd tun kann: Ich hatte das Wild verwundet, ohne es zu töten, und jetzt war es gereizt und wollte sich rächen.

Das gleiche hatte ich mit Schottland getan; das sah ich jetzt. »Es war nicht so sehr die Hochzeit, als vielmehr die Brautwerbung«, hatte ein schottischer Edelmann protestiert. Ich hatte mich in Schottland dumm und übereilt benommen; so sehr war ich darauf erpicht gewesen, die Einheit zu erlangen, die doch fast in Reichweite gewesen war, daß ich meine Ungeduld die Oberhand hatte gewinnen lassen und die Schotten beleidigt und drangsaliert hatte, bis ihnen gar nichts anderes mehr übriggeblieben war, als sich an Frankreich zu wenden.

Oh, ich war ein Narr gewesen! Aber mußte denn England dafür bezahlen?

Laß es auf mich zurückfallen, betete ich. Verschone das Reich.

Aber im Herzen wußte ich, ich war das Reich, und die Strafe für meine Kurzsichtigkeit und alle Unfähigkeit, die nach so vielen Jahren noch in mir war, mußten nun gemeine kentische Soldaten bezahlen, sie und die Matrosen auf den ungefähr hundert Schiffen, die hier in der Bucht vor Anker lagen.

Die Stunden mit Kate waren vergessen, als ich in meiner Qual so dastand. Bei ihr war ich ein Mann gewesen; aber in dieser Schlacht, bei dieser Invasion, war ich ein König, und als König trug ich die Schuld dafür, daß ich mein Land in diese Gefahr gebracht hatte. *Errette uns, o Herr, aus den Händen unserer Feinde*.

Jetzt wurde es hell am Himmel; ich sah den Horizont, eine matte, flache Linie, auf der nichts zu sehen war. Die Franzosen waren noch nicht in Sicht. Der Wind ließ bei Sonnenaufgang und Sonnenuntergang immer nach; er würde bald wieder zunehmen. Ich wußte, heute war der Tag, an dem wir sie erwarten konnten. Heute war der Tag.

Die Matrosen hatten traditionsgemäß um vier Uhr Wachablösung. Die Morgenwache kam an Deck; ich hörte, wie der Mann mit seinem Kameraden sprach, der von Mitternacht bis vier oben gewesen war. Beide klangen schläfrig.

Die Sonne schob sich im Osten über den Rand des Horizonts, über das Land, und ihre Strahlen trafen auf die obersten der gerefften Segel, berührten ihre Falten und Beulen. Die Männer rührten sich. Ich roch die Kohlen, die in der Kombüse zu neuer Glut entfacht wurden. Meine private Stunde war zu Ende.

Das Frühstück wurde Kate, mir, dem Kapitän und dem Ersten Maat auf demselben Tisch serviert wie das Abendessen. Diesmal aber war er mit braunem Hausmachertuch und Zinntellern gedeckt, und wir waren von brüllenden Männern umgeben. Wir aßen »Seemannskost« – Zwieback, Pökelfleisch und heißes Bier –, damit wir sahen, wovon unsere Männer sich ernährten. Es war scheußlich. An dem Zwieback hätte ich mir beinahe die Vorderzähne ausgebrochen.

»Es heißt, wenn ein Stück davon vom Tisch rollt, schlägt es jeden tot, der darunter sitzt«, erklärte der Speisenträger, ein dürrer Bengel von etwa sechzehn Jahren. Dann lachte er wiehernd.

»Das Pökelfleisch wird uns in zwei Stunden durstig machen«, sagte Kate. »Was tut Ihr auf hoher See dagegen, da Ihr doch kein Meerwasser trinken könnt? Wenn Ihr wegen des Essens trinken müßt, schafft Euch das nicht zusätzliche Proviantprobleme? Solltet Ihr nicht lieber etwas anderes mitnehmen?«

»Das Fleisch hält sich nicht, wenn es nicht eingesalzen ist«, erklärte der Erste Maat. »Und lebendes Fleisch in Form von Hühnern und Rindern schafft noch mehr Probleme als ein paar zusätzliche Fässer mit Wasser.«

»Warum muß überhaupt Fleisch dabei sein?«

»Weil die Matrosen sonst nicht arbeiten können. Eine Zeitlang kommen sie mit Brot allein recht gut aus, aber wenn die Arbeit anstrengend wird« – er zuckte die Achseln – »Brot allein gibt ihnen nicht genug Kraft.«

»Der Mensch lebt eben nicht vom Brot allein«, brüllte der Kapitän und hielt sich für witzig.

»Offensichtlich«, versetzte Kate auf höchst majestätische Weise. Es ärgerte sie, wenn jemand die Bibel zitierte, um einen Scherz zu machen.

»Die Matrosen leben also nur hiervon?« fragte ich. Das war ganz bemerkenswert.

»Auf langen Reisen ja. Die Spanier, die nach Neu-Spanien fahren, sind wirklich zu bedauern. Die Reise dorthin dauert Wochen, und wenn sie ankommen, ist die halbe Mannschaft tot«, berichtete der Kapitän. »Wir alle sind dankbar, daß Eure Majestät in all Ihrer Weisheit kein Interesse an dieser sogenannten Neuen Welt zeigt.«

Die Neue Welt mit ihren bemalten Wilden und ihren steinernen Städten war mir nie irgendeiner Mühe wert erschienen.

»Es ist erstaunlich, daß überhaupt ein Schiff eine solche Reise überlebt«, sagte ich. »Mir scheint doch...«

Plötzlich ertönte ein ungeheurer Knall, gefolgt von einem dumpfen Platschen im Hafenwasser. Das Schiff geriet heftig ins Schwanken, und das Essen fiel vom Tisch. Der Zwieback prasselte tatsächlich wie Steine auf die Decksplanken.

Ich sprang auf und stürzte zur Reling. Die Franzosen! Französische Segel erfüllten den Horizont wie Nägel, die in regelmäßigen Abständen in ein breites Brett genagelt waren. Und eine große Galeere kam auf uns zu; sie war es, die höhnisch den ersten Schuß in den Hafen gefeuert hatte. Und noch während ich hinüberstarrte, wurde ein zweiter Schuß abgegeben. Der Krieg hatte begonnen.

Ich wandte mich zum Kapitän. »Ich muß ans Ufer, um die Landstreitkräfte zu befehligen«, rief ich. »Möge Gott Euch siegreich bleiben lassen.« Ein neuerlicher Knall, und eine neue Woge brachte uns ins Wanken, diesmal so heftig, daß ich das Gleichgewicht verlor und gegen den Kapitän taumelte.

»Sobald wir über die Planke gegangen sind«, sagte ich, »legt ab und stürzt Euch in die Schlacht.«

Ich griff nach Kates Hand, und wir hasteten ans Ufer.

Voller Schrecken schaute ich zu, wie die *Great Harry* die Segel setzte. Es dauerte lange, und während der ganzen Zeit kamen die Franzosen immer näher und hofften, das englische Flaggschiff zu versenken, während es noch vertäut im Schlummer lag. Welch ein Sieg wäre das für sie! Ich wagte kaum zu atmen – als könnte ich die Zeit festhalten, indem ich nicht mehr atmete –, derweil mein Schiff ablegte und den Franzosen geschickt auswich, so daß diese bei dem Versuch, es zu verfolgen, beinahe auf Grund gelaufen wären.

Unterdessen kamen die übrigen Schlachtschiffe immer näher. Meine Flotte mußte ihnen entgegenfahren, auch wenn sie sich hier einer fast zweifachen Übermacht gegenübersah.

»Wir müssen uns in die Festung Southsea zurückziehen«, sagte ich zu Kate. Es war nicht meine Absicht gewesen, sie bei den eigentlichen Kämpfen dabeisein zu lassen. Aber sie schien keine Furcht zu haben – im Gegenteil, sie zeigte lebhaftes Interesse. »Dort habe ich einen Überblick über die Schlacht und kann auch die Landstreitkräfte befehligen. Alle Boten werden mich dort suchen.« Was geschah in Kent und in Sussex? Als wir den Berg zur Burg hinaufhasteten, sah ich keine Kette von Signalfeuern. Aber es würde mehrere Stunden dauern, bis sie entlang der ganzen Südküste aufgelodert wären.

Als ich ächzend und keuchend (denn solche Anstrengung überstieg inzwischen fast meine Kräfte, und dazu kam der Schrecken und die Erregung) durch das Haupttor kam, hörte ich, wie unten weitere Kanonenschüsse durch den Hafen dröhnten. Ich schaute mich um und sah den Schwarm der französischen Galeeren herankommen wie ein mächtiger, umschlingender Arm – ein Arm jedoch, der sich nicht liebevoll nahte. Meine eigenen Schiffe schwankten noch hilflos umher, denn der Wind stand gegen sie. Rings um sie herum war die See von den Einschlägen der Kanonenkugeln zernarbt.

Ich durchquerte den Innenhof der Festung, und hinter mir schloß sich klickend das neue Torgitter. Man hatte hier neu entwickelte Hebevorrichtungen verwendet, und so glitt die Anlage elegant in die Vertiefung hinunter. Selbst in dieser Stunde der Not sah ich wohl, wieviel Schönheit und Kraft darin lag, nur das beste Material zu benutzen, bei Festungen und militärischem Gerät wie auch bei der persönlichen Ausstattung. Es machte sich bezahlt, das Beste zu nehmen, es zu verlangen, ungeachtet des Gestöhns kleiner Menschen, kurzsichtiger, kleinlicher Wirtschaftlichkeitsfanatiker...

Woran dachte ich hier? An Torgitteranlagen, während mein Land überfallen wurde? War das an sich nicht Wahnsinn? *Der alte wahnsinnige König...* nein, nicht ich. Nicht ich.

Vom Turm, hoch und geschützt, schaute ich dann auf den Hafen hinunter. Die Größe der französischen Flotte war atemberaubend. Sie schien sich immer noch auszudehnen und erfüllte das ganze Meer, wie Klatschmohn auf einer Sommerwiese. Und gegen sie, umfangen von der Bucht des Solent, stand die wackere englische Flotte.

Setzt Segel, setzt Segel! befahl ich, schrie die Worte in meinem Herzen. *Wind, erhebe dich!* Aber die Segel flatterten leer in dem unbeständigen Wind, der gegen sie wehte. Nur der erfahrenste Seemann konnte ein Schiff unter solchen Umständen manövrieren.

Die *Mary Rose* setzte sich jetzt in Bewegung; ihr Kapitän hatte es verstanden, den widrigen Wind vorteilhaft zu nutzen; die Segel füllten sich in der unsteten Brise und drehten das Schiff herum.

Wie prachtvoll glitt sie dahin! Ich fühlte, wie der gleiche Besitzerstolz in mir aufwallte, den ich auch beim Durchschreiten des Tores empfunden hate, nur noch viel stärker; ich kannte dieses Schiff schon lange, und es war nach meiner Schwester benannt.

Sie war ein hübsches Spielzeug, wie es Kriegsspielzeug immer ist. Sie wiegte sich auf dem Wasser, und die grünweißen Wimpel flatterten und knatterten; ich sah das Rot der Wappenbanner, darunter das des Vizeadmirals, die an der Bramstenge wehten. Blinkend kauerten die Reihen der Kanonen in ihrem Bauch. Sie sah fast aus wie der phantastische Kuchen, den wir am Abend zuvor gegessen hatten. Auf sie hatte ich große Stücke gesetzt; es waren Soldaten wie auch Matrosen an Bord, damit sie in jeder Schlachtsituation einsetzbar war. Sie war ein Kuchen, der den Staatsschatz eine Menge Gold gekostet hatte.

Ich drehte mich um und sah die Milizführer herankommen, die Männer, die hier meinem Kommando unterstanden. Ich würde sie gegen die Franzosen hinausführen müssen, falls es denen tatsächlich gelingen sollte, zu landen. Sie grüßten mich, kamen zu mir und legten die Helme auf die Mauerbrüstung. Zusammen beobachteten wir das Gefecht dort unten.

Die Franzosen drängten sich vor der breiten Einfahrt in den Solent. Die wechselnden Winde behinderten auch sie. Aber sie hatten mit Ruderern besetzte Galeeren, die sie vorschicken konnten, um unsere großen Schlachtschiffe zu drangsalieren. Es waren kleine, leichte Schiffe, wie man sie im Mittelmeer findet; insofern hatte ich geglaubt, sie eigneten sich nicht für englische Gewässer. Jetzt würden wir sehen, ob es den Franzosen einen Vorteil bringen würde, daß sie sich dafür entschieden hatten, sie in ihrer Marine zu behalten.

Wie Jagdhunde, die das Wild umsprangen, umwimmelten sie die *Great Harry*, die langsam der Kanaleinfahrt zustrebte. Natürlich hatten die französischen Galeeren die Absicht, unsere ganze Flotte ins offene Meer hinauszulocken, uns so weit zu reizen, daß wir auf den Ozean hinausstürmten, wo sie uns durch ihre Übermacht würden vernichten können. Wir hingegen hofften, sie in den Solent hereinlocken zu können, wo unsere Kenntnis der Strömungen und Untiefen ihnen zum Nachteil gereichen würde; auch würden wir sie dann von der Festung Southsea aus unter Beschuß nehmen können.

Jetzt mußte die *Mary Rose* kreuzen, mußte den behutsam ausgeglichenen Schrägkurs aufgeben, wenn sie die offene See erreichen wollte. Unserer Strategie zufolge sollten unsere vortrefflichsten Schlachtschiffe sich hinauslocken lassen, aber nur sie – die *Mary Rose* und die *Great Harry*. Die geringeren Schiffe, die *Sovereign*, die *Peter Pommegranate*, die *Matthew Gonnson* und die *Regent*, sollten sich zurückhalten.

Mary Carew, die Frau des Vizeadmirals an Bord der *Mary Rose*, kam herzugerannt, ihre Haube mit beiden Händen umklammernd. Aber das war Wunschdenken, denn es ging nur ein leiser Wind, und eben darin lag für ihren Mann das Problem.

»O gütiger Jesus, segne sie!« rief sie. Sie stemmte sich an der Mauer hoch und schürfte sich dabei die Arme auf.

»Aye! Er segne sie«, bekräftigte ich.

»Oh! Oh! Oh!« Sie drückte sich an der Mauer empor, wäre fast hinübergeklettert wie ein unartiges Kind. Aber ihr Gesicht war angespannt, und rote Blutstropfen erschienen in gleichmäßigen Abständen auf ihrer Unterlippe, wo sich ihre Zähne hineingebohrt hatten. »Nein, nein!« Sie zitterte und stöhnte.

»Madam«, rief ich, »es heißt, es bringt einem Schlachtschiff Unglück, wenn Verwandte es unter Segeln sehen. Vielleicht solltet Ihr...«

»Aaaah!« Sie gab einen würgenden Laut von sich, und eine Hand krallte sich in ihre Kehle, während sie mit der anderen hysterisch hinausdeutete. Sie war wirklich anstrengend; kein Wunder, daß Weiber an Bord eines Schiffes keinen Zutritt haben. Verärgert wandte ich mich von ihr ab und schaute selbst wieder zur *Mary Rose* hinaus.

Sie war... nicht da. Sie war weg, sie sank. Ich schaute hinunter, und sie legte sich auf die Steuerbordseite und versank in den grauen Wassern des Solent, während sich unter Deck erbarmungswürdige, gräßliche Schreie erhoben. Schreie – die sogleich verstummten. Das schrille Kreischen, das über das Wasser hallte wie das Todesquieken von Ratten, verwandelte sich in ein groteskes Gurgeln, und das ganze Schiff glitt ebenso glatt unter Wasser wie mein Torgitter in sein Gehäuse. Nur zwei Masten ragten noch hervor. Männer klammerten sich in Panik daran fest, winkten, schrien.

Die *Mary Rose* war verloren, verloren binnen eines Augenblicks.

»Was ist geschehen?« rief ich. Ich hatte den Kopf abgewandt, hatte mit Mary Carew gesprochen. Aber das hatte doch kaum einen Augenblick gedauert.

»Das Schiff... krängte«, berichtete Kate. »Dann war es, als habe es jemand umgestoßen. Die Balance war schlecht; es kippte augenblicklich...«

»Aber warum?« Es ging doch nur ein leichter Wind.

»Es sah aus – wie von selbst.« Sie war ratlos. »Ich habe nichts bemerkt, was so hätte dagegen drücken können. Es war fast wie ein Betrunkener, der das Gleichgewicht verliert. Ein Betrunkener fällt nicht, weil man ihn stößt, sondern weil er betrunken ist. So schien es sich auch mit dem Schiff zu verhalten.«

»Ein Schiff kentert nicht ohne Ursache!«

»Dieses Schiff hat es getan«, beharrte sie.

»Gott! Gott! Gott!« kreischte Mary Carew; sie schien die Schreie ihres Mannes von dem gesunkenen Schiff zu hören.

»Er ist nicht in Gefahr«, versicherte ich ihr. »Nur die Männer unter Deck sind – sie sind...« Ich konnte den Satz nicht vollenden. »Wer über Bord springen konnte, schwimmt jetzt. Ich kann sie sehen. Rettungsboote werden sie aufnehmen.«

»George kann nicht schwimmen!« weinte sie. »Er haßt das Wasser, er haßt es, dort zu sein...«

Ich nahm sie in den Arm, denn nun konnte ich nichts mehr sagen, um sie zu trösten. Wenn der Vizeadmiral nicht zu denen gehörte, die sich an die Masten klammerten, dann war er verloren, wenn er nicht schwimmen konnte. Schon trieben zahlreiche Punkte an der Stelle des Unglücks. Tote? Oder Schwimmende?

Hysterisch wollte sie sich über die Mauer stürzen. Ich zog sie zurück, und sie fing an, auf mich einzuschlagen, zerrte an meinen Kleidern, kratzte nach meinem Gesicht.

»Warum sollt Ihr noch leben?« kreischte sie. »Warum er« – sie deutete auf den Milizhauptmann – »und sie« – sie wies auf Kate – »und selbst *sie*« – sie warf einen Stein nach einer Möwe, die über uns kreiste – »und mein George nicht?«

Ich winkte der Garde. »Bringt sie fort. Sie ist eine Gefahr für sich selbst. Sperrt sie ein.«

Zwei große Hampshire-Gardisten nahmen sie in die Mitte und führten sie davon; ihre Arme waren wie ein Käfig.

Auch ich hätte am liebsten geschrien und geweint. Die *Mary Rose*, mit sechshundert Mann, verloren. Und ohne einen Grund, ohne einen erkennbaren Grund, abgesehen von – Gottes Willen. Gott hatte seinen Finger ausgestreckt und meinen Stolz, mein wunderschönes Schiff, angestoßen, und es war gesunken. Eine Strafe? Eine Warnung?

An der Art, wie Kate mir die Hand auf den Arm legte, erkannte ich, daß sie das gleiche dachte. Die Masten des gesunkenen Schiffs deuteten auf mich wie die Schrift an Belsazars Wand. Aber was bedeutete die Schrift? Ich konnte sie nicht deutlich lesen. Oh, ich hatte sie so satt, diese haßerfüllten, unverständlichen Botschaften von Ihm...

Die *Great Harry* schwenkte herum, vollführte eine tadellose Wende. Es hatte also nicht am fehlenden Wind gelegen, und auch nicht an den mangelhaften Fertigkeiten des Kapitäns, sondern in der Bauart der *Mary Rose*. Aber wieso? Sie war dreißig Jahre lang seetüchtig gewesen. Was war ihr jetzt zugestoßen? Es war tatsächlich die Schrift an der Wand...

Die lästigen französischen Galeeren provozierten die *Great Harry*; der schockierende Untergang des Schlachtschiffs *Mary Rose* machte sie kühn. Jetzt strömten unsere englischen Ruderbarken, Gegenstücke zu ihren Galeeren, hinaus und ihnen entgegen. Ich hatte geglaubt, Ruderbarken, die sowohl mit Segeln als auch mit Rudern ausgestattet waren, seien Schiffe für die Übergangszeit, die wir bald nicht mehr brauchen würden. Aber diese hier retteten den Tag und vollbrachten, was unsere großen Kriegsschiffe nicht vermochten: Sie jagten die Franzosen davon. Bald lag die französische Flotte außerhalb des Solent und wartete auf die nächste Gelegenheit zum Angriff.

Es wurde Nacht, und die Kampfhandlungen hörten auf. Unsere Schiffe gingen im Solent vor Anker, und die Franzosen zogen sich hinter die Landzunge zurück und waren unsichtbar. Die Rettungsboote hatten fünfunddreißig Mann von der *Mary Rose* aufgenommen; sie waren ausnahmslos oben auf dem freien Toppdeck gewesen und ins Wasser geschleudert worden. Es waren fast alles Seeleute, ungebildete, abergläubische, harte Männer – unfähig, zu beschreiben, was ihnen und ihrem Schiff widerfahren war. Sie waren keine Hilfe bei der Rekonstruktion der Tragödie. Sir Gawen Carew, Georges Onkel, hatte die *Mary Rose* an Bord der *Matthew Gonnson* passiert, als sie zu kreuzen begonnen hatte; er behauptete, George habe ihm zugerufen: »Ich habe hier Kerle, die ich nicht im Zaum halten kann!« Hatten sie gemeutert?

Fünfunddreißig von sechshundert. Ich saß in meinem Quartier in den granitenen Eingeweiden der Festung Southsea und dachte über diese Tatsache nach. Kate war bei mir; sie saß düster an meiner Seite und malte mit meinem Gehstock sinnlose Muster auf den Fußboden.

»Sie werden in den frühen Morgenstunden zu landen versuchen«, sagte ich. »Auf der Insel Wight. Sie planen, dort ein Lager aufzuschlagen und dann Portsmouth zu erobern – als Vergeltung für Boulogne.«

»Woher weißt du das?«

Es lag auf der Hand. »Als alter Soldat weiß ich es einfach.«

»Und du mußt hier fünfundzwanzigtausend Mann Miliz führen, wenn sie landen?«

»Ja.«

»Sie sind nirgendwo sonst gelandet?«

»Nein.« Die Signalfeuer waren nicht entzündet worden. Die Franzosen waren bisher nur in unserem Gebiet.

»Also konzentrieren sie ihre Wut auf dich?«

»Ja.« Und das war gut so. Ich machte mir Sorgen um Boulogne. Hatten sie die Stadt in Ruhe gelassen? Oder drangen sie auch auf sie ein? Und wenn ja, würden Henry Howard und seine Garnison sie halten können?

»Das Schiff...« begann sie zögernd.

»Ist ein großer Verlust«, endete ich. Ich wollte darüber nicht sprechen, nicht einmal mit ihr.

Fünf Uhr morgens. Ich hatte kaum geschlafen. Die Franzosen hatten den Fuß auf die Insel Wight gesetzt; ich fühlte es. Ich stieg auf die Spitze des Festungsturmes hinauf und versuchte, den Landungsplatz zu entdecken. Aber die Insel war zu groß, und wenn sie dort gelandet waren, dann wahrscheinlich auf der anderen Seite, wo man sie nicht sehen konnte.

»Zündet die Signalfeuer an«, befahl ich einem Soldaten in der Aufwärmstube. »Hier sind wir jedenfalls angegriffen worden; die Küstenverteidigung muß alarmiert werden.«

Wenn die Franzosen die Insel Wight eroberten, dann hatten sie eine sichere Basis für alle weiteren Angriffe. Die Insel ließ sich von Frankreich aus ebenso leicht mit Nachschub versorgen, wie ich Boulogne von England aus versorgen konnte. Besser sogar, denn die Insel war durch einen natürlichen Wassergraben geschützt und konnte so als befestigte französische Enklave dienen. Zur Zeit wurde sie kaum nennenswert verteidigt. Was ging dort vor sich?

Die Franzosen waren tatsächlich gelandet, wie wir später erfuhren. Sie waren an Land gekommen, hatten gebrüllt und das Land zu Franzens Eigentum erklärt; sie hatten eine französische Fahne aufgestellt und waren fröhlich um sie herumgetanzt. Dann zogen sie plündernd und verwüstend über die Insel – Soldaten, die sich auf althergebrachte Weise ihren Lohn nahmen. Zu ihrem Pech hatte die Insel nur wenige Bewohner, die sie ausrauben und in Angst und Schrecken versetzen konnten. Enttäuscht kehrten sie in ihre Boote zurück. Es war nicht nötig, daß ich die Miliz gegen sie führte. Die Franzosen waren wieder abgezogen, noch ehe ich offiziell die Kunde von ihrer Landung erhielt.

Wo waren sie jetzt? Lauerten sie immer noch draußen vor der Bucht. Da sollten sie bleiben, und meine Flotte ebenfalls. Der Weg nach Portsmouth war ihnen wirkungsvoll versperrt.

»Kommt, Kate, meine Königin, wir müssen diesen Ort verlassen«, befahl ich meiner Frau. Mary Carew hatte die Nacht weinend und um sich schlagend verbracht, als man ihr gesagt hatte, daß ihr Gemahl nicht unter den fünfunddreißig Geretteten gewesen war. Ich gab die Anweisung, sie mit mir zusammen nach London zurückkehren zu lassen und in Dr. Butts Obhut zu geben. »Wir müssen diesen Ort des Todes verlassen.«

Die Luft war heiß und stickig. Ein klebriger Salzwind regte sich, als wir uns über die Festungszufahrt auf den von Wagengleisen zerfurchten Fahrweg begaben, der London Road hieß – aber nur, weil er nach London führte. Eine Straße war es nämlich nicht. So zogen wir in langgestreckter Reihe dahin, wie in alter Zeit die Pilger auf schlammigem Pfad nach Canterbury gewallfahrt waren.

CXXVII

Es war ein drückender, heißer Tag. In Gedanken war ich mit den Franzosen und dem Verlust der *Mary Rose* beschäftigt. Ich sah nicht die hübschen Kletterrosen an den Zäunen, an denen wir vorüberkamen (aber wenn ich sie nicht sah, wie kann ich dann hier darüber berichten?), noch bemerkte ich die tanzenden Locken der Dorfkinder. Ich brannte darauf, zu erfahren, was sich anderswo an der Küste abgespielt haben mochte, und ob die Franzosen etwa doch irgendwo hatten landen können.

Am späten Nachmittag waren wir in der Nähe von Basingstoke, und ich beschloß, dort Rast zu machen. Ich war seit dem Morgengrauen auf den Beinen, und in der Nacht zuvor hatte ich kaum geschlafen. Bei wem konnten wir Quartier nehmen? Mein eigener Lord Kämmerer, William Sandys, hatte nördlich von Basingstoke, gleich hinter der Stadt, ein Haus gebaut; das fiel mir jetzt ein. Er hatte den Grundriß in Form eines H anlegen lassen, »zu Ehren Eurer Majestät«, hatte er behauptet, aber ich wußte, daß er es nur getan hatte, weil er so auch die Neuheiten hatte unterbringen können, nach denen es ihn gelüstete, etwa eine lange Galerie und zahlreiche Fenster.

Aber Sandys war vor kurzem gestorben, und das Haus war in andere Hände gekommen – in wessen, das wußte ich nicht. Als König hatte ich das Recht, in jedem beliebigen Hause abzusteigen, aber ich zog es vor, meinen Gastgeber zu kennen.

Ich kam an der Dorfkirche vorbei, einer typischen Pfarrkirche aus der Zeit Heinrichs II. Den Pfarrer würde ich jedenfalls nicht um Unterkunft bitten. Er würde darauf bestehen, im Austausch für seine Gastfreundschaft fromme Doktrinen zu erörtern, und danach stand mir der Sinn nicht.

Hinter Basingstoke fand ich Sandys Haus – »The Vynes« stand auf einem Schild am Eingang. Ich schaute die lange Zufahrt hinunter; sie war zu beiden Seiten von jungen Linden gesäumt. Eines Tages würden sie riesig sein und Schutz bieten, aber vorläufig waren sie noch leicht zu fällen. Sie verrieten, wie neu das Haus war, und doch hatten sie den, der sie gepflanzt hatte, schon überlebt.

Unsere kleine Schar zog die Allee entlang, und dann sahen wir das große Herrenhaus. Es war ein Ziegelbau, neu, mit glatten Kanten. Es war schön, so schön, wie die meisten meiner Schlösser nie waren, weil sie zu groß waren oder weil andere sie erbaut hatten...

Kate hielt neben mir. »Sandys hat sich ein prächtiges Heim erbaut.« Sie schwieg für einen Augenblick. »Schade, daß er diesen Augenblick nicht mehr erleben konnte.« Ich muß eine wegwerfende Gebärde gemacht haben, denn sie fuhr fort: »Den Augenblick, da sein Souverän zu Besuch kommt. Glaubt Ihr nicht, das ›H‹ war dafür gedacht? Glaubt Ihr nicht, daß die Kammer, in der Ihr heute nächtigen werdet, fortan die ›Königskammer‹ heißen und für alle Zeit wie ein Schrein bewahrt werden wird?«

Sie sah so erbost aus! »Ach, Kate...«

»Könnt Ihr das nicht verstehen?« Sie klang zornig. »Ihr bringt den Menschen Freude. Sie bauen ein ganzes Haus in der Hoffnung, daß Ihr es eines Tages sehen, es besuchen werdet!«

Was sie sagte, stimmte. Aber ich hatte mir selten gestattet, dies hinreichend zu bedenken und mich an der Verehrung meiner Untertanen zu erfreuen. Statt dessen hatte ich mich an ausländische Potentaten und Mächte gewandt: An Franz, an Karl, an den Papst. Sie aber würden kein einziges Andenken an etwas, das ich getan hatte, in Ehren bewahren.

Wir hielten am Ende des von wackeren Bäumchen gesäumten Weges an. Ich schickte einen Knecht zur Tür, damit er unsere Anwesenheit kundtue. Die Tür wurde geöffnet, und dann ließ man den Knecht eine Viertelstunde warten, derweil drinnen ein großer Aufruhr losbrach.

Endlich erschien ein Mann; er blinzelte, als beobachte er eine Sonnenfinsternis. »Eure Majestät«, stammelte er, »ich bin nur ein Kaufmann, ein armer, unwürdiger Diener... verzeiht mir, aber ich kann nicht...«

»Ihr könnt Eurem König kein Nachtlager bieten?« Ich sprach mit leiser und sanfter Stimme. »Mehr will ich nicht. Meine Königin und ich sind müde, und wir möchten unsere verzweifelte Reise nach London unterbrechen. Wir verlangen nicht mehr als ein Bett und zwei kleine Mahlzeiten. Unsere Gesellschaft ist klein« – ich deutete auf meine Begleiter –, »und wenn sie hier nicht bequem untergebracht werden können, werden sie im Dorfe Platz finden.«

»Nein, nein...« Er sprang auf und ab und wedelte mit den Armen. »Es ist reichlich Platz hier.«

»Der Ärmste«, flüsterte Kate. »Eure königliche Gegenwart bringt ihn völlig aus dem Häuschen.«

»Mein Lord Kämmerer Sandys hat dieses Haus erbaut«, sagte ich. »Oft bat er mich, zu kommen und bei ihm abzusteigen, aber ich bin nie dazu gekommen. Betrachtet es als eine Schuld, die ich einem loyalen Diener entgelte – eine Schuld, die ich zu lange vernachlässigt habe. Es ist eine persönliche Sache zwischen ihm und mir; sie betrifft Euch gar nicht.«

Er verbeugte sich nervös. Ich wußte, was er mir zu sagen versuchte. Die unerwarteten Ereignisse stellen uns am härtesten auf die Probe. Ich legte den Finger auf meine Lippen. »Wir tun, was wir können. Und wenn wir das tun, ist es dem allmächtigen Gott genug.« Und jedem anderen auch, fügte ich bei mir hinzu. Was mich betraf, so war die größte Gunst, die er mir erweisen konnte, Stillschweigen und ein Bett.

»Ja. Ja.« Er hörte nicht auf, sich zu verbeugen.

Der Mann hieß Geoffrey Hornbuckle und war ein Kaufmann. Er importierte Stahlnägel und führte Pelze aus; William Sandys hatte er von frühester Kindheit an gekannt. Das ganze Dorf war stolz gewesen, als Sandys ausgezogen war, sein Glück bei Hofe zu machen; mehr Geld hatte allerdings Hornbuckle verdient, indem er in Basingstoke geblieben war. Aber das Volk kümmerte so etwas nicht; ein Vermögen, das bei Hofe erworben wurde, war immer etwas Magisches und besser als eines, das man daheim verdiente. Sandys Haus war der Neid des ganzen Dorfes gewesen. Und dann plötzlich stand es zum Verkauf, und Sandys lag in seinem Grab in der Pfarrkirche. Hornbuckle hatte das Anwesen gekauft, und dann hatte er sich verpflichtet und schuldig zugleich gefühlt. Sein Freund war tot; wie konnte er seinen Besitz übernehmen, in seinen Schuhen umhergehen? Aber zuzulassen, daß ein anderer es tat, erschien wie ein noch größerer Verrat. Schließlich hatte er sich zögernd erlaubt, das Anwesen in Besitz zu nehmen, wenngleich er sich noch jetzt eher wie ein Verwalter fühlte, wie der Bewahrer einer Erinnerung.

»Ihr seid kein junger Mann«, antwortete ich ihm unverblümt. »Es kann sein, daß Euch der Luxus nicht vergönnt ist, Sandys Erinnerung noch jahrelang Eurem eigenen Leben vorzuziehen. Dieses Haus gehört jetzt Euch. Das müßt Ihr glauben.«

Er lachte – immer ein Zeichen dafür, daß einer nichts hören will. »Möchtet Ihr gern die Kapelle sehen? Es gibt unglaubliche Buntglasfenster dort... zu Ehren der Tudors...«

Ich lächelte und wedelte mit der Hand – ein Zeichen tiefsten Desinteresses. »Das Licht schwindet«, sagte ich, »und wir sind müde. Ich glaube, ich begebe mich lieber zur Ruhe. Würdet Ihr Eure Küche beauftragen, uns einige Erfrischungen zu schicken? Leichte Speisen nur. Dann wollen wir schlafen.«

Er machte ein enttäuschtes Gesicht. Jetzt, da er sich an unsere Gegenwart gewöhnt hatte, wollte er auch, daß wir uns königlich benahmen und seinem Hause unseren Segen gaben.

Wir waren in einem schönen Gemach im oberen Stockwerk untergebracht. Zu meiner Überraschung sah ich mein eigenes Wappen unter der Decke. Sandy hatte es dort zum Zeichen seiner Loyalität anbringen lassen.

Aber ich war wirklich zu müde und zu krank im Herzen, als daß mir an diesem Hause etwas hätte liegen können. Meine *Mary Rose* war (nicht von Menschenhand) versenkt worden, und mein Reich wurde überfallen. Es schien, daß Gott mir wieder einmal Sein erzürntes Antlitz zeigte. Und diesmal wußte ich wirklich nicht, wo und wie ich Ihm Anstoß gegeben hatte.

Erschöpft und ratlos kroch ich in das große, mit Schnitzereien verzierte Bett und schlief unverzüglich ein, obwohl es draußen immer noch dämmerte.

Die Fenster gingen nach Norden, und so fiel keine Morgensonne herein. Trotzdem erwachte ich in aller Frühe, erregt und voller Unbehagen. Kate schlummerte noch friedlich an meiner Seite (denn der Kaufmann wußte ja nicht, daß wir separate Betten hatten, und mir war es nicht ratsam erschienen, ihn davon in Kenntnis zu setzen).

Ich stieg aus dem Bett und blieb ein paar Augenblicke lang vor dem Fenster stehen. Die Sonne berührte eben die Wipfel der jungen Linden und ließ die ganze Allee grün erglühen. Dafür also hatte Sandys bei Hofe gedient, hierher hatte er zurückzukehren gehofft... Ja, es war friedlich hier.

Ich hörte Hufschlag. Jemand kam die Allee heraufgeritten, und zwar in Eile. Es war niemand aus dem Dorfe, der den Hausherrn von einer bevorstehenden Zunftversammlung zu benachrichtigen hatte; es war jemand, der den König suchte und gefunden hatte, da seine Standarte draußen vor dem Tor aufgepflanzt war.

Ich zog meine pelzgefütterte Robe an; ich wußte, ich würde sie brauchen. Dann schlüpfte ich hinaus, ohne Kate zu wecken, und begab mich hinunter auf die Treppe vor dem Haus. Der Kurier mußte an dem Hauswächter vorbeigelangen, aber sein gerötetes, vom Wegesstaub bedecktes Gesicht ließ erkennen, daß es um eine dringliche Angelegenheit ging.

»Eure Majestät.« Er schaute an dem Posten vorbei zu mir herauf; ich stand auf dem Treppenabsatz. »Dies soll ich in Eure Hände legen.« Er umklammerte ein Stück Pergament, eine Felddepesche. Die Franzosen waren in Kent gelandet. Ich wußte es.

»Nehmt unseren Dank.« Ich ließ mir das Papier geben. Wie viele Feinde waren es, und hatten sie einen Brückenkopf bilden können?

Es schmerzt mich, Euch mitzuteilen, daß der Herzog von Suffolk, nachdem er von einem Fieber niedergeworfen, gestern abend um elf Uhr verstarb. Wir erwarten Eure Anweisungen, was das Begräbnis des Herzogs betrifft, da wir wissen, daß er Euch lieb und teuer gewesen.

Unterschrieben war es von Nicholas St. John, dem Feldscher der kentischen Armee.

Ich starrte auf das Papier. Die Worte schienen vor meinen Augen zu verschwimmen. Brandon, tot?

»Er muß ein königliches Begräbnis bekommen«, sagte ich langsam. »Sagt in Kent, man soll ihn entsprechend vorbereiten. Wenn kein Geld dazu da ist, stellt Rechnung an die Königliche Privatschatulle. Ich will... ich will...« Gott, daran hatte ich nicht gedacht, hatte es nie in Betracht gezogen. »Ich will, daß er in Windsor bestattet wird, bei meiner Königin Jane, es sei denn, er hätte anderswo eine Familiengruft, der er den Vorzug gegeben hätte.«

»Nein, Eure Majestät. Er hat nichts dergleichen geäußert. Der Tod hat ihn unverhofft ereilt.«

Begegnete jemals einer dem Tod mit einer Kerze und einem Gedichtband in der Hand?

»Und Kent?« fragte ich. »Seid Ihr angegriffen worden?«

»Nein. Es ist alles ruhig. Wir haben heute morgen Euer Signalfeuer gesichtet.«

»Es hat einen Angriff von See her gegeben, und sie sind auf der Insel Wight gelandet. Sie wollten Portsmouth nehmen, aber sie konnten es nicht. Wo sie jetzt sind, weiß ich nicht.« Während ich sprach, wuchs etwas Großes in meiner Brust heran, ein schwarzes Nichts.

»Macht Euch auf!« befahl ich. »Ihr habt meine Anweisungen. Führt sie gut aus.«

Ich blieb allein in der Tür stehen. Ich war halb wach, halb schlief ich. Das alles, so schien mir, gehörte noch zur Nacht und zum Morgengrauen. Es war ein Traum im Erwachen.

Ich hörte Geräusche im Westflügel – im äußersten rechten Teil des ›H‹. Köche hantierten dort, zündeten das Feuer im Küchenherd an. Ich wollte allein sein. Aber wo? Kate schlief in unserem Gemach, und schon regte sich die Dienerschaft.

Die Kapelle. Gestern hatte der Kaufmann von der Kapelle gesprochen. Da hatte ich sie nicht sehen wollen, aber jetzt war sie meine einzige Zuflucht.

Sie war leicht zu finden, denn sie lag auf der gegenüberliegenden

Seite des ›H‹, und ich hatte von außen die bunten Glasfenster gesehen. Als ich den Weg in das kühle, matt erleuchtete Innere gefunden hatte, wußte ich, daß ich hier sicher war. Niemand würde den König beim Gebet stören. Ich kniete nieder und nahm die Haltung eines Betenden ein.

Aber ich konnte nicht beten. Ich konnte nur daran denken, daß Brandon tot war, daß Brandon leblos dalag, und das war so undenkbar, daß ich es nicht begreifen konnte. Wir waren doch zusammen gewesen, wir waren fast gleich alt, er konnte doch nicht sterben, bevor ich...

Die aufgehende Sonne erstrahlte in den Ostfenstern der Kapelle; sie wärmte und erleuchtete sie. In meiner Verwirrung betrachtete ich müßig das Glas. Es war feurig und rot. Die Bilder konnte ich nicht erkennen, noch konnte ich entziffern, welche Geschichte sie erzählten. Brandon war tot. Was scherte mich die Geschichte von Esther?

Ich kniete da und versuchte, etwas zu fühlen. Aber alles, was ich fühlte, war Leere. Sengenden Schmerz hätte ich empfinden müssen. Warum war da kein Schmerz?

Ich erzählte es Kate, als sie erwachte. Sofort saß sie aufrecht im Bett. »Gott gebe ihm Frieden«, sagte sie. »Und du? Ich weiß, du trauerst.«

»Noch nicht«, gestand ich. »Noch nicht ganz. Noch fühle ich gar nichts. Als sei ein Eisblock in meinem Herzen, der es gefangenhält.«

»Es wird kommen«, versicherte sie mir. »Du wirst alles fühlen, aber erst später. Ich verstehe es nicht, aber so geht es.« Sie war jetzt aufgestanden und legte ihre Gewänder an. »Das Gefühl kehrt erst zurück, wenn der Mensch begraben ist.«

»Aber ich sollte etwas fühlen, nicht nur dieses im Eis erstarrte Nichts!«

»Du fühlst, was Gott dir zu fühlen erlaubt. Wenn du jetzt nichts fühlst, dann hat es seinen Sinn. Gott will, daß du andere Dinge fühlst.«

Gott, Gott, Gott. Ich hatte genug von Ihm und Seinen launischen Einfällen.

»Soll ich mich jetzt etwa nur um den Krieg gegen Frankreich kümmern? Weil England in Gefahr ist?«

»Offensichtlich«, sagte sie und lächelte. »Alles zu seiner Zeit. Gott entscheidet, was an der Reihe ist.«

Ihr Glaube war so einfach und so süß. Aber das »Einfache« gleitet leicht hinüber ins »Einfältige«.

CXXVIII

Zu Whitehall waren alle Kuriere versammelt; sie erwarteten mich, und es schien, als sei nirgends sonst im Reich etwas geschehen.

Nur Brandon war tot.

Die englische Flotte lag noch im Solent vor Anker und harrte meiner Befehle; die Franzosen lauerten außer Sichtweite. Nirgendwo an der Südküste waren sie gelandet. Auch nicht in Schottland. Franz hatte das Versprechen, daß er ihnen gegeben hatte, nicht gehalten, wie er seine Versprechen ja nie hielt. Jetzt würden die Schotten vielleicht einsehen, mit wem sie sich da verbündet hatten.

Jenseits des Kanals, in Boulogne, war es ruhig. Das Interesse der Franzosen lag vorläufig anderswo. Aber Henry Howard hatte Probleme, die Disziplin und Moral unter seinen Leuten aufrechtzuerhalten. Ständig kam es unter ihnen zu Streiterei und Zank. War es seine Schuld oder ihre?

Ich gab Befehle: Die Flotte sollte den Franzosen nachsetzen, sie in die Enge treiben, mit ihnen kämpfen. Auch wenn die *Mary Rose* verloren war, glaubte ich, könnten wir die französische Flotte verkrüppeln, auf daß sie wie ein krankes Kind zu Francis zurückhumpelte. Der Graf von Surrey sollte nach England zurückkehren, um bei dem Staatsbegräbnis für den Herzog von Suffolk dabeizusein. Die Armeen sollten überall ihre Stellungen halten.

Wie ich die meine halten mußte. Um meine Gesundheit, die sich durch den Feldzug auf dem Kontinent anfangs so gut erholt hatte, war es jetzt immer schlechter bestellt. (Hier kann ich es ungefährdet niederschreiben.) Wasser sammelte sich in meinem Bein, so daß ich manchmal kein Gefühl mehr darin hatte; es war dann geschwollen und häßlich. Das offene Geschwür, Jesus sei Dank, erwachte nicht wieder. Aber ich fürchtete doch, daß es sich jede Stunde öffnen könnte.

Und (ich zögere selbst hier, es aufzuschreiben)... es gab Nächte, da glaubte ich, die Mönche wieder zu hören. Die, die in meinem Gemach gewesen waren, als... in jener Zeit nach Catherines Hinrichtung. Sie standen in den Ecken, und aus ihren Mündern kamen immer die gleichen Worte. Aber jetzt wußte ich, daß sie nicht wirklich da waren, und so achtete ich ihrer nicht weiter. Warum suchten sie mich immer noch heim? Ich hatte nichts getan, sie zu ermutigen. War es, weil sie einen geschwächten Mann witterten?

Schwäche. Sie lockte alle Schakale hervor, und sie schnappten und knurrten und balgten sich über ihrem Opfer. Aber ich war gewitzter als sie, diese Schakale, die sich in meinem Königreich und in meinem Staatsrat herumtrieben. Sie hatten nur ihre Nasen, mit denen sie einen kranken Mann witterten; ich aber hatte noch meinen Verstand und meine Macht. Ich würde die Schakale entzweien, würde sie überlisten, und am Ende würden sie mir nur dienen. Ja, so sollte es sein...

Alles würde gut werden.

Nur Brandon war tot.

Ein Staatsbegräbnis ist eine ehrfurchtgebietende Sache. Ich hatte nie eines erlebt, nicht als Erwachsener. All das Protokoll, all die Rangordnungen und Privilegien, die zu beachten waren – und Mittelpunkt des Ganzen ein fühlloser Leichnam.

Der Leichnam, die irdischen Überreste Charles Brandons, war ausgeweidet und zehn Tage lang in einem Kräutersud gebadet worden. Dann hatte man ihn in Wachstuch gewickelt und dann in Blei eingehüllt und in einen Sarg gelegt und diesen einfachen Sarg in einen zweiten gestellt. Den schmückte man mit Girlanden und Bändern. Brandon selbst sah ich nicht mehr, nur die formelle äußere Ausschmückung dessen, was einmal ein Mensch gewesen war.

Aber hätte ich ihn sehen wollen, sein weißes Fleisch, die Lippen gespannt, die mächtige Brust eingesunken?

Nach Thomas Howard, dem Herzog von Norfolk, war er der höchste Edelmann im Reich gewesen. Dazu hatte ich ihn gemacht; ich hatte den schlammbespritzten Waisenknaben zu mir genommen und erhöht. Ich hatte gut daran getan, denn er war dieses Ranges wohl würdig gewesen.

Meine Schwester Maria hatte ihn geliebt.

Jetzt hatte er eine andere Frau, die ihn betrauern würde. Aber würde sie das tun? Die Wahrheit ist, ich hatte ihn mehr geliebt.

Brandon war tot.

Dieser beharrliche Refrain ertönte immer öfter in mir. Das Gefühl kehrte schleichend zurück und wartete nur darauf, hinter seiner Barrikade hervorzubrechen.

Die Ritter vom Hosenbandorden hielten ihre Feier für gewöhnlich in der Kapelle des hl. Georg in Windsor. Brandon sollte im Chor dieser Kapelle bestattet werden, nur wenige Schritt weit von Königin Jane entfernt. Alle fünfundzwanzig Ritter des Ordens hatten zugegen zu sein, mochten sie auch die vortrefflichsten Verteidiger des Reiches sein. Denn diesen einen Tag lang mußten wir auf alle Verteidigung verzichten und beten, daß Gott Wache stehen möchte, während wir Brandon die Ehre erwiesen.

Ich war nach Windsor gezogen – obgleich mir die Wohnung dort nicht gefiel, da sie allzu eng mit meiner Trauer nach Janes Tod verbunden war –, um das Begräbnis zu beaufsichtigen. Ich wollte gern ein persönliches Denkmal schaffen, irgend etwas sagen. Ich versuchte, eine Elegie zu schreiben, doch die Verse wollten sich nicht einstellen. Ich versuchte, ein Gebet zu verfassen, aber es klang aufgeblasen. Es gab Worte, die ich gern gesagt hätte. Ich wußte, ich hatte sie fast schon einmal gehört, aber sie entglitten mir immer wieder. *Und guter Boden. Ein unbeschwerter Sinn...*

Ja, ich hatte sie gelesen. Sie waren von Henry Howard, ein Teil eines Gedichtes. Ich schickte nach ihm.

Es war der Abend vor der Bestattung, und ganz Windsor war in Trauer. Meine Gemächer waren schwarz verhangen, und es gab keine Musik. In der St.-Georgs-Kapelle stand Brandons Sarg auf einem Katafalk, und Kienspäne flackerten ringsherum. Später würde ich hinuntergehen und Wache halten, wie es einem Ritter des Hosenbandordens zukam. Aber jetzt hatte ich mich noch um das Gedicht zu kümmern.

Howard erschien Schlag neun. Er war in Schwarz gekleidet; ich hatte befohlen, daß der ganze Hof in Trauer zu gehen habe.

»Habt Ihr Eure Gedichte mitgebracht?« fragte ich ihn.

Er zeigte mir eine Mappe mit Papieren. »Alle, die ich hatte«, antwortete er. »Wie Ihr es gewünscht habt.«

»Ich möchte bei der Beerdigung ein Gedicht vorlesen«, sagte ich. »Ich habe versucht, selbst eines zu schreiben, aber Schmerz und Erschöpfung, so fürchte ich, haben mir die Muse vertrieben. Doch ein Satz hallte mir immer wieder durch den Sinn, und ich glaube, er stammt von Euch. *Und guter Boden. Ein unbeschwerter Sinn...*«

»Ja. Das ist von mir«, sagte er gleich. Er muß erfreut gewesen sein, aber, wie alle Künstler, verschmähte er es, sich dies anmerken zu lassen. »Hier ist das ganze Gedicht.« Er zog ein Blatt hervor und legte es mir neben meine Kerze.

Ja! Genau das war es, was ich sagen wollte. Es drückte meine innersten Gefühle aus. »Das sind... das sind meine eigenen Worte«, erklärte ich staunend.

Jetzt errötete er. »Der höchste Lohn, der einem Dichter zuteil werden kann. Wir sitzen in unserem Kämmerlein und dichten vor uns hin, aber wir glauben, daß jeder Mensch das gleiche empfindet. Wir sind allein und doch vereint mit jedem Menschen – wenn wir etwas taugen. Taugen wir nichts, so sind wir auch mit nichts und niemandem vereint. Das Erschreckende ist, daß man dort in seinem Kämmerlein nicht weiß, zu welcher Kategorie man zählt. So muß man Vertrauen haben.«

»Ja, ja.« Ich wollte nicht, daß er sich allzu geschmeichelt fühlte. »Es mißfällt mir, mich mit fremden Federn zu schmücken, aber ich habe keine Wahl. Eigene Worte wollen mir nicht einfallen, und Eure sind schon da.«

»Sie sollen ja von anderen benutzt werden. Ich hoffe, daß sie auch in späteren Jahren, wenn ich nicht mehr da bin, um meine Erlaubnis zu geben, weiter den inneren Bedürfnissen der Menschen von Nutzen sein werden.«

Ich sah ihn an. Ich glaubte ihm seine Worte, sie waren wahr und kamen von Herzen. Als Künstler war er vornehm. Aber als Mensch war er kleinlich, unstet und boshaft. Wie hatten sich diese beiden Seiten miteinander verflechten können?

»Man hat mir von Euren Schwierigkeiten in Boulogne berichtet«, sagte ich schließlich, obwohl es mir widerstrebte, den Bann zu brechen – den Bann, der uns als Weggefährten in der Kunst vereinte. Aber jetzt mußten wir wieder Herrscher und Untertan sein. »Was mag der Grund dieser Probleme gewesen sein?«

»Die Stadt ist ein Bankert Englands«, antwortete er. »Wir behalten sie – aber wie lange? Was Tournai betrifft, so sahen wir uns verpflichtet, es England einzuverleiben. Gewaltige Summen wurden darauf verwendet, es zu unterhalten. Franzosen, Bürger von Tournai, sollten Sitze im Parlament bekommen. Aber jedermann weiß, daß Boulogne nur eine Schachfigur im Kriege ist, die gegen ein Lösegeld an Frankreich zurückgegeben werden wird. Wer also wollte sich deshalb Mühe machen? Die Männer sind unruhig, und Ordnung zu halten ist schwer.«

Ich seufzte. Was er sagt, traf zu. Boulogne weiter zu versorgen und zu verteidigen würde enorme Kosten erfordern, und die Geldreserven, über die ich 1513 verfügt hatte, besaß ich nicht mehr. Die Wahrheit war, daß ich mir Boulogne nicht leisten konnte, wie ich mir Tournai geleistet hatte.

»Nun, tut Euer Bestes«, sagte ich. ich wußte, er wartete darauf, daß ich ihm meinen endgültigen Plan für Boulogne offenbarte. Und, o ja, ich hatte einen: Ich wollte es mit Calais vereinigen und den englischen Besitz dort verdoppeln. Aber alles das erforderte Kapital, Kapital, das ich nicht hatte. Schon für die Eroberung von Boulogne schuldete ich den Geldverleihern in Antwerpen gewaltige Summen, und dazu die Zinsen.

Ich war müde. »Ich danke Euch, mein Junge«, sagte ich. »Ihr dürft jetzt gehen.«

Er verbeugte sich steif, offenbar verstimmt.

»Ich nenne Euch ›mein Junge‹, weil Ihr der Freund meines Sohnes wart«, fügte ich hinzu.

Er lächelte ein wenig. »In der Mappe, die Ihr da habt, ist ein Gedicht über unsere Jahre in Windsor. Ich trauere immer noch um ihn«, sagte er.

»Ich auch.« Nun waren wir wieder zwei Poeten. »Gute Nacht, Henry.«

»Gute Nacht, Eure Majestät.«

Jetzt war ich allein. Die Kerzen tanzten und flackerten, und mir fiel noch ein Grund ein, weshalb Windsor mir verhaßt war: Mein Sohn hatte hier seine kurze Blütezeit durchlebt. Er hatte Farbe auf die toten grauen Steine gebracht, sie für kurze Zeit zum Leben erweckt. Aber Windsor war der Tod. Nichts überlebte hier.

Ich begann, durch die Gedichte zu blättern, und suchte nach dem, welches sein Leben feierte. Surreys Mappe war so schmächtig. Viel zu schmächtig, als daß man ihr eine Reputation oder ein Gedenken hätte anvertrauen dürfen.

Wie kann nur, ach, ein Kerker mir so grausam sein?

Surrey hatte das Gedicht also im Gefängnis geschrieben. Seine Haft hatte geholfen, meinen Sohn für mich wieder zum Leben zu erwecken, sei es auch nur für einen Augenblick.

Ich wußte, was ich tun mußte. Zu Brandons Sarg mußte ich gehen, der vor dem Hochaltar stand. Dort würde ich ihm Lebewohl sagen, allein und ungestört.

Die Kirche war leer. Der große Katafalk stand wie ein Gebäude für sich groß und kantig vor dem Altar und verdeckte ihn. Ringsherum flackerten Kienspäne, die Stunden zuvor angezündet worden waren und inzwischen halb heruntergebrannt blakten. Sie warfen ein gespenstisches, heidnisches Licht auf den Sarg und tanzten wie Opferjungfrauen.

Ich kniete auf den Steinstufen nieder. Ich schloß die Augen und versuchte, Charles vor mir zu sehen, versuchte mir vorzustellen, daß er wirklich hier sei. Mein Kopf wußte, daß sein Leichnam irgendwo in dem großen, schwarzdrapierten Kasten lag, aber mein

Herz konnte ihn dort nicht finden. Charles... was waren seine letzten Worte gewesen?

An dem Abend, da er an Bord der *Great Harry* gekommen war... was hatten wir gesagt, als er sich verabschiedet hatte?

»Es wird eine lange Nacht werden«, hatte ich gesagt. »Meine Gedanken gehen mit Euch.«

»Leben heißt, gegen die Franzosen kämpfen. Erinnert Ihr Euch, Euer Gnaden, wie wir das alles planten, zu Sheen?«

»Alte Männer kämpfen die Schlachten von Knaben. Nun, gute Nacht, Charles.«

»Gute Nacht, Charles«, wiederholte ich jetzt und berührte das Trauertuch. »Du hast die Wahrheit gesprochen. ›Erinnert Ihr Euch, wie wir das alles planten, zu Sheen?‹ Und wir haben es erlebt. Seine Träume zu erleben, das ist der höchste Lohn. Schlafe wohl, mein Freund. Ich werde bald bei dir sein.«

Ich wollte mich erheben, aber jetzt flutete alles wieder zurück. Der Druck seiner Hand zu Sheen, als er mich dabei ertappt hatte, wie ich über die Mauer kletterte. Wie er mich nach der Hochzeit mit Katharina von Aragon ins Ehebett geleitet hatte – und ich in meiner angstvollen Jungfräulichkeit. Wie er während des langen Wahnsinns mit Nan für mich eingetreten war und dafür sogar die Mißbilligung seiner Frau in Kauf genommen hatte. Seine getreue Unterstützung nach Janes Tod. Plötzlich sah ich sein Gesicht in jedem Alter, hörte sein Lachen, fühlte seine Liebe, die Liebe, die immer zugegen gewesen war, mich getragen hatte. Die Liebe, die ich anderswo gesucht hatte, ohne je zu erkennen, daß ich sie die ganze Zeit schon besaß.

Jetzt war ich allein. Der einzige Mensch, der mich wirklich geliebt und der mich mein ganzes Leben lang gekannt hatte; war nicht mehr da. Brandon hatte mich geliebt, als ich noch der zweitgeborene Sohn gewesen war; er hatte auf meiner Seite gestanden, als Arthur noch Gunst und Einfluß auf sich vereinigt hatte.

Ich strich mit der Hand über den mächtigen Sarg. »Ich liebe dich«, sagte ich, wie ich es nie zu einer Frau gesagt hatte.

Und wie um ein Gelübde zu besiegeln, drückte ich mit der Hand auf den schwarzen Samt, hielt ihn fest für lange Zeit, bis ich diskretes Husten im hinteren Teil der geräumigen Kapelle vernahm. Die offizielle Wache wartete darauf, den ihr zugewiesenen Platz am Katafalk einzunehmen und die ganze Nacht dort zu verharren. Ich beraubte sie der Gelegenheit, dies zu tun; es war schon nach zwei, und bald würde der Morgen grauen.

Der Morgen, und der Tag, da Brandon begraben würde. Ich nahm die Hand fort und überließ ihn seiner Ruhe, wie ich selbst nun ruhen wollte in der kurzen Spanne der Dunkelheit, die mir noch blieb.

CXXIX

Staatsbegräbnisse wurden, wie alle formellen Staatsakte, vom Protokoll beherrscht. Meine Großmutter Margaret Beaufort hatte die Regeln, die am Kindbett, bei der Hochzeit und bei der Bestattung zu befolgen waren, genau festgelegt. Sie hatte geglaubt, daß jedes davon mit einem göttlichen Mysterium versehen sei und daß ein bestimmtes Ritual dieses Mysterium erschließen und uns die Gnade spenden werde, den daraus folgenden Zustand zu erleben. Vielleicht war es auch so. Ich jedenfalls begnügte mich damit, ihre Regeln zu befolgen und darauf zu vertrauen, daß Gott sie dazu angeleitet hatte.

Die Begräbnisfeier sollte um acht Uhr morgens beginnen, und zwar mit einer Staatsprozession, gefolgt von einem Requiem. Die ganze Nacht hindurch hatte die Totenglocke für den Herzog geläutet. Dann begannen die »Neun Schneider«, neun Glockenschläge, die verkündeten, daß ein Mensch gestorben war, gefolgt von sechzig Schlägen, einem für jedes Jahr seines Lebens.

Ich war der Hauptleidtragende, und so hatte ich mich ganz in Schwarz zu gewanden, einer Farbe, die ich verabscheute.

Der Sarg wurde zur Kapelle hinausgetragen, damit eine kurze Begräbnisprozession, ein Leichenzug, stattfinden konnte. Das Gespann – ein Leichenwagen und sechs Rappen mit Brandons herzöglichen Schabracken – sollte ihn durch den langen Mittelgang der Kapelle fahren, eskortiert von lodernden Fackeln, derweil die Totenklage intoniert wurde.

Ich hatte die englischen Stände zusammengerufen, und alle waren gekommen. Ich schaute nach rechts und links und sah, daß der ganze Geheime Staatsrat versammelt war, und auch die Prälaten

Englands mit Cranmer an ihrer Spitze, bereit, die Requiemsmesse zu zelebrieren. Ich nahm als Hauptleidtragender meinen Platz neben dem Katafalk ein.

Cranmer erhob sich. Die Ministranten erschienen mit flammenden Fackeln und stellten sich auf ihre Plätze rings um den schwarz verhangenen Katafalk. Der Chor begann mit dem Totengesang.

»›Ich bin die Auferstehung und das Leben‹«, verkündete Cranmer vor dem Sarg. Die Trauernden standen auf. »›Wir haben nichts in diese Welt mitgebracht, und es steht fest, daß wir nichts mitnehmen werden. Der Herr hat es gegeben, der Herr hat es genommen, der Name des Herrn sei gebenedeit.‹«

»Amen«, antwortete die Gemeinde.

Cranmer hob die Hände. »›O Herr, laß mich wissen mein Ende und die Zahl meiner Tage: Auf daß ich sicher weiß, wie lange ich zu leben habe.

Siehe, Du hast meine Tage gemacht wie eine Spanne so lang, und meine Jahre sind nichts im Verhältnis zu Dir.

Denn in eitlem Schatten wandelt der Mensch und beunruhigt sich vergebens.

Höre mein Gebet, o Herr. Denn ich bin ein Fremdling vor Dir, und ein Gast, wie meine Väter alle.

Oh, verschone mich noch eine Weile, damit ich neue Kraft gewinne, ehe ich von hinnen gehe und man mich nicht mehr sieht.‹«

So beteten wir alle in tiefem Ernst, und alle wappneten wir uns für die kurze Zeitspanne, die uns noch blieb. Ich schaute mich nach Brandons Kindern und seiner jungen Witwe um. Wie es auch sein mag, wir bleiben nur für ein Weilchen verschont. Dann geht es weiter.

Jetzt begann die Requiemsmesse. Die Opferung, die Aufhebung der Hostie, die Wandlung. Das ewige Leben, Christi Leben, vor unserer Nichtigkeit... die weiße Hostie, strahlend vor dem schwarzen Leichentuch.

»›Der Mensch ist geboren aus dem Weibe und lebt nur eine kurze Zeit, die erfüllt ist von Jammer. Er wächst empor und wird gemäht wie eine Blume, und flüchtig wie ein Schatten überdauert er nicht den Tag.

Mitten im Leben sind wir vom Tod umfangen: Bei wem können

wir Zuflucht suchen, wenn nicht bei Dir, o Herr, der Du mit Recht unsere Sünden mißbilligst?‹«

Cranmer nickte mir zu. Ich war an der Reihe, mein Lobgedicht vorzutragen. Ich erhob mich von meiner Kniebank, schritt langsam zu den Chorstufen und blieb vor dem Sarg stehen. Ich war trotz der Hitze dieses Augustvormittags in einen Mantel gehüllt und hatte mein Haupt mit einer Kapuze bedeckt, wie es der Brauch verlangte. Die Fackeln umloderten noch immer den Sarg und verströmten wallende Wolken von Rauch.

»Liebe Freunde«, hob ich an, »und liebe Familie.« In der vordersten Reihe sah ich Brandons Hinterbliebene: seine Witwe Katherine, seine erwachsenen Töchter Anne und Mary, die Sprößlinge seiner Jugendehen, und Frances und Eleanor, Töchter meiner Schwester. Auch Enkelkinder waren da. Alle seine Töchter waren verheiratet. Plötzlich merkte ich, daß sich ein Lächeln in meine Mundwinkel stehlen wollte. Noch im Tode war Brandon von einer Schar anbetender Damen umgeben.

»Ich bin der Hauptleidtragende, weil ich als Kindheitsfreund und Schwager des Herzogs bei diesem Begräbnis der Gastgeber bin. Als seine Gemahlin, meiner Schwester Maria Tudor, ehemals Königin von Frankreich, verstarb« – ich sah, wie Katherine Willoughby erstarrte –, »äußerte er den ausdrücklichen Wunsch, man möge ihn in aller Stille in der College-Kirche zu Tattershall in Lincolnshire bestatten, ›ohne allen Pomp oder äußerlichen, weltlichen Stolz‹. Er dachte an seine Gläubiger und die Schulden seiner Familie und wollte alle unziemlichen Ausgaben vermeiden. So war der Herzog. Stets dachte er an die anderen.«

Vor mir sah ich den ganzen Staatsrat wie schwarze Krähen in einer Reihe sitzen, unnatürlich still, ohne zu krächzen oder aufeinander einzuhacken.

»Der Herzog war mein Freund. Wir kannten einander seit unserer Kindheit.« Ich hielt inne, um das Gedicht hervorzuziehen, das ich ihm zum Lobe vortragen wollte. Ich war froh, etwas Schriftliches zur Hand zu haben, denn meine eigenen Worte waren die Worte eines siebenjährigen Knaben – und tatsächlich war dieser der Hauptleidtragende: ein unsicherer siebenjähriger Knabe aus Schloß Sheen. So zog ich Henry Howards Gedicht aus seiner Hülle, geschrieben aus irgendeinem anderen Grund, jetzt aber war es mein.

Martial, sind es nicht diese Dinge,
Die uns das Glück des Lebens schenken:
Ein reiches Erbe, das uns zufällt,
Und guter Boden. Ein unbeschwerter Sinn.

Ein enger Freund. Kein Haken, Keine Klippe.
Kein Rollenzwang, kein Herrscheramt.
Gesundes Leben ohne Krankheit.
Ein gutbestelltes Haus von Dauer.

Frugales Essen, nichts, was Aufwand braucht.
Dazu kommt tiefe, schlichte Weisheit.
Die Nacht soll aller Sorgen ledig sein,
Und Wein soll Heiterkeit nie unterdrücken.

Ein treues Weib, ganz ohne Frage.
Und Schlaf, wie ihn nur schenkt die Nacht.
Zufrieden sei mit dem, was dir gegeben;
Wünsch dir den Tod nicht, noch fürchte seine Macht.

Ich verstummte und faltete das Papier zusammen. More hatte es so getan, ganz genau so, als er seine Elegie zum Begräbnis meiner Mutter vorgelesen hatte; ich hatte dabeigestanden und gelauscht, ein Knabe von elf Jahren. Damals, als ich seine Worte hörte, hatte ich die ersten Bande zu More geknüpft, die mich dann so fatal an ihn gefesselt hatten und nach denen ich mich wider Willen trotzdem immer noch sehnte. Das Ich meiner Kindheit, mein junges Ich, mein bestes Ich, erwachte an Brandons Sarg noch einmal für einen Augenblick zum Leben – erwachte und wurde bald darauf ausgelöscht.

»Der Herzog von Suffolk war ein treuer Ritter«, sagte ich, »und einen treueren kannte ich nie. Niemals verriet er einen Freund, und keinen Feind schlug er je mit Hinterlist.« Ich schaute auf den Staatsrat hinunter, eine Bande von Streithammeln: neidisch, nachtragend, giftig. Unter ihren Trauerkapuzen (auf Kosten des Königs erstanden) sahen sie friedfertig aus, wie idealisierte Mönche. Aber ich kannte sie. Oh, wie gut ich sie kannte!

»Kann einer von Euch das gleiche von sich sagen?«

Ich fuhr fort und verbreitete mich über die Großtaten des Herzogs im Kriege, vor allem über seinen Frankreichfeldzug, den er 1522 allein bestritten hatte; er war dicht davor gewesen, Paris selbst zu erobern. »Nur der Winter und fehlender Nachschub hinderten ihn daran. Wie ein treuer Ritter gehorchte er stets seinem Herrn. Selbst wenn dieser Herr« – *unrecht hatte*, wollte ich sagen, aber das war hier nicht der rechte Gedanke – »ihm Befehle gab, die er nicht verstand. Als Ritter hatte er geschworen, sie auszuführen. Und als Ritter tat er es auch.«

Es waren die Glieder einer Kette. Brandon schuldete mir Gefolgschaftstreue und mußte auch meinen verwirrenden und widersprüchlichen Befehlen gehorchen (»Kämpft gegen die Franzosen«; »Nein, laßt ab von Paris, denn uns fehlen die Mittel«), und ich schuldete meine Treue Gott, dessen Befehle noch verwirrender und widersprüchlicher waren. Gleichviel: Wir beurteilten einen Ritter nach seiner Loyalität und seiner Beharrlichkeit, nicht nach seiner Einsicht in das, was er tat.

Cranmer gab mir ein Zeichen. Meine Zeit war beinahe um.

Meine Zeit war beinahe um.

Ich ließ meinen Blick über die Trauergemeinde wandern, und plötzlich spürte ich: *Dies war mein Begräbnis, und dies waren meine Trauergäste.*

Denn würde ich nicht auch in diesen Boden gebettet werden? War es nicht eine Tatsache, daß mein Sarg auf demselben Katafalk stehen würde?

Dies war die Probe zu meinem eigenen Begräbnis. Wo ich jetzt stand, würde ein anderer stehen. Ansonsten war alles genauso. Derselbe Staatsrat, in Trauerverkleidung. Derselbe Cranmer, der sich eilte, den Gottesdienst zu Ende zu bringen.

Am Rande des Sargs stand ein Räucherfaß, aus dem orientalische Rauchwolken aufstiegen, dick und geheimnisvoll.

Auch auf meinem Sarg würde es stehen.

Ich starrte es an. Du wirst da sein, dachte ich, und ich nicht mehr? Du wirst mich tot sehen, und ich werde dich nicht mehr sehen? Du wirst qualmen, und ich werde nicht atmen?

Dies zu wissen, als unumstößliche Tatsache zu kennen, war entsetzlich.

Plötzlich ertrug ich es nicht mehr, dazustehen und Zeuge meines eigenen Endes zu sein. Ich zitterte, als ich Brandons Turnierhelm auf die kalten Steine stellte – den Helm, den ich hundertmal vor mir gesehen hatte, den er auch getragen hatte, als ich vergessen hatte, mein Visier zu schließen... Herr Jesus, ich sah ihn immer noch, wie er auf dem mächtigen Körper saß, donnernd auf mich zukam... Kalt und eingekerkert lag der Körper jetzt hier, und ich hielt den Helm in den Händen.

»Dieser Helm war ihm teuer. Er war das Emblem seines Rittertums. Er soll auf diesem steinernen Pfeiler befestigt werden und dort bleiben auf alle Zeit. Das ist mein Befehl.«

So würde er da sein und sehen, wie man mich in die Gruft hinabsenkte.

Nein, nein. Das konnte ich nicht glauben. Ich konnte es nicht begreifen...

Cranmer winkte, und die Grabdiener traten vor, um den Katafalk zu dem großen, gähnenden Grab zu schieben, das man für ihn geöffnet hatte. Man hatte die Bodenplatten aufgehoben und säuberlich abseits gestapelt; nun lockte ein tiefer, dunkler Schacht.

Cranmer ging zweimal um den Sarg; er besprengte ihn erst mit Weihwasser und schwang dann das Räucherfaß. Jetzt sah Brandons Sarg aus wie ein Sommermorgen – glitzernd von Tau, verhüllt von Nebelschleiern.

Geschickte Vorrichtungen befreiten den eigentlichen Sarg von all seiner Zier – von Samt und Fahnen und Blumen – und führten ihn an den Rand des Loches. Die Männer dort wußten, was sie zu tun hatten. Sie waren alt und erfahren. Sie wußten, wie man Seile unter den Sarg schob, ohne das Blattgold und das herzogliche Wappen herunterzureißen, und wie man ihn langsam hinunterließ.

»›O Herr, unser allerheiligster Gott, o Herr und Allmächtiger, o Du heiliger und barmherziger Erlöser, verlasse uns nicht in der bitteren Pein des ewigen Todes.

Du kennst, o Herr, die Geheimnisse unserer Herzen; verschließe Dein barmherziges Ohr nicht vor unserem Gebet, sondern verschone uns, allerheiligster Herr und ewiger Richter, und lasse nicht zu, daß wir in unserer letzten Stunde in den Qualen des Todes von Dir abfallen.‹«

Cranmer stand nun vor diesem obszönen Grabesloch.

»›In Furcht erbebe ich vor dem Gericht und dem Zorn, der über mich wird kommen.

Dieser Tag wird sein ein Tag des Zornes, des Jammers und des Verderbens: ein Tag von Größe und entsetzlichem Grauen.

Erlöse mich, o Herr, von der ewigen Verdammnis an diesem Tag des Grauens, wenn Himmel und Erde erschüttert werden.‹«

Für Brandon war der Tag gekommen. In diesem Augenblick stand er vor seinem Richter – oder er hatte sein Urteil schon empfangen und leistete seine Buße. Schreiend lag er im Fegefeuer, flehte um Schonung, wand sich in furchtbarer Qual – während wir dumm, wie nur sterbliche Menschen es sein konnten, dasaßen und die Behausung seines Leichnams anstarrten.

»›Führe uns nicht in Versuchung‹«, intonierte Cranmer, »›sondern erlöse uns von dem Übel, von den Toren der Hölle.‹« Er besprengte den Sarg in der Tiefe, in der dunklen, einsamen Tiefe. »›Herr, errette seine Seele. Lasse ihn ruhen in Frieden.‹«

Die gedungenen Totengräber traten vor und warfen mit dem Spaten einen Haufen Lehmklumpen und Erde in das Loch. Ein kurzer Augenblick, und dann hallte fern das Echo des Aufschlags herauf.

»›O Gott, dessen Natur es ist, stets gnädig Schonung zu gewähren, wir bitten Dich demütig im Namen des Herzogs von Suffolk, Charles Brandon, den Du von dieser Welt hast abgerufen: Daß Du ihn nicht mögest überlassen den Händen des Feindes, noch ihn für alle Zeit vergessen, sondern ihn lassest empfangen von den heiligen Engeln und führen in das Paradies, seine Heimat, denn er hat all sein Vertrauen und Hoffen in Dich gesetzt, auf daß er nicht erleide die Qualen der Hölle, sondern die ewige Seligkeit habe.‹«

Hübsche Worte. Beruhigende Worte. Aber hatte Brandon jemals wirklich eine Beziehung zu Gott gehabt? Wir hatten nie darüber gesprochen. Und es war meine Schuld, meine Schuld – ich hatte das Licht Christi nie mit ihm geteilt. Ich hatte den Geist gesehen, aber ich hatte ihn in meiner eigenen Brust gehortet, derweil wir von Feldzügen und Liebschaften und allerlei irdischem Kram geplaudert hatten.

Ich hatte Brandon in die Hölle fahren lassen, falls nicht eine andere, gütigere Seele ihm die Liebe Christi gebracht hatte. Denn ritterliche Taten waren nicht genug, wenn sie nicht zum Ruhme Gottes verrichtet wurden. Und das hatte Brandon nicht getan.

O Gott! Die Wahrheit zu besitzen und sie nicht zu teilen, ist eine ebenso schwere Sünde, wie ihrer gänzlich zu ermangeln!

Vergib mir, Charles! flehte ich. Ich wußte es nicht – und ich wußte nicht immer, was ich nicht wußte. Nicht einmal jetzt bin ich sicher – was ist Wahrheit, und was ist nur eine Einmischung in das private Gewissen eines anderen?

Cranmer stand vor der offenen Grube.

»›Da es dem allmächtigen Gott in Seiner großen Barmherzigkeit gefallen hat, die Seele unseres lieben verstorbenen Bruders zu sich zu rufen, übergeben wir seinen Leib nunmehr der Erde. Asche zu Asche, Staub zu Staub. In fester und sicherer Hoffnung auf die Auferstehung zum ewigen Leben durch unseren Herrn Jesus Christus, der unseren abscheulichen Leib verwandeln wird, auf daß er werde wie Sein eigener verklärter Leib, gemäß Seinen mächtigen Werken, mit denen er alles andere Sich Selbst unterwerfen kann.‹«

Die Hauskämmerer des Herzogs traten vor, zerbrachen ihre Stäbe und warfen sie in die Grube zum Zeichen dafür, daß ihr Herr für alle Zeit von ihnen gegangen war.

Jetzt konnte das Grab geschlossen werden.

»Lasset uns nun beten, wie der Herr uns zu beten gelehrt hat«, sagte Cranmer und sprach dann mit uns das Gebet des Herrn.

Draußen in der blendenden heißen Sonne blinzelten wir alle. Wir waren noch lebendig – das war der Schock, nicht das helle Licht oder der krasse Übergang. Drinnen hatte alles innegehalten, und es war kühl gewesen. Aber draußen hatte die ganze Zeit über das Leben gewogt. Insekten fielen über uns her und stachen. Blumen ließen in der Sonnenhitze die Köpfe hängen; der Wärter hatte am Abend zuvor vergessen, sie zu gießen. Die schiere Geschäftigkeit des Lebens erschien wie ein Sakrileg. Unverzüglich wurden wir von seinen Erfordernissen aufgesogen. Die Leute sammelten sich in kleinen Gruppen und plauderten – je frivoler der Gegenstand, desto besser. Nach einer Beerdigung ist das Bedürfnis nach dergleichen sehr stark, und ich zweifelte auch nicht daran, daß viele sich ihren ehelichen Pflichten hingeben würden, sobald sie Gelegenheit hätten. Fast schien es, als sei es ein Teil des Protokolls – vielleicht auch war es die Rebellion gegen den Tod.

Siehst du, wie lebendig wir sind? Solange wir dies tun, kannst du uns nichts anhaben. Es zeigt, wie lebendig wir sind. Dies ist nicht dein Reich, Tod.

In der Großen Halle des Schlosses von Windsor wartete der Leichenschmaus. Ich hatte befohlen, feinstes Gebäck und Speisen herbeizuschaffen, und das beste Bier aus Kent. Für die traditionellen kleinen Beerdigungskuchen aus Suffolk hatte der Hausbäcker von Brandons Anwesen in Westhorpe gesorgt. Er hatte jeden einzelnen exquisit gefertigt; auf dem Pastetendeckel prangte eine Miniaturausführung des Herzogswappens.

»Zu Ehren meines Herrn«, hatte er gesagt, als er die Kuchen aufgetragen hatte. Er mußte tagelang daran gearbeitet haben.

»Er ist geehrt«, versicherte ich ihm, »wenn er Diener wie Euch hatte.«

Jetzt betrachtete ich sie, wie sie sauber geordnet auf dem königlichen Goldgeschirr prangten. Wieso sind exquisite Speisen ein Teil des Todes? Die Lebenden erwarten, daß man ihnen zu essen gibt, obwohl sie gar nicht gearbeitet haben.

Die Halle füllte sich, die Trauergäste kamen aus der stechenden Sonne herein. Die beiden Fraktionen des Staatsrates sammelten sich um ihre Mittelpunkte – Edward Seymour, der Graf von Hertford, auf der einen und Henry Howard, der Graf von Surrey, auf der anderen Seite – wie die Strömung um einen Wirbel; schwarze Mäntel kreisten langsam um die Mitte.

Um Seymour drehten sich William Petre und William Paget, die beiden ersten Minister, und natürlich Tom Seymour persönlich; wichtig, aber heute nicht anwesend, war auch John Dudley, der jetzt in Boulogne die Garnison führte.

Das Rad, dessen Nabe Henry Howard war, bestand aus Bischof Gardiner, dem Herzog von Norfolk und Thomas Wriothesley – ein konservativer Kreis.

Wann waren diese beiden Fraktionen entstanden? Als ich Wolsey gehabt hatte, waren sie noch nicht dagewesen. Vielleicht waren solche Fraktionen ein Teil der »Neuen Ordnung«; vielleicht brachten die »Neuen Menschen« sie mit sich. Bei Cromwell hatten sie jedenfalls existiert. Er war der Liebling der einen und der Fluch der anderen Seite gewesen. Jetzt fauchten und schnappten die beiden Parteien nacheinander wie tollwütige Hunde im August. Welches Ziel verfolgten Fraktionen? Sie wollten den Souverän in die eine oder andere Richtung lenken. Aber dieser Souverän ließ sich nicht lenken – das mußten sie doch wissen.

Folglich mußte es ein anderer Souverän sein, den sie unter ihre Knute zu bringen suchten.

Edward.

Sie sahen meinen Tod voraus und trachteten danach, die Herrschaft über Edward zu erlangen.

Es war *mein* Begräbnis, das sie feierten, *mein* Begräbnis, nach welchem sie sich hier versammelten und Fleischpasteten aßen und ihre Pläne schmiedeten. So würde es geschehen. Heute war die Generalprobe. Es war eine Sache, daß ich dies erkannte; für meine Feinde war es eine andere.

Verdammt sollten sie sein! Ich würde so lange wie möglich am Leben bleiben und alle ihre Pläne vereiteln!

In Wahrheit gab es hier keinen, der geeignet gewesen wäre, an meiner Statt zu herrschen. Gleichgewicht war nötig, das Gleichgewicht zwischen dem Neuen und dem Alten, eben das Gleichgewicht, das in meinem Kopf existierte. Deshalb, deshalb... mußte ich beide Fraktionen zum Protektorenrat für Edward ernennen. So würde jede Seite die üblen Aspekte der anderen aufheben. Aber, oh! wie mühsam...

Ich sah sie an. Sie waren so klein. *Selig die Sanftmütigen, denn sie werden das Land besitzen.* Aber wie lautet die Übersetzung, die genaue Übersetzung, für »sanftmütig«? Doch gewiß nicht »farblos«, »kurzsichtig«, »furchtsam«. Aber so waren die Männer, die nach der Herrschaft über England strebten.

Ich wandelte unter den Gästen umher, lächelnd, freundlich. Meine Gestalt war inzwischen so mächtig, daß es mich anstrengte, mein Gewicht hin und her zu wenden; dies bedeutete, daß ich nur mit denen sprechen konnte, die vor mir standen. So sprach ich mit Brandons Witwe Katherine, die sich, wiewohl tränenüberströmt, »in die Hand des Allmächtigen« zu fügen schien. Ich sprach mit meinen Nichten Frances und Eleanor: zwei hübsche Mädchen, und anscheinend gesund und intelligent. Sie waren verheiratet und hatten schon Kinder – anders als meine eigenen kinderlosen Bastardtöchter...

Die Sonne strahlte zu den hohen Fenstern der Großen Halle herein. Ich setzte mich hin – in einer großen Trauerlaube, ganz mit schwarzem Tuch verhangen – und schaute dem Treiben zu. Ich fühlte mich selber tot; ein dumpfer Schmerz erfüllte mein ganzes Sein. Der Weg war nicht mehr weit, und ich mußte ihn nun allein zu Ende gehen.

Kate sprach mit Tom Seymour. Ich sah sie tief unter mir auf dem Boden der Halle. (Ob so ein Falke sieht?) Ich fragte mich, worüber sie wohl reden mochten. Ich schaute in ihr Gesicht, und es war ein Gesicht, das ich noch nie gesehen hatte. Sie liebte Tom Seymour.

Ich wußte es, und ich konnte die Worte bei mir sogar aussprechen. *Sie liebt Tom Seymour.*

Jetzt fühlte ich mich tatsächlich mit Brandon in der Krypta begraben. Alles hatte er erlebt, als getreuer Ritter... aber nie, nie hatte eine Frau, die er liebte, einen anderen Mann vor ihm und von Herzen geliebt. Er war ohne diese Wunde gestorben.

Nun, unsere Wunden sind wir selbst.

Ich erhob mich von meinem Sitz, sprach ein paar Worte zu der Gesellschaft und zog mich in meine Gemächer zurück.

Doch zuvor sah ich seltsame Hörner aus den Mänteln der gedungenen Trauergemeinde sprießen, schimmernd und glühend.

CXXX

All das hat sich vor mehr als einem Jahr zugetragen. Und was ist seitdem geschehen?

Was Frankreich angeht, so diktierte die Vernunft einen Vergleich, obschon Gott weiß, daß ich weder für die Vernunft noch für die Franzosen etwas übrig habe. Aber einstweilen schien es ratsam zu sein, über irgend etwas zu verhandeln, und so ließ ich französische Gesandte nach London kommen und einen Friedensvertrag entwickeln. Das war nach Neujahr; es gab ein Fest zum Anlaß der Unterzeichnung – allerdings eine matte, glanzlose Veranstaltung, verglichen mit ähnlichen Ereignissen in der Vergangenheit. Oh, wie feierten wir damals unsere Verträge! Ich erinnere mich an den Vertrag von London im Jahr 1518, als Maria mit dem französischen Dauphin verlobt worden war; Wolsey war so glücklich, und Katharina von Aragon so düster. Und dann... aber ich schweife ab. Ja, früher gab es strahlende Feste. Aber das Strahlen ist trüb geworden – oder meine Augen sehen das Hohle hinter all dem Glanz, und so erspare ich mir die Kosten der Teilnahme inzwischen überhaupt. Jedenfalls gestattete ich den Franzosen, Boulogne zurückzukaufen, für zwei Millionen Kronen, zahlbar über einen Zeitraum von acht Jahren. Für England ist es mehr wert, aber nur, wenn wir es wirklich verteidigen und auf einer dauerhaften Grundlage versorgen können. Ich hatte es versucht und war dabei gescheitert. Jetzt mußte ich die Stadt aufgeben wie eine Frau, die ich nicht halten konnte.

Frau. Kate... ach, Kate. Eine Frau, die ich nicht halten konnte. Doch genug davon.

Meine Gesundheit bessert sich weiter. Ich bin ein bißchen schwerfälliger geworden, aber es geht wieder bergauf, und da mein

Bein völlig genesen ist – keine Anfälle mehr! –, werde ich hoffentlich demnächst wieder mit meinen Übungen beginnen können und meinem Körper seine jugendliche Verfassung zurückgeben. Sie ist noch da, unsichtbar zwar, aber ich werde sie wieder zum Vorschein bringen, da meine Gebrechen hinter mir liegen.

Obgleich ich wieder völlig gesund bin, arbeite ich doch täglich an meinem Testament und entwerfe den geheimen Protektorenrat für Edward, prüfe und erwähle Namen und verwerfe sie wieder. Es ist eine gewaltige Arbeit. Niemand soll von meinem Plan wissen. Ich lasse sie alle im dunkeln. Manch überraschende Wahl habe ich schon getroffen! Ich bin schlauer als alle meine Ratsherren. Sie glauben, sie kennen mich, aber sie kennen mich nicht. Ich habe meine Papiere gut versteckt, in meinem... nein, ich werde es hier nicht niederschreiben. Aber ich gedenke die »Veränderer« von den »Bewahrern« im Zaum halten und ausgleichen zu lassen.

Deshalb mußte ich auch der Schlange den Kopf abschlagen, der Howard-Schlange, Henry. Er wollte sich um meinen Edward schlingen, ihn zu seinem Gefangenen machen. Giftiges, häßliches Untier. Ich habe ihm den Garaus gemacht.

Aber jetzt ist alles gut im Reiche. Ich halte meine ungezogenen Fraktionen im Gleichgewicht, habe sie besänftigt, und sie haben mir keine weiteren Probleme bereitet.

Nur die Stimmen in meinem Kopf, die ärgerlichen Visionen, sind ein Problem. Gelegentlich habe ich Dinge getan, an die ich mich dann nicht erinnern konnte, aber ich habe sie immer so bald wie möglich wieder richten können, und so wurde kein Unheil angerichtet.

Ach ja – da war dieser Dummkopf, der mich kürzlich (gestern? oder ist es schon länger her?) fragte, welches meine erste Erinnerung sei. Ich war grob zu ihm. Ich muß nach ihm schicken und es wiedergutmachen. Solche Aufräumarbeiten beschäftigen mich in letzter Zeit oft. Aber zur Majestät gehört immer auch Gnade.

Es kostet viel Zeit, den Schaden zu beheben, den die Stimmen in meinem Kopf anrichten. Aber sie lassen schon nach, und bald habe ich mehr Zeit, mich um die Dinge zu kümmern, die meinem Herzen lieb sind. Mein Leben lang habe ich darauf gewartet. Endlich ist es fast erreicht. Oh, einfach nur Mensch sein!

CXXI

WILL:

Und hier ist es zu Ende, wie es mit dem König selbst wenige Tage später zu Ende war. König Heinrich der Achte starb mit sechsundfünfzig Jahren, im achtunddreißigsten Jahr seiner Regentschaft, als er noch viel länger zu leben und zu regieren gedachte.

Nach Brandons Tod war er nicht mehr der alte. Den tapferen Worten in seinem Tagebuch zum Trotz war er die meiste Zeit, die ihm noch blieb, melancholisch und krank – am Körper und auch im Geiste.

Die Dinge, von denen er spricht – ob er sie wirklich so gesehen hat? Wenn ja, dann war sein Kopf so verdreht, daß er nicht mehr er selbst war. Hier sind die Tatsachen, wie jeder Engländer sie kennt, aber vielleicht Ihr auf dem Kontinent nicht:

Der Gesundheitszustand des Königs war entsetzlich. Sein Herz begann zu versagen, und oft schlug es wild und unregelmäßig, und dann war er atemlos und benommen.

Zur gleichen Zeit (ich zaudere, es niederzuschreiben) hörte er auf, normal zu pissen; sein Körper wußte sich seines Wassers nicht mehr zu entledigen. Die Ärzte nahmen ihm täglich seinen Urin ab und studierten ihn, wußten auch einen Namen dafür – »Urin der Wassersucht«, sehr schlau! –, aber in der Behandlung waren sie hilflos. Die Wassersucht ließ ihn zu grotesken Proportionen anschwellen und machte jede normale Bewegung unmöglich. Die meiste Zeit konnte er nicht mehr gehen, und so mußte er in einer besonders ausgestatteten Sänfte im Palast umhergeschleppt und mit mechanischen Flaschenzügen in sein Bett gesenkt und wieder herausgehoben werden.

So flatterte sein Herz wie ein kranker Vogel, während sein Körper vom Wasser wie ein Ballon aufschwoll. Und eine Behandlung gab es nicht; es war eine verbreitete Art, zu sterben, aber es hatte keinen Namen. Außer vielleicht »Alter«. (Aber nicht alle Alten werden davon befallen.)

Das Wasser und die Schwellung seines ganzen Körpers drückten ihm auf das Gehirn, und dies im Verein mit seinen »Erscheinungen« ließ ihn unberechenbar, jähzornig und mißtrauisch werden. Wenn der Druck besonders schlimm wurde (und um das zu erkennen, brauchte man nur einen Blick in sein Gesicht zu werfen: Aufgedunsenheit dort bedeutete auch Aufgedunsenheit in seinem Hirn), wandte er sich noch gegen die, die ihm am liebsten waren. So gab er den Befehl, Cranmer und auch seine geliebte Kate zu verhaften und in den Tower zu werfen – auf das Drängen ihrer Feinde hin, die sein Gesicht nach den verräterischen Schwellungen absuchten, wie Seeleute den Himmel beobachten. Als er wieder zu sich kam, hob er die Befehle auf und vernichtete die Intriganten. Aber es war eine scheußliche Zeit für Schuldige und Unschuldige gleichermaßen.

Ansehen und Einfluß der Protestanten in England nahmen von Tag zu Tag zu – trotz aller Versuche des Königs, dem Land einen Katholizismus ohne Papst zu bewahren: seine eigene Vision, die niemand sonst teilte. Die wahren Katholiken hofften auf eine Restauration – wenn schon nicht unter Edward (der vom Protestantismus hoffnungslos infiziert war), dann vielleicht unter Maria. Die Protestanten rieben sich entzückt die Hände, weil sie nun bald zu ihrem Recht kommen würden. Anne Askew, die »von Visionen heimgesuchte Jungfer«, wie Heinrich sie nannte, war ein protestantisches Opfer, welches bewies, daß die Protestanten ebenso tapfere Märtyrer hervorbringen konnten wie die vielgerühmten frühen Christen bei ihren Spielen mit den Löwen. Sie war mutig und bestätigte die Protestanten. Sie war im übrigen die letzte, die in England unter Heinrich aus religiösen Gründen hingerichtet wurde. Eine Jungfrau war sie allerdings nicht, wie es für die Heiligenverehrung vonnöten wäre, sondern eine verheiratete Frau, deren Mann sie wegen ihres religiösen Fanatismus hinausgeworfen hatte.

Der Tod des »törichtsten stolzen Knaben in England« – Henry Howards, des Grafen von Surrey – war niederschmetternd für Heinrich, ungeachtet seiner wegwerfenden Worte in seinem Tagebuch. Ich weiß es, denn ich sah die Qualen, die er durchlitt, als er sich eingestehen mußte, daß Howard tatsächlich ein Verräter war, der dazu entschlossen war, seine alten Familienrechte gegen Edwards neuen Anspruch durchzusetzen. Was waren denn die Tudors und die Seymours (verkümmerte Sprößlinge Edwards III. vor nur zweihundert Jahren) gegen die Howards, Lords im Norden seit undenklichen Zeiten! Und so mußte Henry Howard für seinen Verrat bezahlen, und er mußte sterben, nachdem er arrogant behauptet hatte, die Howards seien »die Richtigen, um den Prinzen zu regieren nach dem Tode des Königs«, nachdem er seinem Wappen das königliche Emblem hinzugefügt hatte, nachdem er wie ein Besessener Gemälde in Auftrag gegeben hatte, auf denen kryptische Botschaften enthalten waren: Ein »H«, das die Herrschaft über ein »T« ergriff, oder ein »H. Rex« unter einer geborstenen Säule, und so fort. Ein so prächtiger Geist und ein so dummer Mann.

Maria und Elisabeth wurden in die Thronfolge wiederaufgenommen, blieben aber unehelich – ein hübsches juristisches Jonglierstückchen ihres Vaters, mit dem er ihre Rechte und ihren Wert als Ehefrauen vergrößerte, ohne daß er seine Auffassung, er sei mit ihren Müttern niemals rechtmäßig verheiratet gewesen, damit kompromittiert hätte. Er liebte diese Töchter, und er wollte, daß sie ein möglichst ausgefülltes und glückliches Leben führten. (Eine Liebe, die sie ihrerseits nur spärlich erwiderten. Wenn der unnatürliche Akt, den man Königin Maria zuschreibt, wirklich stattgefunden hat, dann ist König Lear mit Goneril und Regan im Vergleich dazu glimpflich davongekommen. Das Skelett des Vaters zu verfluchen und zu schänden...!)

Was die Franzosen angeht, die Schotten, den Kaiser, den Papst – nun, wie Ihr wißt, starb Franz gleich nach Heinrich, wenngleich er seine Kräfte noch lange genug beisammenhalten konnte, um seinem geliebten alten Rivalen einen spöttischen Schmähbrief zu schreiben, ehe sie beide entschliefen. Der Kaiser legte seine Kronen ab, die niederländische 1555, die spanische 1556, und zog sich in ein spanisches Kloster zurück. Der Papst leitete endlich sein Generalkonzil in Trient, auf dem die Position der katholischen Kirche zur Reformation sich eher verhärtete als milderte. Man zog eine Kampflinie; die Kirche bevorzugte anscheinend die Schlacht vor dem Kompromiß. Ja, es war fast, als habe sie Prinzipien!

Die Schotten zeigen tatsächlich Bereitschaft, sich dem reformierten Glauben anzuschließen; das würde den ganzen Charakter ihres Landes verändern, im Verhältnis zu England wie auch zum Kontinent (und sie würden dann einen biblischen Vorwand für ihre Knauserigkeit finden müssen). Wohl hängt Maria, die Königin der Schotten, dem alten Glauben an; aber sie gerät immer öfter in Zwistigkeiten mit ihrem Rat und ihren Landsleuten und steht in dieser Religionsfrage allein, so daß sie Ausländer importieren muß, Italiener, Franzosen und dergleichen, um ihrem Glauben wieder Auftrieb zu geben. Eine überraschende Wendung, findet Ihr nicht auch? Obgleich Ihr ja der Meinung seid, der Herr führe die Protestanten zum Sieg.

Was das Testament des Königs betrifft – was für ein Unruhestifter ist dieses Dokument! Er hat es immer benutzt, um seinen Rat im Zaume zu halten, hat damit über ihren Köpfen gefuchtelt wie ein Schulmeister mit seiner Zuchtrute. Tut dies, und ich werde Euch (vielleicht) bedenken; tut es nicht, und ich werde Euch (wahrscheinlich) aus meinem Testament streichen. Er verwahrte es an einem geheimen Ort, ergänzte es dauernd (oh! er war alt: Nur alte Männer benehmen sich so) und saß ständig grummelnd darüber. Der Preis, den er für diesen Luxus eines alten Mannes – und Tyrannen – zu zahlen hatte, war hoch: Als er starb, war es nicht unterschrieben, man hätte es um ein Haar nicht gefunden, und rechtlich war es fragwürdig.

Die unaufhörlichen Spiele, die er mit seinen Höflingen trieb, gaben ihnen Anlaß, ihrerseits mit ihm zu spielen. Versteckst du dies Dokument – verheimliche ich jene Neuigkeit. Läßt du mich im ungewissen – lasse ich dich im ungewissen. Teile und herrsche – vereinige und überliste. Die letzten Monate waren derart byzantinisch, daß ich das Gefühl habe, Suleiman hätte sich bei uns wie zu Hause gefühlt. Intriganten, Schmeichler, Makler, Verräter – sie alle pirschten durch die Korridore und die Lange Galerie in Whitehall, wo der König darniederlag und mit dem Engel des Todes rang. Fraktionen im Staatsrat warteten auf die Gelegenheit zur Machtergreifung in dem sicheren Bewußtsein, ihre Feinde vernichten zu können. Sobald der alte König tot wäre, sobald er endlich seinen letzten Atemzug verhaucht hätte... dann würden sie losschlagen und die Macht an sich reißen.

Aber der Allmächtige hatte andere Pläne, nicht wahr? Der kleine Edward, Heinrichs Stolz: Seine Regierung war wie ein Schatten, stofflos und rasch vorüber...

All ihre Ränke und Umtriebe legten sich wie eine Staubwolke, und sie mußten fliehen vor Maria, vor Königin Maria, dem katholischen Racheengel.

Nun muß ich aufschreiben, wie es sich mit Heinrichs Tod und seinem Begräbnis verhielt.

Der König starb am achtundzwanzigsten Januar 1547 um zwei Uhr in der Frühe. Seit dem Herbst war er sehr krank, und Mitte Januar hatte er sich endgültig in sein Gemach zu Whitehall zurückgezogen, aus dem er nie wieder hervorkam. Er war verwirrt und oft bewußtlos, so daß ihm das langgezogene »Warten auf den Tod« mit all den lächelnden Höflingen und täglicher Routine, wie sein Vater es hatte erleiden müssen, erspart blieb. Es gab für ihn keine tägliche Routine. Er wußte nicht, wann es Tag und wann es Nacht war, sondern lebte in einer Welt, die er nur selbst sah und schuf. Es gab Augenblicke der Klarheit; am sechsten Januar gab er sogar eine Audienz für den kaiserlichen und den französischen Botschafter. Sie erinnerten sich gut daran, aber es ist zweifelhaft, daß Heinrich es auch tat. Ich weiß noch, daß es eine große Anstrengung für ihn bedeutete, sich an diesem Tag ankleiden zu lassen. Er freute sich darauf, sie zu empfangen und Pläne für eine spätere Konferenz zu schmieden. Er wählte seine Gewänder und Juwelen aus, und nachdem man ihn auf die Füße gestellt hatte, schritt er steifbeinig hinaus in den Audienzsaal, um die Gesandten zu begrüßen.

Es war eine tapfere Vorstellung. Er kam zurück, entledigte sich seines goldbesetzten Wamses und seiner gewaltigen Rubinhalskette, warf ein einfaches Leinennachthemd über – verschmähte sogar die gestickten – und wanderte einmal in seinem Schlafgemach umher, bevor er sich wie ein Kind mit dem Flaschenzug ins Bett hieven ließ.

Er verließ das Bett nie wieder.

Als sich die Dunkelheit über ihn senkte und seine Ärzte die Hoffnung aufgaben, wagte indessen niemand, ihm zu sagen, daß sein Ende nahte – denn es war ja Verrat, den Tod des Königs zu »prophezeien« oder »sich vorzustellen«, wie Henry Norris und Henry Howard es hatten erfahren müssen. Ich selbst wagte es nicht, weil ich fürchtete, er könnte sich dann gegen mich wenden und mich hassen – und das hätte ich nicht ertragen, jetzt nicht mehr. Ich wollte seine Liebe nicht verlieren, und so hielt ich mich feige zurück wie alle anderen.

Endlich erkühnte sich Sir Anthony Denny – erst seit kurzem bei Hofe, so daß keine alte Liebe ihn behindern konnte – zum König zu sprechen. Nach Ansicht seiner Ärzte, erklärte Denny, habe der König nicht mehr lange zu leben. Ob es jemanden gebe, bei dem er beichten oder seine Seele öffnen wolle?

»Cranmer«, wisperte Hal. »Aber jetzt noch nicht.« Er bildete sich ein, daß der Tod noch weit entfernt sei und nicht schon am Kopfende seines Bettes harre. Gleichwohl schickten sie unverzüglich nach Cranmer, der sich in Croydon aufhielt, eine Stunde weit südlich von London.

Und tatsächlich konnte der König, als Cranmer eintraf, schon nicht mehr sprechen und kaum noch atmen. »Sterbt Ihr im Glauben an Christus?« Cranmer kniete am Bett und flüsterte ihm die Frage ins Ohr.

Keine Antwort.

Cranmer nahm seine Hand. »Gebt mir durch ein Zeichen kund, daß Ihr an die Erlösung durch Christus glaubt und daß Ihr fest verbunden mit ihm sterbt.« Ein matter Händedruck, von dem nur Cranmer etwas merken konnte.

»Er hört!« rief er aus. »Er hat es bestätigt. Er stirbt im Glauben an Christus.«

Da nahm auch ich seine Hand. (Davon steht nichts in den Aufzeichnungen; ich war ja kein Prälat und hatte keine Torwächterpflichten vor seiner Seele.) Ich drückte sie fest.

»Ihr habt Eure Sache gut gemacht, mein Fürst«, sagte ich ihm laut ins Ohr. »Ihr habt sie so gut gemacht, wie ein Mensch es nur kann, mit dem, was Gott Euch dazu gegeben hat.«

Hörte er mich? Erkannte er mich? Da war noch Leben; und dann nicht mehr. Einfach so war er gestorben.

Jemand zog mich weg. »Laß ihn«, sagten sie. »Deine Zeit ist um. Wir brauchen hier keine Narren.«

Ein anderer knuffte mich gar. »Sieh, ob dein König dich jetzt noch schützt, du zügelloser, verhaßter, naseweiser Narr!«

Meine Herrschaft war zusammen mit Heinrich zu Ende gegangen. Schon war es häßlich in der Kammer. Ich wußte, sie würden ihn zerreißen und verschlingen.

»Das Testament?« riefen sie. »Wo ist es? Gebt nichts bekannt, solange wir sein Vermächtnis nicht gesehen haben.« Und sie begannen, Kisten, Kästen und Truhen zu durchwühlen.

Mir fiel das Tagebuch ein. Es war nutzlos für sie; sie konnten es allenfalls besudeln. Aber wo hatte er es hingelegt? Als ich es zuletzt gesehen hatte, war es auf seinem Schreibpult...

Federn stoben durch die Luft. Sie rissen die Matratze unter ihm auf und suchten selbst dort nach dem Testament. Cranmer flehte sie an, innezuhalten.

»Wenn er sein Vermächtnis an einem vernünftigen Ort hinterlegt hätte, brauchten wir dies nicht zu tun«, versetzten sie. »Aber nein! Wahnsinnig, wie er war, hat er es ja sogar vor seinem eigenen Staatsrat versteckt...«

Ich zog die verborgene Pultschublade auf, und da lag sein Buch vor meinen Augen. Ich nahm es heraus.

»Was ist das, Narr?« Tom Seymour wand es mir aus der Hand. Als er die winzige Handschrift erblickte, verlor er das Interesse. Er konnte kaum lesen.

»Meine Gedichte«, sagte ich. »Ideen für Gedichte, die ich gern schreiben möchte, wenn ich mich zur Ruhe gesetzt habe.« Ein Tagebuch würde sie interessieren, weil es sie bedrohen konnte. Gedichte würden sie langweilen und wären deshalb sicher vor ihnen. Henry Howard hatte das gewußt, als er König Heinrich unter dem Vorwand, über den Assyrerkönig Sardanapalus zu schreiben, attackiert hatte (»... mit übler Geilheit / und sünd'ger Lust, die schwärzt sein königliches Herz... Der kaum den Namen Mensch sich noch bewahrt... Ich sah den Königsthron... Wo Unrecht saß / Das blut'ge Vieh, das trank unschuldig Blut«).

»Fah!« Er warf es mir zurück. »Verschwinde. Niemand braucht dich mehr. Dies ist unser Tag, der Tag der Seymours, der Tag, auf den ich warte, seit meine dumme Schwester dieses verrottete, böse Ungetüm von einem König geheiratet hat.« Er grinste und wiederholte seine letzten Worte dem König ins Gesicht – in das Gesicht, vor dem er zu Lebzeiten immer scheinheilig gewinselt hatte. Jetzt sah auch ich das Rote in Thomas' Auge, daß der König in seinem »Wahnsinn« erkannt hatte.

Ich verließ die Totenkammer, das Tagebuch unter dem Arm. Draußen, im benachbarten Staatsgemach, warteten die übrigen Ratsherren und Höflinge auf Nachricht; sie wollten wissen, wo die Seele des Königs war. Nein, in Wahrheit kümmerte sie seine Seele nicht. Sie wollen wissen, wo sein Vermächtnis und sein Gold und seine Erben waren.

Nichtsdestoweniger war es eine gute Herrschaft gewesen, und anders als die Höflinge trauerte das Reich um den Verstorbenen. Er hatte seine Sache gut gemacht für jedermann, nur nicht für sich selbst.

CXXXII

Ich floh die Korridore hinunter, nur noch darauf bedacht, den krallenden Händen und gierigen Gesichtern der Eigennützigen zu entweichen, die sich jetzt um die Gemächer des toten Königs sammelten. Ich erreichte mein Quartier und begab mich zu Bett, ohne eine Kerze anzuzünden, damit niemand etwa das Licht sah und zu mir kam, mich zu befragen.

Im Morgengrauen erwachte ich. Gedämpfte Stille erfüllte den weitläufigen Palast von Whitehall – der Tod ließ alles innehalten. Bittsteller und Trauernde waren gegangen, die Wachen hatten sich schlafengelegt. Die Sonne war noch nicht aufgegangen. Der Tod hielt das Zepter, der Tod regierte das Reich.

Wo waren die, die nach dem Testament gewühlt hatten? Hatten sie es gefunden? Was stand darin? Waren sie hinausgehastet, um die Kunde zu verbreiten? Oder hielten sie es fest wie ein Spieler, der schlechte Karten bekommen hatte und nun auf die Erlösung hoffte, auf irgendeine Wende? Arbeiteten sie etwa selbst schon daran, diese Wende zu bewerkstelligen?

Ich ging hinauf in die königlichen Gemächer. Ich mußte jetzt anklopfen; es gab keinen freundlichen König mehr, der mich eintreten ließ. Der Kommandant der Garde packte und durchsuchte mich.

»Welcher Wahnsinnige würde mit einer Waffe zum Leichnam des Königs kommen?« fragte ich, mehr erstaunt als erbost.

»Es gibt Leute, die den königlichen Leichnam schänden möchten«, erklärte er. »In der vergangenen Stunde habe ich schon Lampenöl und sogar silberne Nägel bei einigen gefunden, die hier Einlaß suchten, außerdem Messer und Instrumente zum Herausschneiden des Herzens. Etliche davon waren Hexen – wie sonst hätten sie wissen können, daß der König tot ist? Verkündet ist es noch nicht, damit die Franzosen nicht Verwirrung und Unordnung ausnutzen und uns überfallen. Der Staatsrat kommt heute abend zusammen.«

»Worüber soll er entscheiden?«

»Über die Einzelheiten der Bestattung. Die Veröffentlichung des Testaments.«

»Dann haben sie es gefunden?«

Er sah mich verblüfft an. »Wieso – ist es weg?«

Das war es, was sie bekanntgeben würden. Es sei verschwunden. Oder der König habe keines hinterlassen. Dann hätten sie Zeit, es zu ändern. O gütiger Jesus, es herrschte das Chaos!

»Ich weiß nichts von Testamenten und Staatsräten«, sagte ich in meiner unterwürfigsten Art. »Ich habe nichts weiter im Sinn, als meinem verstorbenen König die Ehre zu erweisen. Sagt mir, wo ist er?«

»Im Staatsgemach. Die Kapelle ist noch nicht bereit, ihn aufzunehmen. Während man dort alles vorbereitet, muß er in seinem eigenen Gemach aufgebahrt liegen.« Er winkte mich herein.

Sie hatten in der Nacht schon etwas mit ihm getan: Man hatte ihn mit Weingeist abgerieben, ausgeweidet und in Spezereien und konservierende Substanzen getaucht. Jetzt lag der Leichnam in orientalische Teertücher gewickelt in einem zerbrechlichen Sarg, der mit schwerem schwarzen Samt verhangen war. Die Ständer, die ihn trugen, bogen sich. Niemand war für diesen Fall gerüstet gewesen. Es war Verrat, »sich den Tod des Königs vorzustellen«, und deshalb konnte niemand auch nur die notwendigsten Requisiten in Bereitschaft halten. Das Sarggestell war unzureichend, aber bis jetzt hätte niemand es ersetzen können, ohne bei den Überresten von Cromwells Geheimpolizei unangenehm aufzufallen.

Die Sonne strahlte zum Fenster herein. Ich kam mir töricht vor, als ich an die Totenbahre trat. Das alles hier war so behelfsmäßig, so unköniglich. Ich hatte hier nichts zu sagen, nichts zu schaffen. Ich hatte mich der Horde von Leuten zugesellt, die »nur gucken« wollten. Ich ekelte mich selber an.

Ich ging.

Später erfuhr ich, daß Beamte (welche »Beamten«?) alles ein wenig genießbarer und schicklicher hatten richten lassen. So wurde der Sarg mit achtzig Kerzen umstellt, es wurden Messen gelesen, Exequien, und die Kapläne und die Kammerherren der Privatgemächer hielten beständig Totenwache.

Von diesen wohlgeordneten Dingen abgesehen, bebte das Reich, und die Soldaten würfelten um das nahtlose Gewand. Nein – eigentlich ist das doch allzu zynisch gesprochen. Es stimmte ja, Ämter waren zu besetzen, und ein neunjähriger »König« mußte geschützt werden... vor allem vor seinen älteren Schwestern, die selbst beträchtliche Ansprüche auf den Thron vorbringen konnten.

Hier muß ich abschweifen und einen Kommentar zu den beiden widersprüchlichen Beschreibungen der Todesszene geben, die von »Zeugen« vorgebracht wurden, die allesamt zum entscheidenden Zeitpunkt nicht zugegen gewesen waren. Der protestantischen Version zufolge hatte Heinrich eine Vision von einem großartigen, erleuchteten Staat gehabt, in dem der reformierte Glaube den Sieg davongetragen hätte. Weiter hieß es, Heinrich habe Edward mit Absicht von protestantischen Lehrern erziehen lassen und Maria die protestantische Sache ans Herz gelegt, indem er sie an sein Sterbebett rief und zu ihr sprach: »Sei Edward eine Mutter, denn siehe, er ist noch klein.« Im Zustand der Gnade sterbend, habe er Maria beauftragt, ihren Bruder zu schützen; er habe die Howards niedergemäht als ein katholisches Unkraut, welches sonst die Sonne des Evangeliums über Edward verdeckt hätte, und mit dem Regentschaftsrat habe er einen sicheren Schutz für Edward geschaffen, auf daß dieser unversehrt zum Manne reifen könnte. Gardiner habe er mit Bedacht von der Liste und aus seinem Vermächtnis gestrichen, weil er ein Unruhestifter sei. »Er ist mutwillig und nicht geeignet, in der Nähe meines Sohnes zu sein«, habe er gemurmelt. »Denn wäre er in meinem Testament, er wäre Euch gewiß allen zur Last, und niemals würdet Ihr ihn bezähmen; er ist von so beschwerlicher Art. Freilich, ich selbst könnte ihn mir wohl zunutze machen und ihn zu mancherlei Ende lenken, wie es mir tunlich erschiene; Ihr aber werdet es nie können.«

Dann habe er nach Kate geschickt, ihre Hand umfaßt und tröstend zu ihr gesagt: »Es ist Gottes Wille, mein Herz, daß wir nun scheiden; und ich befehle allen diesen Gentlemen, dich zu ehren und zu behandeln, als wäre ich noch am Leben. Und so es dir gefallen möchte, wieder zu heiraten, so befehle ich, daß du sollst siebentausend Pfund für deine Dienste erhalten, solange du lebst, und auch alle deine Juwelen und Geschmeide.« Kate habe ihm vor lauter Weinen nicht antworten können, und er habe sie daher gebeten, ihn nun zu verlassen. Und so habe der weise, vorausschauende König seinen Garten gejätet und nach besten Kräften abgesteckt und sei dann im Stande der Gnade friedlich entschlummert.

Die katholische Version berichtet das genaue Gegenteil. Hier erzählt der mysteriöse Augenzeuge, der König habe, vom Gewissen gepeinigt und von Reue verzehrt, die letzten Stunden in seinem Schlafgemach verbracht, mit den Armen um sich geschlagen und nach »weißem Wein« geschrien, und dann habe er sich aufrecht hingesetzt und Schatten gesehen. »Alles verloren!« habe er gejammert. »Mönche, Mönche!«

Tatsächlich sind beide Geschichten frei erfunden, wenn auch fesselnd.

Daß Heinrich versuchte, für die Zukunft zu planen und Edwards Position zu sichern, ist wahr. Daß er die Fehler der Vergangenheit beklagte und sich gar nach der verlorenen Welt, zu deren Zerstörung er beigetragen hatte, zurücksehnte, ist gleichfalls wahr. Aber nichts davon reichte bis auf sein Sterbebett. Als er dort angelangt war, bestand sein einziges Bemühen darin, nach Atem zu ringen. Philosophische Probleme sind ein Luxus, der nur Gesunden zuteil wird.

Nach fünf Tagen war die königliche Kapelle so weit hergerichtet, daß sie Heinrich aufnehmen konnte. So schaffte man den Sarg in die dunkle, klamme, renovierte Kapelle, wo er in einem größeren Sarg noch zwölf Tage lang stehen sollte, ehe man ihn nach Windsor brächte, wo er in der St.-Georgs-Kapelle bestattet werden sollte. Die Menschen kamen, ihm die letzte Ehre zu erweisen. Die Regierung gab den Tod des Königs bekannt – unter entsprechendem Glockengeläut und mancherlei Proklamation – und bemühte sich, einen Protektor für den Knabenkönig zu bestellen. Erstaunt stellten sie fest, daß Heinrich diesen in seinem Vermächtnis überhaupt nicht erwähnt habe, denn er sei doch, so fanden sie, »absolut erforderlich« für die friedliche Lenkung des Reiches. Man hätte fast meinen können, behaupteten sie, Heinrich habe sich davor gefürchtet: ein weiteres Beispiel für seine argwöhnische Natur – oder für seine geistige Verirrung. Gleichviel, sie würden dies nun richten und tun, was der wahnsinnige König getan hätte, wäre er noch er selbst gewesen. Es überraschte nicht, daß ihre Wahl auf Edward Seymour, den Onkel des Prinzen, fiel. Er sollte Protektor werden, der ungekrönte König und Herrscher über England, bis Edward achtzehn wäre.

Aber ich bin töricht. Das alles wißt Ihr ja, und auch, was nachher geschah. Ich muß die Einzelheiten des Begräbnisses aufschreiben, und sonst gar nichts.

CXXXIII

Wie gesagt, der äußere Sarg stand zwölf Tage lang in der königlichen Kapelle. Um diesen Sarg zu beschreiben: Es war ein sehr großer Kasten aus gutem englischen Holze, mit schwarzer, edelsteinbesetzter Seide drapiert und mit Wappen und Emblemen des königlichen Stammbaums verziert. Die Banner von Heiligen, in feinem Gold gehämmert und auf Damast gesetzt, bedeckten jede der vier Ecken. Über das Ganze spannte sich ein großer Baldachin aus transparentem, golddurchwirktem Tuch, das mit hauchzarter schwarzer Seide überzogen war.

Das mächtige Reliquiar – denn ein solches war es – war umstanden von zwei Fuß hohen Wachskerzen, die alles in allem eine Tonne wogen. Der ganze Fußboden und die Wände der Kapelle waren mit schwarzem Tuch bedeckt. Exquisiter Tod erfüllte die Kapelle.

Während Heinrich – wenn auch unfreiwillig – an diesem Tableau mitwirkte, wimmelte es im Reich wie auf einem Ameisenhügel. Kanzler Wriothesley begab sich ins Parlament, um den beiden Häusern formell den Tod des Königs bekanntzugeben. Dann verlas Sir William Paget Heinrichs (endlich doch entdecktes) Testament, auf daß es im ganzen Land verkündet werde:

Die überraschende Verfügung darin bestand darin, daß Heinrich die Möglichkeit nicht ausgeschlossen hatte, daß Katherine Parr doch noch ein Kind bekam. In der Thronfolge hatte er es unmittelbar hinter Prinz Edward und vor Maria und Elisabeth gestellt. Dies waren seine genauen Worte:

Für große Liebe, Gehorsam, Keuschheit im Leben, und Weisheit in Unserer Gemahlin und Königin Katherine hinterlassen Wir ihr

dreitausend Pfund in Gold, Juwelen und Kleidern, wie sie nach ihrem Gefallen erwählen möge aus dem, was Wir haben...
So aber Unser Sohn Prinz Edward ohne rechtmäßige Nachkommen sollte bleiben, ist es Unser Wille, daß besagte Krone des Reiches nach Unser beider Tod auf die Erben und Nachkommen Unseres geliebten Weibes Katherine komme, wie sie jetzt etwa vorhanden.

Und wir hatten die ganze Zeit angenommen, es sei nur eine Ehe im Geiste gewesen! Jetzt würde man die Witwe in den nächsten drei Monaten aufmerksam bewachen und beobachten müssen, ganz wie es damals bei der Prinzessin von Aragon nach Arthurs Tod nötig gewesen war. Wahrlich, die beiden waren Schicksalsschwestern.

Die Nachricht von König Heinrichs Hinscheiden wurde in Rom mit großem Frohlocken aufgenommen. Nur Kardinal Pole weigerte sich, in den Jubel einzustimmen, was den Papst zu der Frage veranlaßte: »Weshalb frohlockt Ihr nicht wie alle anderen über den Tod dieses Feindes der Kirche?« Pole antwortete, der neue König, Edward, sei fest in den Grundsätzen Luthers und Zwinglis verwurzelt, und sein Regentschaftsrat bestehe aus lauter Protestanten; daher habe die Kirche von König Heinrichs Tod keinen Gewinn – wahrscheinlich sei es sogar ein Verlust.

Aber zurück zu dem Aufgebahrten in Whitehall. Im Morgengrauen eines jeden Tages erschien der Lord Kämmerer in der Tür zum Chor und sang mit trauriger, klarer Stimme: »Aus Barmherzigkeit betet nun für die Seele des großen und mächtigen Fürsten, unseres verstorbenen Herrn und Königs, Heinrich des Achten.« Die Totenkläger – einige von ihnen hatten die ganze Nacht hier gewacht – begannen dann, ihre Gebete zu murmeln, bevor die Messe begann. Danach folgten die Totengesänge.
Den Beifall des Papstes hätte der Katholizismus dieses Rituals gewiß gefunden.

Dann kam der Tag, da Heinrich von hinnen gebracht werden und in seine Gruft vor dem Altar der St.-Georgs-Kapelle gelegt werden sollte. Arbeiter hatten fleißig die schweren marmornen Bodenplatten aufgestemmt und den Boden darunter aufgegraben. Das Licht fiel auf Janes Sarg; das königliche Grabtuch war verblichen und von Würmern zerfressen, aber immer noch erkennbar. Sie wußten, daß Heinrich ihr so nah wie möglich würde sein wollen, und so hoben sie unmittelbar daneben eine Grube für seinen mächtigen Sarkophag aus.

Zur Februarmitte war alles bereit. So kam es, daß der Sarg am dreizehnten Tag dieses verfluchten Monats aus der königlichen Kapelle geholt und auf den Leichenwagen gestellt wurde, um sich langsam auf die zweitägige Reise nach Windsor zu begeben. Der große, knarrende Wagen, neunstöckig und schwarz verhangen, schwankend wegen seiner riesenhaften, plumpen Form, wurde von einer vier Meilen langen Trauerprozession mit lodernden Fackeln begleitet. Überall am Wegesrand standen neugierige Gaffer und sahen einen Tod, der auf das zeremonielle Gepränge eines Königsbegräbnisses reduziert – oder erhöht? – war.

Über die Themse-Uferstraße rumpelte der Leichenwagen, bebend, ratternd, manchmal gar stöhnend. Es war ein ausgefahrener, von Frostschäden zernarbter Weg, der zu diesem Anlaß hastig mit Kies bedeckt worden war; nicht einmal der majestätische Schritt der Zugpferde konnte verhindern, daß der Leichenwagen diesem Gerüttel ausgesetzt war. Als der kurze Wintertag zu Ende war und eine klägliche Sonne vor uns unterging, erreichten wir Syon.

Syon. Das aufgelöste Brigittenkloster, das sich der Schließung durch den König widersetzt hatte. Die Abtei von Syon, wo Catherine Howard ihre letzten Tage verbracht hatte, bis man sie gezwungen hatte, die Barke zu besteigen und die Themse hinunterzufahren, weg vom Hofstaat des Königs. Heinrich würde hier nicht gern rasten. Warum hatten sie es so geplant?

Die Pferde sollten den Leichenwagen geradewegs in das Mittelschiff der kleinen Kirche fahren, und das taten sie auch. Dann wurden sie ausgespannt, und der Wagen blieb, von Fackeln umgeben, in der ansonsten dunklen Kirche stehen. Das Geleit zog sich in den noch bewirtschafteten Teil des ehemaligen Klosters zurück. Die Leute waren hungrig und verlangten nach Speise und Wein. Der König war allein. Ich muß gestehen, daß ich mich zu den anderen gesellte, denn meine Gelenke schmerzten, ich war durchgefroren, und in der Halle brannte ein Feuer.

Aber entscheidend ist, daß ich Hal allein ließ – allein in der dunklen und irgendwie bösartigen Kapelle. Hätte ich genug Grips zum Schafezählen gehabt, hätte ich mich an irgend etwas erinnert, dann hätte ich auch daran gedacht, daß dies der dreizehnte Februar war – der Tag, an dem Catherine Howard hingerichtet worden war. Und dann wäre ich bei ihm geblieben.

Irgendwann während der Nacht, als die schlaftrunkenen Totenkläger und Chorsänger erschienen waren, die Mitternachtsklage gesungen hatten und wieder gegangen waren, öffnete sich der Sarg, und das Blut des Königs rann heraus und tropfte auf den Steinboden – dick und rubinrot, erzählte man sich. Es tropfte stundenlang, und die Kerzenflammen rings um den Sarg blakten und erloschen schließlich. Und dann, als die heilige Gegenwart von Licht und gesegnetem Wachs dahin war, krochen die Geister der Hölle hervor, um am toten König ihre Rache zu üben. Ein großer schwarzer Hund – niemand wußte, woher er gekommen war – kroch mit dem letzten Flackern der Flammen heran, gerade bevor die ganze Kapelle im Dunkel versank. Er kroch unter den Leichenwagen und fing an, das Blut mit langer, böser Zunge aufzulecken.

Er war noch da, sabbernd, kriechend, als der Priester kam, um die Frühmesse zu lesen. Der Morgen graute noch nicht, und der Priester hantierte mit den Kerzen, als er das Lecken und Knurren vernahm.

Das Untier war acht Fuß lang und ganz schwarz. Sein Schwanz sah aus wie eine Schlange, die Augen waren rot, und seine Zähne glitzerten und blitzten. Sein Auge verriet nicht, daß es den Menschen kannte – außer als Feind.

Als der Priester sah, wie bösartig die Bestie war, und daß sie sich durch normale menschliche Tätigkeit nicht vertreiben ließ, ergriff er die Flucht.

»Der Hund der Hölle!« schrie er und weckte alle ringsumher.

»Der Hund der Hölle ist in unserer Kirche und umschleicht den König...«

Die Männer, die er geweckt hatte, bewaffneten sich und gingen hinaus, um dem Hund entgegenzutreten. Sie hatten Fackeln und Schwerter. Aber die Bestie kauerte sich bösartig knurrend unter den Sarg und ließ sich durch nichts vertreiben. Die Schnauze war rot von Blut.

»Wir müssen warten, bis es hell wird«, sagte der Priester schließlich. »Diese Kirche hat ein großes Ostfenster. Das Licht wird ihn schon vertreiben. Wenn es eine Erscheinung ist...«

»Aber warum ist er überhaupt hier? Wir haben keinen Hund, der zu uns käme!« sagte einer der Verwalter des klösterlichen Anwesens. »Noch nie in der Geschichte von Syon...«

»Er ist des Königs wegen hier«, sagte einer seiner Gefährten kühn. »Und wegen der Königin, die der König hinrichten ließ. Wißt Ihr nicht mehr, wie sie weinte und trauerte?«

»Nein. Es ist die Erfüllung der biblischen Prophezeiung an König Ahab. Ein Bruder sagte einmal, daß unser König das gleiche Schicksal erleiden werde. Er sagte es in einer Predigt, ihm ins Gesicht. Damals, als er das Weib Boleyn heiraten wollte. Die Schrift sagt:

›*Sage du zu ihm, so spricht der Herr: Gemordet hast du und das Erbe angetreten? Und weiter sollst du ihm sagen, so spricht der Herr: An der Stelle, da die Hunde das Blut Naboths geleckt haben, werden die Hunde auch dein Blut auflecken.*

Da aber der Kampf an jenem Tage immer heftiger wurde, blieb der König gegen die Syrer aufrecht im Wagen stehen. Am Abend starb er, und das Blut rann aus der Wunde in die Mitte des Wagens.

Und als man am Teich von Samaria den Wagen wusch, leckten die Hunde sein Blut.‹«

Die Protestanten kannten die Bibel immer auswendig, und sie wußten sie voller Selbstgefälligkeit zu zitieren.

»Aber die Königin hier war Catherine Howard«, gab ein Realist zu bedenken. »Vielleicht hat sie ihn verflucht.«

Jetzt hast du's, mein Junge. Jetzt hast du's. Also können Bosheit und Haß die Verwesung des Leibes überleben...im Gegensatz zu Liebe und Hingabe. *Die Liebe ist stärker als der Tod.* Nein, der Haß ist es.

»Wir müssen warten, bis es hell wird.«

Im hellen Licht des Morgens kamen Arbeiter in die Kapelle, um den geborstenen Sarg neu zu verlöten. Der Hund war noch da; er kauerte noch immer unter dem Wagen. Die Klempner und Löter hatten Mühe, ihn zu vertreiben, aber indem sie mit glühenden Eisen nach ihm stießen, gelang es ihnen doch, ihn zum Verlassen seiner Höhle unter dem Behang des Leichenwagens zu bewegen. Als er einmal hervorgekommen war, sprang er davon und schien plötzlich zu verschwinden. Jedenfalls benutzte er keine der Kirchtüren, um zu entfliehen.

Als die Handwerker unter den Wagen spähten, sahen sie, daß sein Boden wie auch der Sarg darüber gesprungen war. Eine Flüssigkeit, dick und ekelhaft, quoll hervor und tropfte langsam auf den Boden. Sie hielten es aber nicht für Blut, sondern für Leichenwasser, vermischt mit Einbalsamierungsflüssigkeit und Spezereien. Durch das Holpern und Rütteln des Leichenwagens hatten sich die Wickelverbände gelöst, und so war es zu dieser greulichen Episode gekommen. Die Männer beeilten sich, den Schaden zu beheben und den Sarg im Licht des Tages an seinen endgültigen Ruheplatz zu bringen.

Um zehn Uhr vormittags war der Leichenzug wieder unterwegs; zurück blieben die besudelten Steine in der Kapelle von Syon.

Das Gedränge nahm zu; immer mehr Menschen säumten die Straße, als wir uns Windsor näherten. Aber den häßlichen Geschmack von Syon konnte ich einfach nicht hinter mir lassen, und auch nicht Catherines Bosheit und die Einsicht in die Unvergänglichkeit vergangener Taten. Nichts vergeht jemals, so scheint es; die Vergangenheit läßt sich nicht säubern wie ein Steinboden. Nur das Gute verschwindet. Ich habe an den Rosensträußen vom letzten Sommer gerochen: Ihr Duft ist schal und matt. Das Gute verfliegt. Aber das Böse bleibt und pflanzt sich fort.

Die Bestattung in Windsor war eine lange, aber einfache Zeremonie, fast genauso wie bei Charles Brandon achtzehn Monate zuvor. Bischof Gardiner, der katholischste unter Heinrichs Prälaten, zelebrierte die Grabmesse. Eine Lobrede wurde nicht gehalten. Heinrichs Freunde waren alle tot, bis auf mich, und mich lud niemand ein, zu sprechen. Dazu reichte mein Rang nicht aus.

Der Sarg wurde vom Leichenwagen gehoben und zu der klaffenden Grube getragen; dort ließ man ihn mit Hilfe eines Flaschenzugs und sechzehn stämmiger Gardesoldaten hinab. Es dauerte lange, bis er unten war; Stunden schienen zu vergehen, bis von unten ein dumpfer Stoß heraufhallte und die Gardesoldaten ihre Seile losließen.

Dann las Gardiner die Messe, umgeben von den führenden Persönlichkeiten des königlichen Haushalts, dem Lord Kämmerer, dem Lord Schatzkanzler, dem Lord Revisor, dem Befehlshaber der Garde und vier Zeremonienmeistern, alle mit Stäben und Stöcken in den Händen. Er predigte über das Wort: »Selig sind die Toten, die im Herrn gestorben.«

Das große Totenbildnis des Königs, das so sorgfältig bekleidet, so wundervoll geformt worden war, daß Zuschauer geglaubt hatten, er sei noch am Leben und fahre fröhlich auf dem Dach seines Leichenwagens dahin, wurde nun entblößt und dann in das gähnende Grab hinabgelassen.

»*Pulvis pulvi, cinis cineri*«, sagte Gardiner. Staub zu Staub, Asche zu Asche. Die Bediensteten aus Heinrichs Haushalt traten vor, zerbrachen eigenhändig ihre Stäbe und warfen die Splitter in das Loch. Nach wenigen Augenblicken trafen sie unten auf; die Kluft zwischen den Lebenden und den Toten war noch nicht sehr groß. Brandons Turnierhelm, der hoch oben auf einer Steinsäule aufbewahrt stand, blickte auf das Geschehen herunter und grinste.

»*De Profundis*«, sang Gardiner. »Aus der Tiefe rufe ich zu Dir.«

Dann trugen Helfer geölte Planken herbei und legten sie über das Grabloch; ein anderer brachte einen dicken türkischen Teppich und breitete ihn auf den Planken aus. So entstand ein hübscher, ordentlicher Fußboden über einem offenen Loch, in dem der Sarg eines Königs stand.

Gardiner stellte sich auf diesen behelfsmäßigen Boden, geleitet von seinen geistlichen Dienern, und verkündete des jungen Edwards Titel.

»König Edward der Sechste, durch die Gnade Gottes König von England, Irland, Wales und Frankreich, Verteidiger des Glaubens.«

Sodann wiederholten seine Kirchenmänner und die ganze Trauergemeinde diese Titel dreimal.

Ich würde gern sagen, daß keine Begeisterung in den Worten lag. Daß alles wie mechanisch geschah, durch Menschen, die dumpf die Regeln anderer Menschen befolgten. Aber die Wahrheit ist, was Heinrich selbst sagte: »Es ist immer Magie im Spiel, wenn ein König gemacht wird.« Und als Edwards Name verlesen wurde und uns alle ein Schauer überlief, da wußte ich, ob es mir gefiel oder nicht, England hatte einen neuen König.

Die Fanfaren erklangen, melodisch und mutig – und plötzlich war es Edward, Edward, nur noch Edward – und nichts war mehr da von Heinrich.

Der König ist tot; lang lebe der König.

EPILOG

Nur wenige trauerten ehrlich um den König. Ich meine solche, die sich traurig, schwach, ratlos und abgeneigt gegen alle Alltagstätigkeit fühlten. Ich war einer davon. (Selbst Kate, die »trauernde« Königinwitwe, war ganz damit beschäftigt, Tom Seymours Werben abzuwehren.) Ich merkte, daß ich viel betete und ziellos in meinen Gemächern umherwanderte. Ich wußte, ich würde den Hof bald verlassen müssen, und doch waren mir die Hände so schwer, daß ich sie kaum dazu bringen konnte, zu tun, was sie freilich tun mußten – meine Habseligkeiten packen und meiner Schwester mitteilen, daß ich sie besuchen würde, bis ich einen Wohnsitz für die Dauer gefunden hätte. Das Einpacken war ein schwieriges Unterfangen.

Ich hatte Mühe, mich zu erinnern, was mir gehörte und was nicht. Manches hatte ich seit Jahren nicht mehr benutzt, und es gehörte doch mir; ich kannte es. Bei anderen Dingen war die Eigentumsfrage weniger eindeutig zu beantworten. Aber als ich sorgsam alles einsammelte, wurde mir bewußt, daß ich von meinem König nichts besaß. Nach Land oder Titeln hatte ich nicht gestrebt, noch hatte mein Leben mir Gold oder Edelsteine oder ein verständnisvolles Heim eingebracht. Aber nun hatte ich gar nichts, was ich hätte anrühren, wovon ich hätte sagen können: »Das gehörte ihm«, oder: »Dies besaßen wir gemeinsam.«

Darüber war ich so traurig, daß ich mich gar nicht zu lassen wußte, und so einsam, daß ich Hal eines Abends anbrüllte.

»Du hast mir nichts von dir hinterlassen! Ich brauche etwas zum Anfassen, wie ein liebendes altes Weib! Und es ist nichts da. Die Geier haben alles weggenommen, um ›Inventur‹ zu machen. Sogar deine Taschentücher sind weg!«

Und doch, und doch – hatte man nicht die Erinnerung in seinem Kopf ganz allein für sich, immerdar? Was nutzte einem ein Gegenstand?

Es war zwei Wochen nach des Königs Begräbnis, und ich hatte nur noch einen Tag Zeit, die königlichen Gemächer zu Whitehall zu räumen. Ich hatte meine Sachen gepackt; meine Bündel waren gewickelt und verschnürt und mit einem Leintuch umhüllt. Es war ein wunderlich sperriges, klobiges Gepäck – die Gerätschaften eines unorganisierten Lebens. Morgen würde man es fortschaffen; meine Schwester hatte gesagt, ich könne in ihrem Hause in Kent unterkommen.
Meine letzte Nacht in königlichen Gemächern. Ich hätte etwas fühlen, hätte in der Lage sein müssen, irgendeine Essenz all dieser Jahre zu destillieren. Aber ich fühlte mich eher unbehaglich und unerwünscht als nostalgisch. Ich brannte jetzt darauf, aufzubrechen, dieses Haus des Todes und der Vergangenheit zu verlassen.
Zum vierzigsten Mal ging ich um meine Bündel herum, prüfte die Knoten. Es war alles gepackt. Alles... und was hatte ich da vergessen? Müde bückte ich mich, um zu sehen, was mir da noch eingefallen war, was ich da noch hingestellt hatte. In alle Ewigkeit würden mir noch Sachen »einfallen«. Jetzt mußte ich wieder Platz finden für dieses Ding, für diese...
König Heinrichs kleine Harfe. Die, mit der er komponiert hatte. Sie war nicht hier gewesen. Ob sie jemand gebracht hatte? Aber es hatte niemand Zugang zu meiner Kammer. Und schon gar nicht innerhalb der vergangenen halben Stunde, seit ich das letztemal um die Bündel herumgegangen war und die Knoten geprüft hatte.
Aber da stand sie, an meine Habe gelehnt, angeschmiegt.
Also kann auch die Liebe überleben. Oder etwas, das ihr nahekommt. Anteilnahme und Güte.
In meines Vaters Haus sind viele Wohnungen; wäre es nicht so, hätte ich es euch gesagt.
Es muß ein sehr großes Haus sein, wenn alles dies darin einen Platz hat.